Carlo Bertoni Joseph Yeo
Yeap Ban Har Teh Keng Seng

1 Pensaci!

PER IL COMPUTER E PER IL TABLET

L'eBook multimediale

1 REGÌSTRATI A MYZANICHELLI

Vai su **my.zanichelli.it** e regìstrati come studente

2 SCARICA BOOKTAB

- Scarica **Booktab** e installalo
- Lancia l'applicazione e fai login

3 ATTIVA IL TUO LIBRO

- Clicca su **Attiva il tuo libro**
- Inserisci il **codice di attivazione** che trovi sul **bollino argentato adesivo** in questa pagina

4 CLICCA SULLA COPERTINA

Scarica il tuo libro per usarlo offline

LOSAI? Ripassa con lo smartphone prima della verifica

1 SCARICA LA APP DA:

Scarica su App Store
DISPONIBILE SU Google play

2 AGGIUNGI IL LIBRO

con le tue credenziali **myZanichelli** e con la **chiave di attivazione**

3 CLICCA SUL CAPITOLO

che vuoi ripassare

4 SCEGLI LA TEORIA O IL TEST

Trovi:
- **sintesi di capitolo** per rivedere la teoria
- **batterie di test** per metterti alla prova

Realizzazione editoriale:
- Coordinamento editoriale: Giulia Laffi
- Redazione: Irene Barbensi
- Segreteria di redazione: Deborah Lorenzini, Rossella Frezzato
- Progetto grafico: Byblos, Faenza
- Composizione: Publi&Stampa, Conselice
- Impaginazione e disegni: Byblos, Faenza
- Ricerca iconografica: Byblos, Faenza
- Correzione di bozze: Claudia Bosi, Ermelinda Mostardi

Contributi:
- Contributi alla stesura dei testi e degli esercizi: Elisa Garagnani, Andrea Kang
- Rilettura dei testi: Lucio Apollonio, Laura Branchetti, Francesca Gregorio, Francesca Incensi, Maria Letizia La Morte, Luca Malagoli, Lorenzo Meneghini, Elena Zaninoni
- Correzione degli esercizi: Lucio Apollonio, Francesca Gregorio, Maria Letizia La Morte, Federica Recchiuti, Francesca Anna Riccio
- Stesura delle mappe e revisione degli esercizi: Eleonora Ubertis
- Revisione delle mappe: Francesca Gregorio
- Revisione dei *Maths Highlights*: Agnese Barbensi
- Stesura dei *Perché delle risposte sbagliate*: Nicoletta Nolli, Stefania Pozio
- Le fonti iconografiche si trovano su online.zanichelli.it/pensaci

Realizzazione dell'eBook multimediale:
- Progettazione esecutiva e sviluppo software: duDAT srl, Bologna
- Revisione dei *Giochiamo con la mente*: Irene Barbensi, Luca Malagoli

Copertina:
- Progetto grafico: Miguel Sal & C., Bologna
- Ideazione: Studio 8vo, Bologna
- Realizzazione: Roberto Marchetti e Francesca Ponti
- Immagine di copertina: swissmediavision/iStockphoto. wassiliy-architect/Shutterstock. Artwork Studio 8vo, Bologna

Prima edizione: febbraio 2017

Ristampa:
9 8 7 6 2021 2022 2023 2024

Zanichelli garantisce che le risorse digitali di questo volume sotto il suo controllo saranno accessibili, a partire dall'acquisto dell'esemplare nuovo, per tutta la durata della normale utilizzazione didattica dell'opera. Passato questo periodo, alcune o tutte le risorse potrebbero non essere più accessibili o disponibili: per maggiori informazioni, leggi my.zanichelli.it/fuoricatalogo

File per sintesi vocale
L'editore mette a disposizione degli studenti non vedenti, ipovedenti, disabili motori o con disturbi specifici di apprendimento i file pdf in cui sono memorizzate le pagine di questo libro. Il formato del file permette l'ingrandimento dei caratteri del testo e la lettura mediante software screen reader. Le informazioni su come ottenere i file sono sul sito http://www.zanichelli.it/scuola/bisogni-educativi-speciali

Grazie a chi ci segnala gli errori
Segnalate gli errori e le proposte di correzione su **www.zanichelli.it/correzioni**. Controlleremo e inseriremo le eventuali correzioni nelle ristampe del libro. Nello stesso sito troverete anche l'errata corrige, con l'elenco degli errori e delle correzioni.

Zanichelli editore S.p.A. opera con sistema qualità
certificato CertiCarGraf n. 477
secondo la norma UNI EN ISO 9001:2015

Questo libro è stampato su carta che rispetta le foreste.
www.zanichelli.it/chi-siamo/sostenibilita

Stampa: Grafiche Zanini s.r.l.
Via Emilia 41/E, 40011 Anzola Emilia (Bologna)
per conto di Zanichelli editore S.p.A.
Via Irnerio 34, 40126 Bologna

Carlo Bertoni   Joseph Yeo
Yeap Ban Har   Teh Keng Seng

1 Pensaci!

a Paola, Riccardo, Michele, Sarah

ZANICHELLI

INDICE

CAPITOLO 8
La statistica

CAPITOLO G1
La geometria del piano

CAPITOLO G2
Prime proprietà delle figure geometriche

PREFAZIONE

«*C'è chi ha testa per la matematica e chi no; io proprio non ci sono portato!*»
Per fortuna non funziona così: un modo di ragionare matematico si può acquisire e sviluppare.

Forte di questa convinzione, a partire dal 1979 Singapore ha introdotto un nuovo metodo per insegnare la matematica, attingendo dai risultati della ricerca pedagogica internazionale.
Nel giro di pochi anni gli studenti hanno raggiunto i più alti livelli nelle indagini internazionali delle competenze matematiche, come OCSE-PISA e TIMSS.
Questo libro nasce da un testo per le scuole superiori di Singapore, adattato ai programmi e agli studenti italiani. Rispetto al testo originale sono stati aggiunti tutti gli argomenti previsti dalle Indicazioni Nazionali.

I capitoli del libro sono divisi in paragrafi che affrontano ognuno un concetto che si può trattare in una o due lezioni.
Ciascun paragrafo comincia con *Giochiamo con la mente,* un'attività che stimola gli studenti a ragionare in modo informale su un problema. L'attività può essere svolta all'inizio della lezione o assegnata prima come compito a casa. Oppure la si può saltare, a seconda dei tempi e delle preferenze dell'insegnante, perché la parte di teoria non ne presuppone lo svolgimento.
In teoria mette in ordine i concetti emersi in *Giochiamo con la mente* e *In pratica* ne presenta le applicazioni, con tanti esempi svolti. Subito dopo, *Prova tu* propone una breve serie di esercizi da fare a fine lezione.
Con questo ritmo, paragrafo dopo paragrafo, lo studente avanza e impara.
Gli esercizi del capitolo sono pieni di applicazioni alla realtà e proposte di modellizzazione matematica; terminano con le prove per competenze *L'esperto sei tu* e con la prova finale *Sei pronto per la verifica?*

Il risultato è un libro di matematica che insegna a pensare, ragionare e comprendere il mondo in cui viviamo. E a farlo provandoci gusto.

Carlo Bertoni

Gli insiemi numerici

CAPITOLO 1

1 Gli insiemi

Esercizi
a pag. 36

ACQUISIRE DATI E INFORMAZIONI

GIOCHIAMO CON LA MENTE

Caccia al colpevole

Miss Scarlett è stata derubata durante una festa. La polizia, prontamente intervenuta, ha fermato tutte le persone che si trovavano all'interno del parco della villa e ha interrogato tutti gli invitati. I testimoni ascoltati con maggiore attenzione sono i domestici che potevano vedere la porta che dà sul salotto dove si trovava la povera miss Scarlett.

Sull'eBook ti proponiamo un'altra attività come questa.

Due testimonianze sembrano particolarmente importanti: quella del maggiordomo e quella della governante.

La governante ha visto uscire dalla stanza, pochi minuti prima della scoperta del furto, una persona con gli occhiali.

- Osserva il gruppo dei sospettati ed elenca quelli che corrispondono alla descrizione della governante.

Il maggiordomo ha visto uscire dalla stanza, pochi minuti prima della scoperta del furto, una persona bionda.

- Osserva il gruppo dei sospettati ed elenca quelli che rispondono alla descrizione del maggiordomo.

- Ci sono persone comuni ai due gruppi? Se sì, elencale.

- Descrivi le loro caratteristiche comuni con una frase.

- Ci sono persone che possono essere scagionate subito, perché non corrispondono a nessuna delle due descrizioni?

- Nella figura di pagina 2, traccia una linea chiusa intorno al gruppo delle persone che corrispondono alla descrizione della governante e una intorno alle persone che corrispondono a quella del maggiordomo.
- Quali personaggi, tra quelli raffigurati nel disegno, corrispondono a entrambe le descrizioni?

- Quali domande faresti al maggiordomo e alla governante sull'aspetto della persona che hanno visto, per restringere la rosa dei sospettati?

- Il disegno che hai tracciato ti ha aiutato a decidere le domande da porre? In che modo?

IN TEORIA

Un **insieme** è un gruppo di oggetti (concreti o astratti) definito in modo che sia sempre possibile stabilire senza ambiguità se un oggetto vi appartiene o meno.

Gli oggetti contenuti in un insieme si chiamano **elementi**.
Noi ci occuperemo principalmente di *insiemi di numeri*.
Generalmente gli insiemi si indicano con lettere maiuscole e gli elementi con lettere minuscole.
L'espressione $a \in A$ significa «a appartiene all'insieme A».
L'espressione $b \notin A$ significa «b non appartiene all'insieme A».

Un insieme può essere rappresentato in diversi modi:

- **elencando** gli elementi che ne fanno parte:

  $P = \{0; 1; 2; 3; 4\}$;

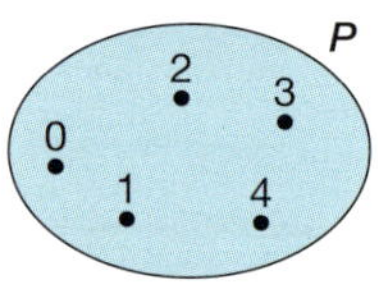

- rappresentando gli elementi dentro una linea chiusa che simboleggia l'insieme (**diagramma di Eulero-Venn**);
- specificando **le caratteristiche** che un oggetto deve possedere per far parte dell'insieme:

  $P = \{n \in \mathbb{N}$ tali che $n < 5\}$,

  cioè nell'insieme P sono contenuti tutti i numeri naturali minori di 5.

Un insieme può avere finiti o infiniti elementi.

PER ESEMPIO L'insieme che contiene i numeri naturali maggiori di 5 contiene infiniti elementi.

L'**insieme vuoto** è l'insieme senza elementi e si indica con il simbolo $\varnothing$.

Le operazioni tra insiemi

- L'**unione** di due insiemi A e B è l'insieme che contiene sia gli elementi di A sia quelli di B. Si indica con il simbolo $\cup$:

  $A \cup B = \{n$ tali che $n \in A$ **oppure** $n \in B\}$

  PER ESEMPIO Se $A = \{1; 3; 5; 7; 9\}$ e $B = \{1; 2; 3; 5\}$, allora $A \cup B = \{1; 2; 3; 5; 7; 9\}$.

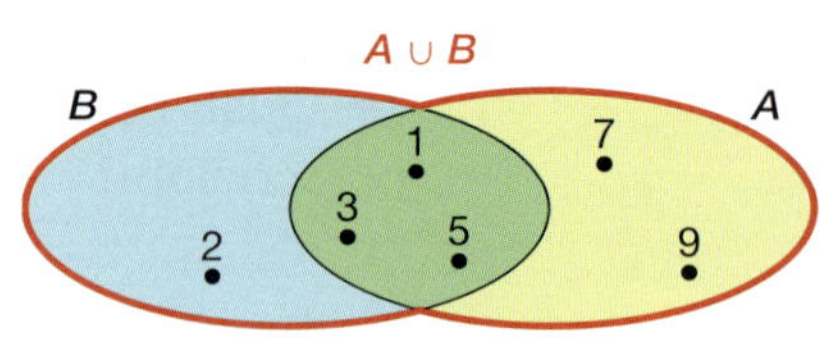

- L'**intersezione** tra due insiemi A e B è l'insieme che contiene gli elementi *comuni* ad A e B e nessun altro elemento. Si indica con il simbolo $\cap$:

  $A \cap B = \{n$ tali che $n \in A$ **e** $n \in B\}$

  PER ESEMPIO Se $A = \{1; 3; 5; 7; 9\}$ e $B = \{1; 2; 3; 5\}$, allora $A \cap B = \{1; 3; 5\}$.

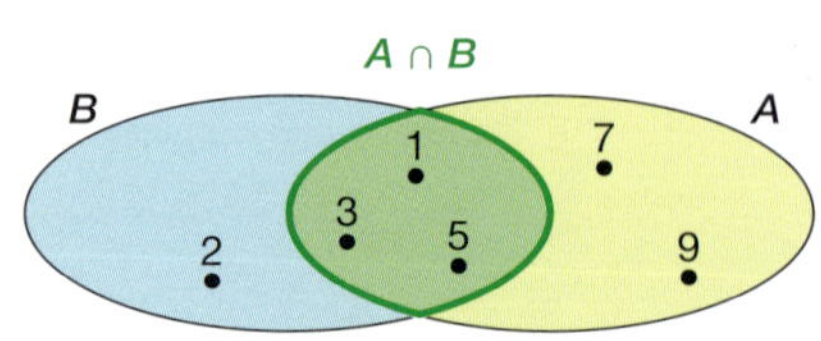

- Se tutti gli elementi di un insieme C sono anche elementi di un altro insieme A, si dice che C è **sottoinsieme** di A e si indica con il simbolo $\subseteq$.

  PER ESEMPIO Se $A = \{1; 3; 5; 7; 9\}$ e $C = \{1; 3\}$, allora $C \subseteq A$.

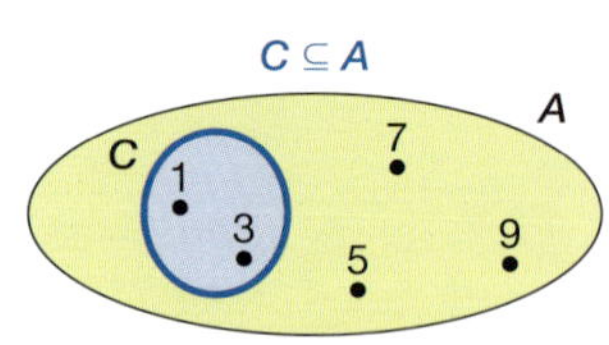

IN PRATICA

[A] Quando possiamo dire che un gruppo di oggetti è un insieme?

Un gruppo di oggetti è un insieme se possiamo stabilire senza dubbio se un oggetto appartiene o meno a tale gruppo.

PER ESEMPIO

- *I numeri dispari* formano un insieme.
- *Le persone alte* non formano un insieme, perché non esiste un criterio oggettivo per valutare se una persona è alta o no.
- *Le persone più alte di 1,80 m* formano un insieme.
- *I numeri né troppo grandi né troppo piccoli* non formano un insieme.
- *I numeri interi maggiori di 5 e minori di 25* formano un insieme.

[B] Come si determina l'unione tra due insiemi?

Considera l'insieme O degli insegnanti della tua scuola che hanno gli occhiali e l'insieme B degli insegnanti della tua scuola che hanno la barba. Quali elementi contiene $O \cup B$? L'insieme unione contiene **sia** gli elementi di un insieme **sia** quelli dell'altro, cioè quelli che hanno una caratteristica **oppure** l'altra.

$O \cup B$ è l'insieme degli insegnanti con gli occhiali **o** la barba (con una o entrambe le caratteristiche).

PER ESEMPIO Considera l'insieme A dei numeri naturali minori di 4 e l'insieme B dei numeri naturali maggiori di 20; quali elementi contiene $A \cup B$?
$A \cup B$ deve contenere i numeri naturali che sono minori di 4 **o** maggiori di 20, cioè:

$$A \cup B = \{n \in \mathbb{N} \text{ tali che } n < 4 \textbf{ oppure } n > 20\} = \{0; 1; 2; 3; 21; 22; 23; 24; \ldots\}.$$

Si tratta di un insieme infinito, perché i numeri naturali maggiori di 20 sono infiniti.

[C] Come si determina l'intersezione tra due insiemi?

Considera l'insieme O degli insegnanti della tua scuola che hanno gli occhiali e l'insieme B degli insegnanti della tua scuola che hanno la barba. Quali elementi contiene $O \cap B$? L'intersezione contiene gli elementi che appartengono a **entrambi** gli insiemi, cioè che hanno **entrambe** le caratteristiche.

$O \cap B$ è l'insieme degli insegnanti che hanno gli occhiali **e** la barba.

PER ESEMPIO

- Consideriamo l'insieme A dei numeri interi maggiori di 12 e l'insieme B dei numeri interi minori di 20; quali elementi contiene $A \cap B$?
  $A \cap B$ deve contenere i numeri interi che sono maggiori di 12 **e** minori di 20:
  $$A \cap B = \{n \in \mathbb{Z} \text{ tali che } 12 < n < 20\} = \{13; 14; 15; 16; 17; 18; 19\}.$$
- Consideriamo l'insieme M dei numeri pari e l'insieme N dei numeri naturali minori di 30.
  Quali numeri contiene $M \cap N$?
  Un elemento che appartiene all'intersezione deve essere multiplo di 2 **e** minore di 30:
  $$M \cap N = \{0; 2; 4; 6; 8; 10; 12; 14; 16; 18; 20; 22; 24; 26; 28\}.$$

PROVA TU

[A] **1** Scrivi un esempio di un gruppo di oggetti che non sia un insieme e un esempio di un gruppo di oggetti che sia un insieme.

[B] **2** Considera l'insieme C degli alunni della tua classe che giocano a calcio e l'insieme B degli alunni della tua classe che giocano a basket.
Quali elementi contiene $C \cup B$?

[C] **3** Considera gli insiemi dell'esercizio precedente. Quali elementi contiene $C \cap B$?

[B] **4** Considera gli insiemi:
$E = \{$lettere dell'alfabeto che vanno da i a p, comprese i e $p\}$;
$F = \{$lettere della parola *pollo*$\}$;
$G = \{$lettere della parola *limoni*$\}$.
Rappresenta gli insiemi con i diagrammi di Eulero-Venn e determina $F \cup G$ ed $E \cup G$.

[C] **5** Considera gli insiemi dell'esercizio precedente. Determina $F \cap G$ ed $E \cap G$.

6 Considera gli insiemi $B = \{1; 2; 3; 4\}$ e $C = \{3; 5; 7; 9\}$. Rappresenta gli insiemi con i diagrammi di Eulero-Venn e determina $B \cup C$ e $B \cap C$.

7 Considera l'insieme $B = \{1; 2; 3; 4\}$. Determina gli insiemi $B \cap \varnothing$ e $B \cup \varnothing$.

8 Considera gli insiemi $A = \{n \in \mathbb{N}$ tali che $n < 15\}$ e $B = \{n \in \mathbb{N}$ tali che $n > 8\}$. Determina $A \cup B$ e $A \cap B$.

9 Considera gli insiemi $A = \{n \in \mathbb{N}$ tali che $n < 8\}$ e $B = \{n \in \mathbb{N}$ tali che $n > 16\}$. Determina $A \cup B$ e $A \cap B$.

10 **INDIVIDUARE COLLEGAMENTI E RELAZIONI** L'insieme A, definito dall'espressione «tutte le donne bionde», si può descrivere tramite altri due insiemi.
Individuali e decidi se A è la loro intersezione o unione.

11 **INDIVIDUARE COLLEGAMENTI E RELAZIONI** L'insieme B, definito dall'espressione «le auto e le motociclette del parcheggio», si può descrivere tramite altri due insiemi.
Individuali e decidi se B è la loro intersezione o unione.

12 **INDIVIDUARE COLLEGAMENTI E RELAZIONI** Considera la frase «tutti coloro che devono sostenere sia l'esame di francese sia l'esame di inglese, si rechino nella stanza 20» e riscrivila usando il linguaggio degli insiemi.

13 **INDIVIDUARE COLLEGAMENTI E RELAZIONI** Considera l'insieme S dei passeggeri di un autobus che sono seduti e l'insieme P dei passeggeri dello stesso autobus che devono scendere alla fermata successiva. Riscrivi la seguente affermazione senza usare simboli o termini matematici: «ogni elemento di $P \cap S$ è pregato di alzarsi per tempo».

Esercizi a pag. 36

Esercizi a pag. 36

I numeri naturali e la notazione scientifica

2

EFFETTUARE STIME E APPROSSIMAZIONI

GIOCHIAMO CON LA MENTE

Quanti sono?

► Prova a stimare in modo approssimativo quante persone ci sono:

in una classe 25 ....

in una scuola ....

in un teatro ....

in uno stadio ....

in un treno passeggeri ....

a Torino ....

a Roma ....

a New York ....

in Italia ....

in Germania ....

in Europa ....

in Africa ....

negli USA ....

in Cina ....

sulla Terra ....

nel Sistema Solare ....

► Qual è la caratteristica dei numeri che hai scritto che permette di confrontare la loro grandezza?

....

► Cerca di esprimere in modo intuitivo le seguenti quantità.

100 chicchi di riso un cucchiaio ....

50 000 € ....

100 000 libri ....

3 000 000 di foglie ....

....

10 piani ....

20 000 pagine ....

100 000 000 di capelli ....

8 000 000 di litri d'acqua ....

5 000 000 000 000 di granelli di sabbia ....

Sull'eBook ti proponiamo un'altra attività come questa.

TEORIA

IN TEORIA

I numeri naturali

I numeri che si usano per contare si chiamano **numeri naturali**. L'insieme che formano si indica con $\mathbb{N}$.

$$\mathbb{N} = \{0; 1; 2; 3; 4; \ldots\}$$

I numeri naturali possono essere rappresentati su una retta orientata, che chiameremo **retta numerica**.

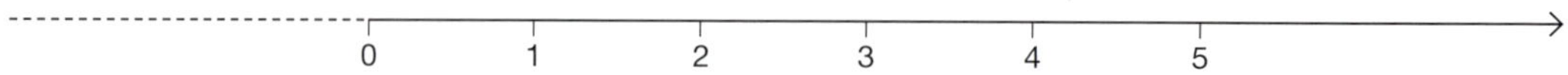

Il sistema che usiamo abitualmente per rappresentare i numeri è un **sistema posizionale**, cioè il valore di ogni cifra che compone il numero dato dipende dalla posizione che occupa. Grazie a questa caratteristica, possiamo capire se un numero è molto grande o molto piccolo semplicemente osservando da quante cifre è composto.

PER ESEMPIO

- Il numero 79 120 000 è composto da 8 cifre, quindi la prima cifra a sinistra, il 7, corrisponde alle decine di milioni.
- Il numero 536 000 è composto da 6 cifre, quindi la prima cifra a sinistra, il 5, corrisponde alle centinaia di migliaia.

La notazione scientifica

Il modo più chiaro per rappresentare numeri molto grandi, in cui compaiono tanti zeri, è la **notazione scientifica**. Un numero è in notazione scientifica quando è scritto come prodotto di un numero decimale, maggiore o uguale a 1 e minore di 10, per una potenza di 10.

RICORDA La potenza 10^n è uguale al numero composto dalla cifra 1 seguita da n zeri: $10^5 = 100\,000$, $10^8 = 100\,000\,000$.

PER ESEMPIO

- Il numero 80 miliardi (80 000 000 000) si può scrivere nel modo seguente:
  $80\,000\,000\,000 = 8 \cdot 10\,000\,000\,000 = 8 \cdot 10^{10}$.
- Il numero 79 120 000 in notazione scientifica diventa:
  $7{,}912 \cdot 10^7$.
- Il numero 536 000 in notazione scientifica diventa:
  $5{,}36 \cdot 10^5$.

Se ci interessa sottolineare solo il valore approssimativo di un numero espresso in notazione scientifica, possiamo evitare di specificare alcune cifre: per avere un'idea di quanto sia grande, basta indicare le cifre che occupano le posizioni di valore maggiore. Approfondiremo questo argomento nel capitolo 2.

PER ESEMPIO

- 79 120 000 può essere approssimato come $7{,}9 \cdot 10^7$;
- 536 000 può essere approssimato come $5 \cdot 10^5$.

Vedremo che la notazione scientifica è utile anche per rappresentare numeri molto piccoli.

IN PRATICA

[A] Come si scrive un numero in notazione scientifica?

Per scrivere un numero in notazione scientifica, dobbiamo spostare la virgola in modo da ottenere un numero decimale che sia compreso tra 1 (incluso) e 10 (escluso). Per compensare lo spostamento della virgola, moltiplichiamo la parte decimale per una potenza di 10, di esponente uguale al numero di posizioni di cui abbiamo spostato la virgola.

PER ESEMPIO

- $3\,746\,250\,000 = 3{,}746\,25 \cdot 10^9$, perché la virgola è stata spostata di 9 posizioni verso sinistra.
- Il numero degli abitanti della Terra è circa 7 miliardi. Di questo numero non sono note tutte le cifre: le unità e le decine cambiano di secondo in secondo, quindi non è significativo precisarne il valore. Del numero 7 000 000 000 l'unica cifra certa è il 7. Scritto in cifre, il numero *7 miliardi* è:

  7 000 000 000.

  In notazione scientifica:

  $7 \cdot 10^9$.

- La massa della Terra è circa $5{,}97 \cdot 10^{24}$ kg. Questo numero è scritto in notazione scientifica. Per scriverlo nella notazione ordinaria, dobbiamo tenere conto del fatto che sarà composto da 25 cifre (una in più dell'esponente del 10):

  $5{,}97 \cdot 10^{24}$ kg = 5 970 000 000 000 000 000 000 000 kg.

  Poiché le cifre dopo il 7 sono sconosciute, le indichiamo con degli zeri, tenendo conto del fatto che non sono cifre esatte. Non è necessario specificare le cifre che seguono il 7 per avere l'idea della grandezza della massa: è sufficiente vedere quante sono le posizioni dopo la cifra 7.

[B] Come si eseguono i calcoli con numeri in notazione scientifica?

Per moltiplicare o dividere due numeri in notazione scientifica, moltiplichiamo o dividiamo tra loro rispettivamente i numeri decimali e le potenze di 10 separatamente; per queste ultime si possono applicare le proprietà delle potenze.

PER ESEMPIO

- $2 \cdot 10^5 \cdot 3 \cdot 10^4 = (2 \cdot 3) \cdot (10^5 \cdot 10^4) = (2 \cdot 3) \cdot 10^{5+4} = 6 \cdot 10^9$
- $(8 \cdot 10^8) : (4 \cdot 10^3) = (8 : 4) \cdot (10^8 : 10^3) = (8 : 4) \cdot 10^{8-3} = 2 \cdot 10^5$

In questo modo è possibile fare a mente calcoli tra numeri molto grandi.

PER ESEMPIO Vogliamo stimare quanti abitanti per kilometro quadrato ci sono mediamente sulla Terra.
Abbiamo visto sopra che gli abitanti della Terra sono $7 \cdot 10^9$; la superficie delle terre emerse ammonta a circa $1{,}5 \cdot 10^8$ km^2; possiamo quindi determinare il rapporto tra numero di abitanti e superficie (detta **densità di popolazione**):

$$\text{densità} = \frac{\text{numero di abitanti}}{\text{superficie}} = \frac{7 \cdot 10^9}{1{,}5 \cdot 10^8} = \frac{7}{1{,}5} \cdot 10^{9-8} = 4{,}7 \cdot 10^1 = 47 \text{ ab/km}^2.$$

PROVA TU

[A] **1** Scrivi i seguenti numeri in notazione scientifica.

a. 12 300 000 000
b. 36 450 000 000
c. 999 000 000 000 000 000
d. 7600

[A] **2** Scrivi i seguenti numeri in notazione ordinaria.

a. $3,66 \cdot 10^6$
b. $5,22 \cdot 10^8$
c. $8,0 \cdot 10^{12}$
d. $9,6 \cdot 10^{11}$

[B] **3** Calcola le seguenti moltiplicazioni.

a. $(2,3 \cdot 10^5) \cdot (3,6 \cdot 10^7)$
b. $(8,8 \cdot 10^{11}) \cdot (4,5 \cdot 10^4)$

[B] **4** Calcola le seguenti divisioni.

a. $(2,1 \cdot 10^{15}) : (1,5 \cdot 10^7)$
b. $(6,6 \cdot 10^{10}) : (5,5 \cdot 10^4)$

5 Calcola quanti secondi ci sono in un millennio (trascura il fatto che alcuni anni sono bisestili) ed esprimi il risultato in notazione scientifica, con la parte decimale composta da due cifre.

[B] **6** In Italia ci sono circa 38 000 000 di automobili e si calcola che ciascuna percorra mediamente 12 000 km all'anno. Considera che il consumo medio di un'auto è di circa 13 km/L.

a. Stima approssimativamente il carburante necessario ogni anno per il parco auto italiano.
b. Esprimi il risultato in notazione scientifica.

7 **EFFETTUARE STIME E APPROSSIMAZIONI** Quanti bicchieri d'acqua bevi mediamente in un giorno? Usa questo dato per stimare quanti bicchieri d'acqua beve una persona nella sua vita. Esprimi il risultato in notazione scientifica.

8 **EFFETTUARE STIME E APPROSSIMAZIONI** Stima quante persone dovrebbero darsi la mano per fare un girotondo lungo l'Equatore (se non ci fosse l'oceano di mezzo...). Esprimi il risultato in notazione scientifica. Quanti gruppi con questo numero di persone si possono fare con la popolazione terrestre?

9 Il racconto di Italo Calvino *Gli anni luce* comincia così:

Una notte osservavo come al solito il cielo col mio telescopio. Notai che da una galassia lontana cento milioni d'anni luce sporgeva un cartello. C'era scritto: TI HO VISTO. Feci rapidamente il calcolo: la luce della galassia aveva impiegato cento milioni d'anni a raggiungermi e siccome di lassù vedevano quello che succedeva qui con cento milioni d'anni di ritardo, il momento in cui mi avevano visto doveva risalire a duecento milioni d'anni fa.

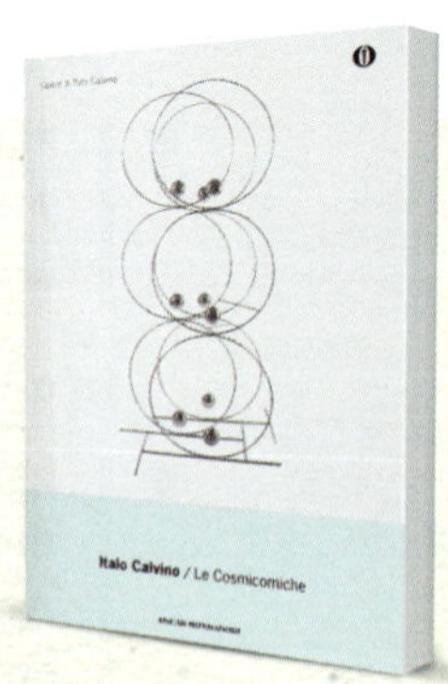

Sapendo che la velocità è il rapporto tra spazio percorso e tempo impiegato, sai dire a che distanza, in kilometri, si trova la galassia da cui il protagonista è stato visto?

Esercizi a pag. 36

Esercizi a pag. 39

I numeri primi, il mcm e il MCD

3

INDIVIDUARE COLLEGAMENTI E RELAZIONI

GIOCHIAMO CON LA MENTE

Stessi quadretti, diversi rettangoli

► In quanti modi puoi costruire un rettangolo composto da 6 quadretti? Non considerare le diverse rotazioni, per esempio conta come uno il rettangolo di dimensioni $6 \cdot 1$ e quello di dimensioni $1 \cdot 6$.
Disegna le varie possibilità.

....

► In quanti modi puoi costruire un rettangolo composto da 12 quadretti? Sono maggiori o minori del caso precedente?

....

► Prova a rispondere alla stessa domanda nel caso di rettangoli composti da 5, 7 e 13 quadretti.

....

► In che modo il numero di quadretti influisce sul numero di rettangoli diversi che puoi costruire? Un maggior numero di quadretti corrisponde sempre a un maggior numero di possibilità di costruzione? Motiva la tua risposta.

....

Sull'eBook ti proponiamo un'altra attività come questa.

TEORIA

IN TEORIA

Multipli e divisori

Un numero naturale m è **multiplo** di un altro numero naturale a se può essere ottenuto come prodotto tra a e un altro numero naturale.

PER ESEMPIO 8 è multiplo di 2, perché:

$8 = 2 \cdot 4.$

Osserviamo che:
- ogni numero naturale è multiplo di 1, infatti $n = 1 \cdot n$;
- 0 è multiplo di ogni numero, infatti $0 = 0 \cdot n$.

I multipli di un numero sono infiniti.

Un numero naturale non nullo d è **divisore** di un numero naturale b se b è un multiplo di d.

PER ESEMPIO 3 è divisore di 15, perché:

$15 = 3 \cdot 5.$

OSSERVA 1 è divisore di ogni numero.

Esistono dei metodi per individuare particolari divisori di un numero: sono i **criteri di divisibilità**. Vediamone alcuni.

Criterio	PER ESEMPIO
Un numero è **divisibile per 2** se e solo se la cifra delle unità è uguale a 0, 2, 4, 6 o 8.	437 non è divisibile per 2; 3524 è divisibile per 2.
Un numero è **divisibile per 3** se e solo se la somma delle cifre da cui è composto è un multiplo di 3.	714 è divisibile per 3, perché la somma delle sue cifre è 12; 614 non è divisibile per 3.
Un numero è **divisibile per 5** se e solo se la cifra dell'unità è 0 o 5.	645 è divisibile per 5; 790 è divisibile per 5; 793 non è divisibile per 5.
Un numero è **divisibile per 10** se e solo se la cifra delle unità è 0.	2120 è divisibile per 10; 1000 è divisibile per 10; 101 non è divisibile per 10.

I numeri primi e la scomposizione in fattori

Un numero naturale si chiama **primo** se è diverso da 0 e da 1 e ha per divisori solo 1 e se stesso.
Un numero naturale si chiama **composto** se ha altri divisori oltre a 1 e se stesso.

PER ESEMPIO
- 13 è primo: nessuno dei numeri naturali maggiori di 1 e minori di 13 lo divide;
- 6 è un numero composto, perché 2 e 3 sono suoi divisori.

Ogni numero naturale maggiore di 1 può essere **scomposto in fattori primi**, cioè scritto come prodotto di numeri primi (e loro potenze).

PER ESEMPIO Scomponiamo in fattori primi
- il numero 105: $105 = 3 \cdot 5 \cdot 7$;
- il numero 18: $18 = 2 \cdot 3 \cdot 3 = 2 \cdot 3^2$.

Osserviamo che nel secondo, dopo aver ordinato i fattori primi, abbiamo potuto raggruppare insieme i fattori identici, scrivendoli sotto forma di potenza.

OSSERVA Anche i numeri primi possono essere scomposti in fattori primi. La loro scomposizione è formata da un solo fattore: il numero stesso. Per esempio: $13 = 13$; $7 = 7$.

Teorema. Il modo in cui un numero può essere scomposto in fattori primi è unico.

ATTENZIONE Nella definizione di numero primo abbiamo escluso i numeri 0 e 1. Se considerassimo il numero 1 come un numero primo, il teorema che abbiamo appena enunciato non sarebbe più valido: infatti potremmo scrivere la fattorizzazione di un numero in molti modi, usando ogni volta una quantità diversa di fattori 1.
Per esempio: $18 = 2 \cdot 3 \cdot 3 = 2 \cdot 3^2 = 1 \cdot 2 \cdot 3^2 = 1 \cdot 1 \cdot 2 \cdot 3^2 = 1 \cdot 1 \cdot 1 \cdot 2 \cdot 3^2 = \ldots$

Il minimo comune multiplo

Il **minimo comune multiplo** (mcm) di due o più numeri naturali è, per definizione, il minore tra i multipli comuni ai numeri dati, escluso lo 0.

PER ESEMPIO Il minimo comune multiplo di 3 e 4 è 12:

$$\text{mcm}(3; 4) = 12.$$

Infatti, se per ciascun numero scriviamo un elenco di alcuni suoi multipli, vediamo che 12 è il minore dei multipli comuni, escluso lo 0:
- multipli di 3: {0; 3; 6; 9; 12; 15; 18; 21; 24; 27; 30; 33; 36; ...};
- multipli di 4: {0; 4; 8; 12; 16; 20; 24; 28; 32; 36; ...}.

OSSERVA I multipli comuni di due o più numeri sono infiniti.

Il massimo comune divisore

Il **massimo comune divisore** (MCD) di due o più numeri naturali è, per definizione, il maggiore tra i divisori comuni ai numeri dati.

PER ESEMPIO Il massimo comune divisore di 16 e 12 è 4:

$$\text{MCD}(16; 12) = 4.$$

Infatti, se scriviamo l'elenco dei divisori di ciascun numero, vediamo che 4 è il maggiore dei divisori comuni:
- divisori di 16: {1; 2; 4; 8; 16};
- divisori di 12: {1; 2; 3; 4; 6; 12}.

OSSERVA Due o più numeri naturali hanno sempre almeno un divisore in comune: infatti il numero 1 divide tutti i numeri.

IN PRATICA

[A] Come si scompone un numero in fattori primi?

Scomponiamo in fattori primi il numero 90.

1. Per prima cosa scriviamo 90 e tracciamo una riga verticale alla sua destra.
2. Cerchiamo un divisore primo, per esempio 2, ed eseguiamo la divisione: $90 : 2 = 45$.
3. Scriviamo il divisore primo 2 a destra della riga e il quoziente 45 a sinistra, sotto il numero 90.
4. Ora cerchiamo un divisore primo di 45, per esempio 5. Calcoliamo $45 : 5$, che fa 9.
5. Di nuovo, scriviamo 5 a destra di 45, sotto il 2, e 9 sotto il 45.
6. Proseguiamo in questo modo fino a ottenere un quoziente uguale a 1.

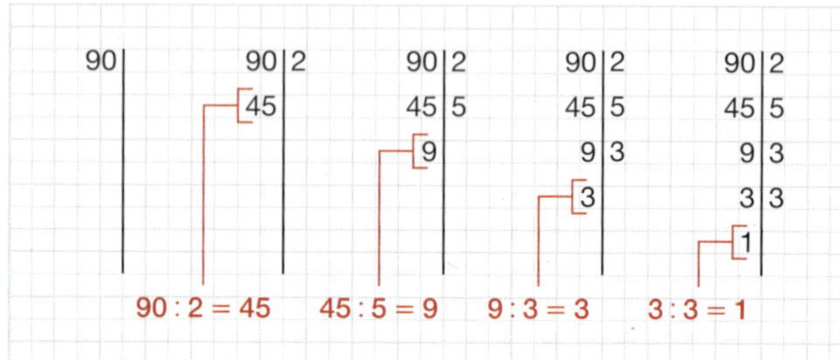

I divisori incolonnati a destra della riga sono i fattori cercati.

Di solito scriviamo i fattori in ordine crescente, esprimendo quelli ripetuti come potenza:

$$90 = 2 \cdot 3 \cdot 3 \cdot 5 = 2 \cdot 3^2 \cdot 5.$$

[B] Come si calcola il minimo comune multiplo di due numeri?

Un adulto e un bambino camminano affiancati; il passo dell'adulto è lungo 80 cm, quello del bambino 60 cm. Se partono insieme, dopo quale distanza percorsa i loro piedi saranno di nuovo allineati?

Dopo ogni passo, entrambi hanno percorso uno spazio dalla partenza che è un multiplo della lunghezza del passo, quindi i piedi saranno nuovamente allineati a una distanza pari al minimo comune multiplo della lunghezza dei due passi.

Il mcm deve essere multiplo di entrambi i numeri, quindi la sua scomposizione contiene tutti i fattori di entrambi i numeri considerati.

Scomponiamo i due numeri in fattori:

$$60 = 2^2 \cdot 3 \cdot 5; \qquad 80 = 2^4 \cdot 5.$$

Per calcolare il mcm dobbiamo usare tutti i fattori, comuni e non comuni, dell'uno e dell'altro numero. Scriviamo quelli comuni con l'esponente più alto con cui compaiono e poi aggiungiamo quelli non comuni:

$$\text{mcm}(60; 80) = 2^4 \cdot 3 \cdot 5 = 240.$$

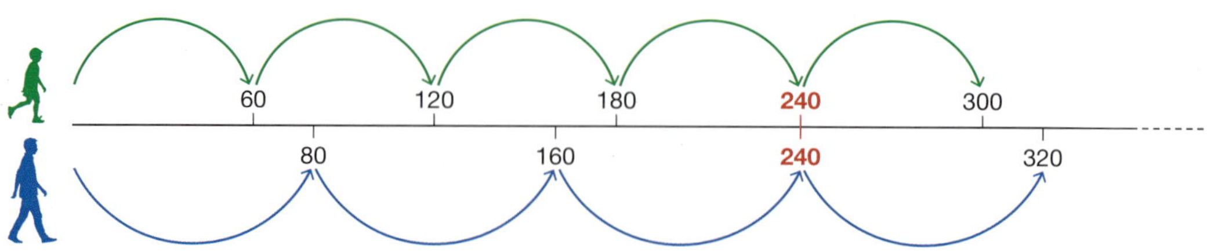

▲ **ATTENZIONE** Se uno dei due numeri è multiplo dell'altro, non serve procedere con la scomposizione: il numero che è multiplo dell'altro è anche il mcm dei due.

[C] Come si calcola il massimo comune divisore di due numeri?

Vogliamo tagliare due corde in pezzi più piccoli, tutti di uguale lunghezza, in modo che non ci siano avanzi. Le due corde sono lunghe 126 cm e 105 cm. Qual è la massima lunghezza che possono avere i pezzetti tagliati?
Se non vogliamo avanzi, dobbiamo tagliare le corde in modo che la lunghezza dei pezzi più piccoli sia un divisore delle lunghezze iniziali. Inoltre, affinché i pezzi tagliati siano più lunghi possibile, le loro lunghezze devono essere il massimo comune divisore delle lunghezze iniziali.
Il MCD deve essere un divisore di entrambi i numeri, quindi nella sua fattorizzazione dovranno comparire i fattori comuni dei due numeri.
Scomponiamo i due numeri in fattori:

$$126 = 2 \cdot 3^2 \cdot 7; \qquad 105 = 3 \cdot 5 \cdot 7.$$

Prendiamo solo i fattori comuni ai due numeri, con l'esponente più basso con cui compaiono:

$$\text{MCD}(126; 105) = 3 \cdot 7 = 21.$$

ATTENZIONE Se uno dei due numeri è divisore dell'altro, non è necessario scomporre in fattori: il numero che è divisore dell'altro è anche il MCD dei due.

[D] Che cos'è l'algoritmo di Euclide?

Esiste un altro metodo per calcolare il MCD di due numeri, senza fattorizzarli: si chiama **algoritmo di Euclide**.
Il procedimento di Euclide è il seguente.

- Dati due numeri naturali, che indichiamo con a e b, con $b \neq 0$ e $a > b$, calcoliamo il quoziente q e il resto r della divisione intera.
- Se $r = 0$, allora b è il MCD di a e b.
- Se invece $r \neq 0$, ripetiamo la divisione, utilizzando b e r rispettivamente al posto di a e b.

Possiamo rappresentare l'algoritmo con un diagramma di flusso, come in figura.

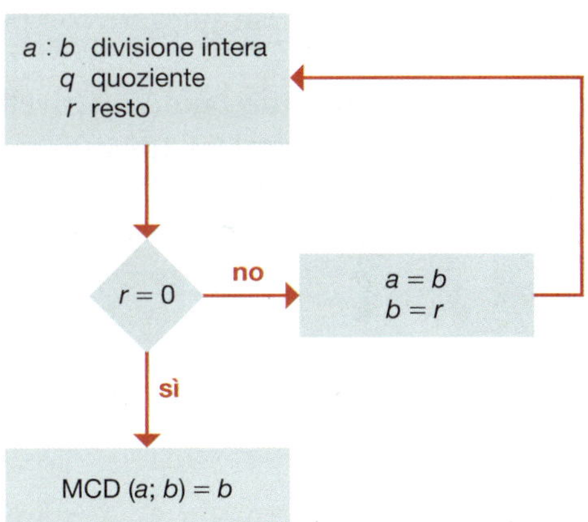

PER ESEMPIO Calcoliamo MCD(288; 104).

- Eseguiamo la divisione intera tra 288 e 104:
  $288 : 104 = 2$, con resto 80;
- il resto è $80 \neq 0$, quindi proseguiamo;
- $104 : 80 = 1$ con resto 24;
- $24 \neq 0$, quindi proseguiamo;
- $80 : 24 = 3$ con resto 8;
- $8 \neq 0$, quindi proseguiamo;
- $24 : 8 = 3$ con resto 0.

Adesso che siamo arrivati a un resto zero, possiamo dire che il MCD di 288 e 104 è il divisore dell'ultima divisione che abbiamo eseguito:

$$\text{MCD}\ (288; 104) = 8.$$

PROVA TU

1 **ARGOMENTARE** In figura c'è una tabella che contiene i numeri da 1 a 100.

1	2	3	4	5	6	7	8	9	10
11	12	13	14	15	16	17	18	19	20
21	22	23	24	25	26	27	28	29	30
31	32	33	34	35	36	37	38	39	40
41	42	43	44	45	46	47	48	49	50
51	52	53	54	55	56	57	58	59	60
61	62	63	64	65	66	67	68	69	70
71	72	73	74	75	76	77	78	79	80
81	82	83	84	85	86	87	88	89	90
91	92	93	94	95	96	97	98	99	100

Il seguente procedimento è stato elaborato dal matematico greco Eratostene, vissuto nel III secolo a.C. e si chiama Crivello di Eratostene.

- Cancella l'1, che non è primo.
- Cerchia il numero 2.
- Cancella tutti i multipli di 2, tranne il 2.
- Ora cerchia il primo numero più grande di 2 che non è stato cancellato: è il numero 3.
- Cancella tutti i multipli di 3, tranne il 3.
- Ripeti gli ultimi due passi finché tutti i numeri non saranno o cerchiati o cancellati.

I numeri cerchiati sono tutti i numeri primi compresi tra 1 e 100.

a. Quanti sono i numeri primi minori di 100? Elencali.

b. Sai spiegare con parole tue come mai il metodo funziona?

2 Utilizzando il Crivello di Eratostene descritto nell'esercizio precedente, trova i numeri primi tra 100 e 200.

3 Quali dei seguenti numeri sono primi e quali sono composti?

87; 67; 73; 91.

[A] **4** Scomponi in fattori primi i seguenti numeri.

45; 60; 80; 97; 126; 324; 539; 72; 187; 336; 630.

[B] **5** Calcola il mcm di 12, 18 e 56.

[C] **6** Calcola il MCD di 30 e 36.

[D] **7** Calcola il MCD di 72 e 84 usando l'algoritmo di Euclide.

8 Usando la fattorizzazione in numeri primi, trova:

a. la radice quadrata di 9801;

b. la radice cubica di 2 744 000.

9 **RISOLVERE PROBLEMI** Le luci di tre navi lampeggiano a intervalli regolari: una ogni 18 s, una ogni 30 s e una ogni 40 s. Se lampeggiano tutte insieme alle 10:00, a che ora lampeggeranno di nuovo insieme?

Esercizi a pag. 39

10 **RISOLVERE PROBLEMI** Giovanni ha tre nastri colorati, lunghi rispettivamente 140 cm, 168 cm, 210 cm, e vuole tagliarli in pezzi uguali senza scartare nulla.
Qual è la lunghezza massima dei pezzi che può tagliare? Quanti ne otterrà?

Esercizi
a pag. 44

Contare senza contare

4

RISOLVERE PROBLEMI

GIOCHIAMO CON LA MENTE

Quanti sono?

▶ Quanti sono i soldatini in figura? È necessario contarli uno a uno o c'è un metodo più veloce per saperlo?

▶ Un ragazzo ha a disposizione 3 magliette e 4 paia di pantaloncini. In quanti modi può vestirsi?

▶ Come hai ragionato?

▶ Cosa rappresenta ogni casella della tabella a fianco?

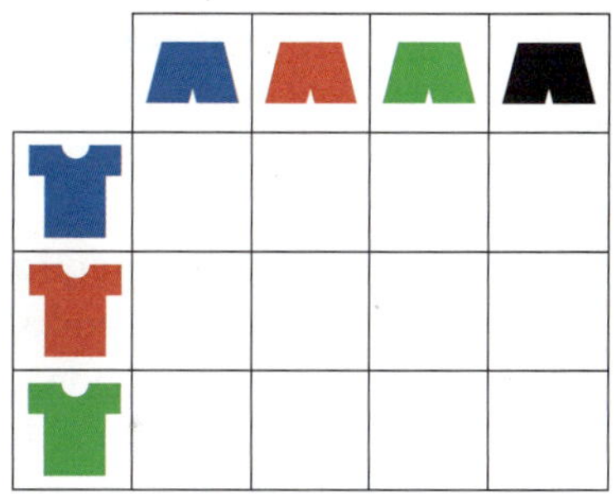

▶ Lo stesso ragazzo vuole indossare anche un cappello, che può scegliere tra 5 diversi colori. Puoi rappresentare questa situazione in una tabella?

▶ In quanti modi diversi può vestirsi?

▶ Come hai ragionato?

▶ Le targhe automobilistiche italiane sono composte da una sequenza di 2 lettere, 3 cifre e altre 2 lettere. Quante targhe è possibile realizzare con questo schema?

▶ Quante parole (anche prive di significato) puoi formare con i 3 tasselli in legno in figura? Prova a scriverle tutte.

▶ Potevi calcolare questo numero in modo più rapido?

Sull'eBook ti proponiamo un'altra attività come questa.

▶ Quante parole (anche prive di significato) di 3 lettere è possibile scrivere scegliendo tra 5 lettere diverse?

TEORIA

IN TEORIA

I numeri naturali sono nati dall'esigenza di contare; non sempre, però, per contare un gruppo di oggetti è necessario numerarli a uno a uno.
Esistono dei metodi che permettono di contare quantità, combinazioni e possibili riordinamenti di gruppi di oggetti.
Un metodo per contare velocemente oggetti ordinati o raggruppati secondo una struttura composta da livelli è moltiplicare tra loro il numero di elementi di ciascuno dei livelli che costituiscono la struttura. Vediamo un esempio per chiarire il metodo.

PER ESEMPIO Un parcheggio sotterraneo è organizzato nel seguente modo:
- il parcheggio è diviso in 5 piani;
- ogni piano è organizzato in 8 file;
- ogni fila è composta da 30 posti auto.

Vogliamo determinare il numero di posti auto del parcheggio.
Il numero di posti auto totale è dato dal numero di piani, moltiplicato per il numero di file per piano, moltiplicato per il numero di posti per fila:

$5 \cdot 8 \cdot 30 = 1200.$

Negli esempi a pagina precedente abbiamo visto che questo metodo si può usare anche per **contare le possibilità**, cioè contare in quanti modi è possibile realizzare qualcosa che richiede delle scelte successive (la disposizione di alcuni quadri da appendere a una parete, le combinazioni di cifre e lettere che compongono una targa, ...).

Principio fondamentale del calcolo combinatorio
Dovendo fare n scelte indipendenti, con S_1 possibilità per la prima scelta, S_2 per la seconda, ..., S_n per l'ultima, allora la scelta complessiva può essere fatta in:

$S_1 \cdot S_2 \cdot \ldots \cdot S_n$ modi diversi.

La scelta di S_1 può influenzare le possibilità per la scelta successiva, e così via...
Per eseguire correttamente il calcolo è necessario capire se ogni scelta effettuata diminuisce o no le possibilità di scelta successive.

PER ESEMPIO
- Ci chiediamo in quanti modi possiamo disporre 3 oggetti diversi in colonna.
  In questo caso, ogni oggetto che disponiamo è un oggetto in meno disponibile per i posti successivi.
  Pertanto, il numero di **disposizioni** possibili è:

  $3 \cdot 2 \cdot 1 = 6.$

- Domandiamoci invece ora quanti schemi possiamo realizzare disegnando 3 simboli in colonna se possiamo riutilizzare ogni simbolo.
  In questo caso possiamo cambiare i simboli fra 3 possibilità per ogni posto.
  Il numero totale di **combinazioni** è:

  $3 \cdot 3 \cdot 3 = 27.$

IN PRATICA

[A] Quante lettere contiene un libro?

Vogliamo stimare il numero dei caratteri presenti in un libro. Osserviamo che:

- le lettere sono raggruppate in righe;
- le righe sono raggruppate in pagine;
- l'insieme delle pagine forma il libro.

Stimiamo che ci siano circa:

- 60 caratteri per riga;
- 37 righe per pagina.

In un volume di 180 pagine ci saranno:

$$60 \cdot 37 \cdot 180 = 399\,600 \approx 400\,000 = 4 \cdot 10^5 \text{ caratteri.}$$

OSSERVA In questo esempio abbiamo raggruppato gli elementi da contare (le lettere) in vari sottogruppi (le lettere in righe, le righe in pagine): grazie a una moltiplicazione siamo risaliti al numero cercato.

[B] Quanti itinerari?

Nella città che stiamo visitando ci sono 4 monumenti importanti: una torre, una statua, un anfiteatro e un arco. In quanti modi possiamo organizzare il giro turistico, visitando ogni monumento una sola volta?
Scegliamo il primo monumento da visitare: abbiamo 4 possibilità. Il secondo monumento da visitare è uno dei 3 rimasti, il terzo uno dei 2 rimasti. Dopo aver scelto i primi 3 monumenti, abbiamo un'unica possibilità per il quarto: è l'ultimo rimasto.
Il numero dei possibili giri turistici è:

$$4 \cdot 3 \cdot 2 \cdot 1 = 24.$$

[C] Quante sono le possibili classifiche per i primi 3 posti?

Sei studenti corrono la finale dei 100 m al campionato scolastico. Ciascuno dei 6 studenti può vincere, quindi ci sono 6 possibilità per il primo posto. Per il secondo posto, le possibilità sono 5 (infatti non è possibile arrivare contemporaneamente primo e secondo). Analogamente, ci sono 4 possibilità per il terzo posto.
Le possibili terne di assegnazione delle medaglie sono quindi:

$$6 \cdot 5 \cdot 4 = 120.$$

[D] Quante decorazioni?

Abbiamo a disposizione 5 mascherine da stencil per decorare la parte superiore di una porta dove c'è spazio per 8 simboli. In quanti modi possiamo realizzare la decorazione?
Una volta usata una delle mascherine da stencil, questa può essere usata di nuovo, quindi per ciascuno degli 8 spazi possiamo usare tutti e 5 i disegni.
Il numero delle combinazioni possibili è:

$$\underbrace{5 \cdot 5 \cdot 5 \cdot 5 \cdot 5 \cdot 5 \cdot 5 \cdot 5}_{\text{8 volte}} = 5^8 = 390\,625.$$

Quando dobbiamo contare le **combinazioni** o le **disposizioni** di un gruppo di oggetti non è necessario elencare tutte le possibilità, ma possiamo calcolarle velocemente seguendo ragionamenti come quelli degli esempi precedenti.

PROVA TU

[A] **1** Una persona produce circa 1 kg di rifiuti al giorno. Quanti kg di rifiuti produce una famiglia di 3 persone nel corso di un anno? Considerando che 1 kg di rifiuti occupa circa 3 dm^3, quanto spazio occupano i rifiuti di un anno?

[A] **2** **EFFETTUARE STIME E APPROSSIMAZIONI** Quante volte batte il cuore, mediamente, durante la vita di una persona?

[B] **3** Sopra uno scaffale ci sono 10 libri. In quanti modi diversi si possono disporre? (Indica solo l'operazione da eseguire, senza calcolarne il risultato.)

[C] **4** Uno sportivo possiede 40 trofei e vuole disporne 8 sulla mensola sopra il caminetto. In quanti modi diversi può farlo? (Indica solo l'operazione da eseguire, senza calcolarne il risultato.)

[B] **5** In quanti modi diversi si possono disporre i 7 braccialetti che indossa la ragazza in figura?

[D] **6** Il sistema britannico per le targhe automobilistiche prevede l'uso di sette caratteri:
a. due lettere che indicano la regione e l'ufficio in cui l'auto è stata immatricolata;
b. due cifre che indicano il semestre di immatricolazione (a partire dall'1 settembre 2001);
c. tre lettere scelte in modo casuale (che si possono ripetere).
Quante auto può immatricolare un ufficio territoriale ogni anno?

Esercizi a pag. 44

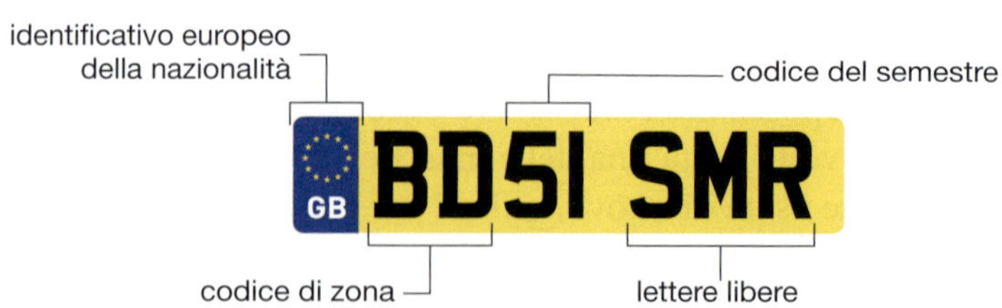

[D] **7** Gli abitanti del pianeta Hgrtyl riescono a pronunciare agevolmente qualunque sequenza di lettere. Quanti nomi di 5 lettere si possono dare a un bambino hgrtyliano?

[D] **8** **RISOLVERE PROBLEMI** Un lucchetto a combinazione ha 4 anelli, ciascuno dei quali contiene le dieci cifre. Quante combinazioni diverse si possono avere?

Esercizi
a pag. 45

I numeri interi

5

ACQUISIRE DATI E INFORMAZIONI

GIOCHIAMO CON LA MENTE

Come spendo i miei soldi?

Giovanni vuole tenere sotto controllo i suoi risparmi, quindi per un mese segna sul diario tutte le spese effettuate e le entrate.

► Riporta i dati in modo compatto nella tabella, in modo che per ogni attività appaia la variazione della somma in suo possesso e quanti soldi gli sono rimasti (saldo).

	Data	Motivo	Variazione	Saldo
1 marzo: possiedo 10 €				
2 marzo: giornalino a 6 €				
8 marzo: mancia del nonno di 10 €				
9 marzo: pizza e bibita a 11 €				

► In che modo puoi distinguere le spese dai guadagni, quando le scrivi nella tabella?

....

► Come hai calcolato il saldo dopo una nuova operazione?

....

► Aggiungi nella tabella anche le nuove operazioni.
- 17 marzo: giornalino Spiderman 6 € (Antonio mi ha prestato 3 €);
- 20 marzo: mancia della mamma 10 € (restituisco ad Antonio quanto gli devo).

► Cosa succede al saldo dopo l'acquisto del giornalino del 17 marzo?

....

► Come hai rappresentato il debito?

....

....

► Rappresenta le operazioni di Giovanni sulla retta dei numeri.

PDF

Sull'eBook
ti proponiamo
un'altra attività
come questa.

IN TEORIA

Usiamo i numeri naturali per:
- *contare* quanti oggetti ci sono in un certo gruppo;
- *identificare una posizione* rispetto a un punto di riferimento (per esempio il piano di un palazzo rispetto al piano terra).

In entrambi questi casi spesso abbiamo bisogno di indicare anche quantità negative:
- per esprimere una *mancanza* (per esempio per annotare un debito);
- per indicare di *procedere nel verso opposto* (come succede per i piani sotterranei di un edificio).

In casi come questi abbiamo bisogno di ampliare l'insieme dei numeri naturali aggiungendo i loro opposti.

Questo nuovo insieme si indica con $\mathbb{Z}$ e si chiama **insieme dei numeri interi**.

$$\mathbb{Z} = \{0; +1; -1; +2; -2; \ldots\}$$

Anche i numeri interi possono essere rappresentati sulla retta dei numeri.

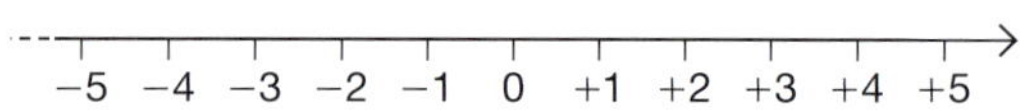

Il valore assoluto di un numero

Il **valore assoluto** (o **modulo**) di un numero è la sua distanza dallo zero ed è sempre un numero maggiore o uguale a zero.

Il valore assoluto di un numero è:
- il numero stesso se questo è positivo o nullo;
- il suo opposto se questo è negativo.

PER ESEMPIO

$|+5| = +5; \quad |-3| = +3; \quad |0| = 0.$

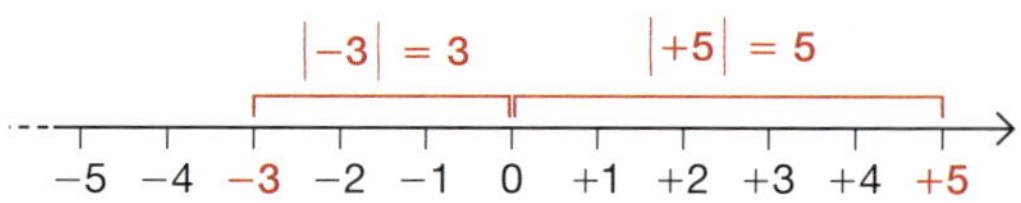

I numeri interi sono **ordinati** e per confrontarli possiamo applicare i seguenti criteri:
- se entrambi i numeri sono positivi, li ordiniamo nel modo consueto;
- se i numeri hanno segno diverso, il numero positivo è maggiore di quello negativo;
- se entrambi i numeri sono negativi, è minore quello con il valore assoluto maggiore.

PER ESEMPIO
- $+3 < +7; \quad -7 < +3;$
- $-7 < -3$, perché $|-7| > |-3|$.

OSSERVA Il minore tra due numeri è quello posto più a sinistra sulla retta dei numeri.

Le operazioni aritmetiche con i numeri interi

Se i numeri coinvolti sono entrambi positivi, le operazioni si svolgono allo stesso modo e hanno le stesse proprietà delle operazioni già definite per i numeri naturali.
Rimane invariato il *significato* delle operazioni: per esempio la distanza tra due numeri sulla linea dei numeri è espresso dalla *differenza* tra essi.

Per questo diciamo che $\mathbb{Z}$ **è un'estensione di** $\mathbb{N}$.

TEORIA

IN PRATICA

[A] Come si eseguono addizione e sottrazione con i numeri interi?

Per l'**addizione** distinguiamo 2 casi.

1. Gli addendi sono **concordi**, cioè hanno lo stesso segno.
   La somma di due numeri concordi è un numero che ha lo stesso segno degli addendi e valore assoluto uguale alla somma dei valori assoluti degli addendi.

PER ESEMPIO

$+3+(+5)=+8$
$-3+(-5)=-8$ $\quad 8=3+5$

2. Gli addendi sono **discordi**, cioè hanno segni diversi.
   La somma di due numeri discordi è un numero che ha valore assoluto uguale alla differenza dei valori assoluti ed è:
   - positivo, se è positivo il numero di valore assoluto maggiore;
   - negativo, se è negativo il numero di valore assoluto maggiore.

PER ESEMPIO

$+3+(-5)=-2$
$-3+(+5)=+2$ $\quad 5>3$ e $5-3=2$

Sottrarre un numero è equivalente a sommare il suo opposto, quindi il procedimento per la **sottrazione** tra numeri interi si può sempre ricondurre a un'addizione.

PER ESEMPIO

- $-3-(-5)=-3+(+5)=-3+5=+2$
- $-3-(+5)=-3+(-5)=-8$
- $+3-(-5)=+3+(+5)=3+5=+8$
- $+3-(+5)=+3+(-5)=-2$

[B] Come si eseguono moltiplicazione e divisione con i numeri interi?

Per **moltiplicare** o **dividere** due numeri interi è sufficiente moltiplicare o dividere i loro moduli e applicare la regola dei segni.

PER ESEMPIO	Segno dei fattori	Segno del prodotto	Valore assoluto
$(+2)\cdot(+7)=+14$	entrambi positivi	positivo	uguale al prodotto dei valori assoluti
$(-2)\cdot(-7)=+14$	entrambi negativi		
$(+2)\cdot(-7)=-14$	uno positivo e uno negativo	negativo	
$(-2)\cdot(+7)=-14$			

Regola dei segni

·	+	−
+	+	−
−	−	+

Per **elevare a potenza** un numero intero basta ricordare che la potenza è una moltiplicazione ripetuta.
- La potenza di un numero negativo è un numero negativo se l'esponente è dispari e un numero positivo se l'esponente è pari.

PER ESEMPIO

- $(-3)^3=(-3)\cdot(-3)\cdot(-3)=+9\cdot(-3)=-27$;
- $(-3)^4=(-3)\cdot(-3)\cdot(-3)\cdot(-3)=(+9)\cdot(+9)=+81$.

- La potenza di un numero positivo è sempre un numero positivo.

PROVA TU

1 Discuti quali tra le seguenti grandezze possono essere espresse anche da numeri negativi:

a. la temperatura dell'aria;
b. l'altezza di una persona;
c. il peso di un'automobile;
d. il saldo di un conto corrente;
e. la durata di un film;
f. la posizione di un luogo rispetto al livello del mare;
g. la velocità di un aereo.

2 Riempi gli spazi bianchi nelle seguenti frasi.

a. Se "-6" rappresenta 6 m sotto il livello del mare, allora "$+30$" rappresenta .... 30 m sul livello del mare.

b. Se "$+40$" rappresenta un deposito di 40 € in banca, allora un ritiro di 35 € si rappresenta con ....

c. Se "-60" rappresenta una rotazione in senso orario di 60°, allora "$+30$" rappresenta ....

d. Se "$+45$" rappresenta uno spostamento di 45 km di un'automobile verso est, allora "-45" ....

3 Completa con il simbolo $<$ o $>$.

a. 16 ...<... 60
b. -3 3
c. -6 8
d. 30 .... -31
e. -2 0
f. 9 .... -9

4 Rappresenta sulla retta numerica i seguenti numeri.

a. $0; 4; 6; -4; 2; -2;$
b. gli interi maggiori di -4 e minori di 4;
c. gli interi positivi minori di 10;
d. gli interi negativi maggiori di -7.

Calcola le seguenti espressioni (esercizi da 5 a 7).

[A] **5** **a.** $9+(-2)$ **b.** $-7+4$ **c.** $-6+(-8)$ **d.** $27+(-13)$ **e.** $-25+11$ **f.** $14+(-16)$ **g.** $-12+(-15)$ **h.** $+7+(+6)$

[B] **6** **a.** $-12 \cdot 7$ **b.** $4 \cdot (-5) \cdot (-6)$ **c.** $-600 : 15$ **d.** $50 : (-2) : (-5)$

[B] **7** **a.** $(-2)^4$ **b.** $(-5)^3$ **c.** $(-10)^3$ **d.** $(+6)^2$

8 La temperatura di una città durante la notte tocca i -5 °C. La mattina risale di 3 °C. Quale temperatura raggiunge?

9 **ANALIZZARE DATI E GRAFICI** La figura mostra un termometro. Calcola la differenza tra le temperature indicate dai punti *A* e *B*.

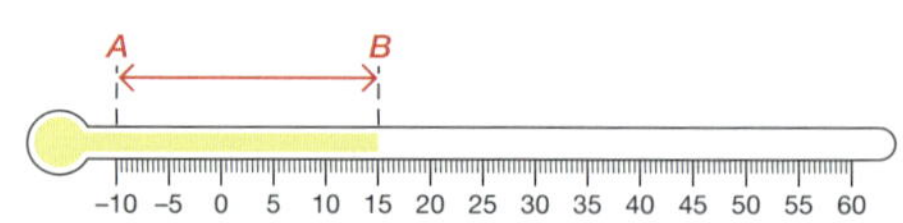

10 Una località di villeggiatura *C* si trova a 314 m sul livello del mare. Un'attrazione turistica *D* è sul fondo di una valle, a 165 m sotto il livello del mare. Indica l'altitudine di *D* usando un numero negativo e poi calcola la differenza di altitudine tra la località di villeggiatura e l'attrazione turistica.

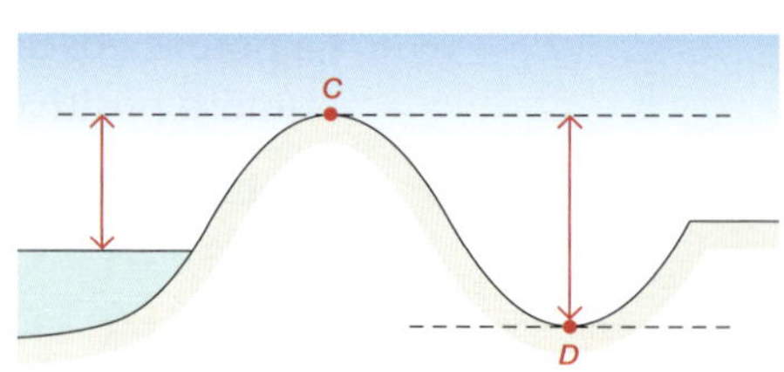

Esercizi a pag. 45

Esercizi a pag. 52

I numeri razionali

6

ARGOMENTARE

GIOCHIAMO CON LA MENTE

Quanto è alto?

Per misurare qualcosa si conta quante volte l'unità di misura è contenuta nella grandezza da misurare.

- Misura l'altezza del palazzo in figura utilizzando il metro rosso riportato a sinistra della figura stessa.

  altezza = ...

- Come hai stabilito la misura? Descrivi il procedimento.

  ....

  ....

  ....

  ....

  ....

- Come puoi migliorare la precisione della misura?

  ....

  ....

- Riporta una misura più precisa: ....

Osserva ora gli edifici A, B e C in figura.
Per fare un confronto tra grandezze omogenee (cioè dello stesso tipo) puoi considerare la loro **differenza** oppure il loro **rapporto**.

- Confronta i tre edifici con entrambi i metodi e compila la tabella (usa il numero di piani come unità di misura).

Edifici	Differenza	Rapporto
A e B		
B e C		
A e C		

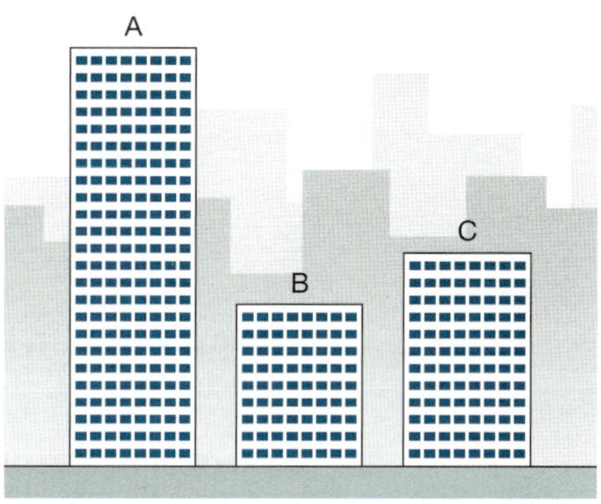

- Quale informazione mette in evidenza il confronto espresso come differenza? E quale informazione fornisce il confronto espresso come rapporto?

  ....

  ....

  ....

Sull'eBook ti proponiamo un'altra attività come questa.

TEORIA

IN TEORIA

Le frazioni

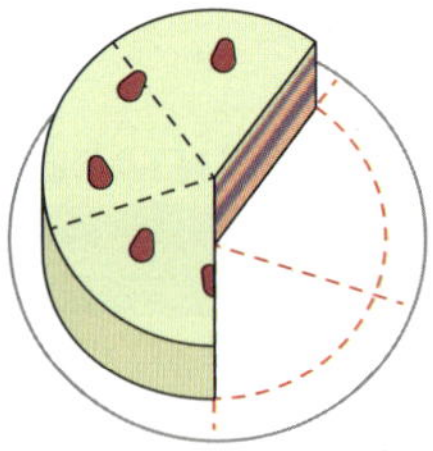

Le frazioni possono servire a diversi scopi:
- «contare» parti non intere degli oggetti considerati (per esempio, «Ho mangiato due quinti della torta», «Ho avuto uno sconto del 20% sull'acquisto del forno»);
- *confrontare* due grandezze omogenee: il rapporto tra due grandezze esprime quante volte una può essere contenuta nell'altra e rende intuitivo il confronto (per esempio, «Il mio stipendio è due terzi del tuo»);
- determinare l'*entità della parte* che stiamo considerando (per esempio, «Quanto spendo, se ho uno sconto del 20%?»).

Questi tre modi di utilizzare le frazioni sono connessi e ciascuno può essere spiegato a partire da un altro. Li distinguiamo solo per comodità.

Una **frazione** è il rapporto tra due numeri interi a e b, con b diverso da zero. Si scrive con i due numeri in colonna, separati da una barretta orizzontale.

$\frac{a}{b}$, dove $b \neq 0$

a si chiama **numeratore** e b **denominatore**.

Due frazioni sono **equivalenti** quando i prodotti incrociati di numeratori e denominatori sono uguali.

PER ESEMPIO Le frazioni $\frac{3}{7}$ e $\frac{9}{21}$ sono equivalenti, poiché $3 \cdot 21 = 7 \cdot 9$.

Una frazione è **ridotta ai minimi termini** quando il MCD di numeratore e denominatore è 1.

PER ESEMPIO $\frac{3}{7}$ è ridotta ai minimi termini; $\frac{9}{21}$ non lo è, poiché $\text{MCD}(9; 21) = 3$.

Ogni frazione corrisponde a un numero decimale, risultato della divisione tra numeratore e denominatore. Il numero decimale può essere:
- **finito** (cioè con parte decimale finita),

  $\frac{1}{8} = 1 : 8 = 0{,}125;$
- **periodico** (con parte decimale infinita di cui una parte si ripete uguale a se stessa),

  $\frac{37}{30} = 37 : 30 = 1{,}2333\ldots = 1{,}2\bar{3}.$

  1 è la parte intera — 2 è l'antiperiodo — 3 è il periodo

D'altra parte, tutti i numeri decimali finiti o periodici sono scrivibili in forma di frazione.

I numeri razionali

I numeri che possono essere rappresentati come frazioni si chiamano **numeri razionali** e l'insieme che formano è indicato con $\mathbb{Q}$.

Non esiste un unico modo di rappresentare un numero razionale: infinite frazioni tra loro equivalenti sono una rappresentazione dello stesso numero decimale.

PER ESEMPIO Il numero rappresentato dalla frazione $\frac{3}{4}$ può essere rappresentato da tutte le frazioni equivalenti:

$$\frac{3}{4} = \frac{6}{8} = \frac{9}{12} = \dots$$

ma anche da un numero decimale:

$$\frac{3}{4} = 3 : 4 = 0{,}75.$$

OSSERVA Tutte le frazioni equivalenti tra loro rappresentano lo stesso numero razionale, cioè sono numeri uguali tra loro.

Un numero intero può essere rappresentato con una frazione che ha come numeratore il numero stesso e denominatore 1 e con tutte le frazioni equivalenti.

PER ESEMPIO

- $4 = \frac{4}{1} = \frac{8}{2} = \dots$
- $-7 = \frac{-7}{1} = \frac{7}{-1} = \frac{-14}{2} = \dots$

Per questo ogni numero intero è anche razionale; dunque diciamo che $\mathbb{Q}$ **è un'estensione di** $\mathbb{Z}$.

Le potenze a esponente negativo

Possiamo ridurre la seguente frazione ai minimi termini:

$$\frac{10^2}{10^5} = \frac{10^2 : 10^2}{10^5 : 10^2} = \frac{1}{10^3}.$$

Una frazione indica il risultato della divisione tra numeratore e denominatore quindi, per le proprietà della divisione tra potenze con la stessa base, otteniamo:

$$\frac{10^2}{10^5} = 10^2 : 10^5 = 10^{2-5} = 10^{-3}.$$

Possiamo dunque affermare che: $10^{-3} = \frac{1}{10^3}$.

La **potenza con esponente negativo** equivale al reciproco della frazione di base, elevato all'esponente opposto.

$$\left(\frac{a}{b}\right)^{-n} = \left(\frac{b}{a}\right)^n$$

PER ESEMPIO

- $\left(\frac{3}{4}\right)^{-2} = \left(\frac{4}{3}\right)^2$
- $4^{-3} = \frac{1}{4^3}$

Per le potenze con esponente negativo valgono tutte le proprietà delle potenze.

PER ESEMPIO

- $3^4 \cdot 3^{-2} = 3^{4+(-2)} = 3^2$
- $(5^3)^{-4} = 5^{3(-4)} = 5^{-12}$
- $6^{-4} : 3^{-4} = (6 : 3)^{-4} = 2^{-4}$

La notazione scientifica

I numeri decimali finiti minori di 1 possono essere scritti come frazioni il cui denominatore è una potenza di 10:

$$0{,}001 = \frac{1}{1000} = \frac{1}{10^3} = 10^{-3}; \qquad 0{,}000\,02 = \frac{2}{100\,000} = \frac{2}{10^5} = 2 \cdot 10^{-5}.$$

Per questo possiamo estendere la **notazione scientifica** ai **numeri molto piccoli**, espressi in forma decimale, e scriverli come prodotto di un numero compreso tra 1 (incluso) e 10 (escluso) e una potenza negativa di 10.

PER ESEMPIO

- $0{,}000\,02 = 2 \cdot 10^{-5}$
- $0{,}0003 = 3 \cdot 10^{-4}$
- $0{,}000\,002 = 2 \cdot 10^{-6}$

TEORIA

IN PRATICA

[A] Come si passa da una frazione a una equivalente?

Se moltiplichiamo o dividiamo numeratore e denominatore di una frazione per uno stesso numero, diverso da zero, otteniamo una frazione equivalente a quella data.

PER ESEMPIO • $\frac{42}{63} = \frac{42 : 3}{63 : 3} = \frac{14}{21}$ • $\frac{14}{21} = \frac{14 \cdot 5}{21 \cdot 5} = \frac{70}{105}$

Se dividiamo numeratore e denominatore per il loro MCD, otteniamo una frazione ridotta ai minimi termini.

PER ESEMPIO Consideriamo la frazione $\frac{42}{63}$.
Il MCD(42; 63) = 21, quindi
$\frac{42}{63} = \frac{42 : 21}{63 : 21} = \frac{2}{3}$.

OSSERVA Ogni frazione è equivalente a quella ottenuta riducendola ai minimi termini.

[B] Come si eseguono le operazioni con le frazioni?

Per **sommare** o **sottrarre** due frazioni dobbiamo prima trasformarle in frazioni equivalenti con lo stesso denominatore (per esempio il mcm dei denominatori), infine sommare (o sottrarre) i numeratori.

PER ESEMPIO Calcoliamo $\frac{1}{3} + \frac{2}{5}$.
Il mcm tra 3 e 5 è 15, quindi riscriviamo due frazioni equivalenti a quelle date con denominatore 15:
$\frac{1}{3} = \frac{1 \cdot 5}{3 \cdot 5} = \frac{5}{15}$; $\frac{2}{5} = \frac{2 \cdot 3}{5 \cdot 3} = \frac{6}{15}$.
Adesso possiamo sommare i numeratori:
$\frac{1}{3} + \frac{2}{5} = \frac{5}{15} + \frac{6}{15} = \frac{5+6}{15} = \frac{11}{15}$.

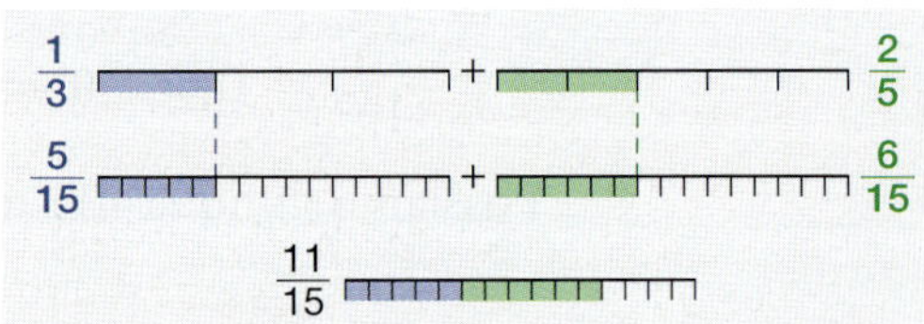

ATTENZIONE **Non** bisogna sommare i denominatori.

Per **moltiplicare** due frazioni è sufficiente moltiplicare tra loro rispettivamente i numeratori e i denominatori.

PER ESEMPIO $\frac{1}{3} \cdot \frac{2}{5} = \frac{1 \cdot 2}{3 \cdot 5} = \frac{2}{15}$

Per **dividere** due frazioni si moltiplica la prima per il reciproco della seconda.

PER ESEMPIO $\frac{1}{3} : \frac{2}{5} = \frac{1}{3} \cdot \frac{5}{2} = \frac{5}{6}$

La **potenza** di una frazione si calcola elevando all'esponente dato sia il numeratore sia il denominatore.

PER ESEMPIO $\left(\frac{2}{3}\right)^4 = \frac{2^4}{3^4} = \frac{16}{81}$

$\mathbb{Q}$ **è un'estensione di** $\mathbb{Z}$: le operazioni con i numeri razionali hanno le stesse proprietà di quelle con i numeri interi e naturali.

OSSERVA Nell'insieme $\mathbb{Q}$, la divisione è un'operazione chiusa, cioè il risultato di qualsiasi divisione tra numeri razionali è ancora un numero razionale.

[C] Come si calcola la parte di un numero?

Per calcolare la parte di un numero, moltiplichiamo la frazione che esprime tale parte per il numero.

PER ESEMPIO I due terzi di 54 sono:

$$\frac{2}{3} \cdot 54 = \frac{2 \cdot 54}{3} = 36.$$

[D] Come si trasforma una frazione in numero decimale?

Per trasformare una frazione in numero decimale si esegue la divisione tra numeratore e denominatore.

PER ESEMPIO • $\frac{3}{4} = 3 : 4 = 0,75$ • $\frac{5}{3} = 5 : 3 = 1,666\ldots = 1,\bar{6}$

[E] Come si trasforma un numero decimale in frazione?

Dobbiamo distinguere due casi.

1. **Numero decimale limitato.** Scriviamo una frazione che ha per numeratore il numero scritto senza la virgola e per denominatore un 1 seguito da tanti zeri quante sono le cifre decimali. È possibile che la frazione ottenuta sia riducibile ai minimi termini.

PER ESEMPIO $0,35 = \frac{35}{100} = \frac{7}{20}$

2. **Numero periodico.** Poniamo:
   - come numeratore il numero scritto senza la virgola meno lo stesso numero senza il periodo;
   - come denominatore un numero formato da tanti 9 quante sono le cifre del periodo, seguiti da tanti 0 quante sono le cifre dell'antiperiodo.

PER ESEMPIO $1,\bar{3} = \frac{13-1}{9} = \frac{12}{9} = \frac{4}{3}$; $6,43\bar{5} = \frac{6435-643}{900} = \frac{5792}{900} = \frac{1448}{225}$.

[F] Come si usano le percentuali?

Una percentuale è una frazione con denominatore 100:

$$20\% = \frac{20}{100}; \quad 1\% = \frac{1}{100}.$$

Poiché sono frazioni, anche le percentuali si usano per indicare una parte di una grandezza: il 50% di qualcosa ne è la metà, perché 50 è la metà di 100:

$$\frac{50}{100} = \frac{1}{2}.$$

Analogamente, il 25% significa $\frac{1}{4}$.

PER ESEMPIO Calcoliamo il nuovo prezzo di un televisore da 350 € scontato del 15%. Possiamo procedere in due modi.

- Prima calcoliamo lo sconto e poi sottraiamo lo sconto dal prezzo iniziale.
  Lo sconto è di: 15% di 350 € $= \frac{15}{100} \cdot 350$ € $= 52,50$ €
  Il prezzo scontato del televisore è:
  350 € − 52,50 € = 297,50 €.
- Calcoliamo direttamente il prezzo scontato. Se lo sconto è del 15%, il nuovo prezzo sarà l'85% dell'originale (perché 100 − 15 = 85), quindi:
  85% di 350 € $= \frac{85}{100} \cdot 350$ € $= 297,50$ €.

TEORIA

PROVA TU

[A] **1** Individua tra le seguenti frazioni quelle tra loro equivalenti.
a. $\frac{15}{16}$; **b.** $\frac{8}{12}$; **c.** $\frac{7}{4}$; **d.** $\frac{2}{3}$; **e.** $\frac{28}{16}$; **f.** $\frac{30}{32}$; **g.** $\frac{4}{7}$; **h.** $\frac{1}{2}$.

[A] **2** Riduci le seguenti frazioni ai minimi termini.
a. $\frac{49}{98}$; **b.** $\frac{3}{13}$; **c.** $\frac{3}{12}$; **d.** $\frac{72}{111}$; **e.** $\frac{25}{100}$.

3 Rappresenta sulla retta numerica le frazioni dell'esercizio 2, ridotte ai minimi termini.

[B] **4** Svolgi le seguenti espressioni.
a. $6+\frac{1}{5}+\left(-2+\frac{3}{10}\right)$
b. $-\frac{7}{4}-\left(-\frac{5}{6}\right)-\left(1+\frac{1}{3}\right)$
c. $\frac{1}{3}+\frac{4}{9}\cdot\left(-\frac{1}{2}\right)^2$

[B] **5** Svolgi le seguenti espressioni.
a. $\left(\frac{4}{7}\right)^{-2}\cdot\frac{10}{21}-\left(\frac{8}{15}\right)^{-1}$
b. $\left(\frac{2}{5}\right)^{-5}\cdot\left(\frac{5}{2}\right)^{3}:\left(\frac{2}{5}\right)^{-2}$

6 Scrivi i seguenti numeri in notazione scientifica.
a. 0,000 067 2
b. 0,003
c. 0,5
d. 0,000 300 04

[C] **7** **RISOLVERE PROBLEMI** Nora ha svolto attività di volontariato il mese scorso, per un totale di 8 ore e un quarto. L'assistenza anziani è stata la sua attività prevalente e ha dedicato a essa i $\frac{4}{7}$ del tempo. Determina il tempo riservato a questa attività con una frazione.

[D] **8** Trasforma le seguenti frazioni in numeri decimali.
a. $\frac{11}{13}$; **b.** $\frac{23}{10}$; **c.** $\frac{23}{100}$; **d.** $\frac{4}{6}$; **e.** $\frac{7}{8}$.

[E] **9** Scrivi i seguenti numeri decimali in frazioni ridotte ai minimi termini.
a. 0,015; **b.** $0,12\overline{3}$; **c.** $0,0\overline{45}$.

[F] **10** **RISOLVERE PROBLEMI** Il costo della benzina era di 1,445 €/L ed è aumentato dell'1,5%. Qual è il nuovo prezzo?

[F] **11** **RISOLVERE PROBLEMI** Dal 1750 a oggi la concentrazione media di CO_2 (anidride carbonica) è passata da 275 ppm (parti per milione) a 340 ppm. Esprimi la variazione in percentuale.

12 Misura la lunghezza e l'altezza del furgone in figura utilizzando l'unità di misura rossa riportata a lato.

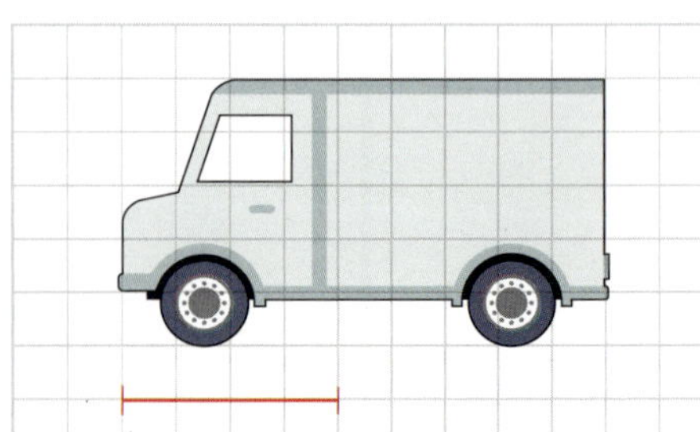

Esercizi a pag. 52

Esercizi
a pag. 67

Le proprietà delle operazioni

7

ARGOMENTARE

GIOCHIAMO CON LA MENTE

È sempre vero?

► Leggi le seguenti affermazioni a proposito delle operazioni aritmetiche e cerca di capire quali sono *sempre* vere e quali no. Per quelle che sono false, riporta negli spazi un controesempio, cioè un caso che mostri che l'affermazione è falsa.

a. Quando fai un'addizione, non importa in che ordine scrivi gli addendi, ottieni sempre lo stesso risultato. V F

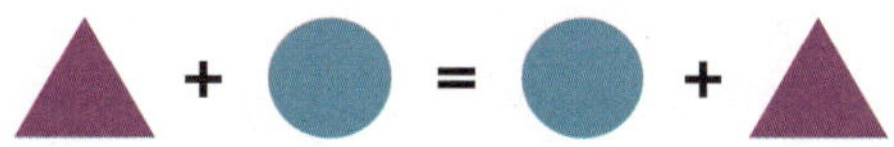

b. Quando fai una sottrazione, non importa in che ordine scrivi gli operandi, ottieni sempre lo stesso risultato. V F

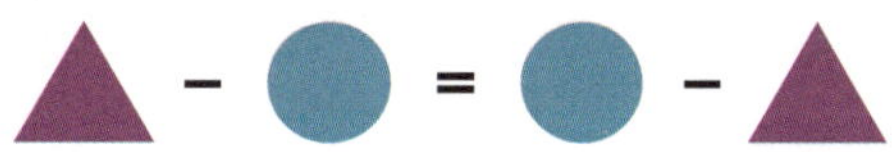

c. Quando fai una moltiplicazione, non importa in che ordine scrivi i fattori, ottieni sempre lo stesso risultato. V F

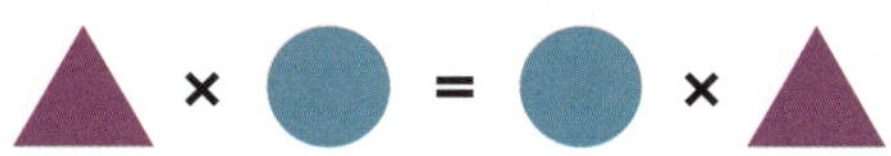

d. Quando fai una divisione, non importa in che ordine scrivi gli operandi, ottieni sempre lo stesso risultato. V F

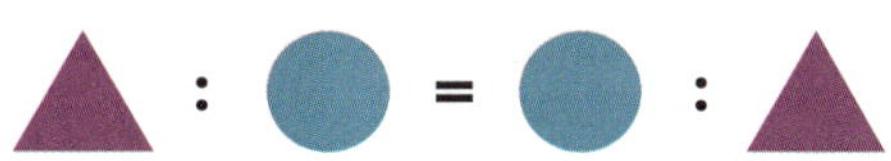

e. Quando fai un elevamento a potenza, non importa se scambi base ed esponente, ottieni sempre lo stesso risultato. V F

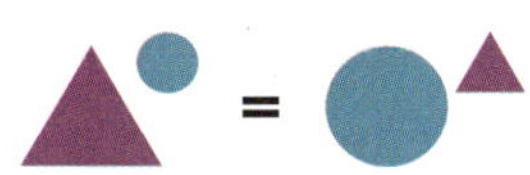

f. Se sommi due numeri naturali, ottieni sempre un numero naturale. V F

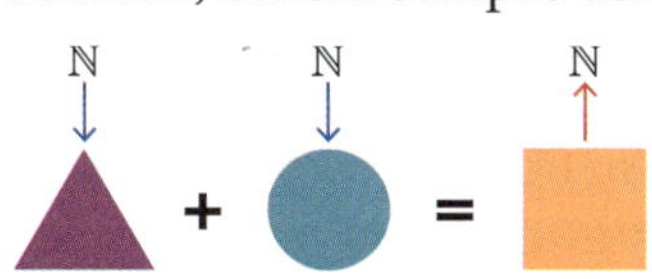

g. Se fai la differenza fra due numeri naturali, ottieni sempre un numero naturale. V F

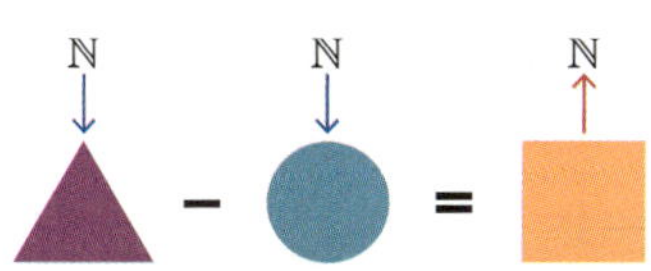

Sull'eBook
ti proponiamo
un'altra attività
come questa.

IN TEORIA

Lo studio delle proprietà delle operazioni aritmetiche è utile per semplificare alcuni calcoli e anche per capire come funziona ciascuna operazione e quando usarla nelle applicazioni.
Si dice che un'operazione **gode di una certa proprietà** se questa è vera per *ogni* coppia di numeri su cui l'operazione agisce.
Per questo, per dimostrare che una certa proprietà è falsa è sufficiente trovare un *controesempio* (un esempio in cui la proprietà non è vera), mentre per dimostrare che è vera non bastano gli esempi, ma serve una *dimostrazione generale*. Per ora ci limiteremo a studiare le proprietà delle operazioni sulla base di esempi e ragionamenti intuitivi.

Un'operazione gode della **proprietà commutativa** se invertendo l'ordine degli operandi il risultato non cambia.

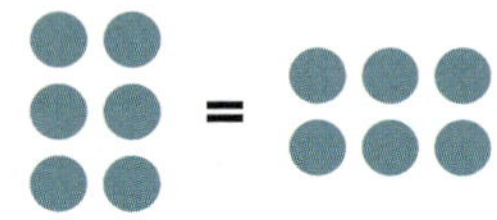

$3 \cdot 2 = 2 \cdot 3$

L'addizione e la moltiplicazione sono commutative, mentre la sottrazione e la divisione non lo sono.

Un'operazione gode della **proprietà associativa** se, dati tre o più numeri, questi possono essere raggruppati a piacimento senza che cambi il risultato.

L'addizione e la moltiplicazione sono associative, mentre non lo sono la sottrazione e la divisione.

PER ESEMPIO
- $5+7+6=(5+7)+6=5+(7+6)$
- $2 \cdot 5 \cdot 8=(2 \cdot 5) \cdot 8=2 \cdot(5 \cdot 8)$
- $(15-7)-3 \neq 15-(7-3)$
- $(40 : 10) : 2 \neq 40 : (10 : 2)$

La moltiplicazione gode della **proprietà distributiva** rispetto all'addizione: il prodotto di un numero per una somma è uguale alla somma dei prodotti del numero per ciascun addendo.

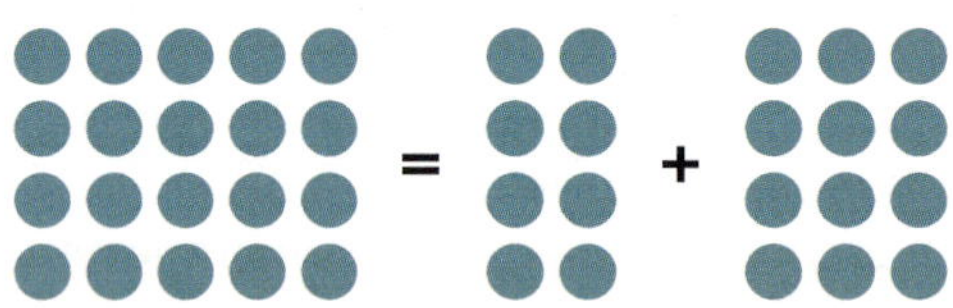

$4 \cdot (2+3) = 4 \cdot 2 + 4 \cdot 3$

Un **elemento** si dice **neutro** rispetto a una certa operazione se combinato con qualsiasi altro elemento dà l'elemento stesso come risultato.

L'elemento neutro dell'addizione è 0.
L'elemento neutro della moltiplicazione è 1.

Un numero si dice **inverso** di un altro rispetto a una certa operazione se il risultato dell'operazione applicata ai due numeri dà come risultato l'elemento neutro.

L'inverso di un numero rispetto all'addizione è il suo opposto.
L'inverso di un numero rispetto alla moltiplicazione è il suo reciproco.

PER ESEMPIO
- $5+(-5)=0$
- $\frac{2}{3} \cdot \frac{3}{2}=1$

Sottrazione e divisione godono della **proprietà invariantiva**.

In una sottrazione, aggiungendo o sottraendo la stessa quantità ai due numeri, il risultato non cambia. In una divisione, moltiplicando o dividendo i due numeri per una stessa quantità diversa da zero, il risultato non cambia.

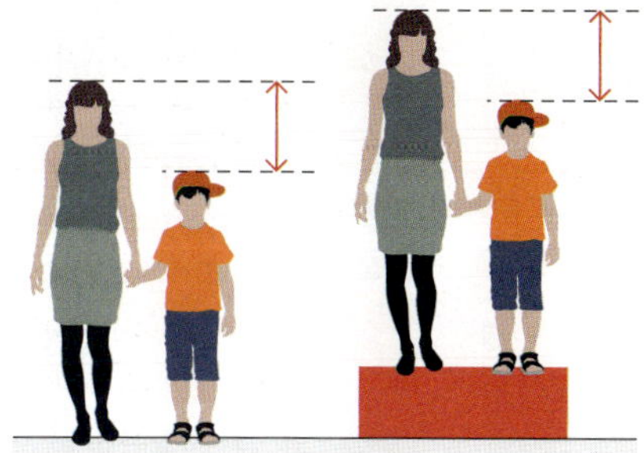

PER ESEMPIO
- $47 - 37 = (47 + 3) - (37 + 3) = 50 - 40 = 10$
- $500 : 300 = (500 : 100) : (300 : 100) = 5 : 3$

IN PRATICA

[A] Come si usano le proprietà nei calcoli?

La proprietà invariantiva può aiutarci a semplificare qualche calcolo.

PER ESEMPIO
- $546 - 537 = (546 - 500) - (537 - 500) = 46 - 37 = 9$
- $800 : 200 = (800 : 100) : (200 : 100) = 8 : 2 = 4$

In queste brevi espressioni, cambiando l'ordine degli addendi, il calcolo si semplifica.

PER ESEMPIO
- $-7 + (-5) + 3 + 5 = -7 + 3 + (-5) + 5 = -4 + 0 = -4$
  -5 e $+5$ sommati fanno zero, quindi resta da calcolare la somma di -7 e $+3$.
- $7 \cdot 2 \cdot 3 \cdot 5 = 7 \cdot 3 \cdot 2 \cdot 5 = 21 \cdot 10 = 210$
  Moltiplicare un fattore per 10 è semplice: basta aggiungere uno zero.

[B] Attenzione alle parentesi!

Poiché la sottrazione e la divisione non sono associative, usiamo le parentesi per segnalare l'ordine in cui eseguire le operazioni.

PER ESEMPIO Consideriamo l'espressione $6 - 4 - 1$.
- Se scriviamo l'espressione senza parentesi, eseguiamo le operazioni in ordine da sinistra verso destra: $6 - 4 - 1 = 2 - 1 = 1$.
- Se invece vogliamo che la prima a essere eseguita sia la sottrazione $4 - 1$, dobbiamo indicarlo con le parentesi: $6 - (4 - 1) = 6 - 3 = 3$.

[C] Come si usa la proprietà distributiva nei calcoli?

Siamo abituati a leggere la proprietà distributiva in un unico verso: prima eseguiamo i singoli prodotti e poi ne sommiamo i risultati. Quando studieremo algebra, vedremo che un uso molto comune della proprietà distributiva è nel *raccoglimento a fattor comune*: data una somma di prodotti che contengono un fattore comune, questo può essere raccolto e moltiplicato per la somma dei fattori rimanenti.

PER ESEMPIO Tutti i prodotti dell'espressione contengono il fattore 3, quindi possiamo *raccoglierlo*:

$$3 \cdot 5 + 3 \cdot 8 + 3 \cdot 7 = 3 \cdot (5 + 8 + 7) = 3 \cdot 20 = 60.$$

TEORIA

PROVA TU

[A] **1** Applica le proprietà delle operazioni per semplificare i calcoli nelle seguenti espressioni.

a. $401 - 31$
b. $4360 : 20$
c. $1099 - 34$
d. $15 \cdot 12 : 2$
e. $1 + 28 + 3 + 5 + 12$
f. $2^2 \cdot 3 \cdot 7 \cdot 5$

[B] **2** Quali delle seguenti coppie di espressioni danno lo stesso risultato?

a. $4 - 3 + 1$ $\quad (4 - 3) + 1$
b. $4 - 3 + 1$ $\quad 4 - (3 + 1)$
c. $12 + 5 - 1$ $\quad 12 + (5 - 1)$
d. $15 \cdot 6 : 2$ $\quad 15 \cdot (6 : 2)$
e. $15 : 3 \cdot 2$ $\quad 15 : (3 \cdot 2)$
f. $15 : 3 \cdot 2$ $\quad (15 : 3) \cdot 2$

[C] **3** Applica la proprietà distributiva nelle seguenti espressioni.

a. $4 \cdot 3 + 7 \cdot 5 + 13 \cdot 4 + 5$
b. $5^2 \cdot 11 + 3 \cdot 4 + 25 \cdot 2$
c. $2 \cdot 3 \cdot 4 + 5 \cdot 3 + 7 \cdot 4 + 4^2$
d. $7^2 + 28 + 7 \cdot 2$

4 Mostra un esempio di applicazione della proprietà commutativa dell'addizione.

5 Mostra un esempio di applicazione della proprietà commutativa della moltiplicazione.

6 Mostra con un controesempio che non vale la proprietà commutativa della sottrazione.

7 Mostra con un controesempio che non vale la proprietà commutativa della divisione.

8 Mostra con un controesempio che non vale la proprietà distributiva della divisione rispetto all'addizione.

Determina quali delle seguenti uguaglianze sono corrette; in quelle sbagliate correggi l'errore (esercizi da 9 a 11).

9 **a.** $4 \cdot (7 + 15) = 4 \cdot 7 + 4 \cdot 15$
b. $28 - 6 - 1 = 28 - 5$
c. $40 : 8 : 2 = 40 : 4$

10 **a.** $24 + 17 + 3 = 24 + 20$
b. $158 - 137 = 58 - 37$
c. $158 + 137 = 58 + 37$

11 **a.** $2 \cdot 3 \cdot 5 = 2 \cdot 15$
b. $180 : 30 = 18 : 3$
c. $390 : 330 = 90 : 30$

12 **ARGOMENTARE** Spiega perché il fatto che un plastico in scala sia realistico dipende dalla proprietà invariantiva della divisione.

Esercizi a pag. 67

MAPPA
GLI INSIEMI NUMERICI

- numeri naturali
- numeri interi
- numeri razionali

NUMERI NATURALI

Operazioni:
- scomposizione in fattori primi
- minimo comune multiplo (mcm)
- massimo comune divisore (MCD)

formano → **L'INSIEME $\mathbb{N}$** — $\mathbb{N} = \{0; 1; 2...\}$

possono essere
- **PRIMI** — se il numero è diverso da 0 e da 1 e ha per divisori solo 1 e se stesso
- **COMPOSTI** — se il numero ha altri divisori oltre 1 e se stesso

---

NUMERI INTERI — Sono l'unione dei **NUMERI NATURALI** e dei loro **OPPOSTI**.

formano → **L'INSIEME $\mathbb{Z}$** — $\mathbb{Z} = \{0; +1; -1...\}$
- *che è* → un'estensione di $\mathbb{N}$

hanno → **VALORE ASSOLUTO**
- *che è* → la distanza dallo 0

Per esempio
$|+5| = +5$
$|-3| = +3$

NUMERI RAZIONALI

formano → **L'INSIEME $\mathbb{Q}$** — $\mathbb{Q} = \left\{0; +1; -1; +\frac{1}{2}...\right\}$
- *che è* → un'estensione di $\mathbb{Z}$

si possono scrivere come → **FRAZIONI**
- *cioè il* → **RAPPORTO** tra due numeri interi *a* e *b* — $\frac{a}{b}$, con $b \neq 0$
- *che è un* → **numero decimale**
- *che può essere*
  - **finito** — Per esempio $\frac{1}{8} = 1 : 8 = 0{,}125$
  - **periodico** — Per esempio $\frac{37}{30} = 37 : 30 = 1{,}233...$

LO SAI? RIPASSA CON LO SMARTPHONE

Su online.zanichelli.it/pensaci ti proponiamo altre mappe come questa.

ESERCIZI

Controlla i risultati in fondo al volume.

1 Gli insiemi

Teoria a pag. 2

Ricorda

IN TEORIA

1. L'**unione** tra due insiemi è l'insieme che contiene ....
....
e solo quelli.
2. L'**intersezione** tra due insiemi è l'insieme che contiene ....
....
e solo quelli.

IN PRATICA

Dati i due insiemi *A* e *B*, evidenzia nei diagrammi di Eulero-Venn l'intersezione e l'unione di *A* e *B*.

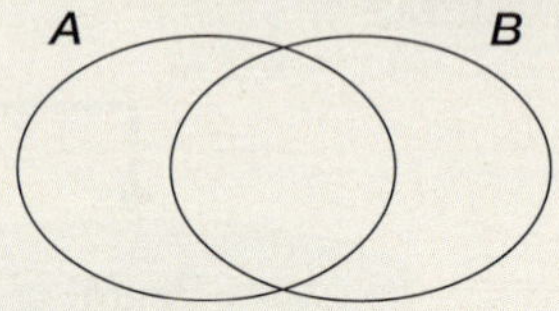

$A \cap B$

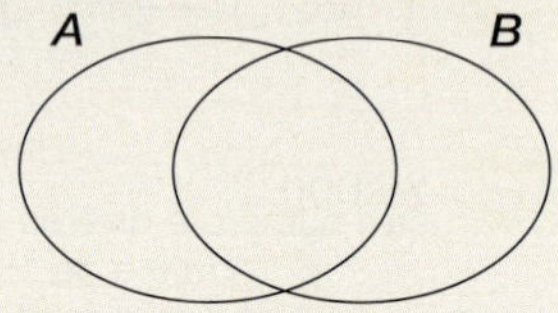

$A \cup B$

1 Sia P l'insieme dei numeri pari e D l'insieme dei numeri dispari.
Determina $P \cap D$ e $P \cup D$.

2 Siano $A = \{n$ tali che $n \in \mathbb{N}$ e $n < 30\}$ e $B = \{n$ tali che $n \in \mathbb{N}$ e $n > 20\}$.
Determina $A \cap B$ e $A \cup B$.

3 Siano $A = \{n$ tali che $n \in \mathbb{N}$ e $n < 10\}$ e $B = \{n$ tali che $n \in \mathbb{N}$ e $n > 25\}$.
Determina $A \cap B$ e $A \cup B$.

4 Determina gli insiemi $\mathbb{N} \cup \mathbb{Z}$ e $\mathbb{N} \cap \mathbb{Z}$.

5 Che relazione c'è tra l'insieme P dei numeri primi e quello $\mathbb{N}$ dei numeri naturali?

6 **RISOLVERE PROBLEMI** Una biblioteca ha un catalogo online che permette di fare ricerche combinando diversi criteri. Esprimi le seguenti richieste utilizzando il linguaggio degli insiemi: considera insiemi relativi a una singola caratteristica e poi esprimi la richiesta che combina le diverse caratteristiche utilizzando le operazioni tra insiemi.

a. Cerca i libri il cui titolo contenga la parola «cucina» o la parola «ricetta».
b. Cerca i libri dell'autore Ken Follett pubblicati prima del 1990.
c. Cerca i libri il cui titolo contenga le parole «Nero Wolfe» o l'autore sia Agatha Christie.

2 I numeri naturali e la notazione scientifica

Teoria a pag. 7

Ricorda

IN TEORIA

Un numero è scritto in **notazione scientifica** se è espresso come il prodotto di ....
....
e di ....

IN PRATICA

Scrivi i seguenti numeri in notazione scientifica.

a. 10 000 = ...
b. 2 milioni = ...
c. 500 = ...

Calcola il valore delle seguenti espressioni.

7 $(3^4+15-6):(2-1)^2-[55+17-2^4]:7$

8 $[(5^2-3^2)\cdot 3+2]:(27:9+2)^2-1$

9 $4+[9-(2+3)]:(6-2)+(2\cdot 18):(54:6)$

Scrivi in notazione scientifica i seguenti numeri.

10 **a.** $55 = 5{,}5 \cdot 10$
b. 736

11 89 000 000

12 **a.** 50 milioni di miliardi
b. 300 milioni

Scrivi in notazione ordinaria i seguenti numeri.

13 **a.** $4{,}5 \cdot 10^2 = 450$ **b.** $5{,}8 \cdot 10^9$

14 **a.** $2{,}254 \cdot 10^{10}$ **b.** $7{,}73 \cdot 10^8$

Calcola le seguenti espressioni (esercizi 15 e 16).

15 **a.** $(6\cdot 10^4)\cdot(5{,}1\cdot 10^3)$ **b.** $(1{,}5\cdot 10^{15})\cdot(3\cdot 10^4)$

16 **a.** $(4{,}5\cdot 10^{25}):(9\cdot 10^7)$ **b.** $(6{,}2\cdot 10^{12}):(3{,}1\cdot 10^4)$

17 **INVALSI 2010** La massa del pianeta Saturno è $5{,}68 \cdot 10^{26}$ kg, quella del pianeta Urano $8{,}67 \cdot 10^{25}$ kg e quella del pianeta Nettuno $1{,}02 \cdot 10^{26}$ kg.
Metti in ordine i tre pianeti da quello di massa minore a quello di massa maggiore.

....

[INVALSI – prova nazionale per la scuola secondaria di primo grado]

18 **EFFETTUARE STIME E APPROSSIMAZIONI** Un ciclista viaggia a 25 km/h. Calcola quanto tempo impiegherebbe a fare il giro della Terra, se potesse muoversi liberamente lungo l'Equatore.

19 **EFFETTUARE STIME E APPROSSIMAZIONI** Un sarto, in media, attacca 5 bottoni all'ora. Considerando che lavora per 8 ore al giorno, 5 giorni alla settimana, 46 settimane all'anno e che andrà in pensione dopo 40 anni, quanti bottoni attaccherà nella sua vita?

20 **EFFETTUARE STIME E APPROSSIMAZIONI** Ogni italiano consuma mediamente 70 g di pasta al giorno. Quanta pasta si consuma in Italia in un anno?

21 **INVALSI 2013** La distanza tra due corpi celesti è $5 \cdot 10^6$ km. Qual è la distanza equivalente in metri?

- a $5 \cdot 10^{18}$ m
- b $5 \cdot 10^9$ m
- c $5 \cdot 10^3$ m
- d $5 \cdot 10^2$ m

[INVALSI – prova nazionale per la scuola secondaria di primo grado]

22 Alcuni ragazzi sono seduti attorno a un tavolo circolare. Viene fatto passare un vassoio con 41 pizzette. Ognuno prende lo stesso numero di pizzette. Quando il vassoio torna al primo ragazzo, è rimasta una sola pizzetta e la prende. Adesso ne ha in tutto 6. Quanti ragazzi ci sono attorno al tavolo?

23 I giocatori di una squadra sono identificati da un numero naturale scritto sulla maglia. Ci sono operazioni su questi numeri che abbiano un significato legato al gioco?

24 **ARGOMENTARE** La posizione di un'abitazione lungo una strada è identificata da un numero naturale progressivo: il numero civico. Ci sono operazioni su questi numeri che abbiano un significato?

25 **ARGOMENTARE** I numeri naturali sono utilizzati per indicare l'età delle persone. Discuti se ha senso (ed eventualmente quale) considerare:

- la somma delle età;
- la differenza delle età;
- il prodotto delle età;
- il quoziente delle età.

Quale dei valori analizzati rimane costante nel tempo?

26 **INVALSI 2012** Si sa che $2^{10} = 1024$. Quale fra le seguenti potenze del 10 è quella che più si avvicina a 2^{70}?

a 10^{24} b 10^{21} c 10^{14} d 10^{7}

[INVALSI – scuola secondaria di secondo grado]

UN PASSO IN PIÙ

27 **ESERCIZIO SVOLTO** Osserva la sequenza di disegni e rispondi alle domande.

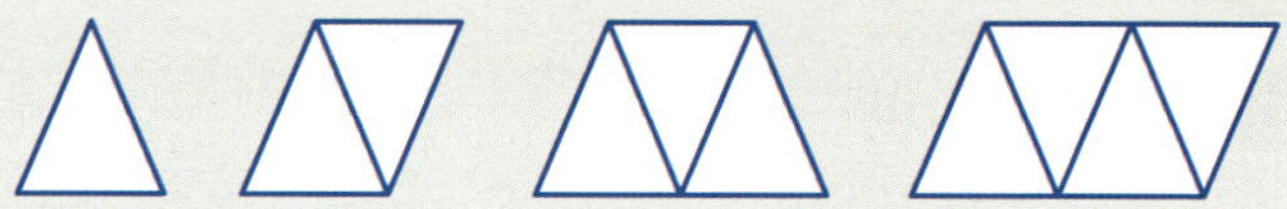

a. Continua la sequenza disegnando i due elementi successivi.
b. Compila una tabella che contenga il numero progressivo del disegno, il numero di triangoli, il numero di segmenti degli elementi che hai disegnato.
c. Determina la regola con cui si ottiene il numero di triangoli e di segmenti della figura successiva.

SVOLGIMENTO

a.

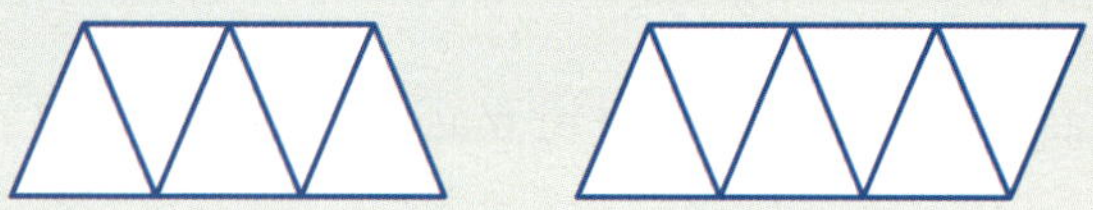

b.

Disegno	1	2	3	4	5	6
N. di triangoli	1	2	3	4	5	6
N. di segmenti	3	5	7	9	11	13

c. A ogni passo viene disegnato un nuovo triangolo, quindi il numero di triangoli aumenta di uno rispetto al disegno precedente.
Poiché per disegnare un nuovo triangolo si tracciano due segmenti, a ogni passo il numero di segmenti aumenta di 2.

ESERCIZI IN PIÙ

28 La sequenza di disegni nella figura sotto rappresenta in forma grafica la *successione triangolare*.

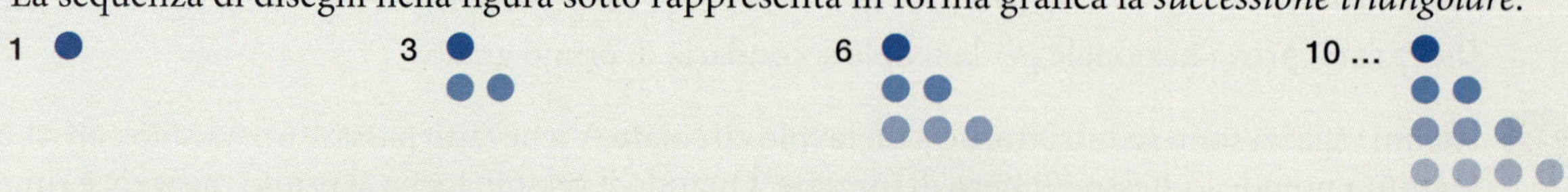

a. Continua la sequenza disegnando i due elementi successivi.
b. Determina la regola per trovare un elemento generico della sequenza.

29 Determina i due termini successivi di ciascuna sequenza. Trova la regola secondo cui, dato un termine, si trova il successivo.

a. 2; 5; 8; 11; 14

b. 16; 17; 19; 22; 26; 31

30 In una sala da banchetti ci sono tavoli da 8 persone. Quando i tavoli vengono accostati, la disposizione delle persone risulta come mostrato in figura.

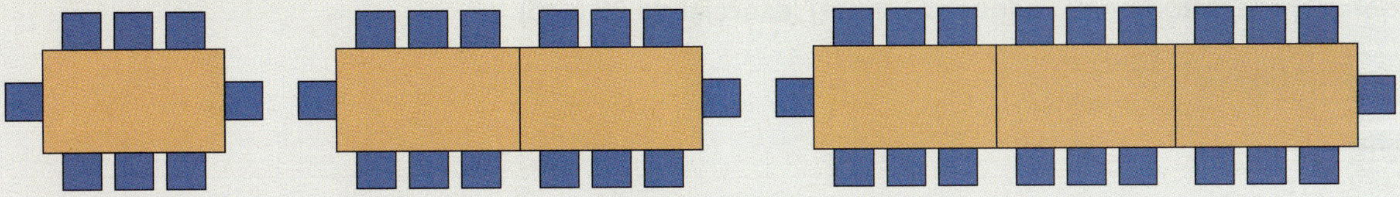

a. Rappresenta con un disegno quattro tavoli accostati.

b. Determina quante persone possono sedersi.

c. Scrivi la successione che indica il numero di commensali. Come si passa da un termine al successivo?

d. Quante persone si potrebbero sedere con 20 tavoli accostati?

3 I numeri primi, il mcm e il MCD

Teoria a pag. 11

Ricorda

IN TEORIA

1. Il **minimo comune multiplo** (mcm) di due numeri naturali è il minore tra .... dei due numeri.

2. Il **massimo comune divisore** (MCD) di due numeri naturali è il maggiore tra .... dei due numeri.

IN PRATICA

Calcola il mcm delle seguenti coppie di numeri.

a. mcm(25; 27) = ...

b. mcm(60; 69) = ...

Calcola il MCD delle seguenti coppie di numeri.

a. MCD(25; 27) = ...

b. MCD(60; 69) = ...

31 In questo gioco, un poliziotto sta inseguendo un ladro. Il poliziotto può camminare solo sulle caselle che contengono numeri primi.
Traccia il percorso che può seguire per catturare il ladro.

135	49	183	147	93	121	236
201	261	150	11	131	5	89
291	117	153		57	0	61
192	231	27	1	111	100	149
17	103	43	7	127	51	53
83	33	32	105	29	71	37

Per ogni numero scrivi se è primo o composto.

32 **a.** 101 è primo **b.** 357

33 **a.** 411 **b.** 1555

34 **a.** 1223 **b.** 3127

Scomponi in fattori primi i seguenti numeri (esercizi da 35 a 45).

35 **a.** $68 = 2^2 \cdot 17$ **b.** 27

36 **a.** 39 **b.** 200

37 **a.** 140 **b.** 99

38 **a.** 500 **b.** 430

39 **a.** 85 **b.** 330

40 **a.** 1000 **b.** 210

41 **a.** 76 **b.** 58

42 **a.** 360 **b.** 315

43 **a.** 3234 **b.** 8008

44 **a.** 61 200; **b.** 58 752

45 **a.** 117 800 **b.** 10 557

46 I numeri 120 e 126, scomposti in fattori primi, si scrivono:

$120 = 2^3 \cdot 3 \cdot 5;$ $126 = 2 \cdot 3^2 \cdot 7.$

Trova il più piccolo numero che sia divisibile per 120 e per 126.

47 Calcola il mcm di 24 e 90.

48 Calcola il mcm di 9, 30 e 108.

Calcola il mcm dei seguenti gruppi di numeri (esercizi da 49 a 55).

49 **a.** 24 e 30 → mcm = 120 **b.** 42 e 462

50 **a.** 12, 18 e 81 **b.** 63, 80 e 102

51 **a.** 48 e 72 **b.** 75 e 105

52 **a.** 243 e 405 **b.** 261 e 435

53 **a.** 144 e 306 **b.** 264 e 504

54 **a.** 1176 e 1960 **b.** 56, 72 e 104

55 **a.** 324, 756 e 972 **b.** 450, 720 e 1170

56 Trova il numero più grande che sia divisore di 28 e 70.

57 I numeri 504 e 508, scomposti in fattori primi, si scrivono:

$504 = 2^3 \cdot 3^2 \cdot 7$ $588 = 2^2 \cdot 3 \cdot 7^2$.

Trova il più grande numero che li divide entrambi.

58 Calcola il MCD di 18 e 36.

59 Calcola il MCD di 56 e 84.

60 Calcola il MCD di 40, 60 e 100.

61 Calcola il MCD di 90, 135 e 270.

62 Calcola il più grande numero naturale che sia divisore sia di 42 sia di 98.

63 Considera i numeri scomposti in fattori primi:

$792 = 2^3 \cdot 3^2 \cdot 11$; $990 = 2 \cdot 3^2 \cdot 5 \cdot 11$.

Trova il più grande numero naturale per cui si possono dividere entrambi.

64 I numeri 720 e 1575 si scompongono in fattori primi nel modo seguente:

$720 = 2^4 \cdot 3^2 \cdot 5$; $1575 = 3^2 \cdot 5^2 \cdot 7$.

a. Trova il più grande numero primo che è divisore di entrambi.
b. Trova il più piccolo numero intero che può essere diviso da 720 e da 1575.

65 Esprimi 3240 e 4212 come prodotto di fattori primi. Trova il numero naturale più grande che sia divisore sia di 3240 sia di 4212.

Calcola il MCD dei seguenti gruppi di numeri.

66 **a.** 12 e 30 → MCD = 6 **b.** 84 e 156

67 **a.** 15, 60 e 75 **b.** 77, 91 e 143

68 **a.** 16 e 24 **b.** 45 e 63

69 **a.** 56 e 70 **b.** 90 e 126

70 **a.** 1008 e 1960 **b.** 1080 e 1584

71 **a.** 42, 66 e 78 **b.** 132, 156 e 180

72 **a.** 84, 98 e 112 **b.** 195, 270 e 345

73 **a.** 147, 231 e 273 **b.** 225, 495 e 810

Calcola MCD e mcm dei seguenti gruppi di numeri (esercizi da 74 a 79).

74 **a.** 84 e 189 **b.** 315 e 720

75 **a.** 392 e 616 **b.** 1008 e 1764

76 **a.** 140, 224 e 560 **b.** 315, 525 e 1400

77 **a.** 252, 378 e 567 **b.** 330, 792 e 1188

78 **a.** $2^2 \cdot 3^2 \cdot 11$ e $2^4 \cdot 3 \cdot 7$
b. $3^4 \cdot 5^2 \cdot 7$ e $3^3 \cdot 7^3 \cdot 11$

79 **a.** $2^4 \cdot 3^3 \cdot 5^6$ e 72 900
b. $3^3 \cdot 7^6 \cdot 11$ e 160 083

80 Sapendo che $1200 = 2^a \cdot 3^b \cdot 5^c$, trova a, b e c.

81 Trova il più piccolo valore di m tale che il $\text{mcm}(m; 34) = 374$.

82 Il mcm di 36, 56 e n è 1512. Trova il più piccolo valore di n.

83 I numeri 176 e 342, scomposti in fattori primi, si scrivono $176 = 2^4 \cdot 11$ e $342 = 2 \cdot 3^2 \cdot 19$. Trova il più piccolo numero che sia divisibile per 176 e per 342.

84 Una classe ha un numero di studenti compreso tra 30 e 40. Ogni ragazza della classe porta 15 matite. Le matite vengono divise in parti uguali tra i 20 ragazzi della classe e la loro insegnante, in modo che non ci siano avanzi.
a. Quanti studenti ci sono nella classe? **b.** Quante matite riceve l'insegnante?

85 **PROGETTARE** Paola ha a disposizione 108 rose, 81 gigli e 54 orchidee per confezionare dei cesti tutti uguali. Calcola:
a. il massimo numero di ceste che può confezionare;
b. il numero di fiori di ogni tipo da mettere in ogni cesto.

86 Tre campane suonano a intervalli regolari di 15 minuti, 16 minuti e 36 minuti. Se hanno suonato insieme alle 14:00, a che ora suoneranno di nuovo insieme?

87 Due auto da corsa, Auto X e Auto Y, sono alla linea di partenza di un circuito di 2 km. Le auto compiono un giro ogni 60 s e ogni 80 s rispettivamente.
a. Quanto tempo ci vorrà perché le due auto ripassino dalla linea di partenza contemporaneamente?
b. Quanto tempo ci vorrà perché l'auto più veloce sia 5 giri avanti all'altra?

88 **PROGETTARE** Riccardo vuole ritagliare alcuni quadrati da un foglio di cartoncino lungo 64 cm e largo 48 cm. Vuole che i quadrati siano tutti uguali, che siano il più grande possibile e non vuole lasciare nessuno scarto di cartoncino.
a. Qual è il lato di ciascun quadrato? **b.** Quanti quadrati può ritagliare?

89 **PROGETTARE** Michele sta realizzando un progetto artistico in cui deve ricoprire una superficie rettangolare di 126 cm per 108 cm con quadrati colorati di uguali dimensioni.
Qual è il numero minimo di quadrati che deve utilizzare per la copertura totale?

90 **PROGETTARE** Michele è sempre al lavoro sui suoi progetti artistici. Deve realizzare un quadrato, che non sia più grande di 1,6 m^2, utilizzando tasselli rettangolari colorati. Decide di utilizzare tasselli da 45 mm per 42 mm.

a. Quanti tasselli deve usare per formare il più piccolo quadrato possibile?

b. Qual è il lato del più grande quadrato che può costruire?

91 Alle 17:45 Anna, Bartolomeo e Carlo sono sulla linea di partenza di un tracciato circolare di 1 km. Anna lo percorre camminando e impiega 18 minuti per ogni giro. Bartolomeo corre e impiega 360 secondi per ogni giro. Anche Carlo corre e percorre 2 giri ogni 4 minuti.
A che ora si incontreranno di nuovo sulla linea di partenza?

92 Sarah e Lisa lavorano in due aziende diverse. Sarah ha un giorno libero ogni 4, mentre Lisa ne ha uno ogni 6. L'ultimo giorno libero di Sarah è stato il 29 aprile, quello di Lisa il 1 maggio.

a. Quale sarà il prossimo giorno libero in comune?

b. Ogni quanti giorni Sarah e Lisa hanno il giorno libero insieme?

93 **PROGETTARE** Elisa vuole ritagliare dei quadrati tutti uguali da un foglio rettangolare lungo 84 cm e largo 126 cm in modo che non rimangano ritagli inutilizzati. Qual è la dimensione massima che possono avere i quadrati? Quanti ne può ritagliare?

94 **PROGETTARE** A una conferenza internazionale partecipano 96 delegati dalla Francia, 72 dall'Italia e 48 dalla Germania. Gli organizzatori vogliono suddividerli nel maggior numero possibile di gruppi tematici, in modo che in ciascun gruppo ci sia lo stesso numero di delegati da ogni nazione.

a. Quanti temi di discussione devono preparare?

b. Quanti delegati francesi ci saranno in ogni gruppo?

95 **INVALSI 2010** Filippo si prepara per una gara di triathlon. Si allena nel nuoto ogni 3 giorni, nella corsa a piedi ogni 6 giorni e nella corsa in bicicletta ogni 8 giorni. Se oggi si è allenato in tutti e tre gli sport, tra quanti giorni gli accadrà di nuovo di allenarsi nei tre sport nella stessa giornata?

[a] 8 [b] 12 [c] 17 [d] 24

[INVALSI – prova nazionale per la scuola secondaria di primo grado]

96 La mensa A, la mensa B e la mensa C ripetono i loro menu ogni 12, 8 e 10 giorni rispettivamente. Oggi tutte e tre le mense hanno servito pasta e fagioli.
Tra quanto tempo tutte e tre le mense serviranno pasta e fagioli lo stesso giorno?

97 **INVALSI 2013** In un quartiere di una città, il calendario della raccolta differenziata (carta, vetro e plastica) prevede che la raccolta della carta avvenga ogni 28 giorni, quella del vetro ogni 21 giorni e quella della plastica ogni 14 giorni. Oggi sono state effettuate le raccolte di carta, vetro e plastica.

La prossima volta in cui la raccolta di carta, vetro e plastica verrà fatta contemporaneamente sarà tra .... giorni.

[INVALSI – scuola secondaria di secondo grado]

98 Giulia ha tre nastri lunghi rispettivamente 160 cm, 192 cm e 240 cm e li vuole tagliare in pezzi uguali, senza scartare parti di nastro. Calcola la massima lunghezza di ogni pezzo di nastro e il numero di nastri che Giulia ha tagliato.

4 Contare senza contare

Teoria a pag. 17

Ricorda

IN TEORIA

Il **principio fondamentale del calcolo combinatorio** dice che avendo da fare n scelte indipendenti, con S_1 possibilità per la prima scelta, S_2 per la seconda, ..., S_n per l'ultima, allora la scelta complessiva può essere fatta in .... modi diversi.

IN PRATICA

In quanti modi puoi disporre 4 libri nella libreria?

....

99 Una spiga di grano contiene circa 30 chicchi, ogni pianta circa 5 spighe e in un campo ci sono 400 piante per metro quadro. Se ogni chicco ha una massa di 60 mg, quanto grano si può ricavare da ogni ettaro di campo?

100 **RISOLVERE PROBLEMI** 8 ragazzi vogliono organizzare un torneo di ping pong: ognuno di loro deve giocare una volta contro tutti gli altri. Quante partite devono fare?

101 **RISOLVERE PROBLEMI** In un campo estivo si sono formate 6 squadre di pallavolo. Quante partite si devono organizzare affinché ogni squadra incontri tutte le altre squadre due volte (andata e ritorno)?

102 Nell'alfabeto Braille ogni simbolo è codificato da uno schema di puntini in rilievo, posti in sei possibili posizioni, come puoi vedere in figura.

a. Quanti simboli si possono codificare in questo modo (escludendo il caso di zero punti in rilievo)?

Altre versioni dell'alfabeto Braille utilizzano schemi in cui i punti in rilievo possono essere scelti tra otto posizioni.

b. Come cambia il numero di simboli che si possono codificare (escludendo il caso di zero punti in rilievo)?

5 I numeri interi

Teoria a pag. 21

Ricorda

IN TEORIA

Il **valore assoluto** di un numero intero è:

- .... se questo è positivo;
- .... se questo è negativo.

IN PRATICA

Calcola le seguenti espressioni.

a. (+11) + (−14) = ... 3

b. (+11) − (−14) = 11 .... 14 = ...

c. −400 : 80 = ...

d. (−13) · (−4) = ...

103 Completa le frasi.

a. Se "− 15" rappresenta la posizione 15 m sotto il livello del mare, allora "+ 20" rappresenta .... una posizione 20 m sopra il livello del mare.

b. Se "− 10" rappresenta la posizione di un'automobile che si trova 10 km a sud di Roma, allora "+ 10" rappresenta ....

c. Se "+ 100" rappresenta un guadagno di 100 € nella vendita di un telefono, allora "− 91" rappresenta ....

d. Se "+ 90" rappresenta una rotazione di 90° in senso antiorario, allora "− 90" rappresenta ....

e. Se "− 5" rappresenta una discesa di 5 gradini per le scale, allora una salita di 14 gradini si rappresenta con ....

f. Se "+ 600" rappresenta un deposito in banca di 600 €, allora un prelievo di 60 € si rappresenta con ....

104 La temperatura più bassa mai registrata in Corea è stata di 46,6 °C sotto 0 °C nell'inverno del 1933 a Junggangjin.
Esprimi questa temperatura utilizzando un numero negativo.

105 Il punto più basso della Terra sulla terraferma è la costa del Mar Morto che si trova 423 m sotto il livello del mare.
Esprimi questa altezza usando un numero negativo.

106 In un quiz viene tolto un punto per ogni risposta sbagliata. Esprimi la sottrazione di un punto usando un numero negativo.

107 Una società ha avuto una perdita di 10 000 € nel 2017. Esprimi questa perdita usando un numero negativo.

108 La figura mostra un termometro tarato in °C. Trova la differenza tra le temperature indicate dai punti *A* e *B*.

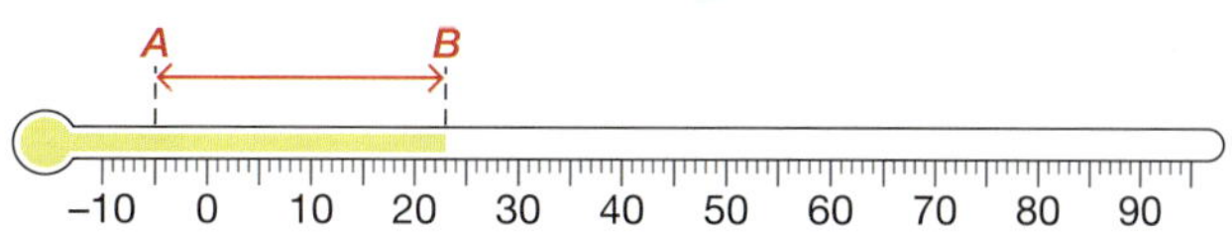

109 Usa un punto per rappresentare ciascuno dei seguenti numeri sulla retta, come nell'esempio; poi riscrivi tutti i numeri in ordine <u>crescente</u>.

$-5; +4; 0; 2; -3; -6$

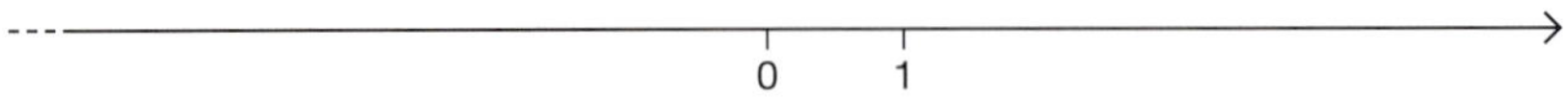

110 Rappresenta i seguenti gruppi di numeri sulla linea dei numeri.

a. 5; 10; 15; 20; 25.

b. I numeri interi positivi minori di 12.

c. I numeri interi maggiori di -5 e minori di 3.

111 Rappresenta i seguenti gruppi di numeri sulla retta.

a. $12; 0; -4; 6; -2$.

b. $-2; 4; -1; 2; -2$.

c. I numeri interi maggiori di -4 e minori di 4.

d. Gli interi positivi minori o uguali a 10.

112 Rappresenta i seguenti gruppi di numeri sulla retta.

a. $-3; 2; 11; 1; 0; -4$.

b. I numeri interi, positivi e dispari minori di 20.

c. I numeri primi maggiori o uguali a 2 ma minori di 10.

d. I fattori comuni a 12 e 16.

113 Determina la differenza tra -2 e 3, rappresentandola sulla retta numerica.

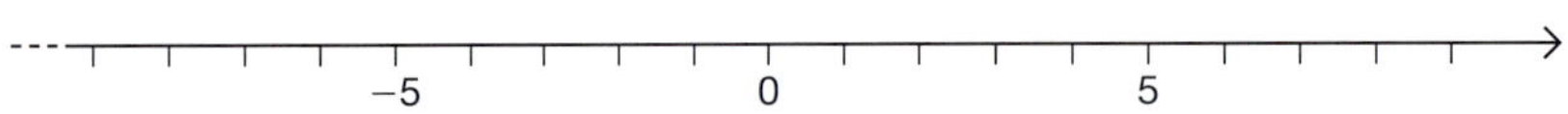

114 In figura è rappresentata la linea del tempo. La sigla d.C. sta per "dopo Cristo" e indica gli anni trascorsi dalla nascita di Gesù Cristo e a.C. sta per "avanti Cristo", cioè prima della nascita di Gesù Cristo.

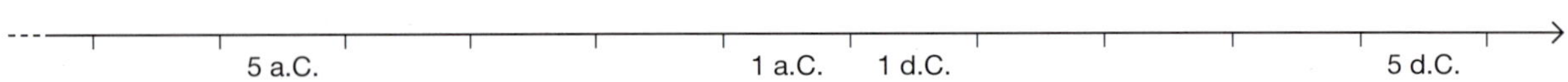

a. Qual è la differenza principale tra la linea del tempo e la linea dei numeri?

b. Quanti anni ci sono tra l'inizio del 2 a.C. e l'inizio del 3 d.C.?

Completa con il simbolo < o >. Il primo caso è già stato svolto come esempio.

115

a. -3 .>. -5

b. -7 .... -2

c. 4 .... -4

d. -6 .... -100

116

a. -4 .>. -6

b. 11 12

c. -1 1

d. -3 .... -5

Calcola il valore delle seguenti addizioni e sottrazioni.

117 a. $9-(-2)=9+2=11$ b. $-7-4$

118 a. $-3-(-5)$ b. $-8-(-6)$

119 a. $4-8$ b. $27-(-13)$

120 a. $-25-11$ b. $-14-(-16)$

121 a. $-15-(-12)$ b. $10-28$

122 a. $-7-7$ b. $-13-(-13)$

123 a. $6+(-2)$ b. $-5+8$

124 a. $4+(-10)$ b. $-1+(-7)$

125 a. $9+(-3)$ b. $-11+(-5)$

126 a. $-10+2$ b. $1+(-8)$

127 a. $-(-7)$ b. $5-(-3)$

128 a. $-4-7$ b. $-8-(-2)$

129 a. $-1-(-10)$ b. $6-9$

130 a. $-8-3$ b. $2-(-7)$

131 a. $-5+13=8$ b. $-25+12$

132 a. $5+(-4)$ b. $19+(-26)$

133 a. $-2+(-2)$ b. $-5+(-3)$

134 a. $-11+(-10)$ b. $-25+(-65)$

135 a. $14-18$ b. $-5-3$

136 a. $-12-13$ b. $-(-13)$

137 a. $6-(-11)$ b. $-8-(-11)$

138 a. $(-17)-(-35)$ b. $(-25)-(-10)$

139 a. $23+(-11)$ b. $-19+12$

140 a. $17+(-29)$ b. $-21+(-25)$

141 a. $-13+18$ b. $-24+(-13)$

142 **a.** $16+(-27)$ **b.** $-26+14$

143 **a.** $22-(-13)$ **b.** $-14-16$

144 **a.** $-19-(-11)$ **b.** $-18-(-22)$

145 **a.** $17-23$ **b.** $-20-15$

146 **a.** $12-(-17)$ **b.** $-21-17$

Calcola il valore delle seguenti espressioni (esercizi da 147 a 155).

147 **a.** $4+(-15)-21$ **b.** $-4+(-12)+10$

148 **a.** $-5+(-7)-(-13)$ **b.** $20+(-9)-(-16)$

149 **a.** $3-(-7)-4+(-4)$ **b.** $-27-(-35)-5+(-9)$

150 **a.** $35-(-5)+(-12)-(-8)$ **b.** $23+(-3)-(-7)+(-22)$

151 **a.** $-14-[-6+(-15)]$ **b.** $[-4+(-14)]+[-8-(-26)]$

152 **a.** $4+(-7)-(-3)$ **b.** $-3-5+(-9)$

153 **a.** $1-8-(-8)$ **b.** $-2+(-1)-6$

154 **a.** $8-(-9)+1$ **b.** $-5+(-3)+(-2)$

155 **a.** $6+(-5)-(-8)$ **b.** $2-(-7)-8$

156 **INVALSI 2013** In un rifugio di alta montagna, il 31 marzo 2012 alle ore 6:00, è stata registrata una temperatura di 8 gradi sotto lo zero; alle ore 15:00 la temperatura era salita di 12 gradi mentre alle ore 22:00 era scesa di 14 gradi rispetto alle ore 15:00.

Quale delle seguenti espressioni permette di calcolare la temperatura alle ore 22:00?

- a $(-8)+(-12)-(-14)$
- c $(-8)-(+12)-(+14)$
- b $(-8)+(+12)-(-14)$
- d $(-8)+(+12)-(+14)$

[INVALSI – prova nazionale per la scuola secondaria di primo grado]

157 Un aeroplano vola a un'altitudine di 650 m, ma deve scendere di 150 m per evitare una turbolenza. Poco dopo risale di 830 m. A che quota sta volando ora?

158 Di prima mattina a Firenze ci sono 24 °C. Nel pomeriggio la temperatura sale di 8 °C, poi in serata sopraggiunge un temporale che la fa scendere di 12 °C.
Qual è la temperatura a Firenze dopo il temporale?

Calcola il valore delle seguenti espressioni (esercizi da 159 a 220).

159 **a.** $2\cdot(-6)=-12$ **b.** $-5\cdot 4$

160 **a.** $-1\cdot(-8)$ **b.** $-3\cdot(-7)$

161 a. $-(-10)$ b. $-9(-2)$

162 a. $15 \cdot (-2)$ b. $-3 \cdot 12$

163 a. $-4 \cdot (-10)$ b. $-2(-100)$

164 a. $5 \cdot (-4)$ b. $-3 \cdot 8$

165 a. $(-4) \cdot (-12)$ b. $-5(-16)$

166 a. $-10(-20)$ b. $0 \cdot (-18)$

167 a. $56 : (-7)$ b. $0 : (-12)$

168 a. $-100 : (-4)$ b. $(-75) : (-25)$

169 a. $(-2) \cdot (-3) \cdot (-4) \cdot (-5)$ b. $(-8) \cdot (-3) \cdot 5 \cdot (-6)$

170 a. $(-2) \cdot 5 \cdot (-9) \cdot (-7)$ b. $4 \cdot (-4) \cdot (-5) \cdot (-16)$

171 a. $5 \cdot 6 \cdot (-1) \cdot (-12)$ b. $(-1) \cdot (-8) \cdot 3 \cdot 5$

172 a. $140 : (-7) : 4$ b. $(-264) : 11 : 8$

173 a. $(-390) : (-13) : (-5)$ b. $(-9) \cdot (-4) : (-12)$

174 a. $13 - (-54)$ b. $(-74) - (-46)$

175 a. $11 + (-33) - (-7)$ b. $-13 + (-15) + (-8)$

176 a. $-12 \cdot 7$ b. $4 \cdot (-5) \cdot (-6)$

177 a. $-600 : 15$ b. $50 : (-2) : (-5)$

178 a. $(-3 - 5) \cdot (-3 - 4)$ b. $4 \cdot (-5) : (-2)$

179 a. $-5 \cdot 6 - 18 : (-3)$ b. $2 \cdot (-3)^2 - 3 \cdot 4$

180 a. $6 + (-3)$ b. $-6 + 3$

181 a. $-6 + (-3)$ b. $-6 - 3$

182 a. $6 - (-3)$ b. $-6 - (-3)$

183 a. $1 - (-20)$ b. $-1 + 20$

184 a. $-1 + (-20)$ b. $-1 - 20$

185 a. $1 + (-20)$ b. $-1 - (-20)$

186 a. $1 + (-2) - 3$ b. $-4 + (-5) + 6$

187 **a.** $-7+(-8)+(-9)$ **b.** $-5+(-10)-6$

188 **a.** $9-(-3)+(-12)$ **b.** $-11-(-4)-(-2)$

189 **a.** $20\cdot(-4)$ **b.** $-20\cdot 4$

190 **a.** $-20\cdot(-4)$ **b.** $20:(-4)$

191 **a.** $-20:4$ **b.** $-20:(-4)$

192 **a.** $60\cdot(-15)$ **b.** $60:(-15)$

193 **a.** $-60:(-15)$ **b.** $-6\cdot 15$

194 **a.** $-60:15$ **b.** $-6\cdot(-15)$

195 **a.** $6+(-8)-5-(-7)$ **b.** $4^3+(-4)^3-(-4)^3$

196 **a.** $(50-70)^2+(60-90):(-3)$ **b.** $-10+(-10)-(-10)\cdot(-10):(-10)$

197 **a.** $-56:(-8)\cdot 15$ **b.** $\sqrt{-288:(-2)}\cdot(-3)^2$

198 **a.** $[(-3)+(-4)]:7$ **b.** $(-56):[7+(-14)]$

199 **a.** $6-7+2\cdot(4-3^2)$ **b.** $-3\cdot(15-7+2)$

200 **a.** $-3\cdot(-2)\cdot(2-5)^2$ **b.** $(-2)^2-(-2)\cdot 3+2\cdot 3^2$

201 **a.** $(-4)^2:(-8)+3\cdot(-2)^3$ **b.** $4\cdot 3^2:(-6)-(-1)^3\cdot(-3)^2$

202 **a.** $-2\cdot(-2)^3\cdot(-2)\cdot 3+(-2)\cdot 3\cdot(-1)^2$ **b.** $5-\{12\cdot[(-5)^2-7]:3\}$

203 **a.** $(-72):[-14-(-23)]$ **b.** $35+(-16):(-2)^2$

204 **a.** $5\cdot(-4)^2-(-3)^3$ **b.** $(47+19-36):(-5)$

205 **a.** $6-(-3)^2+6:(-3)$ **b.** $(-2)^3\cdot(-2)^2-8:(-2)^3$

206 **a.** $3\cdot(-9)$ **b.** $-8\cdot 4$

207 **a.** $-7\cdot(-5)$ **b.** $-1\cdot(-6)$

208 **a.** $-2(-7)$ **b.** $-6\cdot 0$

209 **a.** $-21:7$ **b.** $16:(-2)$

210 **a.** $-8:(-2)$ **b.** $\dfrac{-14}{2}$

211 **a.** $\dfrac{15}{-5}$ **b.** $\dfrac{-18}{-3}$

212 a. $-55+(-10)-10$ b. $-12-[(-8)-(-2)]+3$

213 a. $-100+(-45)+(-5)+20$ b. $-2+3\cdot 15$

214 a. $(-5-2)\cdot(-3)$ b. $-25\cdot(-4):(-12+32)$

215 a. $3\cdot(-3)^2-(7-2)^2$ b. $5\cdot[3\cdot(-2)-10]$

216 a. $-12:[2^2-(-2)]$ b. $\{[10-3\cdot(-2)]:4\}^2$

217 a. $24\cdot(-2)\cdot 5:(-6)$ b. $4\cdot 10-13\cdot(-5)$

218 a. $(16-24)-(57-77):(-2)$ b. $160:(-40)-20:(-5)$

219 a. $[(12-18):3-5]\cdot(-4)$ b. $\{[(-15+5)\cdot 2+8]-32:8\}-(-7)$

220 $[-2+(-14)-10]-[(-6)^2+(-17)-(-9)]$

221 **INVALSI 2009** Quanto vale la potenza $(-4)^2$?

a -16 b -8 c 8 d 16

[INVALSI – prova nazionale per la scuola secondaria di primo grado]

222 Durante la notte, la temperatura di un paese raggiunge il valore di -11 °C, poi la mattina risale di 7 °C. Qual è la temperatura della mattina?

223 La figura mostra un termometro in °C. Determina la differenza tra le temperature indicate dai punti A e B.

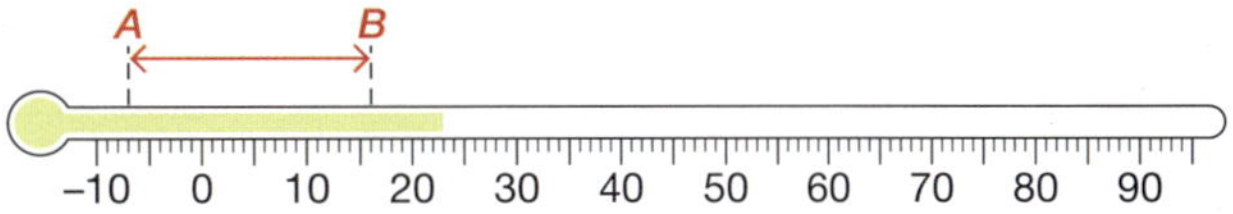

224 Una città si trova a un'altitudine di 138 m sul livello del mare, mentre un paese è a un'altitudine di 51 m sotto il livello del mare. Indica l'altitudine del paese con un numero negativo e trova la differenza di altitudine tra la città e il paese.

225 Lorenzo ha 28 € nel portafoglio. Spende 12 € per un dolce per la madre e 11 € per una tazza per il padre. A questo punto si rende conto che se decidesse di comprare un telo da mare da 8 € non gli basterebbero i soldi. Esprimi questa mancanza con un numero negativo.

226 La temperatura ad Aosta alle 17:00 è di -1 °C. La tabella esprime il cambiamento orario della temperatura.
Determina la temperatura alle 20:00.

Ora	Variazione di temperatura
18:00	Crescita di 1 °C
19:00	Calo di 2 °C
20:00	Calo di 4 °C

227 In uno spettacolo a premi ai partecipanti vengono attribuiti 10 punti per ogni risposta corretta e tolti 8 punti per ogni risposta sbagliata. Alla fine della prima fase i partecipanti con punteggio negativo vengono eliminati. Giorgio ha dato 3 risposte sbagliate e 2 corrette.
Sarà eliminato al termine della prima fase?

6 I numeri razionali

Teoria a pag. 25

Ricorda

IN TEORIA

1. Due frazioni sono .... quando i prodotti incrociati di numeratori e denominatori sono uguali.
2. Una frazione è **ridotta** quando .... di .... è uguale a 1.
3. **Potenza con esponente negativo**: $\left(\frac{a}{b}\right)^{-n} = \left(\frac{...}{...}\right)^{n}$.

IN PRATICA

Completa il seguente schema.

$\frac{3}{4} = \frac{9}{12}$, perché 3 · .... = ... · ....

Quale delle due frazioni è ridotta ai minimi termini?

....

Calcola la seguente espressione.

$\left(\frac{7}{3}\right)^{-4} = \left(\frac{...}{...}\right)^{4} = \frac{......}{..........}$.

228 **INVALSI 2002** In quale dei seguenti quadrati i $\frac{2}{3}$ sono colorati?

a 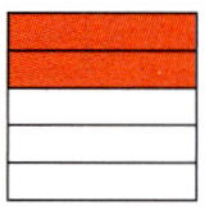 b 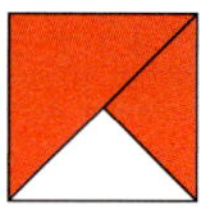 c  d  e 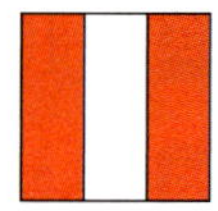

[INVALSI – prova nazionale per la scuola secondaria di primo grado]

229 **INVALSI 2002** Quale tra le seguenti frazioni è la più piccola?

a $\frac{1}{6}$ b $\frac{2}{3}$ c $\frac{1}{3}$ d $\frac{1}{2}$

[INVALSI – prova nazionale per la scuola secondaria di primo grado]

Rappresenta i seguenti numeri sulla retta numerica.

230 $4; \quad \frac{29}{33}; \quad -2{,}365; \quad 5{,}5; \quad -\frac{3}{4}.$

231 $3; \quad -15; \quad 2; \quad -1; \quad 8.$

232 $-2; \quad -8; \quad 0; \quad -50; \quad -100.$

233 $-\frac{3}{2}; \quad -3{,}6; \quad 0; \quad -\frac{4}{3}; \quad -2; \quad 1{,}5; \quad -\frac{7}{4}; \quad -\frac{5}{3}.$

234 Disponi in ordine crescente.

$\frac{2}{9}; \quad -3{,}8; \quad 6; \quad -\frac{1}{9}; \quad 14; \quad -100; \quad 4{,}04; \quad \frac{36}{5}.$

Completa con il simbolo $<$ o $>$ (esercizi da 235 a 240).

235 **a.** $52 \,..>..\, 25$ **b.** $-6 \,.....\, 0$ **c.** $4{,}9 \,.....\, -9{,}4$ **d.** $-\frac{1}{3} \,.....\, -\frac{3}{97}$

236 **a.** $14 \,..<..\, 41$ **b.** $20 \,.....\, -11$ **c.** $3{,}7 \,.....\, 7{,}3$ **d.** $-5{,}5 \,.....\, 5{,}6$

237 **a.** $\frac{1}{2} \,.....\, \frac{1}{4}$ **b.** $\frac{4}{15} \,.....\, -\frac{1}{6}$ **c.** $-5 \,.....\, -6$ **d.** $-88 \,.....\, -89$

238 **a.** $0{,}2 \,.....\, 2$ **b.** $-0{,}06 \,.....\, -0{,}065$ **c.** $-\frac{3}{4} \,.....\, \frac{2}{3}$ **d.** $-\frac{1}{99} \,.....\, -\frac{1}{999}$

239 **a.** $6 \ldots\ldots -6$ **b.** $0 \ldots\ldots -\frac{4}{5}$ **c.** $(-1)^3 \ldots\ldots 3$ **d.** $-12 \ldots\ldots -16$ **e.** $-\frac{12}{2} \ldots\ldots -5$ **f.** $-5{,}6 \ldots\ldots -3{,}4$

240 **a.** $-7-38 \ldots\ldots 8+(-55)$

b. $2{,}36-10{,}58 \ldots\ldots -11{,}97-(-2{,}69)$

c. $-5 \cdot 1{,}5 \ldots\ldots 50:(-8)$

d. $7+\frac{1}{5}-\left[-\left(3+\frac{3}{10}\right)\right] \ldots\ldots 19+\frac{2}{5}+\left[-\left(8+\frac{1}{10}\right)\right]$

241 **INVALSI 2011** Quale fra le seguenti disuguaglianze è quella corretta?

a $\frac{3}{10}<\frac{3}{5}<\frac{3}{20}$ b $\frac{4}{10}<\frac{3}{5}<\frac{11}{20}$ c $\frac{5}{10}<\frac{3}{5}<\frac{13}{20}$ d $\frac{7}{10}<\frac{3}{5}<\frac{13}{20}$

[INVALSI – prova nazionale per la scuola secondaria di primo grado]

242 **INVALSI 2008** Quale delle seguenti disuguaglianze è vera?

a $-\frac{17}{16}<-\frac{16}{17}$ b $+\frac{17}{16}<-\frac{16}{17}$ c $-\frac{17}{16}>+\frac{16}{17}$ d $+\frac{17}{16}<+\frac{16}{17}$

[INVALSI – prova nazionale per la scuola secondaria di primo grado]

243 **INVALSI 2012** Quale numero puoi inserire nel quadratino per rendere vera la seguente disuguaglianza?

$\frac{2}{5}<\frac{\square}{10}<\frac{3}{5}$

[INVALSI – prova nazionale per la scuola secondaria di primo grado]

244 **INVALSI 2002** Quale frazione del cerchio è colorata?

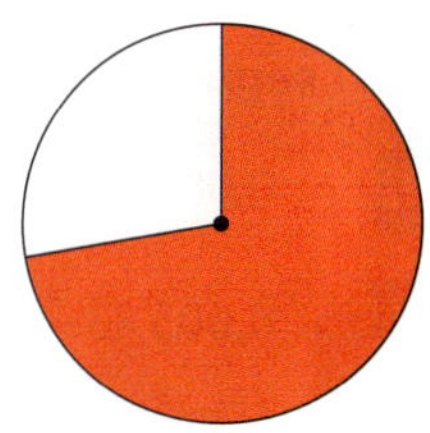

a Tra 0 e $\frac{1}{4}$ c Tra $\frac{1}{2}$ e $\frac{3}{4}$

b Tra $\frac{1}{4}$ e $\frac{1}{2}$ d Tra $\frac{3}{4}$ e 1

[INVALSI – prova nazionale per la scuola secondaria di primo grado]

245 **INVALSI 2010** In quale di queste sequenze i numeri sono ordinati dal più piccolo al più grande?

a $\frac{3}{100}$ 0,125 $\frac{1}{3}$ 0,65 c 0,65 0,125 $\frac{1}{3}$ $\frac{3}{100}$

b 0,125 $\frac{3}{100}$ 0,65 $\frac{1}{3}$ d $\frac{1}{3}$ $\frac{3}{100}$ 0,65 0,125

[INVALSI – prova nazionale per la scuola secondaria di primo grado]

246 **INVALSI 2002** Osserva la figura.

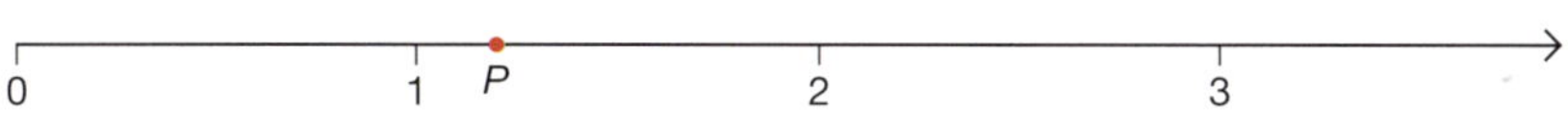

Qual è la migliore approssimazione del numero corrispondente a *P*?

a 1,1 b 1,2 c 1,4 d 1,5

[INVALSI – prova nazionale per la scuola secondaria di primo grado]

247 **INVALSI 2002** In quale delle seguenti coppie di numeri, il numero 2,25 è maggiore del primo numero ma minore del secondo?

a 1 e 2 b 2 e $\frac{5}{2}$ c $\frac{5}{2}$ e $\frac{11}{4}$ d $\frac{11}{4}$ e 3

[INVALSI – prova nazionale per la scuola secondaria di primo grado]

Calcola le seguenti potenze (esercizi da 248 a 251).

248 **a.** $\left(\frac{1}{2}\right)^{-1} = 2$ **b.** $\left(\frac{1}{3}\right)^{-2}$

249 **a.** $\left(\frac{2}{3}\right)^{-1}$ **b.** $\left(\frac{3}{4}\right)^{-3}$

250 **a.** 3^{-2} **b.** $\left(\frac{5}{6}\right)^{-1}$

251 **a.** 5^{-3} **b.** $\left(\frac{3}{2}\right)^{-2}$

252 Calcola le seguenti potenze e scrivile come numero decimale.

$$10^{-1}; \quad 100^{-2}; \quad \left(\frac{1}{10}\right)^{-1}; \quad \left(\frac{1}{10}\right)^{-3}.$$

253 **INVALSI 2013** Quale tra le seguenti sequenze di numeri è ordinata in modo crescente?

a $-10^4, -4\cdot10^{-4}, 10^{-4}, \frac{1}{10^{-4}}$

c $-10^4, 10^{-4}, \frac{1}{10^{-4}}, -4\cdot10^{-4}$

b $-4\cdot10^{-4}, -10^4, \frac{1}{10^{-4}}, 10^{-4}$

d $-4\cdot10^{-4}, -10^4, 10^{-4}, \frac{1}{10^{-4}}$

[INVALSI – scuola secondaria di secondo grado]

254 **INVALSI 2011** L'espressione $\frac{9}{10}+\frac{8}{10^2}+\frac{7}{10^4}+\frac{2}{10^5}$ si può rappresentare mediante il numero decimale

a 98,72 b 9,8072 c 0,9872 d 0,98072

[INVALSI – scuola secondaria di secondo grado]

Scrivi i seguenti numeri in notazione scientifica.

255 **a.** 0,003 **b.** 0,000 000 5

256 **a.** 0,005 43 **b.** 0,000 007 7

257 **a.** 0,0006 **b.** 0,008 32

Scrivi i seguenti numeri in notazione ordinaria.

258 **a.** $5\cdot10^{-3}$ **b.** $2\cdot10^{-5}$

259 **a.** $1\cdot10^{-4}$ **b.** $1{,}05\cdot10^{-8}$

260 **a.** $3{,}77\cdot10^{-6}$ **b.** $2{,}81\cdot10^{-2}$

Esprimi le seguenti percentuali come frazioni ridotte ai minimi termini.

261 **a.** 88%; **b.** 128%; **c.** 0,5%; **d.** 9,67%.

262 **a.** 45%; **b.** 305%; **c.** 5,5%; **d.** 8,7%.

263 **a.** 28%; **b.** 158%; **c.** 12,4%; **d.** 6,6%.

264 **a.** 18%; **b.** 85%; **c.** 125%; **d.** 210%.

265 **a.** 0,25%; **b.** 4,8%; **c.** 1,33%; **d.** 12,5%.

Esprimi le seguenti frazioni come percentuali.

266 a. $\frac{1}{2}$ = 50%
b. $\frac{9}{8}$
c. $\frac{17}{20}$
d. $\frac{116}{5}$

267 a. $\frac{3}{5}$
b. $\frac{9}{10}$
c. $\frac{6}{125}$
d. $\frac{6}{5}$
e. $\frac{12}{25}$
f. $\frac{31}{25}$

268 a. $\frac{4}{625}$; b. $\frac{9}{125}$; c. $\frac{6}{25}$; d. $\frac{3}{4}$; e. $\frac{19}{20}$; f. $\frac{9}{8}$; g. $\frac{7}{5}$; h. $\frac{33}{8}$.

Esprimi le seguenti percentuali come numeri decimali.

269 a. 85% = 0,85
b. 228%
c. 0,7%
d. 7,125%

270 a. 12%
b. 413%
c. 23,6%
d. 6,25%

271 a. 4% b. 633% c. 0,02% d. 33,67%

272 a. 9%
b. 99%
c. 156%
d. 0,05%

273 a. 0,68%
b. 1,002%
c. 2,4%
d. 14,4%

Esprimi i seguenti numeri decimali come percentuali.

274 a. 0,16 = 16%
b. 1,456
c. 0,76
d. 2,789

275 a. 0,78
b. 0,25
c. 0,07

276 a. 0,0034
b. 0,027
c. 0,05
d. 0,14

277 a. 0,095
b. 1,35
c. 2,6

278 a. 0,5218
b. 6,325
c. 16,8
d. 332

In ciascuno dei casi seguenti esprimi la prima quantità come percentuale della seconda quantità.

279 a. 25 secondi; 3,5 minuti.
b. 45 minuti; 1 ora.
c. 1 anno; 4 mesi.
d. 15 mm; 1 m.
e. 335 cm; 5 m.
f. 1 kg; 800 g.
g. 60°; 360°.
h. 63 centesimi; 2,10 €.

280 **a.** 33 cm; 3,96 m.
b. 175 mL; 1 L.
c. 6 ore; 1 giorno.
d. 14 €; 42 €.
e. 20 minuti; 1 ora.
f. 80 centesimi; 1,44 €.
g. 225 mm; 20 cm.
h. 45 kg; 36 000 g.
i. 2 anni; 18 mesi.
j. 4,40 €; 99 centesimi.

Calcola le seguenti percentuali.

281 **a.** 0,25% di 4000.
b. 6% di 200.
c. 7,5% di 2500 €.
d. 8% di 130 g.
e. 20,6% di 15 000 persone.
f. 37,5% di 56 cm.
g. 45% di 4 kg.
h. 66,67% di 72 L.
i. 112,5% di 200 m.
j. 180% di 320.

282 **a.** Aumenta 60 € del 10%.
b. Aumenta 69 L del 28%.
c. Aumenta 50 m del 125%.
d. Aumenta 24 kg del 300%.
e. Aumenta 32 g del 12,5%.
f. Aumenta 400 € dello 0,03%.
g. Aumenta 4000 € dello 0,5%.
h. Aumenta 1,50 € del 2500%.

283 **a.** Diminuisci 1,25 km del 0,6%.
b. Diminuisci 88 € del 5%.
c. Diminuisci 7500 € del 7%.
d. Diminuisci 64 g del 12,5%.
e. Diminuisci 78 kg del 13,5%.
f. Diminuisci 124 L del 15%.
g. Diminuisci 350 m^2 del 42%.
h. Diminuisci 520 dell'85%.

Calcola le seguenti espressioni (esercizi da 284 a 319).

284 **a.** $\left(2+\frac{5}{9}\right)-\left(3+\frac{1}{4}\right)$ **b.** $\left(2+\frac{1}{4}\right)+\left(-1-\frac{3}{5}\right)$

285 **a.** $\left(9+\frac{1}{4}\right)-\left(7+\frac{3}{5}\right)$ **b.** $\left(\frac{2}{5}\right)-\left(\frac{-1}{6}\right)$

286 **a.** $-\left(1+\frac{1}{5}\right)+\left(-1-\frac{1}{3}\right)$ **b.** $-\left(2+\frac{1}{3}\right)-\left(-3-\frac{1}{2}\right)$

287 **a.** $-\left(4+\frac{2}{9}\right)-\left(-1-\frac{1}{6}\right)$ **b.** $-\left(\frac{-7}{8}\right)-\left(1+\frac{3}{4}\right)$

288 **a.** $5\cdot\left(-2-\frac{2}{5}\right)$ **b.** $\left(\frac{-4}{5}\right):(-16)$

289 **a.** $\left(16+\frac{3}{10}\right)\cdot\left(\frac{-5}{8}\right)$ **b.** $\frac{-4}{9}\cdot\frac{3}{14}$

290 **a.** $-\left(3+\frac{1}{2}\right)\cdot\left(2+\frac{3}{5}\right)$ **b.** $-\left(7+\frac{1}{3}\right):\left(1+\frac{5}{6}\right)$

291 **a.** $\frac{-7}{18}\cdot\left(\frac{-9}{14}\right)$ **b.** $\frac{-5}{6}:\left(-1-\frac{3}{4}\right)$

292 $6+\frac{1}{5}+\left(-2-\frac{3}{10}\right)$

293 $-\frac{7}{4}-\left(-\frac{5}{6}\right)+\left(-\frac{4}{3}\right)$

294 $7+\frac{1}{2}+\left(-3-\frac{3}{5}\right)$

295 $-2-\frac{3}{4}+\left(-\frac{5}{6}\right)-\left(-\frac{2}{3}\right)$

296 $\left(2+\frac{3}{4}\right)\cdot\frac{2}{11}$

297 $\left(2+\frac{2}{9}\right):\left(\frac{5}{3}\right)$

298 $\left(2+\frac{2}{3}\right)\cdot\frac{9}{4}$

299 $\left(4+\frac{1}{6}\right):\frac{5}{2}$

300 $\left(3+\frac{2}{3}\right):\left(-2-\frac{4}{9}\right)$

301 $\left(-2-\frac{4}{5}\right)\cdot\left[-\frac{5}{2}-\left(2+\frac{4}{3}\right)\right]$

302 $\left(5+\frac{1}{4}\right):\left(-2-\frac{4}{5}\right)$

303 $\left(1+\frac{3}{4}\right)\cdot\left(\frac{6}{5}-\frac{1}{2}\right)$

304 $\frac{15}{8}\cdot\frac{4}{3}$

305 $\frac{15}{4}:\frac{5}{2}$

306 $\left(2+\frac{3}{5}\right)\cdot\frac{15}{26}$

307 $\left(1+\frac{7}{9}\right):\frac{4}{3}$

308 $\frac{64}{15}\cdot\left(-\frac{3}{8}\right)$

309 $\left(-6-\frac{1}{8}\right)\cdot\frac{3}{14}$

310 $\frac{4}{15}:\left(-\frac{10}{3}\right)$

311 $\left(-2-\frac{1}{2}\right)\cdot\left(4+\frac{2}{5}\right)$

312 $\left(-1-\frac{1}{4}\right):\frac{3}{8}$

313 $-\frac{8}{9}:\left(-1-\frac{2}{3}\right)$

314 **a.** $\left[-3:\frac{4}{3}-\frac{4}{3}:(-3)\right]\cdot\frac{2}{13}$

b. $\left(8:2-\frac{3}{2}\right):5+\left[\left(5+\frac{1}{3}\right)\cdot\frac{1}{4}-\frac{1}{12}\right]:\left(\frac{5}{3}:\frac{2}{5}\right)$

315 **a.** $\left[\left(\frac{1}{2}-\frac{1}{3}\right)\cdot\left(\frac{3}{4}+\frac{1}{2}\right)-\frac{2}{3}-\frac{1}{3}\right]\cdot\frac{6}{19}+\left(\frac{-2}{3}+\frac{1}{6}\right):2$

b. $\left(\frac{3}{2}+\frac{3}{4}\right)\cdot\left(\frac{-2}{3}\right)-\left(1-\frac{1}{2}-\frac{1}{3}\right)\cdot\left(\frac{-6}{5}\right)+\frac{1}{4}\cdot\left(\frac{-8}{5}\right)$

316 **a.** $\left(\frac{2}{3}-\frac{1}{2}\right)\cdot\left(\frac{2}{5}+\frac{4}{5}\right)+\left(-3-\frac{12}{7}\right)\cdot\left(\frac{-5}{11}+3\right)-\frac{31}{5}$

b. $\frac{2}{15}-\left[\left(\frac{4}{3}-3\right):(-5)\right]+\left[\left(\frac{4}{3}-6\right):\left(\frac{-3}{2}-\frac{1}{4}-\frac{3}{2}+\frac{3}{4}\right)\right]$

317 **a.** $\left(\frac{2}{5}\right)^3 \cdot \left(\frac{-2}{5}\right)^2 : \left(\frac{2}{5}\right)^3$ **b.** $\left[\left(\frac{-3}{2}\right)^{-4} \cdot \left(\frac{2}{3}\right)^2 \cdot \left(\frac{-3}{2}\right)^{-4}\right] : \left(\frac{-2}{3}\right)^8$

318 **a.** $\left(\frac{1}{2}-\frac{3}{4}\right)^2 : \left(\frac{3}{4}-\frac{1}{3}\right)^2 - \left(\frac{1}{2}-\frac{1}{6}\right)^2 : \left(1-\frac{1}{3}\right)^2$

b. $\left[\left(\frac{2}{3}\right)^{-2} : \left(\frac{2}{3}\right)^{-4} \cdot \left(\frac{-3}{2}\right) - \frac{1}{3}\right]^3$

319 $$\frac{\left(1+\frac{8}{13}\right)\cdot\frac{13}{42}+\left(5+\frac{1}{5}\right) : \frac{7}{45}}{\left(\frac{7}{9}+\frac{7}{18}\right) : \frac{1}{18}\cdot\frac{1}{7}}$$

320 Scrivi il risultato degli esercizi da 292 a 303 come numero decimale e usa una calcolatrice per verificare i risultati.

321 Usa una calcolatrice per verificare i risultati degli esercizi da 304 a 307.

322 Scrivi il risultato degli esercizi da 308 a 313 come numero decimale e usa una calcolatrice per verificare i risultati.

323 **INVALSI 2008** Le potenze $\left(\frac{4}{3}\right)^2$ e $\frac{4^2}{3}$ hanno lo stesso valore?

- a No, la prima vale $\frac{16}{3}$ e la seconda $\frac{16}{9}$.
- b No, la prima vale $\frac{16}{9}$ e la seconda $\frac{16}{3}$.
- c Sì valgono entrambe $\frac{16}{3}$.
- d Sì valgono entrambe $\frac{16}{9}$.

[INVALSI – prova nazionale per la scuola secondaria di primo grado]

324 **INVALSI 2010** Qual è il risultato della seguente espressione?

$$\frac{\frac{1}{2}+1}{1-\frac{1}{2}}+1$$

a 1 b $\frac{7}{4}$ c 2 d 4

[INVALSI – prova nazionale per la scuola secondaria di primo grado]

Calcola il valore delle seguenti espressioni (esercizi da 325 a 425).

325 **a.** $\left(\frac{3}{4}\right)\cdot\left(\frac{6}{5}\right)^{-1} = \frac{3}{4}\cdot\frac{5}{6} = \frac{5}{8}$ **b.** $\left(\frac{2}{3}\right)\cdot\left(\frac{2}{3}\right)^{-1}$

326 **a.** $\left(\frac{2}{5}\right)^{-2}\cdot\left(\frac{2}{5}\right)^3$ **b.** $\left(\frac{3}{4}\right)^3 : \left(\frac{3}{4}\right)^{-2}$

327 **a.** $\left(\frac{3}{4}\right)\cdot\left(\frac{2}{3}\right)^{-2}$ **b.** $\left(\frac{7}{3}\right)^2 : \left(\frac{6}{5}\right)^{-3}$

328 **a.** $\left(\frac{2}{7}\right)\cdot 14^{-2}$ **b.** $\left(\frac{1}{3}\right)^{-3} : \left(\frac{9}{4}\right)^2$

329 **a.** $\left(\frac{1}{2}\right)+\left(\frac{2}{3}\right)^{-1}$ **b.** $\left(\frac{3}{4}\right)-\left(\frac{6}{5}\right)^{-2}$

330 **a.** $\left(\frac{6}{5}\right)\cdot\left(\frac{9}{10}\right)^{-2} : \left(\frac{3}{2}\right)^{-3}$ **b.** $\left(\frac{4}{5}\right)^{-1}+\left(\frac{4}{5}\right)^{-2}$

331 **a.** $14{,}72\cdot 1{,}2$ **b.** $130{,}4\cdot 0{,}15$

332 **a.** $0{,}27\cdot 0{,}08$ **b.** $0{,}25\cdot 1{,}96$

333 **a.** $0{,}81 : 0{,}3$ **b.** $1{,}32 : 0{,}12$

334 **a.** $3{,}426 : 0{,}06$ **b.** $4{,}35 : 1{,}5$

335 **a.** $14{,}8 \cdot 6{,}2$ **b.** $144{,}735 \cdot 0{,}15$

336 **a.** $0{,}35 \cdot 0{,}096$ **b.** $1{,}84 \cdot 0{,}092$

337 **a.** $1{,}45 : 0{,}16$ **b.** $4{,}86 : 1{,}20$

338 **a.** $1{,}921\,68 : 62{,}8$ **b.** $0{,}003\,48 : 0{,}048$

339 **a.** $4{,}3 - (-3{,}9)$ **b.** $2{,}8 + (-1{,}5)$

340 **a.** $-5{,}9 + 2{,}7$ **b.** $-6{,}7 - 5{,}4$

341 **a.** $5{,}3 - (-4{,}9)$ **b.** $3{,}3 + (-2{,}7)$

342 **a.** $-15{,}4 + 8{,}9$ **b.** $-17{,}3 - 6{,}25$

343 **a.** $-12{,}8 - 88{,}2$ **b.** $500{,}3 - (-200{,}2) - 210{,}1$

344 **a.** $1{,}44 : 1{,}2 \cdot (-0{,}4)$ **b.** $(0{,}3)^2 : (0{,}2) + (-2{,}56)$

345 $13{,}56 \cdot 2{,}4$

346 $137{,}8 \cdot 0{,}35$

347 $0{,}72 : 0{,}3$

348 $0{,}92 : 0{,}4$

349 $1{,}845 : 0{,}15$

350 $2{,}5 - (-1{,}3)$

351 $\frac{0,18}{0,3} \cdot \left(\frac{-0,47}{1,2}\right)$

352 $32 - (-1{,}6)$

353 $\frac{0,12}{0,4} \cdot \left(\frac{-0,23}{0,6}\right)$

354 $1{,}3 + (-3{,}5)$

355 $-0,3^2 \cdot \left(\frac{4,5}{-2,7}\right) - 0,65$

356 $-\frac{1}{2} + \left(-\frac{3}{4}\right)$

357 $\left(5 + \frac{1}{5}\right) - \left(4 + \frac{1}{2}\right)$

ESERCIZI

358 $\left(3+\frac{1}{8}\right)+\left(-\frac{1}{4}\right)$

359 $\left(-3-\frac{1}{6}\right)-\left(4+\frac{2}{3}\right)$

360 $20{,}74 \cdot 1{,}6$

361 $0{,}36 \cdot 0{,}06$

362 $0{,}27 : 0{,}3$

363 $1{,}884 : 0{,}04$

364 $7{,}2-(-4{,}9)$

365 $-6{,}7+1{,}5$

366 $120{,}2 \cdot 0{,}25$

367 $0{,}75 \cdot 1{,}16$

368 $1{,}69 : 0{,}13$

369 $4{,}2 : 1{,}5$

370 $6{,}5+(-4{,}3)$

371 $-7{,}6-4{,}7$

372 $-\frac{8}{5}-\left(-2-\frac{1}{4}\right)-\frac{1}{2}$

373 $\left(6+\frac{1}{5}\right)-\left(-\frac{3}{4}\right)-\left(4+\frac{1}{10}\right)$

374 $\left(4+\frac{2}{7}\right)-\left(6+\frac{1}{3}\right)-\left(-\frac{4}{21}\right)$

375 $-4+\left(-3-\frac{1}{8}\right)+\left(-\frac{4}{3}\right)$

376 $-\frac{1}{5}+2+\frac{1}{4}+\left(-\frac{7}{2}\right)$

377 $-\frac{5}{7}\left(-\frac{28}{15}+1+\frac{2}{3}\right)$

378 $\left[-\frac{1}{4}-\left(-\frac{1}{3}\right)\right] : \left(\frac{1}{4}-\frac{1}{3}\right)$

379 $10-\frac{5}{8}\left[\frac{3}{2} : \left(4+\frac{1}{2}\right)\right]+\left(-\frac{1}{4}\right)$

380 $\left(\frac{1}{2}\right)^3-\left(\frac{3}{4}\right)^2+\left(-\frac{3}{4}\right)$

381 $\frac{1}{3}+\frac{4}{9}\left(-\frac{1}{2}\right)^2$

382 $\left(\frac{3}{2}\right)^2-\left(\frac{1}{15}-2-\frac{1}{3}\right)$

383 $\frac{0,15}{0,5}\left(\frac{-0,16}{1,2}\right)$

384 $\frac{0,027}{0,03}\left(\frac{1,4}{-0,28}\right)$

385 $-0,4^2-\left(\frac{-1,3}{0,8}\right)-0,62$

386 $(-0,2)^3\,\frac{27}{1,6}+0,105$

387 $\left(5+\frac{3}{4}\right)-\left(2+\frac{5}{6}\right)+\left(-\frac{23}{15}\right)-\left(-4-\frac{7}{10}\right)$

388 $\left(3+\frac{4}{7}\right)+\left(1+\frac{2}{5}\right)-\left(-\frac{3}{7}\right)$

389 $\frac{2}{3}-\left(-3-\frac{3}{20}\right)+\left(-\frac{2}{5}\right)$

390 $\left(-6-\frac{4}{9}\right)-\left(3+\frac{3}{4}\right)-\left(3+\frac{5}{9}\right)$

391 $\left(-\frac{1}{2}+\frac{1}{3}\right)+\left[\frac{1}{4}+\left(-\frac{1}{3}\right)\right]+\left(-\frac{1}{20}\right)$

392 $-\left(3+\frac{1}{4}\right)\cdot\left(1+\frac{3}{5}\right)\cdot\left(-1-\frac{2}{13}\right)$

393 $\frac{3}{5}\cdot\left(-\frac{1}{4}-\frac{1}{6}\right):\left(-2-\frac{1}{3}+1+\frac{1}{4}\right)$

394 $-\left(3+\frac{9}{16}\right):\left(1+\frac{3}{16}\right)-\frac{1}{3}\left(-1-\frac{3}{4}\right)$

395 $-12-\frac{1}{2}+\left(1+\frac{2}{3}\right)(-4)-\frac{5}{7}\left(-2-\frac{4}{5}\right)$

396 $\frac{2}{9}+\frac{1}{4}$

397 $\left(5+\frac{3}{8}\right)-\left(-1-\frac{3}{4}\right)$

398 $\frac{1}{7}-\frac{1}{6}$

399 $\left(-2-\frac{1}{3}\right)+1+\frac{4}{5}-\left(6+\frac{1}{2}\right)$

400 $\left(3+\frac{1}{7}\right)\left(1+\frac{3}{11}\right)$

401 $\frac{8}{25}:\left(3+\frac{1}{5}\right)$

402 $\left(4+\frac{2}{5}\right)\left(-\frac{25}{44}\right)$

403 $-\frac{4}{3}:\left[-1^2-\left(-9-\frac{5}{7}\right)\right]$

404 $\frac{1}{3}+\frac{3}{10}$

405 $\frac{1}{8}-\frac{1}{9}$

406 $\left(6+\frac{3}{4}\right)+\left(2+\frac{1}{2}\right)$

407 $\left(7+\frac{4}{5}\right)-\left(2+\frac{3}{10}\right)$

ESERCIZI

408 $\left(5+\frac{7}{8}\right)+\left(-\frac{5}{6}\right)$

409 $\frac{6}{7}-\left(-1-\frac{1}{4}\right)$

410 $-3-\frac{2}{9}+\frac{7}{36}-\left(-\frac{11}{18}\right)$

411 $\frac{13}{12}-\left[-\frac{11}{4}+\left(-\frac{7}{6}\right)\right]$

412 $\frac{8}{39}\cdot\frac{13}{16}$

413 $\left(5+\frac{5}{6}\right)\left(1+\frac{5}{7}\right)$

414 $\frac{7}{24}:\frac{21}{32}$

415 $\left(4+\frac{2}{3}\right):\left(1+\frac{17}{18}\right)$

416 $\frac{15}{64}\cdot\left(-\frac{48}{55}\right)$

417 $\left(-\frac{9}{68}\right)\left(\frac{17}{30}\right)$

418 $\left(-4-\frac{3}{4}\right)\left(-\frac{12}{95}\right)$

419 $\left(-\frac{42}{23}\right)\left(-\frac{69}{28}\right)\cdot 2^2$

420 $\frac{49}{50}:\left(-\frac{7}{30}\right)$

421 $\left(-\frac{5}{24}\right):\left(4+\frac{1}{6}\right)$

422 $\left(-1+\frac{43}{45}\right):\left(-19+\frac{4}{5}\right)$

423 $\left(-\frac{49}{12}\right):\left(-\frac{98}{33}\right):\frac{1}{2^3}$

424 $\left(-\frac{3}{4}\right)^2\left(\frac{1}{3}-\frac{1}{4}\right)$

425 $5-\frac{1}{4}:\left(\frac{1}{2}\right)^3\left(-\frac{8}{9}\right)$

426 Controlla con una calcolatrice i risultati degli esercizi da 360 a 371.

427 Calcola le seguenti espressioni in notazione scientifica.
a. $6\cdot 10^5:(2\cdot 10^9)$ **b.** $4{,}0:(3{,}0\cdot 10^3)$ **c.** $2{,}52\cdot 10^4:(1{,}4\cdot 10^6)$

428 Scrivi in notazione scientifica e poi calcola le seguenti espressioni.
a. 0,000 050 · 0,36 **b.** 3000 : 0,0004 **c.** 0,000 42 : 0,0021

429 Un ghiacciaio, che nel 1995 aveva un'estensione di $1{,}5\cdot 10^6$ m^2, nel 2010 si è ridotto a $1{,}1\cdot 10^6$ m^2. Esprimi la variazione in percentuale.

430 Un libro di esercizi nella sua prima edizione aveva 340 pagine; la nuova edizione ha il 30% di pagine in più. Quante sono le pagine della nuova edizione?

431 **INVALSI 2011** Per l'acquisto di un computer sono stati spesi 300 €. Il prezzo è composto dal costo base più l'IVA, pari al 20% del costo base. Quanto è stato pagato di IVA?

Risposta: .... euro

[INVALSI – scuola secondaria di secondo grado]

432 Un investimento di 80 000 € ha reso il 3,5% del valore iniziale. Quanto è stato il guadagno?

433 Un computer costa 480 €. Per una settimana è venduto in offerta con lo sconto del 12%. Dopo questa settimana il prezzo scontato viene aumentato del 10%.

a. Qual è il prezzo finale?

b. Di quanto è variato percentualmente rispetto a quello originale?

434 **INVALSI 2012** Una grande azienda nel 2009 aveva 100 impiegati. Nell'anno 2010 il numero degli impiegati è diminuito del 20% rispetto al 2009 mentre nel 2011 è aumentato del 20% rispetto al 2010. Al termine dei due anni gli impiegati dell'azienda sono

a diminuiti del 4%.

b diminuiti del 10%.

c aumentati del 4%.

d aumentati del 10%.

[INVALSI – prova nazionale per la scuola secondaria di primo grado]

435 **INVALSI 2012** La tabella seguente riporta alcune informazioni nutrizionali stampate su tre confezioni di cereali per la prima colazione:

	Confezione 1	**Confezione 2**	**Confezione 3**
Grammi di cereali	100	200	70
Percentuale di zucchero	20%	10%	20%

Sulla base dei dati in tabella, indica se ciascuna delle seguenti affermazioni è vera (V) o falsa (F).

a. La quantità di zucchero contenuta nella confezione 2 è uguale alla quantità di zucchero contenuta nella confezione 3. V F

b. La quantità di zucchero contenuta nella confezione 1 è maggiore della quantità di zucchero contenuta nella confezione 2. V F

c. La quantità di zucchero contenuta nella confezione 1 è maggiore della quantità di zucchero contenuta nella confezione 3. V F

[INVALSI – scuola secondaria di secondo grado]

436 Michele vuole tagliare la sua corda, lunga 6,3 m, in due pezzi, in modo che uno sia $\frac{5}{4}$ dell'altro. Quanto è lungo il pezzo più corto?

437 **PROGETTARE** Alberto vuole preparare dei dolci per i suoi amici: 9 di un tipo e 3 di un altro. Per preparare i dolci del primo tipo gli servono 2 tazze e mezza di farina ciascuno, invece per gli altri servono 2 tazze e tre quarti ciascuno.
Quante tazze di farina userà in tutto?

438 **INVALSI 2011** Per trovare il 27% di 350 si deve:

a dividere 350 per 27.

b dividere 350 per 0,27.

c moltiplicare 350 per 27.

d moltiplicare 350 per 0,27.

[INVALSI – prova nazionale per la scuola secondaria di primo grado]

439 Riccardo, Michele e Sarah comprano un grosso congelatore. Riccardo paga i $\frac{3}{10}$ del costo e Michele ne paga i $\frac{2}{9}$.

a. Qual è la parte pagata da Sarah?

b. Se Sarah paga 129 €, quanto costa il congelatore?

440 In una scuola ci sono 247 studenti. I $\frac{4}{19}$ di questi sono in classe prima; di questi, $\frac{8}{13}$ più altri 7 studenti viaggiano in autobus. Quanti sono gli studenti di prima che *non* viaggiano in autobus?

441 **ARGOMENTARE** Anna dorme in media 8 ore al giorno. Confronta questa quantità con il numero totale di ore di una giornata, sia per rapporto sia per differenza. Descrivi le differenze tra i due metodi di confronto e quale aspetto mette in evidenza ognuno di essi.

442 **ARGOMENTARE** Confronta i tempi ottenuti da due atlete che corrono i 100 m: una li ha percorsi in 9,96 s, l'altra in 10,05 s.

a. Confrontali sia per rapporto sia per differenza.

b. Descrivi le differenze tra i due metodi di confronto e quale aspetto mette in evidenza ognuno di essi.

443 **INVALSI 2011** Dividere un numero per 0,2 è lo stesso che moltiplicarlo per

a $\frac{1}{5}$. b $\frac{1}{2}$. c 2. d 5.

[INVALSI – scuola secondaria di secondo grado]

444 Esprimi 1400 mL come percentuale di 2,1 L.

445 Calcola il 20% di 13,25 €.

446 Calcola il 15% di 640 €.

447 Calcola il 2500% di 4,60 €.

448 Calcola il 50% di 70€.

449 Calcola l'80% di 4,5 m.

450 In una scuola ci sono 90 insegnanti, 40 dei quali sono uomini. Calcola la percentuale di insegnanti uomini e insegnanti donne della scuola.

451 In un'azienda lavorano 45 uomini e 75 donne. Trova la percentuale di lavoratori uomini e di lavoratrici donne nell'azienda.

452 Una classe è composta da 40 studenti. Il 75% degli studenti ha superato un test. Calcola quanti studenti *non* hanno superato il test.

453 In una scuola ci sono 1500 studenti. Un giorno il 3% degli studenti è arrivato in ritardo. Quanti studenti sono stati puntuali quel giorno?

454 1800 persone hanno partecipato a una cena in una festa popolare. Il 35,5% dei partecipanti erano uomini, il 40% erano donne e il resto bambini.
Calcola quanti bambini hanno partecipato alla cena.

455 Nel 2014, 600 persone su 1600 partecipanti hanno superato il test di ingresso a una facoltà universitaria. Nel 2015 il test è stato superato da 400 persone su 1000 partecipanti. In quale anno la percentuale di persone che ha superato il test è stata più alta?

456 Nel Paese dei Festaioli abitano 30 000 persone, e 4000 di queste hanno partecipato alla festa di Capodanno. Nel vicino Paese dei Bagordi abitano 25 000 persone e 2800 di queste hanno partecipato alla festa di Capodanno. In quale paese la percentuale dei partecipanti è stata più alta?

457 In una classe ci sono 20 ragazzi e 18 ragazze.
Calcola la percentuale di ragazzi e ragazze nella classe.

458 In un parcheggio ci sono 120 automobili; il 30% delle automobili è blu. Quante auto non sono blu?

459 Carlo è un autista di autobus e guadagna 1600 € al mese, mentre Paola è una manager e guadagna 6800 € al mese. Nel 2016 Carlo ha donato in beneficienza 1200 €, mentre Paola ha donato 4500 €.
Chi dei due ha donato una percentuale più alta del suo stipendio annuale?

460 Il salario di Ezio è di 1850 € al mese. In un mese ne ha speso il 20,5% per l'affitto, 690 € per gli alimentari e 940 € per altre spese.
Calcola in percentuale quanto ha speso in più di quanto ha guadagnato.

461 In un romanzo ci sono 600 pagine. Venerdì Sarah legge 150 pagine e domenica legge il 40% delle pagine che rimangono. Quale percentuale dell'intero libro le rimane ancora da leggere?

462 Una fondazione offre delle borse di studio a studenti di diversi livelli scolastici, secondo la tabella sotto.

Anno	Primaria (classi seconda e terza)	Primaria (classi quarta e quinta)	Scuola media	Scuola superiore	Università
2014	50 €	100 €	150 €	200 €	300 €
2015	100 €	?	200 €	250 €	400 €

Nel 2015 gli importi delle borse di studio sono aumentati.

a. Dal 2014 al 2015 c'è stato un incremento del 50% nelle borse di studio per gli studenti del quarto e del quinto anno della primaria. Calcola il valore della borsa di studio nel 2015.

b. Calcola l'incremento percentuale nel valore della borsa di studio dal 2014 al 2015 per:
- un alunno del secondo anno della primaria;
- uno studente di scuola media.

463 Nel 2015 il costo di un armadio consiste in 300 € di materiale, 200 € di vernice e rivestimenti, 200 € di manodopera. Nel 2016 il materiale è aumentato del 12%, vernici e rivestimenti del 7% mentre la manodopera è calata del 10%.
Calcola la variazione in percentuale del costo dell'armadio.

464 La lunghezza di un rettangolo è di 16 cm, la sua larghezza di 8 cm. Il rettangolo viene deformato in modo che la lunghezza aumenti del 10%, mentre la larghezza diminuisca del 10%.
Calcola la variazione percentuale del perimetro.

465 Una miscela contiene 8 L di acqua e 42 L di latte. Calcola le percentuali di latte e di acqua nella miscela.

466 La scuola A ha 1500 studenti e la scuola B 1800. Un giorno in entrambe le scuole 25 studenti arrivano in ritardo.
Quale delle due scuole ha la minore percentuale di ritardatari?

467 In una scatola ci sono 180 arance. Il 15% delle arance sono rovinate.
Calcola il numero delle arance in buone condizioni.

468 Un lingotto di ottone da 60 kg è costituito da una lega di zinco e rame. Il 25% del lingotto consiste di zinco.
Quanti kg di rame contiene il lingotto?

469 Il numero di autobus in servizio in città passa da 1000 a 1420. Calcola l'incremento percentuale del numero di autobus.

470 Il prezzo di uno smartphone scende da 382 € a 261,50 €.
Calcola il calo percentuale del prezzo.

471 Il prezzo di un computer nel 2013 è di 2000 €. Nel 2014 il prezzo diminuisce del 30%. Nel 2015 il prezzo diminuisce di un ulteriore 30% del suo valore nel 2014.
Calcola il suo valore nel 2015.

472 La settimana scorsa Elisa ha trascorso 15,25 ore lavorando al suo progetto di musica. 2,375 ore le ha trascorse a registrare il brano e due terzi del tempo rimanente è servito per la masterizzazione.
Calcola il tempo impiegato per la masterizzazione senza utilizzare una calcolatrice.

473 A ottobre dello scorso anno Riccardo ha aperto un conto corrente con un deposito iniziale di 500 €. A novembre e dicembre ha ricevuto interessi rispettivamente di 0,65 € e 0,68 €.
A gennaio sua madre ha versato altri soldi portando il totale a 800 €. Calcola quanto ha aggiunto la madre senza utilizzare una calcolatrice.

474 La tabella mostra la massa unitaria di due articoli. Una cartoleria ha preparato un pacchetto con 10 carpette e 4 chiavette usb. Il costo di spedizione per un pacco di massa inferiore a 0,6 kg è di 12 €.
Il pacco può essere spedito alla tariffa di 12 €?

Articolo	Massa (kg)
Carpetta	0,05
Chiavetta usb	0,03

7 Le proprietà delle operazioni

Teoria a pag. 31

Ricorda

IN TEORIA

1. L'addizione e la moltiplicazione godono delle **proprietà** .... e ....
2. La .... gode della **proprietà distributiva** rispetto all'addizione.
3. .... e .... godono della **proprietà invariantiva**.

IN PRATICA

Associa a ogni espressione la proprietà usata.

a. $47 - 43 = 7 - 3$ ....

b. $35 + 12 + 25 = 12 + 35 + 25$ ....

c. $3 \cdot (5 + 8) = 15 + 24$ ....

475 Mostra un esempio di applicazione della proprietà associativa della moltiplicazione.

476 Mostra un esempio di applicazione della proprietà distributiva della moltiplicazione rispetto all'addizione.

477 Dimostra con un controesempio che non vale la proprietà distributiva dell'addizione rispetto alla moltiplicazione.

478 Mostra con un disegno il significato della proprietà commutativa della moltiplicazione.

479 Mostra con un disegno il significato della proprietà commutativa dell'addizione.

480 Mostra con un disegno il significato della proprietà distributiva della moltiplicazione rispetto all'addizione.

481 **ARGOMENTARE** L'elevamento a potenza è commutativo? Prova con alcuni esempi.

482 Quale esponente non cambia il valore di un numero elevato a potenza?

483 **ARGOMENTARE** Dimostra con un controesempio che l'elevamento a potenza non gode della proprietà associativa.

484 **INVALSI 2011** L'espressione $10^{37} + 10^{38}$ è anche uguale a

a 20^{75}. b 10^{7}. c $11 \cdot 10^{37}$. d $10^{37 \cdot 38}$.

[INVALSI – scuola secondaria di secondo grado]

485 **INVALSI 2011** Elisa e Paolo stanno cercando di rispondere a questa domanda:

«Qual è la coppia di numeri interi a, b (diversi fra loro) tali che $a^b = b^a$?»

Ecco le soluzioni:

Chi ha ragione?

a Solo Elisa b Solo Paolo c Entrambi d Nessuno dei due

[INVALSI – scuola secondaria di secondo grado]

Indica se le seguenti uguaglianze sono corrette. Se sono corrette indica quale proprietà è stata applicata; se sono sbagliate correggi l'errore (esercizi da 486 a 495).

486 $30 \cdot 2 = 2 \cdot 30$

487 $3 \cdot 4 \cdot 5 = 3 \cdot (4 \cdot 5) = 3 \cdot 20$

488 $20 : 10 : 2 = 20 : (10 : 2) = 20 : 5 = 4$

489 $4 \cdot (3 + 2 - 1) = 4 \cdot 3 + 4 \cdot 2 - 4 \cdot 1 = 12 + 8 - 4$

490 $5 + (3 \cdot 2) = (5 + 3) \cdot (5 + 2) = 8 \cdot 7$

491 $4^3 = 3^4$

492 $4000 : 2000 = 4 : 2$

493 $2025 - 2005 = 25 - 5$

494 $1004 + 1020 = 104 + 120$

495 $20 : (4 + 5) = 20 : 4 + 20 : 5 = 5 + 4$

496 Usa la proprietà invariantiva per esprimere i seguenti quozienti come frazioni, come nell'esempio.

$$\frac{0,7}{1,4} = \frac{0,7 \cdot 10}{1,4 \cdot 10} = \frac{7}{14} = \frac{1}{2}$$

a. $\frac{1,2}{3,3}$

b. $\frac{0,16}{0,5}$

c. $\frac{2,8}{4}$

Svolgi le seguenti espressioni sfruttando le proprietà delle operazioni per semplificare i calcoli. Specifica quali proprietà hai applicato.

497 **a.** $38 + 7 + 12$

b. $5 \cdot 13 + 5 \cdot 6 + 5 \cdot 3 + 5 \cdot 4 + 5 \cdot 14$

c. $5677 - 5620$

498 **a.** $4500 : 900$

b. $98 + 87 + 2 + 3$

c. $157 - 19 - 1$

499 **a.** $4 \cdot 10 + 8 \cdot 10 - 2 \cdot 10 + 7 \cdot 10 - 5 \cdot 10$

b. $13 : 4 + 3 : 4$

c. $480 : 30$

ESERCIZI DI RIEPILOGO

500 Un problema richiede di determinare l'età di una persona conoscendo il suo anno di nascita. A quale insieme appartiene la soluzione?

501 Un problema richiede di trovare la lunghezza di un tavolo in metri (misura approssimata ai millesimi) sulla base di alcune informazioni che riguardano il numero dei commensali e la forma del tavolo. A quale insieme appartiene la soluzione?

502 Un problema richiede di trovare la temperatura di conservazione in °C a lungo termine di un alimento conoscendo le sue caratteristiche biologiche. A quale insieme appartiene la soluzione?

503 **INVALSI 2011** In un torneo di calcio fra scuole una squadra guadagna 3 punti se vince, 1 punto se pareggia e nessun punto se perde. Una squadra ha vinto tante partite quante ne ha pareggiate. Quale dei seguenti punteggi non <u>può</u> aver totalizzato la squadra?

a 24
c 30
b 28
d 32

[INVALSI – scuola secondaria di secondo grado]

504 **INVALSI 2009** Se n è un numero naturale qualsiasi, quale procedimento devi seguire per essere sicuro di ottenere sempre un numero dispari?

a $n-1$
c $n \cdot 2+1$
b $n+1$
d $\frac{n}{2}+1$

[INVALSI – prova nazionale per la scuola secondaria di primo grado]

505 **INVALSI 2008** Alcuni fiammiferi sono disposti come indicato nelle figure.

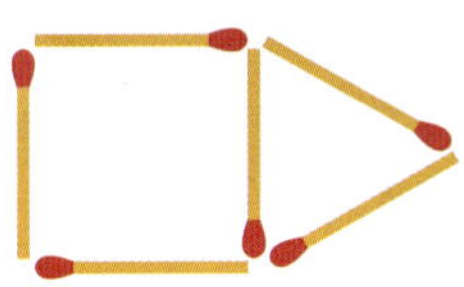
Figura 1

Figura 2

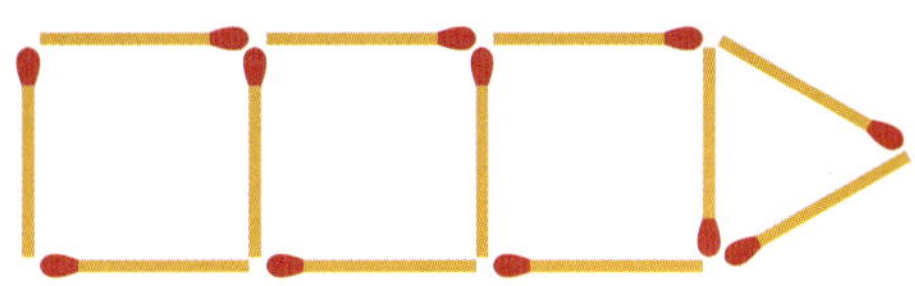
Figura 3

Se si continua la sequenza delle figure, quanti fiammiferi verranno usati per fare la figura 10?

a 30
c 36
b 33
d 42

[INVALSI – prova nazionale per la scuola secondaria di primo grado]

506 **INVALSI 2010** In un laboratorio si devono riempire <u>completamente</u> 7 contenitori da un litro travasando il liquido contenuto in flaconi da 33 cl ciascuno. Il liquido rimanente viene gettato via.

a. Qual è il numero minimo di flaconi che occorrono per riempire tutti i sette contenitori?

Risposta: ....

b. Quanto liquido viene gettato via?

Risposta: ....

[INVALSI – prova nazionale per la scuola secondaria di primo grado]

507 **INVALSI 2010** Piero e Giorgio partono per una breve vacanza. Decidono che Piero pagherà per il cibo e Giorgio per l'alloggio. Questo è il riepilogo delle spese che ciascuno di loro ha sostenuto:

	Giorgio	Piero
Lunedì	27 euro	35 euro
Martedì	30 euro	30 euro
Mercoledì	49 euro	21 euro

Al ritorno fanno i conti per dividere in parti uguali le spese.

a. Quanti euro deve dare Piero a Giorgio per far sì che entrambi abbiano speso la stessa somma di denaro?

Risposta: .... euro

b. Scrivi i calcoli che hai fatto per trovare la risposta:

....

....

[INVALSI – prova nazionale per la scuola secondaria di primo grado]

508 Il signor Bianchi ha una tessera della metropolitana ricaricabile perché la prende tutti i giorni, dal lunedì al sabato, per andare al lavoro e per tornare.
Domenica ha usato la tessera per andare da casa sua allo stadio.

a. Se il valore iniziale era di 5 € e alla fine del viaggio sulla tessera c'erano 3,36 €, qual è il costo della corsa?

Dopo la partita è tornato a casa a piedi. Il giorno successivo, lunedì, il signor Bianchi ha ricaricato la tessera aggiungendo 20 €.

b. Se la corsa casa-lavoro costa 1,83 €, quando dovrà ricaricare di nuovo la tessera?

509 Alle 16:00:00 Carlo, Giacomo e Andrea sono al punto di partenza di un circuito ciclistico di 1,8 km. Carlo lo percorre in 126 s, Giacomo in 154 s e Andrea in 198 s.

a. A che ora passeranno di nuovo insieme sulla linea di partenza?

b. Dopo quanti giri?

510 Una ditta deve confezionare ceste natalizie e ha a disposizione 1260 scatole di cioccolatini, 420 bottiglie di vino e 630 scatole di biscotti.

a. Qual è il massimo numero di ceste tutte uguali che possono confezionare?

b. Come sarà composta ogni cesta?

511 La scorsa notte Antonella stava cercando di addormentarsi, ma prestava troppa attenzione ai piccoli rumori intorno a lei. Un orologio a pendolo ticchettava ogni 20 s, il rubinetto della cucina gocciolava ogni 15 s e suo padre russava ogni 27 s.
Alle 01:05:20 i tre rumori sono stati prodotti contemporaneamente.

a. A che ora è accaduto di nuovo?

b. Quante volte accade in un'ora?

512 Salvo, Massimo e Alice hanno tre bastoni uguali. Salvo taglia il suo in pezzi lunghi 42 cm, Massimo in pezzi lunghi 24 cm e Alice in pezzi lunghi 60 cm.
Se non avanzano pezzi, qual è la minima lunghezza che potevano avere i bastoni interi?

513 Un bosco contiene 250 alberi, ogni albero 50 rami, ogni ramo 420 foglie. Quante foglie contiene il bosco?

514 Un programma di videoscrittura prevede 30 diversi tipi di carattere e 8 possibili dimensioni. In quanti modi diversi si può scrivere una parola, applicando lo stesso stile ai caratteri che la compongono?

515 In un programma di videoscrittura si possono applicare i seguenti effetti (uno alla volta o anche più effetti insieme): grassetto, corsivo, sottolineato. In quanti stili può essere scritta una parola?

516 Un ispettore controlla a campione 5 confezioni di riso di un carico. Le confezioni hanno un valore nominale di 1 kg e l'ispettore ne controlla le masse, paragonandole al valore nominale.
Compila la tabella che riporta i risultati.

	Pacco 1	Pacco 2	Pacco 3	Pacco 4	Pacco 5
Differenza di massa rispetto a quella nominale di 1 kg (in g)	−28	−13	+10	−19	+5
Massa effettiva (in g)					

a. Completa la tabella. Quale pacco è più vicino alla massa nominale?

b. Trova la differenza tra le masse del pacco trovato al punto precedente e del pacco:
- 1;
- 4;
- 2.

c. L'ispettore esamina un sesto pacco che ha una massa maggiore di 19 g rispetto al pacco 1. Di quanto differisce dal valore nominale?

517 **ARGOMENTARE** Una società di trattamento delle acque potabili ha misurato il livello di 4 bacini di raccolta nei tre mesi passati. La tabella mostra la differenza del livello effettivo di ogni bacino rispetto al livello di riferimento, espressa in metri.

	Mese	Bacino A	Bacino B	Bacino C	Bacino D
Livello dell'acqua rispetto al livello di riferimento (m)	luglio	−2	+1	−3	−5
	agosto	+6	+3	−1	+9
	settembre	+8	−7	−2	−1

a. È possibile dire quale bacino ha raccolto più pioggia durante il periodo di osservazione? Perché?

b. Quale bacino ha avuto le variazioni maggiori?

c. Quale bacino ha avuto le variazioni minori?

518 **INVALSI 2011** Antonio e Giada partecipano a una gara a quiz. Per ogni risposta esatta si assegnano due punti, mentre per ogni risposta sbagliata si toglie un punto. L'esito della gara è il seguente:

- Antonio ha dato 11 risposte esatte e 9 sbagliate;
- Giada ha dato 6 risposte esatte e 14 sbagliate.

Quali sono i punteggi finali dei due ragazzi?

a $+13; +2$

b $+13; -2$

c $+2; +8$

d $+2; -8$

[INVALSI – prova nazionale per la scuola secondaria di primo grado]

519 **INVALSI 2012** Nelle ultime elezioni svoltesi in un paese europeo è andato a votare il 70% degli aventi diritto al voto. Di questi il 20% ha votato per il partito A. Quale percentuale di aventi diritto al voto ha votato per il partito A?

a 60%

b 50%

c 20%

d 14%

[INVALSI – scuola secondaria di secondo grado]

520 **INVALSI 2009** Confronta il numero 3,25 con le coppie di numeri elencate sotto. In una di esse il 3,25 è maggiore del primo numero e minore del secondo. In quale?

a 2 e 3

b $\frac{7}{2}$ e $\frac{15}{4}$

c 3 e $\frac{7}{2}$

d $\frac{15}{4}$ e 4

[INVALSI – prova nazionale per la scuola secondaria di primo grado]

521 **INVALSI 2012** La decima parte di 10^{20} è

a 10^{10}.

b 1^{20}.

c 100.

d 10^{19}.

[INVALSI – prova nazionale per la scuola secondaria di primo grado]

522 **INVALSI 2012** Luigi e Paolo investono la stessa somma di denaro. Dopo il primo anno, la somma investita da Luigi è aumentata del 10% e quella investita da Paolo è diminuita del 5%. Luigi e Paolo decidono di reinvestire per un altro anno ancora le somme ottenute dopo il primo anno. Nel secondo anno Luigi perde il 5%, mentre Paolo guadagna il 10%.

Se Luigi e Paolo hanno investito inizialmente una somma di 1000 euro ciascuno, quanto avrà ciascuno dei due alla fine del secondo anno? Scrivi i calcoli che fai per trovare la risposta e infine riporta i risultati.

....

....

....

....

Luigi: .... euro

Paolo: .... euro

[INVALSI – scuola secondaria di secondo grado]

523 **INVALSI 2012** In un negozio un abito è messo in vendita con uno sconto del 30% sul prezzo originario. Durante la stagione dei saldi il prezzo già scontato viene ancora abbassato del 10%.
Qual è la percentuale complessiva di sconto sul prezzo originario dell'abito?

a 20%
c 37%
b 33%
d 40%

[INVALSI – scuola secondaria di secondo grado]

524 **INVALSI 2012** Giovanni afferma che $\left(\frac{3}{40}\right)^{80}$ è maggiore di $\left(\frac{3}{40}\right)^{81}$. Ha ragione?

a Giovanni ha ragione perché quando si eleva a potenza una qualsiasi frazione il risultato diminuisce all'aumentare dell'esponente.

b Giovanni non ha ragione perché l'esponente della seconda frazione è maggiore dell'esponente della prima.

c Giovanni ha ragione perché moltiplicando $\left(\frac{3}{40}\right)^{80}$ per $\frac{3}{40}$, che è minore di 1, si ottiene un numero minore di $\left(\frac{3}{40}\right)^{80}$.

d Giovanni non ha ragione perché calcolando $\left(\frac{3}{40}\right)^{81}$ si ottiene una frazione con un numeratore maggiore di quello di $\left(\frac{3}{40}\right)^{80}$.

[INVALSI – scuola secondaria di secondo grado]

525 **INVALSI 2011** Un bicchiere contiene $\frac{1}{4}$ di litro di acqua. Se si vuole riempire una bottiglia da 1,5 litri, quanti bicchieri di acqua bisogna versare nella bottiglia?

Risposta: ....

[INVALSI – prova nazionale per la scuola secondaria di primo grado]

526 Un gruppo di studenti di scuola elementare ha fatto un test d'ingresso di scienze. $\frac{1}{7}$ degli studenti ha preso ottimo, $\frac{1}{3}$ ha preso buono, $\frac{1}{2}$ ha preso sufficiente e il resto è stato insufficiente. Se i punteggi ottimo e buono sono stati in tutto 100, quanti studenti hanno preso insufficiente?

527 **INVALSI 2008** Una mamma deve somministrare al figlio convalescente 150 mg di vitamina C ogni giorno. Avendo a disposizione compresse da 0,6 g quante compresse al giorno deve dare al figlio?

a Un quarto di compressa.
c 2 compresse e mezzo.
b Una compressa.
d 4 compresse.

[INVALSI – prova nazionale per la scuola secondaria di primo grado]

528 Il signor Tal dei Tali vuole dividere una parte del suo patrimonio nel modo seguente: i $\frac{3}{4}$ dei soldi andranno alla moglie, suo fratello prenderà la metà di quanto è rimasto e i tre figli si divideranno il resto in parti uguali. Sapendo che ciascuno dei figli ha avuto 4000 €, quanto ha avuto la moglie?

529 **INVALSI 2008** Un padre e i suoi quattro figli si dividono la cifra vinta al Totocalcio in questo modo. Al padre spetta $\frac{1}{3}$ dell'intera somma, e il rimanente viene diviso in parti uguali tra i figli.
Quale frazione della somma spetta a ognuno dei figli?

a $\frac{1}{2}$
c $\frac{1}{4}$
b $\frac{1}{3}$
d $\frac{1}{6}$

[INVALSI – prova nazionale per la scuola secondaria di primo grado]

ESERCIZI

530 Un imprenditore progetta un piano di sviluppo per una zona disabitata. Il suo piano prevede tre fasi:

- nella prima fase, $\frac{11}{18}$ del terreno verrà adibito ad abitazioni; i $\frac{3}{7}$ del rimanente saranno usati per attività ricreative, come piscine, campi sportivi e parchi;
- nella seconda fase, $\frac{1}{4}$ del terreno rimanente verrà adibito a uffici;
- infine, il terreno rimanente verrà usato per la costruzione di attività commerciali e ambulatori medici.

Quale frazione del terreno verrà usata per la costruzione di attività commerciali e ambulatori medici?

531 **INVALSI 2009** Un club sportivo ha 150 atleti e ogni iscritto pratica un solo sport: il tennis, la scherma e l'atletica leggera. $\frac{2}{5}$ degli atleti praticano il tennis e $\frac{1}{3}$ la scherma. Quanti sono quelli che si dedicano all'atletica?

a 40
b 50
c 60
d 70

[INVALSI – prova nazionale per la scuola secondaria di primo grado]

532 Arianna ha una tanica piena d'acqua: prima ne versa la metà in un vaso, poi versa un terzo dell'acqua rimanente in un vaso più piccolo. Dopo questo secondo prelievo, versa un quarto dell'acqua rimasta in un altro vaso, poi un quinto della rimanente in un altro, e così via.
Dopo quanti prelievi l'acqua rimasta nella tanica sarà un decimo della quantità originale?

533 **INVALSI 2011** Qual è la metà del numero $\left(\frac{1}{2}\right)^{50}$?

a $\left(\frac{1}{4}\right)^{50}$
b $\left(\frac{1}{2}\right)^{25}$
c $\left(\frac{1}{2}\right)^{51}$
d $\left(\frac{1}{2}\right)^{49}$

[INVALSI – scuola secondaria di secondo grado]

534 **INVALSI 2012** Marco vuole acquistare un nuovo motorino e un amico gli offre 400 euro per il vecchio. Due rivenditori gli fanno le seguenti offerte per lo stesso modello di motorino:

Offerta A: prezzo di 2500 euro e il 10% di sconto se consegna al rivenditore il vecchio motorino.
Offerta B: prezzo di 2950 euro, sul quale è praticato uno sconto del 20%.

Che cosa conviene fare a Marco? Scegli una delle risposte e scrivi i calcoli che hai fatto per trovare la risposta corretta.

a A Marco conviene accettare l'offerta A consegnando al rivenditore il vecchio motorino.

....

....

b A Marco conviene accettare l'offerta B e vendere il vecchio motorino all'amico.

....

....

....

[INVALSI – scuola secondaria di secondo grado]

535 INVALSI 2012 Osserva questa moltiplicazione:

$17 \cdot 36 = 612$

Ora scrivi il risultato delle seguenti moltiplicazioni.

a. $17 \cdot 3{,}6 =$ ....

b. $17 \cdot 0{,}36 =$ ....

c. $1{,}7 \cdot 360 =$ ....

d. $1{,}7 \cdot 3{,}6 =$ ....

[INVALSI – prova nazionale per la scuola secondaria di primo grado]

536 INVALSI 2013 Una medicina viene venduta in scatole da 28 compresse divisibili come quella in figura. Ogni compressa è da 20 mg. La nonna di Piero deve prendere tutti i giorni, per un mese, 30 mg di questa medicina.

Per quanti giorni la nonna di Piero può prendere la sua dose giornaliera del farmaco utilizzando una sola scatola?

Scrivi come hai fatto per trovare la risposta e poi riporta il risultato:

....

....

Risultato: .... giorni

[INVALSI – prova nazionale per la scuola secondaria di primo grado]

537 EFFETTUARE STIME E APPROSSIMAZIONI Un litro d'acqua – che ha massa 1 kg – contiene circa $3{,}3 \cdot 10^{25}$ molecole.
Qual è la massa di una molecola d'acqua?

538 EFFETTUARE STIME E APPROSSIMAZIONI Un capello ha un diametro medio di $1 \cdot 10^{-4}$ m. Quanti capelli bisognerebbe mettere uno a fianco all'altro per ottenere una striscia larga 20 mm?

539 EFFETTUARE STIME E APPROSSIMAZIONI Alla temperatura di 0 °C e alla pressione di 1 atm, $6{,}0 \cdot 10^{23}$ molecole di gas occupano $0{,}022\ m^3$.
Quanto spazio è a disposizione di ogni molecola?

540 Un ragazzo è 10 cm più alto di suo fratello.

a. Se entrambi indossano scarpe con la suola spessa 2 cm, cambia la differenza? Perché?

b. Quale proprietà delle operazioni esprime questo risultato?

541 Sei uscito per comprare una rivista che costa 6,50 € e una bibita da 1,50 €.

a. È più conveniente comprare prima il giornale o la bibita? Perché?

b. Quale proprietà delle operazioni esprime questo risultato?

542 Svolgi le seguenti espressioni con quozienti di numeri decimali.

a. $\frac{0,15}{0,5} \cdot \left(\frac{-0,16}{1,2}\right)$

b. $\frac{0,027}{0,03} \cdot \left(\frac{1,4}{-0,18}\right)$

c. $-0,4^2 \cdot \left(\frac{-1,3}{0,8}\right) - 0,62$

d. $(-0,2)^3 \cdot \frac{27}{1,6} + 0,105$

MATHS HIGHLIGHTS CLIL
NUMERICAL SETS

Controlla i risultati in fondo al volume.

Elements and sets

A group or collection of objects is called a **set**. The objects in a set are called its **elements** and they are said to **belong** to the set.

An unambiguous rule must be stated in order to decide whether an object belongs to a given set or not.

1 **VOCABULARY** Without using a dictionary, try to understand the following words in the text above.

a. set .... **b.** element .... **c.** to belong ....

2 **MATHS** State whether each of the following collections is a well-defined set. Give a reason for each answer.

a. Pupils in my class who are taller than 1.75 m ....

b. Pupils in my class who are popular ....

c. Large cities ....

d. State capitals ....

e. Textbooks used in my school ....

3 **MATHS** List the elements of the following sets.

a. {x such that x is a day in the week}

b. {x such that x is a month in the year with more than thirty days}

c. {x such that x is an even number between 20 and 30}

d. {x such that x is an odd number smaller than 10}

Factors and prime numbers

If you can obtain a number by multiplying two whole numbers, these are said to be **factors** of the given number, e.g. since $18 = 6 \cdot 3$, 6 and 3 are factors of 18. The number obtained is a **multiple** of the factors, e.g. 18 is a multiple of 6 and of 3.

A **prime number** is a whole number that has exactly two different factors, 1 and itself.

4 **VOCABULARY** Without using a dictionary, try to understand the following words in the text above.

a. factor ....

b. multiple ....

c. prime number ....

5 **MATHS** Find the prime factors of the following numbers.

a. 60 **b.** 45 **c.** 37 **d.** 120 **e.** 99

6 **MATHS** Find the Highest Common Factor (HCF) of the following pairs of numbers.

a. 16 and 40 **b.** 15 and 39 **c.** 140 and 210 **d.** 88 and 64 **e.** 168 and 264

7 **MATHS** Find the Lowest Common Multiple (LCM) of the following groups of numbers.

a. 5 and 6 **b.** 6 and 8 **c.** 12 and 15

L'ESPERTO SEI TU
PROVE PER COMPETENZE

1 ACQUISIRE DATI E INFORMAZIONI **Semina e raccogli** Il gioco di logica «Semina e raccogli» si gioca su una plancia divisa in 9 caselle, usando come pedine semi di tre qualità diverse, tre per ciascuna qualità (per esempio fagioli, piselli, mais).

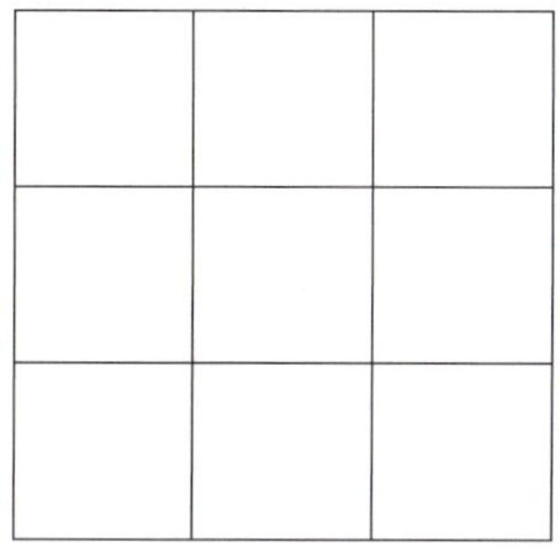

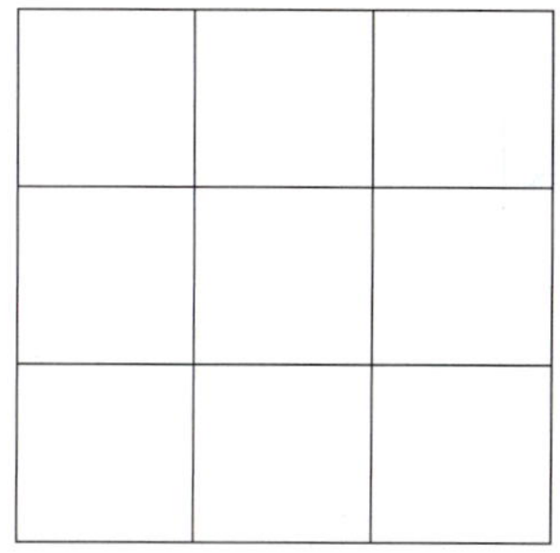

Le regole sono le seguenti.

- Un giocatore (il seminatore) dispone i semi nella scacchiera senza che il raccoglitore li veda. Tutti i semi dello stesso tipo devono essere disposti in caselle adiacenti, cioè che hanno un lato in comune a due a due.
- Lo scopo del secondo giocatore (il raccoglitore) è indovinare la disposizione dei semi nel minor numero possibile di turni.
- A ogni turno il raccoglitore sceglie una riga o una colonna e il seminatore gli dice i tipi di semi presenti senza specificare in che ordine, né quanti di ciascun tipo.
- Quando il raccoglitore indovina la disposizione dei semi, i giocatori si scambiano i ruoli.

Vince il giocatore che indovina i semi disposti sulla plancia nel minor numero di tentativi.

Gioca con un compagno alcune partite, prestando particolare attenzione a come scegliere a ogni turno la colonna o la riga migliore per usare le informazioni già raccolte.

a. Quante sono le possibili disposizioni dei semi nella scacchiera?

b. Se alla prima domanda «Riga 1», il seminatore risponde «fagioli, piselli, mais», quante sono le disposizioni possibili?

c. Se alla seconda domanda «Colonna B» il seminatore risponde «fagioli, piselli, mais», quante sono le disposizioni possibili?

d. Scrivi una relazione in cui discuti la migliore strategia di gioco, sia dal punto di vista del raccoglitore sia del seminatore.

2 COMUNICARE **Quanto hai preso nel compito?** In Italia usiamo i voti da 1 a 10 per valutare i risultati scolastici. In questa scala la sufficienza è il voto 6. Negli Stati Uniti usano le lettere da A a F: A è il voto più alto e C è la sufficienza.

a. In ognuno dei casi, quali operazioni matematiche possono avere senso sui voti?

b. Discuti vantaggi e svantaggi di ciascun sistema.

3 ARGOMENTARE **Distribuzione delle ricchezze** Il tenore di vita nel mondo varia da nazione a nazione. Uno degli indicatori può essere il consumo di energia totale, di solito molto più alto nelle nazioni più ricche. Tuttavia una nazione povera con molti abitanti può consumare più energia di una nazione ricca con pochi abitanti.

Discuti come si possono confrontare in modo significativo valori diversi di questa grandezza ed esamina poi i dati reali.

SEI PRONTO PER LA VERIFICA?

In 1 ora

1 Una cartoleria effettua una svendita per un rinnovo dei locali. Alla fine della svendita sono rimaste in magazzino 171 penne, 63 matite e 27 gomme, che il proprietario vuole distribuire in piccole buste omaggio, tutte uguali.

a. Qual è il massimo numero di buste che si possono realizzare?

b. Come è composta ciascuna busta?

(10 punti per ogni risposta esatta) .... / 20

2 Calcola le seguenti espressioni.

a. $(-2)^3\cdot(-5)-4\cdot(-5)^2-(-7)^2$

b. $\left(-2+\frac{1}{3}\right):\left[\left(-\frac{1}{5}-\frac{2}{3}\right):\left(\frac{1}{15}\right)\right]-\left(-\frac{1}{4}\right)$

c. $\dfrac{75\cdot\left(-\frac{1}{2}\right)\cdot(-13,4)}{0,5\cdot 7,5}$

(10 punti per ogni risposta esatta) .... / 30

3 Un'azienda decide di spendere gli utili di un anno nel seguente modo:

- $\frac{1}{3}$ per ristrutturare la vecchia linea di produzione utilizzando nuove tecnologie;
- $\frac{2}{5}$ per aprire un nuovo punto vendita in città;
- il rimanente viene suddiviso tra gli azionisti.

Se la parte investita nell'apertura del nuovo punto vendita è di 150 000 €, quanto viene distribuito agli azionisti e quanto utilizzato per la ristrutturazione?

(10 punti per ogni risposta esatta) .... / 20

4 Osserva la sequenza di disegni nella figura.

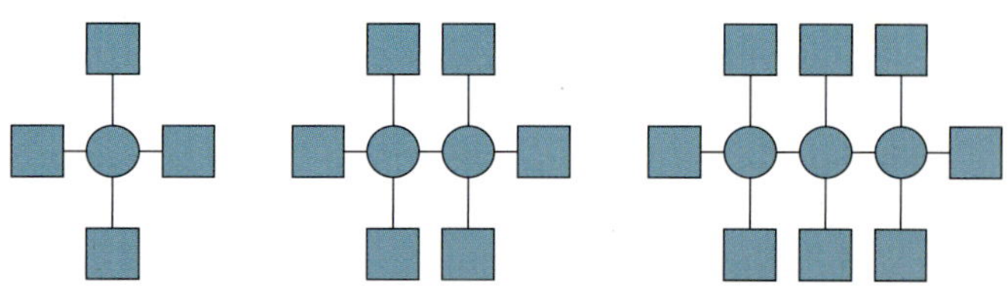

a. Disegna i due termini successivi della sequenza e compila una tabella in cui scrivi, per ogni disegno, il numero del disegno, il numero di cerchi, il numero di quadrati.

b. Determina la regola con cui si ottiene un elemento generico della sequenza. Qual è il numero di quadrati di un elemento generico n della successione?

c. Quanti cerchi e quadrati ci sono nel 15° termine?

(10 punti per ogni risposta esatta) .... / 30

Punti totali: .... / 100

AUTOVALUTAZIONE

Controlla i risultati in fondo al volume.

☐ Fino a 50 punti insufficiente	☐ Da 51 a 70 punti sufficiente	☐ Da 71 a 90 punti buono	☐ Da 91 a 100 punti ottimo

I numeri reali e l'approssimazione

CAPITOLO 2

1 I numeri reali

Esercizi a pag. 98

RISOLVERE PROBLEMI

GIOCHIAMO CON LA MENTE

Raddoppia il quadrato

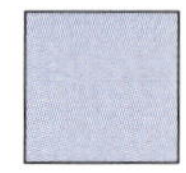

► Osserva il quadrato in figura e misurane il lato con un righello.
$l =$ .... cm

► Scrivi la formula per il calcolo dell'area e determina l'area del quadrato.
$A =$ .... = ... cm^2

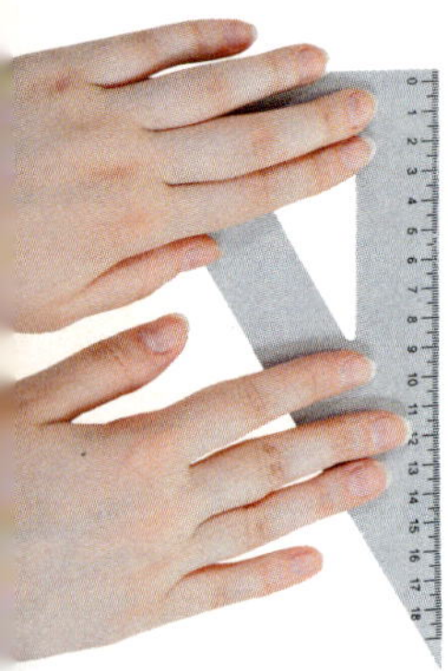

Quanto misura il lato di un quadrato di area quadrupla rispetto a quello dato?

► Cerca la misura del lato di un quadrato la cui area si avvicini il più possibile al quadruplo di quella originale.

l **(cm)**	1	4	3				
A **(cm^2)**	1						

- Hai trovato un valore soddisfacente? ....
- L'area è *esattamente* il quadruplo di quella originale? ....

Quanto misura il lato di un quadrato di area doppia rispetto a quello dato?

Cerca la misura del lato di un quadrato la cui area si avvicini il più possibile al doppio di quella originale.

► Che cosa succede se raddoppi il lato del quadrato? Calcola l'area che si ottiene.
$l =$ .... cm,
$A =$ .... cm^2

► Procedi per tentativi: comincia calcolando l'area di un quadrato di lato 1,5 cm; poi aggiungi e modifica le cifre dopo la virgola per avvicinare il valore dell'area a 2.
Quando il valore dell'area è troppo grande, diminuisci un po' il valore del lato, scegliendo una cifra decimale più piccola; viceversa, quando è troppo piccolo, aumenta un po' il valore del lato, scegliendo una cifra decimale più alta o aggiungendone una successiva.

► Compila la tabella annotando tutti i tentativi.

l **(cm)**	1,5	1,4	1,45						
A **(cm^2)**	2,25								

► Osserva il numero più preciso che sei riuscito a trovare. Noti qualche regolarità nel ripetersi delle cifre dopo la virgola? ....

► Quante cifre decimali pensi che sarebbero necessarie per ottenere un risultato esatto?
....

Sull'eBook ti proponiamo un'altra attività come questa.

IN TEORIA

Ogni numero razionale può essere scritto in forma di frazione o di numero decimale limitato o periodico.

PER ESEMPIO
- $\frac{2}{5} = 0{,}4$ è un numero decimale limitato.
- $\frac{2}{3} = 0{,}666\,66\ldots = 0{,}\overline{6}$ è un numero decimale periodico semplice.
- $\frac{16}{15} = 1{,}066\,666\ldots = 1{,}0\overline{6}$ è un numero decimale periodico misto.

Esistono anche numeri decimali le cui cifre proseguono all'infinito dopo la virgola, senza un periodo. Questi numeri non possono essere espressi con una frazione, cioè non esiste alcuna frazione che ne rappresenti il valore in modo esatto. Per questo motivo sono chiamati **numeri irrazionali**.
Le radici quadrata e cubica di alcuni numeri naturali sono numeri irrazionali.

PER ESEMPIO
- $\sqrt{2} = 1{,}414\,213\,562\,373\,095\ldots$
- $\sqrt[3]{2} = 1{,}259\,921\,049\,894\,873\ldots$

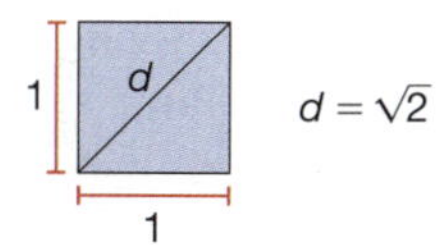

Anche i numeri irrazionali, come i razionali, possono esprimere grandezze geometriche. Questi esempi rappresentano rispettivamente la misura della diagonale di un quadrato di lato 1 e la misura dello spigolo di un cubo di volume 2.

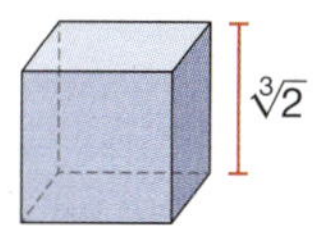

Esistono anche numeri irrazionali che non derivano dall'estrazione di radici.

PER ESEMPIO Un famoso numero irrazionale è il rapporto tra la lunghezza di una circonferenza e il suo diametro.

$\pi = 3{,}141\,592\,653\,589\,793\,238\ldots$

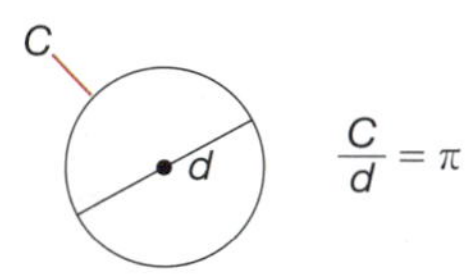

Questo numero si chiama π (*pi greco*) e sopra puoi vederne le prime cifre decimali. Di solito, per fare i calcoli, usiamo una sua approssimazione: $\pi \approx 3{,}14$.

> L'insieme che comprende sia i numeri razionali sia i numeri irrazionali è **l'insieme dei numeri reali** e si indica con $\mathbb{R}$.

Nel capitolo precedente abbiamo visto che i numeri interi possono essere rappresentati sulla retta dei numeri. Tuttavia rimangono degli spazi vuoti: non tutti i punti della retta corrispondono a un numero intero.

Anche i numeri razionali possono essere rappresentati sulla retta dei numeri e ogni numero razionale corrisponde a un punto sulla retta.

PER ESEMPIO Per rappresentare il numero $\frac{2}{3}$ si divide l'unità in 3 parti e se ne considerano 2.

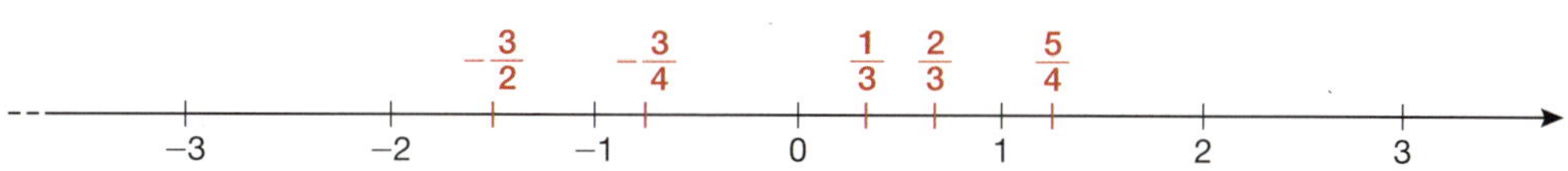

Dati due numeri razionali distinti, ne esiste sempre uno compreso tra essi; quindi, se rappresentiamo due numeri razionali su una retta, possiamo sempre tracciare un punto che corrisponde a un numero razionale compreso tra essi.

PER ESEMPIO Possiamo prendere il punto a metà del segmento compreso tra i numeri dati.

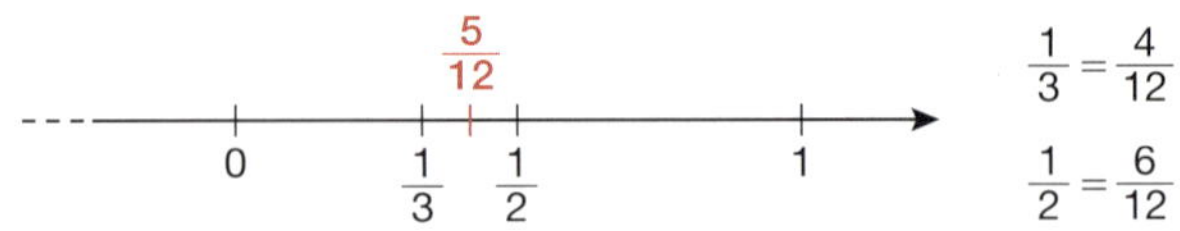

Dunque possiamo tracciare punti corrispondenti a numeri razionali vicini tra loro quanto vogliamo e in questo modo ci *sembra* di riuscire a coprire completamente la retta con numeri razionali, ma non è così. Come per i numeri interi, non tutti i punti della retta corrispondono a un numero razionale: ci sono ancora punti che restano scoperti.
Questi punti corrispondono ai numeri irrazionali.

Con i numeri reali abbiamo completato la corrispondenza tra numeri e punti della retta:

> ogni numero reale corrisponde a un punto sulla retta dei numeri e, viceversa, ogni punto della retta corrisponde a un numero reale.

Quali sono gli insiemi numerici?

Ripassiamo le caratteristiche degli insiemi di numeri che abbiamo studiato.

- **Insieme dei numeri naturali** ($\mathbb{N}$)

Addizione e moltiplicazione sono operazioni interne. La sottrazione invece non è un'operazione interna: se a un numero ne sottraiamo uno più grande, il risultato non è un numero naturale.

PER ESEMPIO $3 - 5$ non è possibile in $\mathbb{N}$: nessun numero naturale sommato a 5 dà 3.

- **Insieme dei numeri interi** ($\mathbb{Z}$)

È l'unione di $\mathbb{N}$ e dell'insieme che contiene gli opposti dei numeri naturali. In $\mathbb{Z}$ la sottrazione è un'operazione interna: se a un numero ne sottraiamo uno più grande, il risultato è un numero negativo che appartiene ancora a $\mathbb{Z}$.

PER ESEMPIO $3 - 5 = -2$ e $-2 \in \mathbb{Z}$.

Invece la divisione non è un'operazione interna.

PER ESEMPIO $5 : 3$ non è possibile in $\mathbb{Z}$: nessun numero intero moltiplicato per 3 dà 5.

- **Insieme dei numeri razionali** ($\mathbb{Q}$)

In questo insieme le quattro operazioni sono interne.

PER ESEMPIO $5 : 3 = \frac{5}{3} \in \mathbb{Q}$.

- **Insieme dei numeri reali** ($\mathbb{R}$)

Abbiamo visto che con l'operazione di estrazione di radice quadrata è possibile ottenere numeri che non appartengono a $\mathbb{Q}$, *i numeri irrazionali*. $\mathbb{R}$ è l'unione di $\mathbb{Q}$ e dell'insieme dei numeri irrazionali.

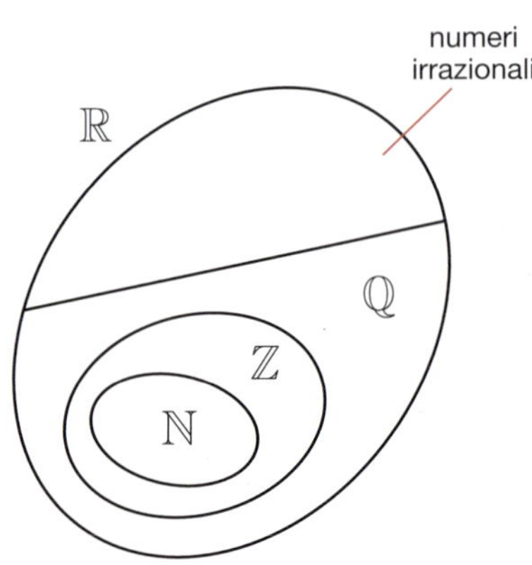

Gli insiemi numerici sono uno contenuto nell'altro e possiamo rappresentarli come sottoinsiemi dell'insieme $\mathbb{R}$.
Per questo motivo, le operazioni si estendono ai numeri reali con le loro proprietà.

IN PRATICA

[A] Come si dimostra che $\sqrt{2}$ è irrazionale?

Se cerchiamo di elencare tutte le cifre decimali di $\sqrt{2}$, possiamo andare avanti per giorni e giorni senza trovare uno zero finale o un periodo che si ripete. Questo, tuttavia, non è sufficiente per affermare con certezza che $\sqrt{2}$ è un numero illimitato non periodico, quindi irrazionale. Per farlo è necessaria una dimostrazione, che mostri che è *impossibile* riuscirci.

Per dimostrare che qualcosa è impossibile, in matematica spesso si ricorre alla **dimostrazione per assurdo**: si ipotizza che sia vero il contrario di quello che si vuole dimostrare e si mostra che, se fosse così, avverrebbe una contraddizione con le ipotesi o qualcosa di assurdo.

PER ESEMPIO Per dimostrare che la notte scorsa non è piovuto, affermo:
- se fosse piovuto (*cioè il contrario di quello che voglio dimostrare*),
- il vaso in terrazza sarebbe pieno d'acqua (*questa è la conseguenza dell'ipotesi assurda*),
- ma invece è vuoto (*evidenzio una contraddizione tra la conseguenza che si avrebbe e quello che invece so per certo*).
- L'ipotesi che sia piovuto è sbagliata.

Vogliamo dimostrare che $\sqrt{2}$ è un numero irrazionale.
Procediamo per assurdo.

1. **Ipotizziamo che $\sqrt{2}$ sia un numero razionale.** Allora $\sqrt{2}$ si può scrivere come frazione, cioè esistono due numeri naturali m e n, primi tra loro, tali che:
$$\sqrt{2} = \frac{m}{n}, \text{ MCD}(m; n) = 1.$$
Per la definizione di $\sqrt{2}$ si ha:
$$2 = \frac{m^2}{n^2} \rightarrow 2 \cdot n^2 = m^2.$$

OSSERVA La fattorizzazione di un numero elevato al quadrato contiene gli stessi fattori della fattorizzazione del numero stesso, ciascuno con esponente doppio.
$27^2 = (3^3)^2 = 3^{2 \cdot 3} = 3^6$; $\quad 20^2 = (2^2 \cdot 5)^2 = 2^{2 \cdot 2} \cdot 5^{\cdot 2} = 2^4 \cdot 5^2$.

2. **I numeri m^2 e $2n^2$ sono uguali, quindi hanno anche la stessa fattorizzazione.**
   - Se n è pari, la fattorizzazione di n^2 contiene 2 elevato a esponente pari. Quindi la fattorizzazione di $2 \cdot n^2$ contiene 2 elevato a esponente dispari.
   - Se n è dispari, la sua fattorizzazione non contiene 2 e lo stesso vale per la fattorizzazione di n^2. Quindi la fattorizzazione di $2 \cdot n^2$ conterrà 2^1, che ha esponente dispari.

   In entrambi i casi, quindi, $2 \cdot n^2$ possiede un fattore 2 elevato a un esponente dispari.
   - Se m è pari, la fattorizzazione di m^2 contiene 2 elevato a esponente pari.
   - Se m è dispari, la fattorizzazione di m^2 non contiene 2.

   In nessuno dei due casi nella fattorizzazione di m^2 l'esponente di 2 è dispari: infatti o è pari, o 2 non compare nella fattorizzazione.

3. Siamo arrivati a dire che $2 \cdot n^2$ e m^2 hanno fattorizzazioni diverse, che è **assurdo**, poiché i due numeri sono uguali. Quindi **l'ipotesi che $\sqrt{2}$ si possa scrivere come frazione, dunque che sia un numero razionale, è sbagliata**.

La dimostrazione è conclusa: trovato un assurdo, possiamo affermare che $\sqrt{2}$ è un numero irrazionale.

TEORIA

PROVA TU

1 Trova, senza usare il tasto [√] della calcolatrice, un numero decimale con 3 cifre dopo la virgola il cui valore si avvicini il più possibile a $\sqrt{5}$.

2 Trova, senza usare il tasto [√] della calcolatrice, un numero decimale con 3 cifre dopo la virgola il cui valore si avvicini il più possibile a $\sqrt[3]{3}$.

3 Considera il quadrato *ABCD*, il cui lato ha lunghezza 1.

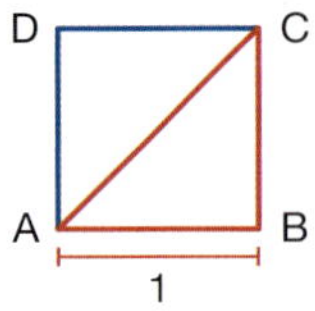

Il triangolo *ABC* è rettangolo, quindi, per il teorema di Pitagora la lunghezza della diagonale del quadrato è:

$$\overline{AC} = \sqrt{\overline{AB}^2 + \overline{BC}^2} = \sqrt{1^2 + 1^2} = \sqrt{2}\,.$$

Con l'aiuto del compasso, puoi riportare la lunghezza della diagonale sulla retta passante per *AB*.
Prova ora a disegnare $\sqrt{2}$ sulla retta dei numeri.

4 Rappresenta i seguenti numeri sulla retta.

$\frac{22}{7}$; $2\sqrt{3}$; π; 3,2.

5 Rappresenta $\sqrt{2}$, $\sqrt{3}$ e $\sqrt{5}$ sulla linea dei numeri, poi scrivi il valore di 4 numeri razionali che siano:

- uno minore del più piccolo di essi;
- uno maggiore del più grande di essi;
- i restanti due, compresi tra le due coppie di numeri irrazionali consecutivi.

6 Metti in ordine crescente i seguenti numeri.

$\sqrt{7}$; $-3{,}5$; $-2{,}6$; $\frac{8}{3}$; $-\sqrt{6}$; 2; $\frac{11}{4}$.

7 **ARGOMENTARE** Il numero 0,123 456 789 101 112 131 4..., la cui parte decimale è ottenuta scrivendo tutti i numeri naturali in successione, non è razionale perché è illimitato e non periodico.
Inventa un tuo numero irrazionale e spiega la tua idea.

[A] **8** **ARGOMENTARE** Dimostra che $\sqrt{3}$ è un numero irrazionale.
Procedi per assurdo e supponi che $\sqrt{3}$ si possa scrivere come una frazione. Allora esistono *a* e *b* numeri naturali tali che:

$\frac{a}{b} = \sqrt{3}$ ....

Per la definizione di $\sqrt{3}$ si ha:

.... → 3 · .... = ...

I due numeri che hai scritto sopra sono uguali, quindi hanno anche la stessa fattorizzazione. Mostra che questo è assurdo e concludi la dimostrazione, adattando il ragionamento visto nella dimostrazione della irrazionalità di $\sqrt{2}$.

Esercizi a pag. 98

Esercizi
a pag. 99

Le approssimazioni

2

COMUNICARE

GIOCHIAMO CON LA MENTE

Lo sviluppo dell'aeroporto

Leggi il seguente estratto da un articolo e poi rispondi alle domande che seguono.

Traffico record al Marconi: 7 milioni di passeggeri

BOLOGNA – Nel 2015 sono transitati per l'aeroporto Marconi ben 6 889 742 passeggeri, con un incremento del 4,7% rispetto all'anno precedente. L'incremento maggiore si è avuto nei voli internazionali, che sono passati da 4 820 000 passeggeri a 5 170 000, mentre i voli nazionali sono diminuiti da 1 750 000 a 1 710 000. Il traffico internazionale rappresenta ormai il 75% dei passeggeri complessivi.

Da quando nel 2004 è stata allungata la pista, permettendo lo scalo anche a voli a lungo raggio, la crescita è stata costante, grazie anche al boom delle compagnie low cost. Oggi da Bologna si possono raggiungere più di 90 destinazioni, di cui 79 sono internazionali.

► Individua i numeri nell'articolo (titolo compreso) che si riferiscono a un valore effettivo e quelli che sono approssimazioni. Spiega in base a quali criteri li distingui.

....

....

....

► Per quale motivo nell'articolo è stato scritto «più di 90 destinazioni» invece di specificare il numero esatto? Quale può essere il valore massimo di questo numero?

....

....

....

► Per quale motivo nel titolo si dice «7 milioni», se poi nell'articolo si riporta il numero esatto?

....

....

....

PDF

Sull'eBook ti proponiamo un'altra attività come questa.

IN TEORIA

Talvolta non è possibile, o non è nemmeno utile, sapere il valore esatto di una quantità o una grandezza. Un valore approssimato è sufficiente in molti casi ed è anche più semplice da ricordare e da manipolare.

Un'approssimazione si dice **per eccesso** se il risultato dell'approssimazione è un numero maggiore del numero esatto, **per difetto** se il risultato dell'approssimazione è un numero minore del numero esatto.

Esistono due principali tipi di approssimazione:
- per **arrotondamento**;
- per **troncamento**.

L'approssimazione per arrotondamento

1. Decidiamo la precisione a cui vogliamo approssimare: decimi, unità, decine, ...
2. Controlliamo la cifra a destra di quella che determina la precisione stabilita:
   - se è 0, 1, 2, 3 o 4, lasciamo la cifra da arrotondare invariata;
   - se è 5, 6, 7, 8 o 9, incrementiamo la cifra da arrotondare di 1 unità.
3. Eliminiamo tutte le cifre a destra di quella da arrotondare se sono dopo la virgola, altrimenti le sostituiamo con degli zeri.

PER ESEMPIO Arrotondiamo il numero 96,482 a una cifra decimale.
La prima cifra decimale è quella dei decimi: 4. La cifra alla sua destra è 8 quindi il 4 va incrementato di una unità; le cifre decimali successive alla prima vanno tolte:

$$96{,}482 \approx 96{,}5.$$

L'approssimazione per troncamento

1. Decidiamo la precisione a cui vogliamo approssimare: centesimi, decimi, unità, ...
2. Eliminiamo le cifre successive a quella della precisione stabilita se sono dopo la virgola, altrimenti le sostituiamo con degli zeri.

PER ESEMPIO Se tronchiamo il numero 96,482 alle unità scriveremo $96{,}482 \approx 96$, mentre se lo tronchiamo alle decine scriveremo $96{,}482 \approx 90$.

IN PRATICA

[A] Come si approssima un numero per arrotondamento?

Arrotondiamo il numero 275 alle decine.

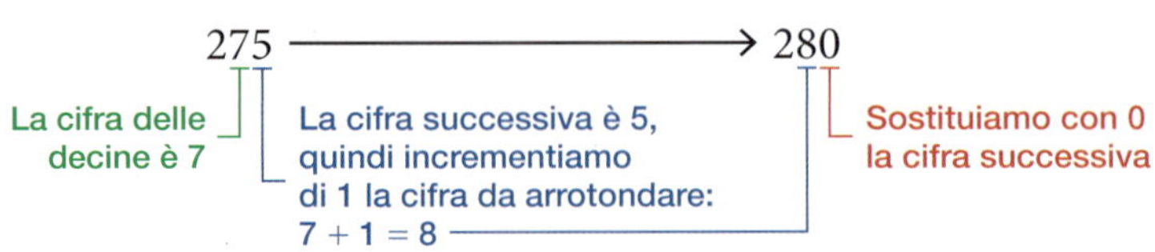

Il risultato dell'approssimazione è $275 \approx 280$.
Non abbiamo usato il simbolo $=$, perché i due valori *non* sono uguali. Il simbolo che usiamo in questi casi è $\approx$, che significa «approssimativamente uguale a».
Questa è un'approssimazione per eccesso: $280 > 275$.

PER ESEMPIO Arrotondiamo il numero 96,482 alle centinaia.
La cifra delle centinaia non è presente, quindi è uguale a 0 (si può pensare il numero come 096,482). La successiva, quella delle decine, è un 9, quindi la cifra delle centinaia va incrementata di una unità e quelle successive sostituite con zeri fino alla virgola:

$$96{,}482 \approx 100.$$

[B] Come si approssima un numero per troncamento?

Approssimiamo per troncamento il numero 275 alle decine.

$$275 \longrightarrow 270$$

La cifra delle decine è 7 — Sostituiamo con 0 la cifra successiva

Il risultato dell'approssimazione è: $275 \approx 270$.
Questa è un'approssimazione per difetto: $270 < 275$.

PER ESEMPIO Tronchiamo il numero 96,482 a una cifra decimale.
La prima cifra decimale è quella dei decimi, le cifre successive si eliminano:

$$96{,}482 \approx 96{,}4.$$

[C] Come si approssimano i risultati di un problema?

Quando ci si trova ad approssimare i risultati di un problema, bisogna ragionare pensando al contesto.

Quante aule?

Una scuola media ha aule che possono contenere al massimo 25 studenti. Si iscrivono in prima 130 studenti. Dobbiamo determinare quante classi formare.
Dividiamo il numero totale di alunni per gli alunni di ogni classe:

$$130 : 25 = 5{,}2 \text{ classi}.$$

Il numero di classi deve essere un numero intero, quindi dobbiamo arrotondare il risultato alle unità. Approssimando per arrotondamento o troncamento otteniamo:

$$5{,}2 \approx 5.$$

Tuttavia, se formassimo solo 5 classi prime, una di queste avrebbe più di 25 studenti. La cosa giusta da fare è arrotondare per eccesso, anche se non si tratta del valore più vicino al quoziente.
È necessario formare 6 classi: alcune hanno 21 studenti, altre 22.

La portata del ponte

Su una strada di campagna è stato costruito un piccolo ponte. Secondo il progetto e i dati del collaudo, la portata è di 3550 kg. Sul cartello da affiggere prima del ponte, la portata è indicata come numero intero di tonnellate, per facilitare la lettura agli automobilisti. Dobbiamo scegliere come approssimare questo valore.
L'approssimazione per arrotondamento risulta:

$$3550 \text{ kg} = 3{,}550 \text{ t} \approx 4 \text{ t}.$$

Ma approssimare per eccesso la portata di un ponte è rischioso: se ci passasse sopra un carico da 4 t, il ponte potrebbe cedere. Per fare in modo che nessun automezzo sopra il limite di portata attraversi il ponte, scegliamo un'approssimazione per difetto:

$$3550 \text{ kg} = 3{,}550 \text{ t} \approx 3 \text{ t}.$$

PROVA TU

[A] **1** Approssima 3 409 725 per arrotondamento:
a. alle decine;
b. alle centinaia;
c. alle migliaia;
d. alle decine di migliaia;
e. ai milioni.

[A] **2** Approssima 78,4695 per arrotondamento:
a. a una cifra decimale;
b. alle unità;
c. alle centinaia;
d. a un millesimo.

[B] **3** Approssima 698 352 per troncamento:
a. alle centinaia;
b. alle migliaia;
c. alle decine di migliaia.

[B] **4** Approssima 45,7395 per troncamento:
a. a una cifra decimale;
b. alle unità;
c. a tre cifre decimali.

[A] **5** Un appezzamento rettangolare di terreno ha dimensioni 28,3 m × 53,7 m. Calcola:
a. il perimetro in metri, arrotondato alle decine;
b. l'area in metri quadrati, arrotondata alle centinaia.

[B] **6** **ARGOMENTARE** Caterina sostiene che 5192 è uguale a 519 se viene approssimato per troncamento alle decine, perché si elimina il 2.
Sei d'accordo? Spiega la tua risposta.

7 Nel 2015 il Colosseo è stato ammirato da 6 500 000 visitatori. Questo dato è stato arrotondato alle centinaia di migliaia. Quali sono il numero minimo e il numero massimo di visitatori possibili?

8 La popolazione di Singapore nel 2010 era di 5 077 000 abitanti. Il valore è stato arrotondato alle migliaia.
Qual è il valore più piccolo possibile per il numero di abitanti, e quale il più grande?

[C] **9** **RISOLVERE PROBLEMI**
a. Si devono trasportare 5,15 tonnellate di mattoni con dei camion, ciascuno dei quali può portare 800 kg. Quanti camion sono necessari?
b. In un'abitazione il contratto di fornitura dell'energia elettrica prevede una potenza massima di 3 kW. Quanti elettrodomestici da 800 W è possibile utilizzare contemporaneamente?
c. Un cavo può trasportare una corrente di 1,50 ampere. Quanti cavi sono necessari per portare una corrente di 4,8 ampere?

Esercizi a pag. 99

Esercizi a pag. 102

Le cifre significative

3

ACQUISIRE DATI E INFORMAZIONI

GIOCHIAMO CON LA MENTE

Quanto è grande, esattamente?

Una stanza viene misurata contando i passi necessari per andare da una parete all'altra. Considerando che un passo è lungo circa 1 m, si ottiene che la stanza è 4 m × 5 m.

► Puoi scrivere che i risultati della misura a passi sono esattamente 4,00 m × 5,00 m? Perché?

....

....

► Quali potrebbero essere i valori massimi e minimi delle dimensioni della stanza, arrotondati al decimetro?

....

....

La stessa stanza viene misurata con un metro che riporta le tacche a ogni centimetro (ha *sensibilità* 1 cm) e i lati risultano 4,30 m e 5,25 m.

► Quali misure sono più accurate? Perché? Lo potresti dedurre dai risultati delle misure, anche senza conoscere come sono stati ottenuti?

....

► Riscrivi in centimetri sia le misure a passi sia quelle ottenute con il metro.

4 m	5 m
400 cm	

4,30 m	5,25 m

► Quali cifre di ogni misura hanno veramente significato?

....

....

► Calcola i valori del perimetro della stanza relativi alle due misurazioni e scrivi i risultati in tabella.

Lunghezza (m)	Larghezza (m)	Perimetro (m)
4	5	
4,30	5,25	

► Confronta i valori che hai ottenuto: coincidono? Qual è la differenza tra le due misure? Confrontala con le differenze tra le misure dei lati ottenute tramite le due misurazioni.

....

....

PDF Sull'eBook ti proponiamo un'altra attività come questa.

TEORIA

IN TEORIA

Il sistema che usiamo per scrivere i numeri è:
- **posizionale**, poiché ogni cifra ha un valore che dipende dalla posizione;
- **decimale**, poiché il valore di ogni cifra cresce di 10 volte per ogni posizione verso sinistra.

In questo sistema le cifre più a sinistra sono più *significative* di quelle a destra.

PER ESEMPIO Nel numero 3304:
- la cifra più a destra è la meno significativa e vale 4 unità;
- la terza cifra da destra è 3 e vale 3 centinaia, cioè 300 unità;
- la cifra più a sinistra è la più significativa e vale 3 migliaia, cioè 3000 unità: dieci volte di più del 3 alla sua destra.

A volte alcune cifre *non sono significative*: questo non vuol dire che si possono togliere, infatti servono a determinare la posizione delle altre, quindi vengono sempre poste uguali a 0.

PER ESEMPIO La lunghezza della parete di una casa misurata con un bastone lungo un metro è $l = 6$ m.
Dal punto di vista numerico 6 m = 6,0 m = 6,00 m...
Noi però non siamo riusciti a misurare anche i decimetri o i centimetri con il bastone, quindi quegli zeri non hanno significato: siccome sono dopo la virgola, si omettono.
Se vogliamo cambiare unità di misura ed esprimere la lunghezza in cm, scriviamo $l = 600$ cm. Questa volta non possiamo omettere gli zeri, che ci dicono che 6 è la cifra delle centinaia, tuttavia essi non sono significativi.

Il numero di cifre significative serve a quantificare l'accuratezza di una misura.

PER ESEMPIO Osserviamo queste misure:
- l'altezza di un ragazzo è 1,78 m;
- l'altezza del monte Everest è 8848 m.

La prima misura è ottenuta con una precisione di 1 cm, la seconda con una precisione di 1 m. La misura che consideriamo più accurata è la seconda: è più precisa perché ha 4 cifre significative, mentre la prima ne ha 3 (in effetti, è più facile sbagliare di 1 m su 8000 m che di 1 cm su 180 cm).

IN PRATICA

[A] Cinque regole per identificare le cifre significative

1. Tutte le cifre diverse da zero sono *significative*.
   PER ESEMPIO Il numero 7258 ha 4 cifre significative.
2. Tutti gli zeri in mezzo a cifre diverse da zero sono *significativi*.
   PER ESEMPIO Il numero 32 047 ha 5 cifre significative.
3. In un numero decimale, tutti gli zeri a destra delle cifre dopo la virgola sono *significativi*.
   PER ESEMPIO Il numero 2,50 ha 3 cifre significative: se la seconda cifra decimale non fosse significativa non sarebbe stata scritta.

4. In un numero decimale che comincia con zero, tutti gli zeri tra la virgola e le altre cifre *non sono significativi*.
PER ESEMPIO Il numero 0,045 ha due cifre significative: gli zeri a sinistra del 4 non sono significativi.

5. Nei numeri interi, gli zeri a destra *possono* essere sia significativi sia non significativi, dipende da come è stato approssimato il numero.

[B] Come si approssima a un dato numero di cifre significative?

Arrotondiamo i seguenti numeri al numero di cifre significative (c.s.) richieste.

PER ESEMPIO
- 0,006 019 5 (4 c.s.).

I tre zeri a sinistra del 6 non sono significativi, quindi la prima cifra significativa è 6. La quarta cifra significativa è il 9 e quella successiva è maggiore di 5, quindi:

$0{,}006\,019\,5 \approx 0{,}006\,020$.

- 0,9999 (3 c.s.)

Lo zero a sinistra non è significativo, dunque la prima cifra significativa è il 9 più a sinistra. Dopo il terzo 9 c'è un altro 9, quindi bisogna incrementare di una unità:

$0{,}9999 \approx 1{,}00$.

[C] Come si eseguono addizioni e sottrazioni con numeri approssimati?

Quando sommiamo o sottraiamo due numeri approssimati, guardiamo qual è la cifra meno significativa per ognuno degli addendi. Il risultato deve essere approssimato alla cifra più significativa tra quelle meno significative dei due addendi.

PER ESEMPIO Calcoliamo $56{,}34 + 48{,}5$ (i due addendi sono numeri approssimati).
La cifra meno significativa del primo addendo è quella dei centesimi; la cifra meno significativa del secondo è quella dei decimi. Tra centesimi e decimi, la cifra più significativa è quella dei decimi, quindi il risultato deve essere approssimato ai decimi:

$56{,}34 + 48{,}5 = 104{,}84 \approx 104{,}8$.

ATTENZIONE Questo procedimento vale solo se gli addendi sono numeri approssimati: se gli addendi fossero stati numeri esatti, il risultato sarebbe stato: $56{,}34 + 48{,}5 = 104{,}84$.

[D] Come si eseguono moltiplicazioni e divisioni con numeri approssimati?

Quando moltiplichiamo o dividiamo due numeri approssimati, il risultato deve avere un numero di cifre significative uguale al numero di cifre significative del meno accurato dei due operandi.

PER ESEMPIO Calcoliamo $3{,}52 \cdot 4{,}5$.
Il primo numero approssimato è espresso con tre cifre significative mentre il secondo con due cifre significative, quindi il risultato deve averne due:

$3{,}52 \cdot 4{,}5 = 15{,}84 \approx 16$.

PER ESEMPIO Il lato di un quadrato è lungo 3,5 cm. Calcoliamo il perimetro.
Il perimetro è $2p = 4 \cdot l$, ma il 4 è un numero esatto, anche se ha una sola cifra, quindi scriviamo il risultato con 2 cifre significative come il lato: $2p = 4 \cdot 3{,}5 = 14$ cm.

TEORIA

PROVA TU

[A] **1** Determina il numero di cifre significative dei seguenti numeri.

a. 192; 83,76; 506; 1099.
b. 0,10; 0,500; 0,021; 0,603.

[A] **2** Determina il numero di cifre significative dei seguenti numeri.

a. 3; 4,5; 3,0021; 70,8001.
b. 41,0320; 6,090; 0,001 73; 0,1090.

[A] **3** Determina il numero di cifre significative delle seguenti grandezze approssimate:

a. 3800 m (approssimata a 10 m);
b. 25 000 km (approssimata al km);
c. 100 000 g (approssimata a 10 000 g).

[B] **4** Arrotonda i seguenti numeri al numero di cifre significative richieste.

a. 3748 (3 c.s.)
b. 0,004 709 89 (4 c.s.)
c. 4971 (2 c.s.)
d. 0,099 99 (2 c.s.)
e. 0,099 99 (3 c.s.)

5 Laura misura un segmento con due strumenti diversi e scrive su un quaderno le due misure ottenute: 4,1 cm e 4,10 cm.
Quale misura è più accurata e perché?

6 Raffaele ha misurato la lunghezza di un pezzo di corda e ha ottenuto 5,7 m. Questa misura ha due cifre significative. Se la converte in millimetri, la misura diventa 5700 mm. Sono aumentate le cifre significative?

[C] **7** Un sacco contiene 8,0 kg di farina; viene mescolato a un sacchetto che ne contiene 1,510 kg. Determina la quantità totale di farina che si ottiene.

[D] **8** Un ragazzo corre a una velocità di 6,3 m/s. Ricordando che lo spazio percorso è uguale alla velocità per il tempo impiegato, quanto spazio percorre in 2,4 s?

9 Gli organizzatori di un concerto hanno stimato che gli spettatori sono stati circa 21 200. Questo numero ha 3 cifre significative. Qual è il numero minimo e quale il numero massimo possibile di spettatori?

10 **ARGOMENTARE** Michele sostiene che il numero 7500 ha 2 cifre significative, mentre secondo Davide ne ha 3. L'insegnante dà ragione a entrambi. Sai spiegare come mai?

▲ **SUGGERIMENTO** Pensa al numero 7498. Che cosa succede se lo arrotondi alle centinaia? E se lo arrotondi alle decine?

11 **RISOLVERE PROBLEMI** In un libro del 1995 troviamo scritto che la Terra ha 4,54 miliardi di anni. Cosa possiamo dire sull'età della Terra nel 2016?

Esercizi a pag. 102

Esercizi a pag. 104

La notazione scientifica e l'ordine di grandezza

4

EFFETTUARE STIME E APPROSSIMAZIONI

GIOCHIAMO CON LA MENTE

Dal micro al macro

► Costruisci una *scala di lunghezze*, cioè una sequenza di oggetti di diverse dimensioni ordinati dal più piccolo al più grande. Dopo aver cercato le misure richieste, compila la tabella scrivendo le misure in metri e stabilendo la potenza di 10 a cui ciascuna misura si avvicina di più.
Per diversi oggetti non troverai una dimensione unica, ma un intervallo; scegli la dimensione più comune, oppure il centro dell'intervallo ammissibile.

Grandezza	Misura (m)	Potenza di 10
Lunghezza di un virus	0,000 000 02	10^{-8}
Diametro di una cellula	....	....
Diametro di un capello	....	....
Spessore di un foglio di carta	....	....
Lunghezza di una formica	....	....
Lunghezza di una matita	....	....
Altezza di un uomo	....	....
Lunghezza di un autobus	....	....
Lunghezza di un treno	....	....
Altezza della Torre Eiffel	....	....
Prof. della Fossa delle Marianne	....	....
Lunghezza della Maratona	....	....
Distanza Milano-Palermo	....	....
Distanza Roma-Polo Nord	....	....
Distanza Terra-Luna	....	....
Distanza Terra-Sole	....	....
Diametro della via Lattea	....	....

PDF

Sull'eBook ti proponiamo un'altra attività come questa.

TEORIA

IN TEORIA

Ci sono situazioni della vita quotidiana in cui abbiamo a che fare con grandezze di cui non conosciamo il valore esatto ma che dobbiamo **stimare**. Questo può capitare perché non è possibile determinare il valore esattamente (per esempio perché non si hanno strumenti di misura sufficientemente precisi), ma anche perché non vale la pena farlo o non è necessario. Spesso è sufficiente valutare l'entità di un numero.

La notazione scientifica

PER ESEMPIO
- 789 100 000 è composto da 9 cifre, quindi il 7 rappresenta le centinaia di milioni.
- 0,000 045 3 ha 4 zeri dopo la virgola, quindi è circa 100 000 volte più piccolo dell'unità.

La rappresentazione in **notazione scientifica** consiste nello scrivere un numero come il prodotto di un coefficiente, maggiore o uguale a 1 e minore di 10, e una potenza di dieci.

Nella parte decimale (il coefficiente) si scrivono solo le prime cifre significative del numero.

PER ESEMPIO Se il numero 789 100 000 ha 5 cifre significative, in notazione scientifica risulta:

$789\,100\,000 = 7{,}8910 \cdot 10^8.$

Se vogliamo approssimarlo a due cifre significative, abbiamo:

$7{,}8910 \cdot 10^8 \approx 7{,}9 \cdot 10^8.$

L'ordine di grandezza

Per dare un'idea approssimativa del valore di una grandezza, si può utilizzare anche meno di una cifra significativa e specificare solo il suo **ordine di grandezza**.

L'ordine di grandezza di un numero è la potenza di 10 che meglio approssima quel numero.

Una volta che il numero è scritto in notazione scientifica, l'ordine di grandezza coincide con:
- la potenza di dieci della sua rappresentazione, se la prima cifra del coefficiente è 1, 2, 3 o 4;
- la potenza di dieci successiva, se la prima cifra è 5, 6, 7, 8 o 9.

PER ESEMPIO
- $0{,}000\,045\,3 = 4{,}53 \cdot 10^{-5}$.
  Il suo ordine di grandezza è 10^{-5}.
- $789\,100\,000 = 7{,}891 \cdot 10^8$.
  Il suo ordine di grandezza è $10^{8+1} = 10^9$.

Lavorare con gli ordini di grandezza e la notazione scientifica è vantaggioso per avere un'idea in modo rapido dei rapporti tra misure.

PER ESEMPIO Qual è il rapporto tra l'altezza del monte Everest e quella di un uomo?
- Il monte Everest è alto 8848 m, l'ordine di grandezza è 10^4 m;
- un uomo è alto mediamente 1,7 m, l'ordine di grandezza è 1, cioè 10^0 m.

Il rapporto tra i due valori, è:

$$\frac{10^4}{10^0} = \frac{10^4}{1} = 10^4.$$

Come ordine di grandezza, l'Everest è quindi circa 10 000 volte più alto di un uomo.

IN PRATICA

[A] Come si ragiona per fare delle stime?

Quanti bambini nascono in Italia?

Vogliamo stimare quanti bambini nascono ogni giorno in Italia.
Possiamo ragionare partendo dal numero di abitanti del nostro paese, che è circa 60 milioni. Sappiamo anche che la vita media è di circa 80 anni. Se tutte le età fossero rappresentate in modo omogeneo, nella popolazione ci sarebbero $6 \cdot 10^7 : 80 = 7{,}5 \cdot 10^5$ persone per ogni anno di età.
Sappiamo che questo non è vero, ma è sufficiente per fare una stima dell'ordine di grandezza.

Possiamo affermare che ogni anno nascono circa $7{,}5 \cdot 10^5$ bambini.
Questo numero va diviso per il numero dei giorni in un anno:

$$7{,}5 \cdot 10^5 : 365 = 2054 \approx 2 \cdot 10^3 \text{ bambini al giorno.}$$

Per verificare la correttezza della nostra stima, paragoniamo questo risultato a un dato statistico: nel 2014 sono nati circa 1400 bambini al giorno.

A quanti chilometri corrisponde un anno luce?

Un anno luce è un'unità di misura della distanza usata in astronomia e corrisponde alla distanza percorsa dalla luce in un anno.
Vogliamo stimare a quanti chilometri corrisponde un anno luce.
Sappiamo che la luce viaggia a circa:

$$300\,000 \text{ km/s} = 3 \cdot 10^5 \text{ km/s.}$$

Per calcolare quanti secondi ci sono in un anno, moltiplichiamo i secondi che formano un minuto, i minuti che formano un'ora, le ore in un giorno e i giorni in un anno.
Consideriamo un'approssimazione del risultato del calcolo:

$$60 \cdot 60 \cdot 24 \cdot 365 = 31\,536\,000 \approx 3{,}2 \cdot 10^7 \text{ s.}$$

Poiché lo spazio percorso è uguale a velocità per tempo impiegato, una stima della distanza in chilometri coperta dalla luce in un anno sarà data dal prodotto dei due dati approssimati:

$$3 \cdot 10^5 \cdot 3{,}2 \cdot 10^7 = 9{,}6 \cdot 10^{12} \text{ km.}$$

[B] Come si valuta la correttezza di un calcolo usando gli ordini di grandezza?

Una rivista di viaggi ha organizzato una spedizione in Asia.
Secondo gli strumenti di bordo, la vettura utilizzata ha percorso 78 756,5 km e ha consumato 6919,2 L di gasolio. Uno dei componenti della spedizione vuole calcolare il consumo medio e, utilizzando la calcolatrice tascabile, ottiene il valore 113,8 km/L.
Un suo collega risponde: «Non può essere! L'ordine di grandezza della lunghezza del percorso è 10^5, l'ordine di grandezza del gasolio consumato è 10^4, quindi l'ordine di grandezza del risultato deve essere $10^5 : 10^4 = 10^1$, invece il tuo risultato ha ordine di grandezza 10^2! Devi aver sbagliato a mettere la virgola nella calcolatrice!».
«Hai ragione, è meglio se ripeto il calcolo... In effetti il consumo medio risulta essere 11,38 km/L.»

TEORIA

PROVA TU

1 Determina l'ordine di grandezza dei seguenti numeri.

a. 11 172; 3700; 7300.

b. 0,000 000 54; 0,000 45; 0,1099.

2 Giove orbita attorno al Sole a una distanza media di 778 412 020 km. Qual è l'ordine di grandezza della distanza di Giove dal Sole espressa in km?

3 Stabilisci l'ordine di grandezza dei seguenti numeri.

a. 2^{2014}

b. 5^{2015}

SUGGERIMENTO Puoi aiutarti osservando che $2^{10} \approx 10^3$ e $5^{10} \approx 10^7$.

4 Determina l'ordine di grandezza del risultato delle seguenti espressioni.

a. $7534 + 3698$; $3001 + 59 + 440$.

b. $1,1 \cdot 10^4 + 3,5 \cdot 10^3$; $7341 + 7 \cdot 10^2$.

c. $8 \cdot 10^{12} : 2$; $(3 \cdot 10^{-3})^2$.

5 **RISOLVERE PROBLEMI** Nel 1970 un reperto archeologico è stato analizzato e la sua età è stata stimata $1,5 \cdot 10^3$ anni.

- Qual è oggi l'ordine di grandezza dell'età del reperto?
- Per esprimere la sua età con l'approssimazione adeguata scriverai 1500 anni o $1,5 \cdot 10^3$ anni?

6 Costruisci una scala di masse, individuando una sequenza di oggetti di massa da 10^{-5} kg a 10^3 kg (non è necessario trovare un oggetto per *ogni* ordine di grandezza).

7 Costruisci una scala di volumi, individuando una sequenza di oggetti dal più piccolo al più grande che riesci a immaginare, specificando per ciascuno l'ordine di grandezza del volume.

[A] **8** **EFFETTUARE STIME E APPROSSIMAZIONI** Basandoti sul numero di supermercati che ci sono nella zona in cui abiti, stima quanti supermercati ci sono in una città grande come Roma.

[A] **9** **EFFETTUARE STIME E APPROSSIMAZIONI** Aiutandoti con le informazioni che puoi trovare su Internet (come profondità media ed estensione), stima quanti litri d'acqua contiene l'oceano Atlantico.

[A] **10** **EFFETTUARE STIME E APPROSSIMAZIONI** Stima quanti ragazzi di 15 anni ci sono nel mondo.

Esercizi a pag. 104

[B] **11** Andrea ha un fratello di 11 anni e vuole stupirlo dicendogli la sua età in secondi. Moltiplica 11 per i giorni in un anno, per le ore in un giorno, per i minuti in un ora, per i secondi in un minuto e ottiene 3 468 960. Esegui il calcolo a mente utilizzando solo gli ordini di grandezza e valuta se il risultato di Andrea è plausibile.

MAPPA
I NUMERI REALI E L'APPROSSIMAZIONE

LOSAI? RIPASSA CON LO SMARTPHONE

Su online.zanichelli.it/pensaci ti proponiamo altre mappe come questa.

L'APPROSSIMAZIONE

SIMBOLO: ≈

TIPI
- PER ECCESSO — Il risultato dell'approssimazione è un numero **maggiore** del numero esatto.
- PER DIFETTO — Il risultato dell'approssimazione è un numero **minore** del numero esatto.

METODI

ARROTONDAMENTO — *come si fa?*

1. Si decide la **precisione** a cui si vuole approssimare: decimi, unità, decine…
2. **Si controlla la cifra a destra di quella da arrotondare**:
   - se è compresa tra 0 e 4, si lascia la cifra com'è;
   - se è compresa tra 5 e 9, si aumenta la cifra di 1.
3. **Si eliminano** tutte le cifre successive a quella da arrotondare se sono dopo la virgola, altrimenti **si sostituiscono** con degli zeri.

Per esempio
275 → 280 (arrotondamento alle decine)

TRONCAMENTO — *come si fa?*

1. Si decide la **precisione** a cui si vuole approssimare: decimi, unità, decine…
2. **Si eliminano** tutte le cifre successive a quella da arrotondare se sono dopo la virgola, altrimenti **si sostituiscono** con degli zeri.

Per esempio
275 → 270 (troncamento alle decine)

LE CIFRE SIGNIFICATIVE

REGOLE

1. Tutte le cifre diverse da zero sono significative.
2. Tutti gli zeri in mezzo a cifre diverse da zero sono significativi.
3. Tutti gli zeri a destra delle cifre dopo la virgola sono significativi.
4. In un numero decimale che comincia con zero, tutti gli zeri tra la virgola e le altre cifre non sono significativi.
5. Nei numeri interi, gli zeri a destra possono essere significativi o non significativi a seconda dell'approssimazione.

ESERCIZI

Controlla i risultati in fondo al volume.

1 I numeri reali

Teoria a pag. 80

Ricorda

IN TEORIA

1. L'**insieme dei numeri reali** è **l'insieme** formato dall'unione dell'insieme dei numeri razionali e di quello dei numeri .... Indichiamo questo insieme con $\mathbb{R}$.
2. I numeri reali corrispondono esattamente ai .... di una retta orientata.
3. L'insieme dei numeri reali contiene gli altri insiemi numerici: .... contiene $\mathbb{Q}$, $\mathbb{Q}$ contiene $\mathbb{Z}$ e infine $\mathbb{Z}$ contiene ....

IN PRATICA

1. $\sqrt{2}$ è un numero irrazionale. Anche .... è un numero irrazionale, mentre $\sqrt{81}$ non lo è, perché ....
2. Disegna -3, $\frac{4}{5}$, $\sqrt{3}$ sulla retta.

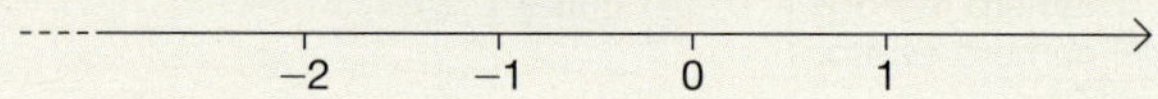

3. Completa il diagramma.

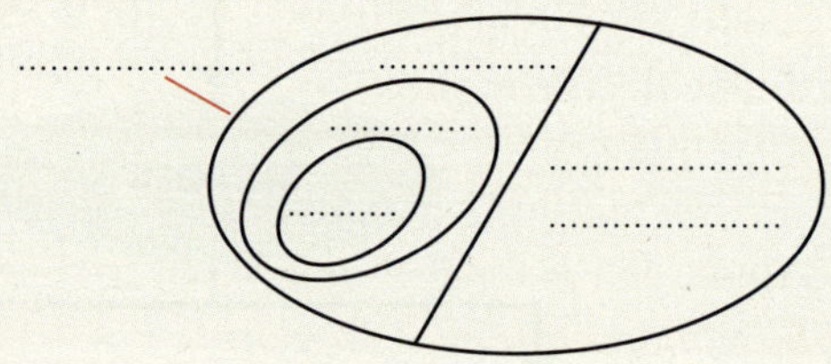

1 **ARGOMENTARE** Dimostra che $\sqrt{5}$ è irrazionale.

2 **ARGOMENTARE** Dimostra che $\sqrt[3]{2}$ è irrazionale.

3 **a.** Approssima $\sqrt{2}$ per eccesso e per difetto a una, due, tre e quattro cifre decimali.
- Per eccesso: ...1,5.....; ....; ....; ....
- Per difetto: ...1,4.....; ....; ....; ....

b. Calcola la differenza tra le approssimazioni per difetto e per eccesso nei diversi casi. Cosa osservi?

4 Rappresenta i seguenti numeri sulla retta.

$10;\ \sqrt{10};\ 3;\ 4;\ \frac{7}{2};\ 2{,}5;\ 6{,}1;\ \frac{16}{5}.$

5 Trova un numero razionale che sia compreso tra π e $\sqrt{10}$.

6 Trova un numero irrazionale che sia compreso tra 3 e 4.

7 Trova un numero irrazionale e uno razionale che siano compresi tra $\frac{17}{25}$ e $\frac{18}{25}$.

2 Le approssimazioni

Teoria a pag. 85

Ricorda

IN TEORIA Esistono due principali tipi di approssimazione:

1. ....
....

2. ....
....

IN PRATICA Approssima 12 345,67 nei due modi che conosci.

	A una cifra decimale	Alle decine
1.		
2.		

8 Arrotonda 789 532 a meno di:
a. 100; **b.** 1000; **c.** 10 000.

9 Approssima 2 380 946 per arrotondamento:
a. alle centinaia;
b. alle migliaia;
c. alle decine di migliaia;
d. ai milioni.

10 Approssima 71,548 per troncamento:
a. alla prima cifra decimale;
b. alla seconda cifra decimale;
c. alle decine.

11 Approssima 3 741 625 per arrotondamento:
a. alle centinaia;
b. alle migliaia;
c. alle decine di migliaia;
d. ai milioni.

12 Approssima 1 380 259 per troncamento:
a. alle centinaia;
b. alle migliaia;
c. alle decine di migliaia;
d. ai milioni.

13 Approssima 381,627 per arrotondamento:
a. alla prima cifra decimale;
b. alla seconda cifra decimale;
c. alle decine;
d. alle centinaia.

14 Approssima 9050,048 per arrotondamento:
a. alla prima cifra decimale;
b. alla seconda cifra decimale;
c. alle centinaia;
d. alle migliaia.

15 Arrotonda:

a. 4537 alle centinaia;

b. 8,006 12 ai decimi;

c. 0,099 ai decimi.

16 Approssima a una cifra decimale, prima per arrotondamento e poi per troncamento, ciascuno dei seguenti numeri.

a. 2,497

b. 18,5095

c. 36,148

d. 138,08

17 Approssima a due cifre decimali, prima per arrotondamento e poi per troncamento, ciascuno dei seguenti numeri.

a. 4,698

b. 14,937

c. 26,8047

d. 0,045

Approssima a tre cifre decimali, prima per arrotondamento e poi per troncamento, ciascuno dei seguenti numeri (esercizi 18 e 19).

18 **a.** 4,82551

b. 6,8282

c. 7,4495

d. 8,4453

19 **a.** 11,6387

b. 13,450 93

c. 32,929 49

d. 0,037 64

20 Approssima, prima per arrotondamento e poi per troncamento, 36,2598 a:

a. una cifra decimale;

b. l'unità;

c. 3 cifre decimali.

21 Arrotonda le seguenti misure in cm al cm più vicino.

a. 4,45

b. 23,67

c. 107,85

d. 654,59

22 Arrotonda le seguenti misure in kg al decimo di kg (0,1 kg) più vicino.

a. 14,045

b. 57,496

c. 108,356

d. 763,247

23 Arrotonda:

a. 5623 km ai 10 km;

b. 881 cm ai 100 cm;

c. 2,449 g a 0,01 g;

d. 49 153 € ai 10 000 €.

24 **RISOLVERE PROBLEMI** Una famiglia consuma 450 kWh di energia elettrica e 38 m^3 di acqua in un mese.
Il costo dell'energia elettrica è di 0,29 €/kWh e il costo dell'acqua di 1,17 €/m^3.
Calcola la spesa totale per acqua ed energia elettrica della famiglia, arrotondata all'euro.

EFFETTUARE STIME E APPROSSIMAZIONI **Stima mentalmente quale delle due opzioni di acquisto in figura è più conveniente (esercizi da 25 a 28).**

25

Opzione A
Caffè macinato
1 kg
5,80 €

Opzione B
Caffè macinato
1 kg + 250 g
7,45 €

26

Opzione A
Olio extravergine di oliva
1 L
8,80 €

Opzione B
Olio extravergine di oliva
1 L + 0,150 L
10,40 €

27

Opzione A
Caramelle
0,9 kg
5,80 €

Opzione B
Caramelle
1,5 kg
7,45 €

28

Opzione A
Sapone per le mani
250 mL
3,80 €

Opzione B
Sapone per le mani
250 mL + 50 mL
4,40 €

29 **RISOLVERE PROBLEMI** A una festa si aspettano 122 invitati; la cena si terrà in tavoli da 8 persone ciascuno. Quanti tavoli sono necessari?

30 **RISOLVERE PROBLEMI** Un parcheggio a più piani ha una portata di 1770 kg. Si vuole esporre un cartello che esprima la portata approssimata alla mezza tonnellata. Che valore si può scrivere sul cartello?

31 **RISOLVERE PROBLEMI** Un gancio traino viene testato in laboratorio e risulta che può trainare senza rischio una massa di 1782 kg. Nel libretto di istruzioni, per semplicità, si vuole scrivere un valore arrotondato a 100 kg. Quale valore riporteresti sul libretto?

3 | Le cifre significative

Teoria a pag. 89

Ricorda

IN TEORIA Cinque regole per individuare le cifre significative.

1. Tutte le cifre diverse da zero ....
2. Tutti gli zeri in mezzo a cifre diverse da zero...
3. In un numero decimale, tutti gli zeri a destra della virgola ....
4. In un numero decimale, tutti gli zeri a sinistra ....
5. Nei numeri interi, gli zeri a destra ....

IN PRATICA Quante cifre significative hanno i seguenti numeri?

1. 3765 ....
2. 1030,2 ....
3. 01030,2 ....
4. 0,020 ....
5. 0,003 ....

Determina il numero di cifre significative dei seguenti numeri (esercizi 32 e 33).

32 a. 2,0087 → 5 cifre significative
b. 0,003 506
c. 140,53
d. 7231,656 540

33 a. 3800 m (arrotondato alle decine di m)
b. 25 000 km (arrotondato al km)
c. 100 000 g (arrotondato a 10 000 g)

34 Arrotonda 1847:
a. con una cifra significativa; → 2000
b. con due cifre significative;
c. con tre cifre significative.

35 Arrotonda 6033,08:
a. con una cifra significativa;
b. con due cifre significative;
c. con 5 cifre significative.

36 Arrotonda 9,154:
a. con una cifra significativa;
b. con due cifre significative;
c. con tre cifre significative.

37 Arrotonda 0,039 903:
a. con una cifra significativa;
b. con due cifre significative;
c. con tre cifre significative.

Arrotonda ciascuno dei seguenti numeri con il numero di cifre significative indicato tra parentesi (esercizi da 38 a 40).

38 **a.** 3,9054 (2 c.s.) → 3,9
b. 19,648 51 (2 c.s.)
c. 37,87 (2 c.s.)
d. 4,0672 (3 c.s.)

39 **a.** 18,08 (3 c.s.)
b. 0,032 56 (3 c.s.)
c. 0,076 952 (3 c.s.)
d. 0,008 165 4 (3 c.s.)

40 **a.** 18,1356 (4 c.s.)
b. 240,0489 (4 c.s.)
c. 5003,583 (4 c.s.)
d. 0,054 452 (4 c.s.)

41 Scrivi il valore di 19,055 07 arrotondato a:
a. una cifra significativa;
b. una cifra decimale;
c. 2 cifre significative.

42 Arrotonda 0,007 204 a:
a. una cifra significativa;
b. 3 posizioni decimali;
c. 3 cifre significative.

43 Esprimi 984,6080 arrotondato a:
a. 2 cifre decimali;
b. 4 cifre significative;
c. 3 cifre decimali;
d. il centinaio più vicino.

44 Esprimi:
a. 0,000 142 58 arrotondato con 3 cifre significative;
b. 5,1235 arrotondato a una posizione decimale;
c. 1025 arrotondato con 2 cifre significative.

45 Esprimi:
a. 0,340 258 con 4 cifre significative;
b. 10,2546 con 5 cifre significative;
c. 64 704 789 con 6 cifre significative.

46 Esprimi 428,234 con 4 cifre significative.
Quante cifre decimali ci sono nella tua risposta?

47 Esprimi 0,000 897 5 con 5 cifre decimali.
Quante cifre significative ci sono nella tua risposta?

Svolgi i seguenti calcoli e scrivi il risultato con una cifra significativa (esercizi da 48 a 51).

48 **a.** 61,994 06 − 29,980 78
b. 64,967 02 − 36,230 87
c. 30,9 · 98,6
d. 0,0079 · 21,7

49 **a.** 1793 · 0,000 97
b. 9801 · 0,0613
c. $(8{,}907)^2$
d. $(398)^2 \cdot 0{,}062$

50 **a.** 81,09 : 1,592
b. $\frac{49{,}82}{9{,}784}$
c. $\frac{163{,}4}{0{,}0818}$
d. 15,002 : 0,019 99 − 68,12

ESERCIZI

51 a. $\dfrac{59,26 \cdot 5,109}{3,817}$

b. $\dfrac{4,18 \cdot 0,0309}{0,0212}$

c. $\dfrac{16,02 \cdot 0,0341}{0,07921}$

52 La popolazione di una città è pari a 2,5 milioni (espressa con due cifre significative). Il valore esatto della popolazione può essere

a. 2,47 milioni?
b. 2,57 milioni?
c. 2,50 milioni?
d. 2,39 milioni?

53 La velocità della luce nel vuoto è di 299 792 458 m/s. Questa velocità viene spesso scritta con una cifra significativa. Arrotonda la velocità della luce con:

a. una cifra significativa;
b. 3 cifre significative.

54 Una rivista di Singapore ha stimato il valore di una superficie edificabile in 1204,82 $. Arrotonda questo valore con:

a. 2 cifre significative;
b. 4 cifre significative.

55 La superficie della Francia è di circa 675 400 km^2; arrotonda questo valore con:

a. 2 cifre significative;
b. 3 cifre significative.
c. Se il valore fornito è scritto con 4 cifre significative, quale può essere la superficie minima della Francia?

56 **RISOLVERE PROBLEMI** La larghezza e la lunghezza di una stanza sono rispettivamente di 3,60 m e 2,85 m. Pavimentare l'intera stanza costa 410 €. Calcola il costo per metro quadrato della pavimentazione ed esprimi il risultato con il corretto numero di cifre significative.

57 17 sacchetti identici di noccioline hanno una massa complessiva di 20 kg (2 c.s.). Calcola la massa di un sacchetto ed esprimi il risultato con il corretto numero di cifre significative.

4 La notazione scientifica e l'ordine di grandezza

Teoria a pag. 93

Ricorda

IN TEORIA L'**ordine di grandezza** di un numero è la potenza .... che ....
....

IN PRATICA Vero o falso?

1. 8 ha ordine di grandezza 10. V F
2. 12 ha odine di grandezza 10. V F
3. 55 ha ordine di grandezza 10. V F

Determina l'ordine di grandezza dei seguenti numeri (esercizi 58 e 59).

58 a. 7321 → 10^4
b. 124
c. 0,0054
d. 80

59 a. 0,000 000 50
b. $\dfrac{1}{500}$
c. $\dfrac{4}{10}$
d. 10^{-2}

60 Quando è nato l'Universo? Quando sono comparsi i primi dinosauri? Quando l'*Homo sapiens*? Determina l'ordine di grandezza di questi riferimenti temporali espressi in anni.

61 **EFFETTUARE STIME E APPROSSIMAZIONI** Quanta pasta mangia una persona che vive in Italia nell'arco della sua vita? Fai una stima e scrivi l'ordine di grandezza della quantità stimata espressa in chilogrammi.

62 Costruisci una scala di tempi, individuando una sequenza di fenomeni di durata da 10^{-9} s a 10^{17} s (non è necessario trovare un fenomeno per ogni ordine di grandezza).

63 **EFFETTUARE STIME E APPROSSIMAZIONI** Quanta aria è necessaria per un respiro? Cerca dei dati che diano una risposta e usali per stimare per quanto tempo può bastare a tre persone l'aria di una stanza ermeticamente chiusa del volume di circa 60 m^3.

64 **EFFETTUARE STIME E APPROSSIMAZIONI** Stima quante ore studi in un anno.

65 **INVALSI 2013** Un atomo di idrogeno contiene un protone la cui massa m_p è all'incirca $2 \cdot 10^{-27}$ kg, e un elettrone la cui massa m_e è all'incirca $9 \cdot 10^{-31}$ kg.

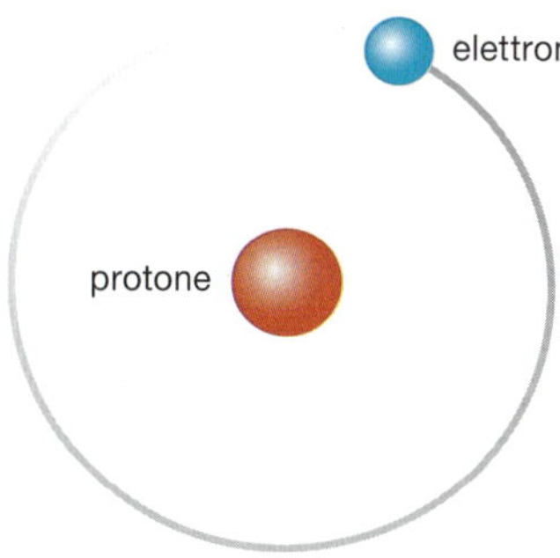

Quale tra i seguenti valori approsima meglio la massa totale dell'atomo di idrogeno (cioè $m_p + m_e$)?

a $2 \cdot 10^{-27}$ kg

b $11 \cdot 10^{-31}$ kg

c $11 \cdot 10^{-58}$ kg

d $18 \cdot 10^{-58}$ kg

[INVALSI – scuola secondaria di secondo grado]

66 **INVALSI 2011** L'età della Terra è valutata intorno ai $4{,}5 \cdot 10^9$ anni. L'*Homo erectus* è comparso circa 10^6 anni fa. Qual è la stima che più si avvicina all'età che la Terra aveva quando è comparso l'*Homo erectus*?

a $4{,}5 \cdot 10^9$ anni

b $3{,}5 \cdot 10^9$ anni

c $4{,}5 \cdot 10^6$ anni

d $4{,}5 \cdot 10^3$ anni

[INVALSI – scuola secondaria di secondo grado]

ESERCIZI DI RIEPILOGO

67 **a.** Esprimi i seguenti numeri con 2 cifre significative:
45,3125; 3,9568.

b. Usa la tua risposta al punto **a** per stimare
45,3125 : 3,9568.

c. Usa una calcolatrice per calcolare l'espressione al punto **b** e confronta il risultato con la tua stima.

68 **EFFETTUARE STIME E APPROSSIMAZIONI** Stima $1793 \cdot 0{,}000\,979$ alla prima cifra decimale, facendo i calcoli a mente.

69 **EFFETTUARE STIME E APPROSSIMAZIONI** Stima $\frac{31{,}205 \cdot 4{,}97}{1{,}925}$ a una cifra significativa, facendo i calcoli a mente.

70 Quante cifre significative può avere il numero 398 200?

71 La stima di un numero è 2000 quando lo si arrotonda con 1, 2 o 3 cifre significative. A quale numero minimo o massimo può corrispondere nei tre casi?

72 **EFFETTUARE STIME E APPROSSIMAZIONI** Stima mentalmente il valore di $\frac{12{,}01 \cdot 4{,}8}{2{,}99}$, approssimandolo con una cifra significativa.

Utilizza il risultato ottenuto per approsimare $\frac{12{,}01 \cdot 0{,}048}{2{,}99}$ con una cifra significativa.

73 **a.** Esprimi i seguenti numeri con due cifre significative:
24,988; 39,6817; 198,97.

b. Stima il valore di $\frac{\sqrt{24{,}988} \cdot 39{,}6817}{198{,}97}$ con una cifra significativa.

EFFETTUARE STIME E APPROSSIMAZIONI **Calcola a mente ciascuna delle seguenti espressioni e scrivi il risultato con una cifra significativa.**

74 $(16{,}245 - 5{,}001)^2 \cdot \sqrt{122{,}05}$

75 $\frac{6{,}01 \cdot 0{,}0312}{0{,}0622}$

76 $\frac{29{,}12 \cdot 5{,}167}{1{,}895}$

77 $\frac{41{,}41}{10{,}02 \cdot 0{,}01865}$

78 $\frac{\pi(8{,}5^2 - 7{,}5^2) \cdot 26}{169{,}8}$

79 $\frac{\sqrt{24{,}997} \cdot 28{,}0349}{19{,}897}$

80 $\frac{2905 \cdot (0{,}512)^2}{0{,}004987}$

81 $\frac{59{,}701 + 41{,}098}{\sqrt[3]{998{,}07}}$

EFFETTUARE STIME E APPROSSIMAZIONI **Calcola le seguenti espressioni utilizzando una calcolatrice e scrivendo il risultato con 5 cifre significative (esercizi da 82 a 89).**

82 $\dfrac{17{,}47 \cdot 6{,}87}{5{,}61 - 3{,}52}$

83 $\dfrac{(6{,}52)^2 \cdot (3{,}85)^2}{100{,}3}$

84 $\dfrac{1{,}743 \cdot 5{,}3 \cdot 2{,}9454}{(11{,}71)^2}$

85 $7{,}593 - 6{,}219 \cdot \dfrac{1{,}47}{(1{,}4987)^3}$

86 $\dfrac{119{,}73 - 13{,}27 \cdot 4{,}711}{88{,}77 : 66{,}158}$

87 $\left(\dfrac{32{,}41 - 10{,}479}{7{,}218}\right) \cdot \left(\dfrac{4{,}7103 \cdot 21{,}483}{8{,}4691}\right)$

88 $\dfrac{(0{,}629)^2 - \sqrt{7{,}318}}{2{,}873}$

89 $\sqrt[3]{\dfrac{11{,}84 \cdot 0{,}871}{0{,}9542}}$

90 **RISOLVERE PROBLEMI** Un'automobile viaggia per 297 km, consumando complessivamente 19,91 L di benzina. Scrivi il calcolo che potresti fare a mente per stimare la quantità di benzina utilizzata per percorrere 1 km.

91 **RISOLVERE PROBLEMI** Un gruppo di compagni di classe rimane alzato fino a tardi per finire una ricerca. Per non sottrarre tempo allo studio, Antonio ha ordinato 9 pasti per cena, al costo di 6,90 € l'uno. Alla consegna devono pagare un conto di 70 €.

Antonio ci pensa un momento e si accorge che la cifra non è giusta. Come ha fatto a capire che c'era un errore senza scrivere i calcoli né usare la calcolatrice?

92 **RISOLVERE PROBLEMI** Una lastra rettangolare di metallo ha dimensioni 9,96 m × 5,08 m. Calcola:

a. il perimetro della lastra, in metri, con una cifra significativa;

b. l'area della lastra, in metri quadrati, arrotondata a 0,1 m^2.

93 **RISOLVERE PROBLEMI** Il proprietario di un ristorante si aspetta di avere 300 clienti nel fine settimana. Se il proprietario ha arrotondato il valore della stima a una cifra significativa, quali sono il numero minimo e il numero massimo di clienti attesi?

94 **RISOLVERE PROBLEMI** In una scuola superiore ci sono 33 aule. Qual è il numero massimo, approssimato alle centinaia, di alunni che la scuola può accogliere se ogni aula può contenere 27 studenti?

95 **RISOLVERE PROBLEMI** Quante penne da 85 centesimi si possono comprare con 8,15 €?

96 **EFFETTUARE STIME E APPROSSIMAZIONI** Un pacco di 500 fogli A4 è spesso 4 cm. Trova lo spessore di un singolo foglio:

a. in cm, approssimato alla seconda cifra decimale;

b. in m, con una cifra significativa.

97 **RISOLVERE PROBLEMI** Elisabetta vuole coprire il pavimento del salotto con la moquette. La stanza ha una forma rettangolare. L'area della moquette è 11,9089 m^2. Se la larghezza è di 4,04 m, determina:

a. la lunghezza della moquette, con 3 cifre significative;

b. il perimetro della moquette, con 3 cifre significative.

98 **RISOLVERE PROBLEMI** L'organizzatore di un concerto a San Siro ha speso 2,6 milioni di euro. Un giornale ha riportato che per recuperare l'investimento dovrà vendere almeno 69 051 biglietti.

a. Esprimi il numero 69 051 con 2 cifre significative.

b. Usa la risposta **a** per stimare il costo di un biglietto, arrotondando all'euro.

99 **RISOLVERE PROBLEMI** Paola fa il seguente ordine a un supermercato:

Articolo	Quantità	Costo
Mele	18	3 mele a 99 cent
Banane	1,2 kg	1,50 €/kg
Patate	2 kg	0,81 €/kg
Pomodori	2,2 kg	3,40 €/kg

Mostra come si può stimare il costo totale, dando una risposta arrotondata all'euro.

100 **EFFETTUARE STIME E APPROSSIMAZIONI** Una camicia costa 24 800 *won* sudcoreani. La conversione è 1255 won per 1 €. Stima mentalmente il prezzo in €.

101 **INVALSI 2011** Le dimensioni di una piazza rettangolare di una grande città sono circa 620 m × 120 m. Le stime comparse sui giornali sul numero di partecipanti a una manifestazione che ha riempito la piazza variano da 100 000 a oltre 1 000 000.

a. Sapendo che diverse fotografie scattate durante la manifestazione evidenziano una densità di circa 4 persone al metro quadro, che cosa si può concludere circa l'effettivo numero dei partecipanti?

- a Le stime dei giornali sono tutte errate, perché dalle informazioni disponibili i partecipanti non potevano essere più di 20 000.
- b Una stima ragionevole è di circa 300 000 partecipanti.
- c Ha ragione chi ha parlato di più di un milione di partecipanti.
- d La piazza non può contenere molte persone più di uno stadio, quindi c'erano meno di 150 000 partecipanti.

b. Mostra i calcoli che hai fatto per trovare la risposta.

....

....

....

....

[INVALSI – scuola secondaria di secondo grado]

102 **ACQUISIRE DATI E INFORMAZIONI** Tre compagnie aeree low-cost propongono voli in offerta speciale per il capodanno a Parigi, per una permanenza di 3 giorni e 2 notti.

- La compagnia A offre il viaggio a 88 €, a cui si applica uno sconto del 20%.
- La compagnia B chiede 93 €, che comprende anche un pernottamento del valore di 35 €.
- La compagnia C offre il viaggio a 75 € a cui si applica uno sconto del 10%.

Scrivi il calcolo che potresti fare mentalmente per stabilire l'offerta più conveniente e poi decidi qual è la migliore.

103 **ACQUISIRE DATI E INFORMAZIONI** Senza usare una calcolatrice, stabilisci quale offerta è più conveniente tra le seguenti:

a *Supermarket ABC*, una bottiglia di shampoo da 700 ml per 4,00 €;

b *La città delle offerte*, due bottiglie di shampoo da 700 ml a 8,90 €;

c *Superspesa*, una bottiglia grande di shampoo da 950 ml a 6,00 €.

104 **INVALSI 2010** Un barattolo di pelati da 0,4 kg è alto 11 cm e ha la base di 6 cm di diametro. Qual è il volume del barattolo?

a Circa 100 cm^3.

b Circa 200 cm^3.

c Circa 300 cm^3.

d Circa 400 cm^3.

[INVALSI – prova nazionale per la scuola secondaria di primo grado]

105 **INVALSI 2012** Per scavare le gallerie di una linea della metropolitana si fa uso di una macchina cilindrica che sposta la terra, come quella che vedi in figura. La galleria che la macchina riesce a scavare ha un diametro di 6,80 m. Oggi la macchina ha scavato un tratto lungo 10 metri.

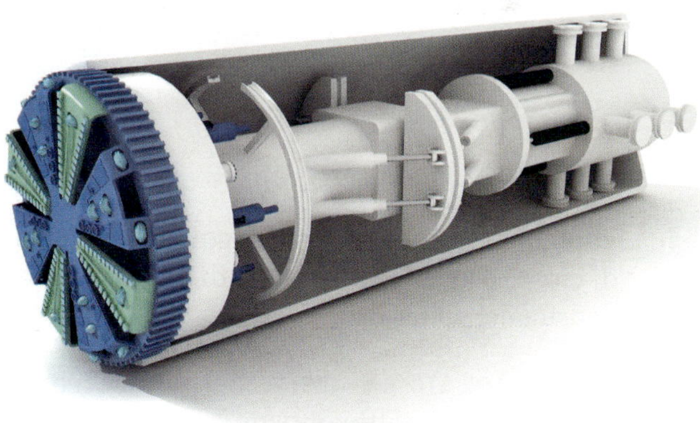

a. Il volume di terra che è stato rimosso è

a circa 70 m^3.

b circa 120 m^3.

c circa 360 m^3.

d circa 470 m^3.

b. Ieri la macchina ha spostato circa 250 m^3 di terra. La densità della terra spostata è circa 1800 kg/m^3. Quanto pesa la terra che la macchina ha spostato ieri?

Risposta: circa .... kg

[INVALSI – prova nazionale per la scuola secondaria di primo grado]

106 **EFFETTUARE STIME E APPROSSIMAZIONI** In un ristorante indonesiano un piatto di verdure costa 43 500 rupie. Sapendo che oggi 1 € corrisponde a 14 558,99 rupie, stima mentalmente il prezzo del piatto in euro.

ESERCIZI

107 **INVALSI 2013** Su una risma di carta di fogli di formato A4 è scritto:
- 80 g/m² (cioè 80 grammi al metro quadrato);
- A4: 210 × 297 (cioè le dimensioni di un foglio A4 sono 0,210 metri per 0,297 metri).

Un foglio A4 è all'incirca:

a 0,5 grammi. b 1,5 grammi. c 5 grammi. d 10 grammi.

[INVALSI – scuola secondaria di secondo grado]

108 **RISOLVERE PROBLEMI** In una discarica arriva circa un camion ogni mezzora e ognuno porta 4 tonnellate di rifiuti. La discarica è aperta dalle 8 alle 16 da lunedì a venerdì. Quanti rifiuti si smaltiscono in un anno?

109 La figura mostra la mappa di un laghetto nello Utah (USA). Le linee interne al lago indicano i punti alla stessa profondità.
Le dimensioni sono indicate in piedi (ft):

$1 \text{ ft} = 0{,}3048 \text{ m}.$

Valuta l'ordine di grandezza del volume d'acqua contenuto nel lago.

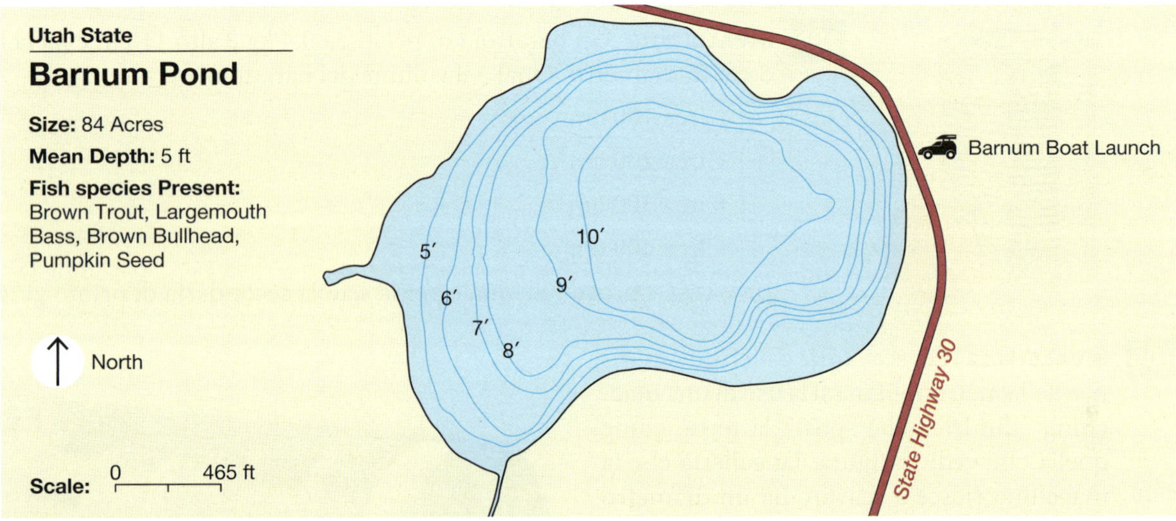

110 Un materasso per un letto singolo ha una massa di circa 18 kg. Valuta l'ordine di grandezza della densità del materasso.

RICORDA La densità di un corpo è uguale al rapporto tra la sua massa e il suo volume.

111 **EFFETTUARE STIME E APPROSSIMAZIONI** Un barattolo da 250 g di caffè contiene circa 2000 chicchi. Stima quanti chicchi di caffè ci sono in figura e la loro massa complessiva.

112 **RISOLVERE PROBLEMI** La distanza tra Venezia e Torino è di circa 400 km. Calcola mentalmente quanto tempo richiede un viaggio alla velocità media di 90 km/h.

113 **RISOLVERE PROBLEMI** Un portafoglio costa 225 baht tailandesi. La conversione è 1 baht = 0,025 636 €. Stima mentalmente il costo del portafoglio in euro.

114 **RISOLVERE PROBLEMI** Un paio di orecchini costa 250 000 rupie indonesiane. Il tasso di cambio è 1000 rupie = 0,068 527 €. Stima mentalmente il costo degli orecchini in euro.

115 **RISOLVERE PROBLEMI** Un'auto compie un viaggio di 274 km. Il suo consumo medio è di 9,1 km con un litro di benzina. Stima mentalmente il consumo complessivo in litri.

116 **RISOLVERE PROBLEMI** Una borsa costa 40 pesos argentini. Il tasso di cambio è 1 peso = 0,598 97 €. Stima mentalmente il prezzo della borsa in euro.

117 **RISOLVERE PROBLEMI** Un negozio A vende un vestito a 79,50 €, praticando su questo prezzo uno sconto del 20%. Un negozio concorrente B vende lo stesso vestito a 69,50 € con uno sconto del 10%. Scrivi come si può stimare mentalmente quale dei due negozi è più conveniente.

118 **RISOLVERE PROBLEMI** Un borsello costa 32 $. Il tasso di cambio è 1 € = 0,8695 $. Stima mentalmente il costo del borsello in euro.

119 **RISOLVERE PROBLEMI** Un giocattolo costa 200 yuan cinesi, e il tasso di cambio è 1 yuan = 0,134 906 €. Stima mentalmente il costo del giocattolo in euro.

120 **RISOLVERE PROBLEMI** Un dispositivo deve funzionare per 30,2 ore. Mediamente funziona per 4,1 ore con una batteria. Valuta mentalmente il numero di batterie necessarie per assicurare la funzionalità per il tempo richiesto.

121 **RISOLVERE PROBLEMI** Il negozio A vende un hard disk da 2 Tb per 85,05 € con uno sconto del 20%. Il negozio B vende lo stesso modello a 76,05 € con uno sconto del 10%. Scrivi un procedimento di calcolo per stimare l'offerta più conveniente senza usare la calcolatrice. Quale negozio offre il prezzo migliore?

122 La massa di un cioccolatino è di 0,025 kg, con due cifre significative. Qual è la minima massa possibile del cioccolatino?

123 La massa di un pacchetto di zucchero è di 109 g, la massa di una bottiglia di olio di semi 148 g e quella di una scatola di lievito è 84 g. Calcola mentalmente la massa totale di 3 pacchetti di zucchero, 2 bottigliette di olio e 5 scatole di lievito.

124 Le dimensioni di un muro rettangolare sono 5,06 m × 3,24 m. Calcola l'area del murales che vi si può dipingere sopra arrotondando la risposta a:

a. 0,1 m^2; **b.** 10 m^2.

125 Un albero di mango è alto 36,245 m. Arrotonda il valore dell'altezza a meno di:

a. 0,1 m; **b.** 10 m.

126 Al supermercato il prezzo di 1 kg di salmone fresco è di 29,99 €. Arrotonda il prezzo a meno di:

a. 10 centesimi; **b.** 1 €.

ESERCIZI

127 Uno spazio da affittare a uso ufficio ha le dimensioni di 21,8 m × 16,45 m. Calcola l'area dello spazio da affittare ed esprimila arrotondandola a meno di:

a. 0,1 m^2; **b.** 10 m^2; **c.** 1 m^2.

128 **ARGOMENTARE** In una giornata sono state spedite circa 500 000 email a 6824 utenti.
Il sistema che registra lo scambio di dati approssima il valore alle centinaia di migliaia.

a. Determina il massimo numero di email che possono essere state spedite.

b. Cosimo sostiene che se si arrotonda 6824 alle centinaia va scritto come 68, perché la cifra delle decine è un 2 e quindi le cifre successive alle centinaia vanno troncate. Scrivi l'approssimazione corretta e spiega che errore ha commesso.

129 **RISOLVERE PROBLEMI** 654 persone parteciperanno a una conferenza. Tommaso deve organizzare il rinfresco e considera il numero arrotondato con una cifra significativa. Quale numero comunica al catering?

130 **RISOLVERE PROBLEMI** Il tasso di cambio tra dollari di Singapore (S$) e dollari di Hong Kong (HK$) è 1 HK$ = 0,180 96 S$. Un cappotto costa 1200 HK$.
Stima il costo in S$ senza usare una calcolatrice.

131 **RISOLVERE PROBLEMI** Una copisteria deve eseguire un certo numero di stampe di articoli diversi. Il tempo in secondi per stampare un oggetto di ogni tipo e il numero di oggetti per ogni tipo è riportato in tabella.

Articolo	Tempo di stampa (s)	Quantità
Biglietto di auguri	31	49
Cartolina	29	62
Poster	58	22

Calcola il tempo totale richiesto dalle stampe ed esprimi la risposta:

a. approssimata a 10 secondi;

b. approssimata a 10 minuti.

132 **RISOLVERE PROBLEMI** La distanza tra Londra e Cambridge è di circa 105 km. Un pulman viaggia a 50 km/h. Scrivi il calcolo che si potrebbe fare a mente per stimare il tempo in ore necessario per compiere il tragitto.

133 **RISOLVERE PROBLEMI** Il tasso di cambio tra dollari singaporeani ed euro è 1€ = 1,561 27 S$. Un orologio costa 220 €. Stima il prezzo in S$ senza l'uso di una calcolatrice.

134 **RISOLVERE PROBLEMI** In un supermarket una bottiglia di succo di arancia concentrato da 500 mL costa 5,95 €. Una confezione da 750 mL costa 8,20 €.
Determina qual è più conveniente senza usare una calcolatrice.

MATHS HIGHLIGHTS CLIL
REAL NUMBERS

Controlla i risultati in fondo al volume.

Whole numbers, integers and rational numbers

The **natural numbers** are also called **counting numbers** or **whole numbers**

$\mathbb{N} = \{0; 1; 2; 3; 4; 5...\}$.

The result of adding any pair of whole numbers is always a whole number, but this does not hold for subtraction: as an example, you cannot subtract 5 from 3 and remain within the set of whole numbers. The set you need to be able to subtract any whole number from any other is the set of **integers**:

$\mathbb{Z} = \{...-5; -4; 3; -2; -1; 0; 2; 3; 4; 5...\}$.

The product of any pair of whole numbers is always a whole number, and this also holds for integers. What about division? You can divide 24 by 6 and you get 4, which is another integer, but you cannot divide 24 by 5 remaining within the set of integers. You need **rational numbers**:

$$\mathbb{Q} = \left\{x \mid x = \frac{m}{n}, m, n \in \mathbb{Z}\right\}.$$

This is quite a wide and useful set, since you can add, subtract, multiply and divide any two rational numbers (except divide by zero!) and you will always remain within the set of rational numbers.

1 **VOCABULARY** Without using a dictionary, try to understand the following words in the text above.

a. counting numbers ....

b. whole numbers ....

c. integers ....

d. real numbers ....

e. square root ....

f. to hold ....

2 **MATHS** Represent the following numbers on the number line: $\sqrt{7}; -\frac{5}{8}; 2; -\sqrt{2}$.

3 **MATHS** Tom wants to bake 24 cakes to treat his friends. He needs three and a half cups of flour for the first 9 cakes.
How many cups of flour does Tom need?

4 **MATHS** On a certain day in a sea village the high tide was 2,8 m above the water mark on the sea wall. The low tide was 1,5 m below the mark on the sea wall.
Find the difference between the high and low tides.

Irrational numbers

But what if one day you want to take a square root?
There is no problem with some numbers: the square root of 25 is 5, the square root of 36 is 6 but you cannot find a rational number whose square is 2, that is you cannot find the square root of 2 (and 3, and 5, and infinitely many others) unless you get out of into $\mathbb{Q}$ the set of real numbers $\mathbb{R}$.
Numbers like π, can not be expressed in the form $\frac{a}{b}$, where a and b are integers and $b \neq 0$.
These kind of numbers are called **irrational numbers** because they are not rational numbers. **Real numbers** consist of rational numbers and irrational numbers.

VERIFICHE FINALI

Decimals

There are three types of decimals.

a. **Terminating decimals** are decimals in which there is a finite number of digits after the decimal point.

Example $\frac{2}{5} = 0{,}4$

b. **Recurring decimals** are decimals in which the digits after the decimal point are composed by a repeating sequence of one or more digits that does not terminate.

Example $\frac{2}{3} = 0{,}66666\ldots = 0{,}\overline{6}$

c. **Non-recurring** (or **non-terminating) decimals** are decimals where the digits after the decimal point continue indefinitely but do not repeat periodically.

Example $\pi = 3{,}141\ 59...$

Rational numbers can be represented by terminating or recurring decimals, while irrational numbers can only be represented by non-recurring decimals.

5 **VOCABULARY** Without using a dictionary, try to understand the following words in the text above.

a. to be made up ....

b. digits ....

c. decimals ....

6 **MATHS** Complete the following schemes, illustrating the relationship among the different types of numbers.

Real numbers

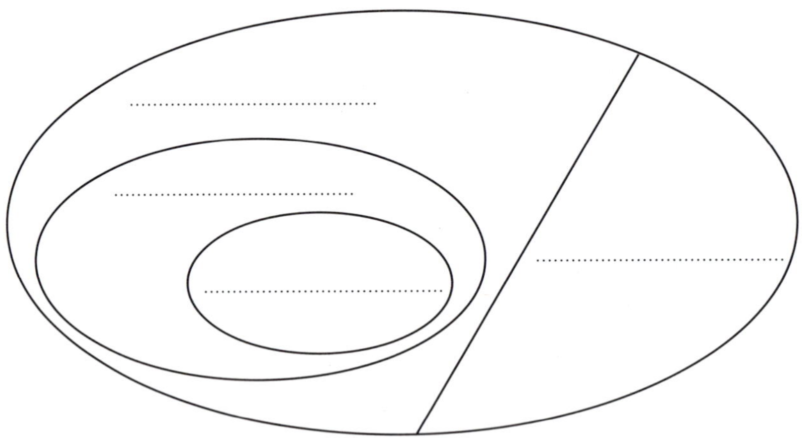

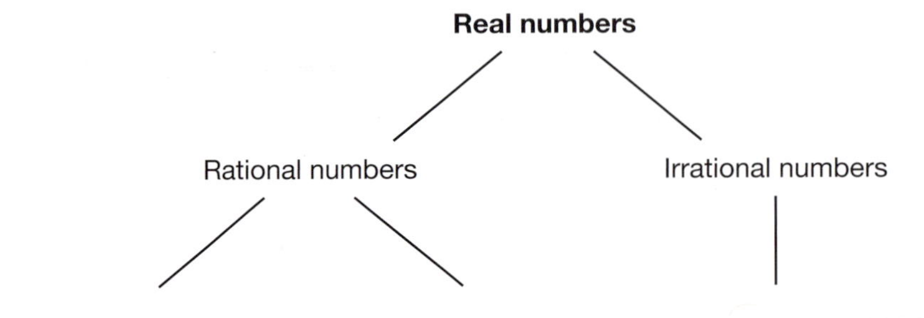

L'ESPERTO SEI TU
PROVE PER COMPETENZE

1 COMUNICARE **Viaggiare leggeri** Alcuni anni fa una compagnia aerea ha lanciato una campagna pubblicitaria molto particolare: proponeva uno sconto a chi era disposto ad andare in bagno subito prima del volo, in modo da viaggiare più leggero e far risparmiare carburante alla compagnia.

a. Effettua una stima approssimativa dell'entità del risparmio.

b. Scrivi una relazione che spiega se si tratta solo di un effetto pubblicitario o se il risparmio è significativo.

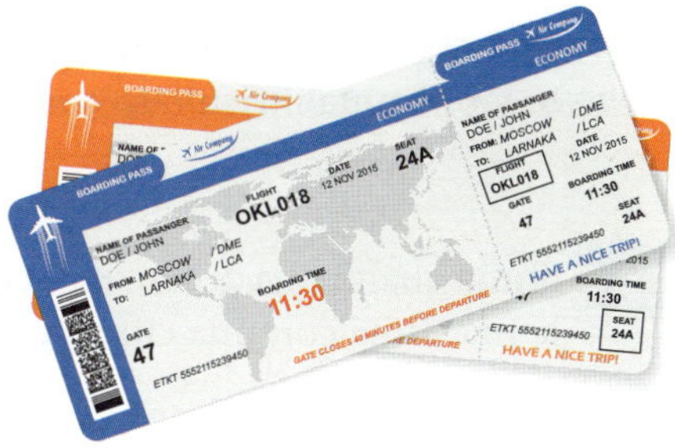

2 COLLABORARE **Sciopero** Un gruppo di lavoratori ha aperto una vertenza contro l'azienda per chiedere un aumento di 60 € netti sullo stipendio mensile. Ogni giorno di sciopero costa al lavoratore 45,80 € di trattenuta.

Discuti con un tuo compagno i vantaggi dello sciopero, dal punto di vista puramente economico, in base alla durata della protesta.

3 COMUNICARE **Raccolta differenziata** Sei il nuovo sindaco di una città di mezzo milione di abitanti. Uno degli obiettivi del tuo mandato è aumentare la mole di raccolta differenziata dei rifiuti. Per raggiungere il tuo scopo hai bisogno di sensibilizzare i cittadini al problema e decidi di organizzare una campagna pubblicitaria.

Fai una stima del volume dei rifiuti prodotti nella città e cerca dei termini di paragone che evochino in modo efficace e immediato la mole dei rifiuti, per usarli come immagini nei cartelloni pubblicitari della tua campagna.

SEI PRONTO PER LA VERIFICA?

In 1 ora

1 Per un viaggio in Messico hai cambiato la valuta al tasso di cambio 1 € = 17,0195 pesos messicani. In un negozio vedi il sombrero che hai sempre sognato, a un prezzo di 250 pesos.

a. Scrivi il calcolo mentale che faresti per stimare il prezzo in euro.

b. Confronta il risultato con quello ottenuto dal calcolo esatto.

(10 punti per ogni risposta esatta) .... / 20

2 Stima quanti litri di benzina servono a un'auto che percorre 12,1 km/L per un viaggio di 60 km. Esprimi la tua stima con una cifra significativa.

.... / 10

3 Esprimi i seguenti numeri alle approssimazioni richieste:

a. 8,4454 con due cifre decimali;

b. 0,07049 con due cifre significative;

c. 25 958 arrotondato alle centinaia;

d. 15 997 troncato alle decine.

(10 punti per ogni risposta esatta) .... / 40

4 Un grappolo d'uva da 1,120 kg contiene 143 acini.

a. Stima la massa media di un acino.

b. Esprimi il risultato prima con una cifra significativa e dopo con 2.

(10 punti per ogni risposta esatta) .... / 20

5 Un olivo produce mediamente 20 kg di olive all'anno e un'oliva ha un peso medio di 4 g. Valuta l'ordine di grandezza del numero di olive prodotte da un olivo centenario nell'arco di 250 anni.

.... / 10

Punti totali: .... / 100

AUTOVALUTAZIONE

Controlla i risultati in fondo al volume.

☐ Fino a 50 punti insufficiente	☐ Da 51 a 70 punti sufficiente	☐ Da 71 a 90 punti buono	☐ Da 91 a 100 punti ottimo

I polinomi

CAPITOLO

3

TEORIA

ESERCIZI

VERIFICHE FINALI

1 Le lettere al posto dei numeri

Esercizi a pag. 146

PROGETTARE

GIOCHIAMO CON LA MENTE

Le costruzioni

Matteo gioca con le costruzioni e, passo dopo passo, costruisce un ponte sempre più grande. Osserva i primi passi della costruzione.

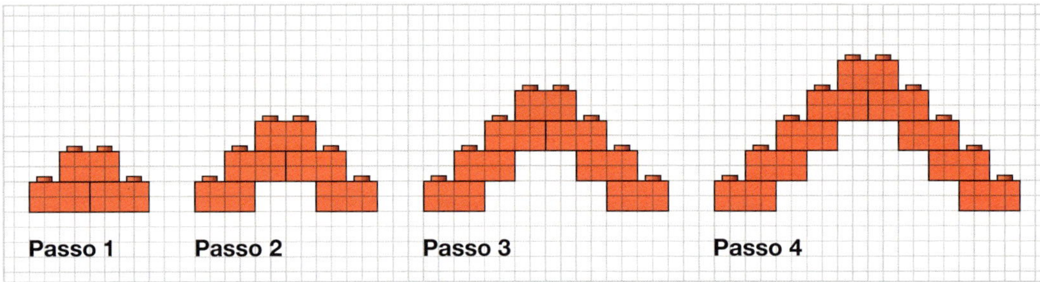

► C'è una regolarità nella crescita delle dimensioni del ponte. Descrivi come Matteo sta procedendo passo dopo passo per alzare il ponte.

....

....

► Disegna i due passi successivi.

Passo 5 | Passo 6

► Completa la tabella indicando per ogni passo il numero di pezzi necessari per la costruzione.

	Passo 1	Passo 2	Passo 3	Passo 4	Passo 5	Passo 6
Numero di pezzi						

► Come cambia il numero dei pezzi usati dal passo n al passo successivo $n + 1$?

....

▶ Scrivi una formula generale per determinare il numero di pezzi necessari al passo numero n.

....

▶ Quanti pezzi sarebbero necessari per la costruzione del passo numero 27?

....

▶ Matteo ha a disposizione 34 pezzi. Fino alla costruzione di quale passo può arrivare al massimo?

....

Dopo il ponte, Matteo costruisce un muro. Questi sono i primi 3 passi della costruzione.

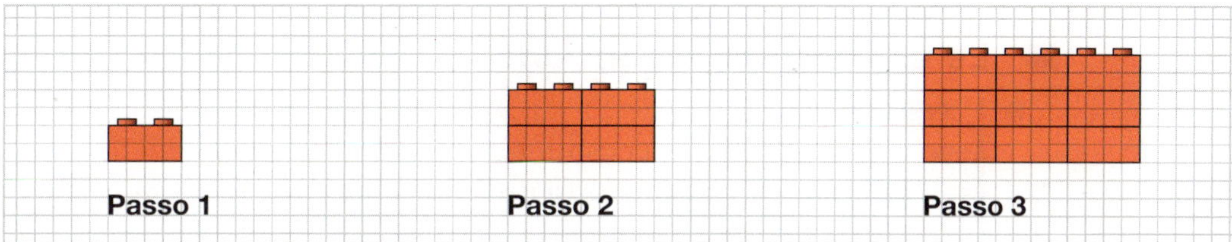

▶ Disegna i due passi successivi.

Passo 4

Passo 5

▶ Completa la tabella indicando per ogni passo il numero di pezzi necessari per la costruzione.

	Passo 1	Passo 2	Passo 3	Passo 4	Passo 5
Numero di pezzi					

▶ Come cambia il numero dei pezzi usati dal passo n al passo successivo $n + 1$?

....

....

▶ Scrivi una formula generale per determinare il numero di pezzi necessari al passo numero n.

....

▶ Quanti pezzi sarebbero necessari per la costruzione del passo numero 13?

....

▶ Matteo ha a disposizione 50 pezzi. Fino alla costruzione di quale passo può arrivare al massimo?

....

....

PDF

Sull'eBook ti proponiamo un'altra attività come questa.

TEORIA

IN TEORIA

«Te lo ripeto per l'*ennesima* volta: hai messo in ordine la tua camera prima di uscire?».

Nel linguaggio di ogni giorno l'espressione «*ennesima* volta» indica che non si tiene più il conto del numero di volte: n rappresenta un numero generico, grande.
Questo è un primo esempio in cui viene usata una lettera al posto di un numero non specificato. Poco importa in questo caso quale sia esattamente tale numero... l'importante è diventare più ordinato!

In matematica ci sono alcune situazioni in cui le lettere sostituiscono i numeri, per comodità o per un bisogno di generalità.

Le espressioni algebriche

PER ESEMPIO

- Usiamo le lettere per esprimere proprietà generali.
  La proprietà commutativa dell'addizione può essere enunciata così:
  $x + y = y + x$,
  dove x e y rappresentano due numeri qualsiasi.
- Usiamo le lettere per scrivere formule.
  La formula che lega l'area di un quadrato alla misura del lato è:
  $A = l^2$,
  dove con la lettera l indichiamo la misura del lato di un quadrato qualsiasi e con A la sua area.

Ognuna di queste situazioni è caratterizzata dalla generalità dell'enunciato:
- la proprietà commutativa vale per tutti i numeri naturali, ma elencare tutti gli infiniti casi in cui vale è al di là delle nostre possibilità;
- l'area di tutti i quadrati si calcola con lo stesso procedimento, che non dipende dal valore del lato, quindi vogliamo descriverlo in modo generale.

Le scritture $x + y$ e l^2 sono esempi di **espressioni algebriche** (o letterali), cioè espressioni che descrivono numeri utilizzando numeri e lettere.

L'uso delle lettere per esprimere delle relazioni generali è stata una delle idee più importanti del pensiero matematico.

PER ESEMPIO Il cuoco di una pizzeria vuole stimare quanti ingredienti preparare ogni sera e per questo decide di monitorare le ordinazioni. Dopo un'analisi durata un mese, il pizzaiolo ha notato che ogni 2 persone che ordinano una pizza margherita, ce ne sono circa altre 5 che ne ordinano una farcita.
Il numero di clienti varia ogni sera e non possiamo usare un unico valore, quindi usiamo la lettera n per indicare il numero dei clienti. Supponiamo che ognuno di essi ordini una pizza: ci aspettiamo che 5 persone su 7 ordinino una pizza farcita. Su n clienti, il numero di persone che ordineranno una pizza farcita sarà:

$$f = \frac{5}{7} \cdot n.$$

Questa espressione mette in relazione il numero n di pizze ordinate in totale con quello di pizze farcite (f). Ora per il pizzaiolo è più semplice fare previsioni: infatti, se si aspetta 84 persone a cena, stima che venderà $\frac{5}{7} \cdot 84 = 5 \cdot 12 = 60$ pizze farcite.
Meglio affettare altro prosciutto!

IN PRATICA

[A] Che cosa significa valutare un'espressione algebrica?

Valutare un'espressione algebrica significa determinarne il valore numerico, quando sono noti i valori da attribuire alle lettere che compaiono in essa.

PER ESEMPIO Consideriamo l'espressione algebrica $x^3 - 2$.
Possiamo attribuire diversi valori numerici alla lettera x, al variare dei quali l'espressione assume valori differenti:
- quando $x = 0$, l'espressione $x^3 - 2$ assume il valore $0^3 - 2 = -2$;
- quando $x = 2$, l'espressione $x^3 - 2$ assume il valore $2^3 - 2 = 8 - 2 = 6$;
- quando $x = -4$, l'espressione $x^3 - 2$ assume il valore $(-4)^3 - 2 = -64 - 2 = -66$.

[B] Quale operazione è sottintesa nell'espressione algebrica $2n + 1$?

Nell'espressione $2n + 1$, tra il numero 2 e il numero rappresentato dalla lettera n non c'è alcun simbolo. Nella scrittura $2n$ per convenzione è sottointeso il simbolo di moltiplicazione:

$$2n = 2 \cdot n.$$

Analogamente, con la scrittura xy^2 si intende il prodotto tra x e il quadrato di y:

$$xy^2 = x \cdot y^2 = x \cdot y \cdot y.$$

Non è un caso che si sia scelto di sottintendere il simbolo della moltiplicazione (quando questo non crea ambiguità). Infatti la moltiplicazione ha la precedenza sull'addizione e sulla sottrazione.
Anche in algebra, come in aritmetica, è importante fare un uso corretto delle parentesi.

PER ESEMPIO Consideriamo le due espressioni:

$$2(n + 1); \qquad 2n + 1.$$

Applichiamo la proprietà distributiva della moltiplicazione rispetto all'addizione alla prima delle due espressioni:

$$2n + 2; \qquad 2n + 1.$$

Le due espressioni hanno scritture differenti. Valutiamo le due espressioni nello stesso valore. Sostituiamo $n = 4$ a entrambe le espressioni:

$$2 \cdot 4 + 2 = 10; \qquad 2 \cdot 4 + 1 = 9.$$

I due valori ottenuti sono diversi, quindi le espressioni letterali non sono uguali, cioè *non* rappresentano lo stesso numero *per ogni valore di n*.

[C] Che cosa significa che con le lettere possiamo esprimere relazioni?

In una scuola lavorano 120 persone tra insegnanti, impiegati e collaboratori. Il numero delle studentesse è doppio rispetto a quello degli studenti maschi.
Vogliamo trovare un'espressione che esprima il totale delle persone coinvolte a scuola in termini di x, dove x rappresenta il numero degli alunni maschi.
Se x è il numero dei ragazzi, $2x$ rappresenta il numero delle ragazze e il numero totale degli studenti è $x + 2x$. A questi vanno aggiunte altre 120 persone:

$$\underbrace{x}_{\text{ragazzi}} + \underbrace{2x}_{\text{ragazze}} + \underbrace{120}_{\text{personale}} = \underbrace{3x + 120}_{\text{totale}}.$$

Dunque l'espressione $3x + 120$ rappresenta il numero totale delle persone coinvolte a scuola, utilizzando il numero x degli studenti maschi.

PROVA TU

1 Completa la seguente tabella, passando dal linguaggio naturale a quello simbolico e viceversa.

Linguaggio naturale	Espressione algebrica
La somma di $2x$ e $3z$	$2x + 3z$
Il reciproco di t	
Il prodotto di a e $7b$	
Il quoziente tra $3ab$ e $2c$	
La differenza tra $6q$ e $10z$	
L'opposto di p	$-p$
	$(p+q)-xy$
	$\frac{3+y}{5}$
	$\sqrt{b}-2c$

2 Esprimi con un'espressione algebrica ognuna delle seguenti frasi.

a. Aggiungi $5y$ al prodotto di a e b.
b. Sottrai 3 dal cubo di f.
c. Sottrai 4 volte il cubo di z dal triplo di x.
d. Raddoppia il quoziente tra p e il prodotto di 5 e q.

[A] **3** Assegnati $x = 6$ e $y = -4$, valuta ognuna delle seguenti espressioni.

a. $4x - 7y \rightarrow 52$
b. $\frac{5x}{3y} + x$
c. $2x^2 - y^3$
d. $3x + \frac{x}{y} - y^2$

[A] **4** Assegnati $a = 3$, $b = -5$ e $c = 6$, valuta ognuna delle seguenti espressioni.

a. $a(3c - b)$
b. $ab^2 - ac$
c. $\frac{b}{a} - \frac{c}{b}$
d. $\frac{b+c}{a} + \frac{a+c}{b}$

[B] **5** **ARGOMENTARE** Spiega perché le scritture $3n - 1$ e $3(n - 1)$ non rappresentano lo stesso numero. Utilizzando la proprietà distributiva, scrivi la seconda espressione senza far uso delle parentesi.

[C] **6** **CONFRONTARE E ANALIZZARE FIGURE GEOMETRICHE** Un rettangolo ha le dimensioni una quadrupla dell'altra. Sia d la lunghezza della dimensione minore. Esprimi tramite due espressioni algebriche il perimetro e l'area del rettangolo.

[C] **7** **RISOLVERE PROBLEMI** L'età del padre di Nora è tripla della sua. Il fratello di Nora ha 5 anni in più di lei. Trova un'espressione, in termini di y, per la somma di tutte le loro età, dove y rappresenta l'età di Nora.

Chiamiamo y l'età di Nora.
Il padre di Nora ha .... anni.
Il fratello di Nora ha .... anni.
La somma delle tre età è ....

Esercizi a pag. 146

Esercizi a pag. 149

I polinomi

2

RISOLVERE PROBLEMI

GIOCHIAMO CON LA MENTE

La scatola di cioccolatini

Stefano vuole regalare dei cioccolatini alla sua ragazza.
Per fare un regalo personalizzato si reca in un negozio artigianale in cui può scegliere quali e quanti cioccolatini mettere in una scatola. Ci sono cioccolatini di diversi gusti e dimensioni. Quelli adatti alla scatola che ha scelto sono:

- al latte, al costo di 0,50 € l'uno;
- gianduiotti, al costo di 1 € l'uno;
- all'arancia, al costo di 1,50 € l'uno;
- alla ciliegia, al costo di 2 € l'uno.

La scatola vuota costa 1 €.

Stefano sceglie 9 cioccolatini al latte, 6 gianduiotti, 8 all'arancia e 2 alla ciliegia.

► Scrivi l'espressione numerica per calcolare la spesa della confezione. Ricordati di considerare il costo della scatola.

....

....

....

Stefano si ricorda che alla sua ragazza non piacciono i cioccolatini alla ciliegia, quindi li sostituisce con altri due gianduiotti.

► Scrivi l'espressione per il costo della nuova composizione della scatola.

....

....

....

....

Il commesso, stanco dei clienti che cambiano idea all'ultimo minuto, vorrebbe una formula per fare il conto senza cominciare ogni volta da capo, ma solo sostituendo il numero di cioccolatini scelti per ogni tipologia.

► Sai aiutarlo?

....

....

....

....

....

....

PDF Sull'eBook ti proponiamo un'altra attività come questa.

TEORIA

IN TEORIA

Che cosa sono i polinomi

L'insieme dei numeri interi è il più piccolo insieme numerico nel quale:
- ogni numero ha un opposto;
- possiamo eseguire addizioni e moltiplicazioni.

Il più piccolo insieme che, oltre ai numeri, contiene le lettere e nel quale è possibile sommare, moltiplicare e passare all'elemento opposto è quello dei **polinomi**.

ATTENZIONE Sottrarre un termine è equivalente ad addizionare l'opposto:
$5 - 2 = 5 + (-2)$; $x - y = x + (-y)$.
Per questo motivo possiamo considerare la sottrazione come un'addizione con l'opposto.

Per definizione, l'insieme dei **polinomi** è formato da:
- tutti i numeri;
- tutte le lettere;
- tutte le espressioni ottenute da numeri e lettere tramite un numero finito di moltiplicazioni, addizioni o passaggi all'elemento opposto.

La definizione indica che:
- i polinomi si costruiscono con addizioni e moltiplicazioni di lettere e numeri;
- l'opposto di un polinomio è ancora un polinomio;
- la somma e il prodotto di polinomi sono ancora polinomi.

PER ESEMPIO
- 2 è un numero, quindi è un polinomio.
- x è una lettera, quindi è un polinomio.
- $x + 2$ è la somma di un numero e una lettera, quindi è un polinomio.
- x^2 è il prodotto di due lettere, quindi è un polinomio.
- $(x + 2) + x^2$ è somma di due polinomi, quindi è un polinomio.
- Le espressioni $\frac{2}{x}$, $\sqrt{x^2 + 1}$ invece non sono polinomi, perché non si possono ottenere da lettere e numeri usando solo somme, moltiplicazioni e passaggi all'opposto.

I monomi, particolari polinomi

I polinomi che si ottengono da numeri e lettere solo tramite moltiplicazioni sono chiamati **monomi**.

In altre parole, un **monomio** è un polinomio che si può esprimere senza fare uso di addizioni e sottrazioni.

PER ESEMPIO
- Numeri e singole lettere sono monomi.
- $5hk^2$, $3abcde$, xt^{1000} sono monomi.
- Invece il polinomio $1 + 5hk$ non è un monomio, poiché è somma di due monomi e non può essere espresso senza fare uso dell'addizione.

Osserviamo che un polinomio è una somma di monomi.

Il monomio $3 \cdot x \cdot y \cdot x^2 \cdot 5 \cdot y^3 \cdot (-2)$ non è espresso in una forma comoda da leggere.
Per scrivere un monomio in un modo più leggibile, adottiamo alcune convenzioni:

1. omettiamo il simbolo di moltiplicazione tra un numero e una o più lettere;
2. grazie alle proprietà commutativa e associativa, scriviamo la parte numerica come primo fattore, cioè moltiplicando tra loro i numeri;
3. raggruppiamo in potenze le lettere uguali (sommando gli esponenti), scrivendole in ordine alfabetico.

Diciamo che un monomio è **in forma standard** se è scritto seguendo tali convenzioni.

PER ESEMPIO

$3 \cdot x \cdot y \cdot x^2 \cdot 5 \cdot y^3 \cdot (-2) =$ ⟵ questo monomio non è in *forma standard*

$= -30x^3y^4$ ⟵ questo è un monomio in *forma standard*

Dato un monomio in forma standard, chiamiamo **coefficiente** il fattore numerico e **parte letterale** il prodotto di fattori letterali.

$-30\,x^3y^4$ — coefficiente: -30; parte letterale: x^3y^4

$ab = 1 \cdot ab$ — coefficiente: 1; parte letterale: ab

La somma degli esponenti della parte letterale che compaiono in un monomio scritto in forma standard si chiama **grado del monomio**.

Osserviamo che ogni monomio formato solo da un numero diverso da zero ha grado 0, poiché può essere pensato come: $2 = 2 \cdot 1 = 2 \cdot x^0$. Invece il monomio 0 non ha grado.

PER ESEMPIO Il monomio $-30x^3y^4$ ha grado $3 + 4 = 7$.

$-30\,x^3\,y^4$

$3 + 4 = 7$ grado del monomio

Due monomi si dicono **simili** se hanno la stessa parte letterale.

PER ESEMPIO

- I monomi $-30x^3y^4$ e $2x^3y^4$ sono simili, perché hanno la stessa parte letterale x^3y^4.
- I monomi $-30x^3y^4$ e $-30x^2y^3$ non sono simili, perché $x^3y^4 \neq x^2y^3$.

Il grado di un polinomio

Un polinomio è in **forma standard** se è scritto come somma di monomi non simili, ognuno dei quali è in forma standard.

PER ESEMPIO

- Il polinomio $3x + 9y^2 + 5x + 3$ non è scritto in forma standard poiché due addendi sono monomi simili ($3x$ e $5x$).
- Il polinomio $x(3y + 1)$ non è in forma standard poiché non è espresso come somma di monomi.
- Il polinomio $8x + 13y^2 + 2$ è in forma standard.

Il **grado di un polinomio** è il massimo tra i gradi dei suoi addendi nella forma standard.

PER ESEMPIO Il polinomio $3xy + 2xy^2 - 7y^2 + 2$ è in forma standard e ha grado 3.

$3xy + 2xy^2 - 7y^2 + 2$

grado: 2 **3** (massimo) 2 0 → Il polinomio ha grado 3.

IN PRATICA

[A] Come si riconosce un polinomio?

1. $xy^3 + 3y - \frac{5}{4}z^7$ è un polinomio. Infatti:
- xy^3 si ottiene dal prodotto delle lettere x e y, quindi è un polinomio;
- $3y$ si ottiene dal prodotto del numero 3 e della lettera y, quindi è un polinomio;
- $\frac{5}{4}z^7$ è un polinomio perché è il prodotto fra un numero e delle lettere.

In particolare, queste tre espressioni algebriche sono anche dei monomi.

L'espressione è somma di polinomi, quindi è un polinomio.

ATTENZIONE L'espressione $\frac{5}{4}$ è un numero razionale, quindi non la consideriamo una divisione e la sua presenza non impedisce all'espressione $xy^3 + 3y - \frac{5}{4}z^7$ di essere un polinomio.

2. Invece l'espressione $\frac{a+b}{a-b}$ non è un polinomio, perché il denominatore della frazione contiene delle lettere.
Questa espressione non si può ottenere come somma e prodotto di polinomi.

3. Anche x^5 è un polinomio, infatti x^5 si può esprimere come prodotto di lettere:
$$x^5 = x \cdot x \cdot x \cdot x \cdot x.$$

4. Invece 5^x non è un polinomio.

[B] Come si scrive un monomio in forma standard?

Un monomio è in forma standard se non compaiono addizioni, le lettere uguali sono raccolte in una potenza e i numeri in un unico fattore.

PER ESEMPIO
- Consideriamo il monomio:
$$(-4) \cdot x^4 \cdot z \cdot x^2 \cdot 5 \cdot y^3 \cdot (-3).$$
Esso non è in forma standard, poiché ci sono lettere ripetute e i coefficienti non sono tutti raccolti al primo fattore.

$(-4) \cdot x^4 \cdot z \cdot x^2 \cdot 5 \cdot y^3 \cdot (-3) =$ applichiamo la proprietà commutativa
$= (-4) \cdot (-3) \cdot 5 \cdot x^4 \cdot x^2 \cdot y^3 \cdot z =$ applichiamo la proprietà associativa
$= [(-4) \cdot (-3) \cdot 5] \cdot x^{4+2} \cdot y^3 \cdot z =$ e le proprietà delle potenze
$= 60x^6y^3z$ questo monomio è in *forma standard*

- L'espressione
$$2s^4t^5 + 3s^4t^5 - s^4t^5$$
non sembra un monomio, perché ci sono delle somme nell'espressione. Tuttavia tutti i monomi che lo compongono sono simili, quindi possiamo raccoglierli.

$2s^4t^5 + 3s^4t^5 - s^4t^5 =$ tutti i monomi sono simili
$= (2 + 3 - 1)\, s^4t^5 =$ applichiamo la proprietà distributiva
$= 4s^4t^5$ questo monomio è in *forma standard*

Dunque si tratta proprio di un monomio.

[C] Come si scrive un polinomio in forma standard?

Un polinomio è in forma standard se è scritto come somma di monomi non simili, ciascuno in forma standard.

PER ESEMPIO

- Consideriamo il polinomio:

$$\frac{3}{2}x+5y^2+\frac{4}{3}x-\frac{3}{4}y+9z-y^2.$$

Questo non è in forma standard, poiché compaiono addendi simili.

$$\frac{3}{2}x+5y^2+\frac{4}{3}x-\frac{3}{4}y+9z-y^2=$$ individuiamo i monomi simili

$$=\left(\frac{3}{2}+\frac{4}{3}\right)x+(5-1)y^2-\frac{3}{4}y+9z=$$ applichiamo proprietà commutativa e distributiva

$$=\frac{17}{6}x+4y^2-\frac{3}{4}y+9z$$ il polinomio è in *forma standard*

Abbiamo scritto lo stesso polinomio con un numero inferiore di addendi, sostituendo alla somma dei termini con la stessa parte letterale un unico termine con la stessa parte letterale e che ha come coefficiente la somma dei coefficienti.

- Consideriamo il polinomio:

$$3x+2\left(-\frac{3}{4}x^2y\right)+\frac{3}{2}xyx.$$

Questo non è in forma standard, perché due dei monomi da cui è composto non sono in forma standard.

$$3x+2\left(-\frac{3}{4}x^2y\right)+\frac{3}{2}xyx=$$ scriviamo tutti i monomi in *forma standard*

$$=3x-\frac{3}{2}x^2y+\frac{3}{2}x^2y=$$ individuiamo i monomi simili

$$=3x+0x^2y=3x$$ il polinomio è in *forma standard*

- Il polinomio $xxx+xx+x$ non è in forma standard, perché è composto da monomi che non sono in forma standard.

$$xxx+xx+x=x^3+x^2+x$$ il polinomio è in *forma standard*

ATTENZIONE x, x^2, x^3 non sono monomi simili, anche se la loro parte letterale è composta dalla stessa lettera, perché ognuna è una potenza diversa di x.

[D] Come si determina il grado di un monomio e di un polinomio?

1. Per stabilire il grado di un monomio occorre esprimerlo in forma standard e poi sommare gli esponenti che compaiono nella parte letterale.

PER ESEMPIO

- Grado di $x^2y^3z^4 \rightarrow 2+3+4=9$.
- Grado di $3^2abc^3 \rightarrow 1+1+3=5$.

2. Per stabilire il grado di un polinomio è necessario riscriverlo in forma standard e cercare, tra tutti i gradi dei monomi addendi, quello maggiore.

PER ESEMPIO

- Il grado di $5x^3+4x^4-7x^5$ è 5.
- Il grado di xyz^2+3z^3 è invece 4.

ATTENZIONE Il grado di un polinomio **non** è la somma dei gradi dei monomi addendi, ma il grado maggiore tra quelli di ogni monomio addendo!

TEORIA

●●●● PROVA TU

[A] **1** Riconosci quali tra le seguenti espressioni algebriche sono polinomi. Tra i polinomi individua i monomi.

	Non è un polinomio	È un polinomio	È un monomio
$5x^2 - 14$		✔	
abc			
$\frac{5x^2}{14}$			
$\frac{14}{5x^2}$			
2^3			
2^x			
x^2			

2 Fai un esempio di:

- un polinomio: ....;
- un monomio: ....;
- un'espressione che non è un polinomio: ....;
- un polinomio che non è un monomio: ....

[B] **3** Scrivi i seguenti monomi in forma standard, poi riconosci coefficiente e parte letterale.

	Forma standard	Coefficiente	Parte letterale
$x^2 3xy(-4)$	$-12x^3y$	-12	x^3y
$\frac{3}{5}uv(-10)v^4$			
$ba^3\left(\frac{1}{2}-\frac{3}{4}\right)a^3b$			
$-ab^3b$			

4 Quali proprietà sono state applicate per riscrivere i seguenti polinomi?

a. $2(x+1) = 2 \cdot x + 2 \cdot 1$
b. $(x+2x) + 2x = x + (2x+2x)$
c. $a+b+a = a+a+b$
d. $3x + 6x = (3+6) \cdot x$

[C] **5** Scrivi i seguenti polinomi in forma standard.

a. $5x + 22 - 6x - 23$
b. $x + 3y + 6x + 4y$
c. $6xy + 13x - 2yx - 5x$
d. $6x - 20y + 7z - 8x + 25y - 11z$

[D] **6** Determina il grado dei polinomi dell'esercizio precedente.

[C] **7** Considera il polinomio $39 + (-q) - 7r - (-8p) - q + 2r$.

a. Scrivilo in forma standard.
b. Valutalo per $p = 2$, $q = -\frac{3}{2}$, $r = -5$.

Esercizi a pag. 149

Esercizi a pag. 151

Le operazioni tra polinomi

3

PROGETTARE

GIOCHIAMO CON LA MENTE

Una tovaglia a regola d'arte!

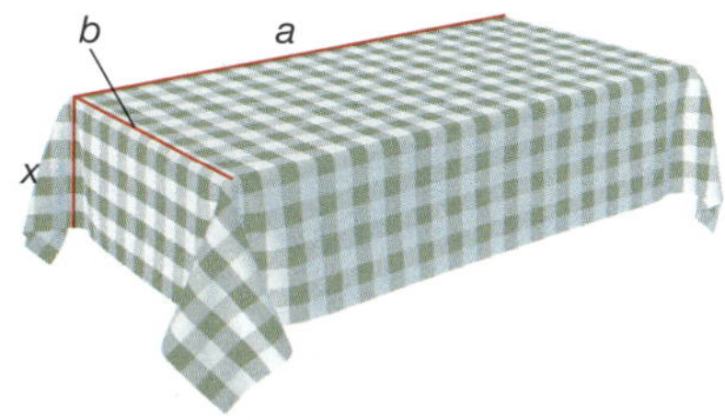

Maria è una sarta e confeziona tovaglie su misura. Sa bene che, per realizzare una tovaglia per un tavolo rettangolare, è necessario conoscere le dimensioni del tavolo e quanto deve cadere lateralmente la tovaglia.

► Osservando la figura, indica che cosa rappresentano le variabili.
a: ....; b: ....; x: ....

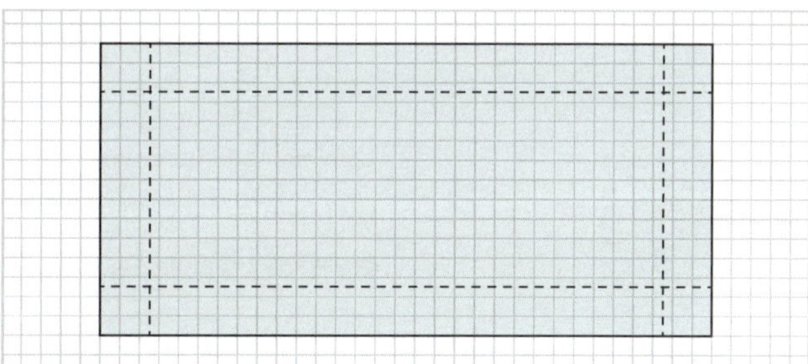

Aprendo e stendendo su un piano la tovaglia si ottiene lo schema riportato a sinistra.

► Riporta sullo schema le lettere corrispondenti a ciascuna misura e scrivi i polinomi che rappresentano le sue dimensioni.
Larghezza tovaglia: ....; altezza tovaglia: ....

► Evidenzia sul rettangolo il bordo della tovaglia e scrivi l'espressione letterale che rappresenta la lunghezza del bordo della tovaglia. È un polinomio?

....

► Esprimi l'area della tovaglia in due modi:

come area di un rettangolo	come somma delle aree dei 9 rettangoli da cui è composta
.... =	....

► Le due espressioni trovate sono uguali. Quali proprietà delle operazioni permettono di passare da un'espressione all'altra?

....

► Cosa cambierebbe nelle risposte precedenti se la tovaglia fosse per un tavolo quadrato?

....

► Di quanta stoffa ha bisogno la sarta per confezionare una tovaglia per un tavolo di dimensioni 90 cm per 110 cm, con una caduta laterale di 20 cm?

....

....

Sull'eBook ti proponiamo un'altra attività come questa.

TEORIA

IN TEORIA

L'insieme dei polinomi contiene l'insieme dei numeri interi: infatti, per definizione, un numero è un polinomio. Per questo ha caratteristiche simili a esso: addizione, moltiplicazione e sottrazione (grazie al fatto che ogni elemento possiede l'opposto) sono operazioni interne.
Per quanto riguarda la divisione, vedremo che è possibile definire una divisione con resto, simile a quella con i numeri naturali, e che non sempre il resto di una divisione tra polinomi è uguale a zero (così come non tutte le divisioni tra i numeri interi hanno resto zero). Quindi la divisione non è un'operazione interna all'insieme dei polinomi.

Vediamo le operazioni **interne** all'insieme dei polinomi.

L'addizione tra polinomi

Per la definizione di polinomi, la somma di polinomi è ancora un polinomio.

PER ESEMPIO Consideriamo i polinomi:

$p_1 = 4xy;$

$p_2 = 5x^2 - 3xy.$

Il polinomio somma è:

$$p_1 + p_2 = (4xy) + (5x^2 - 3xy) =$$
$$= 4xy + 5x^2 - 3xy = \quad \text{eliminiamo le parentesi}$$
$$= 5x^2 + 4xy - 3xy = \quad \text{proprietà commutativa}$$
$$= 5x^2 + (4 - 3)xy = \quad \text{proprietà distributiva}$$
$$= 5x^2 + xy.$$

Esiste l'elemento neutro additivo

Il polinomio costituito dal numero 0 è l'elemento neutro dell'addizione, infatti ogni polinomio sommato a 0 dà come risultato il polinomio stesso.

PER ESEMPIO Consideriamo nuovamente i polinomi $p_1 = 4xy$ e $p_2 = 5x - 3xy$.

$p_1 + 0 = (4xy) + 0 = 4xy = p_1;$

$p_2 + 0 = (5x^2 - 3xy) + 0 = 5x^2 - 3xy + 0 = p_2.$

Il polinomio opposto

Ogni polinomio ha un opposto, cioè un polinomio che sommato a quello di partenza ha come risultato il polinomio nullo.

PER ESEMPIO Consideriamo $p_1 = 4xy$.

$(4xy) + (-4xy) = 4xy - 4xy = 0,$

quindi l'opposto di $4xy$ è $-4xy$.

OSSERVA L'esistenza dell'opposto per ogni polinomio ha due conseguenze:
- garantisce che anche la sottrazione di polinomi sia un'operazione interna;
- elimina la distinzione tra addizione e sottrazione, infatti la sottrazione tra due polinomi è equivalente all'addizione del primo con l'opposto del secondo.

La moltiplicazione tra polinomi

Per la definizione di polinomio, anche il prodotto di polinomi è ancora un polinomio. Inoltre anche per i polinomi vale la proprietà distributiva della moltiplicazione rispetto all'addizione.

PER ESEMPIO Il prodotto di $p_1 = 4xy$ e $p_2 = 5x^2 - 3xy$ è:

$$p_1 \cdot p_2 = (4xy) \cdot (5x^2 - 3xy) =$$ proprietà distributiva

$$= 4xy \cdot 5x^2 + 4xy \cdot (-3xy) =$$

$$= 20x^{1+2}y - 12x^{1+1}y^{1+1} =$$ proprietà delle potenze

$$= 20x^3y - 12x^2y^2.$$

RICORDA I termini *addizione* e *moltiplicazione* indicano le *operazioni*, mentre i termini *somma* e *prodotto* indicano i rispettivi risultati delle operazioni.

Esiste l'elemento neutro moltiplicativo

Il polinomio costituito dal numero 1 è l'elemento neutro della moltiplicazione, infatti ogni polinomio moltiplicato per 1 dà come risultato il polinomio stesso.

PER ESEMPIO Consideriamo $p_1 = 4xy$ e $p_2 = 5x^2 - 3xy$.

$p_1 \cdot 1 = (4xy) \cdot 1 = p_1$;

$p_2 \cdot 1 = (5x^2 - 3xy) \cdot 1 = 5x^2 - 3xy = p_2$.

Il polinomio inverso

Non tutti i polinomi hanno un polinomio inverso per la moltiplicazione.

PER ESEMPIO Consideriamo il polinomio x.

$$x \cdot \frac{1}{x} = 1$$

Il prodotto scritto sopra è uguale a 1, ma l'espressione $\frac{1}{x}$ non è un polinomio.

Poiché i numeri sono contenuti nell'insieme dei polinomi, le operazioni tra polinomi che coinvolgono espressioni letterali sfruttano le stesse proprietà e gli stessi risultati delle operazioni aritmetiche: ordine di priorità delle operazioni, proprietà commutativa, associativa, ...

PER ESEMPIO

- Le due espressioni

  $(x + y) \cdot a$ e $x + y \cdot a$

  hanno significati diversi:
  - nella prima si esegue prima l'addizione $x + y$ e poi si moltiplica il risultato per a;
  - nella seconda invece si esegue prima la moltiplicazione $y \cdot a$ e poi si somma il risultato a x. Infatti, se non mettiamo le parentesi, la prima operazione a essere eseguita è la moltiplicazione.

- Le due espressioni

  $z + c$ e $c + z$

  sono uguali, infatti continua a valere la proprietà commutativa: cambiando l'ordine degli addendi, il risultato non cambia.

IN PRATICA

[A] Come si determina l'opposto di un polinomio?

L'opposto di un polinomio è il prodotto tra il polinomio stesso e il numero -1.

ATTENZIONE Per moltiplicare un polinomio per -1 si usa la proprietà distributiva: $-1\cdot(3x-2y)=-3x+2y$.

PER ESEMPIO L'opposto del polinomio $2xy-5z$ è:

$$(-1)\cdot(2xy-5z)=(-1)\,2xy+(-1)(-5z)=-2xy+5z,$$

infatti:

$$(2xy-5z)+(-2xy+5z)=2xy+(-2xy)+(-5z)+5z=0+0=0.$$

Dunque l'opposto di un polinomio si trova sostituendo a ogni addendo il suo opposto.

[B] Come si scrive la somma di polinomi in forma standard?

Per calcolare la somma di due polinomi addizioniamo i monomi simili e scriviamo il polinomio risultato in forma standard.

PER ESEMPIO Calcoliamo la somma dei polinomi $4p^2q+2pq^2-pq$ e $\frac{1}{2}pq-pq^2$.

$(4p^2q+2pq^2-pq)+\left(\frac{1}{2}pq-pq^2\right)=$ eliminiamo le parentesi

$=4p^2q+2pq^2-pq+\frac{1}{2}pq-pq^2=$ individuiamo i monomi simili

$=4p^2q+(2-1)pq^2+\left(-1+\frac{1}{2}\right)pq=$ raccogliamo i coefficienti (proprietà distributiva)

$=4p^2q+pq^2-\frac{1}{2}pq$ questo è il polinomio somma, in forma standard

ATTENZIONE **Sottrarre** un polinomio significa addizionarvi l'opposto.

PER ESEMPIO Calcoliamo la differenza tra i due polinomi dell'esempio precedente.

$(4p^2q+2pq^2-pq)-\left(\frac{1}{2}pq-pq^2\right)=$ passiamo all'opposto

$=(4p^2q+2pq^2-pq)+\left(-\frac{1}{2}pq+pq^2\right)=$ eliminiamo le parentesi

$=4p^2q+2pq^2-pq-\frac{1}{2}pq+pq^2=$ individuiamo i monomi simili

$=4p^2q+(2+1)pq^2+\left(-1-\frac{1}{2}\right)pq=$ raccogliamo i coefficienti (proprietà distributiva)

$=4p^2q+3pq^2-\frac{3}{2}pq$ questo è il polinomio differenza, in forma standard

La somma di due monomi è un monomio solo se i due monomi sono simili: infatti, in quel caso, per la proprietà distributiva possiamo raccogliere i coefficienti numerici e sommarli.

PER ESEMPIO

- $\frac{2}{3}x^2 + \frac{4}{3}x^2 = \left(\frac{2}{3} + \frac{4}{3}\right)x^2 = \frac{6}{3}x^2 = 2x^2$

  La somma di monomi simili è un monomio simile agli addendi che ha per coefficiente la somma dei coefficienti.

- $3pq + \frac{1}{2}p^2q = \left(3 + \frac{1}{2}p\right)pq$

  Questo non è un monomio perché non può essere riscritto facendo uso solo di moltiplicazioni.

[C] Come si moltiplicano due polinomi in forma standard?

La **moltiplicazione tra monomi** richiede l'uso delle proprietà associativa e commutativa della moltiplicazione e delle proprietà delle potenze.

PER ESEMPIO

$(-xyz) \cdot (2axy^4) =$

$= -xyz2axy^4 =$ per la proprietà associativa, possiamo omettere le parentesi

$= -2a(xx)(yy^4)z =$ applichiamo la proprietà commutativa e associativa

$= -2ax^2y^5z$ applichiamo le proprietà delle potenze

Il **prodotto di monomi** è un monomio che ha per coefficiente il prodotto dei coefficienti e per parte letterale il prodotto dei fattori letterali.

OSSERVA Possiamo omettere il simbolo di moltiplicazione anche quando moltiplichiamo tra loro due monomi:

$(-xyz) \cdot (2axy^4) = (-xyz)(2axy^4).$

La **moltiplicazione tra polinomi** richiede l'uso della proprietà distributiva della moltiplicazione rispetto all'addizione.

PER ESEMPIO

$(x + 5)(x^2 + 2y) =$

$= x(x^2 + 2y) + 5(x^2 + 2y) =$

$= x^3 + 2xy + 5x^2 + 10y$

ATTENZIONE Non possiamo omettere le parentesi che racchiudono i polinomi che vengono moltiplicati! Se nell'esempio di sopra non le mettessimo, il risultato sarebbe:

$x + 5 \cdot x^2 + 2y = 5x^2 + x + 2y.$

Nel caso della moltiplicazione tra un monomio e un polinomio è sufficiente applicare la proprietà distributiva una sola volta.

PER ESEMPIO

$3st(t - 2) = 3st \cdot t - 3st \cdot 2 =$

$= 3st^2 - 6st$

PROVA TU

[B] **1** Somma le seguenti coppie di polinomi ed esprimi il risultato in forma standard.

a. $2x + 4y, \quad -5y.$

b. $-b - 4a, \quad 7b - 6a.$

c. $6d - 4c, \quad -7c + 6d.$

d. $3pq - 6hk, \quad -3qp + 14kh.$

[A] **2** Scrivi l'opposto dei polinomi dei punti **c** e **d** dell'esercizio precedente.

[B] **3** Sottrai nell'ordine dato le coppie di polinomi dell'esercizio 1 ed esprimi il risultato in forma standard.

[C] **4** Moltiplica le seguenti coppie di polinomi ed esprimi il risultato in forma standard.

a. $2x + 4y, \quad -5y.$

b. $-b - 4a, \quad 7b - 6a.$

c. $6d - 4c, \quad -7c + 6d.$

d. $3pq - 6hk, \quad -3qp + 14kh.$

[C] **5** Scrivi i seguenti polinomi in forma standard. Attenzione alle parentesi!

a. $(x+3)\cdot\left(\frac{1}{2}a - \frac{3}{4}\right)$

b. $x + 3\cdot\frac{1}{2}a - \frac{3}{4}$

c. $x + 3\cdot\left(\frac{1}{2}a - \frac{3}{4}\right)$

[C] **6** Scrivi in forma standard i seguenti polinomi e determinane il grado.

a. $\left(\frac{x}{5} - \frac{4}{5}x\right)\cdot xy$

b. $\left(a - \frac{a}{2} + \frac{a}{3} - \frac{a}{4}\right)^2$

c. $\frac{1}{5}(2x-3) - \frac{1}{10}(5-2x) + x$

7 **RISOLVERE PROBLEMI** Lisa oggi ha $12m$ anni. Suo figlio è nato quando lei aveva $9m$ anni.

a. Esprimi l'età di Lisa 5 anni dopo essere diventata madre.

b. Esprimi l'attuale età del figlio.

c. Esprimi la somma delle loro età tra 5 anni.

8 **CONFRONTARE E ANALIZZARE FIGURE GEOMETRICHE**

Considera un rettangolo di dimensioni $\left(\frac{1}{2}a + b\right)$ e $(a - b)$.

a. Determina l'espressione del perimetro.

b. Determina l'espressione dell'area.

9 Cosa puoi affermare sul polinomio P nei seguenti casi?

a. Se $P\cdot 0 = 0$, allora …

b. Se $P\cdot 0 = P$, allora …

c. Se $P\cdot 1 = P$, allora …

d. Se $P\cdot 1 = 1$, allora …

e. Se $P\cdot P = P$, allora …

f. Se $P = -P$, allora …

Esercizi a pag. 151

Esercizi a pag. 157

I prodotti notevoli

4

PROGETTARE

GIOCHIAMO CON LA MENTE

La veranda del bar

All'angolo di un edificio storico sulla piazza comunale di un paese si trova un bar. La superficie interna del bar è quadrata, con pareti lunghe a metri. Finalmente il Comune ha concesso al gestore del bar il permesso di ampliare lo spazio a disposizione con una veranda sulla piazza, tutta intorno al bar e larga b metri. Vediamo quanto spazio ha a disposizione adesso il bar per i tavoli, considerando sia l'interno sia la veranda. Possiamo esprimere l'area del nuovo spazio quadrato a disposizione del bar come somma di aree più piccole (area grigia e area gialla) oppure come area di un unico quadrato.

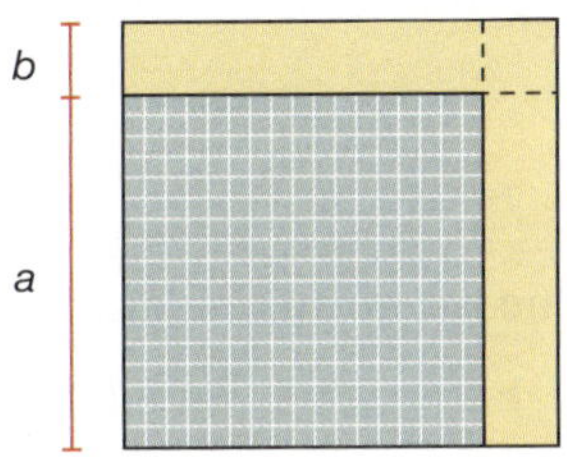

► Esprimi l'area del quadrato che costituisce la superficie complessiva di bar e veranda.

Area totale = (..................)^2

La veranda non ha forma rettangolare, però è composta da tre parti rettangolari.

► Individua sulla figura:
1. la parte di veranda che si affaccia a destra sulla piazza e confina col bar, di area ....;
2. la parte quadrata in angolo, di area ....;
3. la parte della veranda che si affaccia in alto sulla piazza, di area ....

► Quanto è ampia in tutto la veranda? ....

► Aggiungi l'area della veranda all'area interna del bar:

$a^2 +$ .... $= (a + b)^2$.

► Verifica l'uguaglianza tra le due espressioni per via algebrica, riscrivendo il quadrato in forma standard.

$(a + b)^2 = (a + b)(a + b) =$ ....

....

► Adesso assegna dei valori plausibili ad a e b, per esempio $a =$ .... e $b =$ ...., e calcola l'area del bar nei due modi equivalenti.

$(a + b)^2 =$ ....

$a^2 + 2ab + b^2 =$ ....

► Quale espressione ti ha reso più semplice eseguire i calcoli numerici?

....

....

Sull'eBook ti proponiamo un'altra attività come questa.

TEORIA

IN TEORIA

Espandere un polinomio

Per scrivere il prodotto di due o più polinomi in forma standard si usa la proprietà distributiva della moltiplicazione rispetto all'addizione. Il processo di manipolazione che ha lo scopo di scrivere un prodotto di polinomi in forma standard si chiama **espansione** del polinomio.

$$(x+y)(c+d) = \underbrace{x(c+d)+y(c+d) = xc+xd+yc+yd}_{\text{espansione}}$$

Ci sono casi in cui il prodotto di polinomi presenta delle strutture che, se riconosciute, permettono di semplificare e velocizzare l'espansione del polinomio, ossia il procedimento per portarlo alla forma standard. Questi prodotti si chiamano **prodotti notevoli**, cioè degni di nota.

Il quadrato di un binomio

Consideriamo un binomio, ossia la somma di due monomi. Espandiamo il suo quadrato:

$$(a+b)^2 = (a+b)(a+b) = a(a+b) + b(a+b) = a^2 + ab + ba + b^2 =$$
$$= a^2 + 2ab + b^2.$$

Vediamo che due dei monomi ottenuti dal prodotto sono simili: *ab* e *ba*, quindi abbiamo potuto sommarli.
Il polinomio espanso è:

$$(a+b)^2 = a^2 + 2ab + b^2.$$

Ogni volta che incontriamo il quadrato della somma di due termini, possiamo espanderlo senza bisogno di fare passaggi intermedi.

▲ **ATTENZIONE** Il quadrato di una somma **non** è la somma dei quadrati.

Possiamo convincerci di questo fatto

- con un esempio numerico:
  quadrato di una somma → $(1+2)^2 = 3^2 = 9$;
  somma dei quadrati → $1^2 + 2^2 = 1 + 4 = 5$;
- oppure interpretando l'espressione in forma geometrica, nel caso in cui a e b rappresentino numeri positivi. Il disegno mostra che il quadrato di lato $a+b$ è più esteso dell'unione dei quadrati di lato a e lato b.

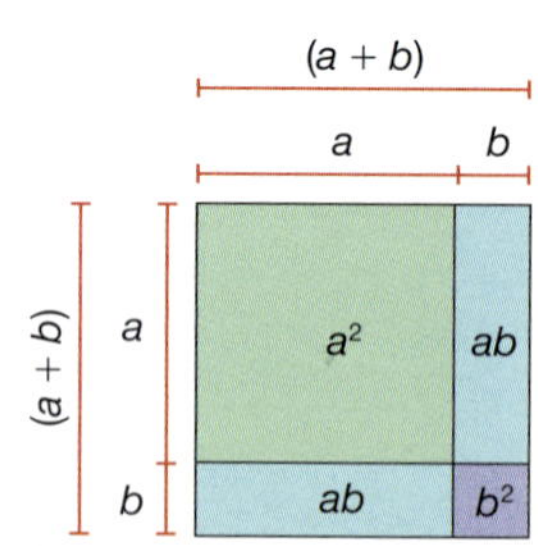

Il prodotto tra la somma e la differenza di due termini

Il secondo prodotto notevole è il prodotto tra la somma e la differenza di due termini:

$$(a+b)(a-b) = a(a-b) + b(a-b) = a^2 - ab + ba - b^2 = a^2 - b^2.$$

Vediamo che due dei quattro monomi ottenuti dal prodotto sono opposti, $-ab$ e ba: la loro somma è zero. Rimane solamente la differenza dei due quadrati.

Il polinomio espanso è:

$$(a+b)(a-b)=a^2-b^2.$$

Ogni volta che incontriamo questo prodotto, possiamo espanderlo senza bisogno di passaggi intermedi.

Anche di questo prodotto notevole possiamo dare un'intepretazione geometrica: la differenza di due quadrati di lato a e lato b è equivalente a un rettangolo di lati $a-b$ e $a+b$. La figura mostra che le figure sono anche equiscomponibili.

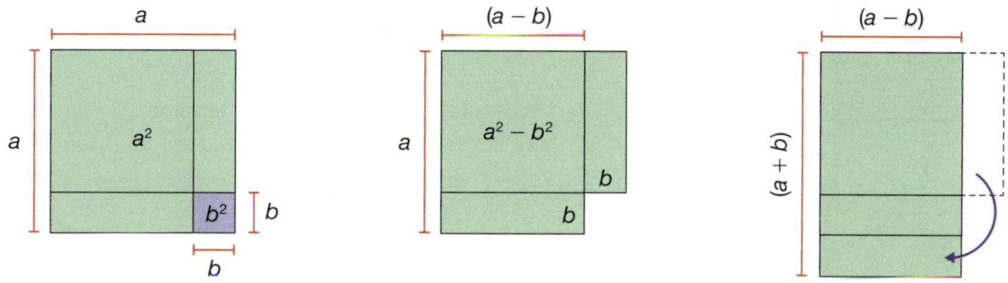

Il cubo di un binomio

Consideriamo il cubo del binomio $a+b$ ed espandiamolo:

$$(a+b)^3=(a+b)(a+b)^2=(a+b)(a^2+2ab+b^2)=$$
$$=a^3+2a^2b+ab^2+a^2b+2ab^2+b^3=$$
$$=a^3+3a^2b+3ab^2+b^3.$$

Anche in questo caso, possiamo sommare monomi simili.
Il polinomio espanso è:

$$(a+b)^3=a^3+3a^2b+3ab^2+b^3.$$

ATTENZIONE Come abbiamo visto per il quadrato di un binomio, il cubo di una somma **non** è la somma dei cubi.

Possiamo convincerci di questo fatto
- con un esempio numerico:
  cubo di una somma → $(1+2)^3=3^3=27$;
  somma dei cubi → $1^3+2^3=1+8=9$;
- oppure interpretando l'espressione in forma geometrica.

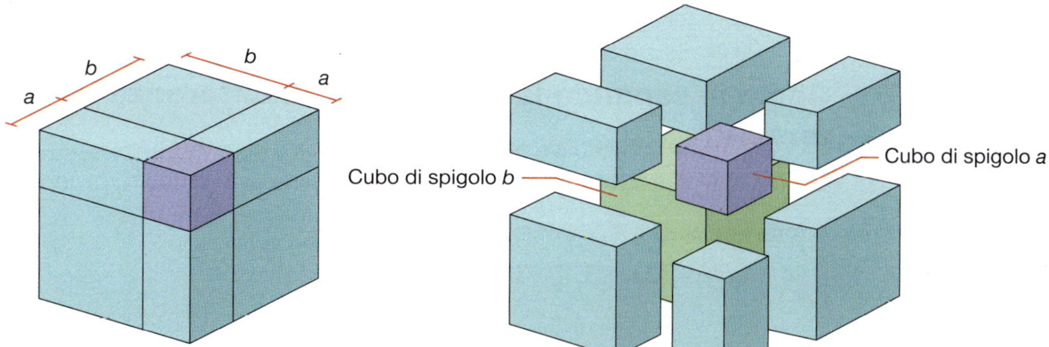

Cubo di spigolo $a+b$

Il cubo di spigolo $a+b$ è più esteso dell'unione dei cubi di spigolo a e spigolo b.

IN PRATICA

[A] Come si espande il quadrato di un binomio?

Espandiamo i seguenti polinomi, applicando il prodotto notevole quadrato di un binomio.

PER ESEMPIO

$$(3x+4)^2 = \underbrace{(3x)^2}_{\text{quadrato del primo termine}} + \underbrace{2\cdot 3x\cdot 4}_{\text{doppio del prodotto dei termini}} + \underbrace{4^2}_{\text{quadrato del secondo termine}} = 9x^2+24x+16$$

$$(5s^4t+v)^2 = (5s^4t)^2 + 2\cdot 5s^4t\cdot v + v^2 = 25s^8t^2 + 10s^4tv + v^2$$

OSSERVA Il calcolo del quadrato di una differenza si riconduce sempre al calcolo del quadrato di una somma.

PER ESEMPIO

- Consideriamo $(3x-4)^2$.
  Poiché $3x-4 = 3x+(-4)$, abbiamo:
  $(3x-4)^2 = [3x+(-4)]^2 = (3x)^2 + 2\cdot 3x\cdot(-4) + (-4)^2 = 9x^2 - 24x + 16.$
- Consideriamo $\left(x^3-\frac{1}{2}\right)^2$.
  $\left(x^3-\frac{1}{2}\right)^2 = (x^3)^2 - 2\cdot\frac{1}{2}\cdot x^3 + \left(-\frac{1}{2}\right)^2 = x^6 - x^3 + \frac{1}{4}$

OSSERVA Il polinomio $-3x-4$ è l'opposto di $3x+4$:
$-3x-4 = (-1)(3x+4)$;
per questo hanno lo stesso quadrato.

PER ESEMPIO

- $(-3x-4)^2 = [(-1)(3x+4)]^2 = (-1)^2(3x+4)^2 =$
  $= (+1)(3x+4)^2 = 9x^2+24x+16$
- $(-5s^4t-v)^2 = [(-1)(5s^4t+v)]^2 = (-1)^2(5s^4t+v)^2 =$
  $= 25s^8t^2 + 10s^4tv + v^2$

[B] Come si espande la somma per la differenza degli stessi termini?

Utilizzando il prodotto notevole, possiamo espandere i seguenti prodotti in modo più veloce.

PER ESEMPIO

- $(2x+5)(2x-5) = \underbrace{(2x)^2}_{\text{quadrato del primo termine}} - \underbrace{5^2}_{\text{quadrato del secondo termine}} = 4x^2-25$
- $\left(pq+\frac{2}{3}q\right)\left(pq-\frac{2}{3}q\right) = (pq)^2 - \left(\frac{2}{3}q\right)^2 = p^2q^2 - \frac{4}{9}q^2$

> ▲ **ATTENZIONE** A volte, per riconoscere il prodotto notevole, occorre riordinare i termini portando come primo addendo quello che **non** cambia segno.
> Per esempio:
> $(1 - x)(-1 - x) = (-x + 1)(-x - 1) = (-x)^2 - 1^2 = x^2 - 1.$

[C] Come si espande il cubo di un binomio?

Espandiamo i seguenti polinomi, applicando il prodotto notevole cubo di un binomio.

- **PER ESEMPIO**

$$(2x + 1)^3 = (2x)^3 + 3 \cdot (2x)^2 \cdot 1 + 3 \cdot 2x \cdot 1^2 + 1^3 =$$

$(2x)^3$: cubo del primo termine
$3 \cdot (2x)^2 \cdot 1$: triplo del prodotto del quadrato del primo termine e del secondo termine
$3 \cdot 2x \cdot 1^2$: triplo del prodotto del primo termine e del quadrato del secondo termine
1^3: cubo del secondo termine

$$= 8x^3 + 12x^2 + 6x + 1$$

> ▲ **OSSERVA** Il calcolo del cubo di una differenza si riconduce sempre al calcolo del cubo di una somma.

- **PER ESEMPIO** Consideriamo $(y - 2)^3$.

Poiché $y - 2 = y + (-2)$, abbiamo:

$$(y - 2)^3 = [y + (-2)]^3 =$$
$$= y^3 + 3y^2(-2) + 3y(-2)^2 + (-2)^3 =$$
$$= y^3 - 6y^2 + 12y - 8.$$

[D] L'algebra aiuta l'aritmetica

Le proprietà delle operazioni aritmetiche tra numeri ci hanno aiutato a definire le proprietà di calcolo dell'algebra. Anche l'algebra aiuta a eseguire alcuni calcoli aritmetici.

- **PER ESEMPIO** Possiamo semplificare i seguenti calcoli usando i prodotti notevoli.
  - $102^2 = (100 + 2)^2 =$
    $= 100^2 + 2 \cdot 100 \cdot 2 + 2^2 =$
    $= 10\,000 + 400 + 4 =$
    $= 10\,404$
  - $497^2 = (500 - 3)^2 =$
    $= 500^2 - 2 \cdot 500 \cdot 3 + 3^2 =$
    $= 250\,000 - 3000 + 9 =$
    $= 247\,009$
  - $201 \cdot 199 = (200 + 1)(200 - 1) =$
    $= 200^2 - 1^2 =$
    $= 40\,000 - 1 =$
    $= 39\,999$

PROVA TU

Espandi i seguenti polinomi (esercizi da 1 a 6).

[A] **1** **a.** $(a+4)^2 = a^2 + 8a + 16$ **b.** $(3b+2)^2$ **c.** $(c+4d)^2$ **d.** $(9h^3+2k)^2$

[A] **2** **a.** $(m-9)^2$ **b.** $(5n-4)^2$ **c.** $(9-5p^4)^2$ **d.** $(3q^2-8r)^2$

[A] **3** **a.** $\left(\frac{1}{5}a+3b\right)^2$ **b.** $\left(\frac{1}{2}c+\frac{2}{3}ab\right)^2$

[A] **4** **a.** $\left(\frac{3}{2}h-5k\right)^2$ **b.** $\left(-\frac{6}{5}m-3n\right)^2$

[B] **5** **a.** $(s-5)(s+5) = s^2 - 25$ **b.** $(2t+11)(2t-11)$ **c.** $(7+2u)(7-2u)$ **d.** $(w-10x)(w+10x)$

[B] **6** **a.** $(6p+5)(5-6p)$ **b.** $\left(9r-\frac{4}{5}q\right)\left(9r+\frac{4}{5}q\right)$ **c.** $\left(\frac{s}{2}+\frac{t}{3}\right)\left(\frac{t}{3}-\frac{s}{2}\right)$ **d.** $(u+2)(u-2)(u^2+4)$

[A] **7** **ARGOMENTARE** Espandi i seguenti polinomi.
a. $(x+1)^2$ **b.** $(x-1)^2$ **c.** $(-x+1)^2$ **d.** $(-x-1)^2$
I polinomi **a** e **d** corrispondono allo stesso polinomio espanso. Analogamente i polinomi **b** e **c**. Perché? Come lo spieghi?

[B] **8** **ARGOMENTARE** Espandi i seguenti polinomi.
a. $(t+2)(t-2)$ **b.** $(-t+2)(-t-2)$ **c.** $(t+2)(2-t)$ **d.** $(-t+2)(t+2)$
I polinomi **a** e **b** corrispondono allo stesso polinomio espanso. Analogamente i polinomi **c** e **d**. Perché? Come lo spieghi?

Espandi i seguenti polinomi.

[C] **9** **a.** $(a+4)^3$ **b.** $\left(3h+\frac{1}{2}\right)^3$ **c.** $(m-5)^3$ **d.** $(6kt-1)^3$

10 **a.** $4(x+3)^2-3(x+4)(x-4)$ **b.** $(5x-7y)(5x+7y)-2(x-2y)^2$

Senza usare la calcolatrice, calcola il risultato delle seguenti espressioni.

[D] **11** **a.** 1001^2 **b.** 797^2 **c.** $305 \cdot 295$

[D] **12** **a.** 1203^2 **b.** 892^2 **c.** $1998 \cdot 2002$

Esercizi a pag. 157

Esercizi
a pag. 159

Prime fattorizzazioni di polinomi

5

INDIVIDUARE COLLEGAMENTI E RELAZIONI

GIOCHIAMO CON LA MENTE

Diversi ma uguali

Considera i seguenti polinomi. Alcuni sono in forma standard, altri sono espressi come prodotti.

► Riconosci quali riquadri contengono lo stesso polinomio, espresso in forma diversa, e colorali dello stesso colore.

A $(x-y)^2$	**B** $(x+y)(x+y)$	**C** x^2+y^2	**D** $(2w-x)(z-3y)$	**E** $-5x^2+28x-24$
F $2wz-6wy+3xy-xz$	**G** $(x+y)^2$	**H** $(2w+x)(z-3y)$	**I** $(x-y)(x-y)$	**J** x^2-y^2
K $(x+y)(x-y)$	**L** $2x-(x-4)(5x-6)$	**M** $x^2-2xy+y^2$	**N** $-5x^2-24x+24$	**O** $x^2+2xy+y^2$

► Usa questo spazio per svolgere i calcoli.

► I polinomi in tabella possono essere divisi in due gruppi: quelli scritti in forma standard e quelli che si presentano come prodotti di polinomi. C'è solo un polinomio che non è scritto in nessuna di queste forme.

In forma standard	Prodotti di polinomi
(C) x^2+y^2	(A) $(x-y)^2$

L'intruso è ....

I polinomi nella seconda colonna sono fattorizzati, cioè scritti come prodotti di fattori.

Sull'eBook ti proponiamo un'altra attività come questa.

TEORIA

IN TEORIA

Abbiamo imparato a espandere i polinomi per scriverli in forma standard.
Non sempre la forma standard è la forma più semplice con cui lavorare, talvolta può essere utile scrivere un polinomio come prodotto di altri polinomi.

$$(a+b)(x+y) = a(x+y)+b(x+y) = ax+ay+bx+by$$

Prodotto di somme
Polinomio fattorizzato

Somma di prodotti
Polinomio espanso

Fattorizzare un polinomio significa riscriverlo come prodotto di altri polinomi (a esclusione dei fattori 1 e -1).

Non sempre è possibile fattorizzare un polinomio. Quando è possibile si dice che il polinomio è **riducibile** o **fattorizzabile**, altrimenti si dice che il polinomio è **irriducibile**.

ATTENZIONE Non dobbiamo confondere la forma standard con la forma più utile con cui può essere espresso un polinomio. Infatti, mentre la definizione di forma standard è oggettiva, la forma più utile dipende dallo scopo che vogliamo perseguire.

PER ESEMPIO Consideriamo le due scritture equivalenti:

$n \cdot (n+1) = n^2 + n$, con $n \in \mathbb{N}$.

La scrittura a destra è l'espressione in forma standard del polinomio.
Tuttavia la scrittura a sinistra, non in forma standard, permette di notare che il numero è il prodotto di un naturale per il suo successivo. Uno di questi due fattori è sicuramente pari, quindi anche il loro prodotto è un numero pari. La scrittura non standard ha permesso di dedurre una proprietà non evidente altrimenti. Qual è dunque la forma più utile?

Riconoscere e saper fattorizzare polinomi è importante e abbiamo già alcuni criteri che possono iniziare a guidarci.

IN PRATICA

A Raccoglimento a fattor comune

Per la proprietà distributiva della moltiplicazione rispetto all'addizione vale:

$a(b+c) = ab + ac$.

Rileggendo l'uguaglianza di sopra in senso inverso, abbiamo il primo modo in cui si può fattorizzare un polinomio.
Se tutti i termini di un polinomio hanno un *fattore comune*, esso può essere messo in evidenza tramite la proprietà distributiva.

PER ESEMPIO

- $ab + ac = a(b+c)$
- $5x^2 + 2x = 5xx + 2x = x(5x+2)$
- $5x^2y + 2xy^3 = 5xxy + 2xyyy = xy(5x+2y^2)$

[B] La differenza di due quadrati

Osserviamo il polinomio:

$$x^2 - 9.$$

I due termini che lo compongono sono *due quadrati* (x^2 e $9 = 3^2$) e il polinomio è la differenza tra essi, dunque:

$$x^2 - 9 = (x - 3)(x + 3).$$

Un binomio che si presenta come differenza tra monomi, nei quali le parti letterali hanno esponenti pari, si può fattorizzare come somma e differenza di stessi termini.

> **ATTENZIONE**
> Il polinomio $x^2 + y^2$ non può essere scomposto usando questo metodo, infatti è **somma** di due quadrati e non **differenza**.

PER ESEMPIO

$$25t^8 - s^6 = (5t^4)^2 - (s^3)^2 = (5t^4 + s^3)(5t^4 - s^3)$$

[C] Come si riconosce se un polinomio è il quadrato di un binomio?

Possiamo leggere in senso inverso le uguaglianze date dai prodotti notevoli e scrivere un polinomio dalla forma standard alla forma fattorizzata.
Consideriamo il polinomio $x^2 + 6x + 9$.
Due dei monomi che lo compongono sono quadrati: x^2 è il quadrato di x e 9 è il quadrato di 3. Il terzo monomio è uguale al prodotto $2 \cdot 3 \cdot x$.

$$x^2 + 6x + 9 = (x + 3)^2$$

$$2(3 \cdot x) \quad 3^2$$

> Un polinomio di tre termini (un **trinomio**) è il quadrato di un binomio se:
> - compaiono due termini che sono *quadrati* di altri monomi;
> - il *doppio* del prodotto delle basi dei quadrati individuati è uguale al termine del trinomio non ancora considerato.

PER ESEMPIO

- Nel seguente polinomio compaiono due quadrati e un doppio prodotto:
  $x^2 + 6x - 9.$
  Tuttavia il quadrato $9 = 3^2$ è preceduto da un segno meno, mentre tutti i quadrati che si ottengono da questo prodotto notevole devono essere preceduti da un segno più.
- Nel seguente polinomio compaiono due quadrati, x^2 e 9, di basi rispettivamente x e 3:
  $x^2 + 3x + 9.$
  Tuttavia $3x$ non è il doppio prodotto delle basi dei due quadrati.

[D] L'algebra aiuta l'aritmetica

Calcoliamo l'espressione $103^2 - 9$ senza ricorrere a una calcolatrice.
Osserviamo che 9 è un quadrato perfetto: $9 = 3^2$, quindi l'espressione aritmetica può essere scritta come differenza di due quadrati e quindi prodotto di somma e differenza:

$$103^2 - 9 = 103^2 - 3^2 =$$
$$= (103 + 3)(103 - 3) = 106 \cdot 100 = 10\,600.$$

La differenza $103 - 3$ è uguale a 100: la moltiplicazione diventa quindi $106 \cdot 100$, molto più semplice dell'espressione iniziale!

PROVA TU

Verifica che i seguenti polinomi sono fattorizzabili e scrivine la fattorizzazione (esercizi da 1 a 8).

[A] **1** a. $3ab - 6b^2$ b. $x^2 + xy$ c. $4w^2z^3 + 8wz^2$ d. $h^4k^2 + h^2k^2$

[B] **2** a. $s^2 - 144$ b. $36t^2 - 25$ c. $225 - 49u^2$ d. $49w^2 - 81x^2$

[B] **3** a. $32a^2 - 98b^2$ b. $c^2 - \frac{1}{4}d^2$ c. $\frac{9h^2}{100} - 16k^2$ d. $m^2 - 64n^4$

[B] **4** a. $(a + 3)^2 - 9 = (a+3)^2 - 3^2 = [(a+3)+3][(a+3)-3] = (a+6)a$ b. $16 - 25(b + 3)^2$ c. $c^2 - (d + 2)^2$

[B] **5** a. $(2h - 1)^2 - 4k^2$ b. $25m^2 - (n - 1)^2$ c. $(p + 1)^2 - (p - 1)^2$

[C] **6** a. $a^2 + 14a + 49$ b. $4b^2 + 4b + 1$ c. $c^2 + 2cd + d^2$ d. $4h^2 + 20hk + 25k^2$

[C] **7** a. $m^2 - 10m + 25$ b. $169n^2 - 52n + 4$ c. $81 - 180p + 100p^2$ d. $49q^2 - 42qr + 9r^2$

[C] **8** a. $36m^2 - 48mn + 16n^2$ b. $\frac{1}{3}p^2 - \frac{2}{3}pq + \frac{1}{3}q^2$ c. $16r^2 - rs + \frac{1}{64}s^2$ d. $25 - 10tu + t^2u^2$

9 **ARGOMENTARE** Dimostra che la differenza tra il quadrato di un numero naturale e il numero stesso è sempre un numero pari.

> **SUGGERIMENTO** Scrivi il polinomio che rappresenta la situazione descritta nell'esercizio e prova a fattorizzarlo. Ti aiuterà a trovare la risposta!

10 **ARGOMENTARE** Dimostra che il prodotto di tre numeri naturali consecutivi è un multiplo di 3.

11 **ARGOMENTARE** Dimostra che la somma di tre numeri naturali consecutivi è un multiplo di 3.

[D] **12** Senza usare la calcolatrice, calcola i seguenti numeri.
a. $256^2 - 156^2$
b. $59^2 - 41^2$
c. $7{,}7^2 - 2{,}3^2$

Esercizi a pag. 159

MAPPA
I POLINOMI

LOSAI? RIPASSA CON LO SMARTPHONE

PDF Su online.zanichelli.it/pensaci ti proponiamo altre mappe come questa.

POLINOMIO

è una → **ESPRESSIONE ALGEBRICA DI NUMERI E LETTERE**

ottenuta da → un numero finito di **MOLTIPLICAZIONI**, **ADDIZIONI** e **PASSAGGI ALL'OPPOSTO**

Per esempio
$2x$
$x + 2$
$-x$

se sono → **SOLO MOLTIPLICAZIONI**

allora si ha un → **MONOMIO**

Per esempio
$3a$
$8yz \cdot 3$

si possono scrivere come → **OPERAZIONI TRA POLINOMI**

- **MOLTIPLICAZIONE**
  Per esempio
  $2x \cdot 3x2y = 12x^2y$
- **PASSAGGIO ALL'OPPOSTO**
  Per esempio
  $(-1) \cdot (4x - 2y) = -4x + 2y$
- **ADDIZIONE**
  Per esempio
  $(x + 5) + (x + y) = 2x + y + 5$

I PRODOTTI NOTEVOLI

- **QUADRATO DI BINOMIO**
  Per esempio
  $(a + b)^2 = a^2 + 2ab + b^2$
- **PRODOTTO TRA SOMMA E DIFFERENZA**
  Per esempio
  $(a + b)(a - b) = a^2 - b^2$
- **CUBO DI BINOMIO**
  Per esempio
  $(a + b)^3 = a^3 + 3a^2b + 3ab^2 + b^3$

TEORIA

ESERCIZI

Controlla i risultati in fondo al volume.

1 Le lettere al posto dei numeri

Teoria a pag. 118

Ricorda

IN TEORIA

Un'**espressione algebrica** è un'espressione che descrive .... utilizzando numeri e ....

Per determinare il valore numerico di un'espressione algebrica si devono attribuire dei .... alle .... che compaiono in essa.

IN PRATICA

Assegnati $a = -1$, $b = 2$, $x = 0$, valuta ognuna delle seguenti espressioni algebriche.

a. $2a + xb =$ ....

b. $3x - \frac{a}{b} =$ ....

c. $\frac{3a + x}{b} + a =$ ....

1 Sapendo che $a + 2$ è dispari, cosa puoi concludere su a?

2 È possibile scegliere due numeri naturali a e b affinché l'espressione $a + b + 3$ sia pari? Tale scelta è unica?

3 Dato un generico numero intero z, esprimi tramite un'espressione letterale:

a. il suo successivo $z+1$ ....;
b. il suo doppio ....;
c. il suo precedente ....;
d. il suo triplo ....;
e. il successivo del suo quadruplo ....;
f. il suo quadrato ....;
g. il precedente del suo quadrato ....;
h. il quadrato del precedente ....

4 **ARGOMENTARE** Sai che n è un numero naturale qualsiasi. Cosa puoi affermare riguardo ai seguenti numeri?

a. $n - 1$ è il precedente di n ....;
b. $n + 1$ ....;
c. $2n$ ....;
d. $3n$ ....;
e. $2n + 1$ ....

5 **ARGOMENTARE** Sai che n è un numero naturale pari. Cosa puoi affermare riguardo ai seguenti numeri?

a. $n - 1$ è il precedente di un numero pari e quindi è un numero dispari ....;
b. $n + 1$ ....;
c. $n + 2$ ....;
d. $2n$ ....;
e. $3n$ ....;
f. $2n - 1$ ....

6 **ARGOMENTARE** Come cambierebbero le risposte all'esercizio precedente se n fosse dispari?

7 Esprimi tramite un'espressione letterale un generico numero intero che sia:

a. pari $2n$ ....;
b. dispari ....;
c. multiplo di 3 ....;
d. successivo di un multiplo di 4 ....;
e. quadrato di un numero dispari ....

8 **ARGOMENTARE** Spiega perché le due espressioni $3(n-2)$ e $3n-2$ non sono uguali, cioè non rappresentano lo stesso numero per ogni possibile scelta di n.

9 Traduci le seguenti frasi in un'espressione algebrica.

a. Sottrai 4 dalla somma di $2x$ e $5y$. $2x+5y-4$

b. Aggiungi $9z$ al prodotto di $3x$ e $7y$. ....

c. Moltiplica il prodotto di $7x$ e $11y$ per $2z$. ....

d. Dividi la somma di $3z$ e $7s$ per $5a$. ....

e. Sottrai il quoziente di p diviso per $3q$ dal cubo di r. ....

f. Triplica il quoziente di w diviso per la somma di $3x$ con $7y$. ....

g. Sottrai nove volte il prodotto di x e $3h$ dal quoziente di k diviso per $2y$. ....

10 Le seguenti frasi sono ambigue e potrebbero corrispondere a diverse espressioni letterali. Scrivine due diverse per ogni frase.
Dopo inventa altre due espressioni ambigue.

Frase	Espressione algebrica	Ma anche...
Il doppio di n più 4	$2(n+4)$	$2n+4$
Il triplo di x aumentato di 5		
s sommato a t diminuito di 4		
Il quadrato di y meno 1		
Il cubo di x moltiplicato per 8		

11 Se $x+y=120$, cosa puoi concludere circa $x+y+17$?

12 Se $x-y=34$, cosa puoi concludere circa $x-y-5$?

13 Se $x=i+62$ e $i=10$, cosa puoi concludere circa x?

Dati $a=3$, $b=2$ e $c=-1$, valuta ognuna delle seguenti espressioni.

14 **a.** $7b-3c+4a \rightarrow 7\cdot 2-3(-1)+4\cdot 3=29$
b. $3a^2$

15 **a.** $(5b)^2$
b. $(2a+b+c)(5b-3a)$

16 **a.** $(a-b)^2-(b-c)^2$
b. $2a^2-3b^2+3abc$

17 **a.** $(a+3b)^3$
b. $a^b-c^a+b^c$

18 **a.** $\dfrac{a}{b}-\dfrac{b}{c}$
b. $\dfrac{8b-(3a)^2}{c}$

19 **a.** $\dfrac{b+c}{a}+\dfrac{a+bc}{b}$
b. $\dfrac{a^2-b^2}{c^2}-\dfrac{a^3-c}{c-3b}$

Dati $a=3$, $b=-4$ e $c=-2$, valuta ognuna delle seguenti espressioni (esercizi 20 e 21).

20 **a.** $\dfrac{3a-b}{2c}+\dfrac{3a-c}{c-b}$ **b.** $\dfrac{2c-a}{3c+b}-\dfrac{5a+4c}{c-a}$

21 **a.** $\dfrac{a+b+2c}{3c-a-b}-\dfrac{5c}{4b}$ **b.** $\dfrac{b-c}{3c+4b}+\left(\dfrac{bc}{a}+\dfrac{ac}{b}\right)$

22 Determina il valore dell'espressione $(2x-1)(2x+1)(2x+3)$ quando $x=-3$.

23 Determina il valore dell'espressione $\dfrac{x+1}{x-1}+\dfrac{2x-1}{2x+1}$ quando $x=-2$.

24 **RISOLVERE PROBLEMI** Giovanni ha x anni. Tra 4 anni l'età di suo fratello Ivo sarà il triplo dell'età che avrà Giovanni. Scrivi l'espressione che esprime quanti anni avrà Ivo tra 4 anni.

25 **RISOLVERE PROBLEMI** In una scuola ci sono m insegnanti di matematica e i insegnanti di inglese. Esprimi a parole cosa rappresentano le seguenti espressioni.

a. $m+i$ **b.** $m-i$ **c.** $\dfrac{m}{i}$

26 **RISOLVERE PROBLEMI** Il cameriere di un bar ha notato che in media alla mattina, per ogni 10 persone che ordinano un cappuccino, 7 di queste ordinano anche una brioche.

a. Se c persone ordinano un cappuccino, quante di queste mangiano una brioche?
Hai sufficienti informazioni per rispondere?

b. Se y persone ordinano una brioche, quante di queste ordinano un cappuccino?
Hai sufficienti informazioni per rispondere?

27 **INVALSI 2013** Una sorgente luminosa puntiforme è posta nel vuoto. l è l'intensità luminosa misurata a una distanza r dalla sorgente. Il prodotto fra l'intensità luminosa l e il quadrato della distanza r dalla sorgente è uguale a una costante k.

a. Quale fra le seguenti formule esprime la relazione tra l e r?

a $\dfrac{l}{r^2}=k$ b $\left(\dfrac{l}{r}\right)^2=k$ c $l\cdot r^2=k$ d $(l\cdot r)^2=k$

b. Se la distanza r raddoppia, allora l'intensità luminosa l

a diventa il doppio.
b diventa la metà.
c diventa il quadruplo.
d diventa un quarto.

[INVALSI – scuola secondaria di secondo grado]

28 **INVALSI 2012** Armando, Bruno, Caterina e Daniela hanno opinioni diverse sul numero che si ottiene dividendo a^4 per 2.

Armando dice: «si ottiene $\left(\dfrac{a}{2}\right)^4$»,
Bruno sostiene: «si ottiene a^2»,
Caterina dice: «si ottiene $\dfrac{1}{2}a^4$»,
Daniela afferma: «si ottiene $\left(\dfrac{a}{2}\right)^2$».

Chi ha ragione?

a Armando b Bruno c Caterina d Daniela

[INVALSI – scuola secondaria di secondo grado]

29 **RISOLVERE PROBLEMI** Stefania compra 15 matite a $2x$ centesimi l'una e 24 biro a $4y$ centesimi l'una. Esprimi la spesa totale in euro.

▲ **PER NON SBAGLIARE** Siccome 1 centesimo = $\dfrac{1}{100}$ €, allora $2x$ centesimi = $\dfrac{2x}{100}$ €.

30 **RISOLVERE PROBLEMI** Un parcheggio a pagamento può contenere fino a 120 automobili e 30 motociclette. Sono applicate le seguenti tariffe: 80 centesimi all'ora per le auto e 30 centesimi all'ora per le moto.

a. Quanto incassa in euro il parcheggio, in un'ora in cui è tutto pieno?

b. Quanto incassa in euro il parcheggio, in un'ora in cui ci sono a auto e m moto?

c. Quanto incassa in euro il parcheggio, in un'ora in cui ci sono x posti auto liberi e m posti moto liberi?

31 **RISOLVERE PROBLEMI** Chiara ogni giorno compra al bar un cioccolatino scegliendo tra due tipi, uno al costo di x euro e l'altro al costo 0,40 €, da gustarsi dopo il caffè che costa 1,10 €.

a. Quanto ha speso in euro a fine settimana se ha scelto il primo tipo di cioccolatino solo 3 volte?

b. Se Chiara afferma di non aver speso più di 10 euro al bar questa settimana, quanto potrebbe costare il primo cioccolatino?

32 **INVALSI 2011** Considera l'affermazione: «Per ogni numero naturale n, $2^n + 1$ è un numero primo». Mostra con un esempio che l'affermazione è falsa.

....

....

....

[INVALSI – scuola secondaria di secondo grado]

2 I polinomi

Teoria a pag. 123

Ricorda

IN TEORIA

1. Un **polinomio** è una .... ottenuta da numeri e .... tramite un numero finito di ....

2. Un **monomio** è un polinomio ottenuto da .... e numeri solo tramite ....
È scritto in **forma standard** se:
- è omesso il ....;
- il primo fattore è la ....;
- le lettere .... sono raggruppate in ....

Il **grado** di un monomio è la ....

3. Un **polinomio** è scritto in **forma standard** se è scritto come .... e il suo **grado** è il .... dei ....

IN PRATICA

Indica se le seguenti espressioni sono polinomi o monomi e indicane il grado.

a. $3x^2y$ ....

b. $4xy + z^3$ ....

c. $\frac{1}{2}x^2yz$ ....

d. $z^4 + x^2y^5$ ....

33 Quali tra le seguenti espressioni letterali sono polinomi?

a $a+b+c+d$

b x

c $\frac{x+1}{2}$

d $\frac{4}{t-3}$

e $x^4-x^3+x^2-x+1$

f $3x^2-2x^{-2}$

34 Quali tra le seguenti espressioni letterali sono monomi?

a $ab+cd$

b $9x^{10}$

c $\frac{x+1}{2}$

d $\frac{4}{t}$

e x^4-x^3

f $2x^{-2}$

Scrivi in forma standard i seguenti monomi.

35 **a.** $xxyyxxyy$ **b.** $abca^2b^2c^2a^3b^4c^5$ **c.** $10s9ts(-3)t^3$ **d.** $\left(\frac{1}{3}xy^2\right)^3$ **e.** $(a^3b^2)^3a^2b^3$

36 **a.** $\frac{1}{4}x+\frac{1}{3}x$ **b.** $\frac{2}{5}y-\frac{1}{3}y$ **c.** $-\frac{3}{7}ab+\frac{3}{5}ba$ **d.** $\frac{9}{4}b^2-\frac{4}{3}b\cdot b$

Scrivi in forma standard i seguenti monomi e determinane il grado.

37 **a.** $\frac{3}{5}b^4+\frac{3}{10}b^4-\frac{3}{2}b^4$ **b.** $2x-\frac{1}{4}x+\frac{3}{8}x$

38 **a.** $\frac{4}{3}ax+xa-\frac{1}{6}ax$ **b.** $\frac{7}{6}s^2t-\frac{1}{6}s^2t-ts^2$

Scrivi in forma standard i seguenti polinomi.

39 **a.** $15x+(-7y)+(-18x)+4y$ **b.** $-3x+(-5y)-(-10y)-7x$ **c.** $9x-(-2y)-8x-(-12y)$

40 **a.** $5x^2+6x+1-(4x^2-5x+1)$ **b.** $-(1-x^2)+2(4x^2-3)$ **c.** $2x^2-5x+7+(-4x^2)-(-2x)-3$

41 **a.** $-7x-(-15y)-(-2x)+(-6y)$ **b.** $3x+9y^2+5x+3+4y^2-1$ **c.** $3x^2+4x-x^2-x$

Scrivi in forma standard i seguenti polinomi e determinane il grado.

42 $5x+7y-2x-4y$

43 $-3a-7b+11a+11b$

44 $5u-7v-7u-9v$

45 $5p+4q-7r-5q+4p$

46 $5pq-7qp+21-7$

47 $15x+9y+5x-3y-13$

48 $8ab-5bc+21ba-7cb$

49 $-7+mn+9mn-3mn-25$

50 $3h-4gh+\frac{2}{3}h-\frac{1}{3}gh$

51 $\frac{3}{5}x-\frac{2}{3}xy+\frac{1}{4}x-\frac{1}{5}xy$

52 $2{,}5p-3{,}6q+1{,}1p-6{,}3q$

53 $-0{,}5a-0{,}65b+0{,}375a-0{,}258b$

Scrivi in forma standard i seguenti polinomi (esercizi da 54 a 61).

54 $7x^2 - 4x + 6x^2 - x$

55 $-(-5x^2) + 3x + (-6) + 2(3x^2 - 8x + 4)$

56 $4x^2 - 1 - (7x^2 + 13x - 2)$

57 $-(3x^2 + 5x - 8) + x^2 + 6x + 5$

58 $\frac{1}{2} + 2xz - 3xz + \frac{1}{2}xz + xz - \frac{3}{2}xz - 1$

59 $2ab - \frac{ab}{2} + 3ab + \frac{3}{4}ab + 3a - \frac{4}{3}b$

60 $c^2d + \frac{1}{4}c^2d - \frac{3}{4}c^2d + d^2c - \frac{1}{2}d^2c$

61 $\frac{3}{4}v^2t - 2v^2 + \frac{4}{3}v^2t - \frac{1}{2}v^2$

62 Sostituisci $x = 3y$ nei seguenti polinomi e poi scrivili in forma standard.

a. $xy \to (3y)y = 3y^2$
b. $x - y$
c. $x + y$
d. $x + 3y$
e. $7x - \frac{1}{2}y$

63 Sostituisci $x = a + b$ nei seguenti polinomi e poi scrivili in forma standard.

a. $x + 2a$
b. $x + 1$
c. $-x$
d. bx
e. $x - ax$

3 Le operazioni tra polinomi

Teoria a pag. 129

Ricorda

IN TEORIA

1. La **somma** di due polinomi è sempre ....
L'**elemento neutro** dell'addizione è il polinomio costituito ....

2. La **differenza** di due polinomi è sempre un ....

3. L'**opposto** di un polinomio è quel polinomio che .... a esso dà ....

4. Il **prodotto** di due polinomi è sempre ....
L'**elemento neutro** della moltiplicazione è il polinomio costituito ....

IN PRATICA

1. Considera i polinomi $3x + 5$ e ....
Esprimi in forma standard il risultato della loro:
- addizione ....;
- sottrazione (nell'ordine dato) ....;
- moltiplicazione ....

2. L'opposto di $3x + 5$ è ....;
l'opposto di $x - 5$ è ....

64 Scrivi in forma standard la somma di ognuna delle seguenti coppie di polinomi.

a. $3x + 9y, -11y.$
b. $-a - 3b, 7a - 10b.$
c. $13d + 5c, -13c + 5d.$
d. $7pq - 11hk, -3pq - 21kh.$

Scrivi in forma standard le seguenti somme di polinomi (esercizi da 65 a 67).

65 a. $-4x^2 + 2x^2 = (-4 + 2)\,x^2 = -2x^2$ b. $-4x^2 + (-2x^2)$

66 a. $4x^2 - 2x^2$ b. $4x^2 - (-2x^2)$

67 a. $2x^2 - 3 - x^2 + 1$ b. $5x^2 + (-x) + 2 - (-2x^2) - 3x - 4$

68 **INVALSI 2011** L'insegnante chiede: «Che cosa succede se si addizionano tre numeri dispari consecutivi?». Quattro studenti rispondo nel modo che vedi in tabella.
Indica con una crocetta se le affermazioni fatte dagli studenti sono vere o false.

	Vero	Falso
a. *Luisa*: si ottiene sempre un numero dispari		
b. *Giovanni*: si ottiene sempre un multiplo di tre		
c. *Andrea*: si ottiene a volte un numero pari a volte un numero dispari		
d. *Paola*: si ottiene sempre il triplo di uno dei tre numeri		

[INVALSI – prova nazionale per la scuola secondaria di primo grado]

Scrivi in forma standard i seguenti polinomi (esercizi da 69 a 83).

69 a. $-(2x^2 + x + 1)$ b. $-(-2x^2 - x + 1)$

70 a. $x^2 + 2x + 1 - (3x^2 + 5x - 2)$ b. $-(-x^2 - 4) + 2x^2 - 7x + 3$

71 a. $2(-2x^2 + x - 1)$ b. $3(x^2 - 2x + 3)$

72 a. $4x^2 + (-3x) + (-1) + 3(x^2 - 4)$ b. $2(x^2 + 4x - 5) - (6 + x^2)$

73 a. $6x^2 + 19 + 9x^2 - 8$ b. $x^2 + 2x - 7 - (-11x^2) - 5x - 1$

74 a. $y + (-3y^2) + 2(y^2 - 6y)$ b. $5x^2 - x - (x^2 - 10x)$

75 a. $-(4x^2 + 9x + 2) + 3x^2 - 7x + 2$ b. $-(1 - 7y - 8y^2) + 2(y^2 - 3y - 1)$

76 a. $2(x - 2) = 2 \cdot x - 2 \cdot 2 = 2x - 4$ b. $-2(3 + 4x)$

77 a. $2x(x + 5)$ b. $-3x(3 - 4x)$

78 a. $3(4x + 1)$ b. $7(5x - 2)$

79 a. $5x(2x - 3)$ b. $-2x(8x - 3)$

80 a. $3(2x + 1)$ b. $-3(2x - 1)$

81 a. $4(3x + 4)$ c. $8(-x - 3)$
b. $-6(-7x - 3)$ d. $-2(5x - 1)$

82 **a.** $x(-2x+3)$ **b.** $-2x(x-3)$

83 **a.** $5x(3x-4)$ **b.** $-8x(3x-5)$ **c.** $-5x(2-3x)$ **d.** $-x(-x-1)$

84 Determina il polinomio opposto di ognuno dei seguenti polinomi.

a. $-3xy \rightarrow -(-3xy) = 3xy$ **b.** $-3x+y$ **c.** $5t-\frac{1}{2}s$ **d.** $\frac{1}{3}t(s+1)$

85 **ARGOMENTARE** Marco afferma che l'opposto del polinomio $(a+b)(x+1)$ è $(-a-b)(-x-1)$. Perché i due polinomi non sono opposti ma uguali?

86 **ARGOMENTARE** Silvia afferma che l'opposto di $(x-1)\cdot(y+2)$ è $(1-x)(y+2)$, mentre Sara afferma che è $(x-1)(-y-2)$.
Perché hanno entrambe ragione?

87 **INVALSI 2012** Se a è un numero dispari, quale delle seguenti affermazioni, relative a $3(a+1)$, è corretta?

- a $3(a+1)$ è dispari, perché il triplo di un numero è dispari
- b $3(a+1)$ è dispari, perché il prodotto di due numeri dispari è dispari
- c $3(a+1)$ può essere pari o dispari, perché, per esempio, $3\cdot 2=6$ e $3\cdot 5=15$
- d $3(a+1)$ è pari, perché $(a+1)$ è un numero pari

[INVALSI – prova nazionale per la scuola secondaria di primo grado]

Scrivi in forma standard i seguenti polinomi.

88 **a.** $3(3x-5)$ **b.** $7(5-7x)$ **c.** $11(4x+5y)$ **d.** $-3(9k-2)$

89 **a.** $2(2x+3)-2(x-5)$ **b.** $x(2x+1)+2x(x+4)$

90 **a.** $-7(-3h-5)$ **b.** $4(3a-2b+c)$ **c.** $-5\left(\frac{1}{4}p-\frac{2}{5}q+\frac{1}{2}r\right)$ **d.** $-\frac{1}{4}(8a-5b+3c)$

Scrivi in forma standard i seguenti prodotti di monomi.

91 **a.** $12\cdot 5x = (12\cdot 5)x = 60x$ **b.** $x\cdot 6x$

92 **a.** $(-2x)\cdot 8x$ **b.** $-3x\cdot(-10x)$

93 **a.** $6x\cdot(-2y)$ **b.** $14x\cdot\frac{1}{2}y$

94 **a.** $\left(-\frac{3}{7}x\right)\cdot\frac{14}{9}y$ **b.** $9x^3y\cdot 3x^2y^2$

95 **a.** $2x^3y\cdot(-13y^2)$ **b.** $(-4xyz)\cdot(-2x^2y^3z^4)$

96 $\frac{1}{4}x^2y\cdot\frac{16}{5}yz^3$

Scrivi in forma standard i seguenti polinomi.

97 **a.** $5a - 3(2p + 3)$ **b.** $3x - 5(x - y)$

98 **a.** $5(a + 4) + 7(b - 2)$ **b.** $3(2p - 3q) - 5(3p - 5q)$

99 **a.** $r(3x - y) - 3r(x - 7y)$ **b.** $3(x + y + z) + 5y - 4z$

100 **a.** $5(x - 4) - 3(2x + 4)$ **b.** $2x(2x + 3) - x(2 - 5x)$

101 **a.** $4(2a + 3) + 5(a + 3)$ **b.** $9(5 - 2b) + 3(6 - 5b)$

102 **a.** $c(3c + 1) + 2c(c + 3)$ **b.** $6d(5d - 4) + 2d(3d - 2)$

103 **a.** $7(2a + 1) - 4(8a + 3)$ **b.** $3(2b - 1) - 2(5b - 3)$

104 **a.** $3c(5 + c) - 2c(3c - 7)$ **b.** $2d(3d - 5) - d(2 - d)$

105 **a.** $-f(9 - 2f) + 4f(f - 8)$ **b.** $- 2h(3 + 4h) - 5h(h - 1)$

106 **a.** $\frac{3}{4}[8q - 7p - 3(p - 2q)]$ **b.** $\frac{3}{10}[3(5a - b) - 7(2a - 5b)]$

107 **a.** $5a + 3b - 2c + \left[\left(3 + \frac{1}{2}\right)a + \left(2 + \frac{1}{2}\right)b - \left(3 + \frac{1}{2}\right)c\right]$

b. $\frac{1}{2}[5y - 2(x - 3y)]$

Scrivi in forma standard i seguenti prodotti di polinomi.

108 **a.** $(x + 4)(x + 5)$
b. $(2x + 3)(x + 2)$
c. $(3x + 8)(5x - 9)$
d. $(4 - 3x)(5 - 2x)$

109 **a.** $(x + 2)(x + 4)$
b. $(3x - 4)(5x - 6)$
c. $(5 + x)(2 - 3x)$
d. $(1 - 7x)(11x - 4)$

110 **a.** $(x + 3)(x + 6)$
b. $(x + 3)(x - 6)$
c. $(x - 3)(x + 6)$
d. $(x - 3)(x - 6)$

111 **a.** $(3x + 1)(2x + 3)$
b. $(3x + 1)(2x - 3)$
c. $(3x - 1)(2x + 3)$
d. $(3x - 1)(2x - 3)$

112 **a.** $(x + 3)(x + 7)$
b. $(4x + 1)(3x + 5)$
c. $(a + 1)(a - 9)$
d. $(b - 2)(b + 7)$

113 **a.** $(c - 5)(c - 6)$
b. $(3d + 1)(5 - 2d)$
c. $(1 - f)(7f + 6)$
d. $(4 - 3h)(10 - 9h)$

Scrivi in forma standard i seguenti polinomi (esercizi da 114 a 120).

114 **a.** $5 + (x + 1)(x + 3)$
b. $3x + (x + 7)(2x - 1)$

115 **a.** $(3x + 2)(x - 9) + 2x(4x + 1)$
b. $(x - 3)(x - 8) + (x - 4)(2x + 9)$

116 **a.** $4x^2 - (3x - 4)(2x + 1)$
b. $2x(x - 6) - (2x + 5)(7 - x)$

117 **a.** $(4x - 3)(x + 2) - (3x - 5)(-x - 9)$
b. $(2x + 3)(5x - 2) - 2(5x - 3)(x + 1)$

118 **a.** $(x + 5)(x - 4) - (x + 2)(x - 7)$
b. $(2x - 1)(x + 5) - 5x(x - 4)$

119 **a.** $\left(\frac{3}{2}a^2b - 3\right)\left(2a - \frac{2}{3}a^3b\right)$
b. $(2s + t)\left(\frac{1}{2}s - t\right) - (t - 3s)\left(2t + \frac{1}{3}s\right)$

120 **a.** $3(xy^2 - x^2y) + (x - 2y + 3)\left(\frac{2}{3}xy\right) - (2 - x - y)\left(-\frac{5}{3}xy\right)$
b. $(x + 3) \cdot \frac{1}{2}a - \frac{3}{4}$

121 **RISOLVERE PROBLEMI** Mario compra 8 libri pagandoli w euro l'uno e 7 penne a m euro l'una. Gli sono rimasti $(3w + 5m)$ euro. Esprimi la quantità di denaro che aveva prima degli acquisti.

122 **INVALSI 2013** Se n è un numero naturale, allora il numero $n \cdot (n + 2)$

a è sempre dispari. b è sempre pari. c è dispari se n è pari. d è dispari se n è dispari.

[INVALSI – prova nazionale per la scuola secondaria di primo grado]

123 Esprimi la somma di quattro numeri interi consecutivi, indicando con x il minore.

124 Esprimi la somma di tre numeri interi consecutivi, indicando con x il maggiore.

125 **INVALSI 2010** L'insegnante dice: «Prendiamo un numero naturale che indichiamo con n. Cosa si può dire del risultato di $n(n - 1)$? È sempre pari, oppure sempre dispari, oppure può essere qualche volta pari e qualche volta dispari?». Alcuni studenti rispondono in questo modo:

Roberto: «Può essere sia pari sia dispari, perché n è un numero qualsiasi».
Angela: «È sempre dispari, perché $n - 1$ indica un numero dispari».
Ilaria: «È sempre pari, perché $3 \cdot (3 - 1)$ fa 6, che è pari».
Chiara: «È sempre pari perché n e $(n - 1)$ sono numeri consecutivi e quindi uno dei due deve essere pari».

Chi ha ragione e fornisce la spiegazione corretta?

a Roberto b Angela c Ilaria d Chiara

[INVALSI – prova nazionale per la scuola secondaria di primo grado]

126 **RISOLVERE PROBLEMI** Maria ha acquistato 10 mele al costo di x euro ogni 4 mele, m banane a 0,75 € l'una, $(3n + 1)$ arance al costo di 2,40 € ogni 4 arance. Esprimi con un polinomio il costo totale della frutta acquistata da Maria.

127 **INVALSI 2013** Un solido S è ottenuto incollando uno sopra l'altro due cubi come mostra la figura a lato. Quale delle seguenti espressioni esprime l'area della superficie totale del solido S?

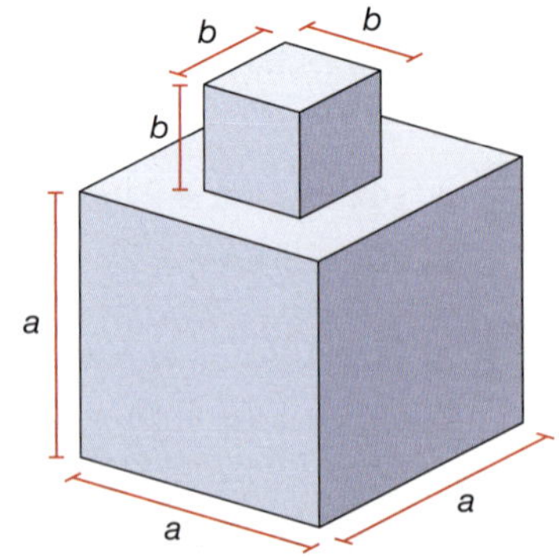

a $5a^2 + 4b^2$

b $6a^2 + 4b^2$

c $6a^2 + 5b^2$

d $6a^2 + 6b^2$

[INVALSI – scuola secondaria di secondo grado]

UN PASSO IN PIÙ

128 **ESERCIZIO SVOLTO** Esprimi la seguente espressione come frazione il cui numeratore è un polinomio in forma standard a coefficienti interi.

$$\frac{x}{2} - \frac{3(3x+2)}{15}$$

SVOLGIMENTO

$\frac{x}{2} - \frac{(3x+2)}{5} =$ dividiamo per 3 numeratore e denominatore della seconda frazione

$= \frac{5x}{10} - \frac{2(3x+2)}{10} =$ riduciamo le frazioni allo stesso denominatore

$= \frac{5x}{10} - \frac{6x+4}{10} =$

$= \frac{5x-(6x+4)}{10} =$

$= \frac{5x-6x-4}{10} = \frac{-x-4}{10}$

Esprimi le seguenti espressioni come frazioni il cui numeratore è un polinomio in forma standard a coefficienti interi.

129 **a.** $\frac{1}{2} + 2xz - 3xz + \frac{1}{2}xz + xz - \frac{3}{2}xz - 1$

b. $2ab - \frac{ab}{2} + 3ab + \frac{3}{4}ab + 3a - \frac{4}{3}b$

c. $c^2d + \frac{1}{4}c^2d - \frac{3}{4}dc^2 + d^2c - \frac{1}{2}d^2c$

d. $\frac{3}{4}v^2t - 2v^2 + \frac{4}{3}v^2t - \frac{1}{2}v^2$

130 **a.** $\frac{a}{5} - \frac{2(3a-5c)}{6}$

b. $\frac{2(5x-1)}{3} - \frac{x-3}{5}$

c. $\frac{x}{2} + \frac{x-3}{5} - \frac{x-4}{4}$

d. $\frac{x+5}{3} - \frac{2x-7}{6} + \frac{x}{2}$

e. $\frac{3x-7}{2} - \frac{x+4}{5} - \frac{3}{4}$

f. $\frac{x+y}{3} - \frac{2}{5} - \frac{3x-2y}{6}$

4 | I prodotti notevoli

Teoria a pag. 135

Ricorda

IN TEORIA

1. I **prodotti notevoli** sono particolari prodotti di .... che permettono di semplificare .... di un polinomio.
2. Il **quadrato del binomio $x + y$**, si scrive .... ed è uguale al trinomio ....
3. Il **prodotto $(x + y)(x - y)$** è uguale al binomio ....
4. Il **cubo del binomio $x + y$** si scrive .... ed è uguale al polinomio ....

IN PRATICA

Espandi i seguenti polinomi.

a. $(2a + 3)^2 =$ .... ;

b. $(s + 2t)(s - 2t) =$ .... ;

c. $(x + 2)^3 =$ ....

Espandi i seguenti polinomi (esercizi da 131 a 141).

131 **a.** $(x+3)^2$ **b.** $(2x+7)^2$

132 **a.** $(x+2)^2$ **b.** $(5x+3)^2$

133 **a.** $\left(\frac{1}{2}x+3\right)^2$ **b.** $\left(3-\frac{1}{2}x\right)^2$

134 **a.** $(6-x)^2$ **b.** $(4x-3y)^2$

135 **a.** $(1-3x)^2$ **b.** $(2x-3y)^2$

136 **a.** $\left(x-\frac{1}{3}y\right)^2$ **b.** $(xy+3z^2)^2$

137 **a.** $\left(a+\frac{b}{3}\right)^2$ **b.** $(0{,}5c+d)^2$

138 **a.** $(ef+2)^2$ **b.** $(h^2+3)^2$

139 **a.** $(k^3+4)^2$ **b.** $\left(\frac{3h}{4}-\frac{7k}{2}\right)^2$

140 **a.** $\left(3a-\frac{1}{4}b\right)^2$ **b.** $(10c-0{,}1d)^2$

141 **a.** $(2ef-1)^2$ **b.** $(p^4-2)^2$

142 **ARGOMENTARE** Espandi il quadrato $\left(\frac{1}{2}a+\frac{5}{6}b\right)^2$.
Utilizzando tale espansione, scrivi i seguenti polinomi in forma standard senza svolgere ulteriori calcoli. Motiva le tue risposte.

a. $\left(\frac{1}{2}a-\frac{5}{6}b\right)^2$

b. $\left(-\frac{1}{2}a-\frac{5}{6}b\right)^2$

c. $\left(\frac{5}{6}b-\frac{1}{2}a\right)^2$

Espandi i seguenti polinomi (esercizi da 143 a 147).

143 **a.** $(x+2)(x-2)$ **b.** $(3x+2y)(3x-2y)$

144 **a.** $(5x+8)(5x-8)$ **b.** $(-2x+7y)(-2x-7y)$

145 **a.** $\left(\frac{1}{2}a+b\right)\left(\frac{1}{2}a-b\right)$ **b.** $(0{,}2c+d)(d-0{,}2c)$

146 **a.** $(3ef+4)(3ef-4)$ **b.** $\left(\frac{g}{2}-\frac{h}{4}\right)\left(\frac{h}{4}+\frac{g}{2}\right)$

147 $\left(\frac{x}{4}+y\right)\left(\frac{x}{4}-y\right)$

148 **ARGOMENTARE** Espandi il prodotto $(3x+7b^2)(3x-7b^2)$.
Scrivi poi i seguenti polinomi in forma standard svolgendo meno calcoli possibili. Motiva la tua risposta.
a. $(-3x+7b^2)\cdot(-3x-7b^2)$
b. $(3x+7b^2)\cdot(7b^2-3x)$
c. $(3x-7b^2)\cdot(3x-7b^2)$

149 **ARGOMENTARE** Espandi il seguente polinomio. Come procederesti per fare meno calcoli possibile?
$(x^2-y)(x^2+y)(x^4+y^2)$

Espandi i seguenti polinomi (esercizi da 150 a 153).

150 **a.** $\left(\frac{x}{2}-1\right)\left(\frac{x}{2}+1\right)$ **c.** $\left(-\frac{x}{2}-1\right)\left(\frac{x}{2}+1\right)$
b. $\left(-\frac{x}{2}-1\right)\left(-\frac{x}{2}+1\right)$ **d.** $\left(-\frac{x}{2}-1\right)\left(-\frac{x}{2}-1\right)$

151 **a.** $(g^2+2)^3$ **c.** $(x-3y)^3$
b. $(2p+3q)^3$ **d.** $(2h^2-1)^3$

152 **a.** $(2a+3b)^3$
b. $(2a-3b)^3$
c. $(-2a+3b)^3$
d. $(-2a-3b)^3$

153 $(7x-y+4y-x)^3$

154 Qual è il grado dei seguenti polinomi?
a. $\left[(x+3y)^2\right]^3$ → grado: 6.......... **c.** $\left[(a-b^3)^3+c\right]^2$ → grado: ....
b. $\left[(x^2+1)^2+1\right]^3$ → grado: .... **d.** $(x^2)^3\cdot(y^3)^2$ → grado: ....

155 Completa in modo che l'uguaglianza risulti sempre vera.
a. $(z+$ ..2.. $)^2=z^2+4z+$ ..4..
b. $(2a-$ .... $)^3=8a^3-$ .... $+$ .... -1
c. $($.......... $+$ ....$)($.......... $-$ ....$)=1-9x^2$
d. $\left(\frac{1}{2}a+\right.$ ....$\left.\right)\left(\frac{1}{2}a-\right.$ ....$\left.\right)=$ .... $-16b^4$

156 Espandi i seguenti polinomi.

a. $\left[(ab-1)^2+ab-1\right]^3$

b. $\left[7-(2a-1)(2a+1)\right]^2$

c. $\left(\frac{1}{3}a-b^2\right)\left(b^2-\frac{1}{3}a\right)$

UN PASSO IN PIÙ

157 **ESERCIZIO SVOLTO** Se $(x+y)^2=361$ e $xy=-120$, calcola il valore di x^2+y^2.

SVOLGIMENTO

$(x+y)^2=361$

$x^2+2xy+y^2=361$ applichiamo il prodotto notevole quadrato di binomio

Poiché $xy=-120$, allora

$x^2+2(-120)+y^2=361$

$x^2-240+y^2=361$

$x^2+y^2=601$

ESERCIZI IN PIÙ

158 Se $x^2+y^2=14$ e $xy=5$, calcola il valore di $\left(\frac{1}{2}x+\frac{1}{2}y\right)^2$.

159 Se $2x^2-2y^2=125$ e $x-y=2{,}5$, calcola il valore di $x+y$.

160 Se $x^2+y^2=80$ e $xy=12$, calcola il valore di $(x-y)^2$.

161 Se $x+y=10$ e $x-y=4$, calcola il valore di x^2-y^2.

162 Se $(x-y)^2=441$ e $xy=46$, calcola il valore di x^2+y^2.

5 Prime fattorizzazioni di polinomi

Teoria a pag. 141

Ricorda

IN TEORIA

1. Il polinomio è riducibile o .... quando è possibile riscriverlo come .... (a esclusione dei fattori ....).

2. Esempi di fattorizzazione sono:

- il raccoglimento ....
  $ax+ay=$ ....;
- il quadrato di un binomio
  $x^2+2xy+y^2=$ ....;
- la .... di due quadrati:
  $x^2-y^2=$ ....

IN PRATICA

Fattorizza i seguenti polinomi, quando possibile.

a. $2x+4xy=$ ....;

b. $9a^2-6ab+b^2=$ ....;

c. $9a^2-ab+b^2=$ ....;

d. $25z^2-w^2=$ ....

Fattorizza i seguenti polinomi (esercizi da 163 a 174).

163 a. $3x^2 + 9xy = 3x(x + 3y)$
b. $2\pi r^2 + 2\pi rh$

164 a. $a^2b - a^2b^2$
b. $c^2d^3 + c^3d^2 - c^2d^2$

165 a. $8x^2y + 4x$
b. $\pi r^2 + \pi rl$

166 a. $-a^3by + a^2y$
b. $3c^2d + 6c^2d^2 + 3c^3$

167 a. $18ax + 6a - 36az$
b. $14p - 56pq - 42pr$

168 a. $15x - 3$
b. $-21y - 48$
c. $64b - 27bc$

169 a. $45x^2 - 81xy = 9x(5x - 9y)$
b. $39xy - 15x^2z$

170 a. $xy^2z^2 - x^2y^3$
b. $-15\pi x^3y - 10\pi x^3$

171 a. $6a(x - 2y) + 5(x - 2y)$
b. $2b(x + 3y) - c(3y + x)$

172 a. $3d(5x - y) - 4f(5x - y)$
b. $5h(x + 3y) + 10k(x + 3y)$

173 a. $1 - 121x^2$
b. $x^2 + 6xy + 9y^2$

174 a. $25x^2 - 100xy + 100y^2$
b. $36y^2 - 49(x + 1)^2$

175 a. Fattorizza il polinomio $\frac{1}{3}p^2q + \frac{4}{3}p^2r$.
b. Sostituendo opportuni valori di p, q e r nel polinomio precedente, calcola il valore dell'espressione
$$\frac{1}{3} \cdot 1{,}2^2 \cdot 36 + \frac{4}{3} \cdot 1{,}2^2 \cdot 16.$$

176 Fattorizza il polinomio $a^2 - b^2$. Utilizza la scomposizione per calcolare il risultato dell'espressione
$$2030^2 - 2029^2 + 2028^2 - 2027^2.$$

Utilizzando opportune fattorizzazioni algebriche, calcola senza calcolatrice le seguenti espressioni (esercizi da 177 a 181).

177 a. 899^2;
b. $659^2 - 341^2$.

178 a. $41^2 + 738 + 81$
b. $65^2 + 650 + 25$

179 a. $92^2 - 368 + 4$
b. $201^2 - 402 + 1$

180 a. $201^2 - 99^2$
b. $1{,}013^2 - 0{,}013^2$

181 a. $10^2 - 9^2 + 8^2 - 7^2 + 6^2 - 5^2 + 4^2 - 3^2 + 2^2 - 1^2$
b. $2008^2 - 2007^2 + 2006^2 - 2005^2 + 2004^2 - 2003^2$

182 **ARGOMENTARE** Dimostra che la somma di cinque numeri naturali consecutivi è multipla di 5.

183 **ARGOMENTARE** Considera il precedente del quadrato di un numero naturale. Dimostra che è divisibile per il successivo del numero stesso.

184 **ARGOMENTARE** Considera due numeri naturali consecutivi. Dimostra che la differenza dei loro quadrati è sempre un numero dispari.

185 **ARGOMENTARE** Considera il successivo del prodotto di due numeri dispari consecutivi. Dimostra che è un quadrato perfetto.

ESERCIZI DI RIEPILOGO

186 **RISOLVERE PROBLEMI** Durante l'ultima raccolta di castagne si è notato che, in media, in ogni gruppo di 10 castagne ce ne sono 2 non commestibili.

a. Indica con r il numero di castagne raccolte ed esprimi tramite un'espressione algebrica:
- il numero di castagne cattive;
- il numero di castagne che si possono mangiare.

b. Se Marco ha raccolto circa 340 castagne, quante ne dovrà scartare?

187 **RISOLVERE PROBLEMI** Scrivi un'espressione algebrica per ognuna delle seguenti situazioni.

a. Aggiungi 8 a un numero k, moltiplica la somma per 5 e sottrai $2k - 1$ dal risultato.

b. La cifra iniziale posseduta da Marina, se le sono rimasti 4,20 € dopo aver acquistato 7 matite pagandole p centesimi l'una.

c. Il profitto guadagnato da Luca se ha acquistato x mele a $y + 3$ centesimi l'una e le ha rivendute a $2y - 5$ centesimi l'una.

d. Il guadagno di un grossista dopo aver venduto tutti i microchip, se ha comprato n microchip a $2x$ euro l'uno e li ha rivenduti a $n - x$ euro l'uno.

188 Sapendo che $a = 4$, $m = -2$ e $n = -1$, valuta le seguenti espressioni.

a. $4m^2 - 3a - 5n$ **b.** $7n + 3 + \frac{3}{4}a - (m - a)$

189 Sapendo che $a = 2$, $c = -1$, $d = 5$ ed $e = -4$, valuta le seguenti espressioni.

a. $a - c(d - e)$ **b.** $\frac{2e - a}{c^2 - de}$

190 Sapendo che $a = 2$, $b = -1$, $c = 0$ e $d = \frac{1}{2}$, valuta le seguenti espressioni.

a. $(2a - b)^2$

b. $(3a - b)(2c + d)$

c. $(5a - b)(2c + d) - b(ab + bc - 4cd)$

191 Sapendo che $4x = y^2 - \frac{y^3}{z}$, calcola il valore di x quando $y = -3$ e $z = -111$.

192 Sapendo che $\frac{x + 5y}{5x - 7y} = \frac{1}{4}$, calcola il valore di x quando $y = -3$.

193 Sapendo che $2x + 2y = 120$, cosa puoi concludere riguardo a $x + y$?

194 Calcola il valore dell'espressione $\frac{x - 5}{x + 7} - 3x^2$ quando $x = -2$.

195 Calcola il valore dell'espressione $x^3 + 2xy^2 + y^3$ quando $x = 2$ e $y = -1$.

196 Calcola il valore dell'espressione $\frac{3a^2bc}{2b-3c} - \frac{bc}{a}$ quando $a = -2$, $b = 3$ e $c = -5$.

197 Sapendo che $a - b = 8$, cosa puoi concludere riguardo a:

a. $a + b$?
b. $3a - 3b$?

198 Sapendo che $x = y + 62$, cosa puoi concludere riguardo a:

a. $x + y$?
b. $x - y$?

199 **ARGOMENTARE** Sapendo che $x + y = 3$, calcola il valore di:

a. $x + y + 2$ ....;
b. $-x - y$ ....;
c. $6y + 6x$ ....;
d. $x^2 + 2xy + y^2$ ....;
e. $(x + y + 2)(x + y)$ ....

Spiega invece perché non è possibile calcolare il valore di:

a. $x - y$;
b. $2x + y$;
c. $x^2 + y^2$;
d. $x^2 - 2xy + y^2$.

Scrivi una nuova espressione di cui puoi calcolare il valore e una il cui possibile valore non è unico.

1. ....

....

....

2. ....

....

....

200 Sapendo che $x - y = 5$, quando risulta possibile, calcola il valore delle seguenti espressioni.

a. $x - y + 2$
b. $2x - 2y$
c. $y - x$
d. $y + x + 1$
e. $x^2 - y^2$
f. $x^2 - 2xy + y^2$

Scrivi in forma standard i seguenti polinomi (esercizi da 201 a 224).

201 **a.** $2(3x - 5) - 3(7 - 4x)$
b. $5(2x - 7y) - 4(y - 3x)$

202 **a.** $3a + 5ac - 2c - 4c - 6a - 8ca$
b. $5p + 3q - 4r - (6q - 3p + r)$

203 **a.** $3a^2 + 5a - 2(a - 2a^2)$
b. $2(x^2 - 5x) - 7(x - x^3 + x^2 - 1)$

204 **a.** $7m - 2[6m - (3m - 4p)]$
b. $7x - [3x - \{4x - 2(x + 3y)\}]$

205 **a.** $8a - \{2a - [3c - 6(a - 2c)]\}$
b. $12a - 3\{a - 4[c - 5(a - c)]\}$

206 **a.** $7a^2 - 4a - 5a(a-3) + 4(a-5)$
b. $2a - 5(3ab - 4b) - 2(a - 2ba)$

207 **a.** $4(x-5y) - 5(2y-3x) - (2x-5y)$
b. $2(3x+y) - 5[3(x-3y) - 4(2x-y)]$
c. $\frac{1}{2}\left[14x - \frac{2}{3}(9x-21y) - 2(x+y)\right]$

208 **a.** $8x(y-1)$
b. $-9x(3y-2z)$
c. $-4c(2c-5d)$
d. $-6h(7k-3h)$

209 **a.** $3x(2x+7y)$
b. $3y(x-11y)$
c. $-8m(-12m-7n)$
d. $2p(3p+q+7r)$

210 **a.** $-3a(2a+3b)$
b. $-7s(s-4r-3u)$
c. $7a(3b-4c) + 4a(3c-2b)$
d. $4d(d-5f) + 2f(3d+7f)$

211 **a.** $-3xy(x-2y)$
b. $9x(-3x^2y-7xz)$

212 **a.** $-13x^2y(3x-y)$
b. $-5x(-6x-4x^3y-3y)$

213 **a.** $a(5b+c) - 2a(3c-b)$
b. $-2d(4f-5h) - f(3d+7h)$

214 **a.** $4k(3k+m) - 3k(2k-5m)$
b. $2n(p-2n) - 4n(n-2p)$

215 **a.** $(x+y)(x+6y)$
b. $(x^2+2)(x+5)$

216 **a.** $(a+3b)(a-b)$
b. $(3c+7d)(c-2d)$
c. $(3k-5h)(-h-7k)$
d. $(7m^2+2)(m-4)$

217 **a.** $5x(x-6y) + (x+3y)(3x-4y)$
b. $(7x-3y)(x-4y) + (5x-9y)(y-2x)$

218 **a.** $(x+9y)(x+3y+1)$
b. $(x+2)(x^2+x+1)$

ESERCIZI

219 **a.** $(8x - y)(x + 3y) - (4x + y)(9y - 2x)$
b. $(10x + y)(3x + 2y) - (5x - 4y)(-x - 6y)$

220 **a.** $(2x - 3y)(x + 5y - 2)$
b. $(x + 4)(x^2 - 5x + 7)$

221 **a.** $(x - 1)(x^2 + 2x - 1)$
b. $(3x^2 - 3x + 4)(3 - x)$

222 $\left(\frac{1}{16}x^2 + \frac{1}{25}y^2\right)\left(\frac{1}{4}x + \frac{1}{5}y\right)\left(\frac{1}{4}x - \frac{1}{5}y\right)$

223 $a(5a^2 - 4a - 3) - a^2(4a - 1) + a(1 - 2a^2)$

224 $3x - \{2x - 4(x - 3y) - [(3x - 4y) - (y - 2x)]\}$

225 **a.** Espandi il polinomio $(p - 2q)^2 - p(p - 4q)$.
b. Sostituendo nell'espressione ottenuta opportuni valori a p e q, determina il valore di $5310^2 - 5330 \cdot 5290$.

226 **a.** Espandi il polinomio $n^2 - (n - a)(n + a)$.
b. Sostituendo nell'espressione ottenuta opportuni valori a n e a, determina il valore di $16\,947^2 - 16\,944 \cdot 16\,950$.

227 Sottrai:
a. la somma di $3a^2 + 5a - 4$ e $a^3 - 5a^2 + 8$ da $7a^3 - 4a^2 - 9$;
b. $2x^3 - 4x^2 + 7$ dalla somma di $3x^3 + 4x - 5$ con $2 - 7x^3 + 4x^2$;
c. $2x^4 - 3x^2 + 5$ da $7x^3 - 4x + 7$ e aggiungi il risultato a $4x^4 + 3x^3 - 2x^2 + x + 15$.

228 Quale polinomio deve essere:
a. aggiunto a $3 - 4x + 5x^2$ per ottenere $9x^2 + 11x - 13$?
b. aggiunto a $3x^3 - 4x^2 + 2x - 5$ per ottenere $12 - 4x + 7x^2 + 4x^4$?
c. sottratto a $2x^2 + 5x - 7$ per ottenere $5x - 3x^2 + 9$?

229 Scrivi in forma standard la somma dei seguenti polinomi.
a. $a + b + c$, $2b - c$, $3c + a$.
b. $2ab + 3bc$, $5ac - 5ba$, $2cb + 5ab$.
c. $\frac{1}{2}xy$, $\frac{1}{3}xy^2 - \frac{1}{4}yx$, $\frac{1}{6}xy^2 + xy$.
d. $a^2 + b^2 - c^2$, $2c^2 - b^2 + a^2$, $5a^2 + 7c^2$.
e. $5abc - 7cb + 4ac$, $4cba - 4bc + 3ca$.

230 Scrivi in forma standard le seguenti sottrazioni di polinomi.
a. Sottrai $10x^2 + 5x - 7$ da $3x^2 - 2x - 11$.
b. Sottrai $a^3 - 3a^2 - 5a + 5$ da $4a^3 - 2a + 7$.
c. Sottrai $7x^3 - x^2 + 3x + 3$ da $4x^3 + 2x^2 - 5x + 1$.
d. Sottrai $2a(3a^2 - 5a) + 5$ da $6a(2 - 3a + 5a^2) - 4(a^2 + 5)$.

Esprimi le seguenti espressioni come frazioni ridotte ai minimi termini, il cui numeratore è un polinomio in forma standard (esercizi da 231 a 243).

231 $\frac{3(x-2)}{3}+\frac{2(x+3)}{4}$

232 $\frac{5(3x+1)}{4}-\frac{7(5x-3)}{12}$

233 $1+\frac{2x+1}{3}+\frac{4(x-3)}{6}$

234 $\frac{3x+4}{10}-\frac{x+7}{15}-\frac{2x-1}{5}$

235 $\frac{3x-4y}{6}+\frac{x-2y}{4}-\frac{x+y}{5}$

236 $\frac{2x-5}{3}-\frac{x+4}{6}+\frac{3(5-x)}{9}$

237 $\frac{4(3x+4)}{10}-\frac{x+7}{15}-\frac{2x-1}{5}$

238 $-1-\frac{3(x+7)}{7}-\frac{4(2x-1)}{5}$

239 $\frac{3x-7}{4}-(x-5)-\frac{x-1}{3}$

240 $\frac{2(3x-1)}{5}-(x-3)-\frac{2x+1}{3}$

241 $\frac{2(x-3y)}{4}-\frac{4y-x}{12}-\frac{4(x-5y)}{3}$

242 $\frac{-4(p-3q)}{5}-\left[\frac{2(q-p)}{20}-\frac{3(p-5q)}{4}\right]$

243 $-3+\frac{2(f-3h)}{21}-\frac{5(h-f)}{7}+\frac{2(-2f-3h)}{3}$

244 Scrivi due paia di parentesi nell'espressione di sinistra in modo che sia uguale al polinomio di destra.

$$-x-5+6x-7x-2+12=-2x+19$$

Cerca altri due differenti modi di inserire parentesi nell'espressione a sinistra dell'uguale, in modo da ottenere polinomi diversi.

245 **CONFRONTARE E ANALIZZARE FIGURE GEOMETRICHE** Indica con a e b le dimensioni di un rettangolo.

a. Esprimi il perimetro del rettangolo con un polinomio.

b. Esprimi il perimetro di un rettangolo che ha entrambe le dimensioni doppie rispetto al precedente.

c. Se si raddoppiano i lati di un rettangolo, come varia il suo perimetro?

246 **CONFRONTARE E ANALIZZARE FIGURE GEOMETRICHE** Indica con a e b le dimensioni di un rettangolo.

a. Esprimi l'area del rettangolo con un polinomio.

b. Esprimi l'area di un rettangolo che ha entrambe le dimensioni doppie rispetto al precedente.

c. Come varia l'area di un rettangolo, se si raddoppiano i lati?

d. E se si raddoppia solo una delle due dimensioni?

ESERCIZI

247 Considera quattro numeri pari consecutivi e indica il secondo di essi con n.

a. Esprimi tutti i numeri utilizzando n.

b. Esprimi la somma dei quattro numeri.

248 **CONFRONTARE E ANALIZZARE FIGURE GEOMETRICHE** La figura 1 mostra il rettangolo $ABCD$ dove $AB = 7y$ e $AD = 3x$. In figura 2 è rappresentato un triangolo EFG con $EF = 7y$, $FG = 5x$ ed $EG = x + 5y$. Quale figura ha perimetro maggiore? Motiva la risposta.

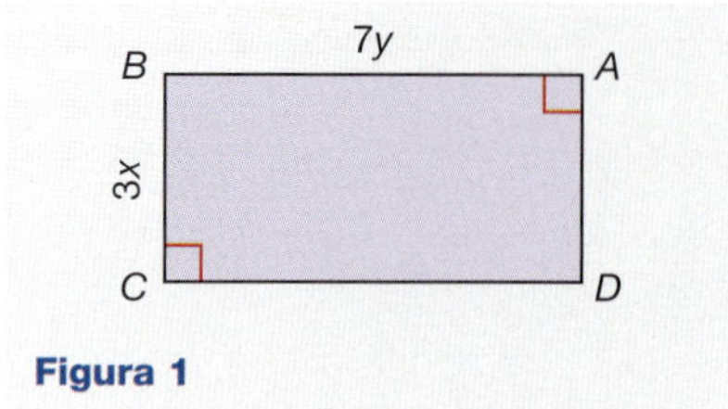

Figura 1

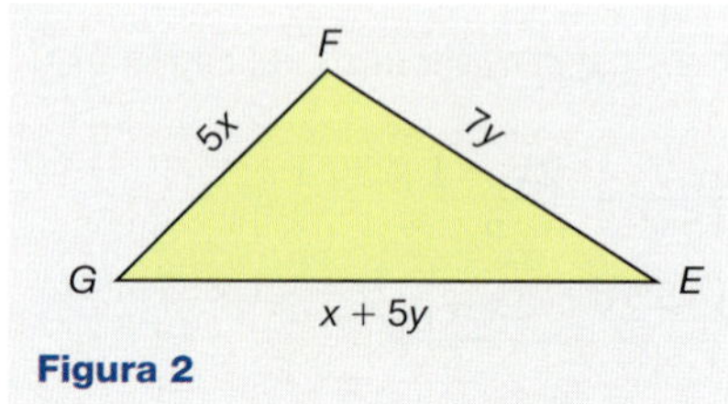

Figura 2

249 **RISOLVERE PROBLEMI** Un fruttivendolo ha acquistato all'ingrosso 120 mele pagandole h centesimi l'una e 180 arance a k centesimi l'una. Prepara poi confezioni singole contenenti 2 mele e 3 arance. Vende ogni confezione di frutta a $3h + 4k$ centesimi l'una. Scrivi, in termini di h e k, un'espressione per:

a. la cifra spesa dal fruttivendolo per l'acquisto all'ingrosso;

b. la cifra totale incassata per la vendita di tutte le confezioni;

c. il guadagno netto dopo aver venduto tutta la frutta.

250 **INVALSI 2012** L'espressione $a^{37} + a^{38}$ è uguale a

a) $2a^{75}$, b) a^{75}, c) $a^{37}(a + 1)$, d) $a^{37 \cdot 38}$.

[INVALSI – scuola secondaria di secondo grado]

251 Considera i polinomi $n^2 + 4n$ e $(n + 2)^2 - 4$.

a. Verifica algebricamente che sono equivalenti.

b. Utilizza il seguente disegno per illustrare geometricamente l'uguaglianza delle due espressioni.

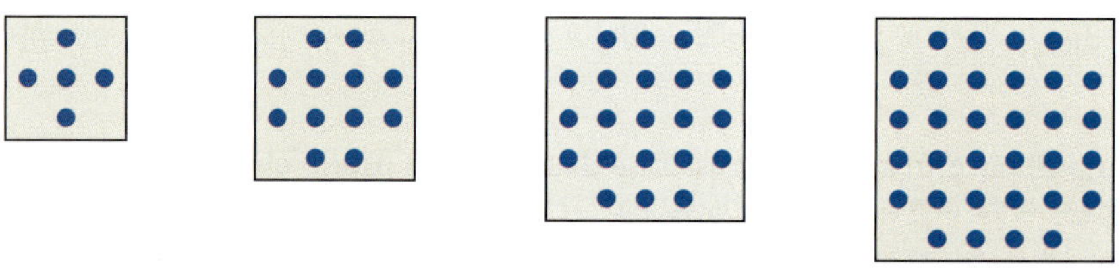

252 **RISOLVERE PROBLEMI** Sara ha n monete di cui x monete sono da 10 centesimi, $3x$ monete da 20 centesimi e le restanti da 50 centesimi. Esprimi:

a. il numero di monete da 50 centesimi possedute da Sara;

b. il valore in euro delle monete se quelle da 10 centesimi sono 5 volte quelle da 50 centesimi;

c. il valore in euro delle monete se ci sono 5 monete da 20 centesimi ogni 3 monete da 50 centesimi.

253 **CONFRONTARE E ANALIZZARE FIGURE GEOMETRICHE** Nel rettangolo $ABCD$, $AB = 2y + 8$ cm e il perimetro del rettangolo è 60 cm. Considera un punto X sul lato DC tale che $CX = y + 7$ cm.
Scrivi la lunghezza di:

a. AD;

b. XD.

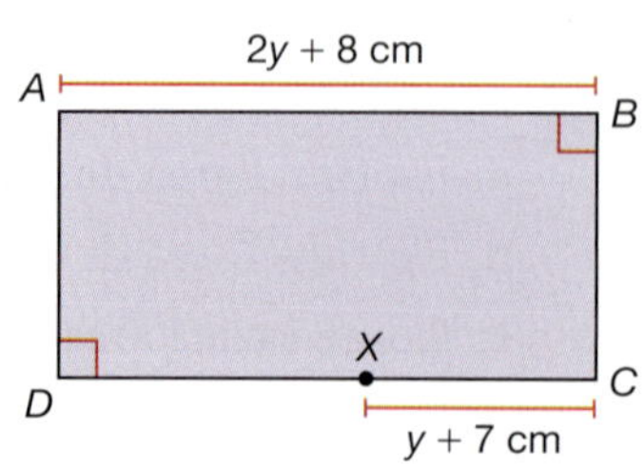

254 **INVALSI 2011** L'insegnante chiede: «Se n è un numero naturale qualsiasi, cosa si ottiene addizionando i tre numeri $2n + 1$, $2n + 3$ e $2n + 5$?».

Mario afferma: «Si ottiene sempre il triplo di uno dei tre numeri».
Luisa risponde: «Si ottiene sempre un numero dispari».
Giovanni dice: «Si ottiene sempre un multiplo di 3».

Chi ha ragione?

a Tutti e tre   b Solo Mario   c Solo Luisa   d Solo Giovanni

[INVALSI – scuola secondaria di secondo grado]

255 **ARGOMENTARE** Una terna pitagorica è una terna di numeri naturali a, b, c tale che $a^2 + b^2 = c^2$. Verifica la seguente identità e spiega come mai può essere utilizzata per generare terne pitagoriche, partendo da due numeri naturali qualsiasi x e y.

$$(x^2 + y^2)^2 = (x^2 - y^2)^2 + (2xy)^2$$

256 **INVALSI 2013** Al centro della figura c'è un quadrato nero Q. Il quadrato è circondato da una prima cornice bianca formata da 8 quadrati tutti uguali a Q e da una seconda cornice grigia.

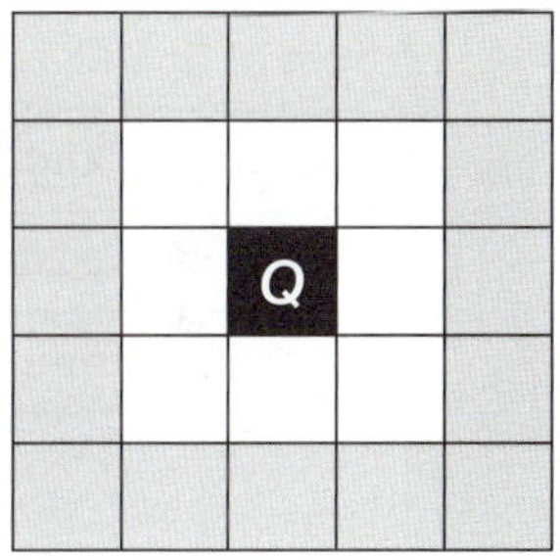

Immagina che la figura si estenda con successive cornici (terza, quarta, ecc.) sempre formate da quadrati tutti uguali a Q.

a. Quanti sono i quadrati della quarta cornice?
Risposta: ....

b. Se si continua a estendere la figura nello stesso modo, è possibile ottenere una cornice formata da 70 quadrati tutti uguali a Q?
Scegli una delle due risposte e completa la frase.

a È possibile ottenere una cornice di 70 quadrati perché ....
....

b Non è possibile ottenere una cornice di 70 quadrati perché ....
....

[INVALSI – scuola secondaria di secondo grado]

257 **INVALSI 2012**

a. Osserva e completa la seguente tabella.

n	$(n-1)n(n+1)$
2	$1 \cdot 2 \cdot 3$
3	$2 \cdot 3 \cdot 4$
4	
5	

b. Giulia afferma: «Per ogni numero naturale n maggiore di 1, $(n-1)n(n+1)$ è divisibile per 6». Spiega perché Giulia ha ragione.
....
....
....

c. Francesco afferma: «$n^3 - n$ è uguale a $(n-1)n(n+1)$». Dimostra che Francesco ha ragione.
....
....

[INVALSI – scuola secondaria di secondo grado]

258 **ARGOMENTARE** Dimostra che il quadrato di un numero dispari è ancora un numero dispari.

259 **ARGOMENTARE** Aggiungi a un numero naturale n il suo doppio, il suo triplo e il suo quadruplo. Dimostra che si ottiene un numero la cui cifra delle unità è sicuramente 0.

MATHS HIGHLIGHTS CLIL
POLYNOMIALS

Controlla i risultati in fondo al volume.

Algebraic expressions

In algebra, letters can be used to represent any number. A letter that represents a number is known as a **variable.**

In the algebraic term $3a$, the number 3 close to the variable a is a multiplicative factor called the **coefficient** of a. Similarly, 18 is the coefficient of ab in the algebraic term $18ab$.

An expression consisting of algebraic terms, operation symbols (for example $+$, $-$, $\cdot$, $:$), square roots and/or brackets is known as an **algebraic expression.** An algebraic expression does not contain an equal symbol.

1 **MATHS** Complete the following table.

In words	Algebraic expression
Sum of $2x$ and $3z$.	
Product of x and $7y$.	
Divide $3ab$ by $2c$.	
Subtract $6q$ from $10z$.	
	$(p+q)-xy$
	$\sqrt{b}-2c$
There are three times as many girls as boys in a school. Find an expression, in terms of x, for the total number of students in the school, where x represents the number of boys in the school.	It is given that x represents the number of boys. .... represents the number of girls. Total number of students = ...
The age of Nora's father is thrice hers. The age of Nora's brother in 5 years more than hers. Find an expression, in terms of y, for the sum of their ages, where y represents Nora's age.	It is given that y represents Nora's age. Nora's father is .... years old. Nora's brother is .... years old. Sum of their ages = ... years
In a rectangle, the .... is .... times as long as the .... Find an expression, in terms of b, for the perimeter and the area of the rectangle, where b represents the breadth of the rectangle.	It is given that b represents the breadth of a rectangle. $3b$ represents the length of the rectangle. Perimeter of the rectangle = ... m Area of the rectangle = ... m^2

Polynomials

A **polynomial** is an algebraic expression consisting of numbers and variables, involving only the operations of addition, subtraction, multiplication and non-negative integer exponents.

A **monomial** is a particular polynomial which has only one term, composed by a product of non-negative powers of the variables multiplied by a coefficient. A monomial does not present any addition or subtraction.

Evaluating an algebraic expression means finding the value of the expression after the substitution of a numerical value for each variable.

2 **VOCABULARY** Without using a dictionary, try to understand the meaning of the following words in the text above.

a. to involve .... **b.** to evaluate ....

L'ESPERTO SEI TU
PROVE PER COMPETENZE

1 **COMUNICARE** **Il trucco delle monete** Un illusionista mostra un trucco di magia ai passanti: pone 12 monete su un tavolo, 5 delle quali rivolte verso testa e 7 verso croce. Dopo essersi bendato mescola le monete, senza girarle. Successivamente, separa le monete in due mucchi di 5 e 7 rispettivamente. Ora in ogni mucchio alcune monete sono girate verso testa e altre verso croce. Il mago gira le monete nel mucchio più piccolo. Mostra che entrambe le pile hanno ora lo stesso numero di teste. È davvero un trucco magico o c'è una spiegazione matematica?

Scrivi un piccolo inserto per il giornalino della scuola in cui riveli il trucco.

2 **ARGOMENTARE** **La scorciatoia** Consideriamo il prodotto di due fattori interi con 2 cifre. Se la cifra delle decine è la stessa e la somma delle unità è 10, allora c'è una scorciatoia per calcolarne il prodotto. Per esempio,

$$\begin{array}{r} 74 \\ \times\,76 \\ \hline 5624 \end{array}$$

moltiplica la cifra delle decine con il suo intero successivo: $7 \cdot 8 = 56$ → 56

moltiplica le cifre delle unità tra loro, cioè: $4 \cdot 6 = 24$ → 24

a. Prova questo metodo per trovare il prodotto tra 58 e 52. Controlla il risultato con la calcolatrice. Funziona in questo caso?

b. Utilizza l'algebra per giustificare questo metodo ed essere così sicuro di poterlo usare in queste situazioni.

3 **INDIVIDUARE COLLEGAMENTI E RELAZIONI** **Un altro trucco** Procurati una calcolatrice e segui le istruzioni.

1. Scrivi 7 cifre del tuo numero di telefono.
   | .... | .... | .... | .... | .... | .... | .... |
2. Digita nella calcolatrice le prime tre cifre (da sinistra) del numero.
3. Moltiplica per 250.
4. Aggiungi 1.
5. Moltiplica per 120.
6. Sottrai 80.
7. Aggiungi il numero formato dalle ultime 4 cifre del tuo numero di telefono.
8. Aggiungi ancora il numero formato dalle ultime 4 cifre.
9. Aggiungi per l'ultima volta il numero formato dalle ultime 4 cifre.
10. Sottrai 40.
11. Dividi per 3.

Sorpresa! Sono le 7 cifre del punto **1**!
Spiega perché questo trucco funziona.

SEI PRONTO PER LA VERIFICA?

In 1 ora

1 Scrivi in forma standard i seguenti polinomi.

a. $-2a(a-5b+7)$

b. $(k+3h)(5h-4k)$

c. $-4s(3s+4r)-2r(2r-5s)$

d. $(2w+3x)(w-3x)-(3w+2x)(w-2x)$

(5 punti per ogni risposta esatta) .... / 20

---

2 Espandi i seguenti polinomi utilizzando i prodotti notevoli.

a. $(-x+5y)^2$

b. $(x^2+y)(x^2-y)$

c. $\left(3x+\frac{4}{5}y\right)^2$

d. $\left(-\frac{1}{4}x-\frac{1}{6}y\right)^3$

e. $\left(5x-\frac{7}{4}y\right)\left(5x+\frac{7}{4}y\right)$

(5 punti per ogni risposta esatta) .... / 25

---

3 Calcola il polinomio che sommato a $\frac{2}{3}x-7y+5$ dà come risultato $6x+\frac{y}{2}-1$.

.... / 10

---

4 Dimostra che:

a. la somma di due numeri naturali dispari consecutivi è divisibile per 4;

b. il cubo della somma di due numeri dispari consecutivi è divisibile per 64.

(10 punti per ogni risposta esatta) .... / 20

---

5 Considera un quadrato di lato l.

a. Esprimi l'area e il perimetro del quadrato con opportuni polinomi.

b. Esprimi l'area e il perimetro di un rettangolo che ha una dimensione uguale al lato del quadrato aumentata di 1 e l'altra diminuita di 1.

c. Qual è la differenza tra le due aree? Scrivi il relativo polinomio.

d. Qual è la differenza tra i due perimetri? Scrivi il relativo polinomio.

e. Qual è il maggiore tra i due perimetri? E tra le due aree?
Motiva le tue risposte.

(5 punti per ogni risposta esatta) .... / 25

Punti totali: .... / 100

AUTOVALUTAZIONE

Controlla i risultati in fondo al volume.

☐ Fino a 50 punti insufficiente	☐ Da 51 a 70 punti sufficiente	☐ Da 71 a 90 punti buono	☐ Da 91 a 100 punti ottimo

Le equazioni

CAPITOLO 4

1 Le equazioni

Esercizi a pag. 188

INDIVIDUARE COLLEGAMENTI E RELAZIONI

GIOCHIAMO CON LA MENTE

Pesante come un mattone

Un vecchio indovinello che forse avrai già sentito recita:
Un mattone pesa un chilo più mezzo mattone.
Quanto pesa il mattone?

► Prova a congetturare una risposta.

Dal contesto al modello

Per risolvere correttamente un problema è importante saper tradurre la situazione del problema nel linguaggio matematico appropriato.

Nella situazione proposta, indica con una lettera la quantità incognita e traduci la frase dal linguaggio comune a quello matematico tramite un'uguaglianza, costruendo il *modello matematico* del problema.

Costruzione del modello

Dopo la tua congettura, prova a costruire il modello matematico del problema.

► Indica con x il peso del mattone. Esso varia nell'insieme ....

► Il testo del problema afferma che il peso del mattone può essere determinato dalla somma:

.... + ...

► Dunque x è il numero che rende vera l'uguaglianza:

.... + ... = ...

Questa uguaglianza costituisce il *modello matematico* del problema. Il modello permette di valutare se la soluzione inizialmente ipotizzata è corretta.

► Sostituisci nell'espressione il numero da te proposto e verifica se l'uguaglianza che risulta è vera o falsa.

Sull'eBook ti proponiamo un'altra attività come questa.

IN TEORIA

Fin dalla scuola primaria abbiamo imparato a usare il simbolo =, che esprime un'uguaglianza tra i due numeri o le due espressioni ai suoi lati.
Un'uguaglianza può essere o *vera* o *falsa*, non esiste una terza possibilità.

PER ESEMPIO
- $3 + 1 = 8 - 4 \rightarrow 4 = 4$ Questa uguaglianza è *vera*.
- $3 + 1 = 6 - 4 \rightarrow 4 = 2$ Questa uguaglianza è *falsa*.

Un'uguaglianza può coinvolgere anche due espressioni algebriche, contenenti lettere oltre ai numeri.

> Con la parola **equazione** indichiamo un'uguaglianza tra due espressioni algebriche. Le due espressioni uguagliate si dicono **membri** dell'equazione.

In un'equazione possono essere presenti anche più lettere.

PER ESEMPIO $\underbrace{2x + y}_{\text{primo membro}} = \underbrace{z^2 - 9}_{\text{secondo membro}}$

Sappiamo che possiamo valutare un'espressione algebrica, che quindi assume un valore numerico.
Quando valutiamo i due membri di un'equazione, questa diventa un'uguaglianza tra numeri della quale siamo in grado di dire il valore di verità.

PER ESEMPIO Consideriamo l'equazione dell'esempio precedente: $2x + y = z^2 - 9$.
- Sostituiamo i valori $x = 1$, $y = -2$, $z = 3$; otteniamo:

  $2 \cdot 1 + (-2) = 3^2 - 9 \rightarrow 2 - 2 = 9 - 9$

  $0 = 0$ L'uguaglianza è *vera*.
- Se invece sostituiamo i valori $x = 1$, $y = -2$, $z = 0$; otteniamo:

  $2 \cdot 1 + (-2) = 0 - 9 \rightarrow 2 - 2 = 0 - 9$

  $0 = -9$ L'uguaglianza è *falsa*.

Le lettere presenti in un'equazione possono assumere valori che variano all'interno di un insieme A dato.
L'insieme A può essere uguale a $\mathbb{N}$, $\mathbb{Z}$, $\mathbb{Q}$, $\mathbb{R}$, oppure a un loro sottoinsieme.

PER ESEMPIO Consideriamo ancora l'equazione dell'esempio precedente.
Per indicare che le tre lettere x, y, z variano in $\mathbb{R}$, scriveremo:

$$2x + y = z^2 - 9, \qquad x, y, z \in \mathbb{R}.$$

Talvolta l'insieme A è sottointeso. In questi casi o è il contesto del problema ad aiutarci a determinarlo, oppure assumiamo che A sia il più grande insieme numerico che abbiamo introdotto, cioè $\mathbb{R}$.

Quali sono i valori numerici che sostituiti a determinate lettere dell'equazione rendono vera l'uguaglianza? Trovare tali valori significa **risolvere** l'equazione.

> Le lettere di cui cerchiamo i valori che rendono vera l'uguaglianza si chiamano **incognite**. Le altre lettere, quando presenti, sono dette **parametri**.

Risolvere un'equazione nell'insieme A significa trovare *tutti* gli elementi di A che sostituiti alle incognite rendono vera l'uguaglianza. Ognuno di questi numeri è detto **soluzione** dell'equazione.

È importante ricordare che le soluzioni di un'equazione dipendono dall'insieme A in cui la si risolve.

PER ESEMPIO

- Consideriamo l'equazione

  $x^2 = 1, \quad x \in \mathbb{N}.$

  L'unico numero naturale che elevato al quadrato fa 1 è 1 stesso. Quindi 1 è l'unica soluzione dell'equazione in $\mathbb{N}$ e scriveremo:

  $S = \{1\}.$

- Consideriamo la stessa equazione, ma con l'incognita che varia in $\mathbb{Z}$:

  $x^2 = 1, \quad x \in \mathbb{Z}.$

  L'espressione dell'equazione è la stessa, ma in questo caso le soluzioni sono due:

  $1^2 = 1$ e $(-1)^2 = 1.$

  Dunque scriveremo che l'insieme delle soluzioni in $\mathbb{Z}$ è:

  $S = \{1; -1\}.$

Quando un'equazione non ha soluzioni nell'insieme A si dice **impossibile** in A.

PER ESEMPIO

- L'equazione $x^2 = -1$, con $x \in \mathbb{R}$ non ha soluzione, perché non esiste un numero reale che ha quadrato negativo.
- L'equazione $x^2 = \frac{1}{4}$, con $x \in \mathbb{Z}$ non ha soluzione, perché i numeri che elevati al quadrato danno $\frac{1}{4}$ sono $\frac{1}{2}$, $-\frac{1}{2}$ e non appartengono a $\mathbb{Z}$.

Quando tutti i numeri dell'insieme A sono soluzione dell'equazione, l'equazione si chiama **identità** in A.

PER ESEMPIO

$15x - 3 = -3(1 - 5x) \quad \rightarrow \quad 15x - 3 = -3 + 15x$

I due membri di questa equazione sono uguali, quindi l'uguaglianza è vera per qualunque valore di x. L'equazione è un'identità.

Studieremo le **equazioni lineari**, cioè quelle in cui compaiono **polinomi di primo grado**, con **una sola incognita**.

PER ESEMPIO L'equazione $x - 4 = 2(1 - 3x)$ è lineare in una incognita.
Infatti l'unica incognita che compare è la x e i due membri sono polinomi di primo grado.

Nei prossimi paragrafi studieremo i metodi per risolvere un'equazione lineare e saremo in grado di affermare, motivando, quando essa ha soluzione, è impossibile, o è un'identità.

TEORIA

IN PRATICA

[A] Come possiamo capire se un numero dato è soluzione di un'equazione?

Per verificare che un numero sia soluzione di una certa equazione dobbiamo:
1. controllare che appartenga all'insieme A in cui varia l'incognita;
2. sostituirlo all'incognita e vedere se l'uguaglianza che ne risulta è vera.

PER ESEMPIO Consideriamo l'equazione:

$$15x - 3 = 3x, \qquad x \in \mathbb{Q}.$$

- 0 è soluzione?
  1. $0 \in \mathbb{Q}$.
  2. Sostituiamolo all'incognita:
     $$15 \cdot 0 - 3 = 3 \cdot 0 \quad \rightarrow \quad -3 = 0.$$
  Questa uguaglianza è falsa, quindi 0 non è soluzione.
- -1 è soluzione?
  1. $-1 \in \mathbb{Q}$.
  2. Sostituiamolo all'incognita:
     $$15 \cdot (-1) - 3 = 3 \cdot (-1) \quad \rightarrow \quad -18 = -3.$$
  Questa uguaglianza è falsa, quindi -1 non è soluzione.
- $\frac{1}{4}$ è soluzione?
  1. $\frac{1}{4} \in \mathbb{Q}$.
  2. Sostituiamolo all'incognita:
     $$15 \cdot \frac{1}{4} - 3 = 3 \cdot \frac{1}{4} \quad \rightarrow \quad \frac{15 - 12}{4} = \frac{3}{4} \quad \rightarrow \quad \frac{3}{4} = \frac{3}{4}.$$
  Questa uguaglianza è vera, quindi $\frac{1}{4}$ è soluzione.

Ci sono altre soluzioni? Vedremo nei prossimi paragrafi che per le equazioni di I grado la risposta è no.

PER ESEMPIO Consideriamo l'equazione:

$$x(x^2 - 2) = 0, \qquad x \in \mathbb{Q}.$$

- 2 è soluzione?
  1. $2 \in \mathbb{Q}$.
  2. Sostituiamolo all'incognita:
     $$2 \cdot (4 - 2) = 0 \quad \rightarrow \quad 2 \cdot 2 = 0 \quad \rightarrow \quad 4 = 0.$$
  L'uguaglianza è falsa, quindi 2 non è soluzione.
- $\sqrt{2}$ è soluzione?
  1. $\sqrt{2}$ non è numero razionale, quindi non è soluzione dell'equazione in $\mathbb{Q}$, anche se, sostituito all'incognita, rende vera l'uguaglianza:
     $$\sqrt{2} \cdot (2 - 2) = 0 \quad \rightarrow \quad \sqrt{2} \cdot 0 = 0 \quad \rightarrow \quad 0 = 0.$$

OSSERVA Per motivi storici la lettera x è diventata la lettera simbolo per indicare qualcosa di incognito, cioè non conosciuto. L'incognita può comunque essere indicata con la lettera che si preferisce. Per esempio di solito si usa n per indicare un numero naturale, l per indicare la misura del lato di un quadrato, t per indicare un tempo…

PROVA TU

[A]

1 Considera l'equazione $6x = x^2 + 9$, con x nell'insieme $\mathbb{Q}$. Stabilisci se i seguenti numeri sono soluzioni svolgendo i calcoli nello spazio a fianco.

a. 0 è soluzione? $6 \cdot 0 = 0 + 9 \rightarrow 0 = 9$ no

b. -2 è soluzione? ......

c. $+3$ è soluzione? ......

d. $-\frac{3}{4}$ è soluzione? ......

2 Traduci in equazione le seguenti domande.

a. Nella tua scuola ci sono 951 studenti e le ragazze sono 87 più dei ragazzi. Quante studentesse ci sono?

b. Un numero naturale aumentato di 3 è uguale al suo doppio diminuito di 1. Qual è il numero?

c. La classe 1C sta organizzando la gita a Roma. Si aggrega anche la classe 1B, composta da 22 alunni. Di questi, 6 studenti decidono poi di non partecipare. Sapendo che partono 35 studenti, quanti alunni ci sono in 1C?

3 **ARGOMENTARE** L'equazione $x + 3 = -1$ è impossibile in $\mathbb{N}$, ma non in $\mathbb{Z}$. Spiega perché.

4 **ARGOMENTARE** L'equazione $2x = 1$ è impossibile in $\mathbb{Z}$, ma non in $\mathbb{Q}$. Spiega perché.

5 **ARGOMENTARE** L'equazione $x + 3 = 3x - 5 - (2x - 8)$ è un'identità, qualsiasi sia l'insieme in cui varia l'incognita. Spiega perché.

6 Completa le seguenti affermazioni fornendo degli esempi.

a. L'equazione ...... è un'identità in $\mathbb{Z}$.

b. L'equazione ...... è impossibile in $\mathbb{Z}$.

c. L'equazione ...... ha 0 come soluzione.

d. L'equazione ...... non ha 7 come soluzione.

7 L'equazione $3x - 2 = 0$ è impossibile in ......, ma non in ....

8 Considera in $\mathbb{Q}$ l'equazione $(x + 1)^2 = x^2 + 1$.

a. Spiega perché *non* è un'identità.

b. Spiega perché *non* è impossibile.

SUGGERIMENTO Riesci a trovare un numero che rende vera l'uguaglianza?

9 Scrivi due esempi di equazioni impossibili.

10 Scrivi due esempi di equazioni che sono identità.

11 Scrivi due esempi di equazioni che non sono né impossibili né identità.

Esercizi a pag. 188

Esercizi
a pag. 190

Diverse... ma equivalenti!

2

RISOLVERE PROBLEMI

GIOCHIAMO CON LA MENTE

In equilibrio sulla bilancia

Piero è un commesso di un negozio di bibite molto distratto. Ha chiuso gli scatoloni con gli ordini da spedire senza aver scritto il numero di pezzi contenuti, ma solo il tipo di bibita: aranciata, cola, limonata, ...
Si ricorda solo che gli scatoloni con lo stesso tipo di bibita hanno tutti lo stesso peso perché contengono lo stesso numero di lattine. Inoltre il peso dell'imballaggio è trascurabile rispetto a quello delle lattine contenute.
Per non aprire tutti gli imballaggi, pone i pacchi e alcune lattine su una bilancia in modo che sia in equilibrio e osserva le situazioni raffigurate nei disegni.

► Sei in grado di stabilire il numero di lattine contenute in ogni scatolone? Scrivi come hai fatto nello spazio a fianco. Ricorda che puoi togliere tutte le lattine e gli scatoloni che vuoi, purché la bilancia resti in equilibrio.

Lattine di limonata

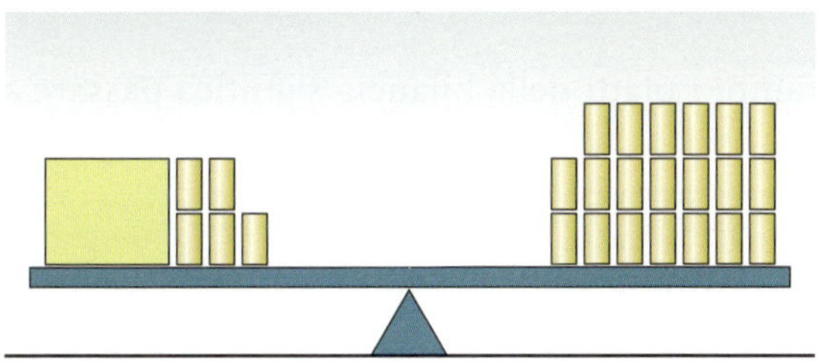

Lattine di cola

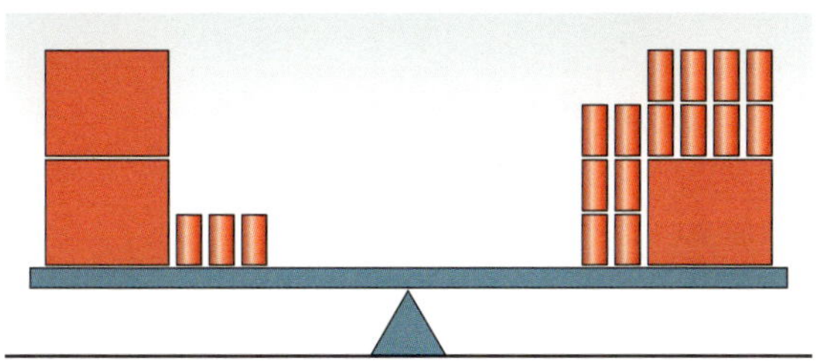

Lattine di aranciata

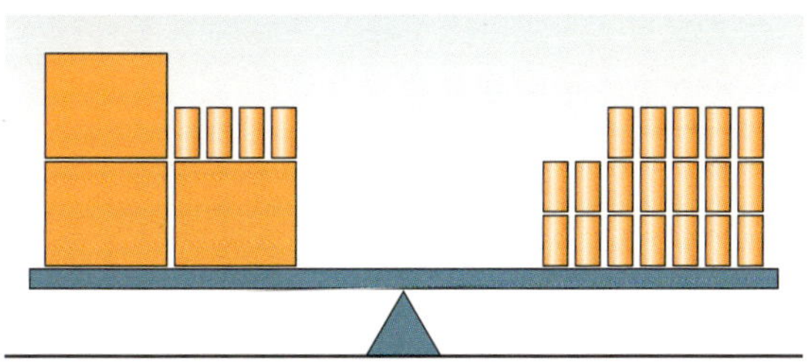

Sull'eBook ti proponiamo un'altra attività come questa.

TEORIA

Lattine di bibita alla menta

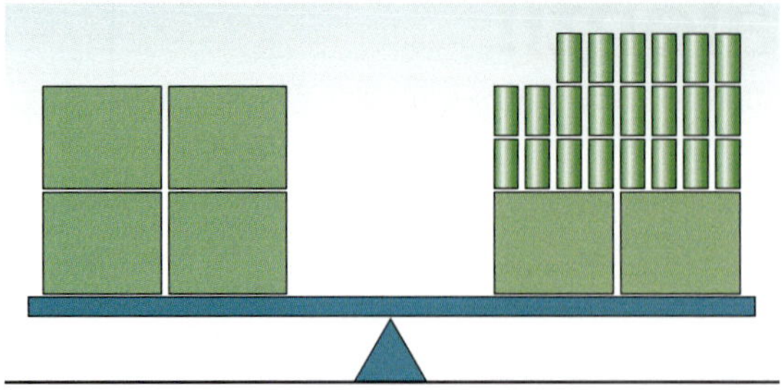

Lattine di bibita al caffè

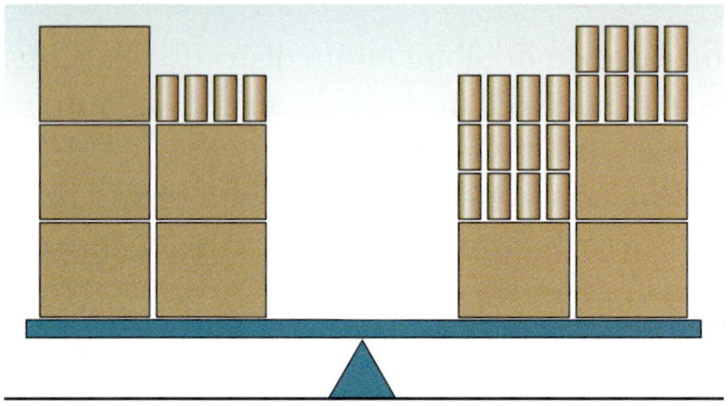

Queste situazioni possono essere schematizzate con i seguenti simboli:

- x indica il numero di lattine di ogni scatola;
- il simbolo = rappresenta la relazione «ha lo stesso peso di».

Per esempio, il primo disegno può essere rappresentato dall'equazione:

$$x + 5 = 20.$$

Togliere 5 lattine da entrambi i piatti della bilancia significa passare alla situazione rappresentata dall'equazione:

$$x + 5 - 5 = 20 - 5 \quad \rightarrow \quad x = 15.$$

► Per ognuna delle situazioni rappresentate nei disegni precedenti scrivi l'espressione matematica corrispondente.

IN TEORIA

Consideriamo le due equazioni seguenti nell'insieme dei numeri naturali:

$x+3=5$ e $2x=4$.

Si può dimostrare che entrambe hanno un'unica soluzione e verificare che questa è 2:

$2+3=5 \rightarrow 5=5$ e $2 \cdot 2=4 \rightarrow 4=4$.

Dunque l'insieme delle soluzioni di ciascuna delle due equazioni è:

$S=\{2\}$.

Due equazioni si dicono **equivalenti nell'insieme *A*** se ogni soluzione della prima equazione appartenente ad A è anche soluzione della seconda equazione e viceversa. In altre parole, due equazioni si dicono *equivalenti* nell'insieme A se in A hanno lo stesso insieme delle soluzioni.

PER ESEMPIO Consideriamo le equazioni:

$x-1=0$ e $x^2=1$.

Se $x \in \mathbb{N}$, per entrambe 1 è l'unica soluzione.
Se invece $x \in \mathbb{Z}$, la seconda equazione ha due soluzioni, poiché esistono due numeri interi il cui quadrato è 1: sono 1 e -1. La prima equazione ha ancora un'unica soluzione.
Queste equazioni sono equivalenti in $\mathbb{N}$, ma non in $\mathbb{Z}$.

ATTENZIONE Due equazioni possono essere equivalenti in un insieme ma non in un altro.

La parola equazione deriva dal latino *aequatium* che significa *uguaglianza*. Tale parola rimanda al concetto di equilibrio, come quello di una bilancia a bracci uguali. L'analogia con una bilancia in equilibrio può aiutare a capire come passare da un'equazione a un'altra equivalente.

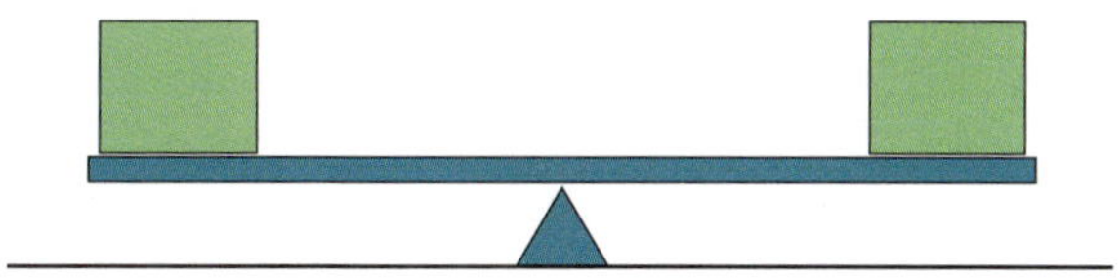

Primo principio di equivalenza delle equazioni
Un'equazione nell'insieme A si trasforma in un'altra equivalente quando a entrambi i membri si somma (o sottrae) uno stesso numero o una stessa espressione letterale, purché sempre definita nell'insieme A.

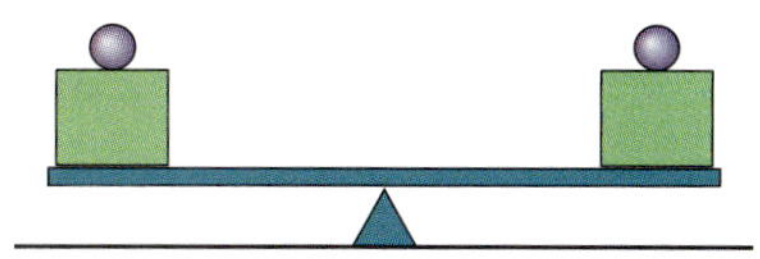

Secondo principio di equivalenza delle equazioni
Un'equazione nell'insieme A si trasforma in un'altra equivalente quando si moltiplicano (o dividono) entrambi i membri per uno stesso numero, diverso da 0, o per una stessa espressione letterale, purché sempre definita nell'insieme A e che non si annulla mai.

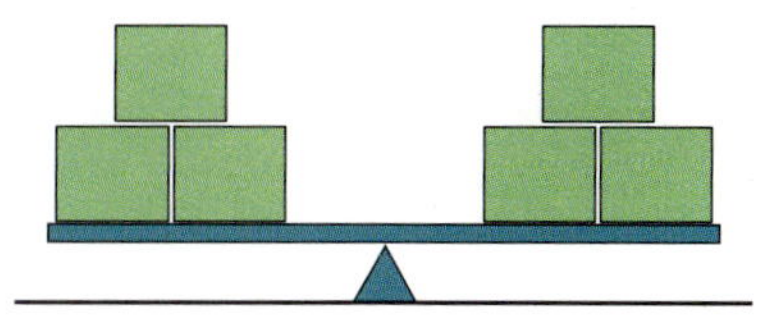

IN PRATICA

Per trovare le soluzioni di un'equazione, la sostituiamo con altre equivalenti via via più semplici fino ad arrivare a un'equazione in cui la soluzione può essere ricavata facilmente. I princìpi di equivalenza possono essere utilizzati per scrivere queste equazioni più semplici, equivalenti a quella da risolvere.

[A] Come si usa il primo principio di equivalenza per risolvere le equazioni?

Consideriamo l'equazione:

$$2 - x = 3 - 2x, \qquad x \in \mathbb{Z}.$$

Osserviamo che se sommiamo $2x$ all'espressione al secondo membro, l'incognita scompare:

$$3 - 2x + 2x = 3.$$

Per il primo principio di equivalenza l'uguaglianza rimane valida se e solo se eseguiamo la stessa operazione anche al primo membro:

$$2 - x + 2x = 3 - 2x + 2x$$ (equivalente alla precedente per il **primo principio**)

$$x + 2 = 3.$$

Applichiamo nuovamente il primo principio di equivalenza; per cancellare il termine noto dal primo membro, sottraiamo 2 a entrambi i membri:

$$x + 2 - 2 = 3 - 2 \quad \rightarrow \quad x = 1.$$

Abbiamo ottenuto un'espressione in cui a sinistra dell'uguale appare l'incognita x e a destra un termine noto.
Con l'equazione in questa forma è immediato dedurre la soluzione, ce lo dice l'espressione stessa: l'insieme S delle soluzioni è

$$S = \{1\}.$$

[B] Come si usa il secondo principio di equivalenza per risolvere le equazioni?

Consideriamo l'equazione:

$$\frac{x}{2} = 3x - 9, \qquad x \in \mathbb{Q}.$$

Al primo membro appare un termine con incognita e coefficiente frazionario: $\frac{x}{2}$.
Sarebbe più comodo svolgere i calcoli senza coefficienti in forma frazionaria; se moltiplichiamo l'espressione al primo membro per 2, il coefficiente frazionario sparisce:

$$\frac{x}{2} \cdot 2 = x.$$

Per il secondo principio di equivalenza, l'uguaglianza resta valida se e solo se eseguiamo la stessa operazione anche al secondo membro:

$$\frac{x}{2} \cdot 2 = (3x - 9) \cdot 2$$ (equivalente alla precedente per il **secondo principio**)

$$x = 6x - 18.$$

> **ATTENZIONE** È importante che la quantità per la quale si moltiplica sia diversa da 0.
> Per esempio l'equazione $x + 1 = 2$ non è un'identità e se ne moltiplichiamo per 0 entrambi i membri, otteniamo l'identità $0 = 0$, che non è equivalente all'equazione iniziale.

Se sottraiamo x a entrambi i membri otteniamo un'equazione in cui l'incognita appare solo al secondo membro:

$$x - x = 6x - 18 - x \quad \rightarrow \quad 0 = 5x - 18.$$

Applichiamo nuovamente il primo principio per isolare l'incognita x dal termine noto, cioè ricavare un'equazione in cui i termini noti e quelli in cui compare l'incognita sono in membri diversi:

$$0 + 18 = 5x - 18 + 18 \quad \rightarrow \quad 18 = 5x.$$

Applichiamo un'altra volta il secondo principio, dividendo entrambi i membri per 5:

$$18 \cdot \frac{1}{5} = 5x \cdot \frac{1}{5} \quad \rightarrow \quad \frac{18}{5} = x.$$

Anche in questo caso, grazie all'applicazione dei princìpi di equivalenza, la soluzione è evidente dall'espressione dell'ultima equazione ottenuta:

$$S = \left\{\frac{18}{5}\right\}.$$

[C] Come si risolvono le equazioni di primo grado?

PER ESEMPIO Consideriamo l'equazione:

$$(x + 1)^2 = 2x - 6 + (x - 1)(x - 3), \qquad x \in \mathbb{Q}.$$

Svolgiamo i calcoli e applichiamo i princìpi di equivalenza:

$$x^2 + 2x + 1 = 2x - 6 + x^2 - 4x + 3$$

$$x^2 + 2x + 1 - x^2 = 2x - 6 + x^2 - 4x + 3 - x^2 \quad \rightarrow \quad 2x + 1 = -2x - 3.$$

Adesso l'equazione presenta solo termini incogniti di grado 1, quindi è lineare:

$$2x + 1 + 2x = -2x - 3 + 2x \quad \rightarrow \quad 4x + 1 = -3$$

$$4x + 1 - 1 = -3 - 1 \quad \rightarrow \quad 4x = -4$$

$$4x \cdot \frac{1}{4} = -4 \cdot \frac{1}{4} \quad \rightarrow \quad x = -1.$$

Gli esempi suggeriscono che tutte le equazioni di primo grado possono essere risolte grazie ai princìpi di equivalenza.

In generale

1. In ciascuno dei due membri, sommiamo i termini simili.
2. Con il primo principio di equivalenza mettiamo i termini con l'incognita a primo membro e i termini noti a secondo membro.
3. Sommiamo altri termini simili, ottenendo un'equazione della forma $\boldsymbol{ax = b}$.
4. Se il coefficiente dell'incognita è $a \neq 0$, l'equazione è di primo grado e, grazie al secondo principio di equivalenza, possiamo dividere entrambi i membri per a e controllare che la soluzione trovata appartenga all'insieme considerato.
5. Se invece il coefficiente dell'incognita è $a = 0$, l'equazione non è più di primo grado. In questo caso è impossibile se $b \neq 0$ o è un'identità se $b = 0$.

PER ESEMPIO

- $2x = 3 + 2x \quad \rightarrow \quad 2x - 2x = 3 + 2x - 2x \quad \rightarrow \quad 0 = 3.$ L'equazione è impossibile.
- $x + 3 = x + 3 \quad \rightarrow \quad x + 3 - x = x + 3 - x \quad \rightarrow \quad 3 = 3.$ L'equazione è un'identità.

PROVA TU

[A] **1** **ARGOMENTARE** Leggi la seguente affermazione.

> Un'equazione si trasforma in un'altra equivalente se un termine si sposta da un membro all'altro, purché si cambi segno.
> Per esempio l'equazione $2x = 3 + x$ è equivalente a $2x - x = 3$.

È corretta? Cosa si intende per «termine»?
Giustifica questa affermazione con i princìpi di equivalenza. Adesso che hai capito perché funziona, puoi usarla per risolvere equazioni.

[A] **2** **ARGOMENTARE** Leggi la seguente affermazione.

> Un'equazione si trasforma in un'altra equivalente se si elimina un termine comune a entrambi i membri.
> Per esempio i membri dell'equazione $2x + 1 = 3(x - 1) + 1$ hanno in comune il termine 1, che quindi può essere cancellato, ottenendo l'equazione $2x = 3(x - 1)$.

È corretta?
Giustifica questa affermazione con i princìpi di equivalenza. Adesso che hai capito perché funziona, puoi usarla per risolvere equazioni.

[B] **3** **ARGOMENTARE** Leggi la seguente affermazione.

> Un'equazione si trasforma in un'altra equivalente se si cambiano i segni di entrambi i suoi membri.
> Per esempio $-x - 2 = -2x + 1$ è equivalente a $x + 2 = 2x - 1$.

È corretta?
Giustifica questa affermazione con i princìpi di equivalenza. Adesso che hai capito perché funziona, puoi usarla per risolvere equazioni.

[B] **4** **ARGOMENTARE** Nella verifica di matematica, Chiara enuncia il secondo principio di equivalenza delle equazioni in questo modo:

> Se si moltiplicano o dividono per uno stesso numero entrambi i membri di un'equazione, si ottiene un'equazione equivalente alla precedente.

No!

L'insegnante ha segnato errato questo enunciato e Chiara non ne capisce il motivo. Come la aiuteresti a individuare l'errore?

5 Scrivi una coppia di equazioni diverse ma equivalenti in $\mathbb{Z}$.

[C] **6** Risolvi le seguenti equazioni negli insiemi indicati, esplicitando quando utilizzi un principio di equivalenza. Verifica infine i risultati sostituendo all'incognita il numero trovato per controllare la veridicità dell'uguaglianza.

a. $2n = 3 + 4n, \quad n \in \mathbb{N}.$

b. $\frac{t}{4} = t - 7, \quad t \in \mathbb{Q}.$

c. $5x = \frac{6 + x}{2} - 7, \quad x \in \mathbb{R}.$

Esercizi a pag. 190

Esercizi
a pag. 192

Equazioni per risolvere problemi

3

INDIVIDUARE COLLEGAMENTI E RELAZIONI

GIOCHIAMO CON LA MENTE

Un nuovo cinema!

È sabato sera, perché non andare al cinema a vedere un bel film? Però ti sono rimasti solo 6 euro.
Hanno aperto un cinema nuovo e il tuo amico Luca ti dice:

> Sai che nei giorni infrasettimanali il biglietto costa 3,40 euro in meno rispetto alle proiezioni del fine settimana? Vedere 3 film di sabato o domenica costa quanto vederne 5 negli altri giorni. È un'offerta conveniente!

Quanto costa il biglietto per l'ingresso nel fine settimana? Bastano i soldi che hai?

► Ricava il costo del biglietto dalla conversazione con Luca, usando le equazioni per risolvere il problema: analizza le informazioni dette da Luca e traducile nel linguaggio della matematica, cioè costruisci un modello matematico del problema.

- Indica con x il costo del biglietto nel fine settimana, che è l'informazione che ti interessa.
- La soluzione appartiene all'insieme di numeri in .... che sono ...., poiché il prezzo di un ingresso non può essere negativo.
- Puoi esprimere il **costo del biglietto infrasettimanale** come: ....
- Il costo di **3 ingressi nel fine settimana** è ....
- Il costo di **5 ingressi infrasettimanali** è ....
- Luca ti ha riferito che le due espressioni assumono lo stesso valore, quindi:
  .... = ...

> Sai che nei giorni infrasettimanali il biglietto **costa 3,40 euro in meno** rispetto alle proiezioni del fine settimana?
> Vedere **3 film di sabato o domenica** costa **quanto** vederne **5 negli altri giorni**.

► Risolvi l'equazione.

► La soluzione è accettabile nel contesto del problema? ....
....

► Riesci ad andare al cinema? ....

Sull'eBook ti proponiamo un'altra attività come questa.

TEORIA

IN TEORIA

Risolvere un'equazione è un'attività investigativa: a partire da alcuni indizi, determiniamo tutti i possibili sospettati e, tra questi, individuiamo le soluzioni.
Proprio per questo le equazioni sono uno strumento talvolta indispensabile per risolvere problemi.
Aiutandoci con un esempio, vediamo quali sono i passi da seguire per sfruttare le equazioni nella risoluzione di un problema.

PER ESEMPIO La squadra dei MathIsFun ha totalizzato 36 punti in un torneo calcistico, pareggiando 6 partite.
Quante partite ha vinto? Quante partite ha perso?

1. **Scegliamo l'incognita e deduciamo l'insieme in cui essa varia**
   Per capire come cercare, se possibile, la risposta, iniziamo scegliendo l'incognita con cui formalizzare il problema.
   Indichiamo con n il numero di partite vinte. L'insieme in cui lavoreremo sarà quello dei numeri naturali, perché il numero di partite non può essere una frazione o un numero irrazionale e nemmeno negativo.

2. **Esplicitiamo eventuali informazioni sottintese**
   Ricordiamo che in un torneo calcistico si attribuiscono 3 punti per ogni partita vinta, 1 punto per ogni pareggio e 0 punti per ogni sconfitta.

3. **Traduciamo le informazioni nel linguaggio matematico**
   In questo passaggio occorre fare una cosa apparentemente assurda: usare l'incognita facendo finta di conoscerla!
   Se conoscessimo il numero n di partite vinte, sapremmo calcolare il punteggio finale in questo modo:
   $$3 \cdot n + 1 \cdot 6.$$
   Sappiamo che questa espressione letterale deve valere esattamente 36.
   Dunque l'equazione che modellizza matematicamente la situazione è l'uguaglianza tra questi due modi di esprimere il punteggio finale:
   $$3 \cdot n + 1 \cdot 6 = 36.$$

4. **Risolviamo l'equazione**
   Risolviamo l'equazione, applicando i princìpi di equivalenza.
   $$3 \cdot n + 1 \cdot 6 = 36$$
   $$3n = 36 - 6$$
   $$3n = 30$$
   $$3n \cdot \frac{1}{3} = 30 \cdot \frac{1}{3}$$
   $$n = 10$$

5. **Commento del risultato: la soluzione è accettabile?**
   La soluzione trovata è un numero naturale e dunque è accettabile come soluzione del problema.
   Possiamo concludere che la squadra ha vinto 10 partite.

   Non è invece possibile stabilire il numero di partite perse, poiché il loro numero non contribuisce al punteggio finale. Occorrerebbe conoscere il numero di partite previste dal torneo, un dato che non ci è noto.

IN PRATICA

Sappiamo che tutti i numeri decimali periodici sono razionali, quindi possono essere scritti in forma di frazione. Ma come si ricava questa frazione?
Nel capitolo 1 abbiamo studiato una formula che permette di calcolare la frazione generatrice di un numero periodico. Vediamo come il calcolo algebrico può aiutarci a trovare la frazione generatrice, senza bisogno di ricordare formule a memoria.

[A] Qual è la frazione generatrice di un numero periodico semplice?

Esaminiamo il caso di un numero la cui parte decimale è composta dal solo periodo.

PER ESEMPIO Calcoliamo la frazione generatrice del numero periodico

$12,\overline{34}$.

Indichiamo con x la frazione che vogliamo ricavare. Questa deve essere uguale al numero periodico di cui cerchiamo la frazione, quindi:

$x = 12,\overline{34}$.

Il periodo è costituito da 2 cifre. Se moltiplichiamo il numero periodico per 100, otteniamo un altro numero che ha lo stesso periodo di quello di partenza:

$100x = 1234,\overline{34}$.

Se sottraiamo x a $100x$, otteniamo un numero che non ha periodo:

$100x - x = 1234,\overline{34} - 12,\overline{34} \quad \rightarrow \quad 99x = 1222.$

Questa è un'equazione di primo grado. Possiamo trovarne la soluzione applicando il secondo principio di equivalenza:

$$\frac{1}{99} \cdot 99x = \frac{1}{99} \cdot 1222 \quad \rightarrow \quad x = \frac{1222}{99}.$$

Abbiamo trovato la frazione generatrice di $12,\overline{34}$.

[B] Qual è la frazione generatrice di un numero periodico misto?

Seguendo un ragionamento analogo al precedente, possiamo usare le equazioni anche per trovare la frazione generatrice di un numero periodico misto.

PER ESEMPIO Calcoliamo la frazione generatrice del numero periodico misto

$12,3\overline{4}$.

Di nuovo, indichiamo con x la frazione che vogliamo ricavare:

$x = 12,3\overline{4}$.

Se moltiplichiamo per 10, ci riconduciamo alla situazione precendente, cioè a un numero periodico semplice, con periodo di una cifra:

$10x = 123,\overline{4}$.

Moltiplichiamo x per 100. Abbiamo un numero diverso, ma sempre periodico e con lo stesso periodo di $10x$. Esprimiamo la differenza tra $100x$ e $10x$:

$100x - 10x = 1234,\overline{4} - 123,\overline{4} \quad \rightarrow \quad 90x = 1111.$

Questa è un'equazione di primo grado. Possiamo trovarne la soluzione applicando il secondo principio di equivalenza:

$$\frac{1}{90} \cdot 90x = \frac{1}{90} \cdot 1111 \quad \rightarrow \quad x = \frac{1111}{90}.$$

Abbiamo trovato la frazione generatrice di $12,3\overline{4}$.

Riconosci la regola che hai studiato nel capitolo 1?

PROVA TU

1 **ARGOMENTARE** I genitori di Matteo e Lorenzo devono stabilire l'ammontare della paghetta per i due figli. Decidono di dare ai due fratelli complessivamente 50 € a settimana e che Matteo, il maggiore, ha diritto a 10 € in più di Lorenzo. Quanti soldi avrà in paghetta ciascun fratello?

Per risolvere il problema imposti l'equazione

$$x + (x - 10) = 50,$$

mentre il tuo compagno di banco sta risolvendo l'equazione

$$x + (x + 10) = 50.$$

Qualcuno sta sbagliando?

2 Elisa ha 3 anni in più rispetto a Luca; il padre ha il doppio della somma delle età dei due figli. Festeggiano tutti e tre il compleanno il 15 febbraio e spegneranno 57 candeline. Imposta l'equazione che descrive questa situazione.

3 **RISOLVERE PROBLEMI** Sabrina ha visto una maglietta che le piace molto. Non si ricorda esattamente il prezzo, solamente che costava tra i 35 € e i 40 € e che, quindi, aveva rinunciato all'acquisto poiché poteva spendere al massimo 30 €.
Sono trascorse due settimane e sono iniziati i saldi. La maglietta ora costa 30 € con un invitante cartello che afferma: SCONTO DEL 35%.
Sabrina rimane perplessa e decide di andare a lamentarsi col responsabile del negozio. Perché?

4 **RISOLVERE PROBLEMI** In un campionato di calcio la squadra dei SuperMat ha pareggiato 4 partite e ne ha perse 3, totalizzando 19 punti. Quante partite ha giocato?

5 Inventa un problema il cui modello matematico sia l'equazione

$$3x = 40 - x$$

e poi risolvilo.

Ricava la frazione generatrice dei seguenti numeri periodici. Riduci la frazione ai minimi termini.

[A] **6** $0,\overline{8}$

[B] **7** $12,0\overline{8}$

[B] **8** $1,1\overline{3}$

[B] **9** $3,04\overline{5}$

Esercizi a pag. 192

MAPPA
LE EQUAZIONI

LOSAI? RIPASSA CON LO SMARTPHONE

Su online.zanichelli.it/pensaci ti proponiamo altre mappe come questa.

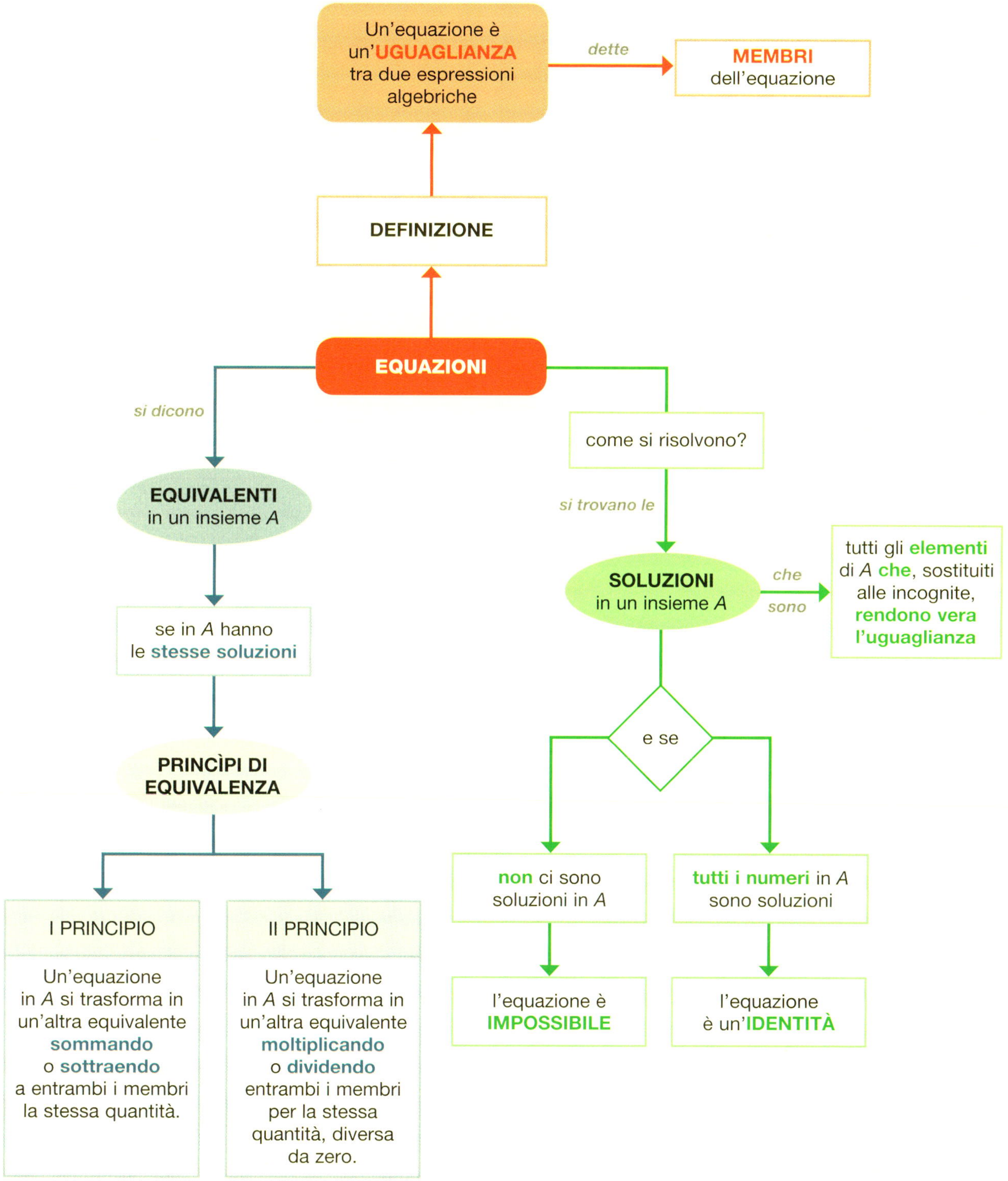

ESERCIZI

Controlla i risultati in fondo al volume.

1 Le equazioni

Teoria a pag. 172

Ricorda

IN TEORIA

Un'equazione è .... tra due ....
....

Risolvere un'equazione .... significa trovare tutti gli elementi di .... che ....
....

IN PRATICA

Associa a ogni equazione il suo insieme delle soluzioni.

1. $x^4 = 1, x \in \mathbb{Z}$ ....
2. $x^3 = 1, x \in \mathbb{Z}$ ....
3. $x^4 = 1, x \in \mathbb{N}$ ....
4. $x^3 = -1, x \in \mathbb{Z}$ ....

a. $S = \{-1; 1\}$
b. $S = \{-1\}$
c. $S = \{1\}$

Traduci in formule le seguenti relazioni.

1 D è la differenza tra il quadrato di a e il quadrato di b.

2 S è la somma di tre numeri dispari consecutivi dei quali il primo numero è d.

3 P è la somma del perimetro di un quadrato di lato m e del perimetro di un rettangolo di dimensioni n e s.

Traduci in equazione le seguenti domande.

4 Quante lattine di aranciata ci sono al supermercato, se in tutto ci sono 98 lattine tra cola e aranciata e le lattine di cola sono 20 in più rispetto a quelle di aranciata?

5 Quale numero naturale sommato al precedente del suo doppio è uguale al suo triplo diminuito di 1?

6 Quanto costava un cappello prima dei saldi, se dopo essere stato scontato del 40% costa 24 €?

7 Vogliamo dividere un gruppo di 42 ragazzi in due parti, in modo che un gruppo superi l'altro di 10. Da quanti ragazzi deve essere composto ogni gruppo?

8 Vogliamo dividere un gregge di 12 pecore in due parti, in modo che un gruppo sia la metà dell'altro. Da quante pecore deve essere composto ogni gruppo?

9 La somma di un numero naturale e del suo successivo è 47. Quali sono i due numeri?

10 Tre numeri interi consecutivi hanno somma 48. Quali sono i tre numeri?

11 Due numeri naturali hanno somma 169 e differenza 7. Quali sono i numeri?

12 Due numeri pari consecutivi hanno somma 86. Quali sono i numeri?

13 **ARGOMENTARE** Considera l'equazione $x^2 - 4x = 2x - 5$ nell'insieme $\mathbb{Q}$. Stabilisci se i seguenti numeri sono soluzioni. Motiva le tue risposte.

a 0 | c 1 | e 5 | g $\frac{1}{2}$

b 0,3 | d -2 | f $\sqrt{2}$ | h $-0{,}1$

14 **INVALSI 2012** L'equazione $x(x-1) = 6$ ha fra le sue soluzioni

a $\frac{1}{6}$. b 3. c 6. d 7.

[INVALSI – scuola secondaria di secondo grado]

15 Quale fra le seguenti equazioni ha $\{-6\}$ come soluzione?

a $-6x = 0$
b $6x = 0$
c $x + 6 = 0$
d $6 - x = 0$
e $2x + 1 = 13$
f $24 + x = -6 - 2x$

16 La soluzione in $\mathbb{Q}$ dell'equazione $2 - 3x = 0$ è

a $\frac{2}{3}$.
b $\frac{3}{2}$.
c $-\frac{2}{3}$.
d $-\frac{3}{2}$.
e 1.

17 Vero o falso?

a. $x + 4 = 0$ è impossibile in $\mathbb{N}$. V F
b. $x - 5 = 0$ è impossibile in $\mathbb{Q}$. V F
c. $3x + 1 = 0$ ha soluzione in $\mathbb{Q}$ ma non in $\mathbb{N}$. V F
d. $x = -x$ è impossibile in qualsiasi insieme numerico. V F
e. $2x = 2(x - 1) + 2$ è un'identità in qualsiasi insieme numerico. V F

18 **ARGOMENTARE** L'equazione $x - 3 = -4$ è impossibile in $\mathbb{N}$, ma non in $\mathbb{Z}$. Spiega perché.

19 **ARGOMENTARE** L'equazione $2 = 3x$ è impossibile in $\mathbb{Z}$, ma non in $\mathbb{Q}$. Spiega perché.

20 **ARGOMENTARE** L'equazione $x + 3 = 3x - 5 - (2x - 8)$ è un'identità, qualsiasi sia l'insieme in cui ne consideriamo le soluzioni. Spiega perché.

21 **ARGOMENTARE** Considera l'equazione $(x - 1)(x - 2) = x^2 - 2$ in $\mathbb{Q}$.

a. Spiega perché non è un'identità.
b. Spiega perché non è impossibile.

▲ **SUGGERIMENTO** Riesci a trovare un numero che rende vera l'uguaglianza?

22 Scrivi due equazioni che hanno entrambe come soluzione il numero 3.

23 Scrivi due equazioni che hanno entrambe come soluzione il numero -3.

24 Scrivi un'equazione impossibile in $\mathbb{N}$, ma non in $\mathbb{Z}$. Scrivi un'altra equazione impossibile in $\mathbb{Z}$.

25 Scrivi due esempi di equazioni che sono identità in $\mathbb{Q}$.

2 Diverse... ma equivalenti!

Teoria a pag. 177

Ricorda

IN TEORIA

Due equazioni si dicono equivalenti nell'insieme *A* se hanno lo stesso ....

I due **principi di equivalenza delle equazioni** offrono dei criteri per stabilire se due equazioni sono equivalenti.

IN PRATICA

Considera l'equazione $4x + 8 = -6$. Scrivi a quali delle seguenti equazioni è equivalente e in base a quale principio.

a. $8x + 8 = -12$ **c.** $4x = -14$

b. $2x + 4 = -3$ **d.** $4x = 2$

....

26 Stabilisci a quali tra le seguenti equazioni è equivalente $x + 1 = 3x$, in $\mathbb{Q}$.

a $x = 3x + 1$ c $3x = x + 1$ e $x - 3x = 1$

b $x = 3x - 1$ d $x + 3x = 1$ f $x - 3x = -1$

Risolvi in $\mathbb{N}$ le seguenti equazioni.

27 $5x + 2 = 7 \rightarrow 5x = 7 - 2 \rightarrow \ldots$

28 $2x - 7 = 3$

29 $15 - 2x = 9$

30 $17 + 3x = -3$

31 $-4x + 7 = -15$

32 $2x - 3 = x + 5$

33 $9x + 4 = 3x - 9$

34 $7x - 14 = 18 - 4x$

Risolvi in $\mathbb{Z}$ le seguenti equazioni.

35 $3(x - 4) = 7$

36 $5(2x + 3) = 35$

37 $4(3 - x) = -15$

38 $2(7 - 2x) = 11$

39 $2(x - 5) = 5x + 7$

40 $6 - 4x = 5(x - 6)$

41 $2x - 3(5 - x) = 35$

42 $7(x + 4) = 2(x - 4)$

43 $2(5 - 2x) = 4(2 - 3x)$

44 $(5x + 3) - (4x - 9) = 0$

45 $5(2x-3)-3(x-2)=0$

46 $7(3-4x)-5(2x+8)=0$

Risolvi in $\mathbb{Q}$ le seguenti equazioni.

47 $\frac{3}{4}x=15 \rightarrow 3x=4\cdot 15 \rightarrow \dots$

48 $\frac{x}{3}+5=15$

49 $\frac{2}{5}x-1=4$

50 $5-\frac{3}{4}x=-1$

51 $3+\frac{4}{7}x=1+\frac{1}{3}$

52 $2x=0,4x+12,8$

53 $0,3x+1,2=0,25-0,2x$

54 $\frac{2}{3}x+15=4x$

55 $1,3x-3,6=\frac{4}{5}x+2$

56 $1,5-\frac{7}{8}x=2,6x+\frac{1}{5}$

Risolvi in $\mathbb{R}$ le seguenti equazioni (esercizi da 57 a 66).

57 $\frac{2x-3}{5}=7$

58 $\frac{3x-4}{5}-7=0$

59 $\frac{x+1}{3}=\frac{3x}{5}$

60 $\frac{2x-1}{3}=1-x$

61 $\frac{2}{3}(5x-7)=\frac{4}{5}$

62 $\frac{2}{3}(6x+5)=7(x-4,5)$

63 $\frac{1}{4}(3x+5)=\frac{1}{3}(5x-4)$

64 $\frac{1}{5}(4-3x)=\frac{1}{7}(3x-4)$

65 $\frac{3x+2}{4}=\frac{2x-1}{3}$

66 $\frac{4x-3}{5}=\frac{2x-7}{8}$

67 Considera l'equazione

$$xy-3y^2=15.$$

Calcola il valore di x quando $y=2$.

68 Considera l'equazione

$$\frac{2}{3}(24-x)=5xy.$$

Calcola il valore di y quando $x=\frac{10}{3}$.

69 Osserva la figura: ci sono delle mele, delle pere e un libretto.
Sapendo che il libretto pesa 110 g, quanto pesa una mela?

a 150 g
b 155 g
c 160 g
d 165 g

[Gran Premio di Matematica Applicata, 2001]

3 Equazioni per risolvere problemi

Teoria a pag. 183

Ricorda

IN TEORIA

Risolviamo un problema usando le equazioni.

1. Scegliamo l'incognita e deduciamo l'insieme in cui varia.
2. Esplicitiamo eventuali informazioni sottintese.
3. Traduciamo le informazioni nel linguaggio matematico.
4. Risolviamo l'equazione.
5. Commentiamo il risultato: la soluzione è accettabile?

IN PRATICA

Risolvi il seguente problema, seguendo i passi a sinistra.

"Ieri la nonna ha dato a Mario 12 caramelle. Oggi ne ha mangiata una meno di ieri e le caramelle sono già finite! Quante caramelle ha mangiato ieri Mario?"

1. ....
2. ....
   ....
3. ....
4. ....
   ....
5. ....
   ....

Calcola, senza l'utilizzo di formule, la frazione generatrice dei seguenti numeri periodici (esercizi da 70 a 76).

70 $9,\overline{124}$

71 $11,14\overline{5}$

72 $3,\overline{3}$

73 $5,7\overline{2}$

74 $54,4\overline{31}$

75 $23,\overline{357}$

76 $3,12\overline{3}$

77 La somma di tre numeri dispari consecutivi è 243. Calcola il maggiore dei tre numeri.

78 La somma di cinque numeri pari consecutivi è 220. Calcola il minore dei cinque numeri.

79 Due numeri dispari consecutivi sono tali che la differenza tra il triplo del minore e il maggiore è 56. Calcola i due numeri.

80 Due numeri pari consecutivi sono tali che la somma del maggiore con il triplo del minore è 42. Calcola i due numeri.

81 Calcola il numero che diviso per 4 e sottratto da 12 dà lo stesso risultato di quando viene moltiplicato per $\frac{1}{6}$.

82 La somma di un sesto di un numero e di $\frac{22}{5}$ è 6. Scrivi l'equazione che esprime la condizione e calcola il valore del numero.

83 Quando un numero viene raddoppiato si ottiene lo stesso risultato di quando gli si sottrae 50. Scrivi l'equazione che esprime la condizione descritta sopra e calcola il valore del numero.

84 Oggi Dario ha due volte e mezzo l'età di Carlo. Cinque anni fa Dario aveva il triplo dell'età di Carlo.

a. Indica con c l'età di Carlo oggi ed esprimi
- l'età di Dario ora,
- l'età di Carlo cinque anni fa,
- l'età di Dario cinque anni fa.

b. Scrivi un'equazione che esprima la seconda condizione del testo.

c. Risolvi l'equazione, calcola l'età di Carlo e quella di Dario.

85 Tre anni fa Amelia aveva tre volte l'età di Bob oggi. Oggi Amelia ha 15 anni più di Bob.

a. Calcola l'età di Amelia oggi.

b. Calcola l'età di Amelia quando Bob aveva 2 anni.

86 Un numero è $\frac{2}{3}$ dell'altro e la loro somma è 20. Quali sono i numeri?

87 Un numero è $\frac{3}{4}$ dell'altro e la loro differenza è 14. Quali sono i numeri?

88 Scrivi un problema che si possa risolvere usando la seguente equazione:

$$x + \frac{5}{7}x + 20 = 180.$$

89 Scrivi un problema che si possa risolvere usando la seguente equazione:

$$\frac{9}{4}x - x = 2.$$

90 Valeria ha i $\frac{3}{10}$ dell'età di sua mamma; 10 anni fa Valeria aveva un ottavo dell'età della mamma. Quanti anni hanno Valeria e sua mamma oggi?

91 In un cortile ci sono polli e conigli. Un ragazzo conta 70 teste e 200 zampe. Quanti sono i conigli e quanti i polli?

92 La somma di due numeri è 120 e uno dei due è il quadruplo dell'altro. Calcola il numero minore.

93 Carlo ha il doppio degli anni di Elisa e Lorenzo è più giovane di Carlo di 7 anni. La somma delle loro età è 38 anni. Calcola le età di Carlo, Elisa e Lorenzo.

94 Il padre di Katia ha 50 anni. Katia ne ha 24. Quanti anni fa il padre di Katia aveva il triplo dell'età della figlia?

95 Il fratello di Giacomo ha il triplo della sua età. Tra 12 anni la somma delle loro età sarà uguale a 10 volte l'attuale età di Giacomo. Calcola le attuali età di Giacomo e di suo fratello.

96 È possibile cambiare una banconota da 10 € con lo stesso numero di monete da 10 centesimi, da 20 centesimi e da 1 €?

97 È possibile cambiare 15 € in monete da 20 centesimi e in monete da 10 centesimi in modo che il numero di monete da 20 centesimi sia doppio rispetto a quelle da 10?

98 Michele è andato a fare la spesa. Con i soldi che ha nel portamonete può comprare o 12 pere o 36 mele. Per fare la macedonia ha bisogno dello stesso numero di mele e pere.
Quanti frutti di ciascun tipo può comprare con i soldi che possiede?

99 Il segmento *s* è lungo $\frac{3}{4}$ del segmento *t* e la loro differenza è 8 cm. Calcola la lunghezza di ciascuno dei due segmenti.

100 Il segmento *s* è lungo $\frac{3}{5}$ del segmento *t* e la loro somma è 3,2 m. Calcola la lunghezza di ciascuno dei due segmenti.

101 Il segmento *j* supera il segmento *k* di 12 cm, e *j* è il triplo di *k*. Calcola la lunghezza di ciascuno dei due segmenti.

102 La base di un rettangolo supera l'altezza di 10 cm e il perimetro è 120 cm. Calcola l'area del rettangolo.

103 La base di un rettangolo è $\frac{3}{2}$ dell'altezza e il perimetro è 60 cm.
Calcola l'area del rettangolo.

104 In un triangolo isoscele la base è $\frac{2}{3}$ del lato obliquo. Calcola la lunghezza del perimetro.

105 In un triangolo isoscele il lato obliquo è $\frac{4}{5}$ della base e il perimetro è di 65 cm. Calcola la lunghezza della base e del lato.

106 Con una corda di 70 m si vuole costruire una recinzione rettangolare, in modo che la base sia $\frac{4}{3}$ dell'altezza. Calcola le lunghezze di base e altezza del rettangolo.

107 Vogliamo dividere un angolo retto in due parti, in modo che una parte sia $\frac{5}{13}$ dell'altra.
Calcola l'ampiezza dei due angoli.

108 Vogliamo dividere un segmento di 250 m in tre parti, in modo che la prima sia metà della seconda e la terza superi la seconda di 25 m.
Calcola la lunghezza delle tre parti.

109 Vogliamo dividere un angolo piatto in tre parti: la prima deve essere $\frac{3}{4}$ della seconda e la terza $\frac{1}{20}$ della seconda.
Calcola l'ampiezza delle tre parti.

110 Vogliamo dividere un angolo di 120° in tre parti; la seconda deve essere $\frac{13}{4}$ della prima e la terza supera la prima di 15°.
Calcola l'ampiezza delle tre parti.

111 **RISOLVERE PROBLEMI** Sei interessato all'acquisto di una bicicletta nuova e un negozio ti propone un affare: una mountain bike di una marca rinomata al prezzo di 230 €. Il negoziante ti assicura che è l'unico rivenditore a offrire questa bici a un prezzo così conveniente. Infatti lui applica il 23% di sconto rispetto al prezzo di listino.
Qual è il prezzo di listino?

112 Policrate, tiranno di Samo, chiese a Pitagora quanti fossero i suoi allievi. Pitagora rispose: «Metà studia la matematica, la quarta parte studia i fenomeni della natura e la settima parte medita in silenzio, inoltre vi sono tre donne».
Quanti erano gli allievi di Pitagora?

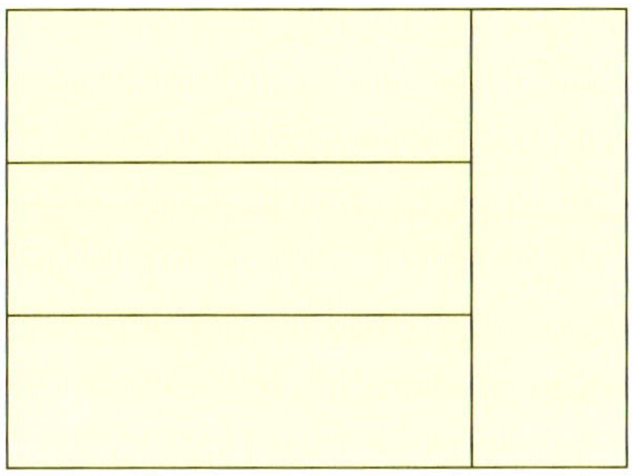

113 **ACQUISIRE DATI E INFORMAZIONI** La scatola a lato presenta quattro scomparti delle stesse dimensioni.
Il suo perimetro è 112 cm.
Qual è la sua area?

[Pristem, Giochi di allenamento, 2001]

114 **RISOLVERE PROBLEMI** Marco ha bisogno di determinare il prezzo di un ordine di cancelleria privato dell'IVA. Sa che il prezzo dell'ordine, comprensivo di IVA al 20%, è di 34 €.
Marco allora sottrae a tale cifra il suo 20% con la seguente operazione:

$$34 - \frac{20}{100} \cdot 34 = 27{,}20\ €.$$

Perché questo procedimento è sbagliato? Calcola il prezzo iniziale esatto.

115 **RISOLVERE PROBLEMI** Il prezzo di un televisore, comprensivo di IVA al 22%, è 915 €.
Qual è il prezzo IVA esclusa?

116 **RISOLVERE PROBLEMI** Nel 2017, l'IVA per l'acquisto del pellet è passata dal 10% al 22%.
Quanto spenderà in più una famiglia che prima, con IVA al 10%, spendeva 450 € per alimentare la stufa per un inverno?

117 In un campionato di calcio la squadra dei MatForever ha giocato 15 partite. La squadra ha vinto i $\frac{2}{3}$ delle partite, raggiungendo un punteggio a fine campionato di 33 punti.
Quante partite ha perso?

118 Inventa un problema il cui modello matematico sia l'equazione

$$5x - 2 = x + 56$$

e poi risolvilo.

CONFRONTARE E ANALIZZARE FIGURE GEOMETRICHE **Osserva le relazioni geometriche tra gli angoli rappresentati in figura. Calcola il valore delle incognite (esercizi dal 119 al 131).**

119

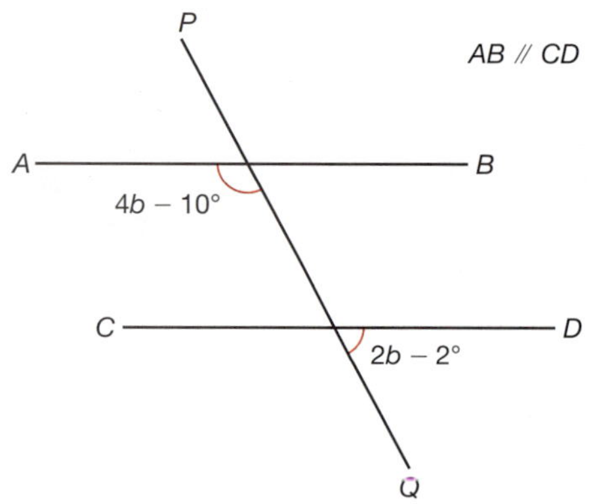

120

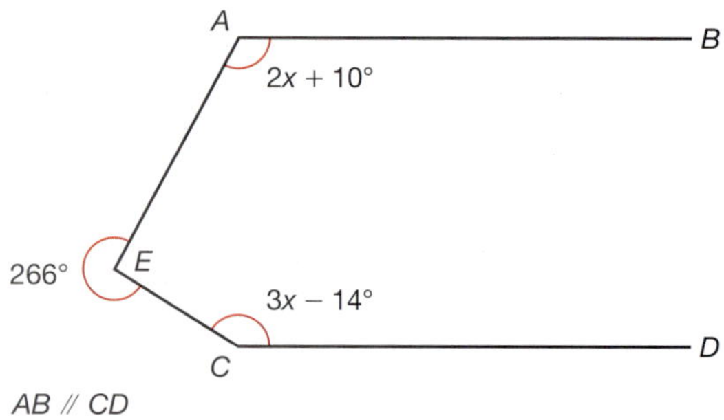

121

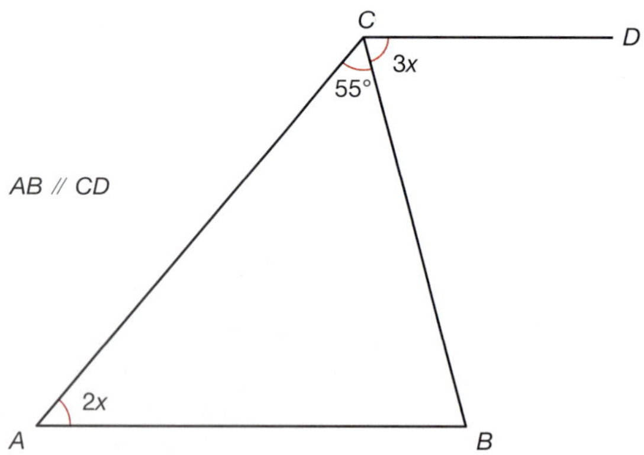

122

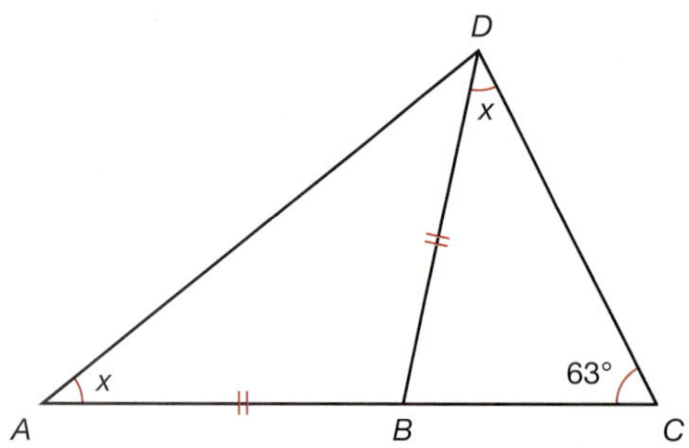

123 *ABCD* è un rettangolo.

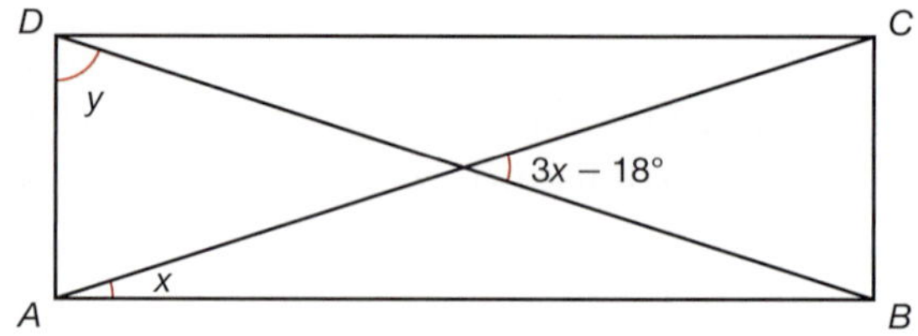

124 *ABCD* è un deltoide.

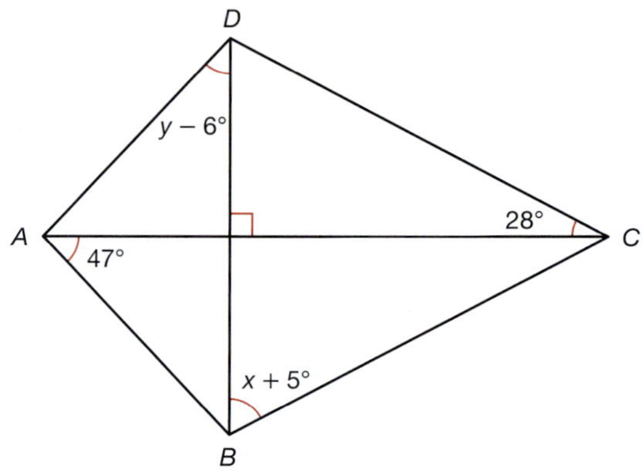

125

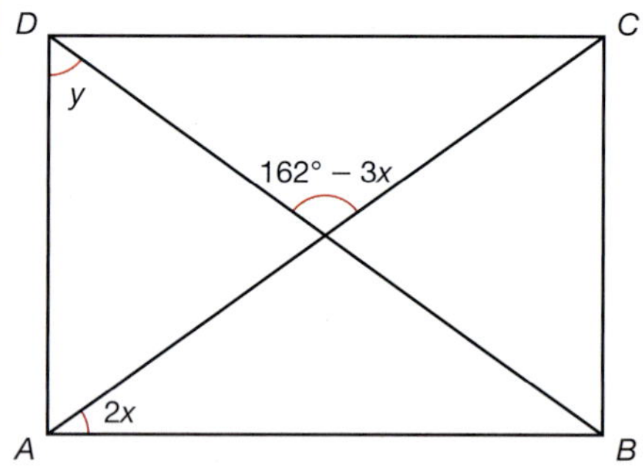

126 *ABCD* è un deltoide.

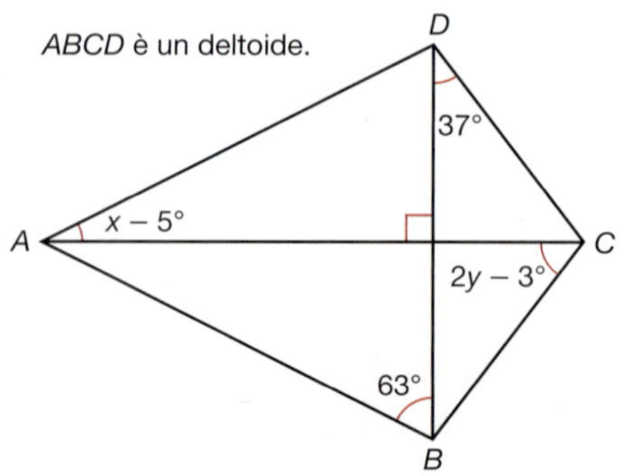

127

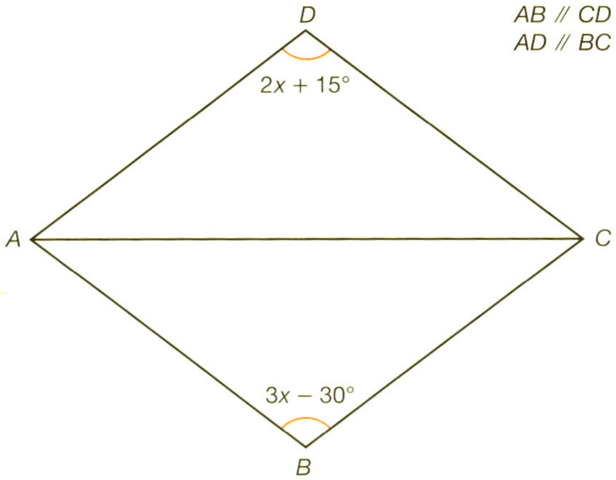

128

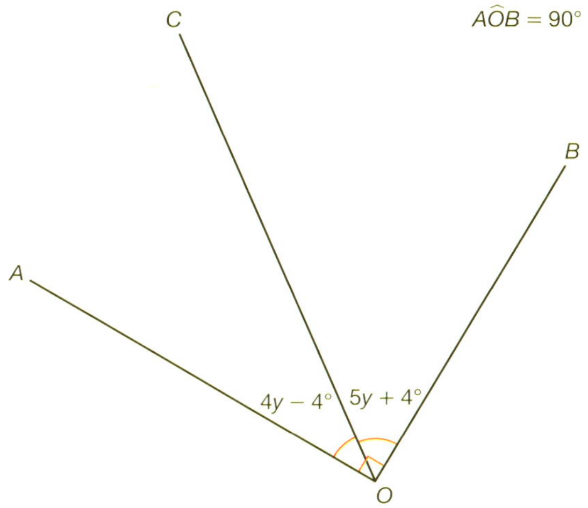

129

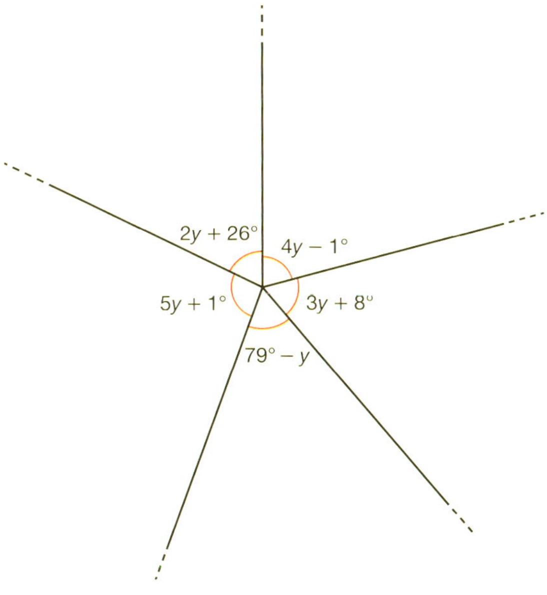

130

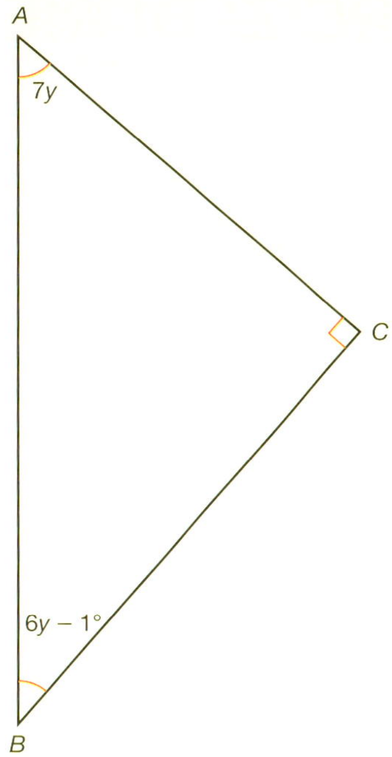

131

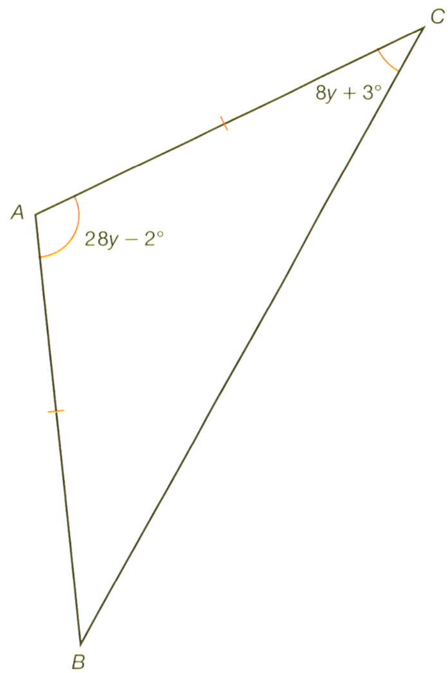

132 La somma di due segmenti AB e CD è 25 cm; AB è il maggiore e la loro differenza è 5 cm. Calcola la lunghezza di ciascuno dei due segmenti.

ESERCIZI DI RIEPILOGO

133 Per un grande gioco di gruppo i 100 bambini di un centro estivo devono essere divisi in 4 squadre, 3 con lo stesso numero di componenti e una con il doppio di bambini rispetto alle altre. Quanti bambini dovranno esserci in ogni squadra?

134 Due numeri interi consecutivi hanno somma 231. Quali sono i due numeri?

135 Sappiamo che la differenza tra due numeri è 5 e uno è $\frac{6}{7}$ dell'altro. Quali sono i numeri?

136 La somma di due numeri dispari consecutivi è 64. Quali sono i numeri?

Risolvi in $\mathbb{Z}$ le seguenti equazioni (esercizi da 137 a 142).

137 $5(3x-2)-7(x-1)=12$

138 $4(3-x)+3(4x+5)=-45$

139 $5(2-3x)-(1+7x)=5(3-6x)$

140 $3(5x+2)-7(3-x)=19+5x+20-x$

141 $2x-[3+5(x-5)]=10$

142 $3x-[3-2(3x-7)]=37$

143 Verifica se $\frac{3}{4}$ è soluzione dell'equazione $4(1-t)-3t=2t+1$.

144 Verifica se $\frac{1}{3}$ è soluzione dell'equazione $4(1-t)-3t=2t+1$.

145 Verifica se 3 è soluzione dell'equazione $(8-a)+a(a-6)=(a-2)^2$.

146 Scrivi un'equazione che abbia soluzione $\{1\}$.

147 Scrivi un'equazione che abbia soluzione $\{0\}$.

148 Scrivi un'equazione che non abbia soluzione.

149 Scrivi un'equazione che abbia soluzione $\{5\}$.

150 Scrivi un'equazione che abbia soluzione $\{-2\}$.

Risolvi in $\mathbb{Q}$ le seguenti equazioni (esercizi da 151 a 173).

151 $\frac{2(x-1)}{3}+\frac{3x}{4}=0$

152 $\frac{6x+1}{7}-\frac{2x-7}{3}=4$

153 $2x - \frac{x}{4} + \frac{3x}{5} = 14 + \frac{7x}{3}$

154 $5x - 1 + \frac{3}{4} = 6 + 1 + \frac{2}{3}x - \frac{5}{6}$

155 $\frac{2x-1}{3} - \frac{3x-4}{5} = \frac{4}{7}$

156 $\frac{x}{4} = \frac{x+12}{10} + 0,6$

157 $\frac{3x-4}{6} - \frac{2x+3}{8} = \frac{2x-7}{24}$

158 $\frac{5x-1}{8} - \frac{5-7x}{2} = \frac{3(6-x)}{6}$

159 $\frac{5x+2}{7} = \frac{x-3}{5} + x + 1,5$

160 $\frac{x}{3} - \frac{7(x-2)}{9} = 4 - \frac{2x-5}{6}$

161 $0,5x + 2 = \frac{1}{4} + \frac{x-1}{2} + \frac{x}{4} - \frac{1}{6}$

162 $4x + 1 - \frac{1}{2}(3x-2) - \frac{1}{3}(4x-1) = 0$

163 $\frac{1}{2}\left(2x - \frac{1}{2}\right) = \frac{1}{3}\left(3x - \frac{1}{4}\right) + \frac{1}{4}(4x-3)$

164 $0,3(4x-1) = 0,8 + x$

165 $x + \frac{4}{7}x - \frac{2}{3} = \frac{3}{7}x + 1 + \frac{4}{3} + x$

166 $x(x+7) - x = (x+3)^2 - 7$

167 $(1-2b)^2 - 3(b-1)^2 = 6 - \frac{1}{3}(17 - b^2) + 2b - \frac{2(1+b)(1-b)}{3}$

168 $(t+3)^2 - 3 + 2t = t(t+8) + 6$

169 $\frac{2}{3}x + \frac{1}{6}(x-3)(x+2) = \frac{4}{3}x + \frac{1}{6}(x^2+1)$

170 $(3x-3)\left(\frac{1}{2}x + 2\right) + \frac{54}{5} = \frac{3}{5}(1+4x) + \frac{3}{2}x^2 + \frac{9}{10}(1-x)$

171 $2 + \frac{2}{3}x + \frac{4}{5}(x+7) + \frac{7}{4}(x-1) - \frac{1}{4} = \frac{3}{5} + \frac{1}{7}x + 5$

172 $2(a-1)^2 + 2a = (2a+1)(a-3) - 1$

173 $x(x-3) + 1 - 4x^2 = 2 - 4x^2 - 4x + (x-1)(x+1)$

174 Scrivi un'equazione che abbia soluzione $\left\{\frac{1}{3}\right\}$.

175 Scrivi un'equazione che sia un'identità.

176 Scrivi un'equazione che abbia soluzione $\left\{-\frac{3}{4}\right\}$.

177 Scrivi un'equazione che abbia soluzione $\{12,5\}$.

178 Scrivi un'equazione che abbia soluzione $\{-6{,}8\}$.

179 Sapendo che $5(2x - 3) - 3(x - 2) = 0$, calcola il valore di $7x + 2$.

180 Mostrando esplicitamente i passaggi eseguiti, stabilisci se il numero 4 è soluzione dell'equazione:

$$-2 - \frac{2x}{5} + \frac{3x}{2} = \frac{23}{5}.$$

181 Se $x - y = \frac{xy}{p - q}$, calcola il valore di x quando $y = 2$, $p = 5$ e $q = 6$.

182 Se $\frac{x-1}{y+3} - \frac{x}{y} = \frac{1}{z}$, calcola il valore di x quando $y = 8$ e $z = 2$.

183 Data la formula $v^2 = u^2 + 2as$, calcola il valore di v quando $u = \frac{3}{10}$, $a = \frac{9}{10}$ e $s = \frac{8}{90}$. Puoi scomporre con la differenza di quadrati.

184 Se $\frac{1}{x} = (a - 2)\left(\frac{1}{h} + \frac{1}{k}\right)$, calcola il valore di x quando $a = \frac{7}{2}$, $h = 10$ e $k = 15$.

185 Se $\frac{3x + 2y - 5z}{y - 4z} = \frac{x}{3y}$, calcola il valore di x quando $y = 6$ e $z = -\frac{1}{2}$.

186 Se $\frac{5p - 3q}{r} = \frac{3q - 5p}{p + q}$, calcola il valore di r quando $p = 3$ e $q = -2$.

187 Se $A = P + \frac{PRT}{100}$:

a. calcola A quando $P = 5000$, $R = 5$ e $T = 3$;

b. calcola P quando $A = 6500$, $R = 5$ e $T = \frac{5}{3}$.

UN PASSO IN PIÙ - FORMULE INVERSE E PARAMETRI

188 **ESEMPIO SVOLTO** L'area di un trapezio di altezza h, base maggiore B e base minore b si calcola con la formula:

$$A = \frac{h(B + b)}{2}.$$

Trova la formula per calcolare l'altezza di un trapezio sapendo che ha area A e che la sua base maggiore misura B e quella minore b.

SVOLGIMENTO La formula inversa per h può essere trovata utilizzando i princìpi di equivalenza delle equazioni, pensando l'uguaglianza $A = \frac{h(B + b)}{2}$ come un'equazione di incognita h, che può assumere un qualsiasi valore purché positivo.
Moltiplicando entrambi i membri per 2 si ottiene l'equazione equivalente:

$$2A = h(B + b).$$

Dividendo per $B + b$ (che è diverso da zero perché somma della misura delle basi) si ottiene:

$$\frac{2A}{B + b} = h.$$

Ecco la formula inversa cercata!
Quella che abbiamo appena risolto viene anche chiamata **equazione parametrica**, ossia un'equazione in cui compaiono coefficienti letterali, detti *parametri*. Nell'esercizio che abbiamo appena visto, l'incognita era h, e le altre lettere erano i parametri.

189 **ESEMPIO SVOLTO** Risolviamo la seguente equazione nell'incognita x:

$$3x - ax = 2a.$$

SVOLGIMENTO Mettiamo in evidenza il coefficiente dell'incognita:

$$(3 - a)x = 2a.$$

Quando $a = 3$, il coefficiente di x si annulla e l'equazione diventa

$$0x = 6,$$

che è impossibile.
Quando invece il coefficiente è diverso da zero, cioè $3 - a \neq 0$, per trovare l'incognita dividiamo entrambi i membri per $3 - a$, ottenendo

$$x = \frac{2a}{3 - a}.$$

Dunque, se il parametro a vale 3, l'equazione è impossibile; negli altri casi, l'insieme delle soluzioni è:

$$\left\{\frac{2a}{3 - a}, \text{ quando } a \neq 3\right\}.$$

ESERCIZI IN PIÙ

190 Riscrivi in $\mathbb{R}$ le seguenti formule rispetto all'incognita a fianco indicata, supponendo che le lettere assumano valori positivi.

a. $A = \frac{bh}{2}$, con incognita h.

b. $A = \frac{(B + b)h}{2}$, con incognita B.

c. $F = ma$, con incognita m.

d. $p = p_0 + dgh$, con incognita p_0.

e. $s = s_0 + vt$, con incognita t.

191 Risolvi in $\mathbb{R}$ le seguenti equazioni rispetto all'incognita a fianco indicata.

a. $5x - 7ax = 15$, con incognita a.

b. $5x - 7ax = 15$, con incognita x.

c. $5hk = 7 - k$, con incognita h.

d. $5hk = 7 - k$, con incognita k.

192 Calcola il valore del parametro reale k affinché l'equazione di incognita x

$$3kx = 7k - x$$

abbia come soluzione il numero 4.

193 Calcola il valore del parametro reale x affinché l'equazione di incognita k

$$3kx = 7k - x$$

abbia come soluzione il numero 4.

194 Considera la seguente equazione nell'incognita x: $7x - 4k = k + 5x$.
Calcola per quale numero razionale k l'equazione ha come soluzione il numero 3.

ESERCIZI

Risolvi le seguenti equazioni in $\mathbb{R}$ rispetto alla variabile *x* (esercizi da 195 a 220).

195 $x + a = 0$

196 $x - 1 - a = 0$

197 $2a - 3 = a - x$

198 $2x + a = x + 4 - a$

199 $(x + a)^2 = x^2 + 2ax + a^2$

200 $x + 2 = 3x - (b + x)$

201 $x - z + 1 = z - x - (1 - x)$

202 $x - k + 2 - 2(x - k + 1) = 0$

203 $3x + q = 2x + 6 + q$

204 $x + w + 3 = 2 + x + w$

205 $2x = a$

206 $3x - b = 0$

207 $5x + c = 0$

208 $2x = 3c$

209 $3x - 4k = 0$

210 $8x + 6f = 0$

211 $4k - 7x = 3k + x$

212 $9w + 2x = 6x + 5w$

213 $\frac{3}{4}x - \frac{1}{3}y = 2y + \frac{5}{2}x$

214 $\frac{7}{3}p + 3x = \frac{5}{6}x - p$

215 $2x + 1 = a$

216 $3x - a = 2$

217 $2x + b + 3 = 3b - 3x - 1$

218 $7x + 2k - 5 = 8 - 2x - 3k$

219 $\frac{1}{3}x + 2z - \frac{3}{4} = \frac{x - z + 2}{4}$

220 $\frac{2}{5}n - \frac{7}{3}x + \frac{2}{3} = 0$

221 Risolvi rispetto alla variabile a.

$3x - a = 2$

222 Risolvi rispetto alla variabile b.

$2x + b + 3 = 3b - 3x - 1$

223 Risolvi rispetto alla variabile w.

$9w + 2x = 6x + 5w$

224 Risolvi rispetto alla variabile k.

$7x + 2k - 5 = 8 - 2x - 3k$

225 Il volume di una piramide di altezza h e base quadrata di lato l è dato dalla formula:

$V = \frac{1}{3}l^2h$.

a. Calcola il volume di una piramide con lato di base di 12 cm e altezza 15 cm.

b. Calcola l'altezza di una piramide che ha lo stesso volume della precedente, ma lato di base di 15 cm.

226 L'area di un rettangolo è data dalla formula $A = b \cdot h$, dove b è la misura della base e h la misura dell'altezza.

a. Calcola l'area di un rettangolo di base $b = 6$ cm e altezza $h = 3$ cm.

b. In un rettangolo l'area è 40 cm^2 e la base 8 cm. Scrivi un'equazione che abbia per incognita h e calcola la lunghezza dell'altezza.

c. In un rettangolo l'area è 30 cm^2 e l'altezza 5 cm. Scrivi un'equazione che abbia per incognita b e calcola la lunghezza della base.

227 Il volume di un cilindro di raggio r e altezza h è dato dalla formula $V = \pi r^2 h$.

a. Calcola il volume di un cilindro di raggio 10 cm e altezza 7 cm.

Un cilindro ha raggio 6 cm e volume 25 cm^3.

b. Usa la formula per il volume e scrivi un'equazione che abbia per incognita h.

c. Risolvi l'equazione e calcola il valore di h.

228 La superficie totale A di un parallelepipedo è data da $A = 2(lb + bh + lh)$, dove l indica la larghezza, b la profondità e h l'altezza.

a. Calcola la superficie totale di un parallelepipedo con larghezza 6 cm, profondità 2 cm, altezza 3 cm.

Un parallelepipedo ha $l = 8$ cm, $h = 5$ cm, $A = 93$ cm^2.

b. Usa la formula per la superficie totale e scrivi un'equazione di incognita b.

c. Calcola la lunghezza di b.

229 **INVALSI 2012** È data l'equazione $(3k-6)x-5k+2=0$, in cui x è l'incognita e k è un numero reale.
La soluzione dell'equazione è 0 per $k =$ ....
[INVALSI – scuola secondaria di secondo grado]

230 Scrivi la formula che esprime la somma S di tre numeri interi, indicando con x il primo numero e sapendo che il secondo è m volte il primo numero e il terzo numero è inferiore al secondo di n.
Calcola x nel caso in cui la somma sia 12, $m = 2$ e $n = 3$.

231 La somma di tre numeri è 109. Il secondo numero è il quadruplo del primo e il terzo numero si ottiene dal secondo sottraendo 8. Calcola i tre numeri.

232 Nora e Priscilla hanno acquistato un paio di scarpe dello stesso modello. Dopo la spesa a Nora sono rimasti il doppio dei soldi di Priscilla.
a. Indicando con n la cifra inizialmente posseduta da Nora e con p quella inizialmente posseduta da Priscilla, scrivi una formula per il costo C di un paio di scarpe di quel modello.
b. Calcola C sapendo che Nora aveva a disposizione 42 € e Priscilla 30 €.

233 Lisa pensa un numero naturale. Se moltiplica tale numero per 2 e aggiunge 14, ottiene lo stesso risultato che moltiplicando per 4 il numero pensato e sottraendo 8 dal risultato.
a. Indica il numero pensato da Lisa con x e scrivi un'equazione nell'incognita x che descrive la situazione.
b. Risolvi l'equazione.
c. Verifica il risultato ottenuto.

234 Il numeratore di una frazione è un'unità inferiore al denominatore. Se si aggiunge 1 al numeratore e 2 al denominatore, la frazione diventa equivalente a $\frac{3}{4}$. Calcola la frazione di partenza.

235 La mamma di Michele ha 8 volte l'età del figlio. Due anni fa la mamma aveva 15 volte l'età del figlio.
a. Sapendo che Michele oggi ha x anni, scrivi l'età attuale della madre.
b. Scrivi un'espressione per esprimere l'età di Michele due anni fa.
c. Imposta un'equazione per calcolare l'età attuale di Michele e risolvila.
d. Calcola quanti anni avrà la madre di Michele tra 5 anni.

236 Il segmento p è il quadruplo del segmento m e la loro somma è 65 cm. Calcola la lunghezza di ciascuno dei due segmenti.

237 La somma di due segmenti è 61 cm e la loro differenza è 26 cm. Calcola la lunghezza di ciascuno di essi.

238 Il perimetro di un rettangolo è 64 cm e la base è $\frac{3}{5}$ dell'altezza. Calcola base, altezza e area del rettangolo.

239 Il perimetro di un rettangolo è 190 cm e la base è $\frac{8}{11}$ dell'altezza. Calcola base, altezza e area del rettangolo.

240 In un triangolo isoscele la base supera il lato obliquo di 5 cm, e il perimetro è 23 cm. Calcola la lunghezza della base e del lato.

241 In un triangolo isoscele il lato obliquo supera la base di 3 cm e il perimetro è 36 cm. Calcola la lunghezza della base e del lato.

242 In un triangolo isoscele la differenza tra la base e il lato è 4 cm; la base è $\frac{5}{4}$ del lato. Calcola la lunghezza del perimetro.

243 In un triangolo equilatero il lato è $\frac{1}{3}$ del perimetro. Calcola la lunghezza del lato.

244 Si vuole dividere un segmento di lunghezza 40 cm in due parti, in modo che una sia il triplo dell'altra.

a. Indica la parte più piccola con x e scrivi un'equazione che descriva la situazione.

b. Risolvi l'equazione e calcola la lunghezza delle due parti.

245 Dividi un segmento di lunghezza 30 cm in due parti, in modo che una sia $\frac{3}{7}$ dell'altra.
Calcola la lunghezza di entrambe le parti.

246 Avendo a disposizione 150 m di recinzione, si vuole racchiudere una zona rettangolare, in modo che un lato sia 5 m più lungo dell'altro.
Quali devono essere le misure delle dimensioni del rettangolo?

247 Vogliamo dividere un segmento di 88 cm in tre parti, in modo che la prima sia $\frac{5}{2}$ della seconda e la terza sia il doppio della seconda.
Calcola la lunghezza delle tre parti.

248 Vogliamo dividere un angolo retto in tre parti: la seconda deve essere il triplo della prima e la terza deve essere uguale alla prima. Calcola l'ampiezza delle tre parti.

249 Il perimetro di un trapezio è 46 cm. Il primo lato obliquo è la metà della base minore e il secondo lato obliquo è $\frac{2}{3}$ della base minore, mentre la base maggiore supera la base minore di 8 cm.
Calcola la lunghezza di tutti i lati.

250 Il perimetro di un triangolo è 67 m. Il primo lato è $\frac{2}{3}$ del secondo e il terzo è 3 m più corto del primo.
Calcola la lunghezza dei tre lati.

251 Il perimetro di un deltoide è 76 m. Un lato è 12 m più lungo di un altro.
Calcola la lunghezza di tutti i lati.

252 Bartolomeo è alto 5 cm più di Riccardo; Riccardo è alto i $\frac{34}{35}$ di Bartolomeo. Quanto sono alti i due amici?

253 Vogliamo dividere 35 ragazzi in due gruppi, in modo che uno sia i $\frac{3}{4}$ dell'altro.
Da quanti ragazzi deve essere composto ogni gruppo?

254 Cerca due numeri dispari consecutivi che hanno somma 75. Quali sono i numeri?

255 Scrivi un problema che si possa risolvere usando la seguente equazione:

$$x + x + 1 = 40.$$

256 Scrivi un problema che si possa risolvere usando la seguente equazione:

$$x + \frac{3}{4}x = 6.$$

257 Carlo ha sei volte l'età di suo figlio Riccardo. Tra quattro anni Carlo avrà quattro volte l'età di Riccardo. Quanti anni hanno ora?

258 Paola ha 33 anni più di suo figlio Michele. Michele ha i $\frac{3}{14}$ dell'età di Paola. Quanti anni hanno?

259 Alessia dice a Giorgio:
«Pensa un numero; moltiplicalo per 2; aggiungi 4; moltiplica il risultato per 3. Quanto hai ottenuto?»
Giorgio risponde «54».
Che numero aveva pensato Giorgio?

260 Verifica se 5 è soluzione dell'equazione $6x - 15 - x = 2x$.

261 Verifica se 0 è soluzione dell'equazione $6x - 15 - x = 2x$.

262 Verifica se $\frac{4}{3}$ è soluzione dell'equazione $(8 - a) + a(a - 6) = (a - 2)^2$.

263 Verifica se 3 è soluzione dell'equazione $(x - 3)^2 + 3x - 9 = x^2 - 3x$.

264 Verifica se 0 è soluzione dell'equazione $(x - 3)^2 + 3x - 9 = x^2 - 3x$.

265 Verifica se $-\frac{1}{4}$ è soluzione dell'equazione $(x - 3)^2 + 3x - 9 = x^2 - 3x$.

266 Due vicini di fattoria, Alice e Bob, sono in concorrenza. Bob si è accorto che Alice ha 4 galline più di lui e pensa: «Se ne comprassi altre 24 ne avrei il doppio di lei!»
Quante galline hanno ora?

267 Andrea ha un ristorante e acquista x mele e il doppio di arance. Compra anche 5 pere in più delle mele. Una mela costa 30 centesimi, un'arancia 20 centesimi e una pera 40 centesimi. Andrea spende in totale 14,10 €. Calcola:

a. quanti frutti di ogni tipo sono stati acquistati;

b. quanto spende Andrea per comprare le pere.

268 **RISOLVERE PROBLEMI** Il salario base di un venditore di computer è di 2800 € mensili. Inoltre per ogni computer che vende riceve un'aggiunta di 30 €. Indica con T il salario totale (in euro) che riceve in un mese se vende n computer.

a. Scrivi l'equazione che lega T e n.

b. Calcola il numero di computer venduti in un mese in cui ha ricevuto un salario di 4000 €.

269 **RISOLVERE PROBLEMI** Il salario base di un venditore di automobili è di 2100 € mensili, più un'aggiunta di 880 € per ogni automobile che vende. Indica con T il salario totale che riceve in un mese in cui vende n automobili.

a. Scrivi l'equazione che lega T e n.

b. Calcola il numero di automobili vendute in un mese, se riceve un salario di 6500 €.

270 **RISOLVERE PROBLEMI** Nel fine settimana Vittorio lavora nel negozio di casalinghi di sua zia. Il suo stipendio settimanale A è composto da una base di 90 €, più 12 centesimi per ognuno degli n articoli che riesce a vendere. La formula che esprime A in termini di n è:

$$A = 90\ € + n \cdot \frac{12}{100}\ €.$$

a. Quanto ha guadagnato Vittorio la settimana in cui ha venduto 580 articoli?

b. La settimana successiva Vittorio ha guadagnato 190,80 €. Quanti articoli ha venduto?

c. La zia ha deciso di ritoccare lo stipendio settimanale di Vittorio, stabilendo un salario di base di 80 €, più 16 centesimi per ognuno degli n articoli venduti. Scrivi la nuova formula per calcolare A.

d. Calcola il numero di articoli che Vittorio deve vendere in una settimana per guadagnare la stessa quantità di denaro prima e dopo gli aggiustamenti degli stipendi settimanali.

271 Il biglietto d'ingresso al museo dell'illusionismo costa 25 € per gli adulti e 12 € per i bambini. Un gruppo di 18 persone ha speso 320 €.
Quanti adulti e quanti bambini ci sono nel gruppo?

272 Un centro sociale offre corsi di yoga e pilates. Il numero di persone che frequenta i corsi di yoga è 4 volte il numero di iscritti ai corsi di pilates. Per seguire gli amici, 3 iscritti a pilates scelgono di spostarsi a yoga e ora i corsi di yoga hanno 5,5 volte il numero di iscritti di pilates.
Quanti erano gli iscritti ai due corsi inizialmente?

273 **RISOLVERE PROBLEMI** Un muffin ai mirtilli costa 0,50 € più di un muffin semplice. Il costo totale di 8 muffin ai mirtilli e 12 muffin semplici è di 34 €. Calcola il costo di 12 muffin ai mirtilli e 8 muffin semplici.

274 La media aritmetica di quattro numeri è 56. Il primo supera il secondo di 5; il terzo è la metà del secondo e il quarto è tre volte la somma del primo con il secondo.
Calcola il valore dei quattro numeri.

275 **RISOLVERE PROBLEMI** Monica e Piera devono realizzare 6 tavole da disegno. Lavorando autonomamente, Monica impiegherebbe 3 ore per fare da sola il lavoro, mentre Piera ne impegherebbe 2. Le due ragazze pensano che sia più efficiente lavorare insieme (anche sulla stessa tavola) per completare il lavoro.
Quanto tempo impiegano per completare le 6 tavole insieme (spartendosi opportunamente il lavoro)?

CONFRONTARE E ANALIZZARE FIGURE GEOMETRICHE **Osserva le relazioni geometriche tra gli angoli rappresentati in figura. Calcola il valore delle incognite (esercizi da 276 a 285).**

276

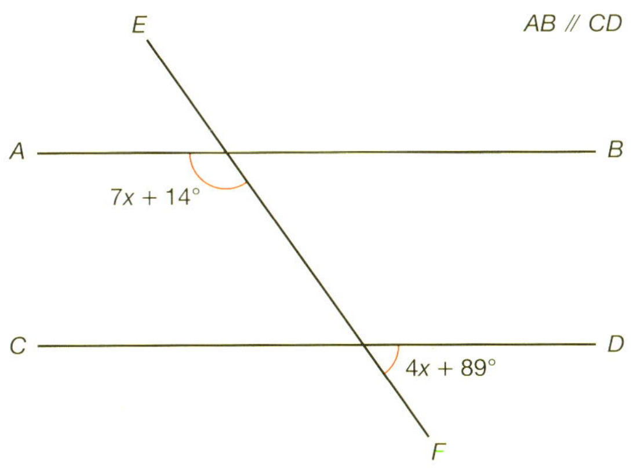

277

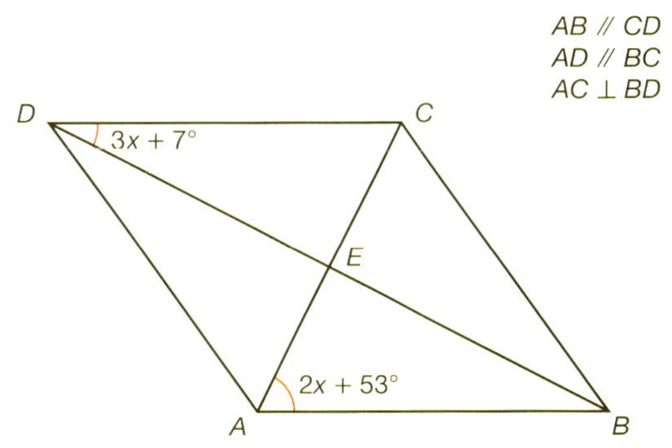

278

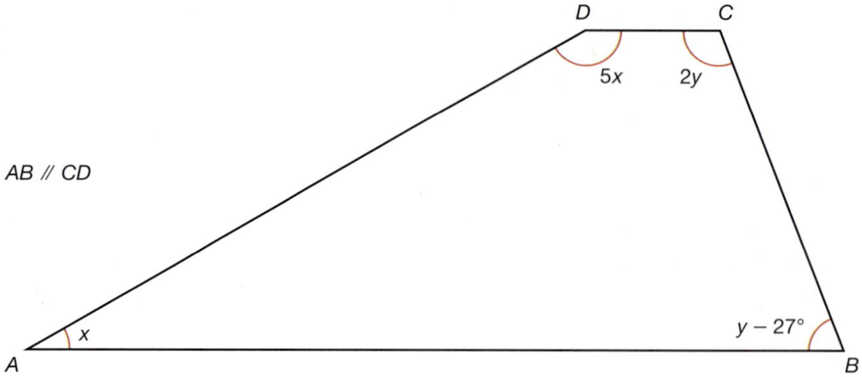

279

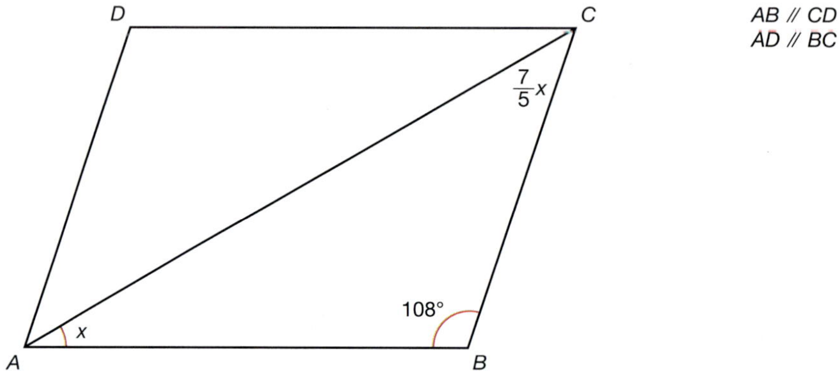

280

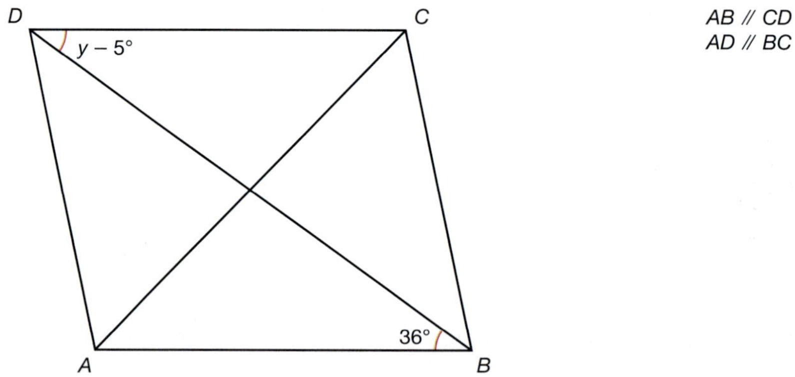

281

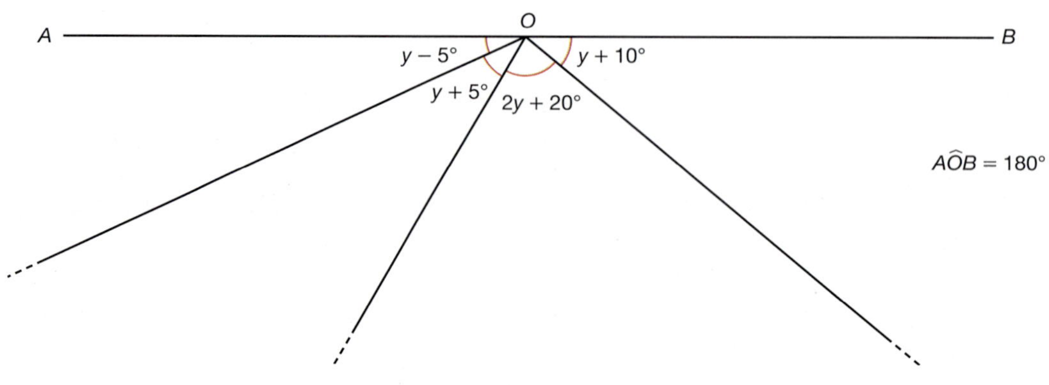

282 AB, CD segmenti

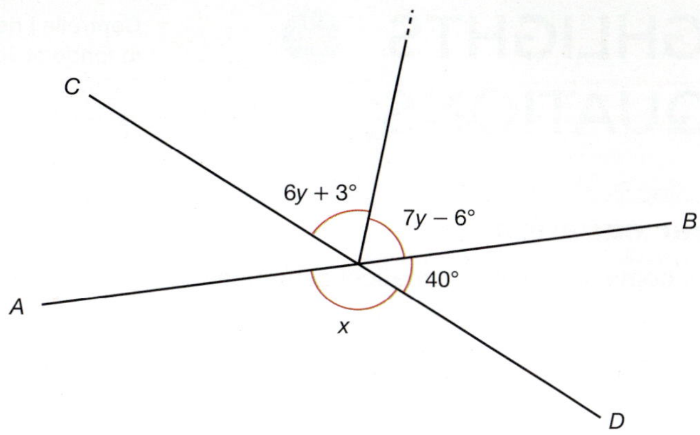

283

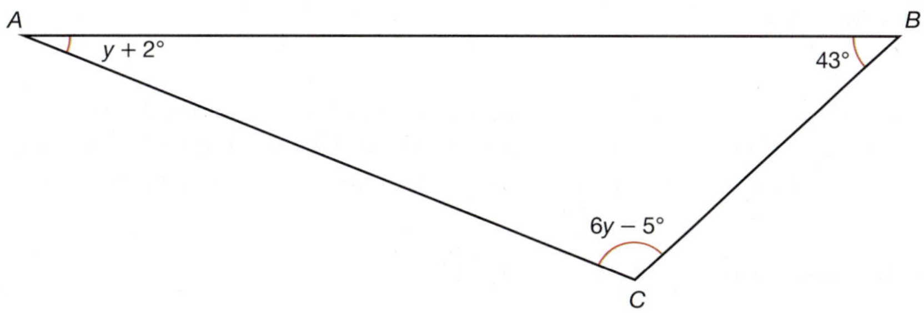

284 B, C, D, allineati

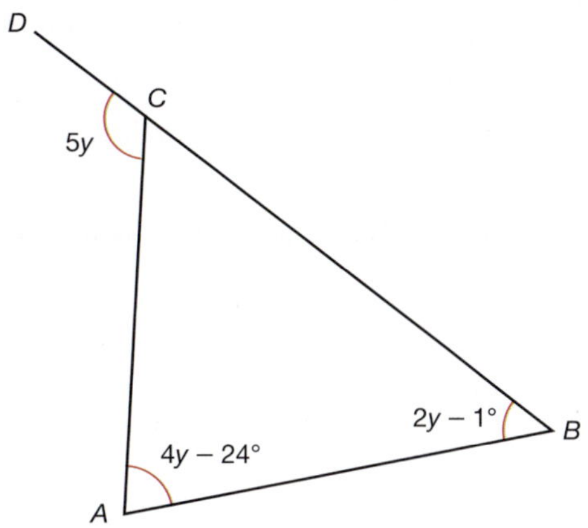

285

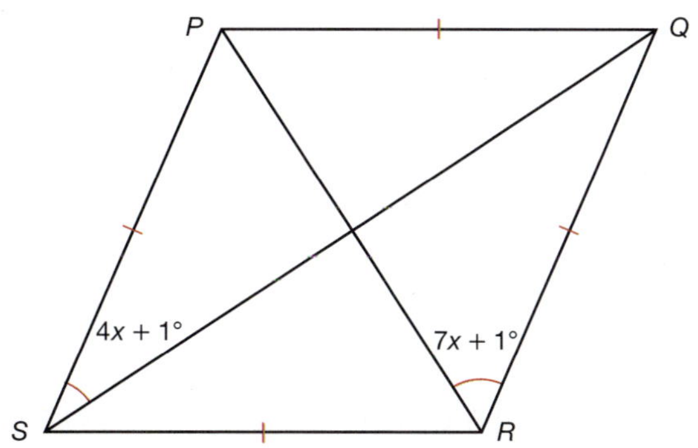

286 Il segmento AB è la metà del segmento CD e la loro somma è 24 cm. Calcola la lunghezza di ciascuno dei due segmenti.

MATHS HIGHLIGHTS CLIL
LINEAR EQUATIONS

Controlla i risultati in fondo al volume.

Definition of a linear equation

In primary school, we have come across mathematical sentences such as

$$7 + \square = 13,$$

where we need to replace $\square$ with a suitable number such that the sentence is true.
If we replace $\square$ with 6, we have

$$7 + 6 = 13.$$

If we replace $\square$ with x, we have

$$7 + x = 13.$$

$7 + x = 13$ is known as an **equation**. The '=' sign means that the total value on the left-hand side (LHS) of the equation, that is $7 + x$, must be the same as the value on the right-hand side (RHS) of the equation, that is 13. Solving $7 + x = 13$ means finding the value of x so that both sides of the equation have the same value, that is x *satisfies* the equation.

For example, if we substitute x with 1:

$$7 + x = 7 + 1 = 8,$$

which is not equal to 13. Thus $x = 1$ does not satisfy the equation. However, if we substitute x with 6:

$$7 + x = 7 + 6 = 13.$$

Hence, $x = 6$ satisfies the equation. $x = 6$ is called a **solution** of the equation.

1 **VOCABULARY** Without using a dictionary, try to understand the meaning of the following words in the text above.

a. left-hand side ....

b. right-hand side ....

c. to satisfy ....

2 **MATHS** Write the following sentences in mathematical language, using equations. Then solve the equations.

a. When loaded with bricks, a lorry has a mass of 11 600 kg. If the mass of the bricks is three times bigger than the mass of the empty lorry, find the mass of the bricks.

b. The sum of 4 consecutive odd numbers is 56. Find the greatest of the 4 numbers.

c. Amirah is 4 years older than Priya and Shirley is 2 years younger than Priya. If the sum of their three ages is 47, find their respective ages.

d. The sum of two numbers, one of which is two-thirds of the other, is 45.
Find the smaller number.

e. If a number is tripled, it gives the same result as when 28 is added to it. Find the number.

f. A travel agency is planning a holiday for a group of people. The agency receives quotations from two coach companies, Maya Express and Great Holidays. Maya Express charges \$ 15 for each person, while Great Holidays charges a fixed amount of \$ 84 and an extra of \$ 12 per person.
If the total amount charged by each company is the same, find the number of people going on the holiday.

L'ESPERTO SEI TU
PROVE PER COMPETENZE

1 PROGETTARE **Torneo scolastico** Con i tuoi amici stai organizzando un torneo sportivo a scuola. Decidete di chiedere 5 € a testa come quota di iscrizione.
Prevedete che si iscriveranno almeno 80 studenti e che per l'organizzazione spenderete circa 60 €. Dal totale incassato occorrerà, quindi, trattenere tali spese. La cifra rimasta verrà utilizzata per i premi dei primi tre classificati, in modo che il secondo classificato vinca una cifra doppia del terzo e il primo classificato vinca una cifra doppia rispetto a quella del secondo.

a. Scrivi una formula che vi aiuti a calcolare la cifra vinta da ognuno dei primi tre classificati.
b. Qual è l'ammontare della vincita se si iscrivono 80 studenti?
c. Per convincere più persone possibile a iscriversi, pensa a un volantino pubblicitario accattivante, in cui scrivi l'ammontare delle vincite nel caso in cui si iscrivano 100 partecipanti.

2 PROGETTARE **La sartoria** Lavori in una sartoria e devi tagliare le stoffe in modo da minimizzare gli sprechi.
Un cliente ha chiesto di confezionare delle tende a pacchetto come in figura. Queste tende sono formate cucendo orizzontalmente delle strisce di stoffa che si sovrappongono un po' tra uno strato e l'altro, creando un grazioso effetto chiaro-scuro.
Il cliente desidera che vengano utilizzate 10 strisce di stoffa larghe 25 cm, per formare una tenda alta 1,5 m.
Di quanti centimetri due strisce consecutive si devono sovrapporre, per fare un lavoro preciso e senza tagli? Presenta il progetto da consegnare alla sarta.

3 COMUNICARE **L'indovinello di Diofanto** Si narra che il matematico Diofanto d'Alessandria (vissuto probabilmente tra il II e il III secolo d.C.) fece incidere come epitaffio sulla sua tomba la seguente frase:

> QUESTA TOMBA RINCHIUDE DIOFANTO E DICE MATEMATICAMENTE QUANTO HA VISSUTO.
> DIO GLI CONCESSE DI RIMANERE FANCIULLO UN SESTO DELLA SUA VITA;
> DOPO UN ALTRO DODICESIMO LE SUE GUANCE VIDERO GERMOGLIARE LA BARBA;
> DOPO UN SETTIMO EGLI ACCESE LA FIACCOLA DEL MATRIMONIO
> E DOPO CINQUE ANNI GLI NACQUE UN FIGLIO.
> MA QUESTI – FANCIULLO DISGRAZIATO E PUR TANTO AMATO! - AVEVA RAGGIUNTO
> LA METÀ DEGLI ANNI DI VITA DEL PADRE, QUANDO MORÌ.
> QUATTRO ANNI ANCORA, MITIGANDO IL PROPRIO DOLORE COLL'OCCUPARSI
> DELLE SCIENZE DEI NUMERI, ATTESE DIOFANTO PRIMA DI RAGGIUNGERE
> IL TERMINE DELLA SUA ESISTENZA.

Sai risolvere questo indovinello? Scrivi lo svolgimento della soluzione che dovrà apparire nella guida di una mostra sulla matematica greca.

SEI PRONTO PER LA VERIFICA?

In 1 ora

1 Risolvi nell'insieme indicato a fianco le seguenti equazioni, scrivendo in ogni passaggio quali principi di equivalenza hai usato.

a. $3x + 8 = -2$, in $\mathbb{N}$.

b. $4 - 5y = 6 + 2y$, in $\mathbb{Z}$.

c. $\frac{t}{6} = \frac{t}{2} - \frac{t}{3}$, in $\mathbb{Q}$.

d. $7 - \frac{w-2}{3} = \frac{5-w}{2}$, in $\mathbb{R}$.

(10 punti per ogni risposta esatta) .... / 40

2 Sommando a un numero razionale il suo 22% si ottiene 78.
Calcola, se esiste, tale numero.

.... / 10

3 Sapendo che

$$U = -2\frac{m}{r},$$

calcola

a. U, se $m = r$,

b. m, se $U = 7$ e $r = 5$,

c. r, se U è il doppio di m.

(5 punti per ogni risposta esatta) .... / 15

4 È possibile cambiare 10 € con lo stesso numero di monete da 5 centesimi, da 10 centesimi e da 20 centesimi?

.... / 15

5 Considera la seguente equazione nell'incognita x:

$$4x + 3k = k + \frac{4}{3}x.$$

Calcola il valore del parametro k, sapendo che l'equazione ha come soluzione il numero $\frac{1}{2}$.

.... / 20

Punti totali: .... / 100

AUTOVALUTAZIONE

Controlla i risultati in fondo al volume.

☐ Fino a 50 punti insufficiente	☐ Da 51 a 70 punti sufficiente	☐ Da 71 a 90 punti buono	☐ Da 91 a 100 punti ottimo

Il piano cartesiano e le funzioni

CAPITOLO 5

1 Le coordinate cartesiane

Esercizi a pag. 232

COMUNICARE

GIOCHIAMO CON LA MENTE

Battaglia navale

Conosci il gioco della battaglia navale?
Di seguito ne trovi una versione: ci sono due plance di gioco e un gruppo di pedine da posizionare sulla plancia, in modo da rappresentare le navi, secondo la legenda riportata sotto.

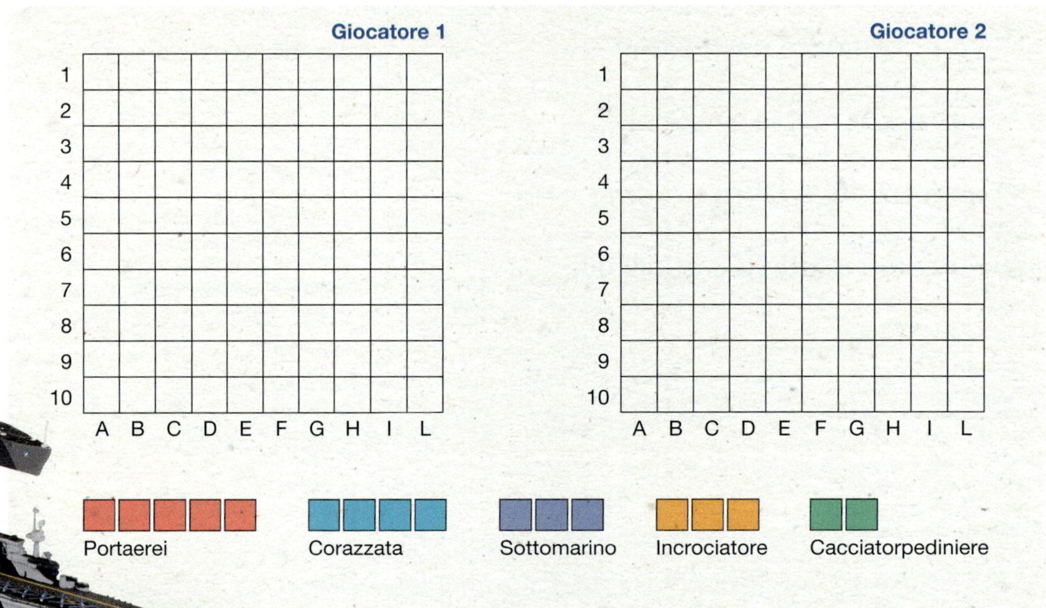

► Scrivi le istruzioni con le regole di gioco, specificando:
- come vanno posizionate le navi all'inizio del gioco;
- come si spara;
- come si verifica se una nave è colpita;
- come si svolgono i turni;
- chi vince.

- **Preparazione del gioco** ....

- **Turno di attacco**

- **Conclusione del gioco**

► Quali analogie pensi possano esserci tra il gioco della battaglia navale e il modo in cui si individua la posizione di una nave in mare?

Devi interrompere il gioco e c'è il rischio di spostare le pedine appoggiate sulla plancia.

► Cerca un modo sintetico per segnare la posizione delle navi sulla plancia. Spiega come funziona il tuo metodo e applicalo alla situazione seguente.

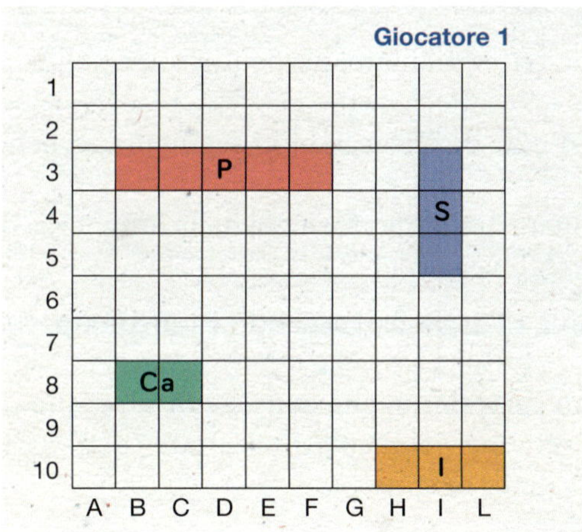

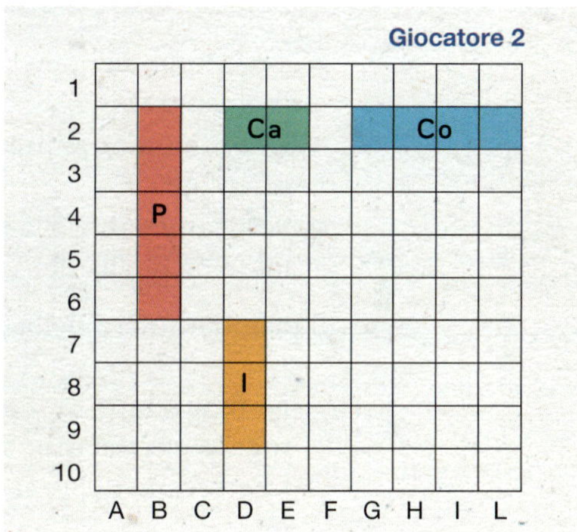

Esiste un'altra versione di battaglia navale in cui invece di sparare all'avversario è possibile spostare una delle proprie navi di un quadretto, dichiarando al nemico quale nave si muove e in quale direzione.

► Come pensi che si possa specificare in quale direzione viene mossa una nave?

PDF Sull'eBook ti proponiamo un'altra attività come questa.

TEORIA

IN TEORIA

Nel gioco della battaglia navale ogni casella sulla plancia di gioco è identificata dal nome della colonna seguito dal numero della riga che la individuano.

Analogamente, è possibile individuare ogni punto del piano tramite una coppia di numeri nel modo seguente.

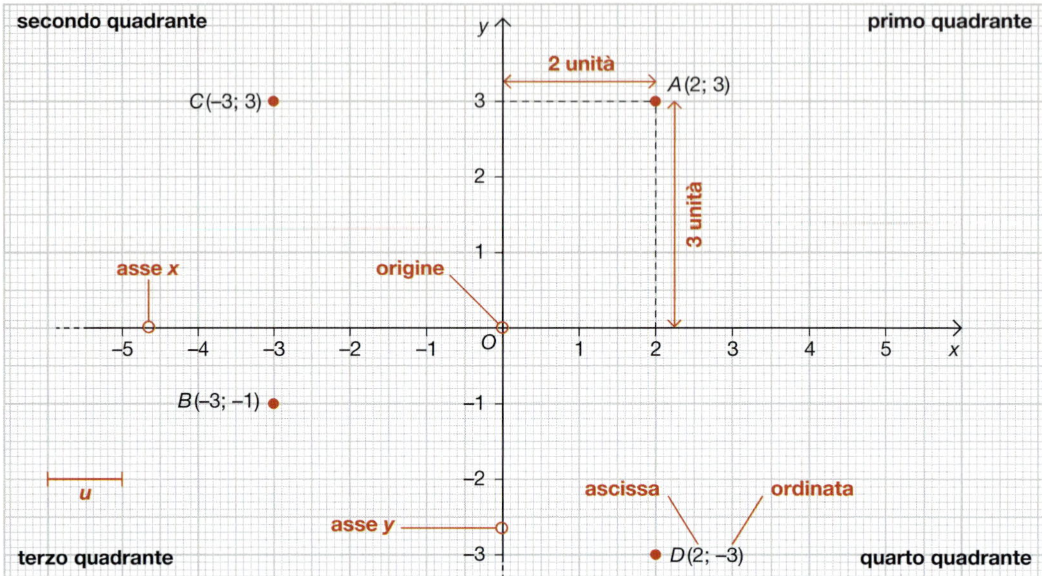

- Tracciamo nel piano due rette orientate, perpendicolari, sulle quali fissiamo un'unità di misura u.
- Consideriamo il punto A e da esso tracciamo i segmenti perpendicolari alle due rette orientate.
- Scriviamo la coppia ordinata di numeri formata dalla lunghezza del segmento orizzontale e da quella del segmento verticale.

Il primo numero della coppia è l'**ascissa**, il secondo è l'**ordinata**.

La figura mostra il **piano cartesiano**, che consiste in un piano dotato di un **riferimento cartesiano**: due rette perpendicolari orientate (detti **assi cartesiani**) che si intersecano nel punto O, detto **origine**.

Gli assi orizzontale e verticale si chiamano, rispettivamente, **asse delle ascisse** e **asse delle ordinate** e si indicano con le lettere x e y.
Gli assi dividono il piano in quattro **quadranti**.
La posizione di ogni punto del piano può essere determinata dalla sua distanza da ciascuno degli assi, una volta fissata un'unità di misura per ognuno di essi.

PER ESEMPIO Il punto A è 2 unità a *destra* dell'asse y e 3 unità *sopra* l'asse x, quindi la sua posizione è data dalla coppia ordinata (2; 3).
Analogamente, la coppia ordinata (−3; −1) individua il punto B e (−3; 3) il punto C.

A ha **coordinate** (2; 3) e si scrive $A(2; 3)$.
Allo stesso modo, scriviamo $B(-3; -1)$ e $C(-3; 3)$.

L'origine degli assi si indica con $O(0; 0)$.

IN PRATICA

[A] Come si determinano le coordinate di un punto?

Non sempre il sistema di riferimento cartesiano è già predisposto. Se vogliamo identificare le posizioni di un insieme di punti, **per prima cosa dobbiamo tracciare gli assi cartesiani e definire un'unità di misura**.

Consideriamo per esempio i punti in figura.

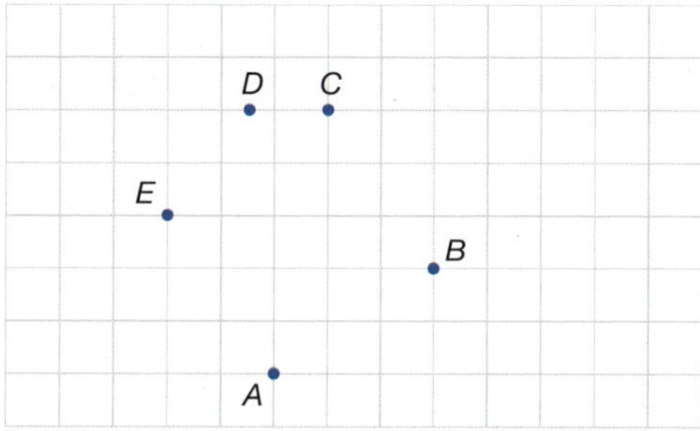

1. Tracciamo due assi perpendicolari in una posizione qualsiasi.

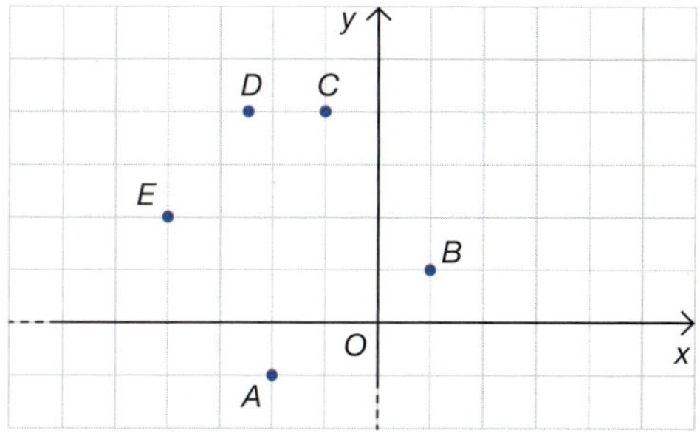

2. Disegniamo le distanze dei punti da ognuno dei due assi, indicandole con delle linee tratteggiate.

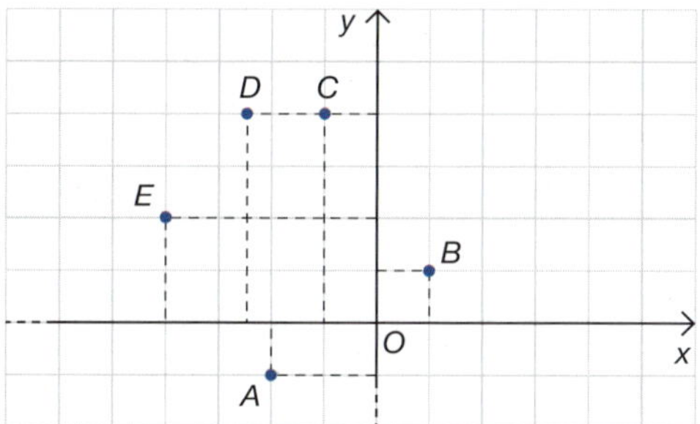

3. Definiamo un'unità di misura, in modo da poter ricavare le misure delle distanze di ogni punto.

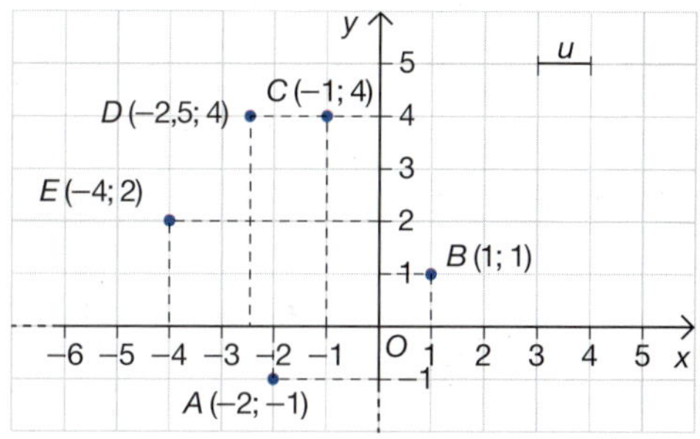

Quale punto scegliere come origine e in quale direzione tracciare gli assi è arbitrario, cioè possiamo effettuare queste scelte liberamente, tuttavia alcune sono più comode di altre. I due assi possono avere anche unità di misura diverse.

PER ESEMPIO È possibile tracciare gli assi in modo che passino per i punti A e B e per i punti A ed E (figura a sinistra): in questo modo alcuni punti sono proprio sugli assi e le coordinate sono più semplici da trovare, perché almeno una di esse vale 0 (figura a destra). Nel caso di A, ascissa e ordinata sono uguali a 0; quindi A è l'origine degli assi.

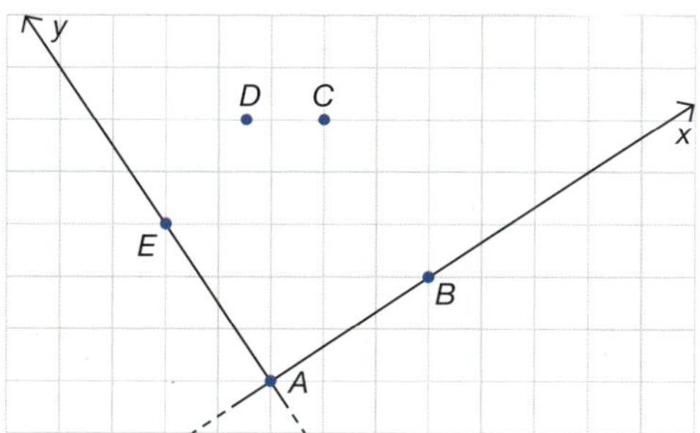

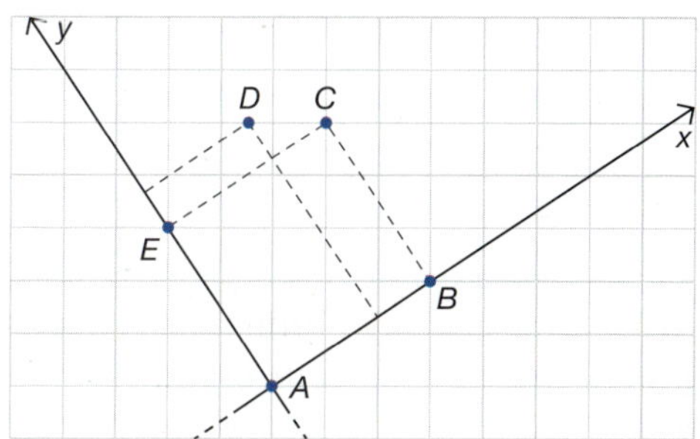

PROVA TU

1 **ARGOMENTARE** È importante l'ordine in cui sono scritti i due numeri che rappresentano le coordinate di un punto? Prova a fare qualche esempio e spiega con parole tue come mai la coppia di numeri che esprime le coordinate di un punto è detta "coppia ordinata".

2 In un foglio di carta millimetrata, usa una scala di 1,5 cm per rappresentare 1 unità e disegna l'asse x per valori da -2 a 3 e l'asse y per valori da -2 a 3.
Rappresenta i punti $A(2; 2)$, $B(-2; 3)$, $C(-1; -2)$ e $D(3; -1)$.

3 Scrivi le coordinate dei punti rappresentati nei seguenti piani cartesiani.

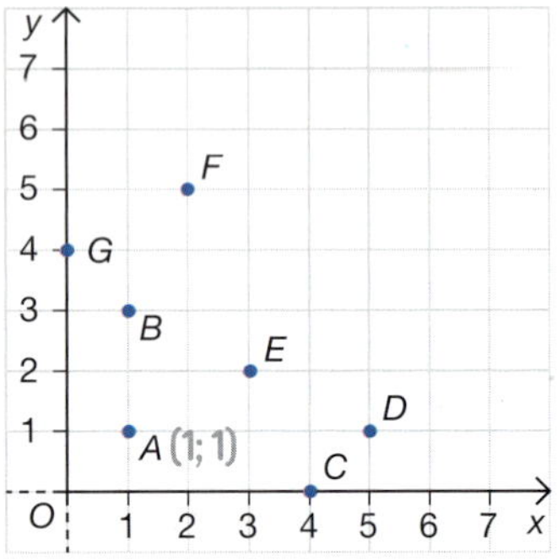

a

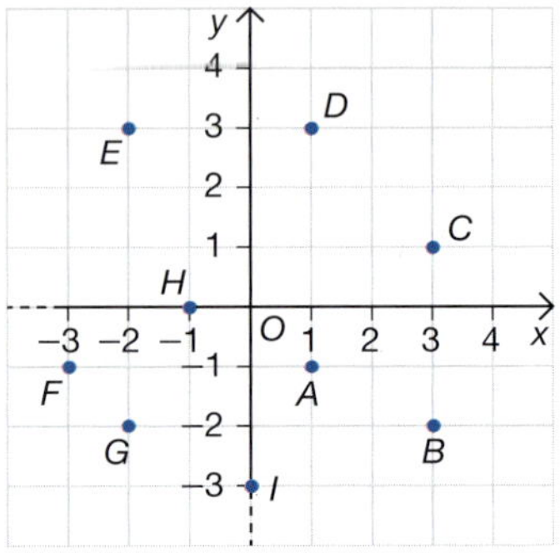

b

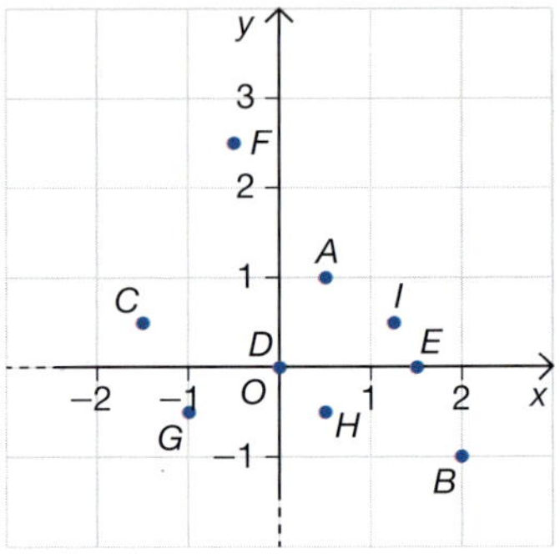

c

[A] **4** Dopo aver disegnato un sistema di riferimento cartesiano, determina le coordinate dei due gruppi di punti in figura.

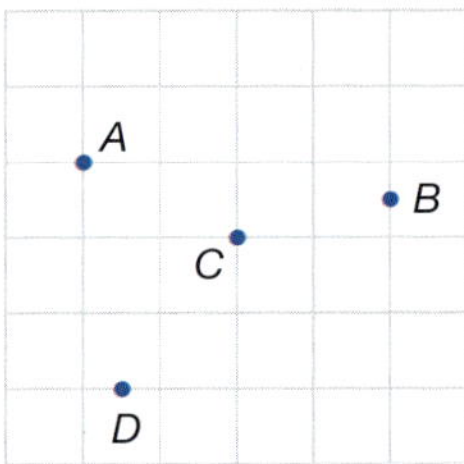

a

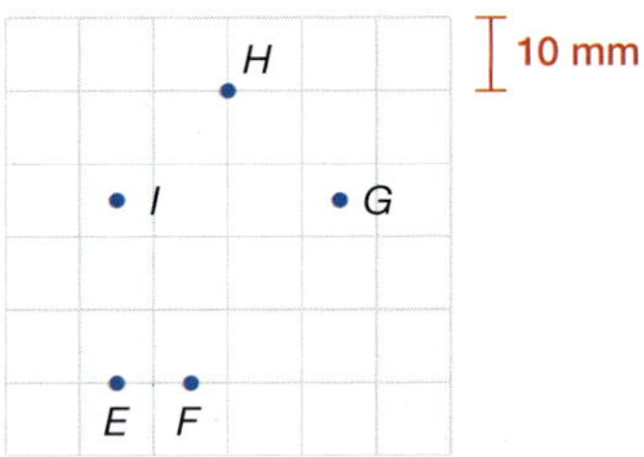

b

5 **PROGETTARE** Il signor Rossi ha incaricato un arredatore di rimodernare il suo appartamento. L'arredatore ha pensato a un progetto e vorrebbe sottoporlo al signor Rossi, che però si trova all'estero per lavoro.

a. Indica sul disegno del progetto un riferimento cartesiano in modo che l'arredatore possa descrivere le posizioni dei seguenti mobili nell'appartamento:
- il tavolo da pranzo;
- il TV della camera matrimoniale;
- il lavandino del bagno;
- il sedile centrale del divano.

b. Infine scrivi le posizioni dei mobili usando le coordinate del sistema di riferimento.

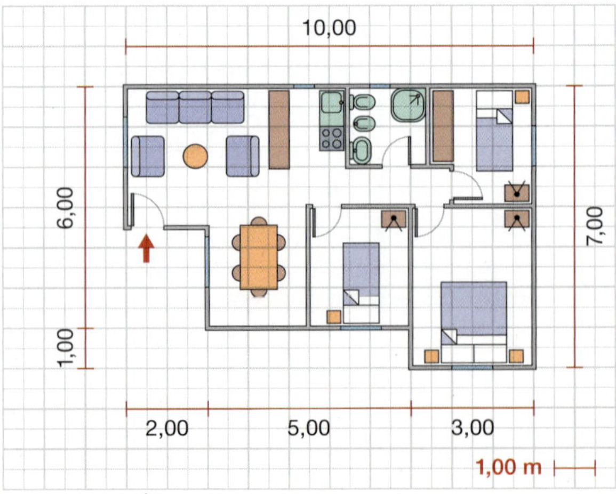

Esercizi a pag. 232

Esercizi a pag. 234

Le relazioni e le funzioni

2

ACQUISIRE DATI E INFORMAZIONI

GIOCHIAMO CON LA MENTE

Spedizioni postali

Sul sito delle Poste Italiane è possibile consultare i costi delle spedizioni di una lettera o di un pacco. Riportiamo le tariffe dichiarate per le spedizioni con posta ordinaria.

Posta ordinaria
Tariffe e formati
I prezzi dipendono dal peso, dal formato e dal rispetto dello standard di confezionamento.

Tariffe (espresse in euro)			
Scaglioni di peso	**Piccolo standard**	**Medio standard**	**Extra standard o qualunque formato non standard**
Fino a 20 g	0,95	2,55	2,55
Oltre 20 g e fino a 50 g	2,55	2,55	2,85
Oltre 50 g e fino a 100 g	---	2,85	3,50
Oltre 100 g e fino a 250 g	---	3,50	4,35
Oltre 250 g e fino a 350 g	---	4,55	5,95
Oltre 350 g e fino a 1000 g	---	5,40	5,95
Oltre 1000 g e fino a 2000 g	---	5,95	6,50

Formati				
Dimensioni	**Tutti (minimo)**	**Piccolo (fino a)**	**Medio (fino a)**	**Extra (fino a)**
Altezza (mm)	90	120	250	250
Lunghezza (mm)	140	235	353	353
Spessore (mm)	0,15	5	25	50
Peso (g)	3	50	2000	2000

La relazione che lega il peso del pacco al suo costo di spedizione ha delle caratteristiche particolari.

▶ Stabilisci se le seguenti affermazioni sono vere o false.

a. Due pacchi con pesi differenti hanno sicuramente costi diversi. V F

b. Conoscendo il costo della spedizione posso determinare il peso del pacco. V F

c. Pacchi di dimensioni differenti ma con lo stesso peso, hanno lo stesso costo di spedizione. V F

d. Conoscendo solo il peso del pacco posso determinare il costo della spedizione. V F

e. L'informazione del peso è essenziale per stabilire il costo di spedizione. V F

f. Si possono inviare con posta ordinaria tutti i pacchi purchè inferiori a 2 kg. V F

▶ Quali conclusioni puoi trarre da quanto osservato finora?

Sull'eBook ti proponiamo un'altra attività come questa.

TEORIA

IN TEORIA

Una **relazione** esprime un legame tra gli elementi di due insiemi A e B: ad *alcuni* degli elementi dell'uno corrispondono *uno o più* elementi dell'altro.

Una **funzione** dall'insieme A all'insieme B è una particolare relazione che a *ogni* elemento appartenente all'insieme di partenza A associa *un solo* elemento dell'insieme di arrivo B.

PER ESEMPIO
- La relazione che associa a un numero naturale un suo multiplo non è una funzione, perché ogni numero ha infiniti multipli.
- La relazione che a ogni numero intero associa il suo doppio è una funzione, perché ogni numero, moltiplicato per 2, dà un unico risultato.

Una funzione è come una macchina che preleva *input* da un insieme di partenza e a ognuno di essi restituisce un unico *output* appartenente all'insieme di arrivo.
Una funzione è costituita da tre elementi:
- l'insieme di partenza, detto **dominio**, al quale appartengono gli input;
- una **legge**, cioè le istruzioni per determinare i corrispondenti elementi nell'insieme di arrivo;

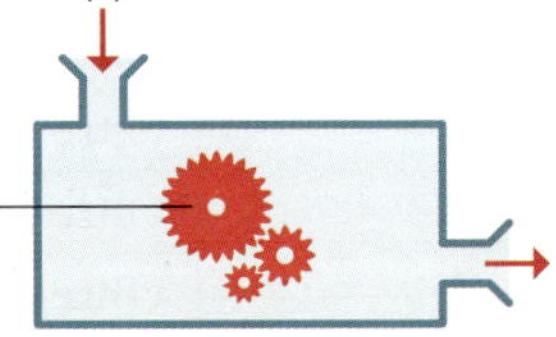

- l'insieme di arrivo, detto **codominio**, al quale appartengono tutti gli output.

Dato un elemento del dominio x, chiamiamo:
- **immagine** di x, $f(x)$, l'elemento y del codominio associato a x tramite la funzione f;
- **insieme immagine di f**, $\text{Imm}(f)$, l'insieme di tutti gli output prodotti.

Dato un elemento y di $\text{Imm}(f)$, chiamiamo **controimmagine** di y l'elemento x del dominio tale che $f(x) = y$.
L'insieme immagine è un sottoinsieme del codominio.

PER ESEMPIO La scrittura

$$f: \mathbb{N} \to \mathbb{Z}$$
$$x \to 2x - 1$$

indica che la funzione f ha come dominio l'insieme dei numeri naturali, come codominio l'insieme dei numeri interi e associa a ogni naturale il suo doppio diminuito di 1.

Possiamo scrivere anche:

$f(x) = 2x - 1$ ($f(x)$ si legge «f di x»).

L'**equazione della funzione** si ottiene indicando con y l'output generico:

$y = 2x - 1$.

Nella formula $y = f(x)$ chiamiamo x **variabile indipendente** e y **variabile dipendente**, perché i valori della x possono essere scelti a piacere, purché siano contenuti nel dominio, mentre quelli della y variano al variare di quelli della x, secondo la legge stabilita dalla funzione f.

IN PRATICA

[A] Come si riconosce una funzione?

Ogni funzione è anche una relazione, ma non è vero il viceversa.

a. Una funzione f associa a ciascun elemento del dominio un solo elemento del codominio.

b. Invece una relazione tra due insiemi A e B può associare a un elemento di A più elementi di B, oppure possono esserci elementi di A che non sono associati ad alcun elemento di B.

PER ESEMPIO

a. *A ogni persona, la sua data di nascita.*
Questa è una funzione, perché ognuno ha una data di nascita e questa data è unica (a ogni elemento del dominio associamo una e una sola immagine).

b. *A ogni persona, il suo fratello (sorella).*
Questa è una relazione ma non una funzione, perché ci sono persone che non hanno fratelli o sorelle (quindi ci sono elementi del dominio che non hanno immagine) e altri che ne hanno più di uno (elementi del dominio che hanno più di un'immagine).

[B] Come si rappresenta una funzione?

Possiamo esprimere una funzione in diversi modi.

- **In forma simbolica**, se la funzione può essere espressa con una formula come nel caso seguente.

$$f: \mathbb{N} \rightarrow \mathbb{Z}$$
$$x \rightarrow 2x - 1$$

- Inserendo i dati in una **tabella**, come nel caso a fianco.

x	−2	−1	0	1	2
f(x)	−5	−3	−1	1	3

Dobbiamo essere noi a scegliere di volta in volta il tipo di rappresentazione più adatto alla funzione che stiamo studiando.

ATTENZIONE La rappresentazione in tabella non è adatta a funzioni il cui dominio è infinito (come quella del primo caso), perché non possiamo scrivere una tabella con infinite entrate.

[C] Come si compila una tabella con alcuni valori di una funzione?

Da una formula è possibile ricavare le coppie di input e output della funzione.

PER ESEMPIO Consideriamo la funzione espressa dall'equazione:

$$y = 4x + 3.$$

Scegliamo alcuni valori per x, per esempio i valori da 0 a 20, a intervalli di 5, e calcoliamo i corrispondenti valori di y.

$x = 0 \rightarrow y = 4 \cdot 0 + 3 = 3$
$x = 5 \rightarrow y = 4 \cdot 5 + 3 = 23$
$x = 10 \rightarrow y = 4 \cdot 10 + 3 = 43$
$x = 15 \rightarrow y = 4 \cdot 15 + 3 = 63$
$x = 20 \rightarrow y = 4 \cdot 20 + 3 = 83$

Otteniamo così la seguente tabella.

x	0	5	10	15	20
y	3	23	43	63	83

TEORIA

PROVA TU

[A] **1** Quali delle seguenti relazioni sono funzioni?

a. La relazione che a ogni persona associa il mese di nascita. sì
b. La relazione che a ogni anno associa una persona nata in quell'anno.
c. La relazione che a ogni persona associa il proprio peso in un momento dato.
d. La relazione che a ogni capitale di Stato associa la sua nazione.
e. La relazione che a ogni ricetta associa un suo ingrediente.
f. La relazione che a ogni prodotto di un supermercato associa il suo prezzo.
g. La relazione che a ogni prezzo associa un prodotto con quel costo.

[A] **2** Quali delle seguenti relazioni sono funzioni?

a. La relazione da $\mathbb{Z}$ a $\mathbb{Z}$, che associa a ogni numero intero il suo doppio.
b. La relazione da $\mathbb{Z}$ a $\mathbb{Z}$, che associa a ogni numero intero la sua radice quadrata.
c. La relazione da $\mathbb{N}$ a $\mathbb{N}$, che associa a ogni numero la sua metà.
d. La relazione da $\mathbb{N}$ a $\mathbb{Q}$, che associa a ogni numero la sua metà.

3 Una funzione da $\mathbb{Q}$ a $\mathbb{Q}$ è definita dalla formula $f(x) = 7 - x$.

a. Trova l'immagine di 7, di $\frac{1}{3}$, di -7 e di 3.
b. Di quale elemento del dominio è immagine 7?
c. Esiste un input con output nullo?

[B] **4** Rappresenta con un'opportuna formula le seguenti funzioni.

a. Al numero x associamo il suo doppio diminuito di 3.
b. Al numero n associamo il doppio del suo quadrato.
c. Al numero z associamo il suo opposto.
d. Al numero t associamo la differenza tra il suo cubo e il suo quadrato.

[B] **5** Considera la funzione che associa alla tua età (in anni) la tua altezza (in cm).
Compila con valori plausibili la tabella.

Anni	Altezza in cm
0	
2	
10	
13	
15	

Esercizi a pag. 234

[C] **6** Data la funzione espressa dalla formula $y = 5 - 2x$, costruisci una tabella che rappresenti la funzione per valori di x che vanno da -2 a 3, con intervalli di ampiezza 0,5.

Esercizi a pag. 237

Le funzioni e i loro grafici

3

PROGETTARE

GIOCHIAMO CON LA MENTE

Una gita in bicicletta

Tre amici vogliono fare una gita in bicicletta in una zona pianeggiante. Per scegliere l'itinerario hanno bisogno di conoscere la relazione tra il tempo impiegato e lo spazio percorso. In base alle gite precedenti, sanno che percorrono circa 15 km all'ora.

► Completa la seguente tabella associando a ogni tempo la distanza che potrebbero percorrere:

Tempo (h)	1	2	2,5	3	4	4,25	4,75
Distanza (km)	15						

La tabella è chiara ma occupa molto spazio e soprattutto non contiene *tutte* le possibili durate della gita: per esempio, quale sarà la distanza percorsa in 3 ore e 30 minuti?

► Sai esprimere con una formula il legame tra tempo e distanza? Indica con t il tempo in ore a disposizione per la gita e con d la distanza percorsa in kilometri e scrivi come si può calcolare d a partire da t:

$d =$ ....

► Usa la formula per determinare la distanza percorsa in 12 ore, che non è un dato presente nella tabella.

....

Per avere un'idea intuitiva di questa relazione puoi anche rappresentarla graficamente.

► Usa come coordinate le coppie (*tempo; distanza*) della tabella, costruisci un piano cartesiano e riporta i punti corrispondenti su di esso.
Valuta un'unità di misura adeguata per ciascuna delle due grandezze, in modo che i dati siano tutti rappresentabili nello spazio a disposizione.

► Unisci con una retta i punti tracciati.

► Come puoi ricavare dal grafico la distanza percorsa in 3 ore e mezza, che non è un dato presente nella tabella?

....
....
....
....

Sull'eBook ti proponiamo un'altra attività come questa.

TEORIA

IN TEORIA

Se dominio e codominio sono insiemi numerici, possiamo rappresentare la funzione tramite un **grafico sul piano cartesiano**.

Il **grafico di una funzione** è l'insieme di tutte le coppie ordinate $(x; y)$, dove $y = f(x)$, cioè il secondo elemento della coppia è l'immagine del primo elemento tramite f.

Se riportiamo su un piano cartesiano l'insieme di queste coppie, esse formano un grafico che aiuta a intuire alcune proprietà che altri tipi di rappresentazione potrebbero nascondere.

PER ESEMPIO Consideriamo la funzione da $\mathbb{R}$ in $\mathbb{R}$:

$$f(x) = x^3 - 3x.$$

Il suo grafico è dato dall'insieme delle coppie ordinate $(x; f(x))$ ed è rappresentato in figura.

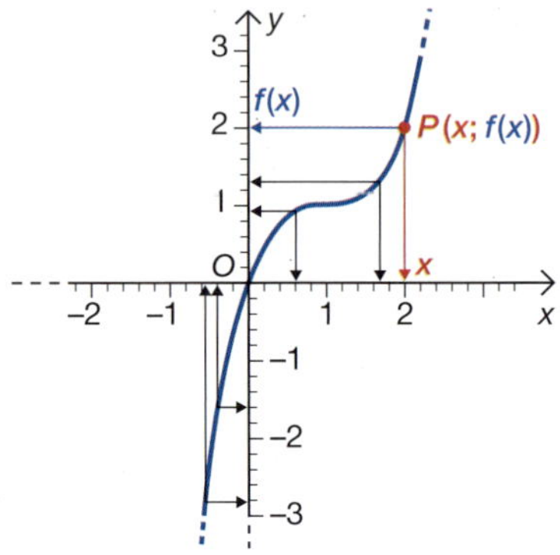

ATTENZIONE In realtà non abbiamo disegnato l'intero grafico, ma solo una parte di esso, perché dominio e immagine di f sono $\mathbb{R}$, un insieme infinito.

Un generico punto sul grafico di una funzione f ha coordinate $P(x; f(x))$.

- Se da P procediamo lungo la linea verticale, fino a incontrare l'asse delle ascisse, troviamo il valore di input.
- Se da P procediamo lungo la linea orizzontale, fino a incontrare l'asse delle ordinate, troviamo il valore di output.

Le frecce non sono tutte rappresentabili contemporaneamente, perché renderebbero il grafico illeggibile; bisogna imparare a immaginarle.

Quando studiamo una funzione da un punto di vista puramente matematico, spesso (ma non necessariamente) si utilizza la stessa unità di misura su entrambi gli assi (in tal caso si parla di sistema di riferimento *monometrico*).

Quando usiamo i grafici per rappresentare funzioni che legano grandezze (per esempio le grandezze fisiche, o la valuta), è importante:

1. riportare su ogni asse il nome della grandezza rappresentata;
2. specificare tra parentesi l'unità di misura utilizzata;
3. scegliere le unità di misura sugli assi in modo da distribuire al meglio tutti i dati in base allo spazio a disposizione.

Con i grafici nel piano cartesiano possiamo sia identificare i punti del piano tramite coppie di numeri, sia rappresentare graficamente relazioni tra grandezze.

IN PRATICA

[A] Come si riconosce se un grafico rappresenta una funzione? Il criterio della retta verticale.

Per riconoscere se una relazione è una funzione dobbiamo verificare che a ogni input x corrisponda un solo output. Dato il grafico, possiamo immaginare una retta verticale che scorre a destra e a sinistra, controllando che non intersechi mai il grafico della relazione in più di un punto.

PER ESEMPIO

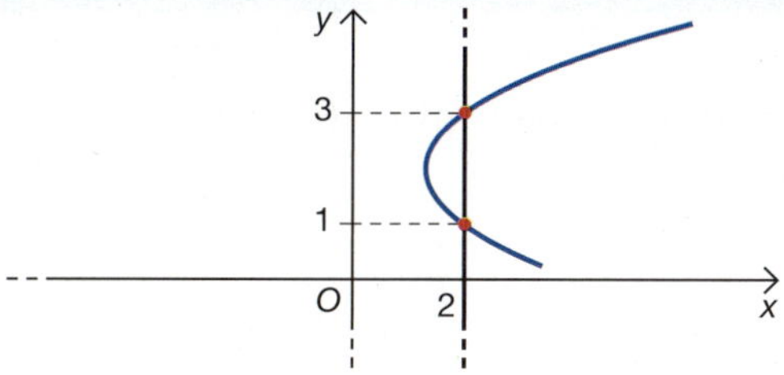

La retta verticale interseca il grafico in 2 punti: a un elemento del dominio $(x = 2)$ sono associati due valori $(y = 1$ e $y = 3)$.

Questo **non** è il grafico di una funzione.

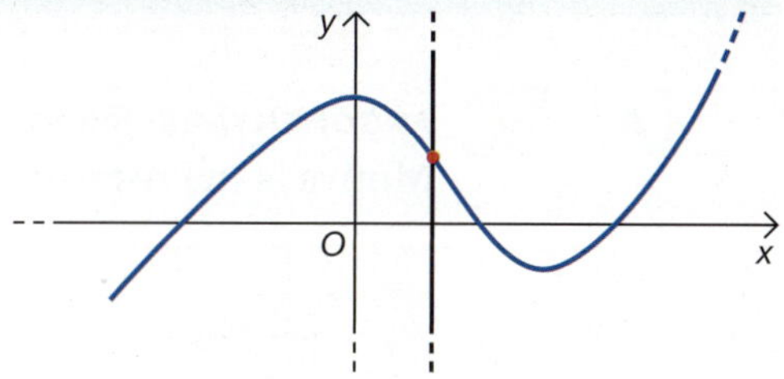

Nessuna delle rette verticali che possiamo tracciare interseca il grafico in più punti.

Questo grafico rappresenta una funzione.

[B] Come si traccia il grafico di una funzione data da una tabella?

Consideriamo la funzione $y = f(x)$ descritta dalla tabella a lato.

Per rappresentare la funzione f su un piano cartesiano ricaviamo dalla tabella le coordinate dei punti da rappresentare.

Il grafico permette di notare che i punti sono allineati, cosa che non era evidente osservando solo la tabella.

x	2	4	6	8
y	3	7	11	15

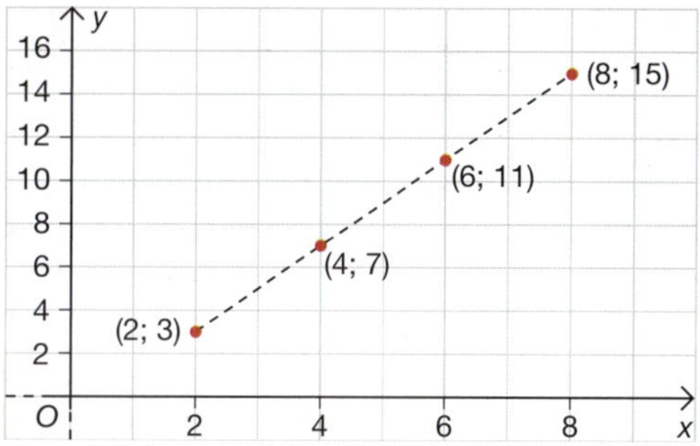

▲ **OSSERVA** Il grafico è costituito dai soli 4 punti, non dalla retta su cui giacciono.

[C] Come si traccia il grafico di una funzione data da una formula?

Consideriamo la funzione da $\mathbb{R}$ in $\mathbb{R}$

$$f(x) = x^2 - 4$$

e tracciamone il grafico sul piano cartesiano.

Per avere un'idea più precisa possibile dell'andamento del grafico dobbiamo scegliere un buon numero di punti diversi. Riportiamo i loro valori in una tabella.

Vediamo che la funzione assume lo stesso valore per coppie di valori opposti delle x:

$$f(-3) = f(3) = 5;$$
$$f(-2) = f(2) = 0; \ldots$$

Con questa osservazione siamo in grado di tracciare una buona approssimazione del grafico della funzione.

x	−3	−2	−1	0	1	2	3
f(x)	5	0	−3	−4	−3	0	5

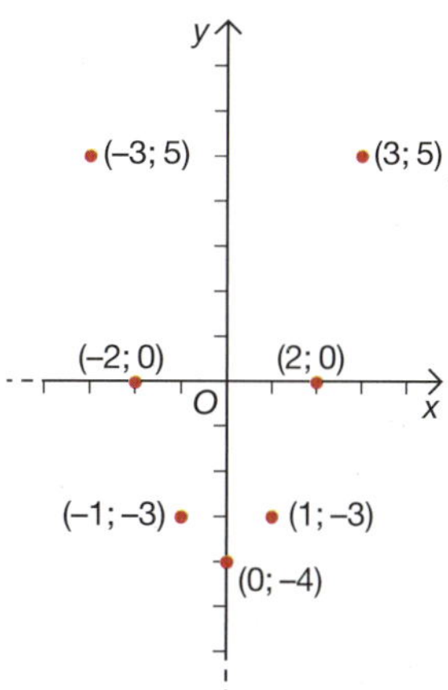

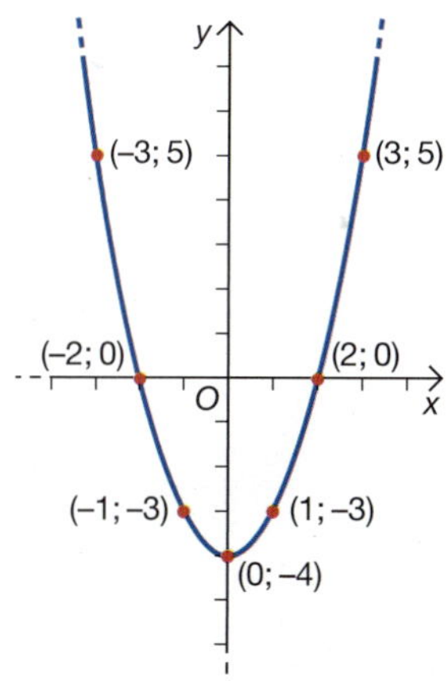

PROVA TU

[A] **1** **ARGOMENTARE** Stabilisci quali tra i seguenti grafici rappresentano funzioni da $\mathbb{R}$ in $\mathbb{R}$. Motiva la tua risposta.

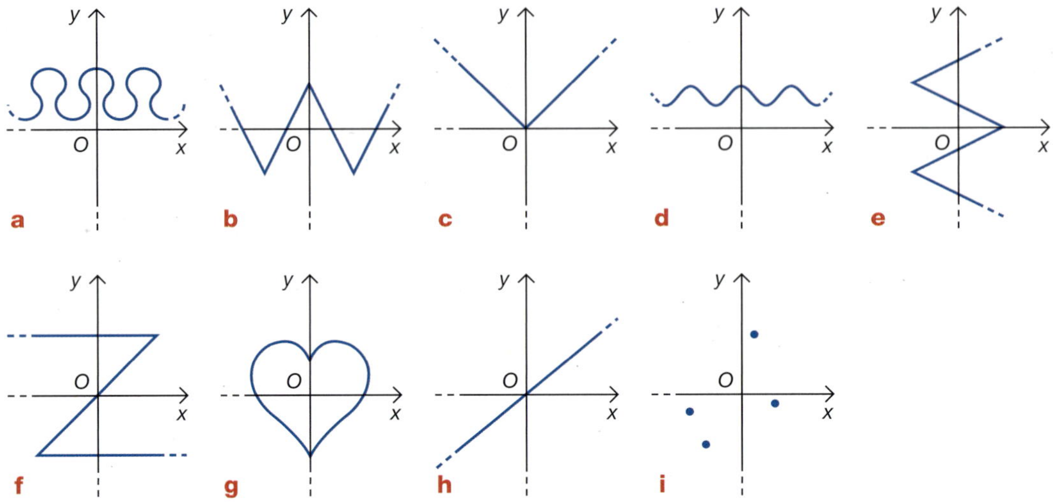

[B] **2** Data la funzione espressa in tabella, rappresenta i dati in un grafico e scrivi la formula che lega x e y.

x	1	2	3	4
y	3	5	7	9

[C] **3** **ACQUISIRE DATI E INFORMAZIONI** In una coltura di batteri il numero di batteri presenti dipende dal tempo. La formula $n = 500 \cdot 2^t$ descrive la funzione che lega il tempo trascorso dall'inizio dell'osservazione (in ore) e il numero n di batteri presenti.

a. Quanti batteri saranno presenti dopo 3 ore dall'inizio dell'osservazione?

b. Ricava una tabella con i valori che assume la funzione per tempi da 0 h a 4 h a intervalli di 1 h e poi rappresenta i dati su un grafico.

4 Il grafico in figura rappresenta una funzione. Costruisci una tabella per la stessa funzione, ricavandone almeno 6 valori.

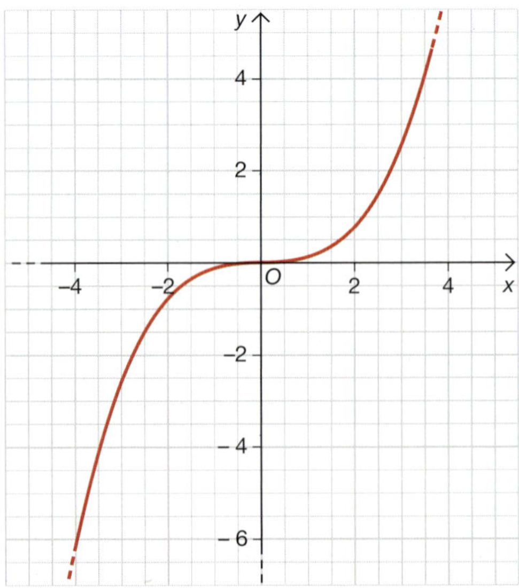

Esercizi a pag. 237

Esercizi
a pag. 243

Funzioni iniettive e suriettive

4

RISOLVERE PROBLEMI

GIOCHIAMO CON LA MENTE

Proteggi il tuo PIN

Vuoi salvare sul cellulare il codice PIN del bancomat, che è 02135; per sicurezza decidi di memorizzarlo cifrato secondo un codice segreto.

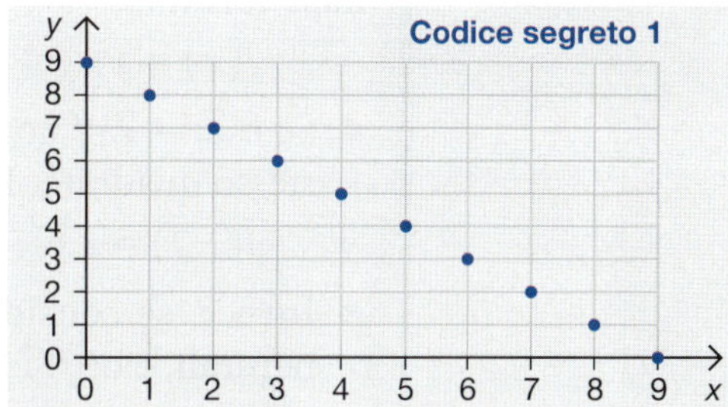

Considera il codice definito dalla funzione rappresentata nel grafico «Codice segreto 1». Sull'asse x sono riportate le cifre in chiaro, l'asse y restituisce la cifra codificata.

- ▶ Codifica il numero 02135: ....
- ▶ Decifra il numero 74891: ....
- ▶ Scrivi la formula per codificare la cifra x: $y =$ ....

Questo codice però è molto elementare ed è facile da scoprire.

- ▶ Inventane uno più sicuro. Tracciane il grafico nel piano cartesiano «Codice segreto 2» e codifica il numero 02135:

  ....

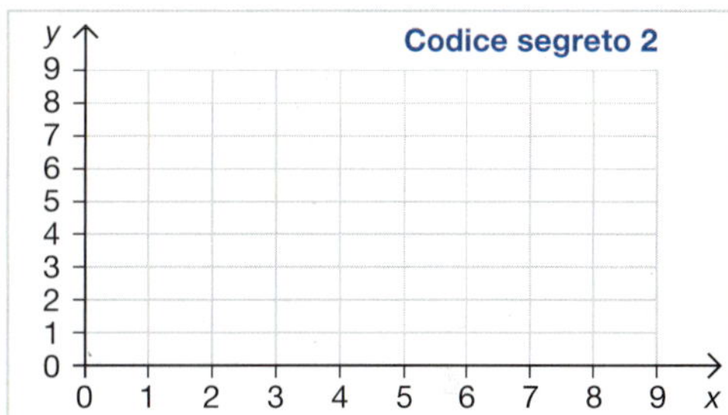

- ▶ Osserva i due codici seguenti. Prova a codificare il PIN con il «Codice segreto 3» e a decifrare 74891 con il «Codice segreto 4».

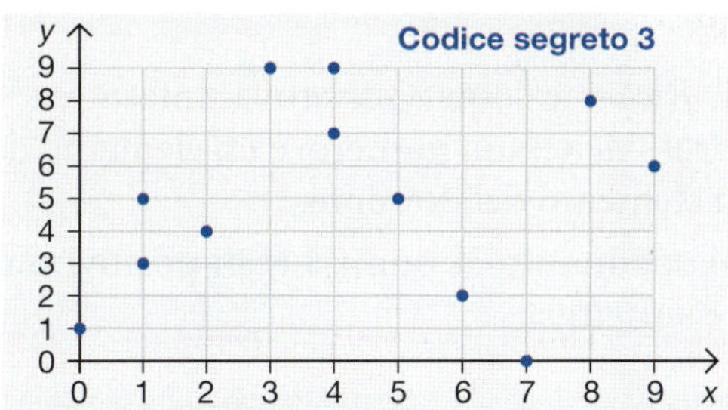

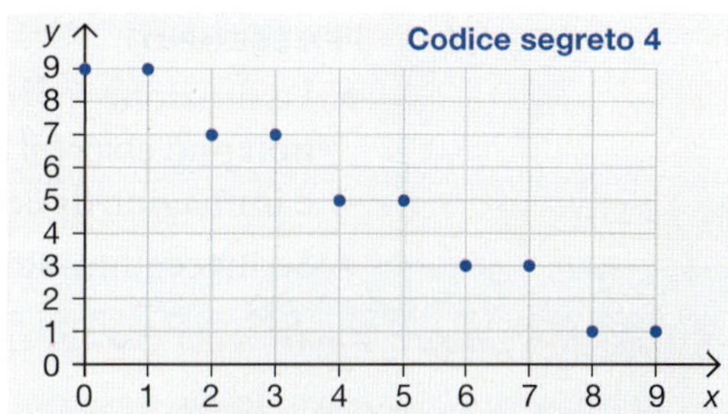

- ▶ Quali problemi presentano questi codici?

  ....

  ....

  ....

- ▶ Quali caratteristiche deve rispettare un valido codice segreto?

  ....

Sull'eBook ti proponiamo un'altra attività come questa.

TEORIA

IN TEORIA

Una funzione si dice **iniettiva** se a elementi distinti del dominio associa sempre elementi distinti del codominio.
In altre parole, ogni output è immagine di un unico elemento del dominio.

In simboli:

$$x_1 \neq x_2 \rightarrow f(x_1) \neq f(x_2) \text{ o equivalentemente } f(x_1) = f(x_2) \rightarrow x_1 = x_2.$$

PER ESEMPIO Consideriamo la legge che a un numero associa il suo quadrato espressa dalla formula:

$$f(x) = x^2.$$

- Se $f\colon \mathbb{Z} \rightarrow \mathbb{Z}$, f non è una funzione iniettiva, poiché numeri interi opposti hanno lo stesso quadrato. Per esempio:
  $f(-2) = 4$ e $f(+2) = 4$.
- Invece, se consideriamo come dominio e come codominio l'insieme dei numeri naturali, cioè $f\colon \mathbb{N} \rightarrow \mathbb{N}$, otteniamo una funzione iniettiva poiché a numeri naturali diversi vengono associati quadrati diversi.

Questo esempio mostra anche il motivo per cui non basta assegnare una legge per definire una funzione. Infatti le proprietà che ha una funzione non dipendono solo dalla legge, ma anche da dominio e codominio.

Una funzione si dice **suriettiva** quando ogni elemento del codominio è immagine di almeno un elemento del dominio, in altre parole se ogni elemento dell'insieme di arrivo è ottenibile come output di almeno un input.

Per riconoscere se una funzione è suriettiva occorre determinare l'insieme delle immagini e confrontarlo con il codominio. Se coincidono, la funzione è suriettiva; se il codominio contiene più elementi dell'insieme delle immagini, la funzione non è suriettiva.

OSSERVA Una funzione può essere sempre facilmente trasformata in un'altra funzione suriettiva che ha lo stesso grafico: basta sostituire il codominio con l'insieme delle immagini.

PER ESEMPIO

- La funzione $f\colon \mathbb{R} \rightarrow \mathbb{R}$, $f(x) = x^2$ non è suriettiva. Infatti $y = -1$, essendo negativo, non può essere il quadrato di nessun numero: è un elemento del codominio che non è immagine di nessun elemento del dominio.
- Se invece limitiamo il codominio ai numeri reali positivi o nulli, $\mathbb{R}_0^+$, la funzione $f\colon \mathbb{R} \rightarrow \mathbb{R}_0^+$, $f(x) = x^2$ è suriettiva.

Una funzione si dice **biunivoca** se è sia iniettiva sia suriettiva.

PER ESEMPIO La funzione $f\colon \mathbb{R} \rightarrow \mathbb{R}$, $f(x) = -x$, è biunivoca, poiché:

- numeri diversi hanno opposti diversi (quindi f è iniettiva);
- ogni numero ha un opposto, se consideriamo 0 opposto di se stesso (quindi f è suriettiva).

IN PRATICA

[A] Come si riconosce dal grafico se una funzione è iniettiva? Il criterio della retta orizzontale.

Per capire se una funzione di cui conosciamo il grafico è iniettiva occorre verificare che non ci siano due o più punti del grafico con la stessa ordinata. Per far questo può essere utile immaginare una retta orizzontale che scorre su e giù, controllando che non interse-chi mai il grafico della funzione in più di un punto.

PER ESEMPIO

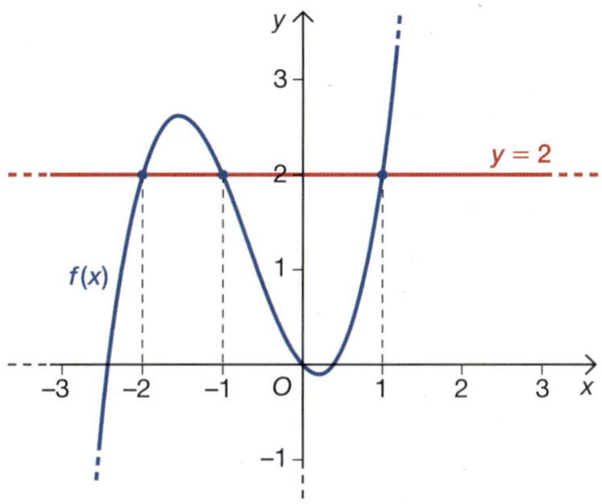

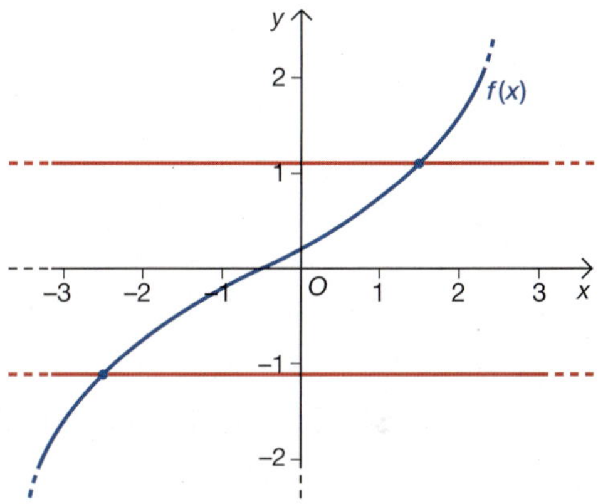

La retta orizzontale incontra il grafico in 3 punti; significa che esistono 3 elementi del dominio in cui la funzione vale 2:

$$f(-2) = 2,\ f(-1) = 2,\ f(1) = 2.$$

La funzione non è iniettiva.

Non esiste nessuna retta orizzontale che incontra il grafico in più di un punto.

Quindi questa funzione è iniettiva.

[B] Come si riconosce dall'equazione se una funzione è iniettiva?

Per capire se una funzione di cui conosciamo l'equazione è iniettiva dobbiamo chiederci se ogni valore di y è immagine di un solo valore di x oppure se esistono valori di y che sono immagine di diversi valori di x.

PER ESEMPIO

- La funzione $y = 3x$ è iniettiva?

  Il valore y è il triplo del valore di x. Ogni numero ha un solo triplo, quindi la funzione è iniettiva. Per esempio $y = 12$ può essere ottenuto solo da $x = 4$.

  In generale, da $y = 3x$ ricaviamo $x = \frac{y}{3}$, quindi ogni numero fissato y si può ottenere come triplo di un solo valore, e questo valore è $\frac{y}{3}$.

- La funzione $y = x^2$ è iniettiva?

  Il valore y è il quadrato del valore di x. Sappiamo che calcolando il quadrato di due numeri opposti otteniamo lo stesso risultato, quindi y è immagine di due valori di x.

  Per esempio, $3^2 = 9$ e anche $(-3)^2 = 9$.

  Pertanto la funzione non è iniettiva.

PROVA TU

[A] **1** Considera i seguenti grafici di funzioni che hanno codominio $\mathbb{R}$.
Per ogni funzione determina se è iniettiva e se è suriettiva. Ogni quadretto ha lato unitario.

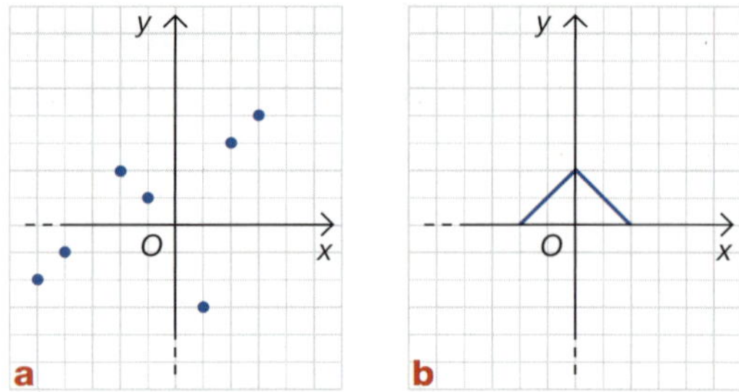

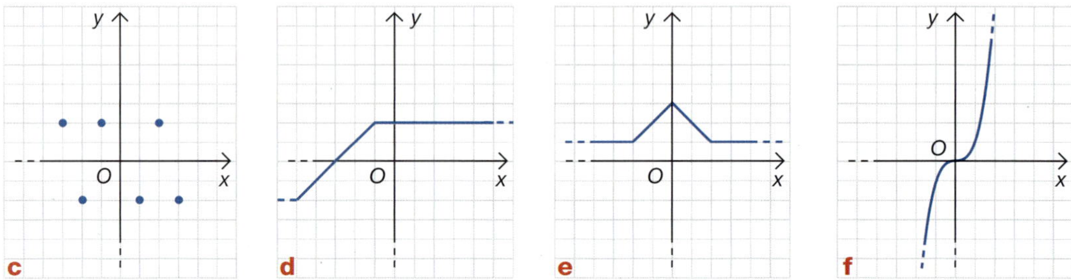

[B] **2** Quali delle seguenti funzioni sono iniettive?

a. $f(x) = 5x$

b. $f(x) = \sqrt{x}$

c. $f(t)$ è la distanza dal suolo di un pallone all'istante t, dopo essere stato calciato in aria verticalmente e fino all'istante in cui è ricaduto a terra.

d. $f(t)$ è l'altezza di una persona all'età t.

e. $f(x)$ è il costo del pane di peso x.

3 Mostra un esempio di funzione che non è nè iniettiva nè suriettiva.

4 Mostra un esempio di funzione che è iniettiva ma non suriettiva.

5 Mostra un esempio di funzione che è suriettiva ma non iniettiva.

6 Mostra un esempio di funzione che è sia iniettiva sia suriettiva, cioè biunivoca.

7 **ARGOMENTARE** Esistono funzioni biunivoche tra l'insieme $\{0; 1; 2; 3\}$ e l'insieme $\{4; 5; 6; 7\}$? Se no, sai spiegare come mai?

8 **ARGOMENTARE** Esistono funzioni biunivoche tra l'insieme $\{1; 2; 3\}$ e l'insieme $\{4; 5; 6; 7\}$? Se no, sai spiegare come mai?

9 Disegna il grafico di una funzione iniettiva il cui dominio è $\mathbb{R}$.

10 Disegna il grafico di una funzione non iniettiva il cui dominio è $\mathbb{R}$.

11 Disegna il grafico di una funzione suriettiva rispetto al codominio $\mathbb{R}$.

12 Disegna il grafico di una funzione non suriettiva rispetto al codominio $\mathbb{R}$.

Esercizi a pag. 243

MAPPA
IL PIANO CARTESIANO E LE FUNZIONI

LOSAI? RIPASSA CON LO SMARTPHONE

Su online.zanichelli.it/pensaci ti proponiamo altre mappe come questa.

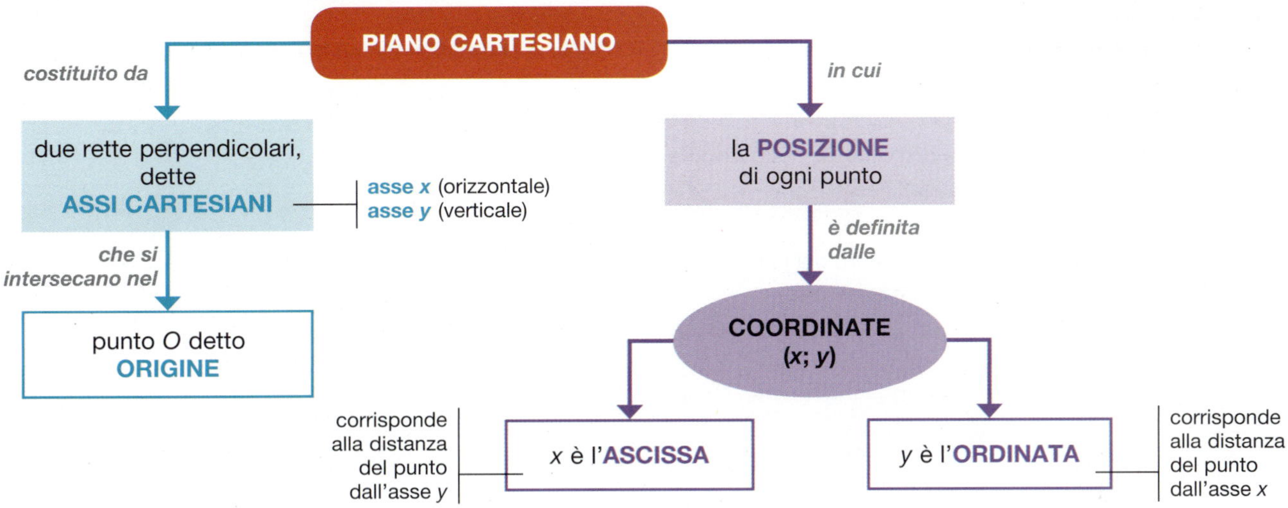

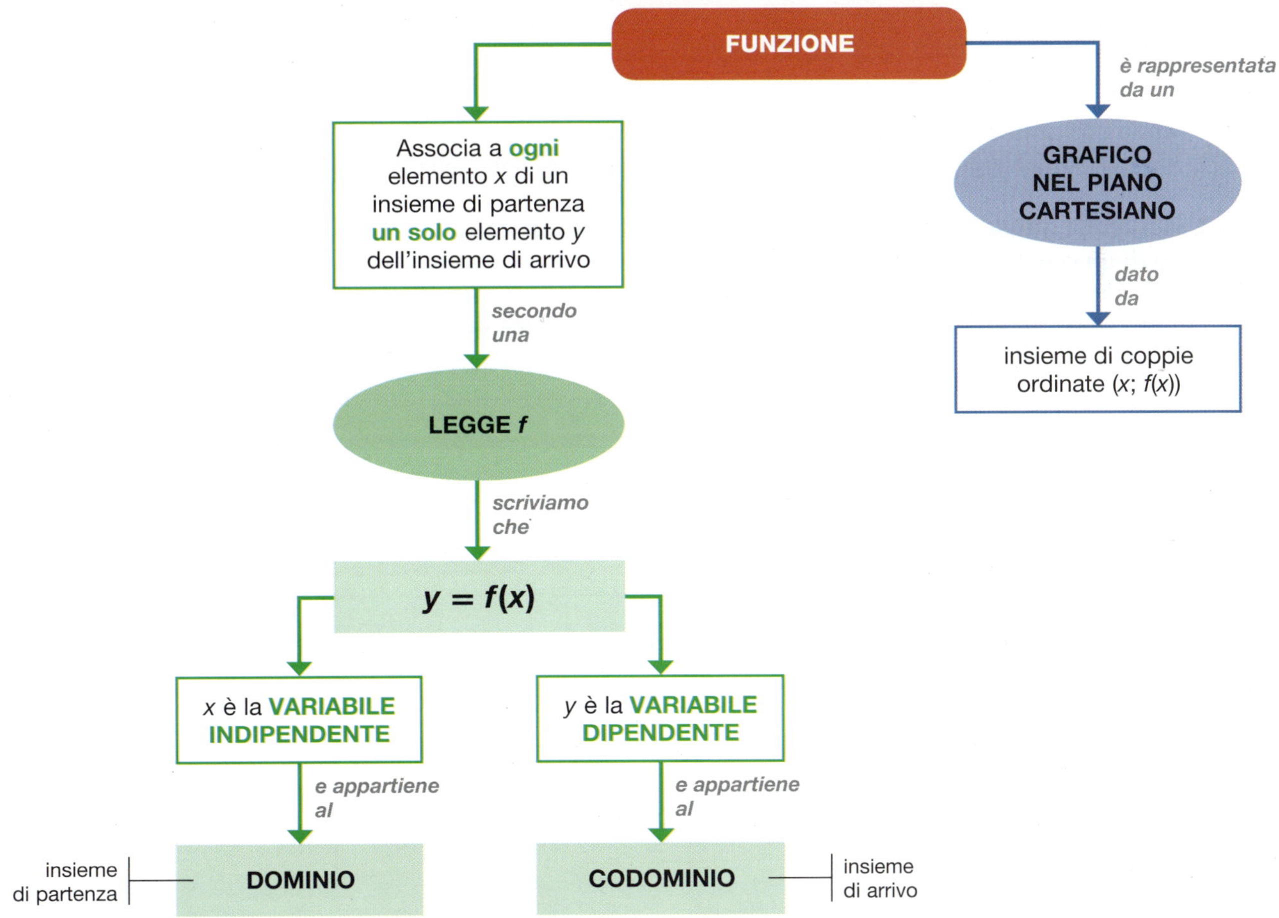

ESERCIZI

Controlla i risultati in fondo al volume.

1 Le coordinate cartesiane

Teoria a pag. 214

Ricorda

IN TEORIA

Il **piano cartesiano** è il piano in cui abbiamo tracciato ...., dette **assi cartesiani**.

I due assi si incontrano in un punto *O*, detto **origine**, e su ognuno di essi sono stati fissati .... e ....

Possiamo rappresentare ogni punto del piano con una coppia di numeri, le **coordinate**, determinata .... del punto da ciascuno dei due assi.

IN PRATICA

Scrivi le coordinate dei punti in figura.

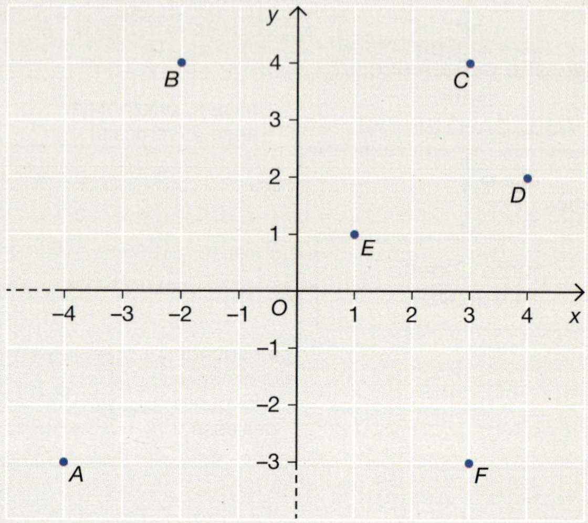

1 Usando una griglia orizzontale da 1 a 10 e una griglia verticale da A a J, disegna una mappa che includa la tua casa, una fermata dell'autobus e un centro commerciale nelle vicinanze.

2 Usando una griglia orizzontale da 1 a 10 e una griglia verticale da A a K disegna la pianta del piano terra di un centro commerciale.

3 **PROGETTARE** Scegli una scala adatta per progettare la platea di un cinema da 100 posti. Fai un disegno del progetto.

4 Scrivi le coordinate dei punti in figura.

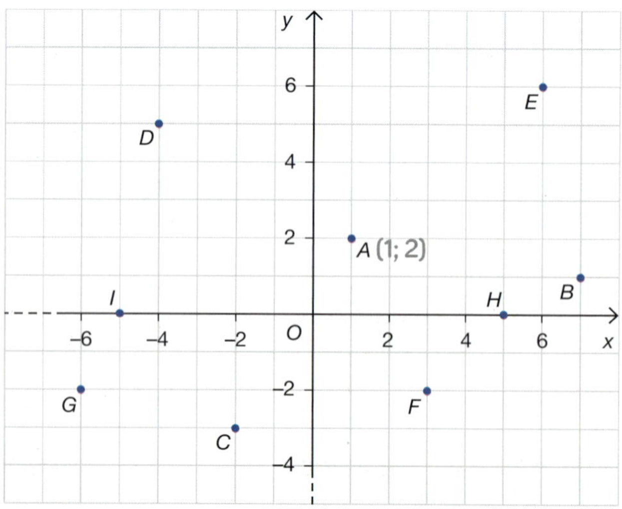

5 Scrivi le coordinate dei punti nella figura a fianco.

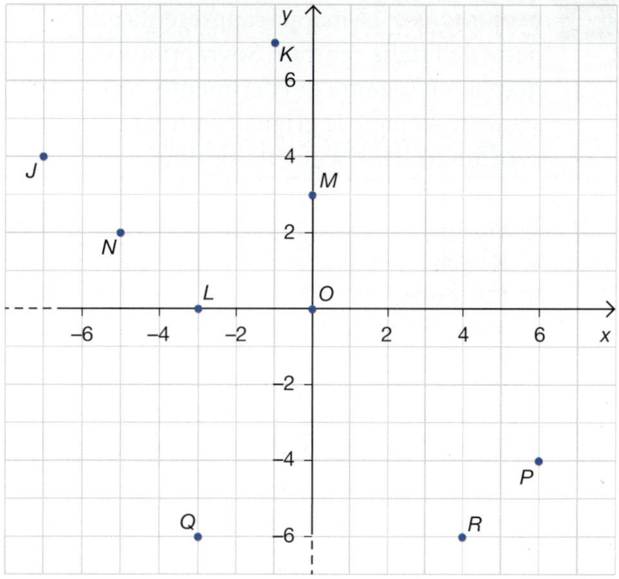

Rappresenta i seguenti punti sul piano cartesiano.

6 $A(2; 5)$, $B(1; 2)$, $C(-2; -1)$, $D(6; -2)$, $E(3; -2)$, $F(-1; 2)$.

7 $A(2; 4)$, $B(3; 8)$, $C(-2; 5)$, $D(-7; -4)$, $E(6; -2)$, $F(-4; 0)$, $G(-3; -5)$, $H(-8; 1)$, $I(-4; 3)$.

8 $J(8; -1)$, $K(1; 1)$, $L(0; 6)$, $M(6; -5)$, $N(0; -7)$, $O(-5; -5)$, $P(7; -4)$, $Q(4; 6)$, $R(-2; -4)$.

ANALIZZARE E CONFRONTARE FIGURE GEOMETRICHE **Rappresenta i seguenti punti sul piano cartesiano. Uniscili con dei segmenti, nell'ordine in cui sono scritti, e identifica la forma geometrica ottenuta (esercizi da 9 a 22).**

9 $(6; 4)$, $(-6; 4)$, $(-6; -4)$, $(6; -4)$.

10 $(0; 5)$, $(-6; 0)$, $(0; -5)$, $(6; 0)$.

11 $(0; 0)$, $(0; 8)$, $(5; 4)$.

12 $(1; 0)$, $(0; 3)$, $(-1; 4)$, $(-5; -2)$.

13 $(5; 2)$, $(-1; 3)$, $(-1; -3)$, $(5; -2)$.

14 $(-2; 2)$, $(-2; 6)$, $(4; 6)$, $(4; 2)$.

15 $(2; -2)$, $(6; 2)$, $(2; 6)$, $(-2; 2)$.

16 $(2; -4)$, $(8; 4)$, $(6; 8)$, $(-2; 4)$.

17 $(0; 7)$, $(2; 7)$, $(2; 5)$, $(-4; 1)$.

18 $(0; -4)$, $(0; 2)$, $(-4; -1)$.

19 $(-3; 3)$, $(-1; 0)$, $(4; 3)$, $(2; 6)$.

20 $(5; 1)$, $(-1; 6)$, $(-7; 1)$, $(-1; -4)$.

21 $(3; 1)$, $(7; 1)$, $(6; -3)$, $(-2; -3)$.

22 $(3; -5)$, $(2; -3)$, $(1; -1)$, $(0; 1)$, $(-1; 3)$, $(-2; 5)$, $(-3; 7)$.

23 ANALIZZARE E CONFRONTARE FIGURE GEOMETRICHE I vertici del triangolo ABC hanno coordinate $A(1; 0)$, $B(7; 0)$ e $C(1; 8)$. Dopo aver disegnato il triangolo, determinane l'area.

24 **COMUNICARE** La mappa rappresenta una parte dell'Italia centrale. Sovrapponi alla mappa un sistema di riferimento cartesiano, disegnane la griglia e individua le coordinate delle seguenti località:

- Livorno;
- Perugia;
- Roma;
- L'Aquila;
- Pescara.

Cerca un riferimento cartesiano che esprima comodamente le coordinate delle città, per poter spiegare a un turista le loro posizioni reciproche.

2 Le relazioni e le funzioni

Teoria a pag. 219

Ricorda

IN TEORIA

Una .... tra due insiemi *A* e *B* associa ad alcuni elementi di *A* uno o più elementi di *B*.

Una **funzione** dall'insieme *A* all'insieme *B* è una relazione che .... elemento di *A* associa .... elemento di *B*.

IN PRATICA

Stabilisci quali delle seguenti relazioni sono funzioni.

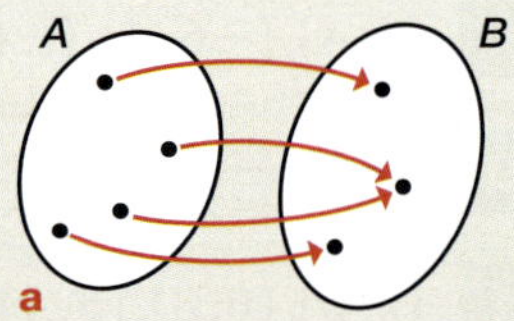

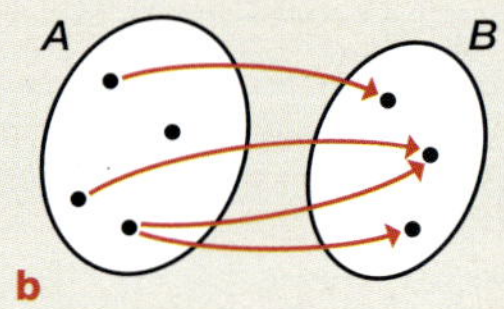

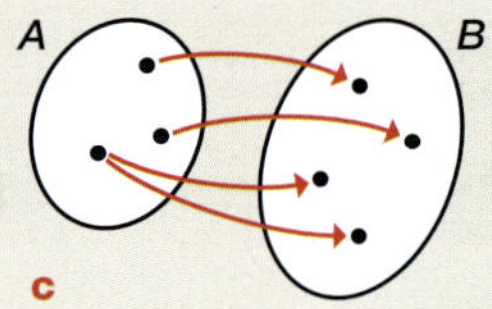

Stabilisci quali delle seguenti relazioni sono funzioni (esercizi da 25 a 29).

25 **a.** La relazione che a ogni persona associa il suo anno di nascita.
b. La relazione che a ogni anno associa una persona nata in quell'anno.
c. La relazione che a ogni nazione associa la sua capitale.

26 **a.** La relazione che a ogni capitale di Stato associa la sua nazione.
b. La relazione che a ogni circonferenza associa un suo diametro.
c. La relazione che a ogni circonferenza associa il suo centro.

27 **a.** La relazione che a ogni persona associa la scarpa che indossa.
b. La relazione che a ogni studente della tua scuola associa la sua classe.
c. La relazione che a ogni insegnante della tua scuola associa la sua classe.

28 **a.** La relazione che a ogni triangolo associa un suo vertice.
b. La relazione che a ogni quadrato associa il suo centro.
c. La relazione che a ogni punto associa una circonferenza con centro in quel punto.

29 **a.** La relazione che associa a ogni triangolo la lunghezza di una sua altezza.
b. La relazione che associa a ogni triangolo equilatero la lunghezza di una sua altezza.

30 Una funzione è definita dalla formula $f(x) = 4x + 5$.
Calcola l'immagine di 3 e l'immagine di -2.

31 Una funzione è definita dalla formula $f(x) = 25 - 3x$.
Calcola la controimmagine degli output 34 e -5.

32 Considera la funzione f di equazione $y = -x$, che associa a un numero x il suo opposto.

a. Calcola l'immagine di $1, \frac{1}{3}, -5, -\frac{4}{5}$.

b. Calcola le controimmagini di $1, -7, -\frac{9}{8}$.

c. È possibile attribuire un'immagine a ogni numero reale, tramite questa funzione? Se no, quali sono i valori esclusi?

d. Quali sono le immagini che coincidono con la propria controimmagine?

33 Considera la funzione f di equazione $y = \frac{1}{x}$, che associa a un numero x il suo reciproco.

a. Calcola l'immagine di $1, \frac{1}{3}, -5, -\frac{4}{5}$.

b. Calcola le controimmagini di $1, -7, -\frac{9}{8}$.

c. È possibile attribuire un'immagine a ogni numero reale?
Se no, quali sono i valori esclusi?

d. Quali sono i valori che coincidono con la propria immagine?

34 Considera la funzione f di equazione $y = x^2 - 2$.

a. Descrivi a parole come calcolare l'immagine di un elemento del dominio.

b. Calcola le immagini $f(2), f(0), f(-3), f\left(-\frac{1}{2}\right)$.

c. Calcola un valore che abbia -2 come immagine.

d. Calcola un valore che abbia 2 come immagine.

35 L'equazione di una funzione è $y = 4x - 5$. Calcola il valore di y quando

a. $x = 3$, → $y = 7$

b. $x = -2$.

36 L'equazione di una funzione è $y = 5x + 7$. Calcola il valore di y quando

a. $x = 2$,

b. $x = -3$.

37 L'equazione di una funzione è $y = 15 - 3x$. Calcola il valore di x quando

a. $y = 24$, → $x = -3$

b. $y = -6$.

38 L'equazione di una funzione è $y = -9x + 10$. Calcola il valore di x quando

a. $y = -8$,

b. $y = -26$.

39 L'equazione di una funzione è $y = \frac{2}{3}x + \frac{1}{3}$.

a. Calcola il valore di y quando
- $x = -3$,
- $x = \frac{3}{2}$.

b. Calcola il valore di x quando
- $y = 1$,
- $y = -\frac{1}{6}$.

40 Considera la funzione di equazione $y = 4x + 1$. Calcola:

a. il valore di y quando $x = 2$;

b. il valore di x quando $y = 19$.

ESERCIZI

41 Considera la funzione di equazione $y = -\frac{1}{3}x + 2$. Calcola:

a. il valore di y quando $x = \frac{3}{4}$;

b. il valore di x quando $y = \frac{1}{5}$.

ANALIZZARE DATI E GRAFICI **Sul sito www.comuni-italiani.it ci sono i seguenti dati inerenti alle immatricolazioni di veicoli italiani a partire dall'anno 2004. Utilizza questa tabella per svolgere gli esercizi da 42 a 45.**

Parco Veicolare in Italia: Auto, moto e altri veicoli								
Anno	Autovetture	Motocicli	Autobus	Trasporti Merci	Veicoli Speciali	Trattori e Altri	Totale	Auto per mille abitanti
2004	33 931 882	4 567 792	92 690	4 091 989	1 065 550	142 444	43 892 347	581
2005	34 629 940	4 932 056	94 322	4 228 531	1 099 023	148 212	45 132 084	590
2006	35 258 702	5 282 588	95 979	4 354 190	1 131 724	151 757	46 274 940	596
2007	35 647 240	5 584 642	96 313	4 437 063	1 165 545	153 992	47 084 795	598
2008	36 070 621	5 853 409	97 491	4 510 952	1 199 021	157 141	47 888 635	601
2009	36 341 122	6 112 812	98 620	4 484 088	798 680	157 910	47 993 232	602
2010	36 721 499	6 299 975	99 796	4 519 043	823 143	158 427	48 621 883	606
2011	37 093 745	6 425 192	100 354	4 558 993	844 619	159 605	49 182 508	625

Consideriamo la funzione *f* che associa al numero di anni trascorsi a partire dall'anno 2004 il numero di milioni di auto immatricolate in Italia in quell'anno (approssimati alla prima cifra decimale).

42 Esprimi a parole il significato delle seguenti scritture.

- $f(0) = 33{,}9$ Nel 2004 sono state immatricolate circa 33,9 milioni di auto.
- $f(1) = 34{,}6$ ....
- $35{,}3 = f(2)$ ....
- $f(1) - f(0) = 0{,}7$ ....

43 Completa.

- $f(5) =$ 36,3 (infatti nel 2009, 5 anni dopo il 2004, sono state immatricolate circa 36,3 milioni di auto).
- $f(\ldots) = 35{,}6$ ....
- $f(6) =$ ....

44 In riferimento alla tabella, consideriamo la funzione g che associa a t, numero di anni trascorsi a partire dall'anno 2004, il numero di autobus immatricolati in Italia.
Spiega il significato delle seguenti scritture.

a. $92\,690 = g(0)$ ....

b. $g(7) = 100\,354$ ....

c. $g(a) = 97\,491$ ....

d. $g(5) = k$ ....

45 In riferimento alla tabella, consideriamo la funzione m che associa a t, numero di anni trascorsi a partire dall'anno 2004, i milioni di motocicli immatricolati in Italia in quell'anno (approssimati alla prima cifra decimale).

Completa le seguenti scritture:

a. $m(0) =$ ....;

b. $m(\ldots\ldots) = 5{,}6$;

c. $m(2)$ ...... $m(5)$ (scegli tra $<$, $=$, $>$);

d. $m(4)$ ...... $m(5)$;

e. $6{,}4 = m(\ldots\ldots)$;

f. $m(\ldots\ldots) < 6 < m(\ldots\ldots)$.

È possibile attribuire un output a ogni numero reale?

46 **ANALIZZARE DATI E GRAFICI** Quando si magnetizza un materiale sottoponendolo a un campo magnetico esterno, il comportamento del materiale si modifica con un certo ritardo sotto l'azione del campo. Il grafico a fianco mostra l'evoluzione della magnetizzazione (B) di un materiale al variare del campo applicato (H), procedendo in sequenza per i punti a, b, c, d, e, f, a. Ricava la tabella che esprime la relazione tra campo applicato (H) e magnetizzazione (B).

È una funzione?

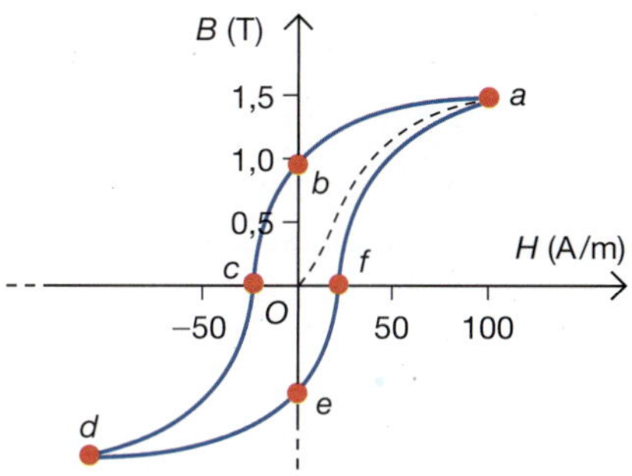

3 Le funzioni e i loro grafici

Teoria a pag. 223

Ricorda

IN TEORIA

Il **grafico** di una funzione

$f: A \to \mathbb{R}$

$x \to f(x)$

è l'insieme ....,

con $x \in A$, rappresentate sul piano cartesiano.

IN PRATICA

In figura è disegnato il grafico della funzione f. Ricava input e output dei punti P e Q.

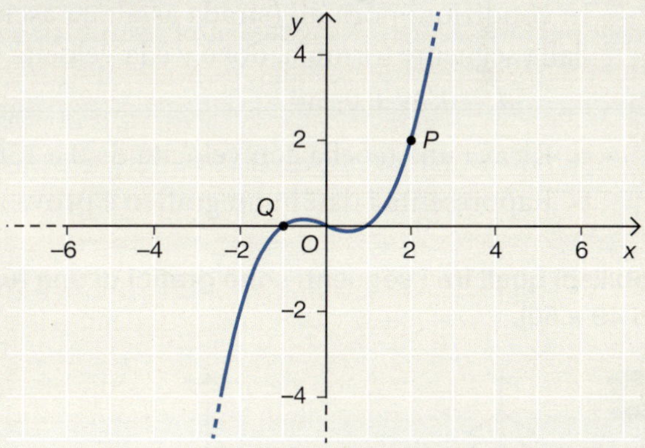

47 La figura mostra un programma che aggiunge 3 a ogni numero reale x che viene inserito (l'*input*) producendo un nuovo numero y (l'*output*). Per esempio, all'input $x = 2$, la macchina restituisce l'output $y = 2 + 3 = 5$.

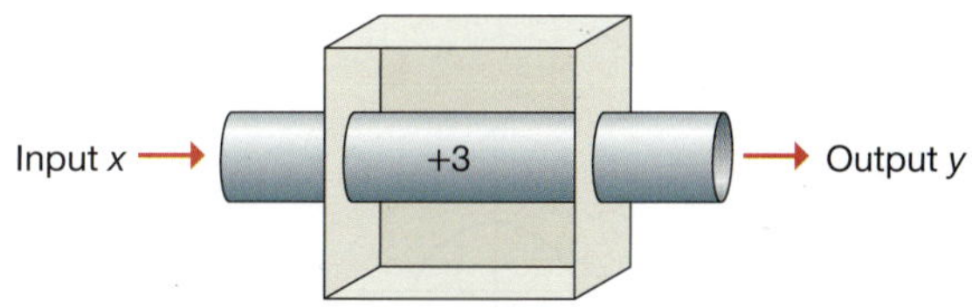

a. Scrivi la formula che lega y e x.

$y =$ ....

b. Scrivi l'output y per ognuno dei seguenti input x.
- Input $x = 4$ → Output $y =$ ....
- Input $x = -7$ → Output $y =$ ....

c. Scrivi l'input x corrispondente a ognuno dei seguenti output y.
- Input $x =$ .... → Output $y = 9$.
- Input $x =$ .... → Output $y = 0$.

d. I dati raccolti possono essere rappresentati in una tabella. Completala.

x	−7		2	4	
y		0	5		9

e. Nel grafico a fianco è mostrato il punto di coordinate (2; 5). Disegna gli altri punti individuati in tabella e traccia la retta che passa per tutti i punti rappresentati.

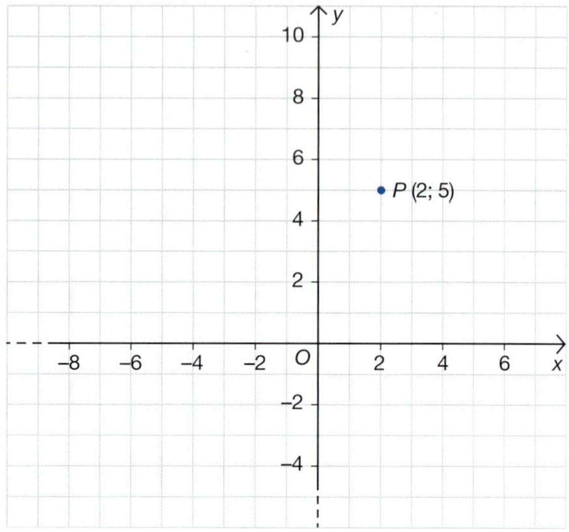

f. Seleziona un altro punto della retta. Le sue coordinate soddisfano l'equazione che hai scritto nel punto **a**?

g. Basandoti su quanto osservato e soprattutto sull'ultimo grafico, stabilisci il numero di output y per ogni input x.

h. La relazione fin qui descritta è una funzione? Spiega perché.

48 **RISOLVERE PROBLEMI** Quando guidiamo un'automobile è importante saper valutare lo spazio di arresto, cioè in quanto spazio si può arrestare l'auto in caso di necessità. Tale distanza dipende dalla velocità a cui l'auto sta procedendo, ma anche dalle condizioni della strada (se è asfalto asciutto, bagnato, strada sterrata, ...).
In condizioni normali (strada asfaltata asciutta) la distanza di arresto d in metri può essere calcolata dalla seguente formula, dove v è la velocità in km/h:

$$d = 0,3v + 0,1v^2.$$

a. Ricava una tabella con velocità da 0 a 130 km/h a intervalli di 10 km/h.

b. Rappresenta i dati in un grafico e prova a tracciare il grafico della funzione.

Stabilisci quali tra i seguenti sono grafici di una funzione che ha dominio e codominio contenuti in $\mathbb{R}$ (esercizi 49 e 50).

49

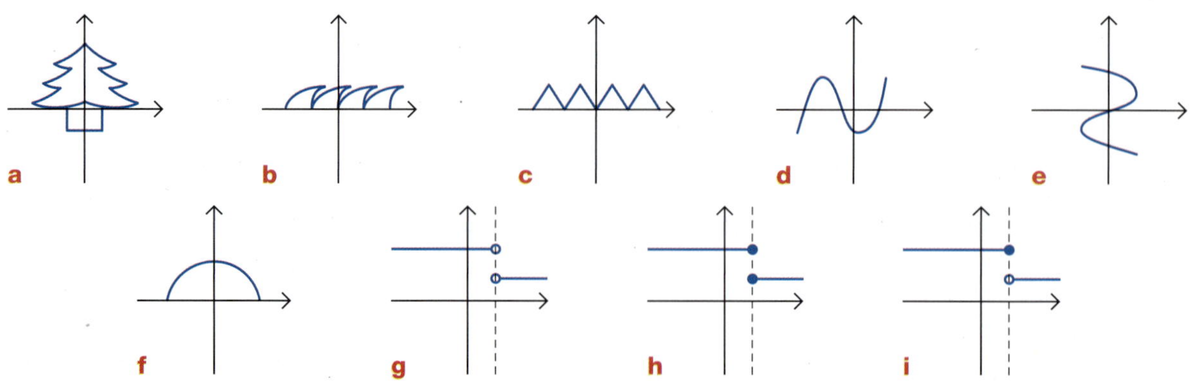

50

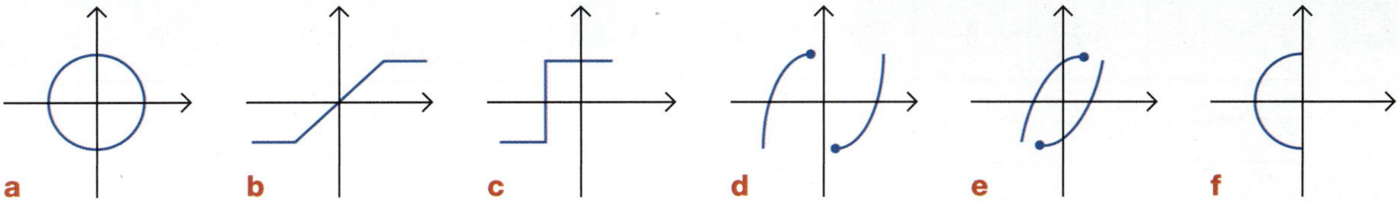

51 Considera ciascuna delle seguenti curve. Rappresenta, se possibile, un sistema di assi cartesiani ortogonali rispetto ai quali la curva sia il grafico di una funzione che ha dominio e codominio contenuti in $\mathbb{R}$. Gli assi cartesiani devono essere perpendicolari tra loro, ma puoi disegnarli all'occorrenza anche non paralleli ai margini del foglio.

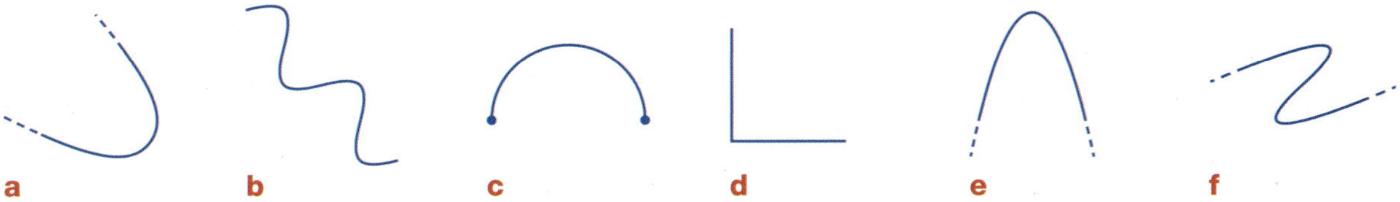

52 Disegna sul piano cartesiano il grafico della funzione $y = 2x + 1$ per valori di x da 0 a 4.

53 Disegna sul piano cartesiano il grafico delle seguenti funzioni per valori di x da -4 a 4.

a. $y = -2x + 5$
b. $y = -2x + 3$
c. $y = -2x - 4$
d. $y = -2x - 7$

54 Disegna sul piano cartesiano il grafico delle seguenti funzioni per valori di x da -4 a 4.

a. $y = -4x + 8$
b. $y = -4x + 2$
c. $y = -4x - 3$
d. $y = -4x - 6$

55 Disegna sul piano cartesiano il grafico delle seguenti funzioni per valori di x da 0 a 4.

a. $y = 5x$
b. $y = 5x - 2$
c. $y = 5x + 2$
d. $y = 5x - 6$

56 Disegna sul piano cartesiano il grafico delle funzioni $y = 2x + 4$ e $y = 2 - 3x$ per valori di x da -2 a 2.

Completa le tabelle per le seguenti funzioni, poi disegna i punti e il grafico della funzione sul piano cartesiano (esercizi da 57 a 69).

57

x	-3	0	3
$y = 2x$	-6		

58

x	-3	0	3
$y = 3x + 2$			

59

x	-3	0	3
$y = -2x$			

60

x	-3	0	3
$y = -3x - 1$	8		

61

x	-3	0	3
$y = -\frac{1}{4}x$			

62

x	-3	0	3
$y = 5 - \frac{1}{2}x$			

63

x	−2	0	2	4
$y = -x + 1$	3			

64

x	−2	0	2	
$y = x + 2$	0			6

65

x	−3	−1	0	3
$y = -x - 2$				

66

x	−2	0	2
$y = x$			

67

x	−2	0	2
$y = -x$			

68

x	−1	0	1
$y = 2x - 1$			

69

x	−2	0	2
$y = 2 - x$			

Considera le seguenti funzioni di cui è data l'equazione. Completa le tabelle, per ciascuna rappresenta i punti ottenuti in un diagramma cartesiano e traccia il grafico della funzione. Usa il grafico per trovare i valori richiesti (esercizi da 70 a 72).

70 $y = \frac{1}{2}x$.
Calcola il valore di y quando $x = -2$.

x	−4	0	2	4
y				

71 $y = 2x - 1$.
Calcola il valore di y quando $x = -1$ e di x quando $y = 3$.

x	−2	0	1	3
y				

72 $y = -3x + 3$.
Calcola il valore di y quando $x = 0$ e di x quando $y = 0$.

x	−2	−1	2	3
y				

73 Per ognuna delle seguenti affermazioni, determina le coordinate dei corrispondenti punti del grafico della funzione g.

a. $g(5) = -1$ (5; −1)

b. $9 = g(-4)$ ....

c. 0 è soluzione dell'equazione $g(x) = 3$ ....

d. 10 è l'immagine di 7 ....

e. 1 è la controimmagine di − 2 ....

f. $g(4) = g(-4) = 1$ ....

74 La tariffa per il parcheggio di un'automobile viene calcolata nel seguente modo: 0,75 € per ogni mezz'ora o sua frazione, fino a un massimo giornaliero di 6,00 €.
Indichiamo con $C(t)$ il costo del parcheggio per una sosta di t minuti, espresso in euro.

Completa la tabella e rispondi alle domande.

a. C è una funzione di t? Motiva la tua risposta.
b. t è una funzione di C? Motiva la tua risposta.
c. Disegna un grafico di $C(t)$ per $0 \leq t \leq 300$.

t (minuti)	**$C(t)$ (€)**
0	0
10	0,75
20	
30	
40	
55	
100	
120	

UN PASSO IN PIÙ

75 **ESERCIZIO SVOLTO** Determina il dominio e l'insieme delle immagini della funzione rappresentata nel grafico.

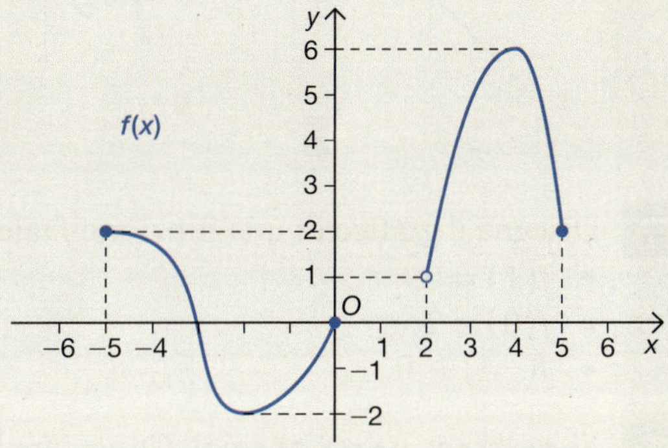

PER NON SBAGLIARE Il pallino vuoto in corrispondenza di $x = 2$ significa che il punto di coordinate $(2; f(2))$, non appartiene al grafico della funzione.

SVOLGIMENTO

- Possiamo determinare il dominio della funzione individuando l'insieme delle ascisse dei punti che costituiscono il grafico di f.
  Per farlo, proiettiamo sull'asse x i punti del grafico di f.
  Il dominio di f è l'insieme dei numeri reali maggiori o uguali a -5 e minori o uguali a 0 o maggiori di 2 e minori o uguali a 5:
  $\{x \in \mathbb{R} \mid -5 \leq x \leq 0 \vee 2 < x \leq 5\}$.

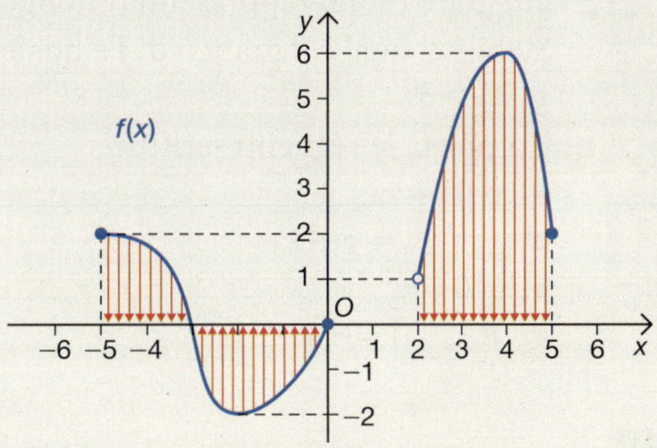

- Allo stesso modo, possiamo determinare l'insieme delle immagini proiettando sull'asse y i punti del grafico di f.
  L'insieme delle immagini di f è l'insieme dei numeri reali maggiori o uguali a -2 e minori o uguali a 6:
  $\{x \in \mathbb{R} \mid -2 \leq x \leq 6\}$.

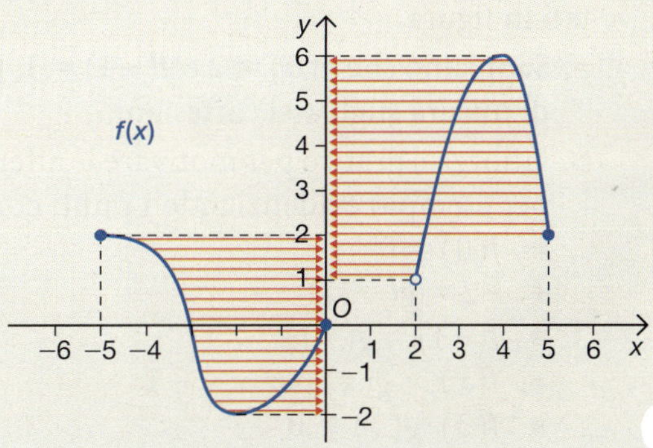

ESERCIZI IN PIÙ

76 Osserva i seguenti grafici e per ciascuna funzione rappresentata determina il dominio e l'insieme delle immagini.

2 quadretti = 1 unità

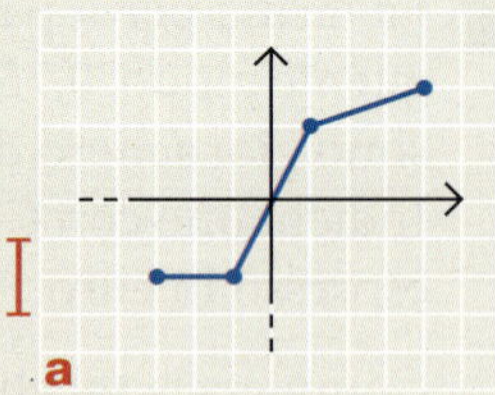

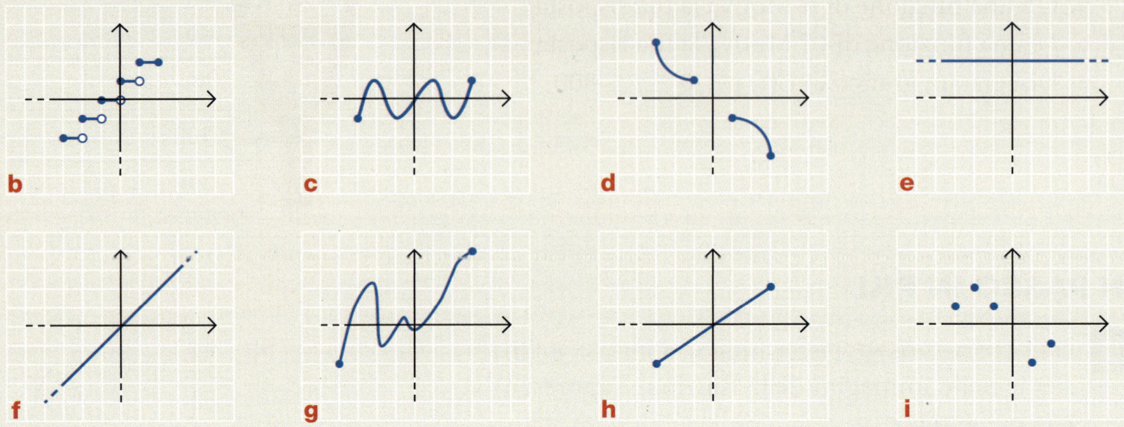

77 Disegna il grafico di una funzione f tale che:
- $f(1) = 0$;
- $f(0) = 2$;
- $f(-1) > 0$.

78 **ANALIZZARE DATI E GRAFICI** Considera le due funzioni f e g i cui grafici sono rappresentati in figura.

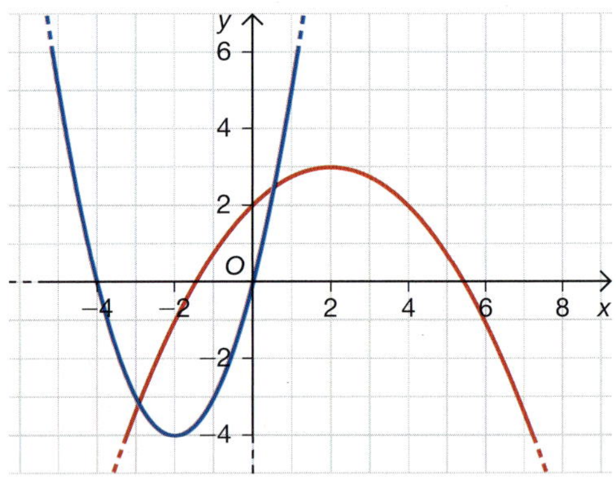

a. Stabilisci qual è il grafico di f e quale di g, sapendo che $g(2) = 3$.

b. Completa le seguenti scritture.
- $f(0) =$ ....
- .... $= g(-2)$
- $g(0) =$ ....
- $f($..........$) = -4$

79 **ANALIZZARE DATI E GRAFICI** Considera le due funzioni con dominio $\mathbb{R}$, i cui grafici sono rappresentati in figura.

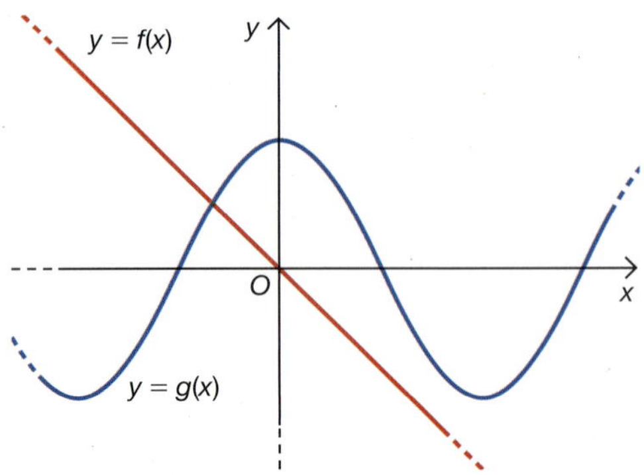

a. Sappiamo che $g(0) = 2$ e $f(-1) = 1$. Determina le unità di misura sugli assi cartesiani.

b. Utilizza il grafico per motivare le affermazioni seguenti, per esempio evidenziando i punti corrispondenti.
- $f(0) = 0$
- $-2 = g(-3)$
- $f(-1) = g(-1)$
- $f(x) > g(x)$ per $x < -1$
- $f(3) \cdot g(3) > 0$
- $g(-2) < 0$

80 **ANALIZZARE DATI E GRAFICI** Fa molto caldo e Anna decide di prepararsi una granita. Siccome ha finito il ghiaccio, riempie una vaschetta di acqua per prepararne altro.

Indichiamo con $G(t)$ la temperatura in gradi Celsius dell'acqua dopo t minuti da quando è stata riposta in freezer.
La temperatura dell'acqua si abbassa fino a raggiungere 0 °C e rimane a tale temperatura finché non si è trasformata completamente in ghiaccio, per poi cominciare a diminuire nuovamente fino alla temperatura interna del freezer (di circa −20 °C).

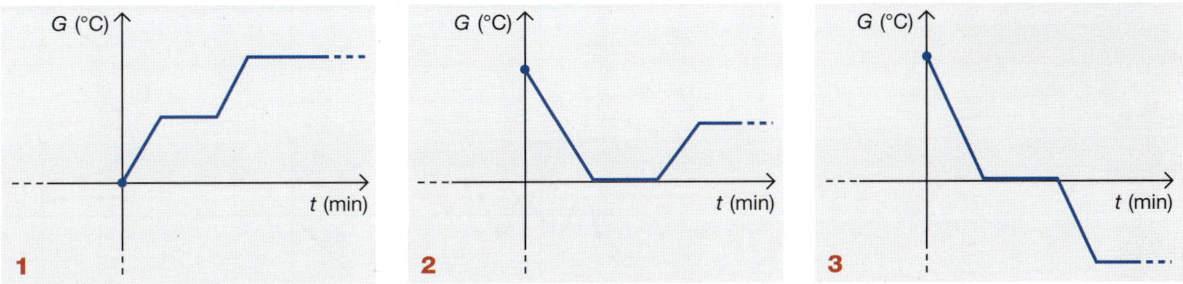

a. Quale dei tre grafici rappresenta meglio la situazione descritta?

b. Esprimi a parole il significato delle seguenti scritture:

- $G(0) = 29$ L'acqua, nell'istante in cui è stata messa in freezer (0 minuti), aveva una temperatura di 29°.
- $G(10) = 20$ ....
- $G(12) > G(20)$ ....
- $G(60) = G(40) - 5$ ....
- $-20 = G(200)$ ....
- $G(200) = G(220)$ ....

4 Funzioni iniettive e suriettive

Teoria a pag. 227

Ricorda

IN TEORIA
Una funzione si dice **iniettiva** se a elementi distinti del dominio associa sempre immagini distinte.
Una funzione si dice **suriettiva** se .... è immagine di almeno un elemento del dominio.

IN PRATICA
Quali delle seguenti funzioni sono iniettive?
Quali suriettive?

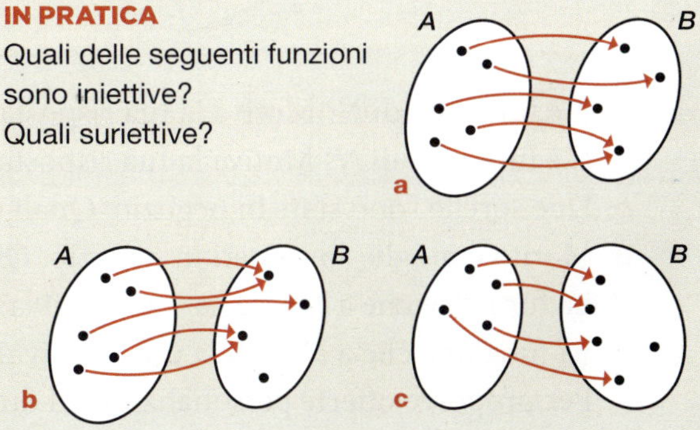

81 Le funzioni rappresentate nei grafici a fianco hanno il dominio contenuto in $\mathbb{R}$. Stabilisci quali di esse sono iniettive.

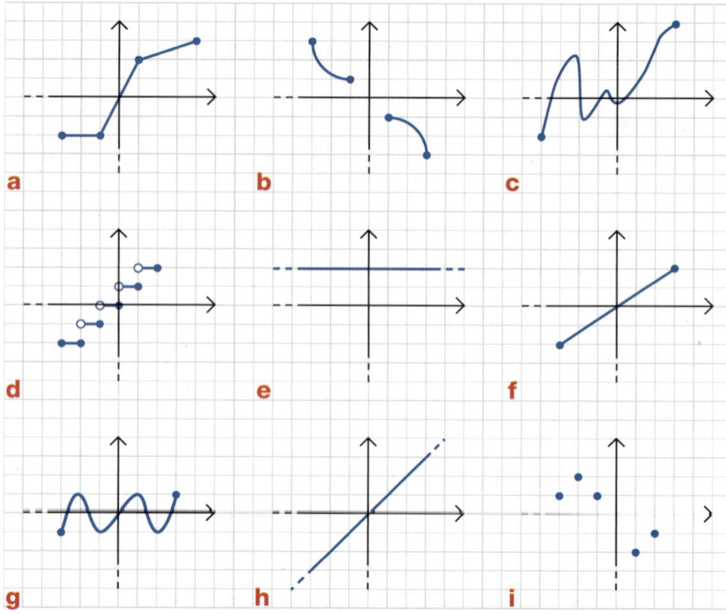

82 Stabilisci quali tra le precedenti funzioni sono suriettive, sapendo che il codominio è $\mathbb{R}$.

ARGOMENTARE **Quali tra le seguenti funzioni sono iniettive? Motiva le tue risposte (esercizi 83 e 84).**

83
- **a.** La funzione che a ogni studente associa la propria classe. no
- **b.** La funzione che a ogni libro associa il proprio numero di pagine.
- **c.** La funzione che a ogni libro di testo associa il suo codice ISBN.

84
- **a.** La funzione che a ogni giocattolo in vendita in un determinato negozio associa il suo prezzo.
- **b.** La funzione che a ogni punto in un piano cartesiano associa la sua ascissa.
- **c.** La funzione che a ogni persona associa il proprio codice fiscale.

85 **ACQUISIRE DATI E INFORMAZIONI** Un negozio di abbigliamento decide di raccogliere i dati dei clienti per inviare loro materiale pubblicitario e tenerli informati sulle promozioni. Ecco alcuni dei dati raccolti.

N (nome e cognome)	*T* (telefono di casa)	*C* (cellulare)
Chiara Rossi	0533 46729293	439 83649264
Sara Rossi	0533 34891581	339 94384913
Giulio Saverini	0533 46729293	347 34865349
Beatrice Luppi	051 34848414	439 81651856
…		

- **a.** T è funzione di N? Motiva la tua risposta.
- **b.** C è funzione di N? Motiva la tua risposta.
- **c.** Due sorelle sono state in negozio. Quali sono i loro nomi?
- **d.** Marito e moglie sono stati in negozio. Quali sono i loro nomi?
- **e.** La funzione che a N associa T è iniettiva? Perché?
- **f.** La funzione che a N associa C è iniettiva? Perché?
- **g.** Per proporre offerte personalizzate, il direttore del negozio decide di rendere obbligatoria la compilazione del numero di cellulare. Perché?

86 **INDIVIDUARE COLLEGAMENTI E RELAZIONI** Il costo di un telegramma dipende dal numero di parole da cui è composto secondo la seguente tabella, reperibile sul sito web delle Poste Italiane.

Numero parole	Costo (€)
Fino a 20 parole di testo	4,47
Fino a 50 parole di testo	6,81
Fino a 100 parole di testo	10,47
Fino a 200 parole di testo	19,92
Fino a 500 parole di testo	40,42

a. Un telegramma di 15 parole soddisfa tutti i criteri della prima colonna (ha un numero di parole sia inferiore a 20, sia inferiore a 500). Come suggeriresti alle Poste Italiane di modificare la tabella per renderla più corretta e chiara?

b. Adesso la relazione che associa al numero di parole il prezzo del telegramma è una funzione? Se lo è, tracciane il grafico, esplicitandone dominio e codominio.

c. È una funzione iniettiva? Suriettiva?

d. Qual è il costo medio di ogni parola per un telegramma di 18 parole? Per un telegramma di 400 parole?

e. Due amici devono spedire un telegramma a un terzo amico. Il primo ha scritto un messaggio con 47 parole, il secondo con 94. Stabilisci se è più conveniente che spediscano due telegrammi separati oppure uno unico.

87 **ARGOMENTARE** Considera la funzione definita da $f(x) = 1 - x^2$.

a. Spiega perché non è iniettiva.

b. Utilizza un software per rappresentarne il grafico. Il grafico conferma la non iniettività?

88 Considera la funzione definita da $f(x) = x^2 - x$.

a. Esistono due numeri la cui immagine vale 0. Quali sono?

b. La funzione f è iniettiva?

89 **ARGOMENTARE** Considera la funzione definita da $f(x) = x - 3$.
Spiega perché questa funzione è iniettiva.

90 **ARGOMENTARE** Considera la funzione definita da $f(x) = \dfrac{x}{3}$.
Questa funzione è iniettiva? Perché?

91 **ANALIZZARE DATI E GRAFICI** Il grafico riporta la funzione di conversione da dollari americani (US$) a dollari singaporeani (S$).
Usa il grafico per convertire:

a. 800 S$ in dollari USA;

b. 350 US$ in dollari singaporeani.

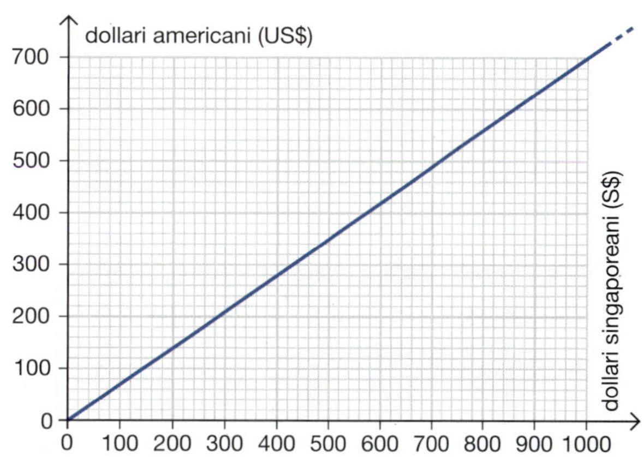

ESERCIZI

92 **ANALIZZARE DATI E GRAFICI** Il costo C per produrre una tazza con un'immagine stampata sopra dipende dal numero totale n di tazze prodotte. Il grafico mostra come C dipende da n.

a. Usa il grafico per trovare:
- il costo di produzione di 150 tazze;
- il numero di tazze che si possono produrre con un budget di 420 €.

Dal grafico si osserva che c'è un costo x anche se non viene prodotta nessuna tazza.

b. Scrivi il valore di x.

c. Quale significato pensi che abbia questo costo?

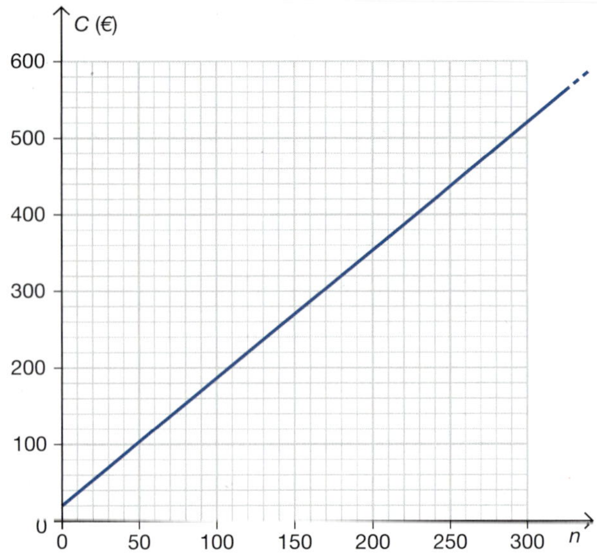

93 **ANALIZZARE DATI E GRAFICI** Una macchina in una linea di produzione ha un valore iniziale di P €. Il suo valore diminuisce negli anni successivi come indicato dal grafico.

a. Scrivi il valore di P.

b. Usa il grafico per trovare:
- il valore della macchina dopo 2 anni dall'acquisto;
- quanti anni sono passati quando la macchina vale 3800 €.

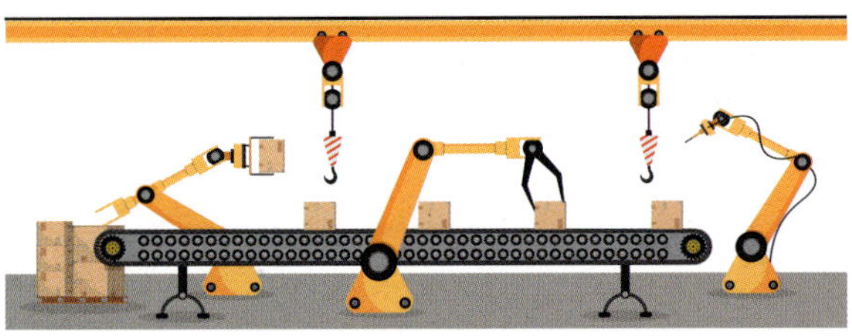

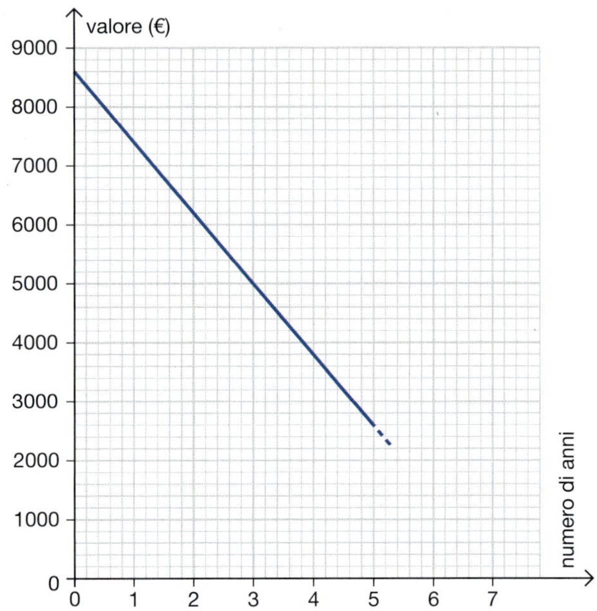

94 **ANALIZZARE DATI E GRAFICI** Il costo C di stampa di una singola copia di un giornale varia al variare del numero n di migliaia di copie stampate. Il grafico mostra la funzione con cui C dipende da n.

a. Usa il grafico per trovare il costo totale di stampa di 2000 copie.

b. Quante copie bisogna stampare perché il costo di ognuna sia inferiore a 0,5 €?

c. Perché pensi che il costo di stampa di una copia diminuisca all'aumentare del numero di copie stampate?

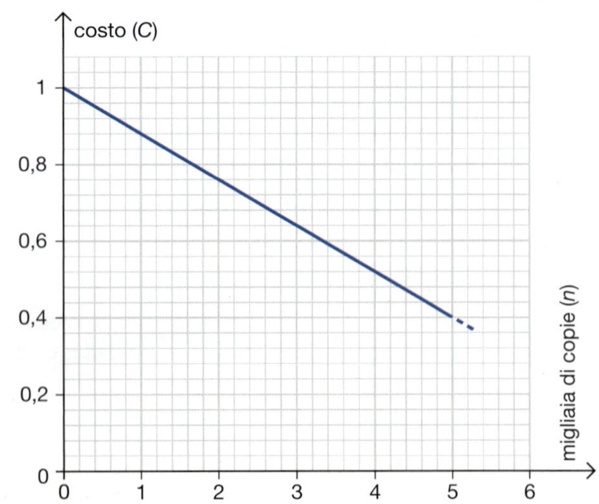

ESERCIZI DI RIEPILOGO

CONFRONTARE E ANALIZZARE FIGURE GEOMETRICHE **Rappresenta i seguenti punti sul piano cartesiano. Uniscili con segmenti nell'ordine dato e identifica la forma geometrica ottenuta (esercizi da 95 a 103).**

95 $A(1;1)$, $B(7;1)$, $C(4;8)$

96 $D(1;3)$, $E(3;5)$, $F(7;1)$

97 $G(1;1)$, $H(7;-1)$, $I(8;2)$, $J(2;5)$

98 $K(-5;3)$, $L(-2;4)$, $M(0;3)$, $N(3;-1)$

99 $L(-1;-2)$, $O(1;3)$, $P(-1;4)$, $Q(-3;3)$

100 $R(0;2)$, $S(3;0)$, $T(1;-3)$, $U(-2;-1)$

101 $V(-1;-3)$, $W(3;-4)$, $X(6;2)$, $Y(2;3)$

102 $Z(-4;-1)$, $AA(-2;-4)$, $BB(-4;-7)$, $CC(-6;-4)$

103 $DD(-3;-1)$, $EE(-2;0)$, $FF(-1;1)$, $GG(0;2)$, $HH(1;3)$, $II(2;4)$, $JJ(3;5)$

104 **CONFRONTARE E ANALIZZARE FIGURE GEOMETRICHE** I vertici del triangolo ABC hanno coordinate $A(-2;1)$, $B(6;5)$ e $C(6;2)$. Dopo aver disegnato il triangolo, determinane l'area.

105 **CONFRONTARE E ANALIZZARE FIGURE GEOMETRICHE** Due vertici del triangolo ABC sono $A(1;1)$ e $B(5;5)$. L'area del triangolo ABC è 12 u^2 e l'ordinata del punto C vale 1. Determina le possibili coordinate del punto C.

106 Disegna sulla pianta del progetto a fianco un sistema di assi cartesiani ortogonale.

a. Indica l'unità di misura scelta.

b. Scrivi le coordinate dei vertici del perimetro esterno della casa e la posizione del tronco dell'albero più distante dalla casa.

ESERCIZI

Considera i seguenti grafici e stabilisci quali di essi rappresentano funzioni il cui codominio è $\mathbb{R}$.
Per ogni grafico determina il dominio della relativa funzione e stabilisci se questa è iniettiva e se è suriettiva.
Ogni quadretto ha lato unitario (esercizi da 107 a 112).

107

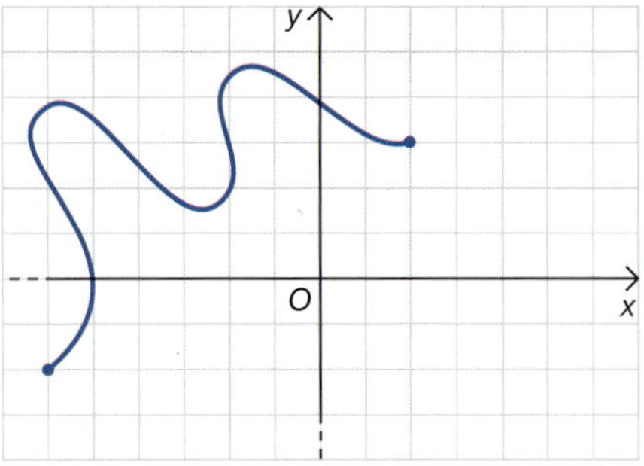

108

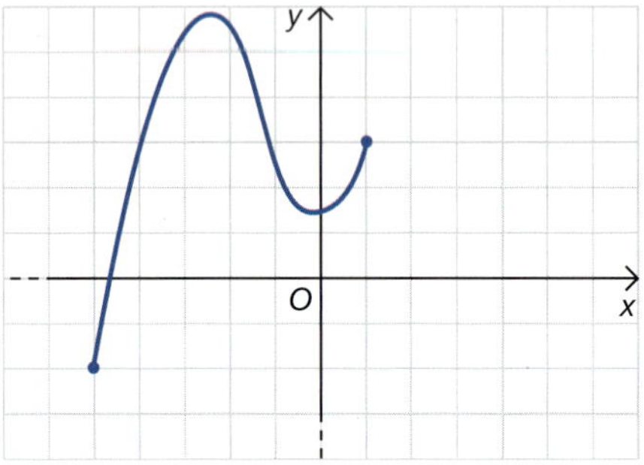

109

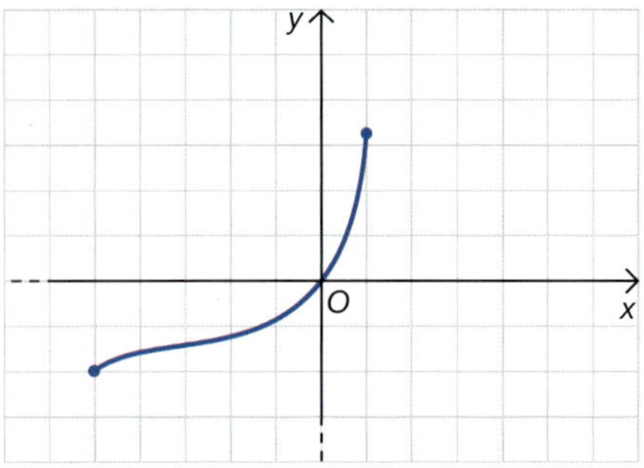

110

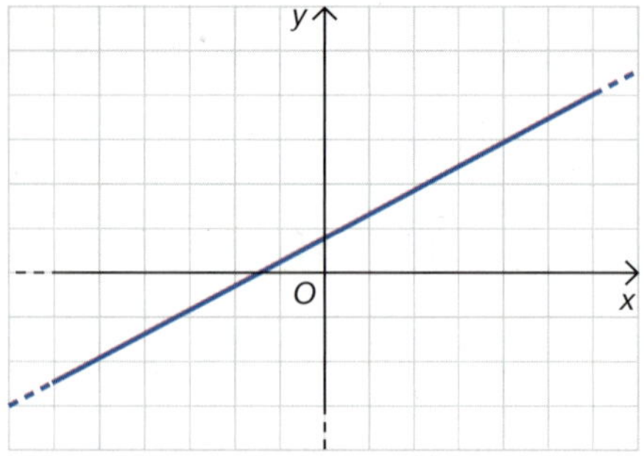

111

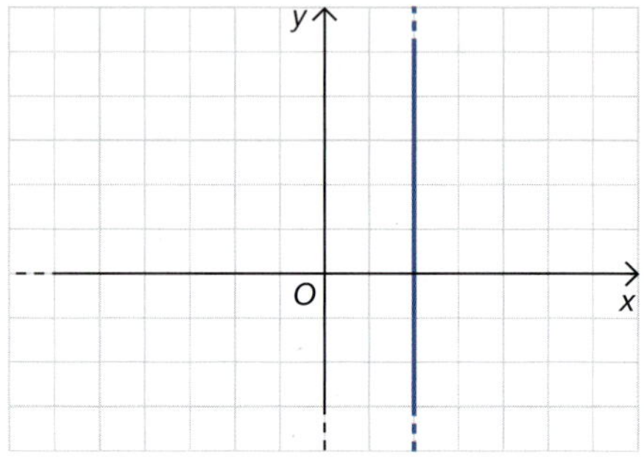

112

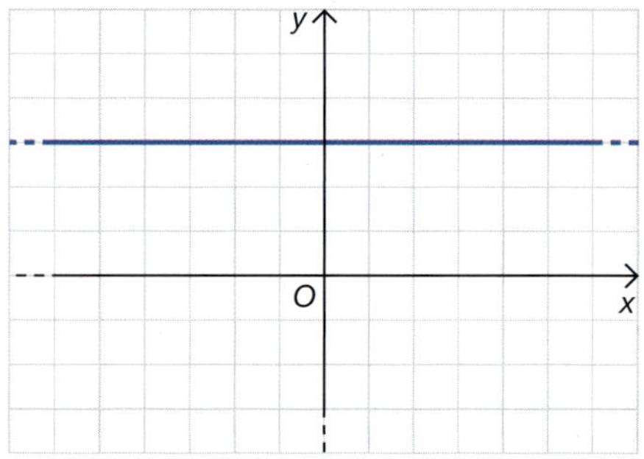

113 Sovrapponi alla mappa un sistema di riferimento cartesiano e identifica le posizioni di Torino e Milano. Come potresti rappresentare l'autostrada A4 che va da una città all'altra?

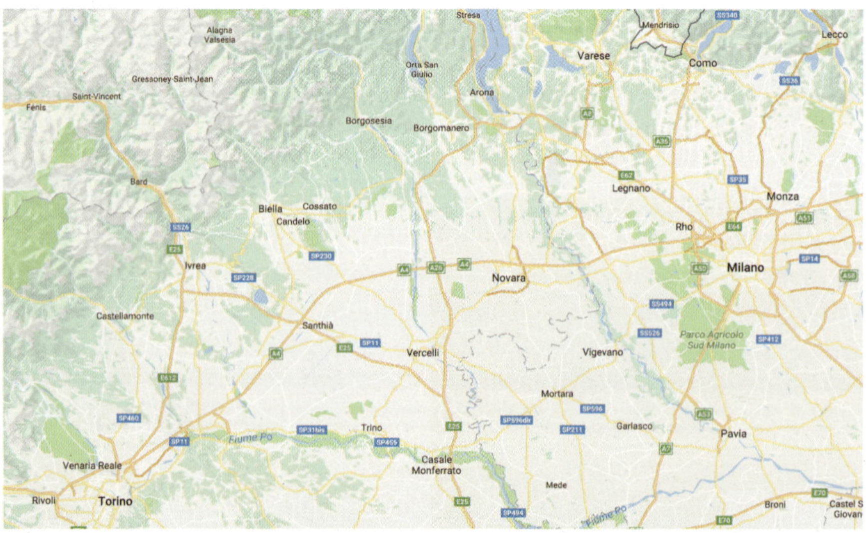

114 **INVALSI 2011** L'insegnante di inglese dà ai suoi studenti un test formato da 25 domande e spiega che il punteggio totale p è calcolato assegnando 4 punti per ogni risposta esatta e togliendo 2 punti per ogni risposta sbagliata o mancante.

a. Il punteggio massimo possibile è ....

b. Scrivi la formula che fornisce il punteggio p complessivo, indicando con n il numero di risposte esatte.

$p =$ ....

c. Se la sufficienza si ottiene con più di 60 punti, qual è il numero minimo di domande al quale occorre rispondere correttamente per avere la sufficienza?
Risposta: ....

[INVALSI – scuola secondaria di secondo grado]

115 Considera la funzione da $\mathbb{R}$ a $\mathbb{R}$ definita dalla formula $f(x) = 3 - x^2$.
Determina le coordinate di 5 punti del suo grafico a scelta e rappresentali in un sistema di riferimento.

116 Considera la funzione da $\mathbb{N}$ a $\mathbb{Q}$ definita dalla formula $f(x) = -2x^3$.
Determina le coordinate di 3 punti del suo grafico a scelta e rappresentali in un sistema di riferimento.

117 Considera la relazione definita dalla formula $f(x) = \dfrac{2}{3x}$.

a. Determina due insiemi A e B affinché la relazione possa essere una funzione da A a B.

b. Determina le coordinate di 5 punti del suo grafico a scelta e rappresentali in un sistema di riferimento.

118 Marco e Luca, stanchi del solito gioco dell'oca, decidono di cambiare le regole. Marco si trova nella posizione iniziale, in corrispondenza dello 0, e può muovere la sua pedina lungo una linea numerata. Ha a disposizione un solo dado da lanciare: se esce un numero pari, deve procedere in avanti di tante unità quante indicate dal dado; se esce un numero dispari, deve retrocedere di tante unità quante indicate dal dado. Dopo ogni lancio, Luca registra la nuova posizione di Marco in una tabella, ma si dimentica di segnare il risultato del dado.

n (numero di lancio)	r (risultato del dado)	p (posizione di Marco)
1	3	−3
2	2	−1
3		−6
4		0
5		−1
6		3
7		0

a. Determina il risultato di ogni lancio, completando la tabella.

b. In riferimento alla tabella, p è una funzione di n? Motiva la tua risposta.

c. In riferimento alla tabella, p è una funzione di r? Motiva la tua risposta.

d. Rappresenta il grafico della posizione p di Marco rispetto al numero n del lancio.

e. p è una funzione iniettiva rispetto a qualcuna delle due variabili n e r? Motiva la tua risposta.

119 Giocando a una variante del gioco dell'oca, Vito si trova nella posizione iniziale 0 e può muovere la sua pedina lungo una linea numerata. Ha a disposizione un solo dado da lanciare: se esce un numero pari, la pedina deve procedere in avanti di tante unità quante indicate dal dado; se esce un numero dispari, la pedina deve retrocedere di tante unità quante indicate dal dado.
Nel grafico è riportata in ordinata la posizione della pedina di Vito dopo il lancio numero n (in ascissa), per i primi 7 lanci.

a. Utilizza tale grafico per completare la tabella.

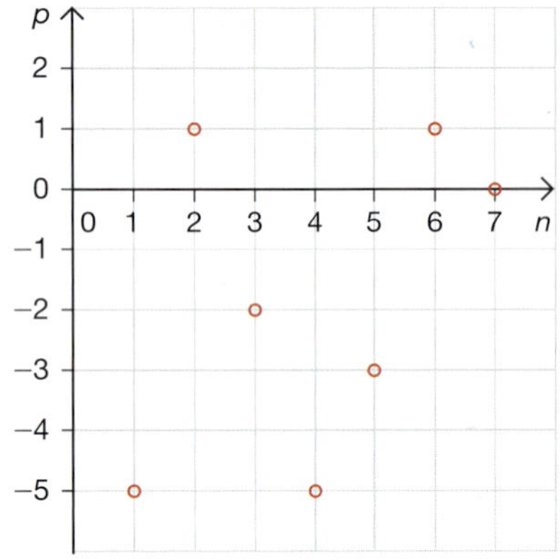

n (numero di lancio)	r (risultato del dado)	p (posizione pedina)
1	5	−5
2		
3		
4		
5		
6		
7		

b. In riferimento alla tabella, p è una funzione di n? Se sì, è iniettiva? Motiva la tua risposta.

c. In riferimento alla tabella, p è una funzione di r? Se sì, è iniettiva? Motiva la tua risposta.

120 **ANALIZZARE DATI E GRAFICI** Considera le due funzioni f e g i cui grafici sono rappresentati in figura.

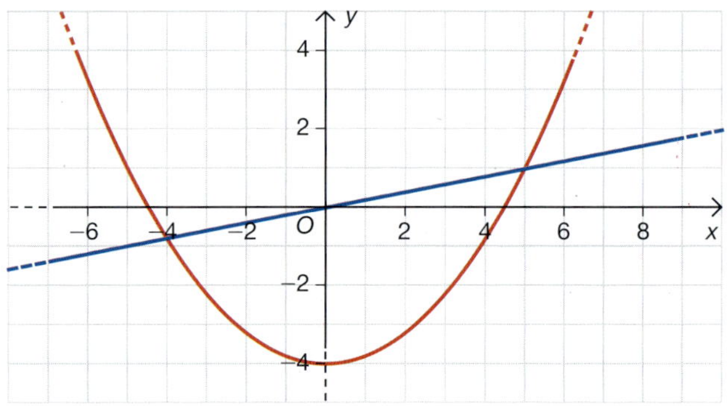

a. Sapendo che $f(-6)$ è positivo, stabilisci qual è il grafico di f e quale di g.

b. Utilizzando il grafico, completa.
- $f(5) = g(\dots\dots) = \dots\dots$
- $g(6) < \dots\dots$
- $g(0) - f(0) = \dots\dots$
- $g(\dots\dots) = 0$

121 **ANALIZZARE DATI E GRAFICI** Utilizzando un software, è possibile visualizzare il grafico delle due funzioni seguenti.
- $h(x) = \sqrt{x^2 + 1}$
- $k(x) = 0,5x - 1$

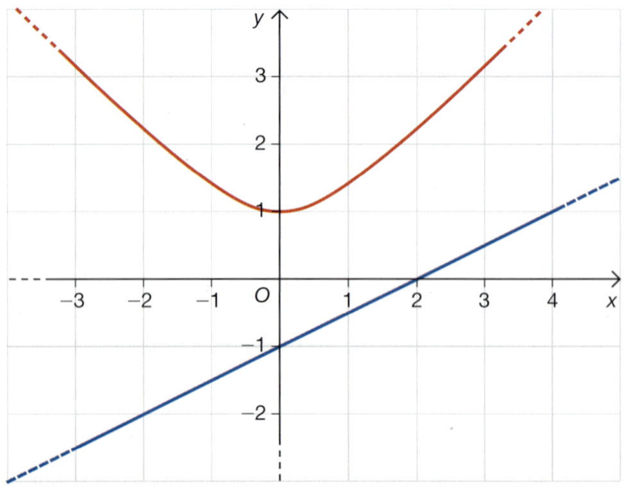

a. Associa ognuno dei due grafici alla sua formula, motivando la tua scelta.

b. Stabilisci se le seguenti affermazioni sono vere o false, motivando la risposta.
- $k(-1) > 0$
- $h(2) = h(-2)$
- $k(2) = k(-2)$
- $h(0) = -k(0)$
- $h(x) > 0$, per ogni x

122 **ANALIZZARE DATI E GRAFICI** Considera le funzioni f e g i cui grafici sono riportati nello stesso riferimento cartesiano.

a. Stabilisci qual è il grafico di f, sapendo che è iniettiva.

b. Spiega perché puoi dire che g non è iniettiva.

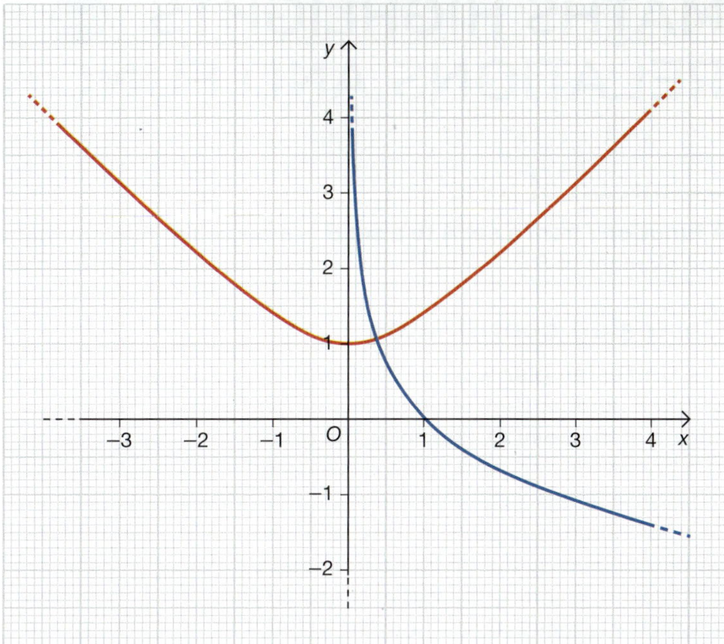

123 **INVALSI 2013** In Europa i numeri delle scarpe corrispondono circa ai $\frac{3}{2}$ della lunghezza (in cm) del piede.
Negli USA i numeri delle scarpe sono attribuiti in modo diverso, come si vede dalla tabella che segue.

Numeri delle scarpe										
Europa (E)	36	37	38	39	40	41	42	43	44	45
USA (U)	4	5	6	7	8	9	10	11	12	13

a. Giorgio ha il piede lungo 24 cm. Quale numero di scarpe dovrà acquistare in Italia?
Risposta: ....

b. John porta scarpe numero 7, misura USA. Qual è all'incirca la lunghezza del suo piede?
Risposta: .... cm

c. Scrivi la relazione che ti permette di passare dal numero di scarpe USA (U) al numero di scarpe europeo (E).
Risposta: E = ...

[INVALSI – scuola secondaria di secondo grado]

124 **ARGOMENTARE** Sia f una funzione qualsiasi. Stabilisci se l'uguaglianza seguente è vera per ogni coppia x e h di valori appartenenti al suo dominio.

$$f(x+h)=f(x)+f(h)$$

Se l'affermazione è vera dimostrala, altrimenti trova una funzione per la quale l'affermazione è falsa e una per la quale è vera.

MATHS HIGHLIGHTS CLIL
Controlla i risultati in fondo al volume.

RELATIONS AND FUNCTIONS

Definition of function

A **function** f from a set A to a set B is a particular relation that maps A into B and every element of A to only one element of B.

Cartesian coordinates

The **Cartesian plane** consists of two oriented number lines intersecting at right angles at the point O, known as the **origin**. The horizontal and vertical axes are called the ***x*-axis** and ***y*-axis** respectively.
The position of any point in the plane can be determined by the distance from each of the axes, given by the ordered pair $(x; y)$, in which x is the distance from the y-axis and y is the distance from the x-axis.

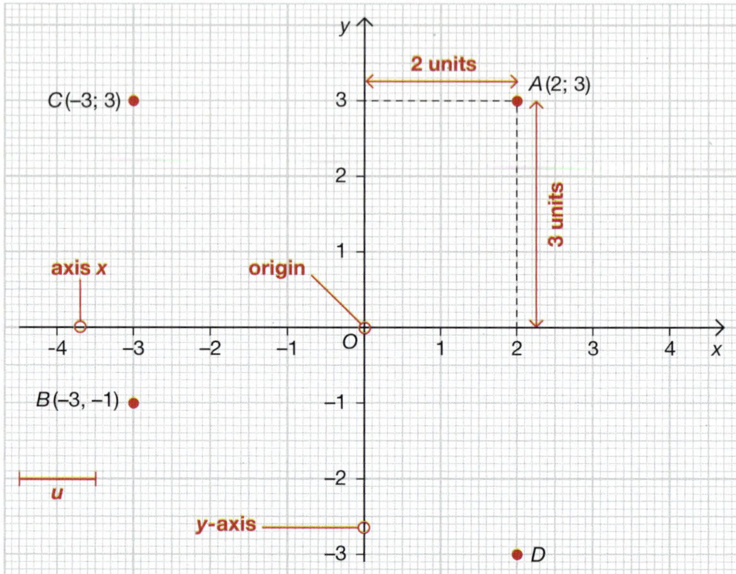

Each point P of the plane is described by an ordered pair $(x; y)$. We say that P has coordinates $(x; y)$.

Graph of a function

Let us consider a function between two sets A and B, which are subsets of the real line.
This function can be defined by an equation:

$y = f(x)$,

where $x \in A$, $y \in B$ and f is the law that maps A into B.
Such a function can be represented in a Cartesian plane.
The **graph of a function** $y = f(x)$ is the set of ordered pairs $(x; y)$ in the Cartesian plane, in which $y = f(x)$.

1 **VOCABULARY** Without using a dictionary, try to understand the meaning of the following words in the text above.

a. to map into	**1.** coppie ordinate
b. real line	**2.** retta dei numeri reali
c. ordered pairs	**3.** mandare in
d. oriented number line	**4.** retta numerica orientata

2 **MATHS** The equation of a function is $y = 2x - 3$. Find:

a. the value of y when $x = 4$;

b. the value of x when $y = -5$.

Verify if the following ordered pairs belong to the graph of f:

c. $(-2; -7)$;

d. $(0; 3)$.

L'ESPERTO SEI TU
PROVE PER COMPETENZE

1 **PROGETTARE** **La gimkana** In occasione di una sagra, ti è stato chiesto di organizzare una gara che consiste nel percorrere una gimkana. Il punteggio guadagnato durante il percorso dipende sia dalla velocità con cui è stato concluso sia dal superamento di alcune prove di abilità.

a. Descrivi il percorso e specifica in che modo il punteggio tiene conto
- del tempo impiegato per concludere la prova,
- delle eventuali penalità accumulate nello svolgimento delle prove.

b. Scrivi la formula da usare per il calcolo del punteggio.

2 **COLLABORARE** **Incentivi alla produttività** Il dirigente di una compagnia di assicurazioni vuole assumere dei rappresentanti che offrano ai clienti i prodotti della compagnia e ti chiede di studiare un sistema di pagamento che stimoli i rappresentanti a lavorare in maniera più efficiente, in modo che il loro guadagno dipenda dai risultati. Insieme al tuo compagno di banco:

a. scrivi un possibile meccanismo di calcolo del compenso;

b. specifica una formula che permetta di eseguire il calcolo;

c. rappresenta la relazione in un grafico per spingere i rappresentanti a ottenere il massimo risultato.

3 **ACQUISIRE DATI E INFORMAZIONI** **Sottomarino a babordo** Il movimento di un oggetto, la cui posizione è tracciata con un sonar, è descritto tramite la relazione tra il tempo e la posizione occupata.

a. Perché è importante che questa relazione sia una funzione?

b. È anche importante che sia suriettiva? Perché?

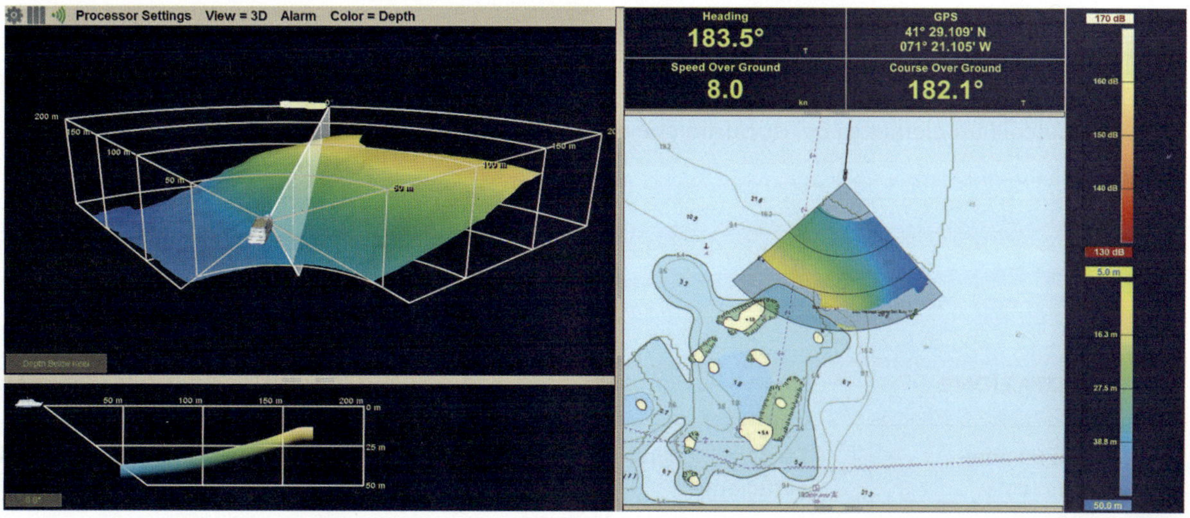

SEI PRONTO PER LA VERIFICA?

In 1 ora

1 **a.** Scegli e disegna sulla pianta del progetto a fianco un sistema di assi cartesiani ortogonale.
b. Indica l'unità di misura scelta.
c. Identifica le coordinate dei vertici del perimetro esterno della casa e la posizione del tronco dei due alberi più grandi.

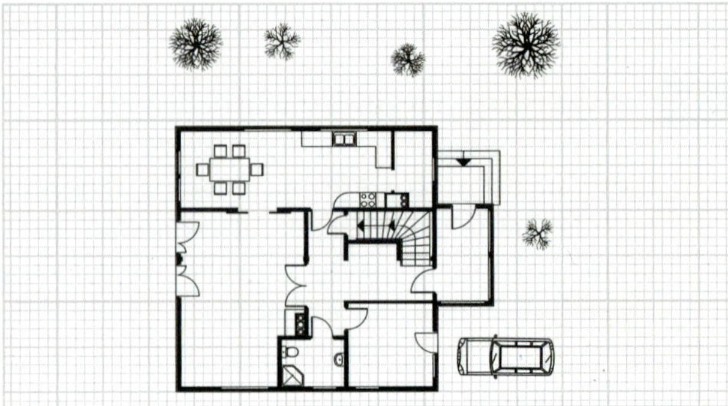

(15 punti per ogni risposta esatta) .... / 45

2 Determina quali tra i seguenti grafici rappresentano delle funzioni il cui dominio è un sottoinsieme di $\mathbb{R}$.

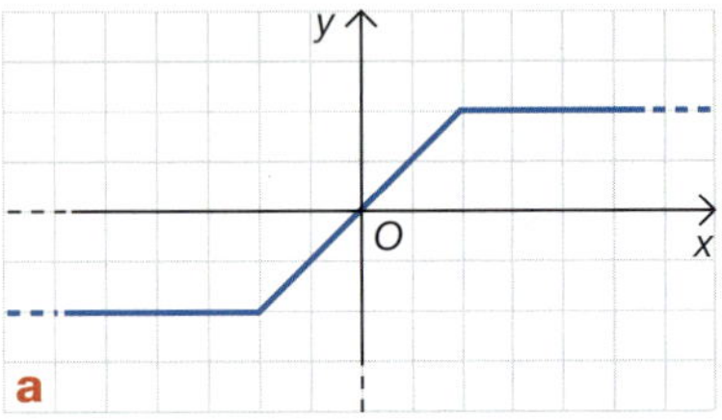

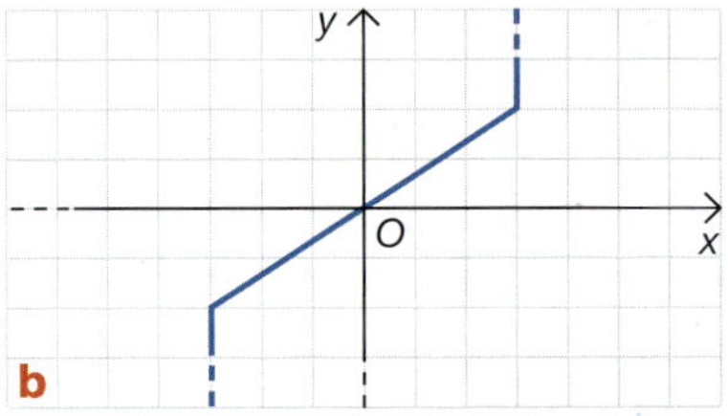

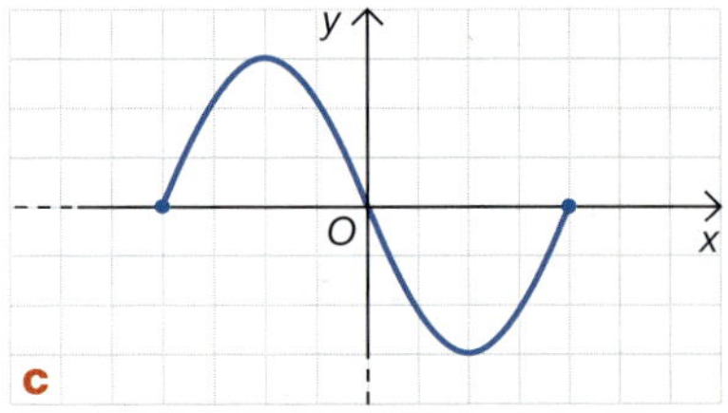

(5 punti per ogni risposta esatta) .... / 15

3 In un giorno di primavera, ogni due ore Alessio registra la temperatura nella sua stanza.

Orario (h)	8	10	12	14	16	18
Temp. (°C)	15,0	17,5	19,2	20,0	20,0	18,5

a. Individua la variabile dipendente e quella indipendente nella situazione descritta, spiegando perché.
b. Rappresenta i dati nel piano cartesiano.
c. Indichiamo con T la funzione che associa all'orario la temperatura, completa le seguenti scritture: $T(10) =$ ....; $T(.....) = 15{,}0$.
d. La funzione è iniettiva?

(5 punti per ogni risposta esatta) .... / 20

4 Considera la funzione f di equazione $y = 1 - 2x$, di dominio $\mathbb{R}$.
a. Calcola le immagini $f(3)$, $f(0)$, $f(-1)$, $f\left(-\frac{1}{2}\right)$.
b. Calcola un elemento del dominio che abbia -2 come immagine.

(10 punti per ogni risposta esatta).......... / 20

Punti totali: .... / 100

AUTOVALUTAZIONE

Controlla i risultati in fondo al volume.

☐ Fino a 50 punti insufficiente	☐ Da 51 a 70 punti sufficiente	☐ Da 71 a 90 punti buono	☐ Da 91 a 100 punti ottimo

Le funzioni lineari

CAPITOLO 6

1 La pendenza di una retta

Esercizi a pag. 278

ANALIZZARE DATI E GRAFICI

GIOCHIAMO CON LA MENTE

Il profilo altimetrico di un percorso di trekking

In figura è riportato in rosso il percorso GPS suggerito da un dispositivo che porta dalla località A, che si trova a 1400 metri sul livello del mare, al rifugio R, che si trova a 2200 m. Nella mappa è mostrato un percorso alternativo (tratteggiato in blu) per raggiungere il rifugio R a partire dalla località B, che si trova sempre a 1400 metri di altezza.
Nella cartina che hai a disposizione sono indicate le *isoipse*, ossia le curve che collegano i punti che si trovano alla stessa altezza rispetto al livello del mare.

I valori delle isoipse sono espressi in metri. Le isoipse riportate sono ciascuna a 100 metri di dislivello dalla successiva.
La mappa è in scala: ogni centimetro misurato col righello corrisponde a una distanza in linea d'aria di 1 km.

► Dunque sulla mappa possiamo vedere che il rifugio si trova a una distanza di circa 4,8 km dalla località A e di circa .... km dalla località B.

Da una mappa di questo tipo puoi ricavare il *profilo altimetrico* del percorso: un grafico che mostra la forma e le caratteristiche della salita da affrontare per arrivare al rifugio R.

▶ Disegna sul piano cartesiano il profilo altimetrico del primo percorso: in ascissa riporta per ogni isoipsa la distanza percorsa in linea d'aria a partire dal punto A di riferimento e in ordinata l'altezza della posizione raggiunta.

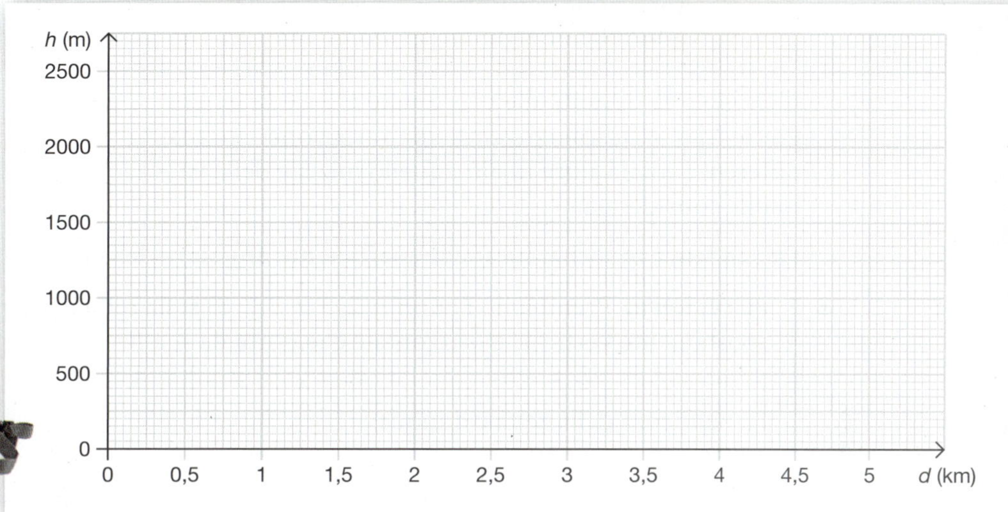

La distanza tra le ascisse dei punti che corrispondono ad A e R si chiama *distanza planimetrica*. La differenza tra le ordinate di due punti appartenenti al profilo altimetrico si chiama *dislivello*.

▶ Qual è il valore della distanza planimetrica tra A e R? ....

▶ Perché il valore calcolato non coincide con la lunghezza reale del profilo, cioè del tragitto da affrontare a piedi?

....

....

▶ Determina il dislivello fra il punto più alto e quello più basso nel percorso.

....

La ripidità media del percorso tra A e R è il rapporto tra lo spostamento verticale (dislivello) e quello orizzontale (distanza sulla mappa).

▶ Scrivi il valore del rapporto tra queste due grandezze. ....

▶ Come cambia il profilo altimetrico del secondo percorso, cioè da B a R?

....

....

▶ Quali sono le differenze che i profili altimetrici dei due percorsi mettono in evidenza?

....

....

▶ Quale ritieni sia il percorso più adatto a principianti e quale per esperti scalatori? Spiega la tua risposta.

....

....

Sull'eBook ti proponiamo un'altra attività come questa.

IN TEORIA

La **pendenza di una retta** è il rapporto tra variazione verticale e variazione orizzontale delle coordinate di due punti qualsiasi della retta, cioè:

$$m = \frac{\text{variazione verticale}}{\text{variazione orizzontale}} = \frac{\Delta y}{\Delta x} = \frac{y_B - y_A}{x_B - x_A}.$$

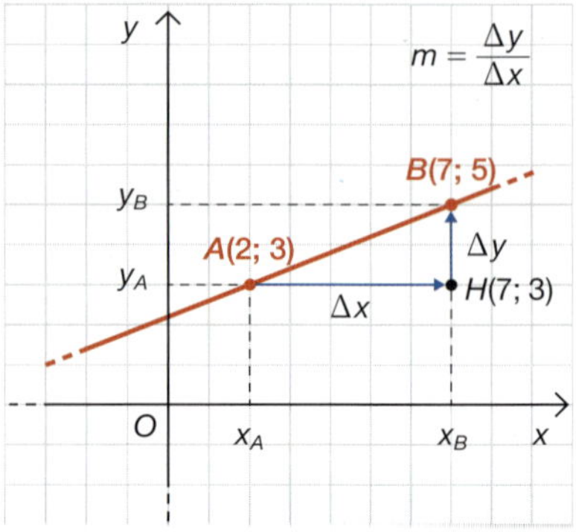

Il simbolo Δ davanti alle coordinate x e y è la lettera greca *delta maiuscola* e indica una variazione, ossia la differenza tra il valore finale e quello iniziale della variabile considerata.

La pendenza m si chiama anche **coefficiente angolare** della retta.

PER ESEMPIO Prendiamo i punti $A(2; 3)$ e $B(7; 5)$ sulla retta in figura e determiniamo lo spostamento verticale e orizzontale che porta da A a B:

$y_B - y_A = 5 - 3 = 2;$ $\qquad x_B - x_A = 7 - 2 = 5.$

La pendenza della retta è dunque:

$$m = \frac{2}{5}.$$

Il valore della pendenza non dipende dai punti scelti sulla retta poiché qualsiasi coppia di punti A e B sulla retta forma un triangolo rettangolo ABH che ha le stesse proporzioni tra i cateti, quindi il loro rapporto è sempre uguale.

Osserviamo che la pendenza di una retta può essere positiva o negativa.

PER ESEMPIO La retta "sale" da sinistra verso destra. La sua pendenza è positiva:

$$m = \frac{y_B - y_A}{x_B - x_A} = 4.$$

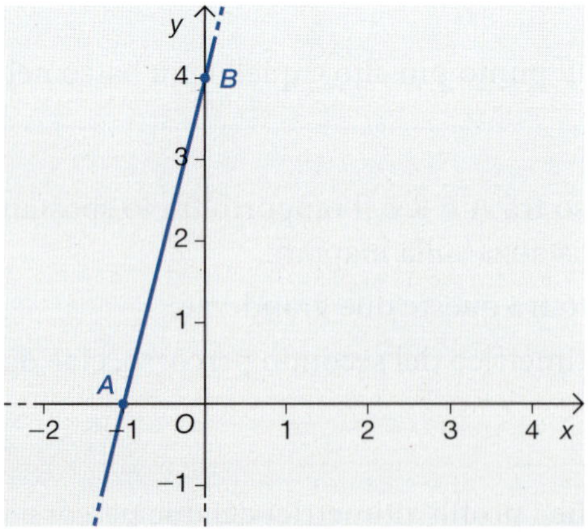

La retta "scende" da sinistra verso destra. La sua pendenza è negativa:

$$m = \frac{y_B - y_C}{x_B - x_C} = -2.$$

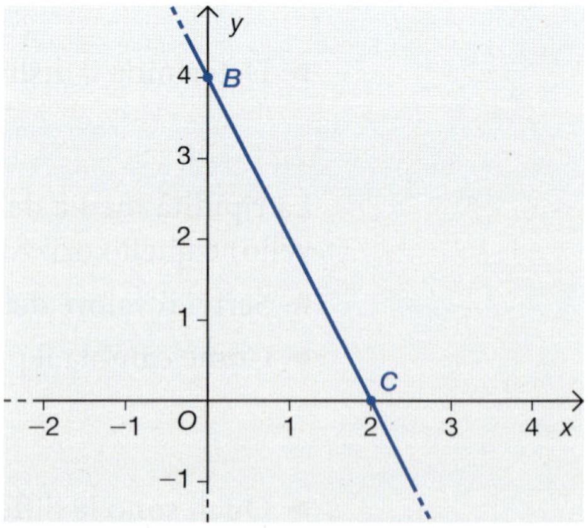

Inoltre, più il valore assoluto della pendenza m cresce, più la retta è ripida.

PER ESEMPIO

- Una retta di pendenza 3 è più ripida di una retta con pendenza 2 poiché $3 > 2$.
- Una retta con pendenza -3 è più ripida di una retta con pendenza -2, nonostante $-3 < -2$, perché $|-3| > |-2|$.

IN PRATICA

[A] Come si trova la pendenza di una retta conoscendo le coordinate di due suoi punti?

Troviamo la pendenza della retta in figura.
Scegliamo due punti P e Q sulla retta:

$P(4; -5)$ e $Q(2; 1)$.

Calcoliamo la variazione verticale e quella orizzontale:

$$\Delta y = y_Q - y_P = 1 - (-5) = 6;$$

$$\Delta x = x_Q - x_P = 2 - 4 = -2.$$

Dunque la pendenza risulta:

$$m = \frac{\Delta y}{\Delta x} = \frac{6}{-2} = -3.$$

Verifica che scegliendo punti diversi sulla retta otteniamo sempre lo stesso valore della pendenza (prova prendendo i punti di intersezione con gli assi).

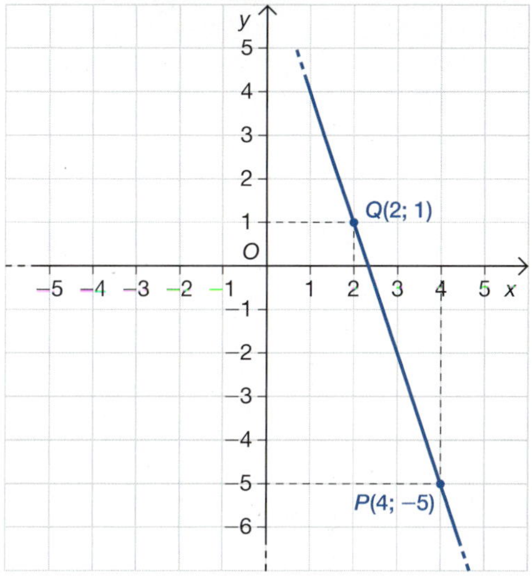

Qual è la pendenza di una retta orizzontale?

La figura mostra una retta orizzontale, cioè parallela all'asse x.
I punti A e C sulla retta hanno coordinate:

$A(-3; 2)$ e $C(0; 2)$.

Calcoliamo la pendenza della retta:

$$m = \frac{\Delta y}{\Delta x} = \frac{2-2}{0-(-3)} = 0.$$

La pendenza di una retta orizzontale è uguale a zero.

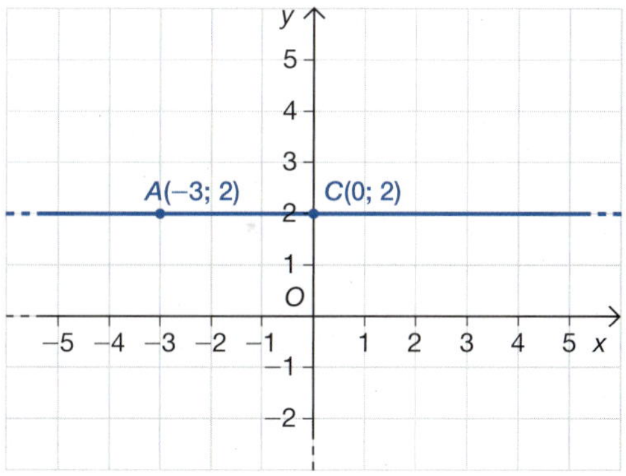

Qual è la pendenza di una retta verticale?

La figura mostra una retta verticale, cioè parallela all'asse y.
I punti P e Q sulla retta hanno coordinate:

$P(3; 4)$ e $Q(3; 2)$.

Calcoliamo la pendenza della retta:

$$m = \frac{\Delta y}{\Delta x} = \frac{4-2}{3-3} = \frac{2}{0}.$$

Il rapporto non è definito, perché il denominatore non può essere uguale a zero.

La pendenza di una retta verticale non è definita.

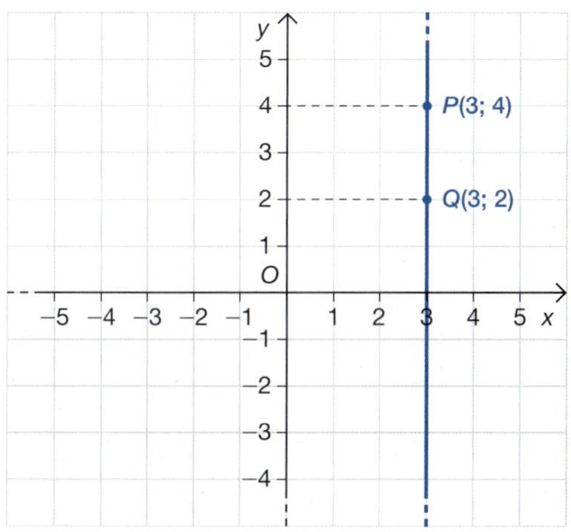

PROVA TU

[A] **1** Calcola la pendenza di ciascuna delle seguenti rette, scegliendo una coppia di punti. Poi, per ogni retta, scegli un'altra coppia di punti e verifica che il rapporto delle variazioni è uguale al precedente.

a

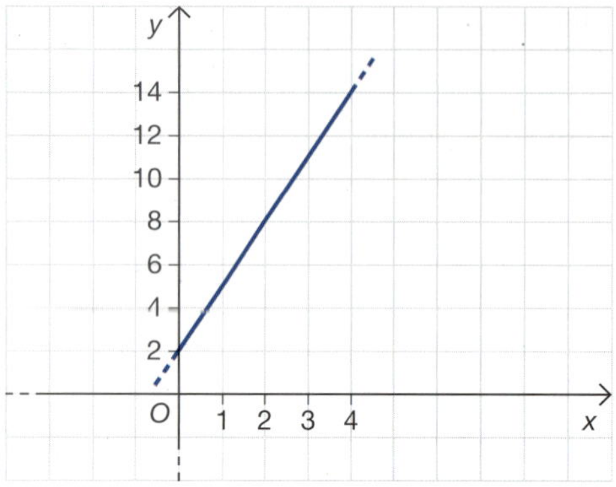

b

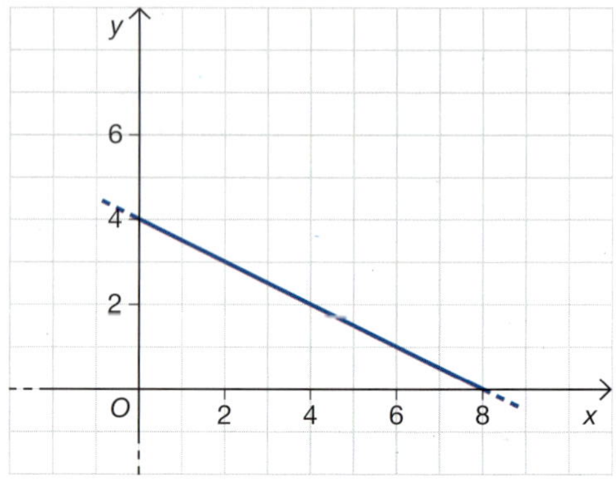

c

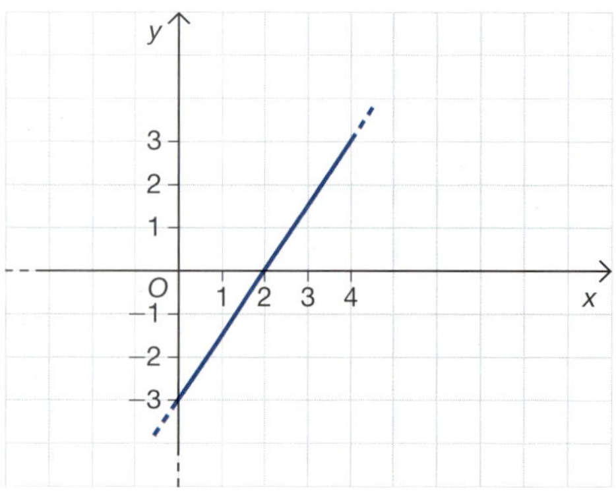

d

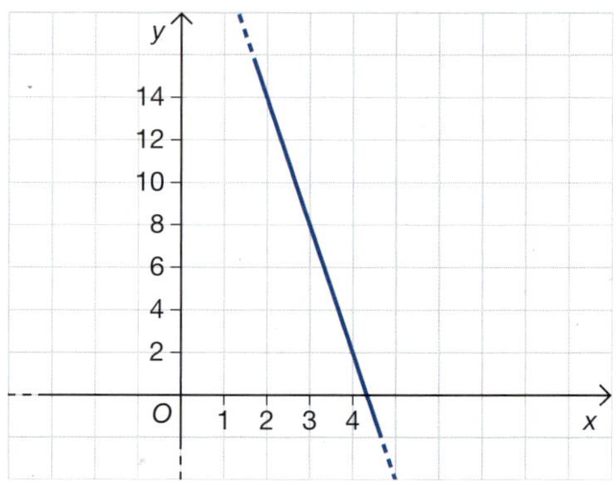

2 In figura è rappresentata una retta di pendenza 1.

a. Quanto è ampio l'angolo di inclinazione tra la retta e la direzione orizzontale?

b. Consideri una strada con pendenza 1 molto o poco ripida?

c. Pensi che in Italia esistano strade con pendenza 1?

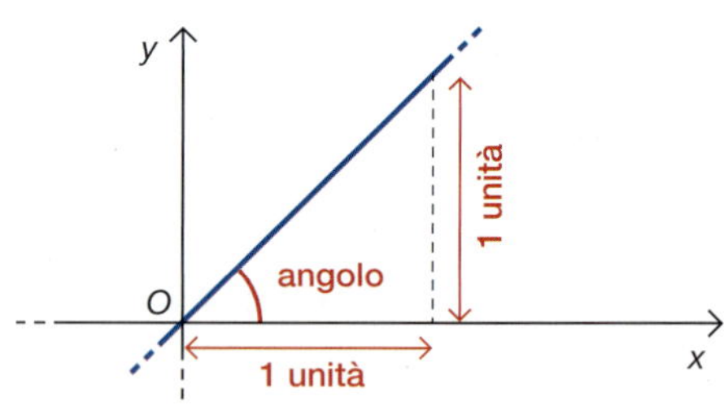

3 Quanto è ripida una strada con pendenza 2?

a. Rappresenta con precisione una retta con pendenza uguale a 2, indicando la variazione verticale e quella orizzontale.

b. Misura il relativo angolo di inclinazione con il goniometro.

4 Consideri una strada con pendenza $\frac{1}{2}$ molto o poco ripida? Pensi che in Italia esistano più strade con pendenza maggiore o minore di questa?

5 **ARGOMENTARE** Confronta tra loro gli angoli di inclinazione delle rette di pendenza $\frac{1}{2}$, 1 e 2 trovati negli esercizi precedenti. Puoi concludere che raddoppiando la pendenza, raddoppia anche l'angolo di inclinazione? Motiva la tua risposta.

Esercizi a pag. 278

Esercizi
a pag. 283

Le funzioni lineari

2

ANALIZZARE DATI E GRAFICI

GIOCHIAMO CON LA MENTE

Quanti soldi nel portamonete?

Luca per il compleanno riceve in regalo 100 €, che ripone nel suo portafoglio.
Le sue spese quotidiane ammontano a circa 5 € al giorno.
I seguenti piani cartesiani riportano in ascissa i giorni trascorsi dal compleanno e in ordinata il denaro (in euro) posseduto da Luca.

► Quali grafici possono essere una corretta rappresentazione della situazione nei 20 giorni successivi?

1

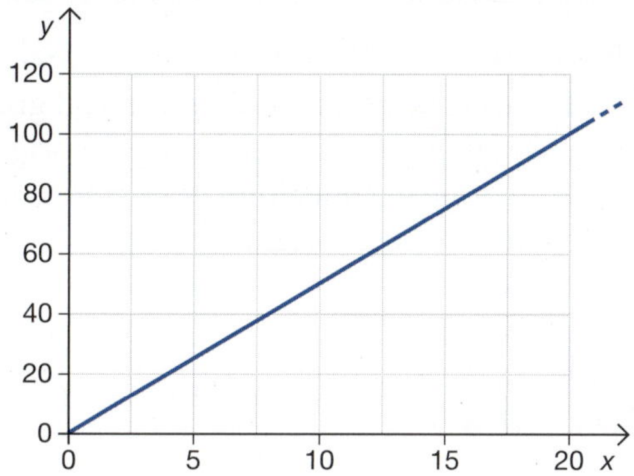

2

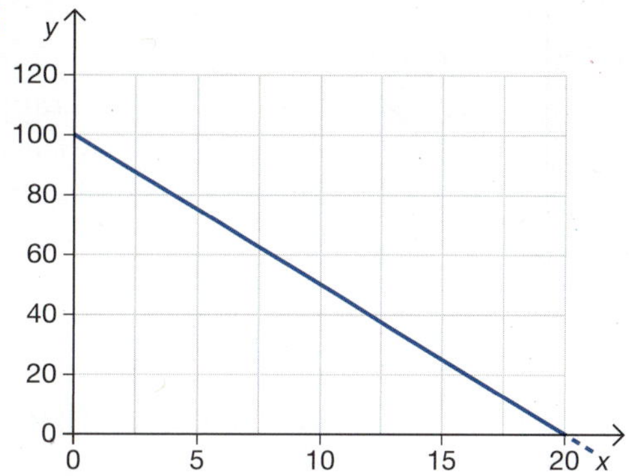

3

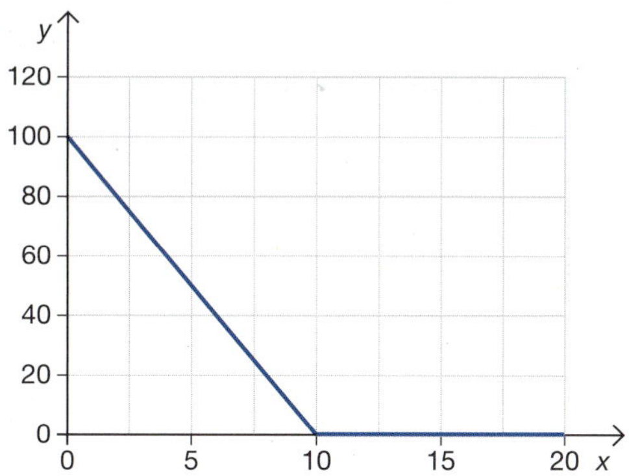

4

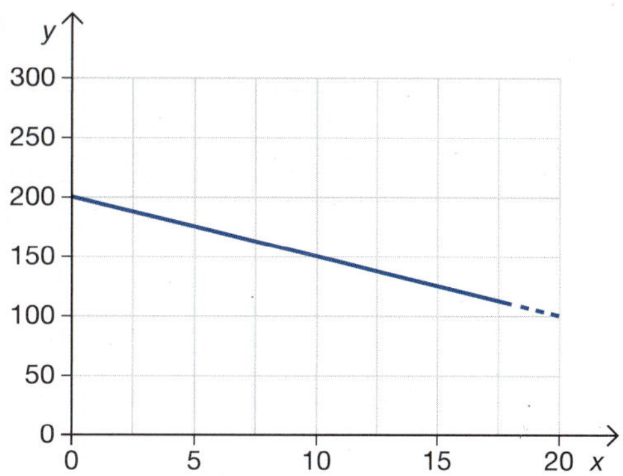

► Hai individuato solo un grafico o più di uno? Come mai?

....

....

....

► Se ne hai individuati più di uno, spiega quale informazione occorre conoscere per poter rappresentare con certezza la situazione.

....

....

....

PDF
Sull'eBook ti proponiamo un'altra attività come questa.

TEORIA

IN TEORIA

Una funzione lineare può essere caratterizzata in modi equivalenti.

Geometricamente: il grafico di una funzione lineare è una retta nel piano cartesiano.

Algebricamente: l'equazione di una funzione lineare è un polinomio di grado 1 o 0:

$$f(x) = mx + q;$$
$$f(x) = q.$$

Come modello: se due variabili sono legate da una funzione lineare, il rapporto tra le loro variazioni è costante:

$$m = \frac{\Delta y}{\Delta x} = \text{costante}.$$

La funzione lineare *f*(*x*) = *mx*

Il grafico della funzione di equazione

$f(x) = mx$, con $m \in \mathbb{R}$, costante,

è una retta passante per l'origine di pendenza m. Infatti:

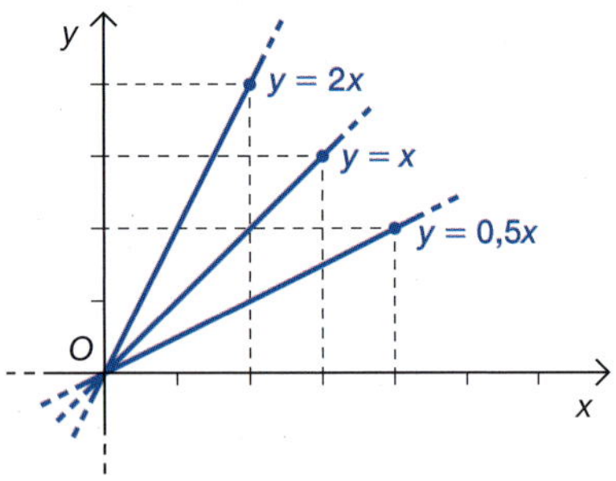

- l'origine appartiene al grafico, poiché $m \cdot 0 = 0$;
- presi due punti qualsiasi x_1 e x_2, la variazione Δy delle loro immagini vale:

$$\Delta y = f(x_1) - f(x_2) = mx_1 - mx_2 = m(x_1 - x_2) = m\Delta x.$$

Il rapporto tra le variazioni è costante, dunque il grafico è una retta.
Viceversa, ogni retta *non verticale* passante per l'origine, di pendenza m, è il grafico di una funzione di equazione $f(x) = mx$. Infatti, per ogni punto $P(x; y)$ sulla retta, diverso dall'origine, vale:

$$m = \frac{\Delta y}{\Delta x} = \frac{y - 0}{x - 0} = \frac{y}{x}.$$

La funzione lineare *f*(*x*) = *mx* + *q*

La retta rappresentata dalla funzione di equazione

$$f(x) = mx + q$$

ha pendenza m e interseca l'asse y nel punto $Q(0; q)$.
Per questo motivo il numero q viene chiamato **intercetta** o **ordinata all'origine.**
Possiamo pensare che alle ordinate della retta passante per l'origine $y = mx$, parallela a quella data, siano state sommate q unità.

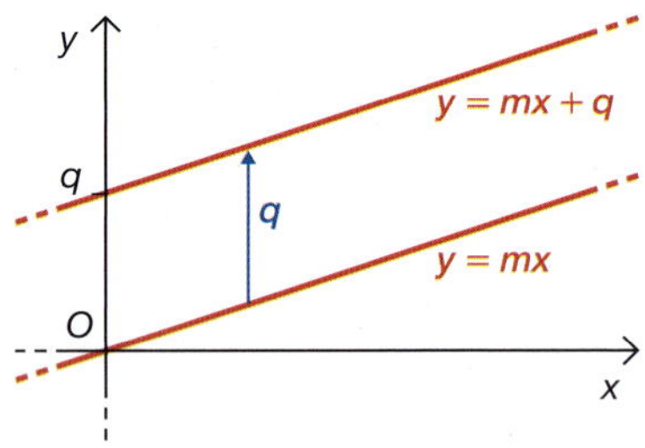

La funzione costante *f*(*x*) = *q*

Se $m = 0$, si ottiene la funzione costante

$$f(x) = q$$

che associa a ogni input x sempre lo stesso output q.
Il grafico di tale funzione è rappresentato dalla retta orizzontale che si trova all'altezza q rispetto all'asse x.
La funzione costante è una particolare funzione lineare con *pendenza nulla*, $m = 0$.

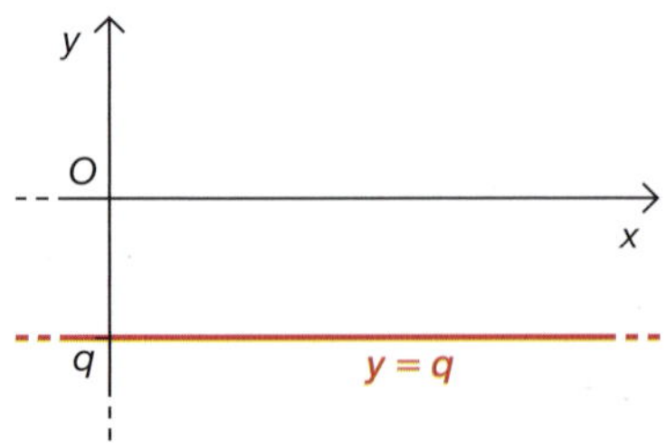

ATTENZIONE Le rette verticali **non** sono il grafico di una funzione, infatti a ogni valore delle ascisse sono associati infiniti valori delle ordinate.

IN PRATICA

[A] Come si disegna una retta conoscendone un punto e la pendenza?

Per tracciare una retta basta conoscerne 2 punti.
Vediamo come possiamo ricavare le coordinate del secondo punto, noto il primo, usando la pendenza della retta da disegnare.

1. Disegniamo la retta passante per l'origine con pendenza 3.
La retta passa per l'origine, quindi possiamo prendere $O(0; 0)$ come uno dei due punti da usare per tracciarla.

La pendenza $m = 3$ è uguale al rapporto:

$$m = \frac{\Delta y}{\Delta x} = 3 = \frac{3}{1}.$$

Partendo dall'origine possiamo determinare un altro punto della retta A, spostandoci dal basso verso l'alto di 3 unità e da sinistra verso destra di 1 unità. Otteniamo il punto $A(1; 3)$.
Infine, tracciamo la retta che passa per O e A.

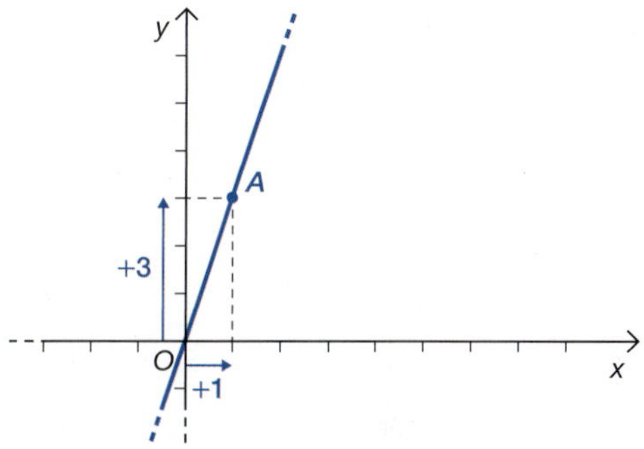

2. Disegniamo la retta passante per il punto $A(1; 3)$ con pendenza $m = -\frac{1}{2}$.

Interpretiamo la pendenza $m = -\frac{1}{2}$ come il rapporto:

$$m = \frac{\Delta y}{\Delta x} = -\frac{1}{2}.$$

Per prima cosa disegniamo il punto $A(1; 3)$.
A partire da esso, possiamo determinare un altro punto B della retta spostandoci dall'alto verso il basso di 1 unità e da sinistra a destra di 2 unità.
Infine, tracciamo la retta che passa per A e B.

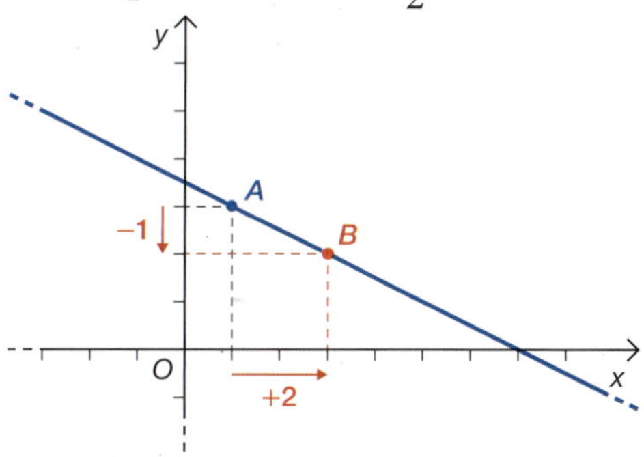

[B] Come si ricava l'equazione di una retta di cui abbiamo il grafico?

Sappiamo che l'equazione generica di una retta è della forma:

$$y = mx + q.$$

Per ricavare l'equazione della retta in figura dobbiamo determinare i valori di m e q.
La retta interseca l'asse delle ordinate nel punto $A(0; 4)$. Possiamo quindi dedurre che:

$$q = 4.$$

Scegliamo un secondo punto di cui sia facile leggere le coordinate, per esempio $B(2; 5)$.
Abbiamo le coordinate di due punti appartenenti alla retta, quindi possiamo ricavarne la pendenza:

$$m = \frac{5 - 4}{2 - 0} = \frac{1}{2}.$$

L'equazione della retta è:

$$y = \frac{1}{2}x + 4.$$

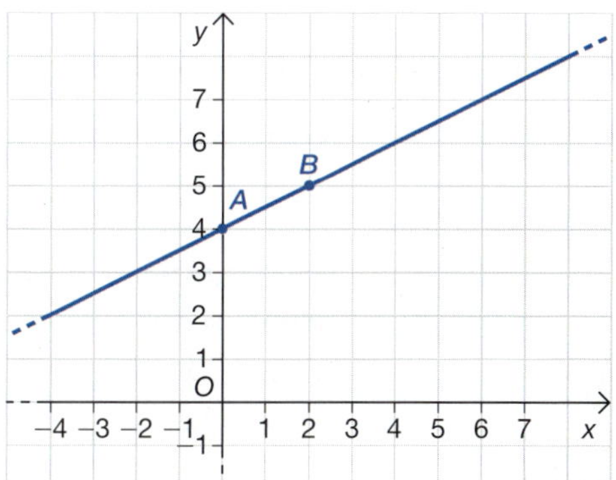

●●●● PROVA TU

[A] **Disegna le seguenti funzioni lineari, delle quali sono dati un punto e la pendenza (esercizi da 1 a 4).**

1 $A(-1; -2)$, $m = 1$

2 $C(3; 3)$, $m = -3$

3 $B(-4; 0)$, $m = -\frac{3}{2}$

4 $C(0; -3)$, $m = \frac{4}{5}$

[B] **5** Scrivi l'equazione di ciascuna delle seguenti funzioni lineari.

a.

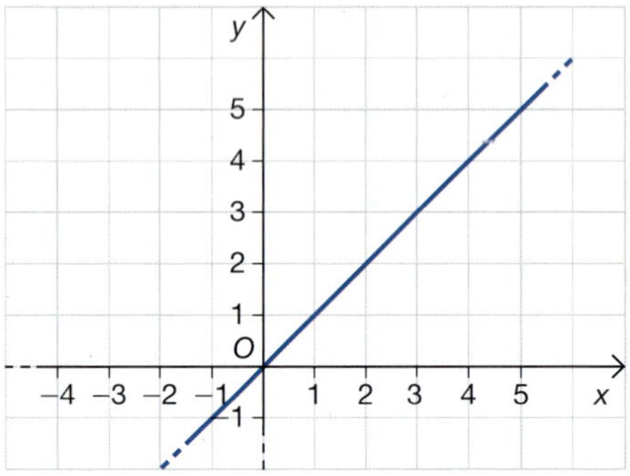

c.

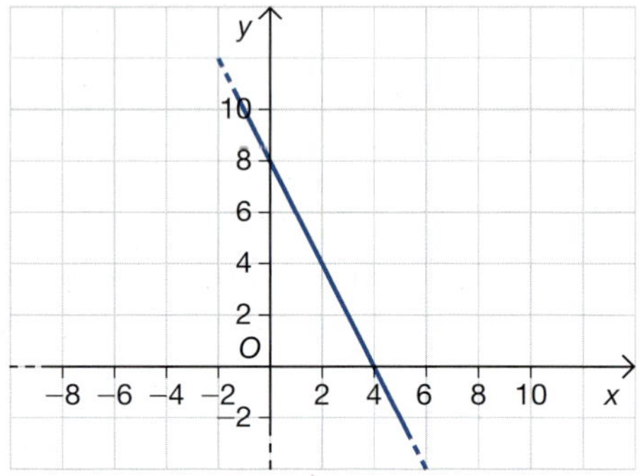

b.

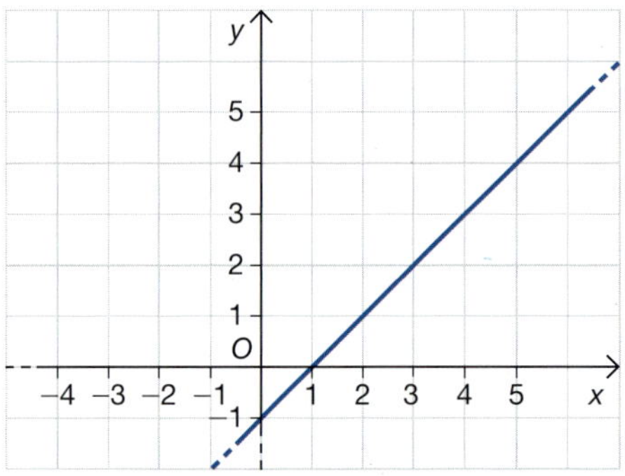

d.

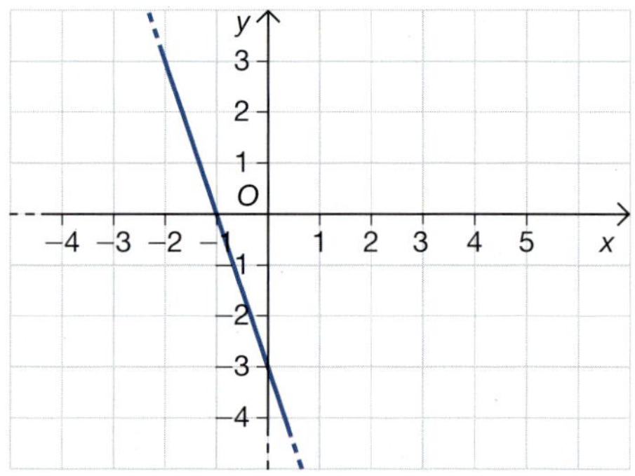

6 Disegna il grafico della funzione $y = 2x$.

a. Senza disegnarli sul piano cartesiano, stabilisci se i punti di $A(1; 2)$ e $B(3; 7)$ appartengono al grafico della funzione.

b. Controlla graficamente la risposta che hai dato alla precedente domanda.

7 Considera la funzione di equazione $y = 2x + 3$.

a. Traccia il grafico della funzione per i valori di x compresi tra 0 e 4.

b. Il punto $(k; 6)$ giace nel grafico della funzione. Calcola il valore di k.

8 Nello stesso piano cartesiano traccia i grafici delle funzioni lineari di equazione $y = 3x$ e $y = 2 - 2x$ per i valori di x compresi tra -2 e 2.

9 **ANALIZZARE DATI E GRAFICI** Traccia, nello stesso piano cartesiano, il grafico delle rette dei seguenti due gruppi di equazioni.

a. $y = 2x + 8,\ y = 2x + 2,\ y = 2x - 3,\ y = 2x - 6.$

b. $y = 3x + 7,\ y = 3x + 5,\ y = 3x - 3,\ y = 3x - 6.$

Cosa osservi?

Esercizi a pag. 283

Esercizi a pag. 290

La funzione di proporzionalità diretta

3

EFFETTUARE STIME E APPROSSIMAZIONI

GIOCHIAMO CON LA MENTE

Plick... plick...

Alessandra è appena andata a letto, ma sente il rubinetto gocciolare.
Il primo impulso è quello di dire «Ci penserò domattina!», ma non riesce ad addormentarsi: a ogni goccia che sente pensa «Si potrebbe allagare il bagno?» oppure «Quanto spenderò per l'acqua che uscirà stanotte?».
Per valutare se effettivamente l'intervento è urgente o se è rimandabile alla mattina seguente, mette un bicchiere sotto il rubinetto gocciolante: si riempie in 10 minuti.

► Con questo dato, come può stimare il volume complessivo di acqua che uscirà durante il suo sonno e la spesa conseguente, sapendo che l'acqua costa 0,9 €/m^3?

....

....

► Quanta acqua uscirebbe in una settimana di vacanza? Quanto spenderebbe?

....

....

► Qual è l'ipotesi fondamentale che permette di svolgere il calcolo in modo semplice?

....

1, 2, 3, toc!

Due amici vogliono misurare la profondità di un pozzo con questo metodo: lanciano un sasso da una terrazza sopra al pozzo che sanno essere alta 5 metri e misurano il tempo di caduta:

$t_1 = 1$ s.

Dopo lanciano lo stesso sasso dentro il pozzo e misurano nuovamente il tempo di caduta, che è 3 volte tanto:

$t_2 = 3$ s.

I due ragazzi deducono che il pozzo è profondo 3 volte l'altezza della terrazza:

$p = 3 \cdot 5 = 15$ m.

Tuttavia un'iscrizione a lato del pozzo riporta una misura diversa da quella che hanno ricavato.

► Fai una ricerca sul legame che c'è tra il tempo di caduta di un sasso e l'altezza da cui cade. Come mai il ragionamento dei due ragazzi è sbagliato?

....

....

► Sai stimare correttamente quanto potrebbe essere profondo il pozzo?

....

....

PDF

Sull'eBook ti proponiamo un'altra attività come questa.

TEORIA

IN TEORIA

Due grandezze il cui rapporto è sempre costante si dicono **direttamente proporzionali**.
Il rapporto costante m è detto **costante di proporzionalità**.

Se due grandezze sono direttamente proporzionali, al raddoppiare dell'una, raddoppia anche l'altra; al triplicare dell'una, triplica anche l'altra; se si dimezza una, si dimezza anche l'altra...
Il legame tra due grandezze proporzionali può essere espresso in modi equivalenti; a seconda delle situazioni è più comodo usare una forma piuttosto che un'altra.
Due grandezze sono proporzionali se:

- **il loro rapporto è costante**, cioè per qualsiasi coppia di valori x e y corrispondenti vale $\frac{y}{x} = m$, con m costante, $m \neq 0$;
- la relazione che lega le due grandezze **è una funzione lineare con intercetta nulla**

  $f(x) = mx$;

  ricordando che q rappresenta il punto in cui la retta interseca l'asse delle ordinate, possiamo affermare che **il grafico è una retta passante per l'origine**.

La costante di proporzionalità m può assumere sia valori positivi, sia negativi.

PER ESEMPIO

Se $m > 0$, la variabile y cresce al crescere di x.

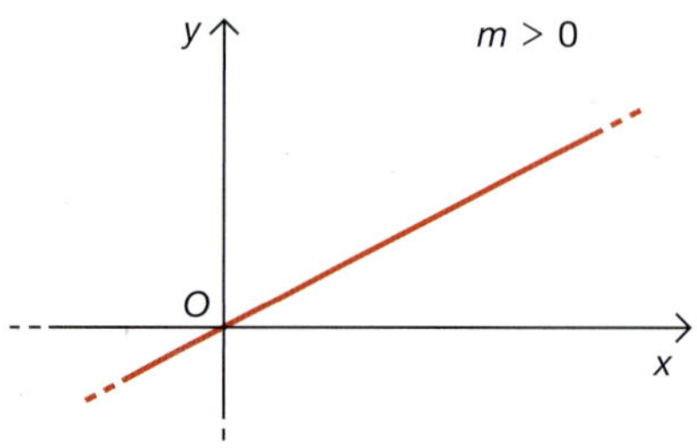

Se $m < 0$, la variabile y decresce al crescere di x.

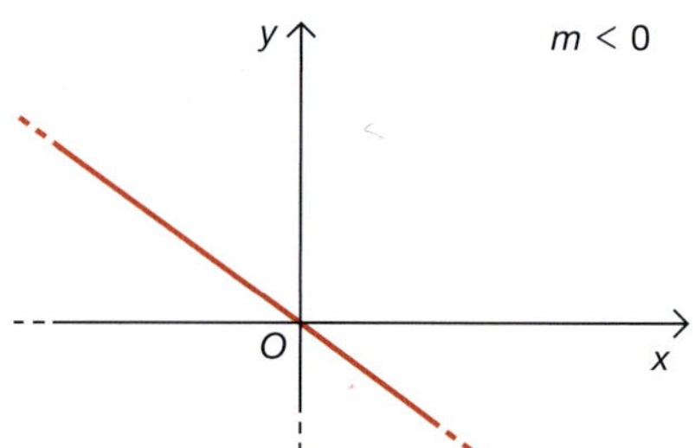

Se il rapporto tra due grandezze è costante, dalla conoscenza di una coppia di valori di tali grandezze possiamo ricavare le altre, basta impostare la proporzione:

$$y_1 : x_1 = y_2 : x_2,$$

che è equivalente all'uguaglianza:

$$\frac{y_1}{x_1} = \frac{y_2}{x_2}.$$

Se per esempio x_1, y_1, x_2 sono valori noti e y_2 è da determinare, consideriamo il rapporto:

$$y_2 = \frac{y_1 \cdot x_2}{x_1}.$$

È importante prestare attenzione al fatto che, se una grandezza cresce al crescere dell'altra, queste **non necessariamente sono in proporzionalità diretta**.

PER ESEMPIO I bambini crescono con l'età, ma l'altezza non è proporzionale all'età. Un bambino di due anni non è alto il doppio di un bambino di un anno, o uno di tre anni il triplo...

IN PRATICA

[A] Quando un rapporto è di proporzionalità diretta?

Il caso di una funzione numerica

Consideriamo la funzione

$$y = f(x) = -x + 4.$$

Le variabili x e y sono direttamente proporzionali?
Prendiamo due coppie di valori e calcoliamone i rapporti:

- se $x = -2$, allora $y = f(-2) = 2 + 4 = 6$ e il loro rapporto è $\frac{y}{x} = \frac{6}{-2} = -3$;
- se $x = 2$, allora $y = f(2) = -2 + 4 = 2$ e il loro rapporto è $\frac{y}{x} = \frac{2}{2} = 1$.

I due rapporti sono diversi, quindi le variabili non sono direttamente proporzionali.

Una situazione reale

Carlo ha preso un brutto voto al compito di storia e sua madre lo ha rimproverato duramente. Il ragazzo promette che per il prossimo compito si impegnerà di più: se stavolta con un'ora di studio ha preso 3, studiando due ore arriverà al 6. Che cosa non va nel ragionamento di Carlo?
L'ipotesi di Carlo è che il voto sia proporzionale al tempo dedicato allo studio. Questa ipotesi non è corretta, perché l'apprendimento non dipende solo dal tempo impiegato ma anche dalla concentrazione e dalle conoscenze precedenti. Inoltre, se effettivamente il voto fosse proporzionale al tempo, studiando 3 ore prenderebbe 9, studiando 4 ore prenderebbe 12 e con solo 5 ore sui libri arriverebbe a 15!

[B] Come si trova un elemento incognito di una funzione di proporzionalità diretta?

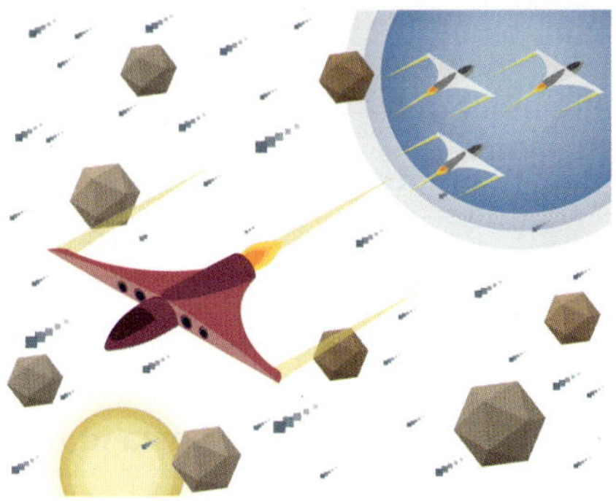

Per passare uno dei livelli di un videogioco ambientato nello Spazio, bisogna colpire delle astronavi che appaiono all'improvviso da un pianeta apparentemente disabitato.
In una versione di prova le astronavi sono 200 e il completamento dell'obiettivo richiede mediamente 2 minuti e mezzo. Il gioco funziona, ma per mantenerlo avvincente e vario gli sviluppatori vogliono che questa fase duri circa un minuto. Come deve essere modificato il numero delle astronavi?
Il primo passo è individuare la relazione tra il numero di astronavi e il tempo di gioco: più sono le astronavi, più tempo ci vorrà a completare il gioco, ma si tratta di una proporzionalità diretta? Ovviamente i dettagli dipendono dall'esatto meccanismo del gioco e anche dalla strategia del giocatore, ma è ragionevole supporre che raddoppiando il numero di astronavi raddoppi anche il tempo, triplicando il numero triplichi il tempo…
Quindi possiamo usare un modello di proporzionalità diretta.
Impostiamo una proporzione indicando con n il numero di astronavi da abbattere in un minuto:

$$200 : 2{,}5 = n : 1 \rightarrow \frac{200}{2{,}5} = \frac{n}{1} \rightarrow n = 80.$$

Nella versione definitiva ci saranno 80 astronavi da colpire per superare il livello.

PROVA TU

[A] **1** La tabella può rappresentare una relazione di proporzionalità diretta?

x	2	4	6	10
y	−3	−6	−9	−15

[A] **2** **ANALIZZARE DATI E GRAFICI**
Il grafico mostra il costo per l'uso di un tappeto elastico in un parco giochi in base al tempo di permanenza. Si tratta di una relazione di proporzionalità diretta? Perché?

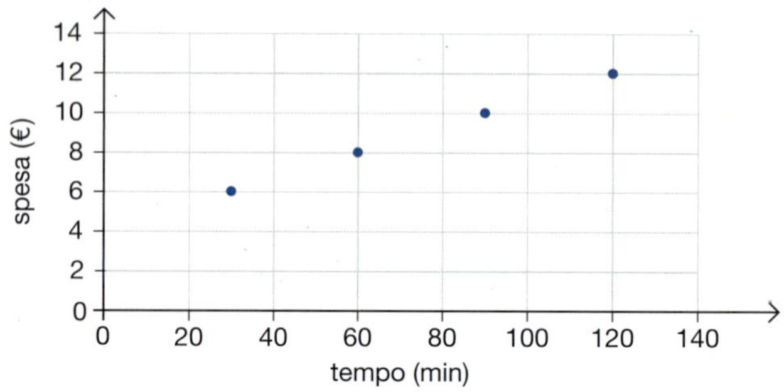

[A] **3** **ANALIZZARE DATI E GRAFICI**
Osserva il grafico in figura. Si tratta di una relazione di proporzionalità diretta? Perché?

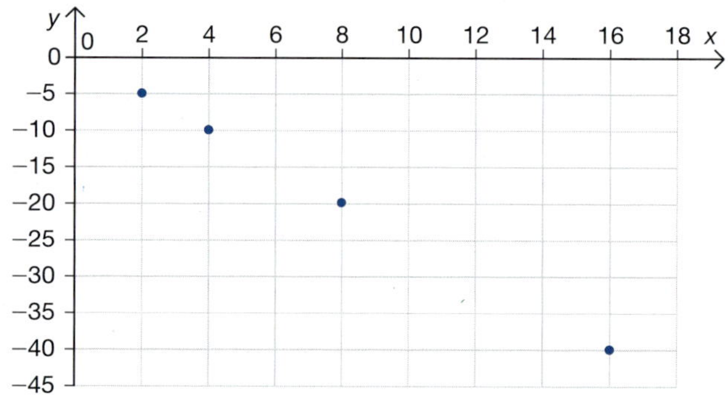

[B] **4** Se 6 kg di biscotti costano 27 €, calcola il costo di 13 kg.

5 **RISOLVERE PROBLEMI** La tariffa mensile C per un contratto per un telefono cellulare consiste in un costo fisso di 20 € e uno variabile che dipende dall'uso. La tariffazione è di 0,20 €/min.
a. Se l'uso in un mese è di 120 minuti, calcola il costo per piano mensile.
b. Se il costo mensile è di 50 €, calcola il tempo di conversazione.
c. Scrivi l'equazione della funzione che lega le variabili C ed n, dove n è il tempo di conversazione in minuti.
d. Disegna il grafico di C in funzione di n. C è direttamente proporzionale a n? Spiega la risposta in base al grafico.

6 **RISOLVERE PROBLEMI** Le spese E di un rinfresco sono direttamente proporzionali al numero di ospiti N. Quando ci sono 30 ospiti al rinfresco le spese sostenute sono di 210 €.
a. Scrivi l'equazione della funzione che lega E ed N.
b. Calcola le spese per un rinfresco con 80 ospiti.
c. Disegna un grafico di E in funzione di N.

7 **ARGOMENTARE** Se la grandezza y è direttamente proporzionale alla grandezza x, x è direttamente proporzionale a y? Giustifica la risposta.

Esercizi a pag. 290

8 **ARGOMENTARE** Supponi che y sia direttamente proporzionale a x, allora il grafico di x in funzione di y sarà una retta passante per l'origine? Giustifica la tua risposta.

Esercizi a pag. 296

Le funzioni lineari a tratti

4

ANALIZZARE DATI E GRAFICI

GIOCHIAMO CON LA MENTE

Entrate e uscite

Francesco ha trovato un lavoretto come promoter di una discoteca. Viene pagato 90 € a settimana, a partire dal primo giorno del mese. Poiché spende 10 € al giorno, dovrebbe anche riuscire a mettere da parte un po' di risparmi, che al momento ammontano a 50 €.

► Completa la tabella per le prossime due settimane (ricordati di pagarlo ogni sette giorni!). Per esempio, il primo giorno ha 50 €, più 90 € della prima paga e meno 10 € che spende, quindi parte da 130 €.

Giorno	1	2	3	4	5	6	7	8	9	10	11	12	13	14	15
€	130														

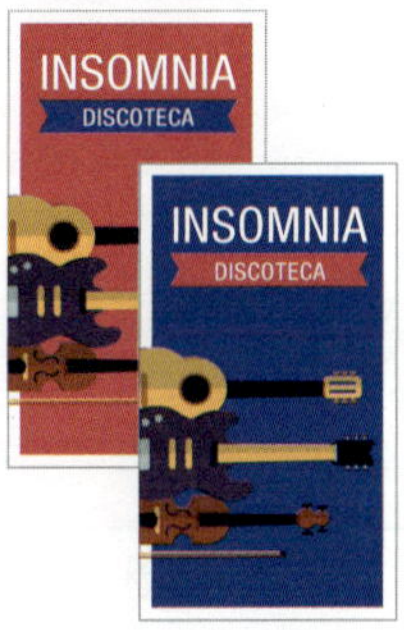

► Rappresenta i dati della tabella in un piano cartesiano, riportando le date sull'asse orizzontale (1 giorno ogni 0,5 cm) e i soldi posseduti sull'asse verticale (20 € ogni 0,5 cm).

► Unisci i punti del grafico con dei segmenti. Ha senso stabilire una *pendenza complessiva* di questo grafico? Perché?

....

....

► Determina la pendenza di uno dei tratti discendenti. Quale significato le puoi attribuire?

....

....

► Determina la pendenza di uno dei tratti ascendenti. Quale significato le puoi attribuire?

....

....

....

► Calcola la pendenza utilizzando i punti corrispondenti al giorno 1 e al giorno 8. Che significato le puoi attribuire? Perché sono stati proposti proprio quei giorni?

....

....

....

Sull'eBook ti proponiamo un'altra attività come questa.

TEORIA

IN TEORIA

Le funzioni lineari descrivono alcune semplici relazioni tra grandezze che variano l'una in funzione dell'altra. Ci sono fenomeni che non sono adatti a essere descritti da una sola funzione lineare.
Un **intervallo** della retta reale è il segmento compreso tra due numeri reali, gli **estremi**. Un intervallo può comprendere i propri estremi.

Le **funzioni lineari a tratti** sono funzioni definite in modo che su intervalli diversi valgano funzioni lineari diverse.

Per rappresentare algebricamente una funzione definita a tratti, scriviamo in righe distinte la formula relativa a un tratto di funzione e l'intervallo in cui va considerata e le racchiudiamo con una parentesi graffa aperta.

PER ESEMPIO La seguente funzione è lineare a tratti ed è definita da 3 funzioni diverse su altrettanti intervalli.

$$f(x) = \begin{cases} x & \text{se } x < 3 \\ 3 & \text{se } 3 \leq x < 6 \\ -x+9 & \text{se } x \geq 6 \end{cases}$$

Il grafico di una funzione lineare a tratti è un insieme di segmenti o semirette, anche non consecutivi.

PER ESEMPIO Consideriamo la funzione dell'esempio precedente. Il grafico della funzione è la parte evidenziata in rosso in figura: osserva che ogni retta è considerata solo per la parte compresa nell'intervallo indicato.

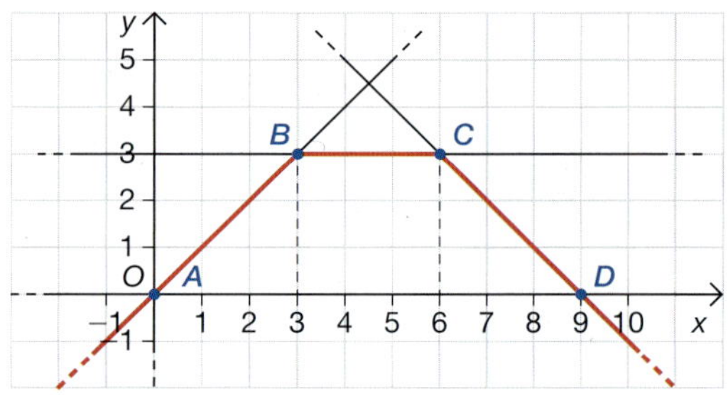

Esistono alcune particolari funzioni matematiche che sono funzioni lineari a tratti.
Una di queste è la funzione **parte intera**:

$$f(x) = [x].$$

Questa funzione associa a ogni numero reale x il numero naturale che si ottiene troncando la sua parte decimale.
Più formalmente, la parte intera associa a ogni numero x il più grande intero minore o uguale a x.

PER ESEMPIO

$[0,1] = 0;\ [0,99999] = 0;\ [1,356] = 1.$

Quindi la funzione parte intera

- associa -1 ai numeri x tali che $-1 \leq x < 0$,
- associa 0 ai numeri x tali che $0 \leq x < 1$,
- associa 1 ai numeri x tali che $1 \leq x < 2$,
- associa 2 ai numeri x tali che $2 \leq x < 3$ così via...

Il grafico ha l'aspetto di una serie di gradini; ne puoi vedere una porzione in figura.

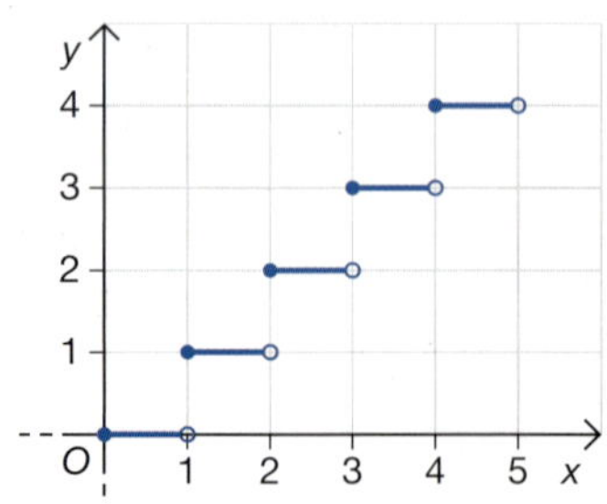

IN PRATICA

[A] Come si disegna il grafico di una funzione lineare a tratti?

Consideriamo la seguente funzione lineare a tratti.

$$f(x) = \begin{cases} 3 & \text{se } 2 \leq x < 4 \\ x - 1 & \text{se } 4 \leq x < 6 \\ 7 - \dfrac{x}{3} & \text{se } 6 \leq x \leq 9 \end{cases}$$

Per realizzare questo grafico inizialmente rappresentiamo ognuna delle 3 funzioni per un tratto più lungo dell'intervallo su cui è definita. Dopo ne evidenziamo la parte rilevante o ne cancelliamo la parte non rilevante.

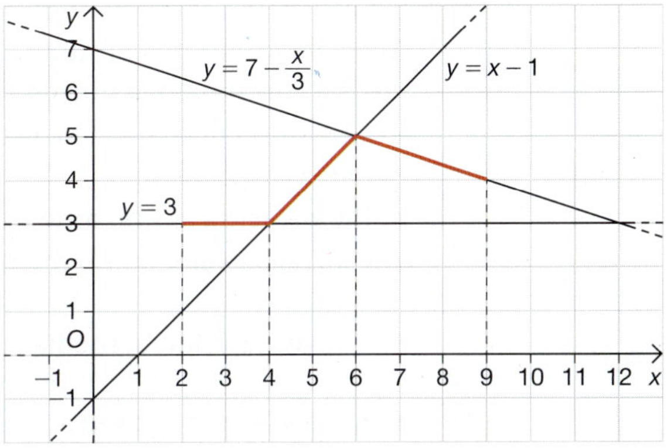

1. Per prima rappresentiamo la funzione costante $f(x) = 3$ e ne evidenziamo il tratto compreso tra $x = 2$ e $x = 4$.
2. Poi rappresentiamo la retta $y = x - 1$ e ne evidenziamo il tratto tra $x = 4$ e $x = 6$.
3. Infine rappresentiamo la retta $y = 7 - \dfrac{x}{3}$ e ne evidenziamo il tratto tra $x = 6$ e $x = 9$.

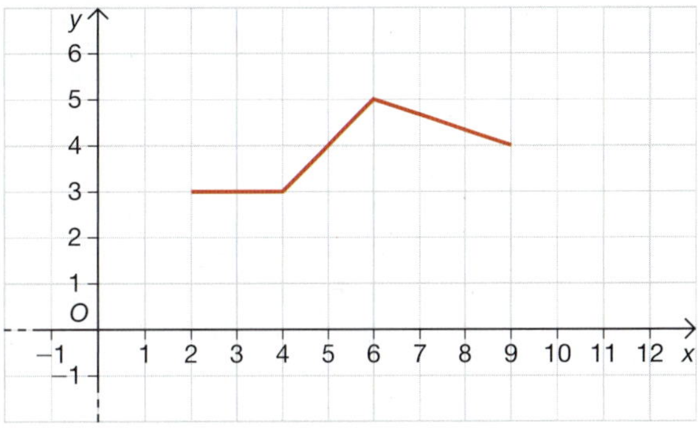

Il grafico della funzione data è costituito *solo* dai tre segmenti evidenziati in figura. Per $x < 2$ o $x > 9$ la funzione *non è definita*.

[B] Come si scrive l'equazione di una funzione lineare a tratti?

In un deposito bagagli, per lasciare una valigia si paga 1 € per ogni giorno o frazione di giorno, cioè si paga 1 € per qualunque tempo di deposito compreso tra 0 e 1 giorno. Passato il primo giorno, la tariffa scatta a 2 € e rimane tale per tutto il secondo giorno, e così via.

Rappresentiamo la funzione che descrive il costo del deposito in un grafico.

Per l'intervallo di t compreso tra 0 e 1, la funzione vale costantemente 1, tra 1 (escluso) e 2 vale costantemente 2, e così via...

Il risultato è un grafico a gradini.

Quindi scriviamo l'equazione della funzione (indicando con T la tariffa in € e con t il tempo in giorni).

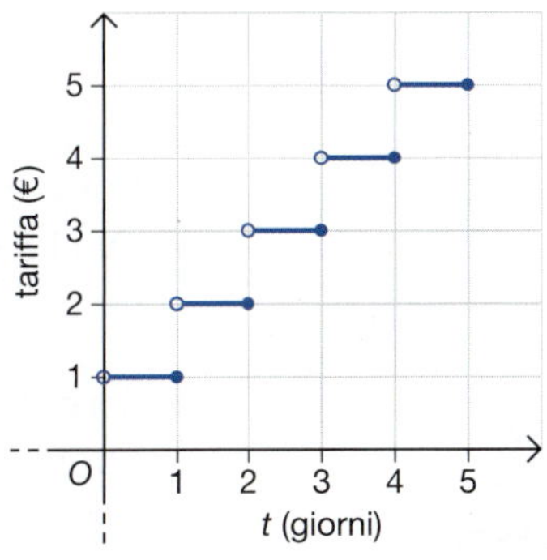

$$T(t) = \begin{cases} 1 & \text{se } \; 0 < t \leq 1 \\ 2 & \text{se } \; 1 < t \leq 2 \\ \dots \end{cases}$$

PROVA TU

[A] **1** Rappresenta graficamente le seguenti funzioni.

a. $\begin{cases} 2-x & \text{se } x<0 \\ 2 & \text{se } 0\le x<3 \\ \frac{2}{3}x & \text{se } x\ge 3 \end{cases}$

b. $\begin{cases} x & \text{se } 0\le x<2 \\ x+1 & \text{se } 2\le x<4 \\ x+2 & \text{se } 4\le x\le 6 \end{cases}$

2 Un ciclista ha cominciato il suo giro di 50 km alle 8 del mattino, alla velocità di 20 km/h. Alle 9 ha forato una gomma e ha impiegato mezz'ora per la riparazione. Una volta ripartito, ha continuato la gita ed è arrivato a destinazione alle 11:30.

a. Costruisci la tabella che esprime la relazione tempo-posizione per il ciclista, in base ai dati a disposizione.

b. Rappresenta la funzione in un grafico cartesiano.

c. Calcola la velocità media nella seconda parte della gita (cioè da dopo la riparazione).

d. Calcola la velocità media complessiva (tra la partenza e l'arrivo).

3 **ANALIZZARE DATI E GRAFICI** Giovanni ha messo in carica il suo cellulare, che era completamente scarico. Il grafico mostra il processo di carica: dopo un certo periodo di tempo, il caricabatterie ha cominciato a fumare e Giovanni l'ha staccato, ne ha cercato un altro e ha riattaccato il cellulare finché non è dovuto uscire.

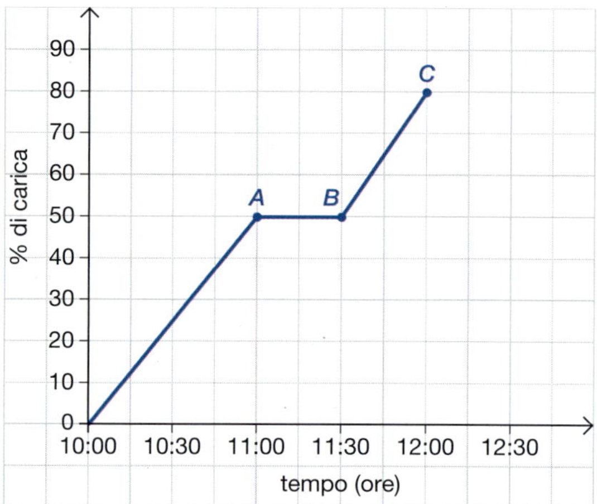

a. A che ora ha messo in carica il cellulare la prima volta?

b. Quanto si era caricata la batteria del cellulare quando si è rotto il primo caricabatterie?

[B] **4** **ANALIZZARE DATI E GRAFICI** Il moto di una persona è descritto dal seguente grafico tempo-posizione.

a. Descrivi il moto a parole.

b. Calcola la velocità in tutti i tratti del moto.

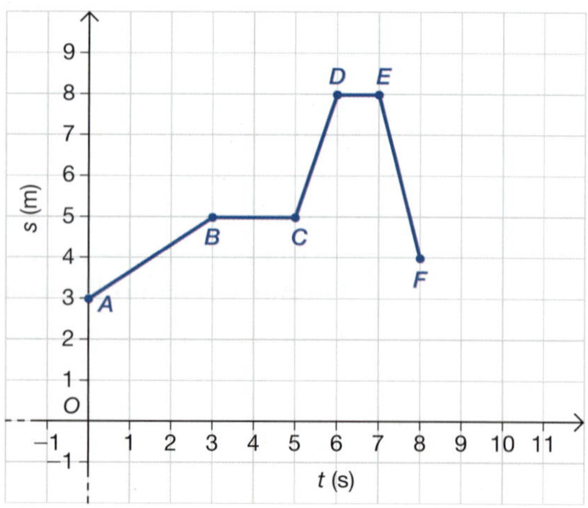

c. In quale istante la persona si trova in posizione 6 m?

d. Qual è la velocità media tra gli istanti 0 s e 6 s?

e. Scrivi l'equazione della funzione, dal punto A al punto C.

Esercizi a pag. 296

Esercizi
a pag. 299

Modelli lineari approssimati

COMUNICARE

GIOCHIAMO CON LA MENTE

Cri-cri

Il frinire dei grilli in una notte d'estate è piacevole, se non esagerano. I grilli sono animali a sangue freddo e il loro metabolismo dipende dalla temperatura esterna. Uno studio ha indagato la relazione tra la temperatura del terreno (T) e la frequenza del verso, cioè il numero di friniti al secondo (f, misurati in hertz). I dati ottenuti da diverse rilevazioni sono riportati nella tabella. Ora tocca a te interpretarli in modo che siano comprensibili a tutti.

T (°C)	31,4	22,0	34,1	29,1	27,0	24,0	20,9	22,0	20,8	28,5	26,4	28,1	27,0	28,6	24,6
f (Hz)	3,1	2,7	3,3	3,1	2,9	2,6	2,5	2,6	2,6	2,7	2,7	2,9	2,7	2,8	2,5

► Riporta i dati nel grafico cartesiano con la temperatura in ascissa e la frequenza in ordinata.

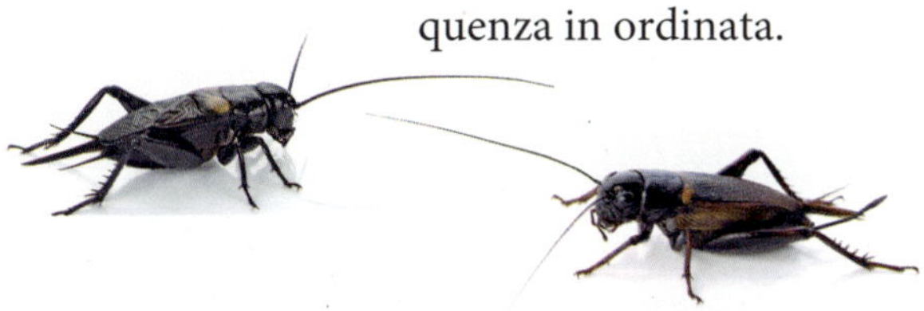

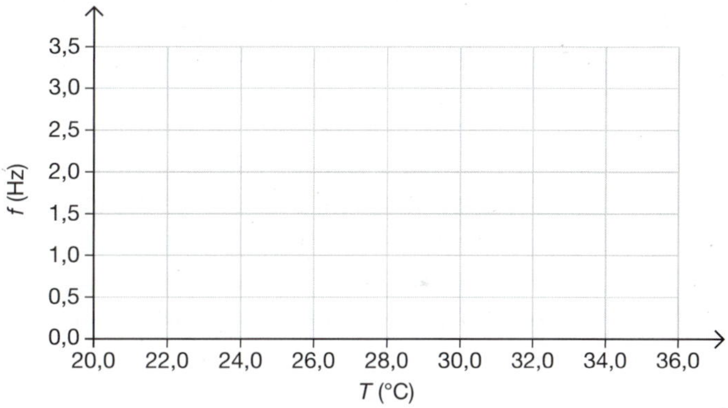

I dati non sono perfettamente allineati.

► Prova a spiegare come mai.

....

....

....

► Prova a tracciare con un righello una retta che passi il più possibile vicino a tutti i punti e scrivine l'equazione.

....

....

► Ti sembra un'approssimazione accettabile?

....

....

► Prova a prevedere con che frequenza canterebbe un grillo con una temperatura di 38 °C. Sulla base dei punti che rappresentano i dati sperimentali, che incertezza pensi che si possa attribuire alla tua previsione?

....

....

....

Sull'eBook ti proponiamo un'altra attività come questa.

IN TEORIA

Le funzioni lineari sono così comode e semplici da disegnare (basta un righello) e da calcolare che talvolta si usano anche quando i dati non seguono *esattamente* un andamento lineare.

In figura puoi osservare alcuni punti che non si dispongono esattamente lungo una retta, ma hanno un andamento *approssimativamente* lineare, cioè è possibile tracciare una retta che vi passa il più vicino possibile.

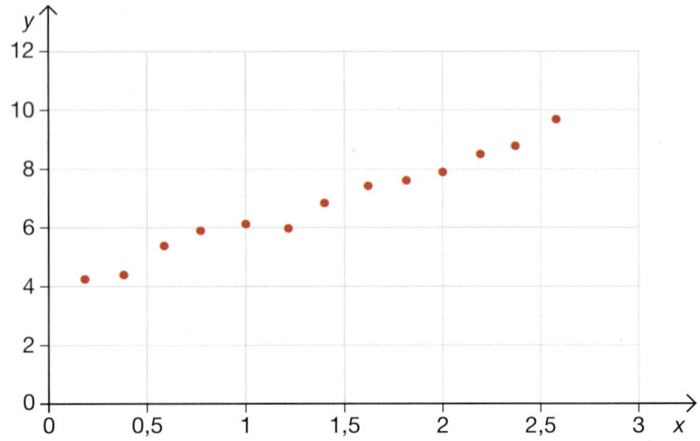

Questo significa che

> se si usa la funzione lineare approssimante per calcolare i valori mancanti, si otterranno dei risultati presumibilmente molto vicini a quelli reali,

con il grande vantaggio della semplicità di calcolo e rappresentazione.

Per determinare la funzione lineare approssimante osserviamo il grafico: sappiamo che l'equazione ha la forma $f(x) = mx + q$, quindi dobbiamo determinare i parametri m e q.

Per farlo scegliamo due punti (in blu nella figura) che *appartengono alla retta* e procediamo allo stesso modo con cui si determina l'equazione di una qualsiasi retta.

- L'intersezione con l'asse delle y è il punto $A(0; 4)$, quindi $q = 4$.
- Scegliamo un punto di cui riusciamo a leggere bene le coordinate, per esempio $B(2{,}5; 9)$ e ricaviamo m:

$$m = \frac{9-4}{2{,}5-0} = \frac{5}{2{,}5} = 2.$$

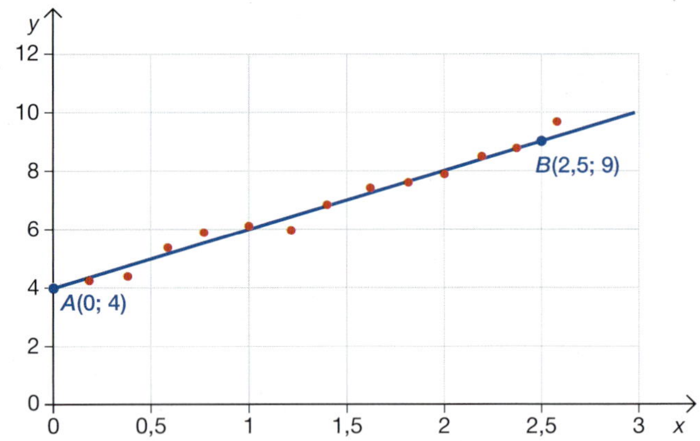

L'equazione ottenuta può essere molto utile per stimare valori della grandezza y in corrispondenza di valori di x non presenti tra i dati.

> Se si cercano valori compresi nell'intervallo che contiene quelli a disposizione, il procedimento si chiama **interpolazione**; nel caso invece in cui si cercano valori di x inferiori al minimo o superiori al massimo dei dati si parla di **estrapolazione**.

Normalmente i valori ottenuti dall'interpolazione sono abbastanza affidabili, tuttavia, quando si applica la formula a valori diversi da quelli a disposizione, occorre valutare se è plausibile che il fenomeno che stiamo descrivendo abbia un comportamento analogo a quello che accade in corrispondenza dei dati raccolti. Per esempio, può non avere senso applicare la formula fuori dall'intervallo in cui tali dati sono contenuti.

IN PRATICA

[A] Come si stima per interpolazione un valore sconosciuto?

Su una montagna sono presenti due stazioni meteorologiche, una a Case di Sotto, a 1000 m di quota, e una a Case di Sopra, a 2250 m.

Una sera d'inverno la prima stazione registra una temperatura di − 5 °C e la seconda di − 15 °C. Come possiamo stimare la temperatura nel paese di Case di Mezzo, che si trova tra le due stazioni, a 1600 m sul livello del mare?

Avendo solo due dati a disposizione, non possiamo dire se la temperatura varia linearmente con l'altitudine, ma si tratta di un'ipotesi semplice e abbastanza plausibile. Lo è per lo meno se il dato che vogliamo trovare non deve essere molto preciso ma ci serve solo per valutare approssimativamente la temperatura a Case di Mezzo.

Rappresentiamo dunque i dati su un piano cartesiano, riportando in ascissa l'altitudine e in ordinata la temperatura, e congiungiamo i due punti rappresentativi dei dati con un segmento.

Da questo segmento possiamo ricavare il valore per l'altitudine di 1600 m (vedi figura), che è approssimativamente di − 10 °C.

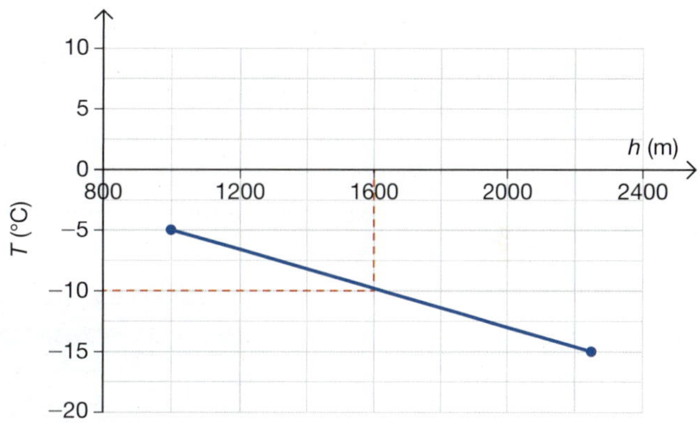

[B] Come si stima per estrapolazione un valore sconosciuto?

I dati in tabella riportano i tempi di avanzamento nella costruzione di una linea ferroviaria di 30 km. Sulla base dei tempi impiegati nella prima parte, si chiede di valutare quando sarà finita.

Tempo (giorni)	0	25	50	75	100	125	150	175
Lunghezza ultimata (km)	0	1	3	7	11	17	21	23

Rappresentiamo i dati in un grafico. Osserviamo che i punti sono approssimativamente allineati; tracciamo una retta che ne approssimi l'andamento e ricaviamone l'equazione.

Osserviamo il punto in cui la retta intercetta l'asse delle ordinate $(y = -5)$ per ottenere il valore di q. Troviamo la pendenza utilizzando due punti che stanno bene sulla retta come (50; 3) e (175; 23):

$$m = \frac{23 - 3}{175 - 50} = 0,16.$$

Quindi l'equazione è

$$y = 0,16x - 5.$$

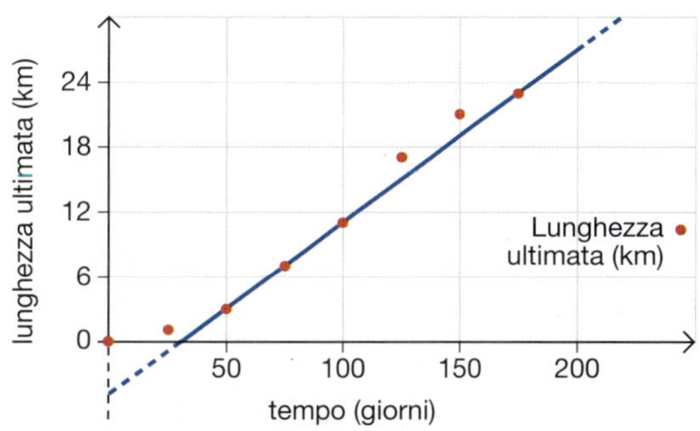

Sostituendo nella formula la lunghezza finale della ferrovia, ricaviamo quanti giorni sono stimati per il completamento dell'opera: circa 219 giorni. In alternativa avremmo potuto ricavare il valore anche direttamente dal grafico.

PROVA TU

[A] **1**
a. Rappresenta i dati riportati in tabella in un grafico cartesiano.
b. Traccia la retta che meglio approssima i punti.
c. Scrivine l'equazione e utilizzala per stimare il valore di y per $x = 22$.

x	5	10	15	20	25	30
y	22	43	60	70	90	115

[B] **2** **EFFETTUARE STIME E APPROSSIMAZIONI** La tabella sotto mostra la percentuale di persone obese nella popolazione americana dal 1990 al 2002.

Anno	1990	1991	1992	1993	1994	1995	1996	1997	1998	1999	2000	2001	2002
Perc.	11,6	12,6	12,6	13,7	14,4	15,8	16,8	16,6	18,3	19,7	20,1	21	21,1

a. Rappresenta i dati in un grafico.
b. Prova a ricavare una relazione tra l'anno e la percentuale di persone obese. Puoi ricavare il valore previsto per il 2010? Cerca il dato reale e confrontalo con la tua previsione.

3 **EFFETTUARE STIME E APPROSSIMAZIONI** Secondo i dati Istat la popolazione italiana è notevolmente invecchiata negli ultimi 40 anni. Per svolgere questo tipo di indagine si conta quante persone oltre i 65 anni ci sono per ogni ragazzo o bambino al di sotto dei 15 anni (cioè quanti anziani per ogni bambino).
I dati ricavati dagli ultimi cinque censimenti sono riportati in tabella.

Data	Anziani per bambino
1971	1,1
1981	1,8
1991	2,6
2001	3,4
2011	3,8

a. Rappresenta i dati in un grafico.
b. Sono descritti da una funzione lineare esatta o approssimata? Trovane l'equazione e usala per determinare il numero di anziani per ogni bambino nel 2005.
c. Possiamo fare una previsione per il 2020? Pensi che il valore ottenuto sia sovrastimato, plausibile o sottostimato?
d. Ricava dal grafico una stima dell'anno in cui il numero di anziani per bambino era 2.

Esercizi a pag. 299

MAPPA
LE FUNZIONI LINEARI

LOSAI? RIPASSA CON LO SMARTPHONE

Su online.zanichelli.it/pensaci ti proponiamo altre mappe come questa.

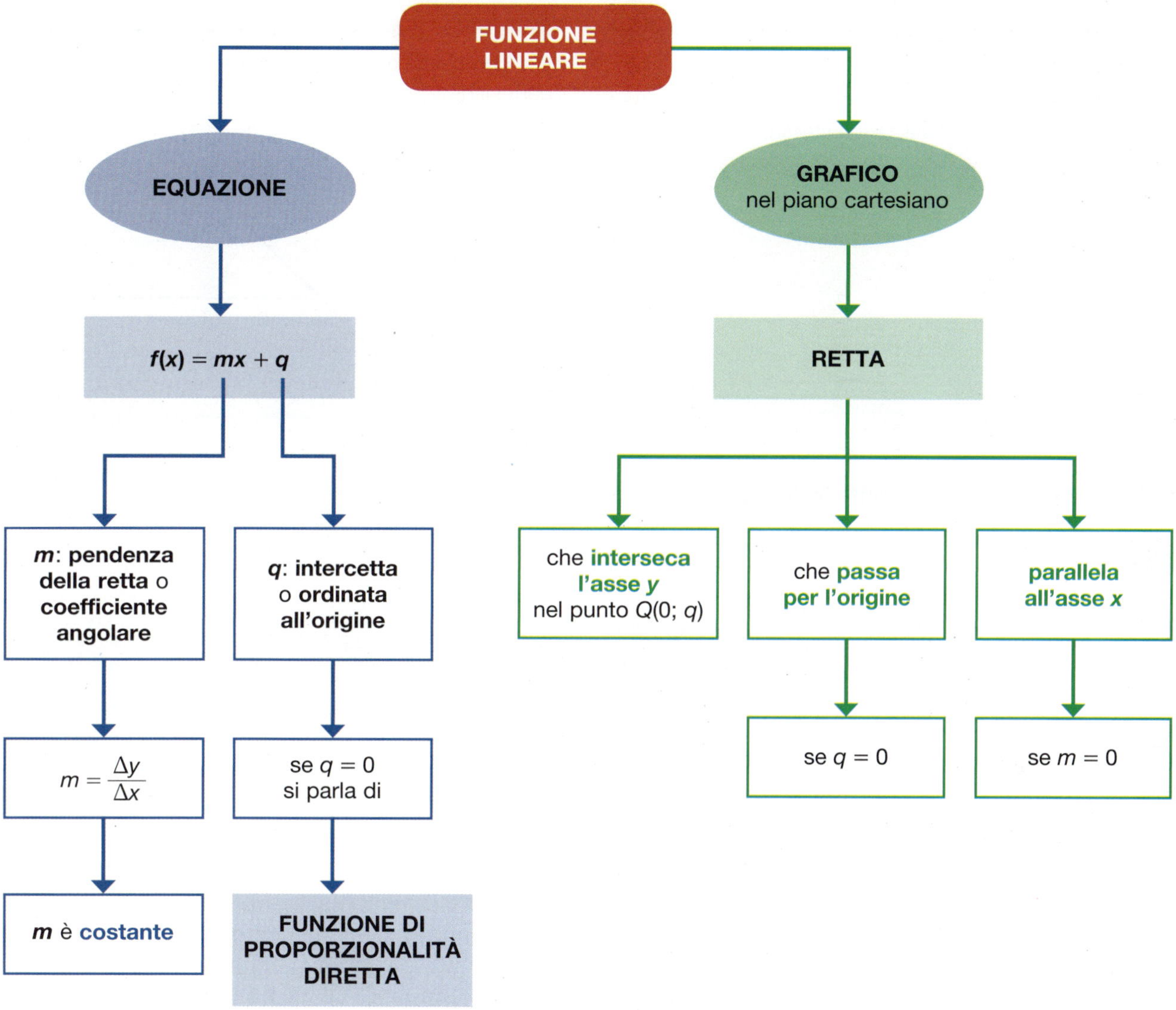

ESERCIZI

Controlla i risultati in fondo al volume.

1 La pendenza di una retta

Teoria a pag. 256

Ricorda

IN TEORIA La **pendenza di una retta** è il rapporto tra .... delle coordinate di due punti qualsiasi $A(x_A; y_A)$, $B(x_B; y_B)$ sulla retta stessa:

$$m = \frac{y_B - y_A}{x_B - x_A}.$$

IN PRATICA Calcola la pendenza della retta in figura e le coordinate delle sue intersezioni con gli assi cartesiani.

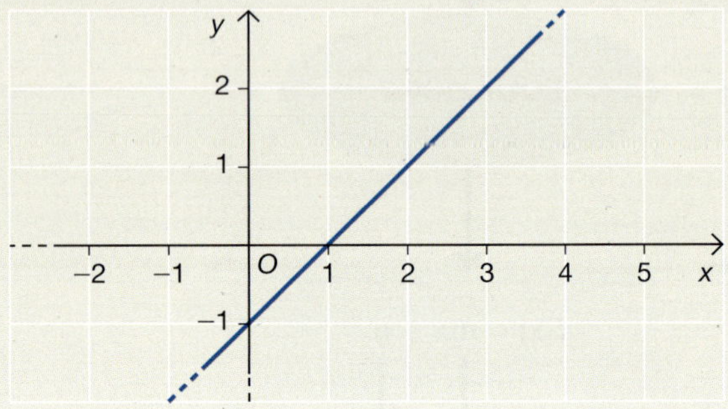

Calcola la pendenza delle rette in figura.

1

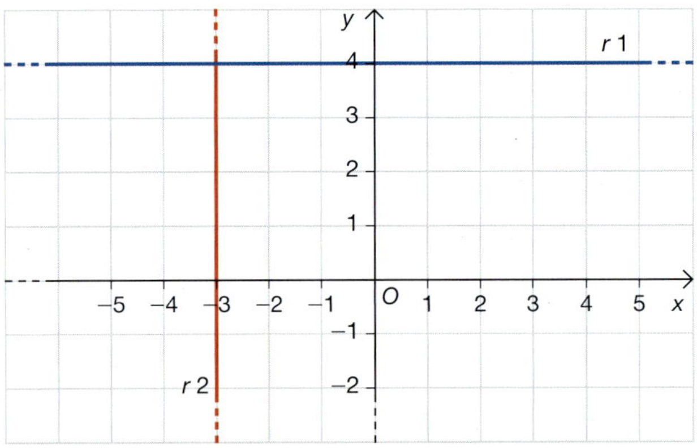

2

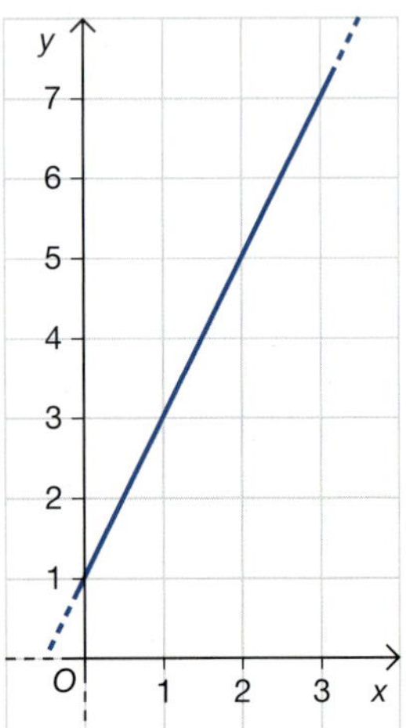

3

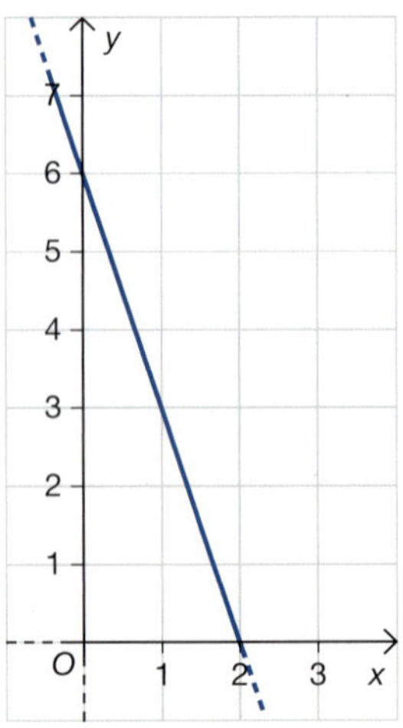

4

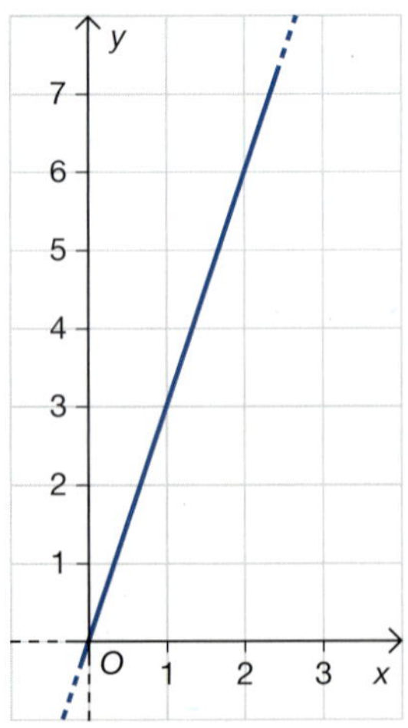

5

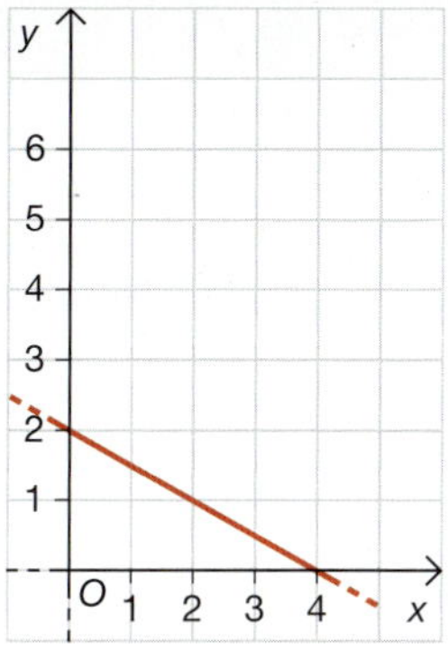

6

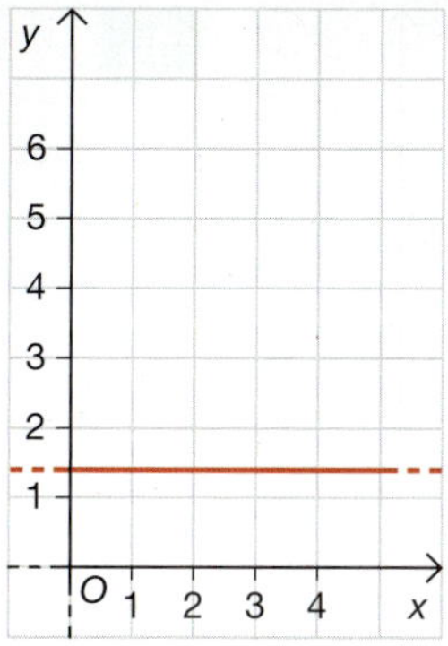

7

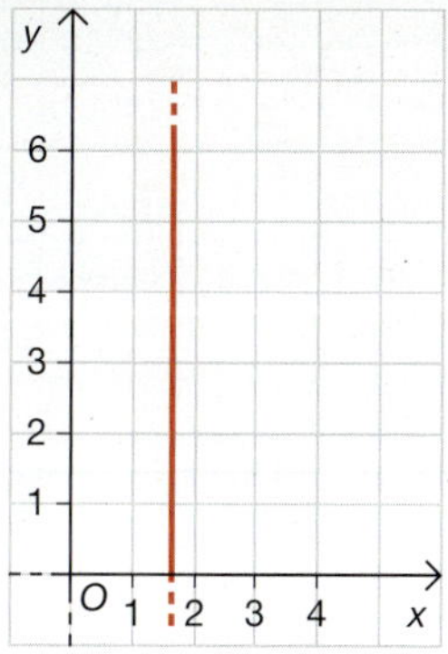

8

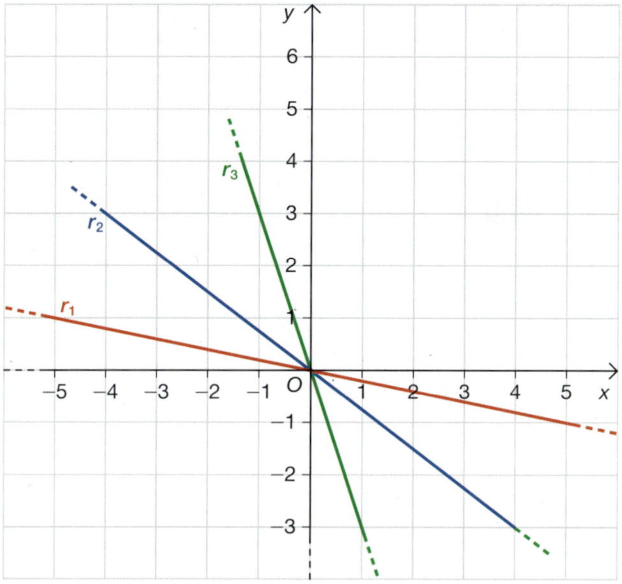

Calcola la pendenza delle rette in figura e le coordinate delle loro intersezioni con gli assi cartesiani (esercizi da 9 a 15).

9

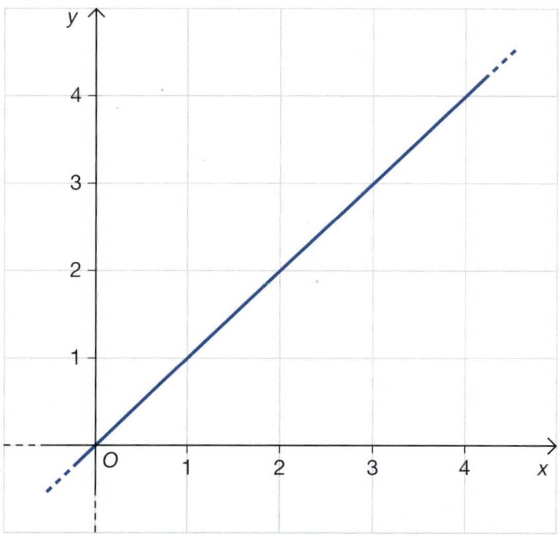

10

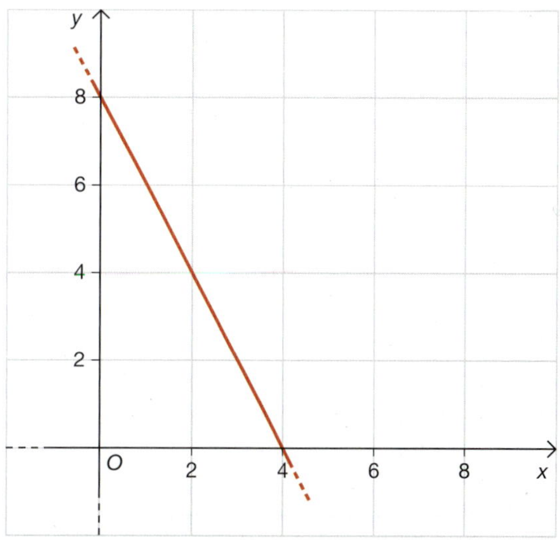

11

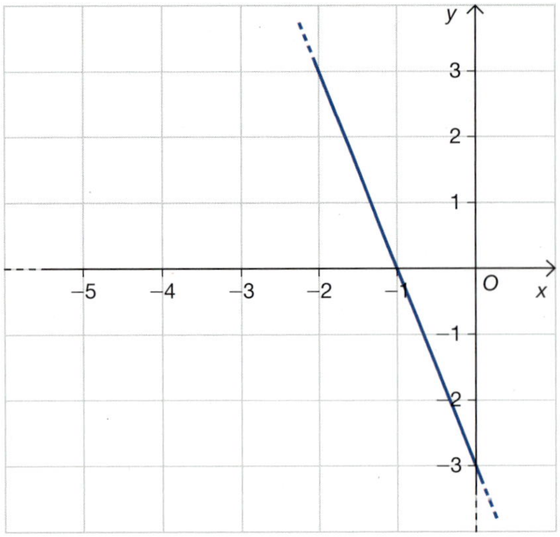
y
3
2
1
–5
–4
–3
–2
–1
O
x
–1
–2
–3

12

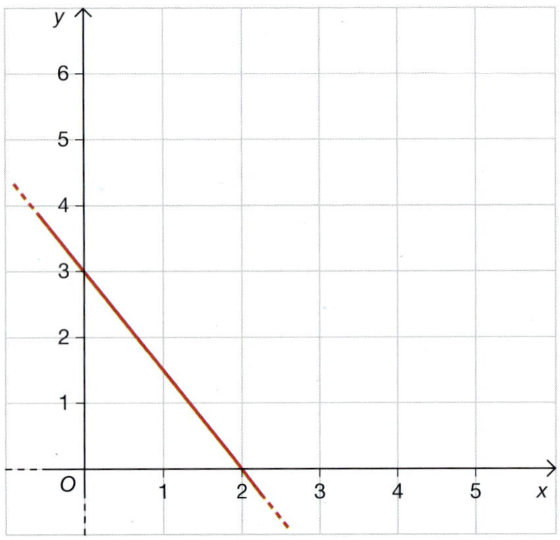
y
6
5
4
3
2
1
O
1
2
3
4
5
x

13

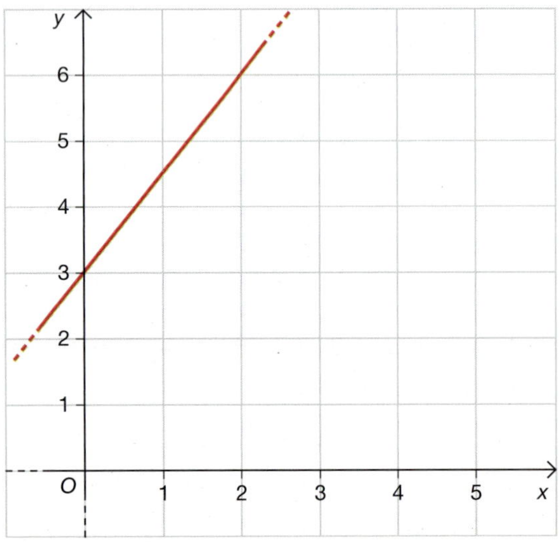
y
6
5
4
3
2
1
O
1
2
3
4
5
x

14

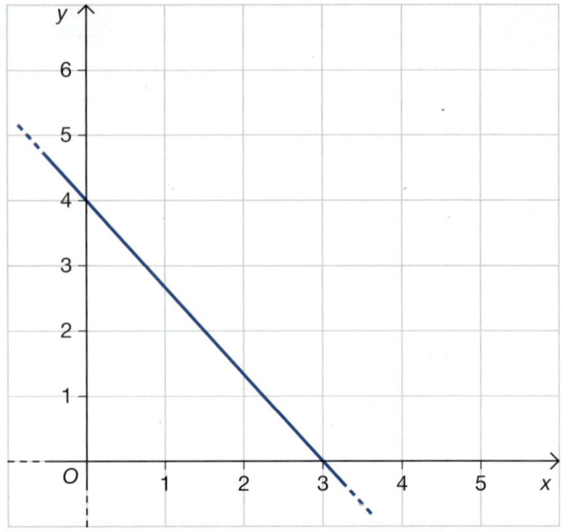
y
6
5
4
3
2
1
O
1
2
3
4
5
x

15

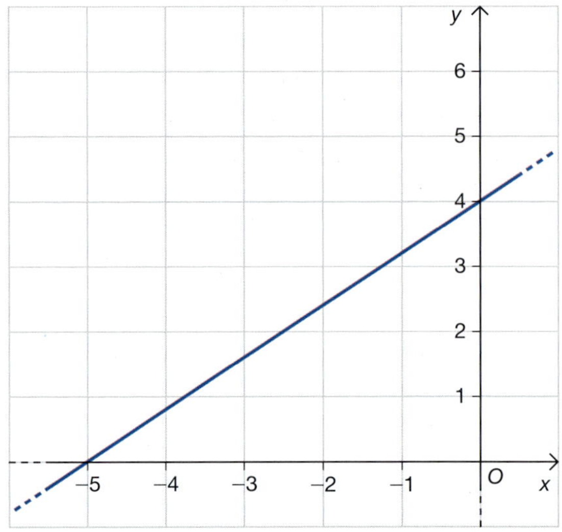
y
6
5
4
3
2
1
–5
–4
–3
–2
–1
O
x

16 **INVALSI 2016** Sul piano cartesiano in figura sono assegnati i punti A e B di coordinate intere.
Il coefficiente angolare della retta AB è

....

[INVALSI – scuola secondaria di secondo grado]

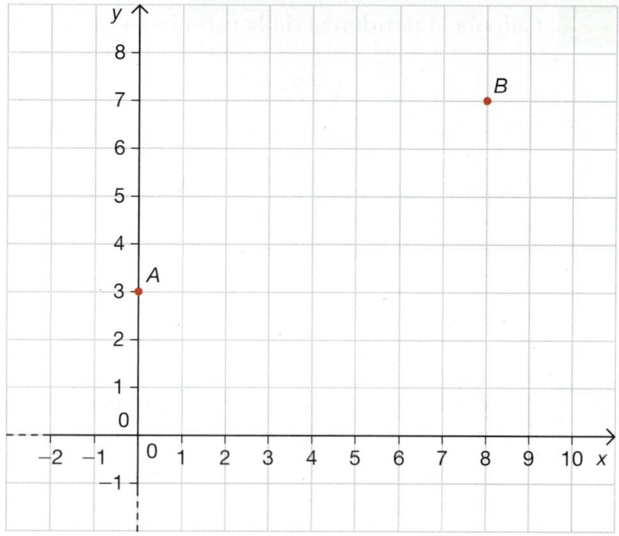

17 Rappresenta nello stesso piano cartesiano due rette distinte di pendenza:

a. $m = 2$; **b.** $m = 0$; **c.** $m = -1$.

18 Rappresenta nello stesso piano cartesiano due rette distinte di pendenza:

a. $m = \frac{2}{3}$; **b.** $m = -\frac{5}{4}$.

19 Rappresenta nello stesso piano cartesiano:

a. una retta con pendenza 3; **b.** una retta con pendenza $-\frac{1}{3}$.

Cosa noti?

20 La figura mostra 5 segmenti consecutivi. Calcola la pendenza di ognuno dei segmenti che compongono il grafico.

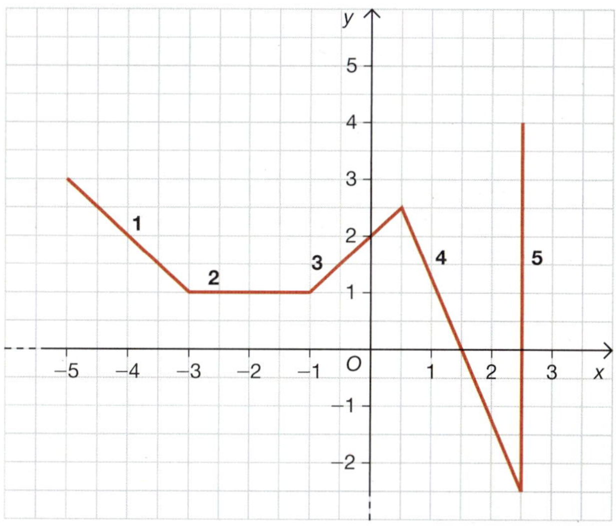

21 Disegna le sei diverse rette che passano per le coppie di punti indicate e calcola la pendenza di ciascuna di esse.

a. $(1; 2)$ e $(5; 5)$

b. $(-5; 1)$ e $(-1; 2)$

c. $(-3; 0)$ e $(5; -4)$

d. $(-4; 1)$ e $(2; -5)$

e. $(-5; -4)$ e $(-1; -4)$

f. $(0; -2)$ e $(0; 4)$

22 Calcola la pendenza della retta in figura.

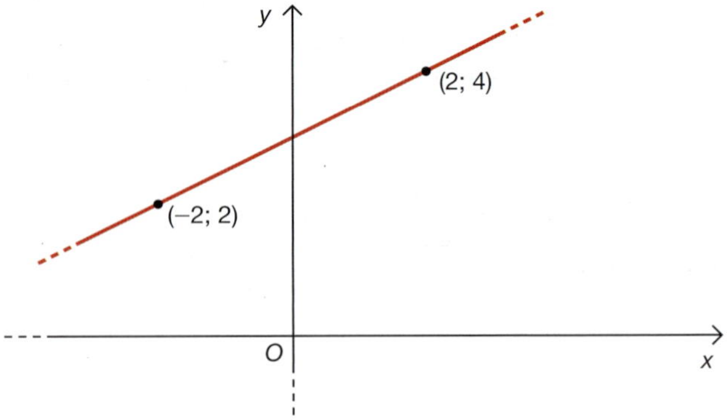

23 In figura, il segmento 1 è parallelo all'asse x e il segmento 3 è parallelo all'asse y. Il segmento 2 è parallelo al segmento 5 e il segmento 4 è parallelo al segmento 6. Le pendenze dei segmenti 5 e 6 sono rispettivamente -1 e 1.
Calcola la pendenza dei segmenti 1, 2, 3 e 4.

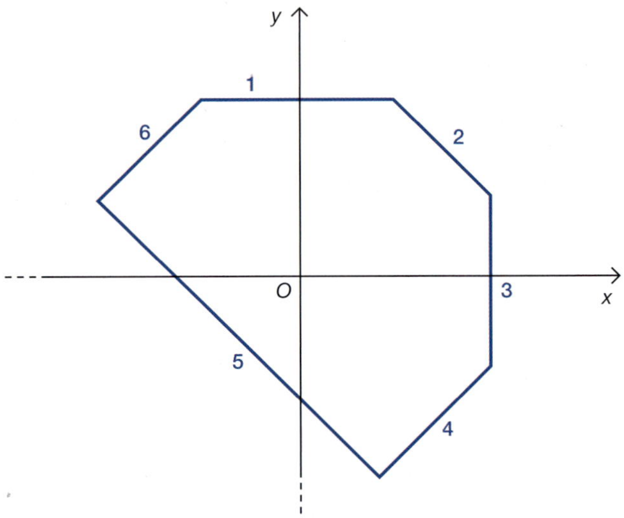

24 Considera i punti A, B e C. Il punto A ha coordinate $A(1; 5)$, la pendenza del segmento AB vale $-\frac{1}{3}$, quella del segmento BC vale $\frac{1}{2}$, l'ascissa del punto B vale 2 e quella del punto C vale 6.
Calcola la pendenza del segmento AC.

25 RISOLVERE PROBLEMI **Il paradosso del triangolo** I due triangoli che vedi in figura sono costituiti dalle stesse parti colorate, ma disposte diversamente. Uno di essi ha un buco.
Com'è possibile?

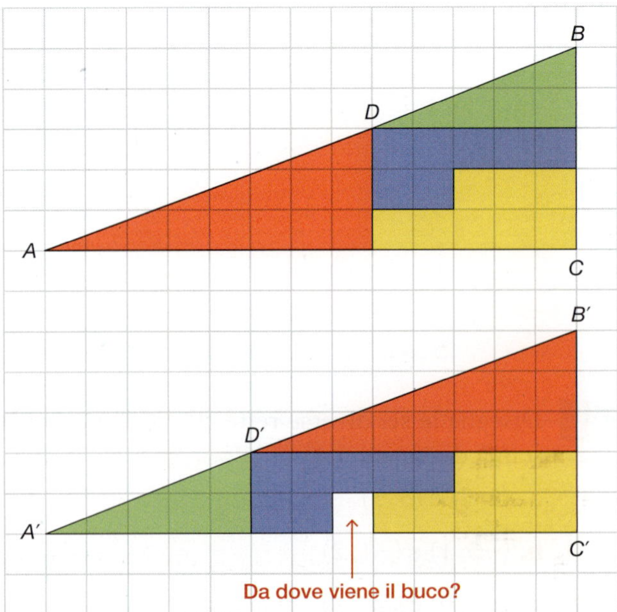

2 Le funzioni lineari

Teoria a pag. 261

Ricorda

IN TEORIA Una **funzione** si dice **lineare** se può essere scritta come un'equazione della forma

$f(x) = mx + q$.

Una funzione lineare si rappresenta sul piano cartesiano come una retta.

- Se $m = 0$, la retta ....
- Se $q = 0$, la retta ....

IN PRATICA Quali tra le seguenti funzioni sono lineari?

a. $f(x) = x$

b. $f(x) = x^2$

c. $f(x) = 2x$

d. $f(x) = \frac{x}{2}$

Quali tra le seguenti sono funzioni lineari? (Esercizi 26 e 27.)

26 **a.** $f(x) = \sqrt{x}$ **b.** $f(x) = x + 2$ **c.** $f(x) = 2 - x$

27 **a.** $f(x) = 2 - x^2$ **b.** $f(x) = \dfrac{2 - x}{x}$ **c.** $f(x) = 2$

28 Considera la funzione lineare di equazione $y = \frac{3}{5}x - \frac{1}{2}$. Calcola il valore di y quando:
a. $x = 5$; **b.** $x = \frac{7}{2}$; **c.** $x = -\frac{2}{3}$.

29 Considera la funzione lineare di equazione $y = 15 - \frac{3}{4}x$. Calcola il valore di x quando:
a. $y = 12$; **b.** $y = 21$; **c.** $y = -60$.

30 Quali tra i seguenti punti appartengono al grafico della funzione lineare di equazione $y = 3x + 2$?
a. $A(1; 5)$ **b.** $B(3; 12)$ **c.** $C(0; 2)$ **d.** $D(-2; 4)$ **e.** $E\left(-\frac{1}{3}; 1\right)$

31 **INVALSI 2013** Considera la funzione definita da: $y = 3x + 1$.

a. Quale dei seguenti grafici può rappresentare questa funzione?

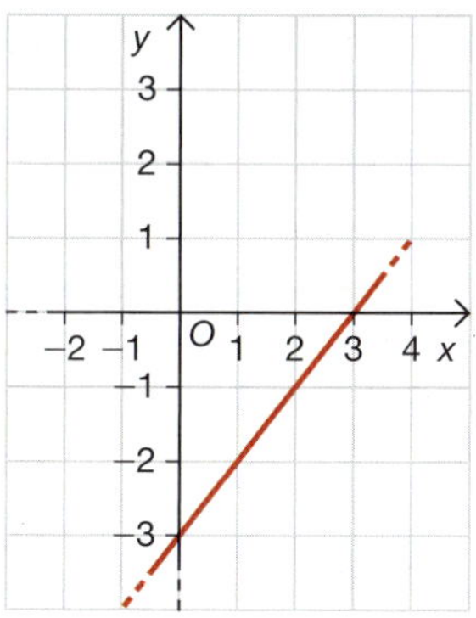

Grafico 1

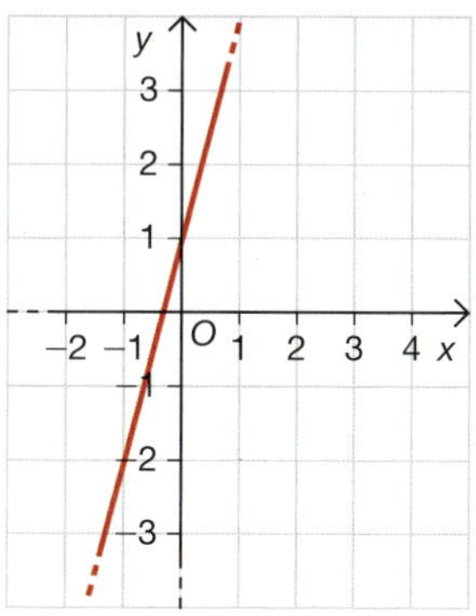

Grafico 2

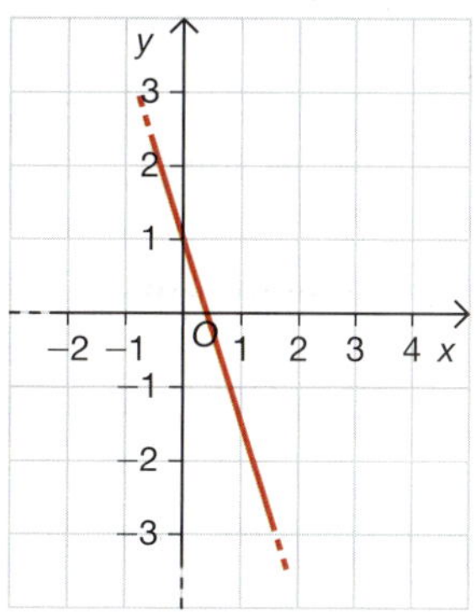

Grafico 3

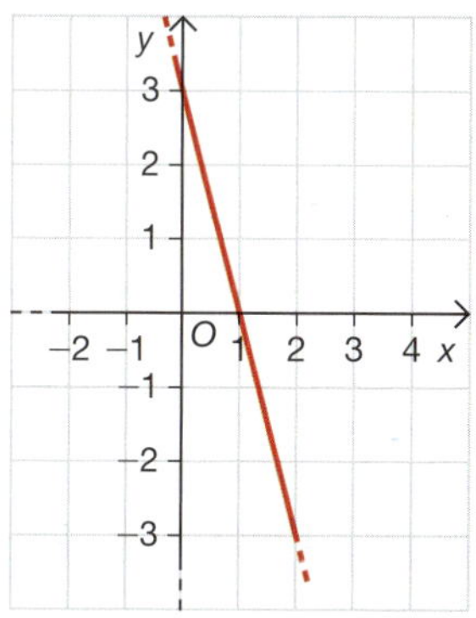

Grafico 4

a Il grafico 1 b Il grafico 2 c Il grafico 3 d Il grafico 4

b. Quale valore di y si ottiene per $x = 0$? ....

c. Per quale valore di x si ottiene $y = 0$? ....

d. Per quali valori di x la y assume valori positivi? ....

[INVALSI – scuola secondaria di secondo grado]

ESERCIZI

32 **INVALSI 2013** Osserva la figura.
Le coordinate di A sono $(-3; 0)$ e l'area del triangolo AOB è 9.
Quale fra le seguenti equazioni rappresenta la retta r?

a $y = 2x + 6$

b $y = -2x - 6$

c $y = 3x + 9$

d $y = -3x - 9$

[INVALSI – scuola secondaria di secondo grado]

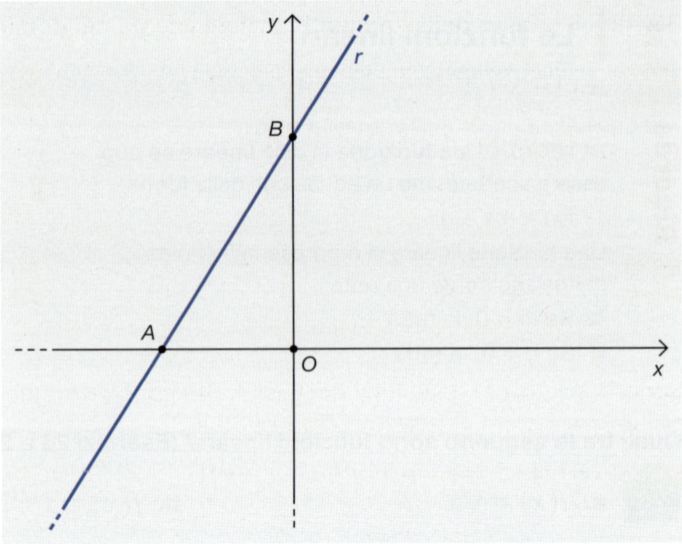

33 **INVALSI 2016** In figura sono rappresentate le tre rette a, b, c e sono date quattro equazioni.

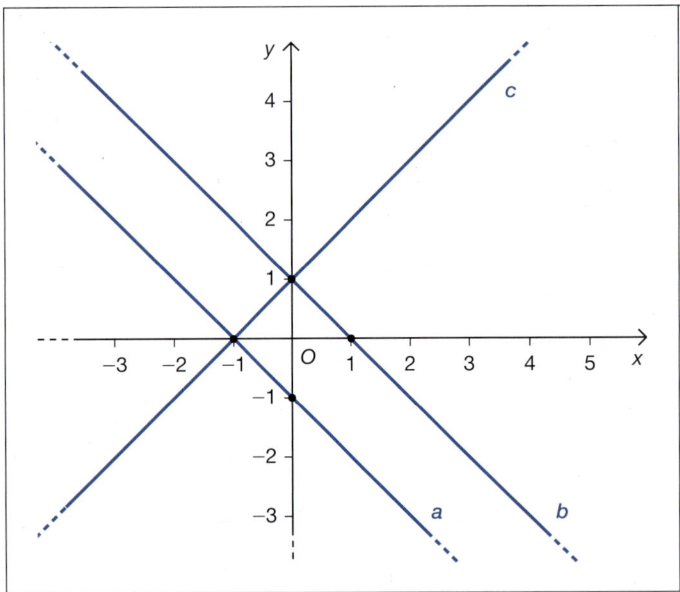

1. $y = x + 1$
2. $y = x - 1$
3. $y = -x + 1$
4. $y = -x - 1$

Completa la tabella associando a ogni retta il numero dell'equazione corrispondente.

Retta	Equazione corrispondente
a	
b	
c	

[INVALSI – scuola secondaria di secondo grado]

Disegna il grafico delle seguenti funzioni lineari, nei domini indicati.

34 $s(x) = x + 1$,
$D = \mathbb{N}$.

35 $f(x) = 2x - 5$,
$D = \mathbb{R}$.

36 $g(x) = -x - 2$,
$D = \mathbb{R}$.

37 $h(x) = 7 - x$,
$D = \{x \in \mathbb{R} \text{ tale che } 0 \leq x \leq 7\}$.

38 $i(x) = \frac{3}{2}x - 4$,
$D = \{x \in \mathbb{R} \text{ tale che } -5 \leq x \leq 3\}$.

39 $k(x) = \frac{x-3}{2}$,
$D = \mathbb{R}$.

Scrivi le equazioni delle funzioni lineari che hanno il seguente grafico. Alcuni grafici li hai già visti negli esercizi del paragrafo 1. (Esercizi da 40 a 49.)

40

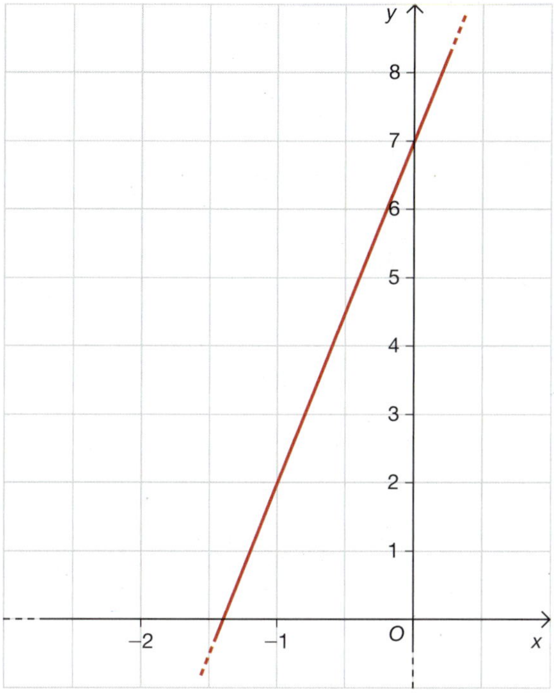

42

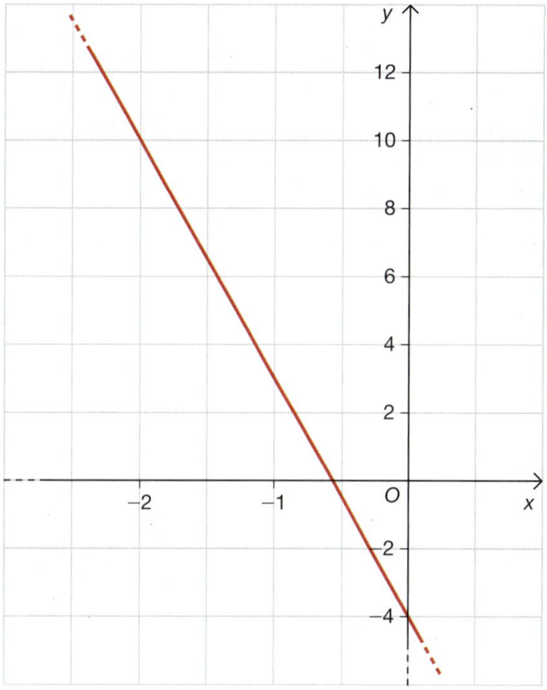

41

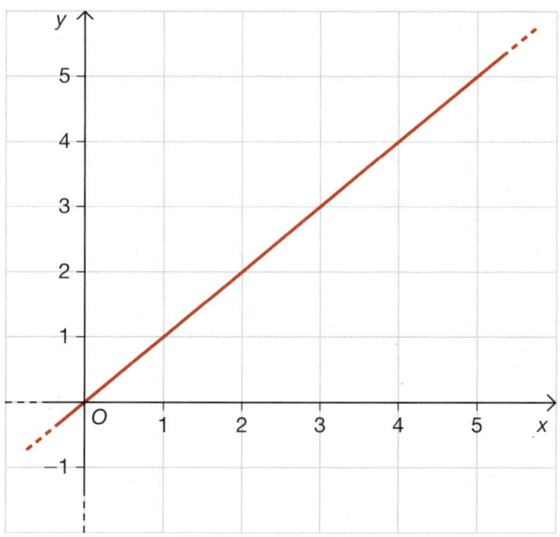

43

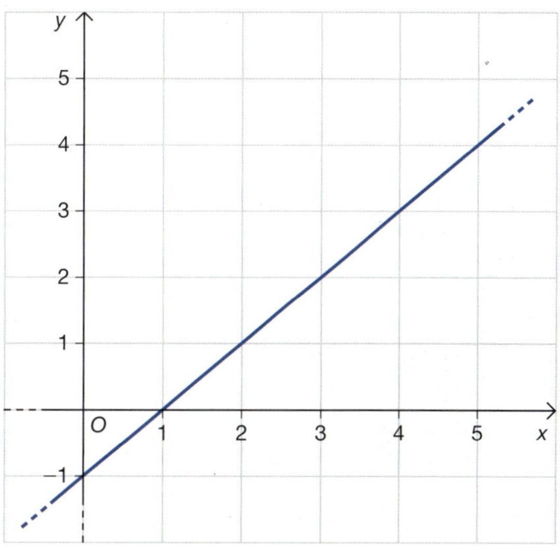

ESERCIZI

44

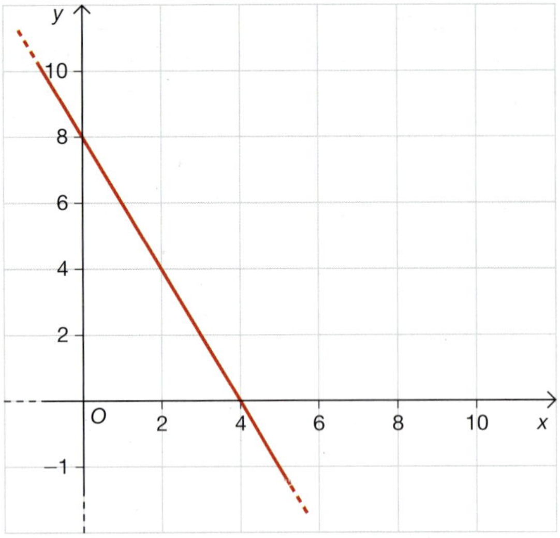

45

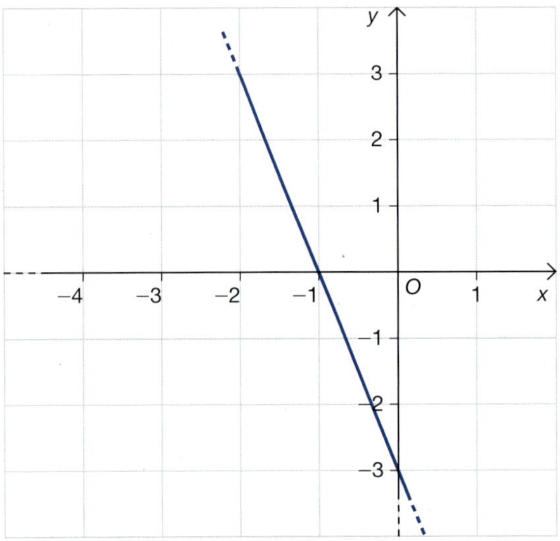

46

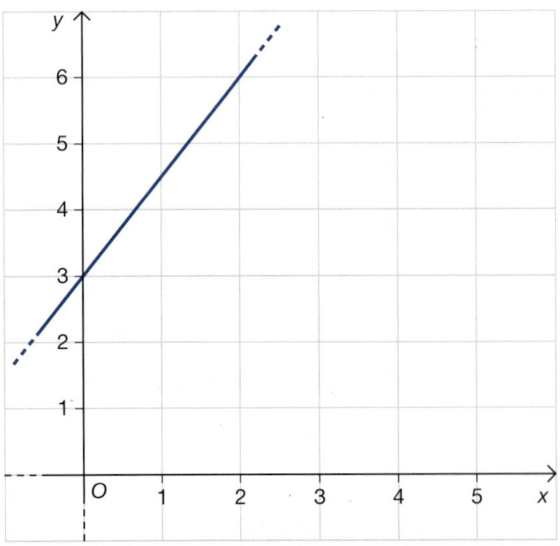

47

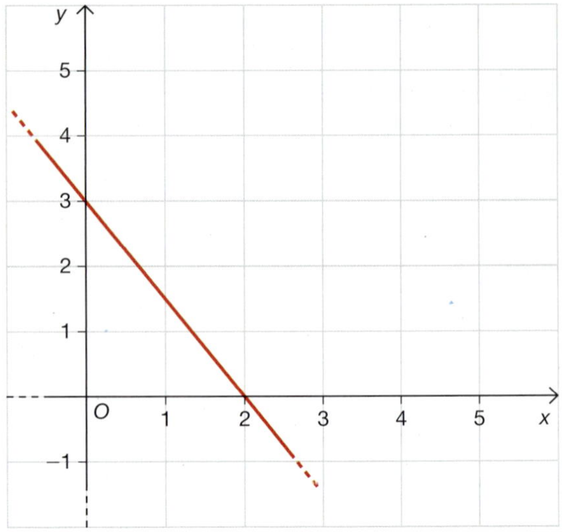

48

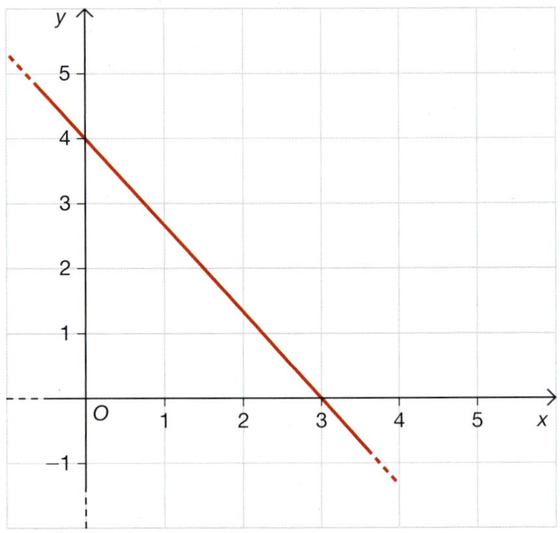

49

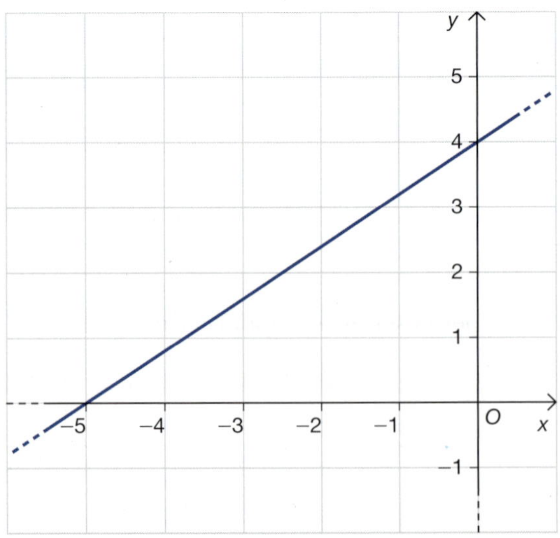

50 **CONFRONTARE E ANALIZZARE FIGURE GEOMETRICHE** Disegna un quadrato con i lati di lunghezza 2 paralleli agli assi cartesiani e tali che l'origine degli assi sia il punto di intersezione delle sue diagonali. Scrivi le coordinate dei suoi vertici e l'equazione delle rette orizzontali su cui giacciono i suoi lati.

51 **CONFRONTARE E ANALIZZARE FIGURE GEOMETRICHE** Disegna un quadrato con i lati *non* paralleli agli assi cartesiani. Scrivi le coordinate dei suoi vertici e l'equazione delle rette su cui giacciono i suoi lati.

52 Ginevra ha ricaricato la sua scheda telefonica, della quale aveva esaurito il credito, con 120 €. Ogni mese le vengono scalati 5 € per il costo dell'abbonamento mensile e non ha altre spese.

a. Calcola quanto credito le rimane dopo
- 3 mesi,
- 6 mesi,
- 10 mesi.

b. Scrivi l'equazione della funzione che lega il credito al tempo espresso in mesi.

c. Disegna la funzione nel piano cartesiano.

53 **INVALSI 2012** Paolo acquista una tessera che consente l'ingresso a prezzo ridotto per un anno a un cinema della sua città. Il costo della tessera è di 12 euro e permette di pagare il biglietto di ingresso solo 5 euro per ogni spettacolo.

a. Completa la tabella a lato, dove n è il numero degli spettacoli e S il costo complessivo della tessera e dei biglietti di ingresso.

n (numero di spettacoli)	S (costo complessivo in euro)
0	12
1	
2	
3	
4	
5	

b. Quale fra le seguenti formule consente di calcolare il costo complessivo S al variare del numero n di spettacoli?

a $S = 12 + 5n$
c $S = 12 + n$
b $S = 12 + 5$
d $S = 12n + 5n$

c. Osserva ora i grafici a lato.

Quale grafico rappresenta come varia il costo complessivo S al variare del numero n di spettacoli?

a Grafico 1
b Grafico 2
c Grafico 3
d Grafico 4

[INVALSI – prova nazionale per la scuola secondaria di primo grado]

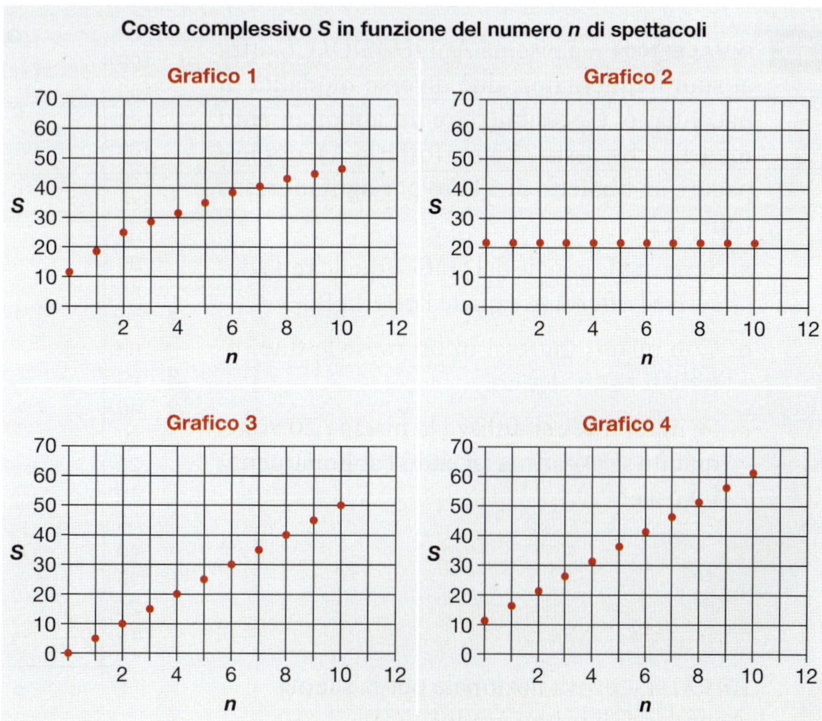

54 **ANALIZZARE DATI E GRAFICI** Il grafico a lato rappresenta il costo di una corsa in taxi in funzione del tragitto percorso.

a. A quanto ammonta la spesa fissa di inizio corsa?

b. Qual è il costo al kilometro?

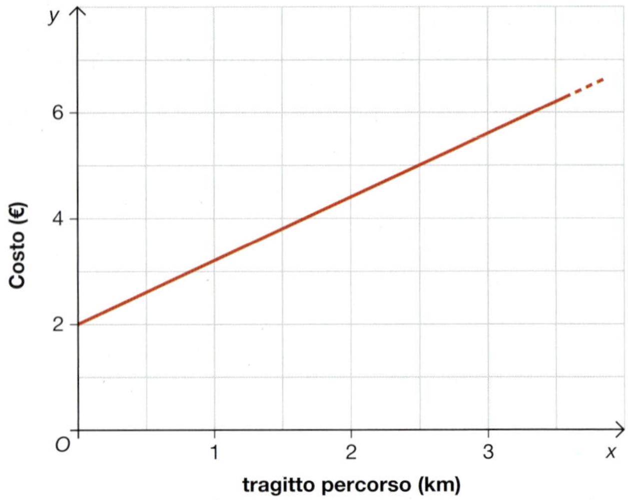

55 **ANALIZZARE DATI E GRAFICI** Il grafico mostra la distanza *D*, in kilometri, che un'automobile può percorrere in funzione del consumo *B* di benzina, in litri.

a. Scrivi l'equazione della funzione che lega *B* e *D*.

b. Calcola quanto può viaggiare l'auto con:
- 3 L di benzina;
- 5,2 L di benzina.

c. Calcola il costo della benzina necessaria a viaggiare 36 km, sapendo che costa 1,52 €/L.

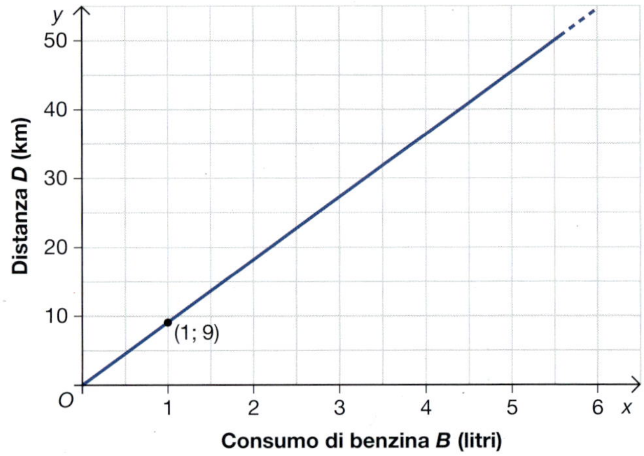

56 **INVALSI 2009** La piscina *ACQUADOLCE* offre ai suoi frequentatori due diverse modalità di pagamento: è possibile fare un abbonamento mensile, che costa 75 euro (offerta A), oppure pagare un biglietto di 5 euro per ogni ingresso (offerta B).

a. Scrivi nelle caselle del grafico quale retta descrive l'offerta A e quale l'offerta B.

b. Con quanti ingressi in un mese le due offerte si equivalgono? ....

c. Se in un mese si utilizza la piscina 20 volte, quanto si risparmia facendo l'abbonamento mensile? ....

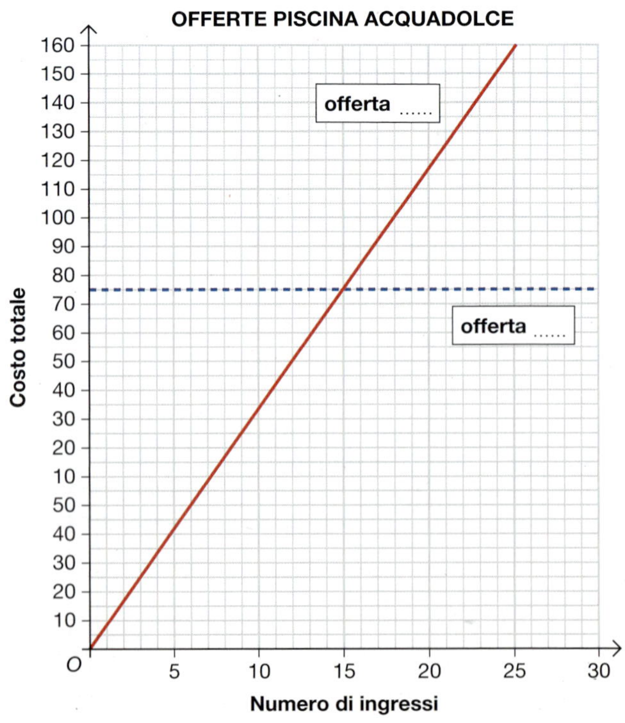

[INVALSI – prova nazionale per la scuola secondaria di primo grado]

INDIVIDUARE COLLEGAMENTI E RELAZIONI Considera i seguenti problemi e stabilisci quali di essi possono essere descritti da funzioni lineari (esercizi da 57 a 62).

57 Come dipende il costo del pane dalla quantità (in hg) acquistata, se scelgo quello che costa 2,30 euro al kilogrammo?

58 Nello stagno le ninfee presenti raddoppiano ogni settimana. Sapendo che oggi ce ne sono 13, quante ne troverò tra 2 settimane? In generale, quante ne troverò tra x settimane?

59 Come dipende il volume di una scatola cubica dal suo spigolo?

60 Come si può legare l'altezza di una persona alla sua età?

61 La pizza è più buona se cotta ad alta temperatura. Per preriscaldare il forno a 220° occorrono 18 minuti. Ogni teglia di pizza impiega 15 minuti a cuocersi.
Quanto tempo occorre tenere acceso il forno per cuocere 2 teglie, una dopo l'altra?
In generale, per cuocerne un numero x?

62 Il rubinetto della vasca da bagno perde 1 litro di acqua ogni 10 minuti. Nella vasca inizialmente ci sono 15 litri di acqua.
Quanti ne contiene dopo un'ora? In generale, dopo x ore?

63 **INVALSI 2011** Il padre di Silvia riceve due proposte di lavoro, una dall'azienda A e una dall'azienda B. La tabella rappresenta come cresce nel tempo lo stipendio offerto dall'azienda A e il grafico rappresenta come cresce nel tempo quello offerto dall'azienda B.

Azienda A

Anno	Stipendio annuo in euro
1°	34 000
2°	34 500
3°	35 500
4°	37 000
Dal quinto anno	Continua a crescere di 1500 euro all'anno

Azienda B

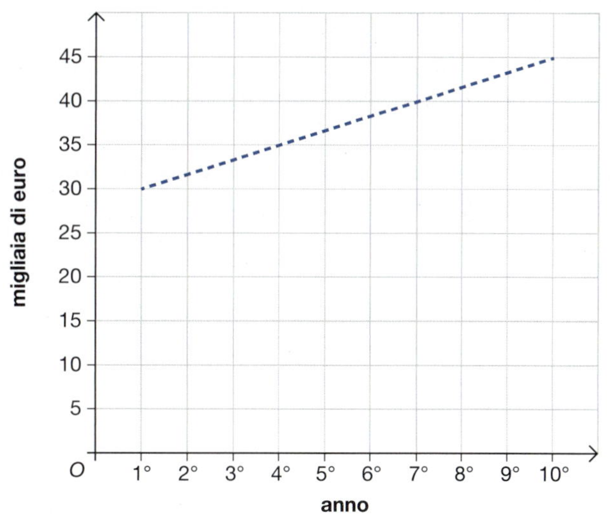

a. In quale anno il padre di Silvia percepirà uno stipendio annuale di 40 000 euro?
Azienda A: .... **Azienda B**: ....

b. Se il padre di Silvia intende lavorare, nell'azienda, per dieci anni, quale proposta è più conveniente?
Risposta: ....

c. Giustifica la tua risposta (alla domanda **b**).
....
....

[INVALSI – prova nazionale per la scuola secondaria di primo grado]

3 La funzione di proporzionalità diretta

Teoria a pag. 265

Ricorda

IN TEORIA Due grandezze x e y sono **direttamente proporzionali** se ....

....

IN PRATICA Le grandezze rappresentate in tabella sono direttamente proporzionali?

x	1	2	3
y	9	18	27

64 **ARGOMENTARE** Se la grandezza y è direttamente proporzionale alla grandezza x, allora il grafico di y in funzione di x passa per l'origine.
Se il grafico *non* passa per l'origine, è possibile che y sia direttamente proporzionale a x? Giustifica la risposta.

65 **ARGOMENTARE** Se x cresce al crescere di y, possiamo concludere che y è direttamente proporzionale a x? Giustifica la risposta.

66 Una casa editrice spedisce 108 copie di un libro a un rivenditore. Il pacco ha una massa di 30 kg. Calcola:

a. la massa di 150 libri dello stesso tipo;

b. quanti libri sono contenuti in un pacco con massa di 20 kg.

67 Nello scaffale di una libreria 60 libri identici occupano uno spazio di lunghezza 1,5 m. Calcola:

a. la lunghezza occupata sullo scaffale da 50 libri dello stesso tipo;

b. il numero di libri che occupano completamente uno scaffale di 80 cm.

68 La grandezza x è direttamente proporzionale alla grandezza y e $x = 4,5$ quando $y = 3$. Calcola:

a. un'equazione che lega x e y;

b. il valore di x quando $y = 6$;

c. il valore di y quando $x = 12$.

69 Q è direttamente proporzionale a P e $Q = 28$ quando $P = 4$.

a. Esprimi Q in funzione di P.

b. Calcola il valore di Q quando $P = 5$.

c. Calcola il valore di P quando $Q = 42$.

70 Calcola il costo di:

a. 10 hg di tè in foglie, se 3 hg costano 18 €;

b. a kg di zucchero, se b kg costano c €.

71 **INVALSI 2016** Per quale valore di m l'equazione $y = mx$ rappresenta una retta che passa per il punto di coordinate (3; 12)?

....

[INVALSI – scuola superiore di secondo grado]

72 I $\frac{5}{9}$ di un pezzo di metallo hanno una massa di 7 kg. Qual è la massa di $\frac{2}{7}$ del pezzo di metallo?

73 La grandezza z è direttamente proporzionale alla grandezza x e $z = 12$ quando $x = 3$.
Calcola il valore di x quando $z = 18$.

74 La variabile y è direttamente proporzionale a x e $y = 12$ quando $x = 4$.
a. Scrivi un'equazione che lega x e y.
b. Calcola il valore di y quando $x = 8$.
c. Calcola il valore di x quando $y = 21$.

75 La variabile y è direttamente proporzionale a x e $y = 5$ quando $x = 2$.
a. Scrivi un'equazione che lega x e y.
b. Calcola il valore di y quando $x = 10$.
c. Calcola il valore di x quando $y = 60$.

76 La variabile y è direttamente proporzionale a x e $y = 6$ quando $x = 5$.
a. Scrivi un'equazione che lega x e y.
b. Calcola il valore di y quando $x = 10$.
c. Calcola il valore di x quando $y = 18$.

77 La variabile y è direttamente proporzionale a x e $y = 10$ quando $x = 2$.
a. Scrivi un'equazione che lega x e y.
b. Calcola il valore di y quando $x = 10$.
c. Calcola il valore di x quando $y = 25$.

78 La variabile y è direttamente proporzionale a x e $y = 4$ quando $x = 5$.
a. Scrivi un'equazione che lega x e y.
b. Calcola il valore di x quando $y = 0{,}8$.
c. Calcola il valore di y quando $x = 22{,}5$.

79 La variabile y è direttamente proporzionale a x e $y = 12$ quando $x = 8$.
a. Scrivi un'equazione che lega x e y.
b. Calcola il valore di y quando $x = 9$.
c. Calcola il valore di x quando $y = 18$.

80 La variabile p è direttamente proporzionale a q e $p = 15$ quando $q = 9$.
a. Scrivi un'equazione che lega p e q.
b. Calcola il valore di p quando $q = 3$.
c. Calcola il valore di q quando $p = 12$.

81 La variabile q è direttamente proporzionale a p e $q = 18$ quando $p = 10$.
a. Scrivi un'equazione che lega p e q.
b. Calcola il valore di q quando $p = 20$.
c. Calcola il valore di p quando $q = 9$.

82 Mostra che i valori di x e y rappresentati nelle seguenti tabelle sono direttamente proporzionali.

x	1	2	3
y	9	18	27

x	10	15	20
y	24	36	48

x	4	6	8
y	2	3	4

x	12	14	50
y	7,2	8,4	30

83 Stabilisci in quali delle seguenti tabelle sono rappresentati valori x e y direttamente proporzionali.

a.

x	1	2	3
y	6	12	18

b.

x	4	5	8
y	7	8	9

c.

x	10	12	15
y	3,0	3,6	4,2

d.

x	0,8	1,4	2,5
y	2	3,5	6,25

84 22 bottiglie identiche di salsa di soia costano 39,60 €. Quanto costano 45 bottiglie?

85 76 scatole uguali di merce hanno una massa complessiva di 1672 kg.
Calcola la massa di 49 scatole.

86 Ogni ora un treno percorre una distanza di 78 km.

a. Completa la tabella.

Tempo (*t* ore)	1	2	3	4	5	6
Spazio percorso (s km)	78					

b. Spiega perché il tempo e la distanza sono direttamente proporzionali.

c. Calcola:
- la distanza percorsa in 5 ore e 20 minuti;
- il tempo impiegato a percorrere 273 km.

87 La variabile y è direttamente proporzionale a x e $y = 9$, quando $x = 5$.

a. Scrivi un'equazione che lega x e y.

b. Calcola il valore di y quando $x = 10$.

c. Calcola il valore di x quando $y = 18$.

88 L'allungamento a, in centimetri, di una molla è direttamente proporzionale alla massa m, in grammi, attaccata a essa. Quando $m = 50$ g, si ha $a = 2$ cm.

a. Scrivi un'equazione che lega a e m.

b. Calcola il valore di a quando $m = 125$ g.

c. Calcola il valore di m quando $a = 7$ cm.

d. Disegna il grafico di a in funzione di m.

89 In ciascuna delle seguenti tabelle y è direttamente proporzionale a x. Calcola il valore delle incognite.

x	2	4	b
y	16	a	72

x	5	8	d
y	3	c	10

x	6	9	f
y	e	1,5	4,2

x	$\frac{1}{8}$	h	$\frac{1}{2}$
y	g	$\frac{2}{3}$	$\frac{3}{4}$

90 Quale dei seguenti grafici rappresenta le variabili x e y in proporzionalità diretta?

a.

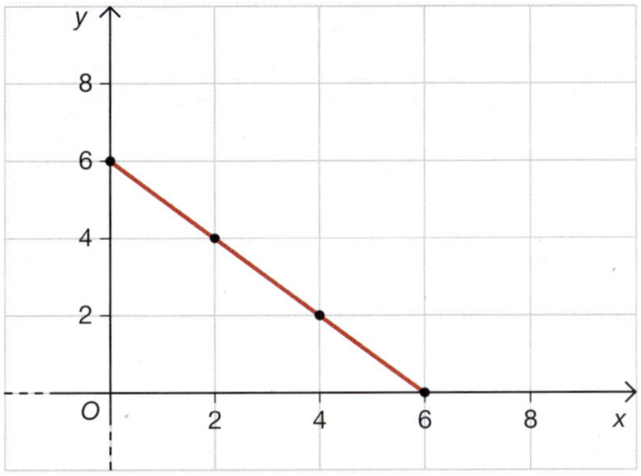

b.

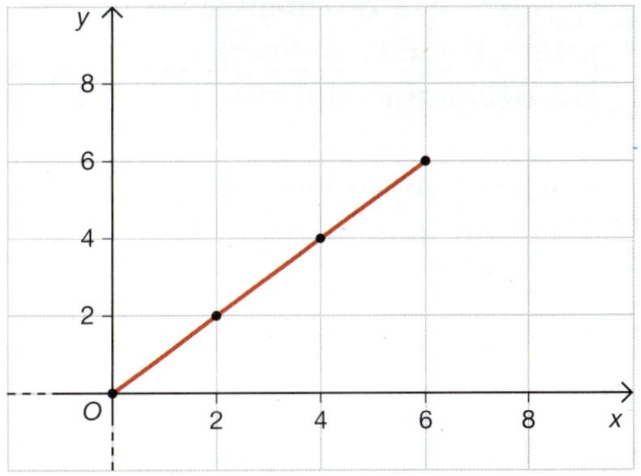

91 La grandezza B è direttamente proporzionale alla grandezza A e $B = 3$ quando $A = 18$.
Calcola il valore di B quando $A = 24$.

92 Osserva la seguente tabella e valuta se può rappresentare una funzione di proporzionalità diretta.

x	−1	−4	−6	−8
y	5	−20	24	−32

93 Osserva la seguente tabella e valuta se può rappresentare una funzione di proporzionalità diretta.

x	−1	2	−3	4
y	3	−6	9	−12

94 In ciascuno dei seguenti casi, y è direttamente proporzionale a x. Completa le tabelle.

x	4	20	24		
y	1		6	9	11

x	2	3	5,5		
y	2,4	3,6		9,6	11,4

95 **INVALSI 2010** Su una confezione di succo di frutta da 250 ml trovi le seguenti informazioni nutrizionali:

INFORMAZIONI NUTRIZIONALI	**Valori medi per 100 ml**
Valore energetico	54 kcal - 228 kJ
Proteine	0,3 g
Carboidrati	13,1 g
Grassi	0,0 g

Quante kcal assumi se bevi tutto il succo di frutta della confezione?

a 54

b 135

c 228

d 570

[INVALSI – prova nazionale per la scuola secondaria di primo grado]

ESERCIZI

96 **INVALSI 2016** Un irrigatore è un dispositivo che distribuisce acqua alle piante. Il grafico in figura rappresenta la relazione tra la distanza di una pianta dall'irrigatore e la quantità di acqua fornita (per unità di superficie).

a. Quanti millimetri di acqua all'ora (mm/h) riceve una pianta posta a 2 metri dall'irrigatore?

....

b. A quale distanza si deve porre l'irrigatore in modo che una pianta riceva 6 millimetri di acqua all'ora?

....

[INVALSI – prova nazionale per la scuola secondaria di primo grado]

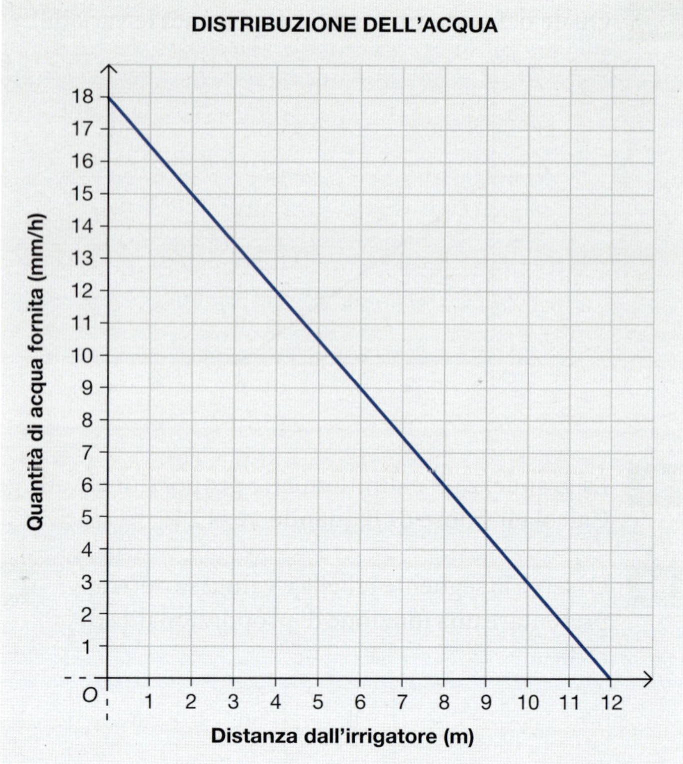

97 **INVALSI 2009** Un ragazzo prepara la limonata utilizzando questa ricetta:

Dosi per 4 persone	1 litro di acqua	30 g di zucchero	4 limoni

Quali dosi deve utilizzare per preparare la limonata per 6 persone?

a	**Dosi per 6 persone**	2 litri di acqua	60 g di zucchero	6 limoni
b	**Dosi per 6 persone**	1,5 litri di acqua	45 g di zucchero	6 limoni
c	**Dosi per 6 persone**	1,5 litri di acqua	60 g di zucchero	8 limoni
d	**Dosi per 6 persone**	2 litri di acqua	45 g di zucchero	8 limoni

[INVALSI – prova nazionale per la scuola secondaria di primo grado]

98 y è direttamente proporzionale a x e $y = 20$ quando $x = 5$.

a. Scrivi un'equazione che lega x e y.

b. Disegna il grafico di y in funzione di x.

99 z è direttamente proporzionale a y e $z = 48$ quando $y = 6$.

a. Scrivi un'equazione che lega y e z.

b. Disegna il grafico di z in funzione di y.

100 La forza F, espressa in newton (N), necessaria a spingere un blocco su di una superficie orizzontale è direttamente proporzionale alla massa, m kg, del blocco. Quando $m = 5$ kg, $F = 49$ N.

a. Scrivi un'equazione che lega F e m.

b. Calcola il valore di F quando $m = 14$ kg.

c. Calcola il valore di m quando $F = 215{,}6$ N.

d. Disegna il grafico di F in funzione di m.

101 La pressione P, espressa in pascal (Pa), di un gas in un contenitore è direttamente proporzionale alla sua temperatura, T, in kelvin (K). Quando $T = 10$ K, $P = 25$ Pa.

a. Scrivi un'equazione che lega P e T.

b. Calcola il valore di P quando $T = 24$ K.

c. Calcola il valore di T quando $P = 12$ Pa.

d. Disegna il grafico di P in funzione di T.

102 La tensione V, espressa in volt (V), necessaria a far scorrere una fissata intensità di corrente in un filo, è direttamente proporzionale alla resistenza, R, espressa in ohm (Ω). Quando $R = 6\ \Omega$, $V = 9$ V.

a. Scrivi un'equazione che lega V e R.

b. Calcola il valore di V quando $R = 15\ \Omega$.

c. Calcola il valore di R quando $V = 15$ V.

d. Disegna il grafico di V in funzione di R.

103 Il costo C del trasporto con un furgone di una certa quantità di merci è proporzionale alla distanza percorsa d. Il costo del trasporto su di una distanza di 60 km è di 100 €.

a. Scrivi un'equazione che lega C e d.

b. Calcola il costo del trasporto a una distanza di 45 km.

c. Se il costo è di 120 €, calcola la distanza coperta.

d. Disegna il grafico di C in funzione di d.

104 **ARGOMENTARE** Osserva il grafico in figura. Si tratta di una funzione di proporzionalità diretta? Perché?

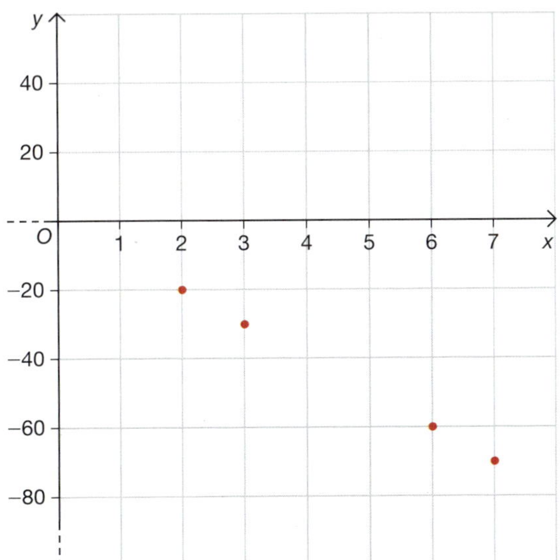

105 **ARGOMENTARE** Il grafico mostra il ricavo giornaliero di un punto di ristoro ambulante al variare delle ore di apertura. Si tratta di una funzione di proporzionalità diretta? Perché?

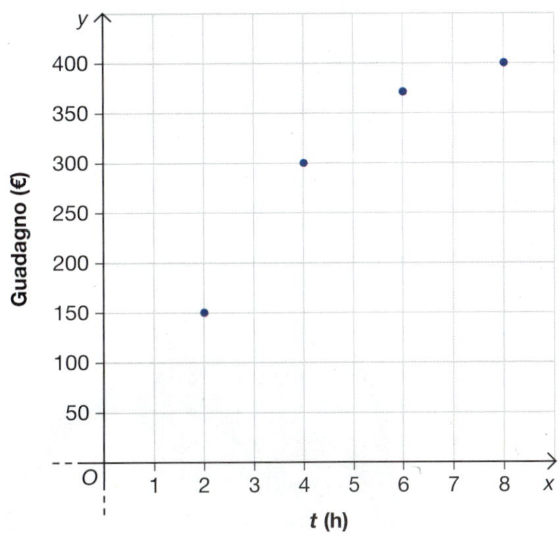

ESERCIZI

4 Le funzioni lineari a tratti

Teoria a pag. 269

Ricorda

IN TEORIA Una **funzione lineare a tratti** è definita da più funzioni lineari, valide su intervalli diversi.

La **parte intera** è una particolare funzione a tratti e associa a ogni numero reale x ....
....

$f(x) = [x]$

IN PRATICA Disegna il grafico della funzione parte intera per valori compresi tra –4 e 2.

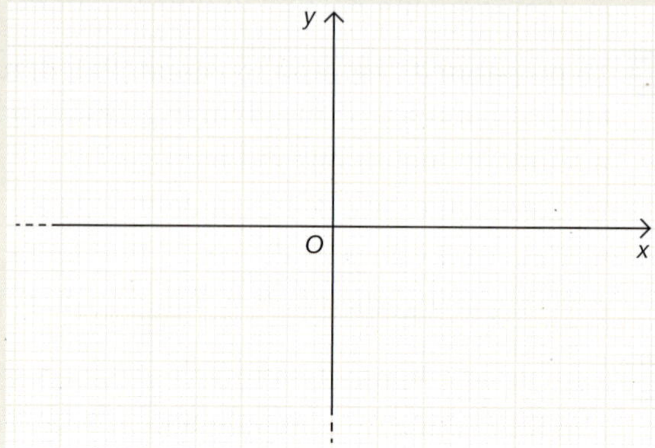

106 **ANALIZZARE DATI E GRAFICI** Ethan è andato in bicicletta da casa all'ufficio postale. Sulla strada del ritorno si è fermato al bar per fare colazione. Il grafico posizione-tempo mostra il suo intero percorso.

a. A che distanza da casa si trova l'ufficio postale?

b. Calcola il tempo che ha passato all'ufficio postale e al bar.

c. Calcola la pendenza di ciascuno dei seguenti tratti, specificando chiaramente il significato di ognuna di tali pendenze:
- OA;
- BC;
- DE.

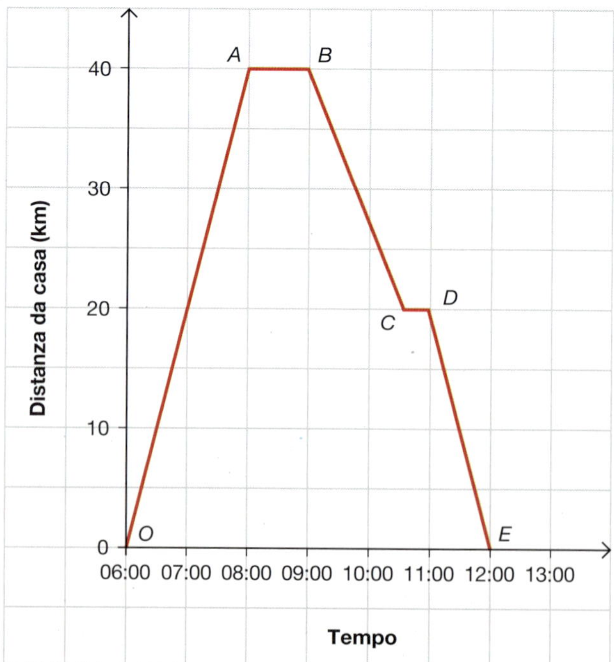

107 **ANALIZZARE DATI E GRAFICI** Un tecnico informatico dal suo laboratorio è andato in auto a riparare il computer di un cliente. Sulla strada del ritorno, si è fermato a riparare quello di un altro cliente. Il grafico posizione-tempo mostra tutto il suo tragitto.

a. Quanto tempo ha impiegato per riparare ciascun computer?

b. A che distanza dal laboratorio si trova il suo primo cliente?

c. Calcola la pendenza di ciascuno dei seguenti tratti, specificando chiaramente il significato di ognuna di tali pendenze: *OA*; *AB*; *BC*; *CD*.

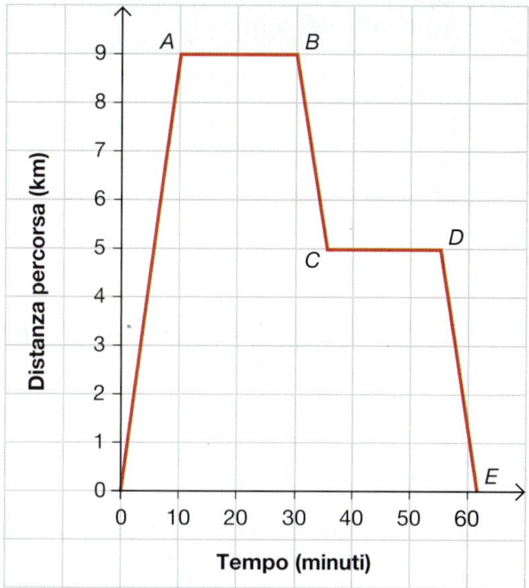

108 **ANALIZZARE DATI E GRAFICI** Un furgone per la consegna dei pasti parte dal locale cucine per raggiungere un cliente in via della Bussola. Sulla strada del ritorno si ferma da un altro cliente in via della Marina. Il grafico posizione-tempo mostra il viaggio del furgone.

a. Quanto dista la cucina dal cliente in via della Marina?

b. La pendenza del grafico posizione-tempo dà la velocità del furgone. Calcola la velocità a cui viaggia
- dalla cucina al cliente in via della Bussola,
- dal cliente di via della Bussola al cliente di via della Marina.

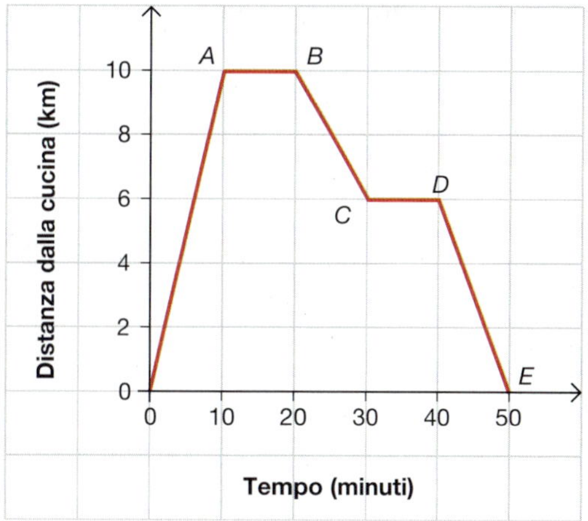

109 **ANALIZZARE DATI E GRAFICI** Alle 18:00 il signor Smith ha accompagnato suo figlio alla palestra di scherma, che dista 20 km da casa.

Alla fine della lezione sono andati in un ristorante sushi a 5 km da casa. Secondo il biglietto del parcheggio la sosta è durata 60 minuti.

Infine sono tornati a casa e, a causa del traffico intenso, sono arrivati alle 22:00.

La pendenza dei segmenti che compongono il grafico rappresentano la velocità dell'auto del signor Smith nei vari momenti della serata.

a. Calcola la velocità dell'auto nel tratto da casa alla palestra e poi dal ristorante a casa.

b. Aggiungi due segmenti per completare il grafico posizione-tempo che descrive gli spostamenti.

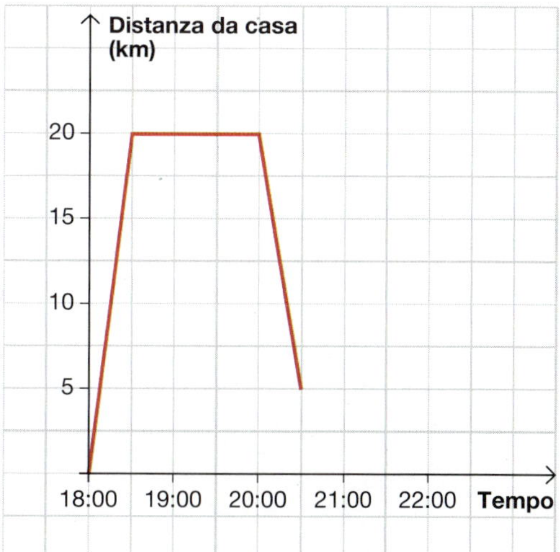

110 **INVALSI 2010** Manuela è uscita da casa per fare una passeggiata lungo un viale. Il grafico seguente rappresenta la posizione di Manuela in funzione del tempo.

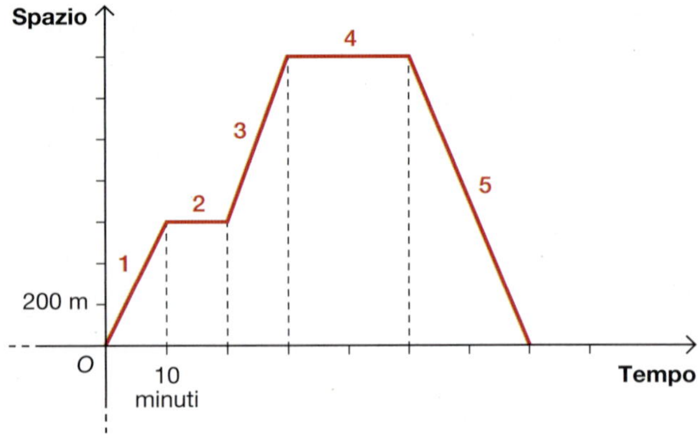

Indica se ciascuna delle seguenti affermazioni è vera o falsa.

	V	F
a. Il grafico mostra che Manuela nel tratto 3 ha camminato più velocemente che nel tratto 1.	☐	☐
b. Il grafico mostra che Manuela nel tratto 5 è tornata indietro.	☐	☐
c. Il grafico mostra che Manuela nel tratto 1 e nel tratto 5 ha camminato alla stessa velocità.	☐	☐
d. In 70 minuti, comprese le soste, Manuela ha percorso 1400 metri.	☐	☐

e. Osservando il grafico, quale informazione ricavi su quello che Manuela ha fatto nel tratto 2 e nel tratto 4?

Risposta: ....

[INVALSI – prova nazionale per la scuola secondaria di primo grado]

Scrivi l'equazione della funzioni rappresentate in figura.

111

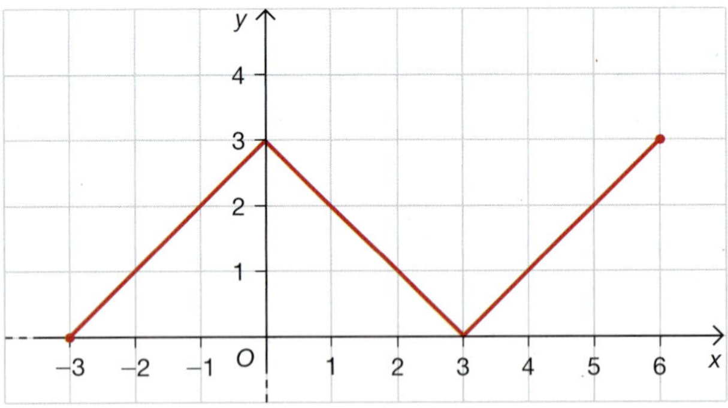

112

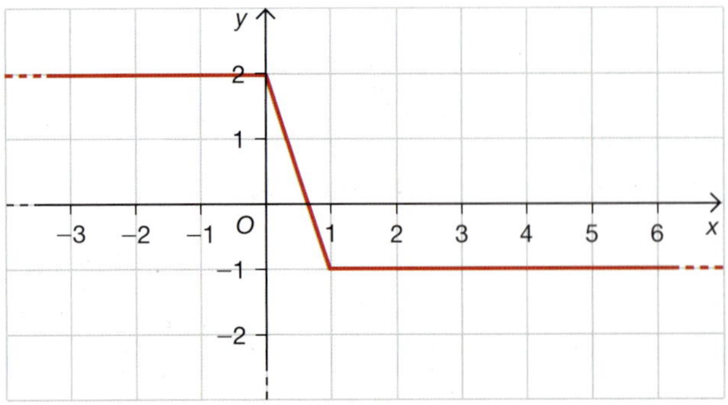

113

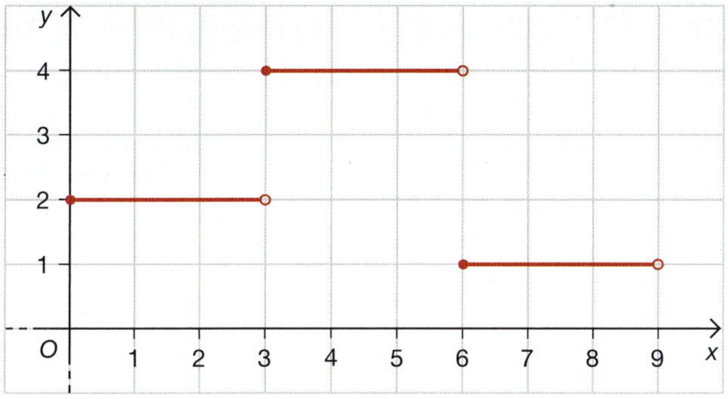

Disegna nel piano cartesiano le seguenti funzioni.

114 $\begin{cases} 2x & \text{se } -3 \leq x < 0 \\ x & \text{se } 0 \leq x < 3 \\ 2x-3 & \text{se } 3 \leq x \leq 6 \end{cases}$

115 $\begin{cases} 3-x & \text{se } x < 2 \\ 4-x & \text{se } 2 \leq x < 3 \\ 5-x & \text{se } x \geq 3 \end{cases}$

5 | Modelli lineari approssimati

Teoria a pag. 273

Ricorda

IN TEORIA In alcuni casi è possibile usare una funzione lineare per approssimare dei dati.
Una volta fissata la funzione lineare che approssima i dati, possiamo stimare ulteriori valori, non presenti nella serie.

Se i valori sono compresi nell'intervallo dei dati a disposizione, il procedimento si chiama

....

Se i valori non sono compresi nell'intervallo dei dati a disposizione, il procedimento si chiama ....

IN PRATICA Nel grafico sono rappresentati una serie di dati e la funzione lineare che ne approssima l'andamento.
Stima i valori approssimati che corrispondono a $x = 3$ e $x = 6$.

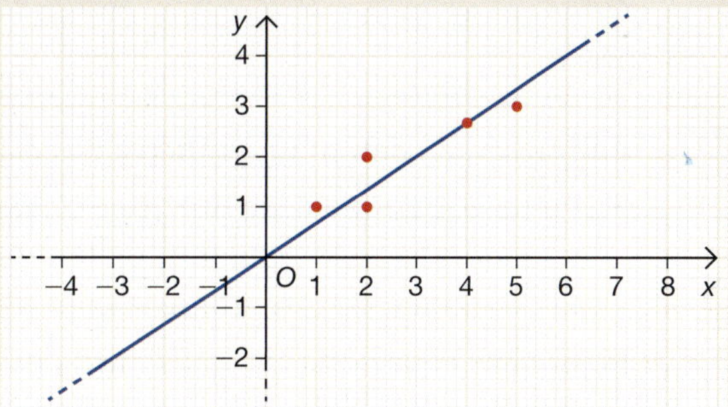

116 **ACQUISIRE DATI E INFORMAZIONI**
Il grafico in figura mostra il livello medio del mare dal 1870 al 2000, espresso in mm, rispetto al livello del 1961.

a. Prova a disegnare la funzione lineare che meglio descrive i dati.

b. Usa la funzione ottenuta per prevedere il livello nel 2050. Di quanto crescerebbe rispetto al 2010?

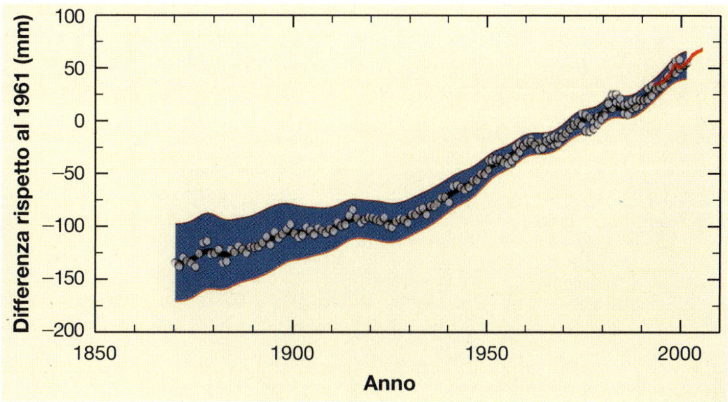

117 **ANALIZZARE DATI E GRAFICI** La tabella contiene i dati sull'estensione del ghiaccio del mare Artico, in milioni di kilometri quadrati; il ghiaccio sta diminuendo a causa del riscaldamento globale.

Anno	Ghiaccio mare Artico (mln di km^2)	Anno	Ghiaccio mare Artico (mln di km^2)
1980	7,2	1997	6,8
1981	7,9	1998	6,7
1982	7,3	1999	6,2
1983	7,4	2000	6,3
1984	7,5	2001	6,8
1985	6,9	2002	6,0
1986	7,6	2003	6,1
1987	7,5	2004	6,0
1988	7,5	2005	5,6
1989	7,0	2006	5,9
1990	6,2	2007	4,3
1991	6,5	2008	4,7
1992	7,5	2009	5,3
1993	6,5	2010	4,9
1994	7,2	2011	4,7
1995	6,1	2012	3,7
1996	7,9		

a. Rappresenta i dati in un grafico e traccia la retta che meglio approssima i dati.

b. Scrivi un'equazione della funzione lineare ottenuta.
Che significato ha la pendenza della funzione?

c. Usa l'equazione per prevedere la copertura dei ghiacci nel 2025.

d. Pensi che l'equazione che hai scritto possa essere utilizzata per qualunque valore della data? Perché?

ESERCIZI DI RIEPILOGO

118 Calcola la pendenza delle rette r_1, r_2, r_3, r_4 rappresentate in figura.

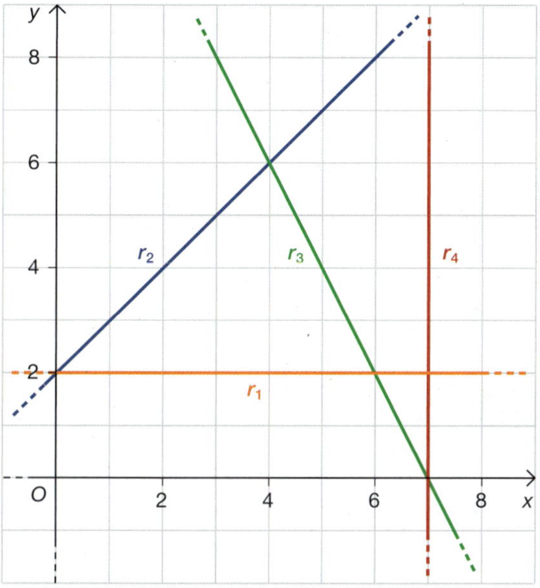

119 Calcola la pendenza delle rette r_1, r_2, r_3, r_4, r_5 rappresentate in figura.

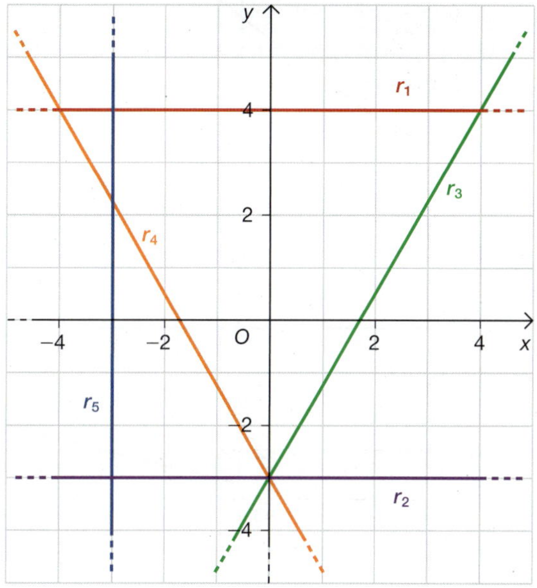

Calcola la pendenza delle rette rappresentate in figura (esercizi da 120 a 130).

120

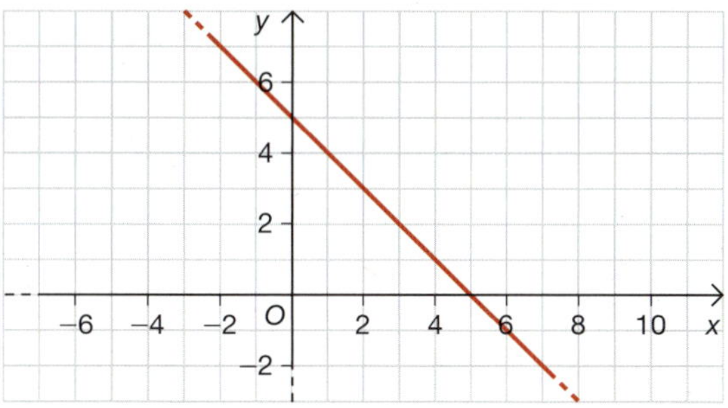

121

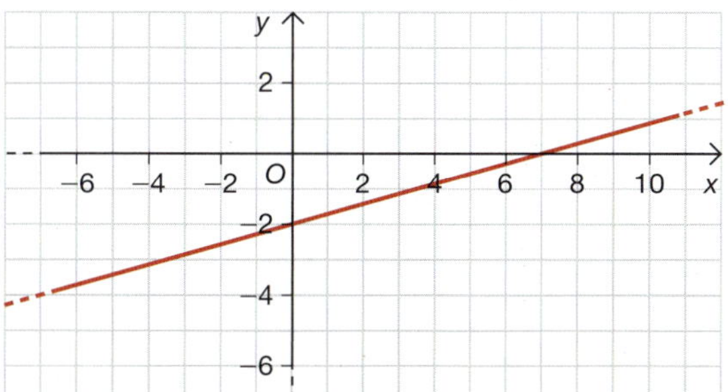

122

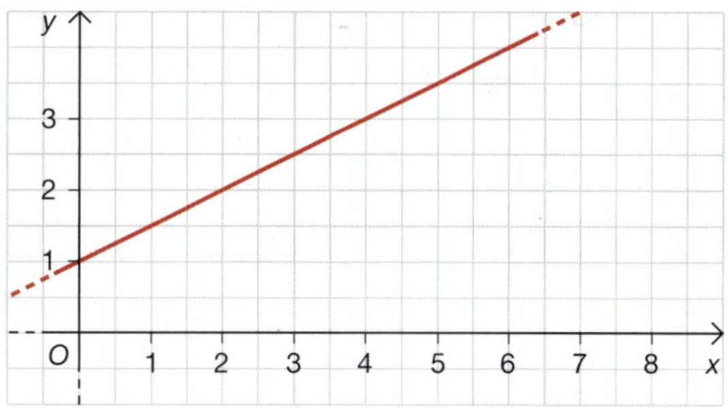

123

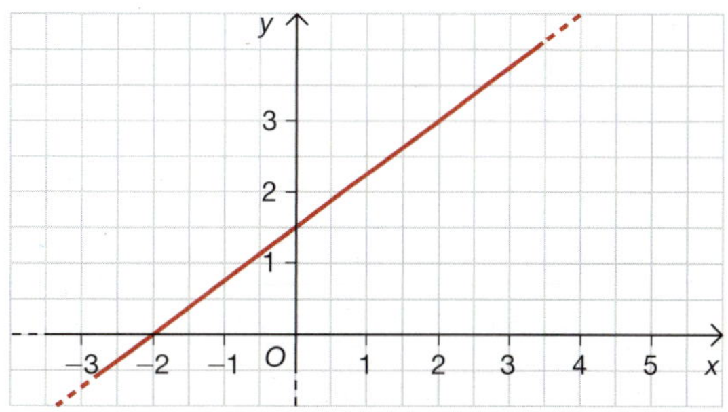

124

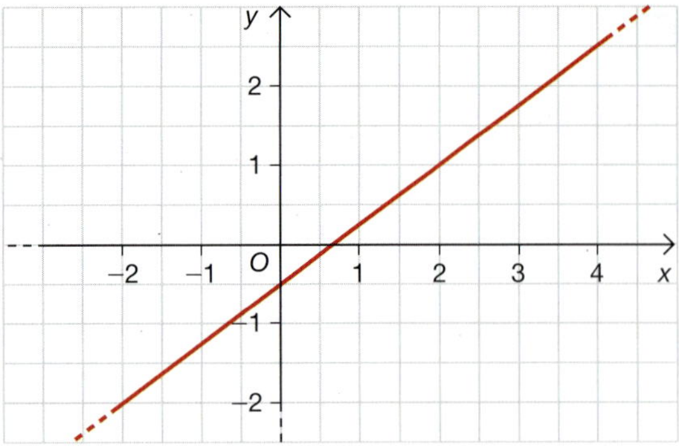

125

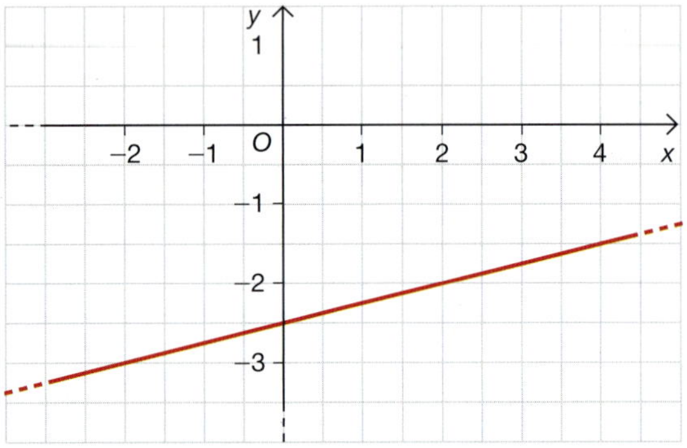

126

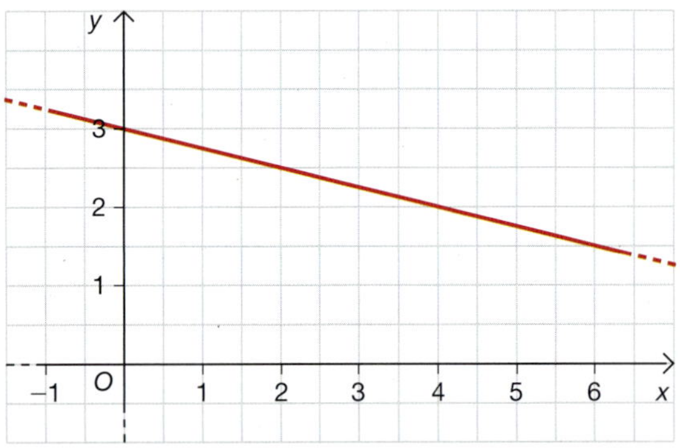

127

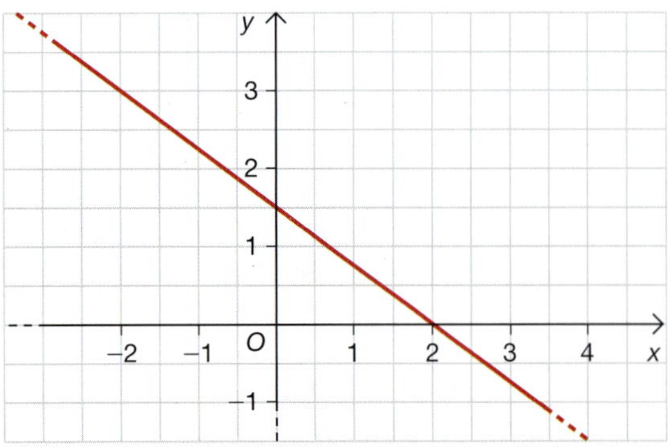

128

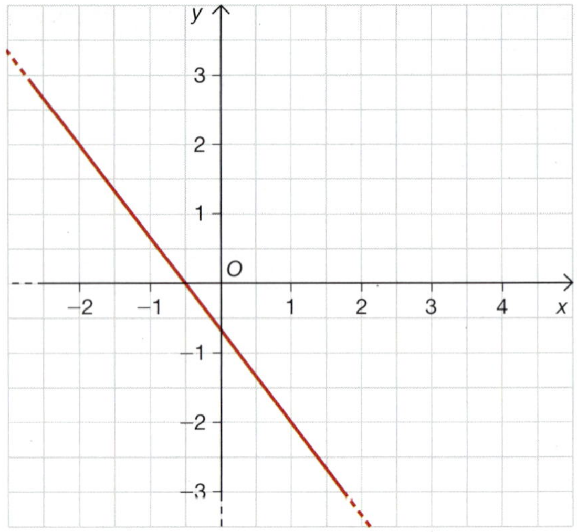

129

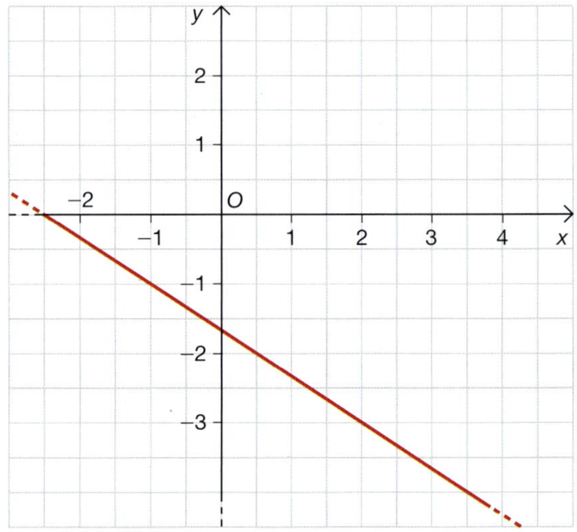

130

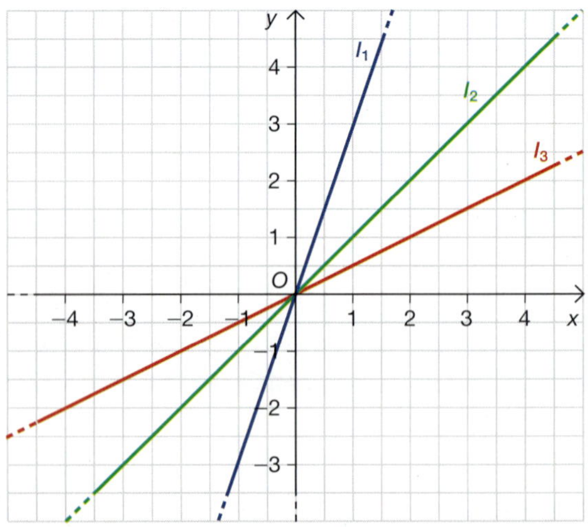

131 **CONFRONTARE E ANALIZZARE FIGURE GEOMETRICHE** I vertici del quadrilatero $WXYZ$ sono:
$W(-3; -2)$, $X(-3; 1)$, $Y(2; 2)$, $Z(2; -1)$.

a. Disegna il quadrilatero $WXYZ$ in un piano cartesiano.

b. Calcola la pendenza dei segmenti:
- WX;
- XY;
- YZ;
- WZ.

c. Di quale quadrilatero si tratta?

132 **CONFRONTARE E ANALIZZARE FIGURE GEOMETRICHE** I vertici di un quadrilatero $PQRS$ sono $P(-4; 3)$, $Q(-2; 6)$, $R(1; 7)$, $S(4; 1)$.

a. Disegna il quadrilatero $PQRS$ in un grafico cartesiano.

b. Calcola la pendenza dei seguenti segmenti:
- PQ;
- QR;
- RS;
- PS.

c. Calcola le coordinate del punto in cui PS interseca l'asse y.

133 Giovanni riceve 100 € da sua madre come paghetta mensile e spende mediamente 3 € al giorno.

a. Calcola quanto gli è rimasto dopo
- 2 giorni,
- 5 giorni,
- 10 giorni.

b. Scrivi un'equazione della funzione che lega le due grandezze, per $0 \leq x \leq 30$.

c. Disegna il grafico della funzione nel piano cartesiano. Fai particolare attenzione nella scelta delle unità di misura sugli assi.

134 La tariffa di un taxi prevede 3 € di spesa fissa, alla quale si aggiunge un costo di 0,50 € per ogni kilometro percorso.

a. Calcola il costo per un passeggero per una corsa di
- 3 km,
- 6 km,
- 10 km.

b. Scrivi un'equazione della funzione che lega le due grandezze.

c. Disegna il grafico della funzione nel piano cartesiano. Fai particolare attenzione nella scelta delle unità di misura sugli assi.

135 Sara riceve da suo padre 30 € di paghetta a settimana e spende 5 € al giorno.

a. La variabile y rappresenta la somma rimasta a Sara dopo x giorni. Completa la tabella.

x	0	1	2	3	4	5	6
y							

b. Usando opportune unità di misura, rappresenta i dati della tabella in un grafico.

ESERCIZI

136 Stabilisci quali tra i seguenti punti appartengono al grafico della funzione lineare di equazione $y=-\frac{1}{2}x-2$.

a. $A(2; -1)$

b. $B(-4; 0)$

c. $C\left(\frac{2}{3}; -\frac{7}{3}\right)$

d. $D\left(-\frac{1}{2}; -\frac{7}{4}\right)$

e. $E(10; -3)$

137 Completa la tabella, disegna i punti e traccia un possibile grafico della funzione considerata.

a. $2y + 3x = 4$

x	−3	0	3
y			

b. $5y - 2x = 8$

x	−3	0	3
y			

c. $y = \frac{3x+7}{2}$

x	−3	0	3
y			

d. $y = \frac{-2x+1}{2}$

x	−3	0	3
y			

138 Considera la funzione di equazione $y = 2x + 5$.

a. Completa la seguente tabella.

x	−3	0	1
y			

b. Disegna il grafico della funzione $y = 2x + 5$.

c. Dal grafico determina il valore di x per $y=-\frac{13}{2}$.

139 Disegna le seguenti funzioni nello stesso piano cartesiano per valori di x compresi tra −4 e 4.

a. $y = 3x - 2$

b. $y = 5x - 2$

c. $y = \frac{1}{3}x - 2$

d. $y = -2$

Cosa puoi osservare?

140 **CONFRONTARE E ANALIZZARE FIGURE GEOMETRICHE** Disegna le seguenti funzioni nello stesso piano cartesiano per valori di x compresi tra −6 e 6.

a. $y=-\frac{1}{2}x-2$

b. $y = 3x - 9$

c. asse y

Che figura si è formata? Calcolarne l'area.

141 Disegna le seguenti funzioni nello stesso piano cartesiano, per valori di x compresi tra 4 e −4.

a. $y=-\frac{1}{2}x-\frac{1}{2}$

b. $y=-\frac{1}{2}x+2$

c. $y=-\frac{1}{2}x+3$

d. $y=-\frac{1}{2}x-5$

Cosa puoi osservare?

142 Ricava dal grafico la pendenza m e l'intercetta all'origine q di ciascuna delle rette rappresentate.

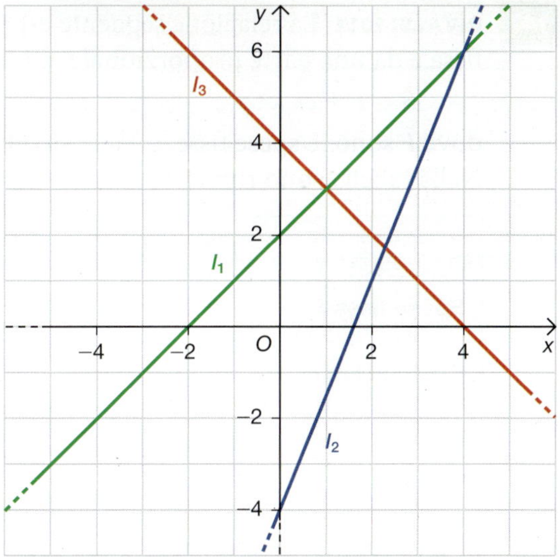

143 Completa la seguente tabella.

x	−4	0	2	4
$y=\frac{1}{2}x+1$		1		

a. Disegna il grafico dell'equazione $y=\frac{1}{2}x+1$ per x da -4 a 4.

b. I punti (3; 2,5) e $\left(-1; -\frac{1}{2}\right)$ appartengono alla retta?

c. Trova le coordinate del punto in cui la retta intercetta l'asse x.

d. Trova la pendenza della retta di equazione $y=\frac{1}{2}x+1$.

144 Calcola la pendenza di ciascuna delle seguenti rette.

a. $y+x=5$

b. $3y+x=6$

c. $2y+3x=7$

d. $2x-5y=9$

e. $4x-6y+1=0$

f. $\frac{1}{2}x-\frac{2}{3}y-5=0$

145 In ciascuna delle seguenti coppie di equazioni ricava la y e disegna il grafico delle funzioni. Trova poi la pendenza delle rette di ogni coppia.

a. $4y+2x=0$; $2y+6x=10$.

b. $2y=x+2$; $5x-2y=10$.

c. $7x+y=12$; $5y+6x=2$.

d. $\frac{1}{2}x+\frac{1}{2}y=1$; $\frac{1}{5}x-\frac{1}{2}y=\frac{1}{10}$.

146 **INVALSI 2011** La formula $l=l_0+k\cdot P$ esprime la lunghezza l di una molla al variare del peso P applicato. l_0 rappresenta la lunghezza in centimetri "a riposo" della molla; k indica di quanto si allunga in centimetri la molla quando si applica una unità di peso.
Quale delle formule elencate si adatta meglio alla seguente descrizione:
"*È una molla molto lunga e molto resistente alla trazione*"?

[a] $l=15+0{,}5\cdot P$ [b] $l=75+7\cdot P$ [c] $l=70+0{,}01\cdot P$ [d] $l=60+6\cdot P$

[INVALSI – scuola secondaria di secondo grado]

147 **INVALSI 2011** La relazione seguente esprime la spesa annuale per l'automobile, composta da una parte fissa e da una parte proporzionale al numero di km percorsi:

$$S = F + c \cdot k$$

dove F sono le spese fisse, c è il costo al km e k è il numero di km percorsi.
Nella tabella sono riportate le spese fisse e il costo al km per alcuni tipi di automobile.

	Auto A	Auto B	Auto C	Auto D
Spese fisse *F*	900 euro	580 euro	650 euro	1200 euro
Costo al km *c*	0,25 euro/km	0,33 euro/km	0,27 euro/km	0,31 euro/km

a. Se percorro 10 000 km all'anno, quale auto è più conveniente?
- [a] L'auto A
- [b] L'auto B
- [c] L'auto C
- [d] L'auto D

b. Il proprietario di un'auto di tipo A ha speso 3000 euro in un anno. Quanti km ha percorso?
Risposta: .... km

c. Se confrontiamo un'auto di tipo B con una di tipo D, possiamo dire che
- [a] è sempre più economico utilizzare l'auto di tipo B
- [b] è sempre più economico utilizzare l'auto di tipo D
- [c] l'auto di tipo B conviene fino a un certo numero di km annuali, oltre questo numero conviene l'auto di tipo D
- [d] l'auto di tipo D conviene fino a un certo numero di km annuali, oltre questo numero conviene l'auto di tipo B

[INVALSI – scuola secondaria di secondo grado]

148 Un elettricista che fa riparazioni a domicilio si fa pagare 35 € per ogni chiamata e 15 € per ogni ora di lavoro. La variabile y (in €) rappresenta il costo di un intervento e x la durata di questo (in h).

a. Completa la tabella.

x	0	1	2	3	4
y					

b. Utilizzando opportune unità di misura rappresenta i dati della tabella in un grafico.

c. Usa il grafico per determinare il costo di un intervento della durata di 2 ore e mezza.

d. Usa il grafico per determinare la durata di una riparazione costata 90 €.

149 Nel piano tariffario mensile di uno smartphone è previsto un limite massimo per il traffico dei dati. Oltre questo limite l'utente deve pagare 5 € per ogni GB consumato o sua frazione.

a. Rappresenta nel piano cartesiano il grafico del costo per il consumo di dati oltre il limite, fino a 6 GB.

b. A marzo Antonio consuma 5 GB oltre il limite. Quanto deve pagare per questo consumo?

c. È possibile che ad aprile il costo per il consumo dati in eccesso di Antonio sia di 8 €?

150 Una compagnia che fornisce energia elettrica richiede un canone fisso e inoltre addebita y euro per ogni unità di energia x utilizzata dai consumatori, come rappresentato nel grafico.
Usa il grafico per determinare:

a. un'equazione che lega x e y;

b. il costo per l'utilizzo di 300 unità di energia;

c. il numero di unità di energia consumate se il costo è di 30 €.

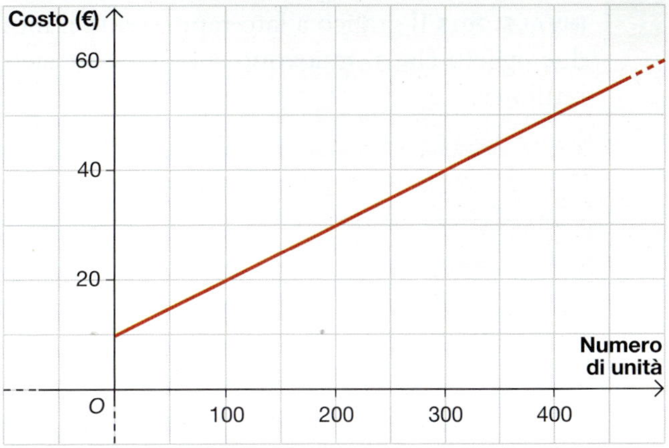

151 **ACQUISIRE DATI E INFORMAZIONI** Laura dirige l'ufficio pubblicitario di una scuola e vuole stampare dei pieghevoli per pubblicizzare uno spettacolo scolastico. Per questo si rivolge a una tipografia, dove le viene detto che c'è un costo fisso iniziale e poi le tariffe sono quelle rappresentate nel grafico.

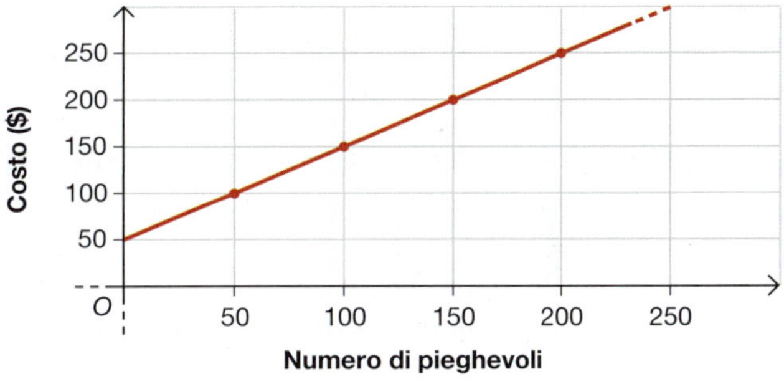

a. Completa la tabella.

Numero di pieghevoli	50	100	150	200
Costo				

b. Qual è il costo fisso iniziale?

c. A che cosa pensi sia attribuito?

d. Calcola quanto costa stampare 75 pieghevoli.

e. Se ha un budget di 255 €, qual è il numero massimo di pieghevoli che può stampare?

152 Due compagnie di telefonia mobile, A e B, offrono le due tariffe rappresentate in figura come costo in funzione del tempo di conversazione.

a. Spiega a parole il funzionamento dei piani telefonici.

b. Scrivi le formule delle funzioni che li rappresentano.

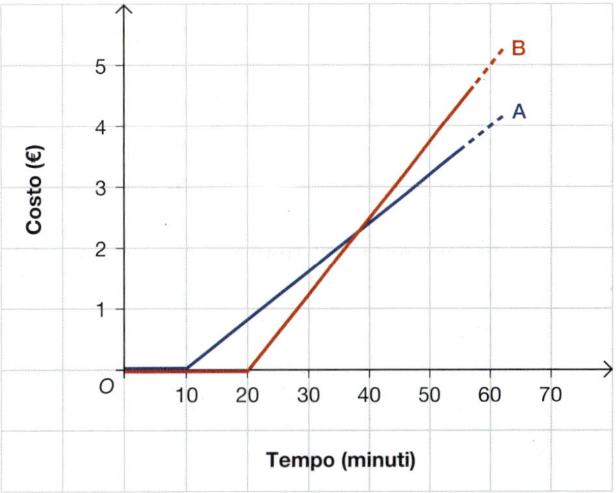

153 **INVALSI 2013** Il grafico a lato rappresenta il moto di due oggetti che si muovono sulla stessa traiettoria rettilinea.

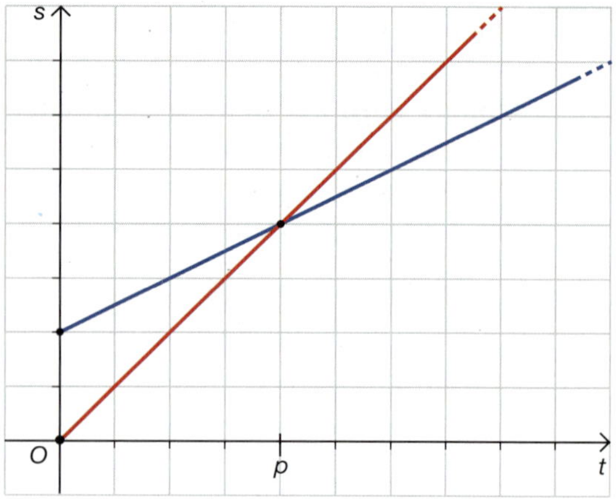

a. Il grafico può rappresentare:

- a il moto di due oggetti che partono all'istante 0 da due posizioni differenti.
- b il moto di due oggetti che partono uno all'istante 0 e l'altro in un istante successivo.
- c il moto di due oggetti che partono all'istante 0 dallo stesso punto con velocità diverse.
- d il moto di due oggetti che viaggiano alla stessa velocità.

b. Nell'istante p:

- a i due oggetti si trovano nello stesso punto.
- b i due oggetti hanno la medesima velocità.
- c i due oggetti hanno percorso lo stesso spazio a partire dall'istante 0.
- d i due oggetti si fermano.

[INVALSI – prova nazionale per la scuola secondaria di primo grado]

154 **INVALSI 2012** Mario va in vacanza in una località sciistica. Per usufruire degli impianti di risalita (seggiovie, funivie, ...), può scegliere tra due offerte, A e B, entrambe valide per tutta la stagione invernale.

Offerta A: costo iniziale fisso di 100 euro più 15 euro per ogni giornaliero (ossia per ogni giorno in cui si usano gli impianti di risalita).

Offerta B: 30 euro per ogni giornaliero, senza costo iniziale.

Osserva la seguente figura.

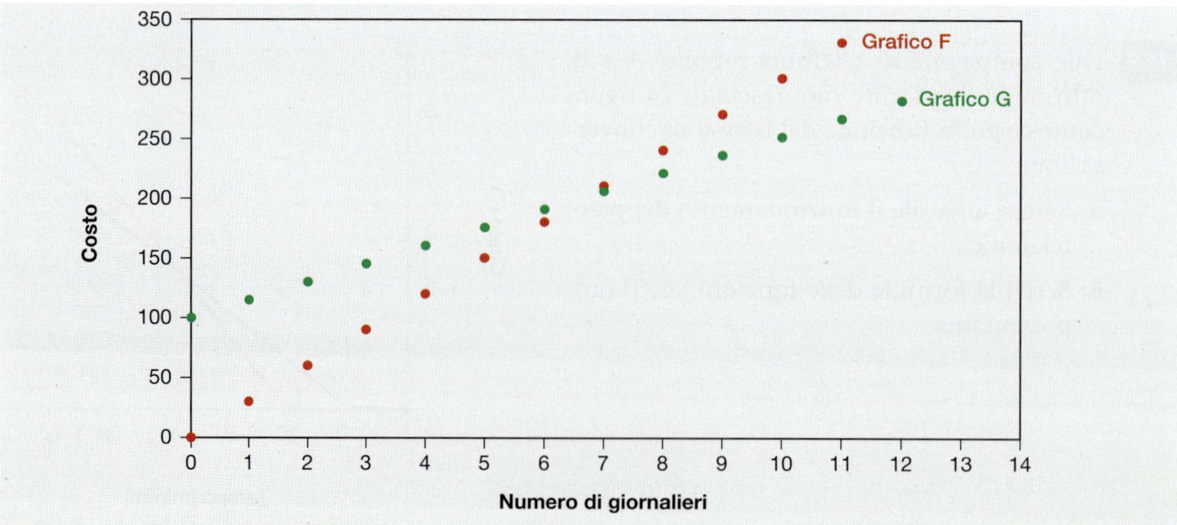

a. Quale, fra i grafici F e G, rappresenta l'offerta A?

[a] il grafico F

[b] il grafico G

b. Completa la seguente tabella, relativa all'offerta B.

Numero di giorni in cui Mario usufruisce degli impianti di risalita	Costo in euro
1	30
2	
3	

c. Se Mario usa gli impianti di risalita solo per cinque giorni durante la stagione invernale, quale offerta gli conviene scegliere?

Risposta: ....

d. Scrivi due formule, una per l'offerta A e una per l'offerta B, che esprimano il costo c al variare del numero di giornalieri g.

Offerta A: $c =$ ....

Offerta B: $c =$ ....

e. Qual è il numero di giornalieri per cui il costo dell'offerta B è una volta e mezza il costo dell'offerta A?

Risposta: ....

[INVALSI – scuola secondaria di secondo grado]

155 La figura mostra un triangolo ABC. I vertici del triangolo sono $A(3; 2)$, $B(-2; m)$, $C(-2; n)$.
Sapendo che la pendenza del segmento AC è $\frac{4}{5}$ e la pendenza del segmento AB è $-\frac{1}{5}$, calcola il valore di m ed n.

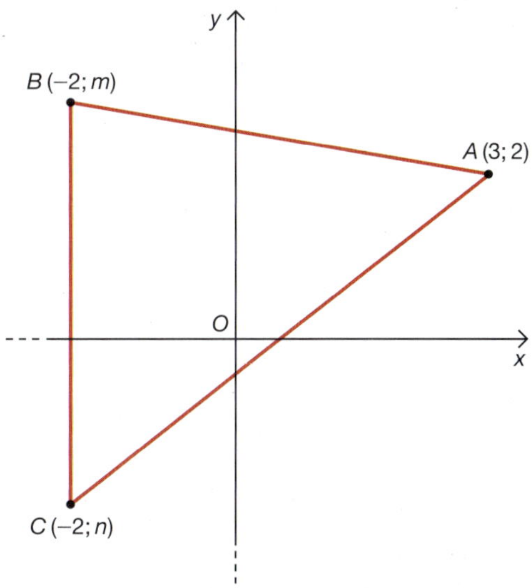

156 La variabile b è direttamente proporzionale ad a e $b = 5$ quando $a = 2$.
Calcola il valore di b quando $a = 7$.

157 La variabile y è direttamente proporzionale a x. Completa la seguente tabella.

x	4	5	7		
y	24	30		48	57

158 Con una certa tariffa dell'energia elettrica, 80 kWh costano 24 €.
Quanto costano 100 kWh?

159 Un ciclista percorre una distanza di 12 m ogni secondo.

a. Completa la tabella.

Tempo (*t* secondi)	1	2	3	4	5	6	7	8	9	10
Spazio percorso (*s* metri)	12									

b. Spiega perché il tempo e la distanza sono direttamente proporzionali.

c. Calcola:
- la distanza percorsa in 16 s;
- il tempo impiegato a percorrere 360 m.

160 La variabile y è direttamente proporzionale a x e $y = 9$, quando $x = 3$.

a. Scrivi un'equazione che lega x e y.

b. Disegna il grafico di y in funzione di x.

161 La variabile y è direttamente proporzionale a x e $y = 10$ quando $x = 40$.

a. Scrivi un'equazione che lega x e y.

b. Disegna il grafico di y in funzione di x.

162 Le variabili p e q sono direttamente proporzionali. Quando $p = 14$, $q = 21$.

a. Scrivi un'equazione che lega p e q.

b. Calcola il valore di q quando p triplica.

c. Calcola il valore di p quando q diventa un terzo del suo valore di partenza.

d. Disegna il grafico p in funzione di q.

163 La massa di pollo m necessaria a preparare n hamburger è direttamente proporzionale a n. Per preparare 18 hamburger servono 1890 g di carne.

a. Scrivi un'equazione che lega m e n.

b. Calcola il valore di m quando $n = 26$.

c. Calcola il valore di n quando $m = 2520$ g.

d. Disegna il grafico di m in funzione di n.

164 **ANALIZZARE DATI E GRAFICI** Il grafico mostra il viaggio di Riccardo: si è fermato per pranzo da un'amica a Bologna, dopo di che ha continuato il viaggio fino a Castel San Pietro.

a. A che ora Riccardo è uscito di casa?

b. Quanto tempo ha impiegato per il pranzo?

c. Che distanza c'è tra la casa di Riccardo e quella della sua amica?

d. Trova la pendenza di ciascuno dei segmenti *OA*, *AB*, *BC* e spiegane il significato.

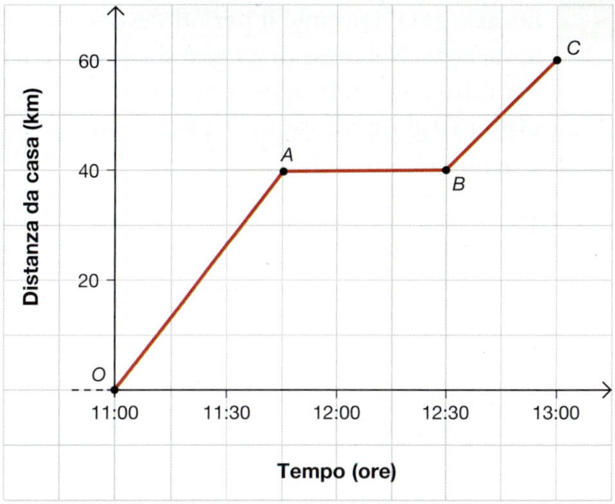

165 **ANALIZZARE DATI E GRAFICI** Il grafico mostra il livello percentuale della batteria del tablet di Caterina al passare del tempo, dopo che è stato tolto dal caricabatterie. Il tablet è stato lasciato per qualche tempo in stand by, poi Caterina ha ascoltato un po' di musica e infine ha guardato due film, finché la batteria non si è scaricata.

a. Qual è il livello della batteria dopo 6 ore che è stato staccato dal caricabatterie?

b. Quale caratteristica del grafico permette di distinguere i diversi usi della batteria?

c. A quale livello sarebbe arrivata la batteria dopo 12 ore, se il telefono fosse sempre rimasto in stand by?

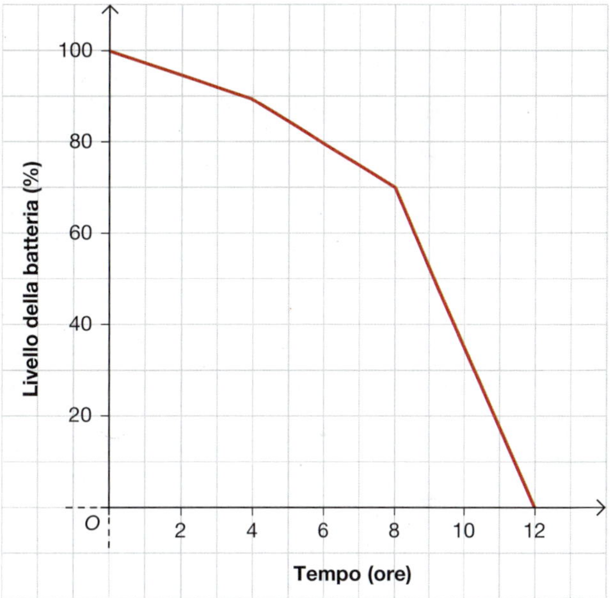

166 **ANALIZZARE DATI E GRAFICI** Un rappresentante di commercio parte dal suo ufficio e va verso una zona industriale che dista 50 km. Lungo la strada si ferma a mangiare. Il grafico della posizione in funzione del tempo del suo viaggio è rappresentato in figura.

a. Quanto tempo è durata la sosta per il pasto?

b. Il rappresentante ha guidato alla stessa velocità prima e dopo la sosta? Spiega la tua risposta.

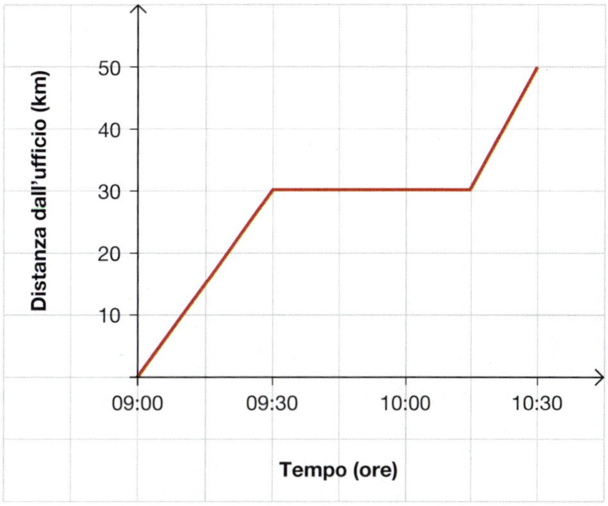

167 **INVALSI 2012** Durante il periodo estivo Anna deve leggere un libro di 305 pagine come compito per le vacanze. Nel mese di giugno si riposa e a partire dal primo giorno di luglio legge 5 pagine al giorno per tutto il mese. In agosto va in vacanza con i genitori e dimentica il libro a casa; al suo ritorno, negli ultimi 10 giorni di vacanza, per terminare il libro legge 15 pagine al giorno. Quale, fra i seguenti grafici, può rappresentare l'andamento del numero di pagine lette da Anna nel periodo estivo?

Grafico 1

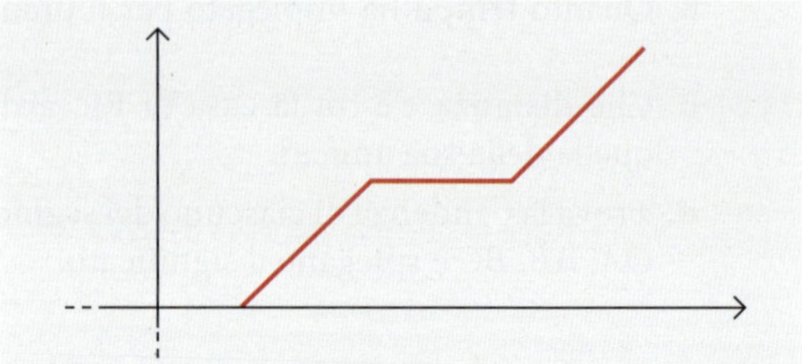
Grafico 2

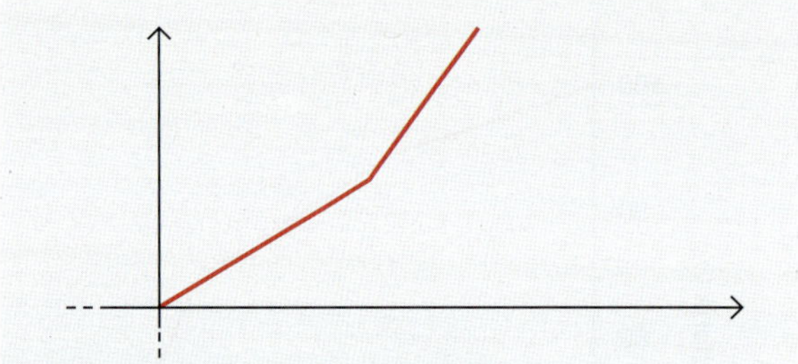
Grafico 3

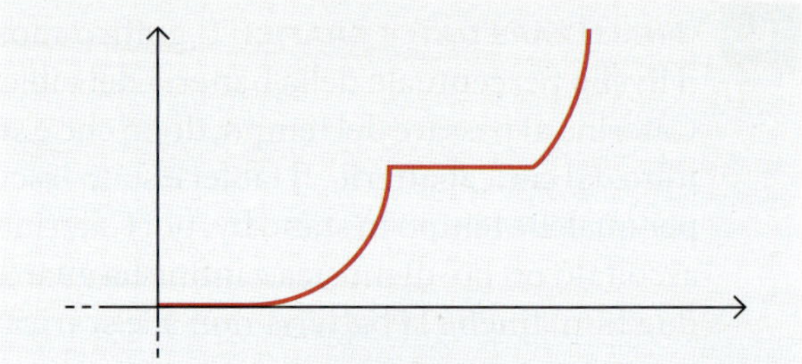
Grafico 4

a Il grafico 1 b Il grafico 2 c Il grafico 3 d Il grafico 4

[INVALSI – scuola secondaria di secondo grado]

168 Lo stipendio mensile D di un impiegato che lavora per un negozio di pneumatici consiste in un salario base di 600 € più una parte variabile che dipende dal numero di pneumatici venduti n. Per ogni pneumatico che vende riceve 8 €.

a. Calcola D nel caso in cui l'impiegato abbia venduto 96 pneumatici.

b. Se l'impiegato in un mese ha guadagnato 1680 €, determina il numero di pneumatici venduti.

c. Scrivi l'equazione della funzione che lega D e il numero di pneumatici venduti, n.

d. Disegna in un grafico la funzione. D è direttamente proporzionale a n? Perché?

169 Una macchina che produce ghiaccio deve essere accesa per 10 minuti prima che possa iniziare la produzione. Passati i 10 minuti la massa del ghiaccio prodotto è direttamente proporzionale alle ore di produzione.
Se facendo funzionare la macchina per mezz'ora si sono prodotte 20 tonnellate di ghiaccio, quanto ne viene prodotto se funziona per 1,75 h?

170 **ACQUISIRE DATI E INFORMAZIONI** La tabella a lato riporta i prezzi medi, in €/m², delle case a Roma, registrati tra giugno 2012 e marzo 2014.

a. Rappresenta i dati nel piano cartesiano, indicando in ascissa i mesi trascorsi da giugno 2012.

b. Traccia una retta che approssimi l'andamento dei dati e scrivine l'equazione.

c. Usa l'equazione ottenuta per stimare il prezzo a Giugno 2014.

d. Su che ipotesi si basa la validità del risultato ottenuto nel punto **c**?

Mese	Prezzo (€/m²)	Mese	Prezzo (€/m²)
Giugno 2012	4288	**Giugno 2013**	3938
Settembre 2012	4244	**Settembre 2013**	3880
Dicembre 2012	4160	**Dicembre 2013**	3818
Marzo 2013	4091	**Marzo 2014**	3768

171 **ACQUISIRE DATI E INFORMAZIONI** La tabella riporta i dati sulla pressione e la velocità del vento dei cicloni atlantici del 1998.

Ciclone	Pressione atmosferica (mbar)	Velocità del vento (nodi)	Ciclone	Pressione atmosferica (mbar)	Velocità del vento (nodi)
Alex	1000	45	Hermine	999	40
Bonnie	954	100	Ivan	975	80
Charley	1003	50	Jeanne	970	90
Danielle	955	90	Karl	970	90
Earl	986	85	Lisa	987	65
Frances	990	55	Mitch	905	155
Georges	938	130	Nicole	979	75

a. Rappresenta i dati in un grafico.

b. Traccia una retta che approssimi l'andamento dei dati.

c. Scrivi un'equazione della retta.

d. Pensi che l'equazione ottenuta sia valida per qualsiasi valore della pressione? Perché?

e. Usa l'equazione ottenuta per stimare la velocità del vento con una pressione di 950 mbar.

f. Su che ipotesi si basa la validità del risultato ottenuto nel punto **e**?

g. Valuta lo scarto tra i dati e la retta che hai disegnato. Sulla base di questi, che incertezza puoi attribuire alla risposta del punto **e**?

MATHS HIGHLIGHTS CLIL
LINEAR FUNCTIONS

Controlla i risultati in fondo al volume.

Equation of linear function

A function represents a **linear relation** if it can be written in the form

$$f(x) = mx + q,$$

where m and q are costants.
The graph of a linear function in the Cartasian plane is a straight line.
The constant m is the **gradient** of the linear function and the constant q is the ***y*-intercept**.

▲ **NOTE** The y-intercept refers to the y-coordinate of the point of intersection of the line with the y-axis.

Gradient of a straight line

Look at the roads around you. Some roads are steeper than others. The steeper a road is, the harder it is to walk up the road. Gradient is a measure of how steep a slope is.
The **gradient of a straight line** is the measure of the ratio of the vertical change (or rise) to the horizontal change (or run), i.e.

$$\text{gradient} = \frac{\text{vertical change}}{\text{horizontal change}} = \frac{\text{rise}}{\text{run}}.$$

1 **VOCABULARY** Without using a dictionary, try to understand the meaning of the following words in the text above.

a. gradient ....
b. slope ....
c. straight ....
d. ratio ....

2 **MATHS** The travel graph shows a journey taken by a cyclist. He started his 50 km journey at 8:00 hours. At 9:00 hours, his bicycle tyre suffered a puncture and he spent half an hour repairing it. He then continued his journey and reached his destination at 11:30 hours.

a. How far did the cyclist travel before his bicycle tyre suffered a puncture?

b. Find the gradient of each of the following line segments, stating clearly what each gradient represents.
- OA
- AB
- BC

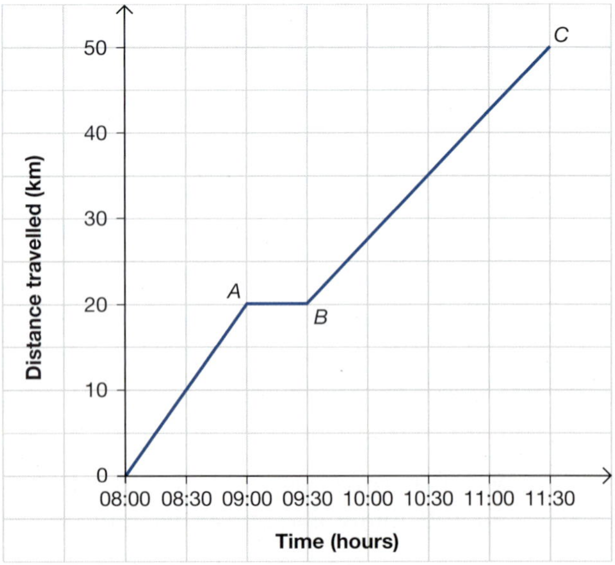

L'ESPERTO SEI TU
PROVE PER COMPETENZE

1 **PROGETTARE** **Scommettiamo?** Un allenatore nazionale vuole preparare il suo atleta migliore per i 100 m piani maschili, per le prossime Olimpiadi. Per pianificare gli obiettivi da raggiungere deve valutare quale potrebbe essere un tempo che permetterebbe all'atleta di qualificarsi alla finale.
Per questo ti ha dato l'incarico di analizzare i dati delle passate edizioni e valutare se esiste una relazione che descrive l'evolversi dei tempi della gara.
Sulla base dell'analisi dei dati prova a fare previsioni sul futuro. Raccogli i dati sui tempi degli atleti che hanno vinto l'oro in questa disciplina in tutte le edizioni delle Olimpiadi moderne e rappresentali in un grafico.

a. Puoi ipotizzare che siano approssimativamente descritti da una relazione che conosci?

b. Puoi ricavarne la formula?

c. Pensi che sia significativo estrapolare un valore da questa formula per stimare quale sarà il tempo alle prossime Olimpiadi?

d. Scrivi una relazione per l'allenatore spiegando come hai ottenuto la stima e specificando se ritieni che la formula possa essere utilizzata anche per previsioni a lungo termine.

2 **INDIVIDUARE COLLEGAMENTI E RELAZIONI** **Tasse 1** Nella maggior parte dei paesi del mondo è in vigore un sistema di tassazione detto *progressivo*, che ha lo scopo di imporre tasse più alte sui redditi più alti evitando però che in certe condizioni non sia conveniente guadagnare di più.

Una versione semplice del sistema potrebbe essere la seguente:
- nessuna tassa sui redditi fino a 20 000 €;
- tassa del 15% per la parte di reddito che eccede i 20 000 €.

Per esempio un reddito di 25 000 € viene tassato nel modo seguente: nessuna tassa sui primi 20 000 €; tassa del 15% sui 5000 € che eccedono i 20 000 €, cioè

15% di 5000 € = 750 €.

a. Rappresenta in un grafico la relazione che lega il reddito (x) e la tassa corrispondente (y).

b. Esprimi tale relazione anche con una formula.

3 **INDIVIDUARE COLLEGAMENTI E RELAZIONI** **Tasse 2** Una versione più complessa del sistema di tassazione progressiva discusso nel problema precedente è la seguente:
- nessuna tassa sui redditi fino a 20 000 €;
- tassa del 15% per la parte di reddito che eccede i 20 000 €, ma non oltre i 40 000 €;
- tassa del 25% per la parte di reddito che eccede i 40 000 €.

a. Rappresenta in un grafico la relazione che lega il reddito (x) e la tassa corrispondente (y).

b. Esprimi tale relazione anche con una formula.

VERIFICHE FINALI

SEI PRONTO PER LA VERIFICA?

In 1 ora

1 Due bambini di una classe di scuola elementare stanno preparando dei portatovaglioli da vendere in un mercatino di beneficenza. In 2 ore ne hanno prodotti 30. Nelle stesse condizioni, quanti ne produrranno in 5 ore? Quanto tempo ci vorrà per produrne 100?

a. Completa la tabella a lato.

b. Quale formula esprime la relazione tra il numero di portatovaglioli preparati (n) e il tempo impiegato in ore (h)?

c. Rappresenta la funzione in un grafico.

d. Quale significato si può attribuire alla pendenza del grafico?

Tempo (h)	Portatovaglioli (n)
2	30
5	
	105

(10 punti per ogni risposta esatta) .... / 40

2 Il proprietario di una pizzeria con il forno a legna segna in un grafico quante pizze hanno prodotto i pizzaioli, a partire dal momento in cui iniziano a lavorare e accendono i forni.

a. Come puoi interpretare la parte piatta del grafico nei primi trenta minuti?

b. A partire dal 30° minuto, calcola il numero di pizze prodotte mediamente al minuto.

c. Traccia sul grafico una funzione lineare che approssimi i dati a partire dal 30° minuto e determinane l'equazione.

d. Quante pizze avranno prodotto al termine di 3 ore?

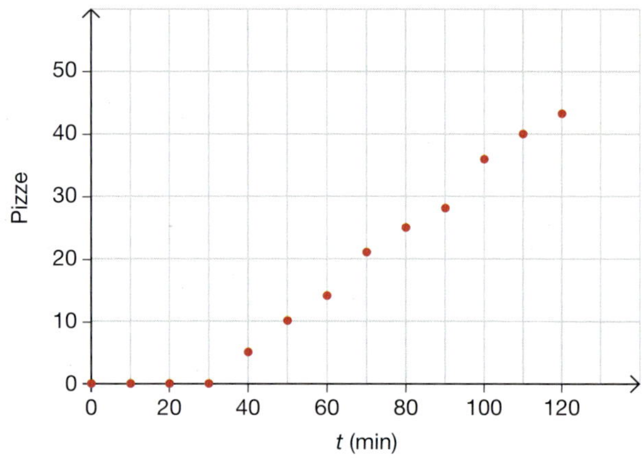

(10 punti per ogni risposta esatta) .... / 40

3 Considera la funzione lineare

$$f(x) = -\frac{6x - 20}{15}.$$

a. Calcola pendenza e intercetta.

b. Per quale valore di a il punto $P\left(a; -\frac{2}{3}\right)$ appartiene alla retta che è il grafico di f?

(10 punti per ogni risposta esatta) .... / 20

Punti totali: .... / 100

AUTOVALUTAZIONE

Controlla i risultati in fondo al volume.

☐ Fino a 50 punti insufficiente	☐ Da 51 a 70 punti sufficiente	☐ Da 71 a 90 punti buono	☐ Da 91 a 100 punti ottimo

Le funzioni di proporzionalità quadratica e inversa

CAPITOLO 7

1 Il valore assoluto

Esercizi
a pag. 332

INDIVIDUARE COLLEGAMENTI E RELAZIONI

GIOCHIAMO CON LA MENTE

Un ammiratore timido

Enea ha scoperto dove abita il suo cantante preferito e ha deciso di suonare alla porta per salutarlo. Lungo la strada però è stato preso da un attacco di timidezza e supera la casa senza fermarsi, camminando ancora per un minuto.

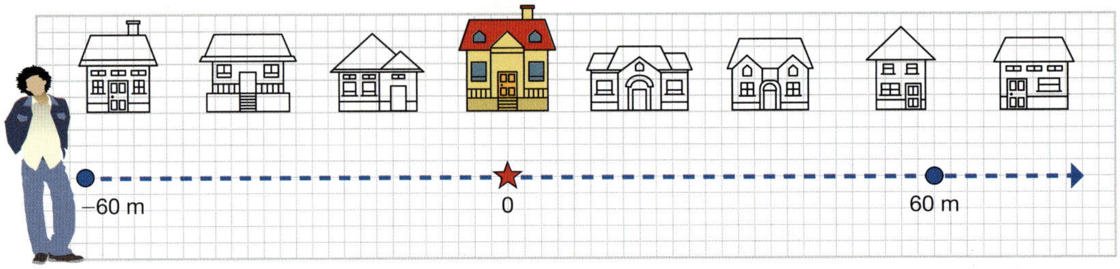

► Enea ha impiegato un minuto per percorrere 60 m e raggiungere la casa del cantante. Supponendo che cammini a velocità costante, rappresenta in un grafico la posizione y di Enea (in metri) rispetto alla casa del cantante in funzione del tempo x (in secondi): assumi la casa come posizione 0 (origine dell'asse y) e considera come tempo 0 l'istante in cui Enea raggiunge la casa del cantante.

► Che forma ha il grafico ottenuto? Descrivine le caratteristiche.

....

► Scrivi una formula che descriva la funzione.

....

► Adesso rappresenta in un altro grafico non più la posizione di Enea, bensì la sua distanza dalla casa del cantante in funzione del tempo.

Sull'eBook ti proponiamo un'altra attività come questa.

► Che forma ha il grafico disegnato?

► La funzione che descrive la distanza è una funzione lineare a tratti.
Scrivi la sua equazione.

Il gioco dell'oca

Nel gioco dell'oca ogni giocatore, per terminare la partita, deve arrivare all'ultima casella (la numero 63) esattamente con il numero uscito dal lancio del dado. Se il risultato del dado è maggiore del numero di caselle che mancano all'ultima casella, la pedina torna indietro di tante posizioni quanta è la differenza tra i due numeri.

► Un giocatore si trova nella casella 57 e gioca con due dadi. Considera tutti i possibili risultati del lancio di due dadi ed esprimi a quante caselle dalla fine si troverà dopo il tiro, in funzione del risultato.

Risultato (x)	2	3	4	5	6	7	8	9	10	11	12
Distanza											

► Rappresenta i dati in un grafico nel piano cartesiano.

► Prova a esprimere la distanza dall'ultima casella con una formula.

IN TEORIA

Uno strumento matematico per descrivere la realtà consiste nell'esprimere tramite formule e grafici il legame tra le grandezze.
Nel capitolo 5 abbiamo studiato le funzioni, che a un valore dell'insieme di partenza ne associano sempre uno e uno soltanto nell'insieme di arrivo.
Se due grandezze sono legate da una funzione matematica, è possibile sfruttare gli strumenti matematici per fare previsioni sul valore che una di esse assume quando è noto il valore dell'altra.
Nel capitolo 6 abbiamo studiato le funzioni lineari e lineari a tratti.

Le funzioni lineari

Le funzioni lineari sono espresse dalla formula

$$y = mx + q,$$

dove m è un parametro detto *pendenza* e q è un altro parametro detto *intercetta*.
Il grafico nel piano cartesiano è una retta.
Nel caso in cui $q = 0$, la funzione viene detta anche **proporzionalità diretta** e la retta passa per l'origine.

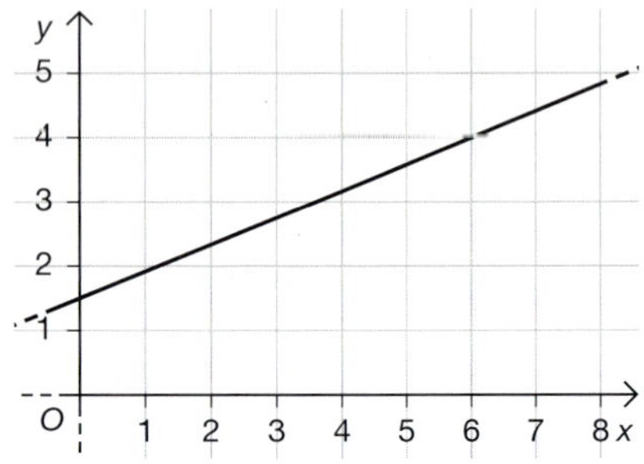

Le funzioni lineari a tratti

Le funzioni lineari a tratti sono funzioni composte da più funzioni lineari, ciascuna valida in un certo intervallo.

PER ESEMPIO

$$y = \begin{cases} 3 & \text{se } x < -2 \\ x & \text{se } -2 \le x \le 0 \\ \frac{3}{2}x & \text{se } x > 0 \end{cases}$$

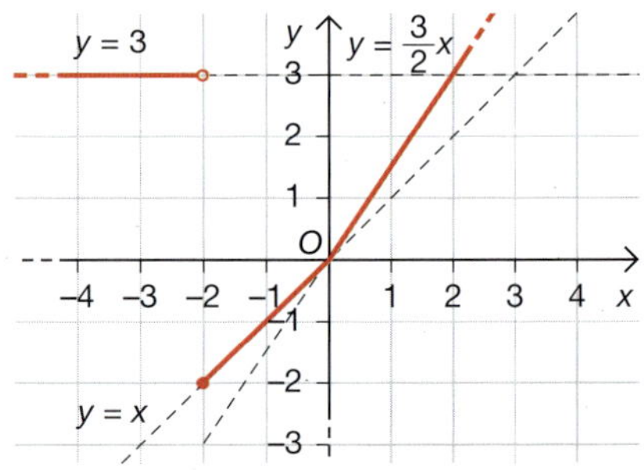

Il grafico di una funzione lineare a tratti nel piano cartesiano è un insieme di segmenti o semirette.

Il valore assoluto

Una particolare funzione lineare a tratti è il **valore assoluto**, che è definita nel modo seguente.

$$y = |x| = \begin{cases} -x & \text{se } x < 0 \\ x & \text{se } x \ge 0 \end{cases}$$

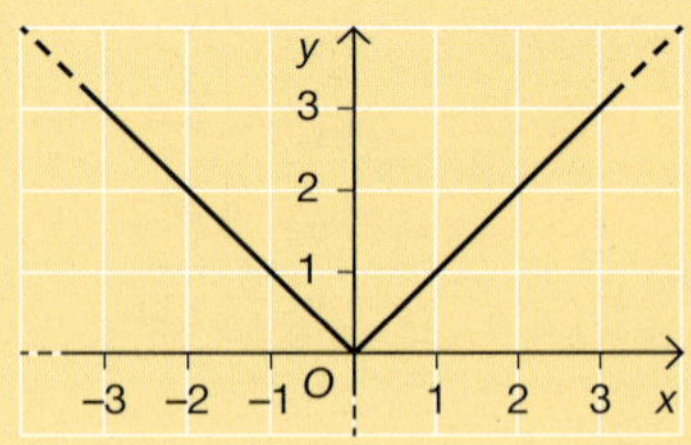

Il suo grafico è dato da due semirette con origine nell'origine del sistema di riferimento.
La funzione valore assoluto a ogni numero ne associa uno positivo, secondo la seguente regola di corrispondenza:

- a un numero positivo viene associato il numero stesso;
- a un numero negativo viene associato il suo opposto (che quindi è positivo).

PER ESEMPIO

$|5| = 5$; $|-3| = -(-3) = 3$; $|-1| = -(-1) = 1$; $|2| = 2$; $|0| = 0$.

IN PRATICA

[A] Come si traccia una funzione in cui compare un valore assoluto?

A partire dalla funzione $y = |x|$, si può definire il valore assoluto anche di funzioni più complesse.

PER ESEMPIO Consideriamo la funzione $y = |x - 3|$.
Applicando la definizione di valore assoluto, esprimiamo la funzione come una funzione lineare a tratti.

$$y = |x-3| = \begin{cases} -(x-3) & \text{se } x-3<0 \\ x-3 & \text{se } x-3 \geq 0 \end{cases} = \begin{cases} -x+3 & \text{se } x<3 \\ x-3 & \text{se } x \geq 3 \end{cases}$$

PER NON SBAGLIARE La condizione di positività riguarda tutta l'espressione contenuta nel valore assoluto, non solo la variabile *x*.

Adesso possiamo tracciarne il grafico, che è l'unione di due semirette che si incontrano per $x = 3$.

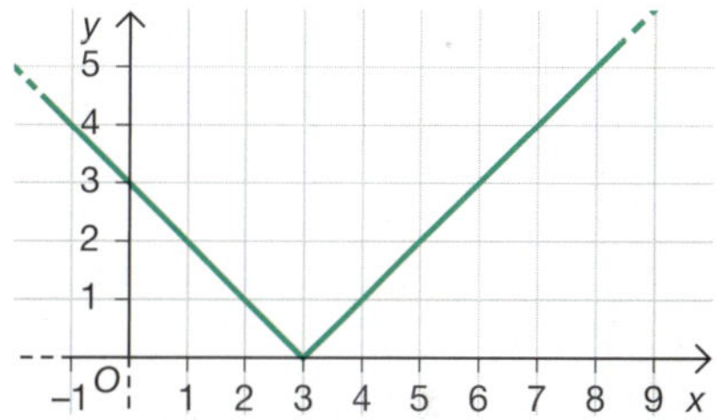

Un altro caso possibile è quello in cui il valore assoluto non comprende tutta l'espressione della funzione, ma solo una parte.

PER ESEMPIO Consideriamo la funzione

$y = 3 + |x - 2|$.

Sviluppiamo l'espressione del valore assoluto.

$$y = 3 + |x-2| = \begin{cases} 3+(-x+2) & \text{se } x-2<0 \\ 3+(x-2) & \text{se } x-2 \geq 0 \end{cases} =$$

$$= \begin{cases} 5-x & \text{se } x<2 \\ 1+x & \text{se } x \geq 2 \end{cases}$$

Adesso possiamo tracciarne il grafico, che è l'unione delle due semirette trovate.

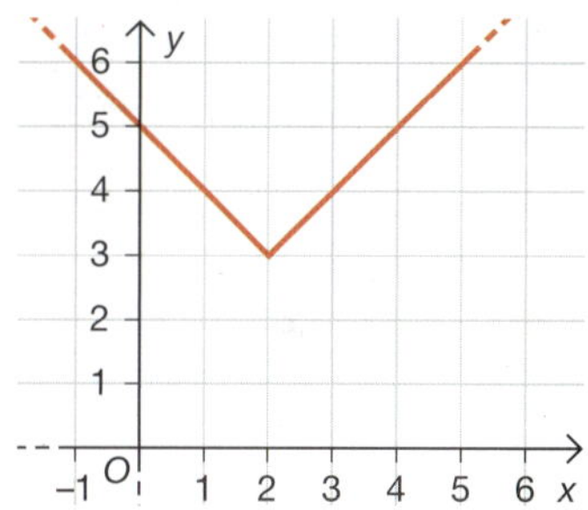

[B] Come si scrive l'equazione di una funzione con valore assoluto?

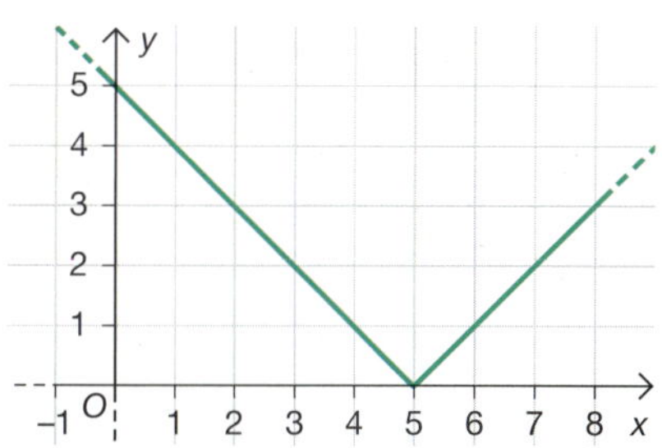

Scriviamo l'equazione della funzione in figura.
Il grafico della funzione è composto da due semirette:
- la prima è $y = -x + 5$, per $x \leq 5$;
- la seconda è $y = x - 5$, per $x \geq 5$.

Possiamo quindi dedurre che la funzione è:

$$y = \begin{cases} -x+5 & \text{se } x<5 \\ x-5 & \text{se } x \geq 5 \end{cases}.$$

Poiché una funzione associa a ogni input un unico output, mettiamo il segno di uguale in una sola delle due disuguaglianze.
Le condizioni $x < 5$ e $x \geq 5$ sono equivalenti a $x - 5 < 0$ e $x - 5 \geq 0$, quindi possiamo scrivere:

$$y = \begin{cases} -x+5 & \text{se } x-5<0 \\ x-5 & \text{se } x-5 \geq 0 \end{cases} = |x-5|.$$

PROVA TU

Scrivi le seguenti funzioni come funzioni a tratti e rappresentale nel piano cartesiano (esercizi da 1 a 4).

[A] **1** $y = |x+1|$

[A] **2** $y = \left|2x - \frac{3}{5}\right|$

[A] **3** $y = 6 - |x+2|$

[A] **4** $y = 3|x+4|$

5 Considera la funzione $y = |x|$. Qual è la sua pendenza per $x < 0$? E per $x \geq 0$?

6 Considera la funzione $y = |3x-2|$. Qual è la sua pendenza per $x < \frac{2}{3}$? E per $x \geq \frac{2}{3}$?

[B] **7** **ACQUISIRE DATI E INFORMAZIONI** Scrivi l'equazione della funzione in figura utilizzando il valore assoluto.

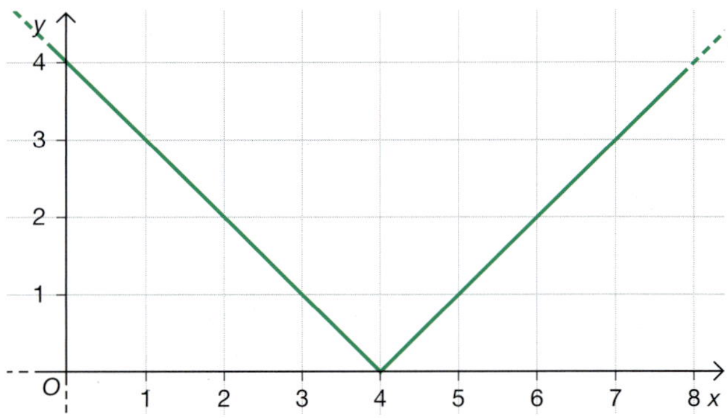

[B] **8** **ACQUISIRE DATI E INFORMAZIONI** Scrivi l'equazione della funzione in figura utilizzando il valore assoluto.

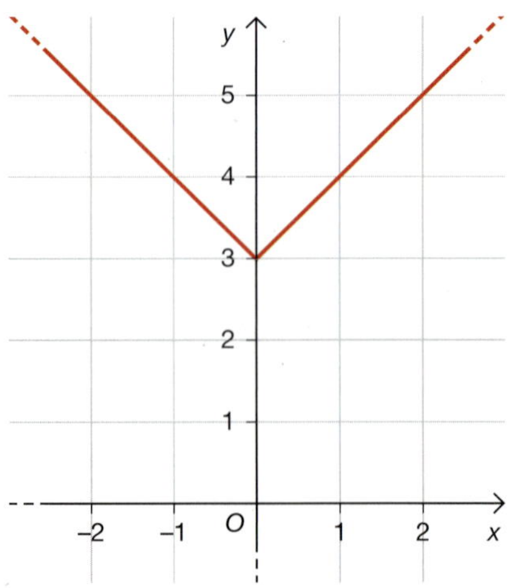

Esercizi a pag. 332

Esercizi
a pag. 333

La funzione di proporzionalità quadratica

2

INDIVIDUARE COLLEGAMENTI E RELAZIONI

GIOCHIAMO CON LA MENTE

Palla in caduta

La fotografia a fianco rappresenta una palla in caduta, ripresa a intervalli regolari di tempo (ogni decimo di secondo).
Le immagini catturate ogni decimo di secondo non sono equidistanti tra loro.

► Quale pensi possa essere la ragione?

....

► Misura la posizione del centro della palla, indicata dalla sbarretta rossa in ciascuna delle immagini, prendendo come riferimento la posizione più alta, e completa la tabella tempo/posizione qui sotto.

Tempo (s)	0,0	0,1	0,2	0,3	0,4	0,5	0,6	0,7	0,8	0,9
Posizione (cm)	0									

► Riporta i dati in un grafico nel piano cartesiano.

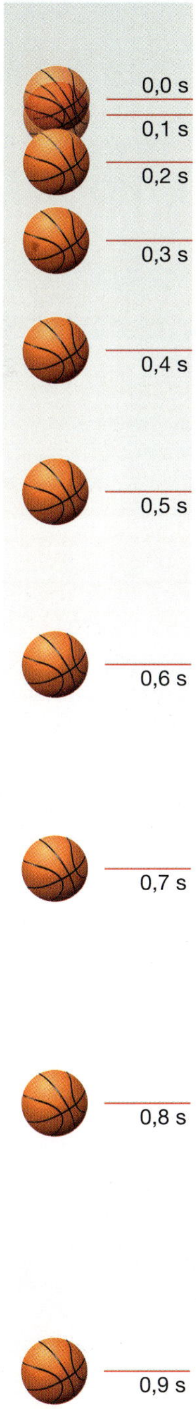

► Come cambia lo spazio percorso al raddoppiare del tempo?

....

► Come cambia lo spazio percorso al triplicare del tempo?

....

....

Sull'eBook ti proponiamo un'altra attività come questa.

IN TEORIA

Se le variabili x e y sono legate da una relazione di tipo

$$y = kx^2,$$

dove k è un parametro diverso da zero, diciamo che y e x sono in **proporzionalità quadratica**.

OSSERVA Se $y = kx^2$, allora y e x^2 sono direttamente proporzionali.

PER ESEMPIO

- $y = 3x^2$
- $y = -\frac{3}{2}x^2$
- $y = 2500x^2$

Il grafico di una funzione di proporzionalità quadratica è una curva chiamata **parabola**, il cui *vertice* giace nell'origine del piano cartesiano.
Se il parametro k è **positivo** la parabola ha la concavità rivolta verso l'alto e il vertice è il punto più basso (come nella figura a sinistra); se il parametro k è **negativo** la parabola ha la concavità rivolta verso il basso e il vertice è il punto più alto (come nella figura a destra).

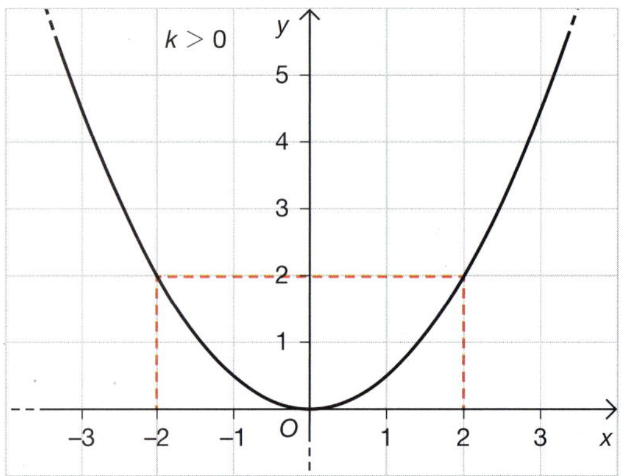

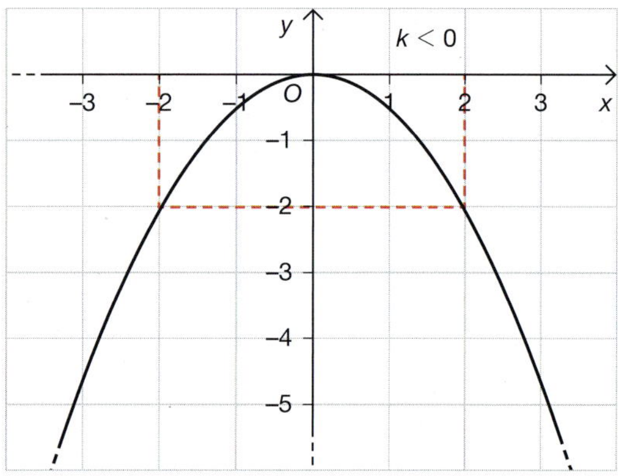

A ogni valore di $y > 0$ se $k > 0$ e $y < 0$ se $k < 0$ corrispondono due valori di x, come puoi osservare anche in figura.

IN PRATICA

In una proporzionalità quadratica le grandezze sono legate da una funzione del tipo $y = kx^2$, dove k è una costante. Invertendo la funzione si ottiene:

$$k = \frac{y}{x^2}, \text{ per } x \text{ e } y \text{ diversi da } 0,$$

vale a dire che il rapporto tra l'ordinata e il quadrato dell'ascissa è una costante (a parte il caso in cui sia x sia y valgono zero).

[A] Come si riconosce se una funzione è di proporzionalità quadratica?

Le tabelle seguenti riportano le coppie di valori di due funzioni. Verifichiamo se sono funzioni di proporzionalità quadratica.

Tabella 1

x	0	1	2	3	4	5
y	0	1	3	6	10	15

Tabella 2

x	0	1	2	3	4	5
y	0	-5	-20	-45	-80	-125

Calcoliamo il rapporto $\frac{y}{x^2}$ con i valori della prima tabella.

Verifica 1

x	0	1	2	3	4	5
y	0	1	3	6	10	15
$\frac{y}{x^2}$	-	1	$\frac{3}{4}=0{,}75$	$\frac{6}{9}=0{,}\bar{6}$	$\frac{10}{16}=0{,}625$	$\frac{15}{25}=0{,}6$

Il rapporto tra y e x^2 assume valori diversi in punti diversi, quindi *non* si tratta di una proporzionalità quadratica.

Per la seconda tabella abbiamo invece la situazione seguente.

Verifica 2

x	0	1	2	3	4	5
y	0	-5	-20	-45	-80	-125
$\frac{y}{x^2}$	-	-5	$-\frac{20}{4}=-5$	$-\frac{45}{9}=-5$	$-\frac{80}{16}=-5$	$-\frac{125}{25}=-5$

Il risultato è -5 in tutti i casi, quindi questi dati sono compatibili con una proporzionalità quadratica, il cui parametro è $k=-5$:

$$y=-5x^2.$$

[B] Qual è il periodo di un pendolo lungo un metro?

A volte le grandezze possono assumere solo valori positivi.
È il caso, per esempio, del legame tra lunghezza di un pendolo e durata dell'oscillazione.
Il periodo di oscillazione di un pendolo è il tempo che esso impiega a compiere un'oscillazione completa, cioè a tornare nella posizione di partenza. Questo valore è legato alla lunghezza del pendolo stesso: più il pendolo è lungo, maggiore è la durata del periodo.
Il legame è espresso dalla formula:

$$L=0{,}248\ T^2,$$

dove L indica la lunghezza del pendolo in metri e T il suo periodo in secondi.

- Quale deve essere la lunghezza di un pendolo affinché abbia un periodo di un secondo?
- Qual è il periodo di un pendolo lungo un metro?

Per trovare la lunghezza di un pendolo che batte il secondo, poniamo $T=1$ s e ricaviamo L:

$$L=0{,}248\cdot 1^2=0{,}248 \text{ m}.$$

Per rispondere alla seconda domanda, poniamo $L=1$ m e ricaviamo T:

$$1=0{,}248\ T^2 \to T^2=\frac{1}{0{,}248}\approx 4{,}032 \to T\approx\pm\sqrt{4{,}032} \to T\approx 2{,}008 \text{ s}.$$

Osserviamo che in questo caso abbiamo scelto il valore positivo di T, perché è l'unico che ha senso nella situazione proposta dal problema.

PROVA TU

1 Scrivi una tabella con almeno 6 coppie di valori relative alla funzione $y = 4x^2$. Aiutati con i valori trovati per tracciare il grafico della funzione sul piano cartesiano.

2 Scrivi una tabella con almeno 6 coppie di valori relative alla funzione $y = \frac{1}{3}x^2$. Aiutati con i valori trovati per tracciare il grafico della funzione sul piano cartesiano.

[A] **3** **INDIVIDUARE COLLEGAMENTI E RELAZIONI** Analizza la seguente tabella e verifica se i dati sono compatibili con una funzione di proporzionalità quadratica; in caso affermativo scrivi l'equazione della funzione.

x	5	10	15	20	25	30
y	62,5	250	562,5	1000	1562,5	2250

[A] **4** **INDIVIDUARE COLLEGAMENTI E RELAZIONI** Analizza la seguente tabella e verifica se i dati sono compatibili con una funzione di proporzionalità quadratica; in caso affermativo scrivi l'equazione della funzione.

x	0	3	6	9	12	15
y	0	90	270	540	750	1500

5 La variabile y è direttamente proporzionale a x^2 e y assume valore 20 quando $x = 2$.

a. Scrivi l'equazione della funzione che lega x e y.

b. Calcola il valore di y quando $x = 3$.

c. Calcola il valore di x quando $y = 1{,}25$.

d. Rappresenta la funzione nel piano cartesiano.

6 La variabile y è quadraticamente proporzionale a x e y assume valore 0,6 quando $x = 6$.

a. Scrivi l'equazione della funzione che lega x e y.

b. Calcola il valore di y quando $x = 3$.

c. Calcola il valore di x quando $y = 15$.

d. Rappresenta la funzione nel piano cartesiano.

[B] **7** Una palla viene lasciata cadere da un terrazzo e un'approssimazione dello spazio percorso s (in metri) in funzione del tempo t (in secondi) è espresso dalla funzione $s = 4t^2$.

a. Rappresenta in un grafico s in funzione di t.

b. Calcola di quanto è caduta la palla dopo 3,5 s.

c. Calcola quanto tempo impiega la palla a cadere di 15 m.

Esercizi a pag. 333

ATTENZIONE Poiché il tempo t assume solo valori positivi, il grafico è la parte di parabola che corrisponde ad ascisse positive.

Esercizi
a pag. 334

La funzione di proporzionalità inversa

3

INDIVIDUARE COLLEGAMENTI E RELAZIONI

GIOCHIAMO CON LA MENTE

Più siamo, prima finiamo!

Per imbiancare le pareti di un complesso residenziale, due imbianchini impiegano 120 ore.

- Quanto impiegherebbe un imbianchino da solo?

  ....

- Quanto impiegherebbe una squadra di 4 imbianchini?

  ....

- Quanto impiegherebbe una squadra di 6 imbianchini?

  ....

- Completa la seguente tabella.

Numero imbianchini	1	2	3	4	5	6			
Ore impiegate		120					10	20	24

- Rappresenta i dati della tabella in un grafico nel piano cartesiano.

- Se il numero di operai raddoppia, come cambia il tempo impiegato?

  ....

- Se il numero di operai dimezza, come cambia il tempo impiegato?

  ....

Sull'eBook ti proponiamo un'altra attività come questa.

IN TEORIA

Se le variabili x e y sono legate da una funzione del tipo

$$y = \frac{k}{x},$$

dove k è un parametro diverso da zero, diciamo che y e x sono **inversamente proporzionali**.

OSSERVA Se $y = \frac{k}{x}$, allora $\frac{1}{x}$ e y sono direttamente proporzionali.

PER ESEMPIO

- $y = \frac{3}{x}$
- $y = -\frac{3}{2x}$
- $y = \frac{2500}{x}$

Il grafico di una relazione di proporzionalità inversa è una curva chiamata **iperbole equilatera**.
Se il parametro $\boldsymbol{k}$ è **positivo**, l'iperbole si trova nel primo e nel terzo quadrante; se il parametro $\boldsymbol{k}$ è **negativo**, l'iperbole si trova nel secondo e nel quarto quadrante.

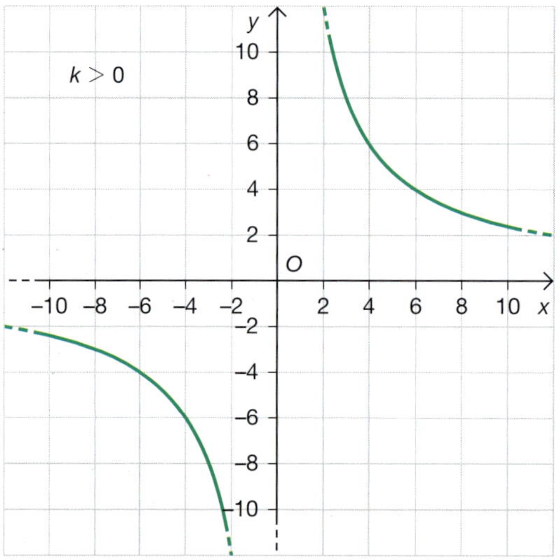

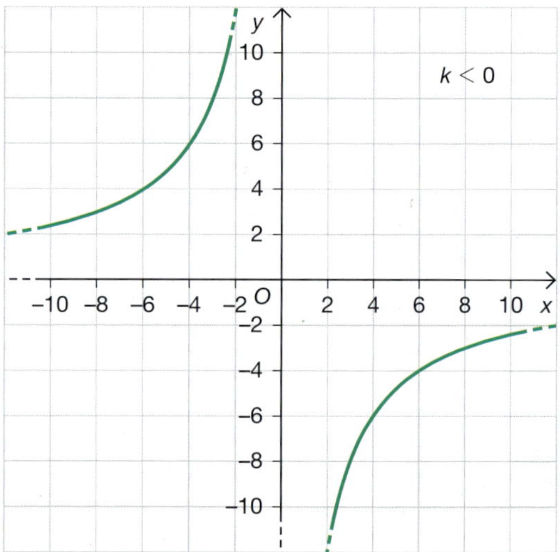

In alcuni contesti pratici le grandezze possono assumere solo valori positivi, quindi il grafico sarà dato solo da un ramo di iperbole. È il caso, per esempio, del legame tra la velocità di uno spostamento e il tempo impiegato.

IN PRATICA

[A] Come si riconosce se una funzione è di proporzionalità inversa?

Per verificare se due insiemi di valori sono legati da una funzione di proporzionalità inversa è sufficiente verificare se il prodotto dei valori di ogni coppia $(x; y)$ è una costante, uguale per tutte le coppie:

$$y = \frac{k}{x} \rightarrow y \cdot x = k.$$

Le tabelle seguenti riportano le coppie di valori di due funzioni. Verifichiamo se sono funzioni di proporzionalità inversa.

Tabella 1

x	1	2	3	4	5	6
y	120	100	80	60	40	20

Tabella 2

x	1	2	3	4	5	6
y	120	60	40	30	24	20

Calcoliamo il prodotto $y \cdot x$ con i valori della prima tabella.

Verifica 1

x	1	2	3	4	5	6
y	120	100	80	60	40	20
y · x	120	200	240	240	200	120

I valori del prodotto sono diversi, quindi *non* si tratta di una proporzionalità inversa.

Per la seconda tabella abbiamo invece la situazione seguente.

Verifica 2

x	1	2	3	4	5	6
y	120	60	40	30	24	20
y · x	120	120	120	120	120	120

Il risultato è 120 in tutti i casi, quindi questi dati sono compatibili con una proporzionalità inversa, il cui parametro è $k = 120$:

$$y = \frac{120}{x}.$$

Possiamo completare l'analisi rappresentando i dati delle tabelle nel piano cartesiano.

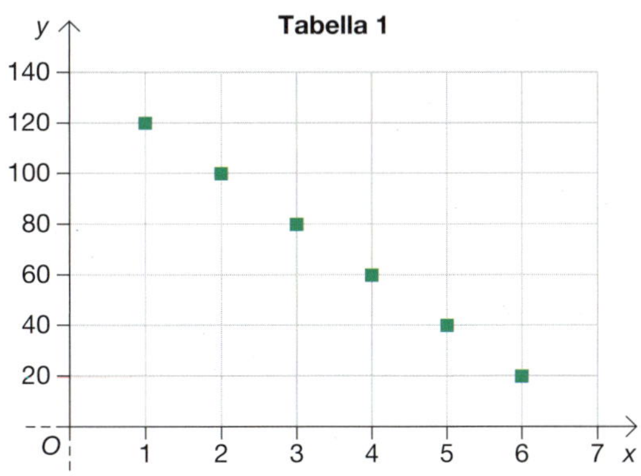

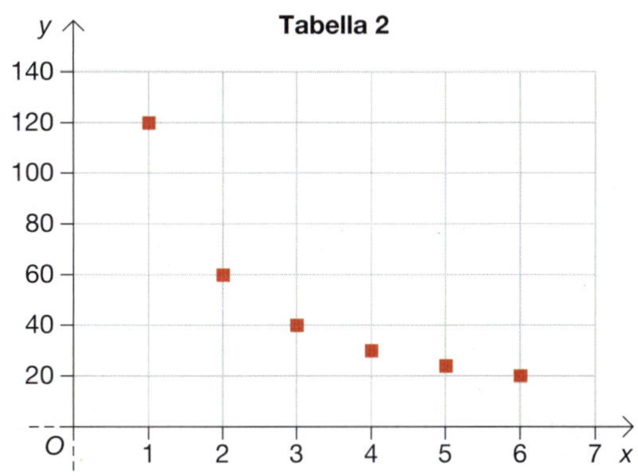

Osserviamo che nel primo caso i punti si allineano su una retta e nel secondo caso seguono un'iperbole.

ATTENZIONE Nel caso di una proporzionalità inversa con parametro $k > 0$, la grandezza y decresce al crescere della grandezza x. Ma esistono infinite altre diverse relazioni per cui questo avviene, perciò non è un criterio sufficiente per determinare da quale relazione sono legate x e y!

PROVA TU

1 Scrivi una tabella con almeno 6 coppie di valori relative alla funzione $y = \frac{18}{x}$. Aiutati con i valori trovati per tracciare il grafico della funzione sul piano cartesiano.

2 Scrivi una tabella con almeno 6 coppie di valori relative alla funzione $y = \frac{200}{x}$. Aiutati con i valori trovati per tracciare il grafico della funzione sul piano cartesiano.

[A] **3** **INDIVIDUARE COLLEGAMENTI E RELAZIONI** Analizza la seguente tabella e verifica se i dati sono compatibili con una relazione di proporzionalità inversa. In caso affermativo determina l'equazione della funzione.

x	2	4	6	8	10	12
y	200	180	100	75	40	20

[A] **4** **INDIVIDUARE COLLEGAMENTI E RELAZIONI** Analizza la seguente tabella e verifica se i dati sono compatibili con una relazione di proporzionalità inversa. In caso affermativo determina l'equazione della funzione.

x	10	20	30	40	50	60
y	50	25	$16,\overline{6}$	12,5	10	$8,\overline{3}$

5 Sappiamo che y è inversamente proporzionale a x e che $y = 0{,}6$ quando $x = 10$.

a. Scrivi l'equazione della funzione che lega x e y.

b. Calcola il valore di y quando $x = 3$.

c. Calcola il valore di x quando $y = 15$.

d. Rappresenta la funzione in un grafico cartesiano.

6 Sappiamo che y è inversamente proporzionale a x e che $y = -4$ quando $x = 5$.

a. Scrivi l'equazione della funzione che lega x e y.

b. Calcola il valore di y quando $x = -8$.

c. Calcola il valore di x quando $y = 15$.

d. Rappresenta la funzione in un grafico cartesiano.

7 **ARGOMENTARE** Se x è inversamente proporzionale a y, si può dire che y è inversamente proporzionale a x? Spiega perché.

Esercizi a pag. 334

MAPPA
LE FUNZIONI DI PROPORZIONALITÀ QUADRATICA E INVERSA

LOSAI? RIPASSA CON LO SMARTPHONE

Su online.zanichelli.it/pensaci ti proponiamo altre mappe come questa.

- funzione valore assoluto
- funzione di proporzionalità quadratica
- funzione di proporzionalità inversa

FUNZIONE VALORE ASSOLUTO

- **EQUAZIONE** → $y = |x| = \begin{cases} -x & \text{se } x < 0 \\ x & \text{se } x \geq 0 \end{cases}$
- **GRAFICO** → due **SEMIRETTE** con origine in *O*

FUNZIONE DI PROPORZIONALITÀ QUADRATICA

- **EQUAZIONE** → $y = kx^2$ → *y* e *x* sono in **proporzionalità quadratica**
- **GRAFICO** → **PARABOLA**
  - se *k* è **positivo**: concavità verso l'**alto**
  - se *k* è **negativo**: concavità verso il **basso**

FUNZIONE DI PROPORZIONALITÀ INVERSA

- **EQUAZIONE** → $y = \frac{k}{x}$ → *y* e *x* sono **inversamente proporzionali**
- **GRAFICO** → **IPERBOLE EQUILATERA**
  - se *k* è **positivo**: nel **1°** e **3°** **quadrante**
  - se *k* è **negativo**: nel **2°** e **4°** **quadrante**

TEORIA

ESERCIZI

Controlla i risultati in fondo al volume.

1 Il valore assoluto

Teoria a pag. 318

Ricorda

IN TEORIA

1. Una funzione di **proporzionalità diretta** ha equazione

   ....

2. Una **funzione lineare** ha equazione

   ....

   dove ....è la pendenza e ....

   è ....

3. La funzione **valore assoluto** è definita dalla seguente formula.

   ....

IN PRATICA Scrivi sotto a ogni grafico quale tipo di funzione rappresenta.

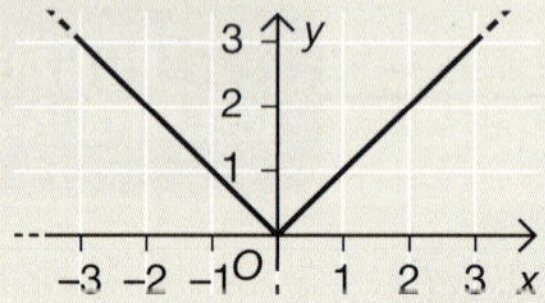

....

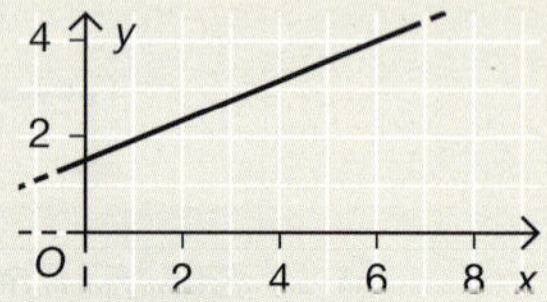

....

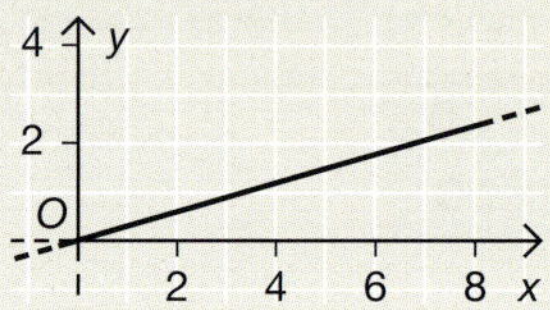

....

Scrivi le seguenti funzioni come funzioni a tratti e rappresentale graficamente (esercizi 1 e 2).

1 $y = \frac{2}{3} + |x - 1|$

2 $y = -2|x + 2|$

3 **ARGOMENTARE** Disegna le due funzioni $y = x + 2$ e $y = |x + 2|$. Dove sono coincidenti? Perché?

4 **ARGOMENTARE** Disegna le due funzioni $y = x - 3$ e $y = |x - 3|$. Dove sono coincidenti? Perché?

5 **ACQUISIRE DATI E INFORMAZIONI** Scrivi l'equazione della funzione in figura utilizzando il valore assoluto.

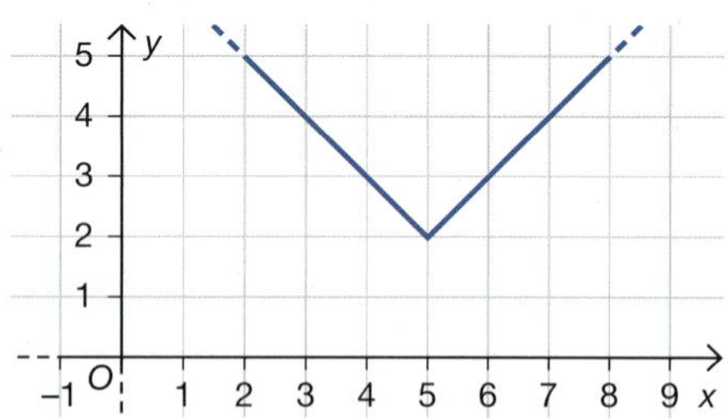

6 **ACQUISIRE DATI E INFORMAZIONI** Scrivi l'equazione della funzione in figura utilizzando il valore assoluto.

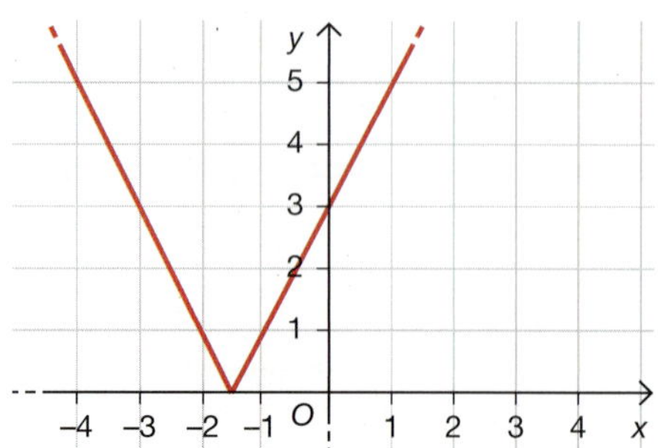

7 **RISOLVERE PROBLEMI** La forza F (in newton) necessaria per spingere una cassa lungo una superficie orizzontale è direttamente proporzionale alla massa m (in kg) della cassa. Quando $m = 250$, $F = 60$.

a. Scrivi l'equazione della funzione che lega m e F.

b. Calcola la forza necessaria per spingere una cassa che ha una massa di 300 kg.

c. Se per spingere una cassa è necessaria una forza di 102 N, qual è la massa della cassa?

d. Disegna il grafico di F in funzione di m nel piano cartesiano.

2 La funzione di proporzionalità quadratica

Teoria a pag. 323

Ricorda

IN TEORIA Una funzione di **proporzionalità quadratica** ha equazione ...., dove $k \neq 0$.

Il suo grafico è una curva chiamata ....

Se il parametro .... la sua concavità è ...., se invece ...., la concavità è ....

IN PRATICA Quale delle seguenti funzioni è rappresentata dal grafico in figura?

a $y = -3x$

b $y = -3x^2$

c $y = 3x$

d $y = 3x^2$

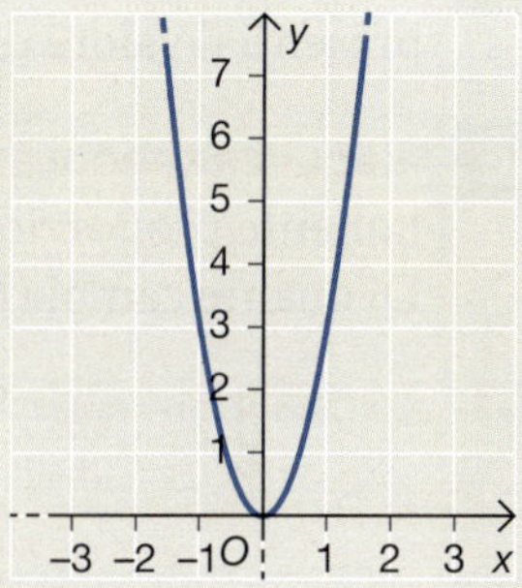

8 La variabile y è quadraticamente proporzionale a x, cioè $y = kx^2$. Completa la tabella.

x	2		3	5	
y	36	56,25	81		441

9 La variabile y è direttamente proporzionale a x^2. Calcola i valori di a e b, che sono numeri reali positivi.

x	2	4	b
y	12	a	75

10 La variabile y è quadraticamente proporzionale a x e $y = 21$ quando $x = 2$. Calcola il valore di y quando $x = 4$.

11 La variabile y è direttamente proporzionale a x^2 e y assume valore 18 quando $x = 3$.

a. Scrivi l'equazione della funzione che lega x e y.

b. Calcola il valore di y quando $x = 5$.

c. Calcola il valore di x quando $y = 32$.

d. Rappresenta la funzione nel piano cartesiano.

12 La variabile z^2 è direttamente proporzionale a w e $z = 4$ quando $w = 8$.

a. Scrivi l'equazione della funzione che lega w e z.

b. Calcola il valore di z quando $w = 18$.

c. Calcola il valore di w quando $z = 5$.

d. Rappresenta la funzione nel piano cartesiano.

ESERCIZI

13 La variabile y è direttamente proporzionale a x^2. Quando $x = 2$, $y = 16$.
- **a.** Scrivi l'equazione della funzione che lega x e y.
- **b.** Calcola il valore di y quando $x = 3$.
- **c.** Calcola il valore di x quando $y = 100$.
- **d.** Disegna il grafico di y in funzione di x, per $x > 0$.

14 Per un certo periodo della sua vita, il tempo in ore T dalla nascita di un verme è proporzionale al quadrato della sua lunghezza in cm L. Un'ora dopo essere nato, un verme è lungo 2,5 cm.
- **a.** Scrivi l'equazione della funzione che lega T e L.
- **b.** Calcola la lunghezza del verme 4 ore dopo la sua nascita.
- **c.** Quanto tempo è necessario perché il verme raggiunga la lunghezza di 15 cm?

15 La variabile y è direttamente proporzionale a x^2 e $y = a$ quando $x = m$. Scrivi un'espressione che rappresenti il valore di y quando $x = 2\,m$.

16 **RISOLVERE PROBLEMI** La distanza di arresto di un veicolo è direttamente proporzionale al quadrato della sua velocità. Di quanto cambia la distanza di arresto se la velocità raddoppia?

3 La funzione di proporzionalità inversa

Teoria a pag. 327

Ricorda

IN TEORIA Una funzione di **proporzionalità inversa** ha equazione ...., dove $k \neq 0$.

Il suo grafico è una curva chiamata ....

Se il parametro ...., la curva si trova ...., se invece ...., la curva si trova ....

IN PRATICA Quale delle seguenti funzioni è rappresentata dal grafico in figura?

- a $y = -\frac{3}{x}$
- b $y = -\frac{3}{x^2}$
- c $y = \frac{3}{x}$
- d $y = \frac{3}{x^2}$

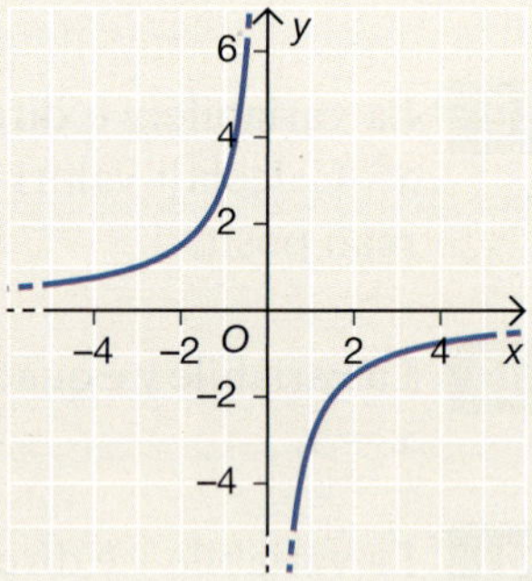

17 Verifica che in ciascuno dei seguenti insiemi di valori le variabili x e y sono inversamente proporzionali.

a.

x	1	2	3
y	36	18	12

b.

x	4	6	12
y	3	2	1

c.

x	5	10	15
y	4	2	$\frac{4}{3}$

d.

x	0,2	0,5	0,8
y	12,5	5	3,125

18 In quali dei seguenti insiemi di valori le grandezze x e y sono inversamente proporzionali?

a.

x	1	2	3
y	24	12	6

b.

x	4	5	6
y	30	24	20

c.

x	9	12	15
y	$\frac{1}{2}$	$\frac{3}{8}$	$\frac{3}{10}$

d.

x	0,8	1	1,2
y	1,2	1	0,8

19 In ciascuna delle seguenti tabelle la grandezza y è inversamente proporzionale a x. Determina i valori delle incognite.

x	2	4	b
y	8	a	1

x	5	8	d
y	24	c	10

x	0,6	0,9	f
y	e	1,2	4,32

x	$\frac{1}{4}$	h	$\frac{1}{2}$
y	g	$\frac{5}{6}$	$\frac{2}{3}$

20 Sapendo che y è inversamente proporzionale a x, cioè $y = \frac{k}{x}$, completa la seguente tabella.

x	0,5		2	3	
y	8	4	2		0,8

21 Quale grafico rappresenta una funzione inversamente proporzionale?

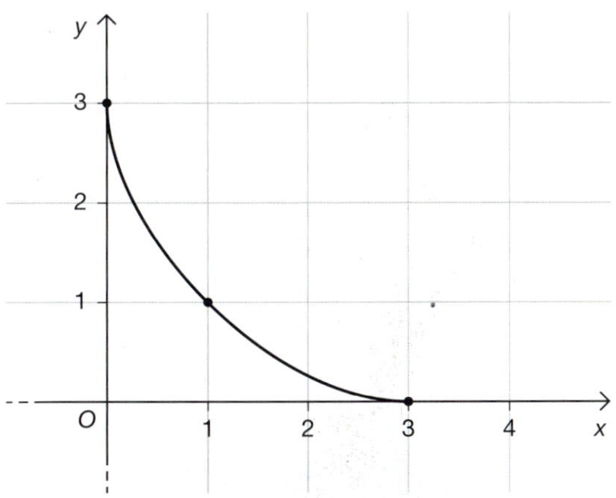

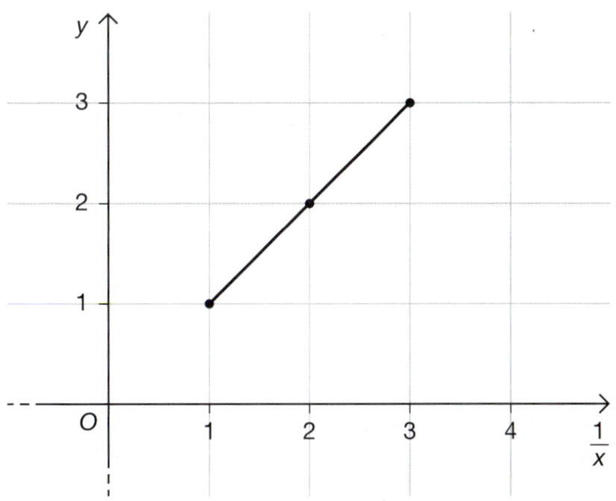

22 La variabile y è inversamente proporzionale a x e $y = -9$ quando $x = 2$. Calcola il valore di y quando $x = 3$.

23 La variabile y è inversamente proporzionale a x e $y = 0{,}01$ quando $x = 50$.
- **a.** Scrivi l'equazione della funzione che lega x e y.
- **b.** Calcola il valore di y quando $x = 20$.
- **c.** Calcola il valore di x quando $y = 0{,}2$.
- **d.** Rappresenta la funzione nel piano cartesiano.

24 La variabile y è inversamente proporzionale a x e $y = 3$ quando $x = 4$.
- **a.** Scrivi l'equazione della funzione che lega x e y.
- **b.** Calcola il valore di y quando $x = 8$.
- **c.** Calcola il valore di x quando $y = 48$.
- **d.** Rappresenta la funzione nel piano cartesiano.

25 La variabile y è inversamente proporzionale a x e $y = 5$ quando $x = -2$.
- **a.** Scrivi l'equazione della funzione che lega x e y.
- **b.** Calcola il valore di y quando $x = 8$.
- **c.** Calcola il valore di x quando $y = -10$.
- **d.** Rappresenta la funzione nel piano cartesiano.

26 La variabile y è inversamente proporzionale a x e $y = 5$ quando $x = 40$.
- **a.** Scrivi l'equazione della funzione che lega x e y.
- **b.** Calcola il valore di x quando $y = 25$.
- **c.** Calcola il valore di y quando $x = 400$.
- **d.** Rappresenta la funzione nel piano cartesiano.

27 La variabile Q è inversamente proporzionale a P e $Q = -0{,}25$ quando $P = 2$.
- **a.** Esprimi Q in funzione di P.
- **b.** Calcola il valore di Q quando $P = -5$.
- **c.** Calcola il valore di P quando $Q = 0{,}2$.
- **d.** Rappresenta la funzione nel piano cartesiano.

28 **RISOLVERE PROBLEMI** Dieci rubinetti identici riempiono un serbatoio in 4 ore. Calcola il tempo necessario a riempire il serbatoio utilizzando 8 rubinetti.

29 **INDIVIDUARE COLLEGAMENTI E RELAZIONI** Quali delle seguenti coppie di grandezze sono in relazione di proporzionalità inversa? Specifica le ipotesi fatte in ciascuno dei casi.
- **a.** Il numero di matite che Giovanni compra e il costo totale.
- **b.** Il numero di rubinetti che riempiono una vasca e il tempo impiegato.
- **c.** Il numero di operai che asfaltano una strada e il tempo impiegato per l'asfaltatura.
- **d.** Il numero di capi di bestiame da nutrire e la quantità di mangime necessaria.
- **e.** Il numero di capi di bestiame da nutrire e la durata di una certa fornitura di mangime.

30 **RISOLVERE PROBLEMI** Otto uomini possono costruire un ponte in 12 giorni. Quanto tempo impiegherebbero 6 uomini a costruire lo stesso ponte? Specifica le ipotesi fatte.

ESERCIZI DI RIEPILOGO

31 Considera i valori delle variabili x e y nella tabella seguente.

x	1	2	3	4
y	1	4	9	16

a. Queste grandezze sono legate da una proporzionalità diretta, inversa o quadratica?

b. Scrivi l'equazione della funzione che lega x e y.

32 **INVALSI 2014** La grandezza y è inversamente proporzionale al quadrato della grandezza x e, per $x = 2$, si ha $y = 4$.
Quindi, se $x = 8$, y è uguale a

a $\frac{1}{4}$ b 4 c 16 d $\frac{1}{16}$

[INVALSI – scuola secondaria di secondo grado]

33 **INVALSI 2010** Il prezzo p (in euro) di una padella dipende dal suo diametro d (in cm) secondo la seguente formula:

$$p = \frac{1}{15}d^2.$$

Indica se ciascuna delle seguenti affermazioni è vera o falsa.

	V	F
a. Il prezzo della padella è direttamente proporzionale al suo diametro	☐	☐
b. Il prezzo della padella aumenta all'aumentare del suo diametro	☐	☐
c. Il rapporto fra il diametro della padella e il suo prezzo è di 15	☐	☐

[INVALSI – prova nazionale per la scuola secondaria di primo grado]

34 Sapendo che y è inversamente proporzionale a x, completa la tabella. Scrivi la costante di proporzionalità.

x		2	2,5	3	
y	24			4	1,5

35 Sapendo che h è direttamente proporzionale a l, completa la tabella. Scrivi la costante di proporzionalità.

h	15	30		75
l		36	72	

ESERCIZI

36 La variabile y è inversamente proporzionale a x. Completa la tabella e scrivi la costante di proporzionalità.

x	3	4			25
y		9	8	2,5	

37 Se y è direttamente proporzionale a x e $y = 40$ quando $x = 200$, calcola:
a. l'equazione della funzione che lega x e y;
b. il valore di y quando $x = 15$;
c. il valore di x quando $y = 8$.

38 Se y è inversamente proporzionale a x e $y = 100$ quando $x = -10$, calcola:
a. l'equazione della funzione che lega x e y;
b. il valore di y quando $x = 5$;
c. il valore di x quando $y = 80$.

39 La variabile s è proporzionale al quadrato di t e $s = 8$ quando $t = 4$, calcola:
a. l'equazione della funzione che lega s e t;
b. il valore di s quando $t = 3$;
c. il valore di t quando $s = 32$.

40 La variabile z è inversamente proporzionale a x e $z = 5$ quando $x = 7$.
Calcola il valore di x quando $z = 70$.

41 La variabile B è inversamente proporzionale ad A e $B = -3{,}5$ quando $A = -2$.
Calcola il valore di B quando $A = 1{,}4$.

42 La variabile y è inversamente proporzionale a x e $y = 4$ quando $x = 2$. Calcola:
a. l'equazione della funzione che lega x e y;
b. il valore di y quando $x = 9$;
c. il valore di x quando $y = \frac{1}{3}$.

43 La variabile y è inversamente proporzionale a x e $y = 3$ quando $x = 8$.
Senza ricavare l'equazione della funzione che lega x e y, calcola il valore di y quando $x = 4$.

44 La variabile y è quadraticamente proporzionale a x e $y = 8$ quando $x = 2$. Calcola:
a. l'equazione della funzione che lega x e y;
b. il valore di y quando $x = 15$;
c. il valore di x quando $y = 32$.

45 La variabile y è inversamente proporzionale a x e $y = 10$ quando $x = 4$. Calcola:
a. l'equazione della funzione che lega x e y;
b. il valore di x quando $y = 0{,}4$;
c. il valore di y quando $x = 3$.

46 La variabile y è inversamente proporzionale a x e $y = 15$ quando $x = 8$. Calcola:

a. il valore di y quando $x = 6$;

b. il valore di x quando $y = 18$.

47 La variabile p è inversamente proporzionale a q e $p = \frac{1}{4}$ quando $q = \frac{1}{2}$. Calcola:

a. l'equazione della funzione che lega p e q;

b. il valore di p quando $q = \frac{1}{5}$;

c. il valore di q quando $p = \frac{1}{10}$.

48 La variabile p è inversamente proporzionale a q e $p = 7$ quando $q = 9$. Calcola:

a. l'equazione della funzione che lega p e q;

b. il valore di q quando $p = 14$;

c. il valore di p quando $q = 3{,}5$.

49 La variabile y è inversamente proporzionale a x e $y = 5$ quando $x = 5$. Calcola:

a. il valore di y quando $x = 10$;

b. il valore di x quando $y = 2{,}5$.

50 La variabile y è quadraticamente proporzionale a x.

a. Cosa succede al valore di y quando x triplica?

b. Cosa succede al valore di y quando x diventa il 10% del suo valore di partenza?

51 La variabile y è inversamente proporzionale a x e $y = 4$, quando $x = 3$.

a. Scrivi l'equazione della funzione che lega x e y.

b. Disegna il grafico di y in funzione di $\frac{1}{x}$.

52 La variabile p è inversamente proporzionale a q e $p = 6$ quando $q = 4$. Calcola la variazione percentuale di p che corrisponde a $q = 6$.

53 Le grandezze p e q sono inversamente proporzionali. Di quale percentuale diminuisce q quando p aumenta del 75%?

54 **ANALIZZARE DATI E GRAFICI** Osserva i dati della seguente tabella.

x	2	6	8	10	12
y	7	21	28	35	42

a. Rappresenta i dati nel piano cartesiano.

b. Se il grafico corrisponde a una delle funzioni che conosci, scrivi l'equazione che lega x e y.

55 **ANALIZZARE DATI E GRAFICI** Osserva i dati della seguente tabella.

x	5	10	20	40	80
y	80	40	20	10	5

a. Rappresenta i dati nel piano cartesiano.

b. Se il grafico corrisponde a una delle funzioni che conosci, scrivi l'equazione che lega x e y.

56 **ANALIZZARE DATI E GRAFICI** Osserva i dati della seguente tabella.

x	3	10	15	18	20
y	72	800	1800	2592	3200

a. Rappresenta i dati nel piano cartesiano.

b. Se il grafico corrisponde a una delle funzioni che conosci, scrivi l'equazione della funzione che lega x e y.

57 **RISOLVERE PROBLEMI** Se 7 litri di benzina costano 14,70 €, qual è il costo di 15 litri?

58 La frequenza delle onde radio è inversamente proporzionale alla lunghezza d'onda. La frequenza di un'onda che ha lunghezza d'onda di 3000 m è 100 kHz. Calcola:

a. la frequenza di un'onda radio che ha lunghezza d'onda di 50 m;

b. la lunghezza d'onda di un'onda radio che ha frequenza 800 kHz.

59 La frequenza delle onde radio è inversamente proporzionale alla lunghezza d'onda. La lunghezza d'onda è di $1,5 \cdot 10^3$ m quando la frequenza è $2,0 \cdot 10^5$ Hz.
Calcola:

a. la frequenza di un'onda radio che ha lunghezza d'onda di 480 m;

b. la lunghezza d'onda di un'onda radio che ha frequenza di $9,6 \cdot 10^5$ Hz.

60 **CONFRONTARE E ANALIZZARE FIGURE GEOMETRICHE** L'area A di una certa figura geometrica è quadraticamente proporzionale al perimetro P. Quando $P = 20$ cm, $A = 25$ cm^2. Calcola:

a. il perimetro della figura quando l'area è 169 cm^2;

b. l'area della figura quando il perimetro è 36 cm.

61 **RISOLVERE PROBLEMI** Durante un esperimento, un ricercatore ha misurato la distanza s percorsa da un oggetto in relazione al tempo t trascorso. I risultati sono rappresentati nel grafico a fianco. Il ricercatore ritiene che la distanza s sia quadraticamente proporzionale al tempo t.
Scrivi l'equazione della funzione che lega t e s.

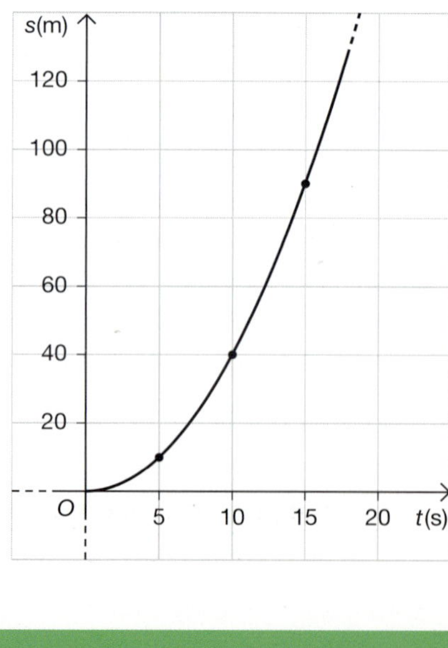

62 **RISOLVERE PROBLEMI** 12 macchine da stampa stampano un certo numero di pagine in 3 ore.

a. Quale tipo di funzione lega numero di macchine e tempo impiegato?

b. Quanto tempo impiegano 18 macchine dello stesso tipo a stampare lo stesso numero di pagine?

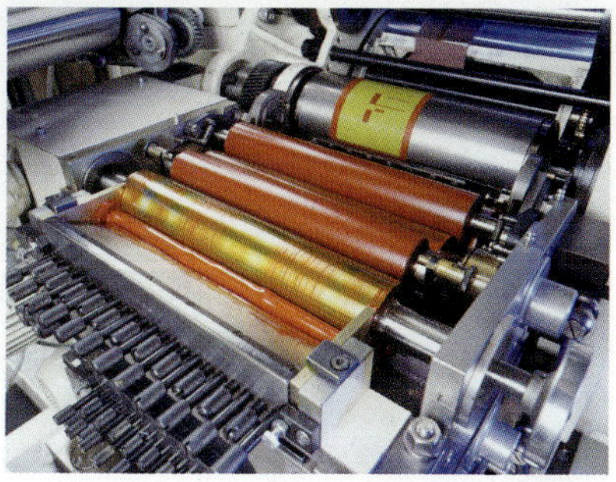

63 **RISOLVERE PROBLEMI** 8 rubinetti riempiono una cisterna in 6 minuti. Quanto tempo è necessario per riempirla con 2 rubinetti?

64 **RISOLVERE PROBLEMI** In un settore di un allevamento ittico ci sono 100 pesci e c'è cibo sufficiente per 25 giorni. Se vengono aggiunti 25 pesci, per quanto tempo può bastare il cibo?

65 **RISOLVERE PROBLEMI** Durante un test, un camion percorre diverse volte lo stesso tratto, lungo 20 km, a velocità diverse. La tabella riporta il tempo t impiegato alle diverse velocità v.

Velocità v (km/h)	1	2	4	10	20	40
Tempo t (h)	20	10	5	2	1	0,5

a. Verifica che la velocità e il tempo impiegato sono grandezze inversamente proporzionali.

b. Scrivi l'equazione della funzione che lega v e t.

c. Usa l'equazione per valutare il tempo che il camion impiegherebbe a percorrere 20 km alla velocità di 50 km/h.

d. Disegna il grafico di:
- t in funzione di v;
- t in funzione di $\frac{1}{v}$.

66 **RISOLVERE PROBLEMI** La tabella mette in relazione il numero di macchine impiegate e il tempo necessario a preparare 1200 involtini di riso.

Numero di macchine n	1	2	5	10
Tempo t (minuti)	60	30	12	6

a. Verifica che il numero di macchine n e il tempo t sono variabili inversamente proporzionali.

b. Scrivi l'equazione della funzione che lega n e t.

c. Usa l'equazione per calcolare il tempo impiegato da 4 macchine per realizzare 1200 involtini di riso.

d. Disegna il grafico di:
- n in funzione di t;
- n in funzione di $\frac{1}{t}$.

67 La pressione P (in kPa) del gas in un serbatoio è inversamente proporzionale al volume occupato V (in cm^3). Quando $V = 500$, $P = 20$.

a. Scrivi l'equazione della funzione che lega P e V.

b. Calcola il valore di P quando $V = 100$.

c. Calcola il valore di V quando $P = 25$.

d. Disegna il grafico di P in funzione di V.

68 **RISOLVERE PROBLEMI** Due rubinetti identici riempiono una vasca in 15 minuti. Calcola in quanto tempo la riempiono 3 rubinetti.

69 **RISOLVERE PROBLEMI** Quattro rubinetti identici riempiono un serbatoio in 70 minuti. Calcola il tempo necessario a riempirlo utilizzando 7 rubinetti.

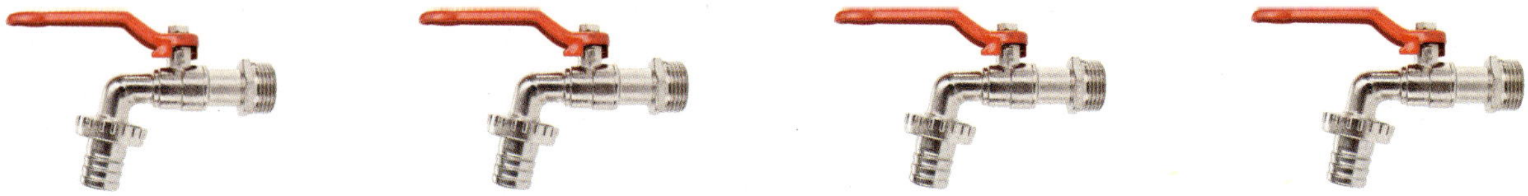

70 **RISOLVERE PROBLEMI** Tre uomini scavano 2 fossati identici in 5 ore. Supponendo che tutti gli uomini lavorino con lo stesso ritmo, quanto tempo sarà necessario a 5 uomini per scavare 7 fossati?

71 **RISOLVERE PROBLEMI** Una partita di mangime può nutrire 1260 capi di bestiame per 50 giorni. Ipotizzando che tutti gli animali considerati consumino il mangime alla stessa velocità, calcola:

a. il numero di capi di bestiame che una partita della stessa entità può nutrire per 75 giorni;

b. per quanto tempo può essere sufficiente una partita della stessa entità se viene usata per nutrire 1575 capi di bestiame.

72 **RISOLVERE PROBLEMI** In un campeggio sportivo è stato previsto cibo sufficiente per 72 atleti che rimangono per 6 giorni. Se tutti gli atleti mangiano la stessa quantità di cibo e 18 atleti sono assenti dal campeggio, per quanti giorni in più può durare il cibo?

73 **RISOLVERE PROBLEMI** Per placcare in argento un oggetto di rame si scioglie un sale d'argento in acqua e si fa passare corrente attraverso la soluzione. La massa w di argento che si deposita su un elettrodo è direttamente proporzionale al tempo t durante il quale scorre una corrente costante.
Per $t = 0{,}3$ h si ha $w = 1{,}8$ g.

a. Scrivi un'equazione che metta in relazione w e t.

b. Calcola la massa di argento che si deposita in 2,5 ore.

c. Rappresenta in un grafico w in funzione di t.

74 **RISOLVERE PROBLEMI** Un oggetto in caduta libera che parte da fermo percorre una distanza s proporzionale al quadrato del tempo t di caduta impiegato. Sapendo che un oggetto impiega 3 s a cadere per 45 m, calcola:

a. la distanza percorsa in 7 s;

b. il tempo necessario a cadere per 20 m.

75 **RISOLVERE PROBLEMI** Il raggio di curvatura di una linea ferroviaria è proporzionale al quadrato della velocità di sicurezza con cui il treno può percorrere la curva. La velocità di sicurezza con cui un treno può percorrere una certa curva di raggio 121 m è di 22 m/s.
Calcola:

a. la velocità di sicurezza per una curva di raggio 81 m;

b. il raggio di curvatura se si dimezza la velocità di sicurezza di 22 m/s.

76 **RISOLVERE PROBLEMI** Il tempo necessario a ristrutturare una casa è inversamente proporzionale al numero di operai che vi lavorano. Impiegando 6 operai, la ristrutturazione richiede 8 giorni. Se tutti gli operai lavorano allo stesso ritmo, quanti operai sono sufficienti per completare il lavoro in 12 giorni?

77 **INVALSI 2012** Con «spazio di frenata» intendiamo lo spazio che un'auto percorre dall'inizio della frenata fino a quando si ferma.
Una regola pratica per stimare lo spazio di frenata (in metri), nel caso in cui l'auto viaggi su una strada asfaltata in buone condizioni e non bagnata, è la seguente:
Eleva al quadrato il valore della velocità (in km/h) dell'auto all'inizio della frenata e dividi il risultato ottenuto per 200.

a. Completa la tabella seguente, che fornisce lo spazio di frenata s (approssimato per eccesso al metro) per alcuni valori della velocità v quando la strada si trova nelle condizioni descritte sopra.

v (km/h)	s (approssimato per eccesso al metro)
40	8
50	13
60	
70	25
80	
90	
100	50

b. Quale fra i seguenti grafici può rappresentare lo spazio di frenata s al variare della velocità v?

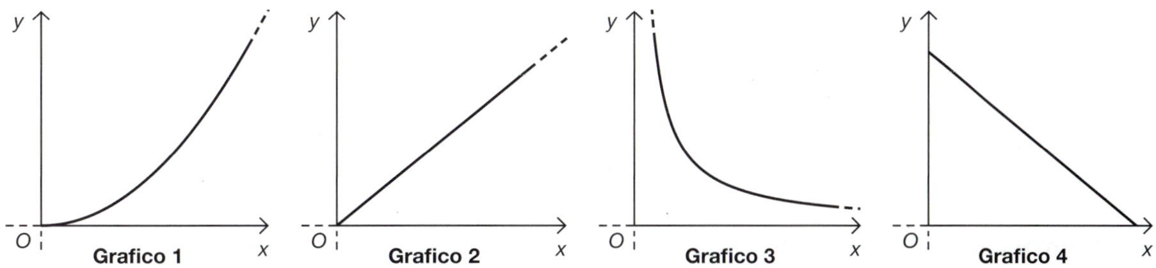

a Il grafico 1 b Il grafico 2 c Il grafico 3 d Il grafico 4

[INVALSI – prova nazionale per la scuola secondaria di primo grado]

MATHS HIGHLIGHTS CLIL

Controlla i risultati in fondo al volume.

DIRECT AND INVERSE PROPORTIONS

Direct proportions

If two quantities represented by the variables x and y are related by an equation such as

$$y = kx,$$

we say that **y is directly proportional to x**. This means that whenever one of the variables changes by a multiplicative factor, the other variable changes as well by the same multiplicative factor. For example, if x is doubled or tripled, then y will be doubled or tripled as well. Also, if x is halved then y will be halved; if x is reduced to one third of its original value then y will be reduced to one third of its original value as well.
If two quantities represented by the variables x and y are directly proportional then their ratio is constant:

$$\frac{y_1}{x_1} = \frac{y_2}{x_2} = k.$$

1 **VOCABULARY** Without using a dictionary, try to understand the meaning of the following words in the text above.

a. to double ....
b. to triple ....
c. to halve ....
d. ratio ....

2 **MATHS** Suppose we borrow some books from the public library.
If we do not return the books on time we will be fined, and fines are charged proportionally to the number of days a book is overdue. We know that when a book is overdue for 5 days, the fine is 75 cents.
Evaluate the fine when a book is overdue for 7 days.

Inverse proportions

If two quantities represented by the variables x and y are related by an equation such as

$$xy = k,$$

we say that **y is inversely proportional to x**. This means that whenever x changes by a multiplicative factor, then y changes by the multiplicative inverse of this multiplicative factor. For example, if x is doubled then y will be halved, if x is tripled then y will be reduced to one third of its original value. Also, if x is halved then y will be doubled; if x is reduced to one third of its original value, then y will be tripled.
If we consider only non-zero values of x we can rewrite the expression relating the two quantities in the following way:

$$y = \frac{k}{x}.$$

3 **MATHS** Complete the table with the time taken for a car to travel a distance of 120 km at different speeds.

Speed (x km/h)	10	20	30	40	60	120
Time (y hours)						

4 **MATHS** If y is inversely proportional to x and $y = 4$ when $x = 3$.

a. Express y in terms of x.
b. Calculate the value of y when $x = 6$.
c. Calculate the value of x when $y = 24$.

L'ESPERTO SEI TU
PROVE PER COMPETENZE

1 **INDIVIDUARE COLLEGAMENTI E RELAZIONI**

Stilare il menù Un bravo pizzaiolo, dopo anni di lavoro presso una grossa pizzeria, ha deciso di mettersi in proprio e ha aperto un negozio di pizza al taglio.
Avendo trovato un piccolo locale in centro, ha deciso di rivolgersi a una clientela molto variegata: pensa di poter offrire pizzette da passeggio, pizze per spuntini veloci, pizze da asporto di dimensione standard per un pasto, pizze giganti da mangiare in compagnia.

Per stilare il menù ha pesato con attenzione gli ingredienti di una pizzetta da passeggio (del diametro di circa 10 cm) e ha valutato che il prezzo congruo, che gli permette di guadagnare sufficientemente, è di 1 €.

A partire da questa ha stabilito i prezzi per gli altri formati secondo la tabella sotto.

Pizza	Diametro	Prezzo
Da passeggio	10 cm	1 €
Spuntino veloce	15 cm	1,5 €
Pizza standard	30 cm	3 €
Pizza gigante	40 cm	4 €

Dopo un mese dall'apertura il successo di pubblico è notevole, tanto che il nostro pizzaiolo pensa di assumere un aiutante per le ore di punta. Vanno molto soprattutto le pizze standard e le giganti. Soddisfatto del risultato, il pizzaiolo si accinge dunque a fare i conti dei guadagni per valutare se può pagare un aiutante e scopre che le spese sono state leggermente superiori ai ricavi, quindi non ha avuto nessun guadagno netto! In particolare le spese per gli ingredienti della pizza sono state più di quanto si aspettasse…

Qual è stato il suo errore?

2 **PROGETTARE** **Uscite di sicurezza** Il responsabile della sicurezza di un palazzo dello sport deve valutare il numero di uscite di sicurezza necessarie in caso di evacuazione.

a. Costruisci un modello matematico che metta in relazione il numero di uscite con il tempo necessario a una evacuazione totale, cercando di utilizzare dati realistici.

b. Quante porte servirebbero, in base al modello, per evacuare il palazzo in tre minuti?

SEI PRONTO PER LA VERIFICA?

In 1 ora

1 Considera i dati della seguente tabella.

x	1	5	7	12	15	18
y	0,5	12,5	24,5	72	112,5	162

a. Rappresenta i dati in un grafico.

b. Di quale curva a te nota potrebbe trattarsi?

c. Verifica la tua ipotesi controllando che il valore del parametro corrispondente sia costante e scrivi l'equazione che lega x a y.

d. Calcola il valore che assume x per $y = 80$ sulla base della formula ottenuta.

e. Calcola il valore che assume y per $x = 10$ sulla base della formula ottenuta.

(10 punti per ogni risposta esatta) .... / 50

2 Un carico di mangime può nutrire 1000 pecore per 20 giorni. Quanti carichi di mangime sono necessari per nutrire 550 pecore per 400 giorni?

.... / 20

3 Considera la funzione $y = |2 + 5x|$.

a. Scrivi la funzione come funzione lineare a tratti.

b. Disegna la funzione sul piano cartesiano.

c. Per quali valori di x la variabile y assume valore 7?

(10 punti per ogni risposta esatta) .... / 30

Punti totali: .... / 100

AUTOVALUTAZIONE

Controlla i risultati in fondo al volume.

☐ Fino a 50 punti insufficiente	☐ Da 51 a 70 punti sufficiente	☐ Da 71 a 90 punti buono	☐ Da 91 a 100 punti ottimo

La statistica

CAPITOLO 8

1 I pittogrammi e i grafici a barre

Esercizi a pag. 366

COMUNICARE

GIOCHIAMO CON LA MENTE

Un sondaggio

La classe 2B pubblica un giornalino scolastico. I redattori hanno deciso di pubblicare sul prossimo numero un sondaggio sul comportamento dei loro compagni di scuola. Hanno anche pensato di approfittarne per ricavare delle indicazioni sulle loro bibite preferite, per chiedere l'installazione di distributori automatici nella scuola.

In figura ci sono sette delle schede raccolte per il sondaggio.

Sesso: M ☒ F ☐ — Età: 14 ☐ 15 ☒ 16 ☐ 17 ☐ 18 ☐
Frequenti discoteche? Mai ☒ Saltuariamente ☐ Spesso ☐
Bevi alcolici? Mai ☒ Saltuariamente ☐ Spesso ☐
Bevanda analcolica preferita? Cola ☒ Aranciata ☐ Limonata ☐ Chinotto ☐

Sesso: M ☐ F ☒ — Età: 14 ☒ 15 ☐ 16 ☐ 17 ☐ 18 ☐
Frequenti discoteche? Mai ☐ Saltuariamente ☒ Spesso ☐
Bevi alcolici? Mai ☐ Saltuariamente ☒ Spesso ☐
Bevanda analcolica preferita? Cola ☐ Aranciata ☐ Limonata ☐ Chinotto ☒

Sesso: M ☐ F ☒ — Età: 14 ☐ 15 ☐ 16 ☒ 17 ☐ 18 ☐
Frequenti discoteche? Mai ☐ Saltuariamente ☐ Spesso ☒
Bevi alcolici? Mai ☒ Saltuariamente ☐ Spesso ☐
Bevanda analcolica preferita? Cola ☐ Aranciata ☒ Limonata ☐ Chinotto ☐

Sesso: M ☒ F ☐ — Età: 14 ☒ 15 ☐ 16 ☐ 17 ☐ 18 ☐
Frequenti discoteche? Mai ☐ Saltuariamente ☒ Spesso ☐
Bevi alcolici? Mai ☒ Saltuariamente ☐ Spesso ☐
Bevanda analcolica preferita? Cola ☒ Aranciata ☐ Limonata ☐ Chinotto ☐

Sesso: M ☐ F ☒ — Età: 14 ☐ 15 ☐ 16 ☒ 17 ☐ 18 ☐
Frequenti discoteche? Mai ☐ Saltuariamente ☐ Spesso ☒
Bevi alcolici? Mai ☐ Saltuariamente ☒ Spesso ☐
Bevanda analcolica preferita? Cola ☒ Aranciata ☐ Limonata ☐ Chinotto ☐

Sesso: M ☒ F ☐ — Età: 14 ☐ 15 ☒ 16 ☐ 17 ☐ 18 ☐
Frequenti discoteche? Mai ☒ Saltuariamente ☐ Spesso ☐
Bevi alcolici? Mai ☒ Saltuariamente ☐ Spesso ☐
Bevanda analcolica preferita? Cola ☐ Aranciata ☒ Limonata ☐ Chinotto ☐

Sesso: M ☒ F ☐ — Età: 14 ☒ 15 ☐ 16 ☐ 17 ☐ 18 ☐
Frequenti discoteche? Mai ☐ Saltuariamente ☒ Spesso ☐
Bevi alcolici? Mai ☐ Saltuariamente ☒ Spesso ☐
Bevanda analcolica preferita? Cola ☐ Aranciata ☐ Limonata ☒ Chinotto ☐

► Estrai i dati che ti interessano dalle schede compilate e riportali nella tabella sotto, indicando in ogni casella il numero di risposte ottenute per ogni scelta.

Sesso		**Età**				
M	F	14	15	16	17	18

Discoteche			**Alcolici**			**Bibite**			
Mai	Salt.	Spes.	Mai	Salt.	Spes.	Cola	Ar.	Lim.	Chin.

► Ti sembra che la tabella contenga tutte le informazioni del sondaggio o nel riassumere i dati hai perso qualcosa?

....

....

► Ora considera solo i dati sulle bibite e rappresentali graficamente nel modo che ti sembra più efficace.

Sull'eBook ti proponiamo un'altra attività come questa.

IN TEORIA

Una grande quantità di dati può contenere parecchie informazioni, ma affinché queste diventino significative e comprensibili i dati devono essere organizzati e sintetizzati. Questo è lo scopo della **statistica**.

DEFINIZIONE	PER ESEMPIO
L'insieme di tutti gli oggetti che studiamo si chiama **popolazione** (anche quando non si tratta di persone). Se prendiamo in considerazione una parte della popolazione, tale sottoinsieme viene detto **campione**.	Vogliamo studiare alcune caratteristiche della popolazione italiana. Non è possibile raccogliere i dati su tutti gli abitanti, quindi ci limiteremo a un sottoinsieme della popolazione.
Nell'ambito della popolazione, ci concentriamo su una caratteristica, chiamata **carattere**, che può assumere diversi valori, dette **modalità**. Le modalità possono essere **quantitative**, se sono espresse da numeri, o **qualitative**, in caso contrario.	Se studiamo l'organizzazione della società italiana, siamo interessati al numero di componenti del nucleo familiare. Le possibili risposte saranno 1, 2, 3, 4… Se delle persone che intervistiamo vogliamo sapere il piatto preferito, alcune risposte possibili sono pizza, lasagne, arrosto…
La prima informazione che possiamo ricavare dai dati è quanti elementi presentano una certa modalità. Questo valore si chiama **frequenza** della modalità. L'insieme delle frequenze di tutte le modalità si chiama **distribuzione** del carattere.	Relativamente al primo carattere ci chiediamo quanti nuclei familiari hanno 1 componente, quanti 2 componenti, … Raccolti i dati relativi al secondo carattere, invece, ci chiediamo quante persone preferiscono la pizza, quante le lasagne, …

Un passo importante da fare per capire i dati statistici è visualizzarli graficamente, per cogliere a colpo d'occhio le informazioni più rilevanti.
I **grafici** che studieremo sono rappresentazioni grafiche delle distribuzioni.

La rappresentazione più immediata è quella dei **pittogrammi**.
Per ogni modalità definiamo un simbolo che la richiami visivamente, in modo che a ognuno di essi corrisponda un certo numero di elementi, e disponiamo i simboli in fila.

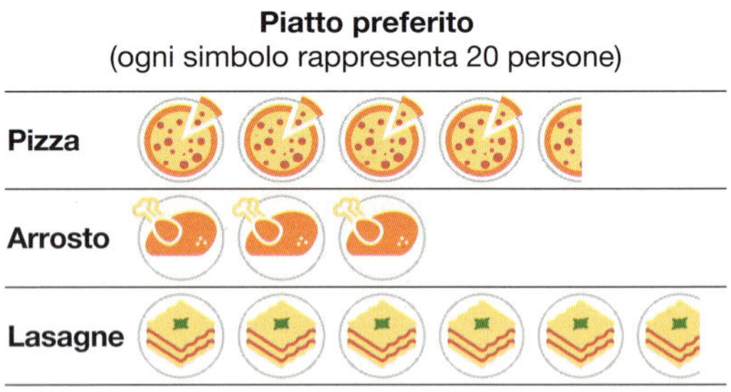

Quando è necessaria un'analisi dal punto di vista quantitativo, vengono usati i grafici a barre.

Nei **grafici a barre**, la frequenza di ogni modalità è rappresentata con rettangoli che hanno tutti la stessa base e altezza proporzionale alla frequenza. Questa rappresentazione permette di leggere dal grafico anche valori intermedi con buona accuratezza.

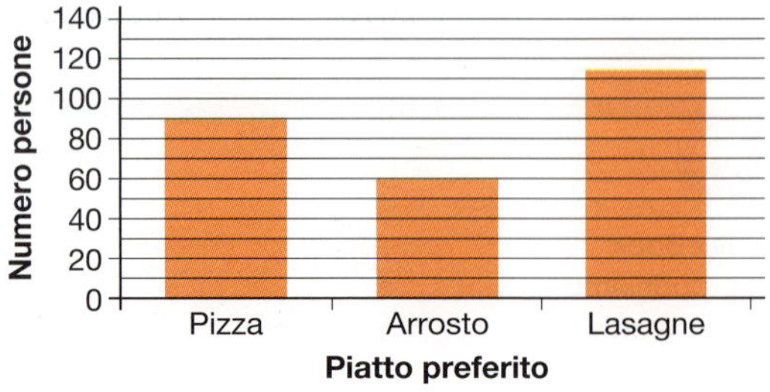

IN PRATICA

[A] Come si realizza un pittogramma?

In una scuola di 1330 studenti è stato realizzato un sondaggio sull'uso dei mezzi di trasporto. Il sondaggio è relativo a un solo carattere, il mezzo di trasporto, che ha 3 modalità: automobile, autobus, piedi.
Il risultato del sondaggio è che 450 studenti vengono in auto, 680 in autobus, 200 a piedi. Questi valori sono le frequenze per ogni modalità.

Per realizzare un pittogramma che illustri graficamente i dati dobbiamo osservare i valori delle frequenze da rappresentare e decidere a quanti elementi corrisponde un singolo simbolo. Con un simbolo per ogni ragazzo servirebbero centinaia di disegni e il grafico sarebbe incomprensibile. Se invece attribuiamo a ogni simbolo il valore di 100 studenti, ne servono 4 e mezzo per l'auto, circa 7 per l'autobus e 2 per chi va a piedi: sono numeri gestibili e facilmente comprensibili a una prima occhiata. È necessario riportare la legenda sul grafico, per permettere una lettura precisa dei dati.

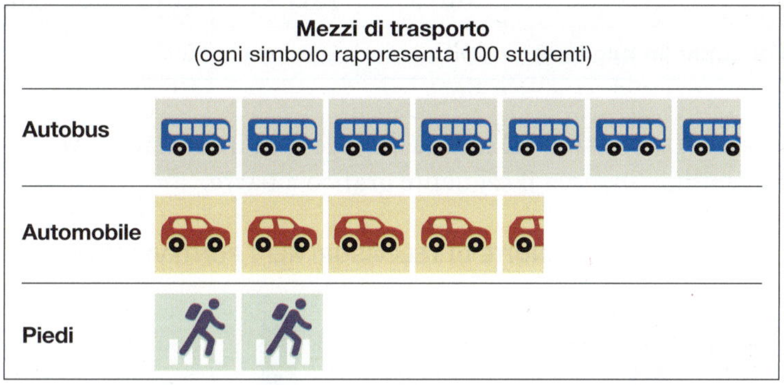

OSSERVA Un autobus è più grande di un'auto, che a sua volta è più grande di un pedone. Tuttavia non è opportuno rappresentare i simboli in proporzione, altrimenti può sembrare che un simbolo corrisponda a più persone dell'altro.

[B] Come si realizza un grafico a barre?

La seguente tabella riporta i profitti della compagnia Grafici & figli dal 2011 al 2016.

Anno	Profitti (€)
2011	5 000 000
2012	6 100 000
2013	4 500 000
2014	5 700 000
2015	5 000 000
2016	7 050 000

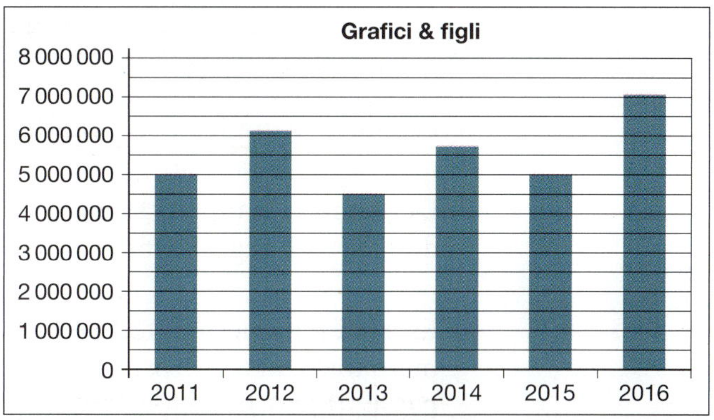

Questa è una funzione che associa a ogni anno il profitto corrispondente e, come abbiamo studiato nel paragrafo 5.3, possiamo rappresentarla tramite un grafico cartesiano.
Per dare maggiore rilievo ai dati, possiamo rappresentare la funzione anche con un pittogramma o con un grafico a barre. In questo modo il grafico risulta più comprensibile anche senza leggere i valori in tabella, perché si notano più facilmente le differenze di profitto tra i diversi anni.

PROVA TU

[A] **1** **ACQUISIRE DATI E INFORMAZIONI** La tabella riporta il numero di studenti di una scuola che giocano a pallavolo, basket, tennis e calcio.

Sport	Pallavolo	Basket	Tennis	Calcio
Numero di studenti	40	60	50	180

a. Costruisci un pittogramma che rappresenti i dati.

b. Trova il rapporto tra il numero di studenti che gioca a pallavolo e il numero di studenti che gioca a calcio.

c. Esprimi il numero di studenti che gioca a pallavolo come percentuale del totale.

[B] **2** **ACQUISIRE DATI E INFORMAZIONI** La tabella riporta il numero di copie di un giornale vendute in abbonamento dal 2010 al 2014. Usa un grafico a barre per illustrare le informazioni.

Anno	2010	2011	2012	2013	2014
Numero di copie (in migliaia)	250	275	290	315	280

3 **ANALIZZARE DATI E GRAFICI** La catena di negozi di informatica *Media Universe* possiede sette punti vendita. Osserva il seguente grafico a barre.

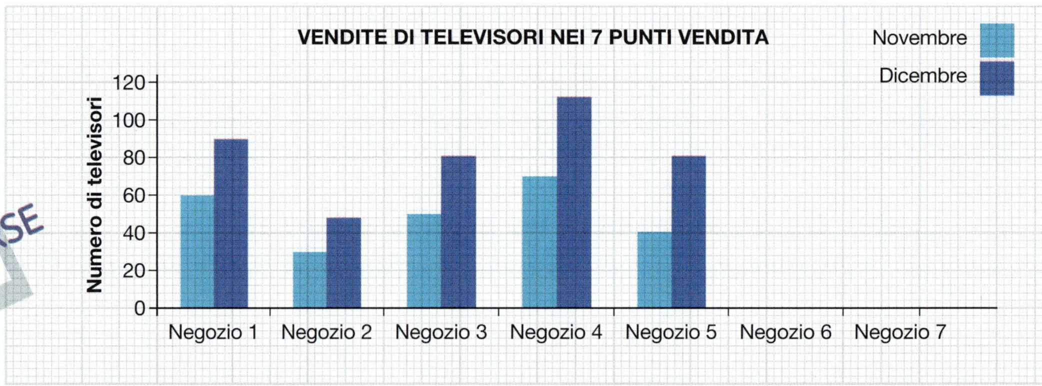

a. Completa il grafico con i dati dei negozi 6 e 7 utilizzando la tabella.

b. Determina il numero totale di televisori venduti dai sette negozi in novembre e in dicembre.

Mese	**Negozio 6**	**Negozio 7**
Novembre	64	70
Dicembre	88	96

c. Esprimi il numero di televisori totali venduti in novembre come percentuale del numero totale di televisori venduti in novembre e dicembre.

d. Esprimi il numero di televisori totali venduti nel negozio 7 in novembre e dicembre come percentuale del numero totale di televisori venduti negli stessi mesi da tutti i negozi.

e. La direzione vorrebbe chiudere uno dei negozi per le scarse vendite. Basandosi sul numero di televisori venduti tra novembre e dicembre il direttore ha proposto di chiudere il negozio 7. Concordi con il direttore? Perché?

f. In quale mese sono andate meglio le vendite?

Esercizi a pag. 366

Esercizi
a pag. 370

I grafici a torta

2

ANALIZZARE DATI E GRAFICI

GIOCHIAMO CON LA MENTE

Elezioni

Le elezioni politiche di un piccolo Stato hanno dato i risultati riportati nella tabella seguente.

Partito	Voti
Puffi Rivoluzionari (PR)	102 788
Potere Hobbit (PH)	159 917
Lega Galattica (LG)	84 103
Forze Oscure Unite (FOU)	65 455

► Calcola il numero totale dei voti espressi in queste elezioni.
Voti totali: ....

► Riscrivi la tabella indicando la percentuale dei voti ottenuta da ciascun partito (arrotonda i valori alle unità, facendo attenzione che la somma faccia 100) e rappresenta i risultati in un grafico a barre.

Partito	Voti (%)
PR	25%
PH	
LG	
FOU	

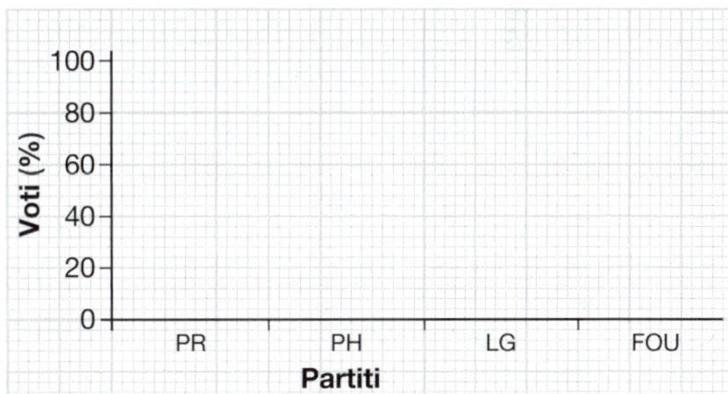

► Rappresenta infine i risultati dividendo il cerchio a fianco in settori la cui ampiezza sia proporzionale al valore del dato (per aiutare il lavoro è stata indicata una suddivisione in 10 settori).

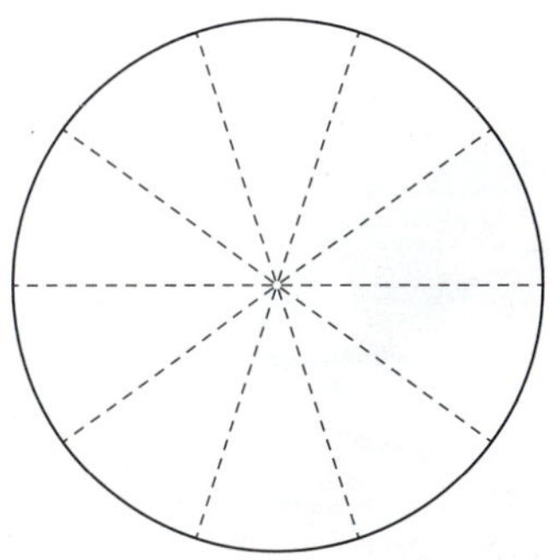

► Quale tra il grafico a barre e il cerchio aiuta ad avere un'idea più chiara di come saranno distribuiti i seggi?

....
....
....
....

Sull'eBook ti proponiamo un'altra attività come questa.

TEORIA

IN TEORIA

Usiamo un **grafico a torta** (o **aerogramma**) quando vogliamo mostrare le proporzioni delle frequenze delle diverse modalità **rispetto all'intero insieme di dati**. In questi casi il valore numerico effettivo delle singole frequenze è meno importante.

Un grafico a torta si costruisce dividendo un cerchio in settori, in modo che l'area di ogni settore sia proporzionale alla frequenza della modalità da rappresentare (e quindi anche i rispettivi angoli al centro sono proporzionali alle frequenze).

PER ESEMPIO Riprendiamo il sondaggio sull'uso dei mezzi di trasporto per andare a scuola del paragrafo precedente.
Se rappresentiamo i dati in un grafico a barre, otteniamo una figura come quella a fianco.
Questo tipo di grafico permette di leggere facilmente i valori assoluti di ciascuna frequenza, cioè *quanti* ragazzi usano un certo mezzo, ma è meno intuitivo per indicare quanti ragazzi *rispetto al totale* usano un certo mezzo.

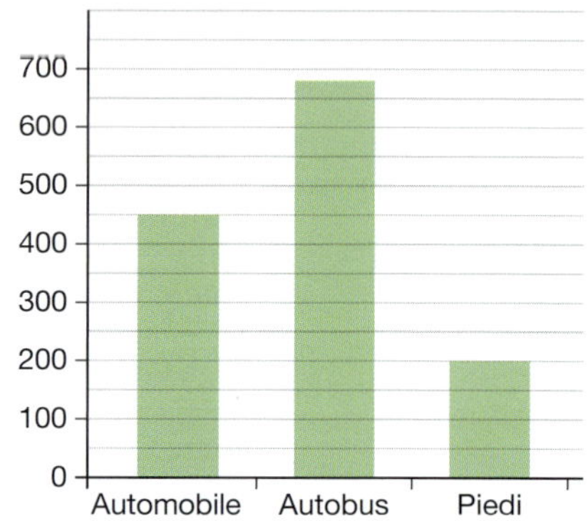

Nella figura a lato i dati sono rappresentati in un grafico a torta.
Il grafico a torta mostra immediatamente che poco più della metà degli studenti usa l'autobus e che circa un terzo di essi viene accompagnato in auto. Queste proporzioni tra le frequenze sono meno evidenti nel grafico a barre.

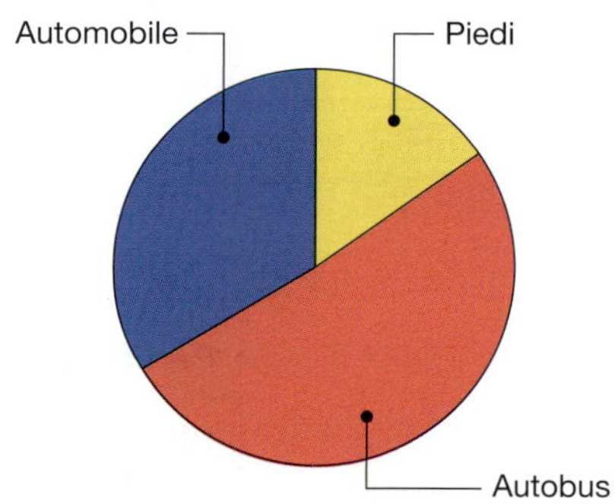

I grafici a torta possono essere più chiari di quelli a barre quando si confrontano dati relativi a uno stesso carattere, provenienti da popolazioni diverse.

PER ESEMPIO Se ripetiamo il sondaggio precedente in un'altra scuola, emerge una nuova modalità: gli studenti che vanno a scuola in bicicletta.
In questo caso, confrontare i dati dei due sondaggi non è immediato: sia la numerosità delle due popolazioni sia le modalità possono essere diverse, quindi non possiamo confrontare i valori assoluti dei dati.

Possiamo però confrontare le frequenze relative date dai due sondaggi, aiutandoci con un grafico a torta.

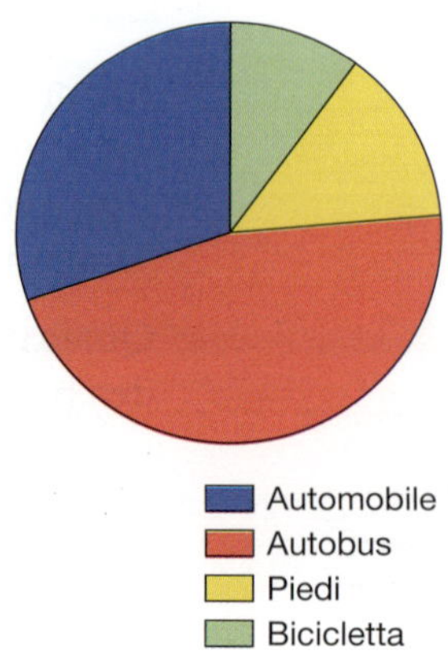

IN PRATICA

[A] Come si realizza un grafico a torta?

Un'azienda alimentare produce uno snack la cui massa è 200 g. Lo snack contiene 80 g di carboidrati, 90 g di proteine, 20 g di grassi, 10 g di vitamine e minerali.
L'azienda vuole realizzare un grafico a torta da stampare sulla confezione, per rappresentare la composizione del prodotto.
Per disegnare il grafico, determiniamo gli angoli dei settori circolari relativi a ciascun componente.
La massa totale, 200 g, deve corrispondere all'intero cerchio, cioè a un settore circolare di 360°. Gli altri valori devono essere proporzionali ai rispettivi angoli, come riportato nella tabella sotto.

Nella figura seguente è disegnato il grafico che si ottiene (i nomi dei diversi dati possono essere indicati in una legenda a parte o sulle fette della torta).

Componente	Angolo del settore
Carboidrati	$\alpha_c = \frac{80}{200} \cdot 360° = 144°$
Proteine	$\alpha_p = \frac{90}{200} \cdot 360° = 162°$
Grassi	$\alpha_g = \frac{20}{200} \cdot 360° = 36°$
Vitamine e minerali	$\alpha_{vm} = \frac{10}{200} \cdot 360° = 18°$

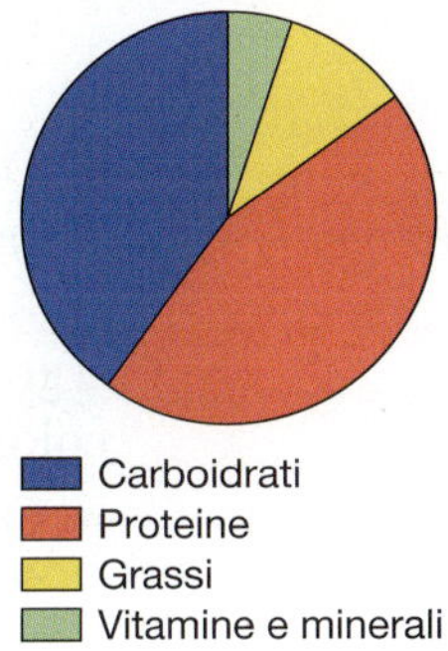

[B] Come si determina il valore dei dati rappresentati in un grafico a torta?

Un punch contiene succo di mela, succo di mirtillo e miele secondo le proporzioni indicate dal grafico a lato. Se una caraffa contiene in tutto 2000 mL di punch, quanti millilitri dei diversi componenti contiene?

Misuriamo con un goniometro gli angoli dei tre componenti:

1. succo di mirtillo → 216°;
2. succo di mela → 90°;
3. miele → 54°.

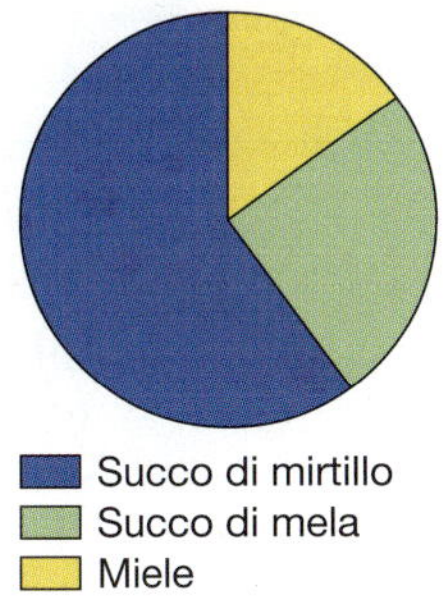

Poiché l'angolo del settore che rappresenta una certa modalità è proporzionale alla sua frequenza, e il totale (2000 mL) corrisponde all'angolo di 360°, abbiamo la composizione riportata in tabella.

Componente	Quantità
Succo di mirtillo	$\frac{216°}{360°} \cdot 2000 = 1200$ mL
Succo di mele	$\frac{90°}{360°} \cdot 2000 = 500$ mL
Miele	$\frac{54°}{360°} \cdot 2000 = 300$ mL

PROVA TU

[A] **1** La tabella riporta le spese sostenute dalla famiglia Verdi in vacanza. Costruisci un grafico a torta usando i dati della tabella.

Articolo	Cibo	Ricordi e regali	Hotel	Aereo	Varie
Spesa	1000 €	1200 €	400 €	1200 €	200 €

[B] **2** Il grafico a torta esprime la composizione del territorio italiano in termini di montagna, collina o pianura.
La superficie complessiva dell'Italia è di circa 300 000 km^2.

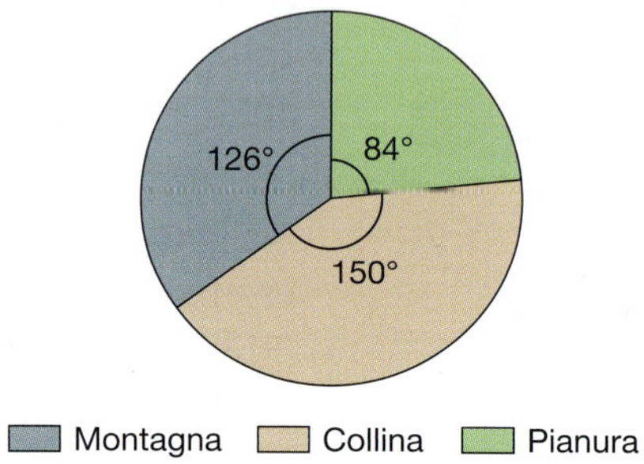

a. Determina le estensioni delle superfici montuosa, collinare, pianeggiante.

b. Determina le percentuali di territorio con le tre caratteristiche considerate.

3 Il grafico a barre mostra il numero di auto di diversi colori vendute in un anno in una città.

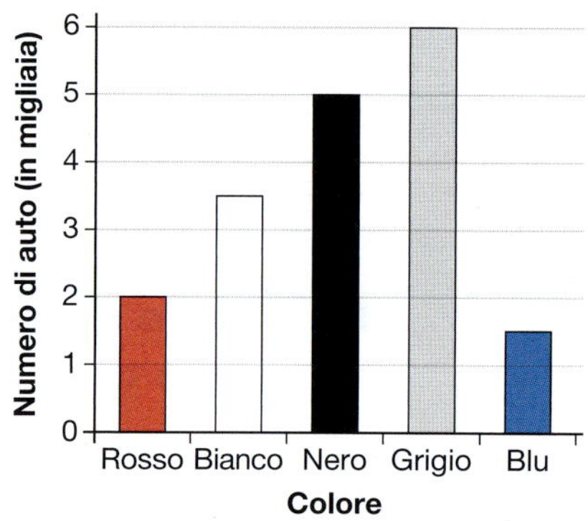

a. Qual è il colore meno popolare?

b. Trasforma il grafico in un grafico a torta.

c. Un ragazzo sostiene che deve esserci un errore nel grafico, perché non possono esistere 3,5 auto bianche o 1,5 auto blu. Sei d'accordo con lui? Perché?

4 **ARGOMENTARE** Il seguente grafico è tratto dal rapporto ISTAT *Italia in cifre 2015* e mostra quante persone ogni cento nel 2014 hanno usufruito di diversi tipi di intrattenimento (attenzione: una persona può fruire di più di un tipo; per esempio durante l'anno può andare sia al cinema, sia a teatro).

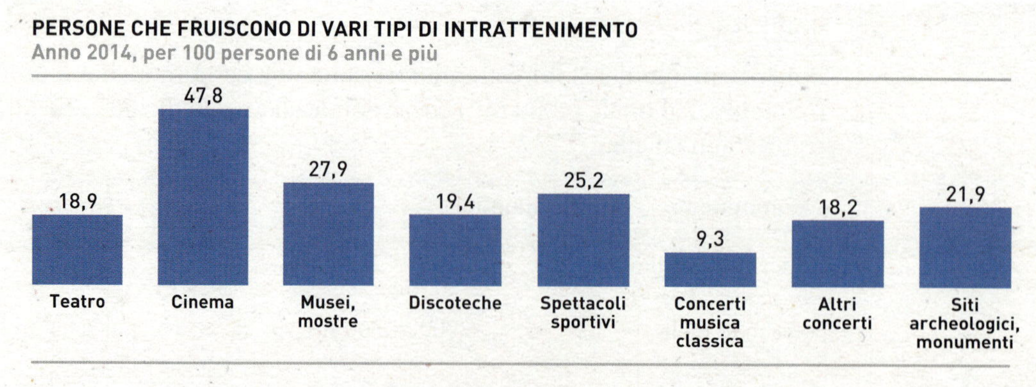

È possibile convertirlo in un grafico a torta? Motiva la tua risposta.

Esercizi a pag. 370

Esercizi
a pag. 374

Gli indici centrali: moda, media e mediana

3

COMUNICARE

GIOCHIAMO CON LA MENTE

Che aspetto hanno gli abitanti di Boh?

Sei uno dei primi al mondo ad aver visitato il pianeta Boh. Al tuo ritorno sei tempestato da domande di amici e conoscenti che vogliono sapere qualcosa sugli abitanti.
Le domande più ricorrenti riguardano:

- quanto sono alti;
- di che colore vestono;
- quante braccia hanno.

Chiaramente non esiste una risposta univoca a ognuna di queste domande, ma la confusione è tale che non hai modo di spiegare con calma quello che hai visto e devi rispondere in modo secco a ogni domanda.

► Osserva le foto prese durante il viaggio e trova una sola risposta per ogni domanda, giustificando ogni volta il criterio che hai seguito per rispondere (le righe sullo sfondo sono poste a distanza di 30 cm).

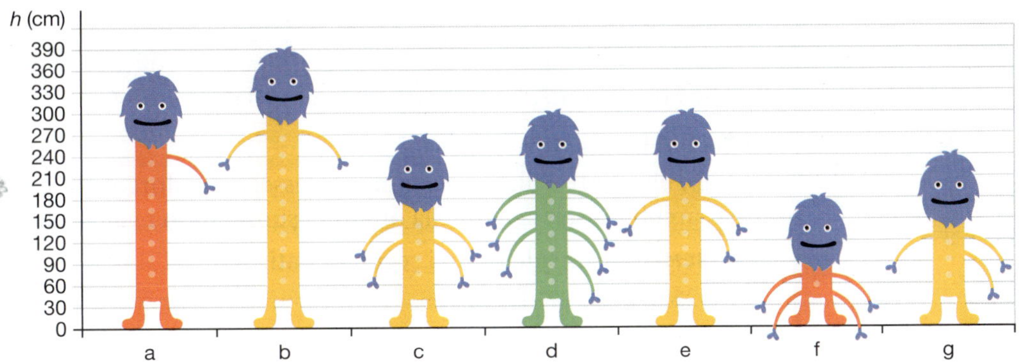

- Altezza: ....
  Criterio: ....
  ....
  ....
- Colore degli abiti: ....
  Criterio: ....
  ....
  ....
- Numero di braccia: ....
  Criterio: ....
  ....
  ....

Sull'eBook ti proponiamo un'altra attività come questa.

IN TEORIA

È possibile riassumere un insieme di dati con un unico valore che sia in qualche modo *rappresentativo* di tutti?
Esistono alcuni valori che possono essere ricavati dai dati e sono rappresentativi di essi. Si chiamano **indici centrali**. Vediamo quali sono i più comuni.
Consideriamo un insieme di dati $x_1, x_2, \ldots, x_n$.

La **moda** è la modalità con la frequenza maggiore.

PER ESEMPIO In un gruppo di amici i ragazzi hanno le seguenti età:
13; 14; 14; 15; 13; 14; 14.
La moda è 14 anni, cioè la modalità che si ripete più frequentemente.

La **media aritmetica** è la somma di tutti i valori divisa per il numero dei dati.

$$\overline{x} = \frac{x_1 + x_2 + \ldots + x_n}{n}$$

PER ESEMPIO Consideriamo ancora il caso precedente. L'età media è:

$$\overline{x} = \frac{13 + 13 + 14 + 14 + 14 + 14 + 15}{7} \approx 13{,}86 \text{ anni.}$$

La **mediana** è il valore corrispondente al dato centrale, quando i dati vengono ordinati in ordine crescente. Se il numero di dati è pari, la mediana è la media dei due dati centrali.

PER ESEMPIO I dati disposti in ordine crescente sono:
13; 13; 14; 14; 14; 14; 15.
Poiché i dati sono 7, la mediana è il quarto dato, cioè 14.

Proprietà della media aritmetica
Se tutti gli elementi della serie dei dati avessero il valore della media aritmetica, la loro somma sarebbe la stessa di quella ottenuta sommando i valori effettivi.

PER ESEMPIO Consideriamo i seguenti dati:
23; 25; 24; 19; 27; 18; 22; 25.
La media dei dati è:

$$\overline{x} = \frac{23 + 25 + 24 + 19 + 27 + 18 + 22 + 25}{8} = 22{,}875.$$

Osserviamo che:

$$22{,}875 \cdot 8 = 183 \quad \text{e} \quad 23 + 25 + 24 + 19 + 27 + 18 + 22 + 25 = 183.$$

Vedremo che esistono anche altri tipi di medie. In generale, quando non specificato, faremo sempre riferimento alla media aritmetica.
Osserviamo che mediana e media possono essere determinate solo se le modalità sono di tipo quantitativo, mentre la moda esiste per qualsiasi tipo di dati.
Se esistono più modalità con frequenza massima si ha una distribuzione con più mode.

ATTENZIONE I caratteri qualitativi restano tali anche quando a ogni modalità è associato un numero per motivi convenzionali (per esempio in un sondaggio sui mezzi di trasporto si può associare ad «auto» il numero 1, ad «autobus» il numero 2, a «piedi» il numero 3, ma non ha nessun significato una media tra un'automobile e un autobus…).

IN PRATICA

[A] Come si determina la moda di un insieme di dati?

La tabella seguente riporta il numero di famiglie che hanno un certo numero di componenti (dati ISTAT 2015). Qual è la situazione più comune?

Numero di componenti	1	2	3	4	5	6 o più
Famiglie	7 667 000	6 666 000	4 892 000	3 977 000	1 060 000	349 000

La situazione più comune è il valore che si ripete con maggiore frequenza. L'indice centrale che registra questa informazione è la moda.
In questo caso la moda corrisponde alla famiglia con un solo componente, che ha la frequenza più alta tra tutte le modalità.

[B] Come si determina la media di un insieme di dati?

Un gruppo di sei studenti misura le proprie altezze, ottenendo i seguenti valori:

1,56 m; 1,67 m; 1,49 m; 1,55 m; 1,71 m; 1,68 m.

La media è data dalla somma dei valori divisa per il numero dei dati, cioè:

$$\overline{h} = \frac{1,56 + 1,67 + 1,49 + 1,55 + 1,71 + 1,68}{6} = \frac{9,66}{6} = 1,61 \text{ m}.$$

Se tutti i ragazzi fossero alti quanto il valore medio, $\overline{h} = 1,61$ m, la somma delle altezze sarebbe 9,66 m, poiché $1,61 \cdot 6 = 9,66$. Questo valore è uguale alla somma dei dati raccolti.

[C] Come si determina la mediana di un insieme di dati?

In una ricerca per studiare il livello di benessere degli abitanti di una città, alcuni nuclei familiari sorteggiati a caso vengono intervistati riguardo al loro guadagno mensile.
I valori raccolti sono i seguenti:

2540 €; 24 250 €; 4400 €; 3960 €; 1680 €; 4250 €; 3720 €; 4550 €; 3940 €.

Per determinare la mediana dobbiamo mettere in ordine la serie di valori:

1680 €; 2540 €; 3720 €; 3940 €; 3960 €; 4250 €; 4400 €; 4550 €; 24 250 €.

Sono 9 valori, quindi quello a metà della successione è il quinto, cioè 3960 €. Tale valore corrisponde alla mediana.
Il fatto che 3960 € sia la mediana significa che metà della famiglie intervistate guadagna più di 3960 €, mentre l'altra metà guadagna di meno.

I ricercatori si sono accorti di avere trascurato il dato di un decimo nucleo familiare, il cui guadagno mensile è di 1920 €. La sequenza ordinata ora è:

1680 €; 1920 €; 2540 €; 3720 €; 3940 €; 3960 €; 4250 €; 4400 €; 4550 €; 24 250 €.

Poiché ora i dati sono in numero pari, la mediana è data dalla media del quinto e sesto valore, cioè:

$$\frac{3940 + 3960}{2} = 3950 \text{ €}.$$

TEORIA

PROVA TU

[A] **1** Gli studenti di una classe hanno preso in prestito diversi libri dalla biblioteca: uno ha preso 2 libri, in sei hanno preso 3 libri, in cinque hanno preso 4 libri, in tre hanno preso 5 libri e uno solo ha preso 6 libri.
Qual è la moda di questi dati? Che significato ha?

[B] **2** Emanuele deve spedire 14 scatoloni perché sta traslocando. Per la spedizione è necessario conoscere il peso di ciascun pacco, quindi Emanuele li pesa uno a uno e ottiene:

28 kg; 40 kg; 35 kg; 33 kg; 30 kg; 33 kg; 31 kg; 33 kg; 34 kg; 36 kg; 34 kg; 33 kg; 31 kg; 34 kg.

Determina il peso medio degli scatoloni.

[B] **3** Un bus turistico effettua numerose corse ogni giorno. Oggi le corse hanno avuto il seguente numero di passeggeri:

29; 42; 45; 39; 36; 41; 38; 37; 43; 35; 32; 40.

Qual è la media del numero di passeggeri per corsa di oggi?

[C] **4** Sette amici stanno vendendo biglietti per il concerto della scuola. Ne hanno venduti rispettivamente:

23; 45; 33; 12; 45; 38; 29.

Qual è il valore mediano?

5 Andrea e Debora si allenano al tiro al piattello e provano diverse sequenze da 20 tiri. Andrea ottiene i seguenti risultati (espressi come numero di centri):

12; 14; 12; 15; 14; 16; 14; 15; 15; 14; 12; 17; 14; 16; 12,

mentre Debora ottiene questi risultati:

12; 16; 12; 17; 14; 14; 14; 15; 15; 14; 12; 15; 15; 16; 12; 13; 17; 19; 19.

a. Qual è la moda di ognuna delle due serie di dati? Che significato ha?
b. Scrivi le mediane delle due serie di dati. Che significato hanno?

6 I punteggi di 8 studenti in un test di inglese sono:

79; 58; 73; 66; 50; 89; 91; 58.

Trova la media e la mediana dei punteggi.

7 Scrivi dieci numeri la cui moda sia 4.

8 Scrivi sei numeri che abbiano per mediana 26.

9 Scrivi sei numeri che abbiano media 10.

10 La media di 7 numeri è 11. Cinque di questi numeri sono 3, 17, 20, 4 e 15, gli altri due sono uguali tra loro. Trova:
a. la somma dei sette numeri;
b. il valore dei due numeri sconosciuti.

Esercizi a pag. 374

11 L'altezza media di 20 ragazzi e 14 ragazze è 161 cm. Sapendo che l'altezza media delle ragazze è 151 cm, trova l'altezza media dei ragazzi.

Esercizi
a pag. 379

Come usare moda, media e mediana

4

ANALIZZARE DATI E GRAFICI

GIOCHIAMO CON LA MENTE

Cosa cambia?

Considera il tempo (in minuti) impiegato dagli studenti di una classe per completare un test di storia:

15; 17; 13; 18; 20; 19; 15; 15; 17; 13; 17; 15; 14; 18; 15.

▶ Trova la media, la mediana e la moda di questo insieme di dati e riporta i valori in tabella.

Media	Mediana	Moda

Uno studente che era assente svolge il compito il giorno dopo, impiegando 25 minuti.

▶ Pensi che media, mediana e moda cambieranno, aggiungendo questo nuovo dato?

....

....

▶ Calcola i nuovi valori.

Media	Mediana	Moda

▶ Quali indici hanno risentito dell'aggiunta di un valore molto più alto degli altri?

....

....

....

▶ Sulla base dei dati raccolti e delle osservazioni precedenti, quale dei tre indici centrali useresti come indicatore per stimare il tempo necessario a svolgere lo stesso compito in un'altra classe?

....

....

....

....

PDF

Sull'eBook ti proponiamo un'altra attività come questa.

TEORIA

IN TEORIA

Nel paragrafo precedente abbiamo visto alcuni esempi di *indici centrali*.

- La **moda** è l'unico indice centrale utilizzabile anche con un *carattere qualitativo*. È particolarmente utilizzata nella progettazione delle campagne commerciali, cioè quando è importante determinare la preferenza della maggior parte delle persone.
- La **mediana** viene a volte scelta nella descrizione di dati relativi a fenomeni economici, sociali o relativi all'istruzione, perché questo tipo di fenomeni può contenere singoli dati con valori estremi molto diversi dagli altri, che in alcuni casi possono alterare la media senza essere particolarmente significativi.
- La **media** è l'indice centrale più utilizzato per i caratteri quantitativi, perché tiene conto di tutti i dati dell'insieme. È sensibile alla presenza di valori estremi nei dati.

Gli indici centrali condensano informazioni relative a un grande insieme di dati in un unico valore. Tuttavia, non contengono tutta l'informazione raccolta. Per questo è importante valutare quale indice risponde meglio alla domanda che ci poniamo o se è necessaria un'analisi più dettagliata.
Analizziamo alcuni esempi per capire a quali conclusioni può portare calcolare la mediana oppure la media, in diverse situazioni.

IN PRATICA

[A] La media di dati rappresentati da numeri interi può essere un numero decimale?

Il numero di figli in ogni famiglia di un gruppo è dato dai seguenti valori:

2; 3; 1; 4; 5; 1; 2; 2; 1; 1.

La media del numero di figli per famiglia è data da:

$$\bar{n} = \frac{2+3+1+4+5+1+2+2+1+1}{10} = \frac{22}{10} = 2{,}2 \text{ figli.}$$

Il valore 2,2 ovviamente non può riferirsi al numero di figli di una famiglia reale, ma può avere comunque un significato concreto: un valore medio di 2,2 figli a famiglia corrisponde a 22 figli ogni 10 famiglie.
Se si deve pianificare la costruzione di scuole o asili nella zona questo dato è perfettamente adeguato, perché permette di valutare la capienza necessaria in ogni quartiere in modo da avere posto per tutti.

[B] Moda, media o mediana?

Fine quadrimestre

Uno studente ha ottenuto i seguenti voti in matematica: 6; 7; 2; 6; 7. Dobbiamo decidere il voto finale del quadrimestre.
In quattro verifiche su cinque il risultato è stato positivo, quindi possiamo ipotizzare che la terza verifica (in cui lo studente ha preso un voto insufficiente e molto più basso delle altre) sia stato un episodio isolato.
Se calcoliamo la media otteniamo:

$$\bar{v} = \frac{6+7+2+6+7}{5} = \frac{28}{5} = 5{,}6.$$

Calcoliamo la mediana mettendo i voti in ordine crescente: 2; 6; 6; 7; 7. Consideriamo quello centrale, cioè il terzo: 6. L'effetto della terza verifica è stato attutito.
Entrambi gli indici considerano anche il voto 2, ma la media pesa anche il fatto che esso è molto minore degli altri; nel calcolo della mediana, invece, conta solo il fatto di essere minore degli altri. Un 3 o un 4 avrebbero dato lo stesso valore per la mediana, ma non per la media.
Ovviamente lo stesso vale anche per i voti alti: se il ragazzo avesse ottenuto 6, 7, 10, 6, 9 avremmo avuto come media

$$\bar{v} = \frac{6+7+10+6+9}{5} = \frac{38}{5} = 7{,}6,$$

mentre la mediana sarebbe stata 7. Il voto 10 influisce in modo maggiore sulla media che sulla mediana. In questo caso, la media è un voto migliore della mediana.

Nuove case in costruzione

Il grafico a barre indica il numero di componenti per famiglia in una città di una regione in espansione demografica. Quali sono la media, la moda e la mediana? Quale indice è più utile per chi deve pianificare la costruzione di nuove abitazioni?
In questo caso i dati sono già stati raggruppati per modalità del carattere in esame.
Possiamo ricavare la **moda** osservando il grafico: la modalità più frequente è quella con la barra di altezza maggiore: la famiglia formata da 5 componenti.

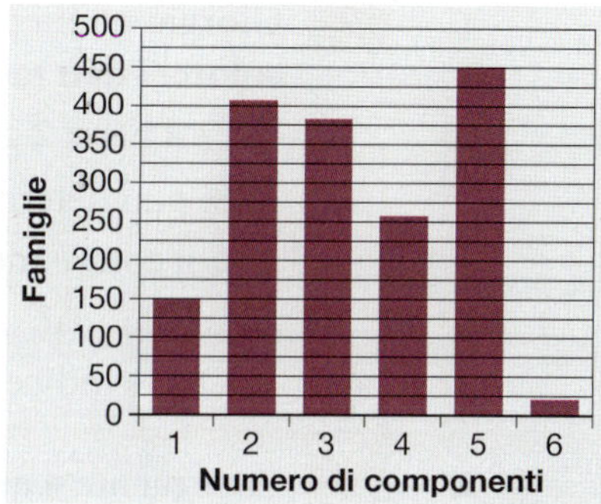

Per calcolare media e mediana del numero di componenti a famiglia è necessario conoscere il numero totale di famiglie. Per calcolarlo, analizziamo la tabella da cui è ricavato il grafico.

Componenti	1	2	3	4	5	6
Numero di famiglie	150	410	380	260	450	20

Le famiglie sono in tutto 1670.

Per calcolare la **media** dobbiamo calcolare la somma dei componenti di tutte le famiglie:

$$n_{tot} = 150 \cdot 1 + 410 \cdot 2 + 380 \cdot 3 + 260 \cdot 4 + 450 \cdot 5 + 20 \cdot 6 = 5520.$$

Dunque la media è:

$$\bar{n} = \frac{5520}{1670} \approx 3{,}3 \text{ componenti/famiglia},$$

cioè 33 componenti ogni 10 famiglie.

Per calcolare la **mediana**, dobbiamo immaginare di aver ordinato l'elenco dei dati in base al numero di componenti. Le famiglie sono in tutto 1670, quindi la mediana corrisponde alla media dei componenti delle famiglie numero 835 e 836, i due valori centrali della serie. Leggendo i valori nella tabella sappiamo che i primi 150 dati della serie ordinata hanno valore 1 (150 famiglie con 1 componente), dal 151 al 560 ($150 + 410 = 560$) hanno valore 2, dal 561 al 940 ($560 + 380 = 940$) hanno valore 3.
Le famiglie che dobbiamo esaminare sono in questo gruppo di valori e hanno entrambe 3 componenti. La mediana è dunque 3.

Se un costruttore si basasse unicamente sul dato della media o della mediana costruirebbe troppe case di dimensioni adatte per 3 persone. Le famiglie di 5 persone (che sono quelle più comuni) non capirebbero questa scelta. In questo caso, l'indicatore più utile potrebbe essere la moda, ma è opportuno studiare l'intera distribuzione se si vogliono evitare forzature.

PROVA TU

[B] **1** Le temperature prese a Roma, registrate a mezzanotte in sei notti consecutive di inizio agosto, sono le seguenti:

22 °C; 27 °C; 26 °C; 28 °C; 27 °C; 23 °C.

a. Determina moda, mediana e media dei dati.

b. La temperatura nella settima notte è stata di 22 °C. Se si tiene conto anche di questo dato, come cambiano moda, mediana e media?

c. Quale indice ti sembra più adatto per esprimere la temperatura notturna di Roma in quel periodo?

2 Giorgio conta per cinque minuti le auto che passano a un incrocio, prendendo nota del colore. I dati raccolti sono:

4 nere; 2 grigie; 4 bianche; 5 rosse; 1 blu.

a. Si può determinare il colore medio delle auto?

b. E il colore mediano?

c. E la moda?

d. Quale indice esprime il colore più diffuso?

[A] **3** La seguente sequenza indica il numero di goal segnati da una squadra di calcio in 20 partite:

4; 1; 2; 1; 0; 0; 1; 2; 3; 3; 1; 2; 1; 3; 4; 3; 2; 2; 4; 2.

a. Rappresenta i dati in un grafico a tua scelta.

b. Determina la media della distribuzione e interpretane il significato.

c. Se uno spettatore va a vedere una partita, quanti goal è più probabile che veda segnare alla squadra?

d. Qual è il totale dei goal segnati che ci potremmo aspettare in 100 partite?

[B] **4** **ANALIZZARE DATI E GRAFICI** Giovanna e Federica hanno giocato a golf. La tabella mostra i punteggi nelle prime nove buche (nel golf il punteggio migliore è il più basso).

Buca	1	2	3	4	5	6	7	8	9	Totale
Giovanna	3	2	5	7	3	2	2	4	17	45
Federica	4	4	6	8	3	3	2	6	6	42

Nella nona buca Giovanna ha mandato la palla in una trappola di sabbia e ha perso.

a. Trova il punteggio medio per ogni giocatrice nelle nove buche.

b. Trova il punteggio mediano per ogni giocatrice.

c. Trova il punteggio modale per ogni giocatrice.

d. Quale giocatrice ha fatto punteggi più alti nella maggior parte delle buche? Da quale indice emerge questa informazione?

e. Quale indice (moda, media o mediana) esprime meglio il confronto tra le abilità di Giovanna e Federica? Perché?

Esercizi a pag. 379

MAPPA
LA STATISTICA

LOSAI? RIPASSA CON LO SMARTPHONE

Su online.zanichelli.it/pensaci ti proponiamo altre mappe come questa.

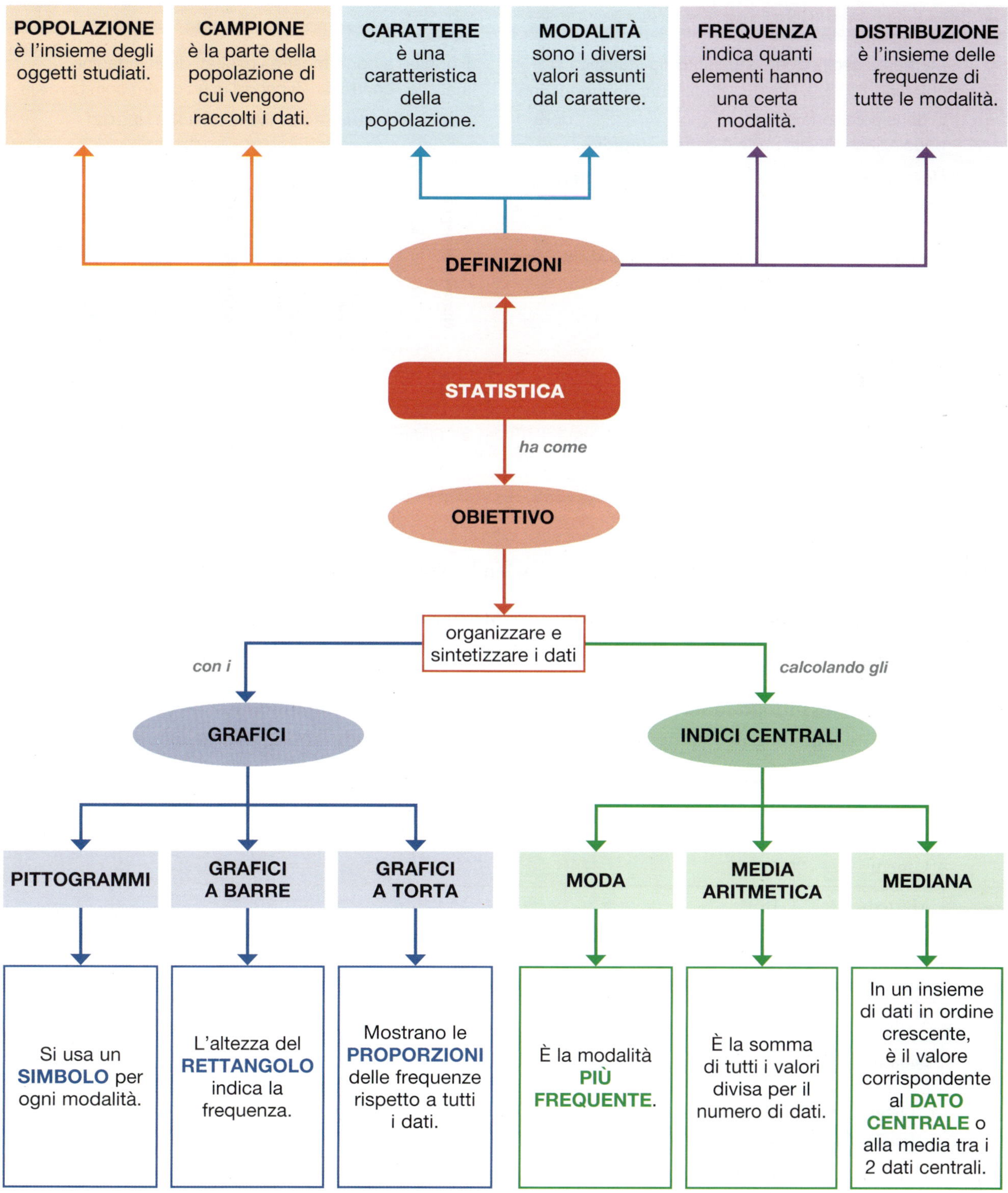

ESERCIZI

Controlla i risultati in fondo al volume.

1 I pittogrammi e i grafici a barre

Teoria a pag. 348

Ricorda

IN TEORIA

L'insieme degli oggetti studiati dalla statistica si chiama .... Quando prendiamo in considerazione .... della popolazione, quella parte è detta **campione**.

Un'indagine statistica studia un certo **carattere**, che si presenta in diverse ...., divise tra .... e ....

Il numero di volte in cui un carattere si presenta con una certa modalità si chiama **frequenza**.

IN PRATICA

Il grafico a barre mostra i risultati di un'indagine statistica condotta nei negozi di un centro commerciale.

NUMERO DI IMPIEGATI NEI NEGOZI

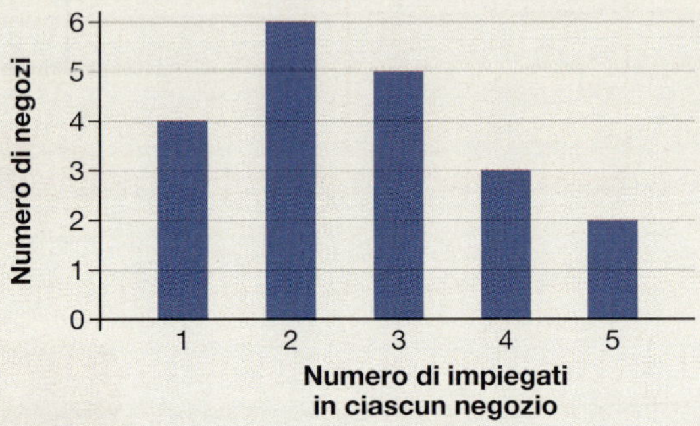

a. Quanti impiegati lavorano nel centro commerciale? ....

b. Quanti negozi hanno almeno 3 impiegati? ....

1 La tabella mostra i guadagni giornalieri dell'azienda ABC srl registrati questa settimana.

Giorno	Lunedì	Martedì	Mercoledì	Giovedì	Venerdì	Sabato
Guadagno (€)	4500	6000	6500	7000	12 000	8000

a. Disegna un pittogramma per rappresentare le informazioni contenute nella tabella.

b. Esprimi il guadagno di venerdì come percentuale del guadagno totale settimanale.

2 La tabella mostra il numero di presenti in una classe di 21 studenti per una settimana.

Giorno	**Studenti presenti**
Lunedì	21
Martedì	18
Mercoledì	20
Giovedì	18
Venerdì	19
Sabato	17

a. Disegna un grafico a barre che rappresenti i dati raccolti in tabella.

b. In che giorno erano tutti presenti?

c. Per ogni giorno esprimi il numero di assenti come percentuale sul totale degli studenti.

3 **INVALSI 2011** Osserva il grafico a fianco che rappresenta la distribuzione percentuale di famiglie per numero di componenti, in base al censimento 2001.

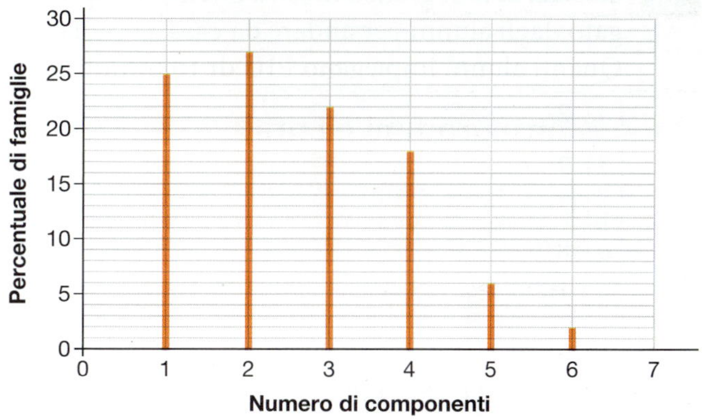

a. Qual è la percentuale di famiglie con 2 componenti?
Risposta: .... %

b. Completa la frase seguente:
Il 6% delle famiglie ha .... componenti.

[INVALSI – prova nazionale per la scuola secondaria di primo grado]

4 Il pittogramma mostra il numero di pullman immatricolati tra il 2008 e il 2012. Ogni simbolo rappresenta 40 000 pullman.

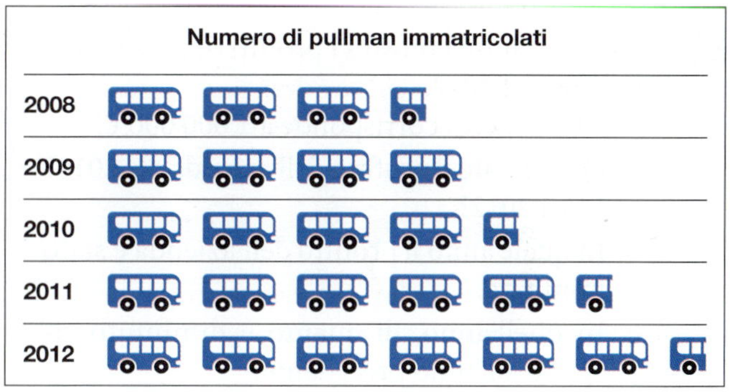

a. In quale anno è stato immatricolato il maggior numero di pullman? Stima quante sono state le immatricolazioni.

b. Stima il numero complessivo di pullman immatricolati dal 2008 al 2012.

c. Nel 2010 il costo di immatricolazione era di 1000 €. Stima l'importo totale incassato dalla Motorizzazione in quell'anno per l'immatricolazione dei pullman.

d. Stima l'incremento percentuale nelle immatricolazioni di pullman dal 2011 al 2012.

5 Il pittogramma mostra il numero di auto prodotte in una fabbrica nel corso di una settimana.
Ogni simbolo rappresenta 20 auto.

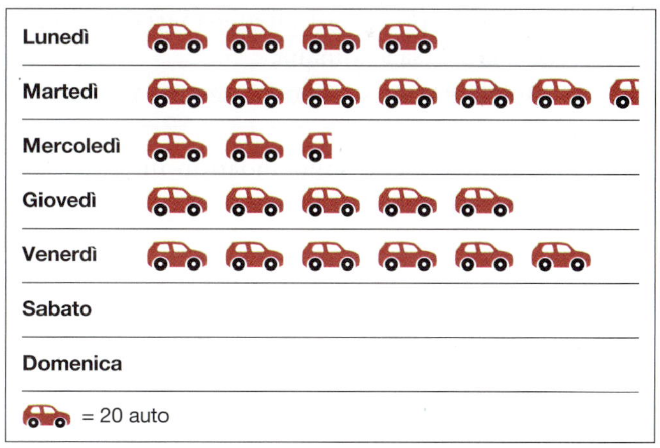

a. Determina quante auto sono state prodotte:
- martedì;
- giovedì;
- sabato.

b. In che giorno è stato prodotto il maggior numero di automobili?

c. Un giorno la linea di produzione è stata ferma per mezza giornata a causa di un guasto tecnico. Usando i dati del pittogramma, stabilisci di che giorno si tratta.

d. Calcola la percentuale di auto prodotte da lunedì a giovedì rispetto al totale.

e. Calcola il numero totale di auto prodotte durante la settimana.

6 **COMUNICARE** La figura a fianco è comparsa in un annuncio pubblicitario di una marca di caffè che annunciava l'aumento del 300% delle vendite, dal 2010 al 2012.
Spiega perché l'immagine può essere fuorviante.

7 **INVALSI 2002** Il grafico mostra il tempo impiegato dagli alunni per andare da casa a scuola. Quanti alunni impiegano PIÙ di 10 minuti?

- a 2
- b 5
- c 7
- d 8
- e 15

[INVALSI – prova nazionale per la scuola secondaria di primo grado]

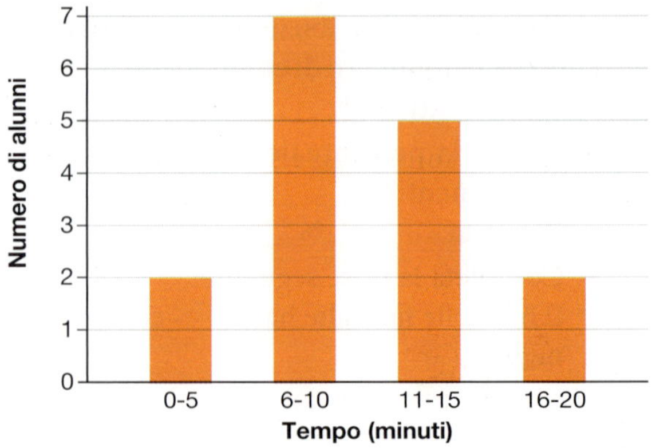

8 Il pittogramma mostra i profitti di un'azienda dal 2007 al 2012.
Ogni sacchetto corrisponde a 1 000 000 €.

a. Qual è stato il profitto dell'azienda nel 2010? E nel 2012?

b. In quale anno il profitto dell'azienda è stato minimo?

c. In quell'anno, di quanto è diminuito rispetto all'anno precedente?

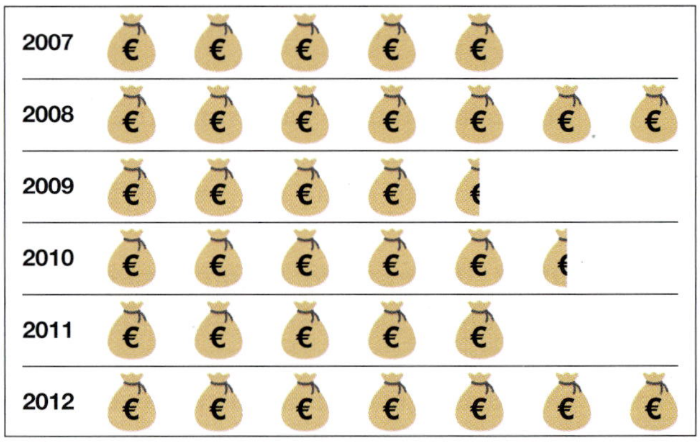

9 Il pittogramma riporta il numero di studenti che si sono presentati all'infermeria di una scuola la scorsa settimana.

a. Quale giorno si sono presentati più studenti?

b. Quanti studenti sono andati in infermeria nel corso della settimana?

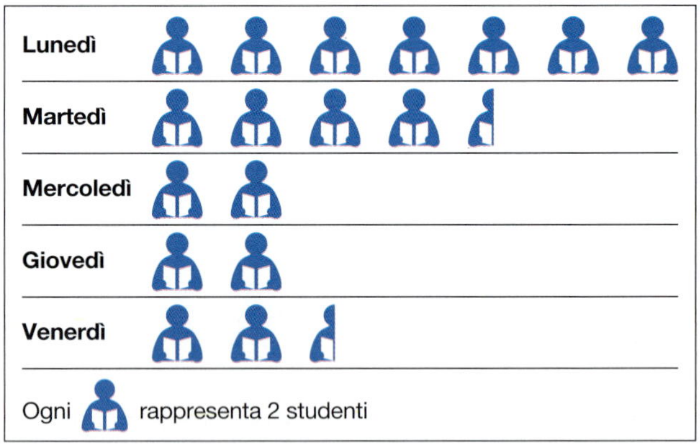

10 Tutti gli studenti di prima di una scuola si sono iscritti a un corso per imparare una seconda lingua straniera, oltre all'inglese.
Le scelte sono riportate nella tabella.

Lingua	Cinese	Tedesco	Giapponese	Francese	Spagnolo
Numero di studenti	30	50	40	155	30

a. Rappresenta i dati della tabella in un grafico a barre.

b. Quale lingua è la scelta più popolare tra gli studenti di prima?

c. Quanti sono complessivamente gli studenti della scuola che sono in classe prima?

11 Il prossimo mese si svolgerà una gara di cucina. Il pittogramma illustra il numero dei partecipanti iscritti in ogni categoria.

a. In quale categoria ci sono meno partecipanti?

b. Quanti sono i partecipanti alla gara di cucina?

12 In una piccola biblioteca i libri sono suddivisi secondo le seguenti categorie: classici, gialli, fantascienza, psicologia, altro.
La scorsa settimana a tutti i frequentatori della biblioteca è stato chiesto di indicare il genere preferito. I risultati sono riportati nel pittogramma.

a. Quante persone hanno risposto al sondaggio?

b. Filippo ritiene che la fantascienza sia il genere meno popolare nella biblioteca. Sei d'accordo con lui?

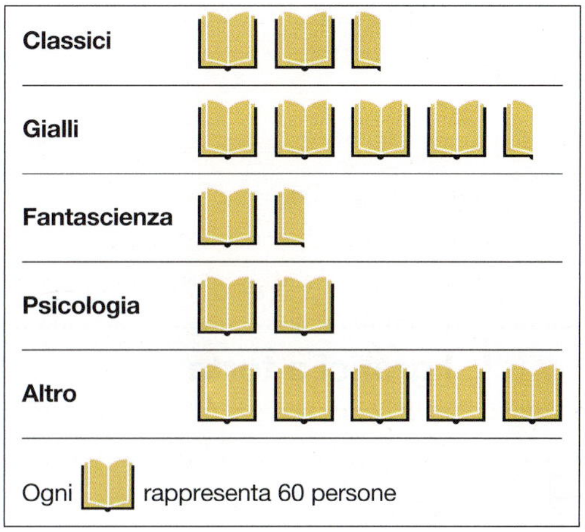

13 **RISOLVERE PROBLEMI** In una rosticceria in un pomeriggio vengono venduti gli sformati rappresentati dal seguente pittogramma.
Uno sformato ai funghi costa 4,80 €, uno sformato di verdure costa 3,60 €, uno sformato al salmone 5,20 € e uno al pollo 4,50 €.
Calcola il ricavo complessivo di quel pomeriggio.

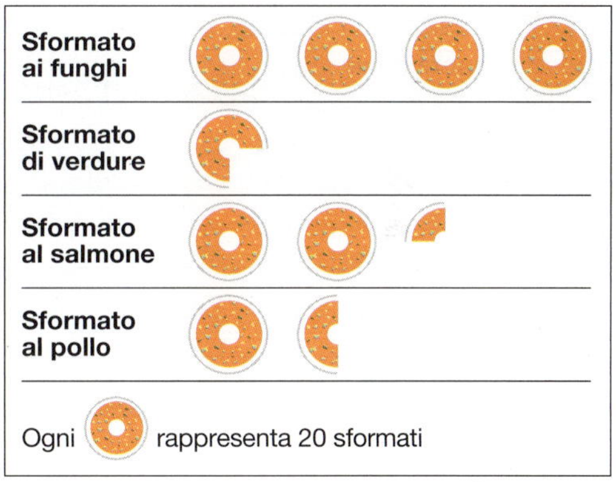

14 In tabella è riportato il numero di note disciplinari attribuite in una scuola nel corso di una settimana.

Motivazione	Numero di studenti
Abbigliamento inappropriato	22
Assenza ingiustificata	10
Ritardo	24
Mancata consegna dei compiti	16

Illustra le informazioni contenute nella tabella con un pittogramma.

15 80 laureati sono stati intervistati sul numero di lavori temporanei che hanno svolto durante i loro studi. I risultati sono riportati nel grafico a barre.

a. Quanti laureati hanno svolto almeno un lavoro temporaneo?

b. Esprimi il numero di laureati che non hanno svolto alcun lavoro temporaneo come percentuale di quelli che ne hanno svolto almeno uno.

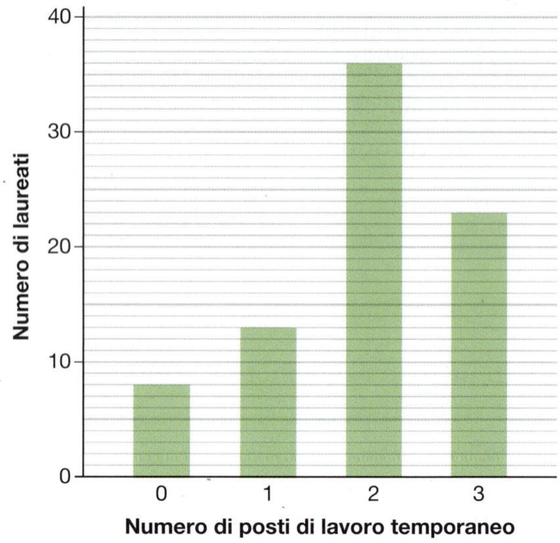

2 I grafici a torta

Teoria a pag. 353

Ricorda

IN TEORIA

Un **grafico a torta** si costruisce dividendo un cerchio in tanti settori quante sono le modalità del carattere indagato, in modo che le aree siano proporzionali ....

IN PRATICA

Il grafico a torta riporta la composizione nutrizionale di un alimento confezionato.

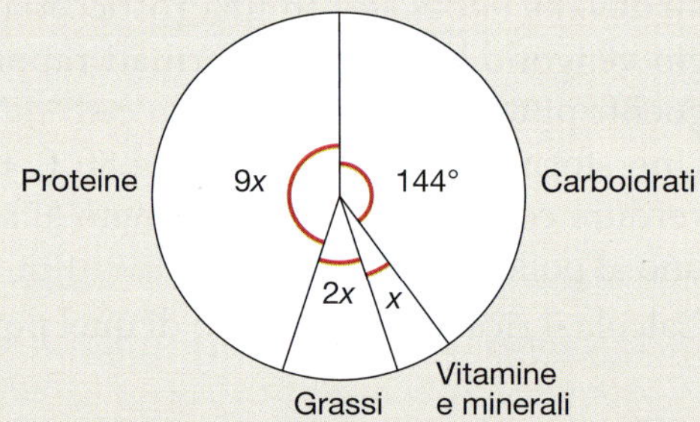

Calcola le percentuali delle componenti dell'alimento.

16 La tabella mostra il numero di studenti che usano un dato mezzo di trasporto per andare a scuola. Costruisci un grafico a torta usando i dati in tabella.

Mezzo di trasporto	Autobus	Automobile	Bicicletta	Piedi	Metropolitana
Numero di studenti	40	64	10	24	102

17 Una scuola ha chiesto a 600 ragazzi di indicare il loro sport preferito. La tabella riassume le risposte. Costruisci un grafico a torta che rappresenti i dati.

Sport	Pallavolo	Basket	Atletica	Calcio	Tennis
Numero di ragazzi	70	90	105	205	130

18 **INVALSI 2008** In una grande libreria gli impiegati sono così suddivisi:

Mansione	**Numero di impiegati**
Magazzinieri	?
Cassieri	4
Venditori	8
Contabili	2

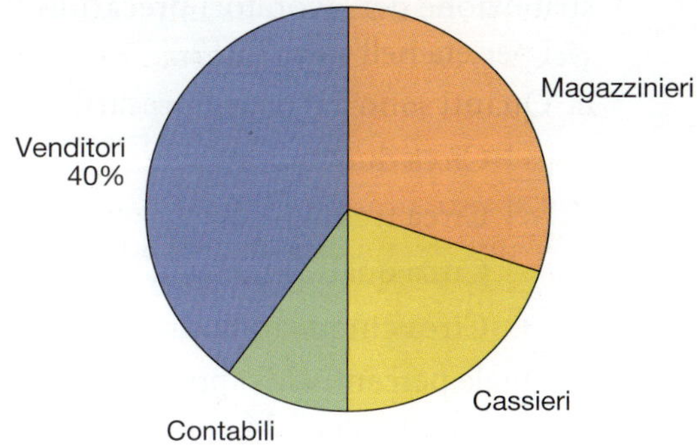

Qual è il numero dei magazzinieri?
Risposta: ....
Scrivi il procedimento che hai seguito.
[INVALSI – prova nazionale per la scuola secondaria di primo grado]

19 Il grafico a torta mostra il risultato di una rilevazione sul passaggio dei veicoli condotta a un incrocio cittadino.

a. Ricava dal grafico le percentuali corrispondenti alla frequenza relativa a ogni mezzo.

b. Il numero di taxi era 66; calcola il numero totale di veicoli rilevati.

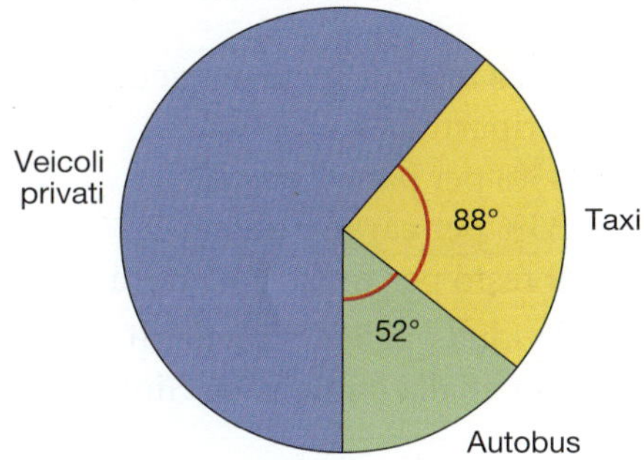

20 Il grafico a torta mostra la distribuzione di studenti e insegnanti in una scuola.

a. Sapendo che il numero di studentesse è cinque volte il numero degli insegnanti, determina l'angolo che sottende il settore degli insegnanti.

b. Se ci sono 45 insegnanti, determina il numero delle studentesse e il numero degli studenti.

c. Sapendo che $\frac{2}{3}$ degli insegnanti sono donne, calcola il numero di donne e ragazze come percentuale del totale nella popolazione scolastica.

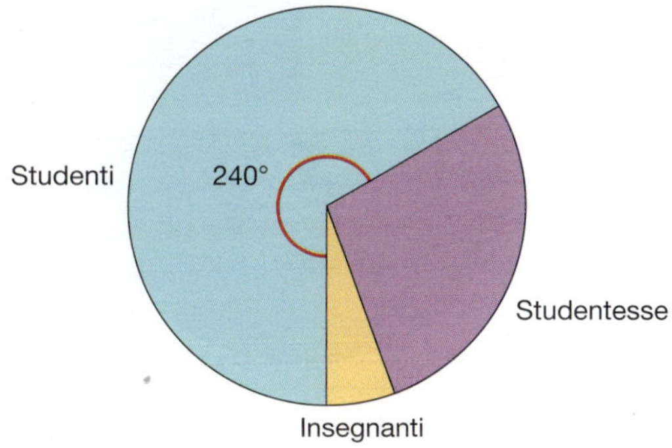

21 **INVALSI 2002** Il grafico mostra la distribuzione di cereali prodotti in una nazione.
Quale affermazione è vera se osservi il grafico?

a) La produzione di avena è maggiore di quella del grano.

b) Il granturco è più della metà del raccolto nazionale.

c) L'avena è più di un terzo del raccolto nazionale.

d) Il raccolto totale di avena e di grano è maggiore del raccolto di granturco.

[INVALSI – prova nazionale per la scuola secondaria di primo grado]

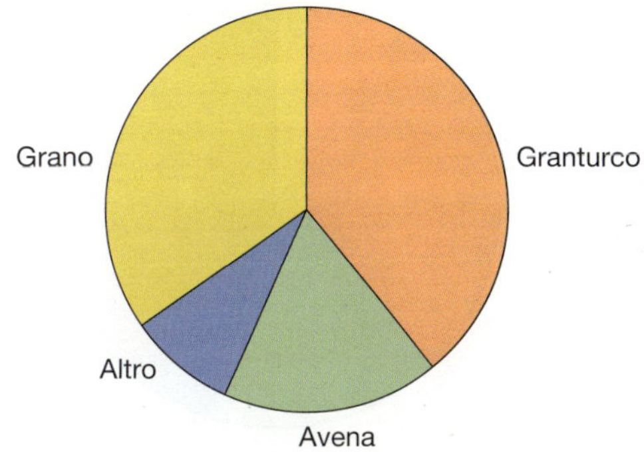

22 **INVALSI 2013** Il grafico a fianco rappresenta la distribuzione dei lavoratori precari in Italia suddivisi per età nell'anno 2012.

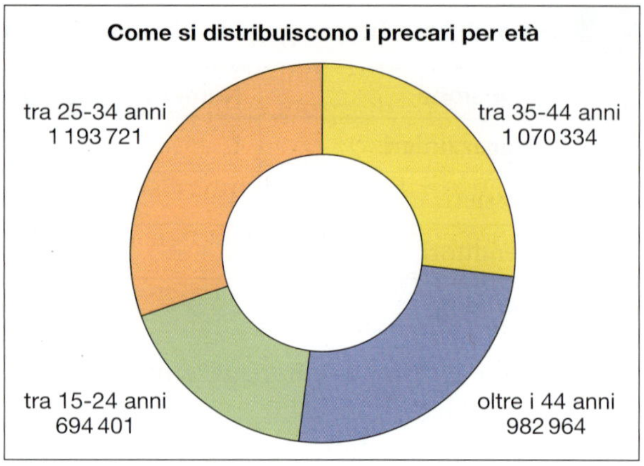

a. Quanti sono in totale i precari?

- a Circa due milioni.
- b Circa tre milioni.
- c Circa quattro milioni.
- d Circa cinque milioni.

b. Quale percentuale rappresentano i precari che hanno tra i 25 e i 34 anni?

- a Circa il 50%.
- c Circa il 30%.
- b Circa il 40%.
- d Circa il 20%.

[INVALSI – prova nazionale per la scuola secondaria di primo grado]

23 **INVALSI 2016** La spesa per generi alimentari della famiglia di Giorgio nel mese di marzo è stata di 600 €, così ripartita:

- 45% per pane e pasta,
- 25% per carne e pesce,
- il resto per frutta e verdura.

Individua quale dei seguenti grafici rappresenta la ripartizione della spesa per generi alimentari sostenuta dalla famiglia di Giorgio nel mese di marzo.

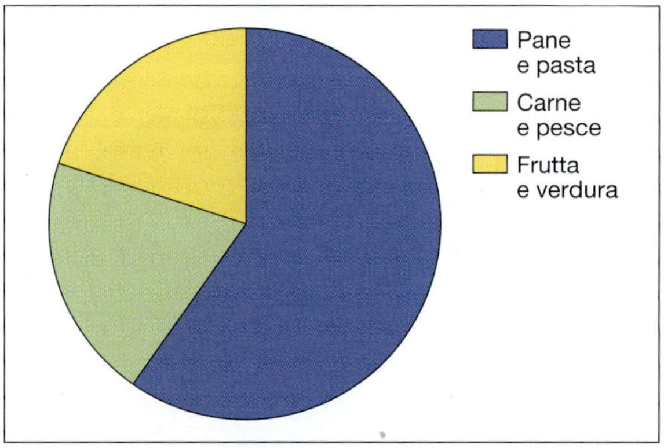

a Grafico 1

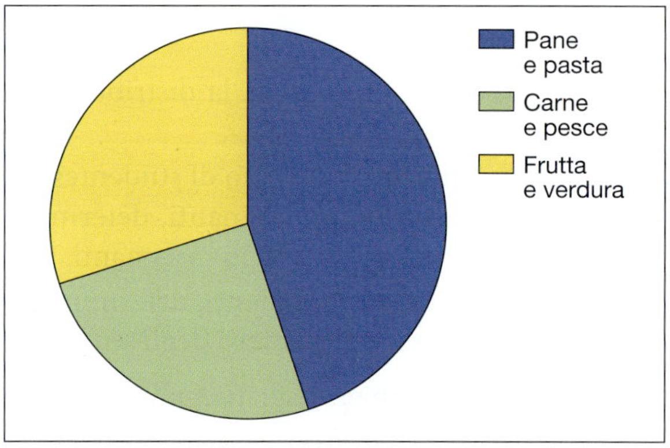

b Grafico 2

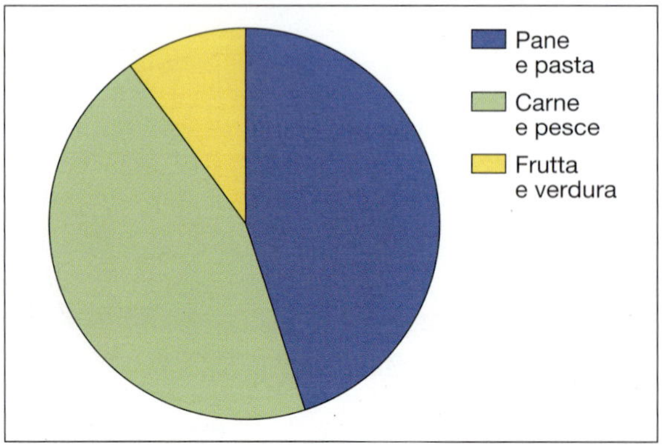

c Grafico 3

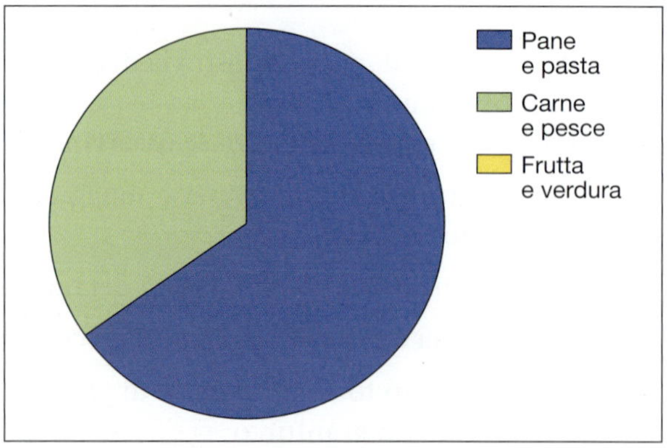

d Grafico 4

[INVALSI – scuola secondaria di secondo grado]

24 Un supermercato ha condotto una ricerca per valutare il gradimento di quattro nuove zuppe: zuppa di fagioli, zuppa di pomodoro, zuppa di carote e zuppa di zucca. I risultati sono riportati nel grafico a torta.

a. Esprimi il numero di intervistati a cui piace la zuppa di pomodoro come frazione del totale degli intervistati.

b. Determina l'angolo corrispondente al settore che indica il numero di intervistati a cui piace di più la zuppa di zucca.

c. Gli intervistati che apprezzano di più la zuppa di carote sono 3. Calcola quanti hanno scelto la zuppa di fagioli.

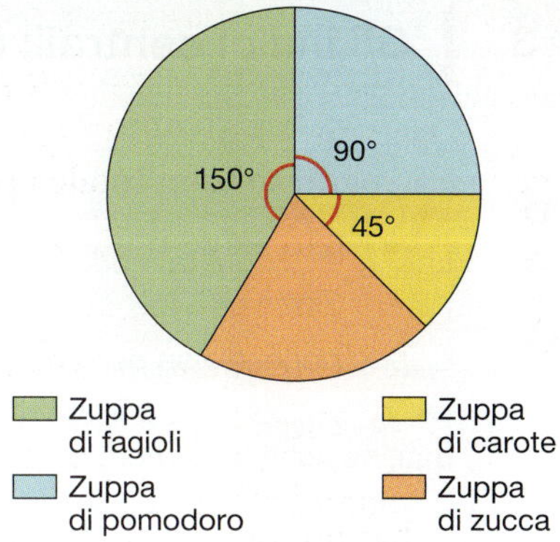

25 120 studenti hanno partecipato a un campo sportivo. Di questi, 28 erano giocatori di badminton, 26 giocatori di pallacanestro, 21 ginnasti, 14 giocatori di squash e il resto nuotatori.
Illustra i dati forniti utilizzando un grafico a torta.

26 In una ricerca sull'aromaterapia viene chiesto a delle persone la fragranza che preferiscono. I risultati sono riportati nel grafico a torta.

a. Esprimi il numero di intervistati che preferiscono il limone in percentuale del totale di persone intervistate.

b. Determina l'angolo del settore corrispondente al numero di persone che preferiscono lo zenzero.

c. Le persone che preferiscono la lavanda sono 84. Calcola il numero di persone che preferiscono la menta.

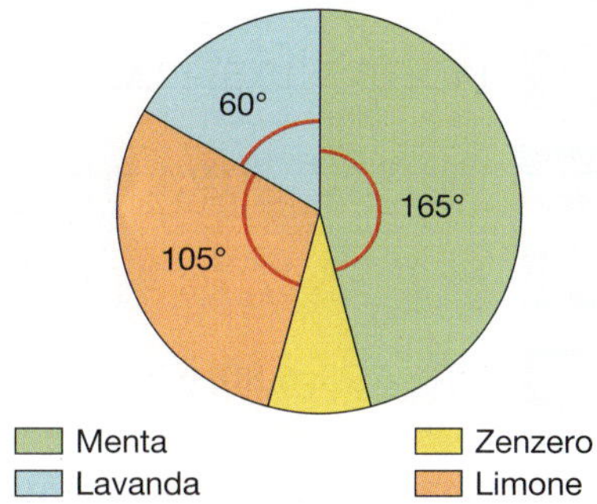

27 A un gruppo di quaranta persone viene chiesto se apprezzano il sapore del frutto tropicale durian.
Le risposte sono state «sì», «no» e «non l'ho assaggiato». I dati ottenuti sono rappresentati in un grafico a torta, in cui l'angolo del settore «sì» è di 270° e quello del settore «no» è di 45°. Calcola

a. l'angolo del settore corrispondente a «non l'ho assaggiato»;

b. il numero di persone che non hanno mai provato il durian.

28 La tabella riporta le spese mensili di Francesco e Cristina.

a. Rappresenta le spese di Cristina con un grafico a torta.

Le spese di Francesco sono riportate in un grafico a torta distinto.

b. Determina l'angolo del settore delle spese di trasporto di Francesco.

	Cibo	**Trasporto**	**Affitto**	**Altro**
Cristina	500 €	200 €	600 €	300 €
Francesco	500 €	500 €	500 €	500 €

29 A Roma hanno intervistato 600 turisti, chiedendo quale fosse il loro cibo da strada preferito, potendo scegliere tra cinque opzioni.
120 persone hanno scelto il pollo fritto, 150 le patatine fritte e 60 le crêpes. Dei rimanenti, quelli che hanno scelto il gelato sono il doppio di quelli che hanno scelto l'hot dog.

a. Determina il numero di persone che hanno scelto il gelato.

b. Rappresenta i dati in un grafico a torta.

3 Gli indici centrali: moda, media e mediana

Teoria a pag. 357

Ricorda

IN TEORIA

La .... è la modalità con frequenza maggiore.
La .... è la somma dei valori a disposizione, divisa per il numero di valori.
La .... è il valore centrale di una serie di dati, se sono in numero dispari, e la media aritmetica dei due valori centrali, se sono in numero pari.

IN PRATICA

Calcola gli indici centrali della seguente serie di dati.
20; 25; 21; 24; 22; 26; 20; 22; 19; 22.

....

....

....

Determina moda, media e mediana dei seguenti insiemi di valori.

30 12; 11; 13; 11; 16.

31 12; 18; 24; 20; 18; 11; 20; 29; 41; 20.

32 14,3; 13,5; 10,5; 12,6; 15,3; 16,4; 12,6; 16,0.

33 10,5; 9,6; 7; 11; 9,4; 8,1; 10,4; 11,7; 8,1; 9,4; 8,1.

34 25; 28; 28; 27; 26; 29; 28; 26; 27; 25; 29; 28; 27; 26.

35 6,78; 6,75; 6,80; 6,77; 6,78, 6,75; 6,77; 6,78; 6,81; 6,78; 6,76; 6,78.

Determina la media del seguente insieme di dati.

36 20; 16; 9; 3; 18; 11; 15.

37 11,2; 15,6; 30,2; 17,3; 18,2.

38 12; 8; 19; 30; 14; 21; 9; 5.

39 32; 15; 20; 15; 25; 12.

Determina la mediana dei seguenti insiemi di dati.

40 5; 6; 1; 5; 3; 5; 6.

41 30; 33; 37; 28; 29; 25.

42 1,2; 1,1; 4,1; 3,2; 4,1; 1,6; 2,8.

43 39,6; 12; 13,5; 22,6; 31,3; 8,4; 5,5; 4,7.

Determina la moda dei seguenti insiemi di dati (esercizi da 44 a 46).

44 2; 5; 8; 3; 7; 5; 3; 9; 7; 3.

45 8,1; 7,7; 7,8; 9,3; 6,4; 7,7; 9,3; 8,7.

46 8; 7,3; 8,9; 6,8; 8,8; 8,9; 10; 6,7.

47 Scrivi le altezze in cm di 10 persone, in modo che la loro media sia 170 cm.

48 Scrivi 11 numeri che abbiano come mediana 44.

49 Scrivi 15 valori del numero di scarpa di un gruppo di persone in modo che la moda sia 39.

50 Scrivi 5 numeri che abbiano come media 0.

51 Scrivi 6 numeri che abbiano come media −18.

52 Scrivi 6 numeri in modo che la media sia 8,0 e la mediana 7,5.

53 Scrivi 7 numeri in modo che la moda sia 38 e la mediana 39.

54 Scrivi 6 numeri in modo che la media sia 200 e la moda 180.

55 La mediana di un insieme di otto numeri è 4,5. Sapendo che sette di questi numeri sono

7; 2; 13; 4; 8; 2; 1,

determina l'ottavo numero e trova la moda.

56 La tabella riporta il numero di goal segnati da una squadra nelle partite di un campionato. In sei partite non ha segnato alcun goal, in otto partite ha segnato un goal...

Numero di goal per partita	0	1	2	3	4	5	6
Numero di partite	6	8	5	6	2	2	1

a. Determina il numero complessivo di partite giocate.
b. Determina il numero complessivo di goal segnati nell'intera stagione.
c. Determina il numero medio di goal segnati per partita.
d. Determina il numero di goal più frequentemente segnati in una partita.

57 La tabella descrive la frequenza scolastica di 48 studenti nel corso del primo quadrimestre.

Giorni di assenza	0	1	2	3	4	5	6	9
Numero di studenti	23	4	5	6	6	1	2	1

Determina il numero medio di giorni di assenza, la moda e la mediana.

58 Un gruppo di 40 studenti ha sostenuto una prova di inglese e una di matematica. I voti ottenuti sono riportati in tabella: per ogni voto è scritto il numero di studenti che ha ottenuto tale punteggio. Il punteggio massimo per ogni test è 10.

Voti ottenuti	1	2	3	4	5	6	7	8	9	10
Numero di studenti (inglese)	1	6	14	4	8	2	4	0	1	0
Numero di studenti (matematica)	4	1	6	5	10	3	5	3	1	2

a. Calcola il voto medio degli studenti in matematica e il voto medio in inglese.
b. Calcola la percentuale di studenti che ha ottenuto la sufficienza (almeno 6) in inglese.
c. Calcola la percentuale di studenti che non ha ottenuto la sufficienza in matematica.

59 Il salario medio mensile di 7 operai specializzati e di 5 non specializzati è di 1500 €. Se il salario medio dei 5 non specializzati è di 1269 €, trova il salario medio dei 7 specializzati.

60 **ANALIZZARE DATI E GRAFICI** La tabella contiene le altezze medie delle piante di una serra, arrotondate al centimetro. Calcola una stima per l'altezza media delle piante.

Altezza (cm, *h*)	5	15	25	35	45
Numero di piante	4	6	14	6	10

61 **INVALSI 2012** In una stazione meteorologica sulle Alpi sono state registrate le temperature alle ore 8:00 per una settimana e riportate nella tabella.
Calcola la media aritmetica delle temperature riportate in tabella.

Risposta: .... °C

[INVALSI – prova nazionale per la scuola secondaria di primo grado]

Giorno	**Temperatura alle 8:00**
Lunedì	−7 °C
Martedì	−3 °C
Mercoledì	+1 °C
Giovedì	−5 °C
Venerdì	0 °C
Sabato	+3 °C
Domenica	−3 °C

62 **ANALIZZARE DATI E GRAFICI** Per la distribuzione a fianco determina (se è possibile) media, mediana e moda.

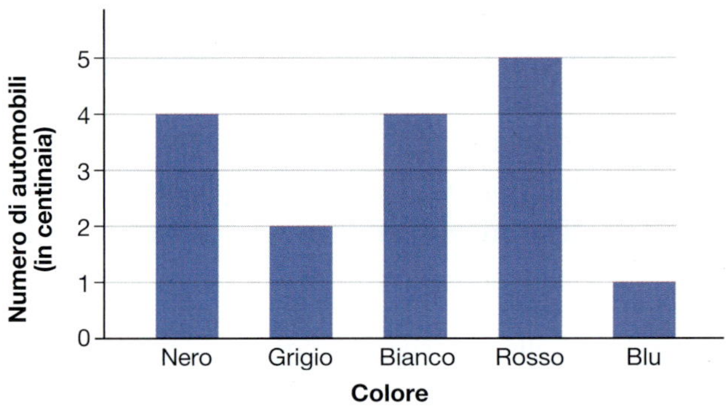

63 **ANALIZZARE DATI E GRAFICI** Per la distribuzione a fianco determina (se è possibile) media, mediana e moda.

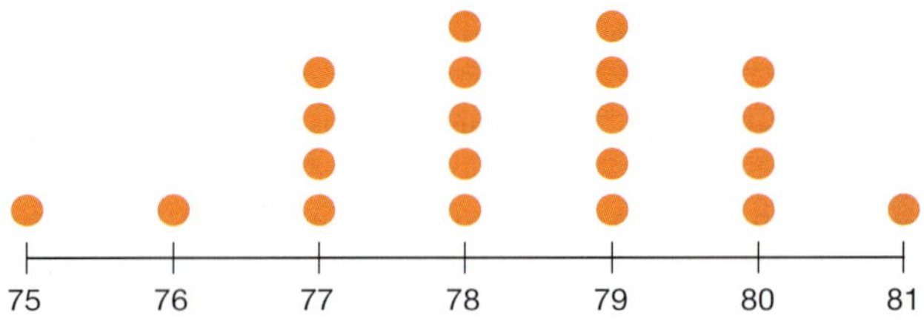

64 **ANALIZZARE DATI E GRAFICI** Per la distribuzione a fianco determina (se è possibile) media, mediana e moda.

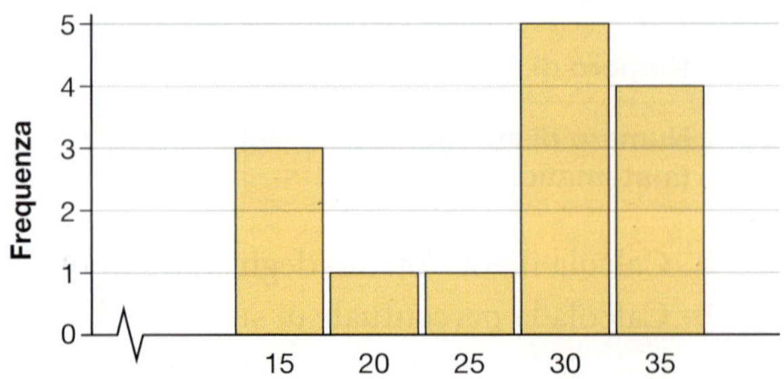

65 **INVALSI 2008** In un'indagine sul numero di gelati consumati a Ferragosto sono state intervistate 100 persone. La tabella registra le risposte.

Numero gelati	Numero persone
0	9
1	53
2	21
3	15
4	0
5	2

a. Quanti intervistati hanno mangiato almeno 2 gelati?

- [a] 15
- [b] 17
- [c] 21
- [d] 38

b. Qual è la media dei gelati mangiati dagli intervistati?

Risposta: ....

Scrivi il procedimento che hai seguito.

[INVALSI – prova nazionale per la scuola secondaria di primo grado]

66 **INVALSI 2009** Un insieme di dati è costituito dai seguenti quattro valori:

20; 30; 50; 60.

A questi dati ne viene aggiunto un altro e si calcola la media aritmetica dei cinque valori, che risulta essere 50. Qual è il valore del dato aggiunto?

- [a] 10
- [b] 40
- [c] 50
- [d] 90

[INVALSI – prova nazionale per la scuola secondaria di primo grado]

67 Le altezze di sei studenti di seconda media sono 1,56 m, 1,67 m, 1,49 m, 1,55 m, 1,71 m e 1,68 m. Calcola l'altezza media del gruppo.

68 La media di 10 €, 15 €, 12 €, 20 € e x è 13 €. Calcola il valore di x.

69 La media di 44, 47, y, 58 e 55 è 52. Calcola il valore di y.

70 La media di sei numeri è 17. Quattro dei numeri sono 15, 17, 20 e 22. I rimanenti due sono uguali. Calcola:

a. la somma dei sei numeri;

b. il valore dei due numeri mancanti.

71 L'altezza media di un gruppo che comprende 10 ragazzi e 15 ragazze è di 175 cm. L'altezza media dei 10 ragazzi è di 181 cm.
Calcola l'altezza media delle 15 ragazze.

72 La tabella riporta gli stipendi mensili degli impiegati di una compagnia.

Stipendio mensile (€)	1000	1100	1200	2100	2500
Numero di dipendenti	20	8	10	7	5

Calcola:

a. il numero complessivo di impiegati della compagnia;

b. quanto spende complessivamente la compagnia per pagare gli stipendi degli impiegati;

c. lo stipendio medio degli impiegati.

ESERCIZI

73 La tabella riporta la spesa dei partecipanti a una festa cittadina.

Importo speso (€)	40	60	80	100	160	200
Numero di partecipanti	12	32	54	68	18	16

Calcola:

a. il numero totale di partecipanti alla festa;

b. la spesa totale dei partecipanti;

c. la spesa media dei partecipanti alla festa.

74 In un negozio sono in vendita alcuni libri di informatica con i seguenti prezzi:

19,90 €; 24,45 €; 34,65 €; 26,50 €; 44,05 €; 38,95 €; 56,40 €; 48,75 €; 29,30 €; 35,65 €.

Calcola il prezzo medio dei libri.

75 La media di 7 cm, 15 cm, 12 cm, 5 cm, h e 13 cm è di 10 cm.
Calcola il valore di h.

76 La media delle masse di cinque ragazzi è di 62 kg. Se si esclude un ragazzo dal calcolo, la massa media dei quattro rimanenti è di 64 kg.
Calcola la massa del ragazzo escluso.

77 La media di 8 numeri è 12. Cinque di questi numeri sono 6, 8, 5, 10 e 28; gli altri tre sono uguali tra loro. Calcola:

a. la somma degli otto numeri;

b. il valore dei numeri mancanti.

78 La tabella riporta l'altezza di 18 bambini.
Determina la mediana delle altezze.

Altezza (cm)	152	154	156	158	160
Numero di studenti	2	2	5	1	8

79 La tabella riporta il tempo impiegato da un gruppo di bambini per completare un puzzle.
Determina la mediana dei tempi.

Tempo impiegato (minuti)	5	6	7	8	9
Numero di bambini	8	4	3	10	3

80 I punteggi riportati da dieci studenti in un test sono:

8; 9; 10; 10; 3; 5; 6; 10; 6; 1.

a. Determina la moda dei punteggi.

b. Se vengono aggiunti i risultati di altri due studenti che hanno ottenuto 6 e 8, qual è la nuova moda?

81 Le lunghezze di dieci nastri sono:

100 cm; 110 cm; 95 cm; 60 cm; 20 cm; 60 cm; 110 cm; 88 cm; 102 cm; 120 cm.

a. Determina la moda delle lunghezze.

b. Se si toglie uno dei nastri lungo 110 cm, qual è la nuova moda?

82 I numeri 3, 7, 13, 14, 16, 19, 20, x sono disposti in ordine crescente. Determina il valore di x, sapendo che la media è uguale alla mediana.

4 Come usare moda, media e mediana

Teoria a pag. 361

83 **PROGETTARE** Un costruttore di canoe in legno registra la produzione di canoe giornaliera per una durata di 15 giorni e ottiene i seguenti risultati:

35; 38; 40; 45; 47; 45; 39; 45; 39; 38; 36; 43; 45; 42; 38.

a. Determina media, moda e mediana.

b. Associa ciascuno di questi indicatori a una delle seguenti esigenze.
- Quale indice gli può essere utile per esprimere quante canoe vengono prodotte in almeno la metà delle giornate?
- Quale indice gli può servire per esprimere il numero di canoe che viene prodotto più spesso in un giorno?
- Quale indice gli può essere utile per valutare quante canoe l'azienda può produrre in un anno?

84 **ACQUISIRE DATI E INFORMAZIONI** 100 studenti hanno partecipato all'iniziativa «Pianta un fiore». Ognuno ha seminato 5 semi in un vaso; una settimana dopo hanno registrato il numero di semi germinati in ciascun vaso, riportando i dati nella tabella.

Numero di semi germinati	0	1	2	3	4	5
Numero di vasi	10	30	25	20	10	5

a. Scrivi il numero totale di semi piantati.

b. Scrivi la percentuale dei semi germinati.

c. Determina media, mediana e moda del numero di semi germinati per ciascun vaso.

d. Scegli uno degli indici centrali per ognuna delle seguenti esigenze.
- Valutare quale numero di semi germina più spesso da un gruppo di cinque.
- Valutare quante piante si possono ottenere complessivamente piantando cinque semi in ciascuno di centinaia di vasi.
- Valutare il numero minimo di piante che si ottengono la metà delle volte.

85 A 30 studenti viene chiesto quanti paesi europei hanno visitato. Le loro risposte sono riportate nella tavola a fianco.

1	0	0	2	3	1	1	0	2	4
5	1	2	0	2	0	1	3	2	4
3	0	1	1	2	3	2	1	0	1

a. Compila una tabella che riassuma i dati in modo compatto (numero di paesi visitati per numero di studenti).

b. Determina media, mediana e moda della distribuzione.

c. Scrivi tre domande le cui risposte siano date rispettivamente da media, mediana e moda dei dati a disposizione.

86 La tabella riporta i profitti, in milioni di euro, di 30 aziende appena avviate.

Profitti (milioni di €)	0	1	2	3	4
Numero di aziende	2	6	8	10	4

a. Determina moda, media e mediana della distribuzione.

b. Scrivi tre domande la cui risposta sia data rispettivamente da moda, media e mediana dei dati a disposizione.

ESERCIZI DI RIEPILOGO

87 **INVALSI 2011** Sara chiede agli studenti della sezione musicale della sua scuola qual è la loro materia preferita. Nella tabella ha riportato i risultati della sua inchiesta:

Materia	Numero di preferenze
Musica	26
Matematica	18
Italiano	13
Inglese	8

Sara conclude che la musica è la materia preferita dagli studenti della sua scuola.
Quale tra le seguenti motivazioni spiega meglio perché la sua conclusione potrebbe **non** essere valida?

- a Sara non ha distinto le preferenze dei maschi da quelle delle femmine.
- b Sara avrebbe dovuto intervistare solo gli studenti di terza media della scuola.
- c Gli studenti intervistati non sono rappresentativi di tutti gli studenti della scuola.
- d Gli studenti sono stati intervistati solo una volta.

[INVALSI – prova nazionale per la scuola secondaria di primo grado]

88 La tabella mostra il numero di paesi stranieri visitati da 5 studenti.

Studente	A	B	C	D	E
Numero di paesi	9	6	8	12	5

Quale tipo di grafico è più indicato per rappresentare i dati? Costruiscilo.

89 **COMUNICARE** Il grafico a barre mostra il numero di studenti di una scuola superiore, divisi per classe. Riporta le informazioni in un grafico a torta e spiega quali conclusioni si possono trarre più facilmente da quest'ultimo grafico piuttosto che dal grafico originale.

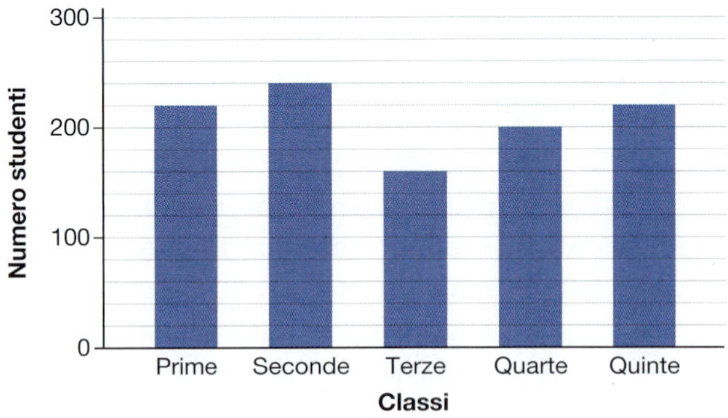

90 La tabella mostra la massa di un bambino dalla nascita all'età di 10 mesi.

Età (mesi)	1	2	3	4	5	6	7	8	9	10
Massa (kg)	3,7	3,8	4,7	5,4	6,6	8,2	8,3	8,2	8,7	9,4

a. Quale tipo di grafico è più indicato per rappresentare i dati? Disegnalo.
b. In che mese la crescita della massa è stata maggiore?
c. In che mese la massa è diminuita?

91 **INVALSI 2011** Nel diagramma di figura 1 sono riportati i consumi elettrici (in TWh - terawattora) in Italia dal 2000 al 2005 in funzione della provenienza dell'energia dall'autoproduzione, dal mercato libero o dal mercato vincolato.

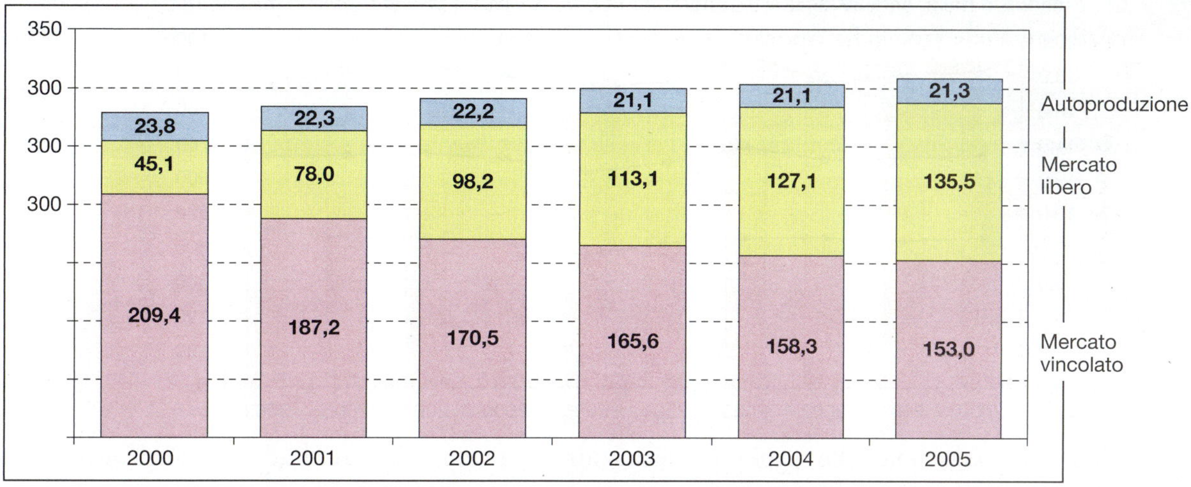

Figura 1

I grafici A, B e C in **figura 2** sono stati costruiti con gli stessi dati rappresentati nel diagramma di **figura 1**.

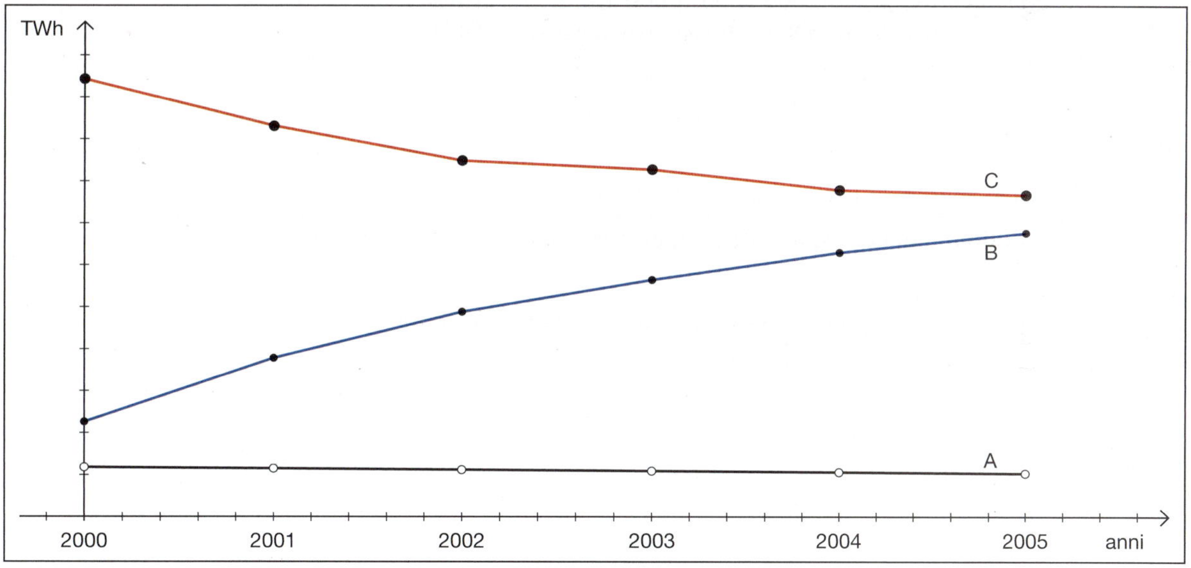

Figura 2

Confronta le **figure 1** e **2** e completa le seguenti frasi indicando la provenienza dell'energia (Autoproduzione, Mercato libero, Mercato vincolato).

1.	Il grafico A corrisponde all'andamento dei consumi di energia proveniente da	....
2.	Il grafico B corrisponde all'andamento dei consumi di energia proveniente da	....
3.	Il grafico C corrisponde all'andamento dei consumi di energia proveniente da	....

[INVALSI – scuola secondaria di secondo grado]

92 **INVALSI 2011** Osserva il seguente grafico che rappresenta l'andamento delle temperature (scala a sinistra) e delle precipitazioni piovose (scala a destra) in Italia negli ultimi anni.

Media annua della temperatura media, massima e minima giornaliera e precipitazioni totali annue in Italia. Anni 2000-2009 (***temperatura in gradi Celsius e precipitazioni in millimetri***)

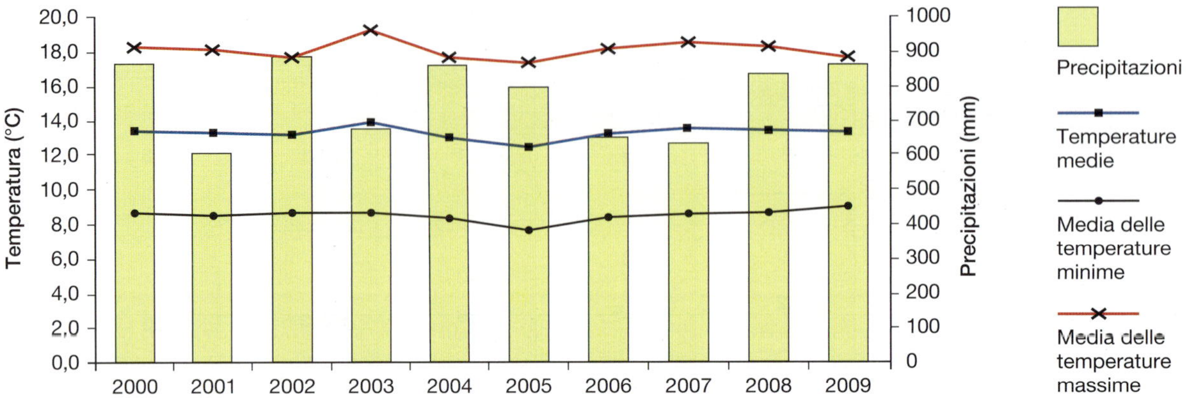

Indica per ciascuna delle seguenti affermazioni se è vera o falsa o se non si può ricavare dal grafico (metti una crocetta per ciascuna riga).

		Vero	Falso	Non si può ricavare
a.	Nel decennio 2000-2009 la temperatura media annua è risultata più alta di 0,8 gradi rispetto al periodo 1971-2000			
b.	L'anno 2003 è quello in cui si è registrato il più alto valore per la media delle temperature massime			
c.	L'anno 2005 è quello in cui si è registrato il più alto valore per la media delle temperature minime			
d.	L'anno in cui la media delle temperature massime è stata più alta è anche quello in cui le precipitazioni sono state minori			
e.	L'anno 2005 è quello in cui c'è stato il giorno più freddo			
f.	Il 2004 è stato l'anno più piovoso			

[INVALSI – scuola secondaria di secondo grado]

93 **INVALSI 2009** Il seguente grafico rappresenta la popolazione residente in Italia (espressa in migliaia) nei censimenti dal 1911 al 2001.

Censimenti 1911-2001, migliaia di persone

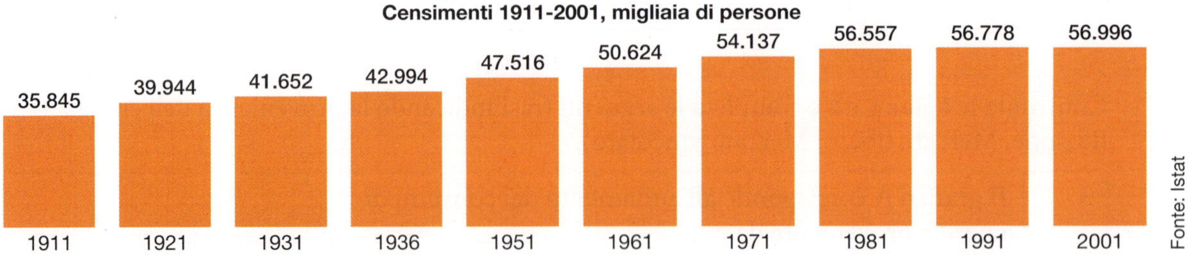

Quale delle seguenti affermazioni è vera?

- [a] I censimenti sono stati attuati regolarmente ogni dieci anni.
- [b] La popolazione è rimasta invariata negli ultimi tre censimenti.
- [c] La popolazione nel decennio 1911-1921 è aumentata di circa quattro milioni di persone.
- [d] Dal 1936 al 1951 la popolazione è aumentata di più di 5 milioni di persone.

[INVALSI – prova nazionale per la scuola secondaria di primo grado]

94 La tabella riporta il numero di ore lavorative (in migliaia) dei lavoratori dell'azienda *ABC Elettronica*, svolte negli anni dal 2005 al 2014.

Anno	2005	2006	2007	2008	2009	2010	2011	2012	2013	2014
Ore lavorate (in migliaia)	204	172	176	182	184	158	98	128	172	200

a. Usando i dati della tabella, disegna un grafico nel piano cartesiano che riporti le ore lavorate in funzione dell'anno.

b. In quali anni c'è stata una diminuzione rispetto all'anno precedente?

c. In quali anni c'è stato un aumento rispetto all'anno precedente?

d. In quale anno l'aumento rispetto all'anno precedente è stato massimo?

e. In quale anno l'aumento rispetto all'anno precedente è stato minimo?

95 **INVALSI 2012** Un gruppo di boyscout è formato da ragazzi di età compresa tra i 10 e i 14 anni. La distribuzione delle frequenze percentuali delle età è riportata nel diagramma a lato:

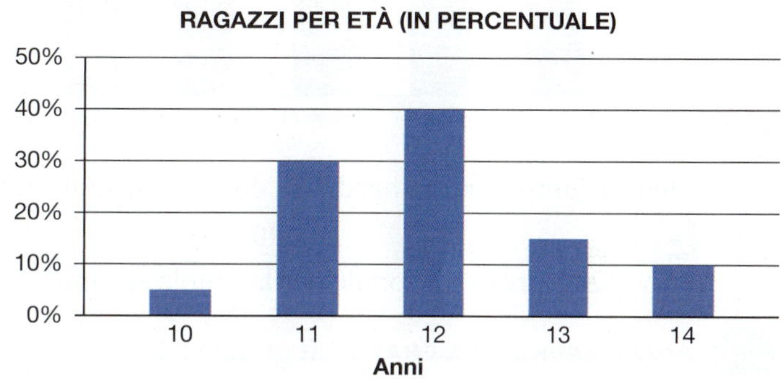

Sulla base dei dati riportati nel diagramma, indica se ciascuna delle seguenti affermazioni è vera (V) o falsa (F).

		V	F
a.	Più dell'80% dei ragazzi ha meno di 13 anni.		
b.	Meno del 70% dei ragazzi ha più di 11 anni.		
c.	La percentuale di ragazzi che hanno 12 o 14 anni è uguale alla percentuale di ragazzi che hanno 10 o 11 o 13 anni.		

[INVALSI – scuola secondaria di secondo grado]

96 Questa mattina il professore di matematica ha chiesto a ogni studente di due classi quante monete aveva in tasca e ha riportato i risultati nel grafico a barre.

a. Determina:
- il numero totale di studenti intervistati;
- il numero di monete posseduto dal maggior numero di studenti;
- il numero medio di monete per studente;
- il numero di studenti che aveva almeno 4 monete, espresso come percentuale del totale.

b. Rappresenta i dati in un grafico a torta utilizzando i seguenti settori: nessuna moneta; una moneta; due monete; tre monete; quattro o più monete.

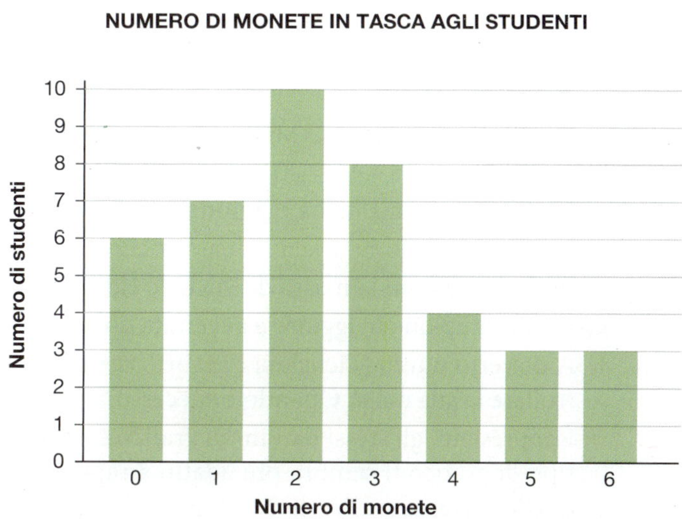

97 **INVALSI 2010** Il direttore di un negozio vuole sapere quanti computer con hard disk da 250 GB (gigabyte) sono stati venduti nell'ultimo trimestre. In riferimento a tale periodo, l'addetto commerciale fornisce i dati rappresentati nel grafico e nella tabella seguenti.

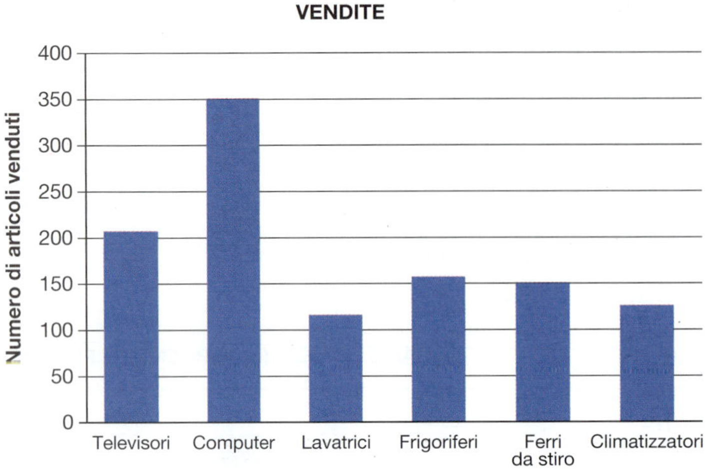

Tipologia di computer	Computer venduti in percentuale
Con hard disk da 60 GB	14%
Con hard disk da 80 GB	20%
Con hard disk da 120 GB	6%
Con hard disk da 160 GB	10%
Con hard disk da 250 GB	40%
Con hard disk da 320 GB	10%
Totale	100%

Quanti computer con hard disk da 250 GB sono stati venduti?

a 35 b 40 c 100 d 140

[INVALSI – prova nazionale per la scuola secondaria di primo grado]

98 **ANALIZZARE DATI E GRAFICI** Il grafico a barre mostra come è cambiata la massa di Michele nel corso dell'ultimo anno, misurata il primo giorno di ogni mese.

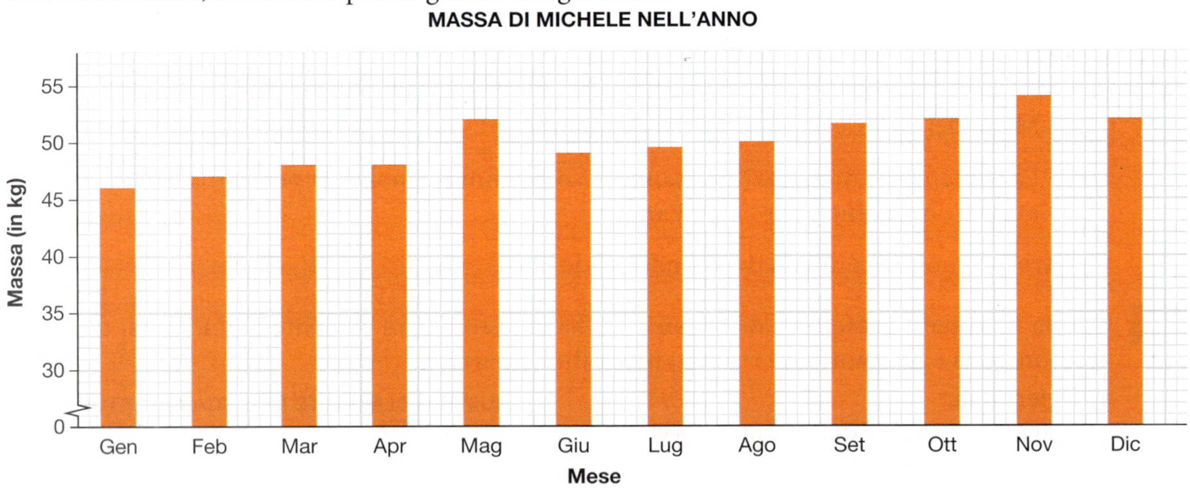

a. Determina in che mese Michele aveva una massa di:
- 47 kg;
- 49 kg;
- 50 kg.

b. In che mese la massa ha raggiunto il valore massimo? Qual era il valore?

c. In che intervallo è variata la massa nel corso dell'anno?

d. In due occasioni la massa di Michele è diminuita. Quando è successo?

e. La diminuzione maggiore è avvenuta quando è stato malato. In che mese è successo?

f. A un certo punto Michele si è accorto che stava aumentando troppo di peso e ha cominciato a controllare la sua dieta. Quando è successo?

g. Rappresenta gli stessi dati in un grafico cartesiano, congiungendo i punti con dei segmenti. Quale tipo di grafico ti sembra più adatto a rappresentare e interpretare questi dati, il grafico a barre o quello cartesiano? Perché?

99 **ANALIZZARE DATI E GRAFICI** Il grafico a barre riporta il fatturato di una compagnia nel corso di 6 anni.

a. Ricava il fatturato degli anni 2007, 2009, 2011.

b. In quale anno il fatturato è stato di 1 000 000 €?

c. Quando si è verificata la massima crescita rispetto all'anno precedente? Di quanto è stata tale crescita?

d. Nel 2011 l'obiettivo della compagnia era di fatturare 1 300 000 €. Di quanto è stato superato tale obiettivo? Esprimi questo valore come percentuale del fatturato programmato.

e. Nel 2010 l'obiettivo era di fatturare 1 650 000 €. Quanto è mancato per raggiungere tale obiettivo? Esprimi questo valore come percentuale del fatturato programmato.

f. Determina il fatturato complessivo nel corso degli anni dal 2007 al 2012.

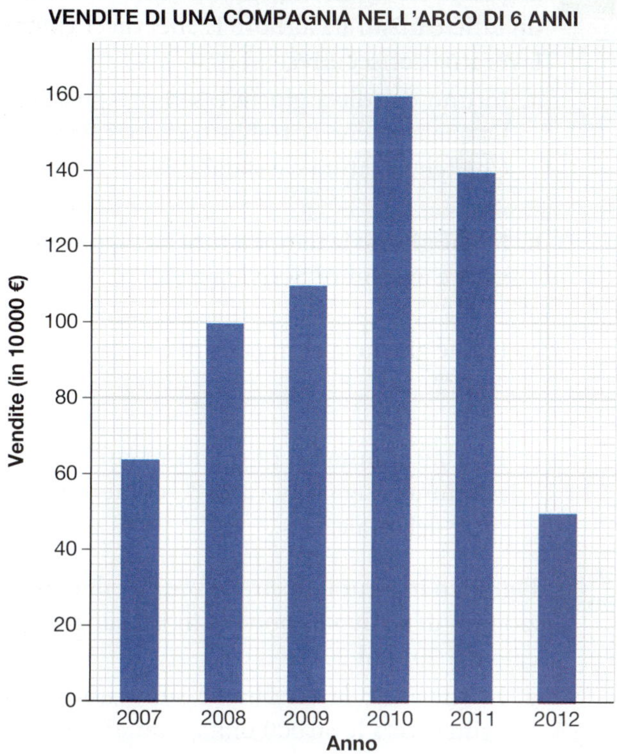

100 Il grafico a torta mostra le esportazioni di un paese nel 2016.

a. Esprimi le esportazioni di beni manifatturieri in rapporto ai minerali.

b. Esprimi le esportazioni di prodotti agricoli in rapporto ai beni manifatturieri.

c. Se il totale delle esportazioni del paese è stato di 72 milioni di euro, calcola il valore dei minerali e il valore dei prodotti agricoli esportati.

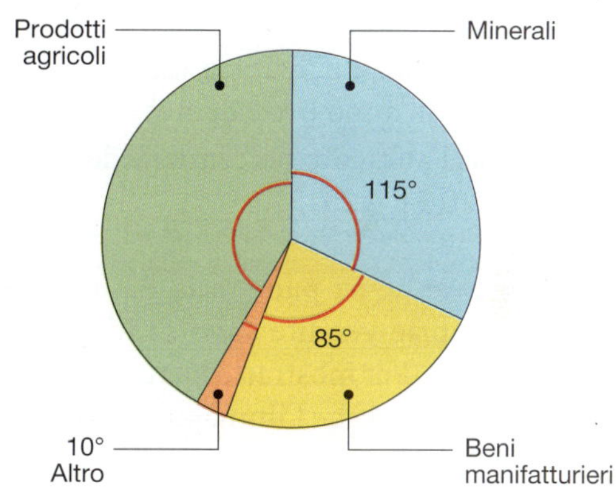

101 Un sondaggio su 120 studenti ha raccolto dati sul mezzo di trasporto che usano preferibilmente per andare a scuola. I risultati sono rappresentati nel grafico a torta.

a. Sapendo che gli studenti che usano principalmente l'autobus sono 57, determina il valore dell'angolo x.

b. Calcola il rapporto tra il numero di studenti che vanno a piedi e il numero di studenti che vanno in autobus.

c. Esprimi il numero di studenti che vanno in auto come percentuale del numero totale.

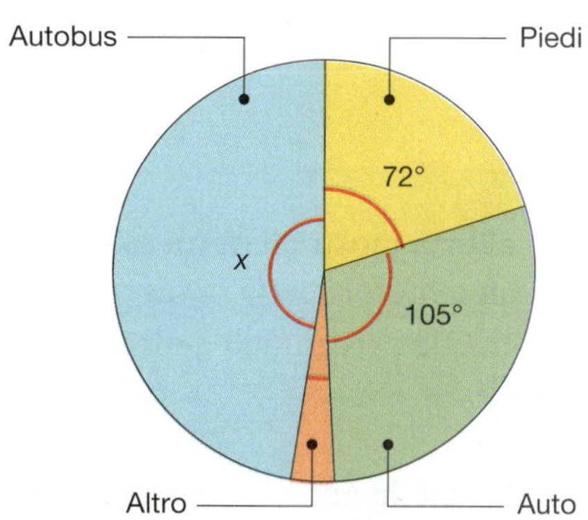

102 Il grafico in figura mostra la temperatura in un ufficio misurata alle ore 12, per dieci giorni lavorativi consecutivi.

a. In uno dei dieci giorni è sempre piovuto. Di quale giorno potrebbe trattarsi? Perché? Che temperatura c'è stata?

b. In che giorno la temperatura ha raggiunto il valore massimo? Scrivi tale valore.

c. In che giorni la temperatura è stata sotto ai 29 °C?

d. Esprimi il numero di giorni in cui la temperatura è stata sopra a 28 °C come percentuale del totale.

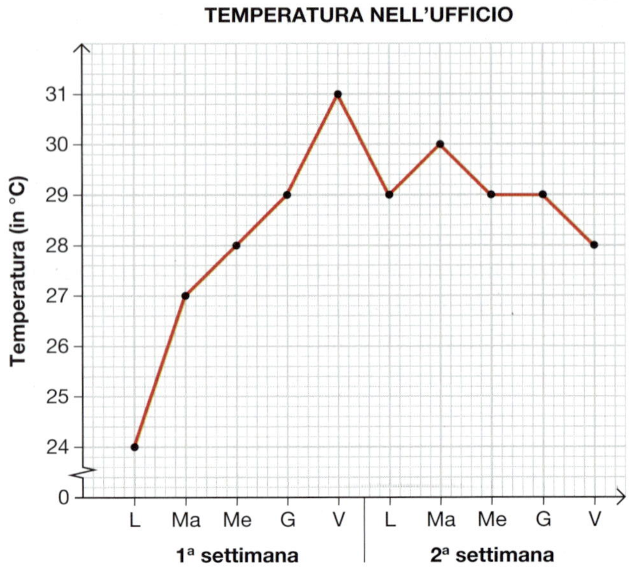

103 Il grafico in figura mostra la vendita di confezioni di detersivo in polvere in un supermercato dal 2011 al 2015.

a. In che anno la vendita ha superato per la prima volta le 50 000 unità annue?

b. In che anno la vendita è stata di 100 000 unità?

c. In che anno si è avuta la massima crescita rispetto all'anno precedente?

d. Calcola l'aumento percentuale delle vendite tra il 2013 e il 2015.

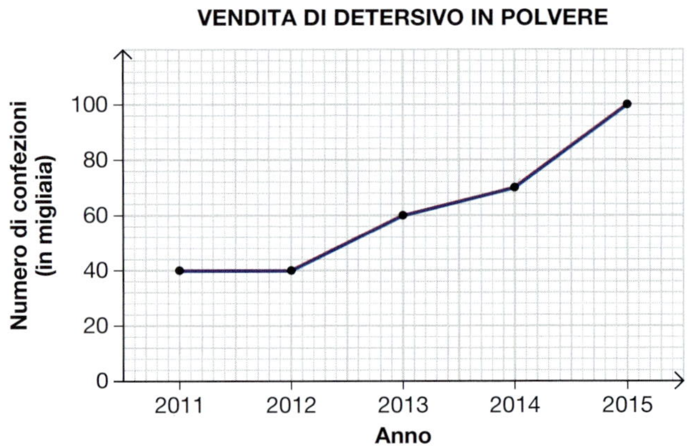

104 **COMUNICARE** Una panetteria ha annunciato che le proprie vendite sono raddoppiate dal 2010 al 2012. Per mostrarlo ha realizzato il grafico a lato. Pensi che l'immagine permetta una corretta visualizzazione dei dati?
Spiega come si potrebbe realizzare un grafico migliore.

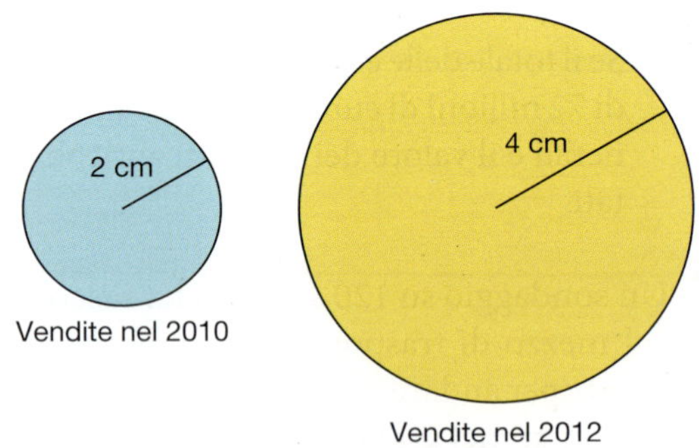

105 Il grafico a torta mostra il numero di automobili, camion e motociclette in un parcheggio.

a. Determina le percentuali delle tre tipologie di veicoli.

b. Sapendo che le auto sono 153, determina il numero complessivo delle motociclette.

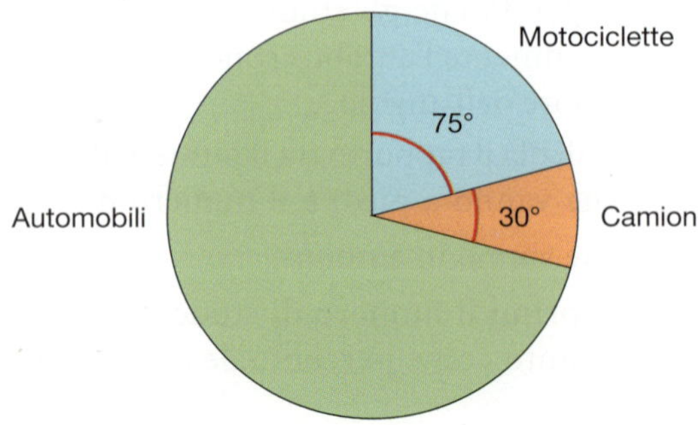

106 **INVALSI 2013** Utilizza il cerchio a fianco per rappresentare con un areogramma la percentuale di produzione del reddito per i diversi settori economici scritti in tabella. Per ciascun settore rappresentato, scrivi il nome corrispondente.

Settore economico	Percentuale (%)
Primario	10
Secondario	30
Terziario	60

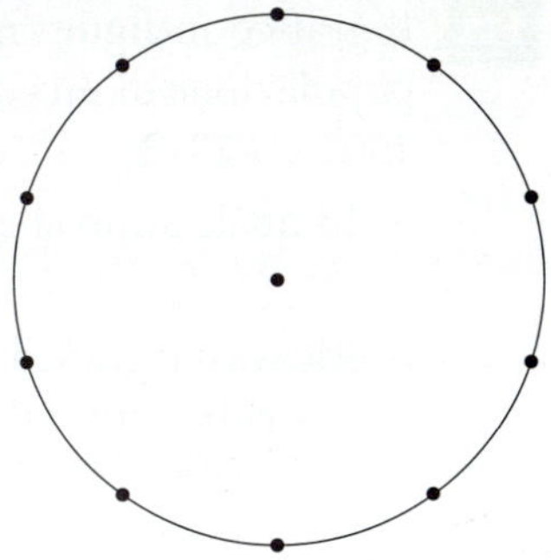

[INVALSI – prova nazionale per la scuola secondaria di primo grado]

107 La tabella mostra quanti studenti hanno inserito nel loro piano di studi un corso di matematica avanzata nell'arco di sette anni.

Anno	2006	2007	2008	2009	2010	2011	2012
Numero di studenti	80	100	110	70	160	200	240

a. Rappresenta i dati in un grafico nel piano cartesiano.

b. In quale anno c'è stato il massimo incremento rispetto all'anno precedente?

108 Per il giornalino scolastico è stato chiesto a un gruppo di studenti quale fosse la propria materia preferita. I ragazzi che hanno scelto matematica sono 48, i ragazzi che hanno scelto inglese sono 20, quelli che hanno scelto scienze 24 e quelli che hanno scelto altre materie sono 15.
Rappresenta i dati in un grafico a torta ed esprimi tutti i dati come percentuale.

109 È stato condotto un sondaggio su 40 ragazzi: a ognuno è stato chiesto quanti fratelli avesse. I risultati sono indicati in tabella.

Numero di fratelli	0	1	2	3	4	5
Numero di ragazzi	8	9	12	7	3	1

a. Quale tipo di grafico è più indicato per rappresentare i dati? Costruiscilo.

b. Determina moda, media e mediana della distribuzione e rappresentale sul grafico.

110 Il grafico a barre illustra i risultati di un'indagine condotta sul numero di persone presenti in un veicolo che percorre l'autostrada Nord-Sud.

a. Determina il numero totale di auto osservate.

b. Determina il numero totale di persone in tutte le auto.

c. Esprimi il numero di auto con 4 o più persone come percentuale del totale.

d. Rappresenta i dati in un grafico a torta.

e. Qual è la situazione più comune?

f. Qual è il numero medio di occupanti per auto?

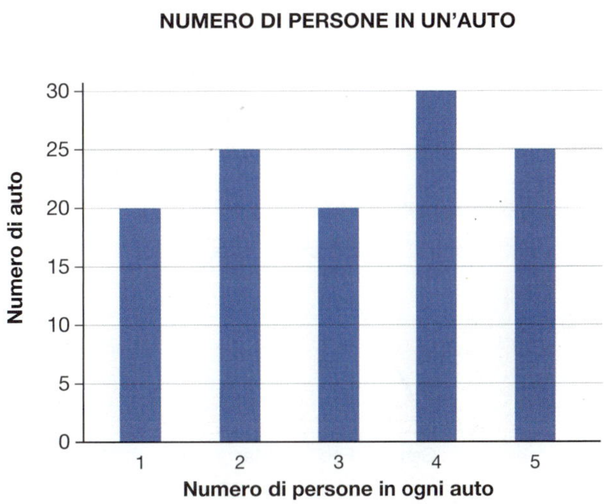

111 Il grafico in figura mostra la popolazione di una città tra il 2002 e il 2012.

a. In quale anno si è avuta la maggiore crescita?

b. Ricava dal grafico i dati per costruire una tabella con anni e popolazione.

c. Calcola la crescita percentuale della popolazione dal 2009 al 2012.

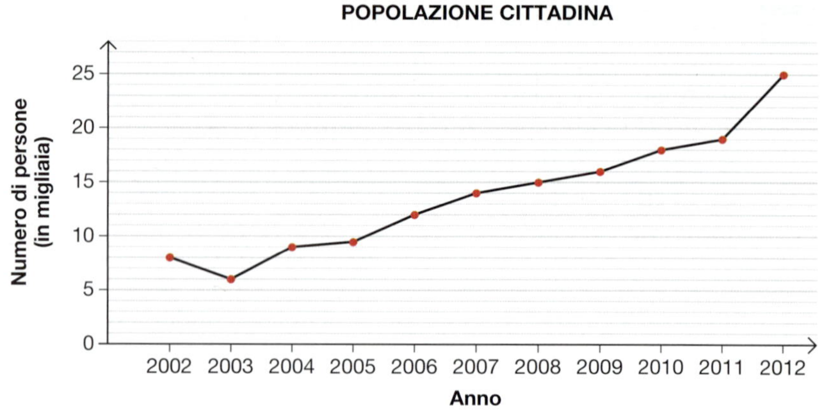

112 **EFFETTUARE STIME E APPROSSIMAZIONI** La tabella riporta la temperatura corporea di un paziente, rilevata ogni 3 ore.

Tempo (ore)	15:00	18:00	21:00	0:00	3:00	6:00	9:00
Temperatura (°C)	39,0	39,0	39,5	37,5	39,0	38,0	37,0

a. Rappresenta i dati in un grafico cartesiano, unendo i punti con dei segmenti.

b. Dal grafico ottenuto stima la temperatura alle 17:00 e alle 2:00.

113 **ARGOMENTARE** Lamberto e Aldo realizzano un sondaggio su 200 persone ciascuno a proposito dello shopping. La tabella mostra i loro dati.

a. Rappresenta i dati in un grafico a barre doppio (due barre per ogni voce).

b. I dati raccolti dai due amici sembrano molto diversi. Quali possono essere le ragioni?

	Dati di Lamberto	Dati di Aldo
Amano lo shopping	128	29
Indifferenti	47	24
Non amano lo shopping	25	147
Totale	200	200

114 **ARGOMENTARE** I grafici in figura mostrano la temperatura media mensile di due paesi X e Y nell'arco di sei mesi. Nora sostiene che la temperatura nel paese X cambia più rapidamente che nel paese Y. Sei d'accordo con lei? Spiega perché.

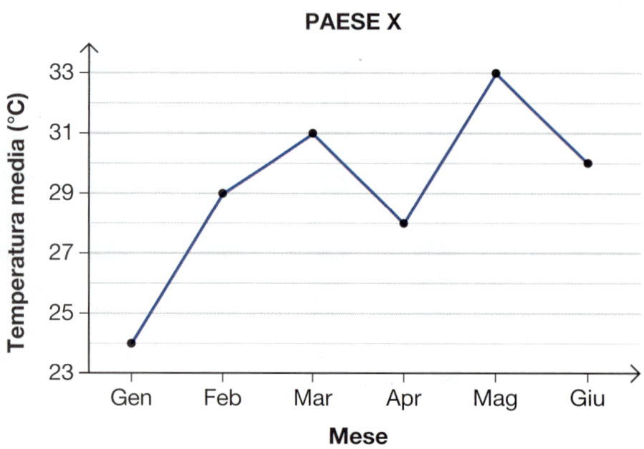

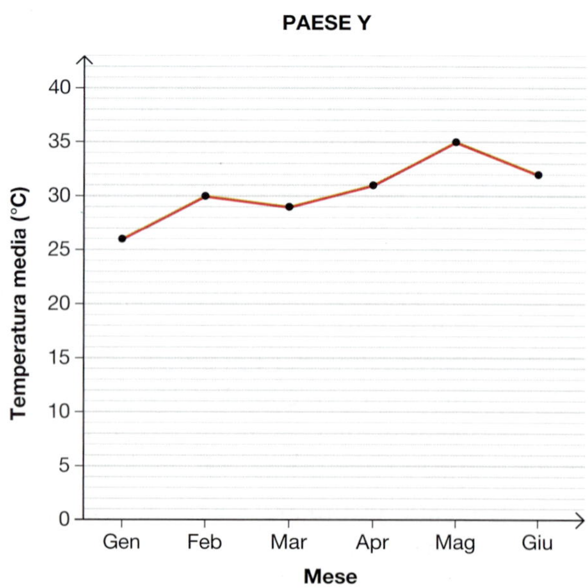

115 **INDIVIDUARE COLLEGAMENTI E RELAZIONI** Il pittogramma mostra la paghetta media mensile che ricevono gli studenti di quattro diverse classi.

a. Calcola il rapporto tra la paghetta media mensile degli studenti di 1D e quella degli studenti di 1B.

b. Esprimi la paghetta media degli studenti di 1C come percentuale di quella degli studenti di 1A.

c. Per rispondere alle prime due domande era necessario conoscere il valore di un singolo simbolo? Perché?

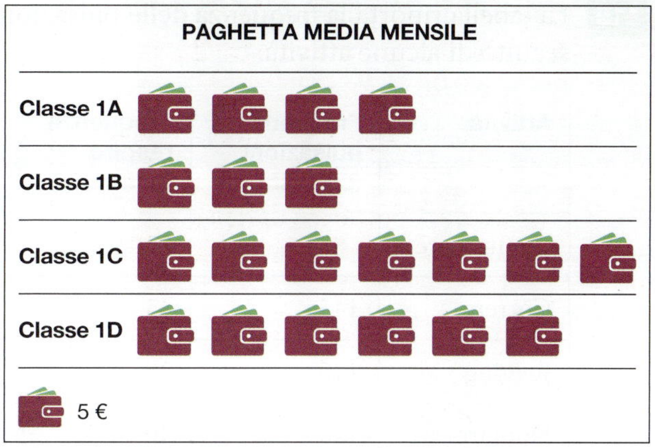

116 In una classe è stato svolto un sondaggio sul numero di libri letti nell'arco di due mesi. I risultati sono rappresentati dal grafico a fianco.

a. Determina il numero totale dei libri letti dagli studenti della classe nel corso dei due mesi.

b. Esprimi il numero di studenti che hanno letto più di quattro libri come percentuale del numero di studenti della classe.

c. Quale percentuale di studenti ha letto meno di tre libri?

d. Rappresenta i dati in un grafico a torta.

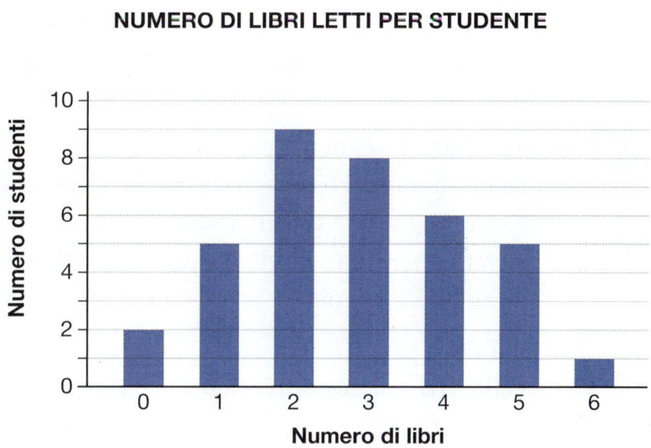

117 La tabella mostra le percentuali degli studenti che si sono iscritti ai corsi di scienze, ingegneria ed economia di una università. Sapendo che i rimanenti studenti sono iscritti ai corsi di arte, costruisci un grafico a torta usando i dati della tabella.

Tipo di corso	Scienze	Ingegneria	Economia	Arte
Percentuale di studenti	25%	30%	15%	?

118 Il grafico riporta il numero di computer portatili acquistati da un'azienda tra il 2012 e il 2016.

a. Utilizzando i dati del grafico costruisci una tabella che riporti l'anno e il numero di computer acquistati.

b. Calcola la variazione percentuale di computer acquistati tra il 2012 e il 2016.

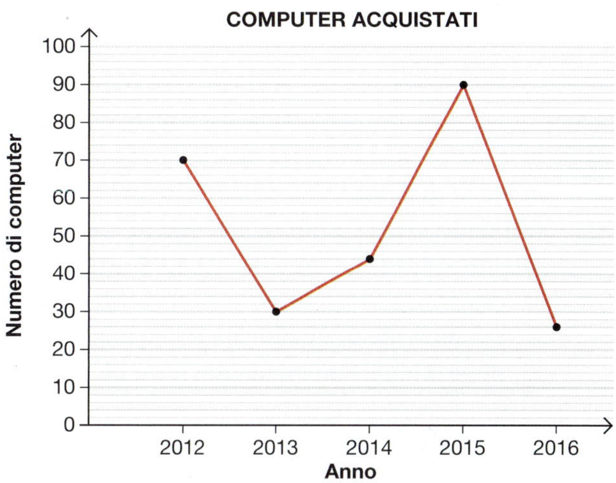

119 La tabella riporta la frequenza delle pulsazioni e dei respiri di un ragazzo dopo 10 minuti di riposo a seguito di alcune attività.

Attività	**Frequenza pulsazioni (per minuto)**	**Frequenza respiro (per minuto)**
Camminare	85	25
Correre	145	45
Jogging	110	35
Nuotare	120	40

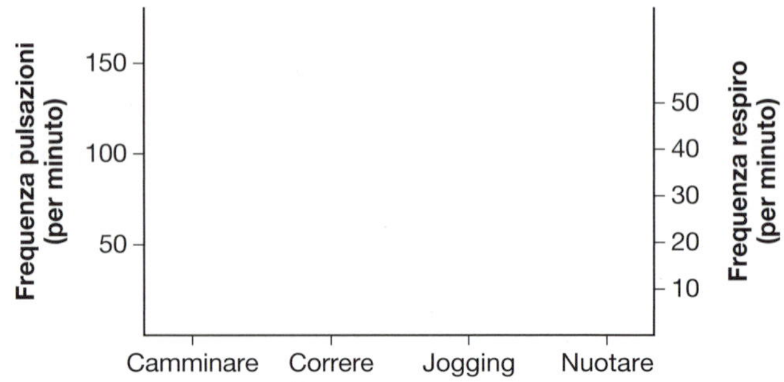

Rappresenta i dati in un grafico a barre doppio, cioè per ogni attività riporta una barra per le pulsazioni e una per i respiri, utilizzando due scale diverse, come indicato dallo schema sopra.

120 **INVALSI 2013** I seguenti grafici mostrano le percentuali di ragazzi e ragazze della IIIA che a pranzo mangiano a casa o a scuola.

a. Stima la percentuale di ragazze della IIIA che mangiano a scuola.

Risposta: ....

b. Nella IIIA ci sono 15 ragazzi. Quanti mangiano a casa?

Risposta: ....

[INVALSI – prova nazionale per la scuola secondaria di primo grado]

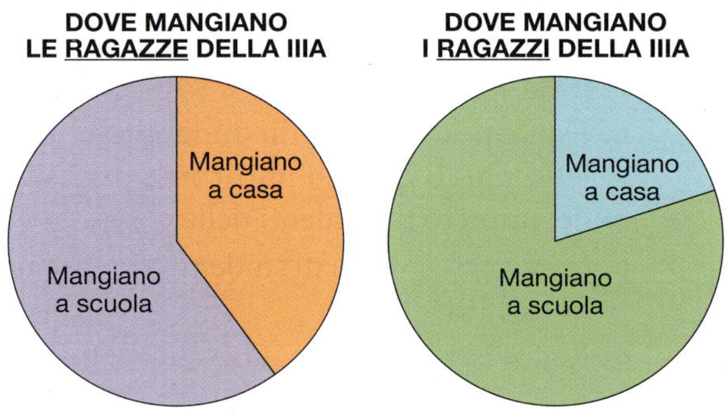

121 Il grafico a torta riporta la suddivisione delle spese di una vacanza.

a. Determina le percentuali delle spese destinate al cibo e all'albergo.

b. Sapendo che il viaggio è costato il 15% del totale, determina l'angolo del settore corrispondente.

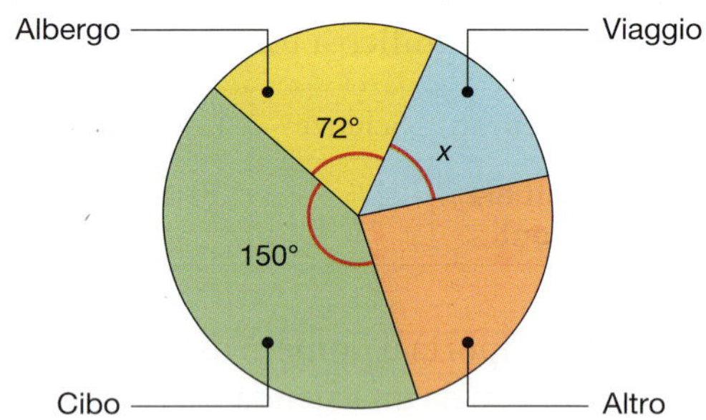

122 Il grafico a torta mostra la ripartizione delle spese mensili di Anna.
Sapendo che la somma che spende in abbigliamento è il triplo di quella che spende per il cibo:

a. esprimi la somma che spende per il cibo come percentuale di quello che risparmia;

b. determina il suo guadagno annuale.

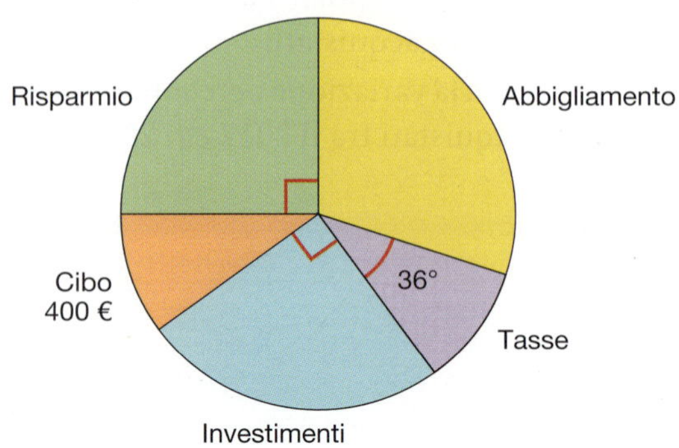

123 **ANALIZZARE DATI E GRAFICI** Il grafico rappresenta il numero di ragazzi che ha partecipato agli incontri settimanali del gruppo teatrale nel corso di 2 mesi e mezzo.

a. In quale settimana la partecipazione è stata massima?

b. La settimana degli esami l'incontro non si è tenuto. Di che settimana si tratta?

c. Esprimi la variazione di partecipazione dalla 7ª all'8ª settimana come percentuale dei partecipanti all'incontro della 7ª settimana.

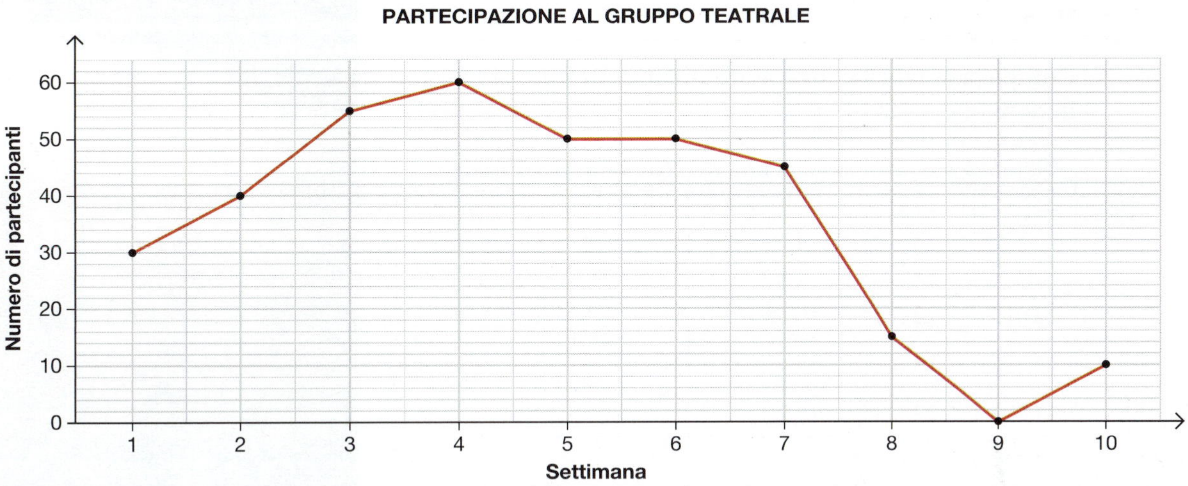

124 **INVALSI 2012** Tempo fa si è disputata la partita di pallacanestro B. Pozzo di Gotto-Brescia, finita con il punteggio di 92-94.
La seguente tabella riassume le statistiche di tale partita per la squadra di Brescia.

			Tiri a Canestro			
Numero del giocatore	**Giocatore**	**Minuti giocati**	**Tiri da 2**	**Tiri da 3**	**Tiri liberi**	**Punti**
7	Bushati Franko	25	0	0	2	2
18	Busma Deividas	23	4	0	1	9
10	Farioli Massimo	20	2	0	0	4
13	Gergati Lorenzo	36	2	1	7	14
14	Ghersetti Mario Jose	37	3	1	1	10
9	Goldwire Leemire	30	9	1	8	29
11	Scanzi Andrea	9	0	1	2	5
5	Stojkov Stevan	15	0	1	0	3
15	Thompson Ryan	30	6	0	6	18
	Totale		26	5	27	94

a. Quanti sono i giocatori che hanno realizzato un numero di punti superiore alla media?
Risposta: ....

b. Quale tra i seguenti giocatori ha realizzato un numero di punti pari alla mediana?

- a Il numero 7, Bushati Franko
- b Il numero 13, Gergati Lorenzo
- c Il numero 14, Ghersetti Mario Jose
- d Il numero 18, Busma Deividas

[INVALSI – prova nazionale per la scuola secondaria di primo grado]

125 La tavola riporta le distanze medie, in milioni di chilometri, di venti asteroidi da Giove.

21,03	23,55	22,93	23,12	23,22
23,03	21,11	23,22	23,28	21,31
21,28	23,58	21,27	23,40	21,17
21,15	23,62	23,18	22,25	23,36

a. Completa la tabella, indicando quanti asteroidi si trovano in ogni intervallo di distanza.

Distanza media (milioni di km, *d*)	Numero di asteroidi
$21,0 \leq d < 21,5$	
$21,5 \leq d < 22,0$	
$22,0 \leq d < 22,5$	
$22,5 \leq d < 23,0$	
$23,0 \leq d < 23,5$	
$23,5 \leq d < 24,0$	

b. Costruisci un grafico a barre che rappresenti i dati in tabella. Come modalità usa gli intervalli indicati.

126 **INVALSI 2013** Il Grafico A e il Grafico B rappresentano le assenze del primo quadrimestre di una classe di 20 alunni.

a. Qual è la moda delle assenze?

Risposta: .... giorni

b. Se Lorenzo avesse fatto il doppio delle assenze, quali cambiamenti ci sarebbero nel Grafico B?

Per rispondere completa la frase che segue.

La colonna corrispondente a 4 assenze aumenta da .... a .... e la colonna corrispondente a .... assenze .... da .... a ....

[INVALSI – prova nazionale per la scuola secondaria di primo grado]

GRAFICO A: GIORNI DI ASSENZA DEGLI ALUNNI

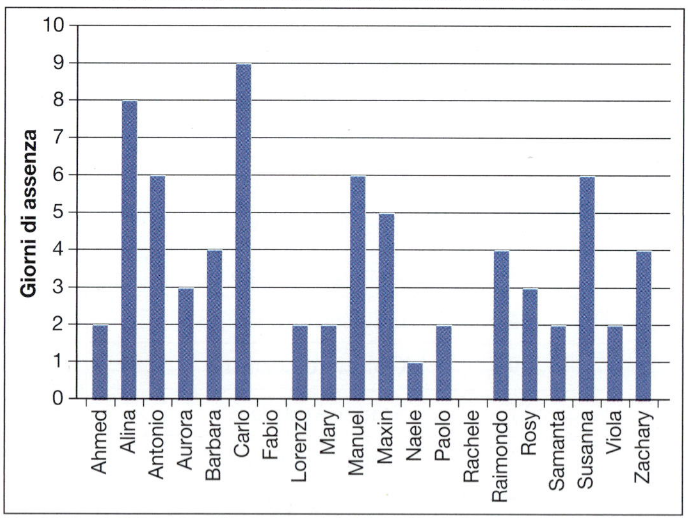

GRAFICO B: DISTRIBUZIONE DELLE ASSENZE

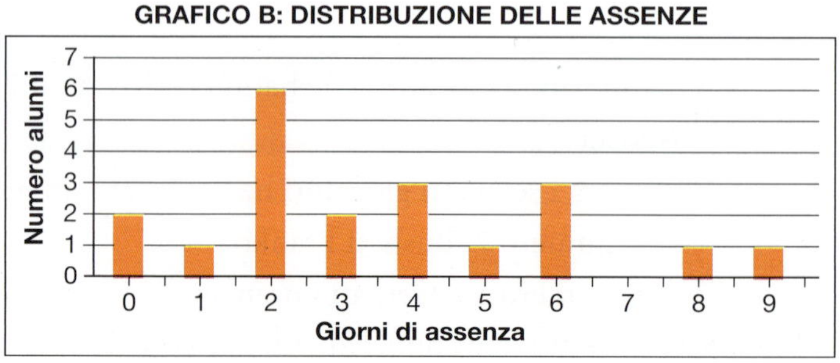

127 Il grafico in figura mostra il numero di matite trovate negli astucci di un gruppo di alunni di una scuola elementare.
Qual è il numero di matite che più comunemente un bambino tiene nell'astuccio?

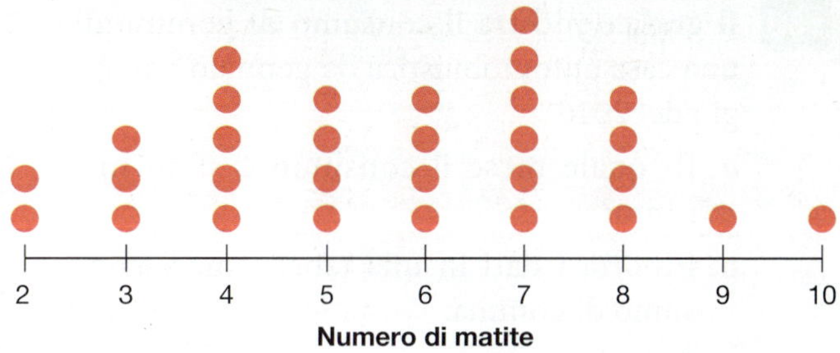

128 Un ragazzo si allena al tiro al bersaglio con le freccette e conta i punti su sequenze di tre tiri. I punteggi ottenuti sono i seguenti:

100; 150; 130; 80; 90; 120; 130; 150; 100; 90; 120; 40; 90; 120; 130; 130; 110.

Terminato l'allenamento vuole scommettere con un amico su un punteggio che pensa di poter fare almeno la metà delle volte.
Qual è il punteggio massimo su cui può scommettere?

129 Alice e Bob si allenano a basket ai tiri liberi, in sequenze di tre tiri. Ottengono i seguenti risultati.

Alice: 2; 3; 1; 2; 0; 2; 3; 1; 0; 2; 2;
3; 3; 1; 2; 1; 2; 1; 3; 2; 2.

Bob: 3; 3; 1; 0; 2; 3; 1; 2; 0;
2; 2; 3; 1; 3; 1; 1; 0; 3; 2.

Quale indice useresti per confrontare i risultati? Calcola il valore dell'indice per ognuno dei due giocatori e stabilisci chi ha fatto una prestazione migliore.

130 L'età media di un gruppo formato da $(m + 2)$ ragazzi e da $(n + 5)$ ragazze è p. Se l'età media delle ragazze è q, esprimi l'età media dei ragazzi.

131 **INVALSI 2012** La seguente tabella riporta il numero di occupati, in migliaia, in Italia in ciascuno degli anni dal 1995 al 2005.

Anni	Occupati (in migliaia)
1995	20 240
1996	20 326
1997	20 384
1998	20 591
1999	20 847
2000	21 210
2001	21 604
2002	21 913
2003	22 241
2004	22 404
2005	22 563

a. Quale tra le seguenti espressioni dà come risultato l'aumento percentuale del numero di occupati nel 2001 rispetto al numero di occupati nel 2000?

- [a] $\dfrac{21\,604}{21\,210} \cdot 100$
- [b] $\dfrac{394}{21\,210} \cdot 100$
- [c] $\dfrac{21\,210}{21\,604} \cdot 100$
- [d] $\dfrac{394}{21\,604} \cdot 100$

b. Di quanto sono aumentati gli occupati dal 1995 al 2005?
Risposta: .... migliaia

c. Qual è stato l'aumento medio annuo del numero di occupati nei dieci anni dal 1995 al 2005?
Risposta: .... migliaia

[INVALSI – scuola secondaria di secondo grado]

132 Il grafico mostra il consumo di gomma di una casa automobilistica da gennaio a maggio del 2016.

a. In quale mese il consumo è stato minimo?

b. Riporta i dati in una tabella mese/consumo di gomma.

c. Calcola l'incremento percentuale del consumo di gomma da febbraio a marzo.

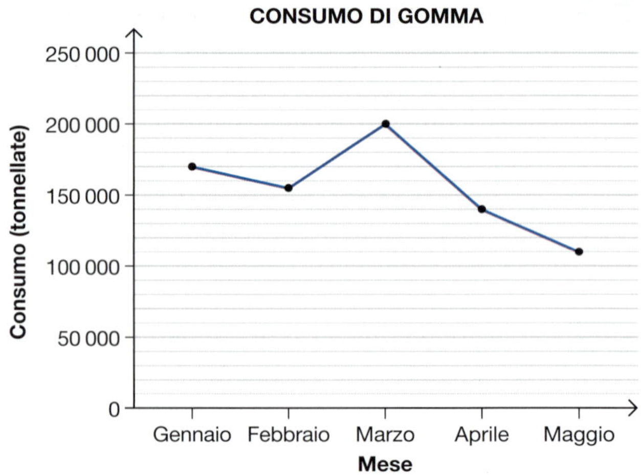

133 Il grafico riporta il numero di vittime di incidenti stradali in una regione dal 2005 al 2009.

a. In quale anno il numero di vittime è stato massimo?

b. Utilizza i dati del grafico per costruire una tabella anno/numero di vittime.

c. Calcola la variazione percentuale dal 2008 al 2009.

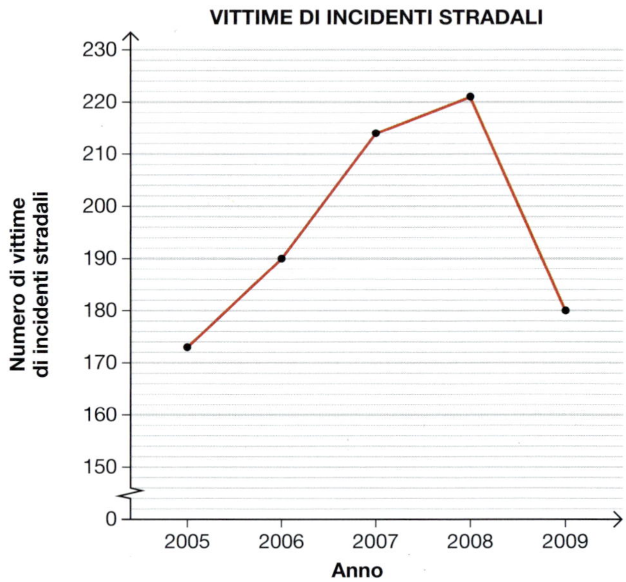

134 **ANALIZZARE DATI E GRAFICI** Il grafico mostra il numero di pazienti ricoverati e quelli in lista d'attesa in tre ospedali oggi.
Quando la percentuale di pazienti in lista d'attesa supera il 20% di quelli ricoverati scatta una «emergenza posti letto».
Pensi che oggi in qualcuno dei tre ospedali considerati sia scattata l'emergenza posti letto?

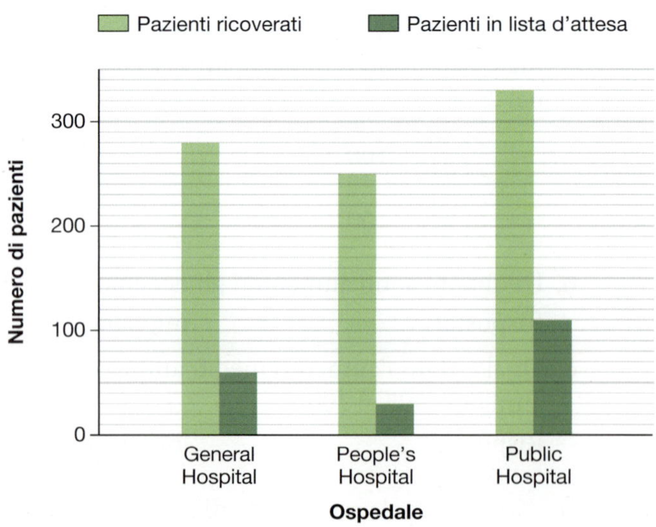

135 Questo grafico a barre sovrapposte mostra come impiega il tempo lavorativo il professor Ting nell'arco di una settimana.

a. Quanto tempo impiega complessivamente il professor Ting a preparare le lezioni ogni settimana?

b. In quale giorno della settimana il professor Ting spende più tempo in altre attività?

c. In quale giorno il tempo trascorso in altre attività è il 267% della preparazione delle lezioni?

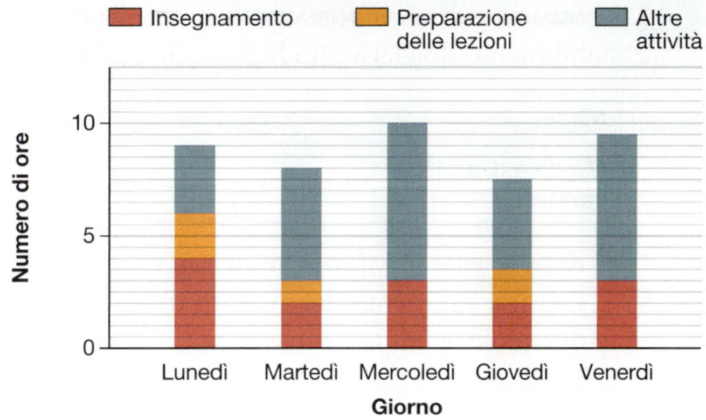

136 Il grafico mostra i risultati di un sondaggio svolto tra alcuni studenti di università sul numero di smartphone che ciascuno di loro possiede. Sono stati intervistati 370 studenti.
Riporta i dati in un grafico a torta.

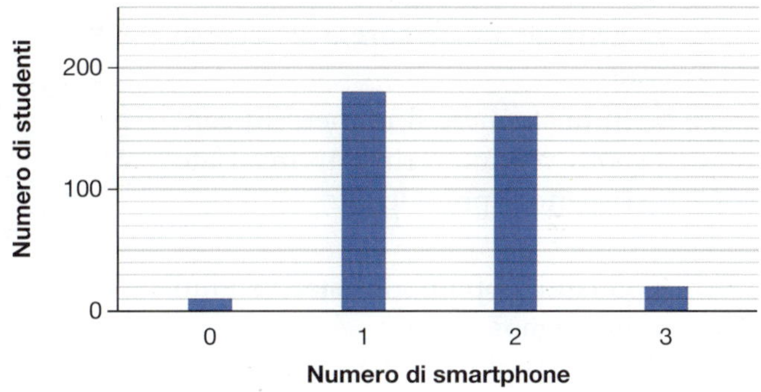

137 ACQUISIRE DATI E INFORMAZIONI
Giada ha registrato il saldo del suo conto corrente ogni mese per un anno.
Per rappresentare i dati le consiglieresti di usare un grafico a barre o un grafico a torta?

138 Il grafico mostra la piovosità media mensile in mm a Taipei da gennaio a giugno.

a. In quale mese la piovosità è massima?

b. Qual è la piovosità media di marzo?

c. La piovosità media di settembre è circa il quadruplo di quella di gennaio. Stima la piovosità media di settembre.

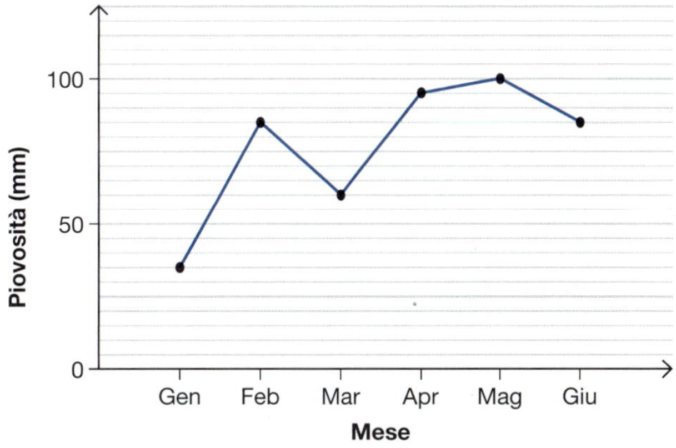

139 **ACQUISIRE DATI E INFORMAZIONI** La tabella riporta le vendite mensili di confezioni di caramelle di uno stabilimento dolciario, tra luglio e dicembre.

Mese	Luglio	Agosto	Settembre	Ottobre	Novembre	Dicembre
Migliaia di scatole vendute	15	15,5	15	16	18,5	29,5

a. Rappresenta le informazioni con un grafico opportuno.
b. Esprimi l'aumento del numero di scatole da novembre a dicembre come percentuale del numero di scatole vendute a novembre.
c. Suggerisci un possibile motivo per l'aumento calcolato nel punto precedente.

140 **ANALIZZARE DATI E GRAFICI** Il grafico riporta il numero di cappotti invernali venduti in un grande magazzino, da gennaio a dicembre dello scorso anno.

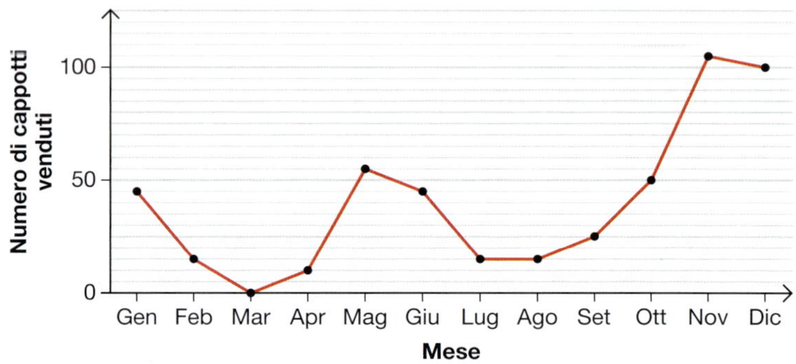

a. In quale mese il numero di cappotti venduti è rimasto invariato rispetto al precedente?
b. Quanti cappotti sono stati venduti in giugno?
c. In quale periodo il numero di cappotti venduti ha avuto il massimo incremento?

141 Il grafico riporta il numero di prenotazioni all'albergo Miramonti mese per mese, da gennaio a giugno dello scorso anno. L'albergo ha in tutto 300 stanze.

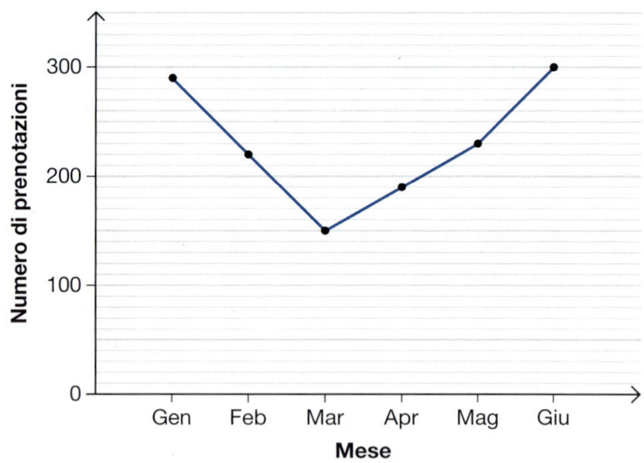

a. In quali mesi almeno l'80% delle camere era occupato?

Quando la percentuale di camere prenotate scende sotto al 75% la direzione mette in atto delle promozioni con sconti sul prezzo delle camere.

b. In quali mesi è stata attivata la promozione?

142 **ANALIZZARE DATI E GRAFICI** L'altezza di una pianta è stata misurata ogni settimana per cinque settimane e i risultati sono stati riportati nel grafico.
Giada sostiene che l'altezza della pianta è quadruplicata dalla settimana 1 alla settimana 5. Ha ragione?

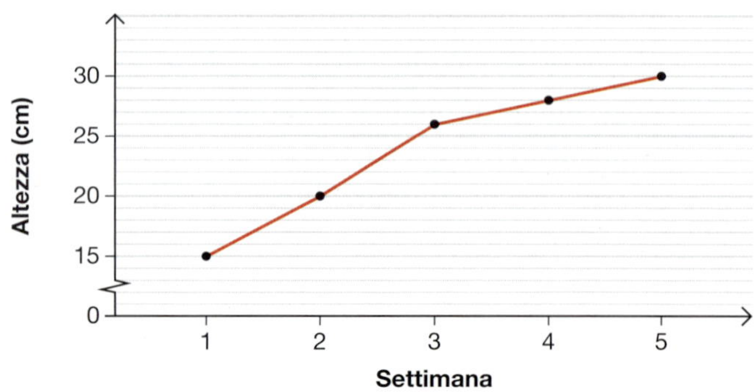

143 **COMUNICARE** L'immagine a lato è tratta dal rapporto annuale di una compagnia che vende lattine di bevanda al cioccolato. Le vendite sono raddoppiate dal 2015 al 2016. Perché il disegno può essere fuorviante ?

144 **COMUNICARE** Raffaele va a correre tutti i giorni lungo un percorso di 2,4 km e registra ogni volta il tempo impiegato. Per riportare i risultati sul suo blog ha realizzato questo grafico.

Sul blog ha scritto «il tempo che ho impiegato venerdì è stato la metà del tempo di lunedì».

Spiega perché i suoi amici si sono scatenati per rispondere al post dicendo che il grafico è fuorviante.

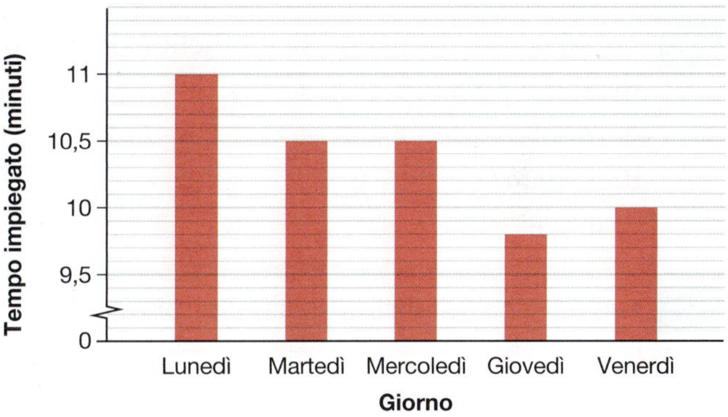

MATHS HIGHLIGHTS CLIL

Controlla i risultati in fondo al volume.

AVERAGES OF STATISTICAL DATA

How to use mean, median and mode

1. The **mean** is usually preferred over the median and the mode because all the values in a set of data are used in the calculation of the mean. It is the most reliable measure when there are no extreme values in the set of data.
2. The **median** is preferred for describing economic, sociological and educational data. It is popular in the study of the social sciences because most sets of data in the social sciences contain extreme values.
3. The **mode** is useful in business planning as a measure of popularity as it reflects the opinion of the masses.

1 **VOCABULARY** Without using a dictionary, try to understand the meaning of the following words in the text above.

a. mean ....

b. median ....

c. mode ....

d. to prefer over ....

e. reliable ....

f. set of data ....

2 **MATHS** The number of spelling errors a group of students made in an essay is recorded.

Number of spelling errors	0	1	2	3	4	5
Number of students	4	8	x	6	5	4

a. If the mean number of spelling errors the students make is 2,4, calculate the value of x.

b. If the median of the distribution is 3, find the possible values of x.

c. If the modal number of spelling errors the students made is 2, state the smallest possible value of x.

3 **MATHS** The number of books a group of students borrowed from the school library is recorded.

Number of books	0	1	2	3	4
Number of students	2	x	3	4	1

a. If the mean number of books the students borrowed is 1,8, find the value of x.

b. If the median of the distribution is 2, find the possible values of x.

c. If the modal number of books the students borrowed is 3, state the greatest possible value of x.

d. Use the value of x that you found in point **a** in order to find out the minimum number of books read by half of the students.

L'ESPERTO SEI TU
PROVE PER COMPETENZE

1 **ANALIZZARE DATI E GRAFICI** **Cambiamenti climatici** L'IPCC (Intergovernmental Panel on Climate Change) è un gruppo di scienziati che, su incarico dell'ONU, analizza e sintetizza i dati raccolti sui cambiamenti climatici in atto nel nostro pianeta, studia i possibili scenari futuri e suggerisce possibili contromisure.
Il grafico mostra l'evoluzione dello scarto della temperatura sulla Terra dal 1850 a oggi rispetto alla temperatura media tra il 1986 e il 2005, assunta come temperatura zero.

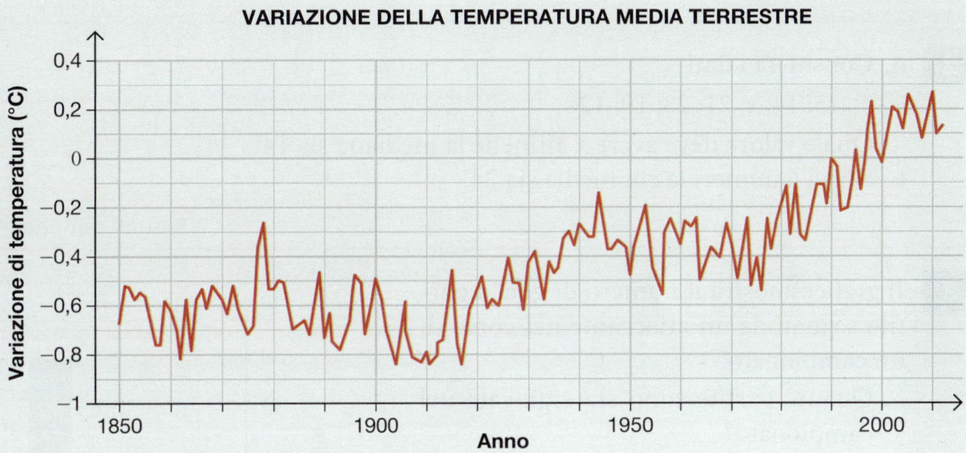

Puoi osservare dal grafico che la temperatura è soggetta a oscillazioni nell'arco di qualche anno.

a. Quale ampiezza hanno queste oscillazioni su breve periodo?
Puoi osservare che per un certo periodo la temperatura oscillava attorno a un valore costante, poi ha cominciato a crescere, pur sempre con alcune oscillazioni.

b. In quale periodo le oscillazioni erano attorno a un valore costante? Quando ha cominciato a crescere?

Dal 1970 al 2010 la crescita è abbastanza regolare.

c. Sovrapponi al grafico un segmento che segua l'andamento complessivo e ricava l'aumento medio annuale di temperatura in questo periodo.

d. Sulla base della stima che hai fatto, quale aumento di temperatura si potrebbe prevedere tra il 2010 e il 2100?

e. Prova a identificare una ragione che spieghi perché la temperatura ha cominciato a crescere da un certo anno in poi.

2 **ACQUISIRE DATI E INFORMAZIONI** **Selezioni sportive** Tre studentesse, Alice, Barbara e Catia, sono state convocate alle selezioni per i giochi della gioventù di nuoto, nei 100 m stile libero. In allenamento a ciascuna sono state concesse cinque prove e i tempi sono riportati in tabella.
Chi sceglieresti per la gara? Spiega su quale criterio basi la tua scelta e giustifica la tua decisione.

Prova	Alice	Barbara	Catia
1° Prova	2′21″	1′58″	1′59″
2° Prova	1′50″	2′11″	2′01″
3° Prova	2′31″	2′20″	2′00″
4° Prova	1′54″	2′10″	1′56″
5° Prova	2′28″	2′15″	2′05″

SEI PRONTO PER LA VERIFICA?

In 1 ora

1 In una classe viene condotta un'indagine sul numero di social network a cui ogni studente partecipa. I risultati sono i seguenti:

1; 1; 2; 0; 1; 3; 0; 1; 2; 1; 0; 3; 4; 2; 4; 2; 2; 1; 0; 3; 4; 1; 2; 1; 2; 2.

a. Rappresenta i dati in un grafico a barre e in un grafico a torta.
b. Quali informazioni trasmette in modo più immediato ciascuno dei due grafici?
c. Qual è il numero di social network a cui più comunemente uno studente partecipa?
d. Qual è il numero medio di social network a cui ciascuno studente partecipa?

(10 punti per ogni risposta esatta) .... / 40

2 **a.** Considera i dati

15; 14; x; 21; 23; 10; 12.

Quale valore deve avere x affinché la mediana sia 14?

b. Scrivi 6 numeri la cui media sia 24.

(15 punti per ogni risposta esatta) .... / 30

3 Il grafico mostra il numero di goal a partita segnati da un attaccante nel corso di un campionato.

a. Quante partite sono state giocate nel campionato?
b. Quanti goal ha segnato in tutto l'attaccante nel campionato?
c. Qual è il numero medio di goal a partita?

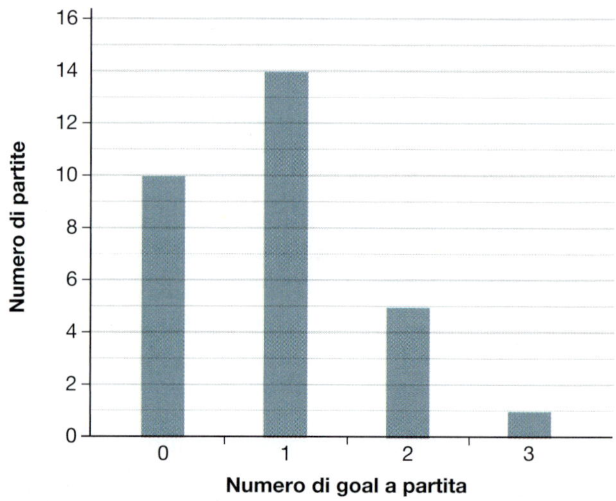

(10 punti per ogni risposta esatta) .... / 30

Punti totali: .... / 100

AUTOVALUTAZIONE

Controlla i risultati in fondo al volume.

☐ Fino a 50 punti insufficiente	☐ Da 51 a 70 punti sufficiente	☐ Da 71 a 90 punti buono	☐ Da 91 a 100 punti ottimo

La geometria del piano

CAPITOLO **G1**

1 Le figure geometriche

Esercizi
a pag. 432

INDIVIDUARE COLLEGAMENTI E RELAZIONI

GIOCHIAMO CON LA MENTE

Costellazioni

Nell'antichità gli uomini hanno visto nel cielo stellato delle figure, ottenute congiungendo alcune stelle tra di loro e dando vita alle costellazioni. In figura puoi osservare una porzione di cielo e a fianco alcune delle sue costellazioni.

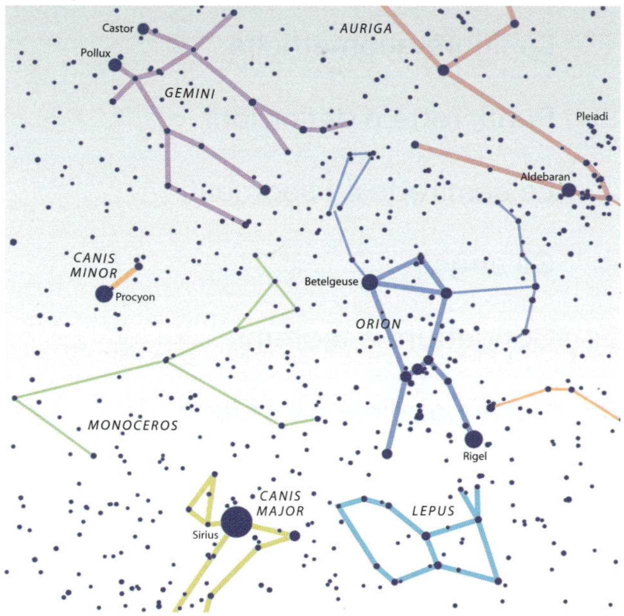

- Pensi che chi ha inventato le costellazioni ritenesse di aver scoperto delle figure tracciate nel cielo secondo una qualche logica o che fosse consapevole di esserne lui l'ideatore? Perché?

- Per quali motivi pensi che siano state inventate le costellazioni?

Osserva le fotografie sotto. Esse sono state scattate dal telescopio spaziale Hubble, in orbita attorno alla Terra.

► Prova a descrivere a parole le forme che vi compaiono e a costruire immagini di fantasia che le descrivono.

a. Formazione di nuove stelle nella nebulosa Carina.

b. La galassia NGC 5584.

c. La nebulosa planetaria MyCn18.

Sull'eBook ti proponiamo un'altra attività come questa.

IN TEORIA

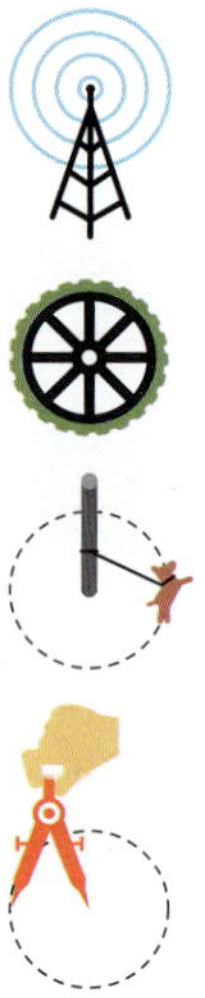

Le figure geometriche sono state introdotte come **copie astratte** degli oggetti intorno a noi, la cui somiglianza agli oggetti non riguarda il materiale di cui sono fatti o lo scopo per cui sono stati costruiti, ma solo la loro forma.
Dunque, le figure geometriche servono a identificare le **forme** degli oggetti.
In natura non esistono cerchi, quadrati, triangoli... esistono solo oggetti la cui forma si può avvicinare più o meno a quella di questi oggetti astratti.

Lo studio della geometria che affronteremo non si limita a definire un insieme di figure geometriche, allo scopo di descrivere agevolmente oggetti concreti, ma permette di rispondere a domande più complesse.

- Quali proprietà di una figura geometrica derivano dal modo in cui è stata definita?
- Quali relazioni ci sono tra le figure geometriche che fanno parte di un unico disegno?
- Come si possono mettere in relazione tra di loro le misure di aree, perimetri, volumi, lati, angoli...?
- Quali sono le proprietà di simmetria di una data figura geometrica?

IN PRATICA

[A] La geometria serve solo a descrivere forme?

Piacere di conoscerti!

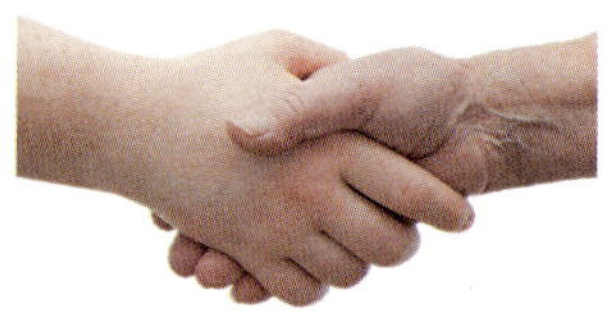

A una festa si incontrano 10 persone e ciascuna saluta le altre stringendo loro la mano.
Quante strette di mano vengono date?

Cosa c'entra questo problema in un capitolo di geometria?

La geometria può essere usata anche per schematizzare situazioni che non hanno necessariamente a che fare con le forme degli oggetti, ma hanno un carattere più astratto.
Rappresentiamo ogni partecipante con un punto e ogni stretta di mano con un segmento che congiunge i due punti corrispondenti.
Congiungiamo tutte le coppie di punti con un segmento. Osserviamo che i segmenti che congiungono i punti consecutivi nel disegno danno luogo a un poligono di 10 lati.

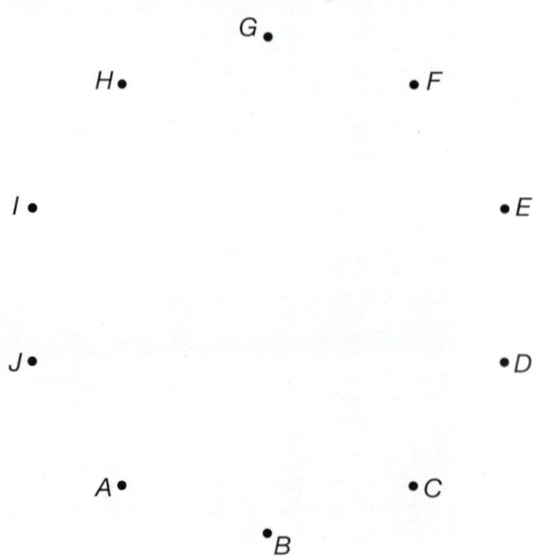

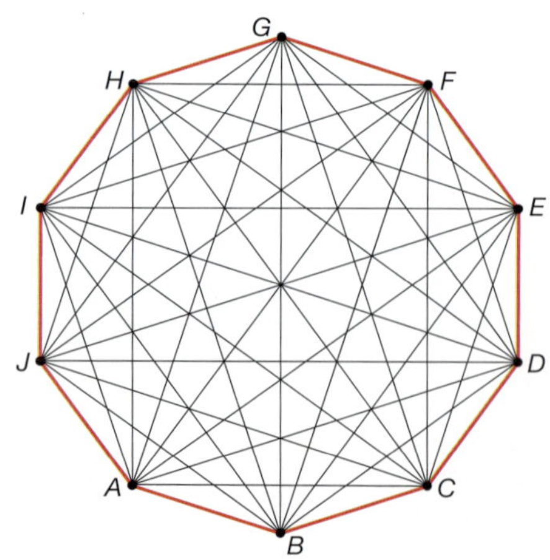

Il problema si traduce nel problema geometrico di determinare *quanti lati e diagonali ha un poligono di* 10 *vertici.*

Un poligono di n lati ha:

$$\frac{n \cdot (n-3)}{2} \text{ diagonali.}$$

Il numero delle strette di mano tra i partecipanti alla festa è dato dalla somma dei lati del poligono e di tutte le sue diagonali:

$$s = \underbrace{10}_{\text{lati}} + \underbrace{\frac{10 \cdot 7}{2}}_{\text{diagonali}} = 45.$$

Tradurre un problema dal linguaggio verbale a una rappresentazione geometrica permette di visualizzarlo graficamente e di sfruttare le proprietà degli oggetti geometrici che conosciamo.

Come si può collegare una rete di computer?

Esistono diversi modi in cui i computer di una rete possono essere connessi tra loro. Questi metodi differiscono tra loro per la velocità di trasmissione dei dati, il numero di collegamenti necessari, i protocolli di trasmissione da impiegare.

Riportiamo alcuni esempi.

- Si può scegliere uno dei computer a cui collegare tutti gli altri (> **figura a**);
- si può connettere ogni computer con altri due, a catena;
- si può connettere ciascun computer a tutti gli altri (> **figura b**).

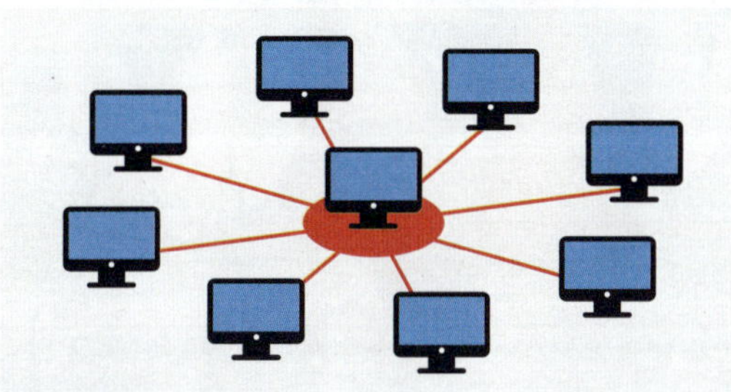

Figura a

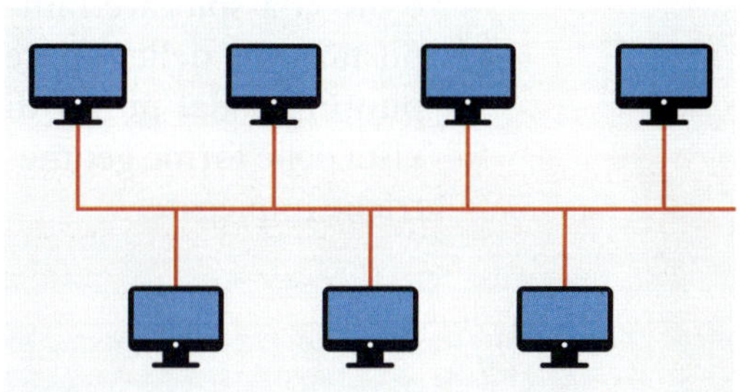

Figura b

Questi metodi possono essere rappresentati con dei **grafi**, particolari figure geometriche costituite da un insieme di punti e di archi che li collegano.
Nella **figura c** puoi vedere il grafo che corrisponde alla configurazione di **figura a** (grafo a stella), di **figura b** (grafo a bus) o di una rete in cui ogni computer è connesso agli altri (grafo completo).
Puoi vedere altri esempi di grafi in **figura d**.
Una parte della geometria studia le caratteristiche dei grafi. È possibile legare alcune proprietà dei grafi alle caratteristiche tecniche di una rete nella realtà.

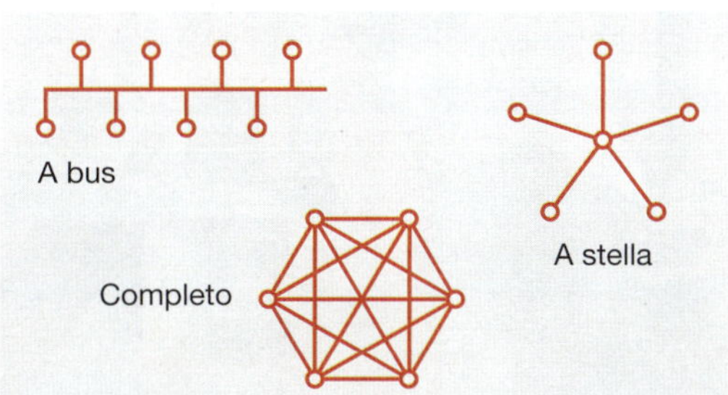

Figura c

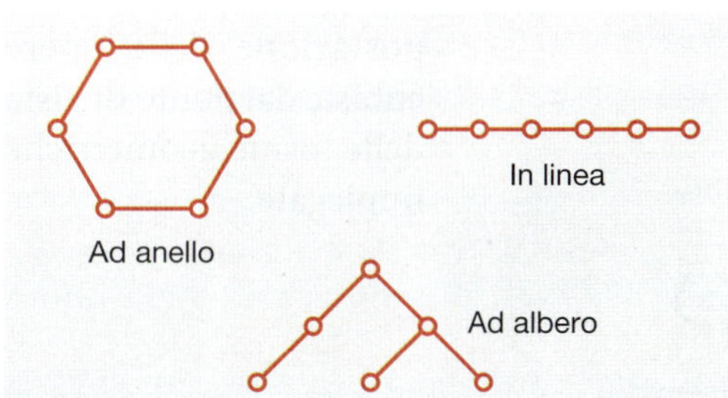

Figura d

PROVA TU

1 Prova a elencare tutte le figure geometriche che conosci.

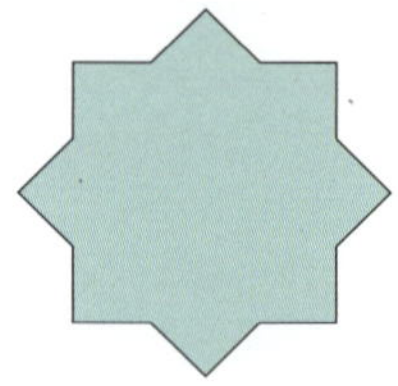

2 Osserva la stella a otto punte disegnata a lato. In quali figure geometriche che conosci può essere scomposta?

[A] **3** Traduci il seguente problema in linguaggio geometrico.
Quattro studenti stanno svolgendo i compiti di matematica, ma hanno a disposizione un'unica calcolatrice. Come possono disporsi e dove possono tenere la calcolatrice in modo che nessuno sia troppo distante o vicino all'oggetto rispetto ai compagni?

4 **COMUNICARE** Il quadro in figura è *Il porto di Saint-Tropez*, opera del pittore Paul Signac, esponente del movimento pittorico del *Puntinismo*.
Ricerca qualche informazione sul movimento e prova a spiegare l'impostazione delle opere puntiniste dal punto di vista delle forme geometriche impiegate.

5 **COMUNICARE** Il quadro in figura è *Fabbrica*, opera del pittore spagnolo Pablo Picasso e ricondotta al movimento cubista.
Ricerca qualche informazione sul movimento e prova a spiegare l'impostazione delle opere cubiste dal punto di vista delle forme geometriche impiegate.

Esercizi a pag. 432

Esercizi a pag. 433

Punti, rette e definizioni

2

ARGOMENTARE

GIOCHIAMO CON LA MENTE

Definizioni

► Esamina i seguenti gruppi di tre enunciati che si riferiscono a uno stesso oggetto. Quali enunciati possono essere la sua definizione? Spiega perché quelli che scarti non lo sono.

Casa

a. Una casa è una costruzione eretta dall'uomo per abitarvi.
b. Una casa può essere fatta di mattoni oppure di legno.
c. Una casa deve avere un tetto per proteggere gli abitanti dalle intemperie.

....

....

....

....

Numero primo

a. Un numero si dice primo se è diverso da 0 e da 1 e ha per divisori solo l'unità e se stesso.
b. Ogni numero naturale può essere espresso come prodotto di numeri primi.
c. Il modo in cui un numero può essere scomposto in fattori primi è unico.

....

....

....

....

Supponi di non conoscere il significato delle parole «cappello», «berretto» e «copricapo» e di cercarne quindi le definizioni su un dizionario. Trovi le seguenti definizioni.
Cappello: copricapo da uomo o da donna, con tesa più o meno larga.
Berretto: copricapo di varia foggia, spesso con visiera.
Copricapo: cappello o berretto.

► Pensi che da queste definizioni riusciresti a comprendere il significato delle tre parole? Perché?

....

....

....

► Quali sono dunque le caratteristiche fondamentali di una definizione?

....

....

....

Sull'eBook ti proponiamo un'altra attività come questa.

TEORIA

IN TEORIA

Una **definizione** stabilisce le caratteristiche che un oggetto deve avere per potergli attribuire un certo nome.
In matematica cerchiamo di dare definizioni precise, che usino solo termini dal significato già chiaro; ma non è possibile definire tutto senza mai utilizzare termini ancora da definire.

Per questo gli enti fondamentali della geometria, **punto**, **retta** e **piano**, non vengono definiti nel modo tradizionale dicendo «Un punto è ...» o «Una retta è ...», ma enunciando come si relazionano a vicenda.
Queste affermazioni, chiamate **assiomi**, definiscono in modo *implicito* i concetti di punto, retta e piano.

Gli assiomi di appartenenza

Il primo gruppo di assiomi descrive le relazioni reciproche di **appartenenza** tra punti, rette e piani.

1. Per due punti distinti passa una e una sola retta.
2. Data una retta, esiste almeno un punto del piano che non le appartiene.
3. Un piano contiene infiniti punti e infinite rette.

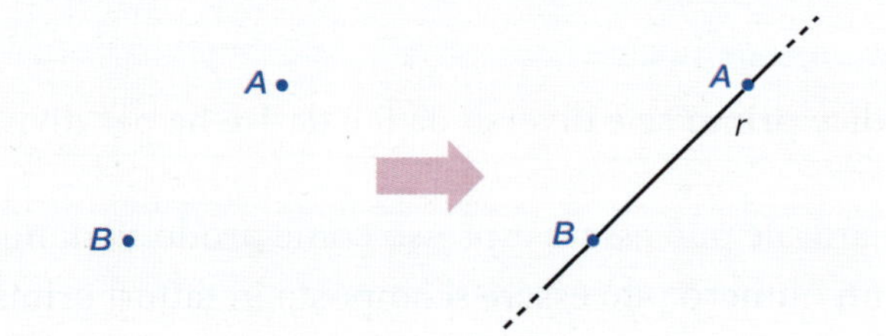

Assioma 1: *r* è l'unica retta che passa per *A* e *B*.

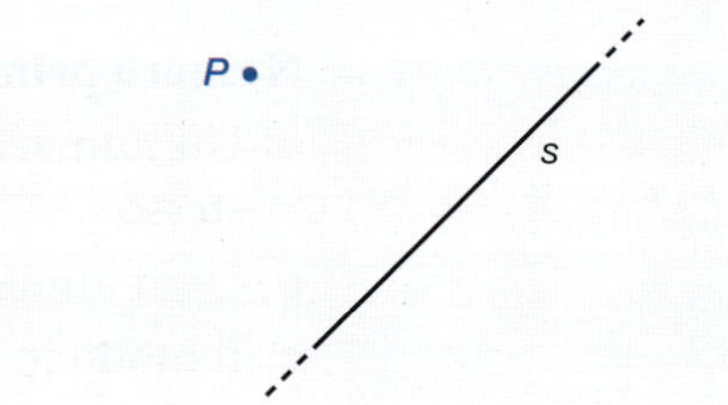

Assioma 2: *P* non appartiene alla retta *s*.

Gli assiomi di ordinamento

Il secondo gruppo esprime il fatto che i punti della retta formano un **insieme ordinato**: una volta stabilito il *verso* di una retta, è sempre possibile dire quale punto *precede* (cioè *viene prima di*) un altro. Inoltre, dati due punti, se ne trova sempre uno prima, uno in mezzo e uno dopo di essi.

4. La retta è un insieme ordinato di punti.
5. Dati due punti distinti *A* e *B*, tali che *A* precede *B*:
   - esiste sempre un punto *C* compreso tra *A* e *B* (cioè tale che *A* precede *C* e *C* precede *B*);
   - esiste sempre un punto *P* che precede *A* e un punto *Q* che segue *B*.

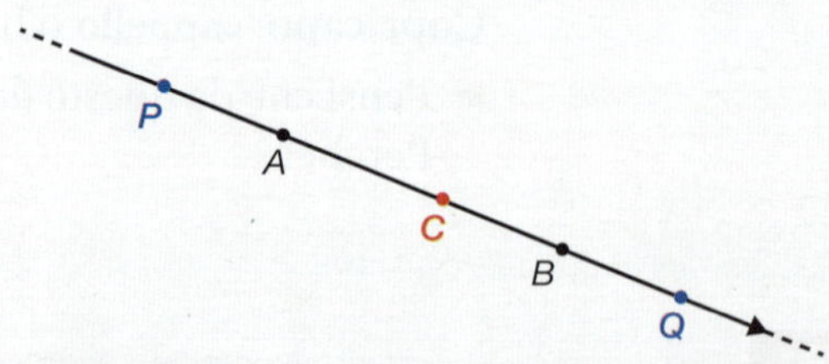

Assioma 5

Per stabilire il verso di una retta è sufficiente specificare due punti su di essa e indicare quale dei due precede l'altro. Una retta su cui è stato stabilito un **verso** viene chiamata anche una retta **orientata**.

A partire da questi assiomi, è possibile:
- enunciare altre definizioni;
- ricavare – su basi logiche – altre proprietà meno evidenti.

Gli assiomi ricalcano le proprietà intuitive che siamo abituati ad attribuire a rette e punti che disegniamo sul foglio e ai fenomeni che osserviamo quotidianamente.
È anche possibile enunciare assiomi diversi da questi (per esempio potremmo dire: per *tre* punti distinti passa una e una sola retta). In questo modo otteniamo oggetti diversi da quelli a cui siamo abituati (per esempio la retta non sarebbe più quella che si traccia col righello sul piano). Alcuni di questi oggetti "strani" hanno comunque una loro utilità, sia teorica sia pratica.

IN PRATICA

[A] Cosa significano le parole degli assiomi?

Gli assiomi sono espressi in forma molto compatta e ogni parola usata ha un significato preciso. Per comprenderne l'importanza si può cercare di capire cosa cambierebbe togliendo quella parola o sostituendola con un'altra.

Il primo assioma afferma che «per due punti distinti passa una e una sola retta».

Perché si dice «due punti distinti»?

«Distinti» è il contrario di «coincidenti». Se due punti non sono distinti, allora sono coincidenti e per indicarli usiamo l'espressione:

$$A \equiv B.$$

Se due punti sono coincidenti, è possibile tracciare più di una retta che passa per entrambi, come si vede in figura.

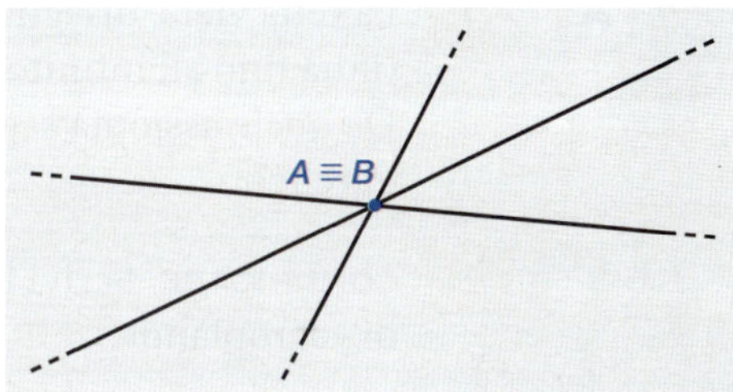

Perché si dice «una e una sola retta»?

Se il primo assioma dicesse solo «per due punti distinti passa una retta» potrebbe essere interpretato come «per due punti distinti passa *almeno* una retta»: una retta c'è sempre, ma potrebbero essercene anche di più.

Se invece dicesse «per due punti distinti passa una sola retta» sarebbe come dire «per due punti distinti passa *al massimo* una retta»: cioè non ce ne può essere più di una, ma potrebbe non essercene nemmeno una.

Invece l'assioma vuole affermare che, comunque si scelgano i due punti (distinti), una retta che passa per entrambi esiste sempre, ma non più di una.

[B] Perché possiamo dire che la luce si propaga in linea retta?

Il motivo per cui affermiamo che la luce si propaga in linea retta deriva dalla definizione implicita di linea retta tramite gli assiomi.

Se consideriamo i punti come punti di osservazione o oggetti osservati e le rette come raggi luminosi, gli assiomi della retta descrivono adeguatamente le proprietà della visione, quindi possiamo affermare che la retta è un buon modello per la propagazione della luce.

PER ESEMPIO Possiamo riformulare il primo assioma nei seguenti termini:

«In campo aperto, da un oggetto a un punto di osservazione passa uno e un solo raggio di luce.»

Questo è verificabile empiricamente (anzi, fa parte del nostro bagaglio intuitivo sulla visione):

- c'è *almeno* un raggio perché *in campo aperto* da qualunque punto posso vedere un oggetto in qualunque posizione;

- ce n'è *solo uno* perché è sufficiente porre un solo ostacolo tra me e l'oggetto per impedirmene la visione.

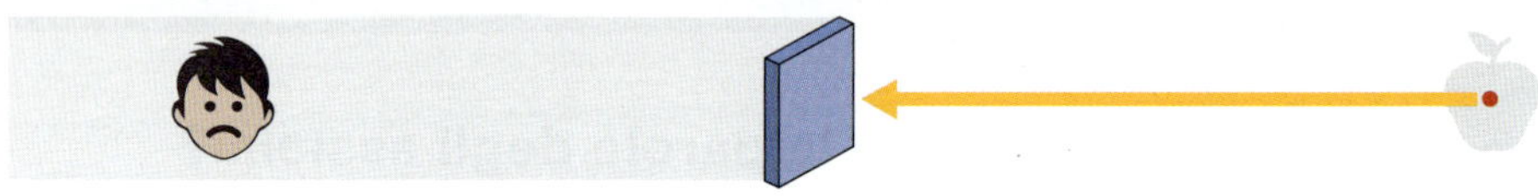

PROVA TU

[A] **1** La retta viene disegnata con un tratteggio alle estremità per rappresentare il fatto che continua fino all'infinito.
Da quale assioma segue questa proprietà?
Perché?

2 **COMUNICARE** Scrivi la definizione di «aeroplano».

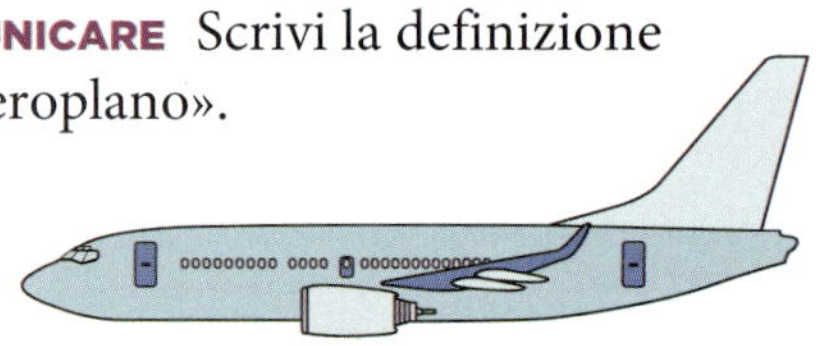

3 **COMUNICARE** Scrivi la definizione di «bilancia».

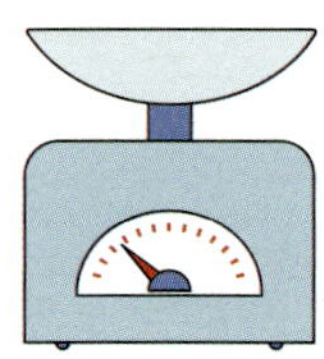

4 La frase «Un *fantagono* è un poligono con sei lati a due a due paralleli» è una definizione? Perché?
Prova a disegnarne uno.

5 La frase «Un *cippogramma* può avere tutti gli angoli acuti» è una definizione? Perché?

6 **COMUNICARE** Inventa un nome e una definizione per un oggetto geometrico.

[B] **7** Considerato il fatto che i raggi luminosi si propagano in linea retta, esprimi il significato del secondo assioma in termini di visione.

Esercizi a pag. 433

8 **ARGOMENTARE** Il primo assioma afferma che «per due punti distinti passa una e una sola retta». Si può estendere, per esempio, al quadrato, affermando che «per due punti distinti passa uno e un solo quadrato»? Giustifica la tua risposta con uno o più esempi.

Esercizi
a pag. 434

Le semirette e i segmenti

3

ACQUISIRE DATI E INFORMAZIONI

GIOCHIAMO CON LA MENTE

Chi è più alto?

In figura ci sono tre persone: Michele, Sarah e Riccardo.

► Pensa a un metodo per confrontare con precisione le loro altezze utilizzando solo
- un righello non graduato,
- un compasso.

....

....

....

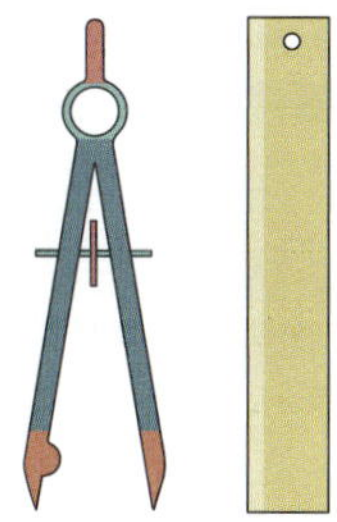

La staccionata su cui si appoggia Michele è alta un metro.

► Determina le altezze delle persone in metri con la massima precisione possibile.

Michele: .... m
Sarah: .... m
Riccardo: .... m

► Descrivi il procedimento seguito.

....

....

....

....

Sull'eBook ti proponiamo un'altra attività come questa.

TEORIA

IN TEORIA

Possiamo definire i primi enti geometrici, a partire dagli enti fondamentali.

Le semirette

Consideriamo una retta orientata r e un punto P su di essa. Il punto divide la retta in due parti distinte:
- l'insieme formato da P e da tutti i punti di r che lo seguono;
- l'insieme formato da P e da tutti i punti di r che lo precedono.

Ciascuna delle due parti si chiama **semiretta di origine *P***.

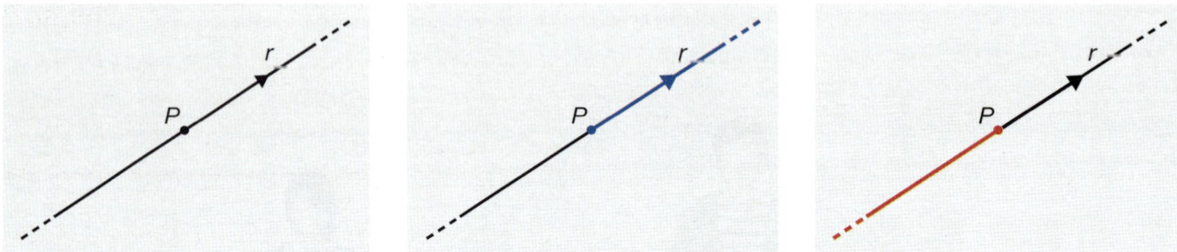

I segmenti

Dati due punti A e B, si chiama **segmento di estremi *A* e *B***, o solo **segmento *AB***, l'insieme formato da A e B e dai punti appartenenti alla retta passante per A e B che seguono A e precedono B. Cioè l'insieme dei punti appartenenti alla retta compresi tra A e B, estremi inclusi.

Due segmenti si dicono **consecutivi** se hanno in comune solo un estremo.
Due segmenti si dicono **adiacenti** se sono consecutivi e giacciono sulla stessa retta.

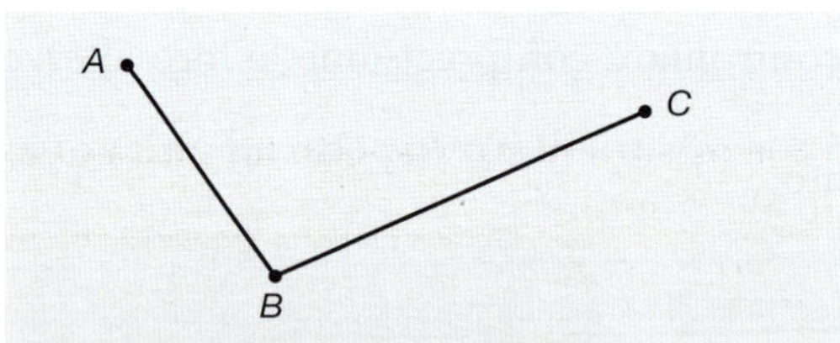

Segmenti consecutivi

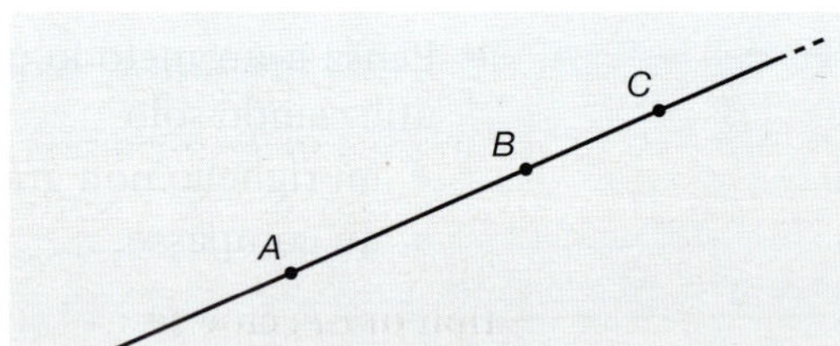

Segmenti adiacenti

Due segmenti si dicono **congruenti** se è possibile sovrapporli in modo che coincidano punto per punto applicando a uno dei due *un movimento rigido*, cioè che non deforma le figure.

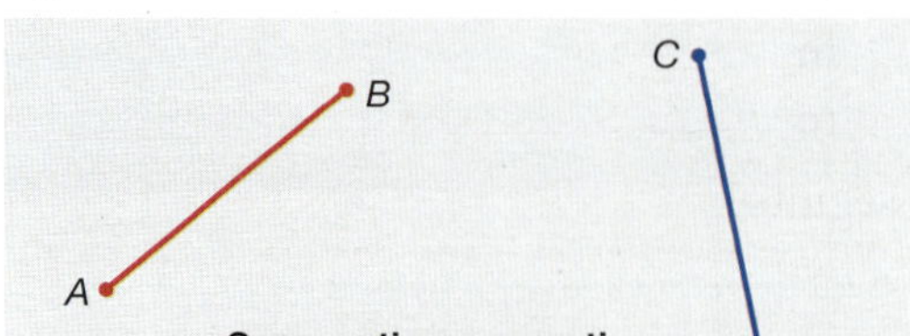

Segmenti congruenti

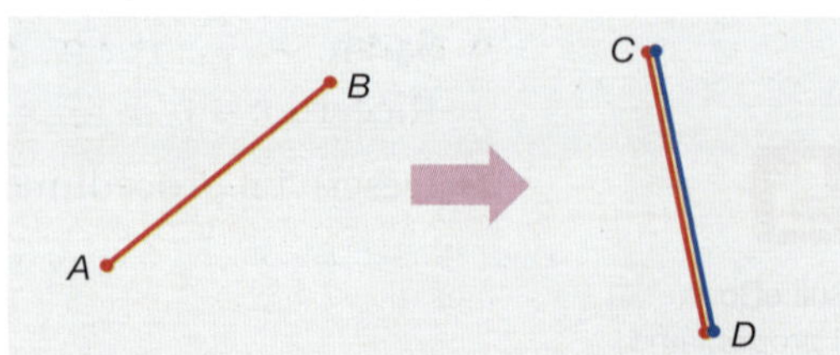

Scriviamo che $AB \cong CD$.

Somma e differenza di segmenti

Dati due segmenti AB e CD, la loro **somma** è il segmento AD che si ottiene disponendoli in modo che siano adiacenti e che i vertici B e C coincidano ($B \equiv C$).

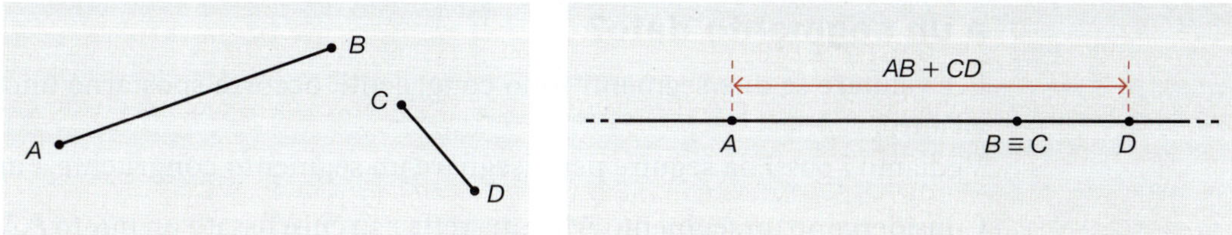

Dati due segmenti AB e CD, la loro **differenza** è il segmento BD che si ottiene disponendoli sulla stessa retta in modo che i vertici A e C coincidano e che sia B che D seguano A.

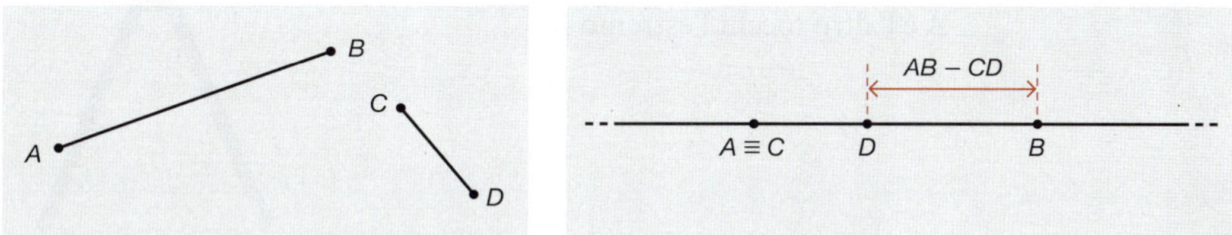

Multipli e sottomultipli di un segmento

Un segmento AB è **multiplo** di un segmento CD se AB è congruente alla somma di n segmenti congruenti a CD, dove n è un numero naturale e diverso da 0.

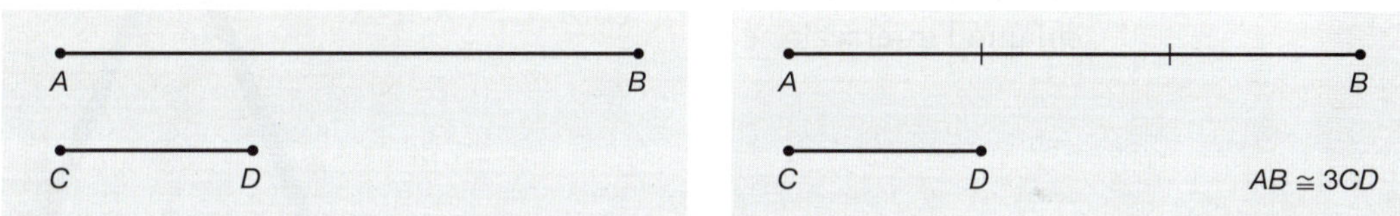

Se AB è multiplo di CD, allora CD è **sottomultiplo** di AB.

Se $AB \cong nCD$, diciamo che n è la **misura di *AB* rispetto all'unità di misura *CD***.

Un segmento EF è **sottomultiplo comune** di AB e CD se AB e CD sono entrambi multipli di EF, cioè se

$$AB \cong nEF, \; CD \cong mEF,$$

con $m, n \in \mathbb{N}$, $m, n \neq 0$.

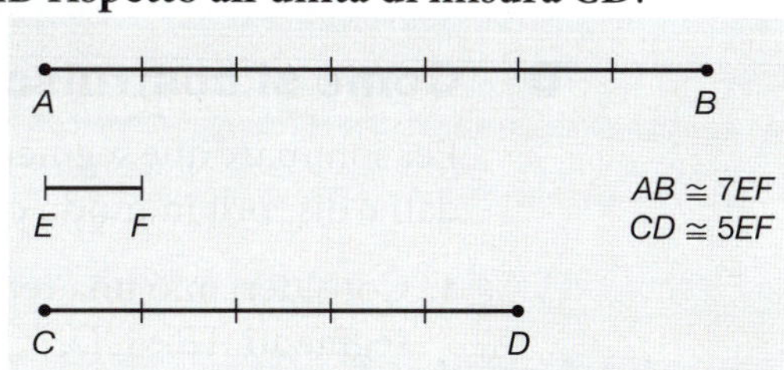

Due segmenti che hanno un sottomultiplo comune si chiamano **commensurabili**, in caso contrario si chiamano **incommensurabili**.

Presi due segmenti AB e CD, che hanno sottomultiplo comune EF, possiamo definire la misura di AB rispetto all'unità di misura CD. Infatti se $AB \cong nEF$ e $CD \cong mEF$, $\frac{n}{m}$ è la misura di AB rispetto a CD.

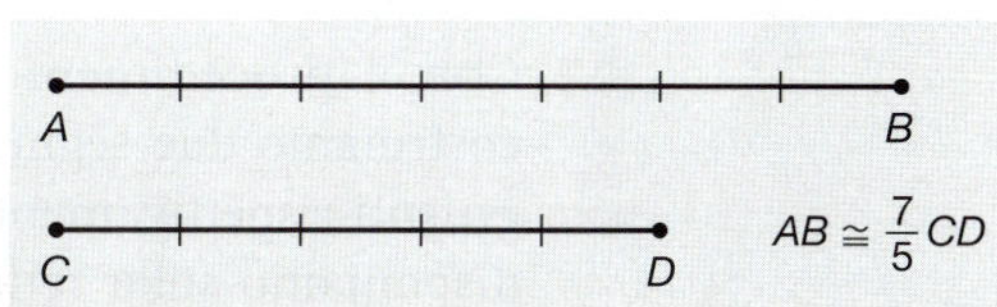

Le definizioni di multiplo, sottomultiplo, grandezze commensurabili o incommensurabili e di misura valgono per qualunque tipo di grandezza (segmenti, angoli, aree, volumi, ...).

TEORIA

IN PRATICA

[A] Come si costruisce un segmento congruente a un segmento dato?

Per valutare se due segmenti sono congruenti, occorre spostarne uno sovrapponendolo all'altro.
Vediamo i passi da seguire per disegnare un segmento congruente a un segmento dato.

Consideriamo un segmento AB e una retta r su cui è fissato un punto P. Vogliamo costruire un segmento PQ che sia congruente ad AB.

1. Regoliamo i bracci di un compasso in modo che uno di essi punti nell'estremo A e l'altro tocchi l'estremo B.

2. Senza modificare l'apertura del compasso, puntiamo in P e tracciamo un archetto che intersechi la retta r. Chiamiamo l'intersezione Q.

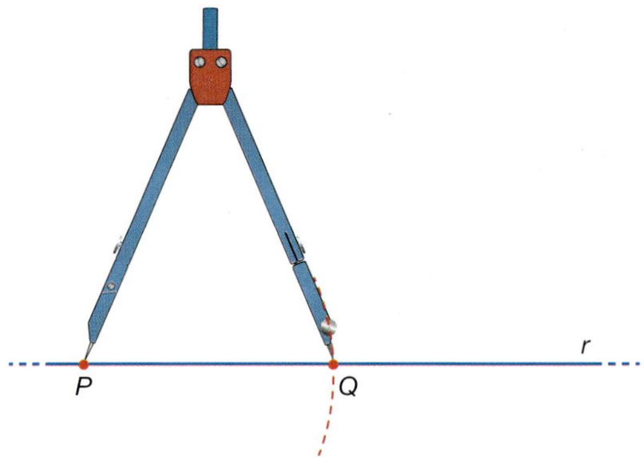

Il segmento PQ è congruente ad AB.

[B] Come si costruisce la somma di due segmenti?

Per sommare due segmenti AB e CD occorre disegnare una copia di ciascuno dei segmenti dati e disporli in modo che siano adiacenti.

1. Consideriamo una retta qualsiasi r e due segmenti AB e CD.

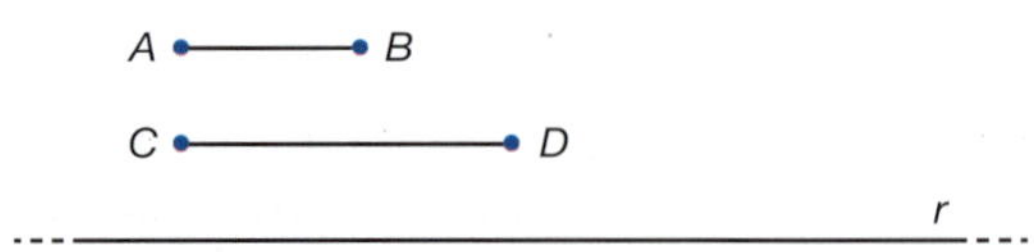

2. Con il procedimento descritto sopra, costruiamo due segmenti EF e FG congruenti rispettivamente ad AB e CD e li disponiamo sulla retta r come nella figura a lato.

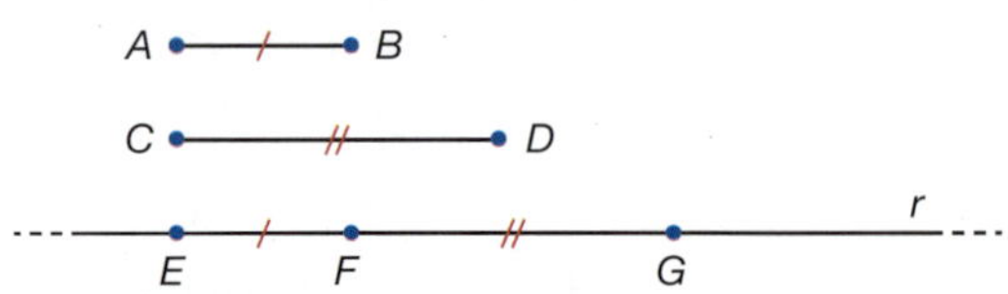

Il segmento EG è la somma di AB e CD.

[C] Come si misura un segmento?

Dati due segmenti, è sempre possibile trovare la misura di uno rispetto all'altro.
Misurare un segmento rispetto a un'unità significa contare quante volte l'unità è contenuta nel segmento. Tuttavia non sempre l'unità di misura è contenuta nel segmento un numero intero di volte: può succedere che la misura sia un numero razionale o anche irrazionale.

Distinguiamo tre casi.

- Se l'unità u è un sottomultiplo del segmento, AB contiene n copie di u. La misura di AB rispetto a u è quindi un **numero naturale**:

  $AB \cong nu.$

Se l'unità u non è un sottomultiplo del segmento AB, possono verificarsi due casi.

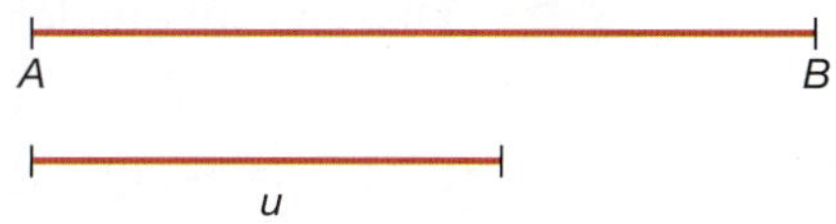

- Esiste un sottomultiplo comune di AB e u. Chiamiamo questo sottomultiplo comune EF e consideriamo la misura di AB e u rispetto a EF:

  $AB \cong nEF,\ u \cong mEF.$

  Dalle uguaglianze sopra segue che:

  $u \cong mEF \rightarrow EF \cong \frac{1}{m}u.$

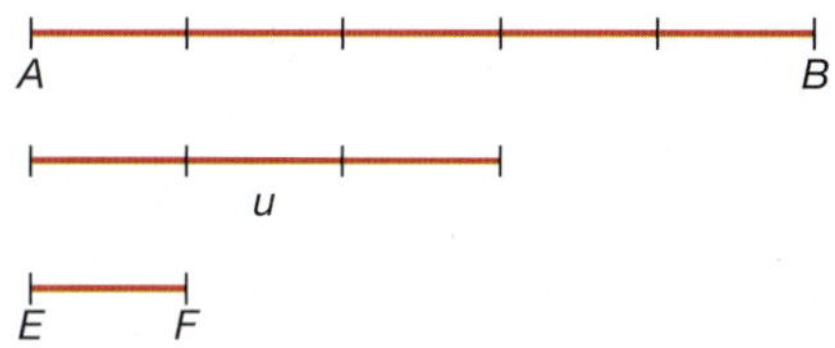

  Sostituiamo nella prima delle due uguaglianze e otteniamo la misura di AB rispetto a u:

  $AB \cong nEF \cong n\frac{1}{m}u \cong \frac{n}{m}u.$

  La misura è un **numero razionale positivo**.

- Se non esiste un sottomultiplo comune di AB e u, i due segmenti sono incommensurabili.
  In questo caso la misura di AB rispetto a u è data da un **numero irrazionale positivo**.

PER ESEMPIO Il lato e la diagonale di un quadrato sono segmenti incommensurabili, infatti:

$PR \cong \sqrt{2}\,PQ.$

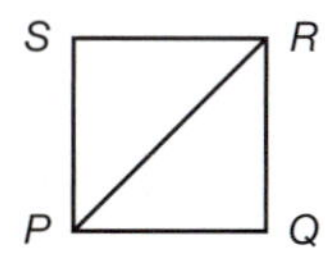

Esiste uno strumento che permette di misurare segmenti in modo rapido: **il righello**. Esso è suddiviso in centimetri e millimetri, che sono sottomultipli dell'unità di misura, cioè il metro.
La graduazione negli strumenti di misura serve a facilitare nella pratica la ricerca di un sottomultiplo comune.
Accostiamo il righello al segmento da misurare, ponendo un'estremità in corrispondenza dello zero, e leggiamo sulla scala graduata la posizione del secondo estremo.
La misura col righello è una misura approssimata.

PER ESEMPIO La misura del segmento AB a lato è 3 cm e 6 mm:

$AB = 3{,}6$ cm.

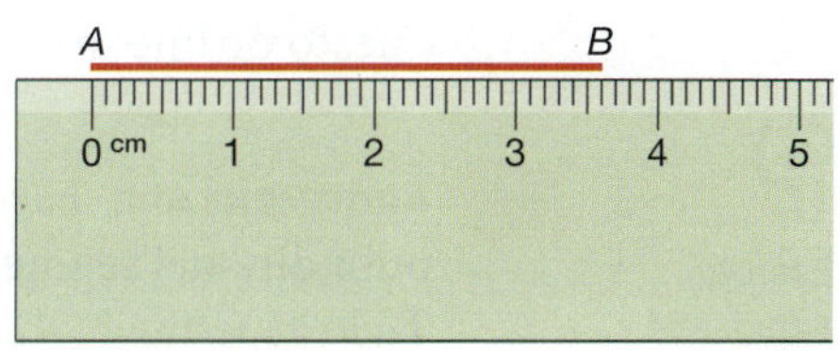

PROVA TU

[A] **1** Riporta il segmento AB sulla retta r a partire dal punto A'.

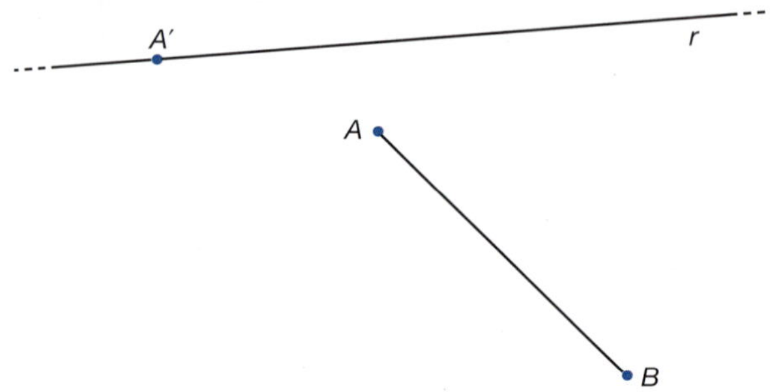

2 Disegna sul quaderno
a. due segmenti consecutivi congruenti a CD e EF,
b. due segmenti adiacenti congruenti a CD e EF,
c. tre segmenti adiacenti congruenti a CD, GH e IJ.

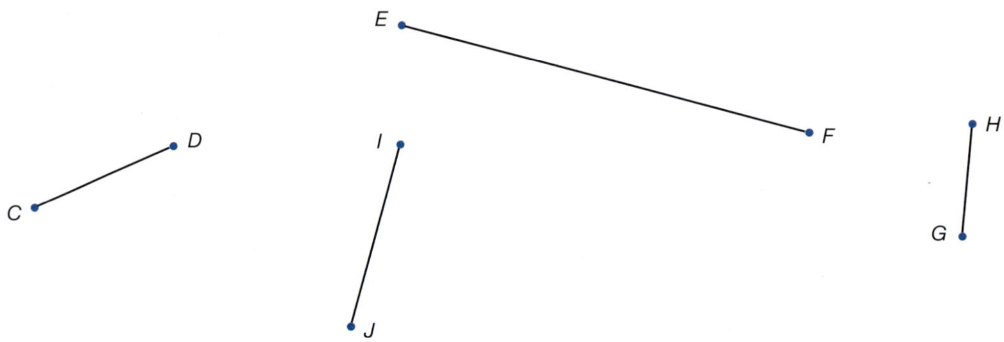

[B] **3** Facendo riferimento alla figura dell'esercizio 2, disegna il segmento somma di CD e HG.

4 Facendo riferimento alla figura dell'esercizio 2, disegna il segmento differenza di EF e HG.

[C] **5** Facendo riferimento alla figura dell'esercizio 2, usando il righello, misura il segmento EF usando CD come unità di misura.

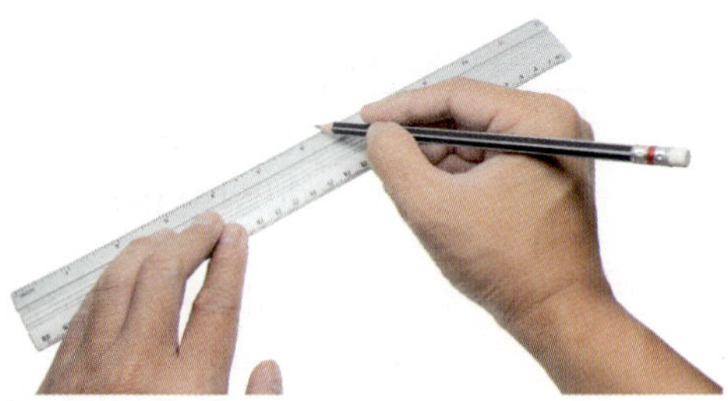

[C] **6** Facendo riferimento alla figura dell'esercizio 2, usando il righello, misura il segmento CD usando EF come unità di misura.

[A] **7** Facendo riferimento alla figura dell'esercizio 2, disegna su una retta i punti A, B, C, D in questo ordine in modo che il segmento AB sia congruente al segmento CD.

Esercizi a pag. 434

8 **ARGOMENTARE** Facendo riferimento alla figura che hai disegnato nell'esercizio 7, che cosa puoi dire dei segmenti AC e BD?
Te lo aspettavi?

Esercizi a pag. 435

Gli angoli

4

RISOLVERE PROBLEMI

GIOCHIAMO CON LA MENTE

Da vicino e da lontano

Perché un oggetto lontano appare più piccolo di uno vicino? Quale caratteristica dell'immagine che vediamo è legata alla nostra percezione di «grande» o «piccolo»?
La bambina in figura osserva due alberi che hanno la stessa altezza, tuttavia quello più lontano le appare più piccolo perché lo vede sotto un angolo minore (raggi blu) rispetto a quello vicino (raggi verdi).

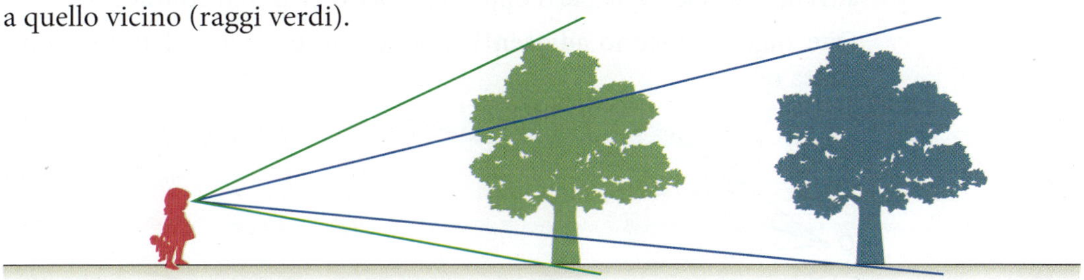

I due alberi nella seconda figura hanno dimensioni reali diverse. Dove dovrebbe mettersi un gatto (che osserva praticamente dal livello del suolo) per vederli in modo che la loro altezza apparente sia la stessa?

► Trova questa posizione usando il righello.

In realtà le possibili posizioni da cui gli alberi appaiono alti uguali sono due, una alla sinistra di entrambi e una, più difficile da trovare, tra i due alberi.

► Prova a ricostruire anche questa seconda posizione.

La bambina nella terza figura esclama «Papà, sembra che il camino della casa ti esca dalla testa!».

► Indica in figura dove potrebbe trovarsi il padre, tenendo conto di quanto può essere alto.

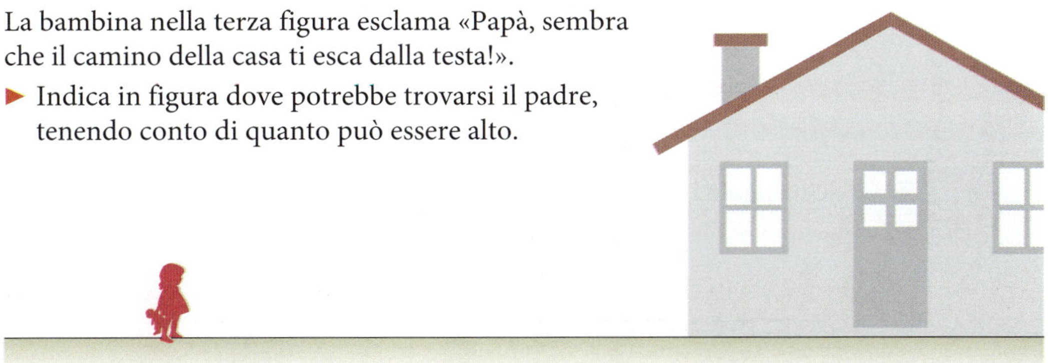

Sull'eBook ti proponiamo un'altra attività come questa.

TEORIA

IN TEORIA

Due semirette Or e Os, con l'origine O in comune, dividono il piano in due parti.

> Ciascuna di tali parti, comprese le due semirette, si definisce **angolo di lati r e s e vertice O** e si indica con l'espressione
>
> $r\widehat{O}s$ oppure $A\widehat{O}B$,
>
> dove A e B sono punti sulle semirette Or e Os.

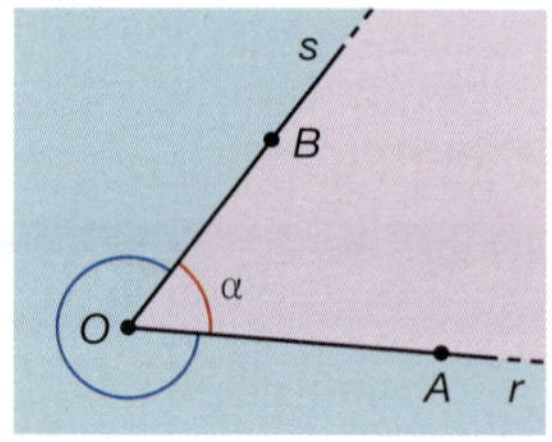

Talvolta indicheremo gli angoli con una lettera greca (α, β, γ, δ...).

Classificazione degli angoli

Due angoli si dicono **consecutivi** se hanno il vertice in comune, un lato coincidente e gli altri lati giacciono da parti opposte rispetto al lato in comune.

Due angoli si dicono **adiacenti** se sono consecutivi e i lati non comuni giacciono sulla stessa retta.

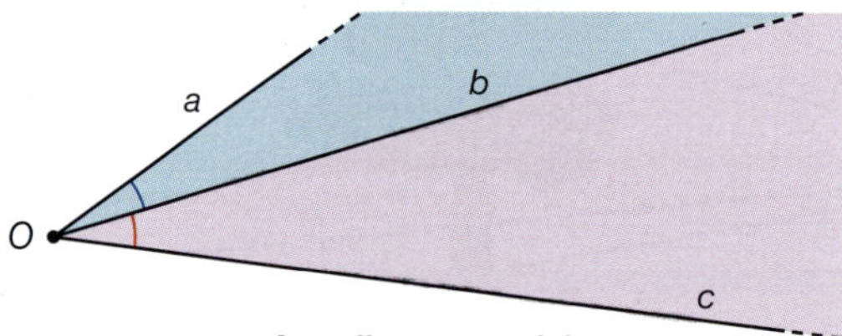

Angoli consecutivi

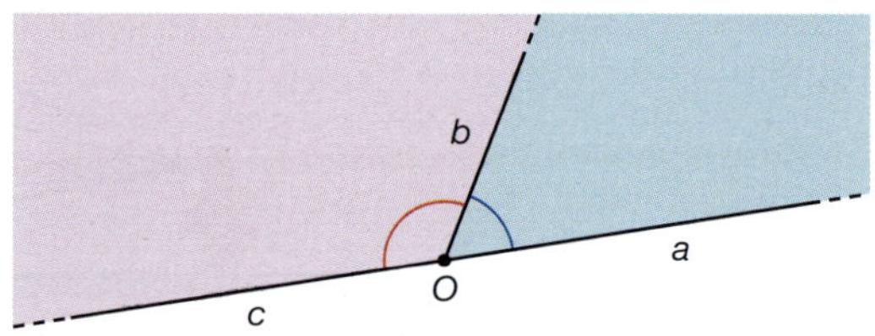

Angoli adiacenti

Due rette che si incontrano formano quattro angoli.

Le coppie di angoli non adiacenti si chiamano **angoli opposti al vertice**.

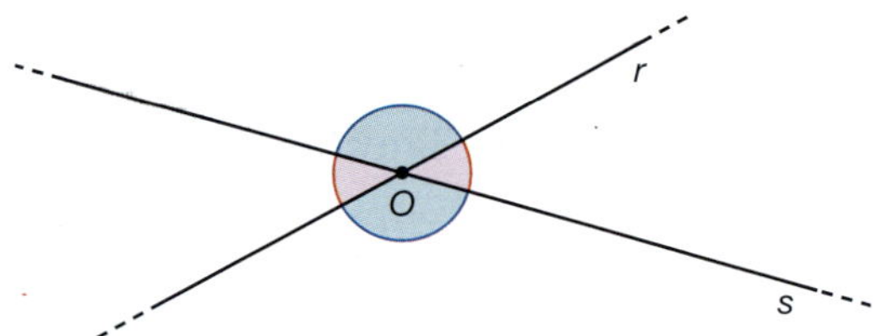

Consideriamo un angolo e prolunghiamone i lati. I prolungamenti dei lati cadono sempre dentro a uno dei due angoli in cui le semirette dividono il piano.

Se un angolo non contiene i prolungamenti dei suoi lati si dice **convesso**, altrimenti si dice **concavo**.

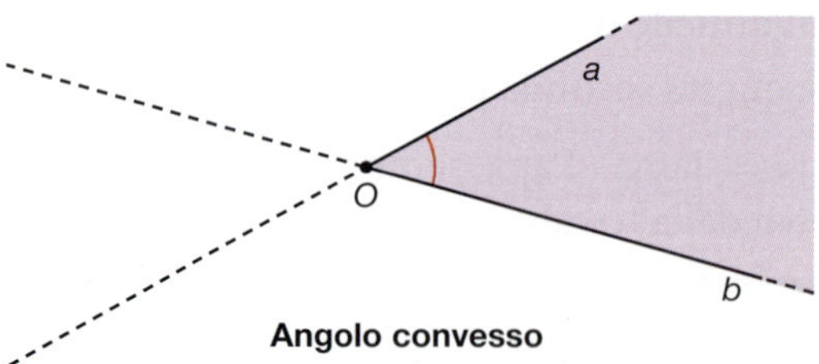

Angolo convesso

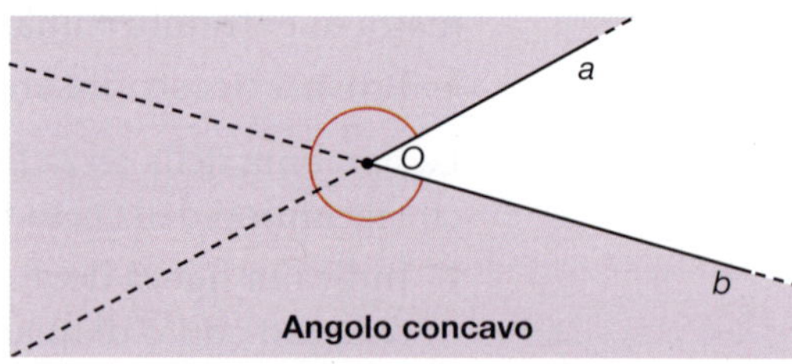

Angolo concavo

Un angolo i cui lati sono coincidenti si dice **nullo** se è convesso, **giro** se è concavo.

Angolo nullo

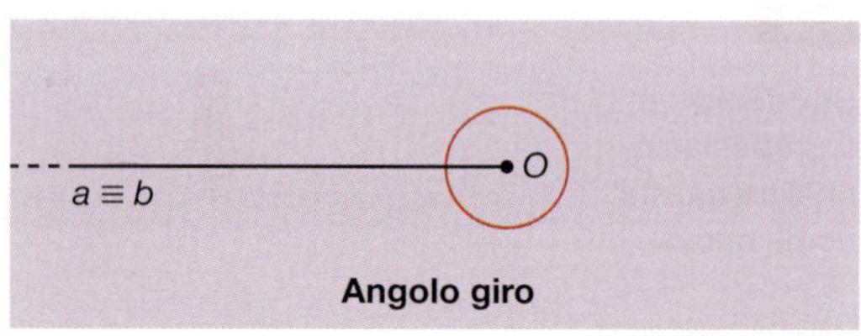

Angolo giro

> **OSSERVA**
> L'angolo piatto è concavo, perché contiene i prolungamenti dei suoi lati: il prolungamento di ciascun lato coincide con l'altro.

Se in un angolo i prolungamenti di ciascun lato coincidono con l'altro, l'angolo si dice **piatto**. La metà di un angolo piatto si chiama angolo **retto**.

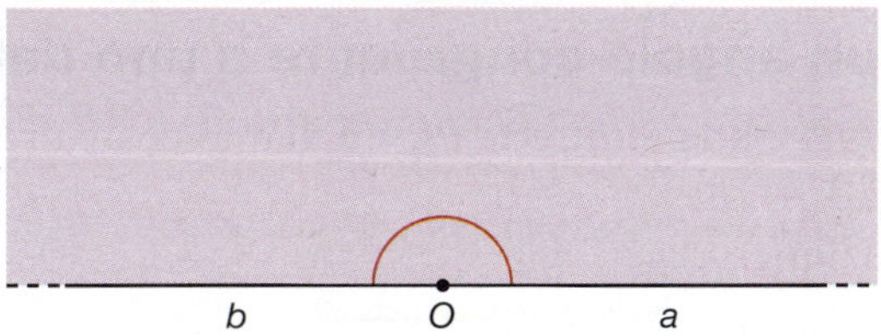

Angolo piatto

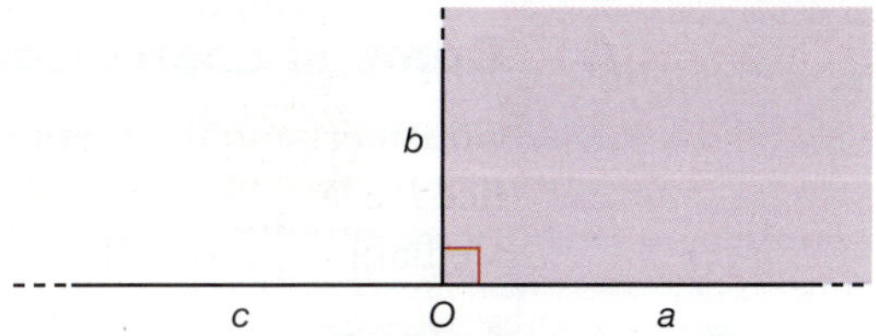

Angolo retto

Chiamiamo **angolo acuto** un angolo minore di un angolo retto.

Chiamiamo **angolo ottuso** un angolo maggiore di un angolo retto e minore di un angolo piatto.

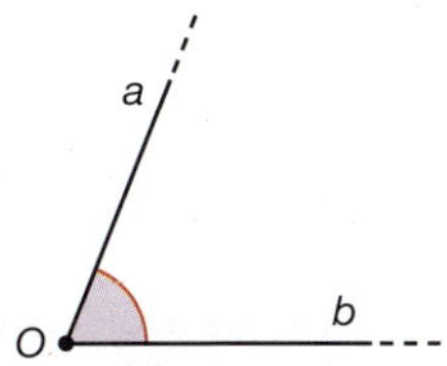

Angolo acuto

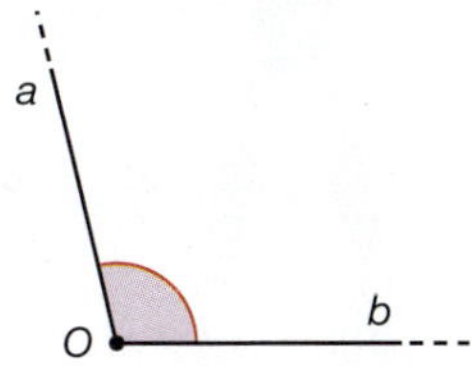

Angolo ottuso

La somma di angoli

La **somma** di due angoli $a\widehat{O}b$, $c\widehat{P}d$ è l'angolo che si ottiene disponendo consecutivamente i due angoli.

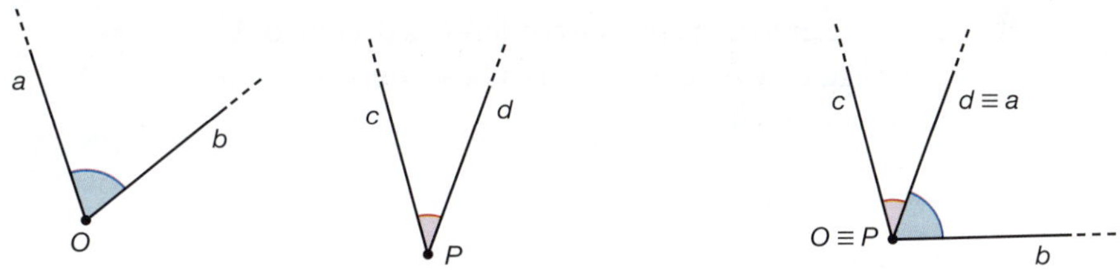

Due angoli la cui somma è un angolo retto si dicono **complementari**.
Due angoli la cui somma è un angolo piatto si dicono **supplementari**.
Due angoli la cui somma è un angolo giro si dicono **esplementari**.

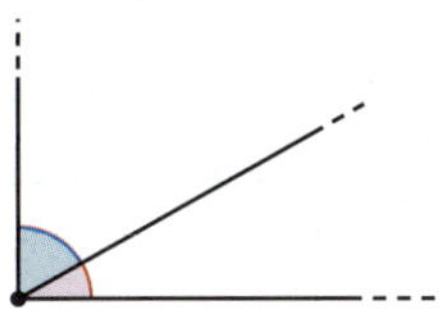
Angoli complementari

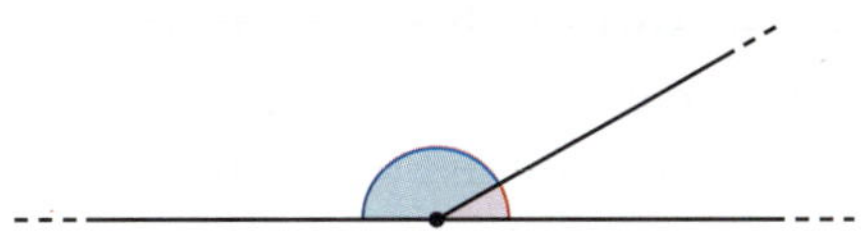
Angoli supplementari

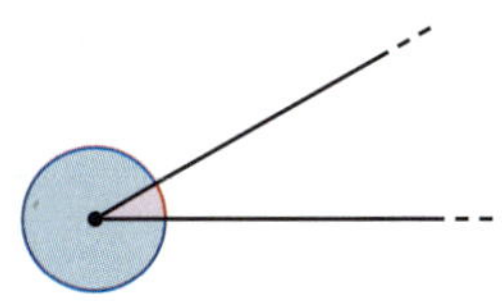
Angoli esplementari

La differenza di angoli

La **differenza** di due angoli $a\widehat{O}b$, $c\widehat{P}d$ è l'angolo che si ottiene disponendo i due angoli con i vertici sovrapposti e in modo che i lati *Oa* e *Pc* coincidano e gli altri due siano dalla stessa parte rispetto ai lati coincidenti.

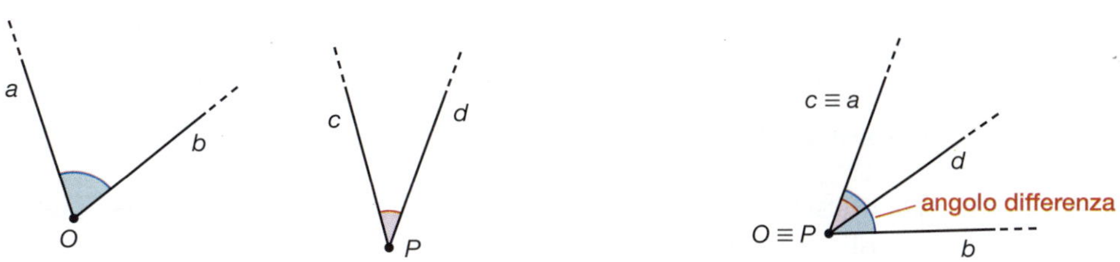

IN PRATICA

[A] Come si costruisce un angolo congruente a uno dato?

Consideriamo un angolo $A\widehat{O}B$ e una semiretta Ps. Vogliamo costruire un angolo di vertice P e lato Ps, congruente ad $A\widehat{O}B$.
Vediamo i passi della costruzione.

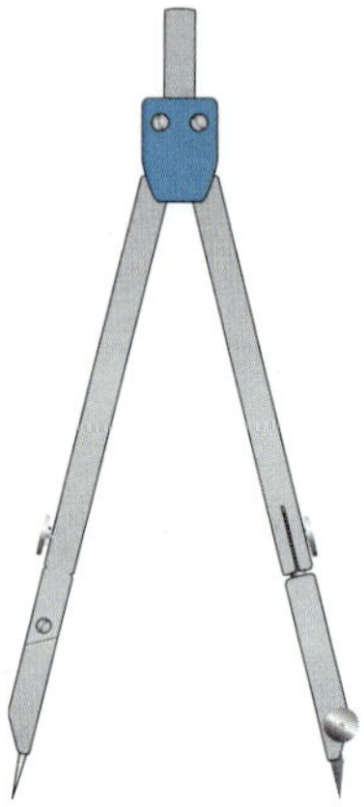

1. Tracciamo una circonferenza di centro O e raggio qualsiasi, che interseca OA in A' e OB in B'.

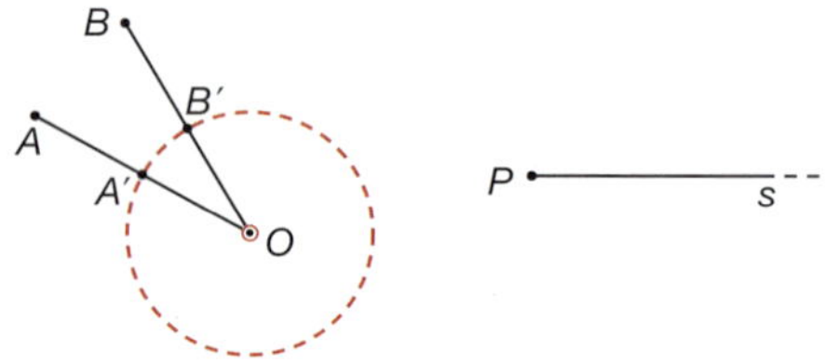

2. Tracciamo una circonferenza di centro P con lo stesso raggio della precedente, che interseca Ps in A''.

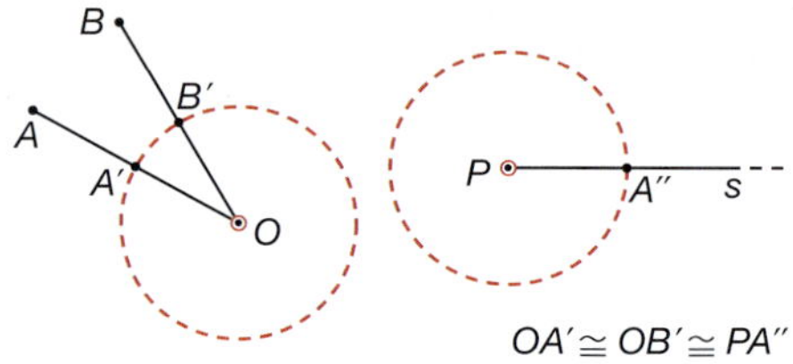

3. Tracciamo una terza circonferenza di centro A'' e raggio $A'B'$, che interseca la seconda circonferenza in B''.

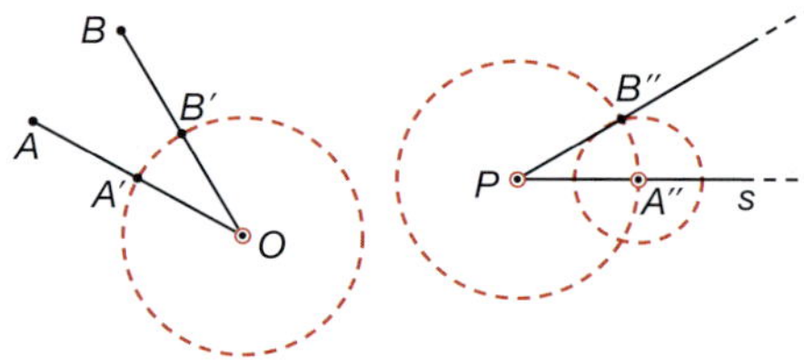

L'angolo $A''\widehat{P}B''$ è l'angolo cercato.

[B] Come si misura un angolo?

Per misurare un angolo si segue una procedura analoga a quella usata per la misura di un segmento:

1. scegliamo un angolo come **unità di misura**;
2. troviamo un **sottomultiplo comune** all'angolo da misurare e all'unità di misura (questo sottomultiplo comune potrebbe anche non esistere; tuttavia, per una misura approssimata, si può considerare un angolo sottomultiplo abbastanza piccolo che sia contenuto approssimativamente un numero intero di volte in ciascuno dei due angoli);
3. contiamo quante volte questo sottomultiplo è contenuto nell'unità di misura (n volte) e quante volte nell'angolo da misurare (m volte);
4. la misura è data da $\frac{m}{n}$.

Eseguire questa procedura con riga e compasso è molto laborioso, quindi nella pratica usiamo uno strumento di misurazione apposito: il **goniometro**. Sul goniometro è riportata un'unità di misura, con i suoi sottomultipli. Esistono altre unità di misura per gli angoli, ma per ora useremo solo il **grado**, che corrisponde a $\frac{1}{360}$ dell'angolo giro.

Da questa definizione segue che un angolo giro misura 360°, un angolo piatto 180° e un angolo retto 90°.

Per misurare un angolo con il goniometro occorre far coincidere il vertice con il centro del goniometro, il primo lato con la linea corrispondente allo zero e osservare su quale valore cade il secondo lato.

PER ESEMPIO L'angolo in figura misura 65°.

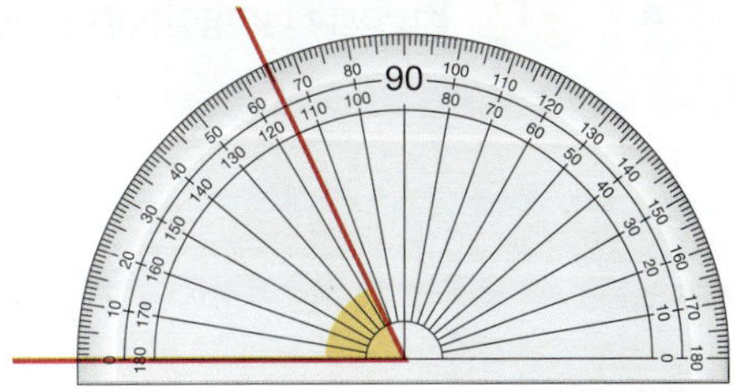

Come nel caso del righello, anche il goniometro in generale fornisce una misura approssimata.

[C] Come si divide un angolo in due parti uguali?

La **bisettrice** è la semiretta che ha origine nel vertice di un angolo e lo divide a metà. Costruiamo la bisettrice di un angolo $B\widehat{A}C$.

1. Puntiamo il compasso nel vertice A, con un'apertura a piacere, tracciando un arco che intersechi i lati dell'angolo in due punti P e Q.

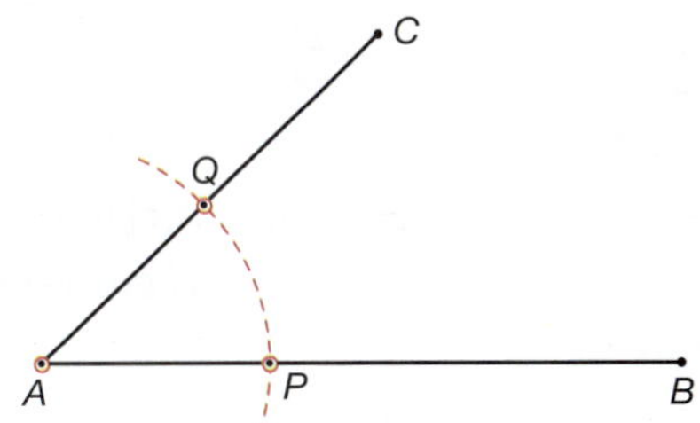

2. Puntiamo il compasso in P e, con apertura sufficientemente grande, tracciamo un arco (abbastanza lungo).

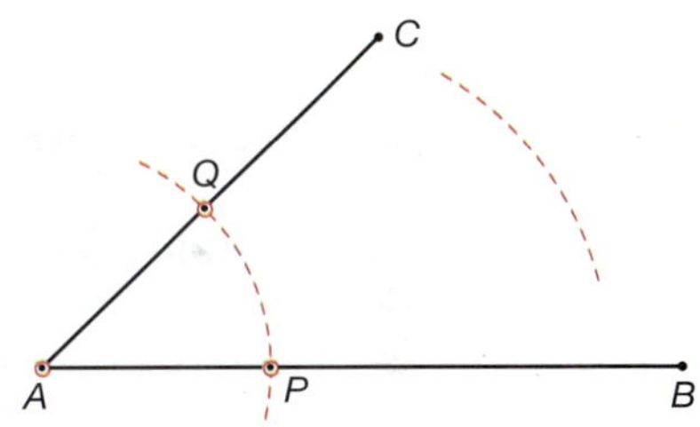

3. Con la stessa apertura del punto precedente, puntiamo in Q e tracciamo un secondo arco che intersechi il primo nel punto R.

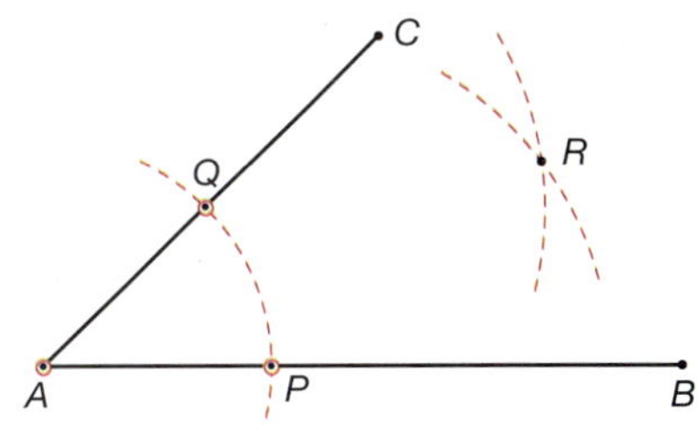

4. Congiungiamo R con il vertice A: la retta su cui giace il segmento AR è la bisettrice di $B\widehat{A}C$.

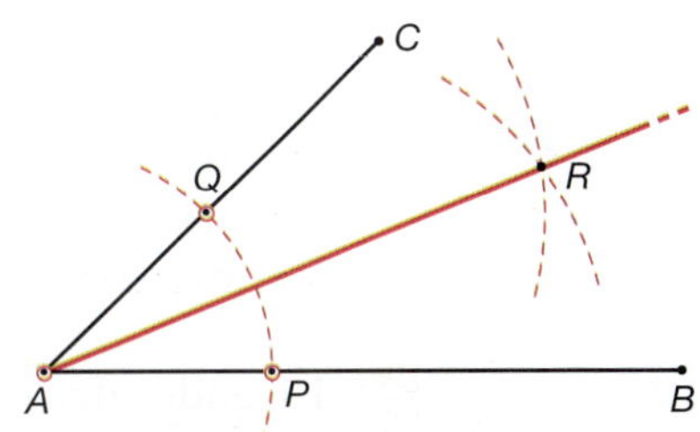

Pertanto gli angoli $B\widehat{A}R$ e $R\widehat{A}C$ sono congruenti e ciascuno è uguale alla metà di $B\widehat{A}C$.

PROVA TU

[A] **1** Riporta l'angolo $a\widehat{C}b$ sulla semiretta a'.

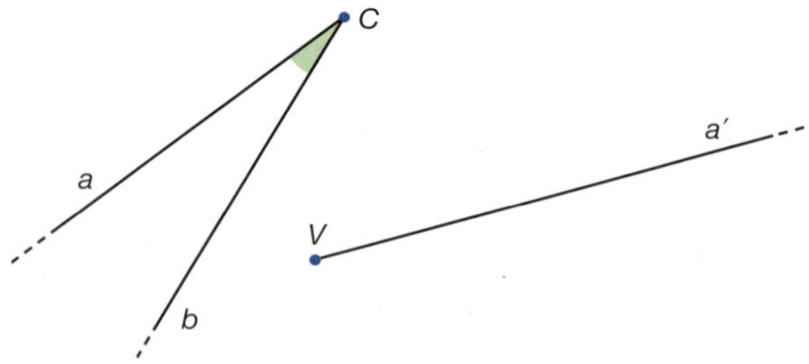

2 Disegna sul tuo quaderno due angoli consecutivi congruenti a $c\widehat{O}d$ ed $e\widehat{P}f$.

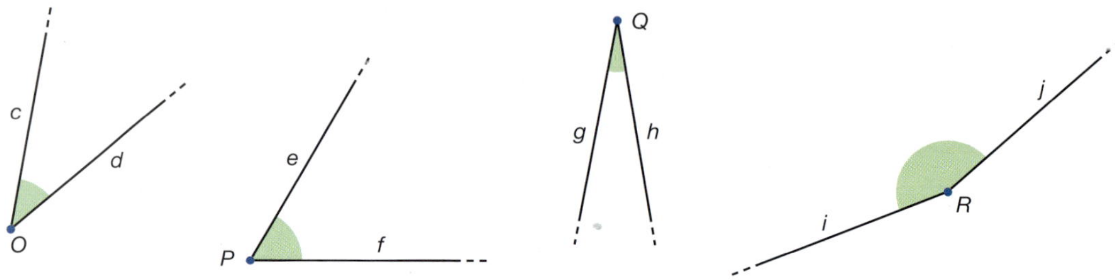

3 Facendo riferimento alla figura dell'esercizio 2, disegna sul tuo quaderno due angoli consecutivi congruenti a $c\widehat{O}d$ e $i\widehat{R}j$. Sono anche adiacenti?

4 Facendo riferimento alla figura dell'esercizio 2, disegna sul quaderno due angoli consecutivi congruenti a $g\widehat{Q}h$ e $i\widehat{R}j$. Sono anche adiacenti?

5 Facendo riferimento alla figura dell'esercizio 2, disegna l'angolo somma di $c\widehat{O}d$ e $g\widehat{Q}h$.

6 Facendo riferimento alla figura dell'esercizio 2, disegna l'angolo differenza di $e\widehat{P}f$ e $g\widehat{Q}h$.

[B] **7** Facendo riferimento alla figura dell'esercizio 2, misura con un goniometro l'angolo $e\widehat{P}f$ usando $c\widehat{O}d$ come unità di misura.

[B] **8** Facendo riferimento alla figura dell'esercizio 2, misura con un goniometro l'angolo $c\widehat{O}d$ usando $e\widehat{P}f$ come unità di misura.

[B] **9** Facendo riferimento alla figura dell'esercizio 2, misura con il goniometro l'angolo $c\widehat{O}d$ usando il grado come unità di misura.

[C] **10** Facendo riferimento alla figura dell'esercizio 2, riporta l'angolo $e\widehat{P}f$ sul quaderno e traccia la bisettrice.
Verifica con il goniometro che le due parti sono congruenti.

11 Facendo riferimento alla figura dell'esercizio 2, disegna un angolo che sia il triplo dell'angolo $g\widehat{Q}h$.

Esercizi a pag. 435

Esercizi
a pag. 439

Congetture e teoremi

5

ARGOMENTARE

GIOCHIAMO CON LA MENTE

La carestia

Leggi il brano seguente, estratto da *I promessi sposi*.

Era quello il second'anno di raccolta scarsa. Nell'antecedente, le provvisioni rimaste degli anni addietro avevan supplito, fino a un certo segno, al difetto; e la popolazione era giunta, non satolla né affamata, ma, certo, affatto sprovveduta, alla messe del 1628, nel quale siamo con la nostra storia. Ora, questa messe tanto desiderata riuscì ancor più misera della precedente, in parte per maggior contrarietà delle stagioni (e questo non solo nel milanese, ma in un buon tratto di paese circonvicino); in parte per colpa degli uomini. Il guasto e lo sperperìo della guerra, di quella bella guerra di cui abbiam fatto menzione di sopra, era tale, che, nella parte dello stato più vicina ad essa, molti poderi più dell'ordinario rimanevano incolti e abbandonati da' contadini, i quali, in vece di procacciar col lavoro pane per sé e per gli altri, eran costretti d'andare ad accattarlo per carità.

[Alessandro Manzoni, *I promessi sposi*, cap. XII]

► Sulla base delle informazioni tratte dal brano riportato scrivi quali delle seguenti affermazioni sono *sicuramente vere*, quali *sicuramente false* e quali *possibili*. Spiega brevemente le ragioni delle tue risposte.

a. L'anno precedente il raccolto era stato abbondante.

....

b. Molti campi non erano stati coltivati.

....

....

c. La carestia del 1627 era stata superata grazie alle scorte degli anni precedenti.

....

....

d. Una delle cause della carestia erano le razzie da parte degli eserciti di passaggio nei territori.

....

....

e. Molti campi erano stati abbandonati perché i contadini erano stati arruolati.

....

....

f. La carestia di quell'anno era ancora peggio di quella dell'anno precedente.

....

....

PDF

Sull'eBook ti proponiamo un'altra attività come questa.

IN TEORIA

Abbiamo visto che gli enti geometrici fondamentali (retta, punto, piano) sono definiti implicitamente attraverso gli assiomi. Altri enti possono essere definiti in modo esplicito (come abbiamo fatto con segmento e angolo). A partire da assiomi e definizioni possiamo poi dimostrare alcune affermazioni, che chiamiamo **teoremi**.

L'**enunciato di un teorema** è composto dalle **ipotesi**, cioè un insieme di condizioni stabilite, e dalla **tesi**, un'affermazione che è vera se valgono le condizioni fissate dalle ipotesi.
Un teorema, per essere vero, deve essere dimostrato.
La **dimostrazione** è un insieme di passi logici che mostrano che, se sono vere le ipotesi e gli assiomi, allora necessariamente è vera anche la tesi.

La struttura di un teorema può essere scritta in simboli:

$$\textit{ipotesi} \Longrightarrow \textit{tesi}$$

che significa «SE è vera l'ipotesi, ALLORA è vera la tesi».

PER ESEMPIO Dimostriamo il seguente enunciato: «se AB e CD sono due segmenti congruenti che giacciono sulla stessa retta, allora AC è congruente a BD».
Riscriviamo l'affermazione esplicitando ipotesi e tesi:
Ipotesi: A, B, C, D sono allineati; $AB \cong CD$ **Tesi**: $AC \cong BD$
Possiamo anche esprimerla in forma condizionale:
SE A, B, C, D sono allineati e $AB \cong CD$, **ALLORA** $AC \cong BD$
Cominciamo la dimostrazione rappresentando l'ipotesi con un disegno.

Osserviamo che:

$$AC \cong AB + BC \quad \text{e} \quad BD \cong CD + BC.$$

$AB \cong CD$ per ipotesi e BC è lo stesso segmento in entrambe le somme. Da questo segue che $AC \cong BD$ perché sono somme di segmenti congruenti.
La dimostrazione è conclusa.

In generale, se un teorema è vero non significa necessariamente che sia vero anche il **teorema inverso**, cioè il teorema in cui ipotesi e tesi sono scambiate.

PER ESEMPIO Consideriamo le affermazioni:

«se piove, allora il prato si bagna», «se il prato si bagna, allora piove».

Esse sono una l'inversa dell'altra; ma mentre la prima è sicuramente vera, non è scontato che lo sia la seconda (forse qualcuno sta annaffiando il prato).

A volte, sulla base di alcuni esempi, si può ipotizzare che una certa conclusione sia sempre vera: si fa una **congettura**.
Se si riesce a dimostrarla, la congettura diventa un teorema. Oppure la congettura è confutata da un controesempio, cioè un esempio per cui la conclusione ipotizzata è falsa.

Questo modo di procedere, da assiomi e definizioni a congetture e teoremi, non è esclusivo della geometria, ma è caratteristico di tutte le branche della matematica (ricorda per esempio la dimostrazione dell'irrazionalità della radice quadrata di due).

IN PRATICA

[A] Come si possono trarre nuove conclusioni dalle conoscenze che si hanno?

La concatenazione di più affermazioni vere per ottenere una nuova conclusione si chiama **sillogismo** e la sua struttura è la seguente:

a. $a \Rightarrow b$ (prima premessa);
b. $b \Rightarrow c$ (seconda premessa);
c. quindi $a \Rightarrow c$ (conclusione).

I seguenti esempi sono tratti da Lewis Carroll, *Logica simbolica*.

PER ESEMPIO Le **premesse** sono:

a. «John è in casa.»
b. «Tutti quelli che sono in casa sono ammalati.»

La **conclusione** è:

«John è ammalato.»

PER ESEMPIO Le **premesse** sono:

a. «I bambini sono illogici.»
b. «Nessuno che sappia tenere a bada un coccodrillo viene disprezzato.»
c. «Le persone illogiche vengono disprezzate.»

In questo caso, avendo tre premesse, è conveniente rimetterle in ordine e trarre delle conclusioni parziali. Le premesse **a** e **c**

a. «I bambini sono illogici.»
c. «Le persone illogiche vengono disprezzate.»

permettono di trarre la conclusione parziale:

«I bambini vengono disprezzati.»

Questa conclusione parziale, unita alla premessa **b**, dà la **conclusione**:

«I bambini non sanno tenere a bada i coccodrilli.»

ATTENZIONE Non si devono trarre conclusioni che non discendono necessariamente dalle premesse date.

PER ESEMPIO È corretta la seguente conclusione, rispetto alle premesse?

a. «Tutti i ragazzi che giocano bene a pallacanestro sono alti.»
b. «Alcuni dei ragazzi di questa squadra sono alti.»

Conclusione:

«Alcuni dei ragazzi di questa squadra giocano bene a pallacanestro.»

La conclusione non è necessariamente vera, perché la premessa **a** dice che «*se* un ragazzo gioca bene a pallacanestro *allora* è alto», che non è la stessa cosa che dire «*se* un ragazzo è alto *allora* gioca bene a pallacanestro».
In questo caso, dalle due premesse non è possibile trarre nessuna conclusione.

PROVA TU

Nei seguenti gruppi di proposizioni decidi se la terza è la conseguenza logica delle prime due. In caso contrario scrivi la conclusione corretta, se esiste.

1 «Tutti i leopardi sono maculati.»
«Alcuni leopardi non bevono il latte macchiato.»
«Alcune creature che bevono il latte macchiato non sono maculate.»

2 «Le canzoni ritmate sono allegre.»
«Le canzoni allegre sollevano il morale».
«Le canzoni ritmate sollevano il morale.»

3 «Alessandro non è mai prolisso.»
«Non sopporto le persone prolisse.»
«Non sopporto Alessandro.»

4 «I dizionari sono utili.»
«I libri utili sono preziosi.»
«I dizionari sono preziosi.»

Trova una possibile conclusione logica (se esiste) che deriva dalle premesse proposte (esercizi da 5 a 12).

[A] **5** «A chi non è anziano piace camminare.»
«Noi siamo giovani.»

[A] **6** «Le caramelle alla menta sono dolci.»
«Ai bambini piacciono alcune cose dolci.»

[A] **7** «Tutti i maiali sono grassi.»
«Nessuno che si nutra di luppolo e acqua è grasso.»

[A] **8** «Niente che si possa comprendere mi preoccupa.»
«La logica è incomprensibile.»

[A] **9** «Tutti i canarini ben nutriti cantano forte.»
«Nessun canarino che canti forte è malinconico.»

[A] **10** «Nessun quadrupede sa fischiare.»
«Alcuni gatti sono quadrupedi.»

[A] **11** «Nessuna anatra balla il valzer.»
«Nessun ufficiale si è mai rifiutato di ballare il valzer.»
«Il mio pollame è composto solo da anatre.»

[A] **12** «Vale la pena ascoltare il mio giardiniere a proposito di problemi militari.»
«Nessuno ricorda la battaglia di Waterloo, a meno che non sia molto vecchio.»
«Non vale la pena ascoltare nessuno a proposito di argomenti militari, a meno che non ricordi la battaglia di Waterloo.»

Esercizi a pag. 439

13 Scrivi un'affermazione vera nella forma «*se… allora …*» in modo che l'affermazione inversa sia falsa.

Esercizi
a pag. 441

6 Rette parallele e incidenti

CONFRONTARE E ANALIZZARE FIGURE GEOMETRICHE

GIOCHIAMO CON LA MENTE

Cordoba e Los Angeles

Osserva le mappe qui sotto. La prima rappresenta il centro di Los Angeles (USA), l'altra il centro di Cordoba (Spagna).

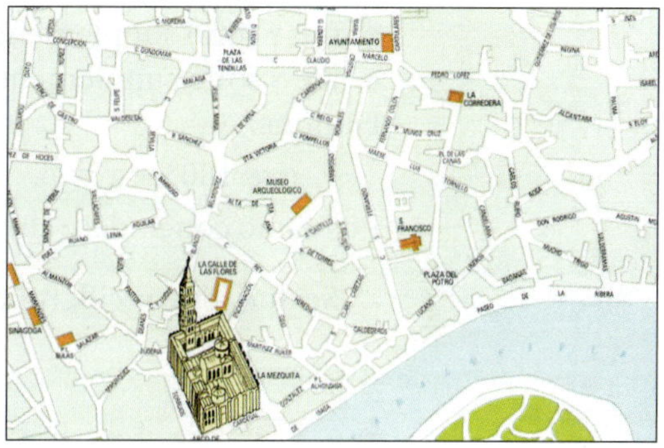

► In quale città credi che sia più facile orientarsi? Perché?

....

....

► Se a Los Angeles fai due svolte a destra consecutive, in quale direzione ti trovi a camminare rispetto a quella iniziale? Perché?

....

....

► E a Cordoba?

....

....

► Alice sta facendo shopping per una strada di Los Angeles, la sua preferita.
Bob vuole passeggiare su una strada senza incontrare Alice. Come deve scegliere su quale strada camminare?

....

....

► Anche Carlo vuole passeggiare, ma non vuole incontrare Bob. Come deve scegliere su quale strada passeggiare?

....

► Se Bob e Carlo hanno scelto bene le loro strade per non incontrare rispettivamente Alice e Bob, Alice e Carlo potrebbero incontrarsi?

....

....

Sull'eBook ti proponiamo un'altra attività come questa.

TEORIA

IN TEORIA

Le rette incidenti

Due rette si dicono incidenti se hanno uno e un solo punto in comune.

Due rette incidenti formano due coppie di **angoli opposti al vertice**.

Teorema Due angoli opposti al vertice sono congruenti.

Ipotesi: α e β sono opposti al vertice. **Tesi**: $\alpha \cong \beta$.

Dimostrazione: Indichiamo con γ e δ gli altri due angoli che si formano tra le due rette (vedi figura).

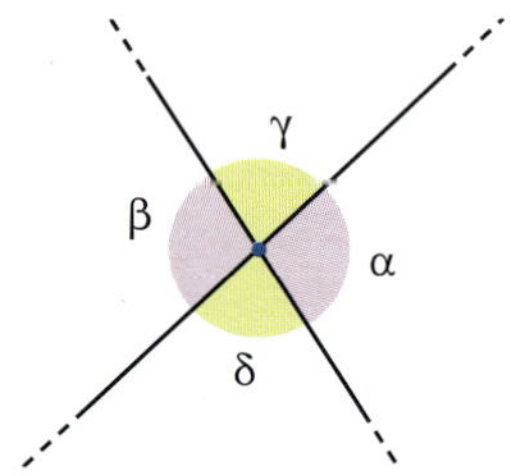

Osserviamo che:

- α e γ sono supplementari, cioè $\alpha + \gamma = 180°$;
- β e γ sono supplementari, cioè $\beta + \gamma = 180°$.

Dunque:

$$\alpha = 180° - \gamma = \beta.$$

Possiamo concludere che α e β sono congruenti, perché supplementari dello stesso angolo.

Se due rette incidenti formano quattro angoli retti, allora si dicono **perpendicolari**.

OSSERVA Se uno degli angoli formati da due rette incidenti è retto, anche gli altri tre sono retti. Questo perché gli angoli opposti al vertice sono congruenti e quelli adiacenti sono supplementari.

Le rette parallele

Due rette *a* e *b* che giacciono sullo stesso piano sono **parallele** se non hanno nessun punto in comune o se sono coincidenti.
Si scrive che:
$a \parallel b$.

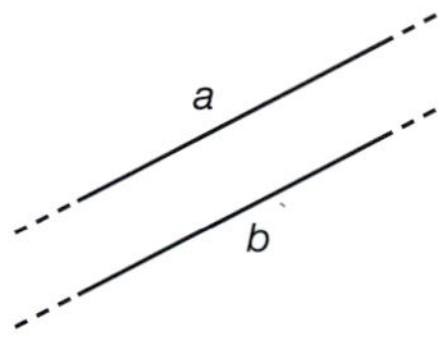

Il parallelismo gode della **proprietà transitiva**, cioè se *a* è parallela a *b* e *b* è parallela a *c*, allora *a* è parallela a *c*.
L'incidenza invece non gode di questa proprietà: se le coppie *a*, *b* e *b*, *c* sono incidenti, non è detto che *a* e *c* siano incidenti.

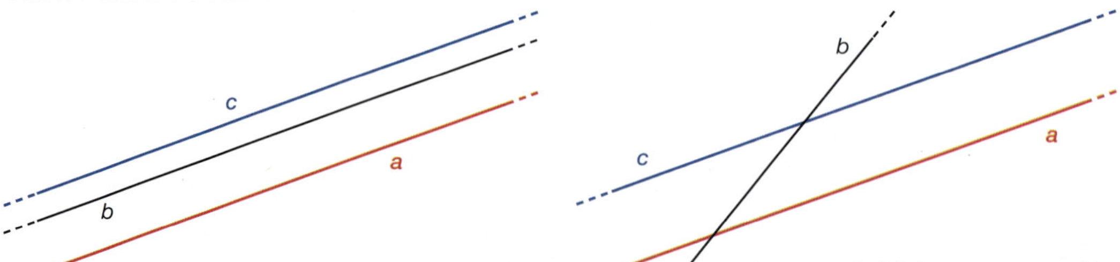

$a \parallel b$ e $b \parallel c$ → $a \parallel c$ *a* interseca *b*, *b* interseca *c*, ma $a \parallel c$

Vale una proprietà che lega rette parallele e perpendicolari.

Due rette perpendicolari a una stessa retta sono parallele fra loro.

Assioma dell'unicità della parallela

Uno degli assiomi su punti e rette afferma che:

data una retta r e un punto P esterno a essa, esiste una e una sola retta passante per P e parallela a r.

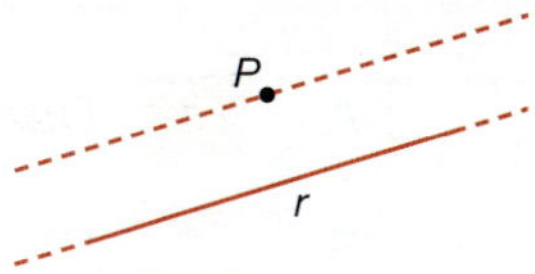

Si tratta di un assioma molto famoso perché è meno evidente degli altri e per secoli i matematici hanno cercato di dimostrarlo, come se fosse un teorema.
Solo nel XIX secolo è stato dimostrato che è corretto considerarlo un assioma, perché non è dimostrabile a partire dagli altri assiomi.

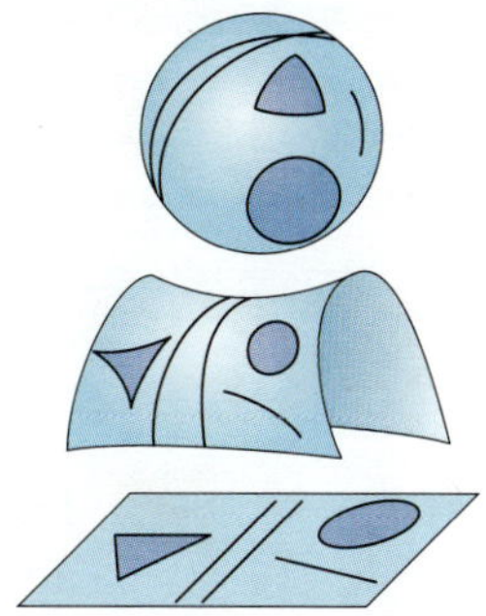

Questo fatto è stato dimostrato costruendo delle geometrie in cui l'assioma della parallela è stato modificato, per esempio affermando che per P non esiste *nessuna* parallela a r, o che ne esiste *più di una*. Non si arriva ad alcuna contraddizione, ma oggetti geometrici come punto e retta hanno proprietà diverse da quelle che attribuiamo loro normalmente. Si ottengono diversi modelli: sfere, selle (come in figura), …

IN PRATICA

[A] Come si traccia una retta parallela a un'altra con riga e compasso?

Per tracciare la parallela alla retta a per il punto A procediamo nel modo seguente:

1. puntiamo il compasso nel punto B su a e tracciamo un arco di raggio BA, intersecando in C la retta a;
2. puntiamo il compasso in A e tracciamo un arco di raggio AB;
3. puntiamo il compasso in C e tracciamo un arco di raggio CB;
4. indichiamo con D il punto di intersezione dei due archi.

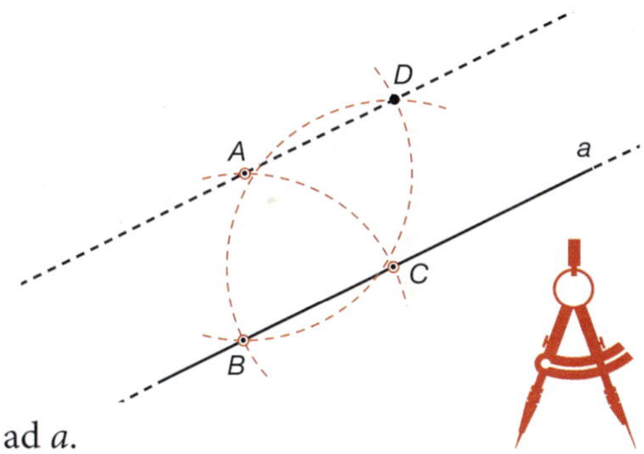

La retta su cui giace il segmento AD è parallela ad a.

[B] Come si traccia una retta perpendicolare a un'altra?

Consideriamo il segmento AB in figura:

1. apriamo il compasso con ampiezza maggiore della metà del segmento;
2. puntiamo sull'estremo A e tracciamo due archetti sopra e uno sotto il segmento;
3. mantenendo la stessa apertura puntiamo il compasso nell'estremo B e tracciamo due archetti che si intersechino con i precedenti;
4. congiungiamo i punti X e Y in cui le coppie di archetti si intersecano.

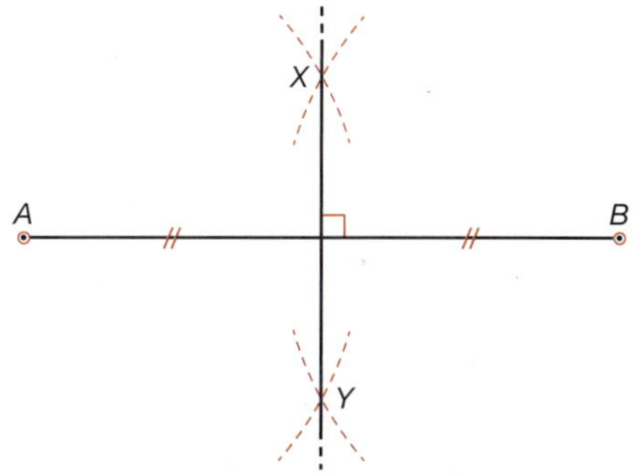

La retta passante per i due punti ottenuti è perpendicolare al segmento e inoltre lo divide in due parti uguali. La retta tracciata è l'**asse del segmento**.

PROVA TU

[A] **1** Disegna una retta parallela.

[B] **2** Disegna due segmenti perpendicolari uno all'altro.

3 Disegna un rettangolo con riga e compasso, utilizzando come base e altezza rispettivamente i segmenti AB e CD.

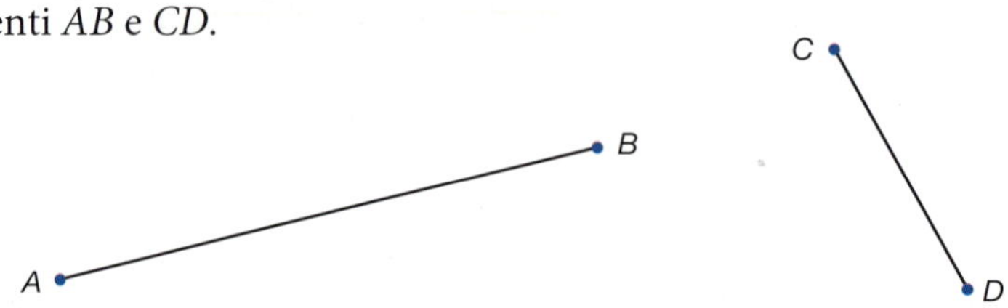

4 Facendo riferimento alla figura dell'esercizio 3, disegna un quadrato di lato congruente ad AB.

5 Disegna un reticolo rettangolare con riga e compasso.

6 Disegna un reticolo quadrato con riga e compasso, come quello in figura.

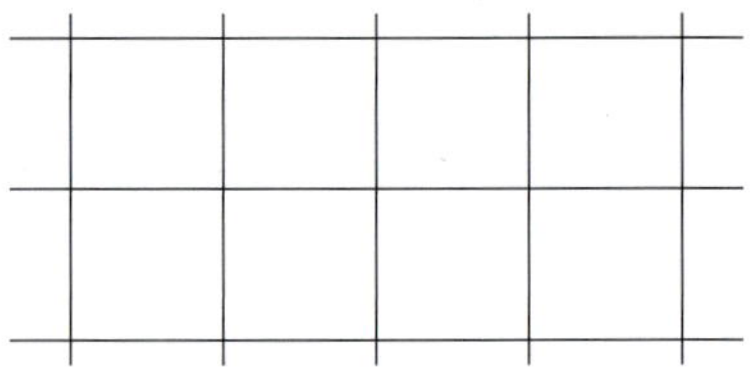

7 **ARGOMENTARE** I segmenti AB e CD nella figura a fianco si intersecano nel punto V. Se la retta EF è bisettrice di $A\widehat{V}D$ e $C\widehat{V}B$, dimostra che $E\widehat{V}C$ è congruente a $A\widehat{V}F$.

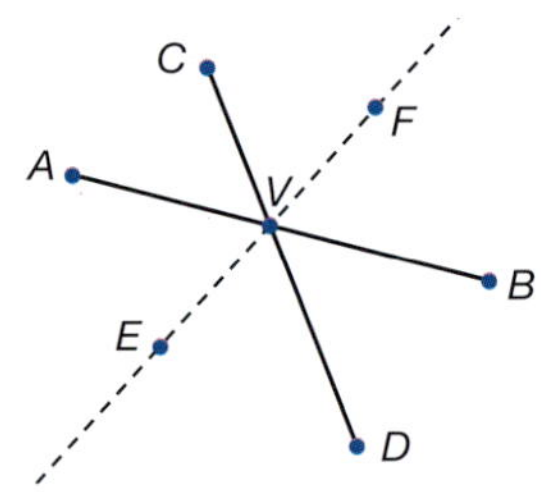

8 **ARGOMENTARE** Facendo riferimento alla figura dell'esercizio 7, dimostra che

$$E\widehat{V}D + C\widehat{V}A \cong B\widehat{V}D + F\widehat{V}B.$$

9 **ARGOMENTARE** Consideriamo una retta r e un punto P esterno a essa. Per tracciare la parallela a r per P, seguiamo il seguente procedimento:

- disponiamo una squadra lungo la retta r;
- senza muovere la squadra appoggiamo una riga lungo il lato perpendicolare a r;
- tenendo ferma la riga facciamo scorrere la squadra su di essa finché il lato che era lungo r passa per P;
- tracciamo la retta lungo il lato della squadra.

Sai spiegare perché la retta ottenuta è parallela a quella di partenza?

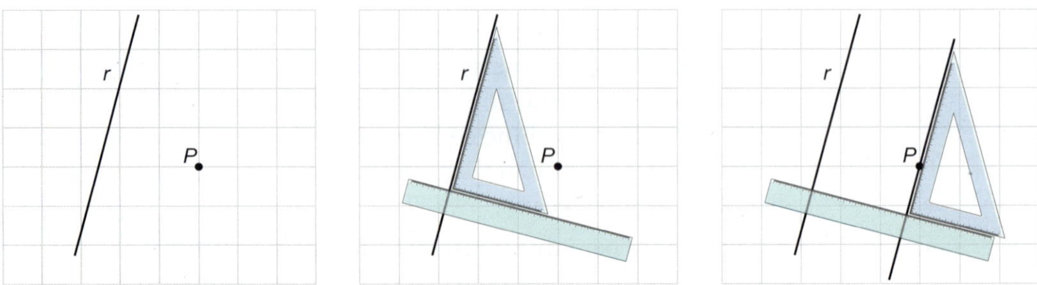

Esercizi a pag. 441

MAPPA
LA GEOMETRIA DEL PIANO

LOSAI? RIPASSA CON LO SMARTPHONE

Su online.zanichelli.it/pensaci ti proponiamo altre mappe come questa.

ENTI GEOMETRICI FONDAMENTALI

- **PIANO**
- **RETTA**
- **PUNTO**

sono definiti da

ASSIOMI

DI APPARTENENZA

1. Per due punti distinti passa una e una sola retta.

2. Data una retta, esiste almeno un punto del piano che non le appartiene.

3. Un piano contiene infiniti punti e infinite rette.

DI ORDINAMENTO

4. La retta è un insieme ordinato di punti.

5. Dati due punti *A* e *B*, con *A* che precede *B*:
– esiste un punto *C* compreso tra *A* e *B*;
– esiste un punto *P* che precede *A*;
– esiste un punto *Q* che segue *B*.

ALTRI ENTI GEOMETRICI

SEMIRETTA

data una retta *r* e un punto *P* su di essa

è l'insieme di *P* e di tutti i punti che lo seguono o precedono

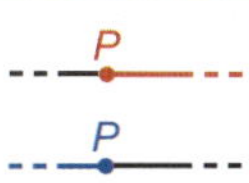

SEGMENTO

è la parte di una retta compresa tra due punti *A* e *B*

ANGOLO

è la parte del piano compresa tra due semirette con la stessa origine

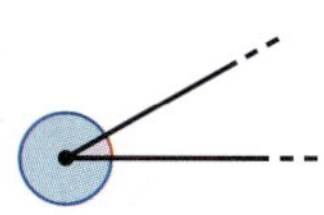

ESERCIZI

Controlla i risultati in fondo al volume.

1 Le figure geometriche

Teoria a pag. 402

1 Cerca alcune parole riguardanti la geometria che abbiano un significato diverso rispetto a quello dell'uso comune. Esiste un nesso tra il significato geometrico e quello comune?

2 **CONFRONTARE E ANALIZZARE FIGURE GEOMETRICHE** Osserva il fiore in figura. Quale figura geometrica può riprodurne approssimativamente la forma?

3 **COMUNICARE** Descrivi la forma del ponte in figura, usando forme geometriche che conosci.

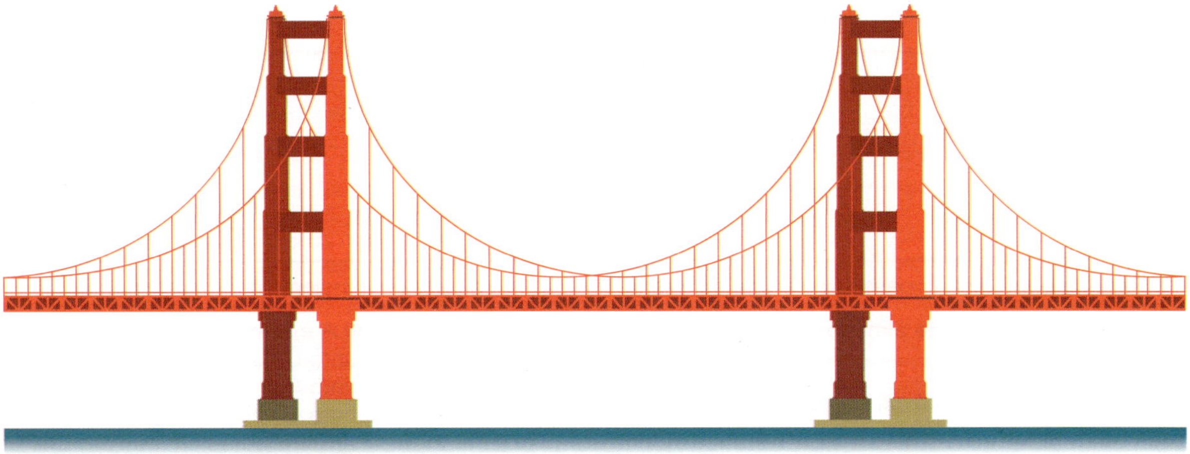

4 **COMUNICARE** Osserva la figura a lato e scrivi una sequenza di istruzioni per disegnarla.

5 **COMUNICARE** La figura rappresenta una molecola di benzene: le sfere rosse sono atomi di carbonio, le sfere azzurre atomi di idrogeno e i segmenti neri i legami.
Descrivi la forma della molecola e il modo in cui sono distribuiti gli atomi.

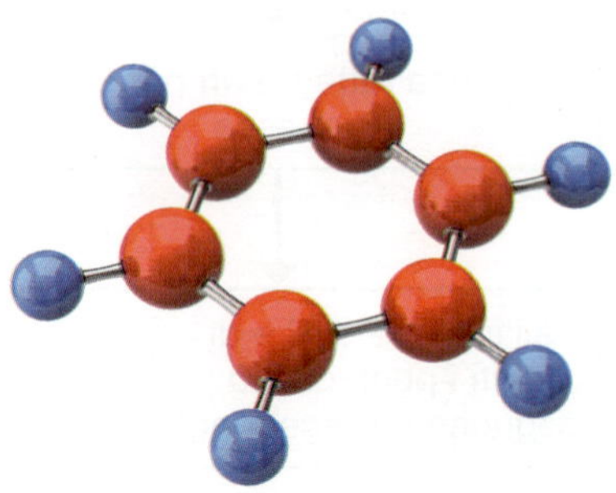

2 | Punti, rette e definizioni

Teoria a pag. 407

Ricorda

IN TEORIA **Punto, retta e piano** possono essere definiti solo in modo .... con ...., cioè enunciati che spiegano come questi tre .... della geometria si relazionano a vicenda.

IN PRATICA Indica quali tra le seguenti affermazioni sono assiomi.

a. Un piano contiene infiniti punti e infinite rette.
b. Si chiama angolo ciascuna parte di piano compresa tra due semirette che hanno in comune l'origine.
c. La retta è un insieme di punti ordinato.

6 RISOLVERE PROBLEMI **La fuga** Un soldato è stato fatto prigioniero durante una battaglia ed è tenuto nella prigione di una base militare (P nella figura). Il soldato si è accorto che in alcuni momenti la prigione è sorvegliata solo dalla sentinella che si trova nella garitta (S).

a. Prepara un piano di spostamenti che permetta al soldato di arrivare al furgone (F) dove lo aspetta il complice, correndo meno rischi possibile e nascondendosi dietro agli edifici rappresentati.
b. Spiega perché si deve spostare in un certo modo e indica i punti più pericolosi, in cui è esposto alla possibilità di essere scoperto.

7 Disegna 3 punti non allineati e per ogni coppia di punti disegna una retta. Quante sono?

8 Disegna 4 punti in modo che non ce ne siano mai tre allineati e per ogni coppia di punti disegna una retta. Quante sono?

9 Disegna 5 punti in modo che non ce ne siano mai tre allineati e per ogni coppia di punti disegna una retta. Quante sono? Riesci a trovare una formula che permette di calcolare il numero di rette che si possono tracciare per n punti?

10 Tra due punti sono compresi altri infiniti punti distinti. Da quale assioma segue questa affermazione? Prova a dimostrarla.

3 Le semirette e i segmenti

Teoria a pag. 411

Ricorda

IN TEORIA Un **segmento** *AB* è .... appartenenti .... passante per *A* e *B* e .... tra *A* e *B*, ...

Una retta orientata *r* è divisa in due parti distinte da un punto *P*: ciascuna delle due parti, con *P* compreso, si chiama ....

La **somma** di due segmenti *AB* e *CD* è il .... che si ottiene facendo coincidere... e ponendo i due segmenti sulla .... I segmenti *AB* e *CD* sono ....

IN PRATICA Disegna il segmento somma di *AB* e *CD*.

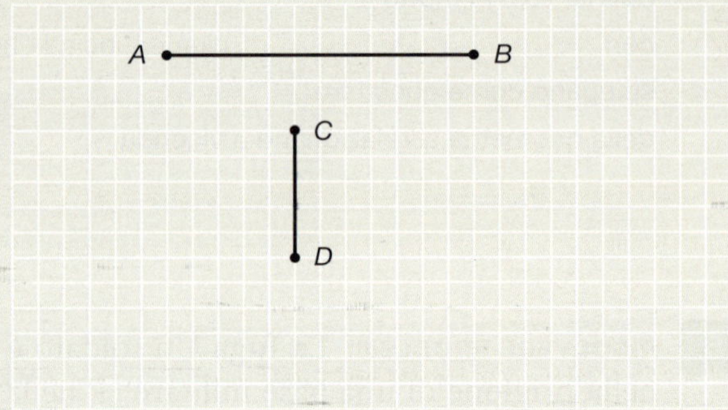

11 In riferimento all'esercizio 6, sapendo che la garitta ha base quadrata di lato di 2 m, misura la lunghezza del percorso di fuga che hai predisposto.

12 Dato un segmento *AB*, costruiscine uno di misura doppia.

13 Osserva il disegno. Elenca le semirette rappresentate nel disegno.

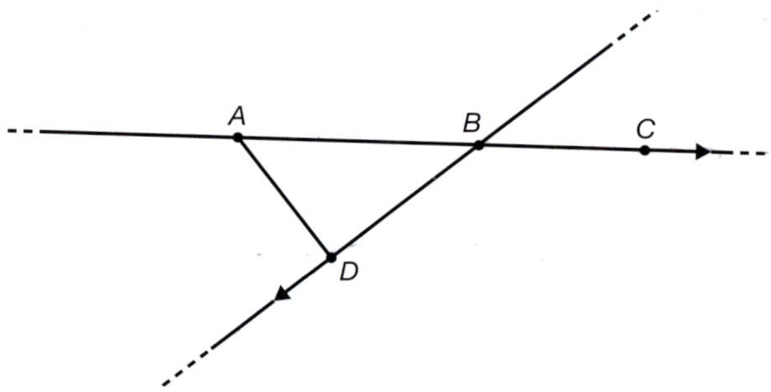

14 Osserva il disegno dell'esercizio 13. Elenca i segmenti rappresentati nel disegno.

15 Osserva il disegno dell'esercizio 13. Decidi quali delle seguenti affermazioni sono *vere* e quali *false*.

a. *AB* e *CD* sono adiacenti V F

b. *A* precede *D* V F

c. *C* segue *B* V F

d. *C* precede *B* V F

e. *AB* e *BC* sono consecutivi V F

16 Considera i segmenti nella figura a fianco. Costruisci il segmento somma dei segmenti *AB*, *CD* e *EF*.

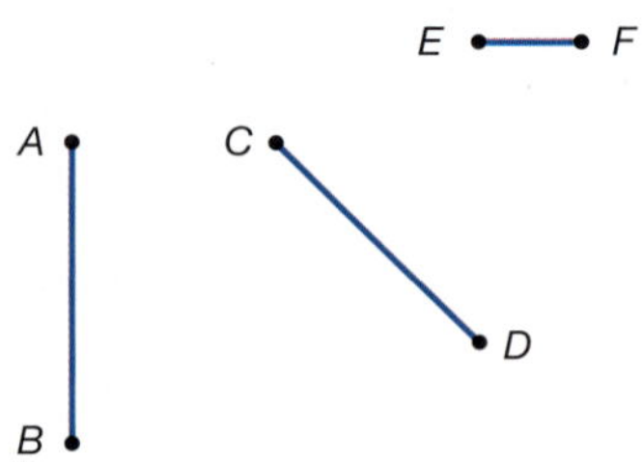

17 Considera i segmenti nella figura a fianco. Costruisci il segmento differenza dei segmenti *AB* e *EF*.

18 Considera i segmenti nella figura a fianco. Costruisci il segmento somma dei segmenti *SE* e *GM*.

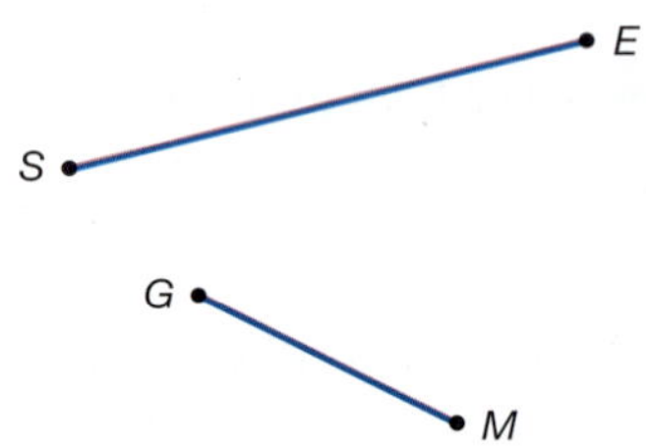

19 Considera i segmenti nella figura a fianco. Costruisci il segmento differenza dei segmenti *SE* e *GM*.

20 I segmenti *IO* e *TE* in figura sono congruenti?

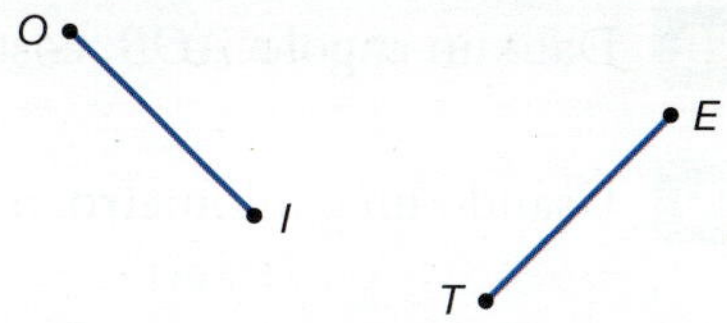

21 Disegna la situazione descritta nell'enunciato.
AB e CD sono segmenti congruenti. Il segmento BC è adiacente ad AB e consecutivo ma non adiacente a CD.

22 Disegna la situazione descritta nell'enunciato.
Il segmento AB è il doppio del segmento BC. Il segmento BC è consecutivo ma non adiacente ad AB.

23 **ACQUISIRE DATI E INFORMAZIONI** Disegna la situazione descritta nell'enunciato.
Il segmento AB è la metà del segmento BC. Il segmento CD è il triplo di AB. BC e CD sono adiacenti.
Quanto misura *BD* usando come unità *AB*?

24 Quale ente geometrico è adatto per rappresentare la situazione descritta nell'enunciato seguente?
Un raggio di luce emesso da una lampada colpisce un oggetto e viene assorbito.

4 Gli angoli

Teoria a pag. 417

Ricorda

IN TEORIA Un **angolo** di lati *r* e *s* e vertice *O* è ciascuna delle parti di .... compresa tra .... che hanno in comune ....

Un angolo è **convesso** se ...., invece è **concavo** se ....

La somma di due angoli $a\widehat{O}b$ e $c\widehat{O}d$ è .... che si ottiene disponendoli .... in modo da ....

Due angoli si dicono:

- **supplementari** se la loro somma è un ....;
- **complementari** se la loro somma è un ....

IN PRATICA Completa.

α e β sono angoli ....

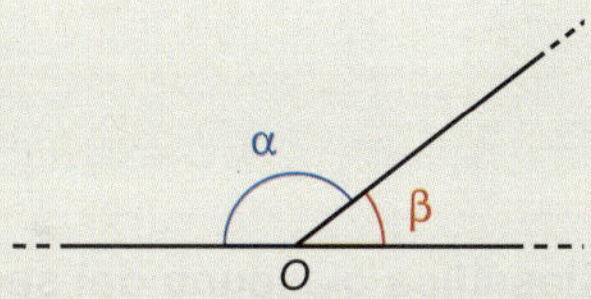

L'angolo α è ....

L'angolo β è ....

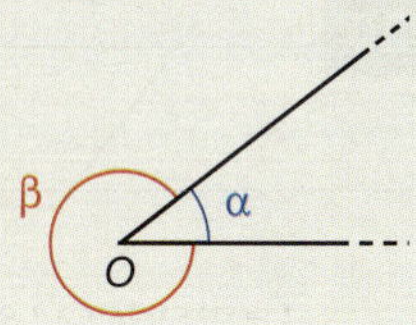

α e β sono angoli ....

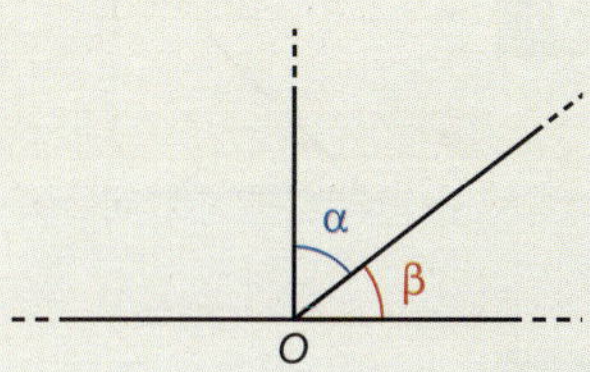

25 Dato un angolo $A\widehat{O}B$, costruiscine uno di <u>misura doppia</u>.

26 Dato un angolo $A\widehat{O}B$, costruiscine uno di <u>misura tripla</u>.

27 Dato un angolo $A\widehat{O}B$, costruiscine uno di misura $\frac{3}{2}A\widehat{O}B$.

28 Dato un angolo $A\widehat{O}B$, costruiscine uno di misura $\frac{3}{4}A\widehat{O}B$.

29 Usando un goniometro, misura ciascun angolo indicato con una lettera greca nelle seguenti figure.

a.

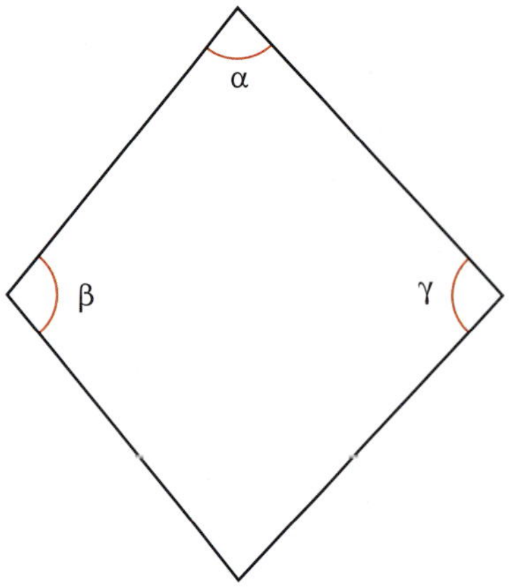

b.

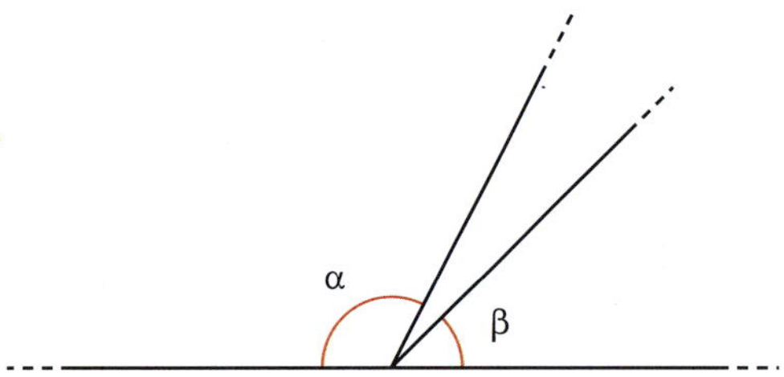

c.

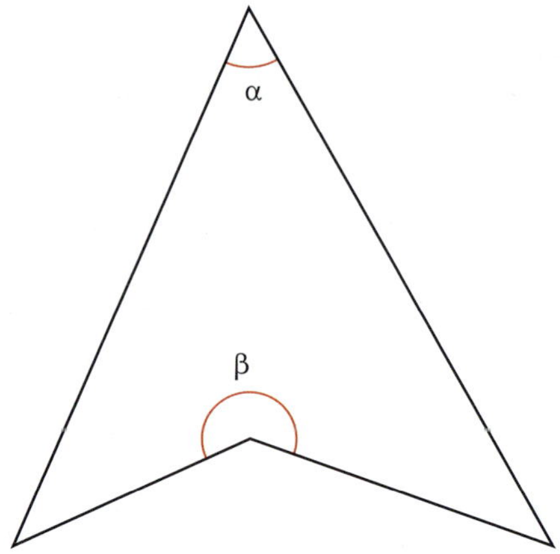

d.

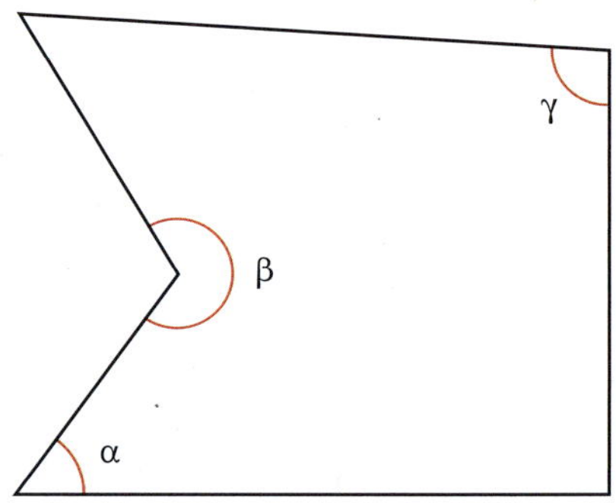

Classifica ciascuno dei seguenti angoli come *acuto*, *ottuso o concavo* (esercizi da 30 a 34).

30

a. 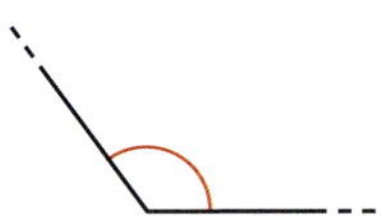

b. 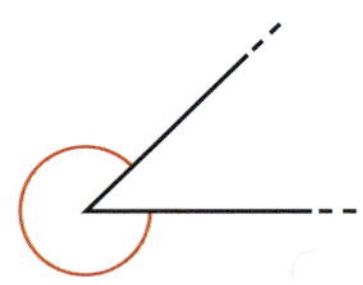

c. 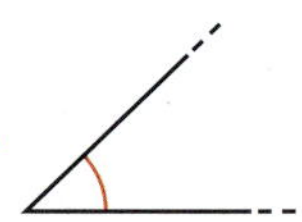

31

a. 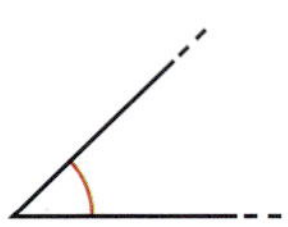

b. 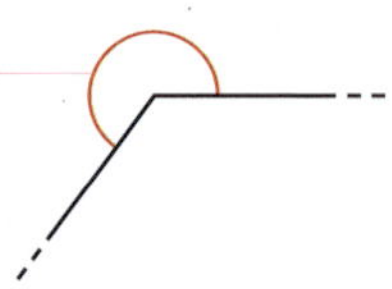

c. 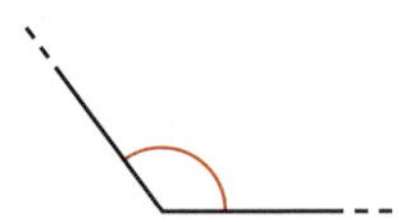

32 **a.** 181° **b.** 89° **c.** 124°

33 **a.** 176° **b.** 326° **c.** 48°

34 **a.** 120° → Ottuso **d.** 72,8°
b. 314° **e.** 90,9°
c. 61° **f.** 255,5°

35 Calcola il complementare di ciascuno dei seguenti angoli.

a. 50°

b. 27°

c. 81°

d. 43,5°

e. 16,0°

f. 70,9°

36 Calcola il complementare di ciascuno dei seguenti angoli.

a. 18° → 90°−18° = ...

b. 46°

c. 53°

d. 64°

37 Calcola il supplementare di ciascuno dei seguenti angoli.

a. 70°

b. 36°

c. 104°

d. 21,5°

e. 88,0°

f. 157,9°

38 Calcola il supplementare di ciascuno dei seguenti angoli

a. 36° → 180°−36° = ...

b. 12°

c. 102°

d. 171°

Sapendo che *AB* è un segmento, calcola il valore delle incognite in ciascuna delle seguenti figure.

39

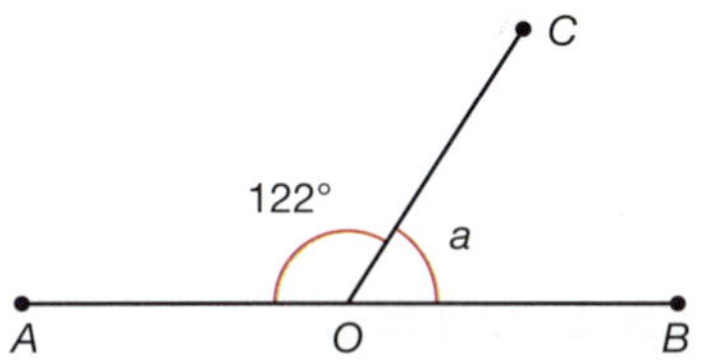

40

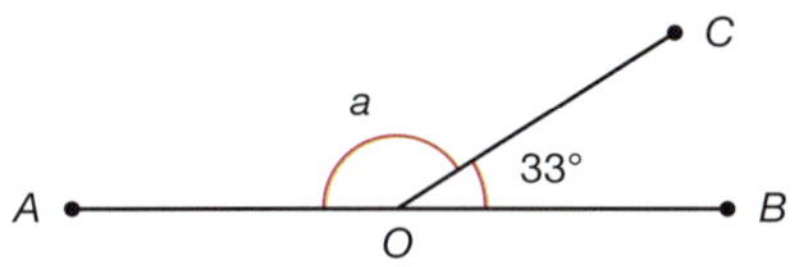

41

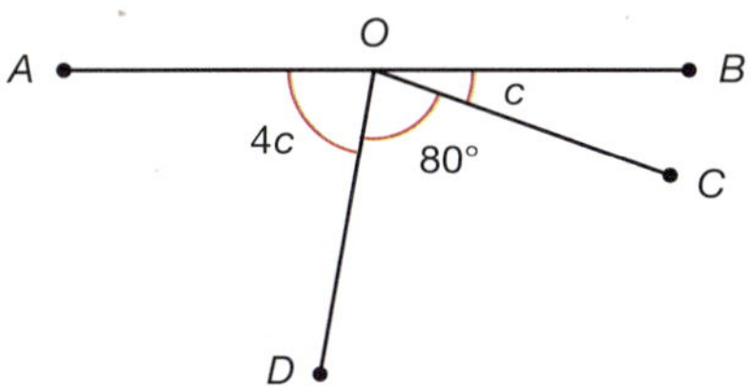

42

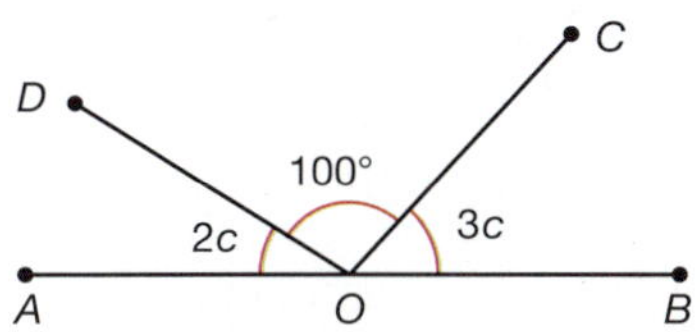

43

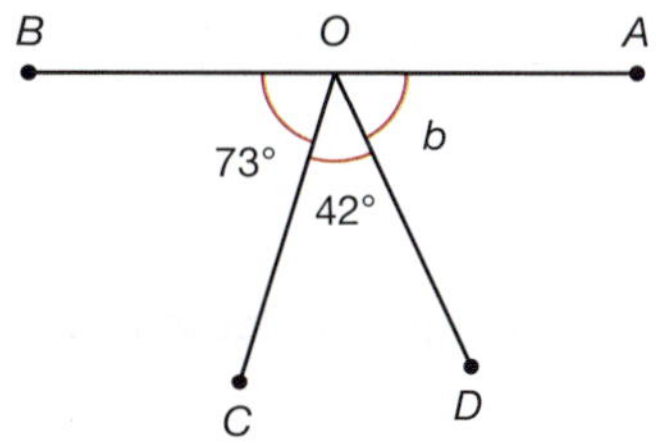

44

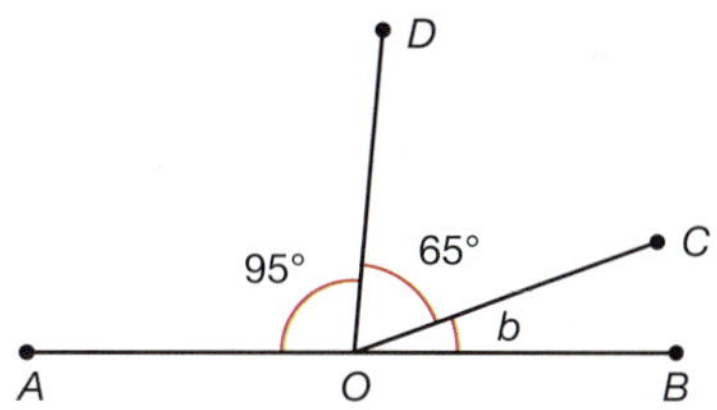

45

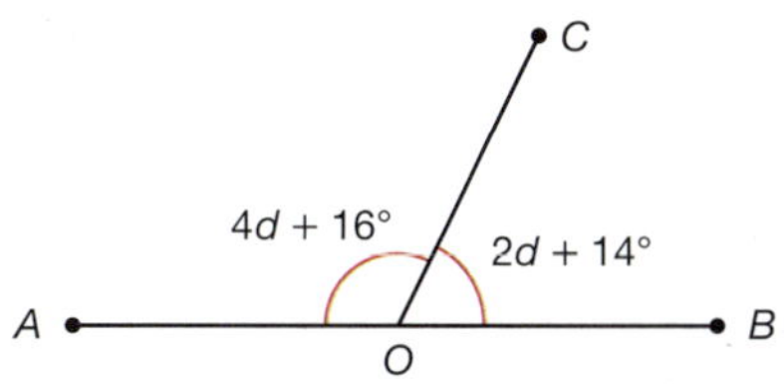

Dati i segmenti *AB* e *CD*, calcola i valori delle incognite in ognuna delle figure.

46

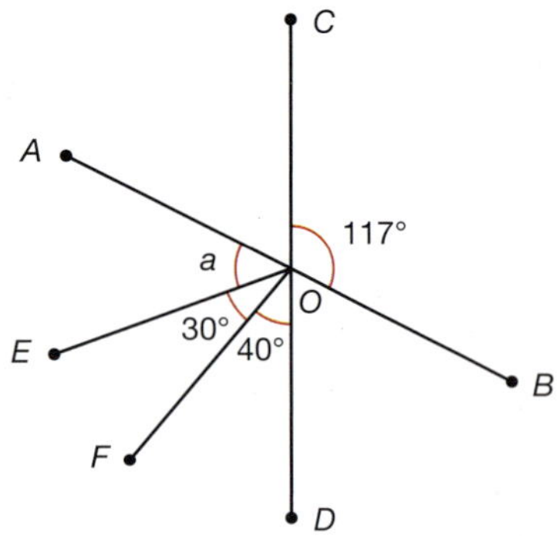

48

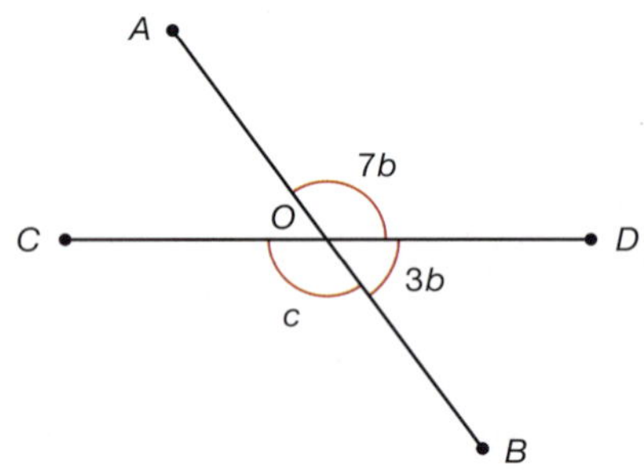

47

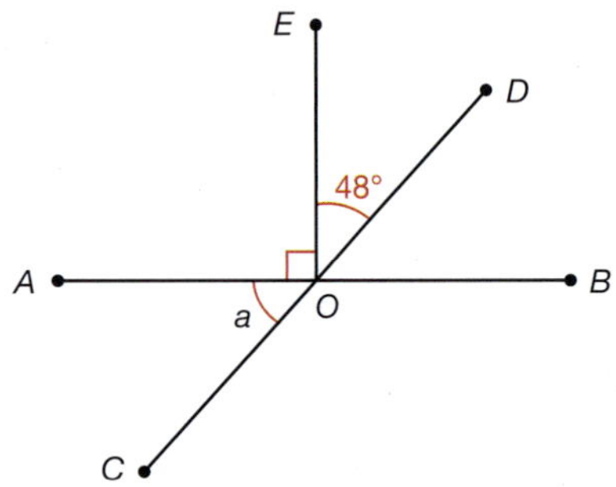

In ognuna delle seguenti figure calcola il valore dell'incognita (esercizi da 49 a 52).

49

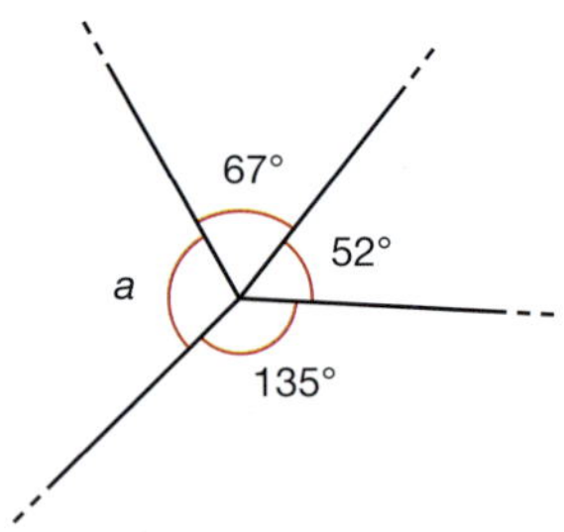

51

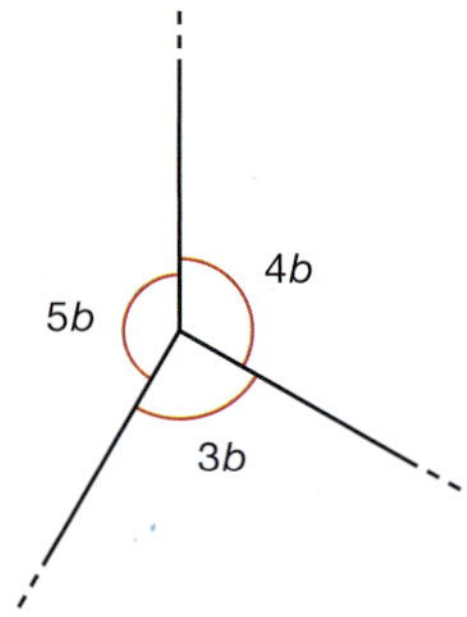

50

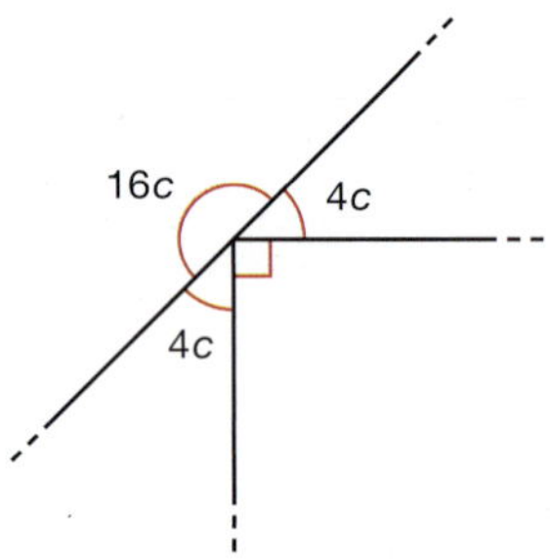

52

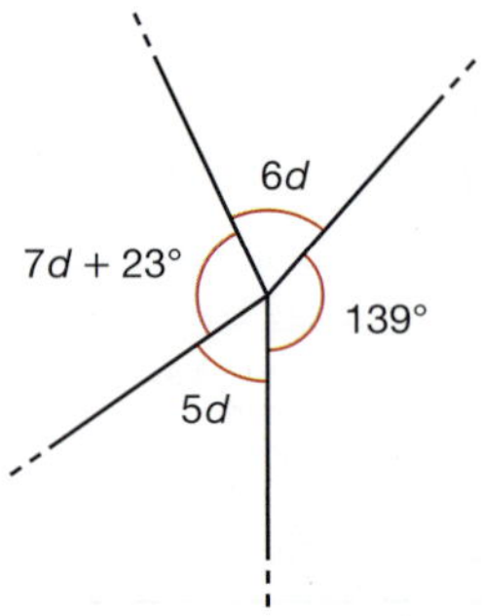

53 x, y e z sono tre angoli adiacenti.
a. Se $y = 45°$ e $z = 86°$, calcola il valore di x;
b. Se $x = 2y$ e $z = 3y$, calcola il valore di y.

54 Un *geopiano a 9 punti* è un reticolo quadrato di 3 punti per lato come vedi in figura. Studiando geometria sul geopiano si considerano solo i segmenti che hanno per estremi due punti del geopiano stesso. Osserva gli angoli in figura rappresentati su un geopiano a nove punti.
Quali corrispondono ad angoli di cui puoi dire l'ampiezza senza misurarli?

a.
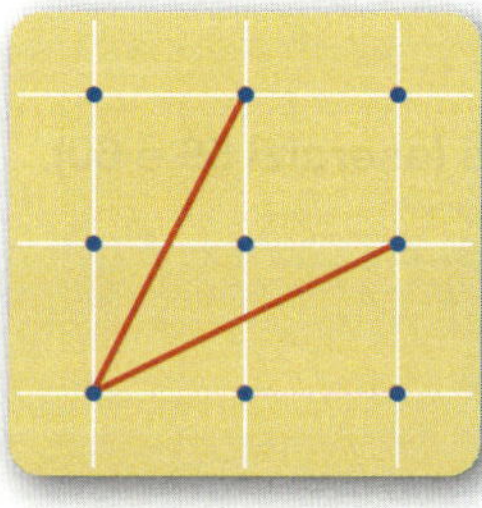
b.

c.
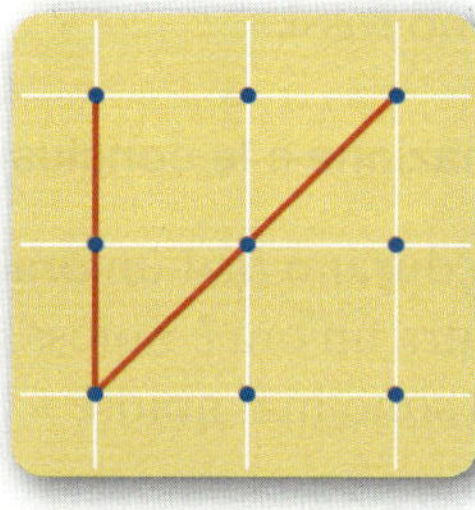
d.
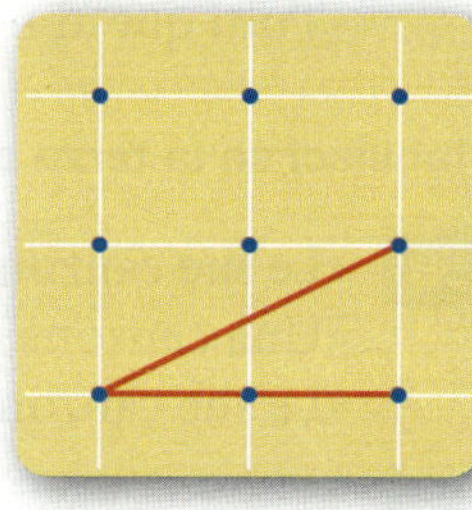

55 Osserva gli angoli in figura rappresentati su un geopiano a nove punti.

a.
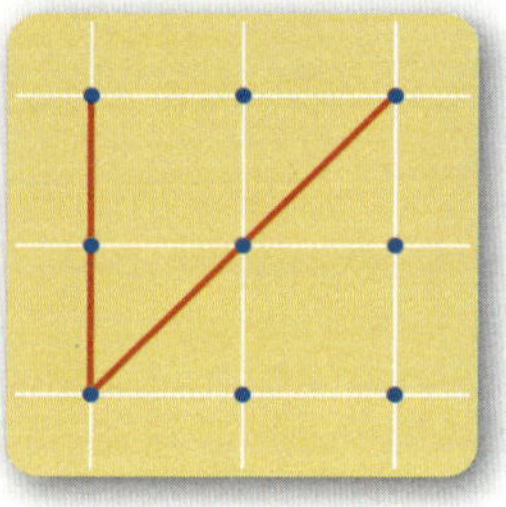
b.
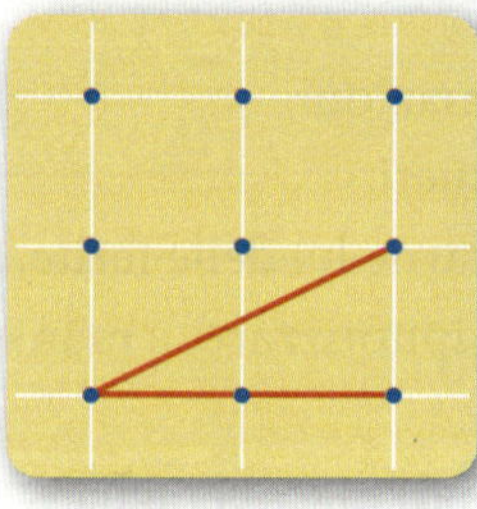
c.
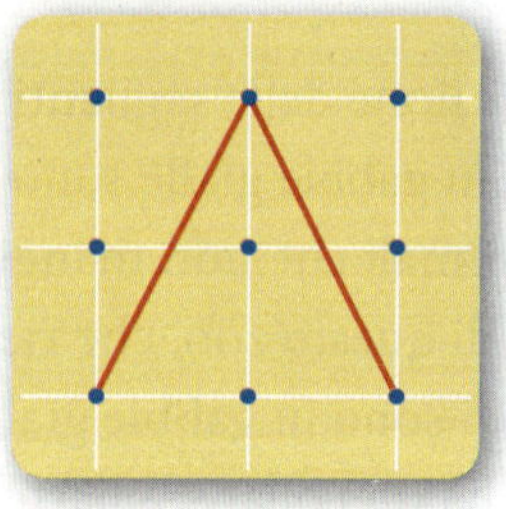
d.
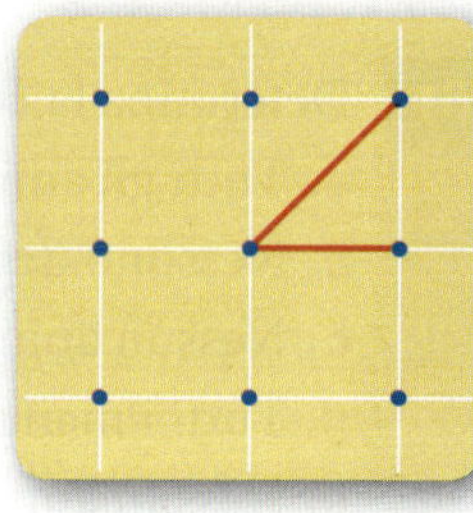

Disponili in ordine di ampiezza crescente.

5 Congetture e teoremi

Teoria a pag. 423

Ricorda

IN TEORIA Una **congettura** è una .... che si suppone vera, ma della quale non è stata trovata una .... o un ....

Un **teorema** è un'affermazione che è stata ....

L'**enunciato** di un teorema è composto da .... e ....

La **dimostrazione** è un insieme di .... i quali mostrano che se sono ...., allora necessariamente è ....

IN PRATICA Nei seguenti enunciati, indica la tesi e l'ipotesi.

1. Se un triangolo ha tutti gli angoli congruenti ....
allora è un triangolo equilatero. ....
2. In un triangolo equilatero ....
tutti gli angoli sono congruenti. ....

Trova (se esiste) la conclusione logica che deriva dalle premesse proposte (da Lewis Carroll, *Logica formale*).

56 «Tutte le mie sorelle hanno il raffreddore.»
«Nessuno che abbia il raffreddore può cantare.»

57 «Tutti i miei cugini sono ingiusti.»
«Tutti i giudici sono equi.»

58 «Alcuni gerani sono rossi.»
«Tutti questi fiori sono rossi.»

Stabilisci se la terza affermazione è la conclusione logica delle due precedenti (esercizi 59 e 60).

59 «Le sue canzoni non durano mai un'ora.»,
«Una canzone che dura un'ora è noiosa.»,
«Le sue canzoni non sono mai noiose.»

60 «Tutti quelli che sono ansiosi di imparare lavorano duramente.»,
«Alcuni di questi ragazzi lavorano duramente.»,
«Alcuni di questi ragazzi sono ansiosi di imparare.»

61 Determina la conclusione delle seguenti affermazioni.

a. Tutti gli animali in gabbie gialle sono mansueti.
b. Nessuno degli animali che non mangiano carne ha delle ferite.
c. Nessun animale di questo zoo, che riesco a ipnotizzare, è mansueto.
d. Tutti i mammiferi sono in gabbie gialle.
e. Nessun animale ha un collare, a parte quelli di piccola taglia.
f. Nessuno degli animali che mangiano carne non è un mammifero.
g. Tutti gli animali che non hanno ferite hanno un collare.
h. Tutti gli animali addestrati ruggiscono.
i. Nessun animale che ruggisce è di piccola taglia.

62 Scrivi un'affermazione vera nella forma «*se… allora …*» in modo che anche l'affermazione inversa sia vera.

63 **ARGOMENTARE** Quali delle seguenti affermazioni sono vere e quali false? Giustifica la tua risposta, usando un controesempio quando è necessario.

a. In un segmento ci sono infiniti punti. V F
b. Si può disegnare una retta che passa per qualsiasi gruppo di quattro punti. V F
c. Se dieci punti appartengono a un segmento, sono tutti allineati. V F
d. Tre rette qualunque si intersecano sempre in un punto. V F
e. Dati tre punti distinti, si possono tracciare al massimo tre rette che passano per due di essi. V F

6 | Rette parallele e incidenti

Teoria a pag. 427

Ricorda

IN TEORIA Due rette sono:

- **parallele** se ....;
- **incidenti** se ....;
- **perpendicolari** se sono .... e formano ....

Due rette incidenti formano ...., i quali sono a due a due ....

L'**assioma dell'unicità della parallela** afferma che, data .... e .... esiste .... parallela a .... e passante per..............

IN PRATICA Considera la retta *r* e il punto *A* rappresentati in figura. Traccia:

1. una retta parallela a *r*;
2. una retta perpendicolare a *r* e passante per *A*;
3. una retta incidente a *r* e passante per *A*.

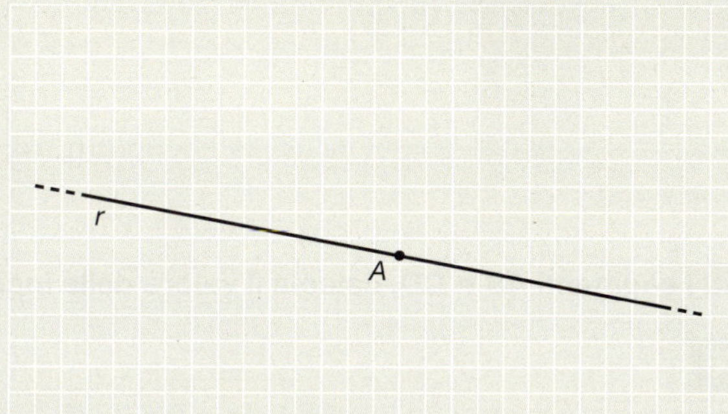

64 Dato un segmento *AB*, costruisci la retta a esso perpendicolare passante per *A*.

65 Dividi un segmento *AB* in 4 parti uguali.

66 Dato un segmento *AB*, costruiscine uno di lunghezza $\frac{3}{2}AB$.

67 Dato un segmento *AB*, costruiscine uno di lunghezza $\frac{3}{4}AB$.

68 Costruisci un quadrato di lato 10 cm.

69 Disegna due segmenti consecutivi, congruenti e perpendicolari.

70 **RISOLVERE PROBLEMI** Considera il seguente enunciato.
I segmenti AB e CD appartengono a rette parallele. Il segmento BC è perpendicolare a entrambe le rette e i segmenti BC e CE sono adiacenti.
Sai individuare l'errore commesso nel disegnare la situazione descritta?

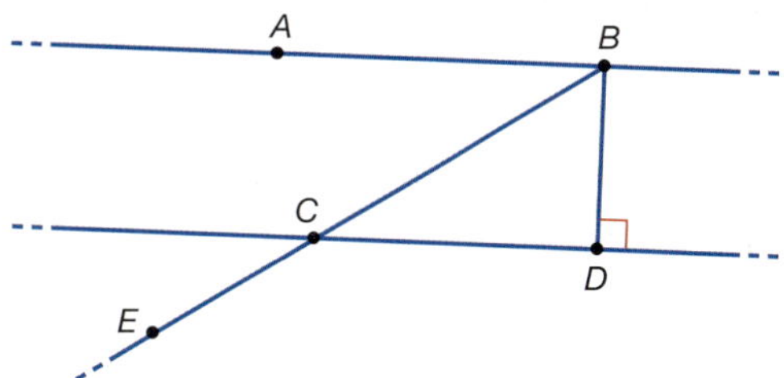

71 **RISOLVERE PROBLEMI** Il seguente enunciato descrive una situazione che non può verificarsi.
I segmenti AB e BC giacciono sulle rette parallele distinte r ed s. Per il punto C passa la perpendicolare alla retta r. Qual è l'errore?

72 **ARGOMENTARE** Il segmento *AB* appartiene alla retta *k*. È possibile che *BC* sia consecutivo ad *AB* se *C* non appartiene a *k*? Se la risposta è sì, disegna come possono essere disposti *AB*, *BC* e *k*; altrimenti spiega il perché.

73 **ARGOMENTARE** Il segmento *AB* appartiene alla retta *k*. È possibile che *BC* sia adiacente ad *AB* se *C* non appartiene a *k*? Se la risposta è sì, disegna come possono essere disposti *AB*, *BC* e *k*; altrimenti spiega il perché.

ESERCIZI DI RIEPILOGO

74 Nella figura i punti D, O e B sono allineati su una retta.
- $B\widehat{O}C \cong 2A\widehat{O}B$;
- $C\widehat{O}D \cong 4A\widehat{O}B$;
- $D\widehat{O}A \cong 5A\widehat{O}B$.

Calcola le ampiezze dei quattro angoli.

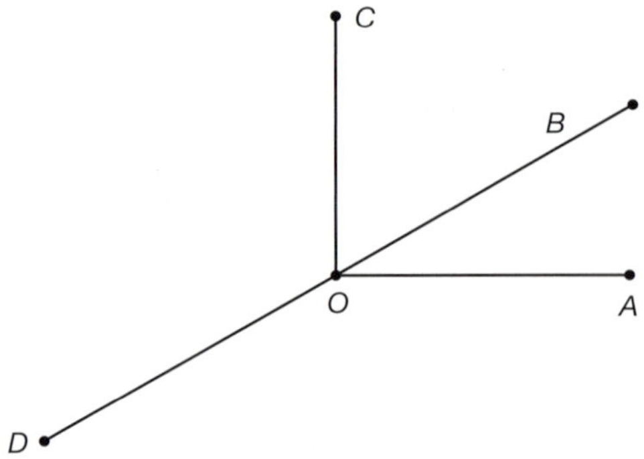

Dati i segmenti *AB* e *CD*, calcola il valore delle incognite nelle seguenti figure (esercizi da 75 a 82).

75

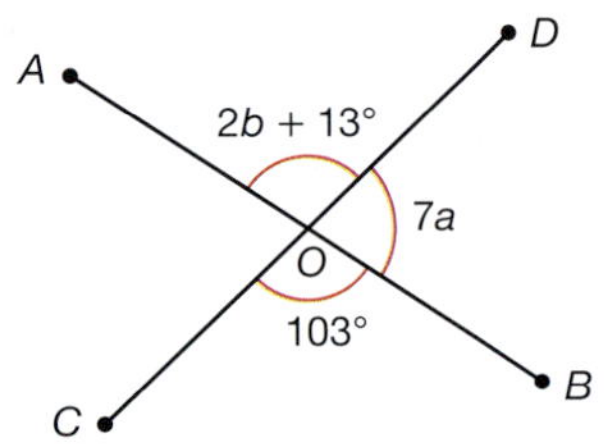

76

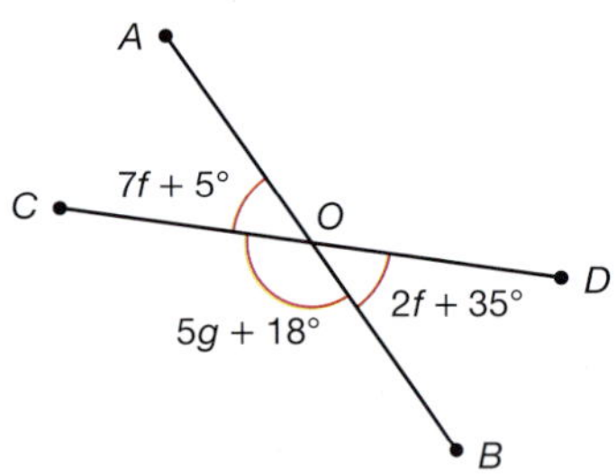

77

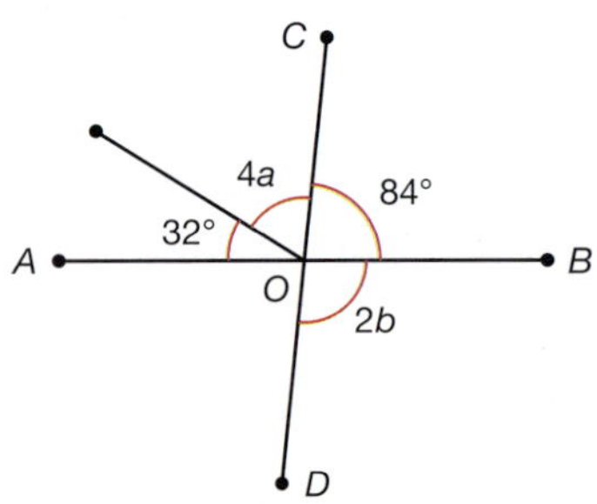

78

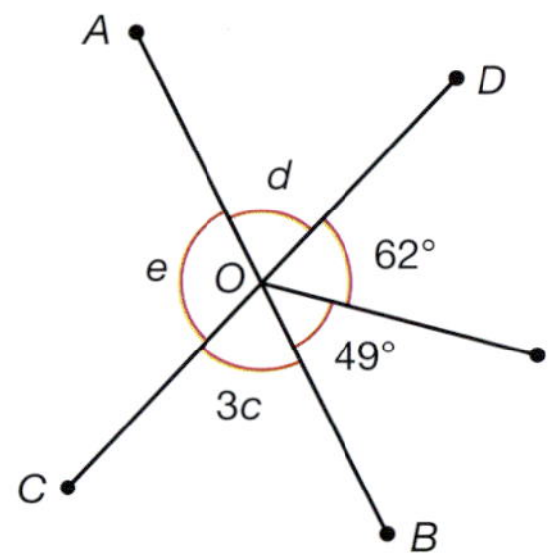

79

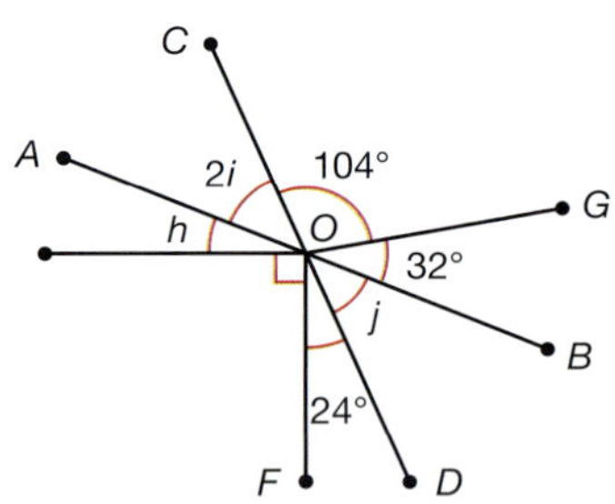

80

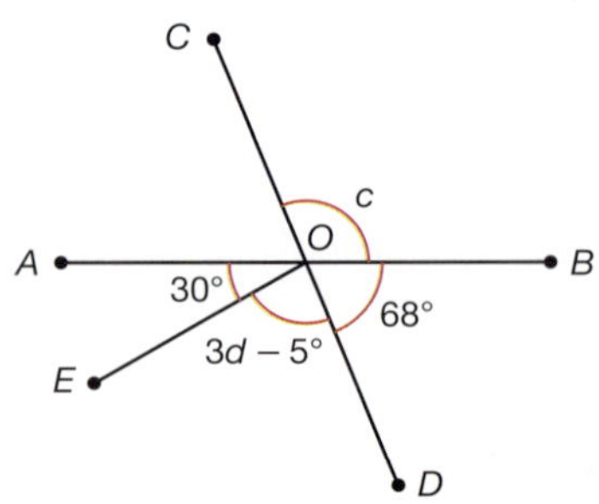

81

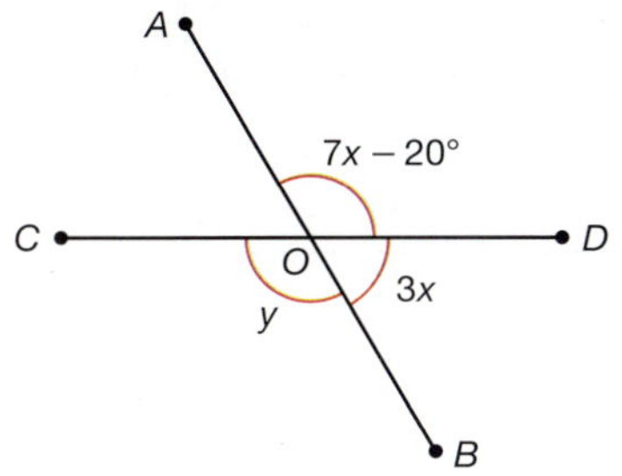

82

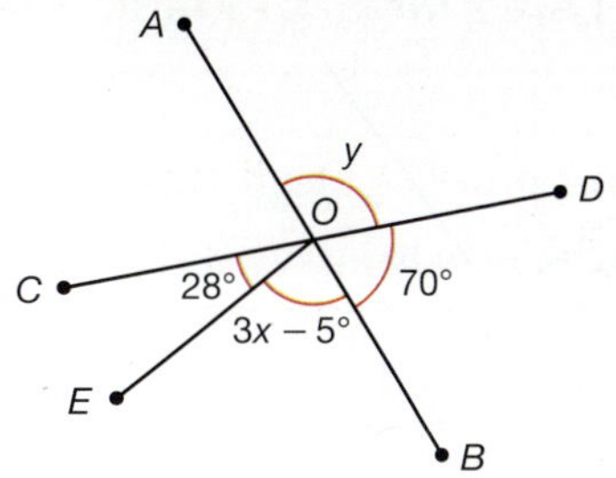

83 Nella figura AB e CD sono segmenti.

a. Calcola i valori di x e di y.

b. Calcola l'angolo ottuso $A\widehat{O}D$ e l'angolo esplementare di $C\widehat{O}E$ convesso.

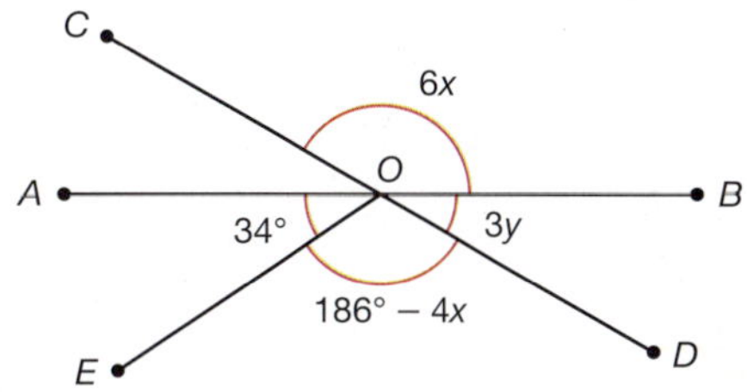

Dati i segmenti *AB*, *CD* ed *EF*, calcola il valore delle incognite nelle seguenti figure.

84

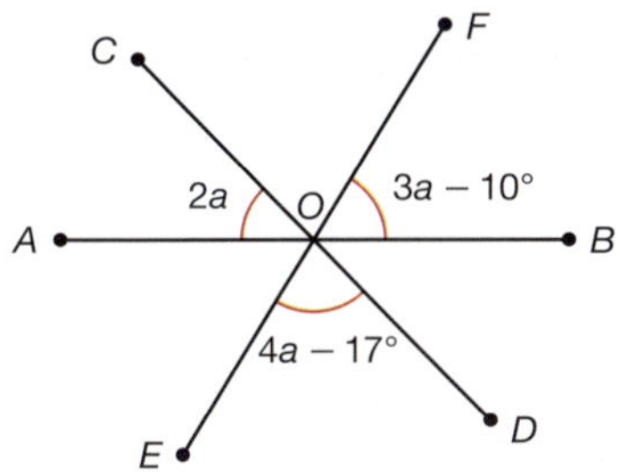

85

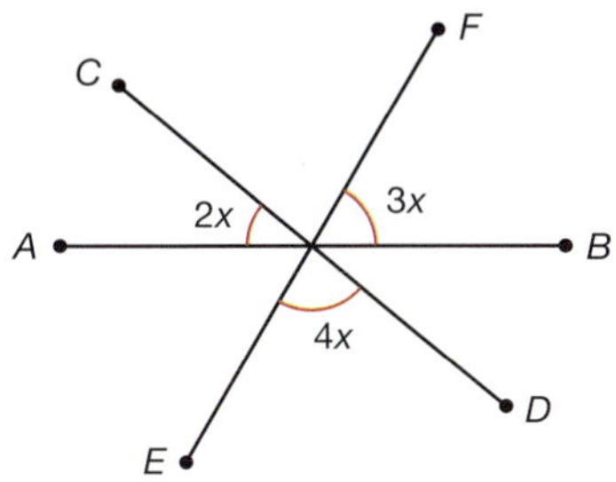

86

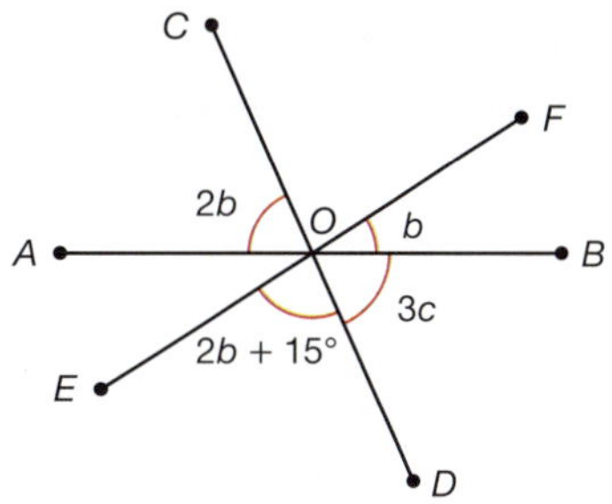

87

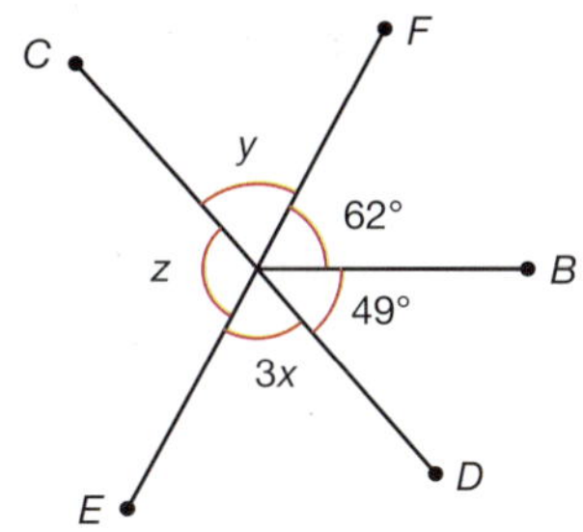

Dato il segmento *AC*, calcola il valore dell'incognita in ciascuna figura.

88

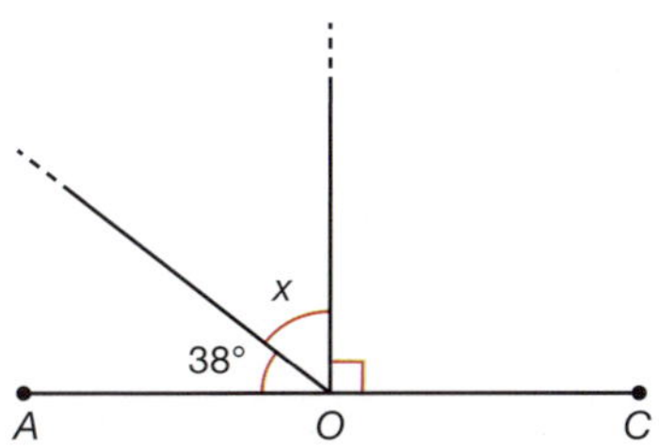

89

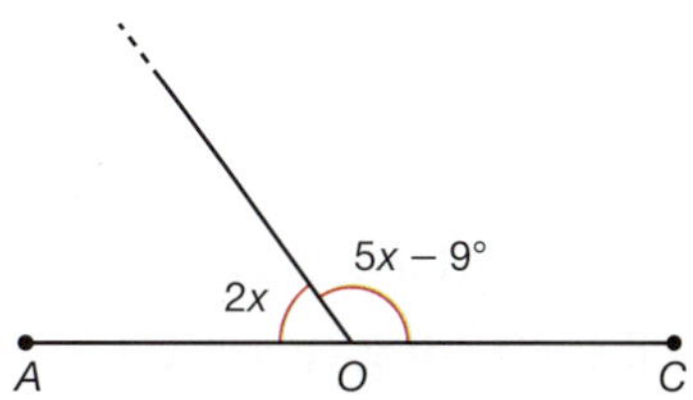

ESERCIZI

90

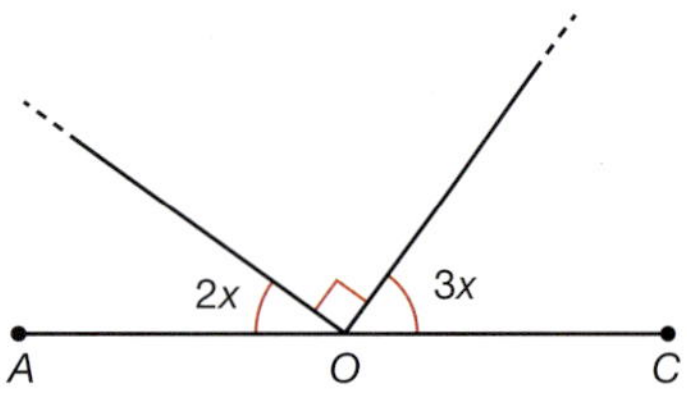

91

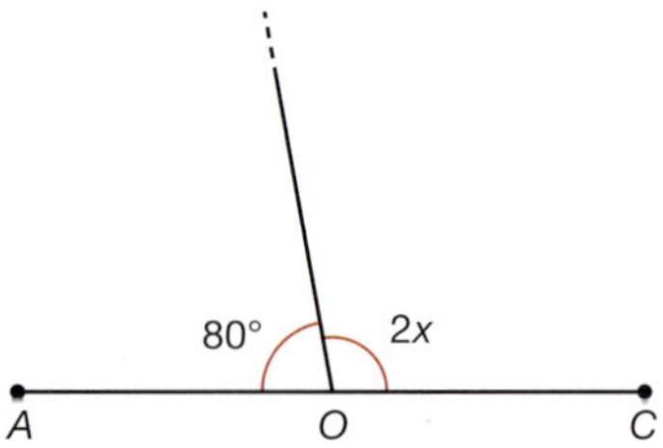

92

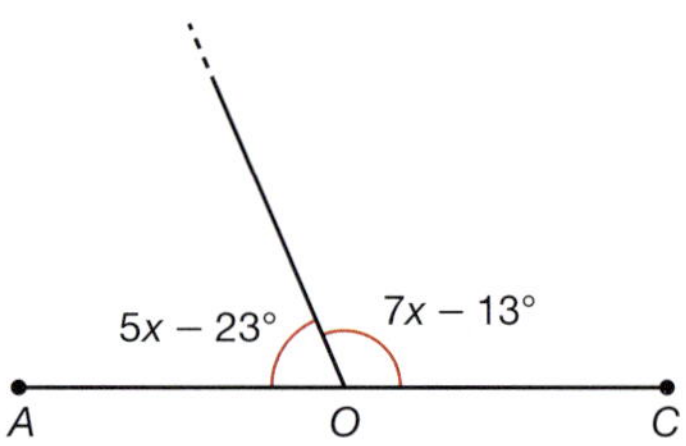

93

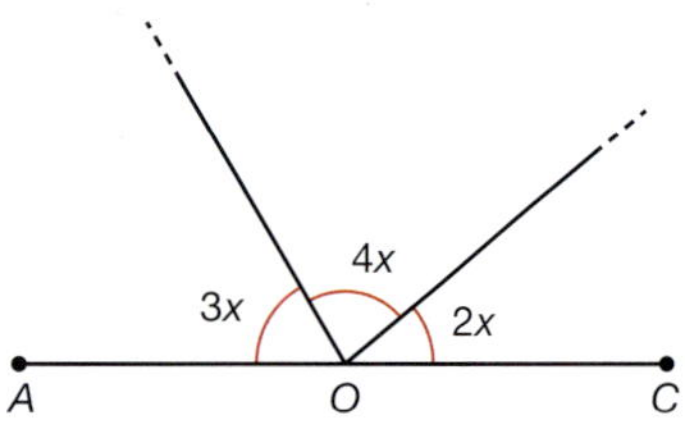

94

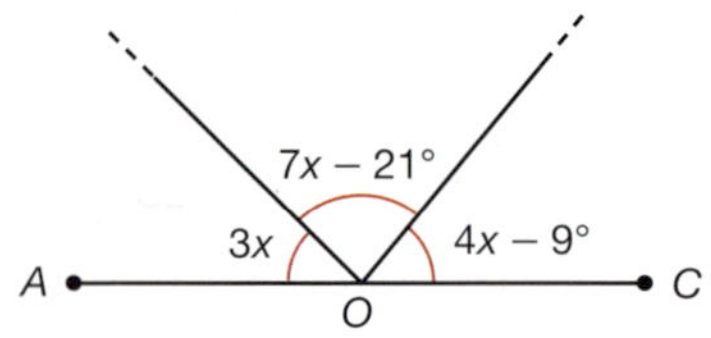

95

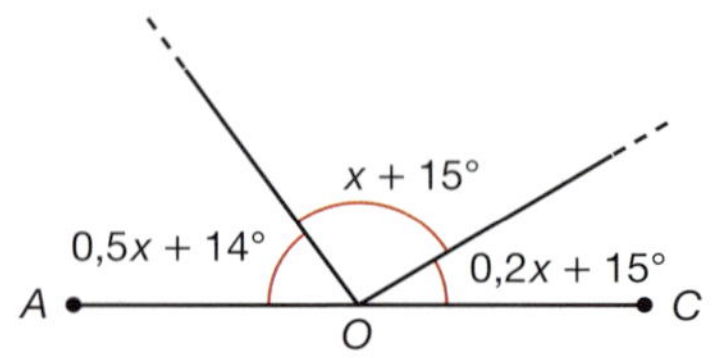

96

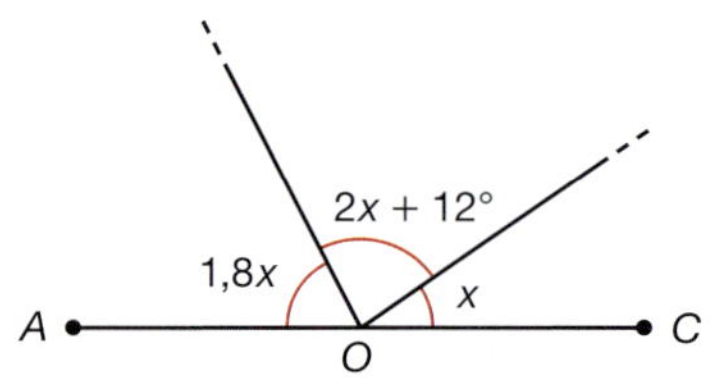

97

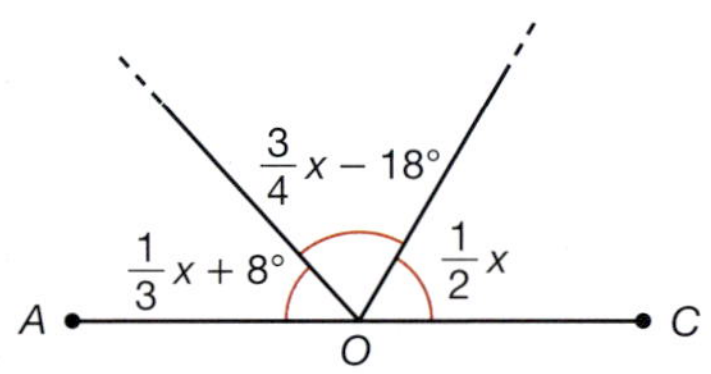

In ognuna delle due figure, calcola i valori incogniti (esercizi 98 e 99).

98

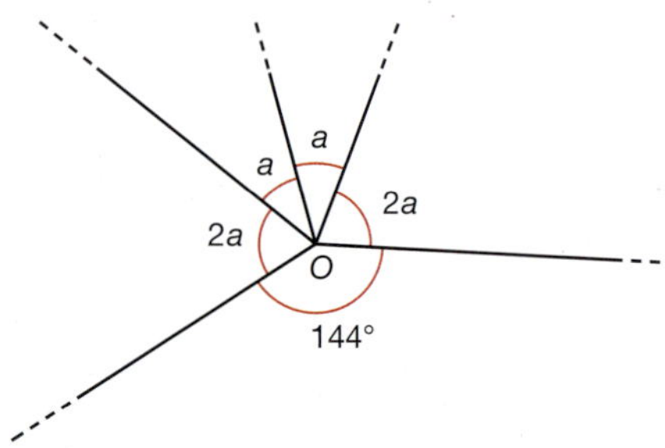

99

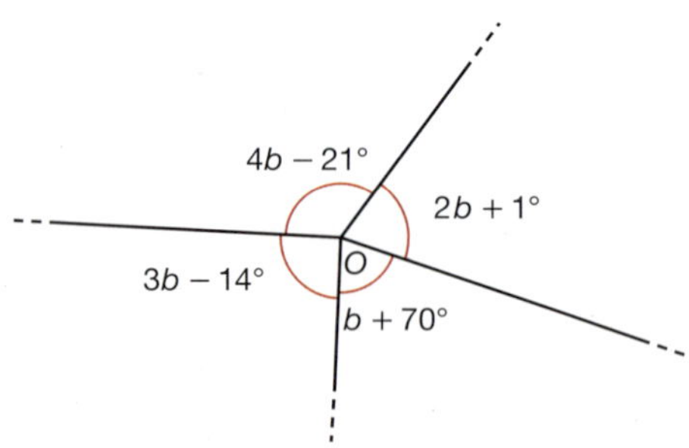

100 Gli angoli x, y e z sono adiacenti.

a. Calcola il valore di y, se $y = x + z$.

b. Calcola il valore di z, se $x = y = z$.

101 Procurati due pezzi di corda grossa e legali seguendo lo schema del nodo.

Due dei nodi in figura, anche se rappresentati in modo differente, sono in realtà identici. Quali? Che differenze ci sono nella rappresentazione?

102 L'occhio percepisce un oggetto e la sua posizione con l'aiuto del cervello, che, a partire dalla direzione da cui arrivano i raggi di luce, ne ricostruisce il cammino determinando da dove hanno avuto un'origine comune.

Ricostruisci la posizione degli oggetti che l'occhio in figura sta osservando prolungando i raggi di luce fino a che non si intersecano.

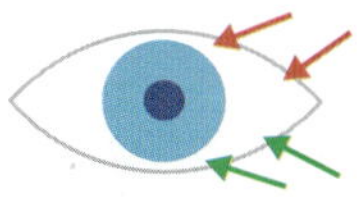

103 **ARGOMENTARE** La città A dista 10 km dalla città B. La città B dista 3 km dalla città C. Discuti quale può essere la distanza di A da C a seconda di come sono disposte le tre città sul territorio.

104 **ARGOMENTARE** Trova l'errore nel seguente enunciato.

Gli angoli ottusi non sono maggiori di quelli acuti, perché tutti gli angoli sono formati da due semirette.

105 **CONFRONTARE E ANALIZZARE FIGURE GEOMETRICHE**
Osserva il tappeto in figura. Identifica nel disegno geometrico almeno:
- un angolo acuto;
- un angolo ottuso;
- una coppia di angoli supplementari.

106 **CONFRONTARE E ANALIZZARE FIGURE GEOMETRICHE**
Osserva il tappeto in figura. Identifica nel disegno geometrico almeno:
- un angolo acuto;
- un angolo concavo;
- un angolo retto.

ESERCIZI

107 **CONFRONTARE E ANALIZZARE FIGURE GEOMETRICHE**
Osserva il tappeto in figura. Identifica nel disegno geometrico almeno:
- due diversi angoli acuti;
- due diversi angoli ottusi;
- un angolo retto;
- una coppia di angoli supplementari.

108 La figura mostra le gocce di pioggia sul finestrino di un'automobile. Che caratteristica approssimativa si può osservare nelle tracce delle gocce?

109 Riproduci il disegno in figura su un foglio bianco (senza quadrettatura) tracciando con cura i segmenti paralleli.

110 Riproduci la mappa dell'appartamento in figura su un foglio bianco (senza quadrettatura) tracciando con cura le linee parallele e perpendicolari.

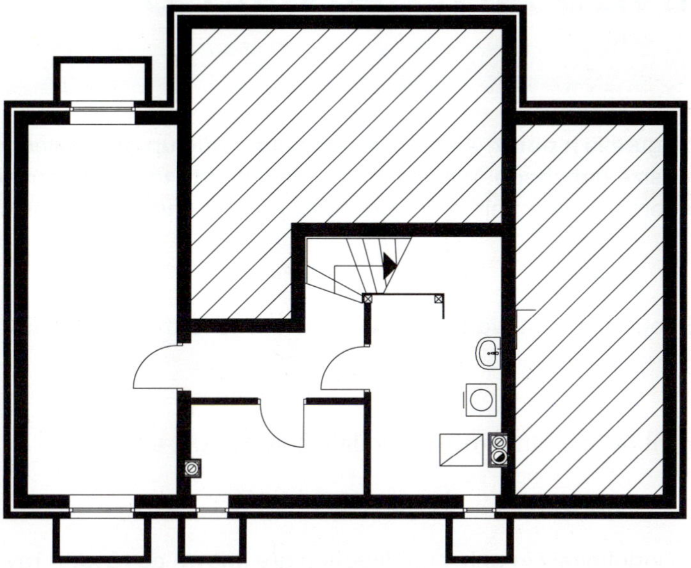

111 Traccia accuratamente la mappa di un quartiere da te inventato con almeno 12 isolati. Aggiungi un breve commento specificando le motivazioni che ti hanno fatto scegliere come organizzare la disposizione delle strade e degli isolati.

112 **ARGOMENTARE** Completa la seguente dimostrazione guidata.

Considera due segmenti AB e CD e i rispettivi punti medi M ed N. Dimostra che la somma dei segmenti AM e CN è congruente alla metà della somma di AB e CD.

Ipotesi: .... **Tesi:** ....

Poiché M è il punto medio di AB, i segmenti .... e .... sono congruenti, quindi:

$AB \cong$ .... $\cong$ ....

Poiché N è il punto medio di CD, i segmenti .... e .... sono congruenti, quindi:

$CD \cong$ .... $\cong$ ....

Possiamo dunque scrivere:

$AB + CD \cong$ .... $\cong 2$ (..........................),

che è ciò che era da dimostrare.

113 **ARGOMENTARE** Come mai due rette che hanno due punti distinti in comune sono necessariamente coincidenti?

114 **ARGOMENTARE** Considera i punti A e B appartenenti alla retta p. A precede B e M è il punto medio di AB. Siano Q un punto che precede A e P un punto che segue B in modo che $QA \cong BP$.

Dimostra che M è punto medio anche di QP.

115 **ARGOMENTARE** Considera i punti L e A appartenenti alla retta p e N punto medio di LA. Siano I il punto medio di LN ed E il punto medio di NA.

Dimostra che IE è la metà di LA.

MATHS HIGHLIGHTS CLIL

Controlla i risultati in fondo al volume.

POINTS, LINES AND ANGLES

Points and lines

The most basic geometric figure is a **point**. All other figures are made up of a collection of points. A point has a position but it has neither size nor shape. We use a dot or a cross to mark the position of a point.
We normally use capital letters to name points, for example, point *A* and point *B*, as shown in figure.

When we join two *A* and *B* together, a straight **line segment** *AB* is formed. *A* and *B* are called the **endpoints.**

If we extend the line segment *AB* in both directions indefinitely, we get a **line.**

Parts of lines which extend indefinitely in only one direction are known as **rays.** A ray has only one endpoint. For each of the rays, the arrowhead indicates the direction in which the ray extends.

Angles

When two rays *OA* and *OB* share a common point *O*, an **angle** is formed.
O is known as the **vertex** of the angle and *OA* and *OB* are the **sides** (or arms) of the angle.

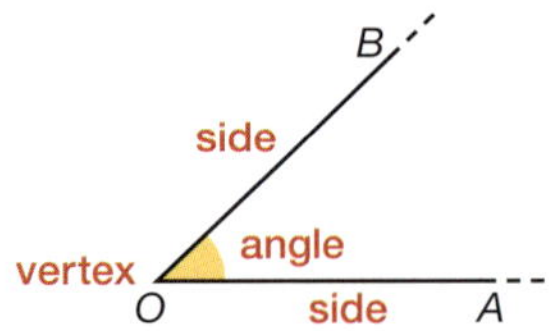

The angle is called angle $A\hat{O}B$ or angle $B\hat{O}A$. When it is clear which angle we are referring to, we may also call it angle $\hat{O}$.

1 **VOCABULARY** Without using a dictionary, try to understand the meaning of the following words in the text above.

a. line segment ....

b. ray ....

c. vertex ....

d. line ....

e. side ....

2 **MATHS** Determine whether each of the following statements is true or false.
If it is false, give the correct statement.

a. There are only two points lying on a line segment.

b. There is only one line which can pass through any three distinct points.

c. There are at least two different lines that pass through any two distinct points.

L'ESPERTO SEI TU
PROVE PER COMPETENZE

1 PROGETTARE **Una notte al museo** In figura è disegnata la mappa del primo piano di un importante museo. Le figure geometriche in blu rappresentano i pezzi più importanti esposti in quella parte di museo. Il direttore è preoccupato che durante gli orari di chiusura possano avvenire dei furti e vuole installare un sistema di video sorveglianza.
Progetta il posizionamento di telecamere sulle pareti in modo che tutta la sala del museo sia sotto il controllo di almeno una di esse.

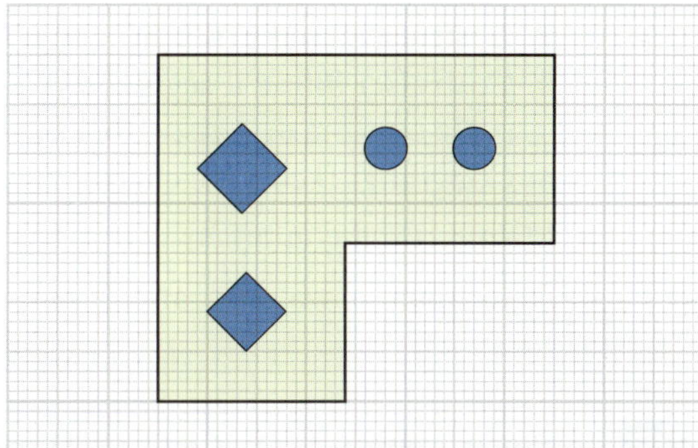

2 COLLABORARE **Il parcheggio** Il Comune sta progettando un nuovo parcheggio a lato di una strada molto trafficata.
Si decide di costruire un parcheggio «a spina di pesce», per facilitare le manovre degli automobilisti, ma non si trova un accordo per quanto riguarda l'inclinazione delle strisce bianche che delimitano il parcheggio: meglio verso sinistra o verso destra?
Scrivi una breve relazione e poi discuti con i tuoi compagni vantaggi e svantaggi di diverse inclinazioni dei parcheggi rispetto alla strada (vedi esempio in figura).

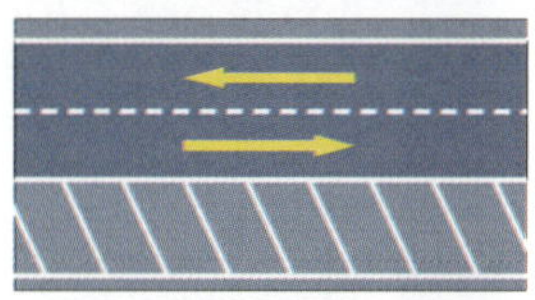

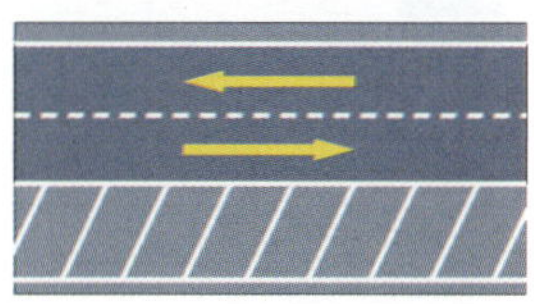

3 ACQUISIRE DATI E INFORMAZIONI **Da quale parte?** Un escursionista deve andare da Magreglio a M. Poncio. Per studiare il percorso da fare osserva la mappa e prende nota della direzione da tenere: se dovesse perdersi, potrebbe usare la bussola per mantenere la giusta direzione rispetto ai punti cardinali.
Determina la direzione che deve seguire l'escursionista, facendo riferimento alla bussola, e descrivi il procedimento che hai seguito per determinarlo.

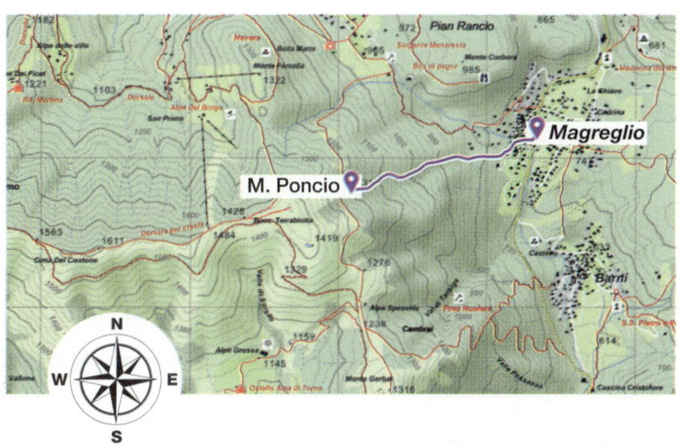

SEI PRONTO PER LA VERIFICA?

In 1 ora

1 **a.** Esegui la seguente costruzione.

1. Costruisci un segmento AB.
2. Costruisci il segmento BC congruente ad AB e perpendicolare a esso.
3. Costruisci infine il segmento CD congruente e perpendicolare a BC, in modo che D sia dalla parte opposta di A rispetto a CB.
4. Congiungi D con A e chiama E il punto di intersezione con BC.

b. Misura con il goniometro gli angoli $C\widehat{D}E$ e $C\widehat{E}D$.

c. Determina, senza misurarle, le ampiezze di $D\widehat{E}B$ e di $B\widehat{E}A$.

(20 punti per la risposta **a.**, 10 punti per ciascuna delle risposte **b.** e **c.**) .... / 40

---

2 In figura i punti A, O, B e C, O, D sono allineati.

a. Individua le coppie di angoli congruenti.

b. Calcola l'ampiezza degli angoli $A\widehat{O}D$ e $A\widehat{O}C$.

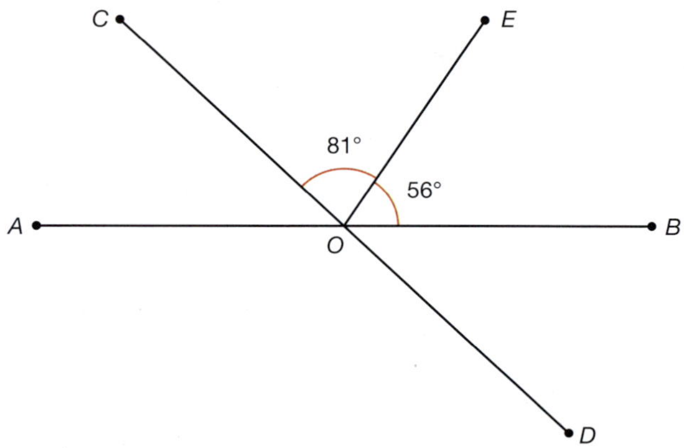

(10 punti la risposta **a.**, 15 per la risposta **b.**) .... / 25

---

3 Qual è l'angolo compreso tra la lancetta dei minuti e quella delle ore di un orologio analogico che segna le ore 7:20?
Fai un disegno che rappresenti la situazione e poi misura l'angolo con il goniometro.

.... / 15

---

4 Descrivi il procedimento per costruire la bisettrice di un angolo dato.

.... / 20

Punti totali: .... / 100

AUTOVALUTAZIONE

Controlla i risultati in fondo al volume.

☐ Fino a 50 punti insufficiente	☐ Da 51 a 70 punti sufficiente	☐ Da 71 a 90 punti buono	☐ Da 91 a 100 punti ottimo

Prime proprietà delle figure geometriche

CAPITOLO G2

1 I poligoni e i triangoli

Esercizi
a pag. 478

PROGETTARE

GIOCHIAMO CON LA MENTE

Costruiamo un triangolo

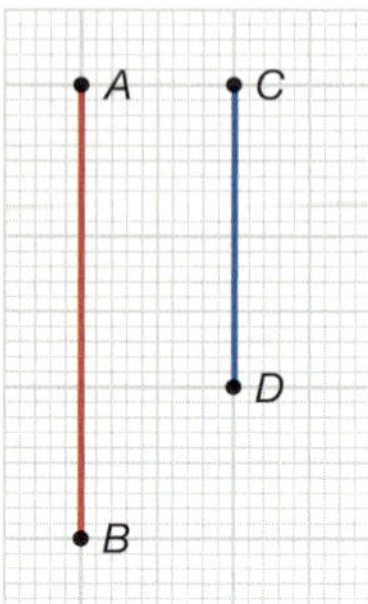

Usa i due segmenti mostrati in figura per costruire un triangolo, aggiungendo il terzo lato (puoi ritagliarli nel cartoncino, utilizzare un software di geometria dinamica o misurarli e riportarli su carta con la matita).

► Facendo qualche prova, cerca di stabilire qual è la lunghezza massima che può avere il terzo lato.
Il terzo lato deve avere lunghezza minore di .... quadretti, cioè .... degli altri due.
La lunghezza massima del terzo lato si ottiene disponendo i primi due in modo che ....

► Disegna la configurazione in cui la lunghezza del terzo lato è massima.

Sull'eBook ti proponiamo un'altra attività come questa.

► Facendo altre prove, cerca di stabilire qual è la lunghezza minima che può avere il terzo lato.
Il terzo lato deve avere lunghezza maggiore di .... quadretti, cioè .... degli altri due.
La lunghezza minima del terzo lato si ottiene disponendo i primi due in modo che ....

► Disegna la configurazione in cui la lunghezza del terzo lato è minima.

IN TEORIA

Più segmenti consecutivi formano una **linea spezzata.** I segmenti che formano la spezzata si chiamano **lati** e i loro estremi **vertici**.
Se il primo vertice coincide con l'ultimo la spezzata si chiama **chiusa**, altrimenti è **aperta**.
Se almeno due dei segmenti che formano una spezzata si intersecano in punti diversi dai vertici, la spezzata è detta **intrecciata.**

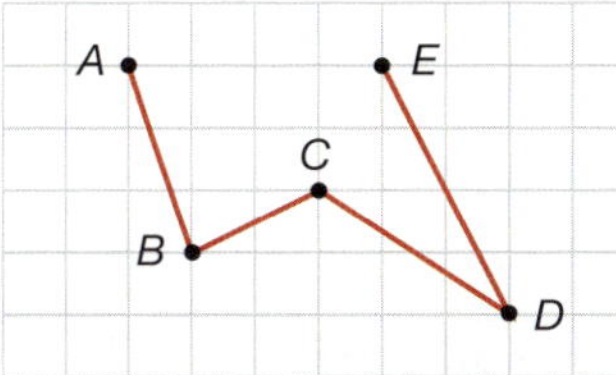

Linea spezzata aperta

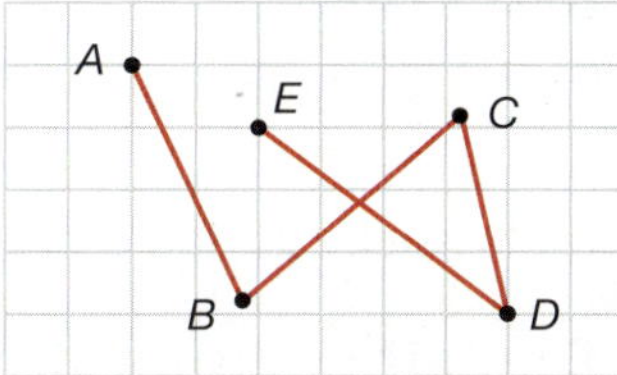

Linea spezzata aperta e intrecciata

I poligoni

Una linea spezzata chiusa non intrecciata e la parte di piano da essa delimitata costituiscono un **poligono.**

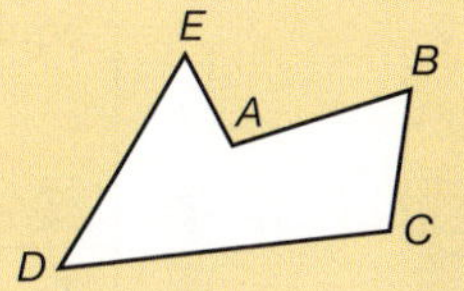

I poligoni sono classificati in base al numero dei loro lati.

N. lati	Poligono
3	triangolo
4	quadrilatero
5	pentagono
6	esagono

N. lati	Poligono
7	eptagono
8	ottagono
10	decagono
12	dodecagono

Un poligono è **convesso** se *qualunque* segmento che congiunge due suoi punti giace completamente all'interno del poligono stesso.
Un poligono è **concavo** se non è convesso, cioè se esiste *almeno un* segmento che unisce due punti del poligono e non giace completamente all'interno del poligono stesso.

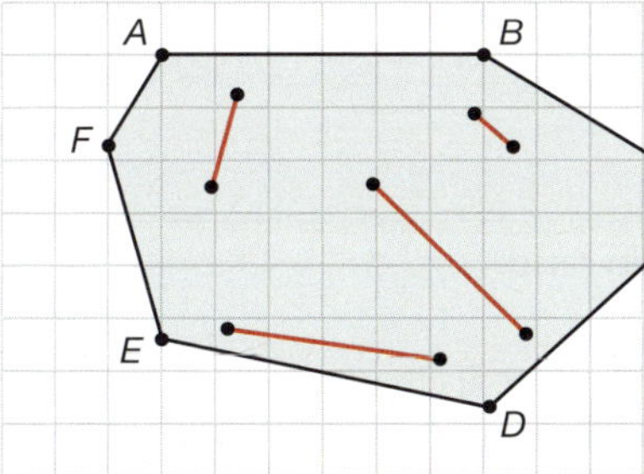

Poligono convesso

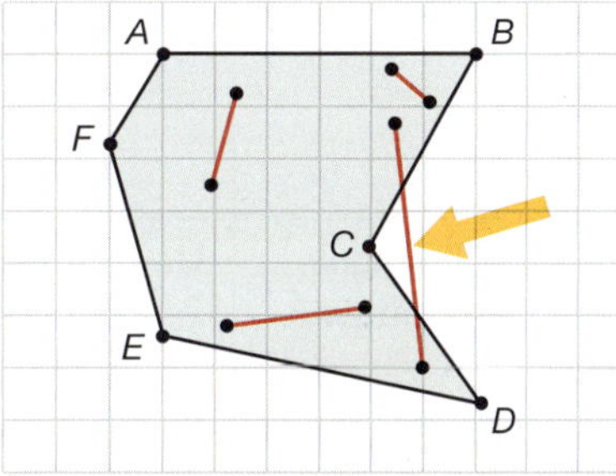

Poligono concavo

Chiamiamo **diagonale** il segmento che unisce due vertici non consecutivi di un poligono convesso.

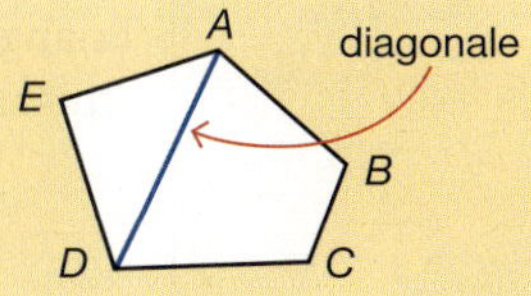

I triangoli

Considera tre punti A, B, C del piano, non allineati. I tre segmenti AB, BC e CA formano una linea spezzata chiusa. La spezzata e la parte di piano che essa delimita formano un poligono che si chiama **triangolo**.

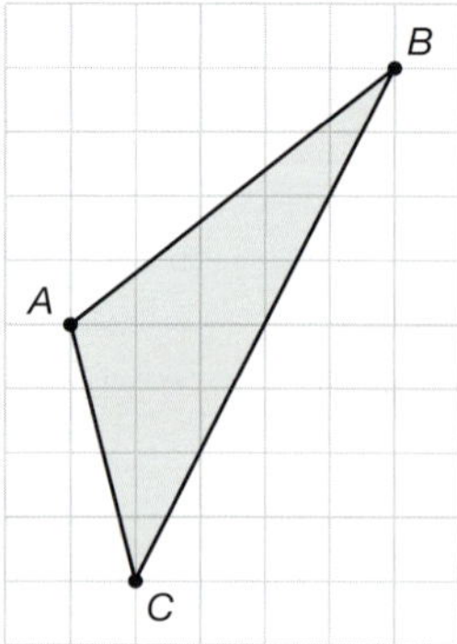

In alternativa possiamo definire un triangolo come un poligono con tre lati.

Tutti i triangoli sono convessi.

A loro volta, i triangoli possono essere classificati in base alle caratteristiche dei lati o degli angoli.

Classificazione dei triangoli in base ai lati

Nome	Definizione	Figura	Proprietà
Triangolo equilatero	Un triangolo con 3 lati congruenti. $AB \cong BC \cong AC$	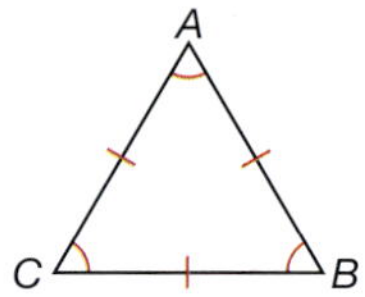	Tutti gli angoli hanno ampiezza 60°.
Triangolo isoscele	Un triangolo con almeno 2 lati congruenti. Il terzo lato si dice **base**. $AB \cong AC$	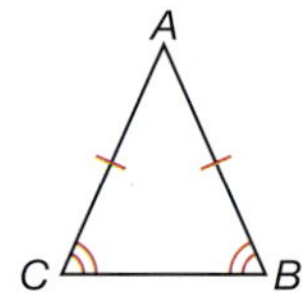	Gli angoli alla base sono congruenti. $A\widehat{C}B \cong A\widehat{B}C$
Triangolo scaleno	Un triangolo con nessuna coppia di lati congruenti.	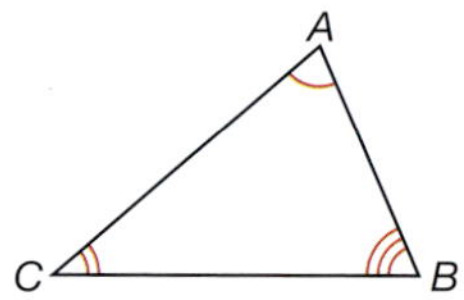	Gli angoli sono tutti differenti.

Classificazione dei triangoli in base agli angoli

Nome	Definizione	Figura
Triangolo acutangolo	Un triangolo con 3 angoli acuti. $A\widehat{B}C, B\widehat{C}A, C\widehat{A}B < 90°$	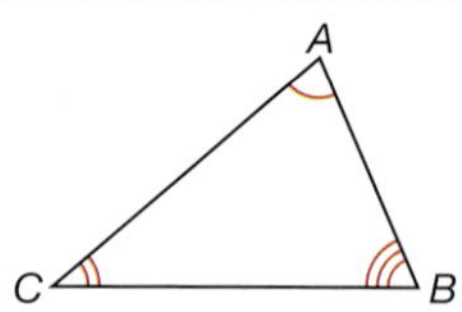
Triangolo rettangolo	Un triangolo con un angolo retto. $B\widehat{A}C = 90°$ Il lato BC, opposto all'angolo retto, si chiama **ipotenusa**. I lati AB e AC, adiacenti all'angolo retto, si chiamano **cateti**.	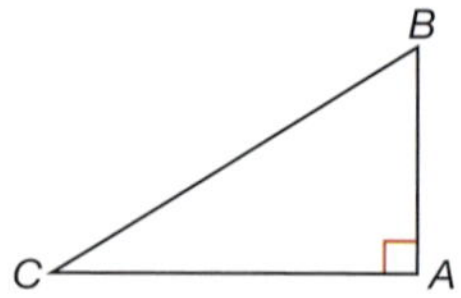
Triangolo ottusangolo	Un triangolo con un angolo ottuso. $A\widehat{B}C > 90°$	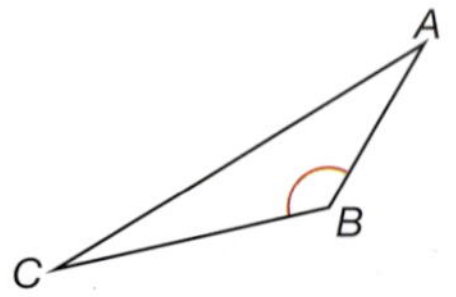

IN PRATICA

[A] Quali relazioni ci sono tra i lati di un triangolo? Le disuguaglianze triangolari.

Non è detto che tre segmenti qualsiasi possano costituire i lati di un triangolo: il triangolo potrebbe non chiudersi, come in figura.

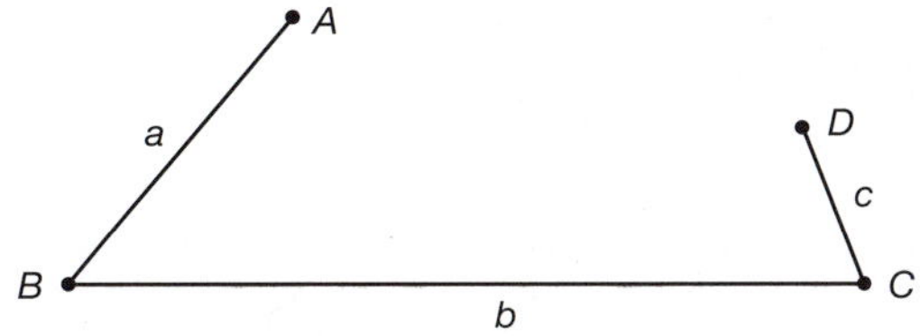

In un triangolo ogni lato è minore della somma degli altri due e maggiore della loro differenza.
In simboli, se a, b e c sono le lunghezze dei lati:

$$|b-c| < a < b+c;$$
$$|a-c| < b < a+c;$$
$$|a-b| < c < a+b.$$

OSSERVA Le differenze tra le lunghezze dei lati sono in valore assoluto perché non sappiamo a priori quale dei due lati considerati sia maggiore e, perché abbia senso la condizione, occorre che il terzo lato abbia come valore minimo un numero positivo.

Dunque tre segmenti a, b e c, per essere i lati di un triangolo, devono soddisfare le condizioni sopra.

[B] Come si costruisce un triangolo equilatero?

Dato un segmento AB, costruiamo un triangolo equilatero di lato AB.

1. Puntiamo il compasso in A con apertura AB e tracciamo un arco γ.
2. Puntiamo il compasso in B con apertura BA e tracciamo un arco δ che interseca γ.
3. Chiamiamo C il punto di intersezione tra γ e δ. Congiungiamo A con C e B con C.

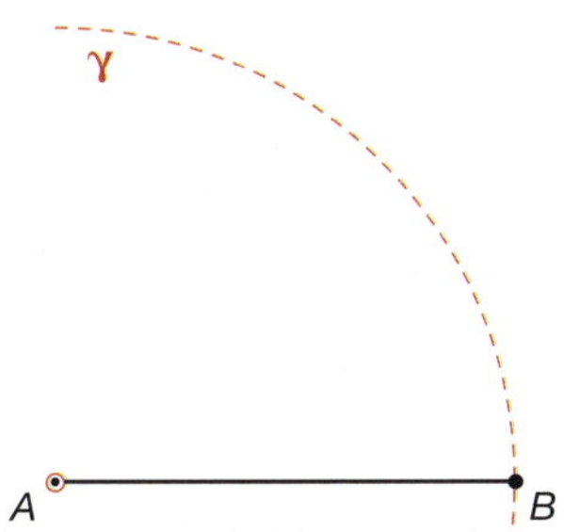

Passo 1

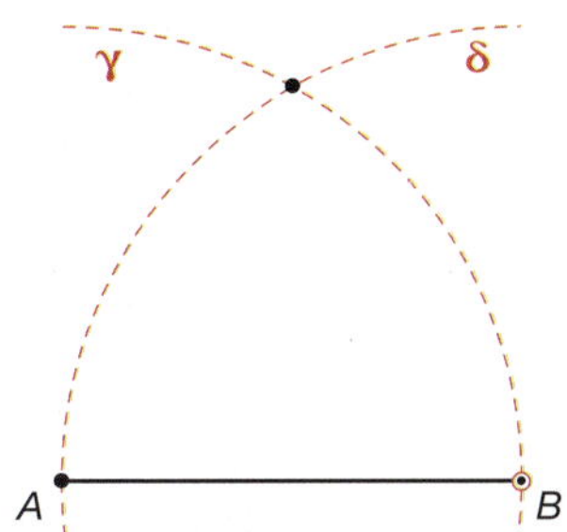

Passo 2

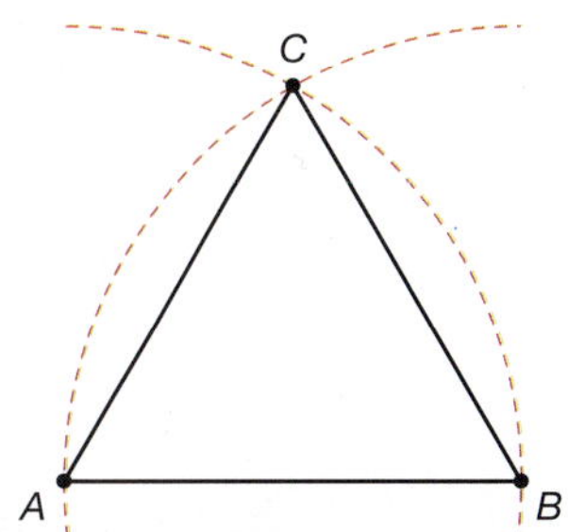

Passo 3

ABC è un triangolo equilatero.

PROVA TU

[A] **1** È possibile costruire un triangolo con i lati di lunghezza: 3 cm, 6 cm, 5 cm? Se sì, disegnalo.

[A] **2** È possibile costruire un triangolo con i lati di lunghezza: 9 cm, 5 cm, 3 cm? Se sì, disegnalo.

[A] **3** È possibile costruire un triangolo con i lati di lunghezza: 6 cm, 8 cm, 14 cm? Se, sì disegnalo.

[B] **4** Disegna un triangolo equilatero di lato 4,5 cm.

5 **ARGOMENTARE** Uno studente deve determinare se il poligono in figura è concavo o convesso. Ha scelto due punti, li ha congiunti con un segmento e ha osservato che esso è completamente contenuto nel poligono, quindi ha concluso che il poligono è convesso.

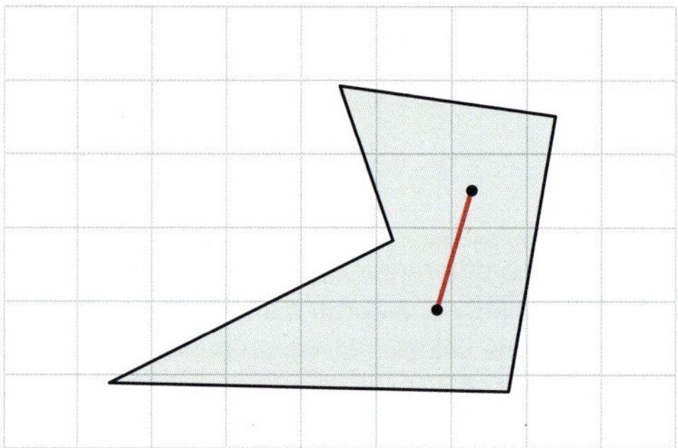

a. Il ragionamento è corretto?

b. Lo stesso ragionamento può fargli concludere che il poligono è concavo? Perché?

6 **ARGOMENTARE** La figura che rappresenta la mappa dell'Italia (senza isole) è convessa o concava? Perché?

7 Disegna un triangolo isoscele con gli angoli alla base di 40°.

8 Disegna un triangolo isoscele con gli angoli alla base di 85°.

9 Disegna un triangolo ottusangolo. Misura l'angolo ottuso.

10 **CONFRONTARE E ANALIZZARE FIGURE GEOMETRICHE** Nel capitolo precedente hai studiato la definizione di angolo convesso e concavo. Considera un angolo convesso e verifica che, dati due punti al suo interno, il segmento che li congiunge è sempre contenuto nell'angolo stesso.
Cosa succede in un angolo concavo?

Esercizi a pag. 478

11 **RISOLVERE PROBLEMI** Un Paese ha la forma di un poligono concavo.
Come si può esprimere il fatto di essere concavo in termini geografici?
Che svantaggi può comportare?

Esercizi a pag. 479

I criteri di congruenza dei triangoli

2

GIOCHIAMO CON LA MENTE

Sull'eBook ti proponiamo un'altra attività come questa.

Quanti triangoli?

Utilizzando le costruzioni studiate nel capitolo precedente, disegna le seguenti figure.

1. Un triangolo che abbia due lati congruenti ai segmenti in figura e l'angolo compreso tra essi congruente a quello in figura.

► Quanti triangoli con queste caratteristiche puoi costruire?

....

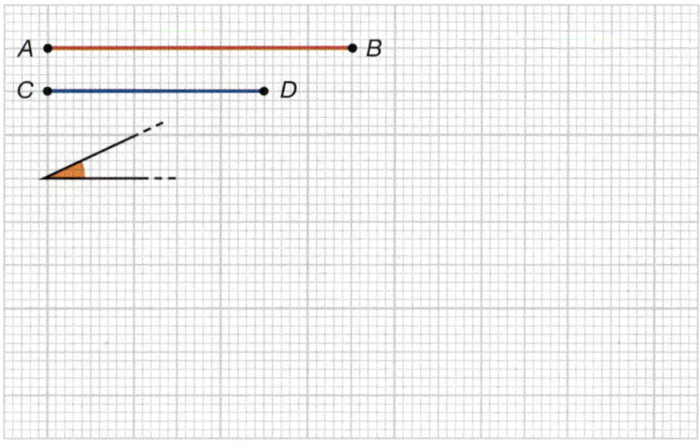

2. Un triangolo che abbia un lato congruente al segmento in figura e un angolo adiacente a esso congruente a quello in figura.

► Quanti triangoli con queste caratteristiche puoi costruire?

....

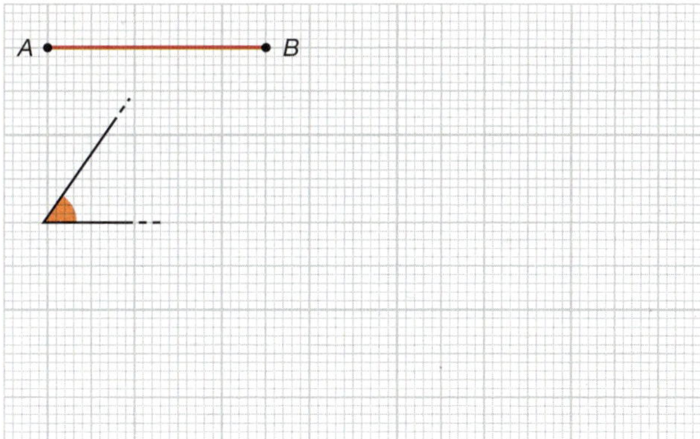

3. Un triangolo che abbia i tre lati congruenti ai segmenti in figura.

SUGGERIMENTO Comincia disegnando il lato più lungo. Misura poi uno degli altri con il compasso, e traccia un cerchio con questa apertura centrato in uno dei vertici del segmento già disegnato. Fai la stessa cosa per il terzo lato, utilizzando l'altro vertice.

► Quanti triangoli con queste caratteristiche puoi costruire?

....

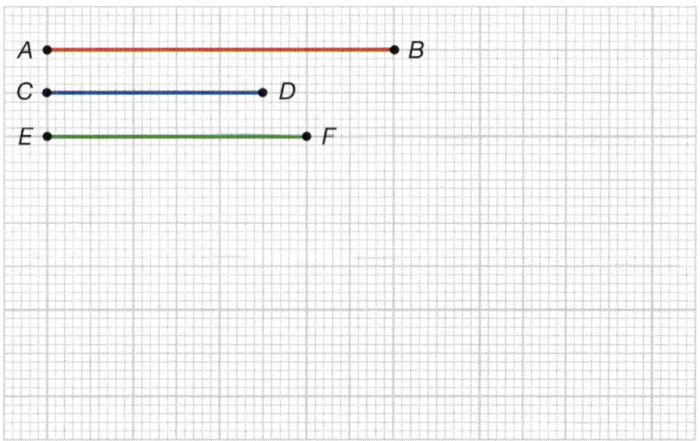

IN TEORIA

Due triangoli sono **congruenti** se possono essere sovrapposti perfettamente. Se sono congruenti hanno dunque tutti i lati e tutti gli angoli congruenti.
Grazie ai seguenti **criteri**, è possibile affermare che due triangoli sono congruenti senza verificare che tutte le tre coppie di lati e le tre coppie di angoli sono congruenti. È sufficiente farlo solo per alcuni di questi elementi.

Primo criterio di congruenza (LAL)
Due triangoli sono congruenti se hanno due lati e l'angolo compreso ordinatamente congruenti.
Il nome di questo criterio può essere abbreviato in LAL: Lato-Angolo-Lato.

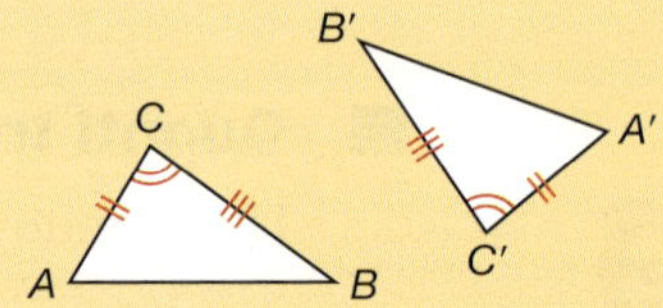

Secondo criterio di congruenza (ALA)
Due triangoli sono congruenti se hanno due angoli e il lato compreso ordinatamente congruenti.
Il nome di questo criterio può essere abbreviato in ALA: Angolo-Lato-Angolo.

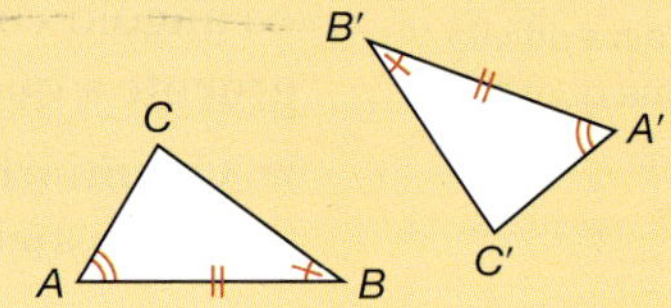

Terzo criterio di congruenza (LLL)
Due triangoli sono congruenti se hanno i tre lati ordinatamente congruenti.
Il nome di questo criterio può essere abbreviato in LLL: Lato-Lato-Lato.

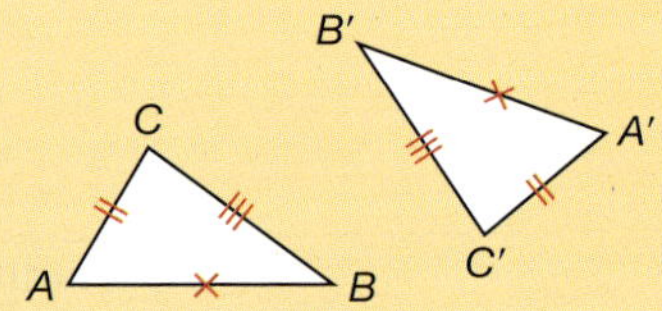

Esiste il criterio ALL?

Se due triangoli hanno congruenti due lati e un angolo che *non* è compreso tra essi, non è detto che i triangoli siano congruenti, come puoi vedere in figura.

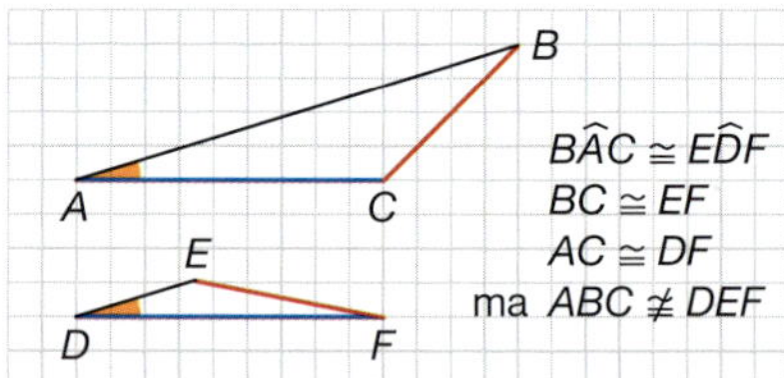

Esiste il criterio AAA?

Se due triangoli hanno tutti gli angoli congruenti non è detto che essi siano congruenti, come puoi vedere in figura.
I due triangoli hanno semplicemente la stessa forma cioè, come vedremo nel secondo volume, sono *simili*.

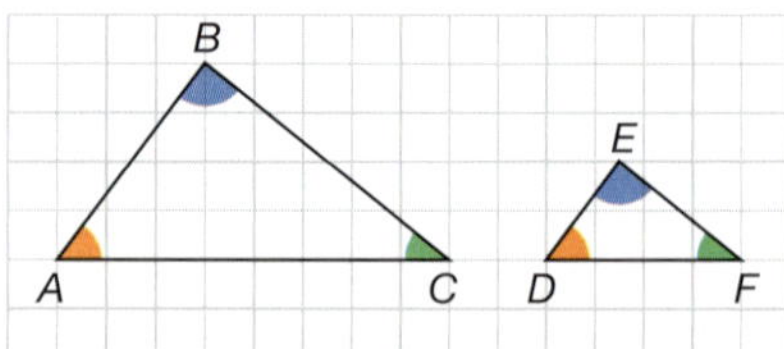

Triangoli per costruire

Il terzo criterio di congruenza dei triangoli esprime la **rigidità** propria dei triangoli. Una struttura triangolare non si deforma se è sottoposta a sollecitazioni (almeno fino a che non raggiunge il punto di rottura). Questo avviene perché se le giunture di un triangolo della struttura si allentassero, il triangolo si deformerebbe e allora esisterebbero due triangoli con tre coppie di lati congruenti e gli angoli diversi, che non è possibile.

Questa proprietà non vale per un poligono con più di tre lati: anche senza che i lati si rompano, se le giunzioni di un rettangolo si allentano, questo si deforma in un parallelogramma.

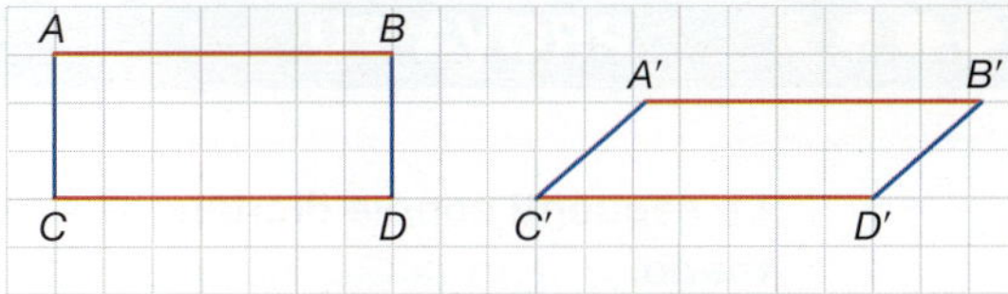

Questo è uno dei motivi per cui molte strutture utilizzate in edilizia sono basate su un reticolo triangolare, come il ponte in figura.

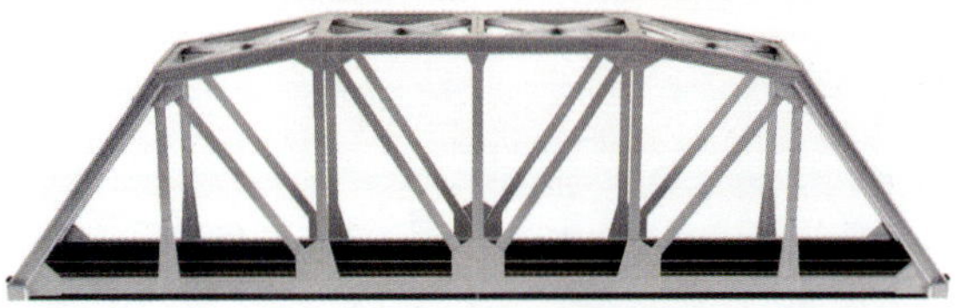

IN PRATICA

[A] Proprietà dimostrate con i criteri di congruenza

Grazie ai criteri di congruenza, possiamo dimostrare alcune proprietà dei triangoli che torneranno utili.

Teorema
Gli angoli alla base di un triangolo isoscele sono congruenti.
Ipotesi: ABC è isoscele: $AB \cong AC$ **Tesi**: $A\widehat{B}C \cong A\widehat{C}B$

Dimostrazione
Tracciamo la bisettrice AH dell'angolo $B\widehat{A}C$. I triangoli ABH e ACH sono congruenti per il primo criterio, perché:

- il lato AH è in comune;
- $AB \cong AC$ per ipotesi;
- $B\widehat{A}H \cong H\widehat{A}C$ perché AH è la bisettrice di $B\widehat{A}C$.

Poiché $ABH \cong ACH$, gli angoli corrispondenti $A\widehat{B}H$ e $A\widehat{C}H$ sono congruenti.

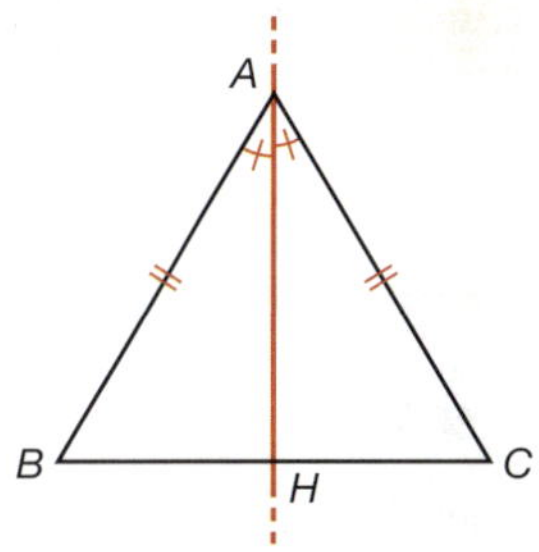

Di questo teorema vale anche il **teorema inverso**, cioè il teorema con tesi e ipotesi invertite.

Se un triangolo ha due angoli congruenti, allora è isoscele.

Proprietà dell'asse di un segmeto
Se un punto P appartiene all'asse del segmento AB, allora P è equidistante dai due estremi A e B, cioè $AP \cong BP$.

Dimostrazione
Consideriamo un punto P sull'asse di AB. I triangoli APH e BPH sono congruenti per il primo criterio, perché:

- $A\widehat{H}P \cong B\widehat{H}P$ perché angoli retti;
- $AH \cong HB$ perché H è il punto medio di AB;
- il lato PH è in comune ai due triangoli.

Ne segue che $AP \cong BP$.

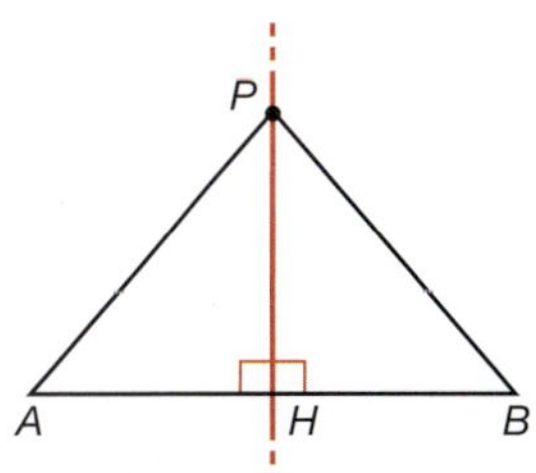

Vale anche la proprietà inversa: se il punto P è tale che $AP \cong BP$, allora P appartiene all'asse.

PROVA TU

Le seguenti coppie di triangoli sono congruenti. Scrivi in base a quale criterio è possibile affermarlo.

1 ....

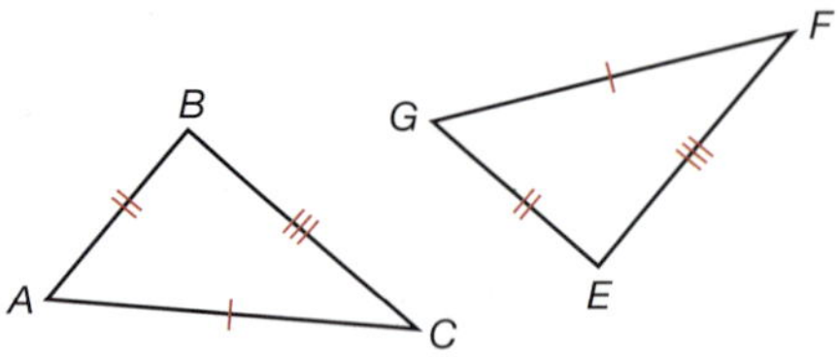

3 ....

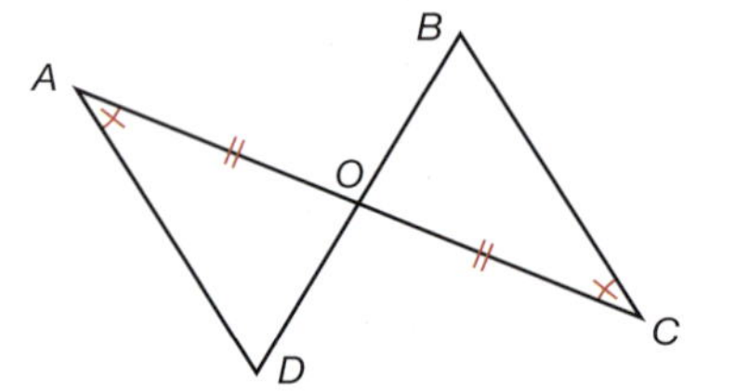

2 ....

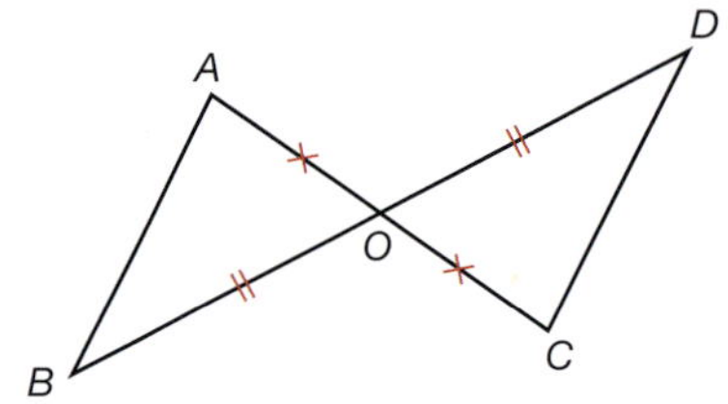

4 ....

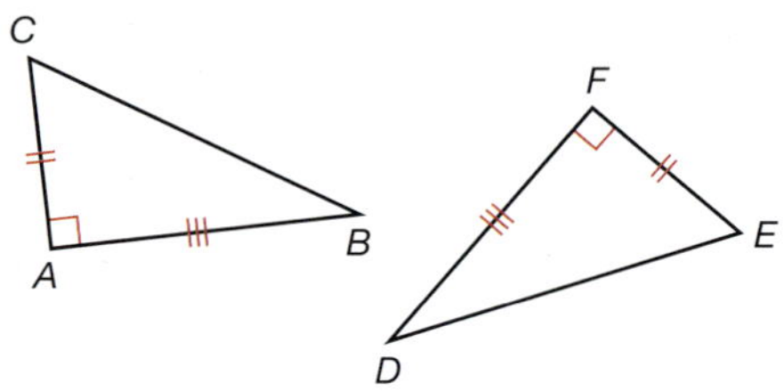

Disegna un triangolo che abbia le caratteristiche indicate. Quanti altri ne puoi disegnare che non siano congruenti? (Esercizi da 5 a 10.)

5 Un triangolo isoscele con due lati di 5 cm e uno di 3 cm.

6 Un triangolo isoscele con due lati congruenti di 5 cm e l'angolo compreso tra essi di 30°.

7 Un triangolo con un lato di 10 cm, uno di 6 cm e un angolo di 40°.

8 Un triangolo rettangolo e isoscele.

9 Un triangolo rettangolo con un lato di 6 cm e uno di 8 cm.

10 Un triangolo rettangolo con un cateto di 6 cm e l'altro di 8 cm.

11 Disegna un triangolo ABC in modo che $AB = 8$ cm, $BC = 6{,}5$ cm e $A\widehat{B}C = 80°$.
Misura la lunghezza di AC.

12 Disegna un triangolo ABC in modo che $AB = 5$ cm, $BC = 9$ cm e $B\widehat{A}C = 90°$.
Misura la lunghezza di AC.

[A] **13** **ARGOMENTARE** Dimostra, usando i criteri di congruenza, che un triangolo equilatero ha tutti gli angoli congruenti.

> **SUGGERIMENTO** Disegna un triangolo equilatero e scrivi ipotesi e tesi in relazione agli elementi della figura. Osserva che un triangolo equilatero è anche isoscele...

Esercizi a pag. 479

Esercizi
a pag. 482

Il criterio di parallelismo e le proprietà delle rette parallele

3

PROGETTARE

GIOCHIAMO CON LA MENTE

La geometria del parcheggio

Le linee sull'asfalto che delimitano i posti di un parcheggio devono essere parallele tra di loro.

► Perché pensi che sia così? Spiega cosa succederebbe in un parcheggio che non è costruito secondo questa regola.

....

....

....

....

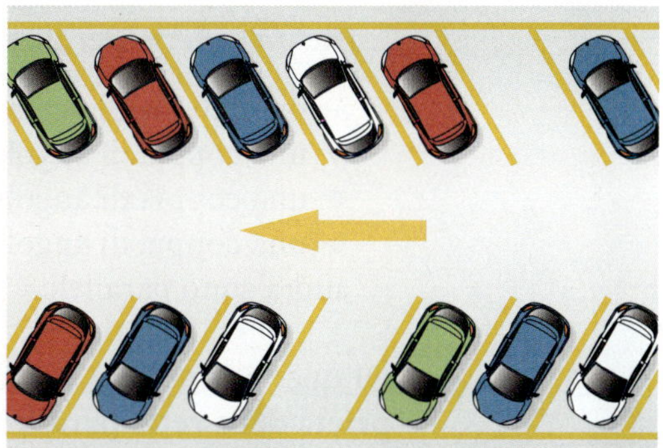

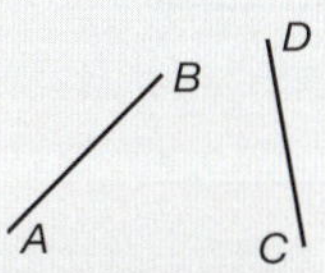

I segmenti *AB* e *CD* non hanno punti in comune, ma non sono paralleli, perché le rette che li contengono non lo sono.

Come si possono disegnare linee parallele sull'asfalto?
Sappiamo che due linee rette parallele non devono avere alcun punto in comune. Ma nel disegnare parcheggi abbiamo a che fare con segmenti, non con rette; e due segmenti che non hanno punti in comune non sono necessariamente paralleli!
Abbiamo quindi bisogno di fissare altri criteri per verificare che due rette siano parallele, o per disegnarle parallele.

► Osserva il parcheggio disegnato in figura e misura i quattro angoli evidenziati, formati dalle linee che delimitano i posti e dalla linea di bordo della carreggiata:
$\alpha =$ ....; $\beta =$ ....; $\gamma =$ ....; $\delta =$ ....

Che relazione c'è tra…

α e β? ....

α e γ? ....

α e δ? ....

β e γ? ....

β e δ? ....

Dobbiamo verificare che le relazioni trovate non siano frutto di un caso particolare.

► Disegna sul quaderno altre due rette parallele e traccia una retta che le intersechi entrambe.

► Misura gli angoli che si formano e controlla che verifichino le stesse relazioni che hai individuato nelle linee del parcheggio.

► Sono sufficienti due prove per poter concludere che la proprietà trovata è sempre valida?

....

....

PDF

Sull'eBook ti proponiamo un'altra attività come questa.

TEORIA

IN TEORIA

Due rette tagliate da una trasversale formano 8 angoli, che vengono nominati a coppie (vedi figura):
- gli angoli α e α', β e β', γ e γ', δ e δ' sono **corrispondenti**;
- gli angoli α' e γ, β'e δ sono **alterni interni**;
- gli angoli δ' e β, γ' e α sono **alterni esterni**;
- gli angoli γ e β', δ e α' sono **coniugati interni**;
- gli angoli γ' e β, α e δ' sono **coniugati esterni**.

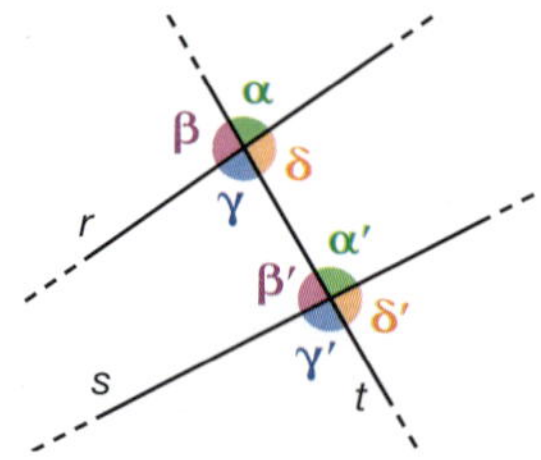

Criterio di parallelismo e proprietà delle rette parallele

Esiste un criterio per dire se due rette tagliate da una trasversale sono parallele.

Se due rette tagliate da una trasversale formano
- una coppia di angoli corrispondenti congruenti, *oppure*
- una coppia di angoli alterni (interni o esterni) congruenti, *oppure*
- una coppia di angoli coniugati (interni o esterni) supplementari,

allora sono parallele.

Di questa proprietà vale anche il viceversa (**proprietà delle rette parallele**).
Due rette parallele tagliate da una trasversale formano:
- coppie di angoli corrispondenti congruenti;
- coppie di angoli alterni (interni ed esterni) congruenti;
- una coppia di angoli coniugati (interni ed esterni) supplementari.

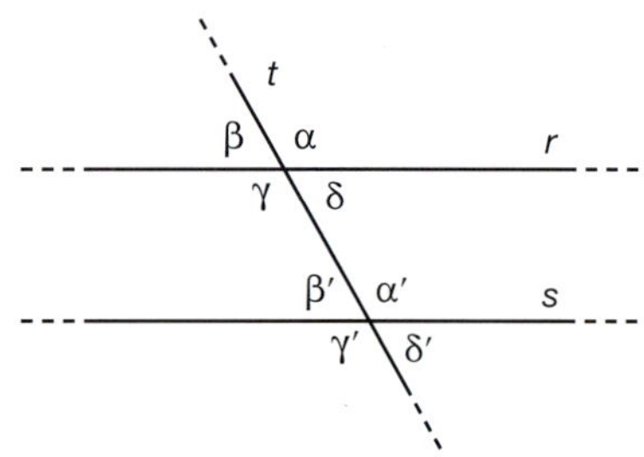

$\alpha \cong \alpha'$; $\beta \cong \beta'$; $\gamma \cong \gamma'$; $\delta \cong \delta'$
$\alpha' \cong \gamma$; $\delta \cong \beta'$; $\delta' \cong \beta$; $\gamma' \cong \alpha$
$\gamma + \beta' = 180°$; $\delta + \alpha' = 180°$
$\gamma' + \beta = 180°$; $\alpha + \delta' = 180°$
— $r // s$

Conseguenze della proprietà delle rette parallele

Teorema
In ogni triangolo, ciascun angolo esterno è congruente alla somma degli angoli interni non adiacenti.

Dimostrazione
Tracciamo la retta parallela ad AC passante per B.
Per le proprietà delle rette parallele AC e BD:
- $B\widehat{A}C \cong E\widehat{B}D$, perché corrispondenti della trasversale AB;
- $A\widehat{C}B \cong C\widehat{B}D$, perché alterni interni della trasversale BC.

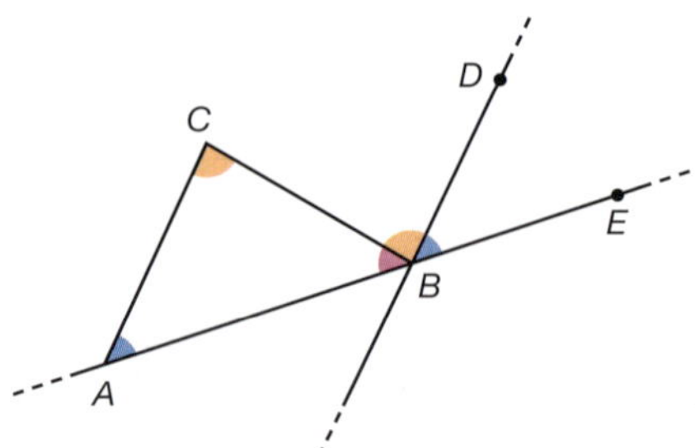

Possiamo concludere che:

$$C\widehat{B}E \cong E\widehat{B}D + C\widehat{B}D \cong B\widehat{A}C + A\widehat{C}B.$$

Teorema
La somma degli angoli interni di un triangolo è congruente a un angolo piatto.

Dimostrazione
Facendo riferimento alla figura e alla costruzione del teorema precedente:

$$B\widehat{A}C + A\widehat{C}B + C\widehat{B}A \cong E\widehat{B}D + D\widehat{B}C + C\widehat{B}A \cong E\widehat{B}A = 180°.$$

Grazie a questo teorema possiamo generalizzare il criterio ALA.

Secondo criterio di congruenza generalizzato (AAL)
Se due triangoli hanno un lato e due angoli qualsiasi ordinatamente congruenti, allora sono congruenti.

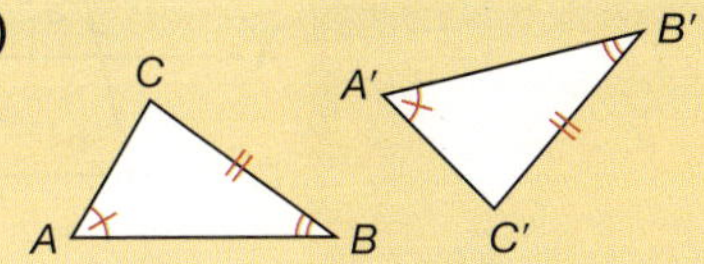

Dimostrazione
La somma degli angoli interni di un triangolo è sempre congruente a un angolo piatto, quindi, se due triangoli hanno due coppie di angoli congruenti, allora anche la terza coppia di angoli deve essere congruente.

Somma degli angoli interni di un poligono
La somma degli angoli interni di un poligono convesso di n lati è congruente a $n - 2$ angoli piatti.

Dimostrazione
Tracciamo tutte le diagonali uscenti dal vertice A: il poligono viene diviso in $n - 2$ triangoli.
La somma degli angoli interni del poligono è data dalla somma degli angoli interni di questi triangoli, quindi è congruente a $n - 2$ angoli piatti.

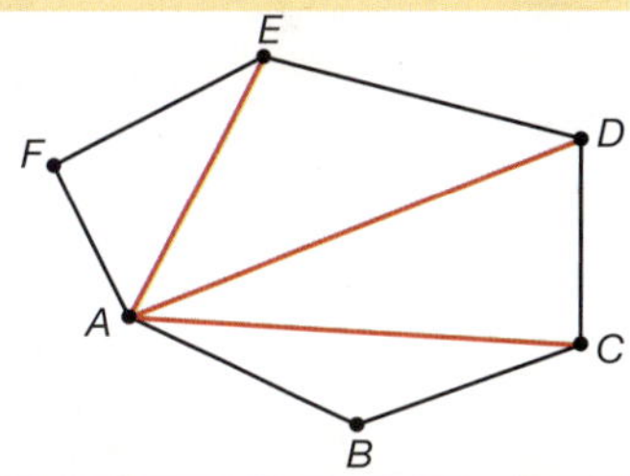

Proprietà
In uno stesso piano, due rette perpendicolari alla stessa retta sono parallele.

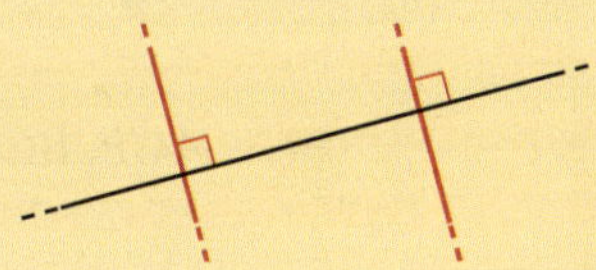

IN PRATICA

[A] Quanto misura questo angolo?

In figura la retta AB è parallela a CD.
Calcoliamo gli angoli incogniti a, b, c, d applicando la proprietà delle rette parallele.

- L'angolo a e l'angolo $P\widehat{O}B$ sono corrispondenti, quindi:
  $a \cong P\widehat{O}B = 48°$.
- Gli angoli b e d sono corrispondenti, quindi:
  $d \cong b$ e $b = 61°$, quindi $d = 61°$.
- Gli angoli c e b sono coniugati interni, quindi sono supplementari:
  $c = 180° - b = 180° - 61° = 119°$.

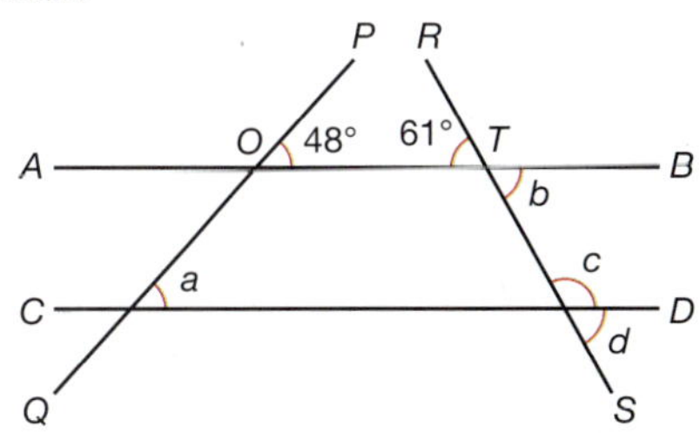

PROVA TU

[A] Calcola l'ampiezza degli angoli incogniti.

1 *AB* è parallela a *CD*.

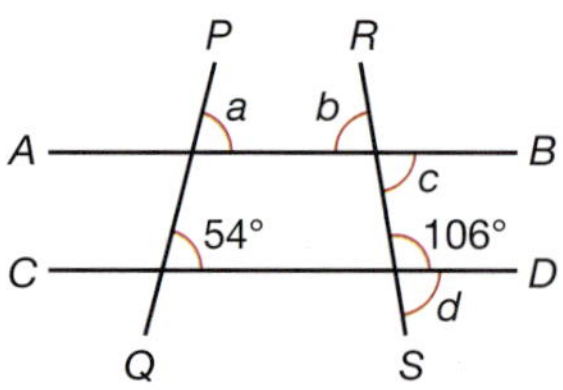

2 *AB* è parallela a *CD*.

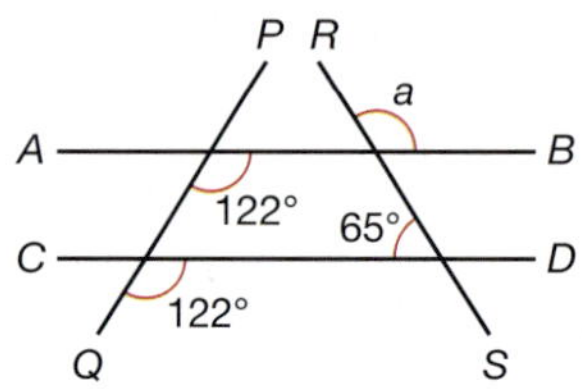

3 *AB* è parallela a *CD*.

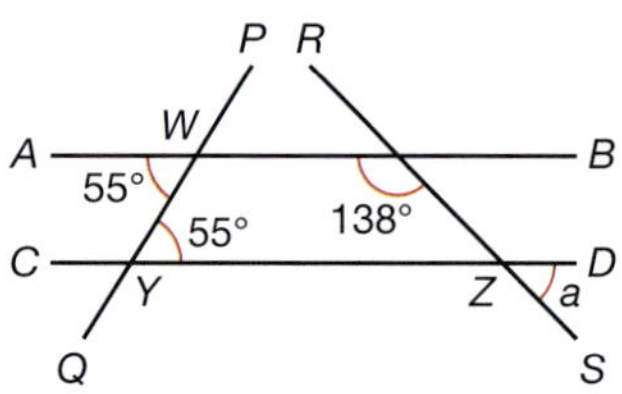

4 *ACE*, *BCD* e *DEF* sono rette.

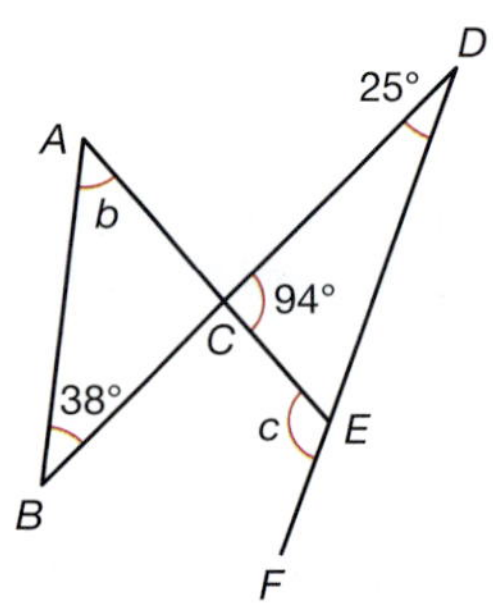

5 *AB* è parallela a *CD*.

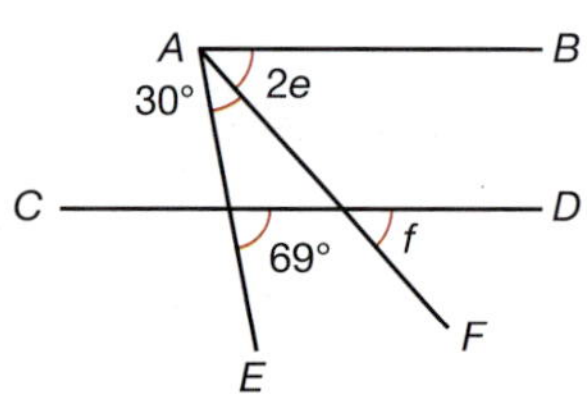

6 In figura *BA* è parallela a *FE*. Determina l'ampiezza dell'angolo *a*.

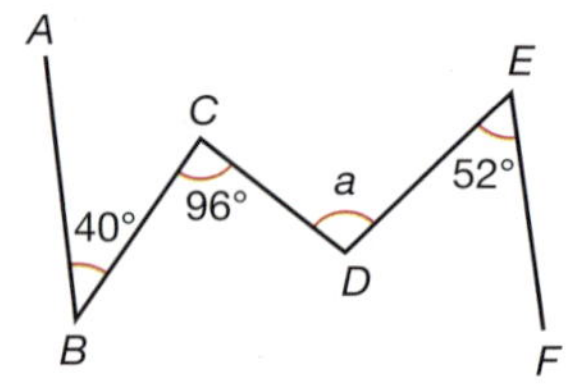

7 In figura *AB* è parallela a *DE*. Determina l'ampiezza dell'angolo *a*.

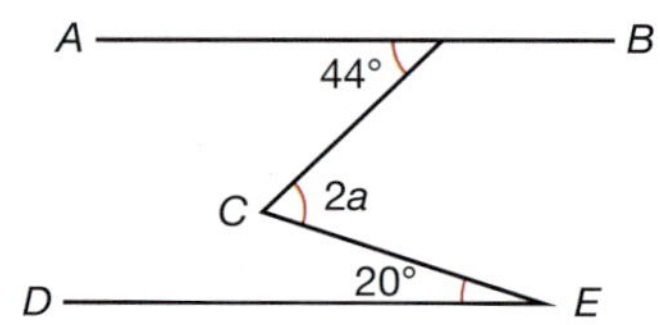

8 In figura *AB* è parallela a *EF*. Determina l'ampiezza dell'angolo *b*.

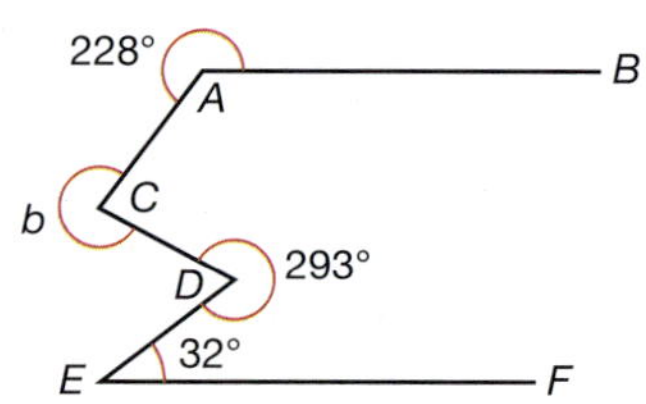

9 *ABDE* è una retta e *BC* è parallela a *EF*.

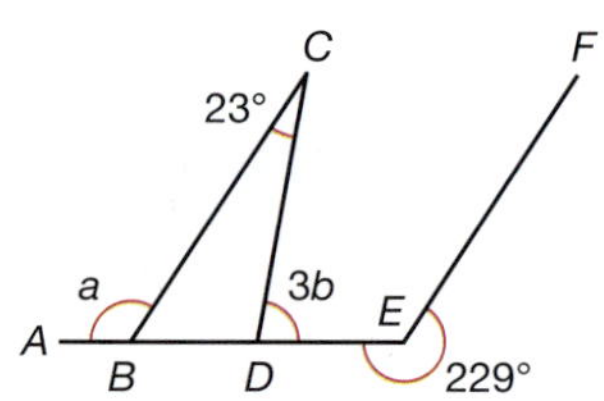

10 *ABDE* è una retta e *BC* è parallela a *EF*.

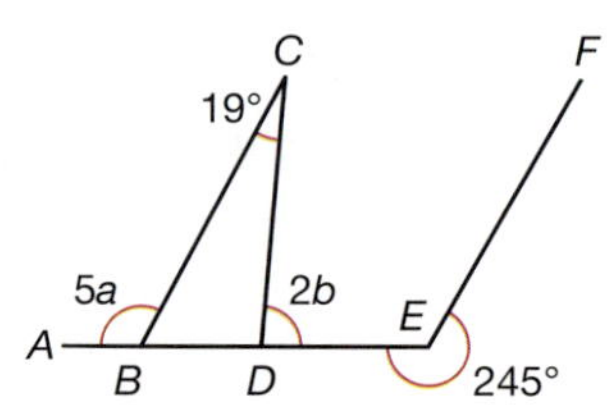

Esercizi a pag. 482

Esercizi
a pag. 485

I punti notevoli di un triangolo

4

CONFRONTARE E ANALIZZARE FIGURE GEOMETRICHE

GIOCHIAMO CON LA MENTE

Incroci speciali

Costruisci un triangolo *ABC* a piacere.

Nel paragrafo G1.6 hai visto come si costruisce l'asse di un segmento.

► Costruisci gli assi dei tre lati del triangolo. Cosa osservi?

....

....

Con un software di geometria dinamica, ripeti la costruzione.

► Dopo aver tracciato i tre assi prova a deformare il triangolo *ABC* spostando un vertice. Cosa osservi?

....

....

....

Per definizione, gli assi che hai tracciato passano per il punto medio di ogni lato.

► Usando un colore diverso da quello degli assi, traccia i segmenti che uniscono ogni vertice al punto medio del lato opposto (si chiamano *mediane*). Cosa osservi?

....

....

Ripeti la costruzione con un software di geometria dinamica.

► Dopo aver tracciato le tre mediane prova a deformare il triangolo *ABC*. Cosa osservi?

....

....

Sull'eBook ti proponiamo un'altra attività come questa.

IN TEORIA

Consideriamo un triangolo ABC e scegliamone un lato, per esempio AB.

Si chiama **altezza relativa al lato *AB*** il segmento CH perpendicolare alla retta r contenente AB, che ha per estremi il vertice C opposto ad AB e l'intersezione H con la retta r.

Il lato AB viene detto **base**.

▲ **ATTENZIONE** In un triangolo ottusangolo l'altezza relativa a uno dei lati adiacenti all'angolo ottuso cade sul prolungamento della base.

Un triangolo ha dunque tre altezze, una per ciascun lato. Le altezze si incontrano in un punto O, chiamato **ortocentro**.
In un triangolo acutangolo l'ortocentro cade all'interno del triangolo, in un triangolo rettangolo coincide con il vertice dell'angolo retto e in un triangolo ottusangolo cade all'esterno del triangolo.

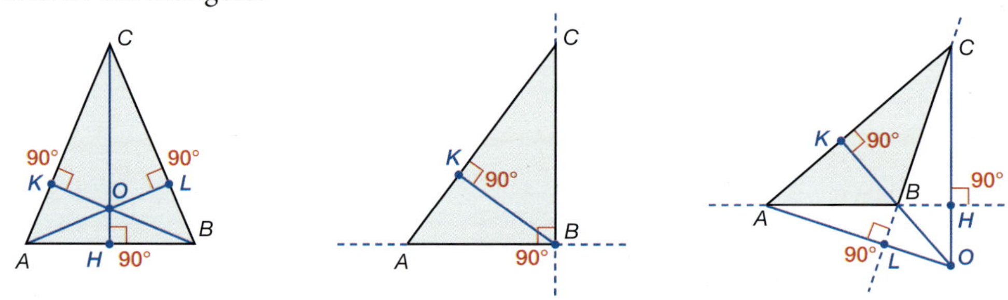

Triangolo acutangolo **Triangolo rettangolo** **Triangolo ottusangolo**

Si chiama **mediana relativa al lato *AB*** il segmento CM che ha per estremi il vertice C opposto ad AB e il punto medio M di AB.

Un triangolo ha dunque 3 mediane, una per ciascun lato.
Le mediane sono sempre interne al triangolo e si incontrano in un punto G, detto **baricentro**, anch'esso sempre interno al triangolo.

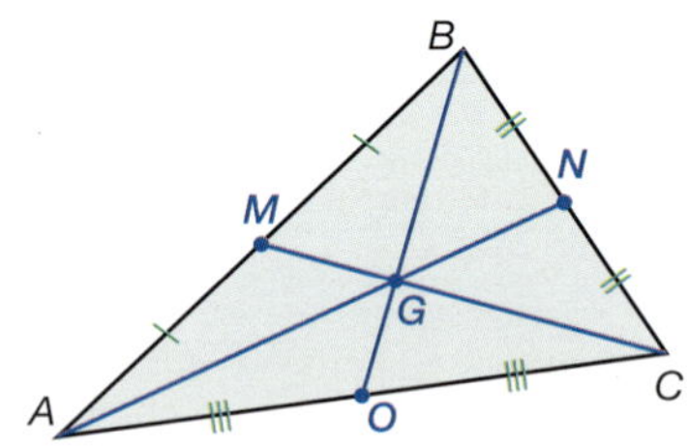

▲ **RICORDA** La **bisettrice** di un angolo è la semiretta con origine nel vertice e che lo divide a metà.

Ogni triangolo ha 3 **bisettrici**, una per ogni angolo. Le bisettrici si incontrano in un punto I, detto **incentro**.

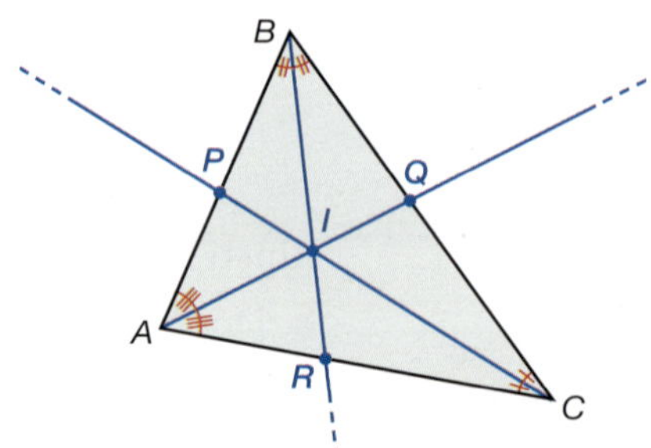

▲ **RICORDA** L'**asse** di un segmento è la retta perpendicolare al segmento e passante per il suo punto medio.

Ogni triangolo ha 3 assi, uno per ciascun lato. Gli assi si incontrano in un punto *H*, detto **circocentro**.
In un triangolo acutangolo il circocentro *H* cade all'interno del triangolo, in un triangolo rettangolo coincide con il punto medio dell'ipotenusa e in un triangolo ottusangolo cade all'esterno del triangolo.

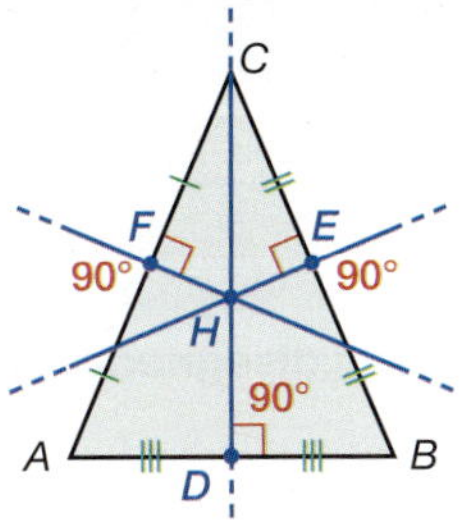

Triangolo acutangolo

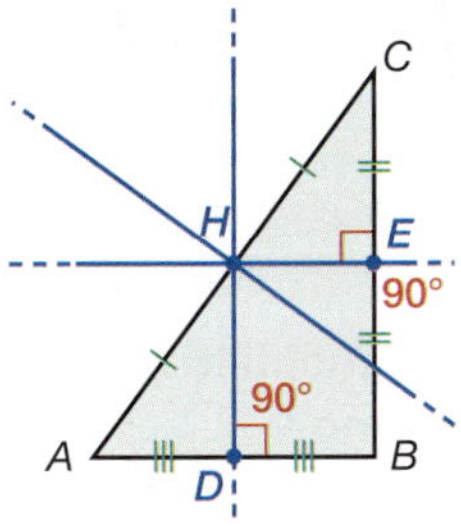

Triangolo rettangolo

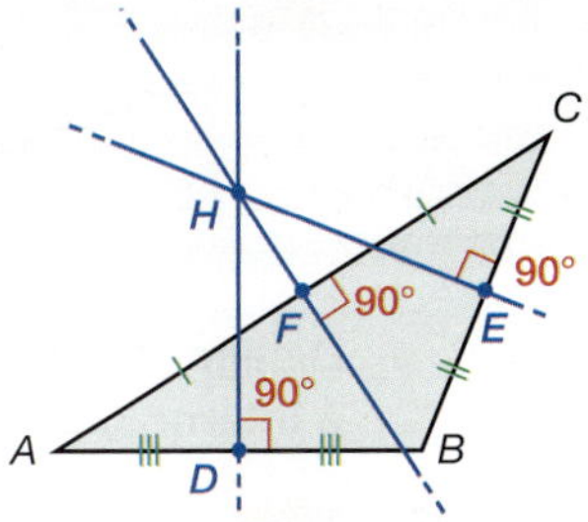

Triangolo ottusangolo

Ortocentro, baricentro, circocentro e incentro sono detti **punti notevoli di un triangolo**.

IN PRATICA

[A] Come si costruisce una delle altezze di un triangolo?

Vediamo come si costruisce la perpendicolare a un segmento, passante per un punto *P* esterno.
Utilizziamo una squadra e una riga:
- disponiamo un cateto della squadra lungo il segmento;
- tenendo ferma la squadra, appoggiamo la riga lungo l'ipotenusa;
- tenendo ferma la riga, facciamo scorrere l'ipotenusa della squadra su di essa finché l'altro cateto non passa per *P*;
- tracciamo la linea lungo il cateto che passa per *P*.

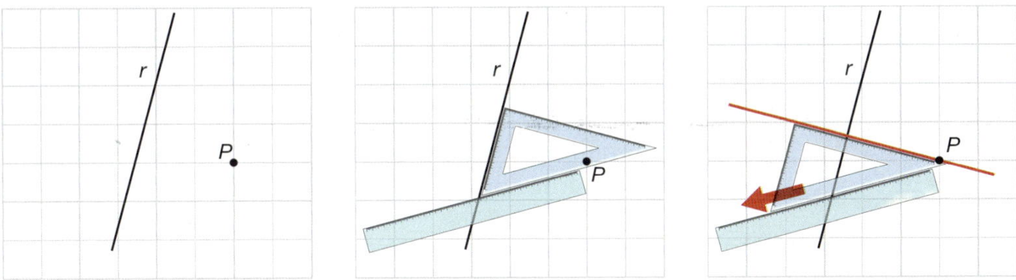

Non è sempre semplice posizionare riga e squadra per ottenere questa costruzione, e capita di dover riprovare più volte.

Per tracciare un'altezza di un triangolo, dobbiamo eseguire il procedimento descritto, prendendo come segmento il lato scelto come base e come punto esterno il vertice opposto. Per esempio, per costruire l'altezza relativa alla base *AB* si posizionano riga e squadra come in figura, in modo che l'altezza passi per il vertice *C*.

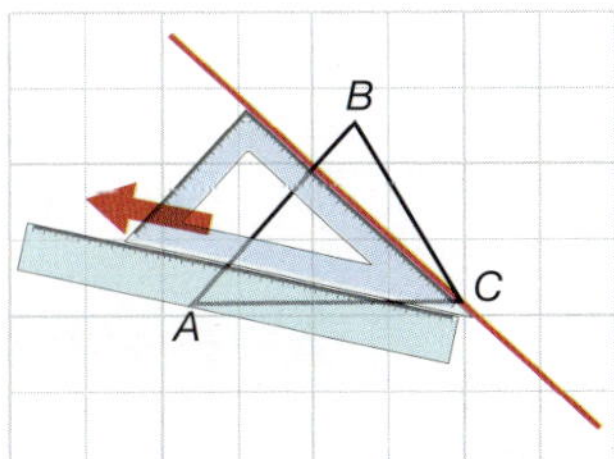

PROVA TU

[A] Costruisci l'altezza relativa al lato *AB* del triangolo in figura.

1

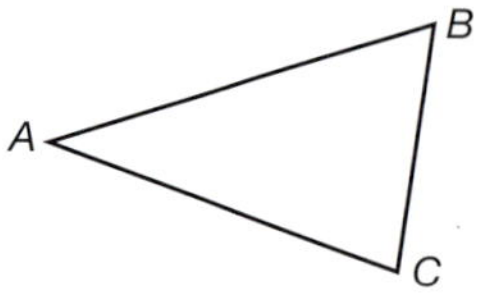

2

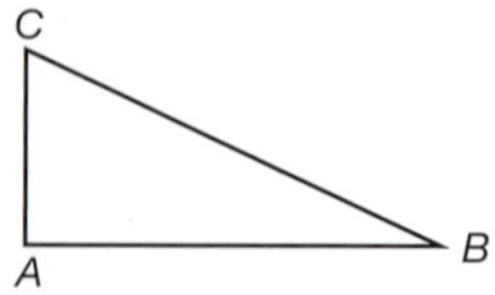

3

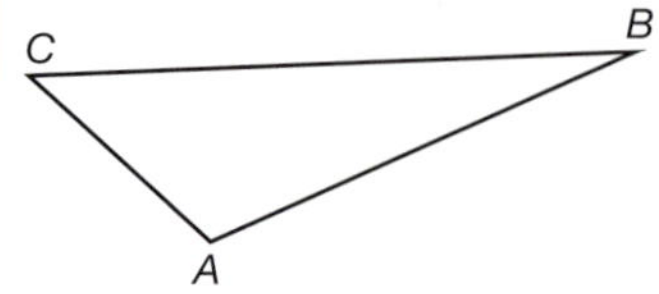

Disegna l'ortocentro dei seguenti triangoli. Sai dire, prima di disegnarlo, per quali di loro il punto è interno e per quali è esterno?

4

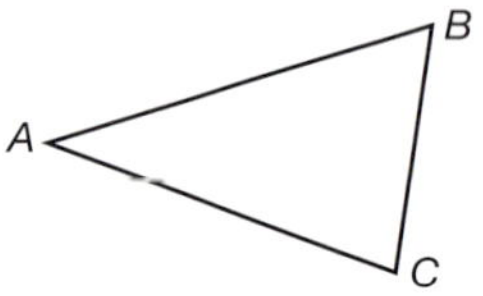

5

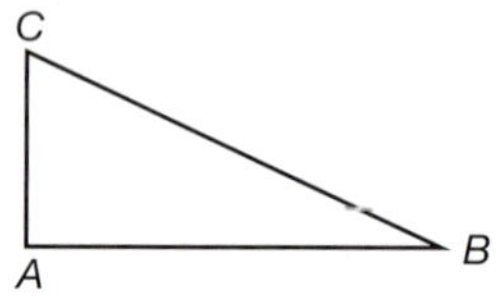

6

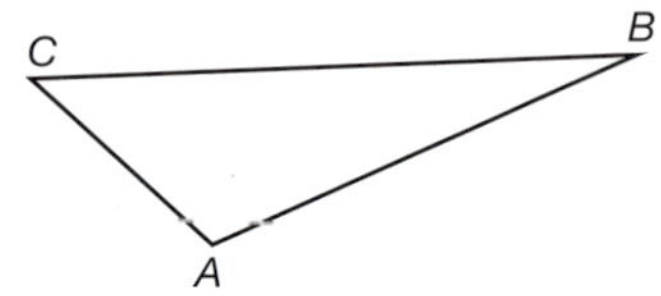

Riconosci in ciascuno dei seguenti triangoli quale punto notevole è stato disegnato (esercizi da 7 a 10).

7

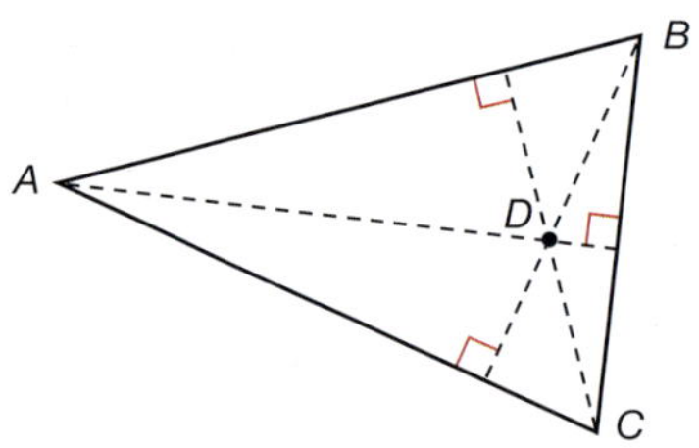

8

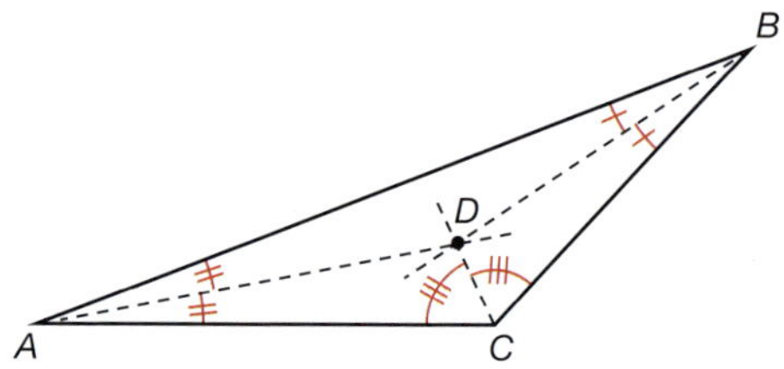

9

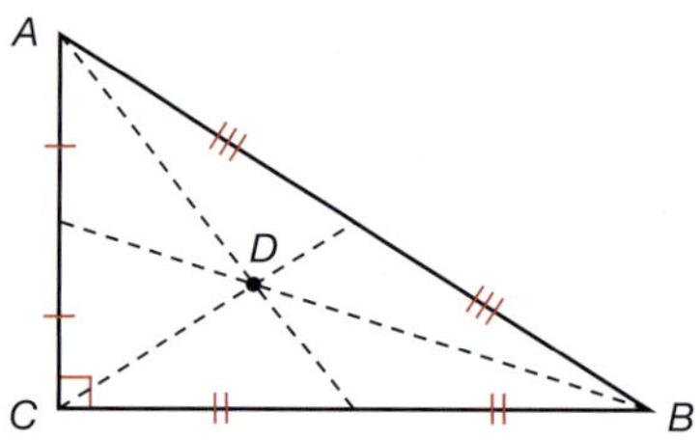

10

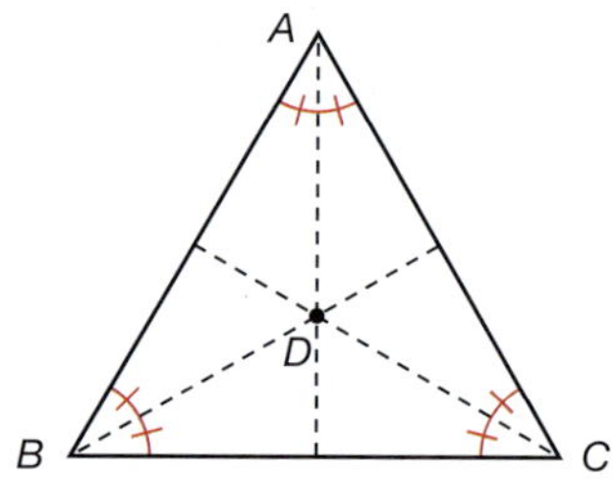

11 Costruisci un triangolo con un lato di 6 cm, uno di 8 cm e l'angolo compreso tra di essi di 130°. Costruisci infine l'ortocentro.

12 Costruisci un triangolo con un lato di 4 cm, uno di 8 cm e l'angolo compreso tra di essi di 110°. Costruisci infine il circocentro.

13 **CONFRONTARE E ANALIZZARE FIGURE GEOMETRICHE** Costruisci ortocentro, baricentro, circocentro e incentro di un triangolo equilatero. Cosa osservi?

14 **ARGOMENTARE** Dimostra che in un triangolo isoscele la bisettrice dell'angolo al vertice coincide con l'altezza.

SUGGERIMENTO Disegna un triangolo isoscele e scrivi ipotesi e tesi in relazione agli elementi della figura. Utilizza come traccia la dimostrazione che in un triangolo isoscele gli angoli alla base sono congruenti.

Esercizi a pag. 485

Esercizi
a pag. 487

La distanza

5

CONFRONTARE E ANALIZZARE FIGURE GEOMETRICHE

GIOCHIAMO CON LA MENTE

Questione di distanza

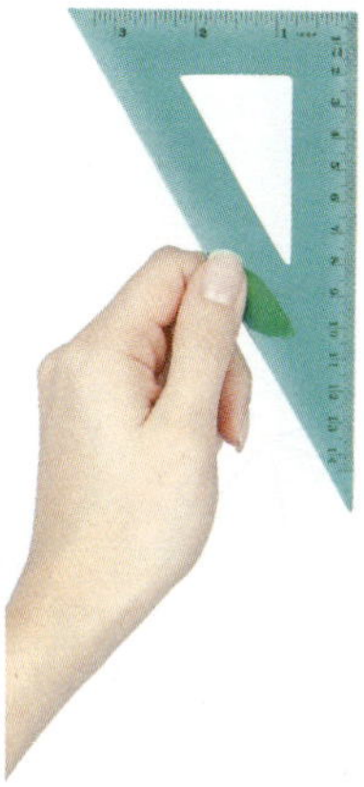

- Misura la distanza tra il punto A e il punto B in figura. Descrivi il procedimento che hai seguito.

  La distanza tra due punti ....

- Misura la distanza tra il punto C e la retta r in figura. Descrivi il procedimento che hai seguito.

  La distanza tra un punto e una retta ....

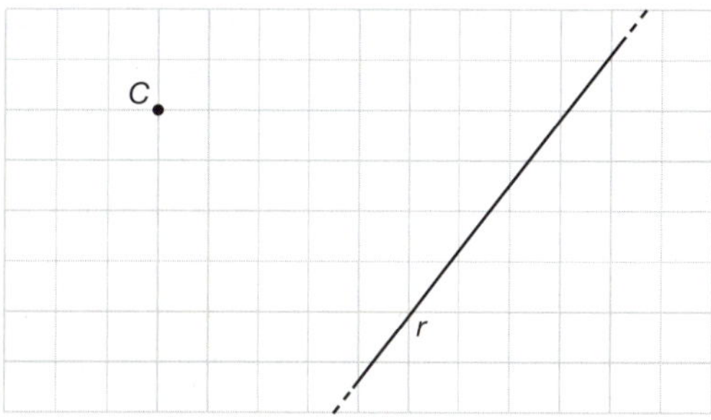

- Misura la distanza tra la retta s e la retta t in figura. Descrivi il procedimento che hai seguito.

  La distanza tra due rette ....

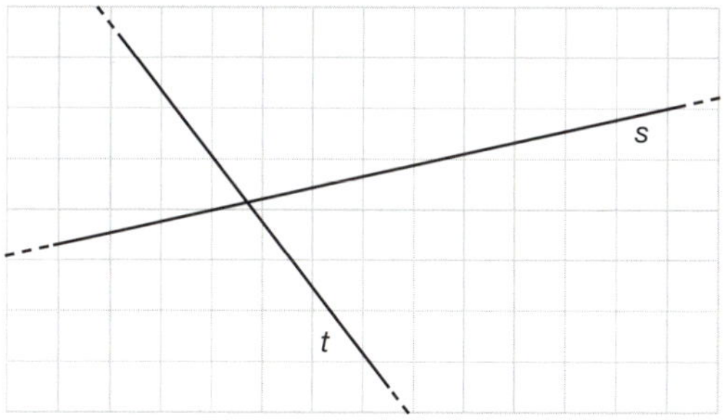

- Misura la distanza tra la retta u e la retta v in figura. Descrivi il procedimento che hai seguito.

  La distanza tra due rette parallele ....

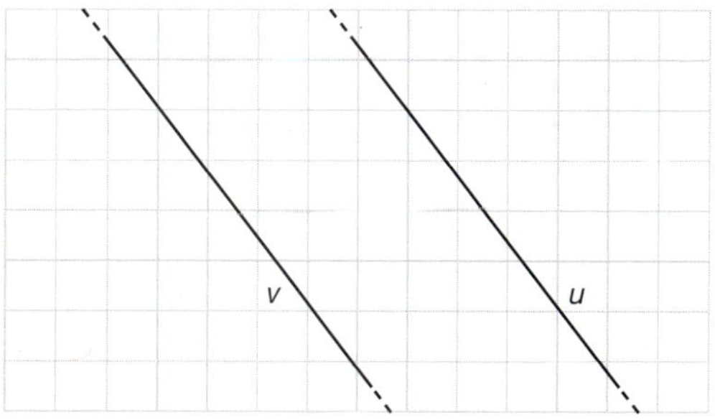

Sull'eBook ti proponiamo un'altra attività come questa.

IN TEORIA

RICORDA Due rette si dicono perpendicolari (o ortogonali) se, incontrandosi, formano un angolo retto.

Le proiezioni ortogonali

Si chiama **proiezione ortogonale** (o anche solo **proiezione**) di un punto P su una retta r il punto P' che appartiene a r e tale che il segmento PP' è perpendicolare a r.

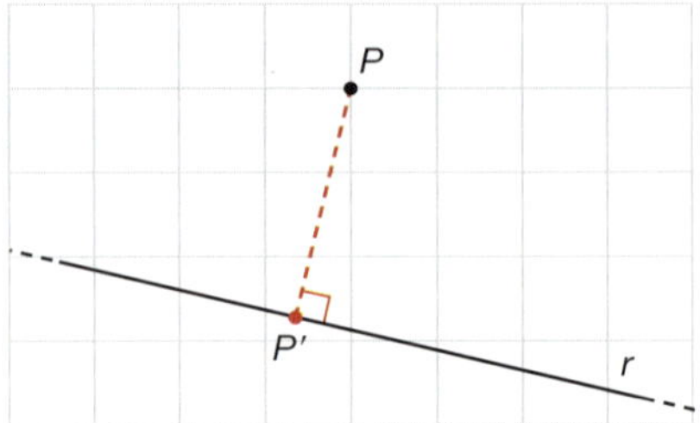

Il nome deriva dall'idea che P' sia l'ombra di P ottenuta con un fascio di luce perpendicolare a r.

La distanza tra punti e rette

Quando si parla di **distanza** tra due punti si intende la lunghezza del percorso **più breve** da uno all'altro.

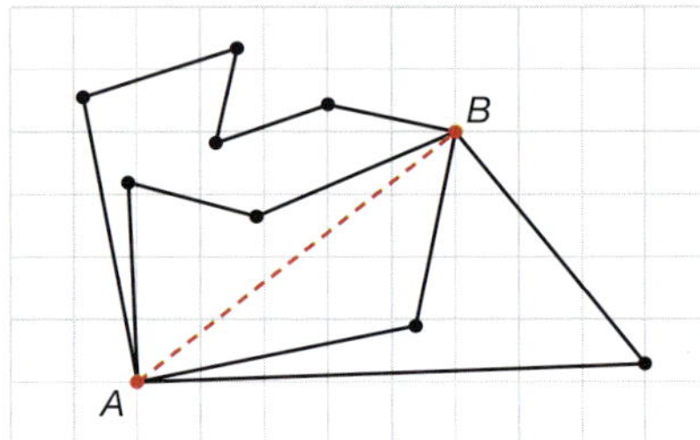

La **distanza tra due punti** è quindi la lunghezza del segmento che li congiunge: per la disuguaglianza triangolare ogni lato di un triangolo è minore della somma degli altri due, quindi qualunque percorso che non sia un singolo segmento è maggiore di quello costituito dal segmento.

La **distanza di un punto *P* da una retta *r*** è la lunghezza del segmento perpendicolare alla retta che ha per estremi P e l'intersezione della perpendicolare con la retta.

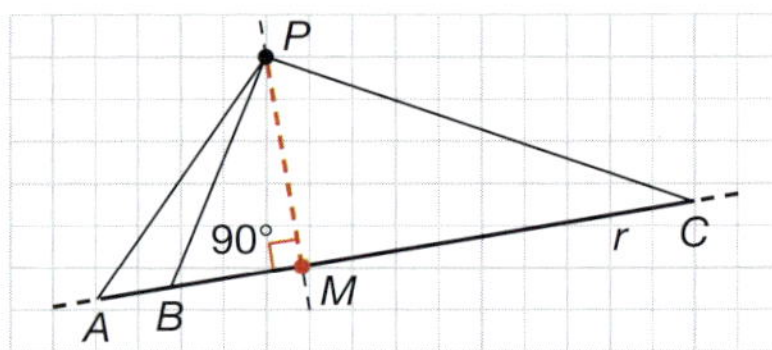

Dimostrazione
Tracciamo i segmenti PA, PB, PC che hanno un estremo in r e non sono perpendicolari a r.
In un triangolo non equilatero, a lato maggiore è opposto angolo maggiore.
Dunque, in un triangolo rettangolo, l'ipotenusa è maggiore di ciascuno dei cateti.
Il segmento PM è un cateto dei triangoli rettangoli PAM, PBM, PCM, mentre i segmenti PA, PB, PC costituiscono l'ipotenusa degli stessi triangoli rettangoli.
Di conseguenza si ha che $PM < PA, PB, PC$. Dunque il segmento perpendicolare a r è il minore tra tutti i segmenti con estremi P e un punto di r.

Date due rette parallele a e b, tutti i punti della retta a hanno la stessa distanza dalla retta b. Per questo motivo, è possibile definire la distanza tra due rette parallele.

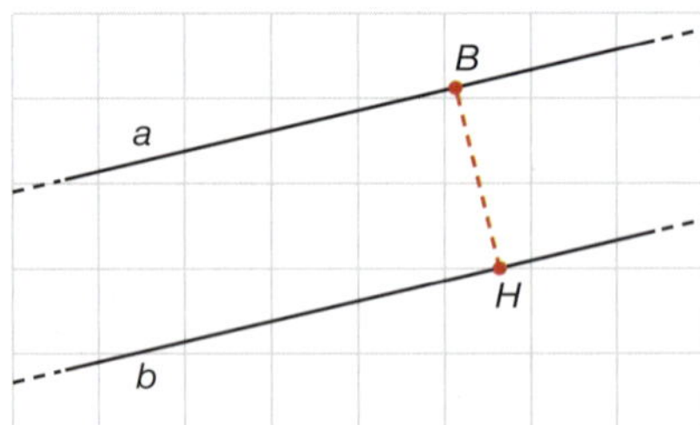

La **distanza tra due rette parallele** a e b è data dalla distanza di un punto qualsiasi di a dalla retta b.

Non possiamo invece definire la distanza tra due rette che non sono parallele.

IN PRATICA

[A] Qualunque spezzata tra due punti è più lunga del segmento che li congiunge?

Dati i punti A e B, il segmento AB che li unisce è più breve del percorso costituito da due segmenti consecutivi AC e CB tra gli stessi punti. Infatti, per la disuguaglianza triangolare vale:

$$AB < AC + CB.$$

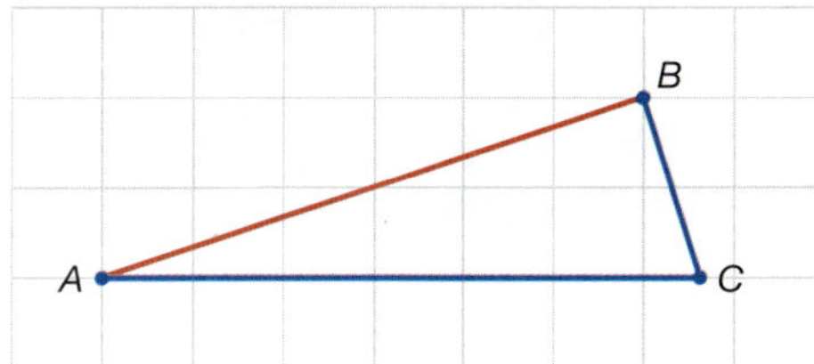

Ma possiamo affermare che questo vale anche per spezzate formate da più di due segmenti?

Consideriamo la spezzata in colore verde in figura. È vero che $AB < AD + DE + EB$?
Congiungiamo l'estremo A della spezzata con ciascuno dei suoi vertici e applichiamo la disuguaglianza triangolare più volte in successione.
Nel triangolo ADE vale:

$$AE < AD + DE.$$

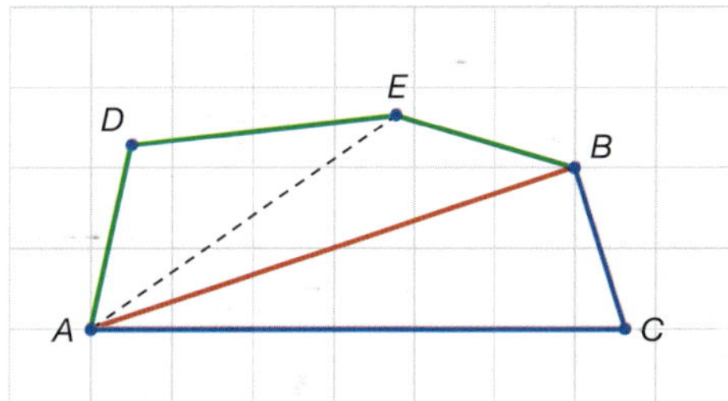

Analogamente, abbiamo che:

$$AB < AE + EB.$$

Da questo segue che:

$$AB < AE + EB < AD + DE + EB.$$

[B] Come si confrontano le linee curve?

Abbiamo visto come confrontare tra loro la lunghezza di linee spezzate utilizzando la disuguaglianza triangolare. E nel caso delle linee curve?

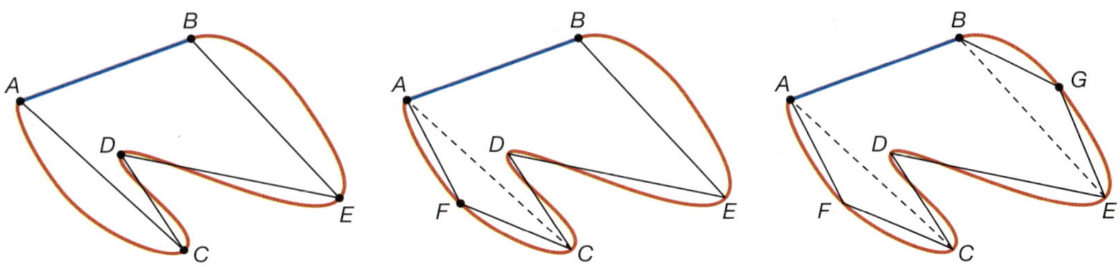

Possiamo approssimare ogni curva con una spezzata: scegliamo una certa quantità di punti sulla linea curva e uniamo ciascuno di essi con il suo successivo, cominciando dall'estremo A della linea curva e finendo con l'estremo B.
L'approssimazione è tanto più accurata quanto più la spezzata segue l'andamento della curva: se aumentiamo il numero di vertici della spezzata, aggiungendo punti sulla linea curva, aumenta il numero di lati della spezzata e questa approssima la linea curva con maggiore precisione.

▲ **OSSERVA** Ogni spezzata è più breve della linea curva che approssima: possiamo affermare che il segmento è il percorso più breve tra due punti qualsiasi.

PROVA TU

Proietta i punti *A*, *B* e *C* sulla retta *r*.

1

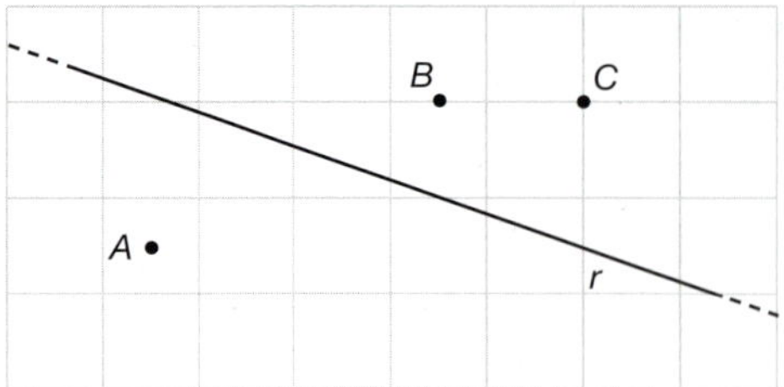

2

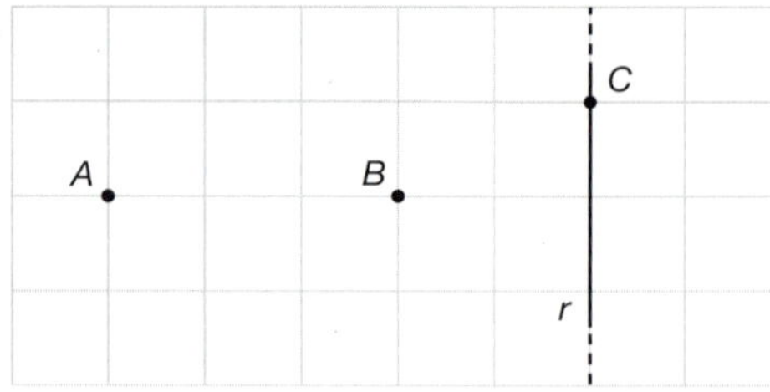

Traccia e misura la distanza del punto *P* dalle rette *r* ed *s*.

3

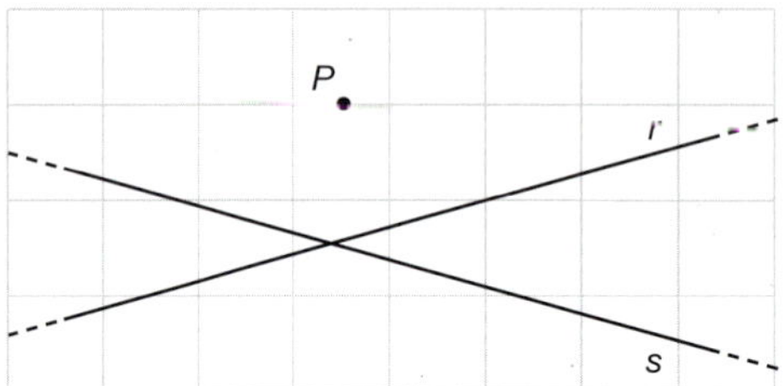

4

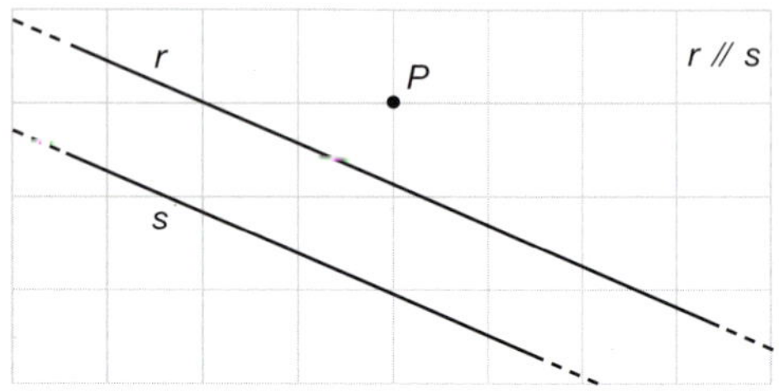

Traccia e misura la distanza tra le seguenti coppie di rette parallele (esercizi 5 e 6).

5

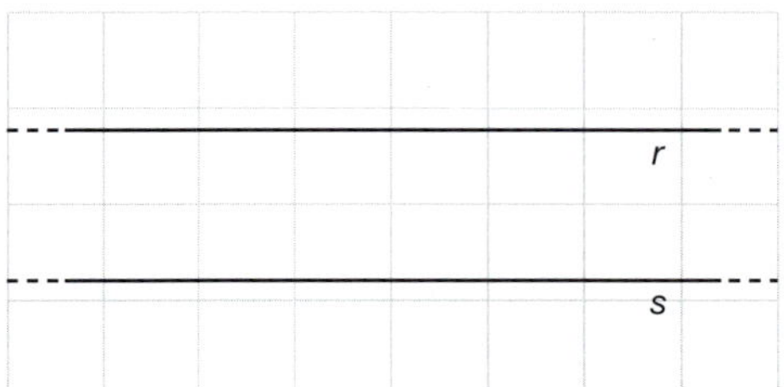

6

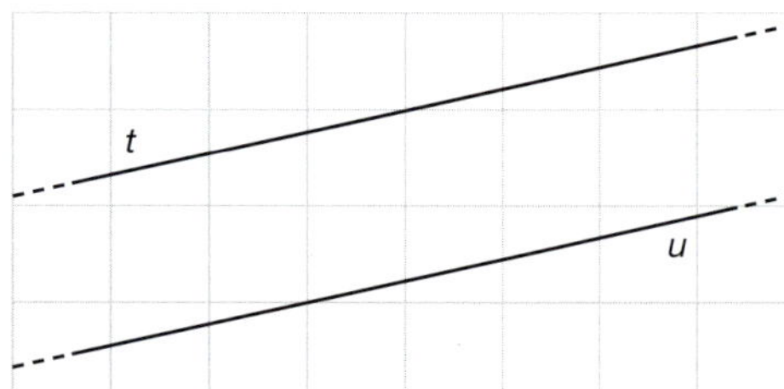

[A] **7** Due punti *A* e *B* sono congiunti da due segmenti consecutivi: *AC* lungo 4 cm e *CB* lungo 6 cm. Cosa puoi dire sulla distanza tra *A* e *B*?

[A] **8** Due punti *A* e *B* sono congiunti da due segmenti consecutivi: *AC* e *CB* entrambi lunghi 8 cm. Cosa puoi dire sulla distanza tra *A* e *B*?

[B] **EFFETTUARE STIME E APPROSSIMAZIONI** **Osserva il tratto di curva in figura. Il lato dei quadretti sullo sfondo è lungo 1 cm. Valuta approssimativamente la lunghezza della curva, approssimandola con una linea spezzata.**

9

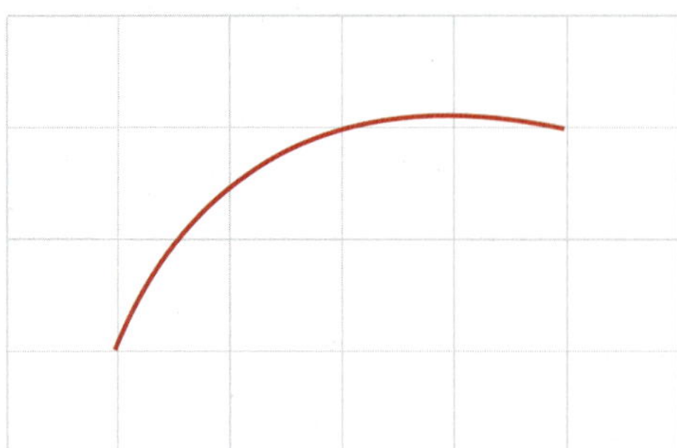

10

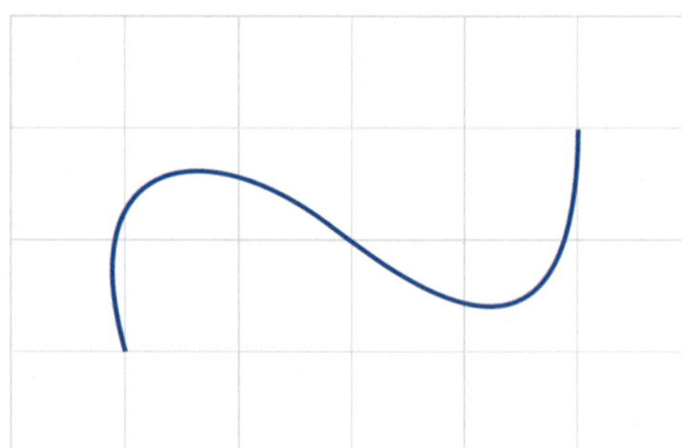

Esercizi a pag. 487

Esercizi
a pag. 490

I diagrammi di Voronoi

6

GIOCHIAMO CON LA MENTE

Province confinanti

Le due città A e B rappresentate sulla mappa vogliono delimitare le rispettive province in modo che ogni punto del territorio appartenga alla provincia della città più vicina.

RICORDA I punti dell'asse sono equidistanti dagli estremi del segmento.

► Traccia la linea di confine che separa le due province.

Le tre città A, B e C rappresentate sulla mappa vogliono delimitare le rispettive province in modo che ogni punto del territorio appartenga alla provincia della città più vicina.

► Traccia le linee di confine che separano le due province.

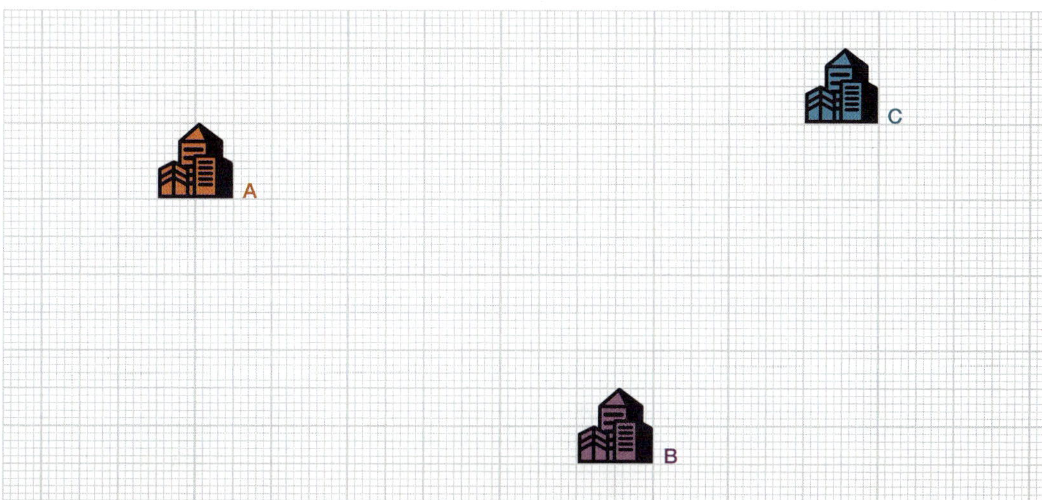

Sull'eBook ti proponiamo un'altra attività come questa.

IN TEORIA

Sappiamo che i punti sull'asse di un segmento AB sono equidistanti dagli estremi A e B e, viceversa, ogni punto equidistante dagli estremi A e B giace sull'asse del segmento AB (> **figura 1**).
Dunque possiamo dire che l'asse di AB divide il piano in due sottoinsiemi: da una parte stanno tutti i punti più vicini ad A, dall'altra tutti quelli più vicini a B.

Figura 1
$CA \cong CB$, mentre $EA < EB$;
$DA \cong DB$, mentre $FA > FB$.

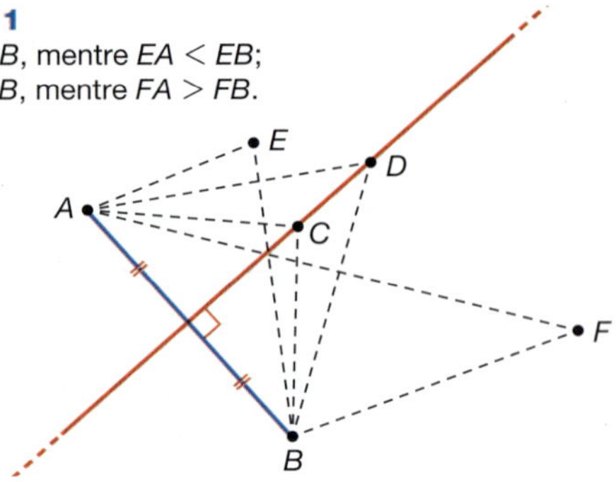

Consideriamo tre punti A, B, C (> **figura 2**) e tracciamo gli assi dei segmenti AB, AC, BC. Il piano viene diviso in sci zone (> **figura 3**).

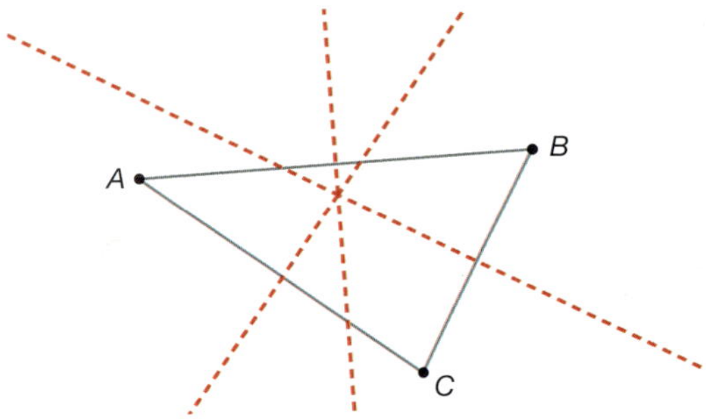

Figura 2

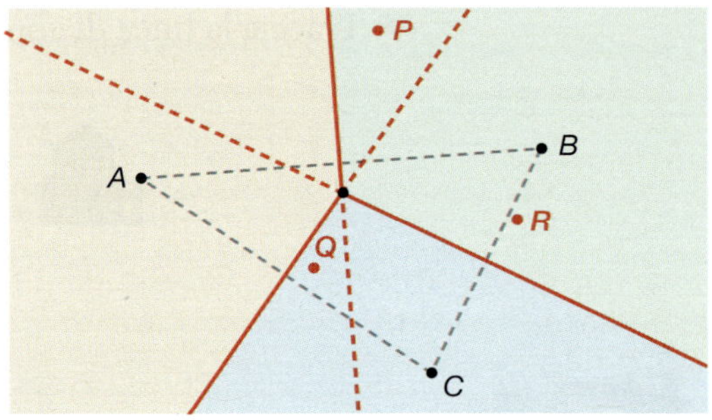

Figura 3

Consideriamo il punto P e osserviamo come si posiziona rispetto agli assi tracciati. Grazie alla proprietà dell'asse, possiamo dire che:

- P è più vicino ad A che a C;
- P è più vicino a B che ad A;
- P è più vicino a B che a C.

Dunque possiamo concludere che P è più vicino a B che ad A o a C.
Con ragionamenti analoghi (prova!), concludiamo che anche R è più vicino a B, mentre Q è più vicino a C.
Possiamo quindi raggruppare i settori a due a due formando tre zone, che abbiamo colorato diversamente, in ciascuna delle quali si trovano tutti i punti più vicini a uno dei tre punti A, B o C. Questo tipo di grafico si chiama **diagramma di Voronoi**.

Se si estende lo stesso procedimento a insiemi di punti più numerosi si ottengono disegni come quello di **figura 4**.

In sostanza, ciascuna delle aree ottenute rappresenta la *zona di pertinenza* di uno dei punti.

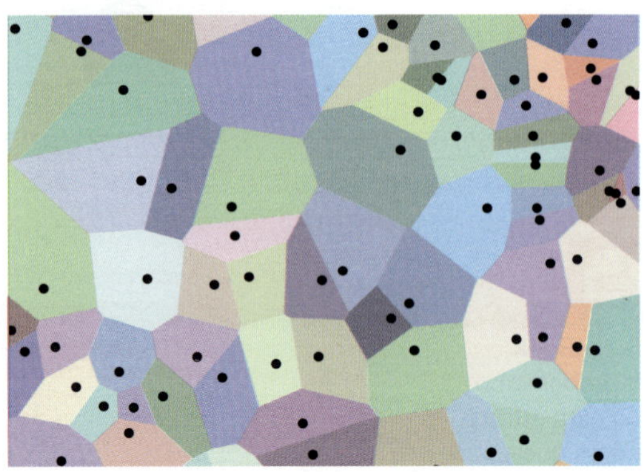

Figura 4 Un diagramma di Voronoi con molti punti. Ogni zona evidenziata con un colore è l'insieme dei punti del piano che si trovano più vicini a uno dei punti neri rispetto a tutti gli altri.

IN PRATICA

[A] A quali situazioni si può applicare la costruzione dei diagrammi di Voronoi?

I diagrammi di Voronoi si possono utilizzare ogni volta che si vuole suddividere una certa area in settori sulla base di un insieme di *punti generatori*, in modo che ogni settore sia costituito dai punti che sono più vicini a uno dei punti generatori.

Alcuni esempi possono essere:

- identificare le zone di influenza delle tribù preistoriche, a partire dalla distribuzione dei villaggi (i punti generatori sono le posizioni dei villaggi);
- formulare modelli per la competizione tra piante che si devono spartire le risorse presenti nel terreno (i punti generatori sono le posizioni delle piante);
- individuare il percorso ottimale per un robot che deve muoversi in presenza di ostacoli (i punti generatori sono le posizioni degli ostacoli; il percorso passa per i confini delle zone di pertinenza).

Qual è il mio ufficio postale?

Il disegno mostra la mappa di una città in cui è segnata anche la posizione dei tre uffici postali (PO1, PO2, PO3). La direzione vuole suddividere la città in tre zone, ciascuna assegnata al più vicino ufficio postale. Come si può effettuare la suddivisione?

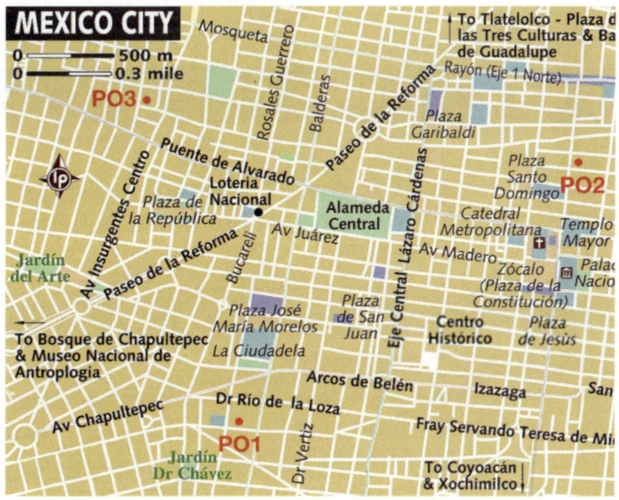

Il problema è equivalente a tracciare il diagramma di Voronoi relativo alle posizioni degli uffici postali. Quindi:

- tracciamo i tre assi PO1-PO2, PO1-PO3, PO2-PO3;
- i settori che contengono gli uffici postali stessi sono sicuramente attribuiti a essi, quindi li coloriamo in tre modi diversi.

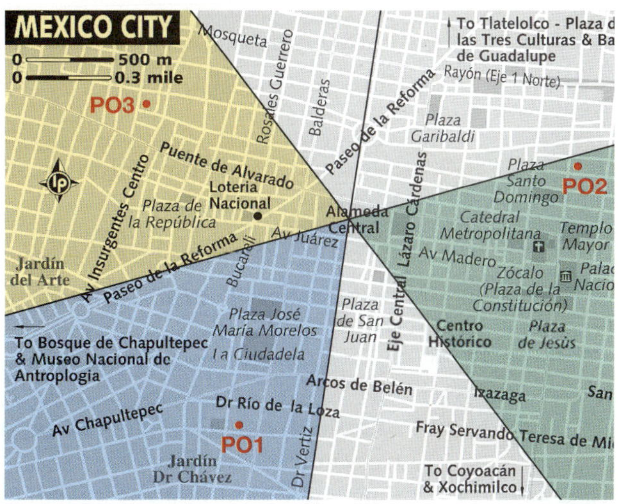

Per ciascuno dei settori rimanenti scegliamo un punto e valutiamo come è disposto rispetto agli assi:

- **Plaza Garibaldi** è più vicina a PO2 che a PO1 o a PO3 (perché si trova dalla sua parte rispetto ai rispettivi assi), quindi coloriamo il suo settore di verde;
- **Balderas** è più vicina a PO3 che a PO1 o a PO2, quindi coloriamo il suo settore di giallo;
- **Plaza de San Juan** è più vicina a PO1 che a PO2 o a PO3, quindi coloriamo il suo settore di azzurro.

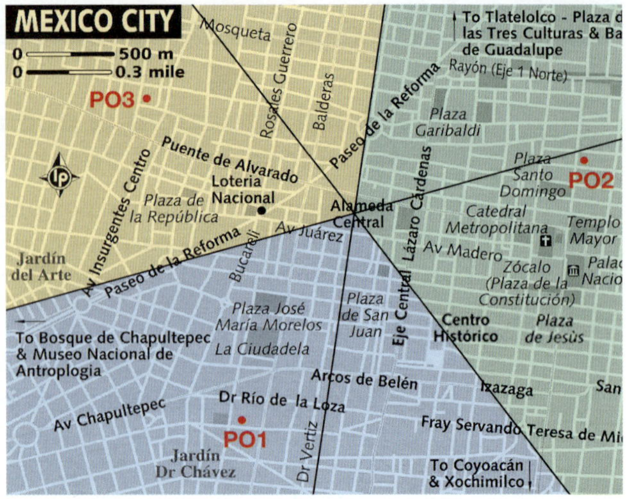

Osserviamo che la suddivisione ottenuta garantisce che ogni punto della città sia assegnato all'ufficio postale più vicino, ma non che le tre aree siano uguali. È quindi possibile che i carichi di lavoro non siano divisi equamente e in tal caso sarà necessario potenziare un ufficio rispetto all'altro.

PROVA TU

1 Disegna il diagramma di Voronoi relativo ai punti *A, B, C* in figura.

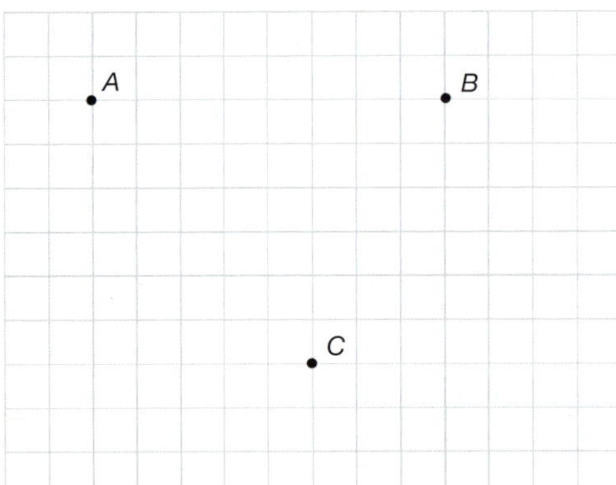

2 Disegna il diagramma di Voronoi relativo ai punti *A, B, C, D* in figura.

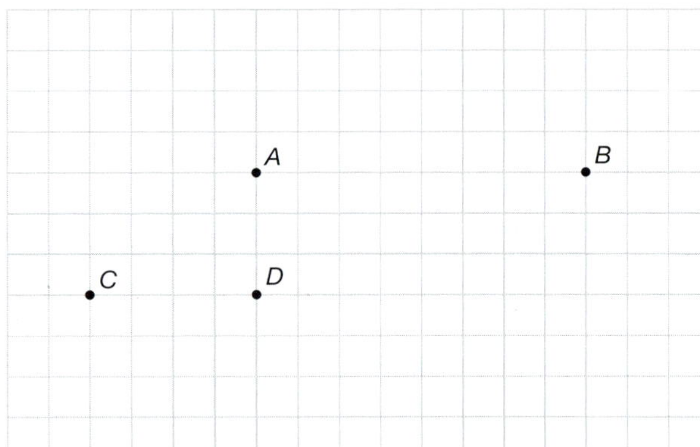

3 Disegna i seguenti punti in un piano cartesiano e poi realizza il relativo diagramma di Voronoi.

$A(2;0)$, $B(3;2)$, $C(0;2)$.

4 Disegna i seguenti punti in un piano cartesiano e poi realizza il relativo diagramma di Voronoi.

$A(-2;0)$, $B(3;3)$, $C(0;-3)$, $D(4;-1)$.

[A]

Esercizi a pag. 490

5 **ARGOMENTARE** Ricerca sulla carta stradale di un quartiere o di una città la posizione di tre scuole elementari.
Quale significato può avere il diagramma di Voronoi relativo alle loro posizioni?

MAPPA
PRIME PROPRIETÀ DELLE FIGURE GEOMETRICHE

LOSAI? RIPASSA CON LO SMARTPHONE

PDF Su online.zanichelli.it/pensaci ti proponiamo altre mappe come questa.

I POLIGONI

→ **DEFINIZIONE**

Un poligono è UNA LINEA **SPEZZATA CHIUSA NON INTRECCIATA** e la PARTE DI PIANO che essa delimita.

→ **CLASSIFICAZIONE** — *è in base al* → **NUMERO DEI LATI** — *per esempio* → i poligoni di TRE LATI — *sono* → **TRIANGOLI**

TRIANGOLI → **CRITERI DI CONGRUENZA**

Due triangoli sono congruenti per il

- **PRIMO CRITERIO DI CONGRUENZA (LAL)** — *se hanno* → **due lati e l'angolo compreso** ordinatamente congruenti
- **SECONDO CRITERIO DI CONGRUENZA (ALA)** — *se hanno* → **due angoli e il lato compreso** ordinatamente congruenti
- **TERZO CRITERIO DI CONGRUENZA (LLL)** — *se hanno* → i **tre lati** ordinatamente congruenti

RETTE PARALLELE → **PROPRIETÀ**

Due rette parallele tagliate da una trasversale formano

- coppie di angoli ***corrispondenti*** **congruenti**

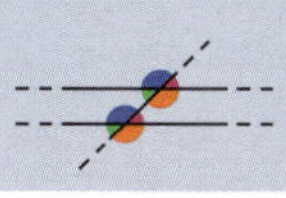

- coppie di angoli ***alterni interni*** **congruenti**

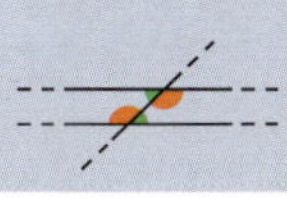

- coppie di angoli ***alterni esterni*** **congruenti**

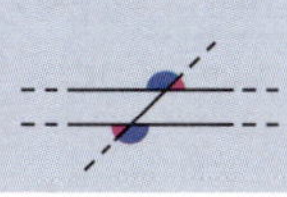

- coppie di angoli ***coniugati interni*** **supplementari** (somma 180°)

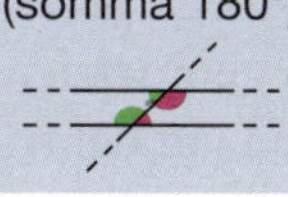

- coppie di angoli ***coniugati esterni*** **supplementari** (somma 180°)

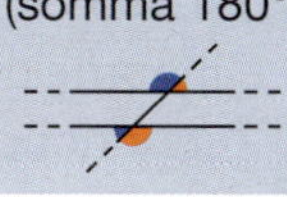

TEORIA

ESERCIZI

Controlla i risultati in fondo al volume.

1 I poligoni e i triangoli

Teoria a pag. 452

Ricorda

IN TEORIA

Un **poligono** è ....
.... e la parte di piano che essa delimita.
Considera tre punti A, B, C del piano, non allineati. Un **triangolo** è costituito dalla linea ....
formata dai tre segmenti AB, BC e CA e dalla parte di .... che essa delimita.
Con tre segmenti si può costruire un triangolo se ogni lato è ....
e .... della loro differenza.

IN PRATICA

Per ogni terna di segmenti, indica se è possibile costruire un triangolo.

a.	$AB = 6$	$BC = 9$	$CA = 16$	....
b.	$AB = 3$	$BC = 4$	$CA = 5$	....
c.	$AB = 10$	$BC = 7$	$CA = 5$	....

1 **ARGOMENTARE** Uno studente deve determinare se il poligono in figura è concavo o convesso. Ha scelto due punti, li ha congiunti con un segmento e ha osservato che esso non è completamente contenuto nel poligono, quindi ha concluso che è concavo. È corretto il ragionamento?

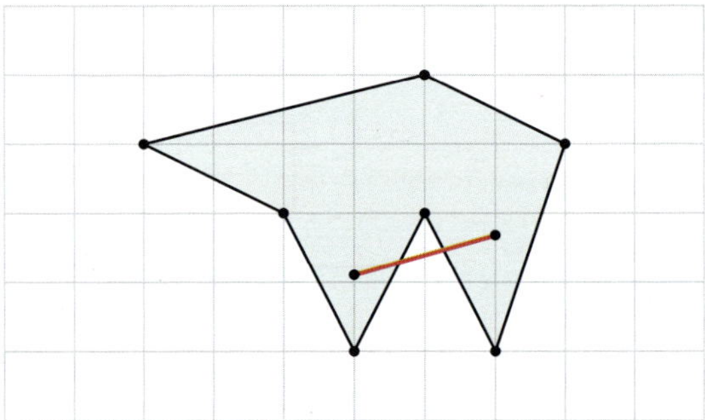

2 Costruisci un triangolo rettangolo con i cateti di 5 cm e di 12 cm. Misura l'ipotenusa e gli angoli acuti.

3 Costruisci un triangolo con un angolo di 135°. Come si può classificare rispetto agli angoli? E rispetto ai lati?

4 Scrivi la lunghezza di tre segmenti con cui sia possibile costruire un triangolo.

5 Scrivi la lunghezza di tre segmenti con cui *non* sia possibile costruire un triangolo.

6 Scrivi la lunghezza di quattro segmenti con cui sia possibile costruire un quadrilatero.

7 Scrivi la lunghezza di quattro segmenti con cui *non* sia possibile costruire un quadrilatero.

8 **INDIVIDUARE COLLEGAMENTI E RELAZIONI** Nel calcio si chiama «triangolo» uno schema in cui il giocatore in possesso di palla fa un passaggio a un compagno, corre avanti e infine riceve di nuovo la palla dallo stesso compagno. Spiega perché lo schema ha preso il nome della figura geometrica e indica a cosa corrispondono i vertici e i lati del triangolo.

2 I criteri di congruenza dei triangoli

Teoria a pag. 457

Ricorda

IN TEORIA

Primo criterio di congruenza: due triangoli sono congruenti se hanno .... e .... ordinatamente congruenti.

Secondo criterio di congruenza: due triangoli sono congruenti se hanno .... e .... ordinatamente congruenti.

Terzo criterio di congruenza: due triangoli sono congruenti se hanno .... ordinatamente congruenti.

IN PRATICA

Considera due triangoli *ABC* e *A′B′C′*.
Per ogni caso indica se si può dire che i due triangoli sono congruenti. In caso positivo, indica per quale criterio di congruenza.

$AB \cong C'A', CA \cong B'C', C\widehat{A}B \cong B'\widehat{C'}A'$

....

$A\widehat{B}C \cong A'\widehat{B'}C, B\widehat{C}A \cong B'\widehat{C'}A', C\widehat{A}B \cong C'\widehat{A'}B'$

....

$AB \cong B'C', C\widehat{A}B \cong B'\widehat{C'}A', A\widehat{B}C \cong C'\widehat{B'}A'$

....

Le seguenti coppie di triangoli sono congruenti. Scrivi in base a quale criterio è possibile affermarlo.

9

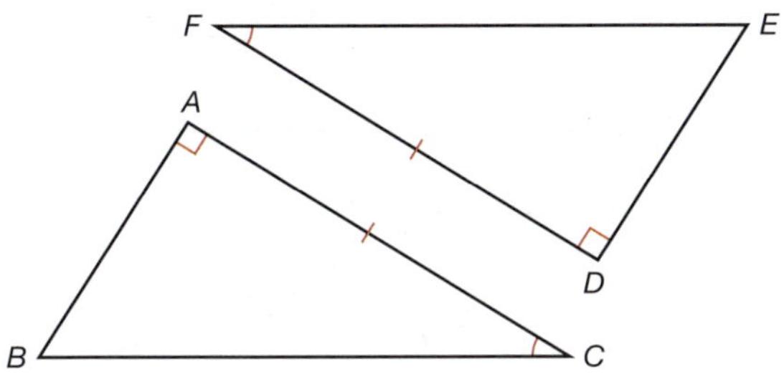

....

10

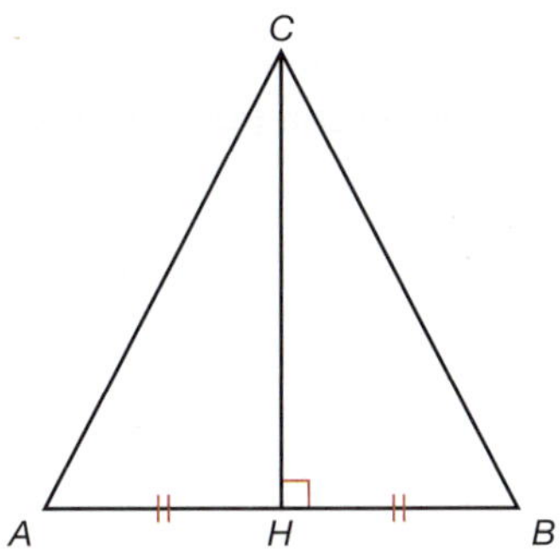

....

11

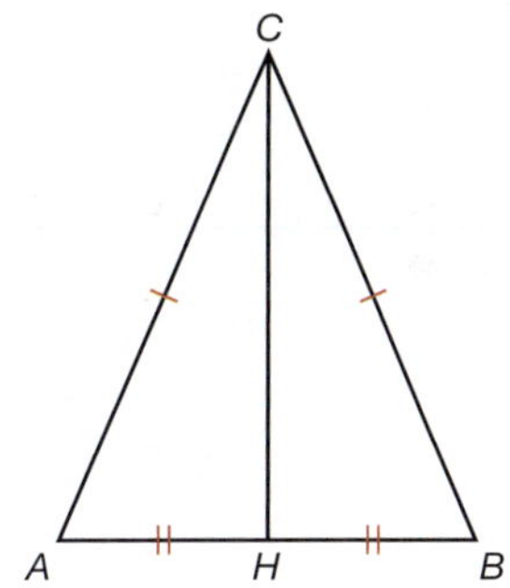

....

12

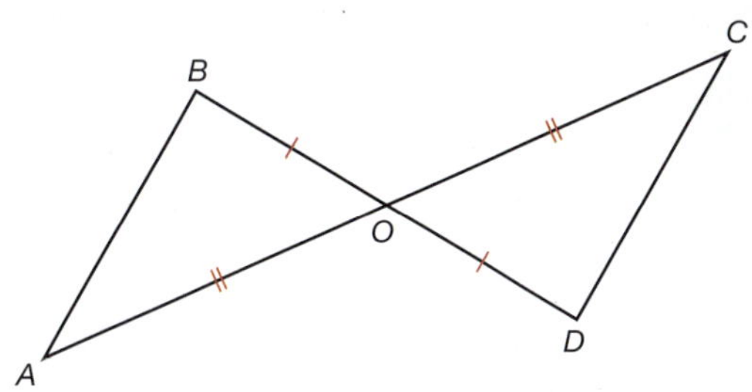

....

ARGOMENTARE I due triangoli in figura sono congruenti? Giustifica la tua risposta sia in caso positivo sia in caso negativo.

13

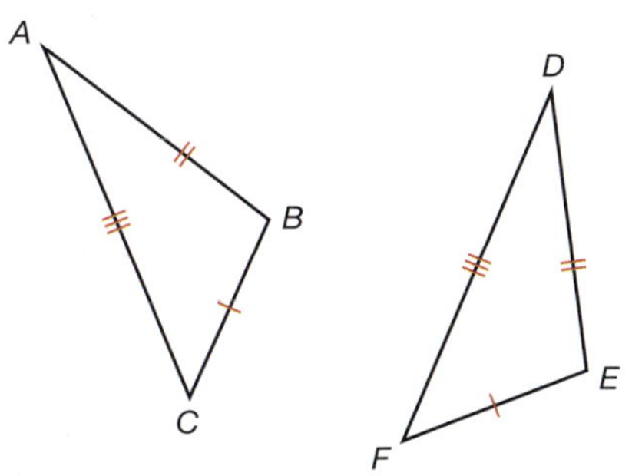

14

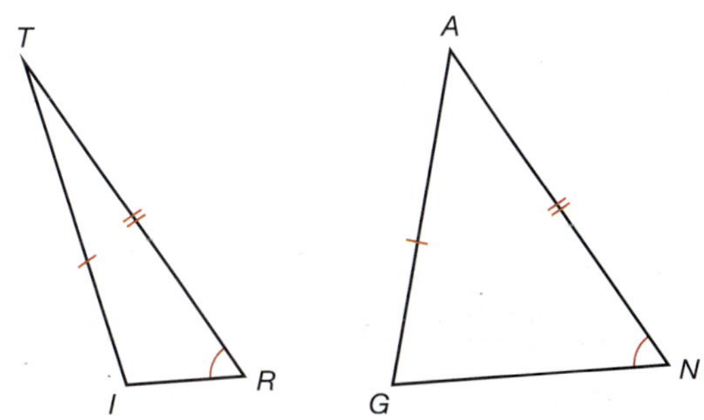

15

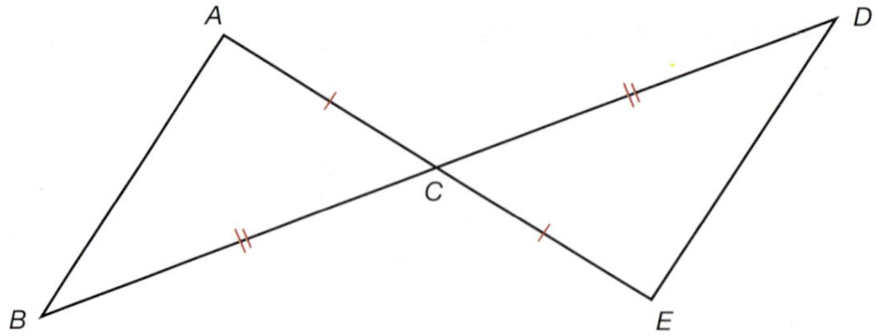

16

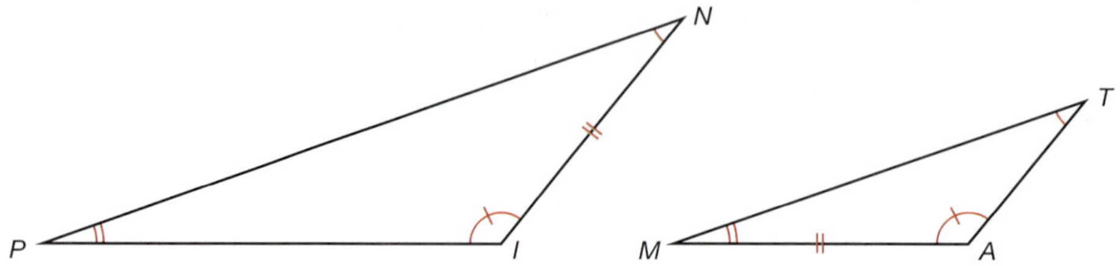

17

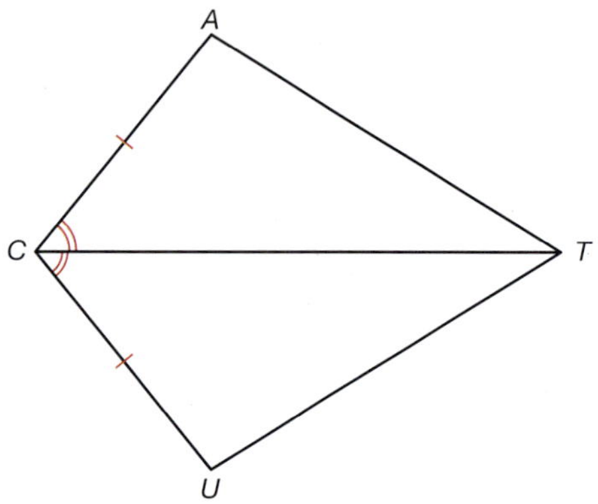

18

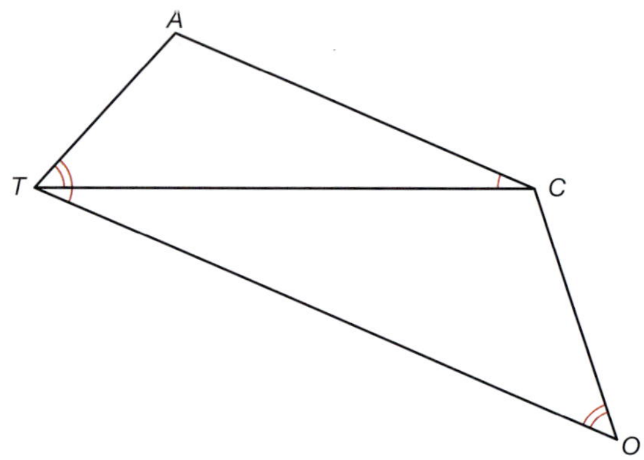

ARGOMENTARE **Indica se i due triangoli sono congruenti, spiega perché ed enumera tutti gli elementi congruenti (lati e angoli). Se non è possibile dire se sono congruenti, spiega perché (esercizi da 19 a 27).**

19

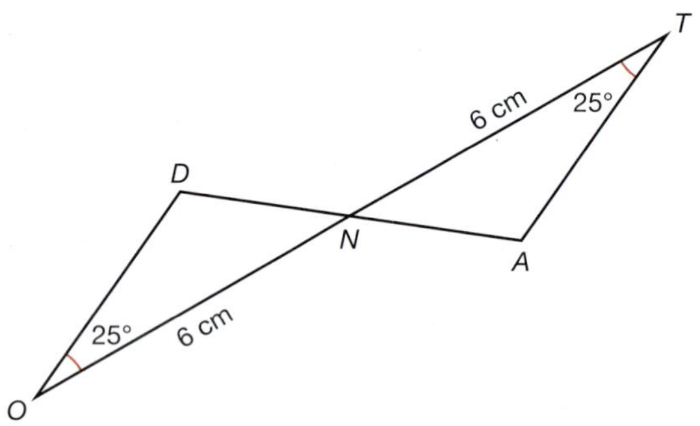

20

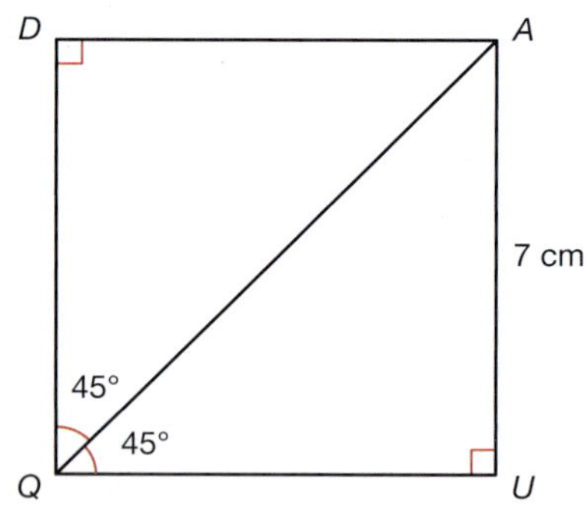

21

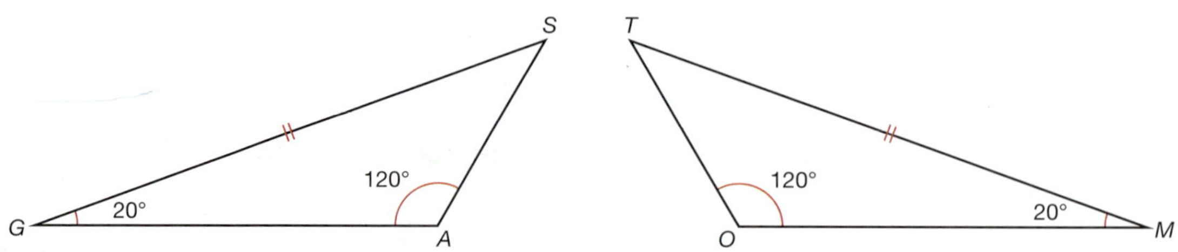

22

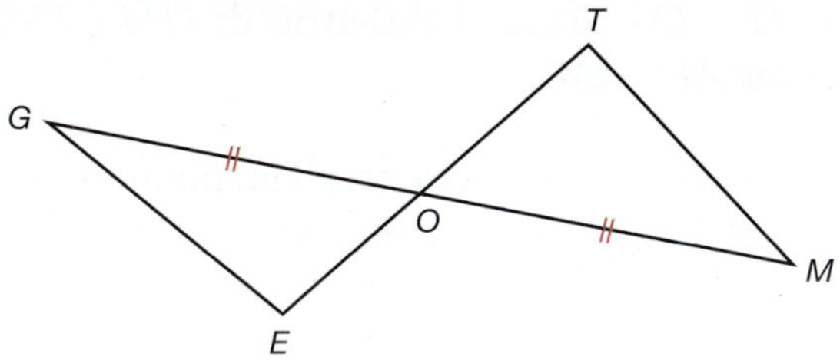

23

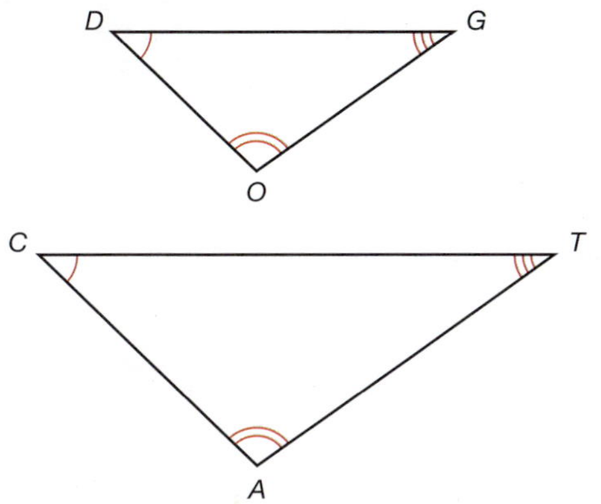

24

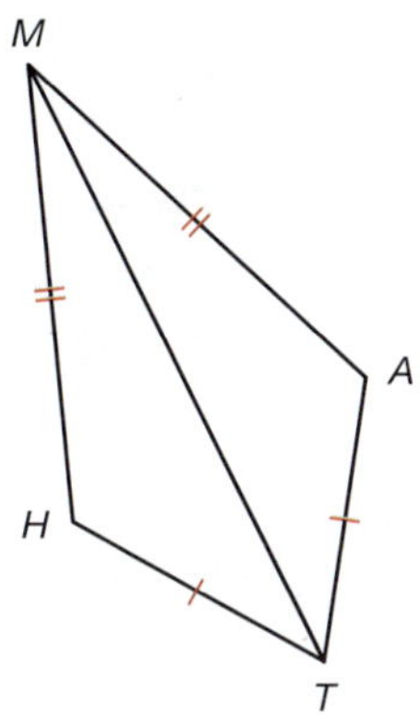

25

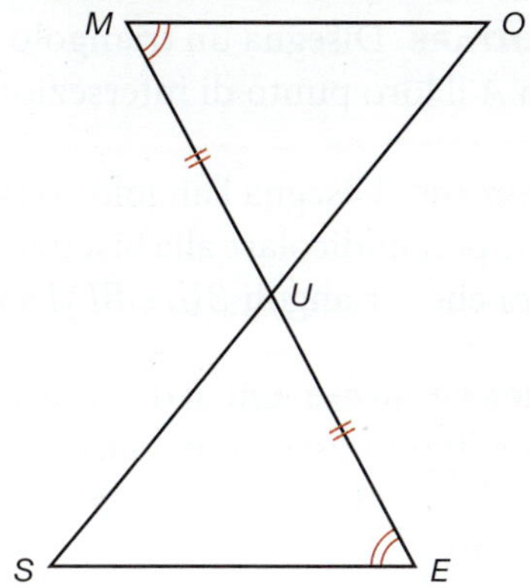

26

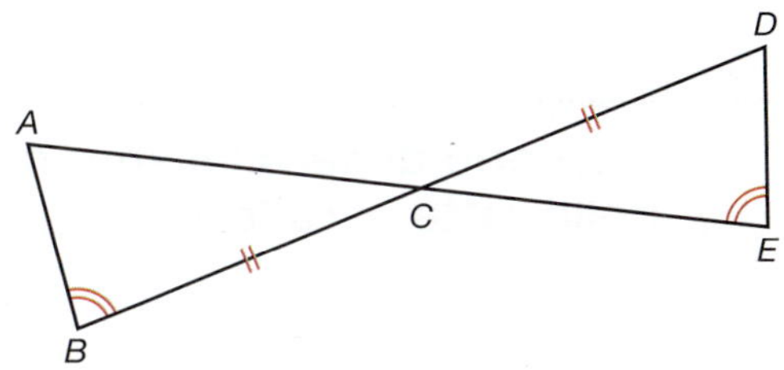

27

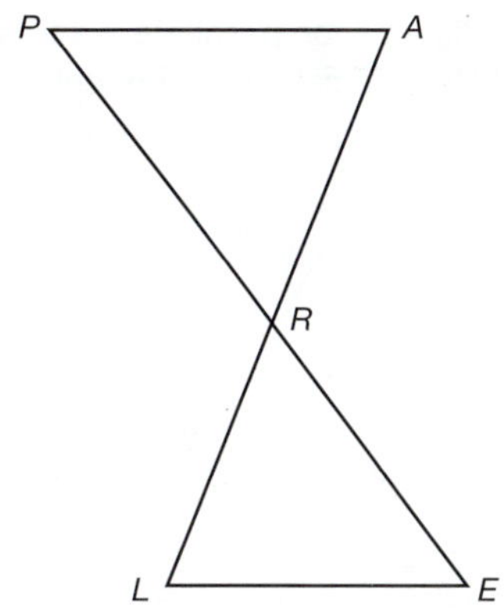

28 Costruisci un triangolo isoscele PQR tale che $PQ \cong PR = 10$ cm e $QR = 9$ cm. Misura l'ampiezza di $Q\widehat{P}R$.

29 Costruisci un triangolo equilatero con i lati di 9,5 cm.

30 Costruisci un triangolo JIM tale che $JI = 10{,}2$ cm, $J\widehat{I}M = 60°$ e $I\widehat{J}M = 45°$. Misura la lunghezza di JM.

31 Costruisci un triangolo TOM tale che $OT = 9{,}8$ cm, $OM = 6{,}5$ cm e $T\widehat{O}M = 88°$.

a. Misura la lunghezza di TM.

b. Costruisci l'asse del segmento TO in modo che intersechi il lato TM nel punto I e misura la lunghezza del segmento OI.

32 Costruisci un triangolo LEA tale che $EL = 9{,}4$ cm, $LA = 8{,}8$ cm e $L\widehat{E}A = 60°$. Misura la ampiezza dell'angolo opposto al lato minore.

33 **ARGOMENTARE** Disegna un triangolo TIM tale che $TI \cong TM$. Indica con R e A i punti medi di TI e TM rispettivamente. Dimostra che $T\widehat{R}A \cong T\widehat{A}R$.

34 **ARGOMENTARE** Disegna un triangolo TIM tale che $TI \cong TM$. Traccia le bisettrici di $T\hat{I}M$ e $T\widehat{M}I$ e indica con A il loro punto di intersezione. Dimostra che $AI \cong AM$.

35 **ARGOMENTARE** Disegna l'angolo convesso $T\hat{I}C$, traccia la sua bisettrice e scegli un punto B su di essa. Traccia la perpendicolare alla bisettrice in B e indica con L e M le sue intersezioni con il lati dell'angolo. Dimostra che i triangoli BIL e BIM sono congruenti.

36 **RISOLVERE PROBLEMI** Quali dei due modelli di steccato in figura useresti per costruire un recinto solido, in quanto è meno soggetto a deformarsi? Perché?

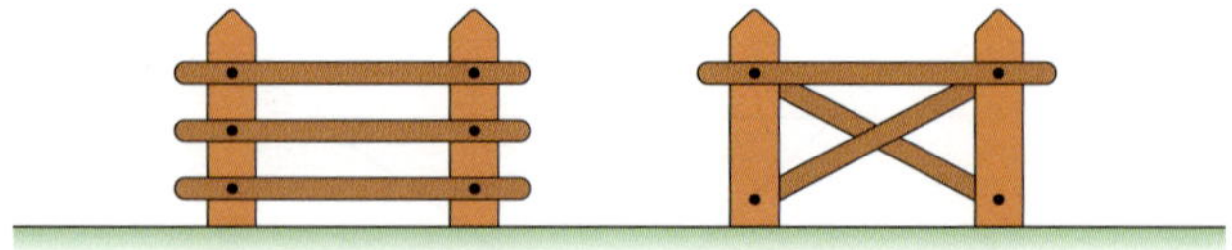

3 Il criterio di parallelismo e le proprietà delle rette parallele

Teoria a pag. 461

Ricorda

IN TEORIA

Le rette r e s in figura sono **parallele**. La trasversale t forma 8 angoli che soddisfano le seguenti proprietà.

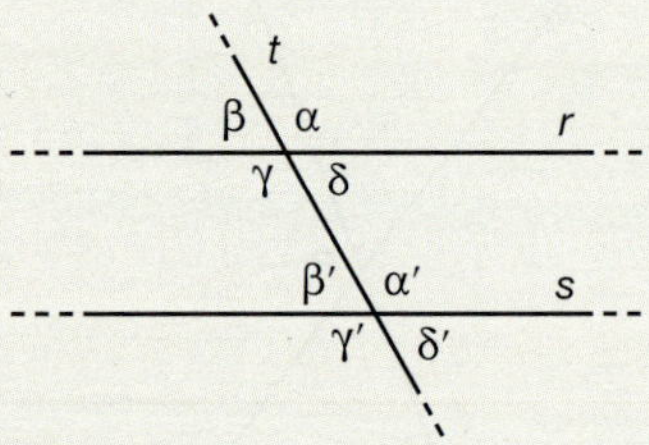

.... ≅ .... ≅ .... ≅ ....; .... ≅ .... ≅ .... ≅ ....

.... + ... = 180°; .... + ... = 180°

.... + ... = 180°; .... + ... = 180°.

In ogni **triangolo**, ciascun angolo esterno è congruente ....

....

La somma degli angoli interni di un **triangolo** è congruente a ....

IN PRATICA

Completa.

a. r è parallela a s.

$\alpha =$ ....

$\beta =$ ....

$\gamma + \alpha =$ ....

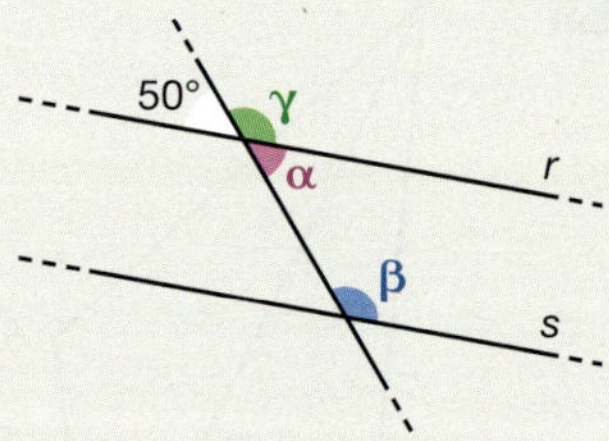

b. I punti A, C e D sono allineati.

$a =$ ....

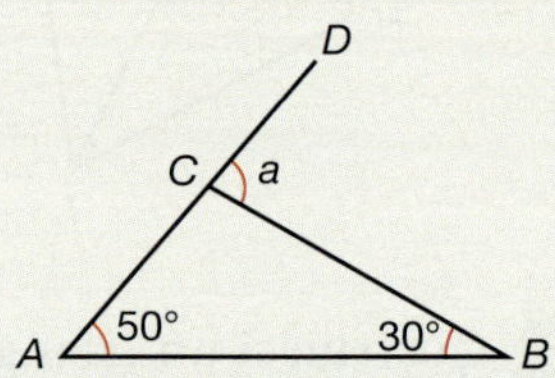

c. $b =$ ....

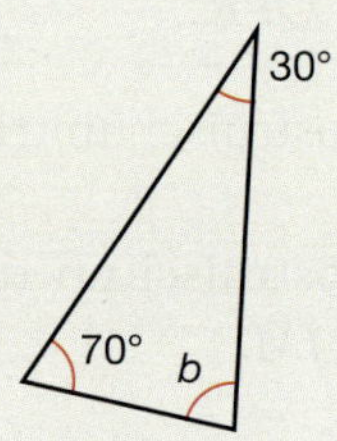

37 In figura la retta PQ interseca le rette parallele AB e CD. Individua le coppie di angoli:

a. corrispondenti;

b. alterni interni;

c. alterni esterni;

d. coniugati interni.

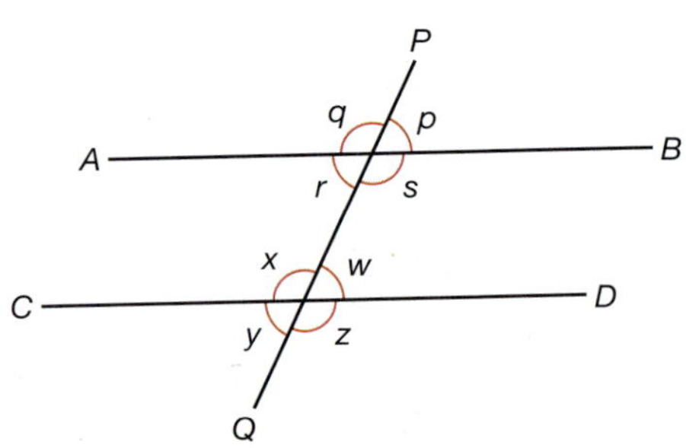

38 In figura le rette AB, CD e EF sono parallele.

a. Indica due angoli congruenti ad $A\widehat{B}C$.

b. Quale angolo sommato a $C\widehat{D}F$ dà come somma 180°?

c. La somma di $B\widehat{A}E$ e $A\widehat{E}F$ è 180°?

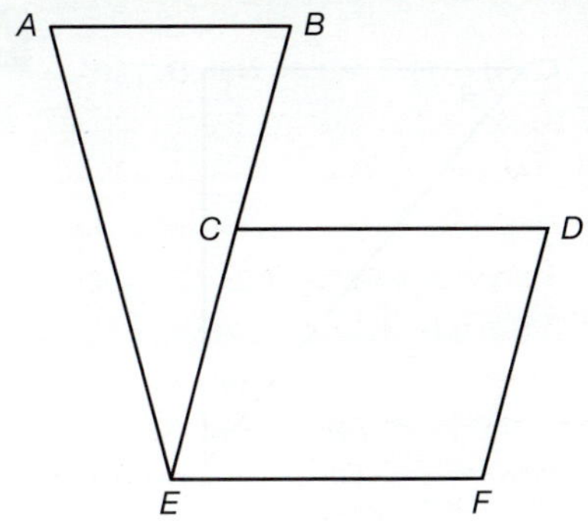

39 In figura le rette AB e CD sono parallele.

a. Scrivi una coppia di angoli:
- corrispondenti;
- alterni interni;
- coniugati.

b. Scrivi una condizione che è necessaria perché MN sia parallela a PQ.

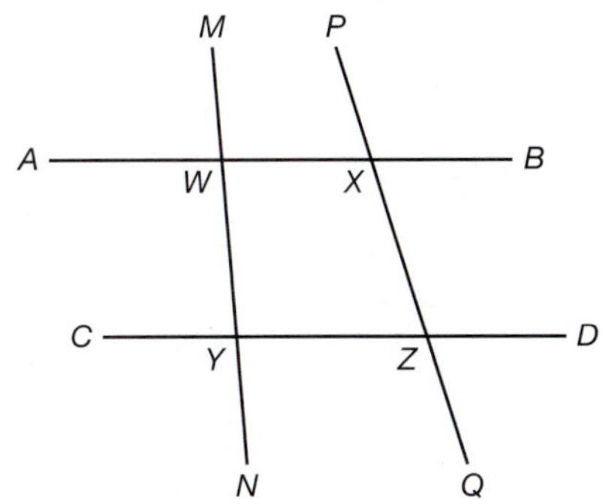

Calcola il valore delle incognite nelle seguenti figure.

40 AB è parallelo a CD.

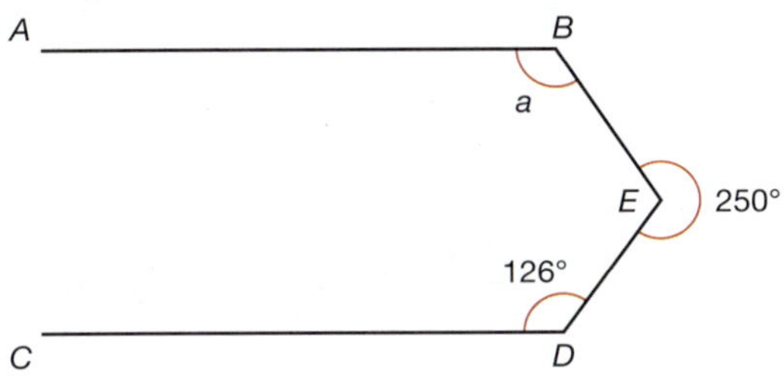

41 AB è parallelo a CD.

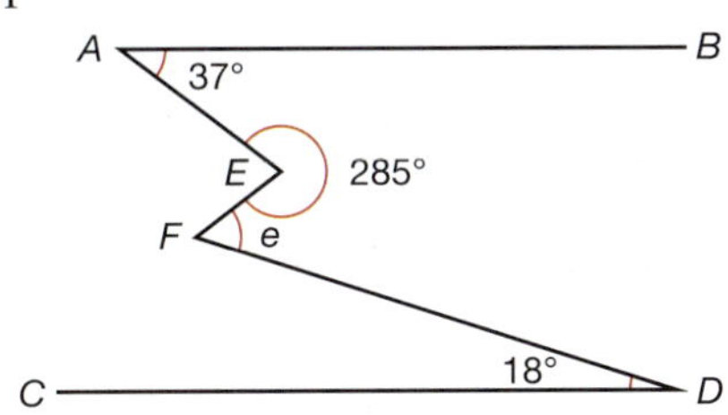

42 AB è parallelo a CD.

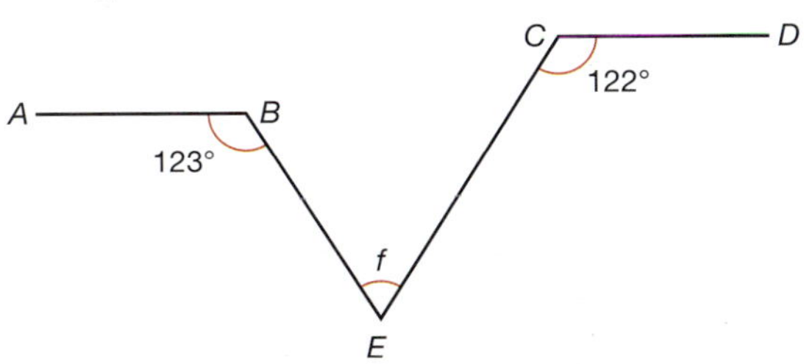

43 AC è parallelo a FG e DB a FE.

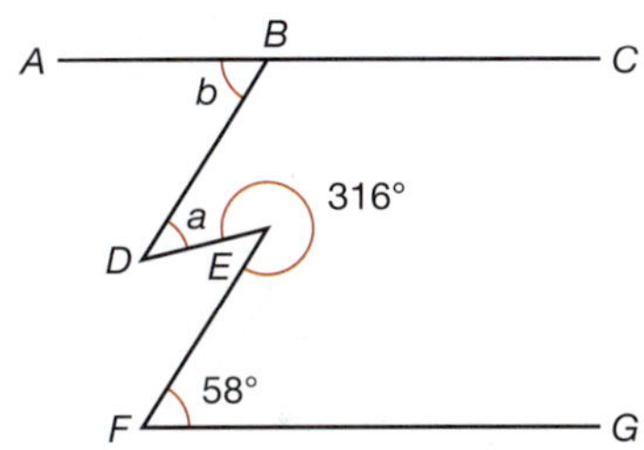

44 I punti A, B, D sono allineati.

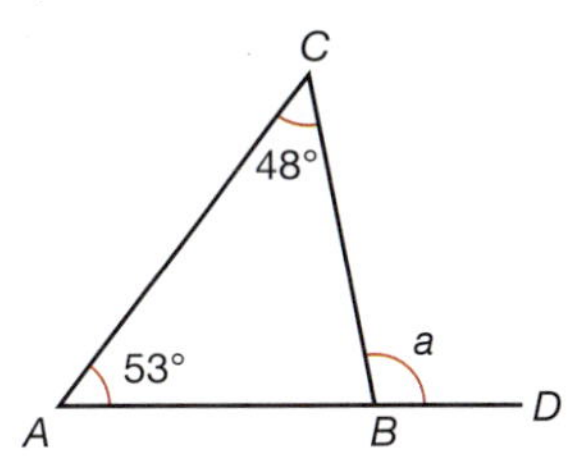

45 I punti A, B, C sono allineati, come A, D, F e B, D, E.

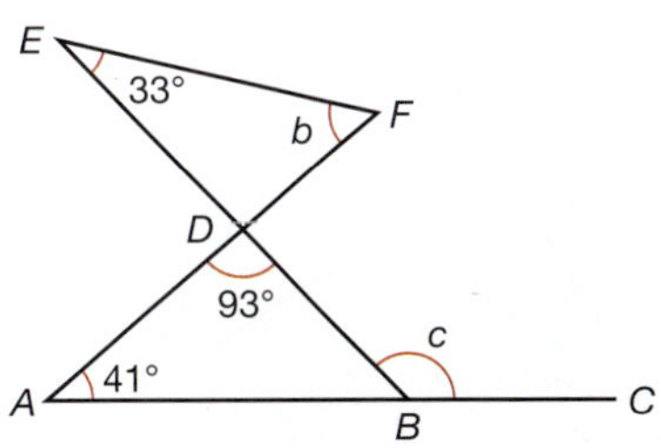

46

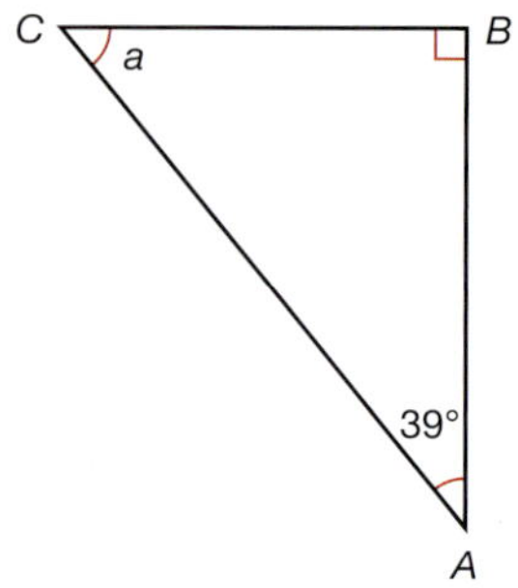

48

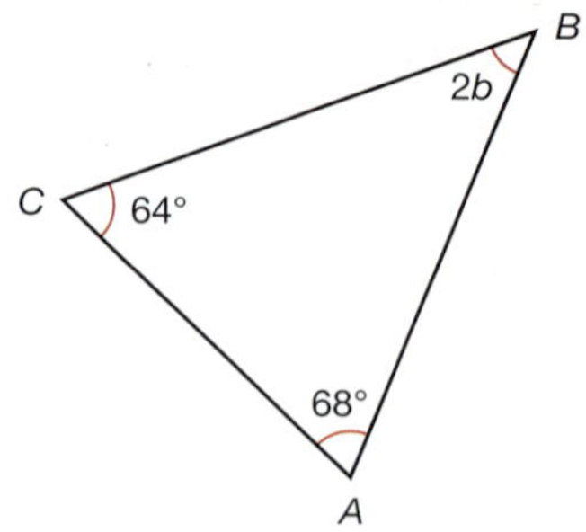

50

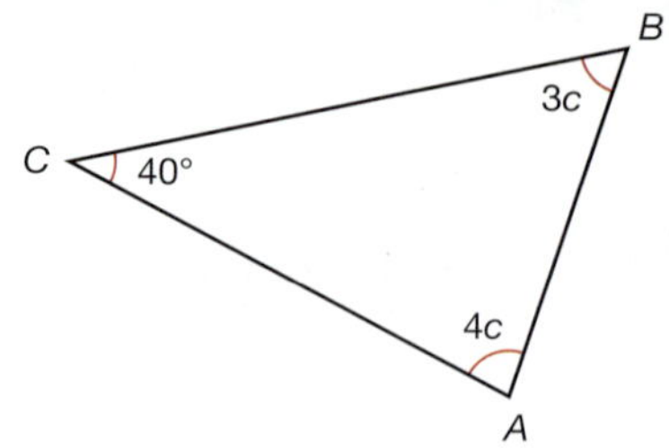

47

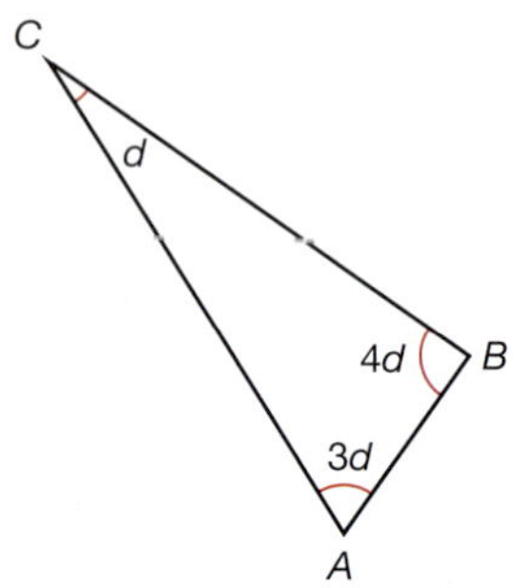

49

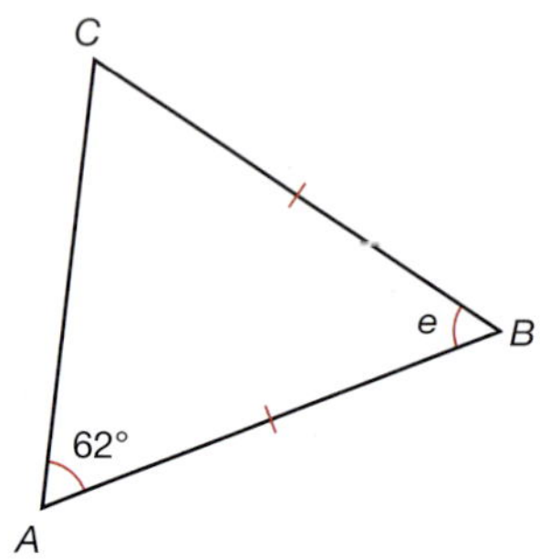

51

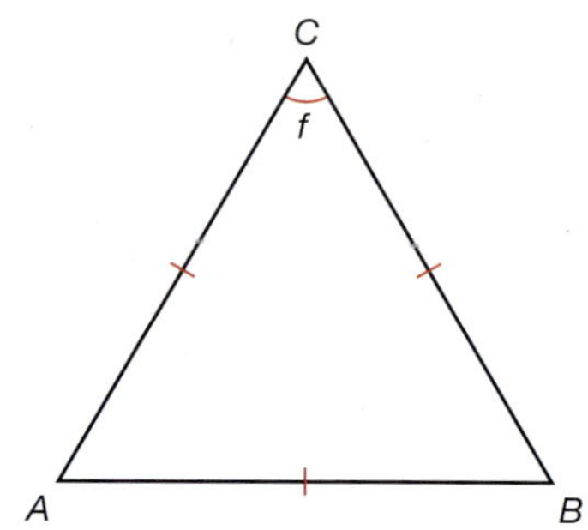

52

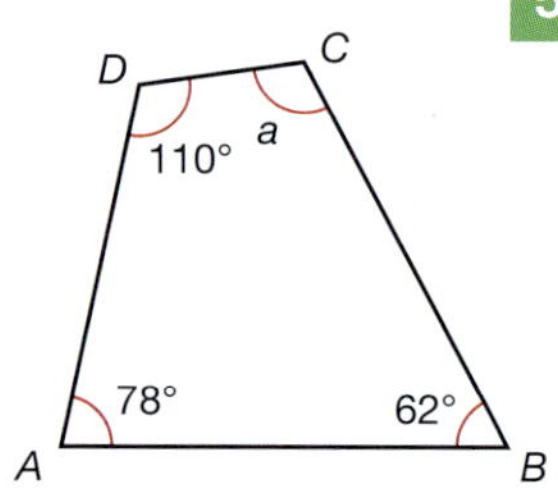

53

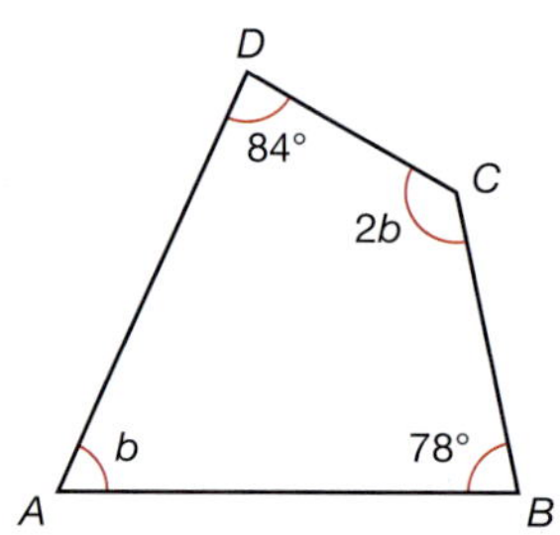

54

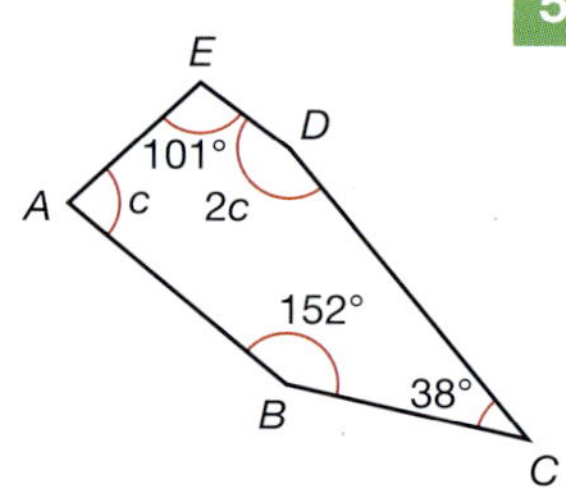

55

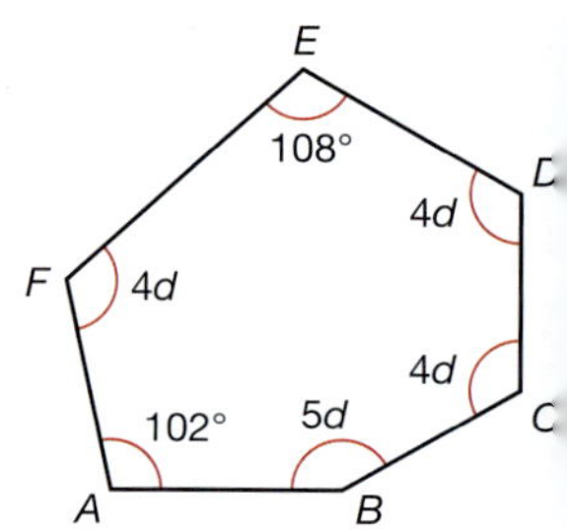

56

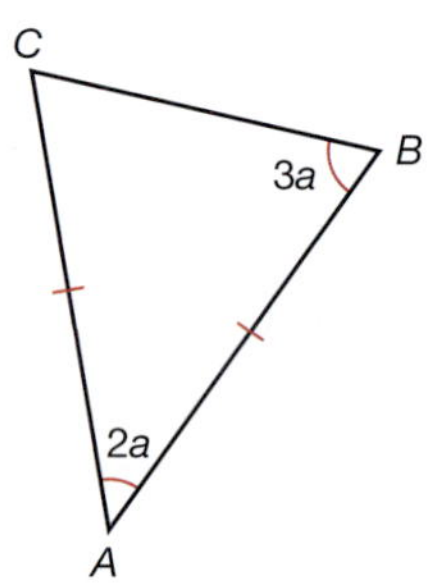

58

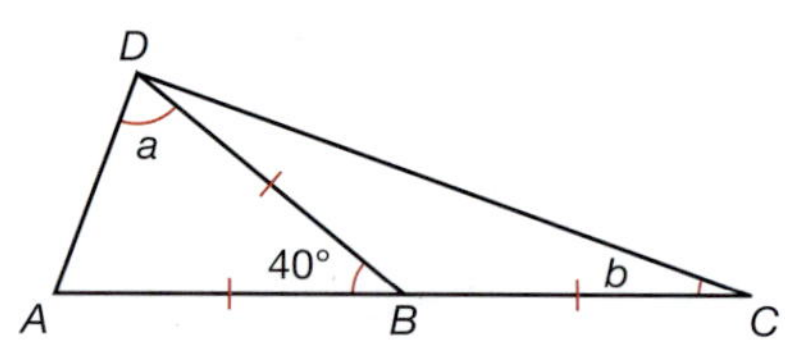

57

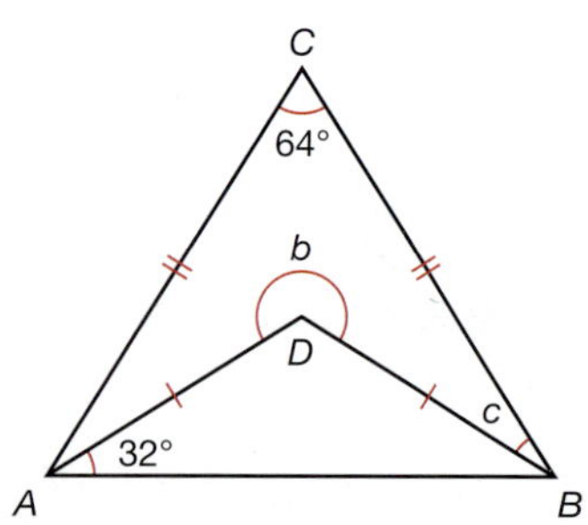

59

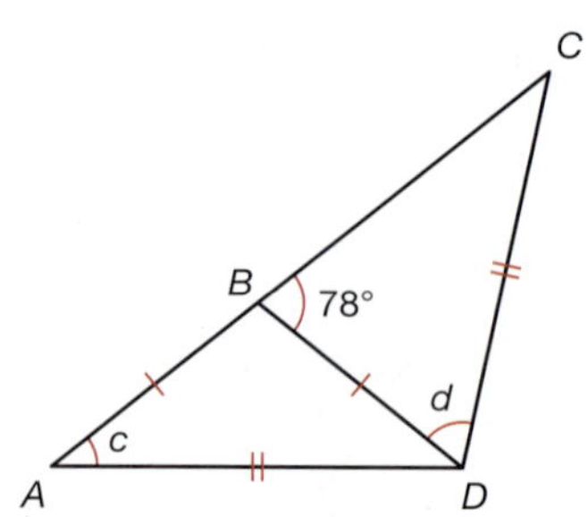

4 | I punti notevoli di un triangolo

Teoria a pag. 465

Ricorda

IN TEORIA

L'**altezza** di un triangolo .... alla base *a* è il segmento .... alla retta contenente la base che ha per estremo ....
Le altezze di un triangolo si incontrano ....

La **mediana** di un triangolo relativa al .... è il segmento che congiunge .... di *a* con il vertice ....
Le mediane di un triangolo si incontrano nel ....

L'**asse** di un triangolo relativo a un lato è la retta passante per .... e .... al lato. Gli assi di un triangolo si incontrano nel ....

L'**incentro** è il punto in cui si incontrano .... dei tre angoli di un triangolo.

IN PRATICA

Completa.

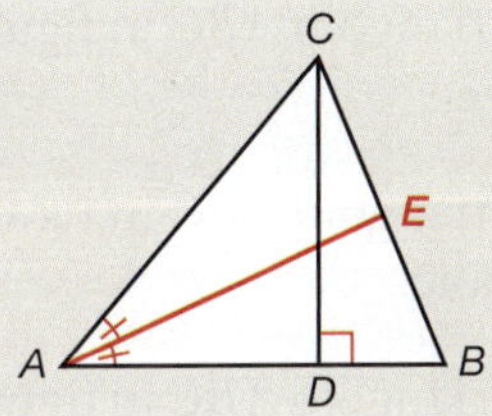

L'altezza relativa alla base *AB* è ....
Il segmento *AE* è .... dell'angolo $C\widehat{A}B$.

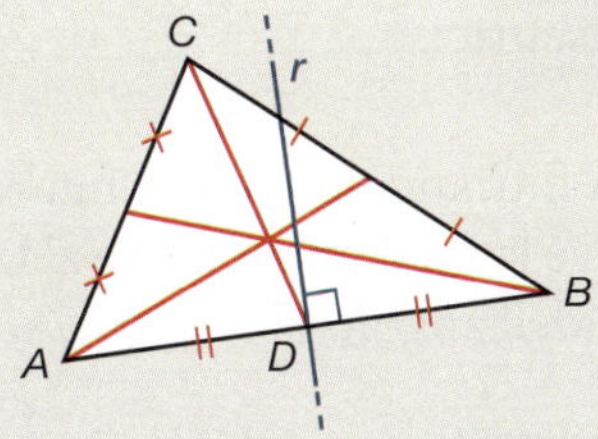

Il segmento *CD* è .... relativa al lato ....
La retta *r* è .... relativo al lato ....

60 Costruisci l'ortocentro del triangolo *PIF* in figura.

61 Costruisci il baricentro del triangolo *PIF* in figura.

62 Costruisci il circocentro del triangolo *PIF* in figura.

63 Costruisci l'incentro del triangolo *PIF* in figura.

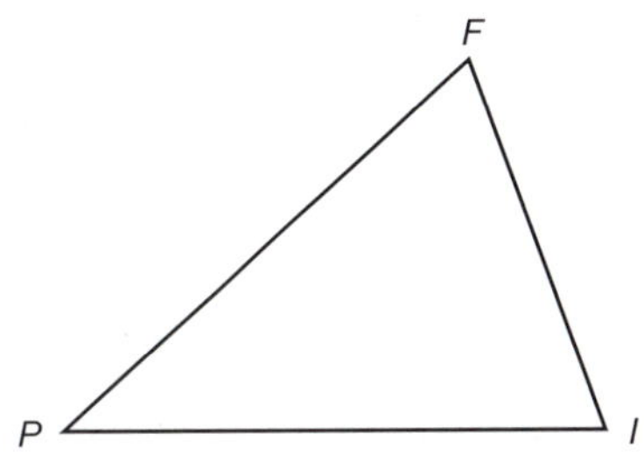

64 Costruisci l'ortocentro del triangolo *MAO* in figura.

65 Costruisci il baricentro del triangolo *MAO* in figura.

66 Costruisci il circocentro del triangolo *MAO* in figura.

67 Costruisci l'incentro del triangolo *MAO* in figura.

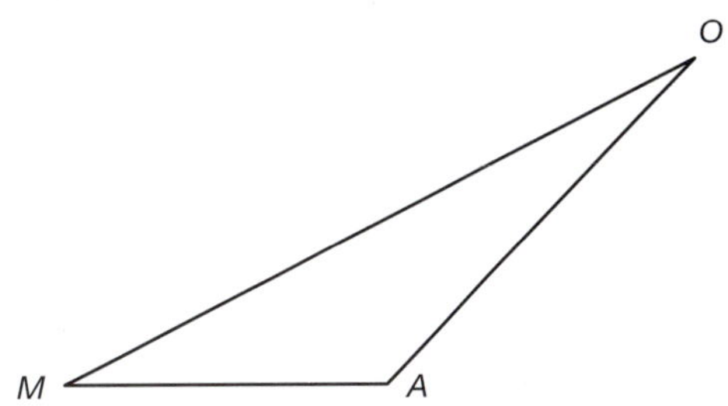

68 Costruisci l'ortocentro del triangolo *PIO* in figura.

69 Costruisci il baricentro del triangolo *PIO* in figura.

70 Costruisci il circocentro del triangolo *PIO* in figura.

71 Costruisci l'incentro del triangolo *PIO* in figura.

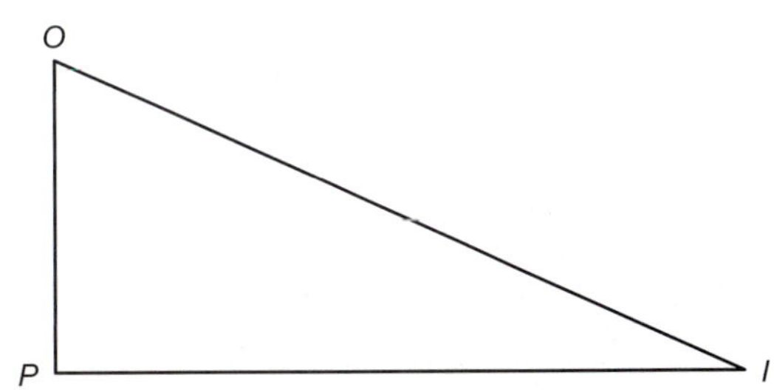

72 Ricopia sul quaderno il triangolo ABC in figura e costruisci l'altezza e la mediana relative al lato AB e la bisettrice dell'angolo $\widehat{C}$.

73 Ricopia il triangolo ABC in figura e costruisci le tre altezze.

74 Ricopia il triangolo ABC in figura e costruisci le tre mediane.

75 Ricopia il triangolo ABC in figura e costruisci i tre assi.

76 Ricopia il triangolo ABC in figura e costruisci le tre bisettrici.

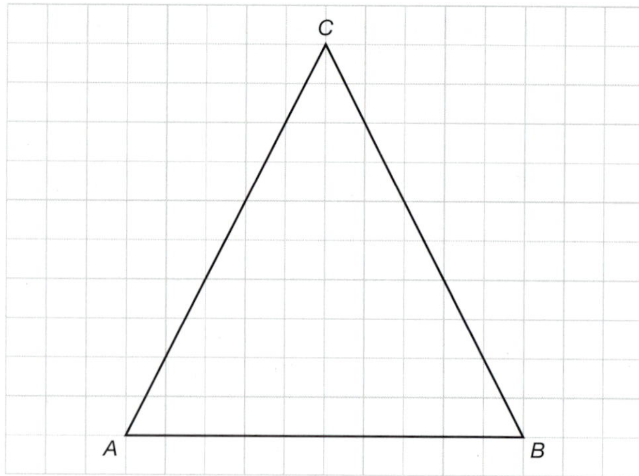

77 Ricopia il triangolo QUI in figura e costruisci l'altezza e la mediana relative al lato QI e la bisettrice dell'angolo $\widehat{U}$.

78 Ricopia il triangolo QUI in figura e costruisci le tre altezze.

79 Ricopia il triangolo QUI in figura e costruisci le tre mediane.

80 Ricopia il triangolo QUI in figura e costruisci i tre assi.

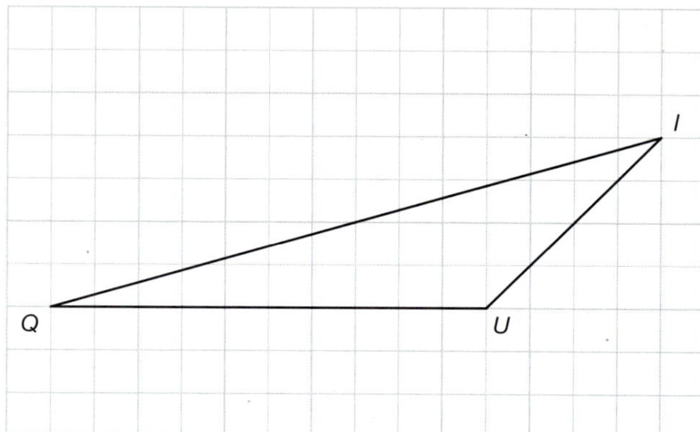

81 Ricopia il triangolo QUI in figura e costruisci le tre bisettrici.

82 **ARGOMENTARE** Dimostra che in un triangolo isoscele la bisettrice dell'angolo al vertice coincide con la mediana.

SUGGERIMENTO Disegna un triangolo isoscele e scrivi ipotesi e tesi in relazione agli elementi della figura. Utilizza come traccia la dimostrazione che in un triangolo isoscele gli angoli alla base sono congruenti.

83 In figura sono indicati i punti medi M e N dei lati BC e AC. Come puoi tracciare il baricentro usando un compasso e un righello <u>non graduato</u>?

84 Disegna un triangolo isoscele e traccia ortocentro, baricentro, circocentro e incentro. Cosa osservi?

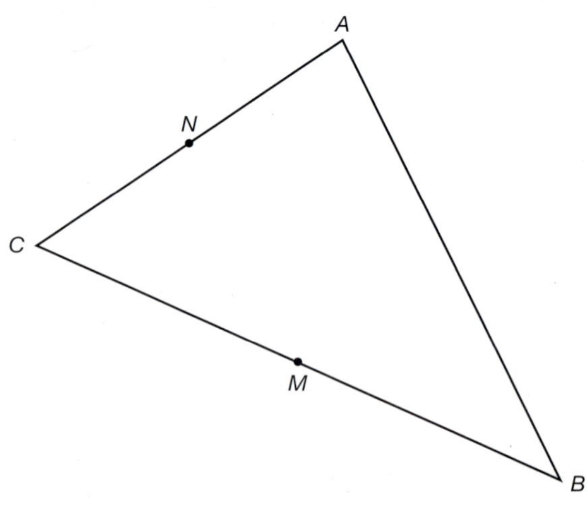

5 | La distanza

Teoria a pag. 469

Ricorda

IN TEORIA

La **distanza tra due punti** è la lunghezza .... che li unisce.

La **distanza di un punto *P* da una retta *r*** è il segmento .... che ha per estremi .... e il punto *P′*, che è .... della perpendicolare con ....

Il punto *P′* è .... del punto *P* sulla retta *r*.

La distanza tra due rette parallele è la distanza di .... della prima retta ....

IN PRATICA

r e *s* sono due rette parallele.

La distanza fra le due rette è il segmento:

- ☐ *AC*.
- ☐ *BD*.

Il punto *D* è la proiezione ortogonale sulla retta *t* di:

- ☐ *A*.
- ☐ *B*.
- ☐ *C*.

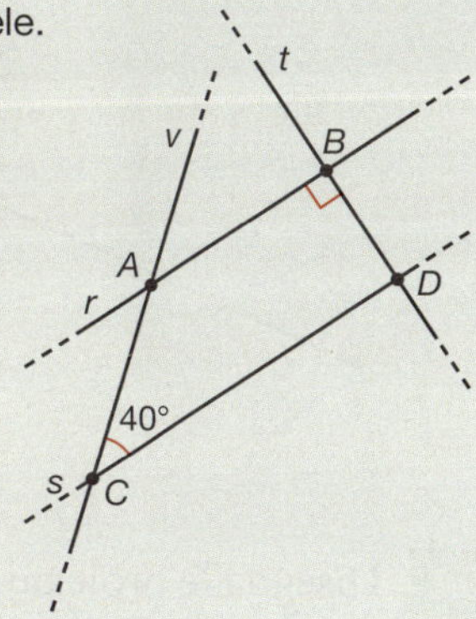

85 Traccia e misura la distanza del punto *K* dalla retta *r*.

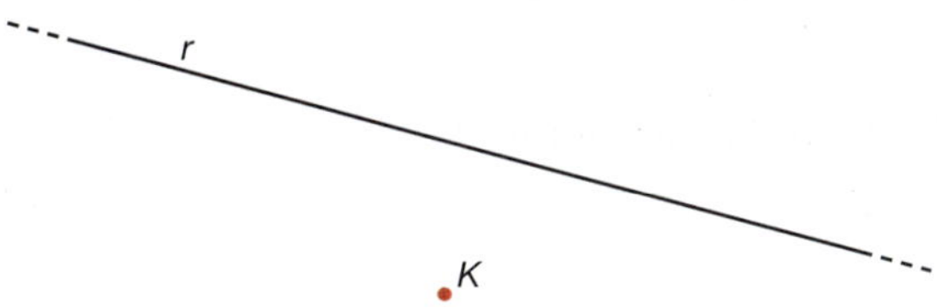

86 Traccia e misura la distanza tra le rette *u* e *v*.

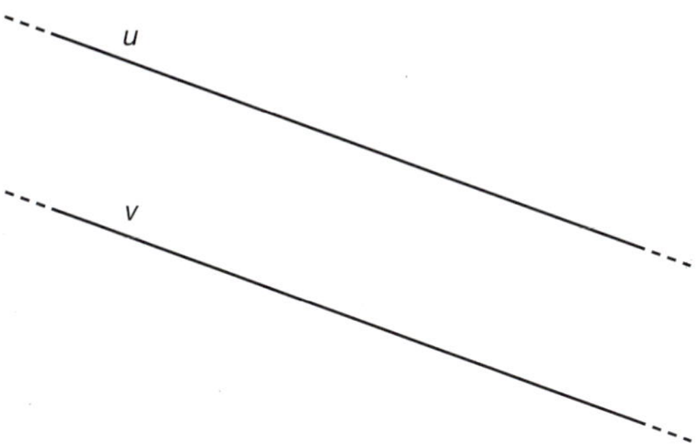

87 Traccia e misura la distanza tra le rette *u* e *v*.

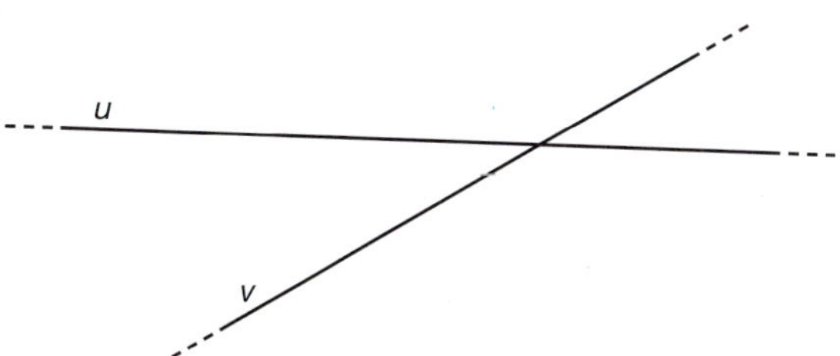

88 Disegna le proiezioni dei punti *C*, *D* ed *E* sulla retta *r* in figura.

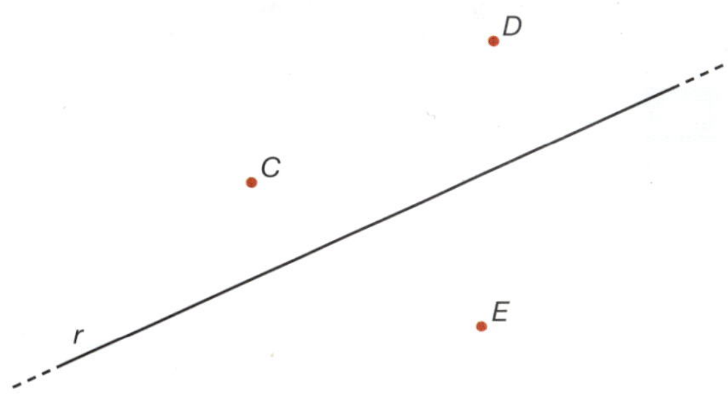

89 Disegna le proiezioni dei punti *C*, *D* ed *E* sulla retta *r* in figura.

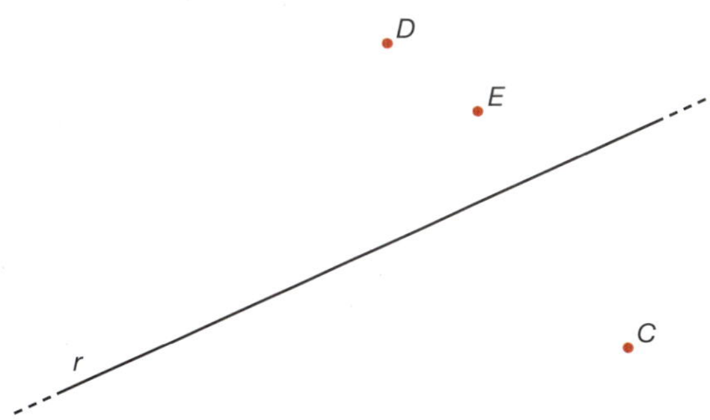

ESERCIZI

90 Disegna le proiezioni dei punti C, D ed E sulla retta r in figura.

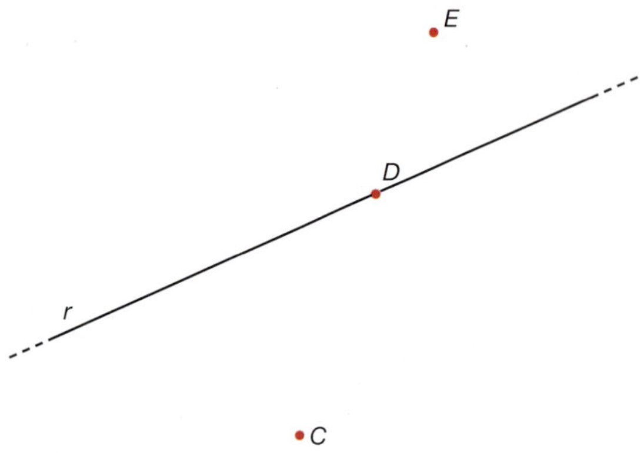

91 Disegna le proiezioni dei punti C, D ed E sulla retta r in figura.

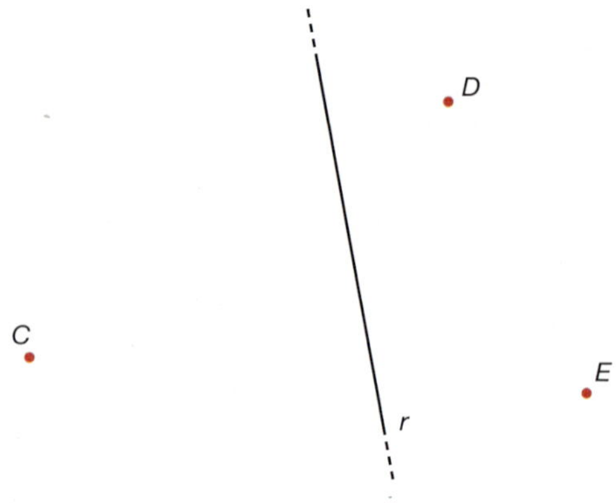

92 Disegna le proiezioni dei segmenti CD, EF e GH sulla retta r in figura.

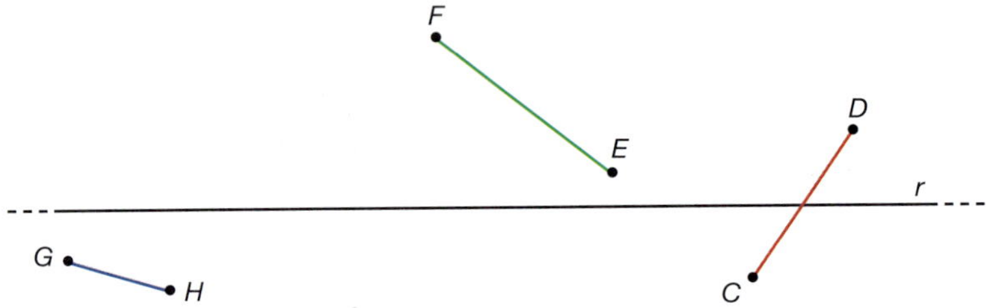

93 Disegna le proiezioni dei segmenti CD, EF e GH sulla retta r in figura.

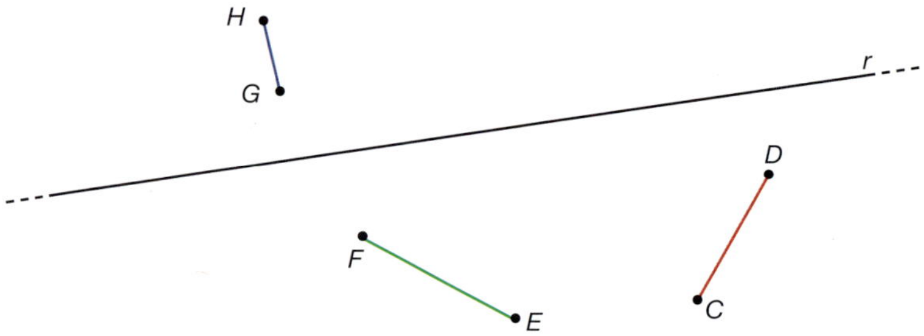

94 Disegna le proiezioni dei segmenti CD, EF e GH sulla retta r in figura.

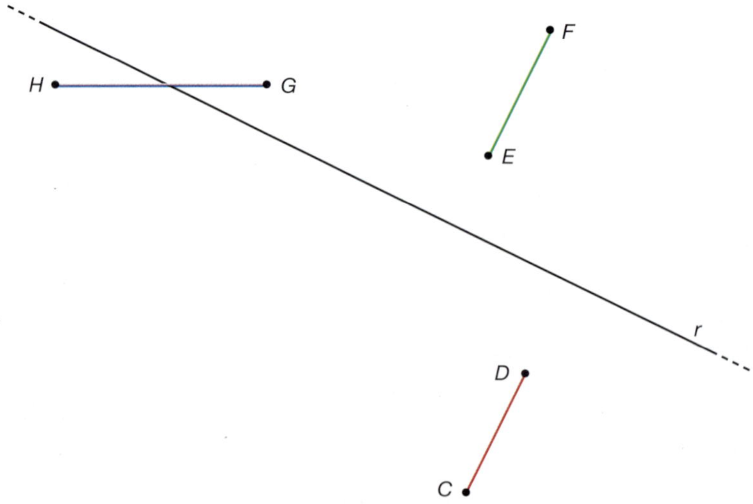

95 Disegna due rette parallele che distino 2 cm una dall'altra.

96 **ARGOMENTARE** Le rette m e n sono parallele e distano tra loro 3 cm. Il segmento AB appartiene a m, il segmento CD appartiene a n.
Si può definire la distanza minima tra AB e CD e dire che questa è 3 cm? Perché?

97 Osservando la figura a fianco, traccia il percorso più breve dal punto A al punto B.

98 Osservando la figura a fianco, descrivi e traccia il percorso più breve dalla retta s alla retta t.

99 Osservando la figura a fianco, descrivi e traccia il percorso più breve dal punto C alla retta t.

100 Osservando la figura a fianco, traccia il percorso più breve che parta dal punto D, passi nell'ordine per la retta s, per il punto C, la retta r e termini nel punto H.

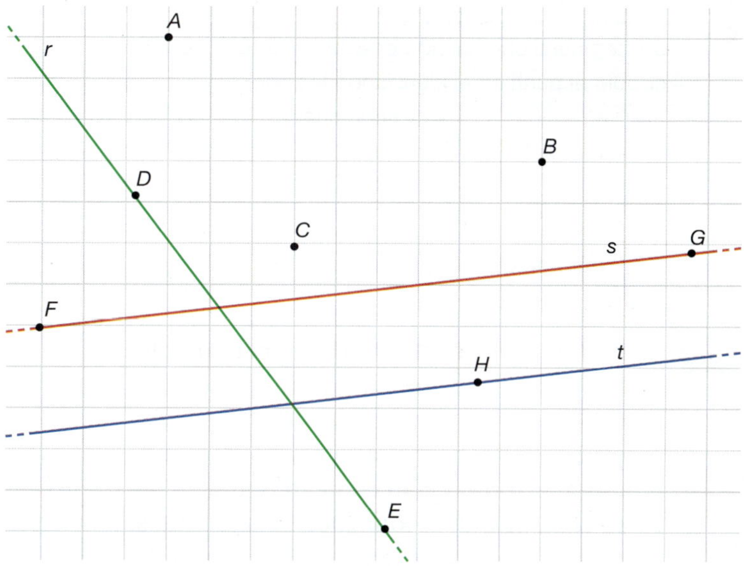

101 Disegna la proiezione del triangolo TOM sulla retta r in figura.

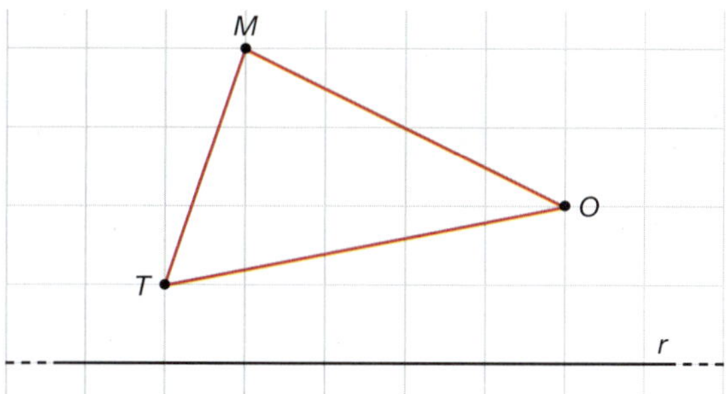

102 Disegna la proiezione del triangolo TOM sulla retta r in figura.

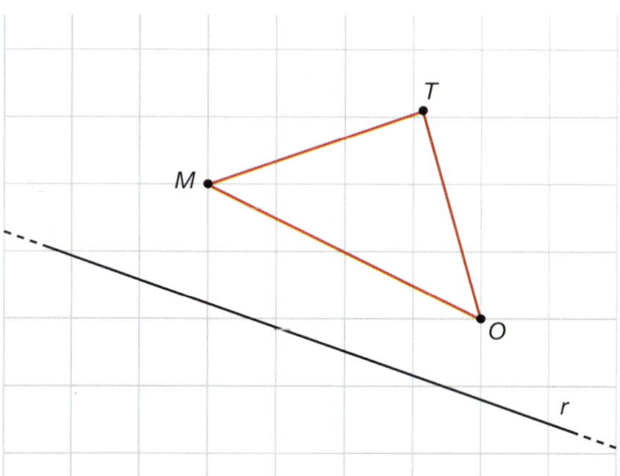

103 Disegna la proiezione del triangolo TOM sulla retta r in figura.

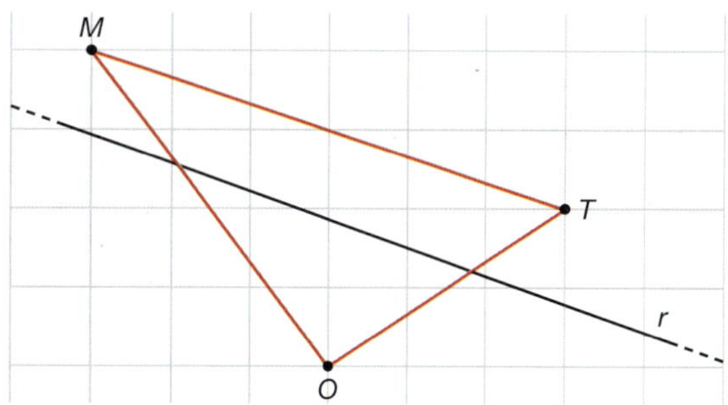

104 **EFFETTUARE STIME E APPROSSIMAZIONI** Osserva il tratto di curva in figura. Il lato dei quadretti sullo sfondo è lungo 1 cm.
Valuta la lunghezza della curva approssimandola con una linea spezzata.

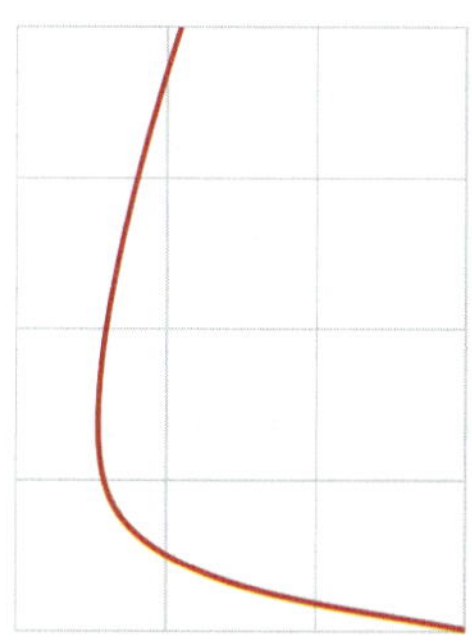

6 I diagrammi di Voronoi

Teoria a pag. 473

Ricorda

IN TEORIA

Il diagramma di Voronoi relativo a un insieme di punti si traccia disegnando gli .... dei segmenti che hanno per estremi tutte le possibili coppie di punti ed evidenziando le zone .... a ciascun punto.

IN PRATICA

Evidenzia le rette che compongono il diagramma di Voronoi relativo ai punti *A*, *B*, *C*.

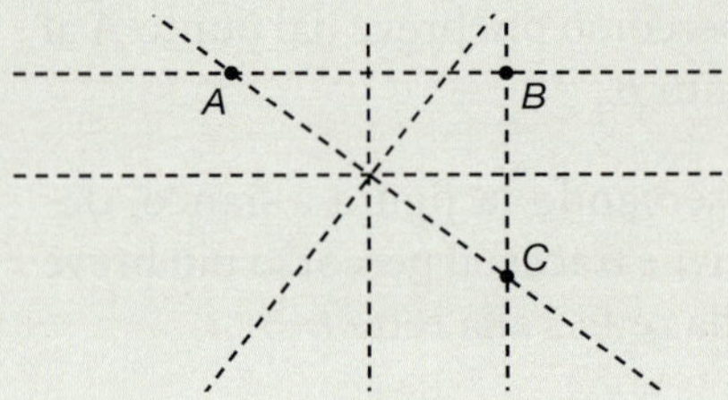

105 **RISOLVERE PROBLEMI** **Città preistoriche** In una vasta pianura senza confini naturali gli archeologi hanno trovato i resti di tre insediamenti neolitici che stimano essere stati contemporanei, posizionati come in figura.
In assenza di indicazioni specifiche, come si potrebbero ipotizzare le zone di dominio dei tre insediamenti? Quale potrebbe essere la tribù più potente?

106 Traccia il diagramma di Voronoi relativo ai punti in figura.

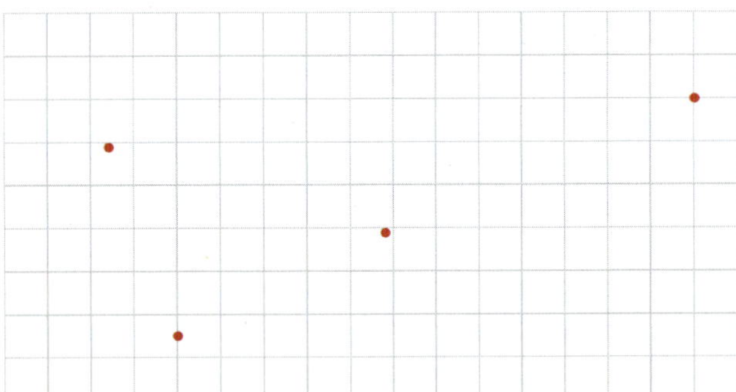

107 Traccia il diagramma di Voronoi relativo ai punti in figura.

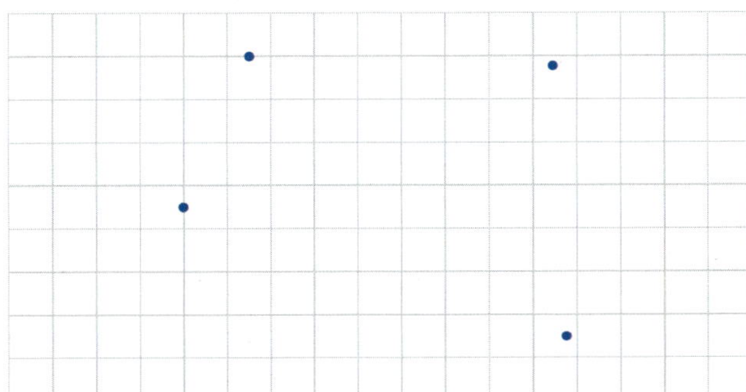

108 Alle estremità della Galassia, quattro civiltà si sono spartite una porzione di universo attribuendo a ciascuna il controllo sulla parte più vicina a essa.
Dividi la mappa stellare del Piano Galattico nelle quattro zone di influenza dei pianeti abitati dalle civiltà dominanti.

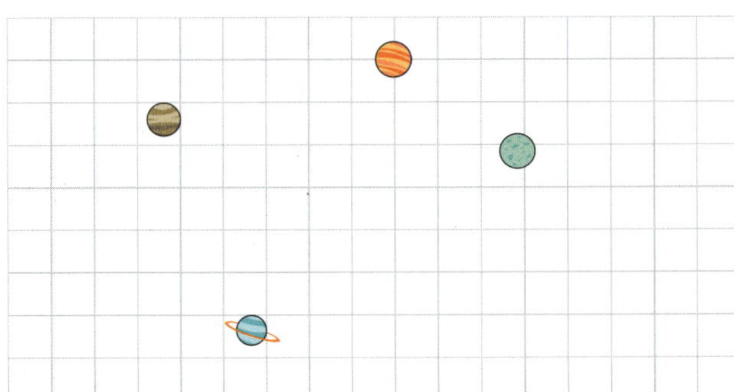

ESERCIZI DI RIEPILOGO

109 In ciascuno dei seguenti casi, conoscendo le ampiezze di A e B, disegna un triangolo ABC. Calcola l'ampiezza di C e poi classifica ogni triangolo in base ai lati e agli angoli (per esempio «triangolo equilatero acutangolo»).

a. $\widehat{A} = 20°$; $\widehat{B} = 60°$.

b. $\widehat{A} = 70°$; $\widehat{B} = 40°$.

c. $\widehat{A} = 60°$; $\widehat{B} = 60°$.

d. $\widehat{A} = 42°$; $\widehat{B} = 48°$.

110 In ciascuno dei seguenti casi, l'angolo dato è l'angolo alla base di un triangolo isoscele. Calcola il terzo angolo del triangolo.

a. 40° **b.** 87° **c.** 15° **d.** 79°

Calcola il valore delle incognite nelle seguenti figure (esercizi da 111 a 135).

111 AB è parallela a CD.

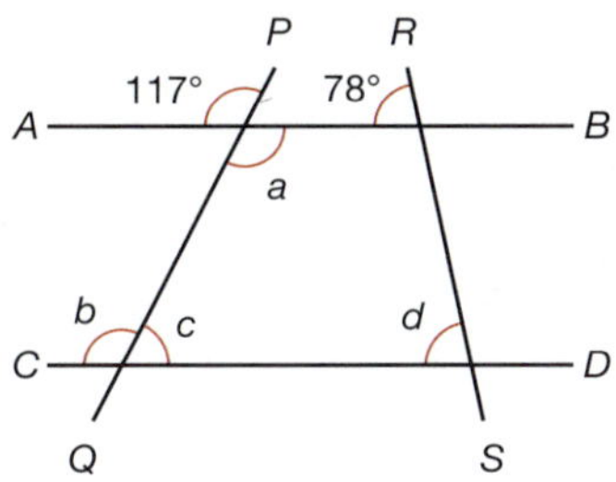

112 AB è parallela a CD.

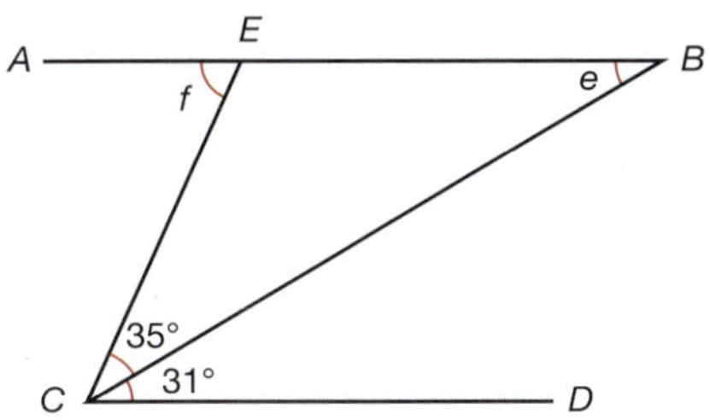

113 AB è parallela a CD.

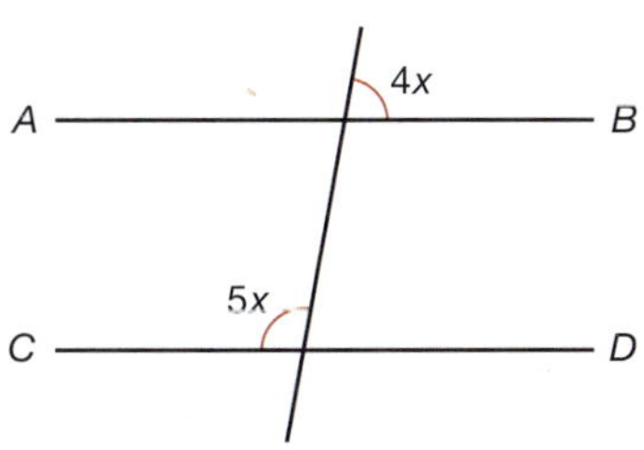

114 AB è parallela a CD.

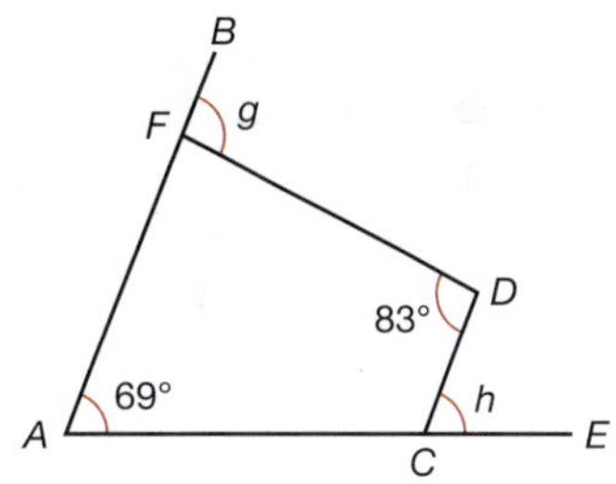

115 AB è parallela a CD.

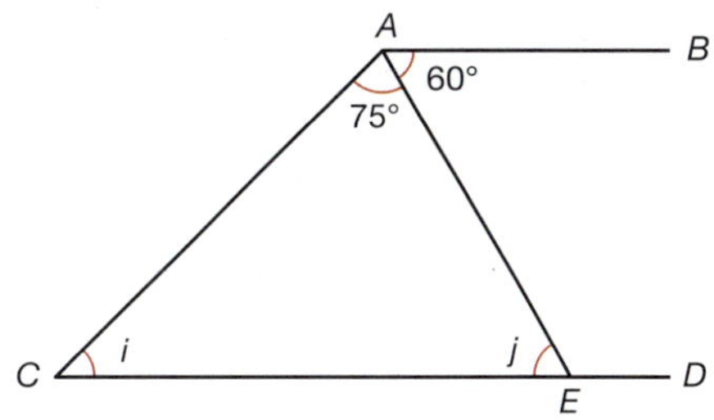

116 AB è parallela a CD.

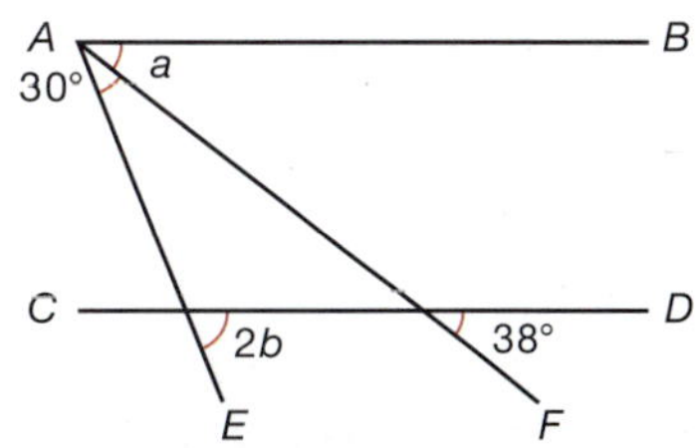

117 *AB* è parallela a *CD*.

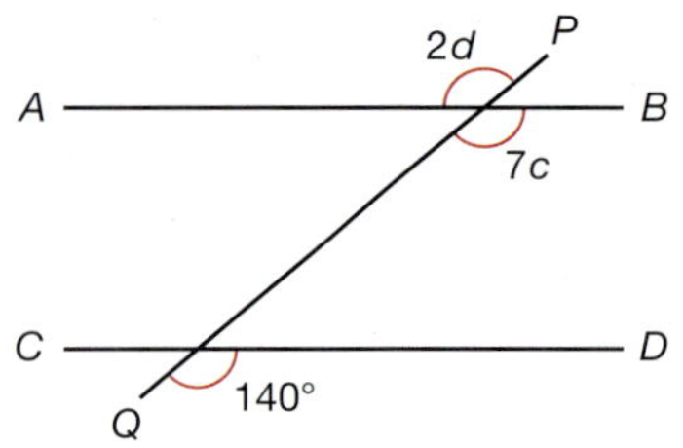

118 *AB* è parallela a *CD*.

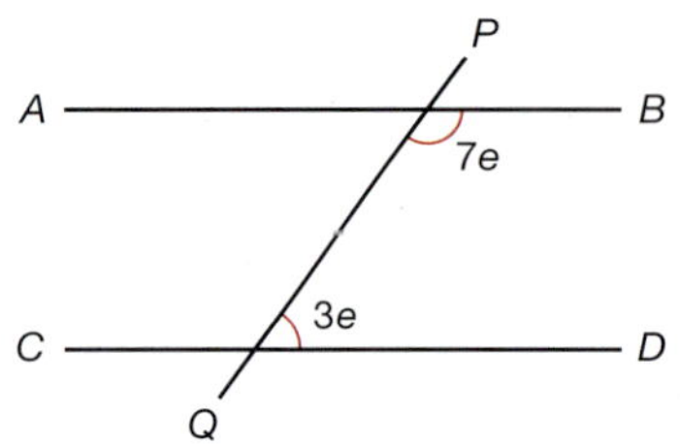

119 *D*, *A*, *B* sono allineati.

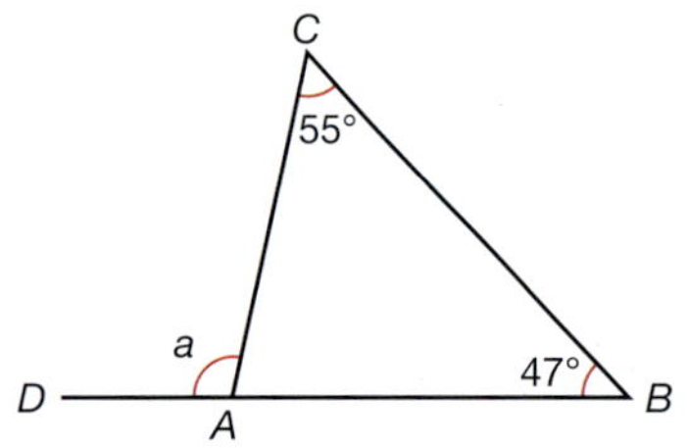

120 *D*, *A*, *B* sono allineati.

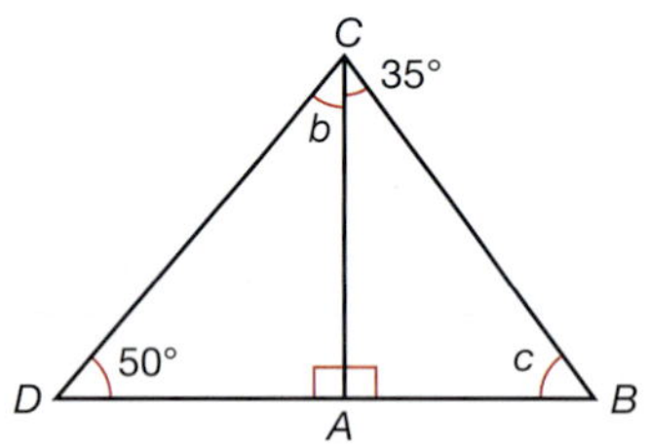

121 *D*, *A*, *B* sono allineati.

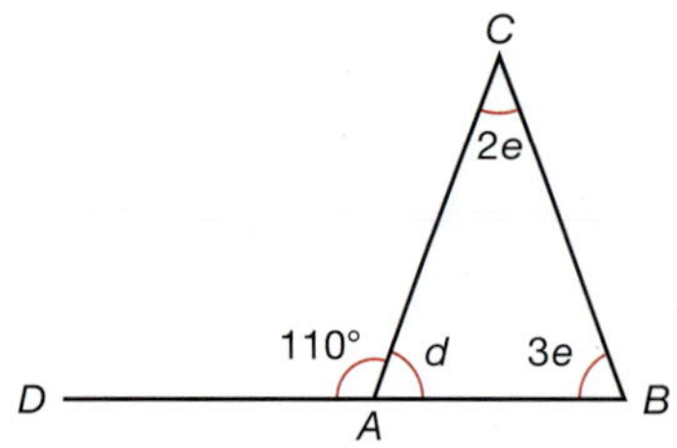

122

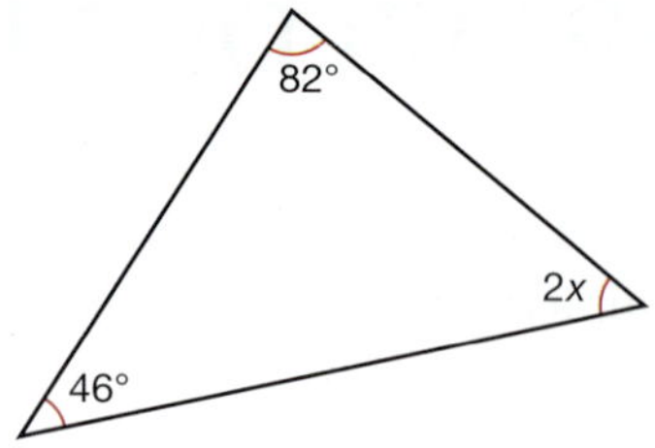

123

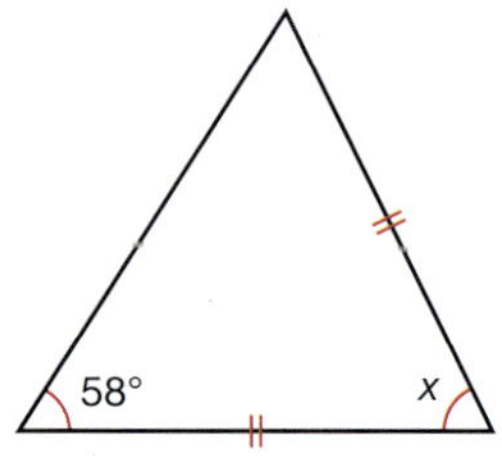

124

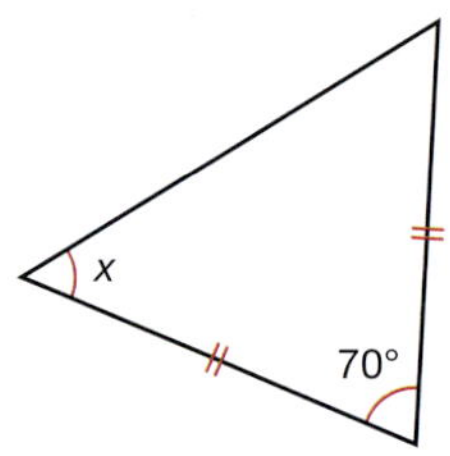

125

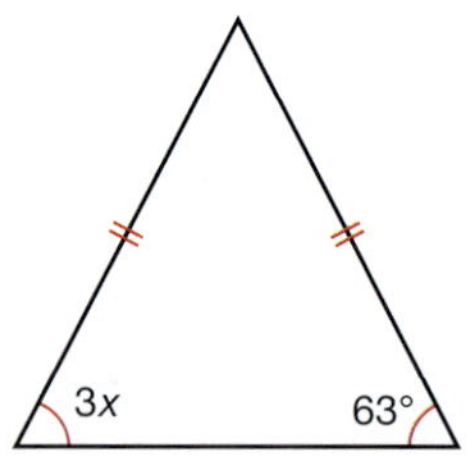

126

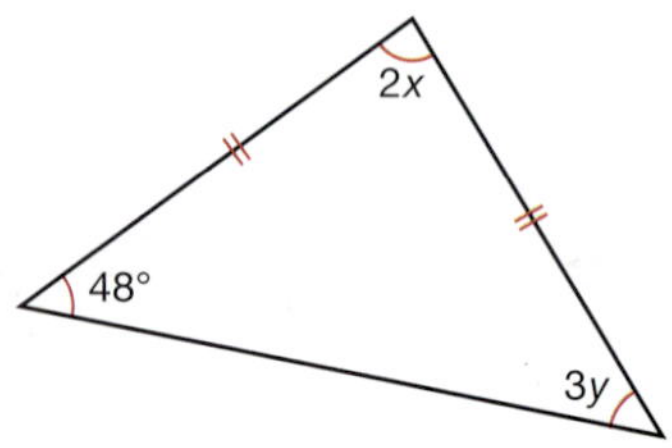

127 *D, A, B* sono allineati.

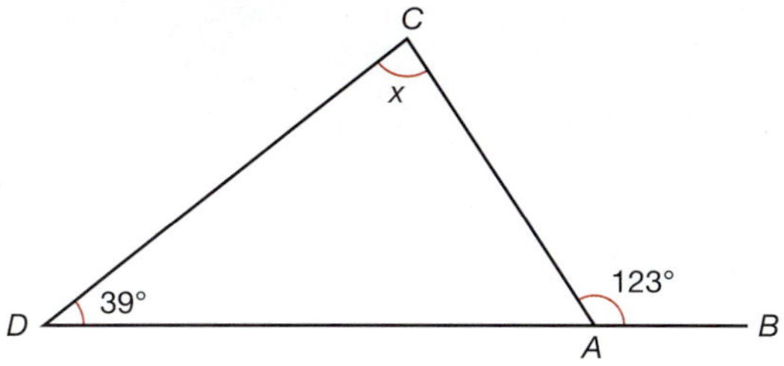

128 *D, A, B* sono allineati.

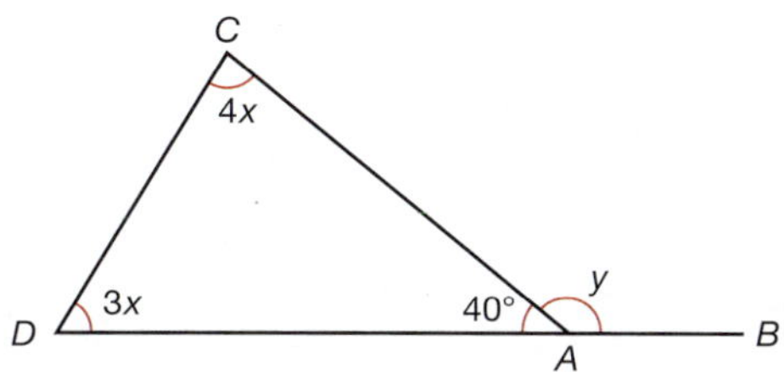

129 *D, A, B* sono allineati.

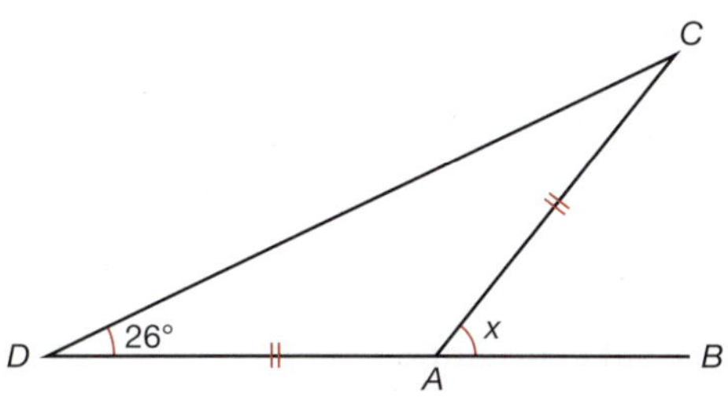

130 *D, A, B* sono allineati.

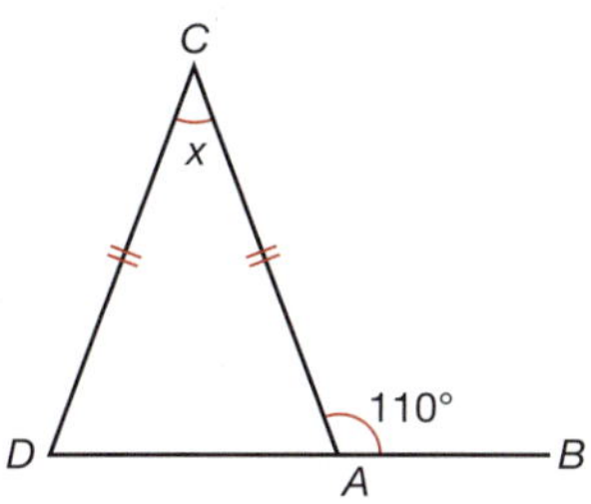

131 *D, A, B* ed *E, A, C* sono allineati.

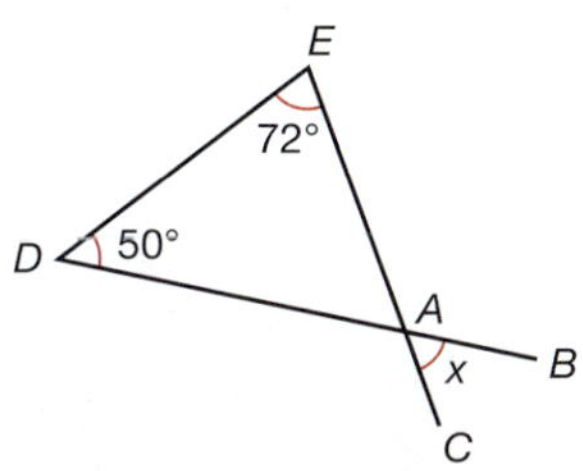

132 *AB* è parallela a *CD*.

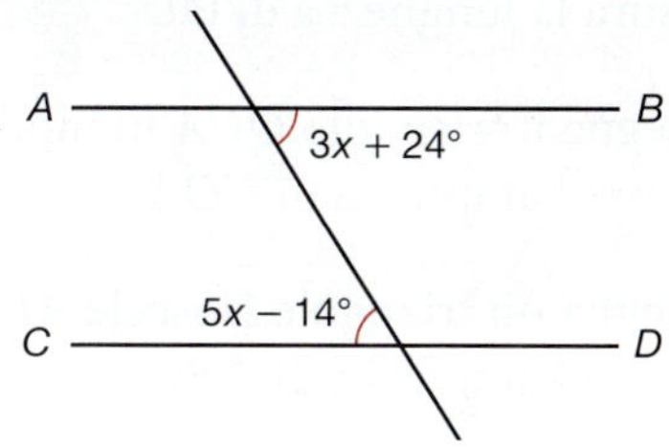

133 *AB* è parallela a *CD*.

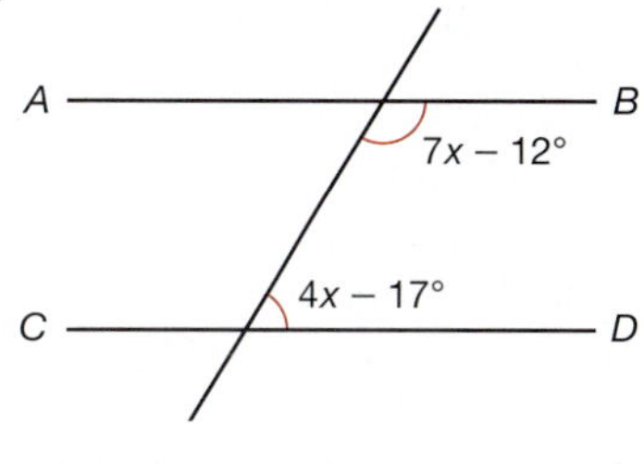

134 *D, A, B* sono allineati.

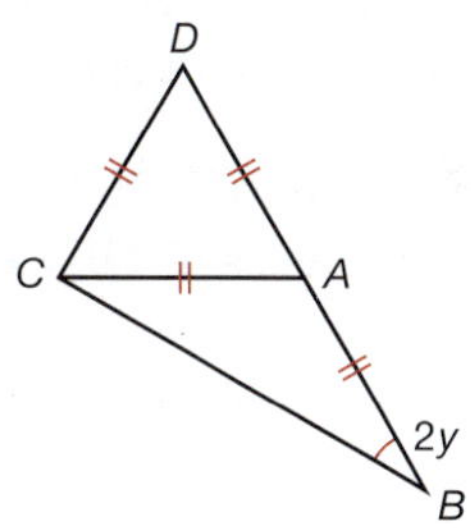

135 *CD* è parallelo a *AB*.

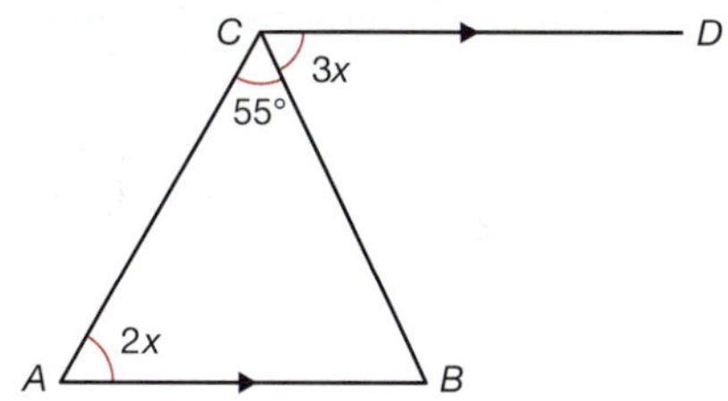

136 **ARGOMENTARE** In figura le rette *AB*, *CD* ed *EF* sono parallele. *CB* è inoltre parallela a *ED*.

a. Spiega perché l'angolo concavo $A\widehat{B}C$ è congruente all'angolo concavo $B\widehat{C}D$.

b. $A\widehat{B}C$ è congruente a $D\widehat{E}F$? Perché?

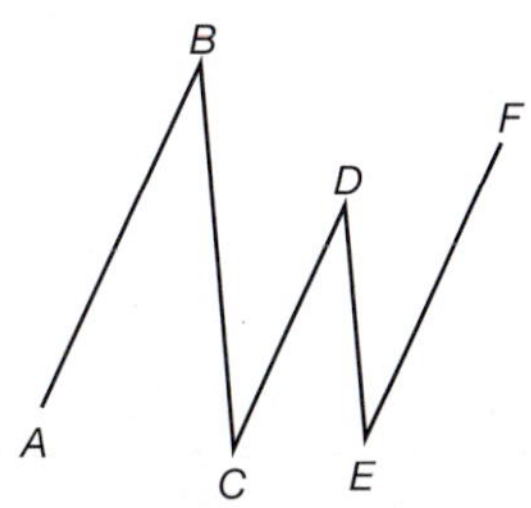

137 Disegna il triangolo QUO in modo che $QU = 8{,}5$ cm, $QO = 4{,}6$ cm e $U\widehat{Q}O = 54°$. Misura la lunghezza di OU.

138 Disegna il triangolo QUA in modo che $QU = 6{,}6$ cm, $QA = 9{,}2$ cm e $Q\widehat{U}A = 98°$. Misura l'ampiezza di $U\widehat{Q}A$.

139 Disegna un triangolo isoscele ABC tale che $AB \cong AC = 7{,}2$ cm e $BC = 5$ cm. Misura l'ampiezza di $A\widehat{B}C$.

140 Disegna un triangolo isoscele PQR tale che $PQ \cong PR = 9{,}6$ cm e $QR = 12$ cm. Misura l'ampiezza di $P\widehat{Q}R$.

141 Disegna un triangolo isoscele XYZ tale che $XY \cong XZ = 6{,}8$ cm e $X\widehat{Y}Z = 54°$. Misura la lunghezza di YZ.

142 Disegna il triangolo TIP in modo che $TI = 6{,}9$ cm, $T\widehat{I}P = 49°$ e $I\widehat{T}P = 74°$. Misura la lunghezza di TP.

143 Costruisci un triangolo equilatero con i lati di lunghezza 7 cm.

144 Disegna il triangolo ABC in modo che $AB = 8{,}3$ cm, $BC = 7{,}9$ cm e $AC = 9{,}2$ cm. Misura l'ampiezza di $A\widehat{B}C$.

145 Disegna il triangolo QUI in modo che $QU = 11{,}5$ cm, $UI = 10{,}8$ cm e $QI = 9{,}5$ cm. Misura l'ampiezza di $Q\widehat{U}I$ e di $U\widehat{Q}I$.

146 **CONFRONTARE E ANALIZZARE FIGURE GEOMETRICHE** Un geopiano a 9 punti è un reticolo quadrato di 3 punti di lato disposti su file orizzontali come in figura. Studiando geometria sul geopiano si considerano solo i segmenti che hanno per estremi due punti del geopiano stesso.
Quanti triangoli non degeneri diversi riesci a disegnare sul geopiano?

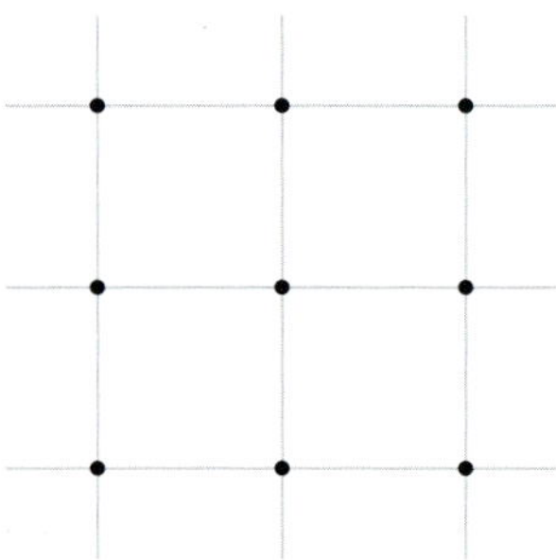

147 Un matematico in vena di relax ha osservato che una figura formata da due triangoli equilateri con un lato in comune somiglia a un diamante e l'ha quindi battezzata «diamante». Proseguendo, ha cominciato a costruire figure formate da molti triangoli equilateri, chiamandole poli-amanti: i triamanti ne hanno tre, i tetramanti quattro, i pentamanti cinque e così via. Ovviamente esiste un solo tipo di mono-amante; ma anche un solo diamante, perché quelli ottenuti per rotazione o anche per ribaltamento vengono considerati uguali.
Anche di triamanti ne esiste solo uno (prova a costruirne uno diverso!). Di tetramanti invece ce ne sono tre diversi; trovali e disegnali.

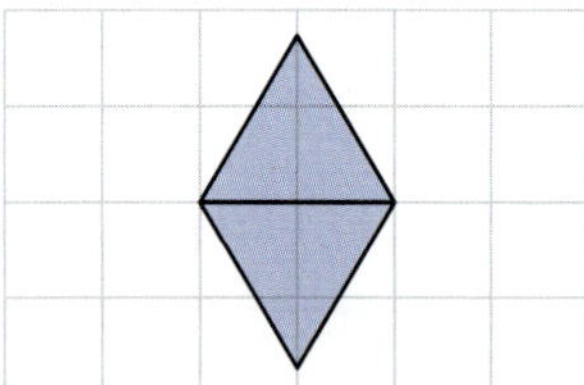

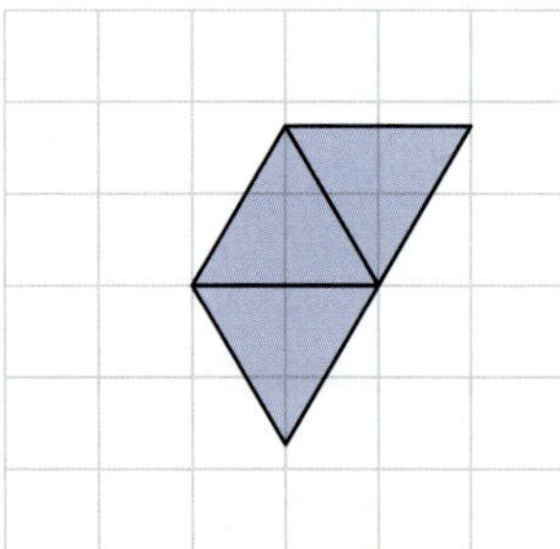

148 Facendo riferimento alla situazione dell'esercizio precedente, disegna i quattro tipi di pentamanti.

CONFRONTARE E ANALIZZARE FIGURE GEOMETRICHE **Facendo riferimento alla situazione dell'esercizio 147, in figura sono disegnati i 12 tipi di esamanti (esercizi 149 e 150).**

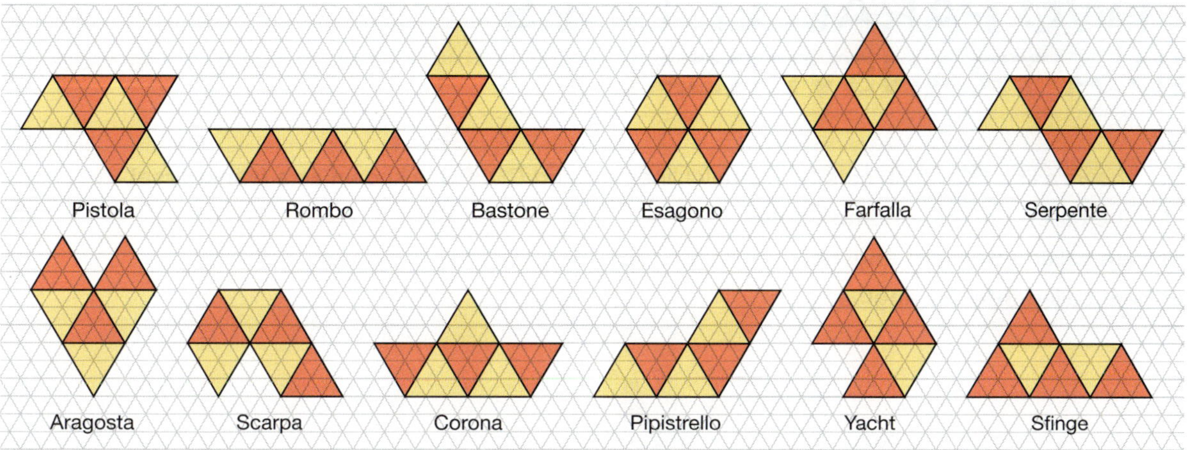

149 Usando otto pezzi tra i dodici esamanti disponibili costruisci la stella in figura.

150 Usando nove pezzi tra i 12 esamanti disponibili costruisci un esagono regolare.

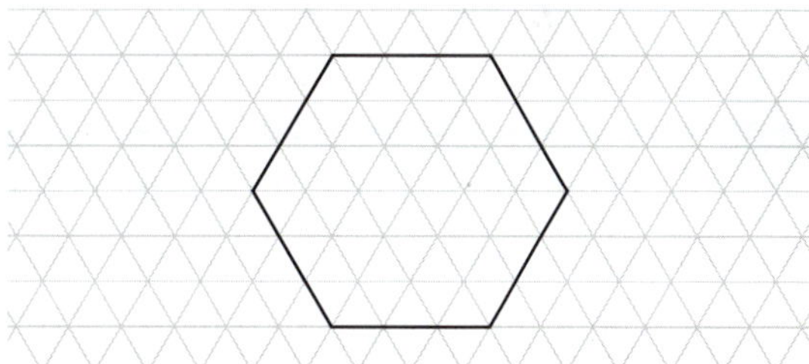

151 **INDIVIDUARE COLLEGAMENTI E RELAZIONI** Nel regno di Hilbert è scoppiata alcuni anni fa una disputa fra tre fazioni. Ognuna delle fazioni controlla una delle tre arterie principali che attraversano il paese (segnate in rosso, blu e verde nella mappa), mentre il resto del territorio è continuamente teatro di scontri. I combattenti hanno accettato di partecipare a una conferenza di pace, che dividerà il paese in tre province autonome.
In attesa che le trattative politiche permettano di definire nei dettagli i confini delle province, si è concordato che ogni fazione amministrerà la zona più vicina alla strada che si trova sotto il suo controllo. Sei stato incaricato dal coordinamento della conferenza di pace di tracciare i confini provvisori delle zone di influenza.

SUGGERIMENTO Tieni presente che la bisettrice di un angolo è l'insieme dei punti equidistanti da due lati dell'angolo.

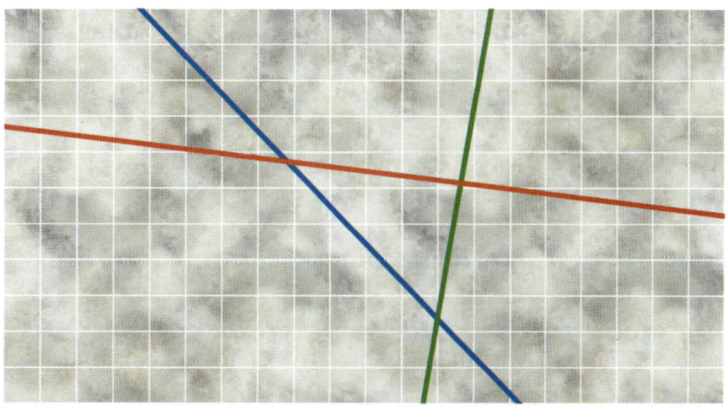

MATHS HIGHLIGHTS CLIL

Controlla i risultati in fondo al volume.

ANGLES FORMED BY TWO PARALLEL LINES AND A TRANSVERSAL

The figure shows a line *PQ* which cuts two parallel lines *AB* and *CD*. *PQ* is known as a **transversal.**

- *a* and *w* are called **corresponding angles.**
- *d* and *x* are called **alternate angles.**
- *c* and *x* are called **interior angles.**

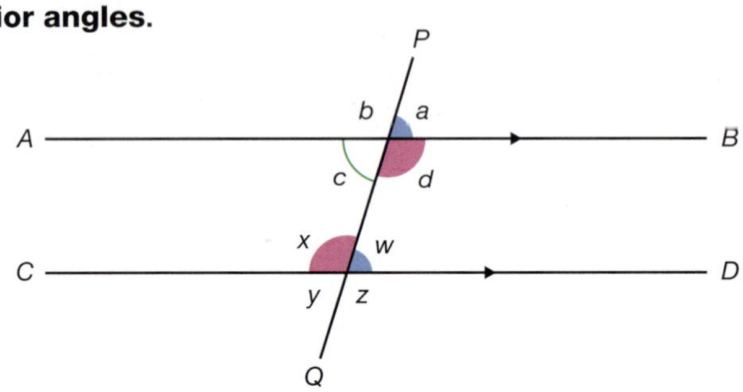

1 **READ AND ANSWER** Read the text below and answer the following questions.

a. Name another pair of corresponding angles.

b. Name another pair of alternate angles.

c. Name another pair of interior angles.

2 **FILL IN THE GAPS** When two parallel lines, *AB* and *CD*, are cut by a transversal *PQ*, then:

a. corresponding angles are ....;

b. alternate angles are ....;

c. interior angles are ....

3 **MATHS** In the figure, $AB \parallel CD$.

a. List down
- one pair of equal corresponding angles,
- one pair of equal alternate angles,
- one pair of interior angles which are supplementary.

b. Is $c = g$? Explain your answer.

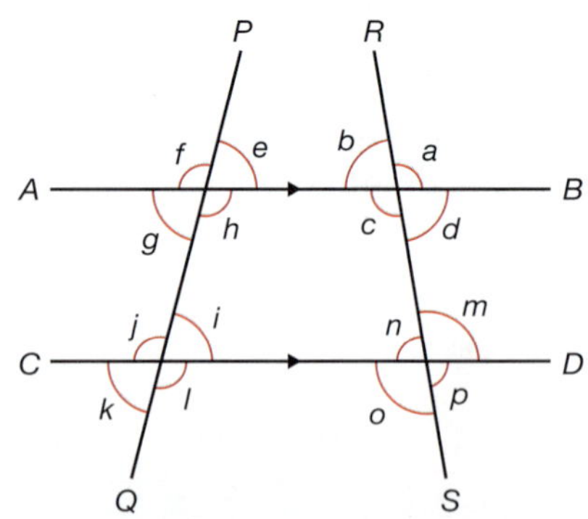

4 **MATHS** Construct *ABC* such that $AB = 4{,}5$ cm, $BC = 6$ cm and $A\widehat{B}C = 60°$.

a. Measure and write down the length of *AC*.

b. Construct the angle bisector of $B\widehat{A}C$ such that it cuts *BC*. Measure and write down the length of *CS*, such that *S* is the point where the angle bisector of $B\widehat{A}C$ cuts *BC*.

L'ESPERTO SEI TU
PROVE PER COMPETENZE

1 **PROGETTARE** **Linee ferroviarie**
Il disegno rappresenta tre linee ferroviarie che devono incontrarsi in una stazione.
Progetta un sistema di binari e di scambi che connetta tra loro tutte e tre le linee in modo che i tre binari si incontrino sempre con un angolo minore di 30°.

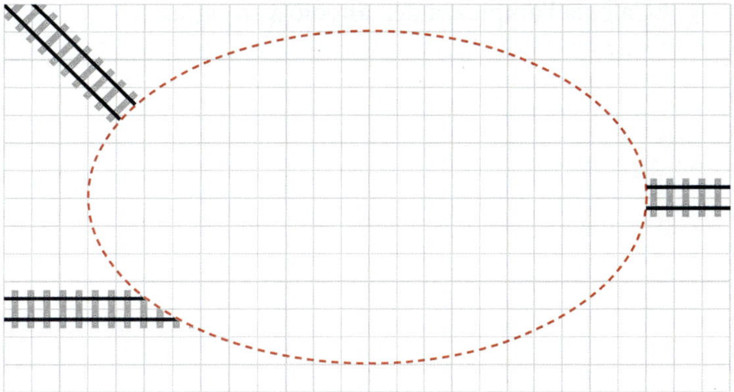

2 **PROGETTARE** **Strutture instabili** Per la costruzione di un edificio in cemento armato è stata progettata una struttura composta da un tipo di trave in acciaio, leggera ma molto resistente. Effettivamente nelle prove sotto sforzo la trave non si è piegata, ma si è deformata come si vede in figura.
Ipotizza una spiegazione e proponi una modifica al progetto che impedisca questo tipo di deformazione.

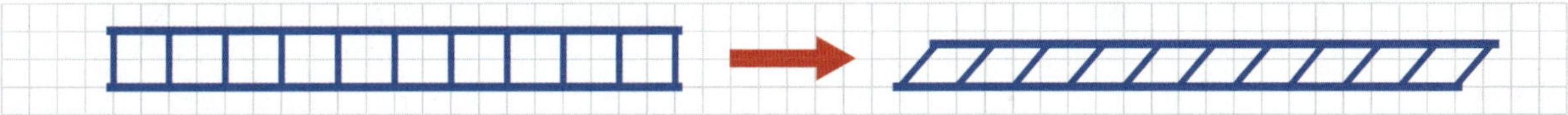

3 **COMUNICARE** **Un nuovo parco divertimenti** La tua azienda è stata incaricata di partecipare alla progettazione del parco di divertimenti di Pigrecolandia. I geologi e gli ingegneri hanno già stabilito dove saranno posizionate le principali attrazioni sulla base della consistenza del terreno sottostante, come è mostrato nella figura.
La direzione chiede di fare in modo che ogni attrazione abbia un vialetto che la circonda, che ci sia più spazio possibile tra essa e il viale e che ci sia un viale che gira tutto intorno al parco.
Devi presentare una relazione scritta che comprenda una proposta, specificando i vincoli che sono stati considerati, le eventuali ipotesi aggiuntive formulate, i metodi utilizzati ed eventuali ulteriori suggerimenti.

SEI PRONTO PER LA VERIFICA?

In 1 ora

1 I punti D, C, B e A, C, E sono allineati; DE è parallelo ad AB. Calcola l'ampiezza dell'angolo x in figura.

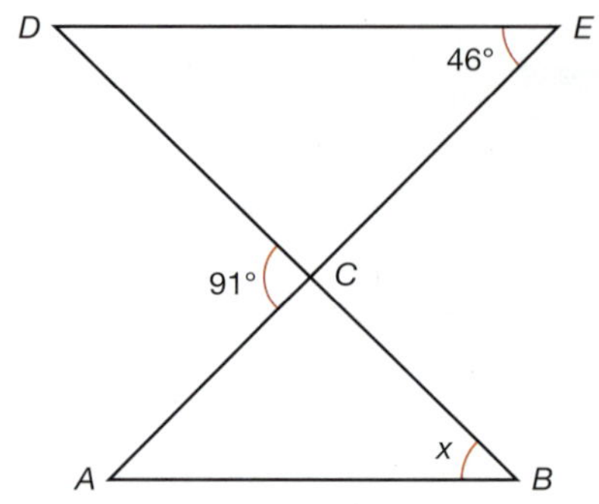

.........../ 20

2 I punti D, C, B sono allineati e DE è parallelo ad AB. Calcola l'ampiezza degli angoli x, y in figura.

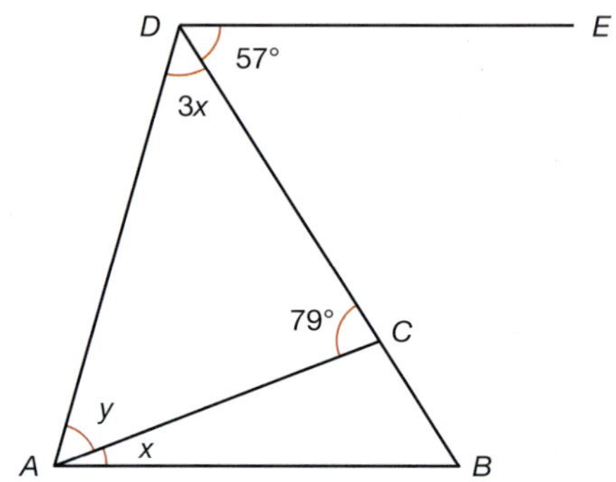

.........../ 20

3 Disegna un triangolo DEF in modo che $DE = 8{,}5$ cm, $DF = 9{,}2$ cm e $F\widehat{D}E = 75°$.

a. Misura la lunghezza di EF.

b. Costruisci il baricentro del triangolo.

(15 punti per ogni risposta esatta) ..../ 30

4 Disegna un segmento AB e indica il suo punto medio con M. Traccia una retta s passante per M. Sulla retta s indica due punti C e D, da parti opposte rispetto a M, in modo che $CM \cong DM$. Dimostra che $AD \cong CB$.

.........../ 30

Punti totali: ..../ 100

AUTOVALUTAZIONE

Controlla i risultati in fondo al volume.

☐ Fino a 50 punti insufficiente	☐ Da 51 a 70 punti sufficiente	☐ Da 71 a 90 punti buono	☐ Da 91 a 100 punti ottimo

I quadrilateri e le tassellazioni del piano

CAPITOLO G3

1 Classificazione e costruzione dei quadrilateri

Esercizi a pag. 518

CONFRONTARE E ANALIZZARE FIGURE GEOMETRICHE

GIOCHIAMO CON LA MENTE

Parliamo di quadrilateri

► I quadrilateri disegnati in rosso hanno una caratteristica in comune, che li differenzia dagli altri. Qual è?

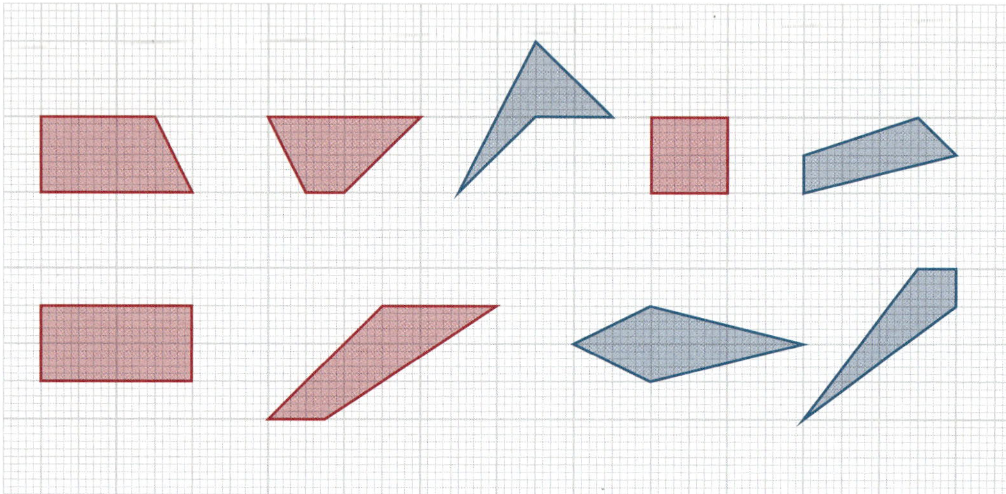

....

► Anche in questo caso i quadrilateri disegnati in rosso nella figura hanno una caratteristica in comune. Qual è?

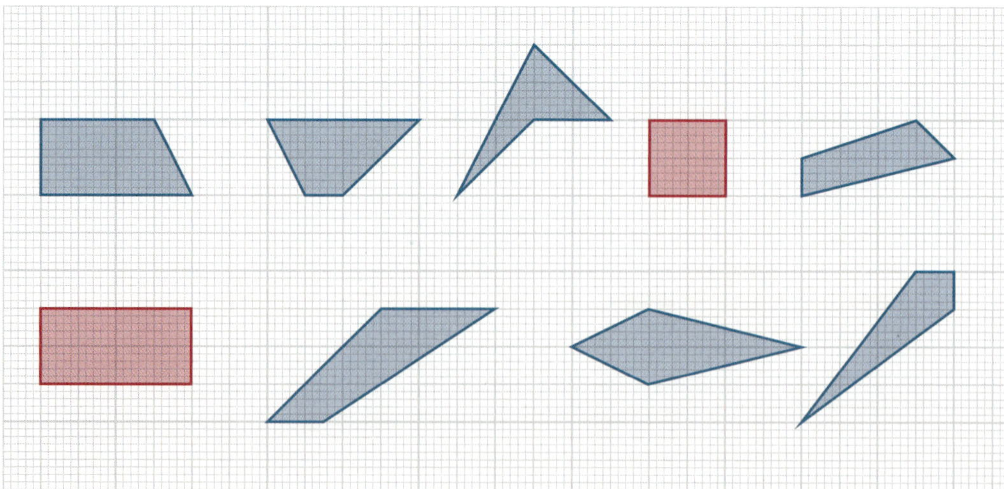

....

Sull'eBook ti proponiamo un'altra attività come questa.

► Continuiamo col gioco della caratteristica nascosta: che cos'hanno in comune i quadrilateri in rosso in questa figura?

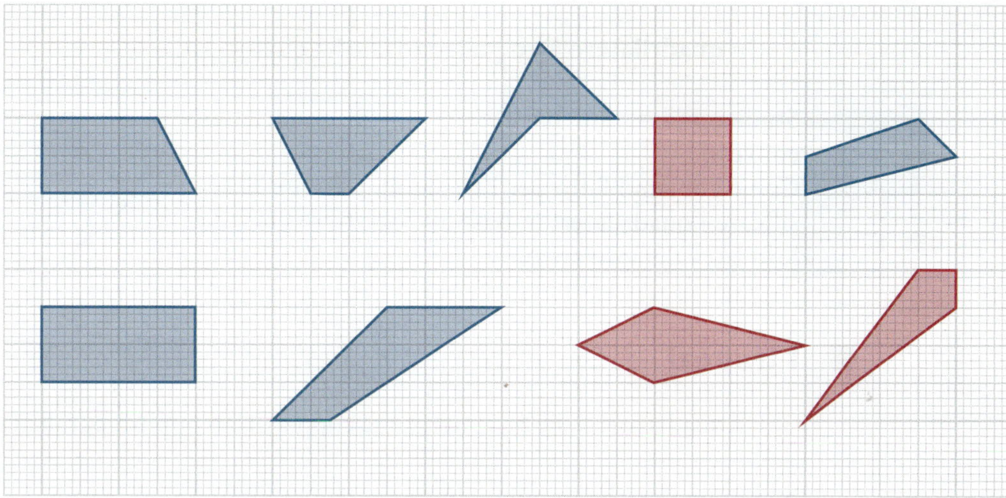

....

....

► Ci sono quadrilateri che sono disegnati in rosso in tutte e tre le figure e che perciò presentano tutte e tre le caratteristiche che hai individuato sopra? Quanti e quali sono?

....

....

► Quali caratteristiche presentano questi quadrilateri? Rispondi facendo riferimento a quanto osservato per rispondere alle domande precedenti.

....

....

....

....

....

► Traccia le diagonali delle figure disegnate in rosso nei tre casi. Noti qualcosa di interessante?

....

....

....

IN TEORIA

Un **quadrilatero** è un poligono che ha quattro lati.

Studieremo alcuni particolari tipi di quadrilateri convessi.
Come abbiamo fatto per i triangoli, possiamo classificare i quadrilateri in base alle caratteristiche dei loro lati e dei loro angoli.

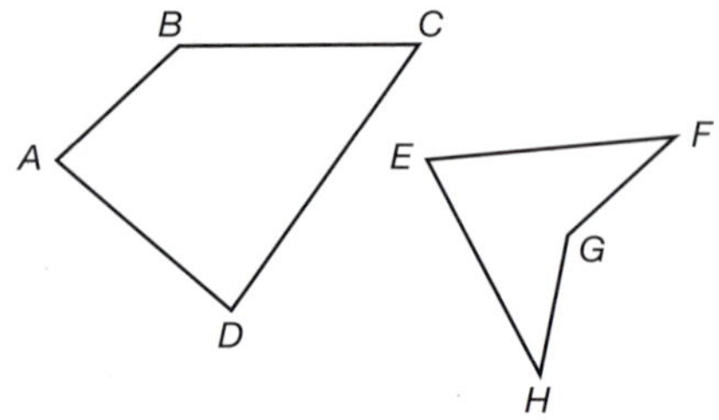

I trapezi

Un quadrilatero che ha almeno una coppia di lati opposti paralleli si chiama **trapezio.**

Se il trapezio ha una sola coppia di lati paralleli, il più lungo si chiama *base maggiore* e il più corto si chiama *base minore*; gli altri due lati si chiamano *lati obliqui*.

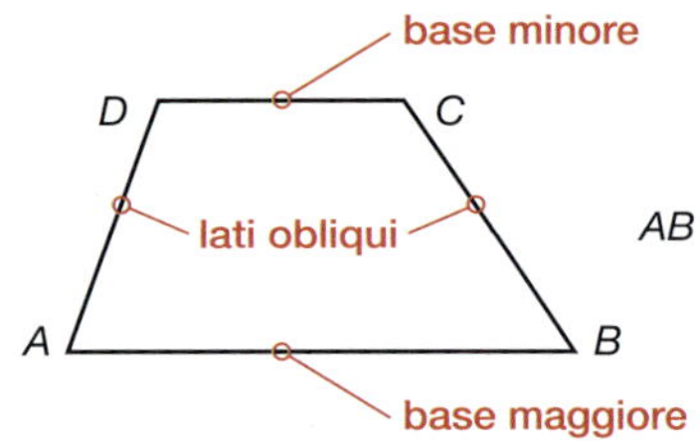

AB // CD

I trapezi possono essere ulteriormente classificati in base alle caratteristiche degli angoli.

- Se gli angoli adiacenti a una delle due basi sono congruenti, diciamo che il trapezio è **isoscele**. Se gli angoli adiacenti a una base sono congruenti, lo sono anche gli angoli adiacenti all'altra base.
- Se almeno uno dei lati obliqui è perpendicolare alle basi, diciamo che il trapezio è **rettangolo**.

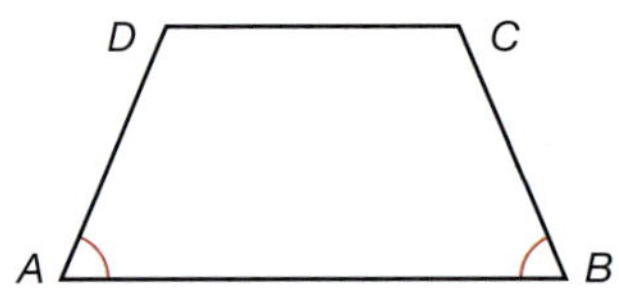

$D\hat{A}B \cong A\hat{B}C$

Trapezio isoscele

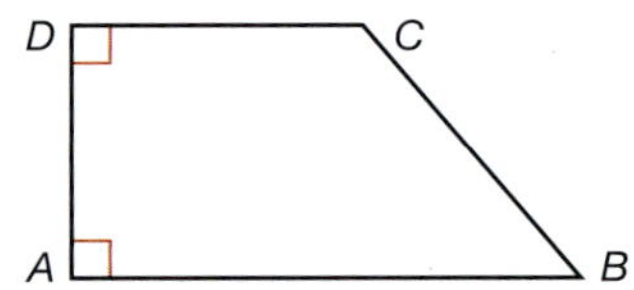

$AD \perp AB, DC$

Trapezio rettangolo

I parallelogrammi

Un quadrilatero con due coppie di lati paralleli è un **parallelogramma**.

Il parallelogramma è un particolare trapezio: per essere un trapezio, un quadrilatero deve avere *almeno* una coppia di lati paralleli e il parallelogramma ne ha due.
Per questo motivo, i parallelogrammi godono di tutte le proprietà dei trapezi.

AB // CD
AD // BC

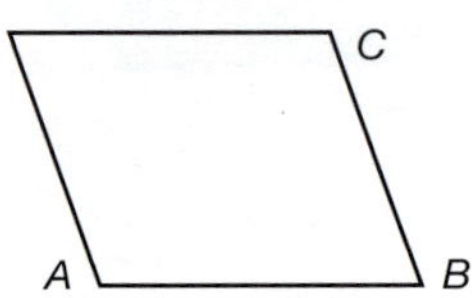

ATTENZIONE In generale un parallelogramma non è un trapezio isoscele perché gli angoli adiacenti a una base non sono congruenti. Vedremo che ci sono alcune eccezioni.

I rombi, i rettangoli e i quadrati

Esistono anche dei particolari parallelogrammi.

Un parallelogramma con tutti i lati congruenti è un **rombo**.
Un parallelogramma con tutti gli angoli congruenti è un **rettangolo**.
Un parallelogramma con tutti i lati congruenti e tutti gli angoli congruenti è un **quadrato**.

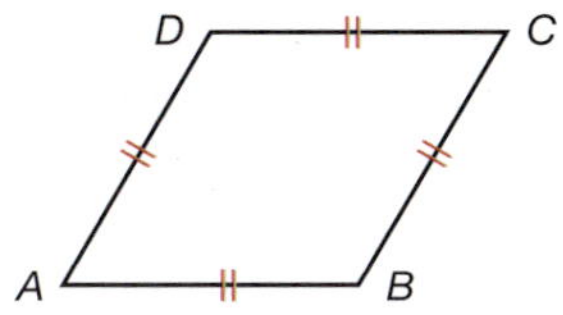

Rombo

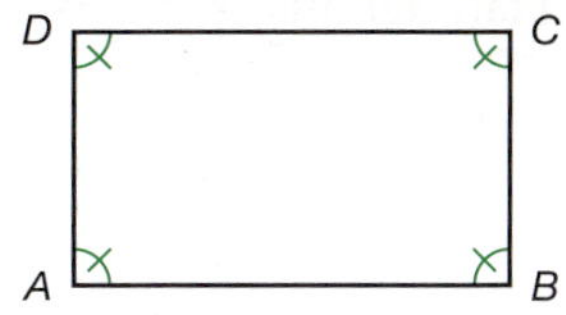

Rettangolo

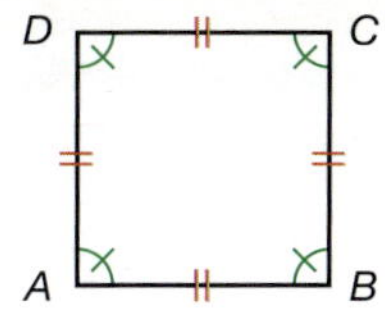

Quadrato

Proprietà di rombo, rettangolo e quadrato

- Poiché la somma degli angoli interni di un quadrilatero è:
  $(n-2)\cdot 180° = 2\cdot 180° = 360°$,
  se un quadrilatero ha tutti gli angoli congruenti, sono tutti retti:
  $360° : 4 = 90°$.
  Quindi rettangoli e quadrati hanno tutti gli angoli retti.
- Un quadrato è sia un particolare rombo sia un particolare rettangolo.

I deltoidi

Un quadrilatero che ha due coppie di lati consecutivi congruenti si chiama **deltoide** o **aquilone**.

In generale un deltoide, a differenza dei quadrilateri che abbiamo visto finora, non è un particolare trapezio, perché non ha alcuna coppia di lati paralleli.
Tuttavia un rombo è un particolare deltoide.

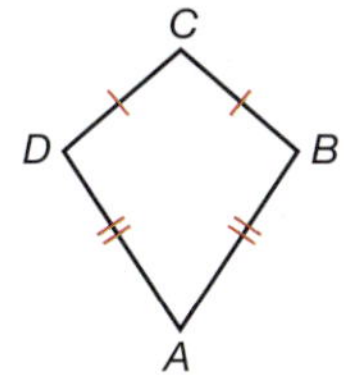

Classificazione dei quadrilateri con i diagrammi di Eulero-Venn

Possiamo riassumere le relazioni tra alcuni tipi di quadrilateri rappresentandoli come insiemi con i diagrammi di Eulero-Venn.

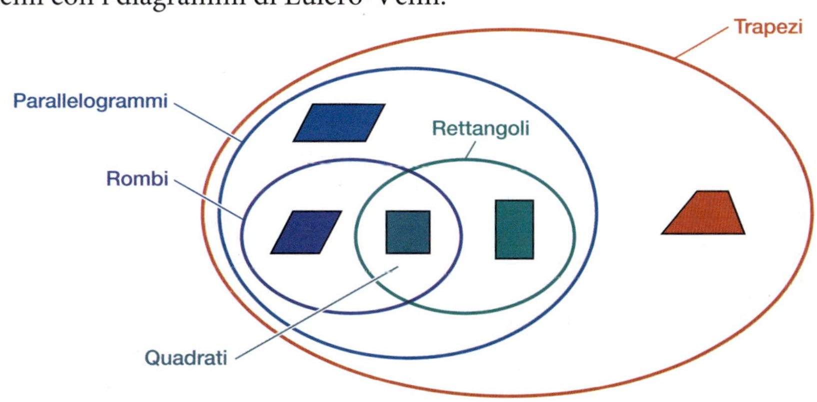

IN PRATICA

[A] Come si costruisce un quadrilatero?

Costruiamo un quadrilatero $PQRS$ tale che $PQ = 6$ cm, $QR = 7{,}5$ cm, $RS = 8{,}2$ cm, $PS = 5{,}8$ cm e la diagonale $PR = 9{,}2$ cm. Dopo aver disegnato il quadrilatero, misuriamo l'ampiezza dell'angolo $Q\widehat{R}S$.

1. Usando un righello, disegniamo per prima la diagonale PR. Da questa partiremo per costruire i lati del quadrilatero (> **figura a**).
2. Poiché S deve distare 5,8 cm da P, puntiamo il compasso in P e con apertura 5,8 cm tracciamo l'arco 1. Poiché S deve distare 8,2 cm da R, puntiamo il compasso in R e con apertura 8,2 cm tracciamo l'arco 2, che interseca l'arco 1 in S (> **figura b**).
3. Tracciamo PS e RS (> **figura c**).
4. Poiché Q deve distare 6 cm da P, puntiamo il compasso in P e con apertura 6 cm tracciamo l'arco 3. Poiché Q deve distare 7,5 cm da R, puntiamo il compasso in R e con apertura 7,5 cm tracciamo l'arco 4, che interseca l'arco 3 in Q.
5. Tracciamo PQ e QR (> **figura d**).

Figura a

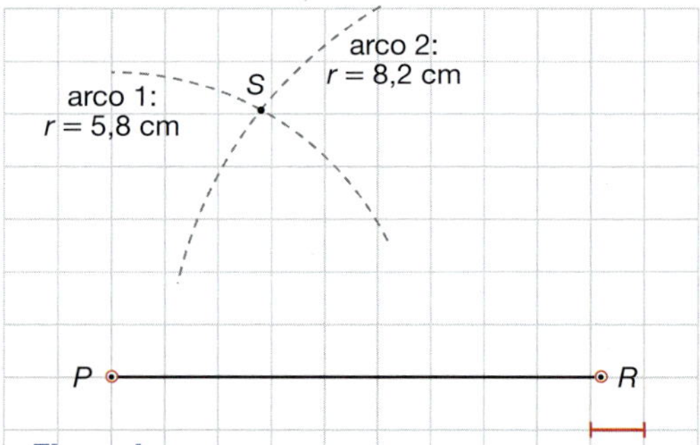

Figura b

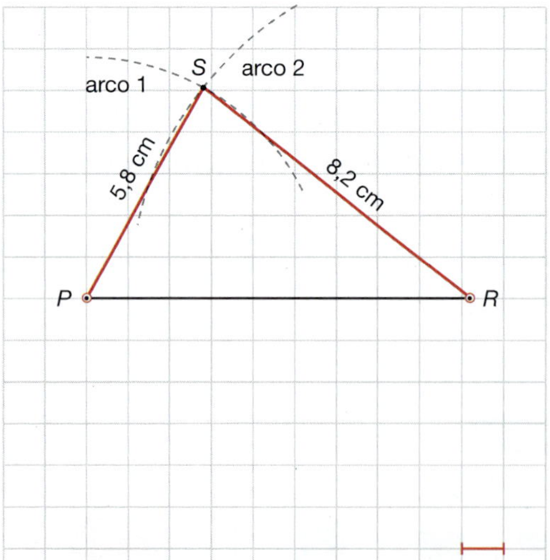

Figura c

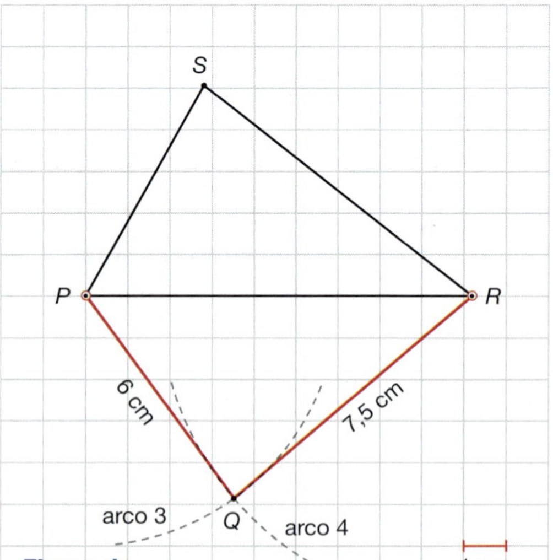

Figura d

Abbiamo costruito il quadrilatero $PQRS$.

6. A questo punto possiamo misurare l'angolo: $Q\widehat{R}S \approx 79°$.
   La misura dell'ampiezza di $Q\widehat{R}S$ non è esatta, ma è un'approssimazione.

[B] Come si disegna un parallelogramma?

Costruiamo un parallelogramma *ABCD* tale che $AB = 8{,}5$ cm, $BC = 6{,}5$ cm e $A\widehat{B}C = 45°$ e poi misuriamo la lunghezza della diagonale *AC*.

1. Usando un righello, disegniamo *AB* (**> figura a**).
2. Poiché $A\widehat{B}C = 45°$, usando un goniometro centrato in *B* disegniamo una linea *BK* in modo che $A\widehat{B}K = 45°$ (**> figura b**).
3. Determiniamo con un righello la posizione di *C* sulla retta *BK*.
4. Poiché un parallelogramma ha i lati opposti paralleli, per tracciare i lati che mancano costruiamo le parallele *r* ed *s* ai lati *AB* e *BC* già disegnati. Poiché *AB* e *BC* si incontrano in *B*, anche le rispettive parallele si incontrano in un punto. Il punto di intersezione è il quarto vertice del parallelogramma, *D* (**> figura c**).
5. Tracciamo *CD* e *AD* (**> figura d**).

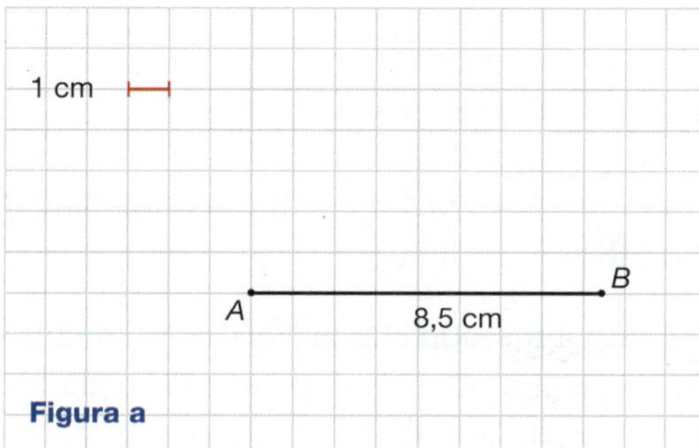

Figura a

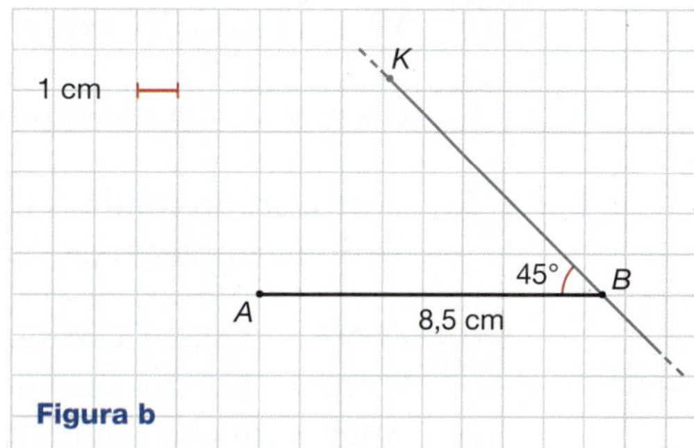

Figura b

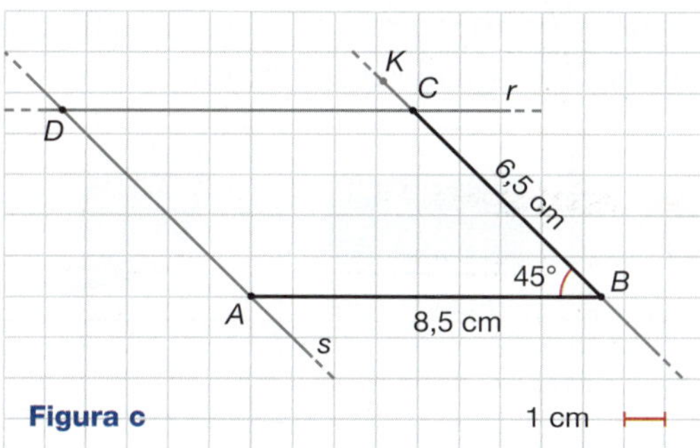

Figura c

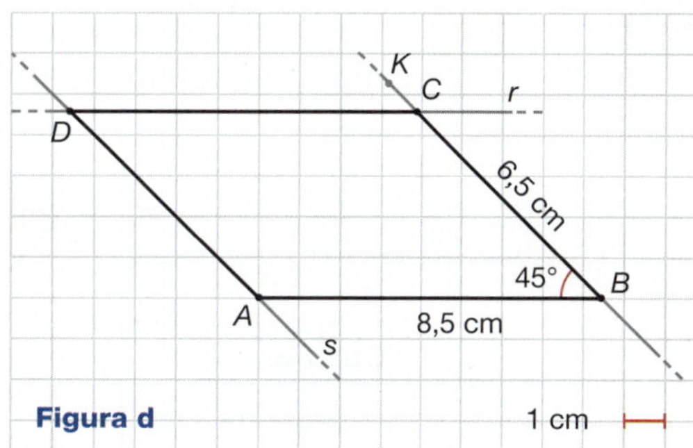

Figura d

6. La lunghezza di *AC* è di circa 6 cm. Osserviamo che la lunghezza di *AC* non è esatta, ma è un'approssimazione dovuta alla misurazione.

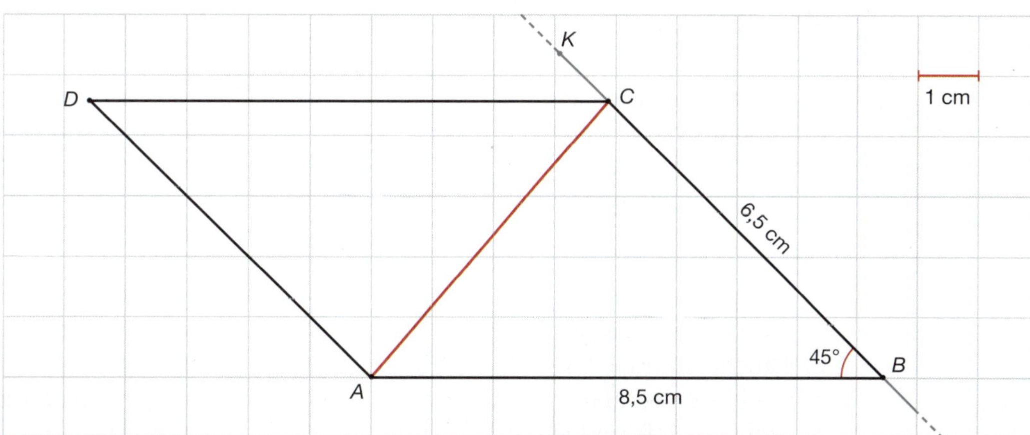

PROVA TU

[A] **1** Costruisci un quadrilatero $PQRS$ in modo che $PQ = 4{,}5$ cm, $QR = 6{,}0$ cm, $RS = 9{,}0$ cm, $PS = 6$ cm e la diagonale $QS = 9$ cm. Misura l'ampiezza dell'angolo $Q\widehat{R}S$.

[B] **2** Costruisci un parallelogramma $ABCD$ in modo che $AB = 8{,}5$ cm, $BC = 5{,}5$ cm e $A\widehat{B}C = 120°$. Misura la lunghezza della diagonale AC.

> **ATTENZIONE** Non sempre le lunghezze e le ampiezze degli angoli delle figure disegnate possono essere misurate con esattezza con righello e goniometro. Le misure ricavate dal disegno possono quindi essere delle approssimazioni.

[B] **3** Disegna un parallelogramma con i lati di 6 cm e 4 cm e una diagonale di 4,5 cm. Misura l'altra diagonale.

[B] **4** Disegna un parallelogramma con i lati di 8 cm e 5 cm.

[B] **5** Costruisci un rombo $PQRS$ in modo che $PQ = 7{,}5$ cm e la diagonale $PR = 12$ cm. Misura l'ampiezza dell'angolo $Q\widehat{R}S$.

6 **ARGOMENTARE** Costruisci, usando il metodo che preferisci, un quadrato e un rettangolo. Spiega in ciascun caso perché il disegno ottenuto è proprio un quadrato o un rettangolo. Approssima le misure di lunghezze (in cm) alla prima cifra decimale.

7 **CONFRONTARE E ANALIZZARE FIGURE GEOMETRICHE** Per ciascuna figura nella tabella indica con una ✔ se appartiene all'insieme dei quadrilateri indicati.

	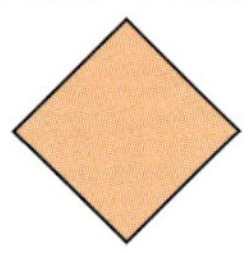	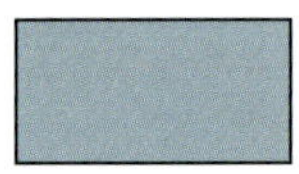	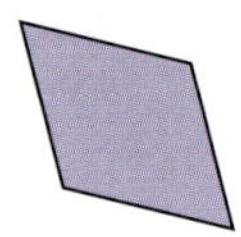	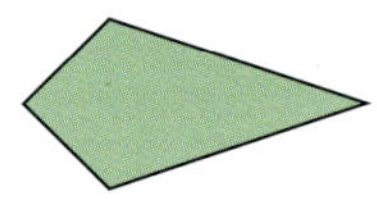
Quadrato	✔			
Rettangolo				
Trapezio				
Rombo				
Deltoide				

8 In generale, un trapezio
a. è anche un quadrato?
b. è anche un rettangolo?
c. è anche un rombo?
d. è anche un deltoide?

9 In generale, un rettangolo
a. è anche un quadrato?
b. è anche un trapezio?
c. è anche un rombo?
d. è anche un deltoide?

10 In generale, un rombo
a. è anche un quadrato?
b. è anche un rettangolo?
c. è anche un trapezio?
d. è anche un deltoide?

11 In generale, un deltoide
a. è anche un quadrato?
b. è anche un rettangolo?
c. è anche un trapezio?
d. è anche un rombo?

Esercizi a pag. 518

Esercizi a pag. 520

Le proprietà dei quadrilateri

2

CONFRONTARE E ANALIZZARE FIGURE GEOMETRICHE

GIOCHIAMO CON LA MENTE

Non solo lati paralleli

Nel paragrafo precedente hai studiato che un parallelogramma è definito come *un quadrilatero con due coppie di lati opposti paralleli.*
Quali altre proprietà possiede un parallelogramma?

► Misura lati e angoli dei seguenti parallelogrammi e compila la tabella.

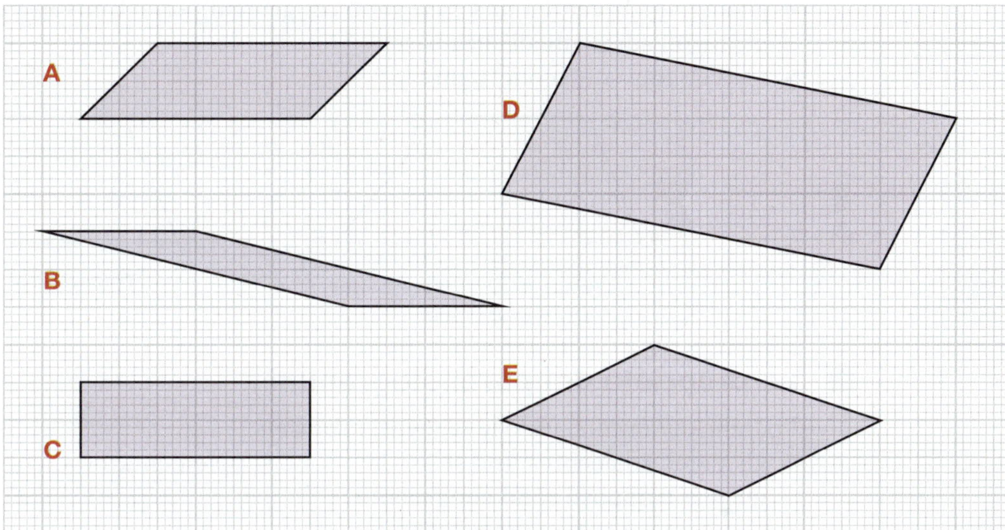

Parallelogramma	Lati				Angoli			
A								
B								
C								
D								
E								

► Confronta per ogni parallelogramma i lati opposti e quelli adiacenti. Che cosa puoi osservare?

....

► Confronta per ogni parallelogramma gli angoli opposti e quelli adiacenti a uno stesso lato. Che cosa puoi osservare?

....

....

Sull'eBook ti proponiamo un'altra attività come questa.

TEORIA

IN TEORIA

Una proprietà dei quadrilateri

Nel capitolo G2 abbiamo dimostrato che la somma degli angoli interni di un poligono convesso con n lati è data dalla formula $(n-2)\cdot 180°$.
Quindi vale la seguente proprietà, anticipata nel paragrafo precedente.

> **Teorema**
> La somma degli angoli interni di un quadrilatero convesso è 360°.

Le proprietà dei trapezi

In un trapezio gli angoli adiacenti a ciascun lato obliquo sono supplementari, perché coniugati interni di due parallele tagliate da una trasversale.

In un trapezio isoscele inoltre:
- gli angoli adiacenti a una base sono congruenti per definizione, quindi lo sono anche gli angoli adiacenti all'altra base;
- i lati obliqui sono congruenti.

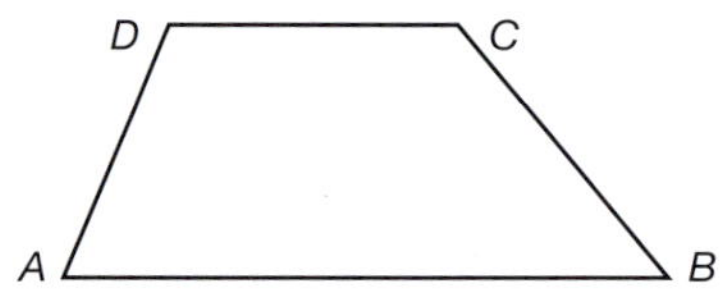

$A\hat{B}C + B\hat{C}D = 180°$
$A\hat{D}C + D\hat{A}B = 180°$

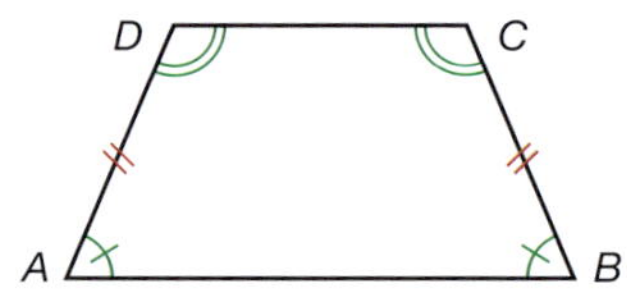

Trapezio isoscele

Le proprietà dei parallelogrammi

I parallelogrammi hanno le seguenti proprietà:
- gli angoli adiacenti a uno stesso lato sono supplementari (poiché sono trapezi);
- gli angoli opposti sono congruenti;
- i lati opposti sono congruenti;
- le diagonali si dividono reciprocamente a metà.

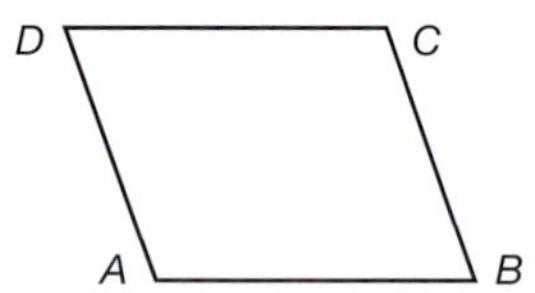

$D\hat{A}B + A\hat{B}C = 180°$
$A\hat{B}C + B\hat{C}D = 180°$
$B\hat{C}D + C\hat{D}A = 180°$
$C\hat{D}A + D\hat{A}B = 180°$

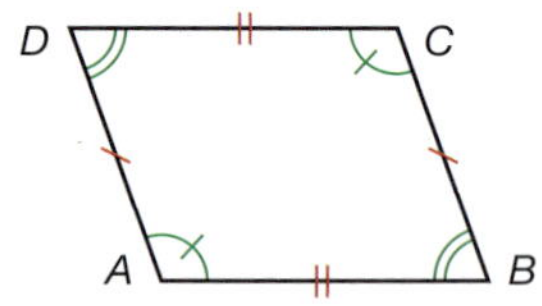

$D\hat{A}B \cong B\hat{C}D$
$A\hat{B}C \cong C\hat{D}A$
$AB \cong CD$
$BC \cong AD$

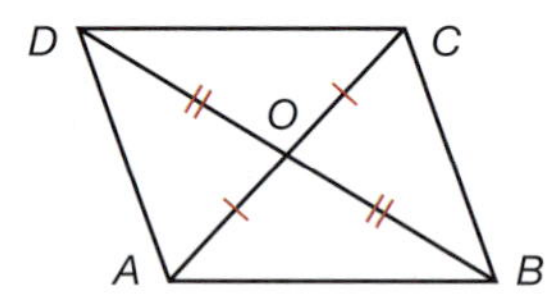

$AO \cong OC$
$BO \cong OD$

Queste proprietà sono anche *criteri* per verificare che un quadrilatero è un parallelogramma, cioè valgono anche le affermazioni inverse:
- un quadrilatero in cui gli angoli adiacenti a uno stesso lato sono supplementari è un parallelogramma;
- un quadrilatero che ha le 2 coppie di angoli opposti congruenti è un parallelogramma;
- un quadrilatero che ha le 2 coppie di lati opposti congruenti è un parallelogramma;
- un quadrilatero le cui diagonali incontrandosi si dividono a metà è un parallelogramma.

Quadrati, rettangoli e rombi sono *particolari* parallelogrammi, quindi hanno tutte le proprietà dei parallelogrammi, ma anche alcune in più.
L'insieme dei deltoidi non è incluso nell'insieme dei parallelogrammi né lo include. Il deltoide ha quindi proprietà a sé stanti.

Riassumiamo tutte queste proprietà nella tabella seguente.

Quadrilatero	**Lati paralleli**	**Lati congruenti**	**Angoli**	**Diagonali**
Rettangolo 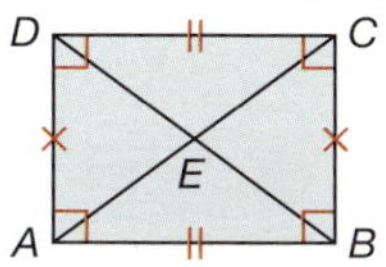	Due coppie: $AB \parallel CD$; $AD \parallel BC$.	I lati opposti: $AB \cong CD$; $AD \cong BC$.	I quattro angoli sono retti.	Le diagonali si tagliano reciprocamente a metà. Le due diagonali sono congruenti: $AC \cong BD$.
Quadrato 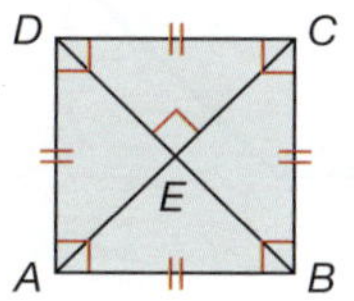	Due coppie: $AB \parallel CD$; $AD \parallel BC$.	Tutti e quattro i lati: $AB \cong CD \cong AD \cong BC$.	I quattro angoli sono retti.	Le diagonali si tagliano reciprocamente a metà. Le due diagonali sono congruenti: $AC \cong BD$. Le diagonali sono perpendicolari. Le diagonali sono bisettrici degli angoli interni.
Parallelogramma 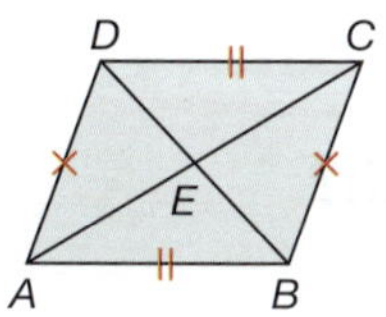	Due coppie: $AB \parallel CD$; $AD \parallel BC$.	I lati opposti: $AB \cong CD$; $AD \cong BC$.	Gli angoli opposti sono congruenti. Gli angoli adiacenti allo stesso lato sono supplementari.	Le diagonali si tagliano reciprocamente a metà.
Rombo 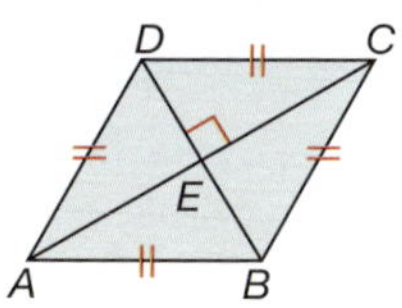	Due coppie: $AB \parallel CD$; $AD \parallel BC$.	Tutti e quattro i lati: $AB \cong CD \cong AD \cong BC$.	Gli angoli opposti sono congruenti. Gli angoli adiacenti allo stesso lato sono supplementari.	Le diagonali si tagliano reciprocamente a metà. Le diagonali sono perpendicolari. Le diagonali sono bisettrici degli angoli interni.
Trapezio 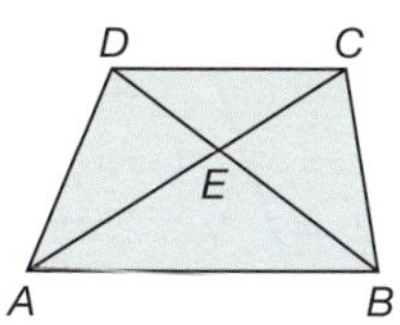	Almeno una coppia: $AB \parallel CD$		Gli angoli adiacenti a ciascun lato obliquo sono supplementari. $A\widehat{B}C + B\widehat{C}D = 180°$; $C\widehat{D}A + D\widehat{A}B = 180°$.	
Deltoide 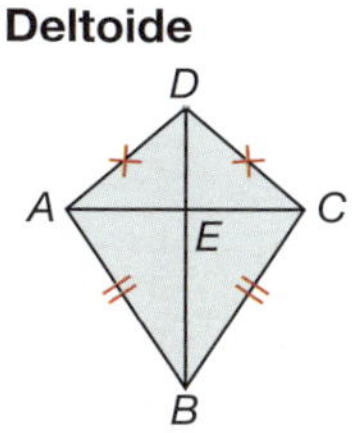		Due coppie di lati consecutivi: $AB \cong BC$; $AD \cong CD$.	Due angoli opposti sono congruenti: $D\widehat{A}B \cong B\widehat{C}D$.	Le diagonali sono perpendicolari. Una diagonale è bisettrice di due angoli interni e taglia l'altra a metà.

IN PRATICA

[A] Come si dimostrano le proprietà dei quadrilateri?

In un trapezio, gli angoli adiacenti a ciascun lato obliquo sono supplementari.

Considieriamo gli angoli α e β in figura.
Le rette parallele che contengono i segmenti AD e BC sono tagliate dalla trasversale AB, quindi gli angoli α e β sono coniugati interni. Per le proprietà delle rette parallele, α e β sono supplementari.

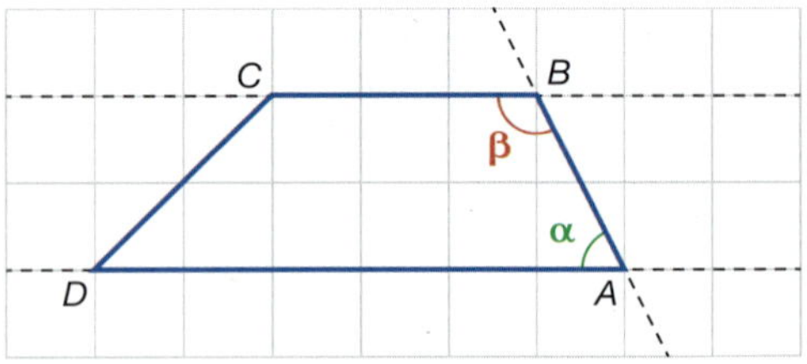

I lati opposti di un parallelogramma sono congruenti.

Tracciamo la diagonale AC.
- Gli angoli α e β in figura sono congruenti perché alterni interni, formati dalle rette parallele AD e BC tagliate dalla trasversale AC.
- Gli angoli γ e δ in figura sono congruenti perché alterni interni, formati dalle rette parallele CD e AB tagliate dalla trasversale AC.

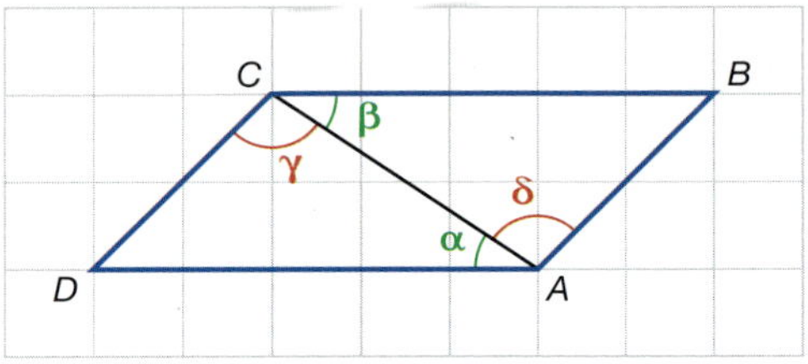

I triangoli ACD e ACB sono congruenti per il II criterio di congruenza (ALA), perché hanno due angoli congruenti e il lato compreso (AC) in comune.
In particolare dunque $CD \cong AB$ e $AD \cong BC$.

[B] Come si costruisce un deltoide, date le sue diagonali?

Costruiamo un deltoide con le diagonali di 10 cm e 6 cm.

Gli elementi forniti dal testo non sono sufficienti a definire il deltoide in modo univoco. Per definirlo possiamo, per esempio, specificare quale delle due diagonali è tagliata a metà dall'altra e come la seconda si divide.

Aggiungiamo dunque le seguenti condizioni.

Costruiamo un deltoide con le diagonali di 10 cm e 6 cm, in modo che la diagonale minore sia tagliata a metà dalla diagonale maggiore, e che questa sia divisa in due parti di 2 cm e 8 cm.

1. Usando un righello, disegniamo la diagonale minore AC di 6 cm. Individuiamo il suo punto medio M.
2. Tracciamo la retta s perpendicolare ad AC e passante per M.
3. Su s individuiamo il segmento MB di 2 cm e, dall'altro lato, il segmento MD di 8 cm.
4. Tracciamo AB, BC, CD e DA.
   $ABCD$ è il deltoide cercato.

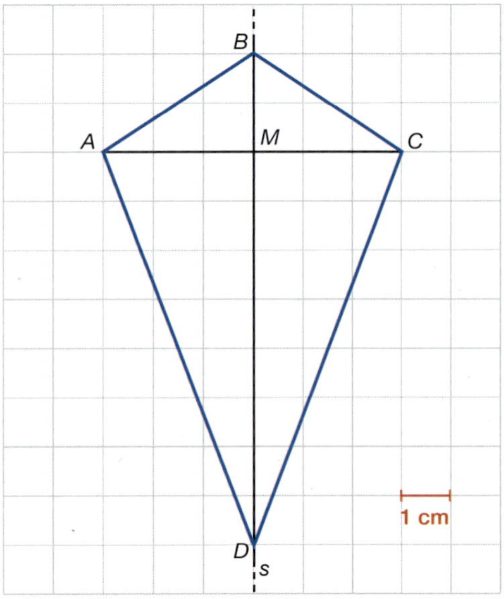

[C] Come si affrontano i problemi sugli angoli dei quadrilateri?

Vediamo alcuni esempi di risoluzione di problemi in cui calcoliamo l'ampiezza degli angoli in un quadrilatero sfruttando le proprietà che conosciamo.

1. *La figura mostra un rettangolo ABCD. Il punto E appartiene al lato AB,* $C\widehat{E}D = 85°$ *e* $D\widehat{C}E = 45°$. *Calcoliamo le ampiezze di* $A\widehat{D}E$ *e* $A\widehat{E}D$.

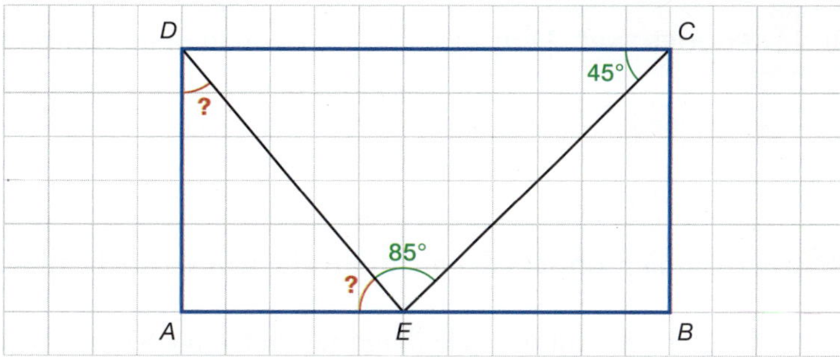

ABCD è un rettangolo, quindi tutti i suoi angoli interni sono retti.

a. $C\widehat{D}E + 85° + 45° = 180°$ (somma degli angoli interni del triangolo *CDE*)

$C\widehat{D}E = 180° - 85° - 45° =$
$= 50°;$

$A\widehat{D}E + C\widehat{D}E = A\widehat{D}E + 50° = 90°$ ($A\widehat{D}C$ è un angolo retto)

$A\widehat{D}E = 90° - 50° =$
$= 40°.$

b. $A\widehat{E}D + 40° + D\widehat{A}E = 180°$ (somma degli angoli interni del triangolo *DAE*)

$A\widehat{E}D = 180° - 40° - D\widehat{A}E =$
$= 180° - 40° - 90° =$ ($D\widehat{A}E$ è un angolo retto)
$= 50°.$

2. *La figura mostra un parallelogramma ABCD in cui* $B\widehat{A}D = 64°$. *Il punto E appartiene ad AB e* $A\widehat{D}E = 49°$. *Calcoliamo le ampiezze di* $A\widehat{B}C$ *e* $C\widehat{D}E$.

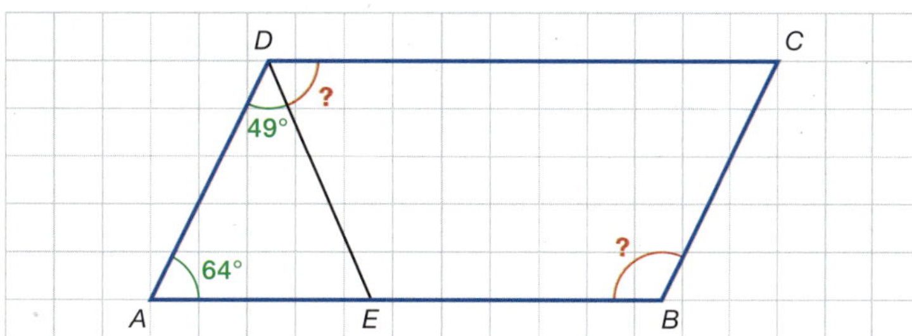

a. $D\widehat{A}E$ e $A\widehat{B}C$ sono supplementari perché adiacenti alla base di un parallelogramma:
$A\widehat{B}C = 180° - 64° = 116°.$

b. $A\widehat{D}C$ è opposto ad $A\widehat{B}C$, quindi i due angoli sono congruenti:
$A\widehat{D}C = 116°.$

c. $C\widehat{D}E$ è la differenza tra $A\widehat{D}C$ e $A\widehat{D}E$:
$C\widehat{D}E = 116° - 49° = 67°.$

PROVA TU

[A] **1** **ARGOMENTARE** Dimostra che gli angoli opposti di un parallelogramma sono congruenti.

> **SUGGERIMENTO** Traccia la diagonale che congiunge i due vertici opposti; considera le parti in cui essa divide gli angoli...

2 **ARGOMENTARE** Dimostra che le diagonali di un rombo sono perpendicolari.

> **OSSERVA** Le diagonali dividono il rombo in quattro triangoli; come sono i quattro angoli che hanno per vertice il punto di incontro delle diagonali?

3 Scrivi una proprietà del quadrato che *non* sia anche una proprietà del rettangolo.

[B] **4** Disegna un rombo con le diagonali di 6 cm e 8 cm e misura il lato.

5 Le diagonali di un rombo sono perpendicolari, ma un quadrilatero con le diagonali perpendicolari non è necessariamente un rombo.
Disegna un quadrilatero con le diagonali perpendicolari che non sia un rombo.

[C] **6** La figura mostra un rettangolo $ABCD$. Il punto E appartiene ad AB, in una posizione tale che $A\widehat{D}E = 51°$ e $D\widehat{C}E = 68°$.
Calcola l'ampiezza di $A\widehat{E}D$ e di $C\widehat{E}D$.

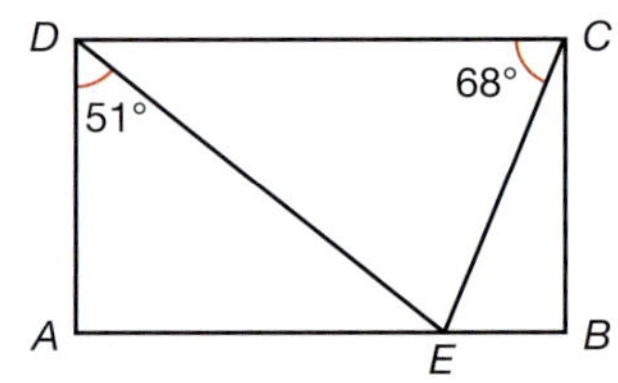

[C] **7** La figura mostra un rettangolo $ABCD$. Il punto E è l'intersezione delle diagonali e $A\widehat{C}B = 63°$.
Calcola l'ampiezza di $B\widehat{E}C$ e di $C\widehat{D}E$.

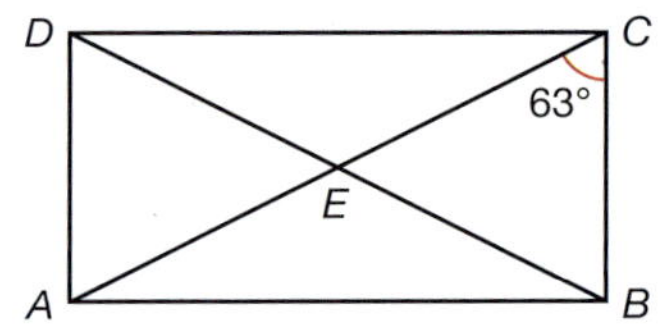

[C] **8** Il parallelogramma $ABCD$ in figura ha l'angolo $A\widehat{D}C = 108°$. Il punto E appartiene al lato AB in modo che $B\widehat{C}E = 38°$.
Calcola l'ampiezza dell'angolo $D\widehat{C}E$.

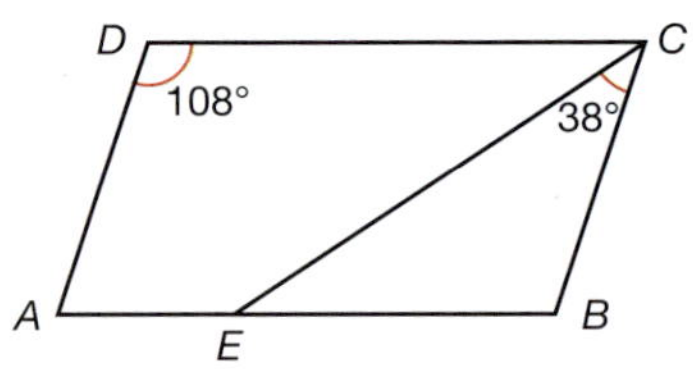

[C] **9** Calcola l'ampiezza di $B\widehat{A}D$ e $B\widehat{D}C$ nel deltoide in figura.

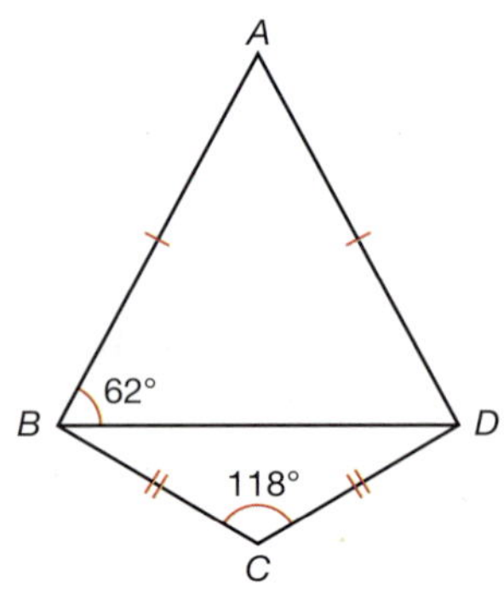

Esercizi a pag. 520

Esercizi
a pag. 522

Poligoni per ricoprire il piano: le tassellazioni

3

CONFRONTARE E ANALIZZARE FIGURE GEOMETRICHE

GIOCHIAMO CON LA MENTE

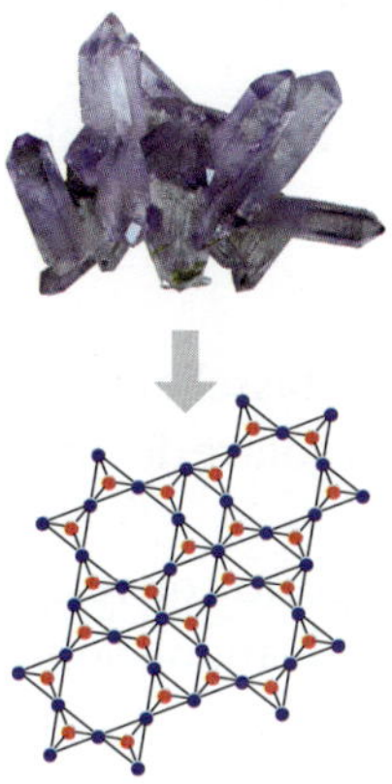

Che cos'hanno in comune un cristallo e il motivo di una pavimentazione?

Un cristallo è un solido in cui le particelle da cui è composto si dispongono in una struttura geometrica regolare che si ripete. La struttura geometrica si chiama **reticolo cristallino**.

Spesso il disegno di una pavimentazione è un motivo che si ripete uguale a se stesso.
Come abbiamo detto parlando dei poligoni che possono essere composti da triangoli, molto spesso è interessante pensare alle figure come oggetti composti da alcune parti elementari. Nei cristalli e nelle pavimentazioni, le parti sono tutte uguali e la loro unione genera strutture esteticamente molto belle.
In entrambi i casi abbiamo due elementi caratteristici:

- la presenza di una struttura fondamentale o motivo;
- un meccanismo, uno schema di ripetizione di questo motivo.

I disegni seguenti riportano alcuni motivi che si ripetono.

► Identifica in ciascuna figura il motivo fondamentale che viene ripetuto e poi suddividi l'immagine in quadrilateri congruenti che lo contengano.

► È possibile scegliere il motivo fondamentale in maniera diversa?

....

....

Sull'eBook ti proponiamo un'altra attività come questa.

TEORIA

IN TEORIA

Una **tassellazione piana** (o **ricoprimento del piano**) è un modo di ricoprire tutto il piano con figure che non si sovrappongono e non lasciano spazi vuoti.

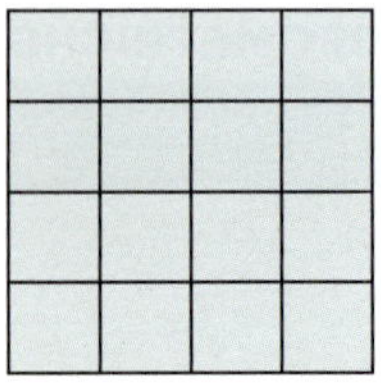

Se queste figure sono poligoni regolari congruenti, si parla di **tassellazione regolare**.
La tassellazione regolare più semplice è quella quadrata, che ricopre il piano con infiniti quadrati congruenti, come in figura.

Quali altre tassellazioni regolari sono possibili?
Consideriamo un vertice qualunque di una tassellazione regolare: esso è circondato da m poligoni regolari congruenti.
Pertanto, l'angolo giro che ha vertice nel punto considerato è diviso in m angoli uguali, ciascuno di ampiezza uguale a:

$$\frac{360°}{m}.$$

Questa è l'ampiezza degli angoli interni dei poligoni regolari che formano la tassellazione.
Di conseguenza, i poligoni regolari che possono formare una tassellazione regolare devono avere gli angoli interni che sono sottomultipli di un angolo giro.
Nel capitolo G2 abbiamo visto che la somma degli angoli interni di un poligono convesso di n lati è data dalla formula $(n-2)\cdot 180°$. Poiché in un poligono regolare gli angoli sono tutti congruenti fra loro, l'ampiezza di un angolo interno è data da:

$$\frac{(n-2)\cdot 180°}{n}.$$

Nella tabella a fianco riportiamo le ampiezze degli angoli di alcuni poligoni regolari.

Numero di lati del poligono	Somma degli angoli interni	Ampiezza di ogni angolo
3	180°	60°
4	360°	90°
5	540°	108°
6	720°	120°
7	900°	≈ 128,57°
8	1080°	135°

Osserviamo che solo 60°, 90° e 120° sono sottomultipli di 360°. Questi angoli corrispondono alle tassellazioni con triangoli equilateri, quadrati ed esagoni regolari. Non esistono altre tassellazioni regolari, perché l'ampiezza degli angoli dei poligoni cresce al crescere di n; ma l'unico altro sottomultiplo di 360° maggiore di 135° è 180°, a cui non corrisponde nessun poligono.

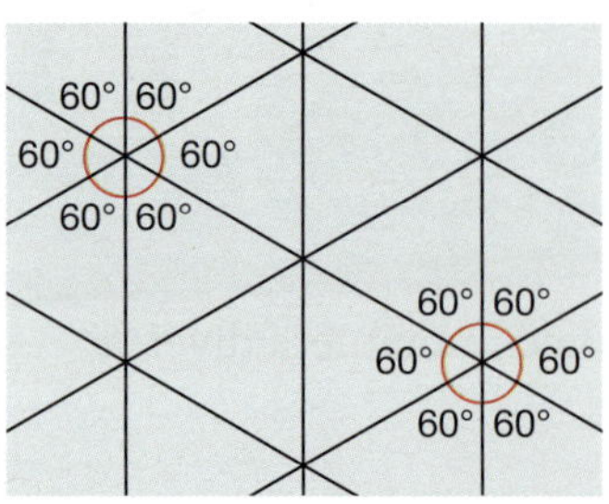

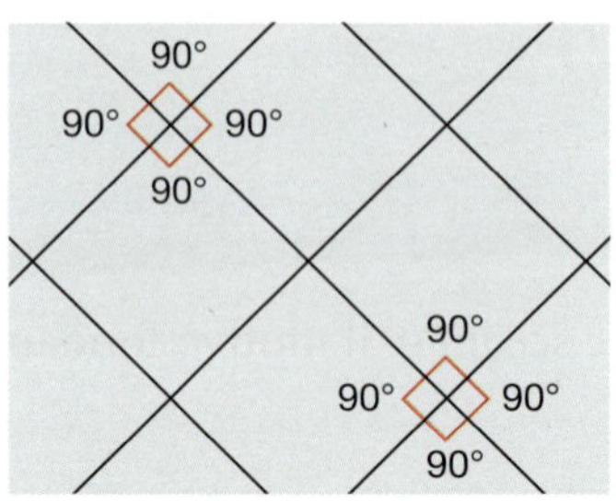

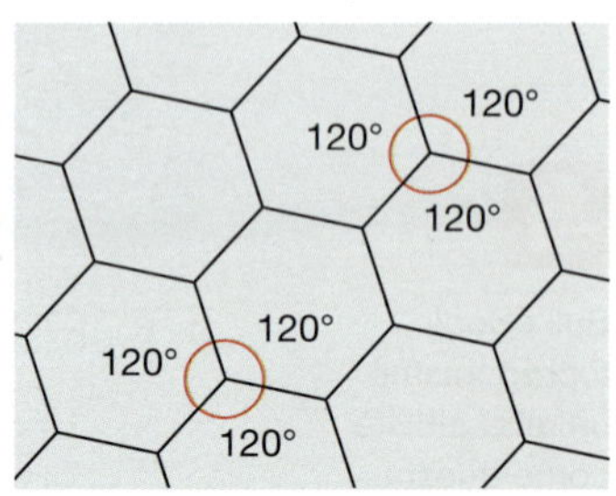

IN PRATICA

[A] Come si crea una tassellazione del piano?

Qualunque quadrilatero convesso può essere usato come figura fondamentale per tassellare il piano secondo il procedimento seguente.

1. Disegniamo un quadrilatero a scelta.

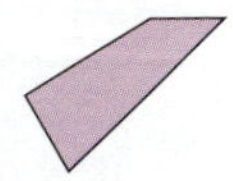

2. Costruiamo una copia del quadrilatero ruotata di 180° attorno a uno dei suoi vertici, la accostiamo al quadrilatero di partenza e facciamo combaciare una coppia di lati congruenti.

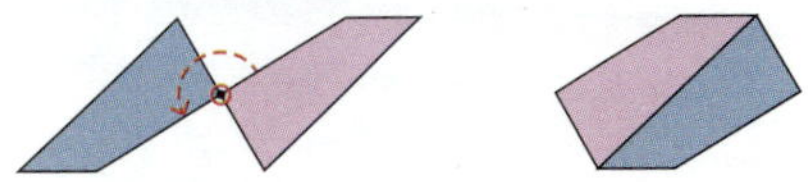

3. Costruiamo alcune copie della figura così ottenuta e le accostiamo facendo combaciare una coppia di lati congruenti formando una striscia (teoricamente infinita).

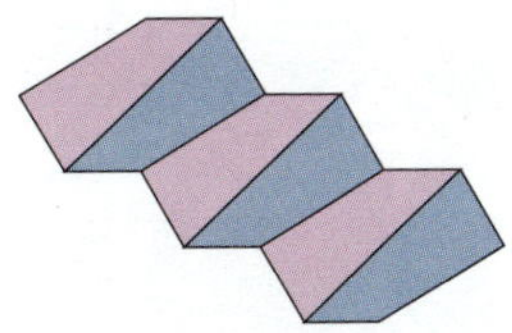

4. Costruiamo altre copie dell'intera striscia e le accostiamo.

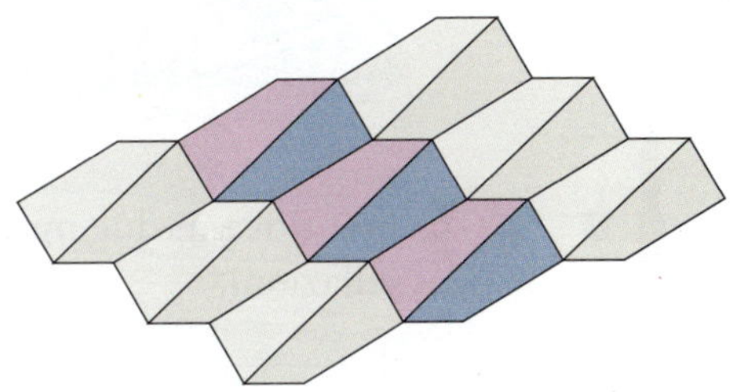

Ripetendo la striscia, otteniamo una tassellazione grande quanto desideriamo.

[B] La figura base di una tassellazione è unica?

La tassellazione in **figura a** è stata ottenuta ripetendo il motivo nel riquadro, che ricorda la sagoma della testa di un uccellino.
Il motivo riportato non è l'unico con cui può essere costruita la tassellazione.
La **figura b** mostra come la stessa tassellazione possa essere costruita a partire da unità fondamentali diverse.
Per esempio, possiamo scegliere il quadrato tratteggiato nero o quello blu.

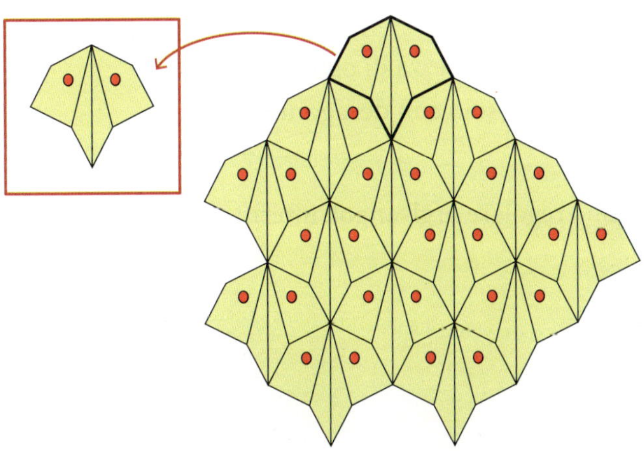

Figura a

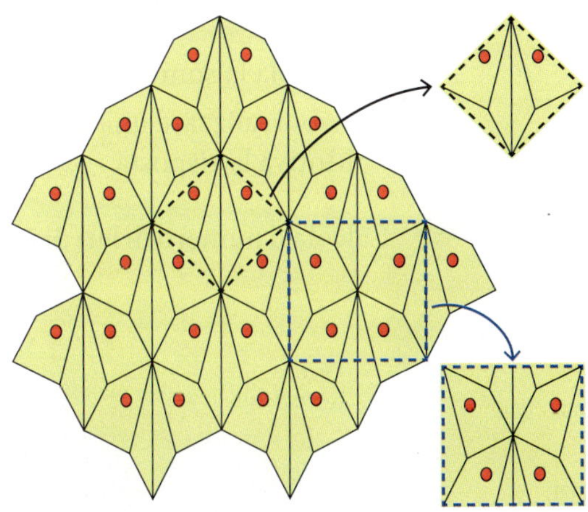

Figura b

PROVA TU

[A] **1** Costruisci una tassellazione del piano usando trapezi isosceli.

[B] **2** Identifica la figura elementare che viene ripetuta nelle seguenti tassellazioni.

[B] **3** Identifica in due modi diversi la figura elementare che viene ripetuta nelle seguenti tassellazioni.

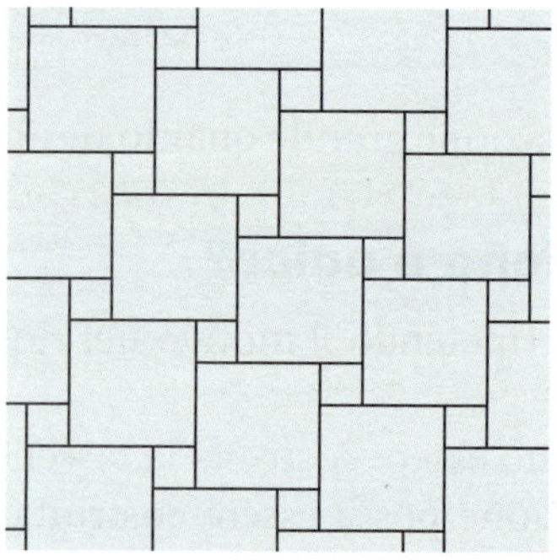

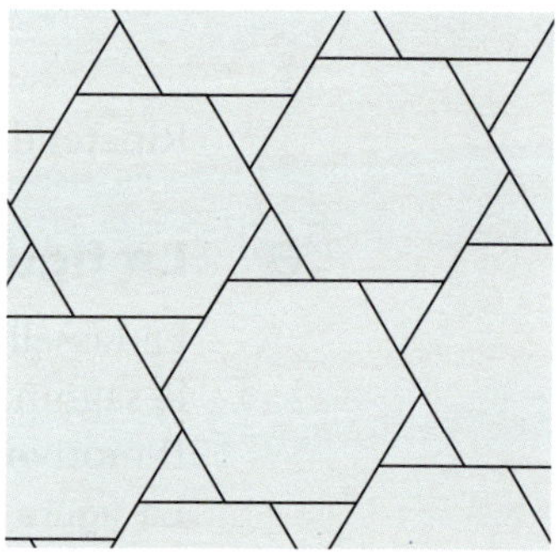

4 **ARGOMENTARE** Considera un decagono regolare, cioè un poligono regolare formato da 10 lati.

a. Calcola la somma degli angoli interni e l'ampiezza di ogni angolo.

b. Puoi realizzare una tassellazione regolare solo con decagoni regolari? Motiva la risposta.

5 Calcola il numero di lati di un poligono regolare se gli angoli interni sono ciascuno di 175°.

Esercizi a pag. 522

MAPPA
I QUADRILATERI E LE TASSELLAZIONI DEL PIANO

LOSAI? RIPASSA CON LO SMARTPHONE

Su online.zanichelli.it/pensaci ti proponiamo altre mappe come questa.

I QUADRILATERI

Proprietà
La somma degli angoli interni di un quadrilatero convesso è 360°.

sono → **POLIGONI CON 4 LATI**

e se hanno

- almeno **UNA COPPIA** di **LATI OPPOSTI PARALLELI** → *sono* → **TRAPEZI**
- **DUE COPPIE** di **LATI OPPOSTI PARALLELI** → *sono* → **PARALLELOGRAMMI**
- **DUE COPPIE** di **LATI CONSECUTIVI CONGRUENTI** → *sono* → **DELTOIDI**

PARALLELOGRAMMI *e se hanno*

- tutti i **LATI** congruenti → *sono* → **ROMBI**
- tutti gli **ANGOLI** congruenti → *sono* → **RETTANGOLI**
- tutti i **LATI** congruenti e tutti gli **ANGOLI** congruenti → *sono* → **QUADRATI**

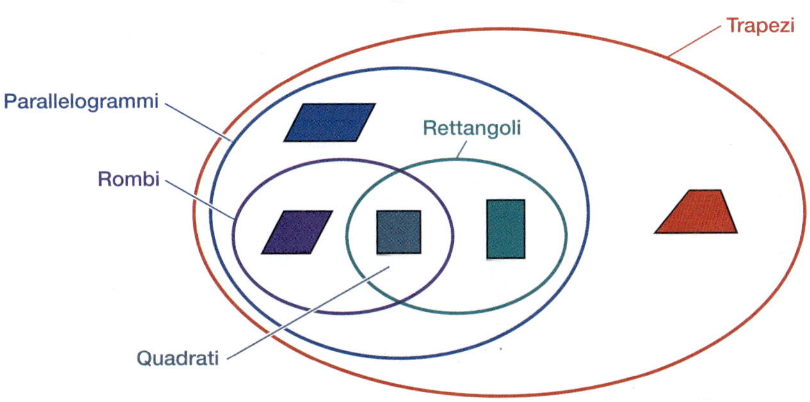

TEORIA

ESERCIZI

Controlla i risultati in fondo al volume.

1 Classificazione e costruzione dei quadrilateri

Teoria a pag. 500

Ricorda

IN TEORIA Un quadrilatero con

1. quattro .... è un **rettangolo**;
2. quattro .... è un **rombo**;
3. i lati .... paralleli è un **parallelogramma**;
4. una coppia di lati .... paralleli è un **trapezio**;
5. quattro angoli retti e tutti i .... è un **quadrato**;
6. due coppie di lati .... congruenti è un **deltoide**.

IN PRATICA Vero o falso?

a. Un rettangolo ha sempre tutti i lati uguali. V F
b. Un rettangolo ha sempre tutti gli angoli retti. V F
c. Un rombo è sempre un parallelogramma. V F
d. Un parallelogramma è sempre un rombo. V F
e. Un rettangolo è sempre un parallelogramma. V F
f. Un rettangolo è sempre un deltoide. V F
g. Un trapezio ha sempre due lati paralleli. V F
h. Un trapezio con due lati congruenti è sempre un trapezio isoscele. V F

1 **CONFRONTARE E ANALIZZARE FIGURE GEOMETRICHE** Per ciascuna figura nella tabella indica con una ✔ se appartiene all'insieme dei quadrilateri indicati.

	Quadrato	Rettangolo	Trapezio	Rombo	Deltoide
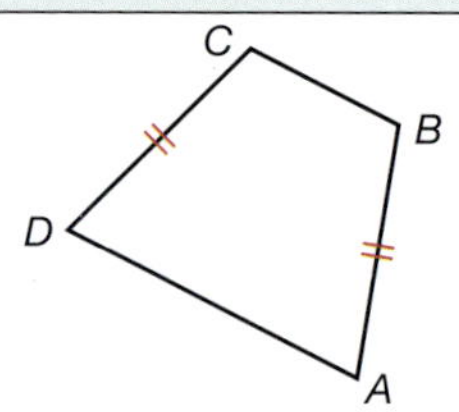 *AD* // *BC*			✔		
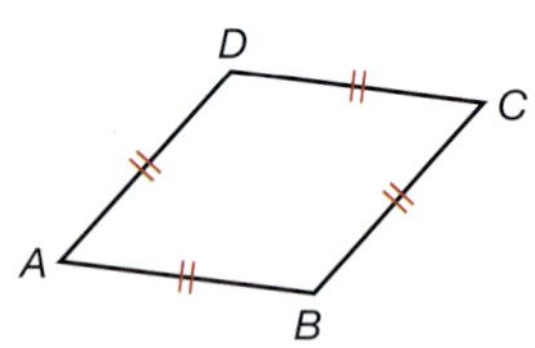					
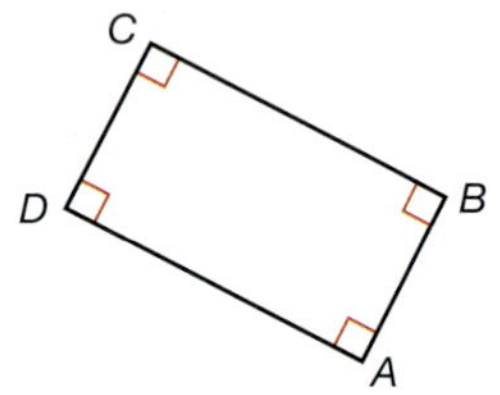					
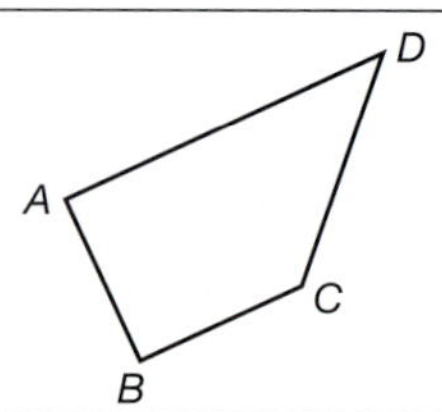 *AD* // *BC*					

2 In generale, un quadrato

a. è anche un rettangolo?

b. è anche un trapezio?

c. è anche un rombo?

d. è anche un deltoide?

3 Disegna un quadrilatero con quattro lati congruenti che non sia un quadrato. Di che quadrilatero si tratta?

4 Costruisci un parallelogramma $ABCD$ in modo che $AB = 10$ cm, $BC = 12$ cm e $A\widehat{B}C = 80°$. Misura la lunghezza della diagonale BD.

5 Costruisci un rettangolo i cui lati abbiano lunghezza 96 mm e 84 mm. Misura la lunghezza delle diagonali.

6 Costruisci un rombo $ABCD$ in modo che $AB = 6$ cm e $A\widehat{B}C = 115°$. Misura la lunghezza delle diagonali.

7 Costruisci un quadrilatero $PQRS$ in modo che $PQ \cong PR \cong PS = 9$ cm, $QR = 12$ cm, $RS = 7{,}5$ cm. Misura l'ampiezza dell'angolo $Q\widehat{P}S$.

8 Costruisci un trapezio $WXYZ$ in modo che $WX = 56$ mm, $XY = 112$ mm, $W\widehat{X}Y = 80°$, $X\widehat{Y}Z = 70°$. Misura la lunghezza di WY e di XZ.

9 Costruisci un quadrilatero $PQRS$ in modo che $PQ = 6{,}5$ cm, $QR = 4{,}8$ cm, $RS = 8{,}5$ cm, $P\widehat{Q}R = 75°$, $Q\widehat{R}S = 98°$. Misura la lunghezza di PS e l'ampiezza di $P\widehat{S}R$.

10 Costruisci un quadrilatero $PQRS$ in modo che $PQ = 5{,}6$ cm, $QR = 6{,}2$ cm, $RS = 9{,}2$ cm, $P\widehat{Q}R = 80°$, $Q\widehat{R}S = 95°$. Misura la lunghezza di PS e l'ampiezza di $P\widehat{S}R$.

11 Costruisci un trapezio $TRAP$ in modo che TP sia parallelo a RA e che la diagonale $TA = 9{,}0$ cm, $RA = 8{,}0$ cm, $TP = 6{,}0$ cm, $T\widehat{R}A = 60°$. Misura la lunghezza di AP.

12 **ARGOMENTARE** Dimostra che ogni diagonale divide il rombo in due triangoli congruenti.

13 Costruisci un parallelogramma $PQRS$ tale che $PQ = 5{,}6$ cm, $PS = 4{,}5$ cm e $S\widehat{P}Q = 72°$. Misura la lunghezza della diagonale PR e della diagonale QS.

14 Costruisci un parallelogramma $ABCD$ tale che $AB = 6{,}4$ cm, $AD = 7{,}6$ cm e $B\widehat{A}D = 115°$. Misura la lunghezza di BD e l'ampiezza di $B\widehat{D}A$.

15 Costruisci un rettangolo $PQRS$ tale che $PQ = 10{,}4$ cm e $P\widehat{Q}S = 32°$. Misura la lunghezza di PS e di PR.

16 Costruisci un rombo $PQRS$ tale che $QR = 8{,}4$ cm e $P\widehat{Q}R = 75°$. Misura le due diagonali.

17 Costruisci un quadrilatero $ABCD$ tale che $BC = 6$ cm, $CD = 9$ cm, $AD = 6$ cm, $AB = 4{,}5$ cm e $B\widehat{A}D = 44°$. Misura l'ampiezza di $A\widehat{D}C$.

18 Costruisci un parallelogramma $PQRS$ tale che $PQ = 9{,}8$ cm, $PS = 7{,}2$ cm e $P\widehat{Q}R = 68°$. Misura la lunghezza delle diagonali PR e QS.

19 Costruisci un trapezio $WXYZ$ tale che WX è parallelo a YZ, $WX = 11{,}9$ cm, $W\widehat{X}Y = 90°$, $WY = 13{,}9$ cm e $YZ = 8{,}2$ cm. Misura la lunghezza di WZ e l'ampiezza di $X\widehat{W}Z$.

20 Costruisci un quadrilatero $PQRS$ tale che $PQ \parallel RS$, $PQ = 4$ cm, $QR = RS = 4{,}8$ cm e $Q\widehat{P}S = 90°$. Misura la lunghezza di QS.

ESERCIZI

2 Le proprietà dei quadrilateri

Teoria a pag. 507

Ricorda

IN TEORIA

Quadrati, rettangoli e .... sono particolari parallelogrammi.

I parallelogrammi sono particolari trapezi.

Il deltoide, in generale, non è un parallelogramma né un parallelogramma è un deltoide.

IN PRATICA Vero o falso?

a. Il quadrato ha tutte le proprietà dei parallelogrammi. V F

b. Le diagonali del rombo si tagliano reciprocamente a metà. V F

c. Le diagonali del rettangolo sono perpendicolari. V F

d. Gli angoli opposti di un rombo sono supplementari. V F

e. I lati consecutivi di un deltoide sono congruenti. V F

f. Un trapezio ha sempre due angoli retti. V F

g. Gli angoli opposti di un parallelogramma sono congruenti. V F

21 **ARGOMENTARE** Dimostra che le diagonali di un parallelogramma, incontrandosi, si dividono a metà.

SUGGERIMENTO Prova a dividere il parallelogramma in triangoli.

22 **ARGOMENTARE** Dividi un rombo in due triangoli isosceli e traccia l'altezza di questi triangoli; a partire dalla figura che hai disegnato e, ricordando le proprietà del triangolo isoscele, dimostra che le diagonali di un rombo sono perpendicolari.

23 **ARGOMENTARE** Per costruire un quadrato congruente a un altro è sufficiente specificare la lunghezza del lato? Se la risposta è "sì", quale proprietà del quadrato ci permette la costruzione?

24 **ARGOMENTARE** Per costruire un rombo congruente a un altro è sufficiente specificare la lunghezza del lato? Se la risposta è "sì", quale proprietà del rombo ci permette la costruzione?

25 **ARGOMENTARE** Per costruire un rettangolo congruente a un altro è sufficiente specificare la lunghezza delle diagonali? Se la risposta è "sì", quale proprietà del rettangolo ci permette la costruzione?

26 **ARGOMENTARE** Per costruire un rombo congruente a un altro è sufficiente specificare la lunghezza delle diagonali? Se la risposta è "sì", quale proprietà del rombo ci permette la costruzione?

27 Costruisci un deltoide che abbia le diagonali AC di 20 cm e BD di 8 cm. BD passa per il punto medio di AC e viene divisa in due parti di 3 cm e 5 cm.

28 Costruisci un deltoide che abbia le diagonali DL di 4 cm ed ET di 12 cm. DL passa per il punto medio di ET e viene divisa in due parti di 1 cm e 3 cm.

29 Costruisci un deltoide che abbia le diagonali DL di 4 cm ed ET di 12 cm. ET passa per il punto medio di DL e viene divisa in due parti di 4 cm e 8 cm.

30 Disegna un rombo con le diagonali di 16 cm e 10 cm.

31 Disegna un rombo con le diagonali di 20 cm e 10 cm.

32 **INVALSI 2015** Indica se ciascuna delle seguenti affermazioni è vera (V) o falsa (F).

		V	F
a.	Condizione necessaria affinché un quadrilatero abbia le diagonali uguali è che sia un rettangolo		
b.	Condizione sufficiente affinché un quadrilatero abbia le diagonali uguali è che sia un rettangolo		
c.	Condizione necessaria e sufficiente affinché un rombo sia un quadrato è che abbia le diagonali uguali		

[INVALSI – scuola secondaria di secondo grado]

33 **INVALSI 2002** In un quadrilatero due angoli misurano 115° gradi ciascuno. Se un terzo angolo misura 70°, quanto misura il quarto angolo?

a 60°. b 70°. c 130°. d 140°. e Nessuna delle precedenti.

[INVALSI – prova nazionale per la scuola secondaria di primo grado]

Calcola i valori incogniti indicati nei seguenti quadrilateri.

34

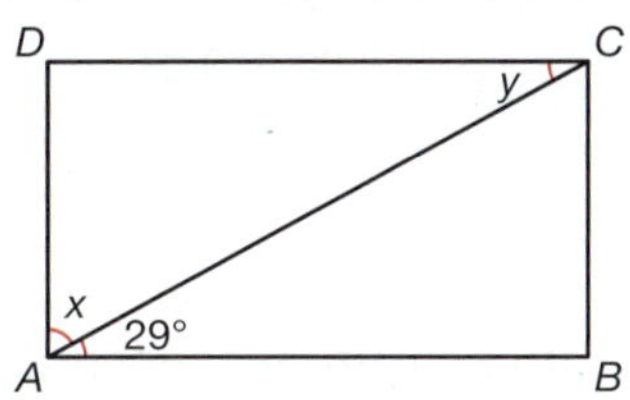

35

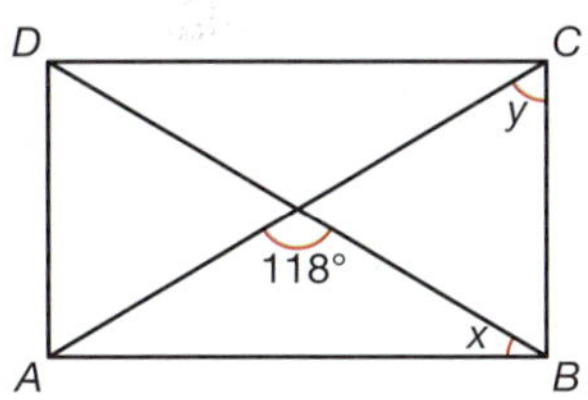

36

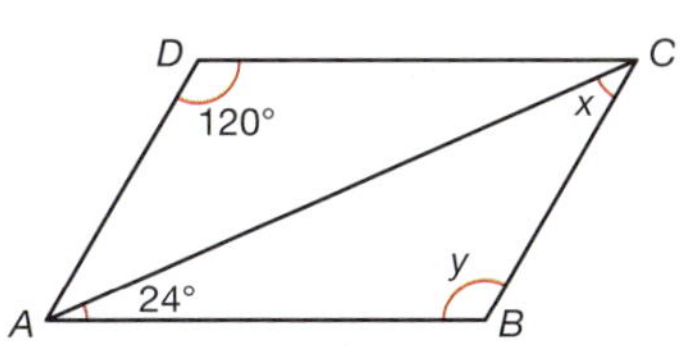

37

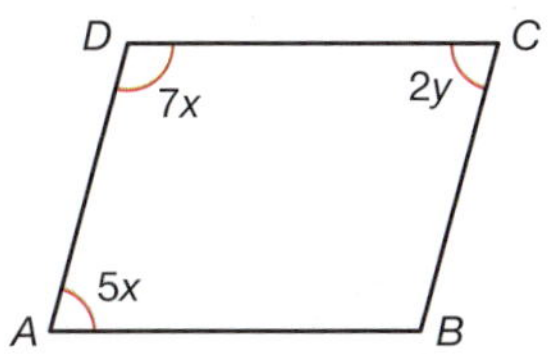

38

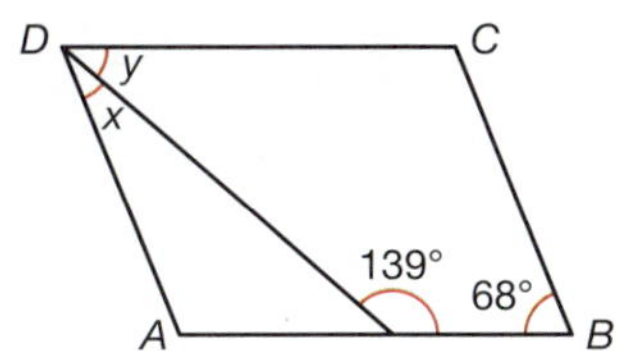

39

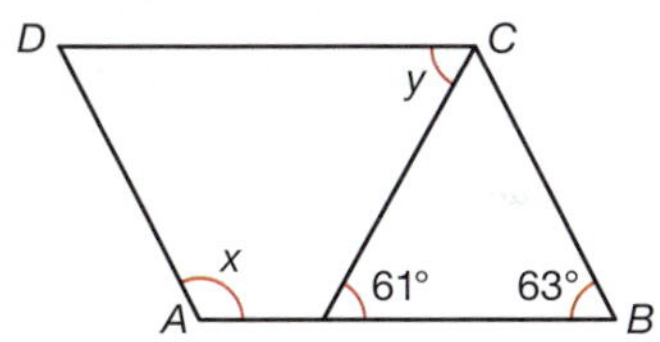

40

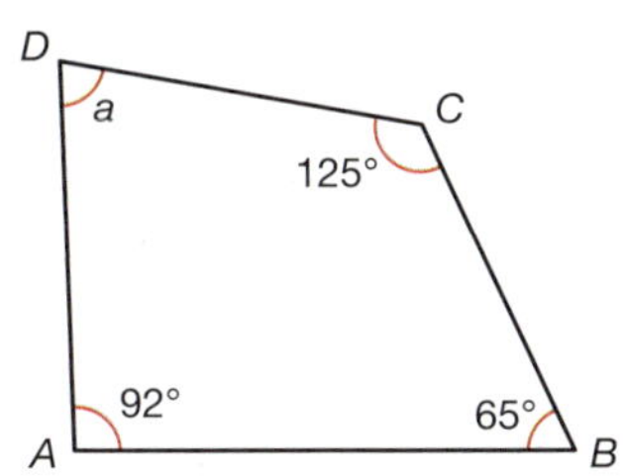

41

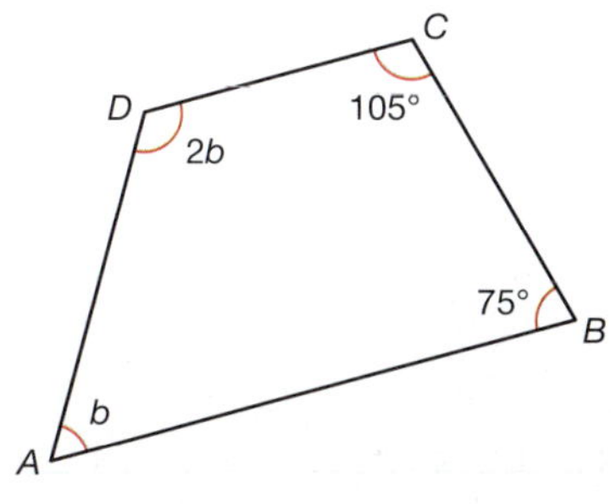

Calcola i valori incogniti indicati nei seguenti poligoni.

42

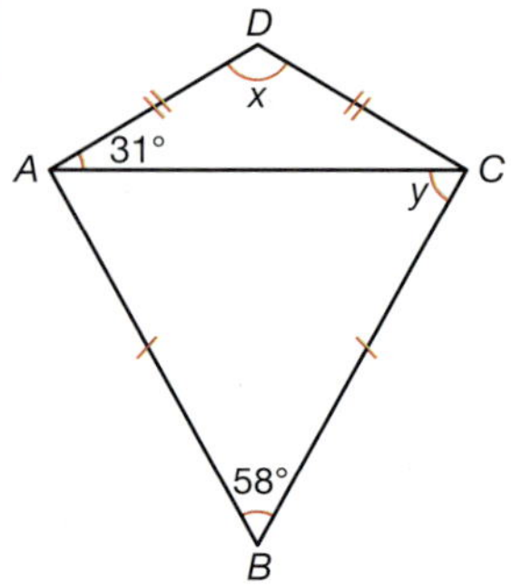

43

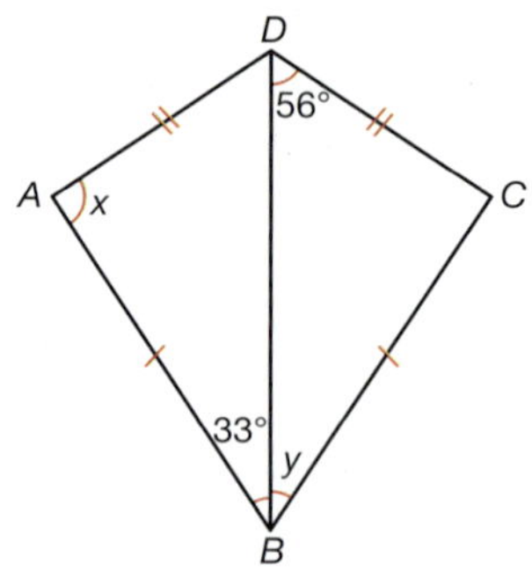

44

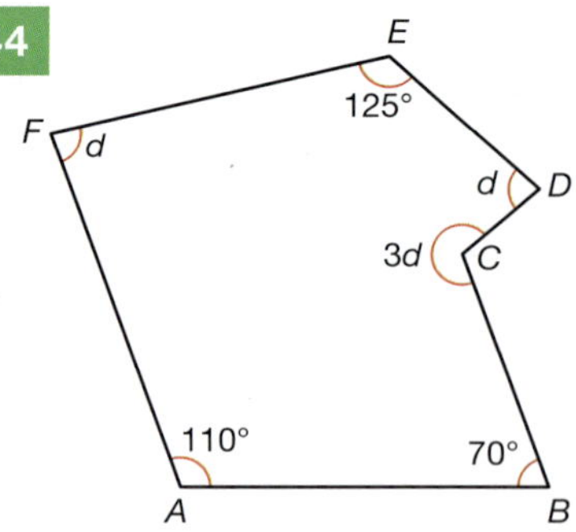

3 Poligoni per ricoprire il piano: le tassellazioni

Teoria a pag. 513

Ricorda

IN TEORIA
Una tassellazione regolare è formata da poligoni regolari congruenti, che si incontrano in un vertice. È possibile costruire tassellazioni regolari con poligoni regolari di .... lati.

IN PRATICA
Riempi gli spazi segnati dai puntini.
I poligoni regolari con cui si può costruire una tassellazione del piano sono .... perché i loro angoli interni sono un .... dell'angolo giro.

45 Costruisci una tassellazione del piano con l'aiuto di un software di disegno.

46 Costruisci una tassellazione del piano usando il procedimento illustrato nell'attività Giochiamo con la mente *Puzzle* nell'eBook, con l'aiuto di un software di disegno. Cerca di realizzare una figura che assomigli il più possibile a un volto.

47 Costruisci una tassellazione del piano basata su un triangolo qualsiasi.

48 Costruisci una tassellazione del piano che utilizzi la combinazione di due figure.

49 Trova la foto di un vestito la cui fantasia sia, almeno in parte, riconducibile a una tassellazione.

50 **INDIVIDUARE COLLEGAMENTI E RELAZIONI** Identifica in due modi diversi la figura elementare che viene ripetuta nelle seguenti tassellazioni.

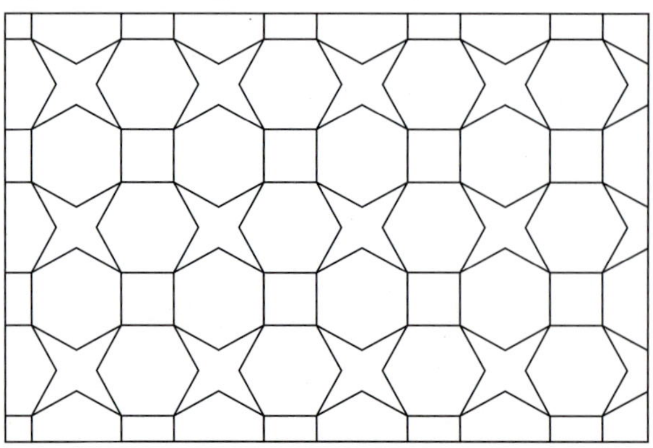

ESERCIZI DI RIEPILOGO

51 Costruisci un parallelogramma $ABCD$ tale che $AB = 10,3$ cm, $AD = 6,3$ cm, $A\widehat{B}C = 105°$. Misura la lunghezza delle diagonali AC e BD.

52 Costruisci un rettangolo con i lati di lunghezza 50 mm e 68 mm. Misura la lunghezza delle diagonali.

53 Costruisci un quadrato di lato 7,4 cm. Misura la lunghezza della diagonale.

54 Costruisci un rombo $ABCD$ tale che $AB = 6,5$ cm e $A\widehat{B}C = 56°$. Misura la lunghezza delle diagonali.

55 Costruisci un deltoide con diagonali AC e BD tale che $A\widehat{B}C = 116°$, $AC = 6,4$ cm, $BD = 11,6$ cm. Misura la lunghezza di AB e AD.

56 Costruisci un deltoide $PQRS$ in modo che $PQ \cong QR = 3,6$ cm, $PS = 6,9$ cm, $P\widehat{Q}R = 124°$. Misura la lunghezza delle diagonali PR e QS.

57 Costruisci un trapezio rettangolo $DEFG$ in modo che DE sia parallelo a GF, EF sia perpendicolare a DE, $DE = 10,8$ cm, $G\widehat{D}E = 85°$, $DG = 7,4$ cm. Misura la lunghezza di GE e GF.

58 Costruisci un rombo $PQRS$ in modo che $PQ = 60$ mm e la diagonale $PR = 9$ mm. Misura l'ampiezza dell'angolo $Q\widehat{P}S$.

59 Costruisci un quadrilatero $PQRS$ in modo che $PQ = 5,3$ cm, $QR = 6,3$ cm, $RS = 6,7$ cm, $P\widehat{Q}R = 75°$ e $Q\widehat{R}S = 60°$. Misura la lunghezza di PR e l'ampiezza di $R\widehat{P}S$.

60 Costruisci un parallelogramma $ABCD$ in modo che $AB = 9$ cm, $BC = 6$ cm, $A\widehat{B}C = 115°$.
a. Misura la lunghezza della diagonale BD.
b. Costruisci l'asse del segmento AB che interseca in T il segmento CD.
Misura la lunghezza di AT.

61 Un quadrato $PQRS$ ha la diagonale PR lunga 10 cm.
a. Disegna PR.
b. Disegna l'asse di PR e identifica la posizione dei punti Q e S. Unisci i punti per tracciare il quadrato $PQRS$. Misura il lato PQ.

62 Costruisci un quadrilatero $PQRS$ tale che $PQ = 4$ cm, $QR \cong RS = 4,8$ cm, $PS = 3,6$ cm, $Q\widehat{P}S = 90°$.
a. Misura la lunghezza di QS.
b. Costruisci la perpendicolare a QR passante per S, che interseca QR nel punto U.
Misura la lunghezza di SU.

63 Calcola la somma degli angoli interni di un poligono con:
a. 11 lati;
b. 12 lati;
c. 15 lati;
d. 20 lati.

ESERCIZI

64 Calcola la somma degli angoli interni di un esagono regolare.

65 Calcola l'ampiezza di uno degli angoli interni di un esagono regolare.

66 Calcola la somma degli angoli interni di un poligono regolare con 18 lati.

67 Calcola l'ampiezza di ciascuno degli angoli interni di un poligono regolare con 18 lati.

68 Calcola l'ampiezza di ciascuno degli angoli esterni di un poligono regolare con 24 lati.

69 Calcola l'ampiezza di ciascuno degli angoli interni di un poligono regolare con 24 lati.

70 Calcola l'ampiezza di ciascuno degli angoli esterni di un poligono regolare con 36 lati.

71 Calcola l'ampiezza di ciascuno degli angoli interni di un poligono regolare con 36 lati.

72 Calcola il numero di lati di un poligono regolare i cui angoli esterni sono ciascuno di 90°.

73 Calcola il numero di lati di un poligono regolare i cui angoli esterni sono ciascuno di 45°.

74 Calcola il numero di lati di un poligono regolare i cui angoli esterni sono ciascuno di 12°.

75 Calcola il numero di lati di un poligono regolare i cui angoli esterni sono ciascuno di 4°.

76 Calcola il numero di lati di un poligono regolare i cui angoli interni sono ciascuno di 140°.

77 Calcola il numero di lati di un poligono regolare i cui angoli interni sono ciascuno di 162°.

78 Calcola il numero di lati di un poligono regolare i cui angoli interni sono ciascuno di 172°.

79 **INVALSI 2009** Qual è la somma degli angoli a, b, c, d, e, f nella figura disegnata qui sotto?

- a Un angolo piatto, ossia 180°
- b Tre angoli retti, ossia 270°
- c Due angoli piatti, ossia 360°
- d Cinque angoli retti, ossia 450°

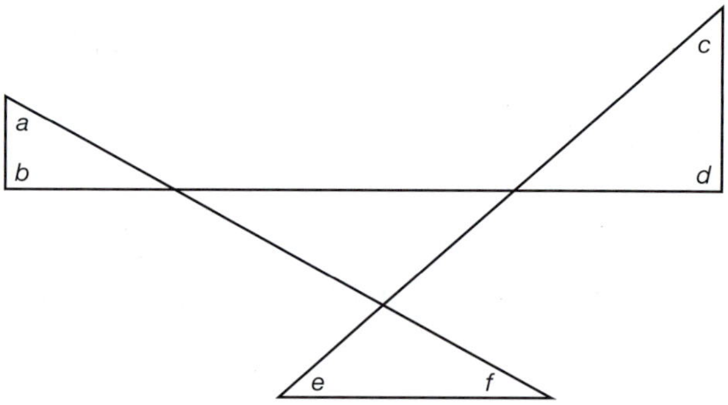

[INVALSI – prova nazionale per la scuola secondaria di primo grado]

80 In un rettangolo $PQRS$, X è il punto medio di PQ e $S\widehat{X}R = 110°$. Calcola l'ampiezza di $P\widehat{S}X$ e $X\widehat{R}S$.

81 In un parallelogramma $PQRS$, $Q\widehat{P}S = 108°$ e $R\widehat{Q}S = 40°$. Calcola l'ampiezza di $P\widehat{S}Q$ e $Q\widehat{S}R$.

82 In un rombo $ABCD$, $A\widehat{B}C = 114°$. Calcola l'ampiezza di $A\widehat{B}D$ e $A\widehat{C}D$.

83 In un trapezio $PQRS$, PQ è parallelo a SR, $PQ \cong PS \cong QR$ e $P\widehat{S}R = 66°$. Calcola l'ampiezza di $Q\widehat{R}S$ e $P\widehat{Q}S$.

84 In un deltoide $ABCD$, $AB \cong BC$, $AD \cong CD$, $A\widehat{D}C = 66°$ e $B\widehat{A}C = 42°$. Calcola l'ampiezza di $A\widehat{C}D$ e $A\widehat{B}C$.

85 Nel rombo $ABCD$ in figura la diagonale BD è stata prolungata fino al punto E tale che $AD \cong DE$. L'angolo $A\widehat{B}E$ ha un'ampiezza di 68°. Calcola l'ampiezza di $B\widehat{C}D$ e di $D\widehat{A}E$.

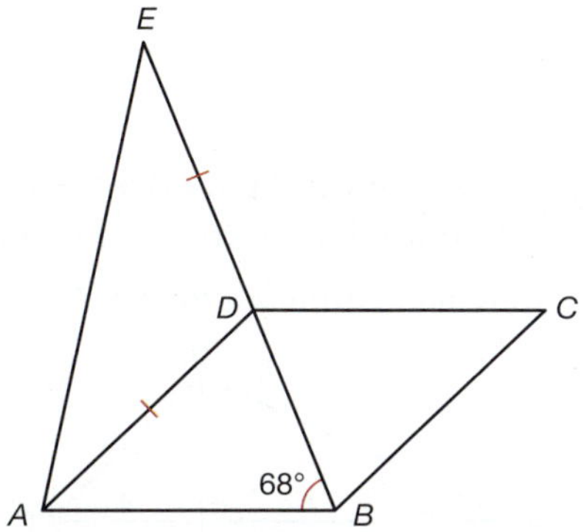

86 Nel rombo $ABCD$ in figura l'angolo $A\widehat{C}D$ ha ampiezza 32°. Il lato AB è stato prolungato fino al punto E tale che $AC \cong CE$.
Calcola l'ampiezza degli angoli $A\widehat{B}C$ e $B\widehat{C}E$.

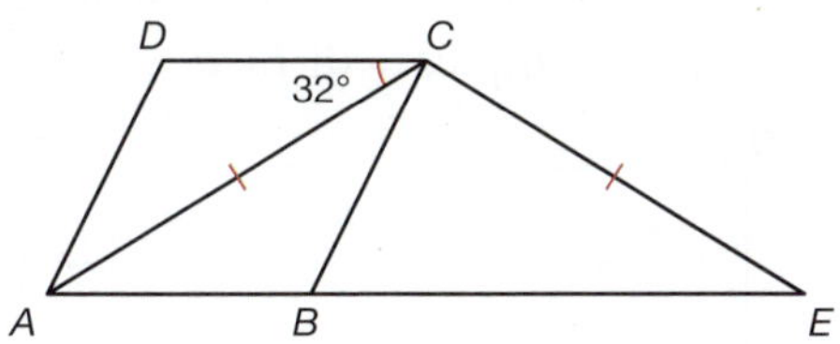

87 Calcola l'ampiezza degli angoli contrassegnati da lettere nei rettangoli in figura.

a.

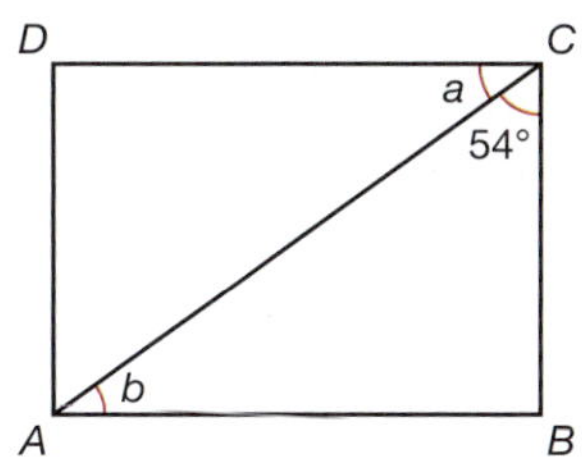

b.

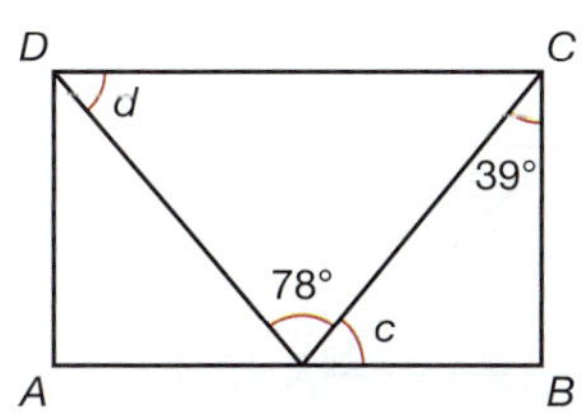

88 Calcola i valori incogniti indicati da lettere nei parallelogrammi in figura.

a.

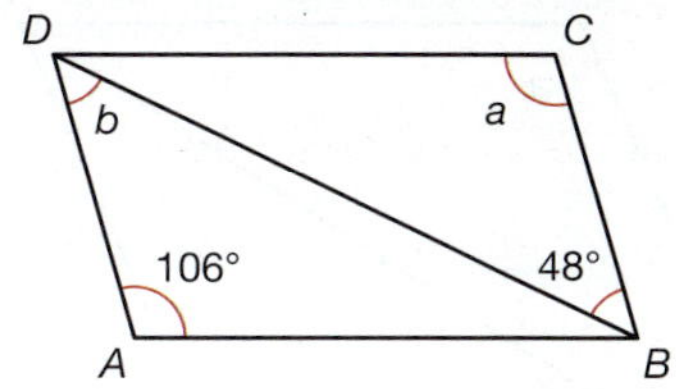

b.

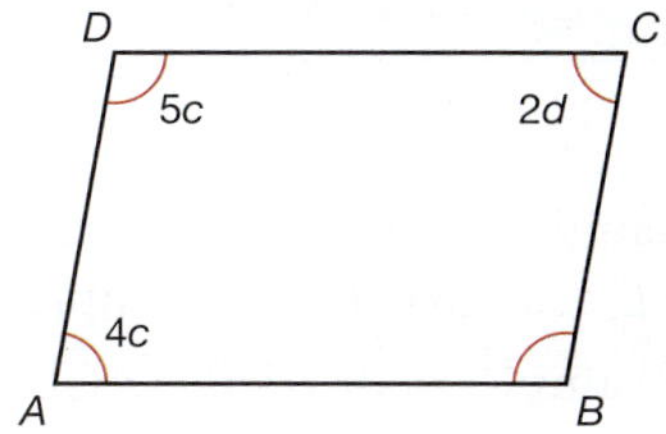

89 Calcola l'ampiezza degli angoli contrassegnati da lettere nei deltoidi in figura.

a.

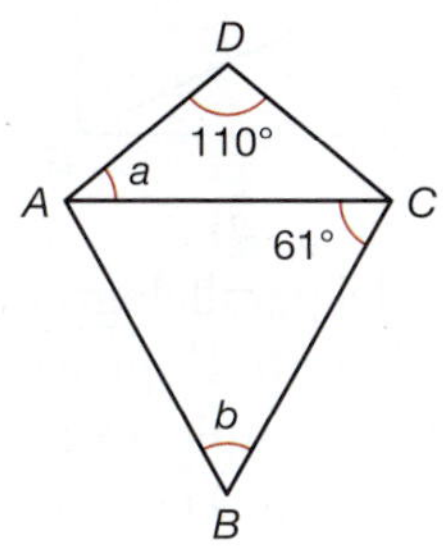

b.

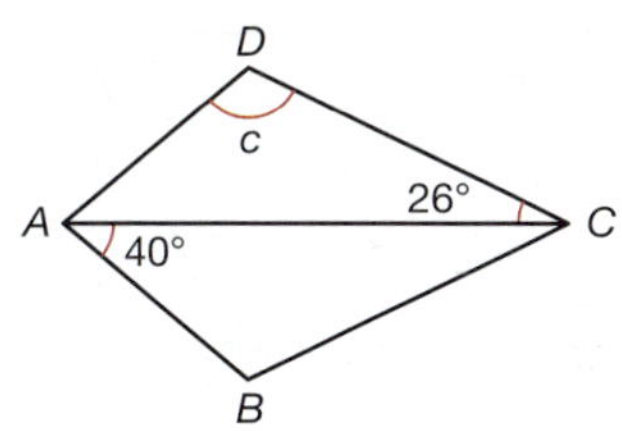

90 Calcola l'ampiezza degli angoli contrassegnati da lettere nei quadrati in figura.

a.

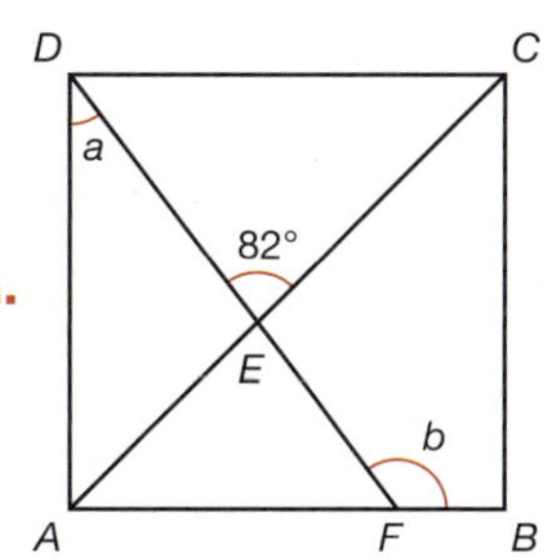

b.

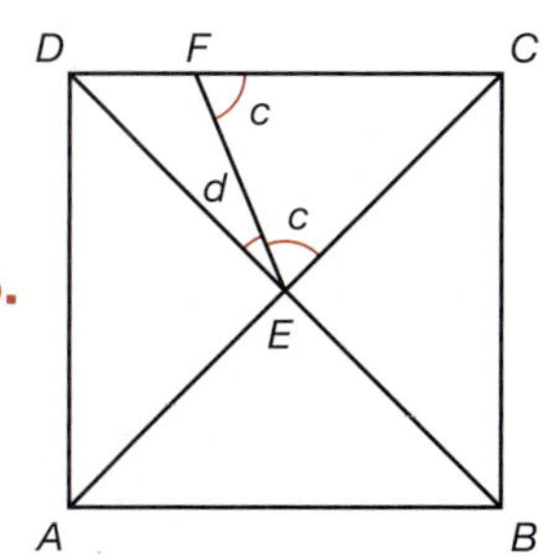

▲ **SUGGERIMENTO** *DF* non è una diagonale.

91 Calcola l'ampiezza degli angoli contrassegnati da lettere nei rombi in figura.

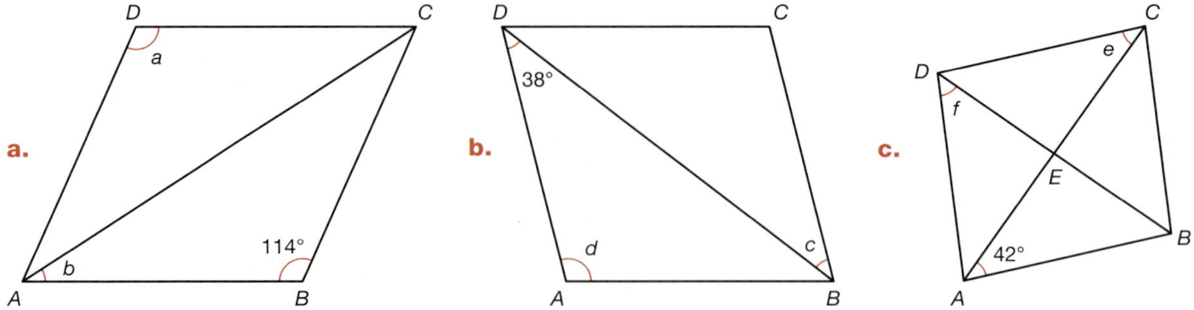

92 Nel rettangolo $ABCD$ le diagonali si intersecano in E. L'angolo $B\widehat{E}C$ ha ampiezza 52°. Calcola l'ampiezza di $A\widehat{D}B$ e $A\widehat{C}D$.

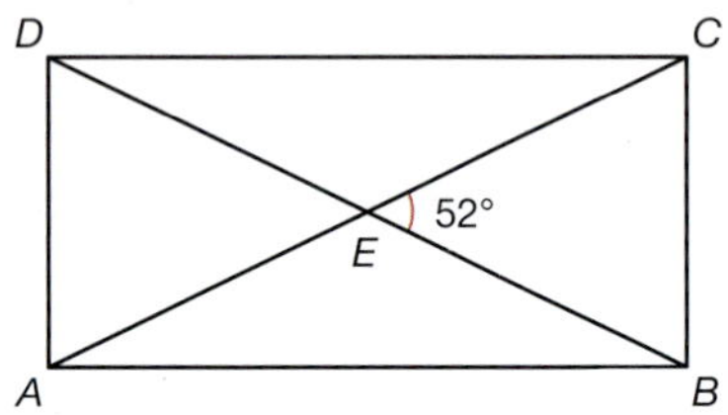

93 L'angolo $B\widehat{A}D$ del parallelogramma $ABCD$ ha ampiezza 65°. Il punto E appartiene al lato DC e l'angolo $B\widehat{E}D$ ha ampiezza 125°. Calcola l'ampiezza di $A\widehat{D}E$ e $C\widehat{B}E$.

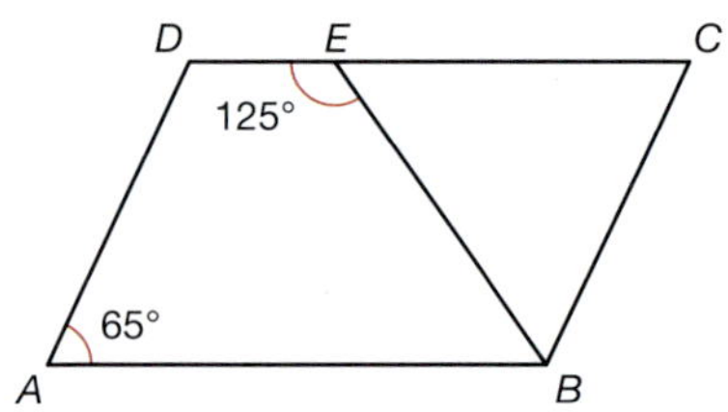

94 Considera il rombo $ABCD$ in figura. La diagonale DB è stata prolungata fino a E in modo che $BC \cong BE$ e $C\widehat{D}E = 46°$. Calcola l'ampiezza di $B\widehat{A}D$ e $B\widehat{C}E$.

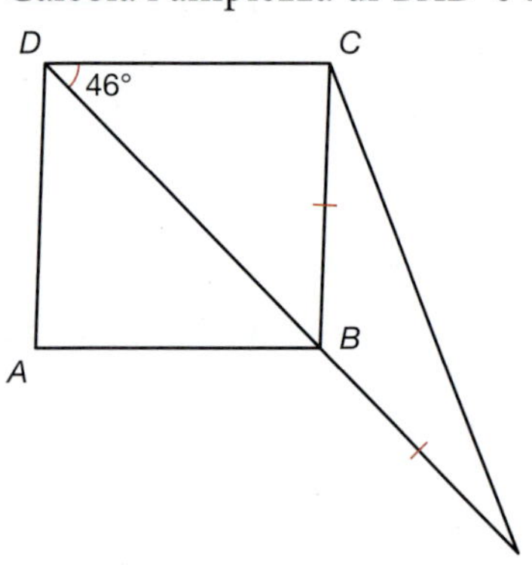

95 Nel deltoide in figura $AB \cong AD$, $BC \cong CD$ ed E è il punto d'incontro delle diagonali. Calcola l'ampiezza di $A\widehat{B}D$ e $C\widehat{B}D$.

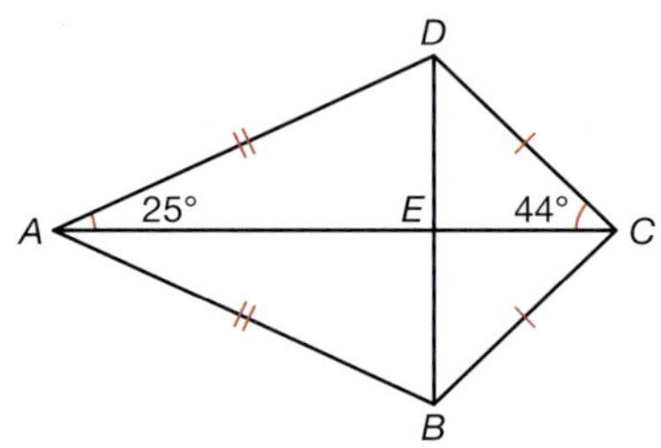

96 Nel rettangolo $ABCD$, $BC = 4{,}8$ cm. Il punto E appartiene al segmento AB in modo che $A\widehat{D}E = 51°$ e $D\widehat{E}C = 79°$. Calcola la lunghezza di AD e l'ampiezza di $B\widehat{C}E$.

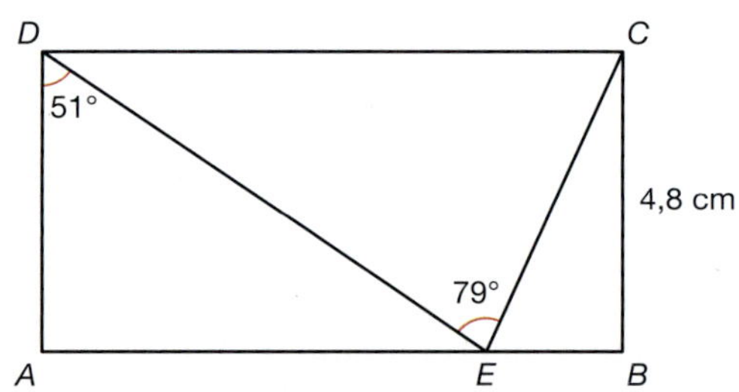

97 Il quadrilatero $ABCD$ in figura è un quadrato. Y è il punto medio di BC e X è il punto di intersezione delle diagonali. L'ampiezza di $Y\widehat{D}C$ è di circa 27°. Calcola l'ampiezza di $X\widehat{D}Y$.

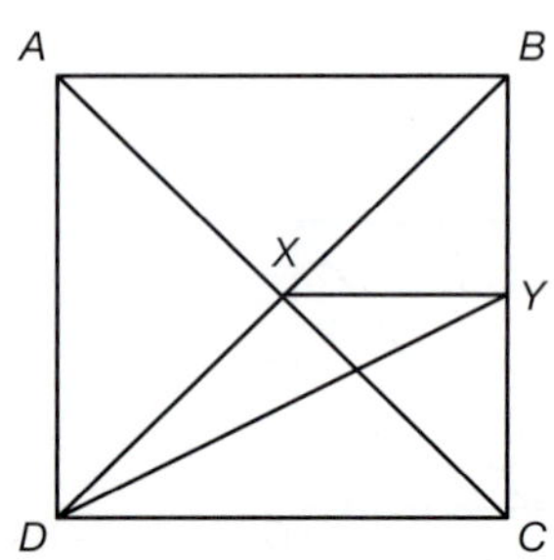

Nelle figure seguenti *ABCD* è un rettangolo. Calcola i valori incogniti.

98

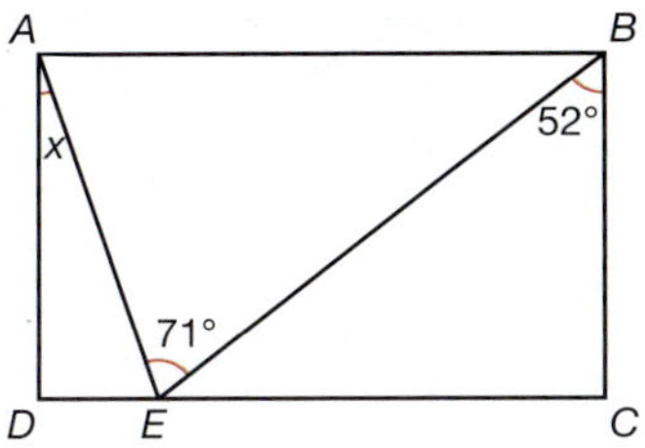

100

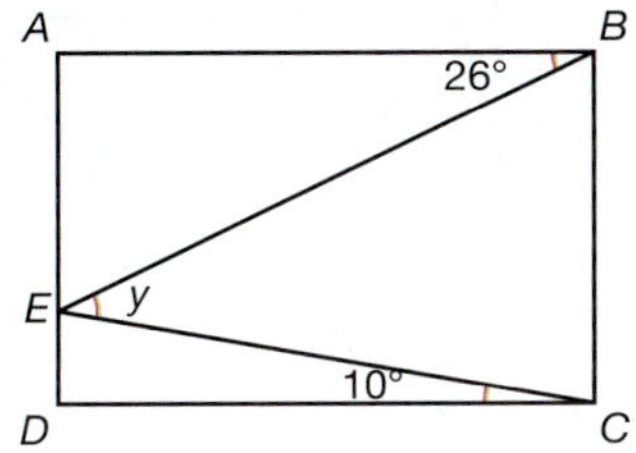

102

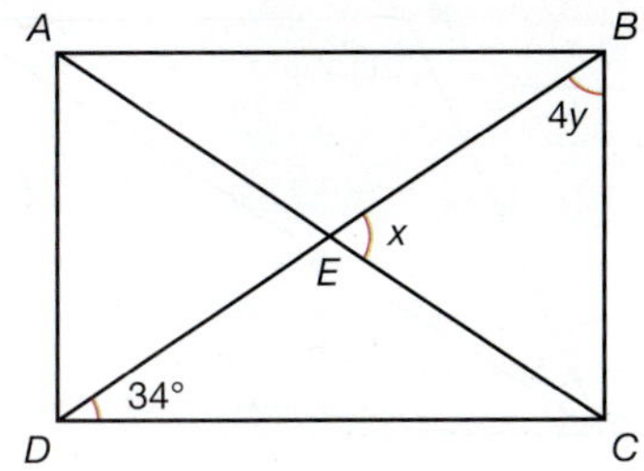

99

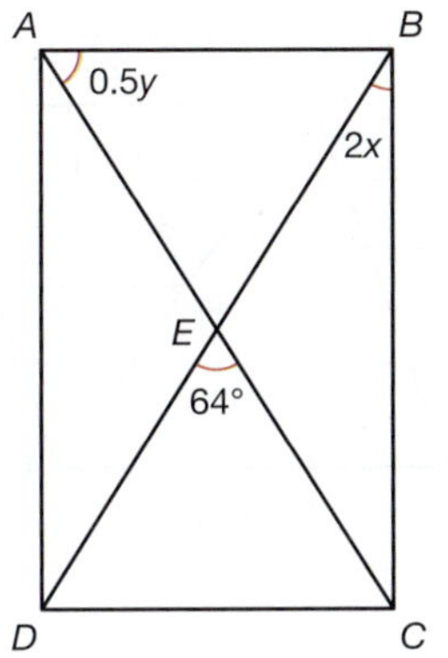

101

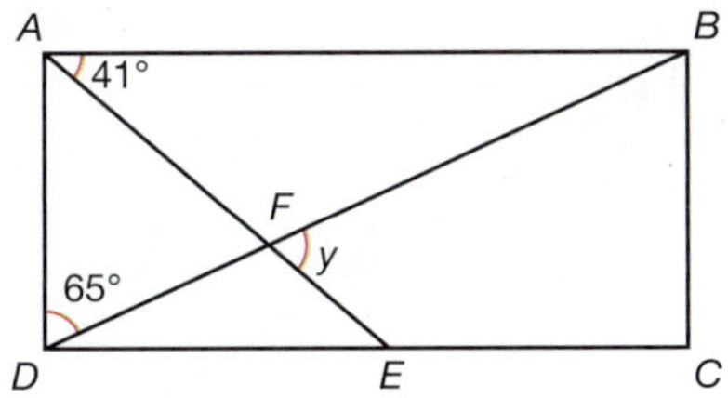

103

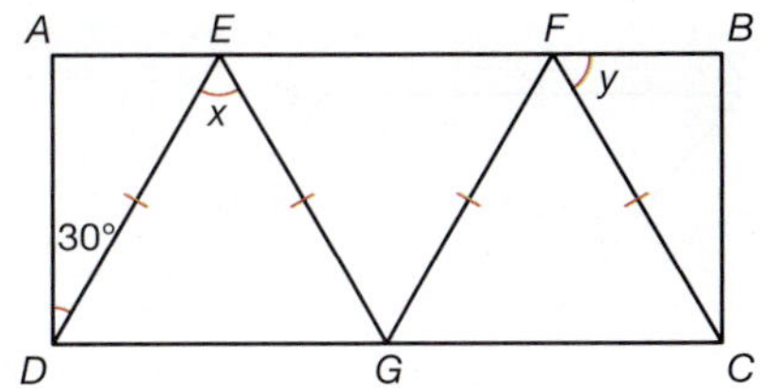

Nelle figure seguenti *ABCD* è un quadrato. Calcola l'ampiezza degli angoli incogniti.

104

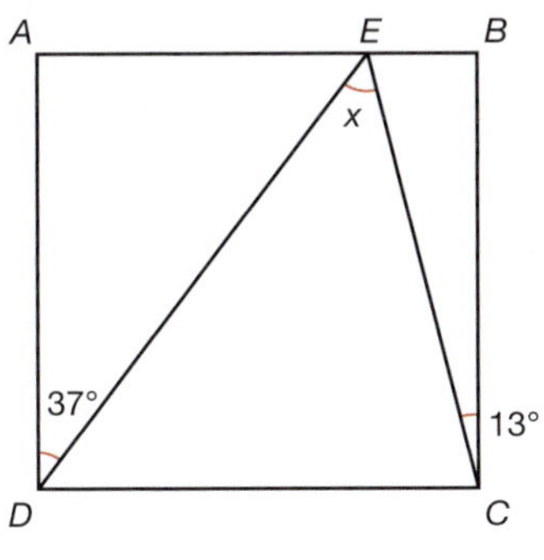

106

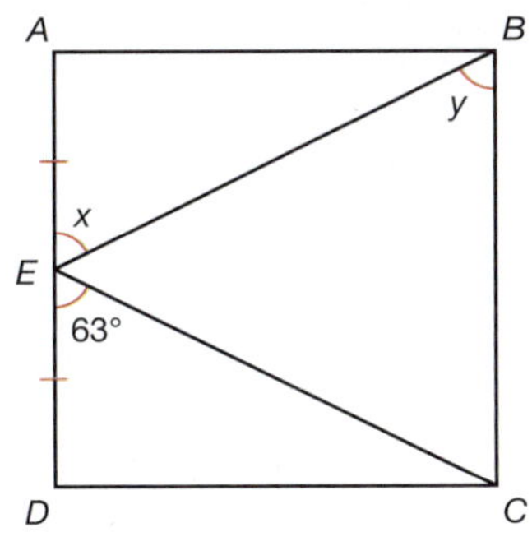

108

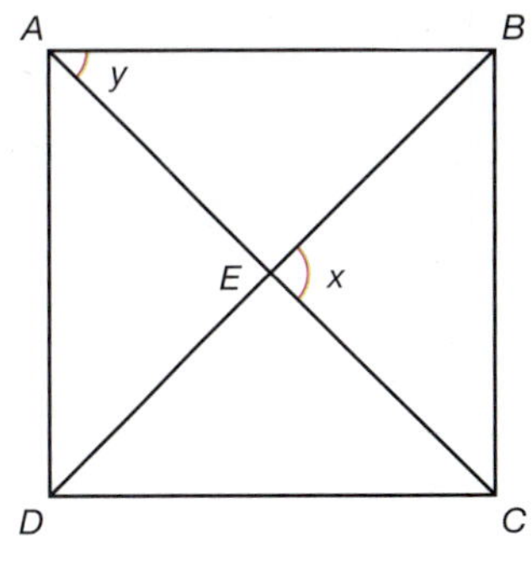

105

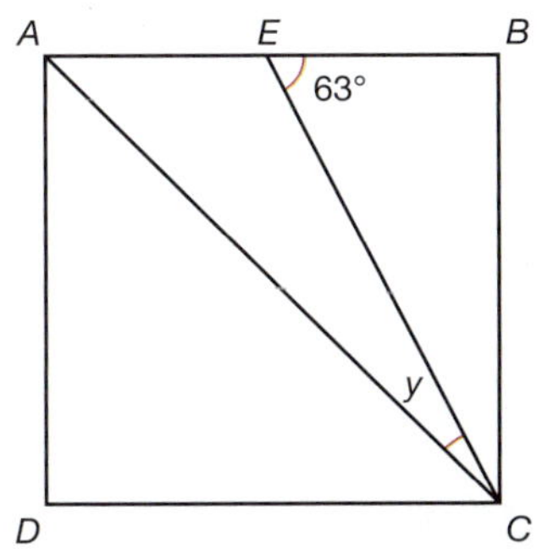

107

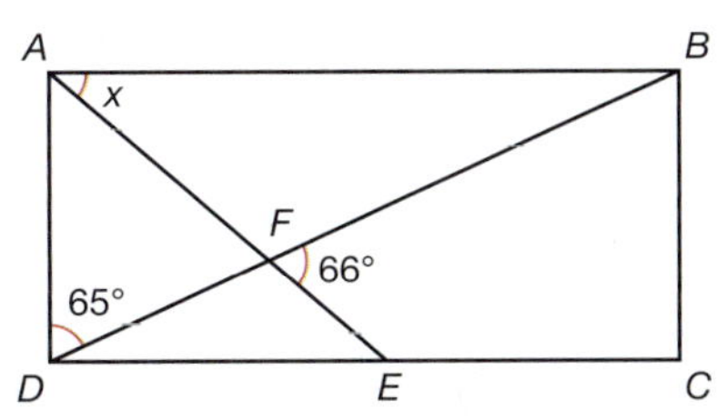

109

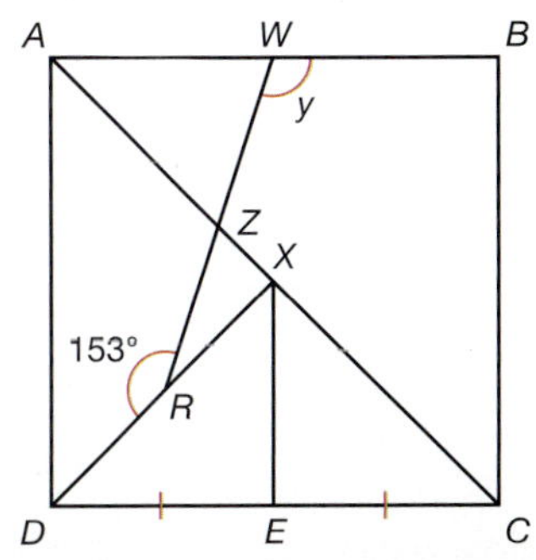

Nelle figure seguenti *ABCD* è un rombo. Calcola i valori incogniti.

110

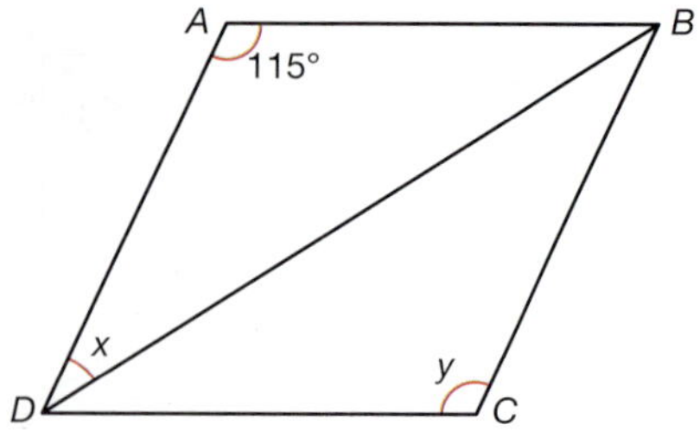

111

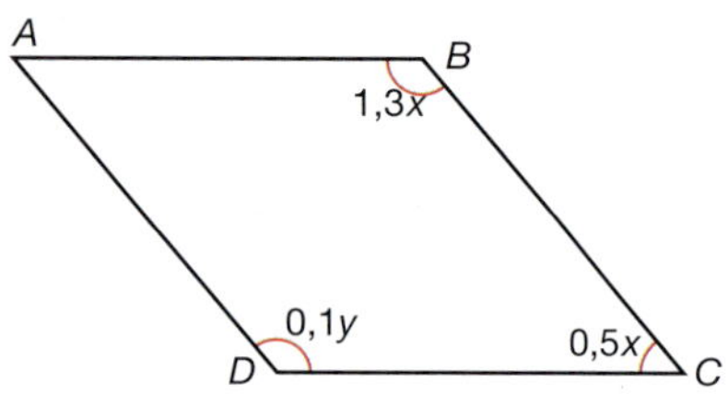

112

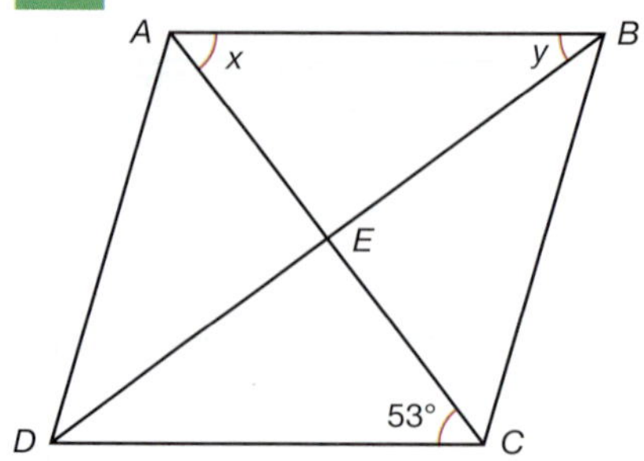

113

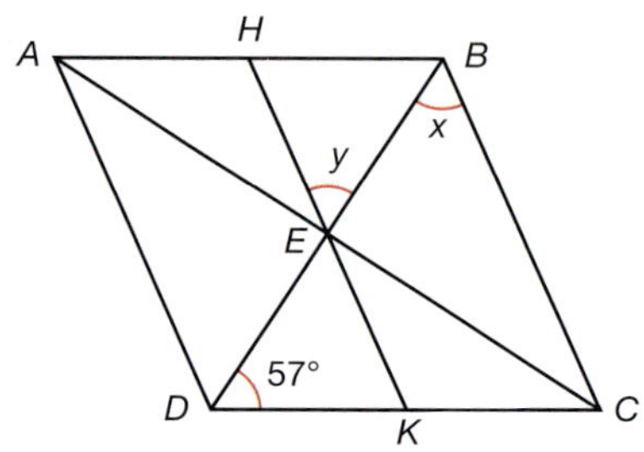

HK // AD

114

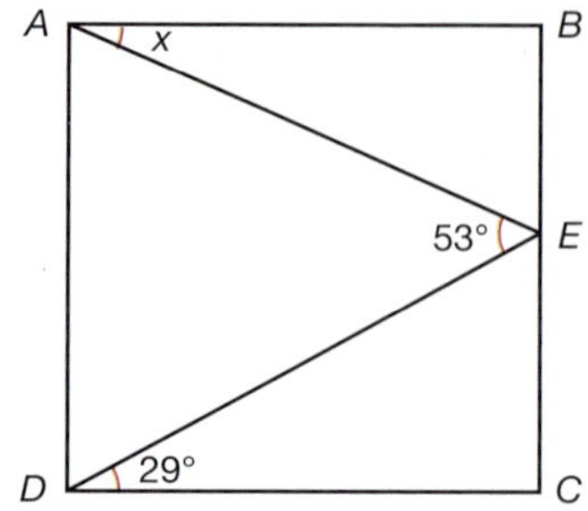

115

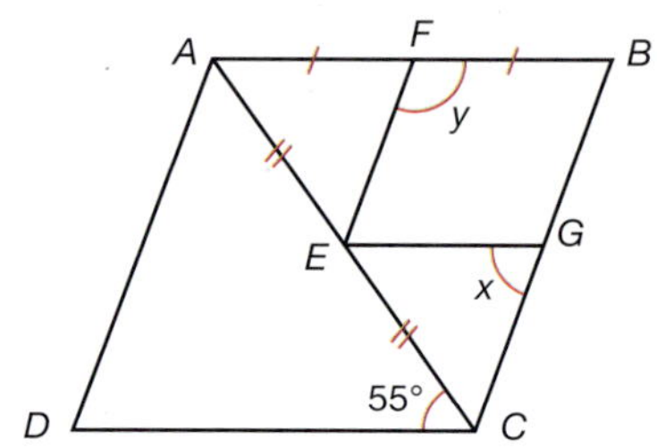

EG // DC

Nelle figure seguenti *ABCD* è un trapezio con *AB* parallelo a *DC*. Calcola l'ampiezza degli angoli incogniti.

116

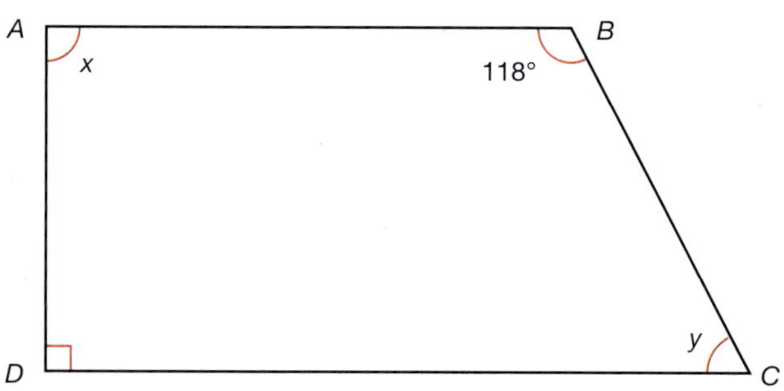

117

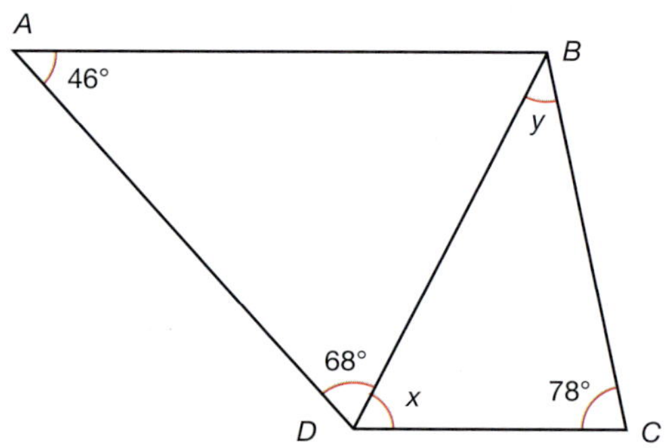

118

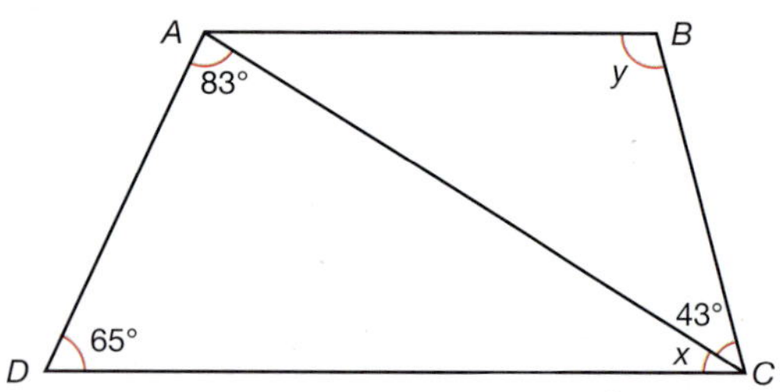

119

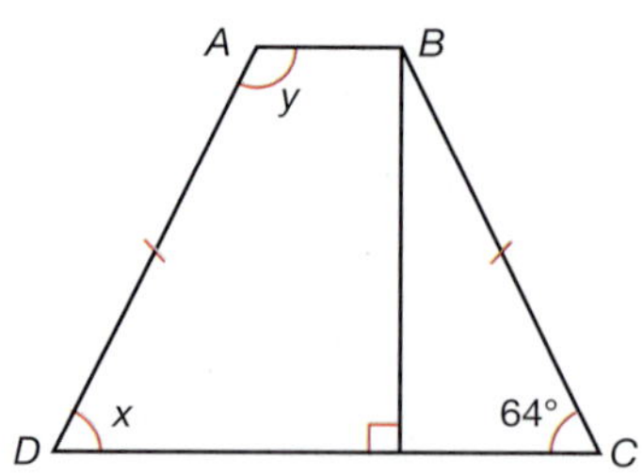

120

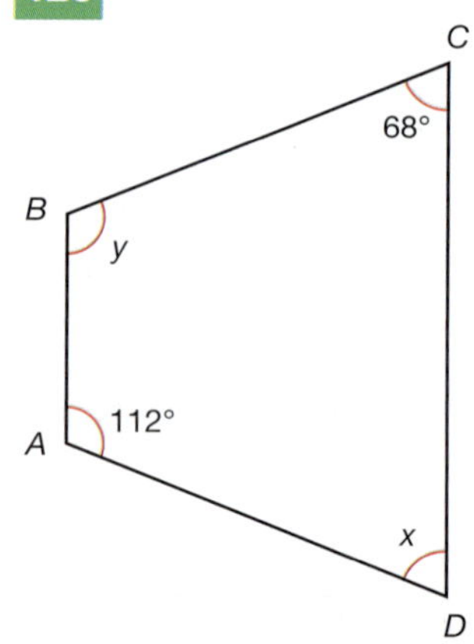

Nelle figure seguenti *ABCD* è un deltoide con *AB* ≅ *AD* e *BC* ≅ *DC*. Calcola l'ampiezza degli angoli incogniti.

121

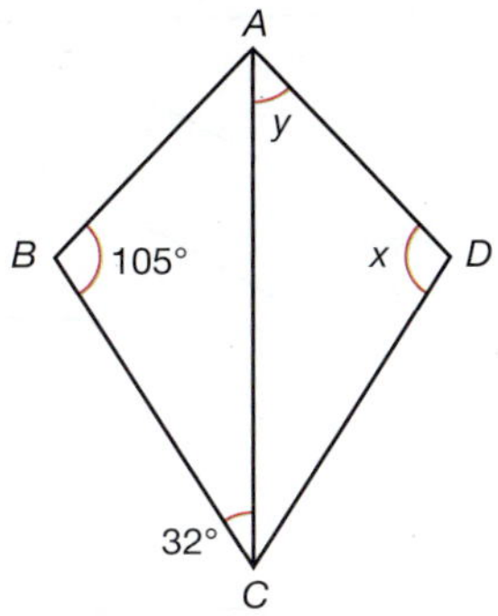

123

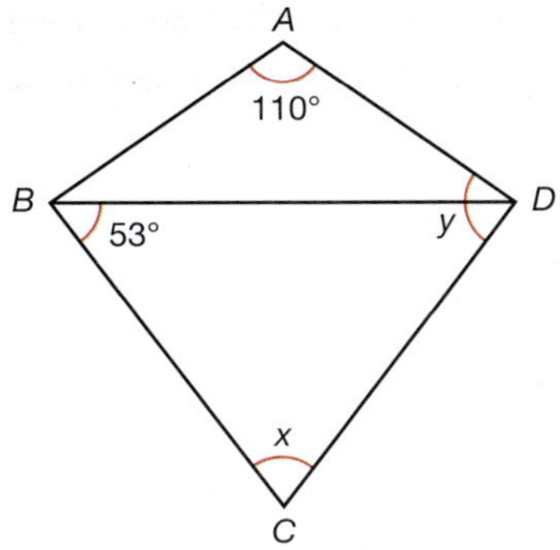

125

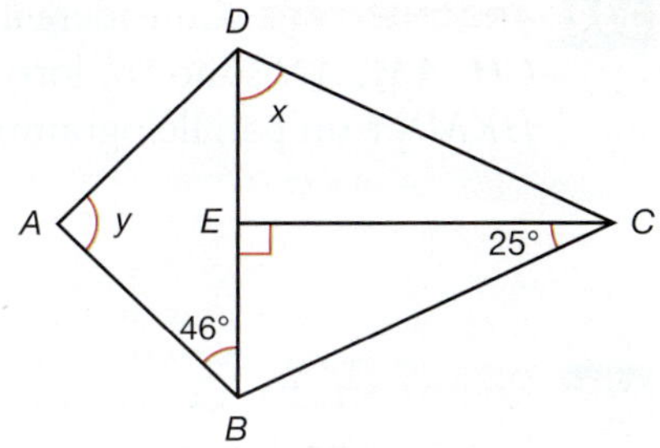

122

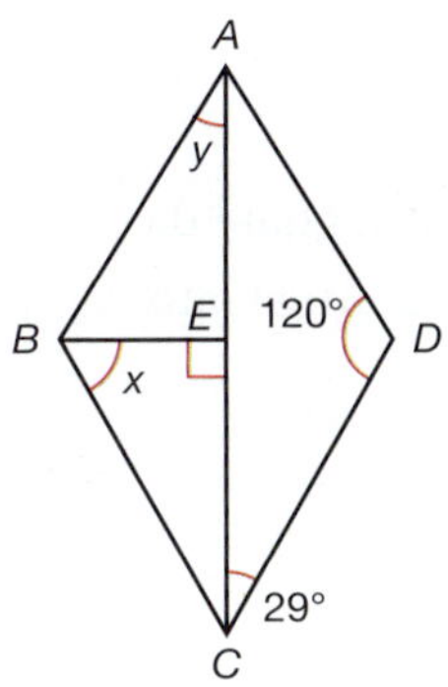

124

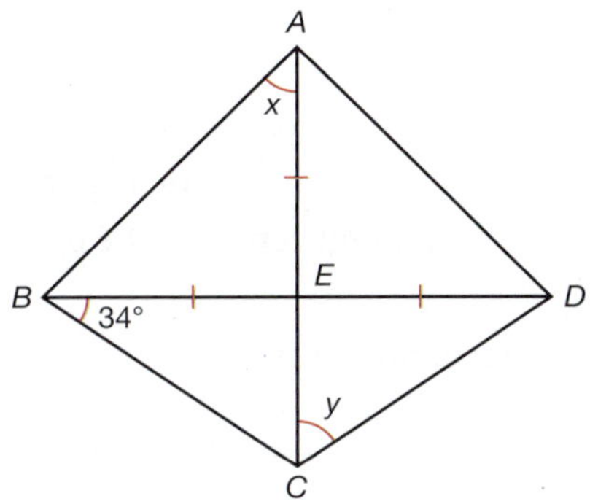

126

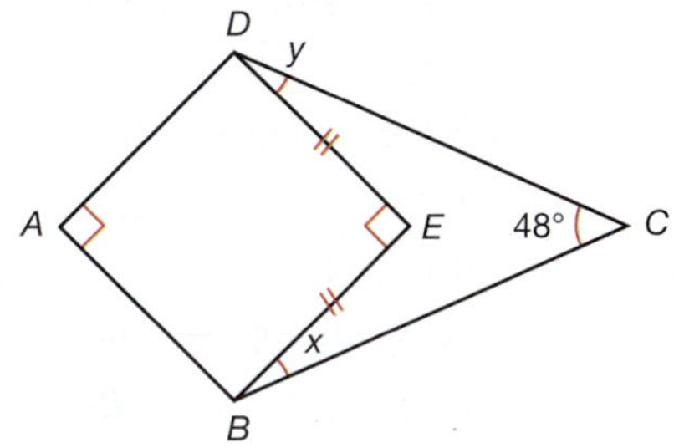

127 In un rettangolo *ABCD*, *E* è il punto medio di *AB* e $C\widehat{E}D = 118°$. Calcola l'ampiezza di $A\widehat{D}E$ e $D\widehat{C}E$.

128 In un parallelogramma *PQRS*, $Q\widehat{P}R = 42°$, $Q\widehat{R}S = 70°$. Calcola l'ampiezza di $P\widehat{Q}R$ e $P\widehat{R}Q$.

129 In un rombo *WXYZ*, $W\widehat{X}Y = 108°$. Calcola l'ampiezza di $X\widehat{Z}Y$, $X\widehat{Y}Z$ e $X\widehat{W}Y$.

130 In un trapezio *ABCD*, *AB* è parallelo a *DC*, *AB* ≅ *AD*, $B\widehat{C}D = 52°$ e $A\widehat{D}C = 62°$.
Calcola l'ampiezza di $A\widehat{B}D$ e $C\widehat{B}D$.

131 In un deltoide *PQRS*, *PQ* ≅ *QR*, *PS* ≅ *RS*, $Q\widehat{P}R = 42°$ e $P\widehat{S}R = 64°$. Calcola l'ampiezza di $P\widehat{R}S$ e $P\widehat{Q}R$.

132 **INVALSI 2002** Con riferimento al quadrato *EFGH*, quale delle seguenti affermazioni è FALSA?

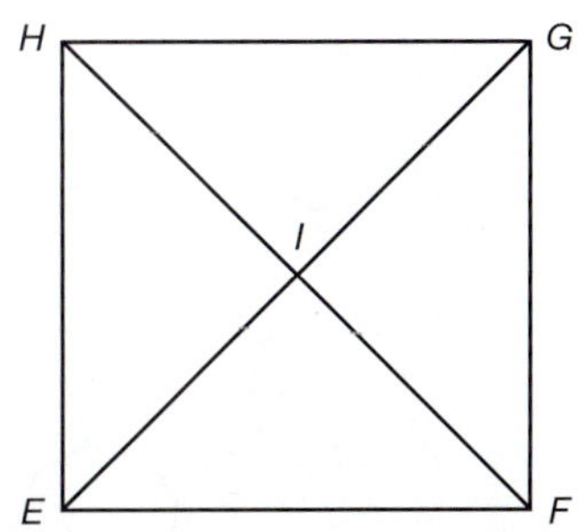

a) I triangoli *EIF* e *EIH* sono congruenti.
b) I triangoli *GHI* e *GHF* sono congruenti.
c) I triangoli *EFH* e *EGH* sono congruenti.
d) I triangoli *EIF* e *GIH* sono congruenti.

[INVALSI – prova nazionale per la scuola secondaria di primo grado]

133 **ARGOMENTARE** Disegna un quadrato e individua il punto medio di ognuno dei lati. Dimostra che il quadrilatero ottenuto unendo i punti medi è ancora un quadrato.

134 **ARGOMENTARE** Considera il rettangolo $ABCD$ in figura. I segmenti CK, CH, AM, AN sono tra loro congruenti. Dimostra che il quadrilatero $HKMN$ è un parallelogramma.

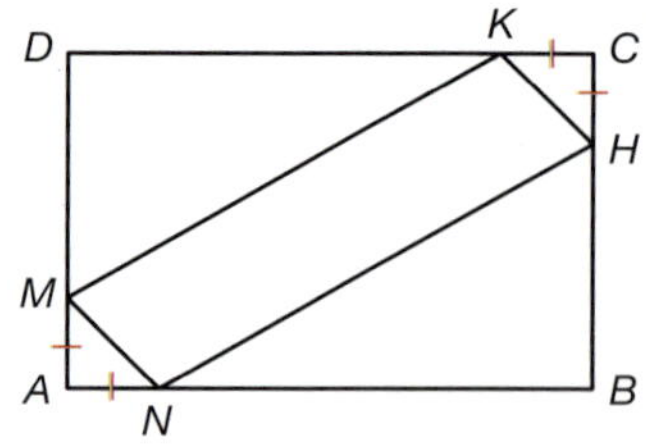

135 **ARGOMENTARE** Considera il parallelogramma $ABCD$ in figura. Il lato AD è prolungato di un segmento $DE \cong AD$ e da E è tracciata la retta passante per C, che incontra il prolungamento di AB in F. Dimostra che $D\widehat{E}C \cong B\widehat{C}F$.

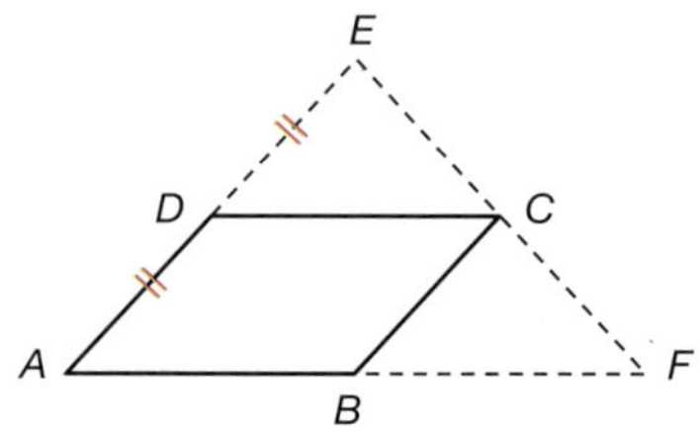

Dimostrazione guidata

- $E\widehat{D}C \cong D\widehat{A}B$, perché ....;
- $C\widehat{B}F \cong D\widehat{A}B$, perché ....;
- $E\widehat{C}D \cong$ ...., perché .... delle parallele AF e CD tagliate da ....;
- inoltre i lati .... sono congruenti perché entrambi congruenti al lato .... del parallelogramma.

I due triangoli DEC e BCF sono congruenti per il .... dei triangoli.

136 Costruisci una tassellazione del piano usando il quadrilatero concavo in figura.

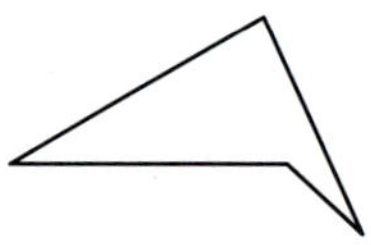

SUGGERIMENTO Puoi applicare lo stesso procedimento che hai usato per i quadrilateri convessi.

137 **CONFRONTARE E ANALIZZARE FIGURE GEOMETRICHE** Individua i diversi poligoni che compongono le seguenti tassellazioni e poi identifica la figura elementare che viene ripetuta.

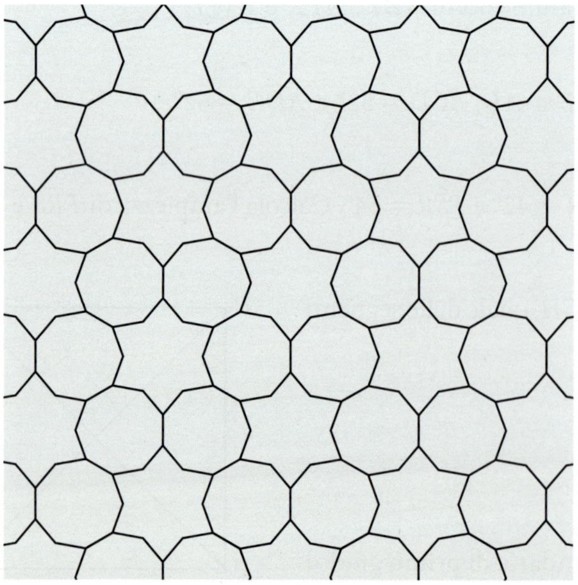

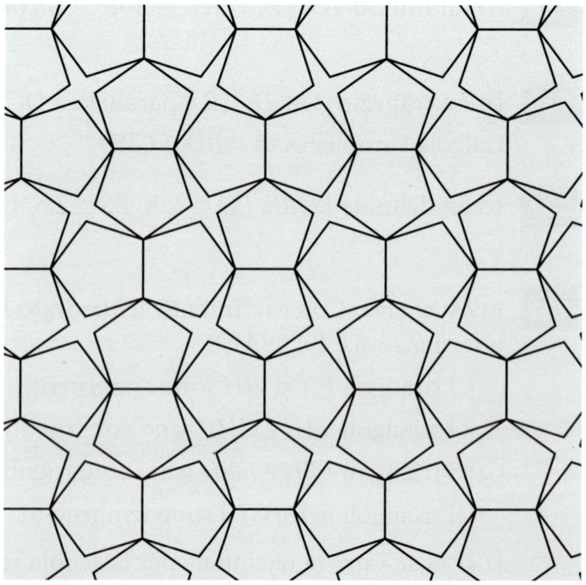

138 **INDIVIDUARE COLLEGAMENTI E RELAZIONI** Le figure seguenti sono state ottenute con due caleidoscopi. Quale delle due contiene una tassellazione del piano? In quel caso identifica la figura elementare.

139 **INDIVIDUARE COLLEGAMENTI E RELAZIONI** Un grafico vuole progettare una carta da parati con una fantasia che riproduce una porzione di cielo stellato, ripetuta più volte. Perché si noti meno la ripetizione pensa di usare una figura elementare più contorta di un rettangolo, e progetta il disegno rappresentato qui a lato, deve essere usato come forma base ripetuta più volte.

È stato utile lo stratagemma del grafico?

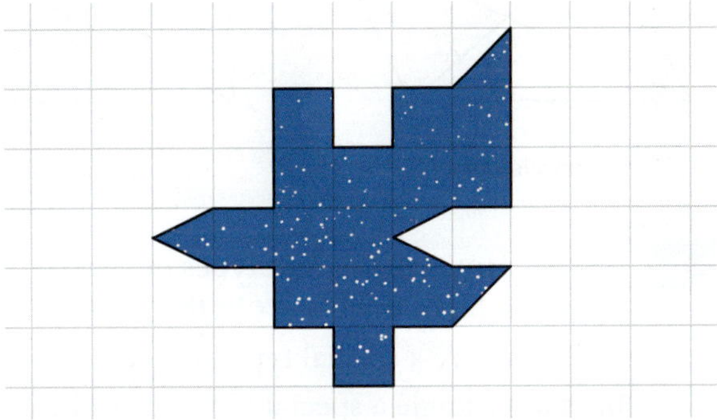

140 La figura mostra una tassellazione in forma di linee e nodi invece che di figure piane, creata dall'artista e matematico olandese Rinus Roelofs.

a. Identifica una figura elementare.

b. Prova a disegnare una delle tassellazioni piane che hai visto come linee e nodi, come questa di Rinus Roelofs.

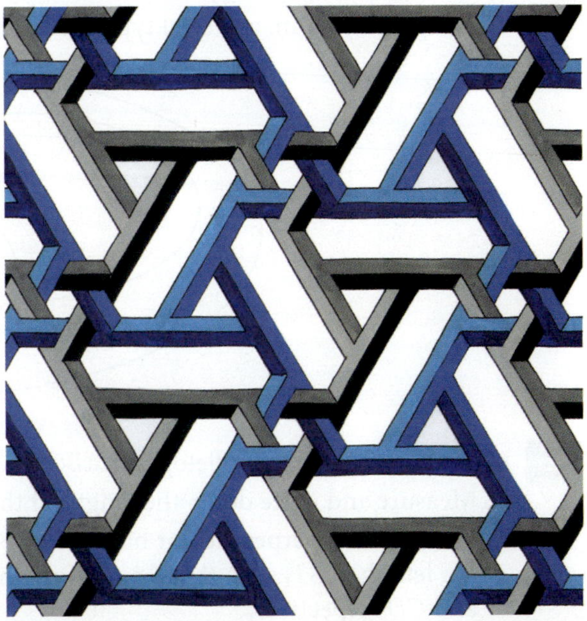

MATHS HIGHLIGHTS CLIL

Controlla i risultati in fondo al volume.

QUADRILATERALS

The figure shows a quadrilateral *ABCD*. A **quadrilateral** is a closed plane figure that has four sides, four vertices and four interior angles. The line segment *BD*, which joins the vertices *B* and *D*, is a **diagonal** of the quadrilateral *ABCD*.

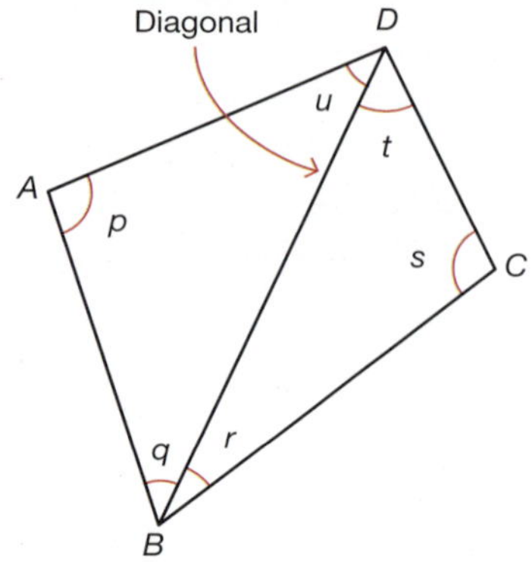

There are some special types of quadrilaterals.

- A **parallelogram** is a quadrilateral with two pairs of parellel sides.
- A **rectangle** is a parallelogram where every angle is equal to each other.
- A **rhombus** is a parallelogram where all of four sides are of equal length.
- A **square** is a parallelogram having all of four sides of equal length and every angle is equal to each other.

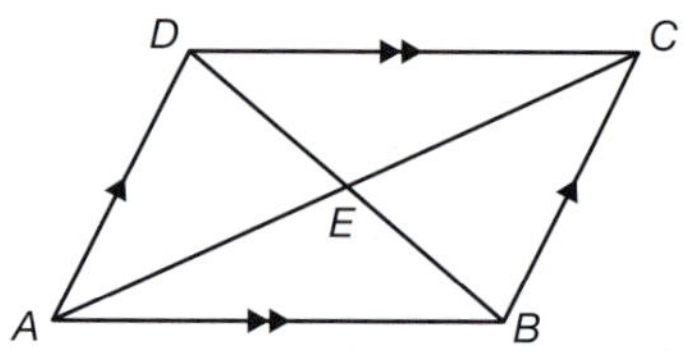

Parallelogram

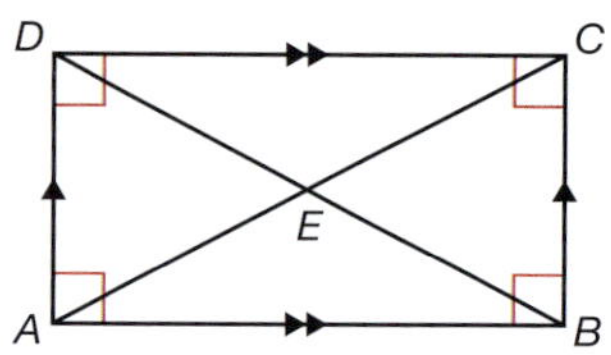

Rectangle

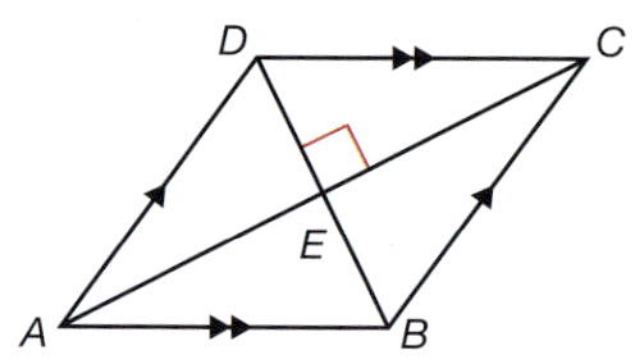

Rhombus

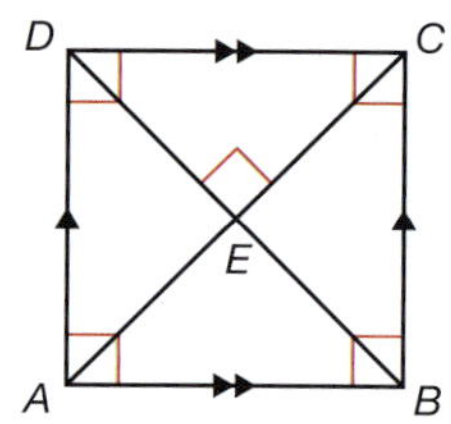

Square

1 **MATHS** How are the four types of special quadrilaterals related to one another? Answer the questions and then fill in the blanks in the below diagram.

a. Is a square a special type of rectangle?
b. Is a rectangle a special type of parallelogram?
c. Is a rectangle a special type of rhombus?
d. Is a square a special type of rhombus?
e. Is a parallelogram a special type of rectangle?

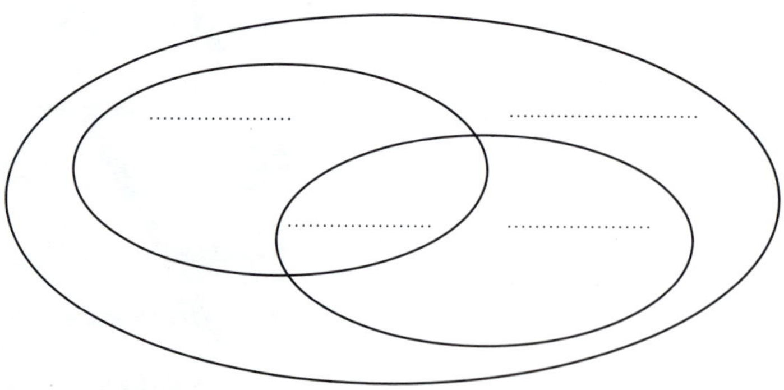

2 **MATHS** Construct a parallelogram *ABCD* such that $AB = 8$ cm, $BC = 5{,}5$ cm and $A\widehat{B}C = 120°$.

a. Measure and write down the length of the diagonal *BD*.
b. Contruct the perpendicular bisector of *BD* such that it cuts *AB* and *CD*. Measure and write down the length of *ST*, such that *S* and *T* are the points where the perpendicular bisector of *BD* cuts *AB* and *CD* respectively.

L'ESPERTO SEI TU
PROVE PER COMPETENZE

1 **PROGETTARE** **La capanna** I contadini del Mozambico utilizzavano il seguente procedimento per costruire un rettangolo che fosse la base della loro capanna.
Tagliavano una canna lunga quanto una delle due dimensioni desiderate per il rettangolo e alle sue estremità legavano le estremità di due corde uguali, annodate nei loro punti medi.
Tenendo ferma la canna tiravano le corde in modo che stessero in tensione, e in questo modo determinavano la posizione dei due vertici mancanti.

Perché questo procedimento garantisce di ottenere un rettangolo? Su quali proprietà dei rettangoli si basa?

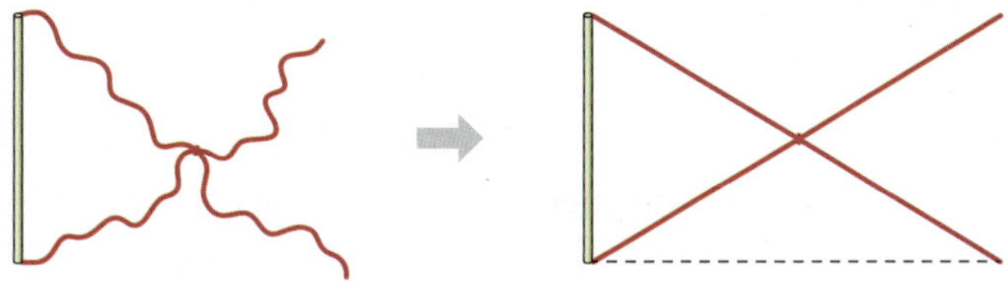

2 **CONFRONTARE E ANALIZZARE FIGURE GEOMETRICHE** **I polimini** Nel 1954 il matematico Solom W. Golomb ha inventato un passatempo matematico basato su forme geometriche costruite dall'unione di quadretti adiacenti. Partendo dal fatto che le tessere del domino (do-mino) sono fatte da due quadrati, ha chiamato queste figure *polimini*.

- Esistono un solo *monomino* e un solo *duomino*, poiché quelli che si possono ottenere ruotando o anche ribaltando altri polimini non sono considerati distinti.
- Esistono poi due *trimini*: dopo aver disposto due quadrati adiacenti uno all'altro, il terzo può essere aggiunto o continuando la fila o ad angolo retto.
- I *tetramini* (composti da quattro quadratini) cominciano a essere più diversificati, infatti ne esistono cinque tipi, mentre il numero di *pentamini* diversi arriva a dodici; spesso sono identificati con il nome delle lettere dell'alfabeto a cui somigliano. Nessuno ha ancora trovato una formula per calcolare il numero di polimini di una dimensione qualunque n.

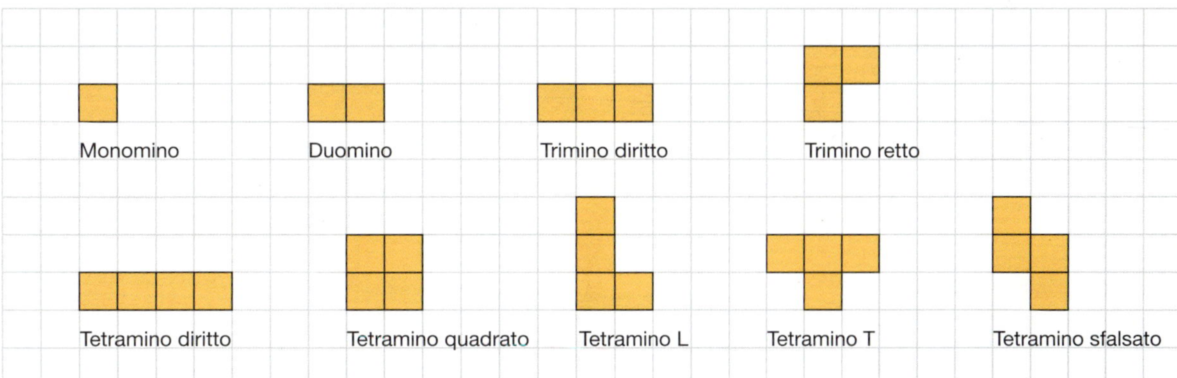

Costruisci con un cartoncino sufficientemente rigido due coppie di tutti i polimini di dimensione quattro e nove tetramini L e prova a risolvere i seguenti problemi.

a. Costruisci un doppio tetramino L (due volte più lungo e due volte più largo) con quattro tetramini L.

b. Costruisci un tetramino L (tre volte più largo e tre volte più alto) usando nove tetramini L.

c. Costruisci un rettangolo di dimensioni 4×6 quadretti usando tetramini.

SEI PRONTO PER LA VERIFICA?

In 1 ora

1 Costruisci un quadrato che abbia la diagonale di 28 mm e misura la lunghezza del suo lato.

.... / 20

2 Costruisci un rettangolo che abbia il lato AB lungo 9 cm e il lato BC lungo 7,8 cm.
Misura la lunghezza della diagonale BD e l'ampiezza dell'angolo $A\widehat{B}D$.

.... / 25

3 Un rombo $ABCD$ ha l'angolo $B\widehat{A}D = 64°$. Determina l'ampiezza degli angoli $A\widehat{D}B$ e $B\widehat{D}C$.

.... / 25

4 Disegna un triangolo ABC. Dal punto medio di AC, L, traccia la parallela ad AB, che incontra BC in K. Traccia la parallela ad AC dal punto K, che incontra AB in H.

Dimostra che $LCK \cong HKB$.

.... / 30

Punti totali: .... / 100

AUTOVALUTAZIONE

Controlla i risultati in fondo al volume.

☐ Fino a 50 punti insufficiente	☐ Da 51 a 70 punti sufficiente	☐ Da 71 a 90 punti buono	☐ Da 91 a 100 punti ottimo

Informatica
Il foglio elettronico

INFORMATICA

INFORMATICA
IL FOGLIO ELETTRONICO

Esercizi a pag. 543

Il foglio di calcolo elettronico è uno strumento informatico per l'elaborazione e l'analisi dei dati, che possono essere organizzati in tabelle, rielaborati tramite le funzioni di calcolo e rappresentati in grafici. Per esempio, con il suo aiuto è possibile eseguire un'ampia serie di operazioni matematiche utili a organizzare la contabilità di un'azienda o a elaborare e analizzare dati di tipo scientifico.
Per utilizzare al meglio questo strumento, è importante scegliere di volta in volta il modo giusto per rappresentare i dati nel foglio di calcolo.

Cos'è un foglio elettronico?

I fogli elettronici sono **programmi che organizzano dati in tabelle e permettono di usarli per calcoli e analisi.** I dati possono essere **numeri**, ma anche **formule** o **stringhe di caratteri**.
Il foglio elettronico può trattare dati di natura diversa: dalle cifre relative alle entrate e uscite di un'azienda alle misure effettuate in un laboratorio di fisica.
Esistono diversi programmi di foglio elettronico. Citiamo per esempio Microsoft Excel, LibreOffice Calc, Apache OpenOffice Calc, Google Fogli...
Questi programmi hanno grossomodo le stesse funzioni e il modo di usarle è analogo: non è difficile passare da uno all'altro, perché si basano su principi comuni.
Vedremo alcune funzioni utili per l'elaborazione dei dati legati agli argomenti di matematica del primo biennio.

Primi passi: avviamo il foglio di calcolo

Ogni file rappresenta una cartella di lavoro, che contiene a sua volta più **fogli di lavoro**.
Ciascun foglio di lavoro è formato da una *tabella* composta da **celle**.

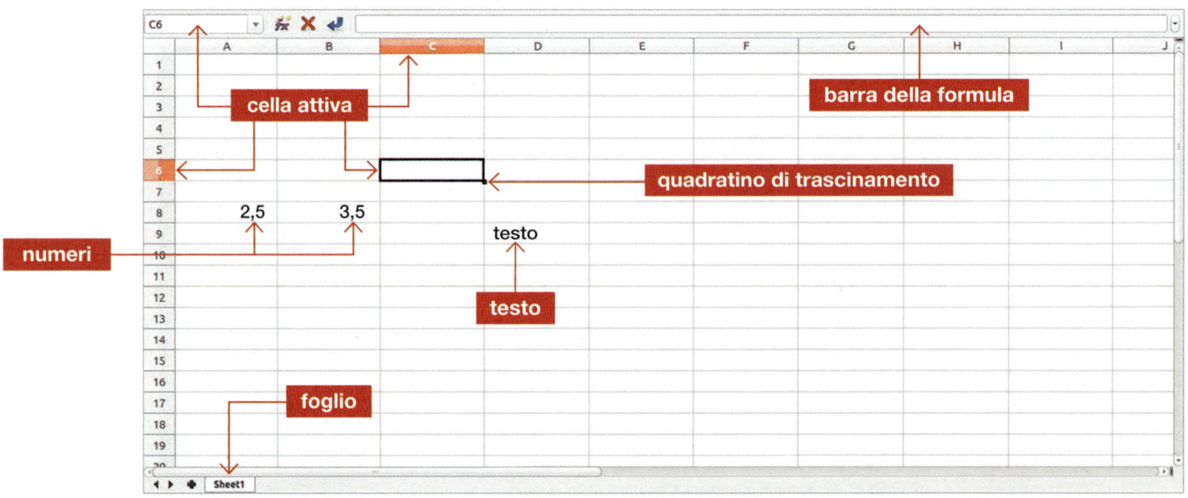

La posizione di ogni cella nel foglio è identificata da una lettera, che indica la colonna, e da un numero, che indica la riga, come nel gioco della battaglia navale. Questo è il **riferimento di cella**, che viene visualizzato in una barra in alto, a sinistra.

PER ESEMPIO La cella in figura è la **C6**, cioè la cella in corrispondenza della terza colonna e sesta riga.

Ogni cella può contenere **stringhe di caratteri** (che possono essere **parole** o **numeri**) e **formule.**

Ogni programma per gestire i fogli di calcolo mette a disposizione dell'utente le barre dei menu e degli strumenti, dalle quali è possibile selezionare tutte le funzioni che il programma può svolgere.
Il foglio di lavoro può essere scorso in lungo e in largo sia usando le barre di scorrimento poste ai suoi margini, sia usando i tasti di direzione sulla tastiera.

Inserimento e modifica del testo

Per scrivere all'interno di una cella è necessario **selezionarla** puntandola col mouse e facendo clic su di essa. Una volta selezionata, la cella è resa **attiva** e si può digitare il testo desiderato.
Mentre viene digitato, il testo è visualizzato in una barra posta al di sopra del foglio di lavoro, detta **barra della formula**. Se si seleziona una cella che contiene del testo, nella barra della formula viene visualizzato il testo o la formula che dà luogo al risultato contenuto nella cella.
Per confermare l'immissione si preme il tasto ***Invio***, oppure un tasto freccia, che porta a un'altra cella. Se l'immissione viene riconosciuta come testo viene allineata a sinistra della cella, se viene riconosciuta come numero, l'allineamento è a destra.
È possibile selezionare più celle contemporaneamente, cliccando con il mouse sulla prima cella e trasciniamo tenendo premuto il tasto del mouse, fino a ottenere l'intervallo di celle desiderato. Per selezionare gruppi di celle non adiacenti occorre tenere premuto il tasto ***CTRL*** o ***cmd*** ed eseguire l'operazione descritta sopra.

Scelta del formato

Il **formato** di una cella determina come viene visualizzato il suo contenuto.

I formati disponibili si scelgono dal menù *Formato*: dopo aver selezionato la cella interessata, si clicca sull'opzione *Celle* si apre una finestra di dialogo con le opzioni di formati.
Esistono tanti tipi diversi di formato, adatti ad altrettante esigenze di gestione dati: numeri, valuta, data e ora, testo…

OSSERVA D'ora in avanti operazioni come quella appena descritta saranno sinteticamente indicate con scritture del tipo: *Formato/Celle/Numero/Scientifico*.

PER ESEMPIO Vogliamo inserire nel foglio di calcolo alcuni numeri in notazione scientifica. Dal menu *Formato/Celle* apriamo la finestra di dialogo e nella scheda *Numeri* scegliamo la categoria *Scientifico*.
Se digitiamo il numero 0,000 005 e premiamo ***Invio***, nella cella compare

5,00E-06.

Il numero può anche essere inscritto direttamente in notazione scientifica: la scrittura **3E6** indica il valore $3 \cdot 10^6$.

A volte numeri con troppe cifre decimali sono faticosi da leggere e da confrontare. Il foglio di calcolo permette di decidere quante cifre mostrare.
Dal menù *Formato/Celle/Numero* scegliamo il numero di cifre decimali più adatto all'uso che dobbiamo fare dei dati. Il risultato che appare nella cella è un numero arrotondato alle cifre richieste.

I dati sono comunque registrati e utilizzati con tutte le cifre con cui sono stati inseriti e calcolati e la modifica riguarda solo la presentazione grafica.

PER ESEMPIO Vogliamo che i seguenti numeri decimali siano rappresentati con due cifre dopo la virgola, quindi selezioniamo l'intervallo di celle e dal menu *Formato/Celle/Numero* scegliamo due cifre decimali.

	A
1	0,666666667
2	1,54637829
3	1,166666667
4	3,141592654
5	0,181818182
6	
7	

	A
1	0,67
2	1,55
3	1,17
4	3,14
5	0,18
6	
7	

Se selezioniamo per esempio, la cella **A2**, nella barra di inserimento apparirà il numero 1,546 378 29, perché il formato modifica solo l'aspetto della cella e non il suo contenuto.

Inserimento e modifica delle formule

Una **formula** è un'espressione che, digitata nella cella, effettua automaticamente dei calcoli o delle operazioni sui dati del foglio di lavoro.

Una formula può usare i dati digitati all'interno della cella, ma anche quelli contenuti in altre celle, indicate tramite i **riferimenti**, come vedremo tra poco.
Ogni formula deve essere preceduta dal simbolo **=**.

PER ESEMPIO Per eseguire la somma tra i numeri 2,5 e 3,5, digitiamo nella cella:
=2,5+3,5.

Le funzioni integrate

I programmi di gestione dei fogli elettronici contengono una *libreria di funzioni*, cioè una collezione di formule predefinite, che svolgono automaticamente alcune operazioni. Abbiamo a disposizione centinaia di funzioni che semplificano l'esecuzione di calcoli, anche molto complessi.

La sintassi di una funzione è definita dal **nome** della funzione e dagli **argomenti**, che sono i valori presi in input.

PER ESEMPIO Una funzione molto comune è quella che esegue la somma di una serie di valori.

◇	A	B
1	15	
2	3	
3	7	
4	12	
5	32	
6		

Vogliamo sommare i valori contenuti nelle celle da **A1** ad **A5**. Per indicare l'intervallo di celle che ci interessa usiamo l'espressione **A1:A5**.
La funzione si chiama **SOMMA** e il suo argomento è **A1:A5**. Digitiamo nella cella **B1** l'espressione

=SOMMA(A1:A5).

Nella cella **B1** appare il valore della somma dell'intervallo di celle considerato.

◇	A	B	C
1	15	= SOMMA (A1:A5)	
2	3		
3	7		
4	12		
5	32		
6			

◇	A	B
1	15	69
2	3	
3	7	
4	12	
5	32	
6		

In generale gli argomenti possono essere *valori numerici*, *riferimenti*, ma anche *stringhe di testo*, *valori logici* (vero o falso) o *matrici*. Ogni argomento è separato dall'altro da un punto e virgola.
Le funzioni che ci interessano più da vicino sono quelle matematiche e quelle statistiche. Vediamo, passo per passo, come si usano le funzioni attraverso il pulsante *Inserisci funzione* (che generalmente si trova a sinistra della barra della formula) oppure dal menu *Inserisci/Funzione...*

PER ESEMPIO Consideriamo nuovamente i valori dell'esempio precedente e la funzione **SOMMA**.

◇	A	B
1	15	
2	3	
3	7	
4	12	

- Selezioniamo la cella **B1** e facciamo clic sul pulsante menu *Inserisci/Funzione*: appare una finestra di dialogo.
- Selezioniamo dall'elenco la funzione desiderata, nel nostro caso **SOMMA**; essa comparirà nella barra della formula mentre nella finestra di dialogo è fornita una breve descrizione della funzione selezionata e della sua sintassi.
- Una volta selezionata la funzione cercata, nella finestra di dialogo vengono elencati gli elementi richiesti (ed eventualmente quelli facoltativi).
- Nella casella **num1** digitiamo **A1:A5**, oppure uno per uno tutti i riferimenti di cella separati da un punto e virgola.
- Quando la formula è completa nella barra della formula appare la formula e nella cella attiva il risultato.

Siccome le funzioni a disposizione sono numerose e ognuna ha la propria sintassi, per utilizzarle, è utile consultare, la guida in linea.

Altre funzioni importanti di uso comune sono:

MEDIA; **MEDIANA**; **MODA**; **PI.GRECO**; **RADQ** (radice quadrata).

I riferimenti

Selezioniamo la cella in corrispondenza della terza colonna (C) e quarta riga (4). Nella barra in alto a sinistra appare la stringa **C4**, che indica il riferimento della cella selezionata.

PER ESEMPIO Nella cella **A6** inseriamo il valore 2,5 e nella cella **B6** il valore 3,5.
Se vogliamo sommare i valori contenuti nelle celle **A6** e **B6**, nella cella **C6** digitiamo

=A6+B6.

e premiamo ***Invio***. Nella cella **C6** comparirà il valore somma dei contenuti delle celle **A6** e **B6**, cioè in questo caso il numero 6.

I riferimenti relativi

PER ESEMPIO Vogliamo eseguire il prodotto tra i numeri inseriti nella colonna A e quelli corrispondenti nella colonna B e scrivere il risultato nella colonna C.

- Selezioniamo la cella **C3** e digitiamo la formula

  =A3*B3.

  Nella cella **C3** compare il numero 12.
- Selezioniamo di nuovo la cella **C3**.
- Facciamo clic sul quadratino di trascinamento che appare nell'angolo in basso a destra della cornice di selezione e, mantenendo premuto, trasciniamo fino alla cella **C10**.

	A	B	C
1	Tabella di prova		
2	numeri	tripli	numeri*tripli
3	2	6	12
4	4	12	48
5	6	18	108
6	8	24	192
7	10	30	300
8	12	36	432
9	14	42	588
10	16	48	768
11			
12			
13			
14			
15			
16			

formule: **=A3*B3**
=A4*B4
....
....
....

In questo modo nelle celle **C4**, **C5**, … appariranno le formule **=A4*B4**, **=A5*B5** e così via. La formula della cella **C3** è stata copiata nelle righe successive **adattandola**.

Per questo motivo i riferimenti vengono detti **relativi**: il foglio di calcolo adatta automaticamente la formula relativamente alla cella in cui è contenuta.

I riferimenti assoluti

PER ESEMPIO Vogliamo moltiplicare ciascun dato della prima colonna per un coefficiente costante, memorizzato nella cella **E1**.

	A	B	C	D	E	
1	Tabella di prova			coeff. =	2,5	
2	numeri	tripli	numeri*tripli	numeri*coeff.		
3	2	6	12	5		
4	4	12	48	10		
5	6	18	108	15		
6	8	24	192	20		
7	10	30	300	25		
8	12	36	432	30		
9	14	42	588	35		
10	16	48	768	40		

formule: =A3*B3
=A4*B4
....

formule: =A3*E1
=A4*E1
....

Nella cella **D3** digitiamo la formula **=A3*E1**.
Se trasciniamo la formula lungo la colonna D, come fatto nell'esempio precedente, i riferimenti delle celle usate dalla formula si adattano, diventando **=A4*E2**, **=A5*E3**, …
Per fare in modo che la cella **E1** non cambi con il trascinamento, dobbiamo digitare in **D3** la formula

=A3*E1.

I simboli **$** contenuti nel riferimento della cella **E1** fanno in modo che il riferimento non si adatti alla cella in cui è contenuta la cella, cioè rimanga *fisso*. Per questo si chiama riferimento **assoluto**.

Il ricalcolo automatico

Il vantaggio di usare i riferimenti nelle formule è che, cambiando il valore nella cella coinvolta dalla formula, il risultato si aggiorna automaticamente.

PER ESEMPIO Consideriamo ancora il foglio di calcolo dell'esempio precedente. Proviamo a cambiare il dato della cella **A3**: inseriamo 3 al posto di 2.

	A	B	C
1	Tabella di prova		
2	numeri	tripli	numeri*tripli
3	2	6	12
4	4	12	48
5	6	18	108
6	8	24	192
7	10	30	300
8	12	36	432
9	14	42	588
10	16	48	768

	A	B	C
1	Tabella di prova		
2	numeri	tripli	numeri*tripli
3	3	9	27
4	4	12	48
5	6	18	108
6	8	24	192
7	10	30	300
8	12	36	432
9	14	42	588
10	16	48	768

Senza ulteriori modifiche il valore contenuto nella cella **C3** si modifica automaticamente e diventa 27: il foglio ha effettuato il **ricalcolo automatico**, utilizzando la formula precedentemente introdotta in **C3**, ma aggiornando il risultato del prodotto al variare del numero contenuto in una delle celle usate.

I grafici

Nel capitolo 8 abbiamo visto che la rappresentazione grafica di una serie di dati è fondamentale per la loro interpretazione.
Il foglio elettronico ci permette di rappresentare facilmente una grande quantità di dati, confrontarne diversi gruppi e ottenere equazioni approssimate che ne descrivono l'andamento.
Vediamo come, data una tabella di dati, possiamo costruire il relativo grafico.

Il foglio di calcolo permette di creare tutti i tipi di grafici che abbiamo studiato, cioè:
- grafici cartesiani;
- grafici a barre;
- grafici a torta.

PER ESEMPIO Un **grafico cartesiano** rappresenta punti che corrispondono a **coppie di valori**, e viene spesso usato per studiare l'eventuale relazione tra due grandezze.
Supponiamo dunque di avere una tabella a due colonne, ogni colonna corrispondente a una grandezza.
- Selezioniamo l'area dei dati.

	A	B	C
1			
2			
3		x	y
4		0,5	3,5
5		1,0	4,0
6		1,5	4,5
7		2,0	5,0
8		2,5	5,5
9		3,0	6,0
10			

- Scegliendo il menu *Inserisci/Grafico* appare una finestra di dialogo in cui si può selezionare il tipo di grafico desiderato.
  Per disegnare un grafico cartesiano bisogna scegliere *XY* (*Dispersione*).
- Dalla finestra di dialogo abbiamo a disposizione una serie di opzioni: possiamo decidere se rappresentare solo i punti o unirli con segmenti, indicare se tutte le celle selezionate sono dati o se comprendono anche le intestazioni del grafico, oppure inserire il titolo grafico e il nome sugli assi.

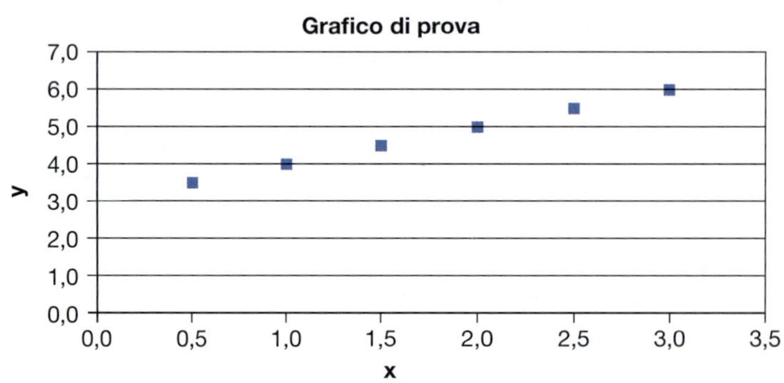

In generale, il procedimento per creare un grafico non varia molto a seconda del tipo di grafico, tranne che per alcuni dettagli. Anche in questo caso è utile consultare la guida online.

PER ESEMPIO Un **grafico a barre** è usato per rappresentare le frequenze delle modalità di un carattere statistico. In questo caso avremo una colonna con le modalità e una con le frequenze.
Come nell'esempio precedente, selezioniamo l'area dei dati. Dalla finestra di dialogo della creazione dei grafici scegliamo il grafico a barre (*Colonna* o *Barra*).

auto	550
moto	140
camion	220
autobus	67

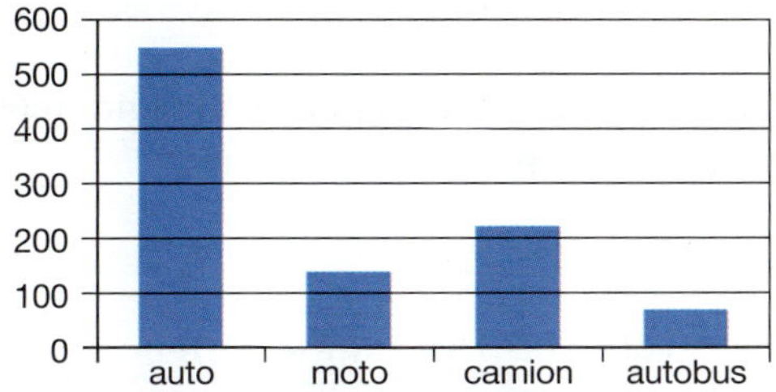

PROVA TU

1 La tabella riporta le temperature medie mensili a Roma nel 2015.

Mese	1	2	3	4	5	6	7	8	9	10	11	12
***T* (°C)**	8,2	8,4	10,9	13,7	18,7	23,1	27,6	26,1	22,1	17,2	12,7	9,0

a. Riporta i dati in un foglio elettronico.
b. Prepara tre celle che riportino media, moda e mediana dei dati con una cifra decimale.
c. Rappresenta i dati in un grafico cartesiano.

2 La tabella riporta il ricavo mensile in euro di 3 reparti di un grande magazzino.

	Gennaio	**Febbraio**	**Marzo**	**Aprile**	**Maggio**	**Giugno**
Casalinghi	200 000	190 000	195 000	230 000	280 000	320 000
Elettronica	800 000	820 000	850 000	820 000	825 000	800 000
Alimentari	600 000	560 000	650 000	680 000	710 000	700 000

a. Riporta i dati in un foglio elettronico.
b. Rappresenta i dati in grafico a barre.
c. Calcola il ricavo medio di ogni reparto.
d. Rappresenta i dati con il ricavo medio in un diagramma a torta.
e. Calcola il ricavo totale del grande magazzino in ogni mese.
f. Calcola il ricavo mensile di ogni reparto come percentuale del totale.

3 In un foglio elettronico costruisci in colonna una sequenza di valori da 0 a 50 a intervalli di 2.
a. Per ciascuno di questi valori calcola la funzione $y = 3,5x - 12$.
b. Rappresenta la funzione in un grafico cartesiano.

4 In un foglio elettronico costruisci in colonna una sequenza di valori da -5 a 5 a intervalli di 0,2.
a. Per ciascuno di questi valori calcola la funzione $y = 8 - 0,2x^2$.
b. Rappresenta la funzione in un grafico cartesiano.

PROVA DI VERIFICA INTERMEDIA

1 Calcola:

a. il MCD di 36, 54 e 63;

b. il mcm di 63, 105, 420.

(5 punti per ogni risposta esatta) .... / 10

2 Stima mentalmente quanti litri di benzina consuma un'auto per un viaggio di 600 km, se il consumo medio è 12,1 km per litro. Esprimi il risultato con una cifra significativa.

.... / 10

3 Espandi la seguente espressione: $(a+2b)^2-(2b-c)^2+(a-c)(a+c)$.

.... / 15

4 Risolvi la seguente equazione.

$$\frac{1}{4}(x-2)-(x+3)=7(x-1)$$

.... / 15

5 Considera l'equazione $y=-5x-2$.

a. Completa la tabella.

b. Disegna il grafico della funzione $y=-5x-2$.

c. Calcola il valore di y quando $x=2{,}2$.

d. Calcola il valore di x quando $y=7{,}3$.

x	-4		2
y		-2	

(5 punti per ogni risposta esatta) .... / 20

6 Ubaldo guadagna 1600 € al mese. Ogni mese investe $\frac{1}{6}$ del suo salario, spende $\frac{1}{4}$ del rimanente per l'affitto e il resto lo spende per il cibo e altre spese. Quanto spende per il cibo e le altre spese?

.... / 20

7 In ciascuno dei seguenti disegni i punti *A*, *O* e *B* sono allineati. Calcola il valore delle incognite.

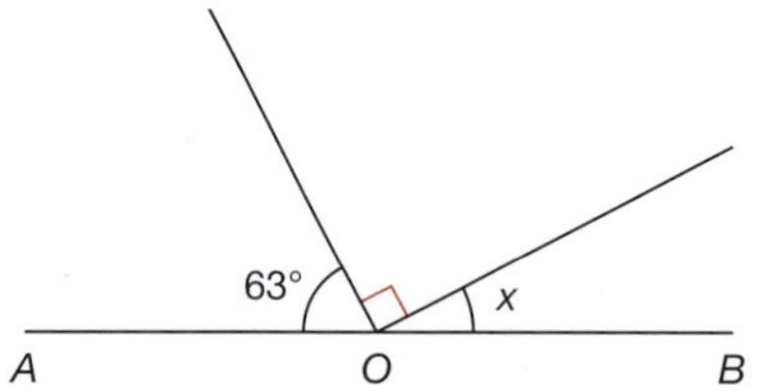

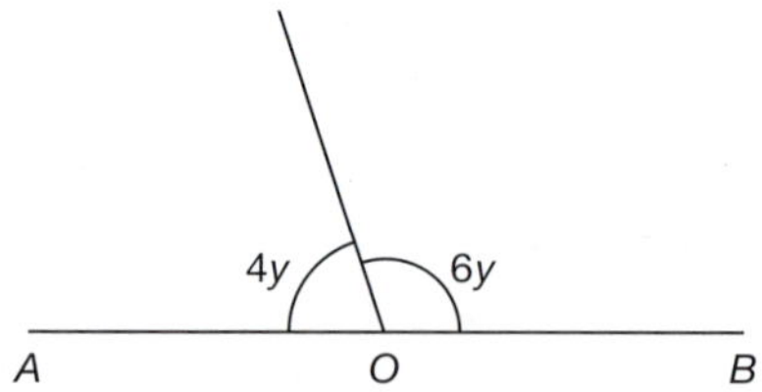

(5 punti per ogni risposta esatta) .... / 10

Punti totali: .... / 100

AUTOVALUTAZIONE

Controlla i risultati in fondo al volume.

☐ Fino a 50 punti insufficiente	☐ Da 51 a 70 punti sufficiente	☐ Da 71 a 90 punti buono	☐ Da 91 a 100 punti ottimo

PROVA DI VERIFICA FINALE

1 Considera la retta di equazione $y = 5 + 4x$.

a. Disegna il grafico sul piano cartesiano.

b. Calcola la pendenza della retta.

(5 punti per ogni risposta esatta) .... / 10

---

2 Disegna il grafico della funzione $y = \frac{1}{5}|x + 1|$.

.... / 20

---

3 La variabile y è inversamente proporzionale alla variabile x e $y = 4$ quando $x = 3$.

a. Scrivi l'equazione della funzione che lega x e y.

b. Calcola il valore di y quando $x = 9$.

c. Calcola il valore di x quando $y = \frac{6}{4}$.

(5 punti per ogni risposta esatta) .... / 15

---

4 A un gruppo di studenti è stato chiesto in che modo passano il tempo libero. Il diagramma a torta mostra le loro risposte.

a. Trova l'ampiezza di x.

b. Esprimi il numero di studenti che hanno scelto «Cinema» come percentuale del totale.

c. Il numero di intervistati è 420. In quanti hanno scelto «Musica e video»?

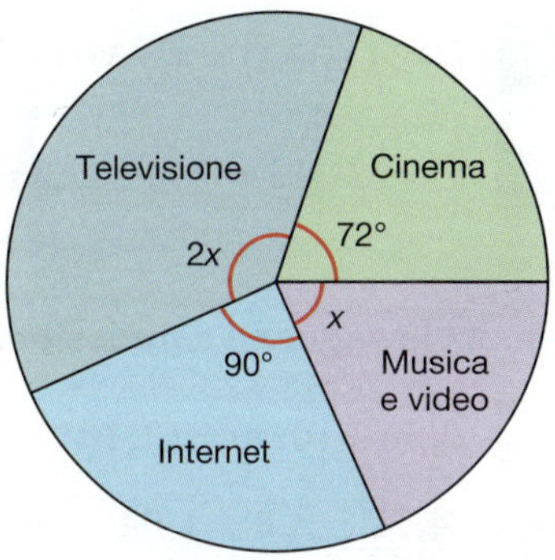

(5 punti per ogni risposta esatta) .... / 15

---

5 Disegna un triangolo PIO. Traccia per il vertice O la retta parallela a PI e per il vertice I la retta parallela a PO. Indica con L il punto di intersezione delle due rette.
Dimostra che $IPO \cong ILO$.

.... / 20

---

6 Costruisci un trapezio $ABCD$ tale che $A\widehat{B}C = 85°$, $B\widehat{C}D = 75°$, $AB = 6{,}5$ cm e $BC = 9{,}4$ cm. Misura la lunghezza di AD e di CD.

.... / 20

Punti totali: .... / 100

AUTOVALUTAZIONE

Controlla i risultati in fondo al volume.

☐ Fino a 50 punti insufficiente	☐ Da 51 a 70 punti sufficiente	☐ Da 71 a 90 punti buono	☐ Da 91 a 100 punti ottimo

ESERCIZI PER LE VACANZE

1 Scomponi in fattori primi 576 e 5832. [$2^6 \cdot 3^2$; $2^3 \cdot 3^6$]

2 Calcola il MCD e il mcm di 12, 28, 64. [4; 1344]

3 Disponi le seguenti frazioni in ordine crescente: $\frac{5}{6}$; $\frac{8}{9}$; $\frac{11}{13}$. $\left[\frac{5}{6}, \frac{11}{13}, \frac{8}{9}\right]$

Calcola il valore delle seguenti espressioni.

4 $\{[(56+34) : 5-7]\cdot 3-17\} : 4$ [4]

5 $(-2)^2-(7-8)^2-(11-15)^3$ [67]

6 $3+\frac{1}{4}+\left(1+\frac{1}{4}\right) : \frac{3}{8}$ $\left[\frac{79}{12}\right]$

7 $5\cdot 12-25 : 5\cdot 3$ [45]

8 $(-3)^2\cdot(-2)^3 : (-3)\cdot(-4)$ [−96]

9 $15-2\{[12-7\cdot 10 : 2+3]\}$ [55]

10 $5+\frac{5}{8}-\left(\frac{2}{3}\right)^3 : \left(1-\frac{1}{4}\right)$ $\left[\frac{3389}{648}\right]$

11 $[(-4)-(-2)\cdot 7+9\cdot 5] : 11$ [5]

12 $\dfrac{\left(3+\frac{1}{2}-2-\frac{1}{3}\right)^2}{3+\frac{1}{2}+2+\frac{1}{3}}$ $\left[\frac{7}{30}\right]$

13 $\dfrac{(-24)+(-30)}{(-6)}$ [9]

14 $\dfrac{\left(\frac{1}{5}+\frac{1}{4}\right) : \left(-\frac{1}{20}\right)}{\left(-1-\frac{2}{5}\right)\cdot\left(-1-\frac{1}{4}\right)}$ $\left[-\frac{36}{7}\right]$

Calcola le seguenti espressioni usando una calcolatrice (esercizi da 15 a 17).

15 $0{,}36 : [0{,}36-(2{,}16 : 6-0{,}01 : 0{,}25)]\cdot 0{,}9$ [8,1]

16 $\dfrac{4{,}72-3{,}8+1{,}04}{12{,}5-12{,}43}-\dfrac{6{,}33-5{,}15\cdot 0{,}84}{0{,}167}$ [16]

17 $\left[1{,}8+\left(1+\frac{9}{10}\right)(5{,}9-3{,}8)\right] : \left(1{,}41-1-\frac{2}{5}\right)$ [579]

18 **RISOLVERE PROBLEMI** Durante i saldi, una borsa che costerebbe 260 € viene venduta col 22% di sconto.
a. Quanto si risparmia? [57,20 €]
b. Qual è il prezzo scontato? [202,80 €]

19 **RISOLVERE PROBLEMI** Un tavolo viene comprato da un antiquario a 590 €. L'antiquario lo restaura e lo rivende con un profitto del 18%. A quanto ammonta il profitto? [106,20 €]

20 **INVALSI 2016** A novembre il prezzo di un paio di scarpe è di 100 €. A dicembre il prezzo aumenta del 10%. A gennaio, nel periodo dei saldi, il prezzo viene scontato del 10% rispetto al prezzo di dicembre. Qual è il prezzo delle scarpe in saldo?

a 100 € b 99 € c 90 € d 91 €

[INVALSI – scuola secondaria di secondo grado]

21 **EFFETTUARE STIME E APPROSSIMAZIONI** Arrotonda i seguenti numeri alla precisione richiesta.
a. 4,918 m a 0,1 m [4,9 m]
b. 9,71 cm al cm [10 cm]
c. 10,982 € a 10 cent [11,0 €]
d. 6,489 kg a $\frac{1}{100}$ di kg [6,49 kg]

22 **RISOLVERE PROBLEMI** Un teatro ha una capienza di 253 posti. Le 22 classi di una scuola chiedono di partecipare a uno spettacolo. Ciascuna classe è composta da 25 alunni e un insegnante accompagnatore. Quante classi potranno essere accolte? [9]

23 **EFFETTUARE STIME E APPROSSIMAZIONI** Il magazzino di una grossa libreria contiene 8000 volumi di un libro di matematica per la classe prima della scuola superiore.
Stima quanti metri di scaffali sono neccessari per contenere i volumi. [Circa 2000 metri]

24 **EFFETTUARE STIME E APPROSSIMAZIONI** Il signor Bianco deve imbiancare la propria casa. Ha stimato la superficie complessiva in 410 m^2. Il prodotto che vuole comprare ha una resa di 5,5 m^2/L e viene venduto in bidoni da 14 L. Quanti bidoni sono necessari? [6]

Espandi le seguenti espressioni (esercizi da 25 a 38).

25 $\frac{6}{5}(2y-x)-\frac{1}{4}(2y+x)$ $\left[\frac{9}{10}y-\frac{29}{20}x\right]$

26 $2x-2[3(1-x)-5(x-2y)]$ $[18x-20y-6]$

27 $3a-(2-5a)-7$ $[8a-9]$

28 $8x-3(x-y)$ $[5x+3y]$

29 $4(3x-7)-2(6x-7)$ $[-14]$

30 $\frac{2x}{5}-\frac{3(2x-5)}{3}$ $\left[-\frac{8}{5}x+5\right]$

31 $2a+5b-3c-(4b-3a+6c)$ $[5a+b-9c]$

32 $[2a-b(a+3)]+b(3+2a)$ $[2a+ab]$

33 $(2x+1)(x-3)-(3-x)(1-5x)$ $[-3x^2+11x-6]$

34 $\frac{2(x+3)}{3}-(x-2)-4-\frac{3(x-4)}{6}$ $\left[-\frac{5}{6}x+2\right]$

35 $3(x-2y)-7[x-3(2y-7x)]$ $[36y-151x]$

36 $\frac{2}{3}(x-4)-\frac{2}{5}(x+3)$ $\left[\frac{4}{15}x-\frac{58}{15}\right]$

37 $9a-\{3a-2[3a(2a+1)-2a(3a-1)]\}$ $[16a]$

38 $(x-y)^3-x(x-y)(x+y)+(x-2y^2)^2+y^2(y-4)$ $[x^2-3x^2y+4y^4-4y^2]$

39 Esprimi la seguente espressione come un'unica frazione.

$$\frac{2x+7y-z}{11}-\frac{4}{9}-\frac{6-x}{2}+y-z$$ $\left[\frac{135x+324y-216z-682}{198}\right]$

Risolvi le seguenti equazioni (esercizi da 40 a 57).

40 $\frac{2(x-3)}{3}-\frac{5(3x-1)}{6}=\frac{1}{12}$ $\left[-\frac{15}{22}\right]$

41 $\frac{3x-2}{4}=\frac{x+2}{5}-\frac{2x-1}{10}$ $\left[\frac{4}{3}\right]$

42 $13-3x-10=3x+8-8x$ $\left[\frac{5}{2}\right]$

43 $\frac{x-3}{4}-\frac{2x-5}{2}=\frac{1}{4}$ $[2]$

44 $7x-5(4x-5)=2(3x-2)-9$ $[2]$

45 $1-\frac{1}{3}x=\frac{3}{4}x+\frac{5}{6}$ $\left[\frac{2}{13}\right]$

46 $19-6x=21-9x$ $\left[\frac{2}{3}\right]$

47 $\frac{7}{3}x=14$ $[6]$

48 $\frac{x+5}{5}=\frac{x-2}{2}$ $\left[\frac{20}{3}\right]$

49 $\frac{11-3x}{5}=\frac{3x-1}{2}$ $\left[\frac{9}{7}\right]$

50 $2(x-3)+5(2x-3)=3$ [2]

51 $\frac{3}{4}(2x-1)=\frac{1}{2}+\frac{7x}{8}$ [2]

52 $2x+[7-3(x+5)]=4$ [−12]

53 $\frac{7-5x}{3}=\frac{3-2x}{5}$ $\left[\frac{26}{19}\right]$

54 $4(2x+3)=2(x-3)$ [−3]

55 $\frac{4}{5}(-2x-3)=\frac{4}{3}-\frac{17x}{15}$ [−8]

56 $\frac{2-x}{5}=\frac{x+3}{4}$ $\left[-\frac{7}{9}\right]$

57 $0,3(2x-3)=\frac{1}{5}(0,7+x)$ [2,6]

58 Un uomo compra un computer e una stampante, spendendo in tutto 2260 €. Il computer costa 5 volte la stampante. Quanto costa ciascun articolo? [Computer 1850 €; stampante 370 €]

59 Cristina spende circa il 15% del suo stipendio per l'affitto, il 10% per il cibo, l'8% in tasse, il 7% in spese varie e investe quello che rimane. Il suo investimento è di 1800 € al mese.
Qual è il suo stipendio totale? [3000 €]

60 Una squadra di ultimate frisbee acquista 26 magliette e 40 berretti, spendendo 432 €. Un berretto e una maglietta costano 15 €. Quali sono i prezzi dei due articoli separati? [Maglietta 12 €; berretto 3 €]

61 **RISOLVERE PROBLEMI** Il signor Lee in gennaio ha ricevuto uno stipendio di 1800 €. In febbraio il suo stipendio è stato aumentato dell'8% e in aggiunta gli è stato dato un premio di 20 €. Calcola l'aumento percentuale dello stipendio di febbraio. [9,11%]

62 La somma delle età di Paolo e suo figlio Jacopo è 38 e Paolo ha 22 anni più di suo figlio. Quanti anni hanno ora? [Jacopo 8; Paolo 30]

63 Elena compra 60 uova, in parte medie e in parte grandi, spendendo 7,40 €. Le uova medie costano 11 centesimi, quelle grandi 13 centesimi. Quante uova di ciascun tipo ha comprato? [20 medie; 60 grandi]

64 Un bibliotecario è incaricato di acquistare nuovi libri per la biblioteca. Ha comprato 50 libri, tutti di una stessa collana. Quelli con la copertina rigida costano 1,5 volte rispetto alla versione economica. Il bibliotecario ha speso 256 €, e quelli in versione economica costano 4 €.
Quanti ne ha comprati con la copertina rigida? [28]

65 Una classe di 44 studenti ha preso parte a un test. Gli studenti sufficienti sono il triplo di quelli insufficienti. Quanti studenti sono sufficienti? [33]

66 **CONFRONTARE E ANALIZZARE FIGURE GEOMETRICHE** I vertici di un triangolo hanno coordinate $A(1; 2)$, $B(5; 10)$ e $C(9; 6)$.
a. Disegna il triangolo nel piano cartesiano.
b. Calcola la pendenza dei segmenti AB, AC, BC. [2; 0,5; −1]

67 Disegna il grafico delle funzioni $y=\frac{1}{2}x-2$ e $y=-2x+5$ per valori di x compresi tra −4 e 6.

68 Considera la funzione f di equazione $y=3-0,5x$ e di dominio $\mathbb{R}$.
a. Calcola $f(-4)$, $f(0)$, $f(4)$. [5; 3; 1]
b. Calcola il valore di x che ha come immagine 6. [−6]
c. Calcola il valore di x che ha come immagine −1. [8]

69 Considera la funzione f di equazione $y=4-x^2$ che ha $\mathbb{R}$ come dominio e come codominio.
a. Costruisci una tabella di valori della funzione per x che va da −3 a 3 a intervalli di 0,5.
b. Rappresenta i valori ottenuti sul piano cartesiano e traccia il possibile grafico della funzione.
c. La funzione è iniettiva? È suriettiva? [Nessuna delle due]

70 **ANALIZZARE DATI E GRAFICI** La figura rappresenta i grafici delle funzioni f e g. Il dominio di f è $\mathbb{R}$ e quello di g è l'insieme dei numeri reali positivi.

a. Quale grafico corrisponde a f e quale a g? [f rossa, g verde]

b. Quanto vale $f(0)$? [4]

c. Quanto vale $g(1)$? [3]

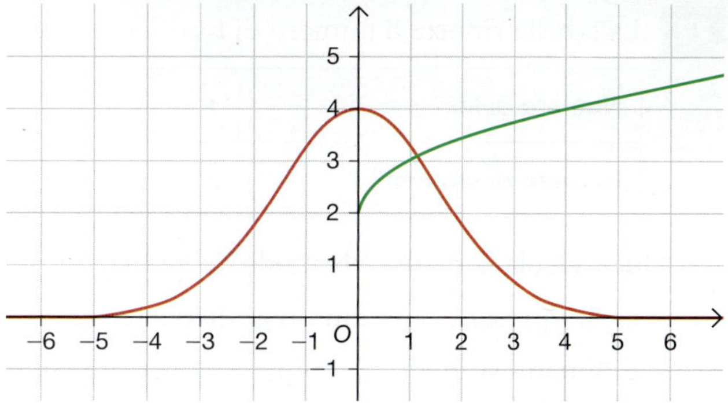

Scrivi l'equazione di ciascuna delle seguenti funzioni lineari (esercizi 71 e 72).

71

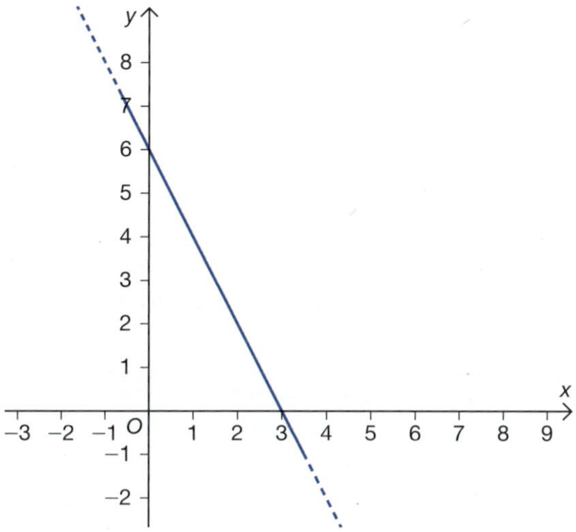

[$y = -2x + 6$]

72

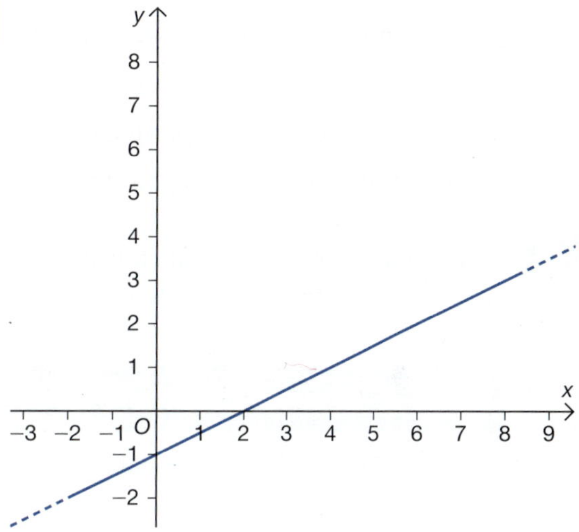

[$y = \frac{1}{2}x - 1$]

73 **INDIVIDUARE COLLEGAMENTI E RELAZIONI** Per costruire una torre alta 200 cm si utilizzano 25 mattoni. Quanti mattoni servono per una torre alta 480 cm? [60]

74 **INDIVIDUARE COLLEGAMENTI E RELAZIONI** In una biblioteca hanno fatto rilegare i numeri di una rivista in 105 volumi che hanno tutti la stessa larghezza. Se i primi 17 volumi occupano uno scaffale largo 102 cm, quanto spazio sarà necessario per tutti i 105 volumi? [630 cm]

75 La variabile y è direttamente proporzionale al quadrato di x e $y = 80$ quando $x = 20$.

a. Scrivi un'equazione della funzione che lega x e y. [$y = \frac{1}{5}x^2$]

b. Calcola il valore di y quando $x = 25$. [25]

c. Calcola il valore di x quando $y = 8$. [1600]

76 L'etichetta sulla bottiglia da 330 g di una bevanda riporta la composizione in tabella.

a. Rappresenta i dati in un grafico a torta.

b. Calcola la quantità di zucchero presente in ogni bottiglia. [46,2 g]

Ingrediente	Percentuale
Tè verde	80%
Zucchero	14%
Succo di limone	5%
Conservanti naturali	1%

77 La tabella riporta il numero di libri letti durante le vacanze estive da un gruppo di studenti.

Numero di libri	1	2	3	4	5	6
Numero di studenti	5	8	5	5	4	2

a. Calcola la media e la moda della distribuzione. [3,03; 2]

b. Rappresenta i dati in un grafico a barre.

c. Quanti studenti fanno parte del gruppo esaminato? [29]

78 I giocatori di una squadra di pallacanestro riceveranno un premio se alla fine di un torneo di 9 partite avranno segnato una media di 79 punti a partita. Nelle prime 8 partite hanno segnato:

78; 85; 64; 97; 68; 78; 73; 77 punti.

a. Qual è la media dei punteggi delle prime 8 partite? [77,5]

b. Qual è la mediana dei punteggi delle prime 8 partite? [77,5]

c. Quanti punti devono segnare nell'ultima partita per avere il premio? [91]

79 La tabella riporta i dati della temperatura media mensile per cinque città italiane, registrati nel 2009. Riporta i dati in un grafico nel piano cartesiano utilizzando un colore o un simbolo diverso per ogni città.

Prospetto VI - Valori medi mensili della temperatura media dell'aria esterna

N°	**Sigla Provincia**	**Località**	**Altitudine**	**GEN. °C**	**FEB. °C**	**MAR. °C**	**APR. °C**	**MAG. °C**	**GIU. °C**
1	AG	Agrigento	230	10,4	10,8	12,7	15,6	19,4	24,1
2	AL	Alessandria	95	0,0	2,8	8,1	13,1	17,3	22,0
3	AN	Ancona	16	6,3	7,1	9,9	13,4	17,0	21,8
4	AO	Aosta	583	0,3	2,6	6,7	11,0	14,7	18,7
5	AP	Ascoli Piceno	154	5,5	6,6	9,5	13,3	17,2	21,7
N°	**Sigla Provincia**	**Località**	**Altitudine**	**LUG. °C**	**AGO. °C**	**SET. °C**	**OTT. °C**	**NOV. °C**	**DIC. °C**
1	AG	Agrigento	230	26,9	26,5	24,0	19,9	15,9	12,2
2	AL	Alessandria	95	24,7	23,6	19,9	13,1	6,93	1,9
3	AN	Ancona	16	24,4	24,1	21,3	16,5	12,1	7,8
4	AO	Aosta	583	20,5	19,4	15,9	10,3	4,8	0,8
5	AP	Ascoli Piceno	154	24,4	24,3	21,1	15,8	10,9	7,0

80 I punti P e Q sono fissati nel piano, alla distanza di 10 cm; R è un punto sul segmento PQ tale che $PR = 6$ cm. Se si diminuisce la lunghezza di RQ del 9%, di quanto aumenta la lunghezza di PR? [6%]

81 **ARGOMENTARE** Il quadrilatero $ABCD$ ha quattro lati congruenti. Il lato CD viene prolungato dalla parte di D fino al punto E, in modo che $AD \cong AE$ e $E\widehat{A}D = 36°$.
Dimostra che il triangolo ACE è isoscele.

82 Costruisci un triangolo XYZ di lati $XY = 6{,}9$ cm, $YZ = 5{,}8$ cm e $ZX = 4{,}8$ cm.
Misura l'ampiezza di $X\widehat{Y}Z$. [43°]

83 Costruisci un triangolo di lati $AB = 8$ cm, $BC = 7$ cm e $CA = 6$ cm.
Misura l'angolo maggiore. [Circa 76°]

84 Costruisci un triangolo DEF tale che $DE = 7$ cm, $EF = 5$ cm e $D\widehat{E}F = 64°$.
Misura la lunghezza di DF. [Circa 6,6 cm]

85 Costruisci un triangolo GHI tale che $G\widehat{H}I = 39°$, $H\widehat{I}G = 88°$, $HI = 9$ cm.

86 Costruisci un parallelogramma $ABCD$ tale che $AB = 6$ cm, $BC = 5{,}4$ cm e $A\widehat{B}C = 63°$.
Misura la diagonale BD. [Circa 9,7 cm]

87 Costruisci un quadrilatero $EFGH$ tale che $EF = 4{,}8$ cm, $FG = 5{,}1$ cm, $GH = 5{,}4$ cm, $F\widehat{G}H = 78°$ ed EF sia perpendicolare a FG. Misura l'ampiezza di $E\widehat{H}G$. [Circa 95°]

88 Costruisci un rombo $EFGH$ in modo che $EF = 8{,}4$ cm ed $E\widehat{F}G = 98°$. Misura la lunghezza della diagonale FH. [Circa 11 cm]

89 Costruisci un rettangolo $IJKL$ in modo che $IJ = 8$ cm e $JK = 4{,}9$ cm. Le diagonali IK e JL si intersecano nel punto M. Misura l'ampiezza dell'angolo $I\widehat{M}J$. [Circa 117°]

In ognuna delle seguenti figure, calcola i valori incogniti (esercizi da 90 a 94).

90 AE è parallela a BD e i punti C, B, G, F sono allineati.

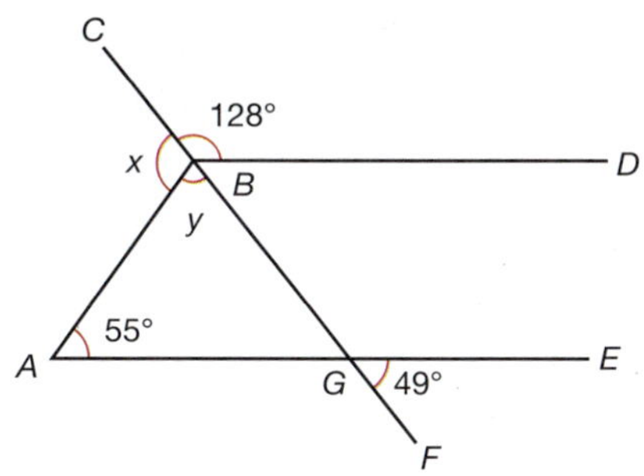

[107°; 73°]

91 AB è parallela a CD.

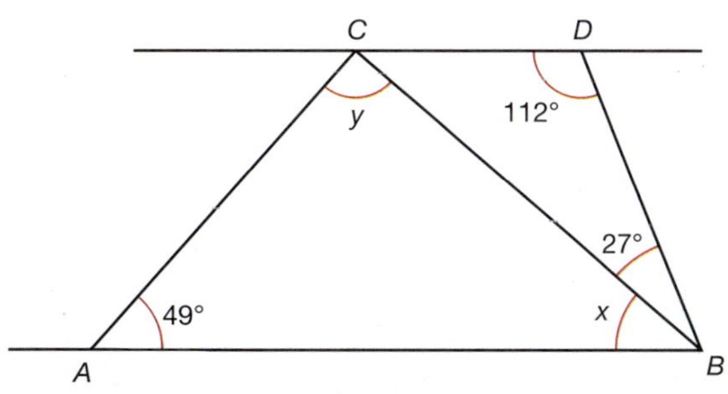

[41°; 90°]

92

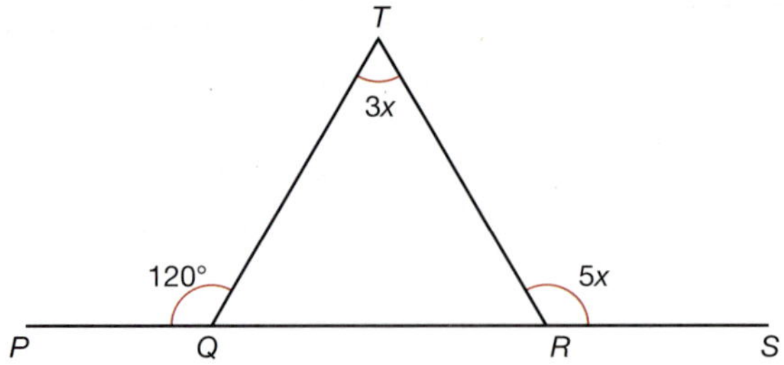

[30°]

93 *ABCD* è un rettangolo.

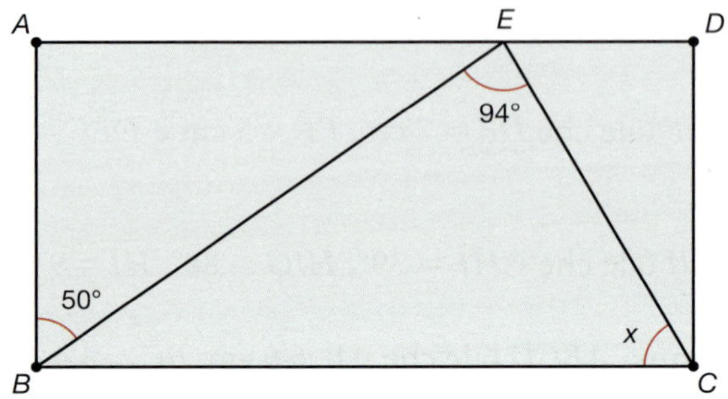

[46°]

94 *ABCD* è un parallelogramma.

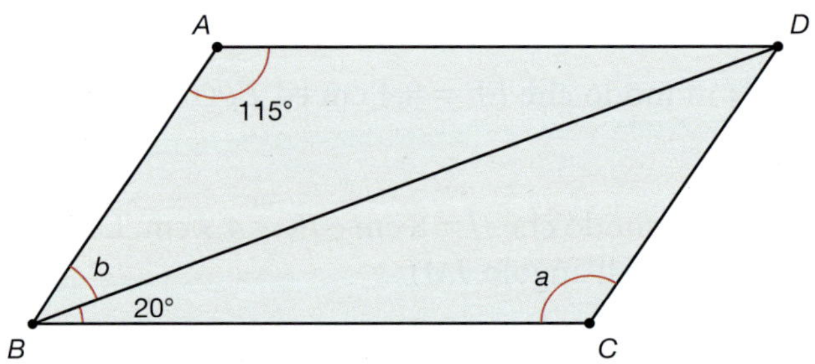

[115°; 45°]

95 **ARGOMENTARE** Due segmenti *AB* e *CD* si intersecano nel punto *M*, che è punto medio di entrambi. Dimostra che i triangoli *AMC* e *BMD* sono congruenti.

96 **ARGOMENTARE** Disegna un triangolo *ABC*. Sul lato *AC* individua i punti *D* e *F* in modo che $AD \cong \frac{1}{4}AC$ e $CF \cong \frac{1}{4}AC$. Traccia la parallela a *CB* passante per *D* e indica con *E* il punto in cui essa interseca *AB*. Traccia la parallela ad *AB* passante per *F* e indica con *G* il punto in cui interseca *CB*. Dimostra che $AED \cong FGC$.

SOLUZIONI DEGLI ESERCIZI

Capitolo 1 Gli insiemi numerici

Pag. 1

1. Gli insiemi

PROVA TU pag. 6

7. $\varnothing$; B

8. $A \cup B = \mathbb{N}$; $A \cap B = \{9; 10; 11; 12; 13; 14\}$

9. $A \cup B = \{n \in \mathbb{N}$ tali che $n < 8$ o $n > 16\}$; $A \cap B = \varnothing$

ESERCIZI pag. 36

1. $P \cap D = \varnothing$; $P \cup D = \mathbb{Z}$

2. $A \cap B = \{n$ tali che $n \in \mathbb{N}, 20 < n < 30\}$; $A \cup B = \mathbb{N}$

3. $A \cap B = \varnothing$; $A \cup B = \{n$ tali che $n \in \mathbb{N}$ e $n < 10$ o $n > 25\}$

4. $\mathbb{N} \cup \mathbb{Z} = \mathbb{Z}$; $\mathbb{N} \cap \mathbb{Z} = \mathbb{N}$

5. $P \subset \mathbb{N}$

2. I numeri naturali e la notazione scientifica

PROVA TU pag. 10

1. **a.** $1{,}23 \cdot 10^{10}$; **b.** $3{,}645 \cdot 10^{10}$; **c.** $9{,}99 \cdot 10^{17}$; **d.** $7{,}6 \cdot 10^3$

2. **a.** 3 660 000; **b.** 522 000 000; **c.** 8 000 000 000 000; **d.** 960 000 000 000

3. **a.** $8{,}28 \cdot 10^{12}$; **b.** $3{,}96 \cdot 10^{16}$

4. **a.** $1{,}4 \cdot 10^8$; **b.** $1{,}2 \cdot 10^6$

5. $3{,}15 \cdot 10^{10}$

6. $3{,}5 \cdot 10^{10}$ L

7. 10; $3 \cdot 10^5$

8. $4 \cdot 10^7$ m; 175

9. $9{,}461 \cdot 10^{20}$ km

ESERCIZI pag. 36

7. 82

8. 1

9. 9

10. $7{,}36 \cdot 10^2$

11. $8{,}9 \cdot 10^7$

12. **a.** $5 \cdot 10^{16}$; **b.** $3 \cdot 10^8$

13. **b.** 5 800 000 000

14. **a.** 22 540 000 000; **b.** 773 000 000

15. **a.** $3{,}06 \cdot 10^8$; **b.** $4{,}5 \cdot 10^{19}$

16. **a.** $5 \cdot 10^{17}$; **b.** $2{,}0 \cdot 10^8$

18. Circa 1600 h

19. 368 000

20. $1{,}5 \cdot 10^{12}$ g $= 1{,}5 \cdot 10^9$ kg

21. INVALSI [b]

22. 8

23. no

24. La differenza dei numeri civici, che può indicare approssimativamente la distanza tra due abitazioni

25. La differenza

26. INVALSI [b]

ESERCIZI IN PIÙ

28. Si aggiunge ogni volta un'unità in più: + 2; + 3; + 4; + 5; …

29. **a.** 17; 20; aggiungo 3; **b.** 37; 44; aggiungo un'unità in più

30. **b.** 26; **c.** Aggiungendo 6; **d.** 122

3. I numeri primi, il mcm e il MCD

PROVA TU pag. 16

3. Composto; primo; primo; composto

5. 504

6. 6

7. 12

8. **a.** 99; **b.** 140

9. Alle 10:06:00

10. 14 cm; 37

ESERCIZI pag. 40

32. **b.** Composto

33. **a.** Composto; **b.** Composto

34. **a.** Primo; **b.** Composto

35. **b.** 3^3

36. **a.** $3 \cdot 13$; **b.** $2^3 \cdot 5^2$

37. **a.** $2^2 \cdot 5 \cdot 7$; **b.** $3^2 \cdot 11$

38. **a.** $2^2 \cdot 5^3$; **b.** $2 \cdot 5 \cdot 43$

39. **a.** $5 \cdot 17$; **b.** $2 \cdot 3 \cdot 5 \cdot 11$
40. **a.** $2^3 \cdot 5^3$; **b.** $2 \cdot 3 \cdot 5 \cdot 7$
41. **a.** $2^2 \cdot 19$; **b.** $2 \cdot 29$
42. **a.** $2^3 \cdot 3^2 \cdot 5$; **b.** $3^2 \cdot 5 \cdot 7$
43. **a.** $2 \cdot 3 \cdot 7^2 \cdot 11$; **b.** $2^3 \cdot 7 \cdot 11 \cdot 13$
44. **a.** $2^4 \cdot 3^2 \cdot 5^2 \cdot 17$; **b.** $2^7 \cdot 3^3 \cdot 17$
45. **a.** $2^3 \cdot 5^2 \cdot 19 \cdot 31$; **b.** $3^3 \cdot 17 \cdot 23$
46. 2520
47. 360
48. 540
49. **b.** 462
50. **a.** 324; **b.** 85 680
51. **a.** 144; **b.** 525
52. **a.** 1215; **b.** 1305
53. **a.** 2448; **b.** 5544
54. **a.** 5880; **b.** 6552
55. **a.** 6804; **b.** 46 800
56. 14
57. 84
58. 18
59. 28
60. 20
61. 45
62. 14
63. 198
64. **a.** 45; **b.** 25 200
65. 324
66. **b.** 12
67. **a.** 15; **b.** 1
68. **a.** 8; **b.** 9
69. **a.** 14; **b.** 18
70. **a.** 56; **b.** 72
71. **a.** 6; **b.** 12
72. **a.** 14; **b.** 15
73. **a.** 21; **b.** 45
74. **a.** MCD = 21, mcm = 756;
b. MCD = 45, mcm = 5040
75. **a.** MCD = 56, mcm = 4312;
b. MCD = 252, mcm = 7056
76. **a.** MCD = 28, mcm = 1120;
b. MCD = 35, mcm = 12 600
77. **a.** MCD = 63, mcm = 2268;
b. MCD = 66, mcm = 11 880
78. **a.** MCD = $2^2 \cdot 3$, mcm = $2^4 \cdot 3^2 \cdot 7 \cdot 11$;
b. MCD = $3^3 \cdot 7$, mcm = $3^4 \cdot 5^2 \cdot 7^3 \cdot 11$
79. **a.** MCD = $2^2 \cdot 3^3 \cdot 5^2$, mcm = $2^4 \cdot 3^6 \cdot 5^6$;
b. MCD = $3^3 \cdot 7^2 \cdot 11$, mcm = $3^3 \cdot 7^6 \cdot 11^2$
80. $a = 4$, $b = 1$, $c = 2$
81. 11
82. 27
83. 30 096
84. **a.** 34; **b.** 10
85. **a.** 27; **b.** 4 rose, 3 gigli, 2 orchidee
86. Alle 2:00 del mattino
87. **a.** 240 s; **b.** 20 minuti
88. **a.** 16 cm; **b.** 12
89. 42
90. **a.** 210; **b.** 1,26 m
91. Alle 18:03
92. **a.** 7 maggio; **b.** Ogni 12 giorni
93. 42 cm; 6
94. **a.** 24; **b.** 4
95. INVALSI [d]
96. 120
97. INVALSI 84
98. 16 cm; 37

4. Contare senza contare

PROVA TU pag. 20

1. 1095 kg; 3285 dm^3
2. Circa $3 \cdot 10^{10}$ battiti
3. $10 \cdot 9 \cdot 8 \cdot 7 \cdot 6 \cdot 5 \cdot 4 \cdot 3 \cdot 2$
4. $40 \cdot 39 \cdot 38 \cdot 37 \cdot 36 \cdot 35 \cdot 34 \cdot 33$
5. $7 \cdot 6 \cdot 5 \cdot 4 \cdot 3 \cdot 2$
6. 35 152
7. 26^5
8. 10 000

ESERCIZI pag. 44

99. $36 \cdot 10^3$ kg
100. 28
101. 30
102. 63; diventano 255

5. I numeri interi

PROVA TU pag. 24

1. **a.** sì; **b.** no; **c.** no; **d.** sì; **e.** no; **f.** sì; **g.** no
5. **a.** 7; **b.** −3; **c.** −14; **d.** 14; **e.** −14; **f.** −2; **g.** −27; **h.** 13
6. **a.** −84; **b.** 120; **c.** −40; **d.** 5
7. **a.** 16; **b.** −125; **c.** −1000; **d.** 36
8. −2 °C
9. 25 °C
10. −165; 479 m

ESERCIZI pag. 45

104. −46,6 °C

105. −423 m

106. −1

107. −10 000

108. 28 °C

109. −6; −5; −3; 0; 2; 4

113. 5

114. **a.** La linea del tempo non ha l'anno zero; **b.** 4

117. **b.** −11

118. **a.** 2; **b.** −2

119. **a.** −4; **b.** 40

120. **a.** −36; **b.** 2

121. **a.** −3; **b.** −18

122. **a.** −14; **b.** 0

123. **a.** 4; **b.** 3

124. **a.** −6; **b.** −8

125. **a.** 6; **b.** −16

126. **a.** −8; **b.** −7

127. **a.** 7; **b.** 8

128. **a.** −11; **b.** −6

129. **a.** 9; **b.** −3

130. **a.** −11; **b.** 9

131. **b.** −13

132. **a.** 1; **b.** −7

133. **a.** −4; **b.** −8

134. **a.** −21; **b.** −90

135. **a.** −4; **b.** −8

136. **a.** −25; **b.** 13

137. **a.** 17; **b.** 3

138. **a.** 18; **b.** −15

139. **a.** 12; **b.** −7

140. **a.** −12; **b.** −46

141. **a.** 5; **b.** −37

142. **a.** −11; **b.** −12

143. **a.** 35; **b.** −30

144. **a.** −8; **b.** 4

145. **a.** −6; **b.** −35

146. **a.** 29; **b.** −38

147. **a.** −32; **b.** −6

148. **a.** 1; **b.** 27

149. **a.** 2; **b.** −6

150. **a.** 36; **b.** 5

151. **a.** 7; **b.** 0

152. **a.** 0; **b.** −17

153. **a.** 1; **b.** −9

154. **a.** 18; **b.** −10

155. **a.** 9; **b.** 1

156. **INVALSI** [d]

157. 1330 m

158. 20 °C

159. **b.** −20

160. **a.** 8; **b.** 21

161. **a.** 10; **b.** 18

162. **a.** −30; **b.** −36

163. **a.** 40; **b.** 200

164. **a.** −20; **b.** −24

165. **a.** 48; **b.** 80

166. **a.** 200; **b.** 0

167. **a.** −8; **b.** 0

168. **a.** 25; **b.** 3

169. **a.** 120; **b.** −720

170. **a.** −630; **b.** −1280

171. **a.** 360; **b.** 120

172. **a.** −5; **b.** −3

173. **a.** −6; **b.** −3

174. **a.** 67; **b.** −28

175. **a.** −15; **b.** −36

176. **a.** −84; **b.** 120

177. **a.** −40; **b.** 5

178. **a.** 56; **b.** 10

179. **a.** −24; **b.** 6

180. **a.** 3; **b.** −3

181. **a.** −9; **b.** −9

182. **a.** 9; **b.** −3

183. **a.** 21; **b.** 19

184. **a.** −21; **b.** −21

185. **a.** −19; **b.** 19

186. **a.** −4; **b.** −3

187. **a.** −24; **b.** −21

188. **a.** 0; **b.** −5

189. **a.** −80; **b.** −80

190. **a.** 80; **b.** −5

191. **a.** −5; **b.** 5

192. **a.** −900; **b.** −4

193. **a.** 4; **b.** −90

194. **a.** −4; **b.** 90

195. **a.** 0; **b.** 64

196. **a.** 410; **b.** −10

197. **a.** 105; **b.** 108

198. **a.** −1; **b.** 8

199. **a.** −11; **b.** −30

200. **a.** 54; **b.** 28

201. **a.** −26; **b.** 3

202. **a.** −102; **b.** −67

203. **a.** −8; **b.** 31

204. **a.** 107; **b.** −6

205. **a.** −5; **b.** −31

206. **a.** −27; **b.** −32

207. **a.** 35; **b.** 6

208. **a.** 14; **b.** 0

209. **a.** −3; **b.** −8

210. **a.** 4; **b.** −7

211. **a.** −3; **b.** 6

212. **a.** −75; **b.** −3

213. **a.** −130; **b.** 43

214. **a.** 21; **b.** 5

215. **a.** 2; **b.** −80

216. **a.** −2; **b.** 16

217. **a.** 40; **b.** 105

218. **a.** −18; **b.** 0

219. **a.** 28; **b.** −9

220. −54

221. **INVALSI** [d]

222. −4 °C

223. 23 °C

224. −51 m; 189 m

225. −3 €

226. −6° C

227. sì

6. I numeri razionali

PROVA TU pag. 30

1. **a.** e **f.**; **b.** e **d.**; **c.** ed **e.**

2. **a.** $\frac{1}{2}$; **b.** $\frac{3}{13}$; **c.** $\frac{1}{4}$; **d.** $\frac{24}{37}$; **e.** $\frac{1}{4}$

4. **a.** $\frac{9}{2}$; **b.** $-\frac{9}{4}$; **c.** $\frac{4}{9}$

5. **a.** $-\frac{5}{12}$; **b.** $\left(\frac{5}{2}\right)^6$

6. **a.** $6{,}72 \cdot 10^{-5}$; **b.** $3 \cdot 10^{-3}$; **c.** $5 \cdot 10^{-1}$; **d.** $3{,}0004 \cdot 10^{-4}$

7. $\frac{33}{7}$ h

8. **a.** $0{,}\overline{846153}$; **b.** $2{,}3$; **c.** $0{,}23$; **d.** $0{,}\overline{6}$; **e.** $0{,}875$

9. **a.** $\frac{3}{200}$; **b.** $\frac{37}{300}$; **c.** $\frac{1}{22}$

10. 1,466 675 €/L

11. Circa +24%

12. $2+\frac{1}{4}; 1+\frac{1}{4}$

ESERCIZI pag. 52

228. **INVALSI** [e]

229. **INVALSI** [a]

241. **INVALSI** [c]

242. **INVALSI** [a]

243. **INVALSI** 5

244. **INVALSI** [c]

245. **INVALSI** [a]

SOLUZIONI DEGLI ESERCIZI

246. INVALSI [b]

247. INVALSI [b]

248. **b.** 9

249. **a.** $\frac{3}{2}$; **b.** $\frac{64}{27}$

250. **a.** $\frac{1}{9}$; **b.** $\frac{6}{5}$

251. **a.** $\frac{1}{125}$; **b.** $\frac{4}{9}$

252. 0,1; 0,0001; 10; 1000

253. INVALSI [a]

254. INVALSI [d]

255. **a.** $3 \cdot 10^{-3}$; **b.** $5 \cdot 10^{-7}$

256. **a.** $5{,}43 \cdot 10^{-3}$; **b.** $7{,}7 \cdot 10^{-6}$

257. **a.** $6 \cdot 10^{-4}$; **b.** $8{,}32 \cdot 10^{-3}$

258. **a.** 0,005; **b.** 0,000 02

259. **a.** 0,0001; **b.** 0,000 000 010 5

260. **a.** 0,000 003 77; **b.** 0,0281

261. **a.** $\frac{22}{25}$; **b.** $\frac{32}{25}$; **c.** $\frac{1}{200}$; **d.** $\frac{967}{10000}$

262. **a.** $\frac{9}{20}$; **b.** $\frac{61}{20}$; **c.** $\frac{11}{200}$; **d.** $\frac{87}{1000}$

263. **a.** $\frac{7}{25}$; **b.** $\frac{79}{50}$; **c.** $\frac{31}{250}$; **d.** $\frac{33}{500}$

264. **a.** $\frac{9}{50}$; **b.** $\frac{17}{20}$; **c.** $\frac{5}{4}$; **d.** $\frac{21}{10}$

265. **e.** $\frac{1}{400}$; **f.** $\frac{6}{125}$; **g.** $\frac{133}{10000}$; **h.** $\frac{1}{8}$

266. **b.** 112,5%; **c.** 85%; **d.** 2320%

267. **a.** 60%; **b.** 90%; **c.** 4,8%; **d.** 120%; **e.** 48%; **f.** 124%

268. **a.** 0,64%; **b.** 7,2%; **c.** 24%; **d.** 75%; **e.** 95%; **f.** 112,5%; **g.** 140%; **h.** 412,5%

269. **b.** 2,28; **c.** 0,007; **d.** 0,071 25

270. **a.** 0,12; **b.** 4,13; **c.** 0,236; **d.** 0,0625

271. **a.** 0,04; **b.** 6,33; **c.** 0,0002; **d.** 0,3367

272. **a.** 0,09; **b.** 0,99; **c.** 1,56; **d.** 0,0005

273. **a.** 0,0068; **b.** 0,010 02; **c.** 0,024; **d.** 0,144

274. **b.** 145,6%; **c.** 76%; **d.** 278,9%

275. **a.** 78%; **b.** 25%; **c.** 7%

276. **a.** 0,34%; **b.** 2,7%; **c.** 5%; **d.** 14%

277. **a.** 9,5%; **b.** 135%; **c.** 260%

278. **a.** 52,18%; **b.** 632,5%; **c.** 1680%; **d.** 33 200%

279. **a.** Circa 11,9%; **b.** 75%; **c.** Circa 300%; **d.** 1,5%; **e.** 67%; **f.** 125%; **g.** Circa 16,67%; **h.** 30%

280. **a.** Circa 8,33%; **b.** 17,5%; **c.** 25%; **d.** Circa 33,3%; **e.** Circa 33,3%; **f.** Circa 55,56%; **g.** 112,5%; **h.** 125%; **i.** Circa 133,3%; **j.** Circa 444,4%

281. **a.** 10; **b.** 12; **c.** 187,50 €; **d.** 10,4 g; **e.** 3090 persone; **f.** 21 cm; **g.** 1,8 kg; **h.** Circa 48 L; **i.** 225 m; **j.** 576

282. **a.** 66 €; **b.** 88,32 L; **c.** 112,5 m; **d.** 96 kg; **e.** 36 g; **f.** 400,12 €; **g.** 4020 €; **h.** 39 €

283. **a.** 1,2425 km; **b.** 83,60 €; **c.** 6975 €; **d.** 56 g; **e.** 67,47 kg; **f.** 105,4 L; **g.** 203 m^2; **h.** 78

284. **a.** $-\frac{25}{36}$; **b.** $\frac{13}{20}$

285. **a.** $\frac{33}{20}$; **b.** $\frac{17}{30}$

286. **a.** $-\frac{38}{15}$; **b.** $\frac{7}{6}$

287. **a.** $-\frac{55}{18}$; **b.** $-\frac{7}{8}$

288. **a.** -12; **b.** $\frac{1}{20}$

289. **a.** $-\frac{163}{16}$; **b.** $-\frac{2}{21}$

290. **a.** $-\frac{91}{10}$; **b.** -4

291. **a.** $\frac{1}{4}$; **b.** $\frac{10}{21}$

292. $\frac{39}{10}$

293. $-\frac{9}{4}$

294. $\frac{39}{10}$

295. $-\frac{35}{12}$

296. $\frac{1}{2}$

297. $\frac{4}{3}$

298. 6

299. $\frac{5}{3}$

300. $-\frac{3}{2}$

301. $\frac{49}{3}$

302. $-\frac{15}{8}$

303. $\frac{49}{40}$

304. $\frac{5}{2}$

305. $\frac{3}{2}$

306. $\frac{3}{2}$

307. $\frac{4}{3}$

308. $-\frac{8}{5}$

309. $-\frac{21}{16}$

310. $-\frac{2}{25}$

311. -11

312. $-\frac{10}{3}$

313. $\frac{8}{15}$

314. **a.** $-\frac{5}{18}$; **b.** $\frac{4}{5}$

315. **a.** $-\frac{1}{2}$; **b.** $-\frac{17}{10}$

316. **a.** -18; **b.** $\frac{5}{3}$

317. **a.** $\frac{4}{25}$; **b.** $\frac{4}{9}$

318. **a.** $\frac{11}{100}$; **b.** -1

319. $\frac{475}{42}$

323. INVALSI [b]

324. INVALSI [d]

325. **b.** 1

326. **a.** $\frac{2}{5}$;
b. $\left(\frac{3}{4}\right)^5 = \frac{243}{1024}$

327. **a.** $\frac{27}{16}$; **b.** $\frac{1176}{125}$

328. **a.** $\frac{1}{686}$; **b.** $\frac{16}{3}$

329. **a.** 2; **b.** $\frac{1}{18}$

330. **a.** 5; **b.** $\frac{45}{16}$

331. **a.** 17,664; **b.** 19,56

332. **a.** 0,0216; **b.** 0,49

333. **a.** 2,7; **b.** 11

334. **a.** 57,1; **b.** 2,9

335. **a.** 91,76;
b. 21,710 25

336. **a.** 0,0336; **b.** 0,169 28
337. **a.** 9,0625; **b.** 4,05
338. **a.** 0,0306; **b.** 0,0725
339. **a.** 8,2; **b.** 1,3
340. **a.** −3,2; **b.** −12,1
341. **a.** 10,2; **b.** 0,6
342. **a.** −6,5; **b.** −23,55
343. **a.** −101; **b.** 490,4
344. **a.** −0,48; **b.** −2,11
345. 32,544
346. 48,23
347. 2,4
348. 2,3
349. 12,3
350. 3,8
351. −0,235
352. 33,6
353. −0,115
354. −2,2
355. −0,5
356. $-\frac{5}{4}$
357. $\frac{7}{10}$
358. $\frac{23}{8}$
359. $-\frac{47}{6}$
360. 33,184
361. 0,0216
362. 0,9
363. 47,1
364. 12,1
365. −5,2
366. 30,05
367. 0,87
368. 13
369. 2,8
370. 2,2
371. −12,3
372. $\frac{3}{20}$
373. $\frac{57}{20}$
374. $-\frac{13}{7}$
375. $-\frac{203}{24}$
376. $-\frac{29}{20}$
377. $\frac{1}{7}$
378. −1
379. $\frac{229}{24}$
380. $-\frac{19}{16}$
381. $\frac{4}{9}$
382. $\frac{271}{60}$
383. −0,04
384. −4,5
385. 0,845
386. −0,03
387. $\frac{73}{12}$
388. $\frac{27}{5}$
389. $\frac{41}{12}$
390. $-\frac{55}{4}$
391. $-\frac{3}{10}$
392. 6
393. $\frac{3}{13}$
394. $-\frac{29}{12}$
395. $-\frac{103}{6}$
396. $\frac{17}{36}$
397. $\frac{57}{8}$
398. $-\frac{1}{42}$
399. $-\frac{211}{30}$
400. 4
401. $\frac{1}{10}$
402. $-\frac{5}{2}$
403. $-\frac{28}{183}$
404. $\frac{19}{30}$
405. $\frac{1}{72}$
406. $\frac{37}{4}$
407. $\frac{11}{2}$
408. $\frac{121}{24}$
409. $\frac{59}{28}$
410. $-\frac{29}{12}$
411. 5
412. $\frac{1}{6}$
413. 10
414. $\frac{4}{9}$
415. $\frac{12}{5}$
416. $-\frac{9}{44}$
417. $-\frac{3}{40}$
418. $\frac{3}{5}$
419. 18
420. $-\frac{21}{5}$
421. $-\frac{1}{20}$
422. $\frac{2}{819}$
423. 11
424. $\frac{3}{64}$
425. $\frac{61}{9}$

427. **a.** $3 \cdot 10^{-4}$; **b.** $1,\overline{3} \cdot 10^{-3}$; **c.** $1,8 \cdot 10^{-2}$
428. **a.** $1,8 \cdot 10^{-5}$; **b.** $7,5 \cdot 10^{6}$; **c.** $2 \cdot 10^{-1}$
429. Circa −27%
430. 442
431. **INVALSI** 50 €
432. 2800 €
433. **a.** 464,64 €; **b.** −3,2%
434. **INVALSI** [a]
435. **INVALSI** **a.** F; **b.** F; **c.** V
436. 2,8 m
437. 30 e $\frac{3}{4}$
438. **INVALSI** [d]
439. $\frac{43}{90}$; 270 €
440. 13
443. **INVALSI** [d]
444. Circa 67%
445. 2,65 €
446. 96 €
447. 115 €
448. 35 €
449. 3,6 m
450. Circa 44,4% uomini e circa 55,6% donne
451. 37,5% uomini; 62,5% donne
452. 10
453. 1455
454. 441
455. Nel 2015 (40%)

456. Festaioli, circa 13,3%
457. Circa 52,6% ragazzi e circa 47,4% ragazze
458. 84
459. Carlo (6,25%)
460. Circa 8,61%
461. 45%
462. **a.** 150 €; **b.** 100%; circa 33,3%
463. Circa +4,29%
464. Circa 3,3%
465. 84%; 16%
466. Scuola B (circa 1,39%)
467. 153
468. 45 kg
469. 42%
470. Circa 31,5%
471. 980 €
472. 8 h 35 min
473. 298,67 €
474. no

7. Le proprietà delle operazioni

PROVA TU pag. 34

1. **a.** 370; **b.** 218; **c.** 1065; **d.** 90; **e.** 49; **f.** 420
2. **a.** sì; **b.** no; **c.** sì; **d.** sì; **e.** no; **f.** sì
9. **a.** sì; **b.** 21; **c.** 2,5
10. **a.** sì; **b.** sì; **c.** 295
11. **a.** sì; **b.** sì; **c.** $\frac{13}{11}$

ESERCIZI pag. 67

484. **INVALSI** [c]
485. **INVALSI** [b]
486. Commutativa
487. Associativa
488. $20:10:2=(20:10):2=2:2=1$
489. Distributiva
490. $5+(3\cdot 2)=5+3\cdot 2=$
$=5+6=11$
491. $4^3=64; 3^4=81$
492. Invariantiva
493. Invariantiva
494. $1004+1020=2024; 104+120=224$
495. $20:(4+5)=20:9$
496. **a.** $\frac{4}{11}$; **b.** $\frac{8}{25}$; **c.** $\frac{7}{10}$

Esercizi di riepilogo pag. 69

500. $\mathbb{N}$
501. $\mathbb{Q}$
502. $\mathbb{Z}$
503. **INVALSI** [c]
504. **INVALSI** [c]
505. **INVALSI** [b]
506. **INVALSI** **a.** 22; **b.** 26 cl
507. **INVALSI** **a.** 10
508. **a.** 1,64 €; **b.** Al termine della settimana, e comunque entro lunedì mattina
509. **a.** 16:23:06 ; **b.** 11 giri di Carlo, 9 di Giacomo e 7 di Andrea
510. **a.** 210; **b.** 6 scatole di cioccolatini, 2 bottiglie di vino e 3 scatole di biscotti
511. **a.** 01:14:20; **b.** 7 volte
512. 840 cm
513. $5\,250\,000=5,25\cdot 10^6$
514. $30\cdot 8=240$
515. 8
516. **a.** Il pacco 5; **b.** 33 g; 24 g; 18 g; **c.** −9 g
517. **a.** No, perché non è noto il consumo di acqua di ciascuno; **b.** D; **c.** C
518. **INVALSI** [b]
519. **INVALSI** [d]
520. **INVALSI** [c]
521. **INVALSI** [d]
522. **INVALSI** 1045; 1045
523. **INVALSI** [c]
524. **INVALSI** [c]
525. **INVALSI** 6
526. 5
527. **INVALSI** [a]
528. 72 000 €
529. **INVALSI** [d]
530. $\frac{1}{6}$
531. **INVALSI** [a]
532. 9
533. **INVALSI** [c]
534. **INVALSI** [b]
535. **INVALSI** **a.** 61,2; **b.** 6,12; **c.** 612; **d.** 6,12
536. **INVALSI** 18
537. Circa $3\cdot 10^{-26}$ kg
538. $2\cdot 10^2=200$

539. Circa $3{,}7 \cdot 10^{-26}$ m^3

540. **a.** no; **b.** Proprietà invariantiva della sottrazione

541. **a.** È indifferente; **b.** Proprietà commutativa della somma

542. **a.** −0,04; **b.** −7; **c.** −0,36; **d.** −0,03

Maths highlights pag. 76

1. **a.** insieme; **b.** elemento; **c.** appartenere

2. **a.** yes; **b.** no; **c.** no; **d.** yes; **e.** yes

4. **a.** divisore; **b.** multiplo; **c.** numero primo

5. **a.** $2^2 \cdot 3 \cdot 5$; **b.** $3^2 \cdot 5$; **c.** 37; **d.** $2^3 \cdot 3 \cdot 5$; **e.** $3^2 \cdot 11$

6. **a.** 8; **b.** 3; **c.** 70; **d.** 8; **e.** 24

7. **a.** 30; **b.** 24; **c.** 60

Sei pronto per la verifica? pag. 78

1. **a.** 9; **b.** 19 penne, 7 matite, 3 gomme

2. **a.** −109; **b.** $\frac{59}{156}$, **c.** 134

3. 100 000 €; 125 000 €

4. **b.** $2n + 2$, **c.** 15 cerchi; 32 quadrati

Capitolo 2 I numeri reali e l'approssimazione Pag. 79

1. I numeri reali

PROVA TU pag. 84

1. 2,236 **2.** 1,442

ESERCIZI pag. 98

3. **b.** 0,1; 0,01; 0,001; 0,0001; le differenze sono decrescenti

2. Le approssimazioni

PROVA TU pag. 88

1. **a.** 3 409 730; **b.** 3 409 700; **c.** 3 410 000; **d.** 3 410 000; **e.** 3 000 000

2. **a.** 78,5; **b.** 78; **c.** 100; **d.** 78,470

3. **a.** 698 300; **b.** 698 000; **c.** 690 000

4. **a.** 45,7; **b.** 45; **c.** 45,739

5. **a.** 160 m; **b.** 1500 m^2

6. No: $5192 \approx 5190$

7. 6 450 000; 6 549 999

8. 5 076 500; 5 077 499

9. **a.** 7; **b.** 3; **c.** 4

ESERCIZI pag. 99

8. **a.** 789 500; **b.** 790 000; **c.** 790 000

9. **a.** 2 380 900; **b.** 2 381 000; **c.** 2 380 000; **d.** 2 000 000

10. **a.** 71,5; **b.** 71,54; **c.** 70

11. **a.** 3 741 600; **b.** 3 742 000; **c.** 3 740 000; **d.** 4 000 000

12. **a.** 1 380 200; **b.** 1 380 000; **c.** 1 380 000; **d.** 1 000 000

13. **a.** 381,6; **b.** 381,63; **c.** 380; **d.** 400

14. **a.** 9050,0; **b.** 9050,05; **c.** 9100; **d.** 9000

15. **a.** 4500; **b.** 8,0; **c.** 0,1

16. **a.** 2,5; 2,4; **b.** 18,5; 18,5; **c.** 36,1; 36,1; **d.** 138,1; 138,0

17. **a.** 4,70; 4,69; **b.** 14,94; 14,93; **c.** 26,80; 26,80; **d.** 0,05; 0,04

18. **a.** 4,826; 4,825; **b.** 6,828; 6,828; **c.** 7,450; 7,449; **d.** 8,445; 8,445

19. **a.** 11,639; 11,638; **b.** 13,451; 13,450; **c.** 32,929; 32,929; **d.** 0,038; 0,037

20. **a.** 36,3; 36,2; **b.** 36; 36; **c.** 36,260; 36,259

21. **a.** 4; **b.** 24; **c.** 108; **d.** 655

22. **a.** 14,0; **b.** 57,5; **c.** 108,4; **d.** 763,2

23. **a.** 5620 km; **b.** 900 cm; **c.** 2,45 g; **d.** 50 000 €

24. 175 €

25. A

26. A

27. B

28. B

29. 16

30. 1,5 t

31. 1700 kg

3. Le cifre significative

PROVA TU pag. 92

1. **a.** 3; 4; 3; 4; **b.** 2; 3; 2; 3

2. **a.** 1; 2; 5; 6; **b.** 6; 4; 3; 4

3. **a.** 3; **b.** 5; **c.** 2

4. **a.** 3750; **b.** 0,004 710; **c.** 5000; **d.** 0,10; **e.** 0,100

5. 4,10 cm perché ha 3 c.s.
6. no
7. 9,5 kg
8. 15 m
9. 21 150; 21 249

ESERCIZI pag. 102

32. **b.** 4; **c.** 5; **d.** 10
33. **a.** 3; **b.** 5; **c.** 2
34. **b.** 1800; **c.** 1850
35. **a.** 6000; **b.** 6000; **c.** 6033,1
36. **a.** 9; **b.** 9,2; **c.** 9,15
37. **a.** 0,04; **b.** 0,040; **c.** 0,0399
38. **b.** 20; **c.** 38; **d.** 4,07
39. **a.** 18,1; **b.** 0,0326; **c.** 0,0770; **d.** 0,008 17
40. **a.** 18,14; **b.** 240,0; **c.** 5004; **d.** 0,054 45
41. **a.** 20; **b.** 19,1; **c.** 19
42. **a.** 0,007; **b.** 0,007; **c.** 0,007 20
43. **a.** 984,61; **b.** 984,6; **c.** 984,608; **d.** 1000
44. **a.** 0,000 143; **b.** 5,1; **c.** 1000
45. **a.** 0,3403; **b.** 10,255; **c.** 64 704 800
46. 428,2; 1
47. 0,000 90; 2
48. **a.** 30; **b.** 30; **c.** 3000; **d.** 0,2
49. **a.** 2; **b.** 600; **c.** 80; **d.** 10 000
50. **a.** 50; **b.** 5; **c.** 2000; **d.** 700
51. **a.** 80; **b.** 6; **c.** 7
52. **a.** sì; **b.** no; **c.** sì; **d.** no
53. **a.** 300 000 000 m/s; **b.** 300 000 000 m/s
54. **a.** 1200 $; **b.** 1205 $
55. **a.** 680 000 km^2; **b.** 675 000 km^2; **d.** 675 350 km^2
56. 40,0 €/m^2
57. 1,2 kg

4. La notazione scientifica e l'ordine di grandezza

PROVA TU pag. 96

1. **a.** 10^4; 10^3; 10^4; **b.** 10^{-6}; 10^{-4}; 10^{-1}
2. 10^9
3. **a.** 10^{604}; **b.** 10^{1410}
4. **a.** 10^4; 10^3; **b.** 10^4; 10^4; **c.** 10^{12}; 10^{-5}
5. 10^3; $1,5 \cdot 10^3$
11. Non è plausibile

ESERCIZI pag. 104

58. **b.** 10^2; **c.** 10^{-2}; **d.** 10^2
59. **a.** 10^{-6}; **b.** 10^{-3}; **c.** 10^{-1}; **d.** 10^{-2}
60. 10^{10}; 10^8; 10^5
61. 10^3 kg
63. Circa 550 dm^3; circa 43 ore
65. **INVALSI** [a]
66. **INVALSI** [a]

Esercizi di riepilogo pag. 106

67. **a.** 45; 4,0; **b.** 11
68. 1,8
69. 80
70. 4, 5 o 6

71. Con 1 c.s. da 1500 a 2499; con 2 c.s. da 1950 a 2049; con 3 c.s. da 1995 a 2004
72. 20; 0,2
73. **a.** 25; 40; 200; **b.** 1
74. 1000
75. 3
76. 80
77. 200
78. 8
79. 7
80. $2 \cdot 10^5$
81. 10
82. 57,425
83. 6,2823
84. 0,198 43
85. 4,8772
86. 42,641
87. 36,303
88. −0,803 88
89. 2,2109
90. $\frac{20}{300} = \frac{2}{30} \approx 0,07$
92. **a.** 30 m; **b.** 50,6 m^2
93. 250; 349
94. 800
95. 9
96. **a.** 0,01 cm; **b.** 0,000 08 m
97. **a.** 2,95 m; **b.** 14,0 m
98. **a.** 69 000; **b.** 38 €
99. 17 €
100. 20 €
101. **INVALSI** [b]
102. Compagnia B
103. [a]
104. **INVALSI** [c]
105. **INVALSI** **a.** [c]; **c.** 450 000
106. Circa 3 €, esattamente 2,99 €
107. **INVALSI** [c]
108. Circa $1,7 \cdot 10^4$ t
109. 10^6 m^3
110. 10^2 kg/m^3
111. $20 \cdot 15 = 300$; 37,5 g
112. Circa 4,5 h
113. Circa 5,5 € - 6 €
114. Circa 17,5 €
115. Circa 30 L
116. Circa 24 €
117. B
118. Circa 35 €
119. Circa 27 €
120. 8
121. A
122. 0,0245 kg
123. Circa 1030 g
124. **a.** 16,4 m^2; **b.** 20 m^2
125. **a.** 36,2 m; **b.** 40 m
126. **a.** 30,0 €; **b.** 30 €

127. **a.** 358,6 m^2; **b.** 360 m^2; **c.** 359 m^2
128. **a.** 549 999; **b.** 6800
129. 700
130. Circa 216 S$
131. **a.** 4600 s; **b.** 80 min
132. Circa 2 h
133. Circa 352 S$
134. Quella da 750 mL

Maths highlights pag. 113

1. **a.** numeri naturali; **b.** numeri naturali; **c.** numeri interi; **d.** numeri reali; **e.** radice quadrata; **f.** valere
3. $\frac{28}{3}$
4. 4,3 m
5. **a.** essere composto da; **b.** cifre; **c.** numeri decimali, cioè numeri con la virgola

Sei pronto per la verifica? pag. 116

1. **b.** 14,69 €
2. 5 L
3. **a.** 8,45; **b.** 0,070; **c.** 26 000; **d.** 15 990
4. **a.** Circa 8 g; **b.** 8 g; 7,8 g
5. 10^6

Capitolo 3 I polinomi Pag. 117

1. Le lettere al posto dei numeri

PROVA TU pag. 122

2. **a.** $ab + 5y$; **b.** $f^3 - 3$; **c.** $3x - 4z^3$; **d.** $2[p : (5q)]$
3. **b.** $\frac{7}{2}$; **c.** 136; **d.** $\frac{1}{2}$
4. **a.** 69; **b.** 57; **c.** $-\frac{7}{15}$; **d.** $-\frac{22}{15}$
5. $3(n - 1) = 3n - 3$
6. $2p = 2(d + 4d)$; $A = d \cdot 4d$

ESERCIZI pag. 146

1. a è dispari
2. Per esempio $a = 1$, $b = 2$. Non è unica
3. **b.** $2z$; **c.** $z - 1$; **d.** $3z$; **e.** $4z + 1$; **f.** z^2; **g.** $z^2 - 1$; **h.** $(z - 1)^2$
4. **b.** è il successivo di n; **c.** è il doppio di n; **d.** è il triplo di n; **e.** è il successivo del doppio di n
5. **b.** è il successivo di un numero pari e quindi è un numero dispari; **c.** = $(n + 1) + 1$ è il successivo di un numero dispari e quindi è pari; **d.** è il doppio di un numero, quindi è pari; **e.** è il triplo di un numero pari, quindi è pari; **f.** è il precedente di un numero pari, quindi è dispari
6. Cambia la parità, tranne nei punti **d.** e **f.**
7. **b.** $2n + 1$; **c.** $3n$; **d.** $4n + 1$; **e.** $(2n + 1)^2$
8. $3(4 - 2) = 6$; $3 \cdot 4 - 2 = 10$
9. **b.** $3x \cdot 7y + 9z$; **c.** $7x \cdot 11y \cdot 2z$; **d.** $(3z + 7s) : 5a$; **e.** $r^3 - (p : 3q)$; **f.** $3[w : (3x + 7y)]$; **g.** $(k : 2y) - 9(x \cdot 3h)$.
11. 137
12. 29
13. 72
14. **b.** 27
15. **a.** 100; **b.** 7
16. **a.** −8; **b.** −12
17. **a.** 729; **b.** 10,5
18. **a.** 3,5; **b.** 65
19. **a.** $\frac{5}{6}$; **b.** 9
20. **a.** $\frac{9}{4}$; **b.** $\frac{21}{10}$
21. **a.** $\frac{3}{8}$; **b.** $\frac{281}{66}$
22. −105
23. 2
24. $3(x + 4)$ anni
25. **a.** Matematica e inglese; **b.** differenza tra matematica e inglese; **c.** rapporto tra matematica e inglese
26. **a.** $\frac{7}{10}c$; **b.** $\frac{10}{7}y$
27. INVALSI **a.** [c]; **b.** [d]
28. INVALSI [c]
29. $\frac{15x + 48y}{50}$
30. **a.** 105 €; **b.** $0{,}8a + 0{,}3m$ **c.** $(120 - x) \cdot 0{,}8 + (30 - m) \cdot 0{,}3$
31. **a.** $(3x + 9{,}30)$€; **b.** circa 0,23 €
32. INVALSI Per esempio: $n = 3 \rightarrow 2^3 + 1 = 8 + 1 = 9$; $n = 5 \rightarrow 2^5 + 1 = 32 + 1 = 33$

2. I polinomi

PROVA TU pag. 128

4. **a.** Distributiva; **b.** Associativa; **c.** Commutativa; **d.** Distributiva

5. **a.** $-x-1$; **b.** $7x+7y$; **c.** $8x+4xy$; **d.** $-2x+5y-4z$

6. 1; 1; 2; 1

7. **a.** $8p-2q-5r+39$; **b.** 83

ESERCIZI pag. 150

33. [a], [b], [c], [e]

34. [b]

35. **a.** x^4y^4; **b.** $a^6b^7c^8$; **c.** $-270s^2t^4$; **d.** $\frac{1}{27}x^3y^6$; **e.** $a^{11}b^9$

36. **a.** $\frac{7}{12}x$; **b.** $\frac{y}{15}$; **c.** $\frac{6}{35}ab$; **d.** $\frac{11}{12}b^2$

37. **a.** $-\frac{3}{5}b^4$; grado 4; **b.** $\frac{17}{8}x$; grado 1

38. **a.** $\frac{13}{6}ax$; grado 2 **b.** 0; non ha grado

39. **a.** $-3x-3y$; **b.** $-10x+5y$; **c.** $x+14y$

40. **a.** x^2+11x; **b.** $9x^2-7$; **c.** $-2x^2-3x+4$

41. **a.** $-5x+9y$; **b.** $8x+13y^2+2$; **c.** $2x^2+3x$

42. $3x+3y$; 1

43. $8a+4b$; 1

44. $-2u-16v$; 1

45. $9p-q-7r$; 1

46. $-2pq+14$; 2

47. $20x+6y-13$; 1

48. $29ab-12bc$; 2

49. $7mn-32$; 2

50. $\frac{11}{3}h-\frac{13}{3}gh$; 2

51. $\frac{17}{20}x-\frac{13}{15}xy$; 2

52. $3{,}6p-9{,}9q$; 1

53. $-0{,}125a-0{,}908b$; 1

54. $13x^2-5x$

55. $11x^2-13x+2$

56. $-3x^2-13x+1$

57. $-2x^2+x+13$

58. $-xz-\frac{1}{2}$

59. $\frac{21}{4}ab+3a-\frac{4}{3}b$

60. $\frac{1}{2}c^2d+\frac{1}{2}cd^2$

61. $\frac{25}{12}tv^2-\frac{5}{2}v^2$

62. **b.** $2y$; **c.** $4y$; **d.** $6y$; **e.** $\frac{41}{2}y$

63. **a.** $3a+b$; **b.** $a+b+1$; **c.** $-a-b$; **d.** $ab+b^2$; **e.** $-a^2-ab+a+b$

3. Le operazioni tra polinomi

PROVA TU pag. 134

1. **a.** $2x-y$; **b.** $-10a+6b$; **c.** $12d-11c$; **d.** $8hk$

2. **c.** $-6d+4c$; $7c-6d$; **d.** $-3pq+6hk$; $3pq-14kh$

3. **a.** $2x+9y$; **b.** $2a-8b$; **c.** $3c$; **d.** $6pq-20hk$

4. **a.** $-10xy-20y^2$; **b.** $24a^2-22ab-7b^2$; **c.** $28c^2-66cd+36d^2$; **d.** $-9p^2q^2+60hkpq-84h^2k^2$

5. **a.** $\frac{3}{2}a+\frac{1}{2}ax-\frac{3}{4}x-\frac{9}{4}$; **b.** $\frac{3}{2}a+x-\frac{3}{4}$; **c.** $\frac{3}{2}a+x-\frac{9}{4}$

6. **a.** $-\frac{3}{5}x^2y$; grado 3; **b.** $\frac{49}{144}a^2$; grado 2; **c.** $\frac{8}{5}x-\frac{11}{10}$; grado 1

7. **a.** $9m+5$; **b.** $3m$; **c.** $15m+10$

8. **a.** $3a$; **b.** $\frac{1}{2}a^2+\frac{1}{2}ab-b^2$

9. **a.** P qualsiasi; **b.** $P=0$; **c.** P qualsiasi; **d.** $P=1$; **e.** $P=1$ o $P=0$; **f.** $P=0$

ESERCIZI pag. 151

64. **a.** $3x-2y$; **b.** $6a-13b$; **c.** $-8c+18d$; **d.** $4pq-32hk$

65. **b.** $-6x^2$

66. **a.** $2x^2$; **b.** $6x^2$

67. **a.** x^2-2; **b.** $7x^2-4x-2$

68. INVALSI **a.** V; **b.** V; **c.** F; **d.** V

69. **a.** $-2x^2-x-1$; **b.** $2x^2+x-1$

70. **a.** $-2x^2-3x+3$; **b.** $3x^2-7x+7$

71. **a.** $-4x^2+2x-2$; **b.** $3x^2-6x+9$

72. **a.** $7x^2-3x-13$; **b.** $x^2+8x-16$

73. **a.** $15x^2+11$; **b.** $12x^2-3x-8$

74. **a.** $-y^2-11y$; **b.** $4x^2+9$

75. **a.** $-x^2-16x$; **b.** $10y^2+y-3$

76. **b.** $-6-8x$

77. **a.** $2x^2+10x$; **b.** $-9x+12x^2$

78. **a.** $12x+3$; **b.** $35x-14$

79. **a.** $10x^2-15x$; **b.** $-16x^2+6x$

80. **a.** $6x+3$; **b.** $-6x+3$

81. **a.** $12x+16$; **b.** $42x+18$; **c.** $-8x-24$; **d.** $-10x+2$

82. **a.** $-2x^2+3x$; **b.** $-2x^2+6x$

83. **a.** $15x^2-20x$; **b.** $-24x^2+40x$; **c.** $15x^2-10x$; **d.** x^2+x

84. **b.** $3x-y$; **c.** $-5t+\frac{1}{2}s$; **d.** $-\frac{1}{3}ts-\frac{1}{3}t$

85. $(-a-b)(-x-1)=(-1)(a+b)(-1)(x+1)$

86. $(1-x)(y+2)=(-1)(x-1)(-1)(-y-2)$

87. INVALSI [d]

88. **a.** $9x-15$; **b.** $35-49x$; **c.** $44x+55y$; **d.** $-27k+6$

89. **a.** $2x+16$; **b.** $4x^2+9x$

90. **a.** $21h+35$; **b.** $12a-8b+4c$; **c.** $-\frac{5}{4}p+2q-\frac{5}{2}r$; **d.** $-2a+\frac{5}{4}b-\frac{3}{4}c$

91. **b.** $6x^2$

92. **a.** $-16x^2$; **b.** $30x^2$

93. **a.** $-12xy$; **b.** $7xy$

94. **a.** $-\frac{2}{3}xy$; **b.** $27x^5y^3$

95. **a.** $-26x^3y^3$; **b.** $8x^3y^4z^5$

96. $\frac{4}{5}x^2y^2z^3$

97. **a.** $5a-6p-9$; **b.** $-2x+5y$

98. **a.** $5a+7b+6$; **b.** $-9p+16q$

99. **a.** $20ry$; **b.** $3x+8y-z$

100. **a.** $-x-32$; **b.** $9x^2+4x$

101. **a.** $13a+27$; **b.** $-33b+63$

102. **a.** $5c^2+7c$; **b.** $36d^2-28d$

103. **a.** $-18a-5$; **b.** $-4b+3$

104. **a.** $-3c^2+29c$; **b.** $7d^2-12d$

105. **a.** $6f^2-41f$; **b.** $-13h^2-h$

106. **a.** $\frac{21}{2}q-\frac{15}{2}p$; **b.** $\frac{3}{10}a+\frac{48}{5}b$

107. **a.** $\frac{17}{2}a+\frac{11}{2}b-\frac{11}{2}c$; **b.** $\frac{11}{2}y-x$

108. **a.** $x^2+9x+20$; **b.** $2x^2+7x+6$; **c.** $15x^2+13x-72$; **d.** $6x^2-23x+20$

109. **a.** x^2+6x+8; **b.** $15x^2-38x+24$; **c.** $-3x^2-13x+10$; **d.** $-77x^2+39x-4$

110. **a.** $x^2+9x+18$; **b.** $x^2-3x-18$; **c.** $x^2+3x-18$; **d.** $x^2-9x+18$

111. **a.** $6x^2+11x+3$; **b.** $6x^2-7x-3$; **c.** $6x^2+7x-3$; **d.** $6x^2-11x+3$

112. **a.** $x^2+10x+21$; **b.** $12x^2+23x+5$; **c.** a^2-8a-9; **d.** $b^2+5b-14$

113. **a.** $c^2-11c+30$; **b.** $-6d^2+13d+5$; **c.** $-7f^2+f+6$; **d.** $27h^2-66h+40$

114. **a.** x^2+4x+8; **b.** $2x^2+16x-7$

115. **a.** $11x^2-23x-18$; **b.** $3x^2-10x-12$

116. **a.** $-2x^2+5x+4$; **b.** $4x^2-21x-35$

117. **a.** $7x^2+27x-51$; **b.** $7x$

118. **a.** $6x-6$; **b.** $-3x^2+29x-5$

119. **a.** $5a^3b-a^5b^2-6a$; **b.** $2s^2+\frac{25}{6}st-3t^2$

120. **a.** $-4x^2y+\frac{16}{3}xy$; **b.** $\frac{3}{2}a+\frac{1}{2}ax-\frac{3}{4}$

121. $11w+12m$

122. INVALSI [d]

123. $4x+6$

124. $3x-3$

125. INVALSI [d]

126. $2{,}5x+0{,}75m+0{,}6(3n+1)$

127. INVALSI [b]

UN PASSO IN PIÙ

129. **a.** $-\frac{xz+1}{2}$; **b.** $\frac{63ab+36a-16b}{12}$; **c.** $\frac{c^2d+cd^2}{2}$; **d.** $\frac{25v^2t-30v^2}{12}$

130. **a.** $\frac{25c-12a}{15}$; **b.** $\frac{47x-1}{15}$; **c.** $\frac{9x+8}{20}$; **d.** $\frac{3x+17}{6}$; **e.** $\frac{26x-101}{20}$; **f.** $\frac{-5x+20y-12}{30}$

4. I prodotti notevoli

PROVA TU pag. 140

1. **b.** $9b^2+12b+4$; **c.** $c^2+8cd+16d^2$; **d.** $81h^6+36h^3k+4k^2$

2. **a.** $m^2-18m+81$; **b.** $25n^2-40n+16$; **c.** $81-90p^4+25p^8$; **d.** $9q^4-48q^2r+64r^2$

3. **a.** $\frac{1}{25}a^2+\frac{6}{5}ab+9b^2$; **b.** $\frac{1}{4}c^2+\frac{2}{3}abc+\frac{4}{9}a^2b^2$

4. **a.** $\frac{9}{4}h^2-15hk+25k^2$; **b.** $\frac{36}{25}m^2+\frac{36}{5}mn+9n^2$

5. **b.** $4t^2-121$; **c.** $49-4u^2$; **d.** w^2-100x^2

6. **a.** $25-36p^2$; **b.** $81r^2-\frac{16}{25}q^2$; **c.** $\frac{t^2}{9}-\frac{s^2}{4}$; **d.** u^4-16

7. **a.** x^2+2x+1; **b.** x^2-2x+1; **c.** x^2-2x+1; **d.** x^2+2x+1

8. **a.** t^2-4; **b.** t^2-4; **c.** $4-t^2$; **d.** $4-t^2$

9. **a.** $a^3+12a^2+48a+64$; **b.** $27h^3+\frac{27}{2}h^2+\frac{9}{4}h+\frac{1}{8}$; **c.** $m^3-15m^2+75m-125$; **d.** $216k^3t^3-108k^2t^2+18kt-1$

10. **a.** $x^2+24x+84$; **b.** $23x^2+8xy-57y^2$

11. **a.** 1 002 001; **b.** 635 209; **c.** 89 975

12. **a.** 1 447 209; **b.** 795 664; **c.** 3 999 996

SOLUZIONI DEGLI ESERCIZI

ESERCIZI pag. 157

131. **a.** x^2+6x+9; **b.** $4x^2+28x+49$

132. **a.** x^2+4x+4; **b.** $25x^2+30x+9$

133. **a.** $\frac{1}{4}x^2+3x+9$; **b.** $\frac{1}{4}x^2-3x+9$

134. **a.** $x^2-12x+36$; **b.** $16x^2-24xy+9y^2$

135. **a.** $9x^2-6x+1$; **b.** $4x^2-12xy+9y^2$

136. **a.** $x^2-\frac{2}{3}xy+\frac{1}{9}y^2$; **b.** $x^2y^2+6xyz^2+9z^4$

137. **a.** $a^2+\frac{2}{3}ab+\frac{b^2}{9}$; **b.** $0{,}25c^2+cd+d^2$

138. **a.** $e^2f^2+4ef+4$; **b.** h^4+6h^2+9

139. **a.** k^6+8k^3+16; **b.** $\frac{9h^2}{16}-\frac{21}{4}hk+\frac{49}{4}k^2$

140. **a.** $9a^2-\frac{3}{2}ab+\frac{1}{16}b^2$;
b. $100c^2-2cd+0{,}01d^2$

141. **a.** $4e^2f^2-4ef+1$; **b.** p^8-4p^4+4

142. **a.** $\frac{1}{4}a^2-\frac{5}{6}ab+\frac{25}{36}b^2$
b. $\frac{1}{4}a^2+\frac{5}{6}ab+\frac{25}{36}b^2$;
c. $\frac{1}{4}a^2-\frac{5}{6}ab+\frac{25}{36}b^2$

143. **a.** x^2-4; **b.** $9x^2-4y^2$

144. **a.** $25x^2-64$; **b.** $4x^2-49y^2$

145. **a.** $\frac{1}{4}a^2-b^2$; **b.** $d^2-0{,}04c^2$

146. **a.** $9e^2f^2-16$; **b.** $\frac{g^2}{4}-\frac{h^2}{16}$

147. $\frac{x^2}{16}-y^2$

148. **a.** $9x^2-49b^4$; **b.** $49b^4-9x^2$;
c. $9x^2-42xb^2+49b^4$

149. x^8-y^4

150. **a.** $\frac{x^2}{4}-1$; **b.** $\frac{x^2}{4}-1$; **c.** $-\frac{x^2}{4}-x-1$;
d. $\frac{x^2}{4}+x+1$

151. **a.** $g^6+6g^4+12g^2+8$; **b.** $8p^3+36p^2q+54pq^2+27q^3$; **c.** $x^3-9x^2y+27xy^2-27y^3$;
d. $8h^6-12h^4+6h^2-1$

152. **a.** $8a^3+36a^2b+54ab^2+27b^3$;
b. $8a^3-36a^2b+54ab^2-27b^3$;
c. $-8a^3+36a^2b-54ab^2+27b^3$;
d. $-8a^3-36a^2b-54ab^2-27b^3$

153. $216x^3+324x^2y+162xy^2+27y^3$

154. **b.** 12; **c.** 18; **d.** 12

156. **a.** $a^6b^6-3a^5b^5+3a^4b^4-a^3b^3$;
b. $16a^4-64a^2+64$; **c.** $-b^4+\frac{2}{3}ab^2-\frac{1}{9}a^2$

UN PASSO IN PIÙ

158. 6 **159.** 25 **160.** 56 **161.** 40 **162.** 533

5. Prime fattorizzazioni di polinomi

PROVA TU pag. 144

1. **a.** $3b(a-2b)$; **b.** $x(x+y)$; **c.** $4wz^2(wz+2)$;
d. $h^2k^2(h^2+1)$

2. **a.** $(s-12)(s+12)$; **b.** $(6t-5)(6t+5)$;
c. $(15-7u)(15+7u)$; **d.** $(7w-9x)(7w+9x)$

3. **a.** $2(4a-7b)(4a+7b)$; **b.** $\left(c-\frac{1}{2}d\right)\left(c+\frac{1}{2}d\right)$;
c. $\left(\frac{3}{10}h-4k\right)\left(\frac{3}{10}h+4k\right)$;
d. $(m-8n^2)(m+8n^2)$

4. **b.** $[4-5(b+3)][4+5(b+3)]$;
c. $(c+d+2)(c-d-2)$

5. **a.** $(2h-1-2k)(2h-1+2k)$;
b. $(5m-n+1)(5m+n-1)$; **c.** $2p\cdot p=4p$

6. **a.** $(a+7)^2$; **b.** $(2b+1)^2$; **c.** $(c+d)^2$; **d.** $(2h+5k)^2$

7. **a.** $(m-5)^2$; **b.** $(13n-2)^2$; **c.** $(9-10p)^2$;
d. $(7q-3r)^2$

8. **a.** $(6m-4n)^2$; **b.** $\frac{1}{3}(p-q)^2$; **c.** $\left(4r-\frac{1}{8}s\right)^2$;
d. $(5-tu)^2$

9. $n^2-n=n(n-1)$

10. $n(n+1)(n+2)$

11. $n+(n+1)+(n+2)=3(n+1)$

12. **a.** 41 200; **b.** 1800; **c.** 54

ESERCIZI pag. 160

163. **b.** $2\pi r(r+h)$

164. $a^2b(1-b)$; **b.** $c^2d^2(d+c-1)$

165. **a.** $4x(2xy+1)$; **b.** $\pi r(r+l)$

166. **a.** $a^2y(-ab+1)$; **b.** $3c^2(d+2d^2+c)$

167. **a.** $6a(3x+1-6z)$; **b.** $14p(1-4q-3r)$

168. **a.** $3(5x-1)$; **b.** $-3(7y+16)$; **c.** $b(64-27c)$

169. **b.** $3x(13y-5xz)$

170. **a.** $xy^2(z^2-xy)$; **b.** $-5\pi x^3(+3y+2)$

171. **a.** $(x-2y)(6a+5)$; **b.** $(x+3y)(2b-c)$

172. **a.** $(5x-y)(3d-4f)$; **b.** $(x+3y)(5h+10k)$

173. **a.** $(1-11x)(1+11x)$; **b.** $(x+3y)^2$

174. **a.** $(5x-10y)^2$; **b.** $(6y-7(x+1))(6y+7(x+1))$

175. **a.** $\frac{1}{3}p^2(q+4r)$; **b.** 48

176. $(a+b)(a-b)$; 8114

177. **a.** 808 201; **b.** 318 000
178. **a.** 2500; **b.** 4900
179. **a.** 8100; **b.** 40 000
180. **a.** 30 600; **b.** 1,026
181. **a.** 55; **b.** 12 033

Esercizi di riepilogo pag. 161

186. **a.** $\frac{r}{5}$; $\frac{4}{5}r$; **b.** 68
187. **a.** $3k + 41$; **b.** $(420 + 7p)$ centesimi; **c.** $(xy - 8x)$ centesimi; **d.** $(n^2 - 3nx)$ €
188. **a.** 9; **b.** 5
189. **a.** 11; **b.** $-\frac{10}{21}$
190. **a.** 25; **b.** $\frac{7}{2}$; **c.** $\frac{7}{2}$
191. $\frac{81}{37}$
192. -81
193. $x + y = 60$
194. $-\frac{67}{5}$
195. 11
196. $-\frac{225}{14}$
197. **a.** Nulla; **b.** $3a - 3b = 24$
198. **a.** Nulla; **b.** $x - y = 62$
199. **a.** 5; **b.** -3; **c.** 18; **d.** 9; **e.** 15
200. **a.** 7; **b.** 10; **c.** -5; **d.** Non determinabile; **e.** Non determinabile; **f.** 25
201. **a.** $18x - 31$; **b.** $22x - 39y$
202. **a.** $-3a - 3ac - 6c$; **b.** $8p - 3q - 5r$
203. **a.** $7a^2 + 3a$; **b.** $7x^3 - 5x^2 - 17x + 7$
204. **a.** $m - 8p$; **b.** $6x - 6y$
205. **a.** $15c$; **b.** $72c - 51a$
206. **a.** $2a^2 + 15a - 20$; **b.** $20b - 11ab$
207. **a.** $17x - 25y$; **b.** $31x + 27y$; **c.** $3x + 6y$
208. **a.** $8xy - 8x$; **b.** $-27xy + 18xz$; **c.** $-8c^2 + 20cd$; **d.** $-42hk + 18h^2$
209. **a.** $6x^2 + 21xy$; **b.** $3xy - 33y^2$; **c.** $96m^2 + 56mn$; **d.** $6p^2 + 2pq + 14pr$
210. **a.** $-6a^2 - 9ab$; **b.** $-7s^2 + 28sr + 21su$; **c.** $13ab - 16ac$; **d.** $4d^2 - 14df + 14f^2$
211. **a.** $-3x^2y + 6xy^2$; **b.** $-27x^3y - 63x^2z$
212. **a.** $-39x^3y + 13x^2y^2$; **b.** $30x^2 + 20x^4y + 15xy$
213. **a.** $7ab - 5ac$; **b.** $-11df + 10dh - 7fh$
214. **a.** $6k^2 + 19km$; **b.** $-8n^2 + 10np$
215. **a.** $x^2 + 7xy + 6y^2$; **b.** $x^3 + 5x^2 + 2x + 10$
216. **a.** $a^2 + 2ab - 3b^2$; **b.** $3c^2 + cd - 14d^2$; **c.** $-21k^2 + 32kh + 5h^2$; **d.** $7m^3 - 28m^2 + 2m - 8$
217. **a.** $8x^2 - 25xy - 12y^2$; **b.** $-3x^2 - 8xy + 3y^2$
218. **a.** $x^2 + x + 12xy + 9y + 27y^2$; **b.** $x^3 + 3x^2 + 3x + 2$
219. **a.** $16x^2 - 11xy - 12y^2$; **b.** $35x^2 + 49xy - 22y^2$
220. **a.** $2x^2 - 4x + 7xy + 6y - 15y^2$; **b.** $x^3 - x^2 - 13x + 28$
221. **a.** $x^3 + x^2 - 3x + 1$; **b.** $-3x^3 + 12x^2 - 13x + 12$
222. $\frac{1}{256}x^4 - \frac{1}{625}y^4$
223. $-a^3 - 3a^2 - 2a$
224. $10x - 17y$
225. **a.** $4q^2$; **b.** $p = 5330$, $q = 10$; 400
226. **a.** a^2; **b.** $n = 16947$, $a = 3$; 9
227. **a.** $6a^3 - 2a^2 - 5a - 13$; **b.** $-6x^3 + 8x^2 + 4x - 10$; **c.** $2x^4 + 10x^3 + x^2 - 3x + 17$
228. **a.** $4x^2 + 15x - 16$; **b.** $4x^4 - 3x^3 + 11x^2 - 6x + 17$; **c.** $5x^2 - 16$
229. **a.** $2a + 3b + 3c$; **b.** $2ab + 5bc + 5ac$; **c.** $\frac{5}{4}xy + \frac{1}{2}xy^2$; **d.** $7a^2 + 8c^2$; **e.** $9abc + 7ac - 11bc$
230. **a.** $-7x^2 - 7x - 4$; **b.** $3a^3 + 3a^2 + 3a + 2$; **c.** $-3x^3 + 3x^2 - 8x - 2$; **d.** $24a^3 - 12a^2 + 12a - 25$
231. $\frac{3x - 1}{2}$
232. $\frac{5x + 18}{6}$
233. $\frac{4x - 2}{3}$
234. $\frac{-5x + 4}{30}$
235. $\frac{33x - 82y}{60}$
236. $\frac{x - 4}{6}$
237. $\frac{11x + 20}{15}$
238. $\frac{-71x - 112}{35}$
239. $\frac{-7x + 43}{12}$
240. $\frac{-7x + 34}{15}$
241. $\frac{-9x + 58y}{12}$
242. $\frac{p - 29q}{20}$
243. $\frac{-11f - 63h - 63}{21}$

244. $-(x - 5) + 6x - (7x - 2) + 12 = -2x + 19$
245. **a.** $2a + 2b$; **b.** $4a + 4b$; **c.** Raddoppia
246. **a.** ab; **b.** $4ab$; **c.** Quadruplica; **d.** Raddoppia
247. **a.** $n - 2$; n; $n + 2$; $n + 4$; **b.** $4n + 4$
248. La figura 1

249. **a.** $(120h + 180k)$ centesimi;
b. $(180h + 240k)$ centesimi;
c. $(60h + 60k)$ centesimi

250. INVALSI [c]

251. **a.** $(n + 2)^2 - 4 = n^2 + 4n + 4 - 4 = n^2 + 4n$

252. **a.** $n - 4x$; **b.** $0{,}8x$ €; **c.** $0{,}6x$ €

253. **a.** 22 cm $- 2y$; **b.** $y + 1$ cm

254. INVALSI [a]

256. INVALSI **a.** 32 quadrati; **b.** [b]

Maths highlights pag. 168

2. **a.** coinvolgere; **b.** valutare

Sei pronto per la verifica? pag. 170

1. **a.** $-2a^2 + 10ab - 14a$; **b.** $15h^2 - 7hk - 4k^2$;
c. $-4r^2 - 6rs - 12s^2$; **d.** $-w^2 + xw - 5x^2$

2. **a.** $x^2 - 10xy + 25y^2$;
b. $x^4 - y^2$; **c.** $9x^2 + \frac{24}{5}xy + \frac{16}{25}y^2$;
d. $-\frac{1}{64}x^3 - \frac{1}{32}x^2y - \frac{1}{48}xy^2 - \frac{1}{216}y^3$;
e. $25x^2 - \frac{49}{16}y^2$

3. $\frac{16}{3}x + \frac{15}{2}y - 6$

5. **a.** l^2; $4l$; **b.** $l^2 - 1$; $4l$; **c.** 1; **d.** 0; **e.** I perimetri sono uguali; il quadrato ha area maggiore

Capitolo 4 Le equazioni Pag. 171

1. Le equazioni

PROVA TU pag. 176

1. **b.** no; **c.** 3 è soluzione; **d.** no

2. **a.** $951 = x + (x - 87)$;
b. $n + 3 = 2n - 1$;
c. $x + 16 = 35$

7. $\mathbb{N}$, $\mathbb{Z}$; $\mathbb{Q}$, $\mathbb{R}$

ESERCIZI pag. 188

1. $D = a^2 - b^2$

2. $S = 3(d + 2)$

3. $P = 4m + 2(n + s)$

4. $x + (x + 20) = 98$

5. $n + (2n - 1) = 3n - 1$

6. $\frac{3}{5}x = 24$

7. $x + (x + 10) = 42$

8. $2x + x = 12$

9. $n + (n + 1) = 47$

10. $z + (z + 1) + (z + 2) = 48$

11. $n + (n + 7) = 169$

12. $2n + (2n + 2) = 86$

13. [c], [e]

14. INVALSI [b]

15. [c]

16. [a]

17. **a.** V; **b.** F; **c.** V; **d.** F; **e.** V

2. Diverse... ma equivalenti!

PROVA TU pag. 182

6. **a.** $\emptyset$; **b.** $\left\{\frac{28}{3}\right\}$; **c.** $\left\{-\frac{8}{9}\right\}$

ESERCIZI pag. 190

26. [b], [c], [f]

27. $\{1\}$

28. $\{5\}$

29. $\{3\}$

30. $\emptyset$, poiché $-\frac{20}{3} \notin \mathbb{N}$

31. $\emptyset$, poiché $\frac{11}{2} \notin \mathbb{N}$

32. $\{8\}$

33. $\emptyset$, poiché $-\frac{13}{6} \notin \mathbb{N}$

34. $\emptyset$, poiché $\frac{32}{11} \notin \mathbb{N}$

35. $\emptyset$, poiché $\frac{19}{3} \notin \mathbb{Z}$

36. $\{2\}$

37. $\emptyset$, poiché $\frac{27}{4} \notin \mathbb{Z}$

38. $\emptyset$, poiché $\frac{3}{4} \notin \mathbb{Z}$

39. $\emptyset$, poiché $-\frac{17}{3} \notin \mathbb{Z}$

40. $\{4\}$

41. $\{10\}$

42. $\emptyset$, poiché $-\frac{36}{5} \notin \mathbb{Z}$

43. $\varnothing$, poiché $-\frac{1}{4} \notin \mathbb{Z}$
44. $\{-12\}$
45. $\varnothing$, poiché $\frac{9}{7} \notin \mathbb{Z}$
46. $\varnothing$, poiché $-\frac{1}{2} \notin \mathbb{Z}$
47. $\{20\}$
48. $\{30\}$
49. $\left\{\frac{25}{2}\right\}$
50. $\{8\}$
51. $\left\{-\frac{35}{12}\right\}$
52. $\{8\}$
53. $\{-1, 9\}$
54. $\left\{\frac{9}{2}\right\}$
55. $\{11{,}2\}$
56. $\left\{\frac{52}{139}\right\}$
57. $\{19\}$
58. $\{13\}$
59. $\left\{\frac{5}{4}\right\}$
60. $\left\{\frac{4}{5}\right\}$
61. $\left\{\frac{41}{25}\right\}$
62. $\left\{\frac{209}{18}\right\}$
63. $\left\{\frac{31}{11}\right\}$
64. $\left\{\frac{4}{3}\right\}$
65. $\{-10\}$
66. $\left\{-\frac{1}{2}\right\}$
67. $\left\{\frac{27}{2}\right\}$
68. $\left\{\frac{62}{75}\right\}$
69. [d]

3. Equazioni per risolvere problemi

PROVA TU pag. 186

1. Nessuno dei due: il primo ha impostato come incognita x la paghetta di Matteo, il secondo la paghetta di Lorenzo
2. $2(2L+3)+L+3+L=57$
3. Perché un capo che, scontato del 35%, oggi costa 30 €, prima dello sconto doveva costare circa 46 €
4. 12
6. $\frac{8}{9}$
7. $\frac{544}{45}$
8. $\frac{17}{15}$
9. $\frac{2741}{900}$

ESERCIZI pag. 192

70. $\frac{9115}{999}$
71. $\frac{10031}{900}$
72. $\frac{10}{3}$
73. $\frac{103}{18}$
74. $\frac{53887}{990}$
75. $\frac{7778}{333}$
76. $\frac{937}{300}$
77. 83
78. 40
79. 29; 31
80. 10; 12
81. $\frac{144}{5}$
82. $\frac{1}{6}x+\frac{22}{5}=6$; $\frac{48}{5}$
83. $2x=x-50$; -50
84. **a.** $\frac{5}{2}c$; $c-5$; $\frac{5}{2}c-5$; **b.** $\frac{5}{2}c-5=3(c-5)$; **c.** 20; 50
85. **a.** 21 anni; **b.** 17 anni
86. 8; 12
87. 42; 56
90. 15; 50
91. 30 conigli e 40 polli
92. 24
93. 18; 9; 11
94. 11 anni fa
95. 4; 12
96. No, poiché l'equazione $1{,}3x=10$ non ha soluzioni naturali
97. sì
98. 9
99. $s=24$ cm; $t=32$ cm
100. $s=1{,}2$ m; $t=2$ m
101. $j=18$ cm; $k=6$ cm
102. 875 cm^2
103. 216 cm^2
104. Impossibile
105. $b=25$ cm; $l=20$ cm
106. $b=20$ m; $h=15$ m
107. 25°; 65°
108. 45 m; 90 m; 115 m
109. 75°; 100°; 5°
110. 20°; 65°; 35°
111. Circa 298,70 €
112. 28 alunni
113. 768 cm^2
114. Circa 28,33 €
115. 750 €
116. Circa 49,09 €
117. 2
119. 32°
120. 54°
121. 25°
122. 39°
123. $x=18°$; $y=72°$
124. $x=57°$; $y=49°$
125. $x=18°$; $y=54°$
126. $x=32°$; $y=28°$
127. 45°
128. 10°
129. 19°
130. 7°
131. 4°
132. $AB=15$ cm; $CD=10$ cm

Esercizi di riepilogo pag. 198

133. 20; 20; 20; 40
134. 115; 116
135. 30; 35
136. 31; 33
137. $\varnothing$, poiché $\frac{15}{8} \notin \mathbb{Z}$
138. $\{-9\}$
139. $\varnothing$, poiché $\frac{3}{4} \notin \mathbb{Z}$
140. $\{3\}$
141. $\{4\}$
142. $\{6\}$
143. no
144. sì
145. no
151. $\left\{\frac{8}{17}\right\}$
152. $\{8\}$
153. $\{840\}$
154. $\left\{\frac{77}{52}\right\}$
155. $\left\{\frac{11}{7}\right\}$
156. $\{12\}$
157. $\left\{\frac{9}{2}\right\}$
158. $\left\{\frac{45}{37}\right\}$
159. $\left\{-\frac{43}{34}\right\}$
160. $\left\{-\frac{59}{2}\right\}$
161. $\left\{\frac{29}{3}\right\}$
162. $\{-2\}$
163. $\left\{\frac{7}{12}\right\}$
164. $\{5{,}5\}$
165. $\{21\}$
166. Impossibile
167. Impossibile
168. Identità
169. $\left\{-\frac{7}{5}\right\}$
170. $\left\{-\frac{11}{10}\right\}$
171. $\{0\}$
172. $\{-2\}$
173. $\{0\}$
179. 11
180. no
181. $\frac{2}{3}$
182. $-\frac{52}{3}$
183. $\pm\frac{1}{2}$
184. 4
185. $-\frac{261}{46}$
186. -1
187. **a.** 5750; **b.** 6000

UN PASSO IN PIÙ

190. **a.** $h = \frac{2A}{b}$; **b.** $B = \frac{2A}{h} - b$;
c. $m = \frac{F}{a}$; **d.** $p_0 = p - dgh$; **e.** $t = \frac{s - s_0}{v}$
191. **a.** $\left\{\frac{5x-15}{7x}, \text{ se } x \neq 0\right\}$;
b. $\left\{\frac{15}{5-7a}, \text{ se } a \neq \frac{5}{7}\right\}$;
c. $\left\{\frac{7-k}{5k}, \text{ se } k \neq 0\right\}$;
d. $\left\{\frac{7}{5h+1}, \text{ se } h \neq -\frac{1}{5}\right\}$
192. $k = -\frac{4}{5}$
193. $x = \frac{28}{13}$
194. $k = \frac{6}{5}$

195. $\{-a\}$
196. $\{1+a\}$
197. $\{3-a\}$
198. $\{4-2a\}$
199. Identità
200. $\{2+b\}$
201. $\{2z-2\}$
202. $\{k\}$
203. $\{6\}$
204. Impossibile
205. $\left\{\frac{a}{2}\right\}$
206. $\left\{\frac{b}{3}\right\}$
207. $\left\{-\frac{c}{5}\right\}$
208. $\left\{\frac{3}{2}c\right\}$
209. $\left\{\frac{4}{3}k\right\}$
210. $\left\{-\frac{3}{4}f\right\}$
211. $\left\{\frac{1}{8}k\right\}$
212. $\{w\}$
213. $\left\{-\frac{4}{3}y\right\}$
214. $\left\{-\frac{20}{13}p\right\}$
215. $\left\{\frac{a-1}{2}\right\}$
216. $\left\{\frac{2+a}{3}\right\}$
217. $\left\{\frac{2b-4}{5}\right\}$

218. $\left\{\dfrac{13-5k}{9}\right\}$
219. $\{-27z+15\}$
220. $\left\{\dfrac{6n+10}{35}\right\}$
221. $\{3x-2\}$
222. $\left\{\dfrac{5x+4}{2}\right\}$
223. $\{x\}$
224. $\left\{\dfrac{13-9x}{5}\right\}$
225. **a.** 720 cm^3; **b.** 9,6 cm
226. **a.** 18 cm^2; **b.** 5 cm; **c.** 6 cm
227. **a.** Circa 2199 cm^3; **c.** Circa 0,22 cm
228. **a.** 72 cm^2; **c.** 0,5 cm
229. **INVALSI** $\dfrac{2}{5}$
230. $S = x + 2mx - n$; $x = 3$
231. 13; 52; 44
232. **a.** $n - C = 2(p - C)$; **b.** 18 €
233. **a.** $2x + 14 = 4x - 8$; **b.** 11.
234. $\dfrac{5}{6}$
235. **a.** $8x$ anni; **b.** $(x-2)$ anni; **c.** 4 anni; **d.** 37 anni
236. $p = 52$ cm; $m = 13$ cm
237. 17,5 cm; 43,5 cm
238. $b = 12$ cm; $h = 20$ cm; $A = 240$ cm^2
239. $b = 40$ cm; $h = 55$ cm; $A = 2200$ cm^2
240. $b = 11$ cm; $l = 6$ cm
241. $b = 10$ cm; $l = 13$ cm
242. 52 cm
243. Impossibile
244. **a.** $4x = 40$; **b.** 10 cm; 30 cm
245. 9 cm; 21 cm
246. 40 m; 35 m
247. 40 cm; 16 cm; 32 cm
248. 18°; 54°; 18°
249. 12 cm; 8 cm; 20 cm; 6 cm
250. 20 m; 30 m; 17 m
251. 25 m; 13 m; 13 m; 25 m
252. 175 cm; 170 cm
253. 15; 20
254. Impossibile
257. 36; 6
258. 42; 9
259. 7
260. sì
261. no
262. sì
263. sì
264. sì
265. sì
266. 20 e 16
267. **a.** 11; 22; 16; **b.** 6,40 €
268. **a.** $T = 2800 + 30n$; **b.** 40 computer
269. **a.** $T = 2100 + 880\,n$; **b.** 5
270. **a.** 159,60 €; **b.** 840; **c.** $A = 80 + \dfrac{16n}{100}$; **d.** 250
271. 8 adulti e 10 bambini
272. Pilates 13; yoga 52
273. 36 €
274. 29; 24; 12; 159
275. 1 ora e 12 minuti
276. 7°
277. 6°
278. $x = 30°$; $y = 69°$
279. 30°
280. 41°
281. 30°
282. $x = 140°$; $y = 11°$
283. 20°
284. 25°
285. 8°
286. $AB = 8$ cm; $CD = 16$ cm

Maths highlights pag. 210

1. **a.** membro a sinistra (primo membro);
   b. membro a destra (secondo membro);
   c. soddisfare
2. **a.** 8700 kg; **b.** 17; **c.** 19; 15; 13; **d.** 18; **e.** 14; **f.** 28

Sei pronto per la verifica? pag. 212

1. **a.** $\varnothing$; **b.** $\varnothing$; **c.** Identità; **d.** $\{-31\}$
2. $\dfrac{3900}{61}$
3. **a.** -2; **b.** $-\dfrac{35}{2}$; **c.** -1
4. no
5. $-\dfrac{2}{3}$

SOLUZIONI DEGLI ESERCIZI

Capitolo 5 Il piano cartesiano e le funzioni

Pag. 213

1. Le coordinate cartesiane

PROVA TU pag. 218

1. L'ordine è importante

ESERCIZI pag. 233

9. Rettangolo
10. Rombo
11. Triangolo isoscele
12. Quadrilatero
13. Trapezio isoscele
14. Rettangolo
15. Quadrato
16. Trapezio rettangolo
17. Deltoide
18. Triangolo isoscele
19. Parallelogramma
20. Rombo
21. Trapezio
22. Segmento
23. 24 u^2

2. Le relazioni e le funzioni

PROVA TU pag. 222

1. **b.** no; **c.** sì; **d.** sì; **e.** no; **f.** sì; **g.** no
2. **a.** sì; **b.** no; **c.** no; **d.** sì
3. **a.** 0; $\frac{20}{3}$; 14; 4; **b.** 0; **c.** sì: 7
4. **a.** $f(x) = 2x - 3$; **b.** $f(n) = 2n^2$; **c.** $f(z) = -z$; **d.** $f(t) = t^3 - t^2$

ESERCIZI pag. 234

25. **a.** sì; **b.** no; **c.** sì
26. **a.** sì; **b.** no; **c.** sì
27. **a.** no; **b.** sì; **c.** no
28. **a.** no; **b.** sì; **c.** no
29. **a.** no; **b.** sì
30. 17; −3
31. −3; 10
32. **a.** −1; $-\frac{1}{3}$; 5; $\frac{4}{5}$; **b.** −1; 7; $\frac{9}{8}$; **c.** sì; **d.** Solo zero
33. **a.** 1; 3; $-\frac{1}{5}$; $-\frac{5}{4}$; **b.** 1; $-\frac{1}{7}$; $-\frac{8}{9}$; **c.** no; lo zero; **d.** ± 1
34. **b.** 2; −2; 7; $-\frac{7}{4}$; **c.** 0; **d.** ± 2
35. **b.** −13
36. **a.** 17; **b.** −8
37. **b.** 7
38. **a.** 2; **b.** 4
39. **a.** $-\frac{5}{3}$; $\frac{4}{3}$; **b.** 1; $-\frac{3}{4}$
40. **a.** 9; **b.** 4,5
41. **a.** $\frac{7}{4}$; **b.** $\frac{27}{5}$
45. no
46. no

3. Le funzioni e i loro grafici

PROVA TU pag. 226

1. **a.** no; **b.** sì; **c.** sì; **d.** sì; **e.** no; **f.** no; **g.** no; **h.** sì; **i.** no
3. **a.** 4000

ESERCIZI pag. 237

47. **a.** $x + 3$; **b.** 7; −4; **c.** 6; −3; **f.** sì; **g.** Uno; **h.** sì
49. **a.** no; **b.** no; **c.** sì; **d.** sì; **e.** no; **f.** sì; **g.** sì; **h.** no; **i.** sì
50. **a.** no; **b.** sì; **c.** no; **d.** sì; **e.** no; **f.** no
70. −1
71. −3; 2
72. 3; 1
73. **b.** (−4; 9); **c.** (0; 3); **d.** (7; 10); **e.** (1; −2); **f.** (4; 1), (−4; 1)
74. **a.** sì; **b.** no
78. **a.** *f* blu, *g* rosso; **b.** 0; −1; 2; −2
80. **a.** 3

4. Funzioni iniettive e suriettive

PROVA TU pag. 230

2. **a.** sì; **b.** sì; **c.** no; **d.** no; **e.** sì
7. sì
8. no

ESERCIZI pag. 244

81. b; f; h

82. h
83. **b.** no; **c.** sì
84. **a.** no; **b.** no; **c.** sì
85. **a.** sì; **b.** sì; **c.** Chiara e Sara; **d.** Giulio e Chiara; **e.** no; **f.** sì
86. **b.** sì; **c.** Nessuna delle due; **d.** Circa 0,25 € a parola; circa 0,10 € a parola; **e.** Due separati
88. **a.** 0 e 1; **b.** no
90. sì
91. **a.** 560 US$; **b.** 500 S$
92. **a.** 270 €; 240 tazze; **b.** 20 €; **c.** Il costo fisso di preparazione della produzione
93. **a.** 8600 €; **b.** 6200 €; 4 anni
94. **a.** 1520 €; **b.** Più di 4200; **c.** Perché i costi fissi vengono suddivisi tra tutte le copie

Esercizi di riepilogo pag. 247

95. Triangolo isoscele
96. Triangolo rettangolo
97. Quadrilatero
98. Trapezio
99. Deltoide
100. Quadrato
101. Parallelogramma
102. Rombo
103. Segmento
104. 12 u^2
105. (−5; 1); (7; 1)
107. no
108. sì
109. sì
110. sì
111. no
112. sì
114. INVALSI **a.** 100; **b.** $4n - 2(25 - n) = 6n - 50$; **c.** 19
118. **b.** sì; **c.** no; **e.** no
119. **b.** Sì, ma non è iniettiva; **c.** no
120. **a.** f rosso, g blu; **b.** 5; 1; 2; 4; 0
121. h rosso; k blu; **b.** F; V; F; V; V
122. **a.** Il grafico di f è blu
123. INVALSI **a.** 36; **b.** 26; **c.** $U + 32$

Maths highlights pag. 252

1. a-3; b-2; c-1; d-4
2. **a.** 5; **b.** −1; **c.** yes; **d.** not

Sei pronto per la verifica? pag. 254

2. a; c
3. **c.** 17,5; 8; **d.** no
4. **a.** −5; 1; 3; 2; **b.** $\frac{3}{2}$

Capitolo 6 Le funzioni lineari Pag. 255

1. La pendenza di una retta

PROVA TU pag. 260

1. **a.** 3; **b.** $-\frac{1}{2}$; **c.** $\frac{3}{2}$; **d.** −6
2. **a.** 45°
3. **b.** Circa 63°

ESERCIZI pag. 278

1. $m_1 = 0$; m_2 non definita
2. 2
3. −3
4. 3
5. $-\frac{1}{2}$
6. 0
7. Non definita
8. $m_1 = -\frac{1}{5}$; $m_2 = -\frac{3}{4}$; $m_3 = -3$
9. $m = 1$, (0; 0)
10. $m = -2$, (4; 0), (0; 8)
11. $m = -3$, (−1; 0), (0; −3)
12. $m = -\frac{3}{2}$, (2; 0), (0; 3)
13. $m = \frac{3}{2}$, (−2; 0), (0; 3)
14. $m = -\frac{4}{3}$, (3; 0), (0; 4)

15. $m = \frac{4}{5}, (-5;0), (0;4)$

16. INVALSI $m = \frac{(7-3)}{8-0} = \frac{4}{8} = \frac{1}{2}$

19. Sono perpendicolari

20. $m_1 = -1; m_2 = 0; m_3 = 1; m_4 = -\frac{5}{2};$ m_5 non definita

21. **a.** $\frac{3}{4}$; **b.** $\frac{1}{4}$; **c.** $-\frac{1}{2}$; **d.** -1; **e.** 0; **f.** Non definita

22. $\frac{1}{2}$

23. $m_1 = 0; m_2 = -1; m_3$ non definita; $m_4 = 1$

24. $m = \frac{1}{3}$

25. La pendenza dell'ipotenusa del triangolo rosso è diversa da quella del triangolo verde: i punti A, D e B e i punti A', D' e B' non sono allineati

2. Le funzioni lineari

PROVA TU pag. 264

5. **a.** $y = x$; **b.** $y = x - 1$; **c.** $y = -2x + 8$; **d.** $y = -3x - 3$

6. **a.** A sì, B no

7. **b.** $k = \frac{3}{2}$

9. Le rette di ogni gruppo sono parallele tra loro

ESERCIZI pag. 283

26. **a.** no; **b.** sì; **c.** sì

27. **a.** no; **b.** no; **c.** sì

28. **a.** $\frac{5}{2}$; **b.** $\frac{8}{5}$; **c.** $-\frac{9}{10}$

29. **a.** 4; **b.** -8; **c.** 100

30. **a.** sì; **b.** no; **c.** sì; **d.** no; **e.** sì

31. INVALSI **a.** [b]; **b.** 1; **c.** $-\frac{1}{3}$; **d.** $x > -\frac{1}{3}$

32. INVALSI [a]

33. INVALSI a-4; b-3; c-1

40. $y = 5x + 7$

41. $y = x$

42. $y = -7x - 4$

43. $y = x - 1$

44. $y = -2x + 8$

45. $y = -3x - 3$

46. $y = \frac{3}{2}x + 3$

47. $y = -\frac{3}{2}x + 3$

48. $y = -\frac{4}{3}x + 4$

49. $y = \frac{4}{5}x + 4$

50. $(1; 1), (-1; 1), (-1; -1), (1; -1); y = -1, y = 1$

52. **a.** 105 €; 90 €; 70 €; **b.** $f(x) = 120 - 5x$

53. INVALSI **b.** [a]; **c.** [d]

54. **a.** 2 €; **b.** 1,20 €

55. **a.** $D = 9 \cdot B$; **b.** 27 km; 46,8 km; **c.** 6,08 €

56. **b.** 15; **c.** 25 €

57. sì

58. no

59. no

60. no

61. sì

62. sì

63. **a.** 6° anno; 7° anno; **b.** Azienda A

3. La funzione di proporzionalità diretta

PROVA TU pag. 268

1. sì

2. no

3. sì

4. 58,5 €

5. **a.** 44 €; **b.** 150 minuti; **c.** $C = 0{,}2n + 20$; **d.** no

6. **a.** $E = 7N$; **b.** 560 €

7. sì

8. sì

ESERCIZI pag. 290

64. $y = mx + q$ non passa per il punto (0; 0) e non può essere $y = kx$

65. No, anche $y = x + 1$ cresce al variare di x, ma $\frac{y}{x}$ non è costante

66. **a.** Circa 41,7 kg; **b.** 72

67. **a.** 1,25 m; **b.** 32

68. **a.** $x = 1{,}5y$; **b.** 9; **c.** 8

69. **a.** $Q = 7P$; **b.** 35; **c.** 6

70. **a.** 60 €; **b.** $\frac{c}{b}a$

71. INVALSI $m = 4$

72. 3,6 kg

73. 4,5

74. **a.** $y = 3x$; **b.** 24; **c.** 7

75. **a.** $y = 2{,}5x$; **b.** 25; **c.** 24

76. **a.** $y = 1{,}2x$; **b.** 12; **c.** 15

77. **a.** $y = 5x$; **b.** 50; **c.** 5

78. **a.** $y = \frac{4}{5}x$; **b.** 1; **c.** 18

79. **a.** $y = 1{,}5x$; **b.** 13,5; **c.** 12

80. **a.** $p = \frac{5}{3}q$; **b.** 5; **c.** $\frac{36}{5}$

81. **a.** $q = \frac{9}{5}p$; **b.** 36; **c.** 5

82. Il rapporto $\frac{y}{x}$ è costante in ogni insieme

83. **a.** sì; **b.** no; **c.** no; **d.** sì

84. 81 €

85. 1078 kg

86. **b.** $s = 78t$; **c.** $s = 416$ km; $t = 3{,}5$ h

87. **a.** $y = 1{,}8x$; **b.** 18; **c.** 10

88. **a.** $a = 0{,}04m$; **b.** $a = 5$ cm; **c.** $m = 175$ g

89. $a = 32$; $b = 9$; $c = \frac{24}{5}$; $d = \frac{50}{3}$; $e = 1$; $f = 25{,}2$; $g = \frac{3}{16}$; $h = \frac{4}{9}$

90. **a.** no; **b.** sì

91. $B = 4$

92. no

93. sì

95. INVALSI [b]

96. INVALSI **a.** 15 mm/h; **b.** 8 m

97. INVALSI [b]

98. **a.** $y = 4x$

99. **a.** $z = 8y$

100. **a.** $F = 9{,}8m$; **b.** 137,2 N; **c.** 22 kg

101. **a.** $P = 2{,}5T$; **b.** 60 Pa; **c.** 4,8 K

102. **a.** $V = \frac{3}{2}R$; **b.** 22,5 V; **c.** 10 Ω

103. **a.** $C = \frac{5}{3}d$; **b.** 75 €; **c.** 72 km

104. Sì, perché il rapporto è costante $\frac{y}{x} = -10$

105. No, perché per esempio $\frac{150}{2} \neq \frac{400}{8}$

4. Le funzioni lineari a tratti

PROVA TU pag. 272

2. **c.** 15 km/h; **d.** Circa 14,3 km/h

3. **a.** alle 10:00; **b.** 50%

4. **b.** $\frac{2}{3}$ m/s, 0 m/s, 3 m/s, 0 m/s, −4 m/s; **c.** 5,20 s e 7,45 s; **d.** $\frac{5}{6}$ m/s

ESERCIZI pag. 296

106. **a.** 40 km; **b.** 1 ora, mezz'ora; **c.** $m_{OA} = 20$ è la velocità in km/h, $m_{BC} = -\frac{40}{3}$ è la velocità in km/h ed è negativa perché Ethan torna indietro, $m_{DE} = -20$ è la velocita in km/h ed è negativa perché Ethan torna indietro

107. **a.** 20 minuti ciascuno; **b.** 9 km; **c.** $m_{OA} = \frac{9}{10}$ è la velocità in km/min, $m_{AB} = 0$ è la velocità in km/min e il tecnico sta fermo, $m_{BC} = -\frac{4}{5}$ è la velocità in km/min ed è negativa perché il tecnico torna indietro, $m_{CD} = 0$ è la velocità in km/min e il tecnico sta fermo

108. **a.** 6 km; **b.** 1 km/min; −0,4 km/min

109. **a.** 40 km/h; − 10 km/h

110. INVALSI **a.** V; **b.** V; **c.** F; **d.** F; **e.** è stata ferma

111. $y = \begin{cases} x+3 & \text{se } -3 \le x < 0 \\ -x+3 & \text{se } 0 \le x < 3 \\ x-3 & \text{se } 3 \le x \le 6 \end{cases}$

112. $y = \begin{cases} 2 & \text{se } x < 0 \\ -3x+2 & \text{se } 0 \le x < 1 \\ -1 & \text{se } x \ge 1 \end{cases}$

113. $y = \begin{cases} 2 & \text{se } 0 \le x < 3 \\ 4 & \text{se } 3 \le x < 6 \\ 1 & \text{se } 6 \le x < 9 \end{cases}$

5. Modelli lineari approssimati

PROVA TU pag. 276

1. **b.** $3{,}3 \le m \le 3{,}7$; $4{,}5 \le q \le 5{,}5$; **c.** Compresa tra 78 e 86

2. **b.** Compresa tra 28% e 29%

3. **b.** Indicando con $x = 0$ l'anno 1971; $0{,}065 \le m \le 0{,}075$; $1{,}1 \le q \le 1{,}2$; compreso tra 3,4 e 3,7; **c.** Compreso tra 4,3 e 4,9; **d.** Intorno al 1985

ESERCIZI pag. 299

117. **b.** Indicando con $x = 0$ l'anno 1980, $0{,}10 \le m \le 0{,}14$, $7{,}0 \le q \le 8{,}5$, la pendenza rappresenta quanto velocemente diminuisce l'estensione del ghiaccio; **c.** Compreso tra 2,2 e 3,0 Mkm^2; **d.** No, perché a un certo punto i valori diventano negativi e perdono significato fisico

Esercizi di riepilogo pag. 301

118. $m_1 = 0$; $m_2 = 1$; $m_3 = -2$; $m_4 =$ non definita

119. $m_1 = 0$; $m_2 = 0$; $m_3 = \frac{7}{4}$; $m_4 = -\frac{7}{4}$; m_5 non definita

120. -1

121. $\frac{2}{7}$

122. $\frac{1}{2}$

123. $\frac{3}{4}$

124. $\frac{3}{4}$

125. $\frac{1}{4}$

126. $-\frac{1}{4}$

127. $-\frac{3}{4}$

128. $-\frac{4}{3}$

129. $-\frac{2}{3}$

130. $m_1 = 3$; $m_2 = 1$; $m_3 = \frac{1}{2}$

131. **b.** m_{WX} non definita; $m_{XY} = \frac{1}{5}$; m_{YZ} non definita; $m_{WZ} = \frac{1}{5}$; **c.** Parallelogramma

132. **b.** $m_{PQ} = \frac{3}{2}$; $m_{QR} = \frac{1}{3}$; $m_{RS} = -2$; $m_{PS} = -\frac{1}{4}$; **c.** (0; 2)

133. **a.** 94 €; 85 €; 70 €; **b.** $f(x) = 100 - 3x$

134. **a.** 4,5 €; 6 €; 8 €; **b.** $f(x) = 3 + 0{,}5x$

136. **a.** no; **b.** sì; **c.** sì; **d.** sì; **e.** no

139. Tutte le funzioni passano per $(0; -2)$

140. Triangolo; area = 7

141. Le rette sono tutte parallele

142. $m_1 = 1$; $q_1 = 2$; $m_2 = \frac{5}{2}$; $q_2 = -4$; $m_3 = -1$; $q_3 = 4$

143. **b.** sì; no; **c.** $(-2; 0)$; **d.** $\frac{1}{2}$

144. **a.** -1; **b.** $-\frac{1}{3}$; **c.** $-\frac{3}{2}$; **d.** $\frac{2}{5}$; **e.** $\frac{2}{3}$; **f.** $\frac{3}{4}$

145. **a.** $-\frac{1}{2}$; -3; **b.** $\frac{1}{2}$; $\frac{5}{2}$; **c.** -7; $-\frac{6}{5}$; **d.** -1; $\frac{2}{5}$

146. **INVALSI** [c]

147. **INVALSI** **a.** [c]; **b.** 8400; **c.** [c]

148. **c.** 72,5 €; **d.** 3 ore e 40 minuti

149. **b.** 25 €; **c.** no

150. **a.** $y = \frac{x}{10} + 15$; **b.** 40 €; **c.** 200

151. **b.** 50 €; **c.** Costi d'impianto; **d.** 125 €; **e.** 205

152. **b.** A: $c_A = \begin{cases} 0 & \text{se } 0 \leq t < 10 \\ \frac{2}{25}t - \frac{4}{5} & \text{se } t \geq 10 \end{cases}$

B: $c_B = \begin{cases} 0 & \text{se } 0 \leq t < 20 \\ \frac{1}{8}t - \frac{5}{2} & \text{se } t \geq 20 \end{cases}$

153. **INVALSI** **a.** [a]; **b.** [a]

154. **INVALSI** **a.** [b]; **c.** B; **d.** 100 + 15*g*; 30*g*; **e.** 20

155. $m = 3$; $n = -2$

156. 17,5

158. 30 €

159. **b.** $s = 12t$; **c.** $s = 192$ m; $t = 30$ s

160. **a.** $y = 3x$

161. **a.** $y = \frac{1}{4}x$

162. **a.** $p = \frac{2}{3}q$; **b.** 63; **c.** $\frac{14}{3}$

163. **a.** $m = 105n$; **b.** 2730 g; **c.** 24

164. **a.** 11:00; **b.** 45 min; **c.** 40 km; **d.** $m_{OA} = \frac{160}{3}$, $m_{AB} = 0$, $m_{BC} = 40$, la pendenza è la velocità in km/h

165. **a.** 80%; **b.** La pendenza; **c.** 70%

166. **a.** 45 min; **b.** No: 1 km/min prima e $1{,}\overline{3}$ km/min dopo

167. **INVALSI** [a]

168. **a.** 1368 €; **b.** 135; **c.** $D = 600 + 8n$; **d.** no

169. 95 t

170. **b.** Indicando con $x = 0$ il mese di giugno 2012, $-27 \leq m \leq -22$, $4250 \leq q \leq 4300$; **c.** Compreso tra 3600 €/m² e 3700 €/m²; **d.** I dati sono approssimabili con una funzione lineare

171. **c.** Un esempio di soluzione è $y = -1{,}15x + 1200$; **d.** no; **e.** 107,5 nodi; **f.** Linearità; **g.** Circa 10 punti

Maths highlights pag. 314

1. **a.** gradiente o pendenza; **b.** pendenza; **c.** retta o diritto; **d.** rapporto

2. **a.** 20 km; **b.** 20 km/h; 0 km/h; 15 km/h

Sei pronto per la verifica? pag. 316

1. **b.** $n = 15\,h$

2. **b.** 0,5 pizze/minuto; **c.** $p = 0{,}5(t - 30)$; **d.** 75

3. **a.** $m = -\frac{2}{5}$; $q = \frac{4}{3}$; **b.** 5

Capitolo 7 Le funzioni di proporzionalità quadratica e inversa Pag. 317

1. Il valore assoluto

PROVA TU pag. 322

5. $-1; +1$
6. $-3; +3$
7. $y=|x-4|$
8. $y=3+|x|$

ESERCIZI pag. 332

3. Per $x \geq -2$
4. Per $x \geq 3$
5. $y=2+|x-5|$
6. $y=|2x+3|$
7. **a.** $F=\frac{6}{25}m$; **b.** 72 N; **c.** 425 kg

2. La funzione di proporzionalità quadratica

PROVA TU pag. 326

3. sì; $y=2{,}5x^2$
4. no
5. **a.** $y=5x^2$; **b.** 45; **c.** $\pm 0{,}5$
6. **a.** $y=\frac{1}{60}x^2$; **b.** 0,15; **c.** ± 30
7. **b.** 49 m; **c.** Circa 1,9 s

ESERCIZI pag. 333

9. $a=48$; $b=5$
10. 84
11. **a.** $y=2x^2$; **b.** 50; **c.** ± 4
12. **a.** $w=\frac{1}{2}z^2$; **b.** ± 6; **c.** 12,5
13. **a.** $y=4x^2$; **b.** 36; **c.** ± 5
14. **a.** $T=0{,}16L^2$; **b.** 5 cm; **c.** 36 ore
15. $4a$
16. Diventa 4 volte tanto

3. La funzione di proporzionalità inversa

PROVA TU pag. 330

3. no
4. sì; $y=\frac{500}{x}$
5. **a.** $y=\frac{6}{x}$; **b.** 2; **c.** 0,4
6. **a.** $y=-\frac{20}{x}$; **b.** 2,5; **c.** $-1{,}\overline{3}$
7. sì

ESERCIZI pag. 334

17. **a.** $xy=36$ per tutte le coppie; **b.** $xy=12$ per tutte le coppie; **c.** $xy=20$ per tutte le coppie; **d.** $xy=2{,}5$ per tutte le coppie
18. **a.** No, perché xy non è costante; **b.** sì, $xy=120$ per tutte le coppie; **c.** sì, $xy=4{,}5$ per tutte le coppie; **d.** no, perché xy non è costante
19. $a=4$; $b=16$; $c=15$; $d=12$; $e=1{,}8$; $f=0{,}25$; $g=\frac{4}{3}$; $h=\frac{2}{5}$
21. no; sì
22. -6
23. **a.** $y=\frac{0{,}5}{x}$; **b.** 0,025; **c.** 2,5
24. **a.** $y=\frac{12}{x}$; **b.** 1,5; **c.** 0,25
25. **a.** $y=-\frac{10}{x}$; **b.** $-1{,}25$; **c.** 1
26. **a.** $y=\frac{200}{x}$; **b.** 8; **c.** 0,5
27. **a.** $Q=-\frac{0{,}5}{P}$; **b.** 0,1; **c.** $-2{,}5$
28. 5 ore
29. **a.** no; **b.** sì; **c.** sì; **d.** no; **e.** sì
30. 16 giorni

Esercizi di riepilogo pag. 337

31. **a.** Quadratica; **b.** $y=x^2$
32. **INVALSI** [a]
33. **INVALSI** **a.** F; **b.** V; **c.** F
34. $k=12$
35. $k=\frac{5}{6}$
36. $k=36$
37. **a.** $y=\frac{x}{5}$; **b.** 3; **c.** 40
38. **a.** $y=-\frac{1000}{x}$; **b.** -200; **c.** $-12{,}5$
39. **a.** $s=\frac{1}{2}t^2$; **b.** $\frac{9}{2}$; **c.** ± 8
40. 0,5
41. 5
42. **a.** $y=\frac{8}{x}$; **b.** $\frac{8}{9}$; **c.** 24
43. $y=6$
44. **a.** $y=2x^2$; **b.** 450; **c.** ± 4

45. **a.** $y = \frac{40}{x}$; **b.** 100; **c.** $\frac{40}{3}$
46. **a.** 20; **b.** $\frac{20}{3}$
47. **a.** $p = \frac{1}{8q}$; **b.** $p = \frac{5}{8}$; **c.** $q = \frac{5}{4}$
48. **a.** $p = \frac{63}{q}$; **b.** $q = 4{,}5$; **c.** $p = 18$
49. **a.** $y = 2{,}5$; **b.** $x = 10$
50. **a.** $9y$; **b.** $\frac{y}{100}$
51. **a.** $y = \frac{12}{x}$
52. −33,3%
53. 42,9%
54. **b.** $y = 3{,}5x$
55. **b.** $y = \frac{400}{x}$
56. **b.** $y = 8x^2$
57. 31,50 €
58. **a.** 6000 kHz; **b.** 375 m
59. **a.** 625 000 Hz; **b.** 312,5 m
60. 52 cm; 81 cm^2
61. $s = 0{,}4t^2$
62. **a.** $t = \frac{36}{n}$; **b.** 2 ore
63. 24 minuti
64. 20 giorni
65. **a.** $tv = 20$ per tutte le coppie; **b.** $v = \frac{20}{t}$; **c.** $t = 0{,}4$ ore
66. **a.** $nt = 60$ per ogni coppia di valori; **b.** $t = \frac{60}{n}$; **c.** 15 minuti
67. **a.** $P = \frac{10\,000}{V}$; **b.** 100; **c.** 400
68. 10 minuti
69. 40 minuti
70. 10,5 ore
71. **a.** 840; **b.** 40 giorni
72. 2 giorni
73. **a.** $w = 6t$; **b.** 15 g
74. **a.** 245 m; **b.** 2 s
75. **a.** 18 m/s; **b.** 30,25 m
76. 4
77. INVALSI **b.** [a]

Maths highlights pag. 344

1. **a.** raddoppiare; **b.** triplicare; **c.** dimezzare; **d.** rapporto
2. 105 cents
4. **a.** $y = \frac{12}{x}$; **b.** 2; **c.** 0,5

Sei pronto per la verifica? pag. 346

1. **b.** Parabola; **c.** $y = 0{,}5x^2$; **d.** Circa ±12,65; **e.** 50
2. 11
3. **c.** 1; $-\frac{9}{5}$

Capitolo 8 La statistica Pag. 347

1. I pittogrammi e i grafici a barre

PROVA TU pag. 352

1. **b.** $\frac{2}{9}$; **c.** Circa 12%
3. **b.** 384; 594; **c.** Circa il 40%; **d.** Circa il 17%; **e.** no; **f.** Dicembre

ESERCIZI pag. 366

1. **b.** Circa 27%
2. **b.** Lunedì; **c.** 0%; 14%; 5%; 14%; 10%; 19%
3. INVALSI **a.** 27; **b.** 5
4. **a.** 2012, 260 000; **b.** 960 000; **c.** 180 000 000 €; **d.** Circa 18%
5. **a.** 130; 100; 0; **b.** Martedì; **c.** Mercoledì; **d.** 75%; **e.** 480 auto
7. INVALSI [c]
8. **a.** 5 500 000 €; 7 000 000 €; **b.** 2009; **c.** 2 500 000 €
9. **a.** Lunedì; **b.** 36
10. **b.** Francese; **c.** 305
11. **a.** Junior; **b.** 70
12. **a.** 930; **b.** Non necessariamente: la categoria «altro» può racchiudere diversi generi, uno dei quali potrebbe essere ancora meno popolare
13. 807 €
15. **a.** 72; **b.** Circa 11%

2. I grafici a torta

PROVA TU pag. 356

2. **a.** 105 000 km^2; 125 000 km^2; 70 000 km^2; **b.** 35%; 42%; 23%

3. **a.** Blu; **c.** no

4. no

ESERCIZI pag. 370

18. INVALSI 6

19. **a.** Autobus circa 14%; taxi circa 24%; veicoli privati circa 62%; **b.** Totale 270 veicoli

20. **a.** 20°; **b.** 225; 540; **c.** Circa 32%

21. INVALSI [d]

22. INVALSI **a.** [c]; **b.** [c]

23. INVALSI [b]

24. **a.** $\frac{1}{4}$; **b.** 75°; **c.** 10

25. Badminton 84°; pallacanestro 78°; ginnastica 63°; squash 42°; nuoto 93°

26. **a.** Circa 29%; **b.** 30°; **c.** 231

27. **a.** 45°; **b.** 5

28. **b.** Cristina: cibo 112,5°, trasporti 45°, affitto 135°, altro 67,5°; Francesco: trasporto 90°

29. **a.** 180; **b.** Pollo fritto 72°, patate fritte 90°, crêpes 36°, gelato 108°, hot dog 54°

3. Gli indici centrali: moda, media e mediana

PROVA TU pag. 360

1. 3 libri; è la situazione più frequente

2. Circa 33,2 kg

3. 38,1

4. 33

5. **a.** A: 14; D: 12, 14, 15; **b.** A: 14; D: 15; la metà delle volte ottiene un risultato migliore o uguale, la metà delle volte peggiore o uguale

6. 70,5; 69,5

10. **a.** 77; **b.** 9

11. 168 cm

ESERCIZI pag. 374

30. 11; 12,6; 12

31. 20; 21,3; 20

32. 12,6; 13,9; 13,9

33. 8,1; circa 9,4; 9,4

34. 28; circa 27,1; 27

35. 6,78; circa 6,776; 6,78

36. Circa 13,1

37. 18,5

38. 14,75

39. $19,8\overline{3}$

40. 5

41. 29,5

42. 2,8

43. 12,75

44. 3

45. 7,7 e 9,3

46. 8,9

55. 5; 2

56. **a.** 30; **b.** 60; **c.** 2; **d.** 1

57. Circa 1,71; 0; 1

58. **a.** 4,0; 5,0; **b.** 17,5%; **c.** 65%

59. 1665 €

60. 28 cm

61. INVALSI −7

62. Moda: rosso; media e mediana: non si possono determinare

63. Moda: 78 e 79; mediana: 78; media: circa 78,3

64. Moda: 30; media: circa 27,1; mediana: 30

65. INVALSI **a.** [d]; **b.** 1,5

66. INVALSI [d]

67. 1,61 m

68. 8 €

69. 56

70. **a.** 102; **b.** 14

71. 171 cm

72. **a.** 50 impiegati; **b.** 68 000 €; **c.** 1360 €

73. **a.** 200 visitatori; **b.** 19 600 €; **c.** 98 €

74. 35,86 €

75. 8 cm

76. 54 kg

77. **a.** 96; **b.** 13

78. 157 cm

79. 7

80. **a.** 10; **b.** 6 e 10

81. **a.** 60 cm e 110 cm; **b.** 60 cm

82. 28

4. Come usare moda, media e mediana

PROVA TU pag. 364

1. **a.** 27 °C; 26,5 °C; 25,5 °C; **b.** 22 °C e 27 °C; 26 °C; 25 °C; **c.** Media
2. **a.** Non esiste; **b.** Non esiste; **c.** Rosso; **d.** Moda
3. **b.** 2,05; **c.** Moda, cioè 2; **d.** 205
4. **a.** 5; $4,\overline{6}$; **b.** 3; 4; **c.** 2; 6; **d.** Federica; dalla mediana; **e.** Moda

ESERCIZI pag. 379

83. **a.** 41; 45; 40; **b.** Mediana; moda; media
84. **a.** 500; **b.** 41%; **c.** 2,05; 2; 1; **d.** Moda; Media; Mediana
85. **b.** 1,6; 1; 1
86. **a.** 3 milioni €; 2,3 milioni €; 2 milioni €

Esercizi di riepilogo pag. 380

87. INVALSI [c]
88. Grafico a barre o pittogramma
90. **a.** Grafico cartesiano; **b.** Sesto; **c.** Ottavo
91. INVALSI 1. autoproduzione; 2. mercato libero; 3. mercato vincolato
92. INVALSI **a.** Non si può ricavare; **b.** Vero; **c.** Falso; **d.** Falso; **e.** Non si può ricavare; **f.** Falso
93. INVALSI [c]
94. **b.** 2006, 2010, 2011; **c.** 2007, 2008, 2009, 2012, 2013, 2014; **d.** 2013; **e.** 2009
95. INVALSI **a.** F; **b.** V; **c.**V
96. **a.** 41; 2; Circa 2,44; Circa 24%
97. INVALSI [d]
98. **a.** Febbraio, giugno, agosto; **b.** Novembre, 54 kg; **c.** Tra 46 kg e 54 kg; **d.** Maggio, novembre; **e.** Maggio; **f.** Novembre; **g.** Grafico cartesiano
99. **a.** 640 000 €; 1 100 000 €; 1 400 000 €; **b.** 2008; **c.** 2010; 500 000 €; **d.** 100 000 €; circa 8%; **e.** 5000 €; circa 3%; **f.** 6 240 000 €
100. **a.** $\frac{17}{23}$; **b.** $\frac{30}{17}$; **c.** 23 milioni di euro; 30 milioni di euro
101. **a.** 171°; **b.** $\frac{8}{19}$; **c.** Circa 29%
102. **a.** Lunedì della 1ª settimana, 24 °C; **b.** Venerdì della 1ª settimana, 31 °C; **c.** Lunedì, martedì e mercoledì 1ª settimana; venerdì 2ª settimana; **d.** 60%
103. **a.** 2013; **b.** 2015; **c.** 2015; **d.** Circa 67%
104. No
105. **a.** Auto 70,8%; moto 20,8%; camion 8,3%; **b.** 45 moto
107. **b.** 2010
108. Matematica 45%; inglese 19%; scienze 22%, altro 14%
109. **b.** Moda: 2; mediana: 2; media: circa 1,8
110. **a.** 120; **b.** 375; **c.** Circa 46%; **e.** 4; **f.** 3,125
111. **a.** 2012; **c.** Circa 56%
112. **b.** 39 °C; 38,5 °C
115. **a.** 2; **b.** 175%; **c.** no
116. **a.** 102; **b.** 17%; **c.** Circa 44%
118. **b.** Circa −63%
120. INVALSI **a.** 60%; **b.** 3
121. **a.** Cibo: 42%; albergo: 20%; **b.** 54°
122. **a.** 40%; **b.** 48 000 €
123. **a.** 4ª; **b.** 9ª; **c.** Circa −67%
124. INVALSI **a.** 3 (Gergati, Goldwire, Thompson); **b.** [d]
126. INVALSI **a.** 2; **b.** 3; 4; 2; diminuisce; 6; 5
127. 7
128. 120
129. Media; media di Alice: circa 1,81; media di Bob: circa 1,74; Alice
130. $\frac{p(m+n+7)-q(n+5)}{(m+2)}$
131. INVALSI **a.** [b]; **b.** 2323; **c.** 232,3
132. **a.** Maggio; **c.** Circa 29%
133. **a.** 2008; **c.** Circa −23%
134. Al General Hospital e al Public Hospital
135. **a.** 4,5 h; **b.** Mercoledì; **c.** Giovedì
137. Un grafico a barre
138. **a.** Mag; **b.** 60 mm; **c.** 140 mm
139. **b.** Circa 59,5%; **c.** I consumatori hanno acquistato le scatole per Natale
140. **a.** Tra luglio e agosto; **b.** 45 cappotti; **c.** Tra ottobre e novembre
141. **a.** Gennaio e giugno; **b.** Febbraio, marzo, aprile
142. No, l'altezza è raddoppiata
143. Sono state raddoppiate tutte le dimensioni, quindi nella figura tridimensionale appare una lattina che è otto volte l'altra

144. L'asse verticale non parte da zero, quindi il rapporto tra le colonne non corrisponde al rapporto tra i valori

Maths highlights pag. 398

1. **a.** media; **b.** mediana; **c.** moda; **d.** preferire rispetto a; **e.** affidabile; **f.** insieme di dati

2. **a.** 3; **b.** 0, 1 o 2; **c.** 9

3. **a.** 5; **b.** 1, 2, 3, 4, 5; **c.** 3; **d.** 2

Sei pronto per la verifica? pag. 400

1. **c.** 1 o 2; **d.** Circa 1,73

2. **a.** Minore o uguale a 14

3. **a.** 30; **b.** 27; **c.** 0,9 cioè 9 goal ogni 10 partite

Capitolo G1 La geometria del piano Pag. 401

1. Le figure geometriche

ESERCIZI pag. 432

2. Pentagono o pentagono stellato (stella a cinque punte)

2. Punti, rette e definizioni

PROVA TU pag. 410

1. Dal secondo assioma di ordinamento, il 5

4. È una definizione, perché dà un criterio per dire se una certa figura è un fantagono

5. Non è una definizione, perché non fornisce un criterio per dire se una certa figura è un cippogramma

7. *Una possibilità*: Considerato un raggio di luce da un oggetto a un osservatore, c'è sempre un punto che *non* interferisce con la visione

8. no

ESERCIZI pag. 433

7. 3

8. 6

9. 10; $\frac{n(n-1)}{2}$

10. Dal quinto assioma

3. Le semirette e i segmenti

PROVA TU pag. 416

5. $EF \cong 2{,}75\ CD$

6. $CD \cong \frac{4}{11} EF$

ESERCIZI pag. 434

15. **a.** F; **b.** F; **c.** V; **d.** F; **e.** V

20. sì

23. 5

24. Un segmento con estremi nella lampada e nell'oggetto

4. Gli angoli

PROVA TU pag. 422

3. no

4. sì

7. $e\widehat{P}f \cong \frac{3}{2} c\widehat{O}d$

8. $c\widehat{O}d \cong \frac{2}{3} e\widehat{P}f$

9. 40°

ESERCIZI pag. 436

30. **a.** Ottuso; **b.** Concavo; **c.** Acuto

31. **a.** Acuto; **b.** Concavo; **c.** Ottuso

32. **a.** Concavo; **b.** Acuto; **c.** Ottuso

33. **a.** Ottuso; **b.** Concavo; **c.** Acuto

34. **b.** Concavo; **c.** Acuto; **d.** Acuto; **e.** Ottuso; **f.** Concavo

35. **a.** 40°; **b.** 63°; **c.** 9°; **d.** 46,5°; **e.** 74,0°; **f.** 19,1°

36. **a.** 72°; **b.** 44°; **c.** 37°; **d.** 26°

37. **a.** 110°; **b.** 144°; **c.** 76°; **d.** 158,5°; **e.** 92,0°; **f.** 22,1°

38. **a.** 144°; **b.** 168°; **c.** 78°; **d.** 9°

39. 58°

40. 147°

41. 20°

42. 16°
43. 65°
44. 20°
45. 25°
46. 47°
47. 42°
48. $b = 18°$; $c = 126°$
49. 106°
50. 11,25°
51. 30°
52. 11°
53. **a.** 49°; **b.** 30°
54. **b.** 90°; **c.** 45°
55. **b < a = d < c**

5. Congetture e teoremi

PROVA TU pag. 426

1. Falso
2. Vero
3. Falso
4. Vero
5. «A noi piace camminare.»
6. Non possiamo trarre alcuna conclusione
7. «I maiali non si nutrono di acqua e luppolo.»
8. Non possiamo trarre alcuna conclusione
9. «Nessun canarino ben nutrito è malinconico.»
10. «Alcuni gatti non sanno fischiare.»
11. «Nessun ufficiale fa parte del mio pollame.»
12. Non possiamo trarre alcuna conclusione

ESERCIZI pag. 440

56. «Nessuna delle mie sorelle può cantare.»
57. «Nessuno dei miei cugini è un giudice.»
58. Non possiamo trarre alcuna conclusione
59. Falso
60. Falso
63. **a.** V; **b.** F; **c.** V; **d.** F; **e.** V

6. Rette parallele e incidenti

PROVA TU pag. 430

1. Impossibile: il testo non ha significato

ESERCIZI pag. 441

70. BC non è perpendicolare alle parallele
71. AB e BC non giacciono su rette parallele distinte: si incontrano in B
72. sì
73. no

Esercizi di riepilogo pag. 442

74. $A\widehat{O}B = 30°$; $B\widehat{O}C = 60°$; $C\widehat{O}D = 120°$; $D\widehat{O}A = 150°$
75. $a = 11°$; $b = 45°$
76. $f = 6°$; $g = 23°$
77. $a = 16°$; $b = 48°$
78. $c = 23°$; $d = 69°$; $e = 111°$
79. $h = 22°$; $i = 22°$; $j = 44°$
80. $c = 112°$; $d = 29°$
81. $x = 20°$; $y = 120°$
82. $x = 29°$; $y = 110°$
83. **a.** 22°; 16°; **b.** 132°; 278°
84. 23°
85. 20°
86. 33°; 22°
87. $x = 23°$; $y = 69°$; $z = 111°$
88. 52°
89. 27°
90. 18°
91. 50°
92. 18°
93. 20°
94. 15°
95. 80°
96. 35°
97. 120°
98. 36°
99. 36°

100. **a.** 90°; **b.** 60°
101. 1 e 3. I colori delle corde sono scambiati e la figura è ribaltata orizzontalmente
103. 7 km < AC < 13 km
108. Sono parallele

Maths highlights pag. 448

1. **a.** segmento; **b.** semiretta; **c.** vertice; **d.** retta; **e.** lato
2. **a.** false; «There are infinite points lying on a line segment.»; **b.** false; «There is only one line which can pass through three collinear distinct points.»; **c.** false «There is only one line which can pass through two distinct points.»

Sei pronto per la verifica? pag. 450

1. **b.** $C\widehat{D}E \approx 26{,}5°$, $C\widehat{E}D \approx 63{,}5°$; **c.** $D\widehat{E}B = 180° - C\widehat{E}D$; $B\widehat{E}A \cong C\widehat{E}D$
2. **a.** $A\widehat{O}C \cong B\widehat{O}D$; $B\widehat{O}C \cong A\widehat{O}D$; **b.** 137°; 43°
3. 100°

Capitolo G2 Prime proprietà delle figure geometriche Pag. 451

1. I poligoni e i triangoli

PROVA TU pag. 456

1. sì
2. no
3. No: degenera in un segmento
5. **a.** no; **b.** no
6. Concava

ESERCIZI pag. 478

1. sì
2. 13 cm; circa 23°; circa 67°
3. Ottusangolo; dipende

2. I criteri di congruenza dei triangoli

PROVA TU pag. 460

1. Terzo criterio
2. Primo criterio
3. Secondo criterio
4. Primo criterio
5. Uno
6. Uno
7. Due
8. Infiniti
9. Due
10. Uno
11. Circa 9,4 cm
12. Circa 7,5 cm

ESERCIZI pag. 479

9. Secondo criterio
10. Primo criterio
11. Primo o terzo criterio
12. Primo criterio
13. sì; LLL
14. no
15. sì; LAL
16. no
17. sì; LAL
18. no
19. sì, $DN \cong NA$, $\widehat{D} \cong \widehat{A}$, $DO \cong AT$
20. sì, $QU \cong QD \cong DA \cong AU$, $A\widehat{Q}U \cong U\widehat{A}Q \cong Q\widehat{A}D \cong A\widehat{Q}D$
21. sì, $GA \cong OM$, $\widehat{S} \cong \widehat{T}$, $AS \cong OT$
22. Non si può dire
23. Non si può dire
24. sì, $A\widehat{M}T \cong H\widehat{M}T$, $M\widehat{A}T \cong M\widehat{H}T$, $M\widehat{T}H \cong M\widehat{T}A$
25. sì, $M\widehat{O}U \cong U\widehat{S}E$, $M\widehat{U}O \cong S\widehat{U}E$, $UO \cong US$, $MO \cong SE$
26. Non si può dire
27. Non si può dire
28. Circa 53°
30. Circa 9,1 cm
31. **a.** Circa 11,6 cm; **b.** Circa 5,9 cm
32. Circa 52°

3. Il criterio di parallelismo e le proprietà delle rette parallele

PROVA TU pag. 464

1. $a = 54°$; $b = 74°$; $c = 74°$; $d = 74°$
2. 115°
3. 42°
4. $b = 48°$; $c = 119°$
5. $e = 19{,}5°$; $f = 39°$
6. 108°
7. 32°
8. 277°
9. $a = 131°$; $b = 24°$
10. $a = 23°$; $b = 42°$

ESERCIZI pag. 482

37. **a.** *p* e *w*; *q* e *x*; *r* e *y*; *s* e *z*; **b.** *r* e *w*; *s* e *x*; **c.** *y* e *p*; *q* e *z*; **d.** *r* e *x*; *s* e *w*
38. **a.** $B\widehat{C}D$ e $B\widehat{E}F$; **b.** $E\widehat{F}D$; **c.** sì
40. 124°
41. 56°
42. 65°
43. $a = 44°$; $b = 58°$
44. 101°
45. $b = 54°$; $c = 134°$

46. 51°
47. 22,5°
48. 24°
49. 56°
50. 20°
51. 60°
52. 110°
53. 66°
54. 83°
55. 30°
56. 22,5°
57. $b = 244°$; $c = 26°$
58. 70°; 20°
59. $c = 39°$; $d = 63°$

4. I punti notevoli di un triangolo

PROVA TU pag. 468

7. Ortocentro
8. Incentro
9. Baricentro
10. Incentro
13. Coincidono

ESERCIZI pag. 486

84. I quattro punti sono allineati

5. La distanza

PROVA TU pag. 472

7. $AB < 10$ cm
8. $AB < 16$ cm

Esercizi di riepilogo pag. 491

109. **a.** 100°, scaleno ottusangolo; **b.** 70°, isoscele acutangolo; **c.** 60°, equilatero acutangolo; **d.** 90°, scaleno rettangolo
110. **a.** 100°, **b.** 6°; **c.** 150°; **d.** 22°
111. $a = 117°$; $b = 117°$; $c = 63°$; $d = 78°$
112. $e = 31°$; $f = 66°$
113. 20°
114. $g = 83°$; $h = 69°$
115. $i = 45°$; $j = 60°$
116. $a = 38°$; $b = 34°$
117. $c = 20°$; $d = 70°$
118. 18°
119. 102°
120. $b = 40°$; $c = 55°$
121. $d = 70°$; $e = 22°$
122. 26°
123. 64°
124. 55°
125. 21°
126. $x = 42°$; $y = 16°$
127. 84°
128. $x = 20°$; $y = 140°$
129. 52°
130. 40°
131. 58°
132. 19°
133. 19°
134. 15°
135. 25°
136. **b.** sì
137. Circa 6,9 cm
138. Circa 37°
139. Circa 70°
140. Circa 51°
141. Circa 8,0 cm
142. Circa 6,2 cm
144. Circa 69°
145. Circa 50°; circa 61°
146. 4 di lato 1; 3 di lato 2; 1 di lato $\sqrt{2}$
151. I confini delle zone di influenza sono le bisettrici degli angoli dati dalle intersezioni a due a due lati dell'angolo

Maths highlights pag. 496

2. **a.** equal; **b.** equal; **c.** supplementary
3. **b.** No, because PQ and RS are not parallel
4. **a.** 5,4 cm; **b.** 3,3 cm

Sei pronto per la verifica? pag. 498

1. 45°
2. $x = 22°$; $y = 35°$
3. **a.** Circa 10,8 cm

Capitolo G3 I quadrilateri e le tassellazioni del piano Pag. 499

1. Classificazione e costruzione dei quadrilateri

PROVA TU pag. 506

1. Circa 71°
2. Circa 12,2 cm
3. Circa 9,15 cm
5. Circa 74°
8. **a.** no; **b.** no; **c.** no; **d.** no
9. **a.** no; **b.** sì; **c.** no; **d.** no
10. **a.** no; **b.** no; **c.** sì; **d.** sì
11. **a.** no; **b.** no; **c.** no; **d.** no

ESERCIZI pag. 519

2. **a.** sì; **b.** sì; **c.** sì; **d.** sì
3. Un rombo
4. Circa 16,9 cm
5. Circa 128 mm
6. Circa 6,4 cm; circa 10,1 cm
7. Circa 133°
8. $WY \approx 116$ mm; $XZ \approx 107$ mm
9. $PS \approx 4,8$ cm; $P\widehat{S}R \approx 56°$
10. $PS \approx 7,0$ cm; $P\widehat{S}R \approx 54°$
11. Circa 8,9 cm
13. $PR \approx 8,2$ cm; $QS \approx 6$ cm
14. $BD \approx 11,8$ cm; $B\widehat{D}A \approx 29°$
15. $PS \approx 6,5$ cm; $PR \approx 12,3$ cm
16. 10,2 cm; 13,3 cm
17. Circa 82°
18. $PR \approx 9,7$ cm; $QS \approx 14,2$ cm
19. $WZ \approx 8,1$ cm; $X\widehat{W}Z \approx 63°$
20. $QS \approx 6,2$ cm

2. Le proprietà dei quadrilateri

PROVA TU pag. 512

4. 5 cm
6. 39°; 73°
7. 54°; 27°
8. 34°
9. 56°; 31°

ESERCIZI pag. 520

23. sì; tutti gli angoli sono retti
24. no
25. no
26. sì; le diagonali sono perpendicolari e si intersecano nel loro punto medio
32. INVALSI **a.** V; **b.** V; **c.** V
33. INVALSI [a]
34. $x = 61°$; $y = 29°$
35. $x = 31°$; $y = 59°$
36. $x = 36°$; $y = 120°$
37. $x = 15°$; $y = 37,5°$
38. $x = 27°$; $y = 41°$
39. $x = 117°$; $y = 61°$
40. 78°
41. 60°
42. $x = 118°$; $y = 61°$
43. $x = 91°$; $y = 33°$
44. 83°

3. Poligoni per ricoprire il piano: le tassellazioni

PROVA TU pag. 516

4. **a.** 1440°; 144°; **b.** no
5. 72

Esercizi di riepilogo pag. 523

51. $AC \approx 13,4$ cm; $BD \approx 10,6$ cm
52. Circa 84 mm
53. Circa 10,5 cm
54. $AC \approx 6,1$ cm; $BD \approx 11,5$ cm
55. $AB \approx 3,8$ cm; $AD \approx 10,1$ cm
56. $PR \approx 6,4$ cm; $QS \approx 7,8$ cm
57. $GE \approx 12,5$ cm; $GF \approx 10,2$ cm
58. Circa 171°
59. $PR \approx 7,1$ cm; $R\widehat{P}S \approx 69,5°$
60. **a.** Circa 8,4 cm; **b.** Circa 7,1 cm
61. **b.** Circa 7,1 cm
62. **a.** Circa 5,4 cm; **b.** Circa 4,5 cm
63. **a.** 1620°; **b.** 1800°; **c.** 2340°; **d.** 3240°

64. 720°
65. 120°
66. 2880°
67. 160°
68. 15°
69. 165°
70. 10°
71. 170°
72. 4
73. 8
74. 30
75. 90
76. 9
77. 20
78. 45
79. **INVALSI** [c]
80. 55°; 35°
81. 40°; 32°
82. 57°; 33°
83. 66°; 33°

---

84. $A\widehat{C}D = 57°$; $A\widehat{B}C = 96°$
85. $B\widehat{C}D = 44°$; $D\widehat{A}E = 34°$
86. $A\widehat{B}C = 116°$; $B\widehat{C}E = 84°$
87. **a.** $a = 36°$; $b = 36°$; **b.** $c = 51°$; $d = 51°$
88. **a.** $a = 106°$; $b = 48°$; **b.** $c = 20°$; $d = 40°$
89. **a.** $a = 35°$; $b = 58°$; **b.** 114°
90. **a.** $a = 37°$; $b = 127°$; **b.** $c = 67{,}5°$; $d = 22{,}5°$
91. **a.** $a = 114°$; $b = 33°$; **b.** $c = 38°$; $d = 104°$; **c.** $e = 42°$; $f = 48°$
92. $A\widehat{D}B = 64°$; $A\widehat{C}D = 26°$
93. $A\widehat{D}E = 115°$; $C\widehat{B}E = 60°$
94. $B\widehat{A}D = 88°$; $B\widehat{C}E = 23°$
95. $A\widehat{B}D = 65°$; $C\widehat{B}D = 46°$
96. 4,8 cm; 28°
97. Circa 18°
98. 19°
99. $x = 16°$; $y = 116°$
100. 36°
101. 66°
102. $x = 68°$; $y = 14°$
103. $x = 60°$; $y = 60°$
104. 50°
105. 18°
106. $x = 63°$; $y = 63°$
107. 41°
108. $x = 90°$; $y = 45°$
109. 108°
110. $x = 32{,}5°$; $y = 115°$
111. $x = 100°$; $y = 1300°$
112. $x = 53°$; $y = 37°$
113. $x = 57°$; $y = 57°$
114. 24°
115. $x = 70°$; $y = 110°$
116. $x = 90°$; $y = 62°$
117. $x = 66°$; $y = 36°$
118. $x = 32°$; $y = 105°$
119. $x = 64°$; $y = 116°$
120. $x = 68°$; $y = 112°$
121. $x = 105°$; $y = 43°$
122. $x = 61°$; $y = 31°$
123. $x = 74°$; $y = 88°$
124. $x = 45°$; $y = 56°$
125. $x = 65°$; $y = 88°$
126. $x = 21°$; $y = 21°$
127. $A\widehat{D}E = 59°$; $D\widehat{C}E = 31°$
128. $P\widehat{Q}R = 110°$; $P\widehat{R}Q = 28°$
129. $X\widehat{Z}Y = 54°$; $X\widehat{Y}Z = 72°$; $X\widehat{W}Y = 36°$
130. $A\widehat{B}D = 31°$; $C\widehat{B}D = 97°$
131. $P\widehat{R}S = 58°$; $P\widehat{Q}R = 96°$
132. **INVALSI** [b]
139. No, il disegno che si ottiene è identico a quello che si avrebbe con una figura elementare quadrata

Maths highlights pag. 532

1. **a.** yes; **b.** yes; **c.** no; **d.** yes; **e.** no
2. **a.** 7,1 cm; **b.** 6,4 cm

Sei pronto per la verifica? pag. 534

1. Circa 20 mm
2. $BD \approx 11{,}9$ cm; $A\widehat{B}D \approx 41°$
3. $A\widehat{D}B \cong B\widehat{D}C = 58°$

Prova di verifica intermedia pag. 544

1. **a.** 9; **b.** 1260
2. 50
3. **a.** $2a^2 - 2c^2$
4. $\dfrac{14}{31}$
5. **c.** −13; **d.** −1,86
6. 1000 €
7. **a.** 27°; **b.** 18°

Prova di verifica finale pag. 545

1. **b.** 4
3. **a.** $y = \dfrac{4}{3}x$; **b.** 12; **c.** 2
4. **a.** 66°; **b.** 20%; **c.** 77
6. Circa 7,1 cm; circa 6,7 cm